2026
개정 2판 브랜드 만족 1위

7·9급 공무원 시험대비
박문각 공무원
기본서

스토리를 엮는 **공감** 헌법

헌법 전 영역 단권화 기본서

개정 법령 및 판례 완벽 수록

기출 지문을 충실히 반영한 이론 정리

박충신 편저

박충신
헌법 ★★★★★ 기본 이론서

동영상 강의 www.pmg.co.kr

박문각

PREFACE 이 책의 머리말

헌법, 그 정돈된 질서를 논하며

누군가 헌법을 공부하려는 학생들에게 "헌법이 어떤 법인지 아십니까?"라는 질문을 한다면, 아마 대부분의 학생들은 "우리나라의 최고법입니다."라고 답할 것이다. 이 답이 틀린 것은 아니다. 헌법은 우리나라의 법규범 중에서 최고의 효력을 갖는 법규범임은 틀림없기 때문이다. 이제 질문을 바꿔보자. "헌법은 무엇을 규율하는 법입니까?" 이 질문에 속 시원히 대답할 수 있는 학생은 많지 않을 것이다. 헌법을 공부하려는 우리는 지금 이 질문 앞에 있다. 그래서 나는 이 질문으로부터 헌법, 그 정돈된 질서를 이야기하려 한다.

헌법이 최고법인 것은 당연히 주어지는 것이 아니라 헌법이 규율하고 있는 내용에서 비롯된다. 한 걸음 더 나아가 보면, 헌법이 정당하다는 것 역시 당연한 것이 아니라 헌법이 규율하고 있는 내용에서 비롯된다. 요컨대, 우리가 주목해야 하는 것은 헌법의 '효력'이 아니라 헌법의 '내용'이다.

우리는 모여서 '국가'라는 정치적 공동체를 이루고, 그 국가라는 정치적 공동체 속에서 국가 그리고 국가를 구성하고 있는 개인과 다양한 관계를 맺으며 살아간다. 이렇게 우리는 국가라는 하나의 정치적 공동체를 형성하고, 그 정치적 공동체의 기관을 조직·구성하며, 그 기관의 권한행사를 통해 국가적 공동체로서 생활하게 되는데, 이러한 국가적 공동체로서의 생활방식을 규율하는 것이 헌법이다. 따라서 국가는 헌법에 의해 형성되고, 헌법에 의해 조직되며, 헌법에 의해 운영되는 것이다.

여기서 나는 이 책의 독자들이 국가라는 정치적 공동체 이전에 우리가 존재하는 공간에 주목하기를 청한다. 왜냐하면 그 공간에서 국가라는 정치적 공동체의 생활방식을 규율하는 헌법이 형성되기 때문이다. 우리가 그 공간을 일반적으로 '사회'라 부른다면, 우리 헌법의 모태는 우리가 존재하는 사회이다. 그렇다면 우리는 헌법이 모태로 하고 있는 사회가 다르거나 달라지면 헌법 역시 다르거나 달라질 수밖에 없음을 짐작할 수 있다. 여기서 우리는 헌법의 다양성과 역사성 그리고 헌법의 정당성의 근거가 어디에 있는지를 짐작할 수 있다.

오늘날 우리 사회는 '보편성'과 '특수성'을 함께 가지고 있다. 보편성은 우리 사회가 이웃하는 사회와 공유하는 '이념과 가치'이고, 특수성은 우리 사회의 고유한 '이념과 가치'이다. 이념과 가치는 그 사회의 지향점이며 규범의 근원이다.

우리가 국가라는 정치적 공동체 속에서 생활하는 이유는 무엇일까? 그것은 국가적 공동체로서의 생활을 통해 우리 사회가 가지고 있는 이념과 가치를 제대로 실현하기 위함이다. 그렇다면 국가적 공동체의 생활방식을 규율하는 헌법 역시 우리 사회가 가지고 있는 이념과 가치로부터 자유로울 수 없으며, 우리 사회가 가지고 있는 이념과 가치를 실현하기 위한 규범이어야 한다. 즉 헌법은 우리 사회가 가지는 이념과 가치 그리고 이를 실현하기 위한 제도가 체계적으로 연계된 정돈된 규율이다. 그런 이유로 나는 이 책에서 우리 사회가 지향하는 이념과 가치의 모습을 구체적인 제도나 판례를 통해 확인하는 데 중점을 두었다. 따라서 나는 이 책을 읽는 독자들 역시 이 책을 통해서 헌법적 지식이나 정보를 넘어 우리 사회가 지향하는 이념과 가치의 구체적인 모습을 확인하길 바란다.

수험생이 헌법을 효율적이고 효과적으로 공부하는 방법은 다음과 같다.

첫째, 전체를 전제로 부분을 이해해야 한다. 우리가 공부하는 헌법을 '코끼리'에 비유해 보자. 코끼리를 알지 못하는 사람에게 코끼리 코와 귀와 상아 등 코끼리의 각 신체 사진을 보여주고 "이런 것들이 모인 것이 코끼리다."라고 한다면 그 사람이 코끼리를 쉽게 알 수 있을까? 이보다는 코끼리 전신사진을 본 사람이 코끼리가 어떤 모습이고, 코끼리의 코와 귀와 상아의 모습과 특징이 어떤 것인 줄 아주 짧은 시간 안에 알게 될 것이다. 따라서 헌법을 공부하는 수험생들은 먼저 헌법의 전체 내용(헌법의 규율 내용과 상호간의 연관성)을 개략적인 차원에서라도 알고 나서 그 구체적인 내용을 공부해야 한다.

둘째, 개념을 분명히 해야 한다. 헌법은 국가조직법으로서 국가적 공동체의 생활방식을 규율대상으로 하고 있다. 그럼에도 헌법은 전문을 포함하여 130개의 조문뿐이다. 여기서 헌법의 추상성은 운명적이며, 추상적 개념을 구체화하는 헌법해석의 중요성은 필연적이다. 헌법 공부를 어렵게 하는 원인 중 하나는 헌법의 추상성, 좀 더 정확히는 헌법을 구성하는 개념의 추상성에서 비롯된다. 추상적인 개념을 구체화시키지 않고는 헌법은 파편적 지식의 나열에 불과하고 헌법을 공부하는 것은 아무런 의미 없이 전화번호부를 외워야 하는 것처럼 방대하고 지루한 것이 되며, 설혹 외웠다 하더라도 찰나적인 것이 된다.

셋째, 판단의 기준과 판단의 결과를 구별해야 한다. 헌법문제 중에서 출제 비중이 가장 큰 것은 판례이다. 그런데 판례에 관한 질문은 두 가지 형태로 구분된다. 하나는 위헌인가 아닌가, 기본권을 침해했는가 하지 않았는가 하는 헌법재판소의 결론이고, 다른 하나는 그러한 결론을 도출하기 위해 헌법재판소가 제시하는 판단의 기준이다. 사실 판단의 결과는 법이 아니다. 판단의 기준이 법이다. 구체적 사건에 판단의 기준을 적용하여 내린 결론을 판례라 한다면, 판례는 판단의 기준인 헌법을 구체적 사건에 적용한 판단의 예에 불과한 것이다. 따라서 우리는 헌법재판소 판례를 공부함에 있어서 우선 판단의 기준이 되는 부분을 착실히 이해해서 정리하고, 그 판단의 기준을 적용한 많은 사건 중에서 사회적으로 학문적으로 의미 있는 결정례들을 공부해야 한다.

「박충신 헌법」의 개정판 출간에 즈음하여, 첫 문장부터 마지막 문장까지 부족한 저와 항상 함께하시며 밝은 지혜를 주신 우리 하느님께 감사드리고, 모든 수험생들의 합격의 꿈이 그 뜻대로 이루어질 것과 교육계의 신화이자 산증인이신 박용 회장님의 건강과 박문각 공무원 및 경찰학원 그리고 박문각 출판사의 발전을 진심으로 기도드린다.

2025. 08.

박문각 공무원·경찰학원 헌법 대표교수 박충신(朴忠信) 가브리엘

CONTENTS 이 책의 차례

PART 01 헌법총론

제1장 헌법과 헌법학

제1절 헌법의 의의 12
- 제1항 헌법의 개념 12
- 제2항 헌법의 분류 17
- 제3항 헌법의 특성 17

제2절 헌법학 연구 18
- 제1항 헌법의 해석 18
- 제2항 법률해석 19

제3절 헌법의 제정과 변동 22
- 제1항 헌법의 제정 22
- 제2항 헌법의 변동 22

제4절 헌법의 수호 25
- 제1항 헌법수호의 의의와 수호자 25
- 제2항 국가긴급권 26
- 제3항 저항권 27

제2장 대한민국 헌법 총설

제1절 대한민국 헌법의 제정과 개정 29
- 제1항 헌법의 제정(1948. 7. 17.) 29
- 제2항 헌법의 개정 31

제2절 대한민국의 국가형태와 구성요소 41
- 제1항 대한민국의 국가형태 41
- 제2항 대한민국의 구성요소 42

제3절 대한민국 헌법의 기본원리 52
- 제1항 헌법의 기본원리 52
- 제2항 헌법의 전문 53
- 제3항 국민주권의 원리 56
- 제4항 민주주의 원리 59
- 제5항 법치국가원리 62
- 제6항 사회국가원리 83
- 제7항 문화국가원리 90
- 제8항 평화국가원리 94

제4절 대한민국 헌법의 기본제도 100
- 제1항 제도적 보장 100
- 제2항 정당제도 100
- 제3항 선거제도 119
- 제4항 공무원제도 161
- 제5항 지방자치제도 171
- 제6항 혼인과 가족제도 186

PART 02 기본권론

제1장 기본권 일반론

제1절 기본권의 의의 — 196
- 제1항 기본권의 개념 — 196
- 제2항 기본권의 분류와 체계 — 197
- 제3항 기본권의 법적 성격 — 200

제2절 기본권의 주체 — 201
- 제1항 자연인 — 201
- 제2항 법인 — 205

제3절 기본권의 효력 — 209
- 제1항 기본권의 효력 범위 — 209
- 제2항 기본권의 갈등 — 209

제4절 기본권의 제한 — 215
- 제1항 기본권 제한의 유형 — 215
- 제2항 일반적 법률유보 — 216
- 제3항 특별권력관계 — 228

제5절 기본권의 확인과 보장 — 231
- 제1항 국가의 기본권 확인과 기본권 보장의무 — 231
- 제2항 국가인권위원회에 의한 기본권 구제 — 237

제2장 포괄적 기본권

제1절 인간의 존엄과 가치 — 241
- 제1항 인간의 존엄과 가치의 의의 — 241
- 제2항 인간의 존엄과 가치의 법적 성격 — 242
- 제3항 인간의 존엄과 가치의 주체 — 242
- 제4항 인간의 존엄과 가치의 내용 — 243
- 제5항 인간의 존엄과 가치의 제한 — 257

제2절 행복추구권 — 258
- 제1항 행복추구권의 의의 — 258
- 제2항 행복추구권의 법적 성격 — 258
- 제3항 행복추구권의 주체 — 258
- 제4항 행복추구권의 내용 — 259
- 제5항 행복추구권의 제한 — 270

제3절 평등권 — 270
- 제1항 평등권의 의의 — 270
- 제2항 평등권의 법적 성격 — 271
- 제3항 법 앞에 평등권의 의미 — 272
- 제4항 합리적 차별의 기준 — 273
- 제5항 평등권의 내용 — 277

제3장 자유권적 기본권

제1절 신체의 자유 — 294
- 제1항 신체의 자유의 의의 — 294
- 제2항 신체의 자유의 내용 — 294
- 제3항 신체의 자유를 보장하기 위한 헌법원리 — 299
- 제4항 신체의 자유를 보장하기 위한 형사절차상의 권리 — 337
- 제5항 신체의 자유의 제한 — 346

CONTENTS 이 책의 차례

제2절 사생활의 자유	349
제1항 사생활의 비밀과 자유	349
제2항 주거의 자유	365
제3항 거주·이전의 자유	367
제4항 통신의 자유	369

제3절 정신적 자유	378
제1항 양심의 자유	378
제2항 종교의 자유	385
제3항 언론·출판의 자유	390
제4항 집회·결사의 자유	415
제5항 학문과 예술의 자유	427

제4장 경제적 기본권

제1절 재산권	430
제1항 재산권 보장의 배경과 체계	430
제2항 재산권의 의의와 범위	436
제3항 재산권의 제한	439

제2절 직업의 자유	456
제1항 직업의 자유의 의의	456
제2항 직업의 자유의 법적 성격 및 주체	458
제3항 직업의 자유의 내용	458
제4항 직업의 자유 제한	461

제3절 소비자의 권리	478
제1항 소비자의 권리	478
제2항 소비자 권리의 침해와 구제	479

제5장 정치적 기본권

제1절 정치적 기본권의 의의	480
제2절 참정권	480
제1항 참정권의 내용	480
제2항 참정권의 제한	486

제6장 청구권적 기본권

제1절 청원권	489
제1항 청원권의 의의	489
제2항 청원권의 내용	489
제3항 국회와 지방의회에 대한 청원	493

제2절 재판청구권	495
제1항 재판청구권의 의의	495
제2항 재판청구권의 주체	498
제3항 재판청구권의 내용	500
제4항 재판을 받을 권리의 제한	508

제3절 국가배상청구권	512
제1항 국가배상청구권의 의의	512
제2항 국가배상청구권의 주체	512
제3항 국가배상청구권의 내용	513
제4항 국가배상청구권의 제한	517

제4절 형사보상청구권과 범죄피해자구조청구권	518
제1항 형사보상청구권	518
제2항 범죄피해자구조청구권	522

제7장 사회적 기본권

제1절 인간다운 생활을 할 권리 526
  제1항 인간다운 생활을 할
        권리의 의의 526
  제2항 인간다운 생활을 할 권리의 내용 527
  제3항 인간다운 생활을 할 권리의 효력 528

제2절 사회보장수급권 530
  제1항 사회보장수급권의 의의 530
  제2항 사회보장수급권의 내용 530

제3절 교육을 받을 권리 543
  제1항 교육을 받을 권리의 의의 543
  제2항 교육을 받을 권리의 내용 544
  세3항 교육제도 553

제4절 근로의 권리 563
  제1항 근로의 권리의 의의 563
  제2항 근로의 권리의 법적 성격과 주체 564
  제3항 근로의 권리의 내용 565

제5절 근로3권 569
  제1항 근로3권의 의의 569
  제2항 근로3권의 법적 성격 570
  제3항 근로3권의 내용 570
  제4항 근로3권의 제한 574

제6절 환경권과 보건권 579
  제1항 환경권 579
  제2항 보건권과 모성을 보호받을 권리 581

제8장 국민의 기본적 의무

제1절 납세의 의무 583
제2절 국방의 의무 583
  제1항 국방의 의무의 의의 583
  제2항 국방의 의무의 내용 584
제3절 교육을 받게 할 의무 585
제4절 근로의 의무 585
제5절 환경보전의 의무 585

CONTENTS 이 책의 차례

PART 03 통치구조

제1장 통치구조의 기본과제와 체계

제1항 통치구조의 기본과제 588
제2항 통치구조의 체계 588

제2장 통치기능론

제1절 입법작용 589
　제1항 입법과 입법권 589
　제2항 국회의 입법권 589
제2절 집행작용 591
　제1항 행정과 행정권 591
　제2항 행정권에 대한 통제 591
제3절 사법작용 593
　제1항 사법과 사법권 593
　제2항 사법권의 한계 595

제3장 통치구조의 구성원리

제1절 대의제의 원리 597
　제1항 대의제의 의의 597
　제2항 대의제의 본질 597
제2절 권력분립의 원리 598
　제1항 권력분립원리의 의의 598
　제2항 권력분립론 599
　제3항 현행 헌법상의 권력분립원리 600

제4장 통치형태론

제1절 통치형태의 의의 601
제2절 통치형태의 유형 601
　제1항 의원내각제 601
　제2항 대통령제 602
　제3항 이원집행부제 603
제3절 현행 헌법상의 통치형태 603
　제1항 대통령 중심제 603
　제2항 대통령제 요소와
　　　　의원내각제 요소 604

제5장 통치기구

제1절 국회 605
　제1항 의회주의 605
　제2항 국회의 구성 605
　제3항 국회의 조직 605
　제4항 국회의 운영과 의사절차 617
　제5항 국회의 권한 632
　제6항 국회의원 656
제2절 대통령 663
　제1항 대통령의 헌법상 지위 663
　제2항 대통령 선거 664
　제3항 대통령의 신분과 직무 665
　제4항 대통령의 권한 669

제3절 정부　　　　　　　　　　686
　제1항 정부의 의의　　　　　　686
　제2항 국무총리　　　　　　　686
　제3항 국무위원　　　　　　　691
　제4항 국무회의　　　　　　　692
　제5항 자문기관　　　　　　　694
　제6항 행정각부　　　　　　　695
　제7항 감사원　　　　　　　　696

제4절 선거관리위원회　　　　700
　제1항 선거관리위원회의 지위　　700
　제2항 선거관리위원회의 종류와 구성　701
　제3항 선거관리위원회의 직무와 운영　702
　제4항 선거관리위원회의 권한과 경비　703

제5절 법원　　　　　　　　　704
　제1항 사법권의 독립　　　　　704
　제2항 법원의 조직　　　　　　709
　제3항 사법절차와 운영　　　　713
　제4항 법원의 권한　　　　　　714

제6절 헌법재판소　　　　　　716
　제1항 헌법재판소의 헌법상 지위　716
　제2항 헌법재판소의 구성과 조직　717
　제3항 헌법재판소의 심판　　　718
　제4항 헌법재판소의 권한　　　726

박충신 헌법
기본 이론서

제1장 헌법과 헌법학

제2장 대한민국 헌법 총설

PART 01

헌법총론

CHAPTER 01 헌법과 헌법학

제1절 헌법의 의의

제1항 헌법의 개념

Ⅰ. 고유한 의미의 헌법

국가라는 정치적 공동체의 생활방식을 규율하는 '국가조직법'으로서의 헌법을 말한다.

Ⅱ. 역사의 발전단계에 따른 헌법

1. 근대 입헌주의 헌법

(1) 의의

입헌주의적 헌법은 국민의 기본권 보장을 그 이념으로 하고 그것을 위한 권력분립과 법치주의를 그 수단으로 하기 때문에 국가권력은 언제나 헌법의 테두리 안에서 헌법에 규정된 절차에 따라 발동되지 않으면 안 된다(헌재 1994. 6. 30. 92헌가18).

> **판례**
>
> ▶ **입헌적 민주주의 체제의 운영원리**: 고대 민주주의의 부정적 인식(평민 혹은 하층민에 의한 일방적이고 전제적인 지배체제)에서 탈피한 새로운 민주주의 체제는 특정인이나 특정세력에 의한 전제적 지배를 배제하고 공동체 전체의 동등한 구성원들에 의한 통치를 이상으로 하는 '공화주의 이념'과 개인의 자유와 권리를 강조하는 '자유주의 이념'으로부터 큰 영향을 받았다. 전자는 공민으로서 시민이 가지는 지위를 강조하고 이들에 의해서 자율적으로 이루어지는 공적 의사결정을 중시한다. 따라서 이것은 시민들의 정치적 동등성, 국민주권, 정치적 참여 등의 관념을 내포하고 우리 헌법상 '민주주의 원리'로 표현되고 있다. 그에 반해 후자는 국가권력이나 다수의 정치적 횡포로부터 보호받을 수 있는 인권의 우선성을 주장한다. 기본적 인권, 국가권력의 법률기속, 권력분립 등의 관념들은 자유주의의 요청에 해당하며, 우리 헌법상에는 '법치주의 원리'로 반영되어 있다. 이렇듯 **근대의 입헌적 민주주의 체제는** 사회의 공적 자율성에 기한 정치적 의사결정을 추구하는 민주주의 원리와 국가권력이나 다수의 정치적 의사로부터 개인의 권리, 즉 개인의 사적 자율성을 보호해 줄 수 있는 법치주의 원리라는 두 가지 주요한 원리에 따라 구성되고 운영된다(헌재 2014. 12. 19. 2013헌다1).

(2) **기본원리**

이념	기본원리
자유주의	• 기본적 인권의 보장 • 권력분립의 원리 • 법치국가의 원리
민주주의	• 국민주권의 원리 • 대의제의 원리

2. 현대 사회국가 헌법

(1) **의의**

근대 입헌주의 헌법의 기초 위에 사회국가 이념이 구현된 헌법을 말한다.

> **판례**
>
> ▶ **사회국가**: 사회국가란 사회정의의 이념을 헌법에 수용한 국가, 사회현상에 대하여 방관적인 국가가 아니라 경제·사회·문화의 모든 영역에서 정의로운 사회질서의 형성을 위하여 사회현상에 관여하고 간섭하고 분배하고 조정하는 국가이며, 궁극적으로는 국민 각자가 실제로 자유를 행사할 수 있는 실질적 조건을 마련해 줄 의무가 있는 국가이다(헌재 2002. 12. 18. 2002헌마52).

(2) **등장 배경**

- 법치주의 및 권력분립 원리의 공동화
- 의회주의에 대한 불신
- 자본주의사회의 구조적 모순(부익부 빈익빈)
- 국가작용의 확대·강화
- 세계대전의 경험

> **판례**
>
> ▶ **사회국가원리의 등장 배경**: 자본주의경제의 발달과정에 있어서 빈곤은 더 이상 개인적인 물질적 결핍의 문제가 아니라 사회의 안정을 위협하는 사회 전체의 문제이고, 경제의 성장에 의하여 자연적으로 해결될 수 있는 것도 아니라는 인식이 자리잡아 가면서, 빈곤 문제는 국가의 과제로 인식되었다. 이러한 인식으로부터 현대의 여러 국가는 모든 국민에게 생활의 기본적 수요를 충족시켜 줌으로써 건강하고 문화적인 생활을 보장하는 것이 국가의 책무라고 하는 사회국가원리를 헌법에 규정하게 되었다(헌재 1997. 5. 29. 94헌마33).

(3) 기본원리

이념	기본원리
자유주의	• 실질적 법치주의 • 헌법수호 제도(헌법재판제도 등)의 확대·강화 • 평화국가원리
민주주의	국민주권 원리의 실질화
평등과 정의	• 사회국가원리(사회적 시장경제질서, 사회적 기본권 등) • 정당제도의 수용

Ⅲ 존재 형식에 따른 헌법

1. 형식적 의미의 헌법과 실질적 의미의 헌법

형식적 의미의 헌법	헌법전의 형식으로 존재하거나 최고의 효력을 가진 법규범
실질적 의미의 헌법	헌법사항을 규정하고 있는 법규범

판례

▶ **실질적 헌법사항**: 실질적인 헌법사항이란 국가의 조직에 관한 사항이나 국가기관의 권한·구성에 관한 사항 혹은 개인의 국가권력에 대한 지위를 말한다(헌재 2004. 10. 21. 2004헌마554).

2. 관습헌법

(1) 의의

사회공동체에서 반복하여 행해진 헌법사항에 관한 관행 또는 관습이 사회구성원들의 법적 확신을 통하여 헌법과 동일한 효력을 가지는 불문헌법을 말한다.

(2) 인정 여부

우리나라는 성문헌법을 가진 나라로서 기본적으로 헌법전이 헌법의 법원(法源)이 된다. 그러나 성문헌법에 모든 헌법사항을 빠짐없이 규율하는 것은 불가능하고 헌법은 간결성과 함축성을 추구하기 때문에 형식적 헌법전에는 기재되지 아니한 사항이라도 불문헌법 내지 관습헌법으로 인정할 소지가 있다. 특히 헌법제정 당시 자명하거나 전제된 사항 및 보편적 헌법원리와 같은 것은 명문의 규정을 두지 아니하는 경우도 있다(헌재 2004. 10. 21. 2004헌마554).

(3) 성립요건

1) 기본적 헌법사항

관습헌법이 성립하기 위하여서는 관습이 성립하는 사항이 단지 법률로 정할 사항이 아니라 반드시 헌법에 의하여 규율되어 법률에 대하여 효력상 우위를 가져야 할 만큼 헌법적으로 중요한 기본적 사항이 되어야 한다. 관습헌법은 일반적인 헌법사항에 해당하는 내용 중에서도 특히 국가의 기본적이고 핵심적인 사항으로서 법률에 의하여 규율하는 것이 적합하지 아니한 사항을 대상으로 한다(헌재 2004. 10. 21. 2004헌마554).

> **판례**
>
> ▶ **기본적 헌법사항에 해당하는지 여부에 대한 판단기준**: 일반적인 헌법사항 중 과연 어디까지가 기본적이고 핵심적인 헌법사항에 해당하는지 여부는 일반추상적인 기준을 설정하여 재단할 수는 없고, 개별적 문제사항에서 헌법적 원칙성과 중요성 및 헌법원리를 통하여 평가하는 구체적 판단에 의하여 확정하여야 한다(헌재 2004. 10. 21. 2004헌마554).
>
> ▶ **기본적 헌법사항의 예**: 국가의 정체성이란 국가의 정서적 통일의 원천으로서 그 국민의 역사와 경험, 문화와 정치 및 경제, 그 권력구조나 정신적 상징 등이 종합적으로 표출됨으로써 형성되는 국가적 특성이라 할 수 있다. 수도를 설정하는 것 이외에도 국명(國名)을 정하는 것, 우리말을 국어(國語)로 하고 우리글을 한글로 하는 것, 영토를 획정하고 국가주권의 소재를 밝히는 것 등이 국가의 정체성에 관한 기본적 헌법사항이 된다(헌재 2004. 10. 21. 2004헌마554).
>
> ▶ **수도를 결정하는 요소**: 국민의 대표기관으로서 국민의 정치적 의사를 결정하는 국회와 행정을 통할하며 국가를 대표하는 대통령의 소재지가 어디인가 하는 것은 수도를 결정하는데 있어서 결정적인 요소가 된다. 대통령의 소재지를 수도의 특징적 요소로 보는 한 정부 각 부처의 소재지는 수도를 결정하는 데 있어서 별도로 결정적인 요소가 된다고 볼 필요는 없다. 한편 헌법재판권을 포함한 사법권이 행사되는 장소와 도시의 경제적 능력 등은 수도를 결정하는 필수적인 요소에는 해당하지 아니한다(헌재 2004. 10. 21. 2004헌마554).

2) 관습법의 일반적 성립요건

관습헌법이 성립하기 위하여서는 관습법의 성립에서 요구되는 일반적 성립요건이 충족되어야 한다. 첫째, 기본적 헌법사항에 관하여 어떠한 관행 내지 관례가 존재하고, 둘째, 그 관행은 국민이 그 존재를 인식하고 사라지지 않을 관행이라고 인정할 만큼 충분한 기간 동안 반복 내지 계속되어야 하며(**반복·계속성**), 셋째, 관행은 지속성을 가져야 하는 것으로서 그 중간에 반대되는 관행이 이루어져서는 아니 되고(**항상성**), 넷째, 관행은 여러 가지 해석이 가능할 정도로 모호한 것이 아닌 명확한 내용을 가진 것이어야 한다(**명료성**). 또한 다섯째, 이러한 관행이 헌법관습으로서 국민들의 승인 내지 확신 또는 폭넓은 컨센서스를 얻어 국민이 강제력을 가진다고 믿고 있어야 한다(**국민적 합의**)(헌재 2004. 10. 21. 2004헌마554).

> **판례**
>
> ▶ **우리나라의 수도가 서울인 점이 관습헌법으로 인정될 수 있는지**(적극): 서울이 수도라는 점은 우리의 제정헌법이 있기 전부터 전통적으로 존재하여온 헌법적 관습이며 우리 헌법조항에서 명문으로 밝힌 것은 아니지만 자명하고 헌법에 전제된 규범으로서, 관습헌법으로 성립된 불문헌법에 해당한다(헌재 2004. 10. 21. 2004헌마554).

(4) 효력

헌법 제1조 제2항은 '대한민국의 주권은 국민에게 있고, 모든 권력은 국민으로부터 나온다.'고 규정한다. 이와 같이 국민이 대한민국의 주권자이며, 국민은 최고의 헌법제정권력이기 때문에 성문헌법의 제·개정에 참여할 뿐만 아니라 헌법전에 포함되지 아니한 헌법사항을 필요에 따라 관습의 형태로 직접 형성할 수 있다. 그렇다면 관습헌법도 성문헌법과 마찬가지로 주권자인 국민의 헌법적 결단의 의사의 표현이며 성문헌법과 동등한 효력을 가진다고 보아야 한다. 국민주권주의는 성문이든 관습이든 실정법 전체의 정립에 국민의 참여를 요구한다고 할 것이며, 국민에 의하여 정립된 관습헌법은 입법권자를 구속하며 헌법으로서의 효력을 가진다(헌재 2004. 10. 21. 2004헌마554).

(5) 개정과 사멸

1) 개정

관습헌법은 헌법의 일부로서 성문헌법의 경우와 동일한 효력을 가지기 때문에 그 법규범은 최소한 헌법 제130조에 의거한 헌법개정의 방법에 의하여만 개정될 수 있다. 다만 이 경우 관습헌법규범은 헌법전에 그에 상반하는 법규범을 첨가함에 의하여 폐지하게 되는 점에서, 헌법전으로부터 관계되는 헌법조항을 삭제함으로써 폐지되는 성문헌법규범과는 구분된다(헌재 2004. 10. 21. 2004헌마554).

> **판례**
>
> ▶ **관습헌법을 하위 법률의 형식으로 의식적으로 개정할 수 있는지**(소극) : 우리나라와 같은 성문의 경성헌법체제에서 인정되는 관습헌법사항은 하위규범형식인 법률에 의하여 개정될 수 없다. 헌법 제10장 제128조 내지 제130조는 일반법률의 개정절차와는 다른 엄격한 헌법개정절차를 정하고 있으며, 헌법개정절차의 대상을 단지 '헌법'이라고만 하고 있다. 따라서 관습헌법도 헌법에 해당하는 이상 헌법개정의 대상인 헌법에 포함된다고 보아야 한다. 헌법의 개정절차와 법률의 개정절차를 준별하고 헌법의 개정절차를 엄격히 한 우리 헌법의 체제 내에서 만약 관습헌법을 법률에 의하여 개정할 수 있다고 한다면 이는 관습헌법을 더 이상 '헌법'으로 인정한 것이 아니고 단지 관습'법률'로 인정하는 것이며, 결국 관습헌법의 존재를 부정하는 것이 된다(헌재 2004. 10. 21. 2004헌마554).
>
> ▶ **행정수도의 이전을 내용으로 하는 신행정수도 이전에 관한 특별조치법 조항이 국민투표권을 침해하여 위헌인지**(적극) : 특정의 법률이 반드시 헌법전에서 규율하여야 할 기본적인 헌법사항을 헌법을 대신하여 규율하는 경우에는 그 내용이 상위의 헌법규범에 배치되는지 여부와 관계없이 경성헌법의 체계에 위반하여 헌법위반에 해당하는 것이다. 그런데 이 사건 법률은 헌법개정사항인 수도의 이전을 헌법개정절차를 밟지 아니하고 단지 단순법률의 형태로 실현시킨 것으로서 헌법 제130조에 따라 헌법개정에 있어서 국민이 가지는 참정권적 기본권인 국민투표권의 행사를 배제한 것이므로 동 권리를 침해하고 있다(헌재 2004. 10. 21. 2004헌마554).

2) 사멸

관습헌법은 그것을 지탱하고 있는 국민적 합의성을 상실함에 의하여 법적 효력을 상실할 수 있다. 관습헌법은 주권자인 국민에 의하여 유효한 헌법규범으로 인정되는 동안에만 존속하는 것이며, 관습법의 존속요건의 하나인 국민적 합의성이 소멸되면 관습헌법으로서의 법적 효력도 상실하게 된다. 관습헌법의 요건들은 그 성립의 요건일 뿐만 아니라 효력 유지의 요건이다(헌재 2004. 10. 21. 2004헌마554).

제2항 헌법의 분류

I 성문헌법과 불문헌법

성문헌법	• 성문법의 형식으로 존재하는 헌법 • 미국 헌법, 대한민국 헌법 등
불문헌법	• 관습법의 형식으로 존재하는 헌법 • 영국, 프랑스 제3공화국, 1978년 이전의 스페인, 이스라엘 등

II 연성헌법과 경성헌법

연성헌법	• 일반법률의 개정 절차에 따라 개정될 수 있는 헌법 • 1848년의 이탈리아 헌법, 1876년의 스페인 헌법 등
경성헌법	• 헌법의 개정이 일반법률의 개정 절차보다 어려운 헌법 • 사회 안정·권력통제·자유보장의 기능을 충분히 발휘할 수 있는 헌법

III 민정헌법 등

흠정헌법	• 군주가 제정한 헌법 • 1814년 프랑스 헌법, 1889년 일본 헌법
협약헌법	• 군주와 국민이 협약에 의해 제정한 헌법 • 1809년 스웨덴 헌법, 1830년 프랑스 헌법
민정헌법	• 국민이 제정한 헌법 • 미국 헌법, 대한민국 헌법 등
국약헌법	• 국가 간 협약에 의해 제한한 헌법 • 1867년 오스트리아 헌법, 1949년 독일기본법

제3항 헌법의 특성

I 사실적 특성

헌법은 정치세력 간의 정치적 투쟁과 정치적 타협의 과정을 거쳐서 성립된다는 '정치성', 특유의 이념과 가치를 내용으로 한다는 '이념성', 헌법의 이념이나 가치는 헌법이 기초하고 있는 시대의 역사적 조건과 상황 속에 존재하는 이념이고 가치라는 '역사성'을 가진다.

Ⅱ 규범적 특성

헌법은 규범적으로 '최고규범'이고, '기본권 보장 규범'이며, '조직·수권 규범'이며, '권력 제한 규범'이다. 헌법재판소는 "국가의 법질서는 헌법을 최고법규로 하여 그 가치질서에 의하여 지배되는 통일체를 형성하는 것이며 그러한 통일체내에서 상위규범은 하위규범의 효력근거가 되는 동시에 해석근거가 된다."고 판시하였다(헌재 1989. 7. 21. 89헌마38).

Ⅲ 구조적 특성

헌법은 유동적인 정치현실이 반영된 규범이므로 헌법의 개정가능성을 불가피한 요소로 한다는 '유동성', 제정 당시의 정치현실에 입각해서 미래의 정치발전 및 통제가능성을 예상하고 만들어지므로 추상적이고 불특정한 용어를 사용한다는 '추상성', 최소한의 기본적인 사항만 기술하고 세부적인 내용은 향후 정치세력 간의 합의에 맡겨두는 '개방성'을 구조적 특성으로 한다.

제2절 헌법학 연구

제1항 헌법의 해석

헌법의 해석은 헌법이 추구하는 이상과 이념에 따른 역사적, 사회적 요구를 올바르게 수용하여 헌법적 방향을 제시하는 헌법의 창조적 기능을 수행하여 국민적 욕구와 의식에 알맞는 실질적 국민주권의 실현을 보장하는 것이어야 한다. 그러므로 헌법의 해석과 헌법의 적용이 우리 헌법이 지향하고 추구하는 방향에 부합하는 것이 아닐 때에는 헌법적용의 방향제시와 헌법적 지도로써 정치적 불안과 사회적 혼란을 막는 가치관을 설정하여야 한다(헌재 1989. 9. 8. 88헌가6).

> **판례**
>
> ▶ **헌법의 개별 규정 간의 논리적 우열관계와 효력의 차등 문제**: 헌법은 전문과 각 개별조항이 서로 밀접한 관련을 맺으면서 하나의 통일된 가치체계를 이루고 있는 것으로서 헌법의 제 규정 가운데는 헌법의 근본가치를 보다 추상적으로 선언한 것도 있고, 보다 구체적으로 표현한 것도 있으므로 이념적·논리적으로는 규범 상호 간의 우열을 인정할 수 있다. 그러나 규범 상호 간의 우열은 추상적 가치규범의 구체화에 따른 것으로 '헌법의 통일적 해석'에 있어서는 유용할 것이지만, 헌법의 어느 특정규정이 다른 규정의 효력을 전면적으로 부인할 수 있을 정도의 개별적 헌법규정 상호간에 효력상의 차등을 의미하는 것은 아니다(헌재 1995. 12. 28. 95헌바3).

제2항 법률해석

I 전통적 법률해석 방법

문리적 해석	법조문의 문장·문구에 나타난 용어의 의의에 따라 법조문의 의미 파악
논리적 해석	전후 조문들과의 유기적·논리적 연관성을 고려해 법조문의 의미 파악
역사적 해석	법 제정 당시의 상황을 고려해 법조문의 의미 파악
목적적 해석	법 제정의 목적이나 법에 내재하는 가치를 고려해 법조문의 의미 파악

II 합헌적 법률해석

1. 의의

어떤 법률조항에 대한 여러 갈래의 해석이 가능한 경우, 특히 법률조항에 대한 해석이 한편에서는 합헌이라는 해석이, 다른 편에서는 위헌이라는 해석이 다 같이 가능하다면, 원칙적으로 헌법에 합치되는 해석을 선택하여야 한다는 헌법합치적 법률해석의 원칙이 존중되어야 한다(헌재 2012. 5. 31. 2009헌바123).

2. 연혁

미국 연방대법원은 1827년의 Ogden v. Saunder 사건에서 '입법부가 의결한 법률은 그 위헌성이 명백한 것으로 판명될 때까지는 일단 그 유효성을 추정하여야 한다.'는 '법률의 합헌성 추정의 원칙'을 밝혔고, 독일 연방헌법재판소는 법률의 합헌성 추정의 원칙을 수용하여 '법률이 헌법에 조화되는 것으로 해석될 수 있는 한 그것이 무효로 선언될 수 없다.'는 합헌적 법률해석론으로 발전시켰다.

3. 근거

합헌적 법률해석은 헌법을 최고법규로 하는 '통일적인 법질서의 형성'을 위하여서 필요할 뿐 아니라, 입법부가 제정한 법률을 위헌이라고 하여 전면 폐기하기보다는 그 효력을 되도록 유지하는 것이 '권력분립의 정신'에 합치하고 '민주주의적 입법기능을 최대한 존중'하는 것이어서 헌법재판의 당연한 요청이기도 하다. 만일 법률에 일부 위헌요소가 있을 때에 합헌적 해석으로 문제를 수습하는 길이 없다면 일부 위헌요소 때문에 전면위헌을 선언하는 길밖에 없을 것이며, 이는 합헌성이 있는 부분마저 폐기되는 충격일 것으로 헌법재판의 한계를 벗어날 뿐더러 '법적 안정성'의 견지에서 도저히 감내할 수 없다(헌재 1990. 6. 25. 90헌가11).

4. 요건

(1) 다의적 개념

어떤 법률의 개념이 다의적이고 그 어의의 테두리 안에서 여러 가지 해석이 가능할 때 헌법을 그 최고법규로 하는 통일적인 법질서의 형성을 위하여 헌법에 합치되는 해석 즉 합헌적인 해석을 택하여야 하며, 이에 의하여 위헌적인 결과가 될 해석을 배제하면서 합헌적이고 긍정적인 면은 살려야 한다는 것이 헌법의 일반 법리이다(헌재 1990. 4. 2. 89헌가113).

(2) 유효한 법률

헌법정신에 맞도록 법률의 내용을 해석·보충하거나 정정하는 헌법 합치적 법률해석은 유효한 법률조항의 의미나 문구를 대상으로 하는 것이지, 이를 넘어 이미 실효된 법률조항을 대상으로 하여 헌법 합치적인 법률해석을 할 수는 없는 것이어서, 유효하지 않은 법률조항을 유효한 것으로 해석하는 결과에 이르는 것은 헌법 합치적 법률해석을 이유로도 정당화될 수 없다(헌재 2009. 3. 17. 2009헌바123).

5. 유형

(1) 일부 위헌인 경우

법률이 일부무효인 경우 원칙적으로 '일부 위헌 결정'을 해야 한다. 다만 위헌인 조문을 폐지함으로 인해서 그 법률의 입법목적이나 취지가 달성될 수 없는 경우에는 예외적으로 '전부 위헌 결정'을 할 수 있다.

(2) 제한을 요하는 경우

법률의 내용이 일부 제한됨으로써 합헌으로 볼 수 있는 경우, 입법자의 입법취지나 목적이 본질적으로 침해되지 않는 범위 내에서 제한적 해석에 의해 당해 법률조항의 합헌성을 인정하는 것은 가능한데, 이 경우 헌법재판소는 '한정합헌', '한정위헌'의 형식을 활용하고 있다.

> **판례**
>
> ▶ **한정위헌**: 한정위헌이란 한정위헌 선고된 범위에 해당 법률조항의 규범력을 일체 적용시킬 수 없다는 의미의, 말하자면 어떠한 상황에서 어떠한 요건을 이유로도 그 범위 영역에 대하여는 기본권 제한을 가할 수 없다는 절대적인 면책영역을 선언하는 형태의 위헌결정이다(헌재 2011. 12. 29. 2007헌마1001).

(3) 보완을 요하는 경우

법률의 내용이 일부 보완되어야 합헌으로 볼 수 있는 경우, 해석에 의해 법률의 내용을 추가하는 것은 대부분 입법권을 침해하는 것이므로 당해 법률조항의 무효를 선언해야 한다. 다만 입법자에게 일정한 유예기간을 주고 법률의 내용을 합헌적으로 보완케 함으로써 그 효력을 지속시키는 것은 가능하다. 이 경우 헌법재판소는 '헌법불합치결정'의 형식을 활용하고 있다.

6. 한계

합헌적 법률해석은 권력분립과 입법권을 존중하는 정신에 뿌리를 두고 있으므로 법의 문구와 목적에 따른 한계가 있다. 즉, 법률의 조항의 문구가 간직하고 있는 말의 뜻을 넘어서 말의 뜻이 완전히 다른 의미로 변질되지 아니하는 범위 내이어야 한다는 '문의적 한계'와 입법권자가 그 법률의 제정으로써 추구하고자 하는 입법자의 명백한 의지와 입법의 목적을 헛되게 하는 내용으로 해석할 수 없다는 '법목적에 따른 한계'가 그것이다. 왜냐하면, 그러한 범위를 벗어난 합헌적 해석은 실질적 의미에서의 입법작용을 뜻하게 되어 입법권자의 입법권을 침해하는 것이 되기 때문이다(헌재 1989. 7. 14. 88헌가5).

> **판례**
>
> ▶ **사회보호법 제5조 제1항의 합헌적 해석의 가능성**(소극) : 법 제5조 제1항은 재범의 위험성을 보호감호의 명문의 요건으로 하지 않는 보호감호를 규정하고 있고, 법 제20조 제1항 단서는 법원에게 법 제5조 제1항 각호의 요건에 해당하는 한 보호감호를 선고하도록 규정하고 있다. 이에 반하여, 법 제5조 제2항은 재범의 위험성을 보호감호의 법정요건으로 명문화하고 있고, 법 제20조 제1항 본문은 이유없다고 인정할 때에는 판결로써 청구기각을 선고하여야 한다고 규정하고 있다. 따라서 법 제5조 제1항의 요건에 해당되는 경우에는 법원으로 하여금 감호청구의 이유 유무 즉, 재범의 위험성의 유무를 불문하고 반드시 감호의 선고를 하도록 강제한 것임이 위 법률의 조항의 문의임은 물론 입법권자의 의지임을 알 수 있으므로 위 조항에 대한 합헌적 해석은 문의의 한계를 벗어난 것이다(헌재 1989. 7. 14. 88헌가5).
>
> ▶ 군인사법 제48조 제4항 후단의 '무죄의 선고를 받은 때'의 의미와 관련하여, 형식상 무죄판결뿐 아니라 공소기각 재판을 받았다 하더라도 그와 같은 공소기각의 사유가 없었더라면 무죄가 선고될 현저한 사유가 있는 내용상 무죄재판의 경우도 이에 포함된다고 확대해석함이 법률의 문의적 한계 내의 합헌적 법률해석에 부합하는지(적극) : 원심은, 군인사법 제48조 제4항은 형사사건으로 기소되어 휴직명령을 받아 봉급의 반액을 지급받은 자는 '무죄의 선고를 받은 때' 그 차액을 소급하여 수령할 수 있도록 규정하고 있는바, 군인사법 제48조 제4항 후단의 '무죄의 선고를 받은 때'라 함은 형식상 무죄판결뿐 아니라 공소기각 재판을 받았다 하더라도 그와 같은 공소기각의 사유가 없었더라면 무죄가 선고될 현저한 사유가 있는 내용상 무죄재판의 경우까지로 확대해석함이 상당하다고 판단하였는바, 원심의 판단은 법률의 문의적 한계 내의 합헌적 법률해석에 따른 것으로 정당하다(대판 2004. 8. 20. 2004다22377).

7. 한정위헌결정의 기속력

헌법재판소의 법률에 대한 위헌결정에는 단순위헌결정은 물론, 한정합헌, 한정위헌결정과 헌법불합치결정도 포함되고 이들은 모두 당연히 기속력을 가진다(헌재 1997. 12. 24. 96헌마172).

> **판례**
>
> ▶ **한정위헌결정의 기속력 인정 여부**(소극) : 한정위헌결정의 경우, 법률이나 법률조항은 그 문언이 전혀 달라지지 않은 채 존속하고 있는 것이므로 한정위헌결정은 법률 또는 법률조항의 의미·내용과 그 적용범위를 정하는 법률해석이라고 이해하지 않을 수 없다. 그런데 법령의 해석·적용 권한은 사법권의 본질적 내용을 이루는 것으로서 전적으로 대법원을 최고법원으로 하는 법원에 전속한다. 그러므로 한정위헌결정에 표현되어 있는 헌법재판소의 법률해석에 관한 견해는 법률의 의미·내용과 그 적용범위에 관한 헌법재판소의 견해를 일응 표명한 데 불과하여 법원에 전속되어 있는 법령의 해석·적용 권한에 대하여 어떠한 영향을 미치거나 기속력도 가질 수 없다(대판 1996. 4. 9. 95누11405).

제3절 헌법의 제정과 변동

제1항 헌법의 제정

우리나라의 헌법은 제헌헌법이 초대국회에 의하여 제정된 반면 그 후의 제5차, 제7차, 제8차 및 현행의 제9차 헌법개정에 있어서는 국민투표를 거친 바 있고, 그간 각 헌법의 개정절차조항 자체가 여러 번 개정된 적이 있으며, 형식적으로도 부분개정이 아니라 전문까지를 포함한 전면개정이 이루어졌던 점과 우리의 현행 헌법이 독일기본법 제79조 제3항과 같은 헌법개정의 한계에 관한 규정을 두고 있지 아니하고, 독일기본법 제79조 제1항 제1문과 같이 헌법의 개정을 법률의 형식으로 하도록 규정하고 있지도 아니한 점 등을 감안할 때, 우리 헌법의 각 개별규정 가운데 무엇이 헌법 제정 규정이고 무엇이 헌법 개정 규정인지를 구분하는 것이 가능하지 아니할 뿐 아니라 각 개별규정에 그 효력상의 차이를 인정하여야 할 형식적인 이유를 찾을 수 없다(헌재 1995. 12. 28. 95헌바3).

제2항 헌법의 변동

I 헌법의 변천

의의	헌법 조항은 그대로 존재하면서 의미내용만 실질적으로 변화하는 것을 의미
계기	• 입법부가 헌법에 위반되는 입법을 하고 이것이 계속 집행되는 경우 • 국가기관이 위임을 받지 아니한 권한의 행사를 반복하는 경우 • 사법부가 헌법의 내용에 반하는 판결을 반복하는 경우 • 헌법에 위반되는 관행이나 선례가 누적되는 경우
요건	• 상당한 기간 헌법적 관례의 형성 • 형성된 관례에 대해 국민적 승인
예(例)	• 미국의 대통령선거를 직선제처럼 운용하는 것 • 미국의 연방대법원이 위헌법률심사권을 행사하는 것 • 일본이 평화 헌법 조항(9조)에도 불구하고 자위대를 보유하는 것 • 영국의 의원내각제도(불문헌법국가에서 변천이 가능한 예) • 노르웨이의 국왕 권한이 형식적·명목적으로 변질된 것 • 우리나라 제1공화국 당시 참의원을 두지 않고 단원제로 운영된 것

Ⅱ 헌법의 개정

1. 의의

헌법개정이란 헌법에 규정된 절차에 따라 기존의 헌법과 기본적 동일성을 유지하면서 헌법의 특정조항을 의식적으로 수정 또는 삭제하거나 새로운 사항을 추가함으로써 헌법의 형식이나 내용에 변경을 가하는 행위를 말한다.

> **판례**
>
> ▶ **헌법을 개정하거나 폐지하고 다른 내용의 헌법을 모색할 권리**: 우리 헌법의 전문과 본문 전체에 담겨 있는 최고 이념은 국민주권주의와 자유민주주의에 입각한 입헌민주헌법의 본질적 기본원리에 기초하고 있다. 헌법을 개정하거나 폐지하고 다른 내용의 헌법을 모색하는 것은 주권자인 국민이 보유하는 가장 기본적인 권리로서 가장 강력하게 보호되어야 할 권리 중의 권리에 해당한다(헌재 2013. 3. 21. 2010헌바132).

2. 형식

헌법의 개정은 기존의 조항은 그대로 두고 개정조항만을 추가하는 '증보형식'(Amendment 미국헌법)과 기존의 조항을 수정·삭제하거나 새로운 조항을 추가하는 '수정형식'(Revision 현행헌법)이 있다.

3. 절차

(1) 제안

> **헌법 제128조**
> ① 헌법개정은 국회 재적의원 과반수 또는 대통령의 발의로 제안된다.

> **판례**
>
> ▶ **제2차 개정헌법**(1954년 헌법): 헌법개정의 제안은 대통령, 민의원 또는 참의원의 재적의원 3분의 1 이상 또는 민의원의원 선거권자 50만인 이상의 찬성으로써 한다(제98조 제1항)고 규정하여 국민발안제를 도입하였다. 이 규정은 제5차 개정헌법에서는 국회의원 선거권자 50만인 이상으로 개정되었다가 제7차 개정헌법에서 삭제되었다.
>
> ▶ **제5차 개정헌법**(1962년 헌법): 헌법개정의 제안은 국회의 재적의원 3분의 1 이상 또는 국회의원 선거권자 50만인 이상의 찬성으로써 한다(제119조 제1항)고 규정하여 대통령의 헌법 개정안 제안권을 삭제하였다. 대통령의 헌법 개정안 제안권은 제7차 개정헌법에서 다시 인정되었다.
>
> ▶ **제7차 개정헌법**(1972년 헌법): 헌법의 개정은 대통령 또는 국회 재적의원 과반수의 발의로 제안된다(제124조 ①항)고 규정하여 헌법 개정안의 제안에 국회 재적의원 과반수의 발의를 요건으로 하였다.

(2) 공고

> **헌법 제129조**
> 제안된 헌법 개정안은 대통령이 20일 이상의 기간 이를 공고하여야 한다.

(3) **국회의결**

> **헌법 제130조**
> ① 국회는 헌법 개정안이 공고된 날로부터 60일 이내에 의결하여야 하며, 국회의 의결은 재적의원 3분의 2 이상의 찬성을 얻어야 한다.

국회의 헌법 개정안에 대한 표결방법은 기명투표이다(국회법 제112조 제4항).

(4) **국민투표**

> **헌법 제130조**
> ② 헌법 개정안은 국회가 의결한 후 30일 이내에 국민투표에 부쳐 국회의원 선거권자 과반수의 투표와 투표자 과반수의 찬성을 얻어야 한다.

판례

▶ **헌법개정에 관하여 찬반투표를 통하여 의견을 표명할 권리**: 헌법의 개정은 국회의원 재적 과반수 또는 대통령의 발의로 제안되어 재적의원 3분의 2 이상의 찬성에 따른 국회의 의결을 거친 다음 의결 후 30일 이내에 국민투표에 붙여 국회의원 선거권자 과반수의 투표와 투표자 과반수의 찬성을 얻어야만 이루어질 수 있다. 따라서 헌법의 개정은 반드시 국민투표를 거쳐야만 하므로 국민은 헌법개정에 관하여는 찬반투표를 통하여 그 의견을 표명할 권리를 가진다(헌재 2004. 10. 21. 2004헌마554).

▶ **국민투표무효의 소**: 국민투표의 효력에 관하여 이의가 있는 투표인은 투표인 10만인 이상의 찬성을 얻어 중앙선거관리위원회 위원장을 피고로 하여 투표일로부터 20일 이내에 대법원에 제소할 수 있다(국민투표법 제92조).

▶ **제5차 개정헌법**(1962년 헌법): 헌법 개정안은 국회가 의결한 후 60일 이내에 국민투표에 부쳐 국회의원 선거권자 과반수의 투표와 투표자 과반수의 찬성을 얻어야 한다(제121조 제1항)고 규정하여 헌법 개정안에 대한 필수적 국민투표제가 도입되었다.

▶ **제7차 개정헌법**(1972년 헌법): 대통령이 제안한 헌법 개정안은 국민투표로 확정되며, 국회의원이 제안한 헌법 개정안은 국회의 의결을 거쳐 통일주체국민회의의 의결로 확정된다(제124조 제2항)고 규정하여 헌법개정 절차를 이원화하였다.

(5) **공포**

> **헌법 제130조**
> ③ 헌법 개정안이 제2항의 찬성을 얻은 때에는 헌법개정은 확정되며, 대통령은 즉시 이를 공포하여야 한다.

4. 한계

> **헌법 제128조**
> ② 대통령의 임기연장 또는 중임변경을 위한 헌법개정은 그 헌법개정 제안 당시의 대통령에 대하여는 효력이 없다.

판례

▶ **제2차 개정헌법**(1954년 헌법) : 제2차 개정헌법은 "제1조(민주공화국), 제2조(국민주권)와 제7조의 2(주권의 제약 또는 영토의 변경을 가져올 국가안위에 관한 중대사항에 대한 국민투표권)의 규정은 개폐할 수 없다."고 하여(제98조 제6항), 헌법개정의 실정법적 한계를 명문으로 규정한 바 있다. 이 규정은 제5차 개정헌법(1962년 헌법)에서 삭제되었다.

▶ **헌법 제128조 제2항이 헌법개정의 한계조항인지**(소극) : 우리의 현행헌법은 독일기본법 제79조 제3항과 같은 헌법개정의 한계에 관한 규정을 두고 있지 않다(헌재 1995. 12. 28. 95헌바3).

제4절 헌법의 수호

제1항 헌법수호의 의의와 수호자

Ⅰ 헌법수호의 의의

헌법수호란 헌법이 확립해 놓은 헌정생활의 법적·정치적 기초가 흔들리거나 무너지는 것을 막음으로써 헌법적 가치질서를 지키는 것을 말한다. 즉 국가의 특정한 존재형식을 보호하는 것이 헌법수호이다.

Ⅱ 헌법수호자

헌법의 제1차적 수호자는 공무원이다. 현행 헌법은 공무원의 헌법 준수 의무를 명문으로 규정하고 있지 않지만, 미국 헌법(6조)과 일본 헌법(99조)은 공무원의 헌법 준수 의무를 명문으로 규정하고 있다. 헌법의 최종적 수호는 헌법을 유지하고 수호하려는 국민의 확고한 '헌법에의 의지'에 기대할 수밖에 없다. 그러한 의미에서 국민은 최후의 헌법수호자이다.

제2항 국가긴급권

I 국가긴급권의 의의

1. 개념

국가긴급권이란 국가의 존립과 안전을 위태롭게 하는 비상사태가 발생한 경우에 국가원수가 헌법에 규정된 통상적인 절차와 제한을 무시하고 국가의 존립과 안전을 확보하기 위하여 필요한 긴급조치를 강구할 수 있는 비상적 권한을 말한다.

2. 필요성과 한계

국가긴급권의 인정은 국가권력에 대한 헌법상의 제약을 해제하여 주는 것이 되므로 국가긴급권의 인정은 일면 국가의 위기를 극복하여야 한다는 필요성 때문이기는 하지만 그것은 동시에 권력의 집중과 입헌주의의 일시적 정지로 말미암아 입헌주의 그 자체를 파괴할 위험을 초래하게 된다. 따라서 헌법에서 국가긴급권의 발동기준과 내용 그리고 그 한계에 관해서 상세히 규정함으로써 그 남용 또는 악용의 소지를 줄이고 심지어는 국가긴급권의 과잉행사 때는 저항권을 인정하는 등 필요한 제동장치도 함께 마련해 두는 것이 현대의 민주적인 헌법국가의 일반적인 태도이다(헌재 1994. 6. 30. 92헌가18).

> **판례**
>
> ▶**국가긴급권의 한계**: 국가긴급권의 행사는 헌법질서에 대한 중대한 위기상황의 극복을 위한 것이기 때문에, 본질적으로 위기상황의 직접적인 원인을 제거하는데 필수불가결한 최소한도 내에서만 행사되어야 한다는 목적상 한계가 있다. 또한 국가긴급권은 비상적인 위기상황을 극복하고 헌법질서를 수호하기 위해 헌법질서에 대한 예외를 허용하는 것이기 때문에 그 본질상 일시적·잠정적으로만 행사되어야 한다는 시간적 한계가 있다(헌재 2015. 3. 26. 2014헌가5).

II 국가긴급권의 유형

1. 합헌적 국가긴급권

(1) 헌정사

제1공화국 헌법	계엄선포권과 긴급명령권 및 긴급재정처분권
제2공화국 헌법	• 대통령의 계엄선포권과 긴급재정처분권 • 국무총리의 긴급재정명령권
제3공화국 헌법	계엄선포권과 긴급재정·경제처분권, 긴급재정·경제명령권, 긴급명령권
제4공화국 헌법	계엄선포권과 긴급조치권
제5공화국 헌법	계엄선포권과 비상조치권
제6공화국 헌법	계엄선포권과 긴급재정·경제처분권, 긴급재정·경제명령권, 긴급명령권

(2) 현행 헌법상 국가긴급권

헌법은 대통령이 긴급재정경제처분·명령권 또는 긴급명령권을 발동한 경우에는 지체 없이 국회에 보고하여 그 승인을 얻어야 하되 만약 그 승인을 얻지 못하면 그 처분 또는 명령이 그때부터 효력을 상실한다고 규정하고(제76조 제3항, 제4항), 대통령이 계엄을 선포한 경우에도 지체 없이 국회에 통고하되 만약 국회가 재적의원 과반수의 찬성으로 계엄의 해제를 요구하면 계엄을 해제하여야 한다고 규정함으로써(제77조 제4항, 제5항), 엄격한 사후통제 절차를 마련하고 있다.

2. 초헌법적 국가긴급권

국가보위에 관한 특별조치법은 초헌법적인 국가긴급권을 대통령에게 부여하고 있다는 점에서 이는 헌법을 부정하고 파괴하는 반입헌주의, 반법치주의의 위헌법률이다(헌재 1994. 6. 30. 92헌가18).

제3항 저항권

I 저항권의 의의

저항권이란 국가권력에 의하여 헌법의 기본원리에 대한 중대한 침해가 행하여지고 그 침해가 헌법의 존재 자체를 부인하는 것으로서 다른 합법적인 구제수단으로는 목적을 달성할 수 없을 때에 국민이 자기의 권리·자유를 지키기 위하여 실력으로 저항하는 권리를 말한다(헌재 1997. 9. 25. 97헌가4).

> **판례**
>
> ▶ **시민단체의 낙선운동이 시민불복종운동으로서 헌법상 정당행위이거나 형법상 정당행위 또는 긴급피난에 해당하는지**(소극): 피고인들의 위 행위가 시민불복종운동으로서 헌법상의 기본권 행사 범위 내에 속하는 정당행위이거나 형법상 사회상규에 위반되지 아니하는 정당행위 또는 긴급피난의 요건을 갖춘 행위로 볼 수는 없다(대판 2004. 4. 27. 2002도315).

II 우리나라에서의 저항권

1. 인정 여부

우리 헌법은 저항권을 명문으로 규정하고 있지 아니하나, 저항권은 국가권력에 의하여 헌법의 기본원리에 대한 중대한 침해가 행하여지고 그 침해가 헌법의 존재 자체를 부인하는 것으로서 다른 합법적인 구제수단으로는 목적을 달성할 수 없을 때에 국민이 자기의 권리·자유를 지키기 위하여 실력으로 저항하는 권리로서 헌법의 본질과 헌법이 정하고 있는 기본권의 보장 및 국가의 본질과 역할에서 자연적으로 도출된다(헌재 2014. 12. 19. 2013헌다1).

2. 인정 요건

저항권은 공권력의 행사자가 민주적 기본질서를 침해하거나 파괴하려는 경우 이를 회복하기 위하여 국민이 공권력에 대하여 폭력·비폭력, 적극적·소극적으로 저항할 수 있다는 국민의 권리이자 헌법수호제도를 의미한다. 하지만 저항권은 공권력의 행사에 대한 '실력적' 저항이어서 그 본질상 질서교란의 위험이 수반되므로, 저항권의 행사에는 개별 헌법조항에 대한 단순한 위반이 아닌 민주적 기본질서라는 전체적 질서에 대한 중대한 침해가 있거나 이를 파괴하려는 시도가 있어야 하고, 이미 유효한 구제수단이 남아 있지 않아야 한다는 보충성의 요건이 적용된다. 또한 그 행사는 민주적 기본질서의 유지, 회복이라는 소극적인 목적에 그쳐야 하고 정치적, 사회적, 경제적 체제를 개혁하기 위한 수단으로 이용될 수 없다(헌재 2014. 12. 19. 2013헌다1).

> **판례**
>
> ▶ **국회법 소정의 협의 없는 개의시간의 변경과 회의일시를 통지하지 아니한 입법과정의 하자가 저항권행사의 대상이 되는지**(소극): 저항권은 국가권력에 의하여 헌법의 기본원리에 대한 중대한 침해가 행하여지고 그 침해가 헌법의 존재 자체를 부인하는 것으로서 다른 합법적인 구제 수단으로는 목적을 달성할 수 없을 때에 국민이 자기의 권리·자유를 지키기 위하여 실력으로 저항하는 권리이므로, 국회법 소정의 협의 없는 개의시간의 변경과 회의일시를 통지하지 아니한 입법과정의 하자는 저항권 행사의 대상이 되지 아니한다(헌재 1997. 9. 25. 97헌가4).
>
> ▶ **저항권을 재판규범으로 원용할 수 있는지**(소극): 저항권이 실정법에 근거를 두지 못하고 오직 자연법에만 근거하고 있는 한 법관은 이를 재판규범으로 원용할 수 없다고 할 것인바, 헌법 및 법률에 저항권에 관하여 아무런 규정이 없는 우리나라의 현 단계에서는 저항권이론을 재판의 근거규범으로 채용, 적용할 수 없다(대판 1980. 5. 20. 80도306).
>
> ▶ **입법절차의 하자를 이유로 한 저항권 행사가 가능한지**(소극): 저항권이란 초실정법적 자연법질서 내의 권리주장으로서 실정법을 근거로 국가사회의 법질서 위반 여부를 판단하는 재판권 행사에 있어 이를 주장하는 것은 허용되지 아니한다는 것이 당원의 견해이고, 저항권은 국가권력에 의하여 헌법의 기본원리에 대한 중대한 침해가 행하여지고 그 침해가 헌법의 존재 자체를 부인하는 것으로서 다른 합법적인 구제 수단으로서는 목적을 달성할 수 없는 때에 국민이 자기의 권리, 자유를 지키기 위하여 실력으로 저항하는 권리이므로, 국회가 법률을 제정·개폐함에 있어 입법절차를 무시한 하자가 있다고 하더라도 이는 저항권 행사의 대상이 되지 않는다(대판 2000. 9. 5. 99도3865).

CHAPTER 02 대한민국 헌법 총설

제1절 대한민국 헌법의 제정과 개정

제1항 헌법의 제정(1948. 7. 17.)

I. 제정 경과

1948년 2월 26일 UN 소총회는 한국의 가능한 지역 내에서 UN 임시한국위원단의 감시하에 총선거를 실시하고 정부를 수립할 것을 결정하였고, 임시한국위원단의 결정에 따라 1948년 5월 10일에 국회의원 선출을 위한 총선거가 실시되어 북한지역에 할당된 100명을 제외한 198명으로 제헌국회가 구성되었다. 제헌국회는 1948년 6월 3일 헌법기초위원회를 구성하였고, 헌법기초위원회는 전문위원 유진오의 초안을 원안으로 하고 전문위원 권승렬의 안을 참고안으로 하여 심의하였다. 유진오 원안과 권승렬 참고안은 모두 정부형태를 의원내각제로 하였으나 국회의장 이승만의 반대 등으로 단원제 국회, 대통령중심제, 위헌법률심사권을 헌법위원회에 부여하는 것으로 변경되었다. 1948년 6월 23일 헌법초안이 국회본회의에 상정되었고, 7월 12일에 국회에서 의결되었으며, 7월 17일 국회의장에 의해 헌법이 공포되고 즉시 시행되었다.

> **판례**
> ▶ **교육부장관이 교육부 고시를 통해 '대한민국이 유엔에서 승인한 한국의 유일한 합법정부'라는 내용을 명시하여야 할 헌법상 작위의무가 인정되는지**(소극) : 헌법 제31조 제6항 및 이를 구체화하는 교육기본법과 초·중등교육법은 '대한민국이 유엔에서 승인한 한국의 유일한 합법정부'라는 내용을 교육과정에 포함시키도록 명시적으로 위임하고 있지 않다. 또한 사회의 구성원으로서 기본적인 품성과 보편적인 자질을 배양하고자 하는 초·중등교육의 목적에 비추어보면, 위와 같은 내용을 교육과정에 명시할 구체적 작위의무가 대한민국의 발전과정을 이해하고 역사적 판단력과 문제해결능력, 비판적 사고력의 기초를 형성하는데 불가결한 것으로서 관련 법률의 해석상 발생한다고 보기도 어렵다(헌재 2021. 5. 27. 2018헌마1108).

Ⅱ 주요 내용

1. 헌법총론
- 영토조항(4조)
- 국회의 의결에 의한 헌법개정(98조④)
- 지방자치제도(96조, 97조)
- 통제경제를 주축으로 한 자연자원의 원칙적 국유화(85조)

2. 기본권
- 양심의 자유, 종교의 자유, 학문과 예술의 자유 이외의 자유권에 대한 개별적 법률유보
- 근로3권(18조①)
- 근로자의 이익분배균점권(18조②, 제5차 개정에서 삭제)
- 생활무능력자의 보호, 가족의 건강보호(19조, 20조)

3. 통치구조

(1) 국회
- 단원제 국회
- 가부동수일 때 의장의 결정권(제5차 개정에서 삭제)
- 가예산제도(94조)

(2) 대통령과 부통령
- 국회 간선제(53조①)
- 임기 4년, 1차에 한하여 중임(55조①)
- 대통령 권한대행(1순위 부통령, 2순위 국무총리, 52조)

(3) 정부
- 국무총리는 대통령이 임명하고 국회가 승인(69조①)
- 의결기관으로서의 국무원(72조)

(4) 법원
- 대법원장은 대통령이 임명하고 국회가 승인(78조)
- 명령규칙심사권(81조①)

(5) 헌법위원회
- 부통령이 위원장, 대법관 5인과 국회의원 5인으로 구성(81조③)
- 위헌법률심사권(81조②)

(6) 탄핵재판소
- 부통령이 재판장, 대법관 5인과 국회의원 5인으로 구성(47조②)
- 대통령과 부통령을 심판할 때는 대법원장이 재판장 직무대행(47조②)

제2항 헌법의 개정

I. 제1차 헌법개정

1. 개정 경과

이승만과 한국민주당이 대립함에 따라 한국민주당은 의원내각제를 주요 내용으로 하는 개헌안을 제출하였으나(제1차 개헌안) 1950년 3월 13일 부결되었고, 1950년 5월 30일 제2대 국회의원 총선 결과 무소속이 전체의석의 60%인 126석을 차지하여 이승만 정부를 위협하게 되자 국회 의결로는 대통령 재선이 어렵다고 판단한 이승만은 대통령 직선제를 골자로 하는 개헌안을 제출하였으나(제2차 개헌안) 1952년 1월 18일 국회에서 부결되었다. 이후 야당이 1952년 4월 17일에 내각책임제 개헌안을 제출하자, 이승만은 5월 14일 다시 대통령 직선제를 핵심으로 하는 개헌안을 제출하였고, 국회의원들을 강제 연행하여 의사당에 연금하는 등의 공포 분위기를 조성한 뒤 7월 4일 정부의 직선제 개헌안과 야당의 국무원 불신임제가 절충된 발췌 개헌안을 통과시켰다(1952. 7. 7. 공포, 발췌개헌).

2. 주요 내용

(1) 국회
- 양원제 국회(민의원과 참의원 31조②)
- 민의원의원 4년, 참의원의원 6년(33조)

(2) 대통령과 부통령
- 직선제(53조①)
- 국무총리와 국회의원 겸식금지(53조⑦)

(3) 정부
- 국무총리는 대통령이 임명하고 국회가 승인(69조①)
- 일반국무는 연대책임, 각자의 행위는 개별책임(70조③)
- 민의원의 국무원 불신임권(70조의2)

(4) 헌법위원회
- 부통령이 위원장, 대법관 5인, 민의원의원 3인, 참의원의원 2인으로 구성(81조③)

(5) 탄핵재판소
- 부통령이 재판장, 대법관 5인과 참의원의원 5인으로 구성(47조②)

3. 문제점
- 발췌 개헌안에 대한 공고절차 없이 국회에서 의결
- 비상계엄령하에서 야당의원들에 대한 폭력적 위협이 가해지는 가운데 기립, 공개표결
- 대통령을 직선으로 선출하면서 의원내각제의 본질인 국무원 불신임제 규정

II 제2차 헌법개정

1. 개정 경과
1954년 1월 23일 정부는 자유시장경제를 내용으로 하는 개정안을 제출하였다가 3월 9일 철회하였다. 이후 1954년 5월 20일의 국회의원 총선에서 이승만의 자유당이 다수의석을 차지하자 이승만은 1954년 9월 8일 자신에 한하여 대통령 중임제한을 적용하지 않는 개헌안을 제출하였고, 1954년 11월 27일 민의원에서 표결한 결과 1표가 부족하여 부결 선포되었다(재적 203명 중 135명 찬성). 그러나 이틀 후인 11월 29일 국회는 야당의원들이 퇴장하고 여당인 자유당 의원들만 참석한 가운데 부결 선포를 취소하고 개헌안 가결을 선포하였다. 이는 재적 203의 3분의 2는 135.33…이므로 사사오입(四捨五入)에 의해 135명 찬성은 개헌의결 정족수인 재적의원 3분의 2를 충족시킨다는 주장에 따른 것이었다 (1954. 11. 29. 공포, 사사오입 개헌).

2. 주요 내용

(1) **헌법총론**
- 주권의 제약 등 국가 안위에 관한 중대 사항에 대한 필수적 국민투표(7조의2)
- 헌법개정안에 대한 국민발안제(98조①)
- 헌법개정의 실정법적 한계(98조⑥)
- 자유시장경제체제로 전환(88조 등)

(2) **통치구조**
- 초대 대통령에 대한 중임제한 철폐(부칙④)
- 대통령 궐위 시 부통령의 당연승계(55조②)
- 국무총리제도 폐지(순수한 미국식 대통령제로 변경, 44조 등)
- 민의원의 국무위원에 대한 개별적 불신임제도(70조의2①)
- 군법회의 신설(83조의2①)

3. 문제점
- 절차적 측면에서 정족수에 미달한 위헌적 개정
- 내용적 측면에서 초대 대통령에 한하여 중임제한 철폐

III 제3차 헌법개정

1. 개정 경과
1960년 3·15 부정 선거(제4대 대통령 선거)에 대하여 학생을 중심으로 국민적 저항운동이 일어나자 이승만은 4월 27일 대통령직을 사임하였고, 5월 2일 허정(許政)을 대통령 직무대행으로 하는 과도정부가 수립되었다. 6월 11일 개헌안이 국회에 제출되고 6월 15일 可 208, 좀 3의 압도적 다수로 통과되었다(1960. 6. 15. 공포, 제2공화국의 성립). 이는 최초의 여야합의에 의한 개헌이었으며, 개헌 후 국회는 자진해산하였고, 신헌법에 따라 총선거가 실시되고 신정부가 구성되었다.

2. 주요 내용

(1) 헌법총론
- 정당 조항 및 위헌정당해산제도 도입(13조②)
- 공무원의 정치적 중립성 및 신분보장(27조②)
- 경찰의 중립 보장(75조②)

(2) 기본권
- 일반적 법률유보 조항(28조②)
- 기본권의 본질적 내용 침해금지 조항 신설(28조②)
- 언론출판에 대한 허가 및 검열과 집회결사에 대한 허가제 금지(28조②)

(3) 통치구조
1) 국회
   - 양원제
   - 준예산제도(94조)

2) 대통령
   - 대통령 간선제(국회 양원 합동회의, 53조①)
   - 임기 5년, 1차에 한하여 중임(55조)
   - 권한대행 순서(참의원 의장, 민의원 의장, 국무총리 순, 52조)

3) 정부
   - 행정권의 국무원 귀속(68조①)
   - 국무원은 국무총리와 국무위원으로 구성(68조②)
   - 국무원의 민의원에 대한 연대책임(68조③)
   - 국무총리는 대통령이 지명하고 민의원의 동의(69조①)
   - 민의원의 국무원 불신임권 및 국무원의 민의원 해산권(71조①)

4) 중앙선거위원회
   - 중앙선거위원회 신설(75조의2①)
   - 대법관 중에서 호선한 3인, 정당에서 추천한 6인의 위원으로 구성
   - 위원장은 대법관 위원 중에서 호선(75조의2②)

5) 법원
   - 대법원장과 대법관을 법관 자격이 있는 선거인단에서 선거하고 대통령이 확인(78조①)

6) 헌법재판소
   - 헌법재판소 신설(83조의3)
   - 위헌법률심판권, 헌법에 관한 최종적 해석권, 국가기관 간의 권한쟁의, 정당의 해산심판, 탄핵재판, 대통령, 대법원장과 대법관의 선거소송(83조의3)
   - 대통령, 대법원, 참의원이 각 3인씩 선임(83조의4②)

Ⅳ 제4차 헌법개정

1. 개정 경과
민주당 정권이 들어선 후 3·15 부정 선거의 책임자들에 대한 처벌이 미약하다는 비판이 고조되고 이에 항의하는 시위자들이 국회의사당을 일시 점거하는 사태가 발생하자 국회는 11월 29일 반민주행위자 처벌 등을 위한 소급입법의 근거를 위한 헌법 개정안을 의결하였다(1960. 11. 29. 공포).

2. 주요 내용
- 3·15 부정선거에 관여한 반민주행위자의 처벌과 공민권 제한을 위한 특별법
- 부정축재자 처리를 위한 특별법
- 형사사건 처리를 위한 특별재판소와 특별검찰부

3. 문제점
- 소급입법에 의한 참정권과 재산권 제한

Ⅴ 제5차 헌법개정

1. 개정 경과
1961년 5·16 쿠데타에 의해 정권을 잡은 군부는 국가재건최고회의(군사혁명위원회)를 설치하고, 6월 6일 "국가재건최고회의는 국가권력을 통합한 최고의 통치기관의 지위를 갖는다. 제2공화국 헌법은 비상조치법에 저촉되지 않는 범위 내에서만 그 효력을 갖는다."는 등을 내용으로 하는 국가재건비상조치법을 제정·공포하였다. 이후 민정이양을 위한 새로운 헌법의 제정이 문제되자 국가재건최고회의는 1962년 7월 11일 헌법심의위원회를 구성하였고, 11월 5일 헌법 개정안이 공고되고 12월 6일 국가재건최고회의의 의결을 거쳐 12월 17일 국민투표로 확정되었다(1962. 12. 26. 공포, 제3공화국의 성립).

> **판례**
>
> ▶ **국가재건비상조치법의 법적 성질**: 국가재건비상조치법 제3조에 의하면 "헌법에 규정된 국민의 기본적 권리는 혁명과업 수행에 저촉되지 아니하는 범위 내에서 보장된다."라고 규정하였고 같은 법 제24조에 의하면 "헌법의 규정 중 이 비상조치법에서 저촉되는 규정은 이 비상조치법에 의한다."라고 규정하였고 같은 법 제9조에 의하면 "헌법에 규정된 국회의 권한은 국가재건최고회의가 이를 행한다."라고 규정하였으므로 위의 국가재건비상조치법이 헌법과 같은 효력이 있는 기본법임을 알 수 있다(대판 1963. 11. 7. 63초8).

2. 주요 내용

(1) 헌법총론
- 헌법 전문 개정(헌법 전문은 5차, 7차, 8차, 9차 헌법에서 개정됨.)
- 국회의원이나 대통령 후보가 되려는 자는 소속 정당의 추천을 받아야 하고(36조③, 64조③), 국회의원이 합당 또는 제명으로 소속이 달라지는 경우를 제외하고는 임기 중 당적을 이탈하거나 변경한 때 또는 소속 정당이 해산된 때에는 자격 상실(38조)
- 헌법개정에 대한 필수적 국민투표제(121조①)

(2) **기본권**
- 인간의 존엄과 가치조항 신설(8조)
- 인간다운 생활을 할 권리 신설(30조①)
- 직업선택의 자유 신설(13조)

(3) **통치구조**
1) 국회
   - 단원제 국회
   - 국회의원의 수는 150인 이상 200인 이하(36조②)
   - 국무총리, 국무위원에 대한 해임건의권(59조)
2) 대통령
   - 대통령제로 환원(63조)
   - 직선제(64조①)
   - 임기 4년, 1차에 한하여 중임(69조①, ③)
   - 권한대행 순서(국무총리, 법률이 정하는 국무위원 순, 70조)
3) 정부
   - 국무회의는 심의기관(83조①)
   - 국무총리는 대통령이 임명(84조①)
   - 국가안전보장회의 신설(87조①)
   - 감사원 신설(92조 이하)
4) 법원
   - 대법원장은 법관추천회의의 제청에 의하여 대통령이 국회의 동의를 얻어 임명(99조①)
   - 위헌법률심판권(102조①)
   - 정당해산심판권(7조③)
5) 선거관리위원회
   - 중앙선거관리위원회는 대통령이 임명하는 2인, 국회에서 선출하는 2인, 대법원판사회의에서 선출하는 5인의 위원으로 구성, 위원장은 위원 중에서 호선(107조②)
   - 각급선거관리위원회의 헌법적 근거 마련(107조⑦)
6) 탄핵심판위원회
   - 탄핵심판위원회 신설(62조①)
   - 대법원장이 위원장, 대법원판사 3인과 국회의원 5인의 위원으로 구성, 단 대법원장을 심판할 경우 국회의장이 위원장(62조②)

Ⅵ 제6차 헌법개정

1. 개정 경과
여당은 박정희 대통령의 연임 횟수의 연장을 주요 내용으로 하는 헌법 개정안을 1969년 8월 7일 국회에 제출하였고, 동 개정안은 9월 14일 국회를 통과하고 10월 17일 국민투표로써 확정되었다 (1969. 10. 21. 공포, 3선 개헌).

2. 주요 내용
- 국회의원의 정수는 150인 이상 250인 이하(36조②)
- 국회의원의 겸직 제한 완화(39조)
- 대통령의 계속 재임을 3기로 연장(69조③)

3. 문제점
- 개헌안의 국회 표결과 국민투표법안 의결을 여당 의원만이 참석한 가운데 강행
- 국민투표 과정에서도 공무원의 관여 등 절차적 하자 중대

4. 국가보위에 관한 특별조치법의 제정
3선에 성공한 박정희는 1971년 12월 6일 북한의 남침 위협 증대를 내세워 국가비상사태를 선포하였고, 12월 27일 국회에서는 야당 의원들이 없는 가운데 '국가보위에 관한 특별조치법'이 의결되었다.

Ⅶ 제7차 헌법개정

1. 개정 경과
1972년 10월 17일 박정희는 새로운 남북관계에 대응하기 위한 명문으로 전국에 비상계엄을 선포하고, 약 2개월간 헌법의 일부 조항의 효력을 중지시키는 비상조치를 선언하였다. 이 조치의 주요 내용은 국회를 해산하고 정당 및 정치활동을 중지시키며, 국회의 기능은 비상국무회의가 수행하고, 비상국무회의의 기능은 국무회의가 수행하며, 비상국무회의는 평화통일을 지향하는 헌법 개정안을 공고하여 국민투표를 통해 확정한다는 것이었다. 개헌안은 11월 21일에 실시된 국민투표를 통해 확정되었고, 부칙에 근거하여 새 헌법의 시행 전에 통일주체국민회의 대의원 선거를 하고 통일주체국민회의에서 대통령선거가 행하여졌으며, 12월 27일 대통령이 취임하고 헌법이 공포·시행되었다(1972. 12. 27. 공포 제4공화국의 성립).

2. 주요 내용

(1) 헌법총론
- 평화통일 조항 신설(전문)
- 대통령이 제안한 헌법개정안은 국민투표로, 국회의원이 제안한 헌법개정안은 국회의 의결을 거쳐 통일주체국민회의의 의결로 확정(124조②)

(2) **기본권**
- 구속적부심사제 폐지
- 임의성 없는 자백의 증거능력 부인 조항 삭제
- 군인 등의 국가배상청구권 제한(26조②)
- 근로3권의 범위 제한(29조①)
- 기본권 제한의 목적으로 국가안전보장 추가(32조②)

(3) **통치구조**
   1) 통일주체국민회의
      - 통일주체국민회의 신설(35조 이하)
      - 대통령 선출권(39조①)
      - 국회의원 정수의 3분의 1 선출권(40조①)
      - 국회가 발의·의결한 헌법개정안 확정권(41조①)
   2) 대통령과 정부
      - 간선제
      - 임기는 6년(47조), 중임제한 규정 없음.
      - 긴급조치권(53조①)
      - 국회해산권(59조①)
      - 국회의원 정수의 3분의 1에 해당하는 국회의원 후보자 추천권(40조②)
      - 국무총리는 국회의 동의를 얻어 대통령이 임명(64조①)
   3) 국회
      - 국회의원 정수는 법률로 유보(76조②)
      - 국회의원의 임기는 6년, 통일주체국민회의에서 선출한 국회의원의 임기는 3년(77조)
      - 국회의 국정감사권 삭제
      - 국무총리, 국무위원에 대한 해임의결권(97조①)
   4) 법원
      - 대법원장은 대통령이 국회의 동의를 얻어 임명(103조①)
      - 대법원장이 아닌 법관은 대법원장이 제청하고 대통령이 임명(103조②)
      - 징계처분에 의한 법관 파면 허용(104조①)
   5) 헌법위원회
      - 위헌법률심판, 탄핵심판, 정당해산심판(109조①)
   6) 선거관리위원회
      - 중앙선거관리위원회는 9인의 위원으로 구성하며 위원은 대통령이 임명하되 3인은 국회가 선출하는 자를, 3인은 대법원장이 지명하는 자를 임명(112조②, ③)
      - 중앙선거관리위원회의 위원장은 위원 중에서 대통령이 임명(112조④)

VIII 제8차 개정헌법

1. 제정 경과

1979년 10월 26일 박정희 대통령이 급서(10·26 사태) 후 12·12 군사 반란(12·12 사태)에 성공한 군부세력이 학생시위를 빌미로 계엄을 전국으로 확대하는 5·17 사태가 일어나 헌정이 중단되었다. 1980년 8월 16일 최규하 대통령이 사임하고 전두환이 8월 27일 통일주체국민회의에서 보선되고, 헌법심의위원회의 헌법 개정안이 9월 29일 공고되어 10월 22일 국민투표를 통해 확정되었고 10월 27일 공포·시행되었다(1980. 10. 27. 공포, 제5공화국의 성립). 이로써 국회의원의 임기는 종료되고(부칙 5조), 정당이 해산되었다(부칙 7조). 10월 28일 국가보위비상대책위원회는 국가보위입법회의법을 제정·공포하였고 동법에 의해 구성된 국가보위입법회의가 새로운 헌법에 의해 국회가 구성될 때까지 국회의 권한을 대행하였다.

> **판례**
>
> ▶ **국가보위입법회의에서 제정된 법률을 제정절차의 하자를 이유로 다툴 수 있는지**(소극): 구 헌법 부칙 제6조 제1항은 "국가보위입법회의는 이 헌법 시행일로부터 이 헌법에 의한 국회의 최초의 집회일 전일까지 국회의 권한을 대행한다."고 규정함으로써 국가보위입법회의에 한시적으로 입법권을 부여하는 헌법상의 근거규정을 두었고, 같은 조 제3항은 "국가보위입법회의가 제정한 법률 등은 그 효력을 지속하며, 이 헌법 기타의 이유로 제소하거나 이의를 할 수 없다"고 규정함으로써 구 헌법하에서 그 제정 절차를 다툴 수 없는 유효한 법률임을 명백히 하였으며, 한편 현행 헌법 부칙 제5조는 "이 헌법 시행 당시의 법령과 조약은 이 헌법에 위배되지 아니하는 한 그 효력을 지속한다."고 규정함으로써 법령의 지속효에 관한 규정을 두고 있다. 그렇다면 국가보위입법회의에서 제정된 법률은 "그 내용"이 현행 헌법에 저촉된다고 하여 이를 다투는 것은 별론으로 하고 "그 제정절차"에 하자가 있다는 것을 이유로 하여 다툴 수는 없다(헌재 1997. 1. 16. 89헌마240).

2. 주요 내용

(1) 헌법총론
- 전문에서 4·19 의거와 5·16 혁명 이념 삭제
- 재외국민보호 조항 신설(2조②)
- 정당의 국고보조금 조항 신설(7조③)
- 전통문화의 창달 규정 신설(8조)
- 경제질서에 대한 공법적 규제 확대(120조③ 이하)

(2) 기본권
- 행복추구권 신설(9조)
- 구속적부심사제 부활(11조⑤)
- 연좌제 금지 신설(12조③)
- 사생활의 비밀과 자유 신설(16조)
- 언론·출판의 자유의 사회적 책임 규정(20조②)
- 형사피고인의 무죄추정의 원칙 규정(26조④)
- 적정임금 조항 신설(30조①)
- 환경권 조항 신설(33조)

(3) 통치구조
   1) 대통령
      • 대통령선거인단에 의한 간선제(39조①)
      • 임기 7년, 중임금지(45조)
      • 비상조치권(51조①)
      • 국회해산권(57조①)
   2) 국회
      • 국회의원 수는 200인 이상(77조②)
      • 비례대표제의 근거 조항 신설(77조③)
      • 국회의 동의를 요하는 조약에 어업조약이 빠지고, 주권의 제약에 관한 조약과 외국군대의 지위에 관한 조약 추가(96조①)
      • 국정조사권 신설(97조)
      • 국무총리, 국무위원에 대한 해임의결권(99조①)
   3) 법원
      • 대법원에 대법원판사 아닌 법관을 둘 수 있도록 함(103조③)
      • 대법원장은 국회의 동의를 얻어 대통령이 임명(105조①)
      • 탄핵과 형벌에 의하지 아니한 법관의 파면 금지(107조①)
      • 법률에 대한 전심권(법원은 법률이 헌법에 위반되는 것으로 인정할 때 헌법위원회에 제청, 108조①)
      • 행정심판의 헌법적 근거 명시(108조③)
   4) 헌법위원회
      • 위헌법률심판, 탄핵심판, 정당해산심판(112조①)
   5) 선거관리위원회
      • 중앙선거관리위원회는 대통령이 임명하는 3인, 국회에서 선출하는 3인, 대법원장이 지명하는 3인의 위원으로 구성하고, 위원장은 위원 중에서 호선(115조②)

IX 제9차 개정헌법

1. 개정 경과

1987년 박종철군 고문살인 사건으로 촉발된 6월 시민항쟁의 승리로 전두환 정권이 종말을 맞게 되자 여당은 6·29선언을 통해 직선제개헌을 수용하여, 9월 18일 여야 합의로 대통령 직선제 헌법 개정안이 국회에 발의되고 10월 12일 국회의 의결을 거쳐 10월 27일 국민투표로써 확정되어 10월 29일 공포된 후 1988년 2월 25일부터 시행되었다(1987. 10. 29. 공포, 제6공화국의 성립).

2. 주요 내용

(1) 헌법총론
   • 대한민국임시정부의 법통과 불의에 항거한 4·19 민주이념의 계승(전문)
   • 조국의 민주개혁 사명 명시(전문)
   • 재외국민에 대한 국가의 보호의무 신설(2조②)

- 자유민주적 기본질서에 입각한 평화적 통일정책의 수립·추진 규정 신설(4조)
- 국군의 정치적 중립성 준수 명시(5조②)
- 정당의 조직·활동뿐 아니라 목적까지도 민주적일 것을 추가적으로 요구(8조②)
- 지방의회의 구성에 관한 유보조항 삭제(부칙)

(2) **기본권**
- 적법절차 조항 신설(12조①, ③)
- 구속이유 고지 및 통지의무 규정 신설(12조⑤)
- 표현의 자유에 대한 허가제와 검열제 금지(21조②)
- 과학기술자의 권리보호 신설(22조②)
- 민간인의 군사법원의 재판관할에서 군사시설에 관한 죄 삭제(27조②)
- 형사피해자의 재판절차진술권 신설(27조⑤)
- 형사보상청구권의 주체를 피의자에게까지 확대(28조)
- 범죄피해자에 대한 국가구조제도 신설(30조)
- 최저임금제 신설(32조①)
- 쾌적한 주거생활권 보장(35조③)
- 모성보호규정 신설(36조②)

(3) **통치구조**
  1) 국회
     - 연중 회기일 수 제한 규정 삭제
     - 국회의 동의를 요하는 조약에 외국군대의 지위에 관한 조약 삭제(60조①)
     - 국정감사권 및 국정조사권(61조①)
     - 국무총리·국무위원에 대한 해임건의권(63조①)
  2) 대통령
     - 직선제(67조①)
     - 임기는 5년, 중임제한(70조)
     - 대통령의 비상조치권과 국회해산권 삭제
  3) 법원
     - 대법원장의 임기는 6년, 중임금지(105조①)
     - 탄핵 또는 금고 이상의 형의 선고에 의하지 아니한 파면 금지(106조①)
  4) 헌법재판소
     - 법률의 위헌 여부 심판, 탄핵의 심판, 정당의 해산심판, 국가기관 상호 간, 국가기관과 지방자치단체 간 및 지방자치단체 상호 간의 권한쟁의에 관한 심판, 법률이 정하는 헌법소원에 관한 심판(111조①)

제2절 대한민국의 국가형태와 구성요소

제1항 대한민국의 국가형태

I. 군주국과 공화국

군주국이란 군주제도를 가진 나라를, 공화국이란 군주제도가 없는 나라를 의미한다. 즉 오늘날 공화국은 군주국이 아닌 국가, 즉 주권이 국민에게 있고 국민이 선출한 대표자가 국민의 권리와 이익을 위하여 국정을 운영하며, 국가의 원수가 국민의 직접 또는 간접 선거에 의하여 선출되며 일정한 임기에 의해 교체되는 국가를 말한다.

II. 민주공화국과 전제공화국

민주공화국	• 자유민주주의를 정치적 이념으로 하는 국가 • 국민주권의 원리 • 권력분립주의 · 의회주의 · 법치주의에 의한 정치과정의 통제 • 상대주의적 세계관 • 국가와 사회의 이원주의
전제공화국	• 전제주의(또는 전체주의)를 정치적 이념으로 하는 국가 • 절대주의적 세계관 • 단일정당에 의한 권력 독점 • 국가와 사회의 구별 모호 • 철저한 중앙집권

III. 대한민국의 국가형태

헌법 제1조
① 대한민국은 민주공화국이다.

제2항 대한민국의 구성요소

I 국가권력

> **헌법 제1조**
> ② 대한민국의 주권은 국민에게 있고, 모든 권력은 국민으로부터 나온다.

1. 주권
주권이란 국가의사나 국가정책을 전반적·최종적으로 결정할 수 있는 최고의 권력으로서, 대내적으로는 최고의 권력이고 대외적으로는 독립의 권력을 의미한다.

2. 통치권
통치권이란 국가조직을 유지하고 국가목적을 실현하기 위한 구체적 권력으로서, 실질적 내용에 따라 자주조직권·영토고권·대인고권으로 나뉘며, 형식적 내용에 따라 입법권·행정권·사법권으로 나뉜다.

II 국민

> **헌법 제2조**
> ① 대한민국의 국민이 되는 요건은 법률로 정한다.

1. 국민과 국적

(1) 국민

국민이란 국가의 인적 요소로서 국가의 통치권에 복종할 의무를 가진 개개인의 전체집합을 의미한다. 국민은 영토, 주권과 더불어 국가의 3대 구성요소 중의 하나로, 그 나라의 국적을 가진 사람을 말한다. 국민은 국가의 항구적 소속원이므로 어느 곳에 있든지 그가 속하는 국가의 통치권에 복종할 의무를 부담하고, 국외에 있을 때에는 예외적으로 거주국의 통치권에 복종하여야 한다(헌재 2000. 8. 31. 97헌가12).

(2) 국적

국적은 국가와 구성원 간의 법적유대이고 보호와 복종관계를 뜻하므로 국가와 분리하여 생각할 수 없다. 즉 국적은 국가의 생성과 더불어 발생하고 국가의 소멸은 국적의 상실사유가 된다. 국적은 성문의 법령을 통해서가 아니라 국가의 생성과 더불어 존재하는 것이므로, 헌법의 위임에 따라 국적법이 제정되나 그 내용은 국가의 구성요소인 국민의 범위를 구체화, 현실화하는 '헌법사항'을 규율하고 있는 것이다(헌재 2000. 8. 31. 97헌가12).

국적에 관한 사항은 국가의 주권자의 범위를 확정하는 고도의 정치적 속성을 가지고 있어서 당해 국가가 역사적 전통과 정치·경제·사회·문화 등 제반사정을 고려하여 결정할 문제이다. 헌법 제2조 제1항은 "대한민국의 국민이 되는 요건은 법률로 정한다."고 하여 기본권의 주체인 국민에 관한 내용을 입법자가 형성하도록 하고 있다. 이는 대한민국 국적의 '취득'뿐만 아니라 국적의 유지, 상실을 둘러싼 전반적인 법률관계를 법률에 규정하도록 위임한 것이다(헌재 2014. 6. 26. 2011헌마502).

> **판례**
>
> ▶ **외국인의 특정 국가의 국적을 선택할 권리**(소극) : 개인의 국적선택에 대하여는 나라마다 그들의 국내법에서 많은 제약을 두고 있는 것이 현실이므로, 국적은 아직도 자유롭게 선택할 수 있는 권리에는 이르지 못하였다. 그러므로 "이중국적자의 국적선택권"이라는 개념은 별론으로 하더라도, 일반적으로 외국인인 개인이 특정한 국가의 국적을 선택할 권리가 <u>자연권으로서 또는 우리 헌법상 당연히 인정된다고는 할 수 없다</u>(헌재 2006. 3. 30. 2003헌마806).

2. 국적의 취득

(1) 유형

선천적 취득	• 출생에 의한 국적 취득 • 부모의 국적에 따라 국적을 부여하는 '속인주의'(혈통주의) • 출생지의 국적을 부여하는 '속지주의'(출생지주의)
후천적 취득	• 출생 이외의 사유에 의한 국적 취득 • 인지, 귀화, 수반취득, 국적회복

(2) 선천적 취득(국적법 제2조 제1항)

> • 출생 당시에 부 또는 모가 대한민국의 국민인 자
> • 출생하기 전에 부가 사망한 경우에는 그 사망 당시에 부가 대한민국의 국민이었던 자
> • 부모가 모두 분명하지 아니하거나 국적이 없는 경우에 대한민국에서 출생한 자

대한민국에서 발견된 기아는 대한민국에서 출생한 것으로 추정한다(국적법 제2조 제2항).

> **판례**
>
> ▶ **출생에 의한 국적취득에 있어 부계혈통주의를 규정한 구 국적법 제2조 제1항 제1호가 평등의 원칙에 위배되는지** (적극) : 부계혈통주의 원칙을 채택한 구법조항은 출생한 당시의 자녀의 국적을 부의 국적에만 맞추고 모의 국적은 단지 보충적인 의미만을 부여하는 차별을 하고 있다. 이렇게 한국인 부와 외국인 모 사이의 자녀와 한국인 모와 외국인 부 사이의 자녀를 차별취급하는 것은 모가 한국인인 자녀와 그 모에게 불리한 영향을 끼치므로 <u>헌법 제11조 제1항의 남녀평등원칙에 어긋난다</u>(헌재 2000. 8. 31. 97헌가12).

(3) 후천적 취득

1) 인지

대한민국의 국민이 아닌 자로서 대한민국의 국민인 부 또는 모에 의하여 인지된 자가 대한민국의 민법상 미성년이고, 출생 당시에 부 또는 모가 대한민국의 국민이었을 경우 법무부장관에게 신고함으로써 대한민국 국적을 취득할 수 있다. 신고한 자는 그 신고를 한 때에 대한민국 국적을 취득한다(국적법 제3조 제1항, 제2항).

2) 귀화

① 요건 및 시기

대한민국 국적을 취득한 사실이 없는 외국인은 법무부장관의 귀화허가를 받아 대한민국 국적을 취득할 수 있다. 귀화허가를 받은 사람은 법무부장관 앞에서 국민선서를 하고 귀화증서를 수여받은 때에 대한민국 국적을 취득한다(국적법 제4조 제1항, 제3항).

> **판례**
>
> ▶ 법무부장관이 법률에서 정한 귀화 요건을 갖춘 귀화신청인에게 귀화를 허가할 것인지 여부에 관하여 재량권을 가지는지(적극): 국적은 국민의 자격을 결정짓는 것이고, 이를 취득한 사람은 국가의 주권자가 되는 동시에 국가의 속인적 통치권의 대상이 되므로, 귀화허가는 외국인에게 대한민국 국적을 부여함으로써 국민으로서의 법적 지위를 포괄적으로 설정하는 행위에 해당한다. 이와 같은 귀화허가의 근거 규정의 형식과 문언, 귀화허가의 내용과 특성 등을 고려해 보면, 법무부장관은 귀화신청인이 귀화 요건을 갖추었다 하더라도 귀화를 허가할 것인지 여부에 관하여 재량권을 가진다고 보는 것이 타당하다(대판 2015. 9. 24. 2010두6496).

② 일반귀화(국적법 제5조)

- 5년 이상 계속하여 대한민국에 주소가 있을 것
- 대한민국에서 영주할 수 있는 체류자격을 가지고 있을 것
- 대한민국의 민법상 성년일 것
- 법령을 준수하는 등 법무부령으로 정하는 품행 단정의 요건을 갖출 것
- 자신이나 생계를 같이하는 가족에 의존하여 생계를 유지할 능력이 있을 것
- 국어능력 등 대한민국 국민으로서의 기본 소양을 갖추고 있을 것
- 국가안전보장·질서유지 또는 공공복리를 해치지 아니한다고 법무부장관이 인정할 것

> **판례**
>
> ▶ 외국인이 귀화허가를 받기 위해서 '품행이 단정할 것'의 요건을 갖추도록 한 국적법 제5조 제3호가 명확성 원칙에 위배되는지(소극): 심판대상조항의 입법취지와 용어의 사전적 의미 및 법원의 일반적인 해석 등을 종합해 보면, '품행이 단정할 것'은 '귀화신청자를 대한민국의 새로운 구성원으로서 받아들이는 데 지장이 없을 만한 품성과 행실을 갖춘 것'을 의미하고, 구체적으로 이는 귀화신청자의 성별, 연령, 직업, 가족, 경력, 전과관계 등 여러 사정을 종합적으로 고려하여 판단될 것임을 예측할 수 있다. 따라서 심판대상조항은 명확성 원칙에 위배되지 아니한다(헌재 2016. 7. 28. 2014헌바421).

③ 간이귀화

3년 이상 주소 (국적법 6조①)	• 부 또는 모가 대한민국의 국민이었던 사람 • 대한민국에서 출생한 사람으로서 부 또는 모가 대한민국에서 출생한 사람 • 대한민국 국민의 양자로서 입양 당시 대한민국의 민법상 성년이었던 사람
1년 또는 2년 이상 주소 (국적법 6조②)	• 배우자와 혼인한 상태로 대한민국에 2년 이상 계속하여 주소가 있는 사람 • 배우자와 혼인한 후 3년이 지나고 혼인한 상태로 대한민국에 1년 이상 계속하여 주소가 있는 사람 • 배우자와 혼인한 상태로 대한민국에 주소를 두고 있던 중 그 배우자의 사망이나 실종 또는 그 밖에 자신에게 책임이 없는 사유로 정상적인 혼인 생활을 할 수 없었던 사람으로서 잔여기간을 채웠고 법무부장관이 상당하다고 인정하는 사람 • 배우자와의 혼인에 따라 출생한 미성년의 자(子)를 양육하고 있거나 양육하여야 할 사람으로서 잔여기간을 채웠고 법무부장관이 상당하다고 인정하는 사람

④ 특별귀화

주소 (국적법 7조①)	• 부 또는 모가 대한민국의 국민인 사람(양자로서 대한민국의 민법상 성년이 된 후에 입양된 사람 제외) • 대한민국에 특별한 공로가 있는 사람 • 과학·경제·문화·체육 등 특정 분야에서 매우 우수한 능력을 보유한 사람으로서 대한민국의 국익에 기여할 것으로 인정되는 사람

3) 수반취득

외국인의 자로서 대한민국의 민법상 미성년인 사람은 부 또는 모가 귀화허가를 신청할 때 함께 국적 취득을 신청할 수 있다. 국적 취득을 신청한 사람은 부 또는 모가 대한민국 국적을 취득한 때에 함께 대한민국 국적을 취득한다(국적법 제8조 제1항, 제2항).

4) 국적회복

① 요건 및 시기

대한민국의 국민이었던 외국인은 법무부장관의 국적회복허가를 받아 대한민국 국적을 취득할 수 있다. 국적회복허가를 받은 사람은 법무부장관 앞에서 국민선서를 하고 국적회복증서를 수여받은 때에 대한민국 국적을 취득한다(국적법 제9조 제1항, 제3항).

② 제외 사유(국적법 제9조 제2항)

- 국가나 사회에 위해를 끼친 사실이 있는 사람
- 품행이 단정하지 못한 사람
- 병역을 기피할 목적으로 대한민국 국적을 상실하였거나 이탈하였던 사람
- 국가안전보장·질서유지 또는 공공복리를 위하여 법무부장관이 국적회복을 허가하는 것이 적당하지 아니하다고 인정하는 사람

> **판례**
>
> ▶ **국적회복과 귀화의 차이**: 국적회복과 귀화는 모두 외국인이 후천적으로 법무부장관의 허가라는 주권적 행정절차를 통하여 대한민국 국적을 취득하는 제도라는 점에서 동일하나, 귀화는 대한민국 국적을 취득한 사실이 없는 순수한 외국인이 법무부장관의 허가를 받아 대한민국 국적을 취득할 수 있도록 하는 절차인데 비해, 국적회복허가는 한 때 대한민국 국민이었던 자를 대상으로 한다는 점, 귀화는 일정한 요건을 갖춘 사람에게만 허가할 수 있는 반면, 국적회복허가는 일정한 사유에 해당하는 사람에 대해서만 국적회복을 허가하지 아니한다는 점에서 차이가 있다(헌재 2020. 2. 27. 2017헌바434).

(4) 외국 국적 포기 의무와 재취득

1) 외국 국적 포기 의무

대한민국 국적을 취득한 외국인으로서 외국 국적을 가지고 있는 자는 대한민국 국적을 취득한 날부터 1년 내에 그 외국 국적을 포기하여야 한다. 외국 국적 포기 의무를 이행하지 아니한 자는 그 기간이 지난 때에 대한민국 국적을 상실한다(국적법 제10조 제1항, 제3항).

> **판례**
>
> ▶ **외국인이 대한민국 국적을 취득한 경우 일정 기간 내에 외국 국적을 포기하도록 한 국적법 제10조 제1항이 외국인인 청구인들의 참정권 등 기본권 침해 가능성이 있는지**(소극): 참정권과 입국의 자유에 대한 외국인의 기본권주체성이 인정되지 않고, 외국인이 대한민국 국적을 취득하면서 자신의 외국 국적을 포기한다 하더라도 이로 인하여 재산권 행사가 직접 제한되지 않으며, 외국인이 복수국적을 누릴 자유가 우리 헌법상 행복추구권에 의하여 보호되는 기본권이라고 보기 어려우므로, 외국인의 기본권 주체성 내지 기본권 침해 가능성을 인정할 수 없다(헌재 2014. 6. 26. 2011헌마502).

2) 재취득

외국 국적 포기 의무를 이행하지 아니하여 대한민국 국적을 상실한 자가 그 후 1년 내에 그 외국 국적을 포기하면 법무부장관에게 신고함으로써 대한민국 국적을 재취득할 수 있다. 신고한 자는 그 신고를 한 때에 대한민국 국적을 취득한다(국적법 제11조 제1항, 제2항).

3. 복수국적

(1) 법적 지위

출생이나 그 밖에 국적법에 따라 대한민국 국적과 외국 국적을 함께 가지게 된 사람으로서 대통령령으로 정하는 사람은 대한민국의 법령 적용에서 대한민국 국민으로만 처우한다(국적법 제11조의2 제1항).

(2) 국적 선택 의무

1) 국적 선택 기간

① **원칙적 기간**

만 20세가 되기 전에 복수국적자가 된 자는 만 22세가 되기 전까지, 만 20세가 된 후에 복수국적자가 된 자는 그 때부터 2년 내에 하나의 국적을 선택하여야 한다(국적법 제12조 제1항).

② **병역준비역에 편입된 자**

병역법 제8조에 따라 병역준비역에 편입된 자는 편입된 때부터 3개월 이내에 하나의 국적을 선택하여야 한다(국적법 제12조 제2항).

> **판례**
>
> ▶ 병역준비역에 편입된 자의 국적이탈을 제한하고 있는 국적법 제12조 제2항 본문 등이 청구인의 국적이탈의 자유를 침해하는지(적극): 병역준비역에 편입된 복수국적자의 국적선택 기간이 지났다고 하더라도, 그 기간 내에 국적이탈 신고를 하지 못한 데 대하여 사회통념상 그에게 책임을 묻기 어려운 사정 즉, 정당한 사유가 존재하고, 병역의무 이행의 공평성 확보라는 입법목적을 훼손하지 않음이 객관적으로 인정되는 경우라면, 예외적으로 국적이탈을 허가하는 방안을 마련할 여지가 있다. 따라서 심판대상 법률조항은 과잉금지원칙에 위배되어 청구인의 국적이탈의 자유를 침해한다(헌재 2020. 9. 24. 2016헌마889 헌법불합치).

③ **이른바 원정출산자**

직계존속이 외국에서 영주할 목적 없이 체류한 상태에서 출생한 자는 현역·상근예비역·보충역 또는 대체역으로 복무를 마치거나 마친 것으로 보게 되는 경우, 전시근로역에 편입된 경우, 병역면제처분을 받은 경우에는 그때부터 2년 이내에 하나의 국적을 선택하여야 한다(국적법 제12조 제3항).

> **판례**
>
> ▶ 직계존속이 외국에서 영주할 목적 없이 체류한 상태에서 출생한 자는 병역의무를 해소한 경우에만 국적이탈을 신고할 수 있도록 하는 구 국적법 제12조 제3항이 국적이탈의 자유를 침해하는지(소극): 심판대상조항은 공평한 병역의무 분담에 관한 국민적 신뢰를 확보하려는 것으로 장차 대한민국과 유대관계가 형성되기 어려울 것으로 예상되는 사람에 대해서는 병역의무 해소 없는 국적이탈을 허용함으로써 국적이탈의 자유에 대한 제한을 조화롭게 최소화하고 있는 점, 병역기피 목적의 국적이탈에 대하여 사후적 제재를 가하거나 생활근거에 따라 국적이탈을 제한하는 방법으로는 입법목적을 충분히 달성할 수 있다고 보기 어려운 점 등을 감안할 때 심판대상조항은 과잉금지원칙에 위배되어 국적이탈의 자유를 침해하지 아니한다(헌재 2023. 2. 23. 2019헌바462).

2) 외국 국적의 선택

복수국적자로서 외국 국적을 선택하려는 자는 외국에 주소가 있는 경우에만 주소지 관할 재외공관의 장을 거쳐 법무부장관에게 대한민국 국적을 이탈한다는 뜻을 신고할 수 있다. 국적 이탈의 신고를 한 자는 법무부장관이 신고를 수리한 때에 대한민국 국적을 상실한다(국적법 제14조 제1항, 제2항).

> **판례**
>
> ▶ **복수국적자가 외국에 주소가 있는 경우에만 국적이탈을 신고할 수 있도록 하는 국적법 제14조 제1항 본문이 국적이탈의 자유를 침해하는지**(소극) : 심판대상조항은 국가 공동체의 운영원리를 보호하고자 복수국적자의 기회주의적 국적이탈을 방지하기 위한 것으로 더 완화된 대안을 찾아보기 어려운 점, 외국에 생활근거 없이 주로 국내에서 생활하며 대한민국과 유대관계를 형성한 자가 단지 법률상 외국 국적을 지니고 있다는 사정을 빌미로 국적을 이탈하려는 행위를 제한한다고 하여 과도한 불이익이 발생한다고 보기도 어려운 점 등을 고려할 때 심판대상조항은 과잉금지원칙에 위배되어 국적이탈의 자유를 침해하지 아니한다(헌재 2023. 2. 23. 2020헌바603).

4. 국적의 상실

(1) 외국 국적의 취득

1) 국적 상실 시기

① 자진하여 취득한 자

대한민국의 국민으로서 자진하여 외국 국적을 취득한 자는 그 외국 국적을 취득한 때에 대한민국 국적을 상실한다(국적법 제15조 제1항).

> **판례**
>
> ▶ **대한민국 국민이 자진하여 외국 국적을 취득한 경우 대한민국 국적을 상실하도록 한 국적법 제15조 제1항이 청구인의 거주·이전의 자유 및 행복추구권을 침해하는지**(소극) : 자발적으로 외국 국적을 취득한 자에게 대한민국 국적도 함께 보유할 수 있게 허용한다면, 출입국·체류관리가 어려워질 수 있고, 각 나라에서 권리만 행사하고 병역·납세와 같은 의무는 기피하는 등 복수국적을 악용할 우려가 있으며, 복수국적자로 인하여 외교적 보호권이 중첩되는 등의 문제가 발생할 여지도 있다. 따라서 국적법 제15조 제1항이 대한민국 국민인 청구인의 거주·이전의 자유 및 행복추구권을 침해한다고 볼 수 없다(헌재 2014. 6. 26. 2011헌마502).

② 혼인 등으로 취득한 자

대한민국의 국민으로서 외국인과의 혼인으로 그 배우자의 국적을 취득하게 된 자 등은 그 외국 국적을 취득한 때부터 6개월 내에 법무부장관에게 대한민국 국적을 보유할 의사가 있다는 뜻을 신고하지 아니하면 그 외국 국적을 취득한 때로 소급하여 대한민국 국적을 상실한 것으로 본다(국적법 제15조 제2항).

2) 상실자의 권리 변동

대한민국 국적을 상실한 자는 국적을 상실한 때부터 대한민국의 국민만이 누릴 수 있는 권리를 누릴 수 없으며, 대한민국의 국민만이 누릴 수 있는 권리 중 대한민국의 국민이었을 때 취득한 것으로서 양도할 수 있는 것은 그 권리와 관련된 법령에서 따로 정한 바가 없으면 3년 내에 대한민국의 국민에게 양도하여야 한다(국적법 제18조 제1항, 제2항).

(2) 귀화 허가 등의 취소

법무부장관은 거짓이나 그 밖의 부정한 방법으로 귀화허가나 국적회복 허가 또는 국적 보유 판정을 받은 자에 대하여 그 허가 또는 판정을 취소할 수 있다(국적법 제21조 제1항).

> **판례**
>
> ▶ 국적법 제21조 제1항 중 '국적회복 허가취소'에 관한 부분이 거주·이전의 자유 및 행복추구권을 침해하는지(소극): 국적취득에 있어서 적법성 확보가 사회구성원들 사이의 신뢰를 확보하고 국가질서를 유지하는 근간이 됨을 고려할 때 심판대상조항을 통하여 달성하고자 하는 공익이 제한되는 사익에 비해 훨씬 크다고 할 것이므로 심판대상조항은 법익의 균형성도 갖추었다. 따라서 심판대상조항은 과잉금지원칙에 위배하여 거주·이전의 자유 및 행복추구권을 침해하지 아니한다(헌재 2020. 2. 27. 2017헌바434).
>
> ▶ 법무부장관으로 하여금 거짓이나 그 밖의 부정한 방법으로 귀화 허가를 받은 자에 대하여 그 허가를 취소할 수 있도록 규정하면서도 그 취소권의 행사기간을 정하고 있지 아니한 국적법 제21조 부분이 거주·이전의 자유 및 행복추구권을 침해하는지(소극): 귀화 허가가 취소된다고 하더라도 외국인으로서 체류허가를 받아 계속 체류하거나 종전의 하자를 치유하여 다시 귀화 허가를 받을 수 있으므로, 귀화 허가취소권의 행사기간을 제한하지 않았다고 하더라도 침해의 최소성원칙에 위배되지 아니한다. 한편, 귀화허가가 취소되는 경우 국적을 상실하게 됨에 따른 불이익을 받을 수 있으나, 국적 관련 행정의 적법성 확보라는 공익이 훨씬 더 크므로 법익균형성의 원칙에도 위배되지 아니한다. 따라서 이 사건 법률조항은 거주·이전의 자유 및 행복추구권을 침해하지 아니한다(헌재 2015. 9. 24. 2015헌바26).

5. 재외국민의 보호

> **헌법 제2조**
> ② 국가는 법률이 정하는 바에 의하여 재외국민을 보호할 의무를 진다.

(1) 재외국민

재외동포란 대한민국의 국민으로서 외국의 영주권을 취득한 자 또는 영주할 목적으로 외국에 거주하고 있는 자(재외국민), 대한민국의 국적을 보유하였던 자(대한민국정부 수립 전에 국외로 이주한 동포 포함) 또는 그 직계비속으로서 외국국적을 취득한 자 중 대통령령으로 정하는 자(외국국적동포)를 말한다(재외동포법 제2조).

> **판례**
>
> ▶ 재외동포법의 적용대상에서 정부 수립 이전 이주동포를 제외한 것이 평등원칙에 위배되는지(적극): 정부 수립 이후 이주동포와 정부 수립 이전 이주동포는 이미 대한민국을 떠나 그들이 거주하고 있는 외국의 국적을 취득한 우리의 동포라는 점에서 같고, 국외로 이주한 시기가 대한민국 정부수립 이전인가 이후인가는 결정적인 기준이 될 수 없는데도, 정부수립이후이주동포의 요망사항은 재외동포법에 의하여 거의 완전히 해결된 반면, 정부수립이전이주동포(주로 중국동포 및 구 소련동포)는 재외동포법의 적용대상에서 제외됨으로써 그들이 절실히 필요로 하는 출입국기회와 대한민국 내에서의 취업기회를 차단당하였다. 요컨대, 이 사건 심판대상규정이 청구인들과 같은 정부수립이전이주동포를 재외동포법의 적용대상에서 제외한 것은 합리적 이유없이 정부수립이전이주동포를 차별하는 자의적인 입법이어서 헌법 제11조의 평등원칙에 위배된다(헌재 2001. 11. 29. 99헌마494 헌법불합치).

(2) 보호의무의 내용

재외국민을 보호할 국가의 의무에 의하여 재외국민이 거류국에 있는 동안 받는 보호는 조약 기타 일반적으로 승인된 국제법규와 당해 거류국의 법령에 의하여 누릴 수 있는 모든 분야에서의 정당한 대우를 받도록 거류국과의 관계에서 국가가 하는 '외교적 보호'와 국외거주 국민에 대하여 정치적인 고려에서 '특별히 법률로써 정하여 베푸는 법률·문화·교육 기타 제반영역에서의 지원'을 뜻한다(헌재 1993. 12. 23. 89헌마189).

Ⅲ 대한민국의 영역

> **헌법 제3조**
> 대한민국의 영토는 한반도와 그 부속도서로 한다.

> **참고**
> ▶ **헌정사**: 영토조항은 제헌헌법 제4조에서 규정한 이래 현행 헌법에 이르기까지 규정

1. 영토

(1) 대한민국의 영토

우리 헌법 제3조에서 영토조항을 두고 있는 이상 대한민국의 헌법은 북한지역을 포함한 한반도 전체에 효력이 미치고 따라서 북한지역은 당연히 대한민국의 영토가 된다(헌재 2005. 6. 30. 2003헌바114).

> **판례**
> ▶ **영토권을 헌법소원의 대상인 기본권의 하나로 간주하는 것이 가능한지**(적극): 헌법 제3조의 영토조항은 우리나라의 공간적인 존립기반을 선언하는 것인바, 영토변경은 우리나라의 공간적인 존립기반에 변동을 가져오고 국가의 법질서에도 변화를 가져옴으로써 필연적으로 국민의 주관적 기본권에도 영향을 미치지 않을 수 없다. 이러한 관점에서 살펴본다면, 국민의 개별적 기본권이 아니라 할지라도 기본권 보장의 실질화를 위하여서는 영토조항만을 근거로 하여 독자적으로는 헌법소원을 청구할 수 없다 할지라도 모든 국가권능의 정당성의 근원인 국민의 기본권 침해에 대한 권리구제를 위하여 그 전제조건으로서 영토에 관한 권리를, 영토권이라 구성하여 헌법소원의 대상인 기본권의 하나로 간주하는 것은 가능하다(헌재 2001. 3. 21. 99헌마139).

(2) 영토의 변경

영토는 자연적 조건이나 사실행위(무주지 선점, 자연적 영토형성, 화산이나 해일 등에 의한 영토의 멸실) 또는 조약(병합, 영토의 교환이나 매매, 전쟁 후 강화조약)에 의해서 제한 또는 변경될 수 있다.

> **참고**
> ▶ **1954년 헌법 제7조의2** ① 대한민국의 주권의 제약 또는 영토의 변경을 가져올 국가안위에 관한 중대사항은 국회의 가결을 거친 후에 국민투표에 부하여 민의원의원선거권자 3분지 2 이상의 투표와 유효투표 3분지 2 이상의 찬성을 얻어야 한다.

(3) 영토조항과 평화통일조항의 관계

1) 북한의 지위

북한은 여전히 우리나라와 대치하면서 우리나라의 자유민주주의 체제를 전복하고자 하는 적화통일정책을 완전히 포기하였다는 명백한 징후를 보이지 않고 있고, 그들 내부에 뚜렷한 민주적 변화도 보이지 않고 있는 이상, 북한은 조국의 평화적 통일을 위한 대화와 협력의 동반자임과 동시에 적화통일노선을 고수하면서 우리의 자유민주주의 체제를 전복하고자 획책하는 반국가단체라는 성격도 아울러 가지고 있다(헌재 1993. 7. 29. 92헌바48).

판례

▶ **개별 법률의 적용 내지 준용에 있어서 북한을 외국에 준하는 지역으로 규정할 수 있는지**(적극) : 우리 헌법이 "대한민국의 영토는 한반도와 그 부속도서로 한다"는 영토조항을 두고 있는 이상 대한민국의 헌법은 북한지역을 포함한 한반도 전체에 효력이 미치고 따라서 북한지역은 당연히 대한민국의 영토가 되므로 북한을 "외국"으로, 북한의 주민 또는 법인 등을 "비거주자"로 바로 인정하기는 어렵지만, 개별 법률의 적용 내지 준용에 있어서는 남북한의 특수관계적 성격을 고려하여 북한지역을 외국에 준하는 지역으로, 북한주민 등을 외국인에 준하는 지위에 있는 자로 규정할 수 있다(헌재 2005. 6. 30. 2003헌바114).

2) 북한주민의 지위

조선인을 부친으로 하여 출생한 자는 남조선과도정부법률 제11호 국적에 관한 임시조례의 규정에 따라 조선국적을 취득하였다가 제헌헌법의 공포와 동시에 대한민국 국적을 취득하였다 할 것이고, 설사 그가 북한법의 규정에 따라 북한국적을 취득하여 중국 주재 북한대사관으로부터 북한의 해외공민증을 발급받은 자라 하더라도 북한지역 역시 대한민국의 영토에 속하는 한반도의 일부를 이루는 것이어서 대한민국의 주권이 미칠 뿐이고, 대한민국의 주권과 부딪치는 어떠한 국가단체나 주권을 법리상 인정할 수 없는 점에 비추어 볼 때, 그러한 사정은 그가 대한민국 국적을 취득하고 유지함에 있어 아무런 영향을 끼칠 수 없다(대판 1996. 11. 12. 96누1221).

판례

▶ **북한주민이 '강제동원조사법'상 위로금 지급 제외대상인 '대한민국 국적을 갖지 아니한 사람'에 해당하는지**(소극) : 우리 헌법이 대한민국의 영토는 한반도와 그 부속도서로 한다는 영토조항을 두고 있는 이상 대한민국 헌법은 북한 지역을 포함한 한반도 전체에 효력이 미치므로 북한지역도 당연히 대한민국의 영토가 되고, 북한주민 역시 일반적으로 대한민국 국민에 포함되는 점 등을 종합하면, 북한주민은 강제동원조사법상 위로금 지급 제외대상인 '대한민국 국적을 갖지 아니한 사람'에 해당하지 않는다(대판 2016. 1. 28. 2011두24675).

▶ **탈북의료인에게 국내 의료면허를 부여하는 입법을 하지 아니한 부작위의 위헌확인을 구하는 헌법소원심판청구가 적법한지**(소극) : 의료법 제5조는 의사면허 등 의료면허의 취득에 관하여 규정하면서 국내대학 졸업자와 외국대학 졸업자를 구별하여 그 요건을 달리 정하고 있는데, 북한의 의과대학이 헌법 제3조의 영토조항에도 불구하고 국내대학으로 인정될 수 없고 또한 보건복지부장관이 인정하는 외국의 대학에도 해당하지 아니하므로, 북한의 의과대학 등을 졸업한 탈북의료인의 경우 국내 의료면허취득은 북한이탈주민의 보호 및 정착지원에 관한 법률 제14조에 의할 수밖에 없다. 따라서 탈북의료인에게 국내 의료면허를 부여할 것인지 여부는 입법자가 그의 입법형성권의 범위 내에서 규율한 사항이지, 헌법조문이나 헌법해석에 의하여 입법자에게 국내 의료면허를 부여할 입법의무가 발생한다고 볼 수는 없다(헌재 2006. 11. 30. 2006헌마679).

2. 영해

(1) 영해의 범위

대한민국의 영해는 기선으로부터 측정하여 그 바깥쪽 12해리의 선까지에 이르는 수역으로 한다. 다만, 대통령령으로 정하는 바에 따라 일정수역의 경우에는 12해리 이내에서 영해의 범위를 따로 정할 수 있다(영해법 제1조).

(2) 배타적 경제수역

대한민국의 배타적 경제수역은 협약에 따라 영해 및 접속수역법 제2조에 따른 기선으로부터 그 바깥쪽 200해리의 선까지에 이르는 수역 중 대한민국의 영해를 제외한 수역으로 한다(배타적 경제수역법 제2조 제1항).

> **판례**
>
> ▶ **독도 등을 중간수역으로 정한 한일어업협정이 영토권을 침해하는지**(소극): 이 사건 협정은 배타적 경제수역을 직접 규정한 것이 아닐 뿐만 아니라 배타적 경제수역이 설정된다 하더라도 영해를 제외한 수역을 의미하며, 이러한 점들은 이 사건 협정에서의 이른바 중간수역에 대해서도 동일하다고 할 것이므로 독도가 중간수역에 속해 있다 할지라도 독도의 영유권문제나 영해문제와는 직접적인 관련을 가지지 아니한 것임은 명백하다(헌재 2001. 3. 21. 99헌마139).

3. 영공

영공이란 영토와 영해의 수직상공을 말한다. 영공의 범위에 관해 실효적 지배설이 일반적인 견해이다.

제3절 대한민국 헌법의 기본원리

제1항 헌법의 기본원리

I 의의

헌법의 기본원리란 헌법의 이념적 기초로서 헌법을 총체적으로 지배하는 지도원리를 말한다. 대한민국의 주권을 가진 우리 국민들은 헌법을 제정하면서 국민적 합의로 대한민국의 정치적 존재형태와 기본적 가치질서에 관한 이념적 기초로서 헌법의 지도원리를 설정하였다(헌재 2001. 9. 27. 2000헌마238).

Ⅱ 기능

헌법의 지도원리는 국가기관 및 국민이 준수하여야 할 최고의 가치규범이고, 헌법의 각 조항을 비롯한 모든 법령의 해석기준이며, 입법권의 범위와 한계 그리고 국가정책결정의 방향을 제시한다(헌재 2001. 9. 27. 2000헌마238).

> **판례**
>
> ▶ **헌법의 기본원리로부터 구체적 기본권이 도출되는지**(소극) : 헌법의 기본원리는 입법이나 정책결정의 방향을 제시하며 공무원을 비롯한 모든 국민·국가기관이 헌법을 존중하고 수호하도록 하는 지침이 되며, 구체적 기본권을 도출하는 근거로 될 수는 없으나 기본권의 해석 및 기본권 제한 입법의 합헌성 심사에 있어 해석기준의 하나로서 작용한다(헌재 1996. 4. 25. 92헌바47).
>
> ▶ **우리 헌법에 담겨있는 최고 이념** : 우리 헌법의 전문과 본문의 전체에 담겨있는 최고 이념은 국민주권주의와 자유민주에 입각한 입헌민주헌법의 본질적 기본원리에 기초하고 있다. 기타 헌법상의 제원칙도 여기에서 연유되는 것이므로 이는 헌법전을 비롯한 모든 법령해석의 기준이 되고, 입법형성권 행사의 한계와 정책결정의 방향을 제시하며, 나아가 모든 국가기관과 국민이 존중하고 지켜가야 하는 최고의 가치규범이다(헌재 1989. 9. 8. 88헌가6).
>
> ▶ **정부의 대한민국 건국 60년 기념사업위원회의 설치·운영이 헌법전문, 통일정신, 국민주권 원리에 반하는지 여부가 청구인들의 기본권과 관련되는지**(소극) : 공권력의 행사 또는 불행사로 헌법의 기본원리 혹은 헌법상 보장된 제도의 본질이 훼손되었다고 하여 그 점만으로 바로 국민의 기본권이 현실적으로 침해된 것이라고 할 수는 없다. 통일정신, 국민주권원리 등은 우리나라 헌법의 연혁적·이념적 기초로서 헌법이나 법률해석에서의 해석기준으로 작용한다고 할 수 있지만, 그에 기하여 곧바로 국민의 개별적 기본권성을 도출해 내기는 어렵다. 한편, 헌법전문에 기재된 대한민국임시정부의 법통을 계승하는 부분이 침해되었다는 부분은 청구인들의 법적 지위에 현실적이고 구체적인 영향을 미친다고 볼 수 없으므로 기본권침해의 가능성이 인정되지 않는다(헌재 2008. 11. 27. 2008헌마517).

제2항 헌법의 전문

Ⅰ 헌법전문의 의의

헌법전문은 헌법의 이념 내지 가치를 제시하고 있는 헌법규범의 일부로서 헌법으로서의 규범적 효력을 나타내기 때문에 구체적으로는 헌법소송에서의 재판규범인 동시에 헌법이나 법률해석에서의 해석기준이 되고, 입법형성권 행사의 한계와 정책결정의 방향을 제시하며, 모든 국가기관과 국민이 존중하고 지켜가야 하는 최고의 가치규범이다(헌재 2006. 3. 30. 2003헌마806).

Ⅱ 헌법전문의 내용

> **전문**
>
> 유구한 역사와 전통에 빛나는 우리 대한국민은 3·1운동으로 건립된 대한민국임시정부의 법통과 불의에 항거한 4·19민주이념을 계승하고, 조국의 민주개혁과 평화적 통일의 사명에 입각하여 정의·인도와 동포애로써 민족의 단결을 공고히 하고, 모든 사회적 폐습과 불의를 타파하며, 자율과 조화를 바탕으로 자유민주적 기본질서를 더욱 확고히 하여 정치·경제·사회·문화의 모든 영역에 있어서 각인의 기회를 균등히 하고, 능력을 최고도로 발휘하게 하며, 자유와 권리에 따르는 책임과 의무를 완수하게 하여, 안으로는 국민생활의 균등한 향상을 기하고 밖으로는 항구적인 세계평화와 인류공영에 이바지함으로써 우리들과 우리들의 자손의 안전과 자유와 행복을 영원히 확보할 것을 다짐하면서 1948년 7월 12일에 제정되고 8차에 걸쳐 개정된 헌법을 이제 국회의 의결을 거쳐 국민투표에 의하여 개정한다.
>
> 1987년 10월 29일

판례

▶ **헌법의 동일성과 연속성의 선언**: 현행헌법은 전문에서 '1948. 7. 12.에 제정되고 8차에 걸쳐 개정된 헌법을 이제 국회의 의결을 거쳐 국민투표에 의하여 개정한다.'라고 하여, 제헌헌법 이래 현행헌법에 이르기까지 헌법의 동일성과 연속성을 선언하고 있으므로 헌법으로서의 규범적 효력을 가지고 있는 것은 오로지 현행헌법뿐이다(헌재 2013. 3. 21. 2010헌바32).

▶ **헌법 전문에 기재된 3·1정신이 헌법상 보장된 기본권에 해당하는지**(소극): 헌법전문에 기재된 3·1정신은 우리나라 헌법의 연혁적·이념적 기초로서 헌법이나 법률해석에서의 해석기준으로 작용한다고 할 수 있지만, 그에 기하여 곧바로 국민의 개별적 기본권성을 도출해낼 수는 없다고 할 것이므로, 헌법소원의 대상인 헌법상 보장된 기본권에 해당하지 아니한다(헌재 2001. 3. 21. 99헌마139).

▶ **국가에게 독립유공자와 그 유족에 대한 예우를 해 줄 헌법상 의무가 있는지**(적극): 헌법은 전문에서 3·1운동으로 건립된 대한민국임시정부의 법통을 계승한다고 선언하고 있다. 이는 대한민국이 일제에 항거한 독립운동가의 공헌과 희생을 바탕으로 이룩된 것임을 선언한 것이므로 국가는 일제로부터 조국의 자주독립을 위하여 공헌한 독립유공자와 유족에 대하여는 응분의 예우를 하여야 할 헌법적 의무를 진다. 다만 이 의무는 국가가 독립유공자의 인정절차를 합리적으로 마련하고 독립유공자에 대한 기본적 예우를 해주어야 한다는 것을 뜻할 뿐이며, 당사자가 주장하는 특정인을 반드시 독립유공자로 인정하여야 하는 것을 뜻할 수는 없다(헌재 2005. 6. 30. 2004헌마859).

▶ **일제강점기에 친일반민족행위자들의 친일행위에 대한 진상을 규명하고 친일행위의 대가로 취득한 재산을 공적으로 회수할 의무가 인정되는지**(적극): '3·1운동'의 정신은 우리나라 헌법의 연혁적·이념적 기초로서 헌법이나 법률해석에서의 해석기준으로 작용하는 것이고, '대한민국이 3·1운동으로 건립된 대한민국임시정부의 법통을 계승'한다고 선언한 헌법전문의 의미는 오늘날의 대한민국이 일제에 항거한 독립운동가의 공헌과 희생을 바탕으로 이룩된 것이라는 점 및 현행 헌법은 일본제국주의의 식민통치를 배격하고 우리 민족의 자주독립을 추구한 대한민국임시정부의 정신을 헌법의 근간으로 하고 있다는 점을 뜻한다고 볼 수 있다. 그렇다면 일제강점기에 우리 민족을 부정한 친일반민족행위자들의 친일행위에 대하여 그 진상을 규명하고 그러한 친일행위의 대가로 취득한 재산을 공적으로 회수하는 등 일본제국주의의 식민지로서 겪었던 잘못된 과거사를 청산함으로써 민족의 정기를 바로세우고 사회정의를 실현하며 진정한 사회통합을 추구해야 하는 것은 헌법적으로 부여된 임무라고 보아야 한다(헌재 2011. 3. 31. 2008헌바141).

▶ **일제강점기에 일본군위안부로 강제 동원되어 장기간 비극적인 삶을 영위하였던 피해자들의 훼손된 인간의 존엄과 가치를 회복시켜야 할 의무가 인정되는지**(적극) : 우리 헌법은 전문에서 3·1운동으로 건립된 대한민국임시정부의 법통 계승을 천명하고 있는바, 비록 우리 헌법이 제정되기 전의 일이라 할지라도 국가가 국민의 안전과 생명을 보호하여야 할 가장 기본적인 의무를 수행하지 못한 일제강점기에 일본군위안부로 강제 동원되어 인간의 존엄과 가치가 말살된 상태에서 장기간 비극적인 삶을 영위하였던 피해자들의 훼손된 인간의 존엄과 가치를 회복시켜야 할 의무는 대한민국임시정부의 법통을 계승한 지금의 정부가 국민에 대하여 부담하는 가장 근본적인 보호의무에 속한다(헌재 2011. 8. 30. 2006헌마788).

▶ **일본국에 대하여 가지는 일본군위안부로서의 배상청구권이 '청구권 협정' 제2조 제1항에 의하여 소멸되었는지 여부에 관한 한·일 양국 간 해석상 분쟁을 '청구권 협정' 제3조가 정한 절차에 따라 해결하지 아니하고 있는 외교통상부장관의 부작위가 위헌인지**(적극) : 일본국에 의하여 광범위하게 자행된 반인도적 범죄행위에 대하여 일본군위안부 피해자들이 일본에 대하여 가지는 배상청구권은 헌법상 보장되는 재산권일 뿐만 아니라, 그 배상청구권의 실현은 무자비하고 지속적으로 침해된 인간으로서의 존엄과 가치 및 신체의 자유를 사후적으로 회복한다는 의미를 가지는 것이므로 외교통상부장관의 부작위로 인하여 침해되는 기본권이 매우 중대하다. 또한, 일본군위안부 피해자는 모두 고령으로서, 더 이상 시간을 지체할 경우 일본군위안부 피해자의 배상청구권을 실현함으로써 역사적 정의를 바로 세우고 침해된 인간의 존엄과 가치를 회복하는 것은 영원히 불가능해질 수 있으므로 기본권 침해 구제의 절박성이 인정된다. 결국 이 사건 협정 제3조에 의한 분쟁해결절차로 나아가는 것만이 국가기관의 기본권 기속성에 합당한 재량권 행사라 할 것이고, 외교통상부장관의 부작위로 인하여 청구인들에게 중대한 기본권의 침해를 초래하였다 할 것이므로 헌법에 위반된다(헌재 2011. 8. 30. 2006헌마788).

▶ **일제강점기에 강제 동원되어 강제노동에 처해졌던 피해자들에 대한 훼손된 인간의 존엄가 가치를 회복시켜야 할 의무가 인정되는지**(적극) : 우리 헌법이 제정되기 전의 일이라 할지라도 국가가 국민의 안전과 생명을 보호해야 할 가장 기본적인 이무를 수행하지 못한 일제강점기에 강제 동원되어 강제노동에 처해졌고 그 노동의 대가까지 잃었던 자들의 훼손된 인간의 존엄과 가치를 회복시켜야 할 의무는 대한민국임시정부의 법통을 계승한 지금의 정부가 국민에 대하여 부담하는 가장 근본적인 보호의무에 속한다(헌재 2019. 12. 27. 2012헌마939).

▶ **일제강점기에 강제 동원되어 강제노동에 처해졌던 청구인들의 대일청구권이 '청구권 협정' 제2조 제1항에 의하여 소멸하였는지 여부에 관한 한·일 양국 간 해석상 분쟁을 '청구권 협정' 제3조가 정한 절차에 의하여 해결할 외교부장관의 작위의무가 인정되는지**(적극) : 외교부장관이 제3조에 따라 분쟁해결의 절차로 나아갈 의무는 일본국에 의해 자행된 조직적이고 지속적인 불법행위에 의하여 인간의 존엄과 가치를 심각하게 훼손당한 자국민들이 아직 돌려받지 못한 재산과 불법행위로 인한 손해에 대한 청구권을 실현할 수 있도록 협력하고 보호하여야 할 헌법적 요청에 의한 것으로서, 그 의무의 이행이 없으면 청구인들의 기본권이 중대하게 침해될 가능성이 있으므로, 외교부장관의 작위의무는 헌법에서 유래하는 작위의무로서 그것이 법령에 구체적으로 규정되어 있는 경우라고 할 것이다(헌재 2019. 12. 27. 2012헌마939).

▶ **태평양전쟁 전후 강제동원된 자 중 국외 강제동원자에 대해서만 위로금을 지급하도록 규정하고 있는 구 국외강제동원자지원법 조항이 청구인의 기본권을 침해하거나 헌법에 위반되는지**(소극) : 우리 헌법은 대한민국임시정부의 법통 계승을 천명하기는 하였으나 대한민국이 사실상 조선인을 보호해 줄 조국이 없던 상황 하에서 발생한 피해에 대해서 경제적 지원을 해야 하는지 여부, 나아가 지원을 한다면 그 범위와 수준은 어떻게 설정할 것인지 등의 문제는 기본적으로 국가의 재정부담 능력이나 전체적인 사회보장 수준 등에 따라 결정하여야 할 광범위한 입법형성의 영역에 속하는 것이다. 국가가 국가의 재정부담능력 등을 고려하여 일반적으로 강제동원으로 인한 정신적 고통이 더욱 크다고 볼 수 있는 국외 강제동원자 집단을 우선적으로 처우하는 것이 객관적으로 정의와 형평에 반한다거나 자의적인 차별이라고 보기는 어렵고, 달리 이 사건 법률조항이 청구인의 기본권을 침해하거나 헌법에 위반된다고 볼 수 없다(헌재 2012. 7. 26. 2011헌바352).

▶ **대한민국 국적을 가지지 아니한 사람을 위로금 지급대상에서 제외한 국외강제동원자지원법 제7조 제4호 부분이 평등원칙에 위배되는지**(소극) : 국외강제동원자지원법은 국민이 부담하는 세금을 재원으로 하여 국외강제동원 희생자와 그 유족에게 위로금 등을 지급함으로써 그들의 고통과 희생을 위로해 주기 위한 법으로서 국가가 유족에게 일방적인 시혜를 베푸는 것이므로, 그 수혜 범위에서 외국인인 유족을 배제하고 대한민국 국민인 유족만을 대상으로 한 것이다. 따라서 청구인과 같이 자발적으로 외국 국적을 취득하여 결과적으로 대한민국 국민으로서의 법적 지위와 권리·의무를 스스로 포기한 유족을 위로금 지급 대상에서 제외하였다고 하여 이를 현저히 자의적이거나 불합리한 것으로서 평등원칙에 위배된다고 볼 수 없다(헌재 2015. 12. 23. 2011헌바139).

▶ **한국인 BC급 전범들의 대일청구권이 '청구권 협정' 제2조 제1항에 의하여 소멸하였는지 여부에 관한 한·일 양국 간 해석상 분쟁을 '청구권 협정' 제3조가 정한 절차에 의하여 해결할 외교부장관의 작위의무가 인정되는지**(소극) : 일본군위안부 피해자나 원폭피해자의 경우와는 달리, 한국인 BC급 전범들에게는 국제전범재판소의 재판을 통하여 BC급 전범으로 인정되어 처벌을 받은 특별한 피해가 존재한다. 그리고 이러한 국제전범재판소의 판결은 국제법적으로 유효하며 외교부장관을 비롯한 국내의 국가기관이 존중하여야 한다. 따라서 한국인 BC급 전범들이 국제전범재판에 따른 처벌로 입은 피해와 관련하여 외교부장관에게 이 사건 협정 제3조에 따른 분쟁해결절차에 나아가야 할 구체적 작위의무가 인정된다고 보기 어렵다(헌재 2021. 8. 31. 2014헌마888).

제3항 국민주권의 원리

I 국민주권의 의의

헌법 제1조
② 대한민국의 주권은 국민에게 있고, 모든 권력은 국민으로부터 나온다.

헌법 제1조 제2항의 국민주권의 원리는 국가권력의 정당성이 국민에게 있고 모든 통치권력의 행사를 최후적으로 국민의 의사에 귀착시킬 수 있어야 한다는 국가권력 내지 통치권을 정당화하는 원리로 이해되고 있다(헌재 2009. 3. 26. 2007헌마843).

판례

▶ **국민주권주의의 의미** : 국민주권주의는 국가권력의 민주적 정당성을 의미하는 것이기는 하나 그렇다고 하여 국민전체가 직접 국가기관으로서 통치권을 행사하여야 한다는 것은 아니므로 주권의 소재와 통치권의 담당자가 언제나 같을 것을 요구하는 것이 아니고, 예외적으로 국민이 주권을 직접 행사하는 경우 이외에는 국민의 의사에 따라 통치권의 담당자가 정해짐으로써 국가권력의 행사도 궁극적으로 국민의 의사에 의하여 정당화될 것을 요구하는 것이다(헌재 2009. 3. 26. 2007헌마843).

Ⅱ 국민주권의 실현 방법

1. 대의제 원칙과 직접민주제의 가미

국민주권주의를 구현하기 위하여 헌법은 국가의 의사결정 방식으로 대의제를 채택하고, 이를 가능하게 하는 선거제도를 규정함과 아울러 선거권, 피선거권을 기본권으로 보장하며, 대의제를 보완하기 위한 방법으로 직접민주제 방식의 하나인 국민투표제도를 두고 있다(헌재 2009. 3. 26. 2007헌마843).

> **판례**
>
> ▶ **대의제의 기본적 요소와 본질**: 대의제는 국민주권의 이념을 존중하면서도 현대국가가 지니는 민주정치에 대한 현실적인 장애요인들을 극복하기 위하여 마련된 통치구조의 구성원리로서, 기관구성권과 정책결정권의 분리, 정책결정권의 자유위임을 기본적 요소로 하고, 특히 국민이 선출한 대의기관은 일단 국민에 의하여 선출된 후에는 법적으로 국민의 의사와 관계없이 독자적인 양식과 판단에 따라 정책 결정에 임하기 때문에 자유위임 관계에 있게 된다는 것을 본질로 하고 있다(헌재 2009. 3. 26. 2007헌마843).
>
> ▶ **국회의원 선거권의 내용**: 헌법의 기본원리인 대의제 민주주의하에서 국회의원 선거권이란 국회의원을 보통·평등·직접·비밀선거에 의하여 국민의 대표자인 국회의원을 선출하는 권리에 그치고, 개별 유권자 혹은 집단으로서의 국민의 의사를 선출된 국회의원이 그대로 대리하여 줄 것을 요구할 수 있는 권리까지 포함하는 것은 아니다(헌재 1998. 10. 29. 96헌마186).
>
> ▶ **직접민주제의 도입과 한계**: 근대국가가 대부분 대의제를 채택하고도 후에 이르러 직접민주제적인 요소를 일부 도입한 역사적인 사정에 비추어 볼 때, 직접민주제는 대의제가 안고 있는 문제점과 한계를 극복하기 위하여 예외적으로 도입된 제도라 할 것이므로, 헌법적인 차원에서 직접민주제를 직접 헌법에 규정하는 것은 별론으로 하더라도 법률에 의하여 직접민주제를 도입하는 경우에는 기본적으로 대의제와 조화를 이루어야 하고, 대의제의 본질적인 요소나 근본적인 취지를 부정하여서는 아니된다는 내재적인 한계를 지닌다(헌재 2009. 3. 26. 2007헌마843).
>
> ▶ **국회와의 대립 상황을 타개하기 위하여 국회의 활동을 전면적으로 금지한 계엄포고령이 대의민주주의에 반하는지**(적극): 이는 국회에 대한 군경 투입과 마찬가지로 국민의 대표기관인 국회에 계엄해제요구권을 부여한 헌법 제77조 제5항을 위반한 것일 뿐만 아니라, 대의민주주의와 권력분립원칙에 명백히 반하고, 국민의 대표인 국회의원의 심의·표결권 등 헌법상 권한을 침해한 것이다(헌재 2025. 4. 4. 2024헌나8).

2. 선거제도와 국민투표

민주국가에서 국민주권의 원리는 대의기관의 선출을 의미하는 선거와 일정사항에 대한 국민의 직접적 결정을 의미하는 국민투표에 의하여 실현된다. 선거는 오늘날의 대의민주주의에서 국민이 주권을 행사할 수 있는 가장 중요한 방법으로서, 선거를 통하여 국민은 선출된 국가기관과 그의 국가권력의 행사에 대하여 민주적 정당성을 부여한다. 즉, 원칙적으로 모든 국민이 균등하게 선거에 참여할 것을 요청하는 보통·평등선거원칙은 국민의 자기지배를 의미하는 국민주권의 원리에 입각한 민주국가를 실현하기 위한 필수적 요건이다(헌재 1999. 5. 27. 98헌마214).

3. 기본권 보장

우리 헌법이 규정하고 있는 선거권(제24조), 공무담임권(제25조), 언론·출판·집회·결사의 자유(제21조), 청원권(제26조) 등은 국민주권의 원리를 실현하는 수단이다.

> **판례**
>
> ▶ **일반 국민의 정치적 기본권, 언론·출판·집회·결사의 자유 등을 포괄적·전면적으로 제한하고 그 행사를 범죄행위로 규정한 계엄포고령이 국민주권주의와 자유민주적 기본질서에 위반되는지**(적극): 주권자인 국민이 자신의 정치적 생각을 표현하거나 합법적인 집회와 시위를 통해 설파하는 것은 국가의 안전에 대한 위협이 아니라 우리 헌법의 근본이념인 '자유민주적 기본질서'의 핵심적인 보장 영역에 속하는 것이다. 정부에 대한 비판에 대하여 합리적인 홍보와 설득으로 대처하는 것이 아니라, 비판 자체를 원천적으로 배제하려는 공권력의 행사나 규범의 제정은 대한민국 헌법이 예정하고 있는 자유민주적 기본질서에 부합하지 아니하므로 그 정당성을 부여할 수 없다. 대통령은 이 사건 포고령을 통하여 일반 국민의 정치적 기본권, 언론·출판·집회·결사의 자유 등을 포괄적·전면적으로 제한하고 그 행사를 범죄행위로 규정하였다. 이는 위와 같은 기본권의 행사를 허용하면 국회와의 대립 상황을 타개하는 데에 지장을 초래한다는 판단하에 일반 국민의 비판 자체를 원천적으로 배제하기 위하여 이루어진 조치이므로, 헌법의 근본원리인 국민주권주의와 자유민주적 기본질서를 위반한 것이다(헌재 2025. 4. 4. 2024헌나8).
>
> ▶ **유신헌법을 부정·반대·왜곡 또는 비방하거나 유신헌법의 개정 또는 폐지를 주장·발의·제안 또는 청원하는 일체의 행위 등을 전면적으로 금지하고 이를 위반하면 처벌하도록 하는 것을 내용으로 한 대통령긴급조치 제1호 및 제2호의 입법목적이 정당한지**(소극): 국민이 시행 중인 헌법에 대한 자신의 의견을 표하면서 그 헌법의 개선책을 모색하여 진일보한 국가공동체의 미래상을 지향하는 태도를 부정적으로 볼 수 없으며, 자신의 정치적 생각을 합법적인 집회와 시위를 통해 설파하거나 서명운동 등을 통해 자신과 의견이 같은 세력을 규합해 나가는 것은 국가의 안전에 대한 위협이 아니라 우리 헌법의 근본이념인 '자유민주적 기본질서'의 핵심적인 보장 영역에 속하는 것이다. 정부에 대한 비판에 대하여 합리적인 홍보와 설득으로 대처하는 것이 아니라, 비판 자체를 원천적으로 배제하려는 공권력의 행사나 규범의 제정은 대한민국 헌법이 예정하고 있는 자유민주적 기본질서에 부합하지 아니하므로 그 정당성을 부여할 수 없다(헌재 2013. 3. 21. 2010헌바132).

4. 지방자치제도

지방자치제도는 민주정치의 요체이며 현대의 다원적 복합사회가 요구하는 정치적 다원주의를 실현시키기 위한 제도적 장치로서 지방의 공동관심사를 자율적으로 처결함과 동시에 주민의 자치역량을 배양하여 국민주권주의와 자유민주주의 이념구현에 이바지함을 목적으로 하는 제도이다(헌재 1991. 3. 11. 91헌마21).

> **판례**
>
> ▶ **국민주권원리의 구현 방법**: 국민주권·민주주의원리는 그 작용영역, 즉 공권력의 종류와 내용에 따라 구현방법이 상이할 수 있다. 국회·대통령과 같은 정치적 권력기관은 헌법 규정에 따라 국민으로부터 직선된다. 그러나 지방자치기관은 그것도 정치적 권력기관이긴 하지만, 중앙·지방간 권력의 수직적 분배라고 하는 지방자치제의 권력분립적 속성상 중앙정치기관의 구성과는 다소 상이한 방법으로 국민주권·민주주의원리가 구현될 수도 있다. 또한 교육부문에 있어서의 국민주권·민주주의의 요청도, 문화적 권력이라고 하는 국가교육권의 특수성으로 말미암아 정치부문과는 다른 모습으로 구현될 수 있다(헌재 2000. 3. 30. 99헌바113).

5. 직업공무원제도

헌법이 제7조에서 "공무원은 국민전체에 대한 봉사자이며, 국민에 대하여 책임을 진다. 공무원의 신분과 정치적 중립성은 법률이 정하는 바에 의하여 보장된다."라고 명문으로 규정하고 있는 것은 바로 직업공무원제도가 국민주권원리에 바탕을 둔 민주적이고 법치주의적인 공직제도임을 천명하고 정권담당자에 따라 영향받지 않는 것은 물론 같은 정권하에서도 정당한 이유 없이 해임 당하지 않는 것을 불가결의 요건으로 하는 직업공무원제도의 확립을 내용으로 하는 입법의 원리를 지시하고 있는 것이라 할 것이다(헌재 1989. 12. 18. 89헌마32).

제4항 민주주의 원리

I 민주주의의 의의

1. 개념

민주주의란 국가권력의 창설과 행사가 국민의 의사에 근거하여 이루어져야 한다는 통치원리를 말한다. 민주주의(democracy)라는 말은 고대 희랍어에서 유래된 것으로서, '평범한 시민'을 의미하는 데모스(dēmos)와 '권력, 지배'를 의미하는 크라토스(kratos)의 결합으로 이루어진 말이다. 이것은 '평범한 시민들의 지배'를 의미하는데, 고대 희랍의 정치철학에서는 군주에 의한 '1인의 지배'나 귀족 등에 의한 '소수의 지배'에 대비되는 맥락에서 '다수의 지배'를 의미하는 것으로 이해되기도 하였다(헌재 2014. 12. 19. 2013헌다1).

> **판례**
>
> ▶ **민주주의에서 상대적 세계관**: 민주주의는 정치의 본질이 피치자에 대한 치자의 지배나 군림에 있는 것이 아니라, 타인과 공존할 수 있는 동등한 자유, 대등한 동료시민들 간의 존중과 박애에 기초한 자율적이고 협력적인 공적 의사결정에 있는 것이다. 따라서 민주주의 원리는 하나의 초월적 원리가 만물의 이치를 지배하는 절대적 세계관을 거부하고, 다양하고 복수적인 진리관을 인정하는 상대적 세계관(가치상대주의)을 받아들인다(헌재 2014. 12. 19. 2013헌다1).
>
> ▶ **민주주의 원리가 지향하는 정치적 이상**: 민주주의 원리는 억압적이지 않고 자율적인 정치적 절차를 통해 일견 난립하고 서로 충돌하기까지 하는 정견들로부터 하나의 국가공동체적 다수의견을 형성해 가는 과정으로 실현된다는 점에서 비민주적인 이념들과 근본적으로 구분된다. 설혹 통념이나 보편적인 시각들과 상충하는 듯 보이는 견해라 하더라도 원칙적으로 논쟁의 기회가 부여되어야 하고, 충돌하는 견해들 사이에서는 논리와 설득력의 경합을 통해 보다 우월한 견해가 판명되도록 해야 한다는 점이 민주주의 원리가 지향하는 정치적 이상이다. 요컨대, 다원주의적 가치관을 전제로 개인의 자율적 이성을 존중하고 자율적인 정치적 절차를 보장하는 것이 공동체의 올바른 정치적 의사형성으로 이어진다는 신뢰가 우리 헌법상 민주주의 원리의 근본바탕이 된다(헌재 2014. 12. 19. 2013헌다1).

2. 본질

실질적 민주주의란 국민의 정치 참여에 의해서 자유·평등·정의라는 인류사회의 보편적 가치를 실현시키려는 국민의 통치형태를 의미한다. 즉 국민의 통치형태가 단지 국민의 자기지배를 의미하는 것이 아니라 국가권력의 창설은 물론 국가 내에서 행사되는 모든 권력의 최후적 정당성이 자유·평등·정의라는 인류의 보편적 가치를 실현시키려는 일정한 세계관 내지 가치관적 통치형태를 의미한다.

Ⅱ 다수결 원리

1. 의의

다수결의 원리란 구성원 중 다수가 찬성한 의사를 전체 구성원을 구속하는 집단의사로 간주하는 의사결정 방식을 말한다.

2. 전제와 한계

(1) 전제

다수결이 정당화되기 위해서는 결정 참여자 사이에 평등한 지위가 보장되어야 하고, 다수결에 의해 의사를 결정한다는 의사결정 방식에 대한 합의가 있어야 하며, 참여자에게 자유로운 발언권이 보장되어야 하고, 고정된 다수가 없어야 하며(다수관계의 가변성), 구성원 사이에 일정한 법적 유대 내지 동질성이 존재하여야 하며, 표결에 이르기까지의 절차가 합리적이어야 한다.

(2) 한계

다수결의 원리는 민주주의의 실질적 내용을 실현시키기 위한 하나의 형식원리에 지나지 않기 때문에 다수결의 원리에 의해 국민주권·자유·평등·정의 등 민주주의의 실질적 내용을 배제하는 것은 다수결 원리의 한계를 일탈한 것이다. 다수결 원리에 절대적 힘을 부여해서 다수의 결정에 의하면 무엇이든지 가능하다고 믿는 이른바 상대적 민주주의와 일정한 세계관 내지 가치관에 입각한 실질적 민주주의가 이념적으로 구별되는 이유도 여기에 있다.

Ⅲ 방어적 민주주의

1. 의의

민주주의가 그 자체를 폐지하기 위한 수단으로 악용되는 것을 막고 헌법적 자유에 의해서 오히려 자유권 그 자체가 말살되는 것을 방지하기 위한 방어적 또는 전투적 민주주의를 말한다.

2. 전개

(1) 등장

민주주의를 부정하는 극단주의 세력인 나치에 의해 합법적 절차를 거쳐 민주주의가 파괴된 역사적 경험에 대한 반성으로 1930년대 말부터 칼 뢰벤쉬타인(K. Löwenstein) 등에 의해 방어적 민주주의 또는 전투적 민주주의론이 주창되었다. 즉 방어적 민주주의는 민주주의의 상대주의적 가치중립성에 대한 자제론 내지 한계 이론으로 등장한 것이다.

(2) 입법례 및 판례

제2차 세계대전 이후 독일연방공화국은 방어적 민주주의를 위한 제도로 기본법에 기본권 상실제도와 위헌정당해산제도를 도입하였고, 독일연방헌법재판소는 1952년 10월 23일 사회주의국가당(SRP)에 대한 위헌판결에서 SRP의 목적이 자유민주주의의 본질적 내용을 이루는 복수정당제를 부인한다는 점, 당내조직과 그 운영이 자유민주주의에 반하는 지도자원리에 기초하고 있다는 점, 당원의 활동이 인간의 존엄과 가치를 비롯하여 그 밖의 기본권을 경시하고 있다는 점 등을 이유로 강제해산을 선고하였다.

Ⅳ 현행 헌법상 민주주의 원리

1. 자유민주주의

> **헌법 제4조**
> 대한민국은 통일을 지향하며, 자유민주적 기본질서에 입각한 평화적 통일정책을 수립하고 이를 추진한다.

(1) 헌법의 지향이념

헌법은 전문에 "자율과 조화를 바탕으로 자유민주적 기본질서를 더욱 확고히 하여"라고 선언하고, 제4조에 "자유민주적 기본질서에 입각한 평화적 통일정책을 수립하고 이를 추진한다."라고 규정함으로써 자유민주주의 실현을 헌법의 지향이념으로 삼고 있다. 즉 국가권력의 간섭을 배제하고, 개인의 자유와 창의를 존중하며 다양성을 포용하는 자유주의와 국가권력이 국민에게 귀속되고, 국민에 의한 지배가 이루어지는 것을 내용적 특징으로 하는 민주주의가 결합된 개념인 자유민주주의를 헌법질서의 최고 기본가치로 파악하고, 이러한 헌법질서의 근간을 이루는 기본적 가치를 기본질서로 선언한 것이다(헌재 2001. 9. 27. 2000헌마238).

(2) 일반적 내용

우리 헌법은 자유민주적 기본질서의 보호를 그 최고의 가치로 인정하고 있고, 그 내용은 모든 폭력적 지배와 자의적 지배 즉 반국가단체의 일인독재 내지 일당독재를 배제하고 다수의 의사에 의한 국민의 자치, 자유·평등의 기본원칙에 의한 법치주의적 통치질서를 말한다. 구체적으로는 기본적 인권의 존중, 권력분립, 의회제도, 복수정당제도, 선거제도, 사유재산과 시장경제를 골간으로 한 경제질서 및 사법권의 독립 등을 의미한다(헌재 1990. 4. 2. 89헌가113).

(3) 시장경제 및 사유재산권의 보장

우리 헌법은 자유민주적 기본질서의 일부인 시장경제 및 사유재산권의 보장에 대하여도 제23조 제1항 전문에서 "모든 국민의 재산권은 보장된다.", 제119조 제1항에서 "대한민국의 경제질서는 개인과 기업의 경제상의 자유와 창의를 존중함을 기본으로 한다."고 각 규정하고 있다(헌재 1997. 8. 21. 88헌가19).

2. 방어적 민주주의

> **헌법 제8조**
> ④ 정당의 목적이나 활동이 민주적 기본질서에 위배될 때에는 정부는 헌법재판소에 그 해산을 제소할 수 있고, 정당은 헌법재판소의 심판에 의하여 해산된다.

우리 헌법은 정당에 대하여 민주적 기본질서를 해하지 않는 범위 내에서의 정당활동을 보장하고 있다. 따라서 어떠한 정당이 외형상 민주적 기본질서를 추구한다고 하더라도 그 구체적인 강령 및 활동이 폭력적 지배를 추구함으로써 자유민주적 기본질서를 위반되는 경우 우리 헌법 질서에서는 용인될 수 없는 것이다. 따라서 우리 헌법은 폭력적, 자의적인 지배 즉 일인 내지 일당독재를 지지하거나, 국민들의 기본적 인권을 말살하는 어떠한 지배원리도 용인하지 않는다. 형식적으로는 권력분립·의회제도·복수정당제도·선거제도를 유지하면서 실질적으로는 권력집중을 획책하여 비판과 견제기능을 무력화하고, 자유·비밀선거의 외형만을 갖춰 구성된 일당독재를 통하여 의회제도를 형해화하거나 또는 헌법상 보장된 기본권을 인정하지 아니함으로써 사유재산 및 시장경제질서를 부정하는 공산주의를 신봉하는 정당이나 집단은 우리 헌법의 이념과 배치되고, 이러한 이념을 추구한 정당 또는 단체와 그 구성원들의 활동도 헌법과 법률에 의하여 보호되지 아니한다(헌재 2001. 9. 27. 2000헌마238).

제5항 법치국가원리

I 법치국가원리의 의의

1. 개념
법치국가원리란 모든 국가적 활동과 국가공동체적 생활은 국민의 대표기관인 의회가 제정한 법률에 근거를 두고 법률에 따라 이루어져야 한다는 헌법원리를 말한다. 즉, 법 우선의 원칙에 따라 국가 공동생활에서 지켜야 할 법규범을 마련하고 국가작용을 이에 따르게 함으로써 인간생활의 기초가 되는 자유·평등·정의를 실현하려는 국가의 구조적 원리를 말한다.

2. 종류
오늘날의 법치주의는 국민의 권리·의무에 관한 사항은 법률로써 정해야 한다는 형식적 법치주의에 그치는 것이 아니라 법률의 목적과 내용 또한 기본권 보장의 헌법이념에 부합되어야 한다는 실질적 법치주의를 의미한다(헌재 2000. 1. 27. 98헌바6).

> **판례**
>
> ▶ **우리 헌법상 법치주의**: 우리 헌법은 국가권력의 남용으로부터 국민의 기본권을 보호하려는 법치국가의 실현을 기본이념으로 하고 있고 그 법치국가의 개념에는 헌법이나 법률에 의하여 명시된 죄형법정주의와 소급효의 금지 및 이에 유래하는 유추해석금지의 원칙 등이 적용되는 일반적인 형식적 법치국가의 이념뿐만 아니라 법정형벌은 행위의 무거움과 행위자의 부책에 상응하는 정당한 비례성이 지켜져야 하며, 적법절차를 무시한 가혹한 형벌을 배제하여야 한다는 자의금지 및 과잉금지의 원칙이 도출되는 실질적 법치국가의 실현이라는 이념도 포함되는 것이다(헌재 1992. 4. 28. 90헌바24).

Ⅱ 법치국가원리의 실현원리

법적 안정성	• 명확성의 원칙 • 신뢰보호의 원칙 • 소급입법금지의 원칙 • 위임입법의 한계(의회유보원칙, 포괄위임금지원칙)
정의합치성	• 개별사건법률금지의 원칙 • 체계정당성의 원리

1. 명확성의 원칙

(1) 의의

명확성 원칙이란 법령을 명확한 용어로 규정함으로써 적용대상자, 즉 수범자에게 그 규제내용을 미리 알 수 있도록 공정한 고지를 하여 장래의 행동지침을 제공하고, 동시에 법 집행자에게 객관적 판단지침을 주어 차별적이거나 자의적인 법 해석 및 집행을 예방하기 위한 원칙을 의미한다(헌재 2021. 4. 29. 2020헌바328).

(2) 적용 범위

모든 법률은 법치국가적 법적 안정성의 관점에서 행정과 사법에 의한 법 적용의 기준으로서 명확해야 한다(헌재 2007. 10. 4. 2006헌바91).

(3) 요청 정도

1) 최소한의 명확성

법규범의 문언은 어느 정도 일반적·규범적 개념을 사용하지 않을 수 없기 때문에 기본적으로 최대한이 아닌 최소한의 명확성을 요구하는 것으로서, 법 문언이 법관의 보충적인 가치판단을 통해서 그 의미 내용을 확인할 수 있고 그러한 보충적 해석이 해석자의 개인적인 취향에 따라 좌우될 가능성이 없다면 명확성 원칙에 반한다고 할 수 없다(헌재 2013. 5. 30. 2011헌바201).

> **판례**
>
> ▶ **일반적·규범적 개념을 사용한 경우**: 모든 법규범의 문언을 순수하게 기술적 개념만으로 구성하는 것은 입법기술적으로 불가능하고 바람직하지도 않기 때문에 어느 정도 가치개념을 포함한 일반적·규범적 개념을 사용하지 않을 수 없다. 또한 당해 법률조항의 입법목적, 당해 법률의 체계 및 다른 규정들과의 상호관계를 고려하거나 이미 확립된 판례를 통한 해석방법을 통하여 규정의 해석 및 적용에 대한 신뢰성이 있는 원칙을 도출할 수 있어서 법률조항의 취지를 예측할 수 있는 정도의 내용이라면 명확성의 원칙은 유지되고 있다고 보아야 할 것이다(헌재 2004. 2. 26. 2003헌바4).

2) 요구되는 정도

명확성의 원칙은 모든 법률에 있어서 동일한 정도로 요구되는 것은 아니고 개개의 법률이나 법 조항의 성격에 따라 요구되는 정도에 차이가 있을 수 있으며 각각의 구성요건의 특수성과 법률이 제정되게 된 배경이나 상황에 따라 달라질 수 있다. 일반론으로는 어떠한 규정이 부담적 성격을 가지는 경우에는 수익적 성격을 가지는 경우에 비하여 명확성의 원칙이 더욱 엄격하게 요구되고, 죄형법정주의가 지배하는 형사 관련 법률에서는 명확성의 정도가 강화되어 더 엄격한 기준이 적용되지만, 일반적인 법률에서는 명확성의 정도가 그리 강하게 요구되지 않기 때문에 상대적으로 완화된 기준이 적용된다(헌재 2005. 6. 30. 2005헌가1).

> **판례**
>
> ▶ **규율대상이 지극히 다양하거나 수시로 변화하는 경우**: 기본권 제한 입법이라 하더라도 규율대상이 지극히 다양하거나 수시로 변화하는 성질의 것이어서 입법기술상 일의적으로 규정할 수 없는 경우에는 명확성의 요건이 완화되어야 할 것이다(헌재 1999. 9. 16. 97헌바73).

(4) 판단기준과 판단대상

1) 판단기준

법규범이 명확한지 여부는 그 법규범이 수범자에게 법규의 의미 내용을 알 수 있도록 공정한 고지를 하여 예측 가능성을 주고 있는지 여부 및 그 법규범이 법을 해석·집행하는 기관에게 충분한 의미 내용을 규율하여 자의적인 법 해석이나 법 집행이 배제되는지 여부에 따라 판단할 수 있다(헌재 2021. 4. 29. 2020헌바328).

2) 판단대상

법규범의 의미 내용은 그 문언뿐만 아니라 입법목적이나 입법 취지, 입법 연혁, 그리고 법규범의 체계적 구조 등을 종합적으로 고려하는 해석 방법에 의하여 구체화하게 되므로 법규범이 명확성 원칙에 위반되는지 여부는 위와 같은 해석방법에 의하여 그 의미 내용을 합리적으로 파악할 수 있는 해석기준을 얻을 수 있는지 여부에 달려 있다(헌재 2021. 4. 29. 2020헌바328).

판례

▶ **명확성 원칙의 판단대상** : 당해 규정이 명확한지 여부는 그 규정의 문언만으로 판단할 것이 아니라 관련 조항을 유기적·체계적으로 종합하여 판단하여야 한다(헌재 1999. 9. 16. 97헌바73).

▶ **갱신되는 임대차의 차임과 보증금의 증액한도 및 임대인이 실제 거주를 이유로 갱신 거절 후 '정당한 사유' 없이 제3자에게 임대한 경우의 손해배상책임을 규정한 주택임대차보호법 제6조의3 제3항 단서 등이 명확성 원칙에 위배되는지**(소극) : 증액청구의 산정 기준이 되는 '약정한' 차임이나 보증금의 구체적 액수는 임대차계약을 통해 확인 가능하고, 차임과 보증금이 모두 존재할 경우 차임을 보증금으로 환산한 총 보증금을 산정 기준으로 삼는 것이 타당한 점, 임대인이 손해배상책임을 면할 수 있는 '정당한 사유'란 임대인이 갱신거절 당시에는 예측할 수 없었던 것으로서 제3자에게 목적 주택을 임대할 수밖에 없었던 불가피한 사정을 의미하는 것으로 해석되는 점 등에 비추어 명확성원칙에 반하지 아니한다(헌재 2024. 2. 28. 2020헌마1343).

▶ **학습자가 '수강을 계속할 수 없는 경우' 학원설립·운영자로 하여금 교습비 등을 반환하도록 규정한 '학원의 설립·운영 및 과외교습에 관한 법률' 제18조 제1항이 명확성 원칙에 반하는지**(소극) : 교습비 등 반환의무가 발생하는 경우로 교습자 측의 사유만을 두고 있다가 학습자 측의 사유도 추가하게 된 입법경위 및 입법취지, 교습비등이 적정하고 공평한 수준에서 정해지도록 규정하고 있는 관련 조항, 장기간의 교습비등을 일시불로 선불하도록 할 가능성이 있는 교습계약의 특성 등을 종합해 보면, 교습비 등 반환조항은 학습자의 단순변심을 포함하여 학습자 측의 사유로 수강을 계속할 수 없는 모든 경우를 규율하는 것임을 예측할 수 있으므로 명확성 원칙에 반하지 아니한다(헌재 2024. 8. 29. 2021헌바74).

▶ **'선량한 풍속 기타 사회질서'에 위반한 사항을 내용으로 하는 법률행위를 무효로 하는 민법 제103조가 명확성 원칙에 위반되는지**(소극) : 심판대상조항의 '선량한 풍속'은 사회의 일반적 도덕관념 또는 건전한 도덕관념으로 모든 국민에게 지킬 것이 요구되는 최소한의 도덕률로 해석할 수 있고, '사회질서'란 사회를 구성하는 여러 요소와 집단이 조화롭게 균형을 이룬 상태로 해석할 수 있다. 법률에서 선량한 풍속 기타 사회질서에 위반한 내용으로서 그 효력을 부인해야 하는 법률행위를 빠짐없이 규율하는 것은 입법기술상 매우 어렵고 적절하지도 않다. 문제되는 법률행위의 내용이 선량한 풍속 기타 사회질서에 위반한 것인지는 헌법을 최고규범으로 하는 전체 법질서, 그 법질서가 추구하는 가치 및 이미 구체화된 개별입법 등을 종합적으로 고려하여 판단되어야 하고, 개별 사례들에 관한 학설과 판례 등의 집적을 통해 그 판단에 대한 예측 가능성을 높일 수 있다. 따라서 심판대상조항은 명확성 원칙에 위반된다고 볼 수 없다(헌재 2023. 9. 26. 2020헌바552).

▶ **'전시·사변 등 국가비상사태'에 있어서 전투에 종사하는 자에 대하여 각령(閣令)이 정하는 바에 의하여 전투근무수당을 지급하도록 한 구 군인보수법 제17조 부분이 명확성 원칙에 위반되는지**(소극) : 심판대상조항의 '전시', '사변'은 그 문언 자체로도 그 의미가 명확하고, '전시·사변 등'이라는 예시가 있는 점, 그리고 심판대상조항이 전투근무수당의 지급대상으로 '전투에 종사한 자'를 규정하고 있는 점에 비추어 '국가비상사태'는 위 전시, 사변과 같이 전투가 발생하였거나 발생할 수 있는 수준의 대한민국의 국가적인 비상사태를 의미함을 쉽게 알 수 있다. 심판대상조항 중 '전시·사변 등 국가비상사태' 부분은 명확성 원칙에 위반되지 않는다(헌재 2023. 8. 31. 2020헌바594).

▶ 청원주로 하여금 청원경찰이 '품위를 손상하는 행위'를 한 때에는 대통령령으로 정하는 징계절차를 거쳐 징계처분을 하도록 규정한 청원경찰법 제5조의2 제1항 제2호가 명확성 원칙에 위배되는지(소극): 이 사건 품위손상조항에서 규정하고 있는 품위손상행위란, 청원경찰직에 대한 국민의 신뢰를 제고하고 성실하고 공정한 직무수행을 담보하고자 하는 입법취지, 용어의 사전적 의미 등을 종합하면, '청원경찰이 경찰관에 준하여 경비 및 공안업무를 하는 주체로서 직책을 맡아 수행해 나가기에 손색이 없는 인품에 어울리지 않는 행위를 함으로써 국민이 가지는 청원경찰에 대한 정직성, 공정성, 도덕성에 대한 믿음을 떨어뜨릴 우려가 있는 행위'라고 해석할 수 있으므로 명확성 원칙에 위배되지 않는다(헌재 2022. 5. 26. 2019헌바530).

▶ 검사징계법 제2조 제3호가 검사에 대한 징계사유로서 "검사로서의 체면이나 위신을 손상하는 행위를 하였을 때"를 규정하고 있는 것이 명확성 원칙에 위배되는지(소극): 구 검사징계법 제2조 제3호의 "검사로서의 체면이나 위신을 손상하는 행위"의 의미는 공직자로서의 검사의 구체적 언행과 그에 대한 검찰 내부의 평가 및 사회 일반의 여론, 그리고 검사의 언행이 사회에 미친 파장 등을 종합적으로 고려하여 구체적인 상황에 따라 건전한 사회통념에 의하여 판단할 수 있으므로 명확성 원칙에 위배되지 아니한다(헌재 2011. 12. 29. 2009헌바282).

▶ 음란간행물을 발간한 출판사에 대해 등록취소를 규정한 출판사 및 인쇄소 등록 등에 관한 법률 조항이 명확성 원칙에 위배되는지(소극): "음란"이란 곧 헌법상 보호되지 않는 성적 표현을 가리키는 것이고 헌법상 보호되지 않는 성적 표현이란 '인간존엄 내지 인간성을 왜곡하는 노골적이고 적나라한 성표현으로서 오로지 성적 흥미에만 호소할 뿐 전체적으로 보아 하등의 문학적, 예술적, 과학적 또는 정치적 가치를 지니지 않은 것'을 의미한다. 따라서 이 사건 법률조항의 "음란" 개념은 그것이 애매모호하여 명확성의 원칙에 반한다고 할 수 없다(헌재 1998. 4. 30. 95헌가16).

▶ 취소소송 등의 제기 시 집행정지의 요건을 규정한 행정소송법 제23조 제2항이 명확성 원칙에 위반되는지(소극): 집행정지 요건 조항에서 집행정지 요건으로 규정한 '회복하기 어려운 손해'는 대법원 판례에 의하여 '특별한 사정이 없는 한 금전으로 보상할 수 없는 손해로서 이는 금전보상이 불능인 경우 내지는 금전보상으로는 사회관념상 행정처분을 받은 당사자가 참고 견딜 수 없거나 또는 참고 견디기가 현저히 곤란한 경우의 유형, 무형의 손해'를 의미한 것으로 해석할 수 있고, '긴급한 필요'란 손해의 발생이 시간상 임박하여 손해를 방지하기 위해서 본안판결까지 기다릴 여유가 없는 경우를 의미하는 것으로, 이는 집행정지가 임시적 권리구제제도로서 잠정성, 긴급성, 본안소송에의 부종성의 특징을 지니는 것이라는 점에서 그 의미를 쉽게 예측할 수 있다. 심판대상조항은 법관의 법 보충작용을 통한 판례에 의하여 합리적으로 해석할 수 있고, 자의적인 법해석의 위험이 있다고 보기 어려우므로 명확성 원칙에 위배되지 않는다(헌재 2018. 1. 25. 2016헌바208).

▶ 어린이집이 시·도지사가 정한 수납한도액의 범위를 넘어 필요경비를 수납한 경우 '시정 또는 변경'을 명할 수 있도록 한 영유아보육법 제44조 제5호 부분이 명확성 원칙에 위배되는지(소극): 영유아보육법 제38조 위반 행위의 대표적인 모습은 어린이집이 보호자로부터 관할 시·도지사가 정한 한도액을 초과하여 보호자로부터 필요경비를 수납하는 것이라는 점을 종합적으로 고려하면, 심판대상조항이 규정하고 있는 '시정 또는 변경' 명령은 '영유아보육법 제38조 위반행위에 대하여 그 위반사실을 시정하도록 함으로써 정상적인 법질서를 회복하는 것을 목적으로 행해지는 행정작용'으로, 여기에는 과거의 위반행위로 인하여 취득한 필요경비 한도 초과액에 대한 환불명령도 포함됨을 어렵지 않게 예측할 수 있다. 따라서 심판대상조항은 명확성 원칙에 위배되지 않는다(헌재 2017. 12. 28. 2016헌바249).

▶ **재직기간 합산제도를 규정한 공무원연금법 제23조 제2항이 명확성 원칙에 위배되는지**(소극) : 재직기간 합산제도는 재직기간이 단절된 경우 그 재직기간을 합하여 연금을 받을 수 있도록 하는 제도이나, 연금재정이 제한되어 있어 이를 무한정 인정하기는 어려운 점, 공무원의 재직기간은 공무원연금 급여의 종류·금액을 정하는 데 필요한 요소이자 기준이 되므로, 공무원이 퇴직하는 때까지는 확정되어야 하는 점 등을 종합하면, 합산 조항은 재직 중인 공무원만이 재직기간 합산 신청을 할 수 있다는 뜻으로 해석되므로 합산 조항은 명확성 원칙에 위배되지 않는다(헌재 2016. 3. 31. 2015헌바18).

▶ **지방공무원의 집단행위를 금지하고 있는 구 지방공무원법 제82조 중 제58조 제1항의 '공무 외의 일을 위한 집단행위' 부분이 헌법상 명확성 원칙에 위배되는지**(소극) : 심판대상조항의 '공무 외의 일을 위한 집단 행위'는 언론·출판·집회·결사의 자유를 보장하고 있는 헌법 제21조 제1항과 국가공무원법의 입법 취지, 국가공무원법상의 성실의무와 직무전념의무 등을 종합적으로 고려할 때, '공익에 반하는 목적을 위하여 직무전념의무를 해태하는 등의 영향을 가져오거나 공무에 대한 국민의 신뢰에 손상을 가져올 수 있는 공무원 다수의 결집된 행위'를 말하는 것으로 한정 해석되므로 명확성 원칙에 위반된다고 볼 수 없다(헌재 2014. 8. 28. 2011헌바50).

▶ **사실상 노무에 종사하는 공무원을 제외한 나머지 공무원의 노동운동과 공무 이외의 일을 위한 집단행위를 금지하는 지방공무원법 제58조 제1항이 명확성의 원칙에 위반되는지**(소극) : 지방공무원법 제58조 제1항에서 규정하고 있는 '노동운동'의 개념은 그 근거가 되는 헌법 제33조 제2항의 취지에 비추어 근로자의 근로조건의 향상을 위한 단결권·단체교섭권·단체행동권 등 근로3권을 기초로 하여 이에 직접 관련된 행위를 의미하는 것으로 좁게 해석하여야 하고, '공무 이외의 일을 위한 집단행위'의 개념도 헌법상의 집회·결사의 자유와 관련시켜 살펴보면 모든 집단행위를 의미하는 것이 아니라 공무 이외의 일을 위한 집단행위 중 공익에 반하는 행위로 축소하여 해석하여야 한다. 아울러 '사실상 노무에 종사하는 공무원'의 개념은 공무원의 주된 직무를 정신활동으로 보고 이에 대비되는 신체활동에 종사하는 공무원으로 명확하게 해석된다. 그렇다면, 위 개념들은 집행당국에 의한 자의적 해석의 여지를 주거나 수범자의 예견가능성을 해할 정도로 불명확하다고 볼 여지가 없다(헌재 2005. 10. 27. 2003헌바50).

▶ **국가 또는 지방자치단체의 정책결정에 관한 사항이나 기관의 관리·운영에 관한 사항으로서 '근무조건과 직접 관련되지 아니하는 사항'을 공무원노동조합의 단체교섭대상에서 제외하고 있는 공무원노조법 제8조 제1항 단서 부분이 명확성 원칙에 위반되는지**(소극) : 국가 또는 지방자치단체의 정책결정에 관한 사항은 일정한 목적 실현을 위해 국가 또는 지방자치단체가 법령 등에 근거하여 자신의 권한과 책임으로 행하여야 할 사항을 의미하고, 기관의 관리·운영에 관한 사항은 법령 등에 근거하여 설치, 조직된 기관이 그 목적 달성을 위하여 해당 기관의 판단과 책임에 따라 업무를 처리하도록 정해져 있는 사항을 의미하며, 근무조건과 '직접' 관련되어 교섭대상이 되는 사항은 공무원이 공무를 제공하는 조건이 되는 사항 그 자체를 의미하는 것이므로, 이 사건 규정에서 말하는 공무원노조의 비교섭대상은 정책결정에 관한 사항과 기관의 관리·운영에 관한 사항 중 그 자체가 공무를 제공하는 조건이 되는 사항을 제외한 사항이 될 것이다. 따라서 이 사건 규정 상의 '직접'의 의미가 법 집행기관의 자의적인 법 집행을 초래할 정도로 불명확하다고 볼 수 없으므로 명확성 원칙에 위반된다고 볼 수 없다(헌재 2013. 6. 27. 2012헌바169).

▶ **근로기준법 제56조 중 '통상임금' 부분이 명확성 원칙에 위반되는지**(소극) : 사용자는 근로자의 연장·야간·휴일 근로에 대하여는 통상임금의 50% 이상을 가산하여 지급해야 한다는 심판대상조항들의 입법취지, 법정근로시간 내에서 소정근로시간을 근로계약을 통해 미리 정하도록 하고 근로의 대가로 지급하는 금품은 명칭과 관계없이 임금에 해당한다고 정한 근로기준법 제2조 등을 종합적으로 고려할 때, 통상임금은 근로자가 소정근로시간에 통상적으로 제공하기로 정한 근로에 대하여 사용자가 지급하기로 예정한 일체의 금품을 의미하며, 근로자가 사용자에게 소정근로 외에 추가적인 근로를 제공하지 않고도 정기적이고 일률적으로 지급받을 수 있는 것을 의미함을 알 수 있으므로, 심판대상조항은 명확성원칙에 위반되지 않는다(헌재 2014. 8. 28. 2013헌바172).

2. 신뢰보호의 원칙

(1) 의의
신뢰보호의 원칙이란 법률의 제정이나 개정 시 구법 질서에 대한 당사자의 신뢰가 합리적이고도 정당하며 법률의 제정이나 개정으로 야기되는 당사자의 손해가 극심하여 새로운 입법으로 달성하고자 하는 공익적 목적이 당사자의 신뢰의 파괴를 정당화할 수 없다면 그러한 새 입법은 허용될 수 없다는 원칙을 말한다(헌재 2003. 9. 25. 2001헌마93).

(2) 근거
법치국가원리의 한 측면인 법적 안정성은 객관적 요소로서 법질서의 신뢰성·항구성·법적 투명성과 법적 평화를 의미하고, 이와 내적인 상호연관관계에 있는 법적 안정성의 주관적 측면은 한번 제정된 법규범은 원칙적으로 존속력을 갖고 자신의 행위기준으로 작용하리라는 개인의 신뢰보호원칙이다(헌재 1996. 2. 16. 96헌가2).

(3) 심사기준
신뢰보호원칙의 위반 여부를 판단함에 있어서는, 한편으로는 침해받은 신뢰이익의 보호가치, 침해의 중한 정도, 신뢰가 손상된 정도, 신뢰침해의 방법 등과 다른 한편으로는 새로운 입법을 통해 실현하고자 하는 공익적 목적을 종합적으로 비교·형량하여야 한다(헌재 2012. 11. 29. 2011헌마786).

(4) 헌법상 보호되는 신뢰
사회 환경이나 경제여건의 변화에 따른 필요성에 의하여 법률은 신축적으로 변할 수밖에 없고, 변경된 새로운 법질서와 기존의 법질서 사이에는 이해관계의 상충이 불가피하다. 따라서 국민이 가지는 모든 기대 내지 신뢰가 헌법상 권리로서 보호될 것은 아니고, 신뢰의 근거 및 종류, 상실된 이익의 중요성, 침해의 방법 등에 비추어 종전 법규·제도의 존속에 대한 개인의 신뢰가 합리적이어서 권리로서 보호될 필요성이 있다고 인정되어야 한다(헌재 2003. 6. 26. 2000헌바82).

> **판례**
>
> ▶ **법률의 존속에 대한 신뢰**: 입법자는 새로운 인식을 수용하고 변화한 현실에 적절하게 대처해야 하기 때문에, 국민은 현재의 법적 상태가 항상 지속되리라는 것을 원칙적으로 신뢰할 수 없다. 법률의 존속에 대한 개인의 신뢰는 법적 상태의 변화를 예측할 수 있는 정도에 따라서 달라지므로, 신뢰보호가치의 정도는 개인이 어느 정도로 법률개정을 예측할 수 있었는가에 따라서 결정된다(헌재 2003. 10. 30. 2001헌마700).
>
> ▶ **법률의 개정에 대한 예측가능성**: 일반적으로 법률은 현실상황의 변화나 입법정책의 변경 등으로 언제라도 개정될 수 있는 것이기 때문에, 원칙적으로 법률의 개정은 예측할 수 있다고 보아야 한다(헌재 2002. 11. 28. 2002헌바45).
>
> ▶ **조세법의 영역에서 국민의 신뢰**: 조세법의 영역에 있어서는 국가가 조세·재정정책을 탄력적·합리적으로 운용할 필요성이 매우 큰 만큼, 조세에 대한 법규·제도는 신축적으로 변할 수밖에 없다는 점에서 납세의무자로서는 구법질서에 의거한 신뢰를 바탕으로 적극적으로 새로운 법률관계를 형성하였다든지 하는 특별한 사정이 없는 한 원칙적으로 세율 등 현재의 세법이 변함없이 유지되리라고 기대하거나 신뢰할 수는 없다(헌재 2002. 2. 28. 99헌바4).

▶ **개인의 신뢰에 대한 보호가치** : 개인의 신뢰이익에 대한 보호가치는 법령에 따른 개인의 행위가 '국가에 의하여 일정방향으로 유인된 신뢰의 행사인지', 아니면 단지 '법률이 부여한 기회를 활용한 것으로서 원칙적으로 사적 위험부담의 범위에 속하는 것인지' 여부에 따라 달라진다. 만일 법률에 따른 개인의 행위가 단지 법률이 반사적으로 부여하는 기회의 활용을 넘어서 국가에 의하여 일정 방향으로 유인된 것이라면 특별히 보호가치가 있는 신뢰이익이 인정될 수 있고, 원칙적으로 개인의 신뢰보호가 국가의 법률개정이익에 우선된다고 볼 여지가 있다(헌재 2002. 11. 28. 2002헌바45).

(5) 경과규정

신뢰보호의 구체적 실현수단으로 사용되는 경과규정에는 기존 법률이 적용되던 사람들에게 신법 대신 구법을 적용하도록 하는 방식과 적응보조규정을 두는 방식이 있다(헌재 2002. 11. 28. 2002헌바45).

판례

▶ **2013. 1. 1.부터 판사임용자격에 일정 기간 법조경력을 요구하는 법원조직법 부칙 제1조 단서 등이 신뢰보호원칙에 반하여 청구인들의 공무담임권을 침해하는지**(적극) : 판사임용자격에 관한 법원조직법 규정이 지난 40여 년 동안 유지되어 오면서, 국가는 입법행위를 통하여 사법시험에 합격한 후 사법연수원을 수료한 즉시 판사임용자격을 취득할 수 있다는 신뢰의 근거를 제공하였다고 보아야 하며, 사법시험에 합격한 후 사법연수원에 입소하여 사법연수생의 지위까지 획득한 청구인들의 경우 사법연수원 수료로써 판사임용자격을 취득할 수 있으리라는 신뢰이익은 보호가치가 있다. 청구인들의 신뢰이익에 대비되는 공익이 중대하고 장기적 관점에서 필요한 것이라 하더라도, 심판대상조항을 법원조직법 개정 당시 이미 사법연수원에 입소한 사람들에게도 반드시 시급히 적용해야 할 정도로 긴요하다고는 보기 어렵고, 종전 규정의 적용을 받게 된 사법연수원 2년차들과 개정 규정의 적용을 받게 된 사법연수원 1년차들인 청구인들 사이에 위 공익의 실현 관점에서 이들을 달리 볼 만한 합리적인 이유를 찾기도 어려우므로, 심판대상 조항이 개정법 제42조 제2항을 법 개정 당시 이미 사법연수원에 입소한 사람들에게 적용되도록 한 것은 신뢰보호원칙에 반한다(헌재 2012. 11. 29. 2011헌마786).

▶ **2000. 7. 1.부터 시행되는 최고보상제도를 2000. 7. 1. 전에 장해사유가 발생하여 장해보상연금을 수령하고 있던 수급권자에게도 2년 6월의 유예기간 후 2003. 1. 1.부터 적용하는 산재법 부칙 부분이 신뢰보호원칙에 위배하여 재산권을 침해하는지**(적극) : 장해급여제도는 본질적으로 소득재분배를 위한 제도가 아니고, 손해배상 내지 손실보상적 급부인 점에 그 본질이 있는 것으로, 산업재해보상보험이 갖는 두 가지 성격 중 사회보장적 급부로서의 성격은 상대적으로 약하고 재산권적인 보호의 필요성은 보다 강하다고 볼 수 있어 다른 사회보험수급권에 비하여 보다 엄격한 보호가 필요하다. 장해급여제도에 사회보장 수급권으로서의 성격도 있는 이상 소득재분배의 도모나 새로운 산재보상사업의 확대를 위한 자금마련의 목적으로 최고보상제를 도입하는 것 자체는 입법자의 결단으로서 형성적 재량권의 범위 내에 있다고 보더라도, 입법자의 결단은 최고보상제도 시행 이후에 산재를 입는 근로자들부터 적용될 수 있을 뿐, 제도 시행 이전에 이미 재해를 입고 산재보상수급권이 확정적으로 발생한 청구인들에 대하여 그 수급권의 내용을 일시에 급격히 변경하여 가면서까지 적용할 수 있는 것은 아니라고 보아야 할 것이다. 따라서, 심판대상조항은 신뢰보호의 원칙에 위배하여 청구인들의 재산권을 침해하는 것으로서 헌법에 위반된다(헌재 2009. 5. 28. 2005헌바20).

▶ **수신료 징수업무를 지정받은 자가 수신료를 징수하는 때 그 고유업무와 관련된 고지행위와 결합하여 이를 행해서는 안 된다고 규정한 방송법 시행령 제43조 제2항이 신뢰보호원칙에 위반되는지**(소극): 개정 전 법령이 전기요금과 수신료를 통합하여 징수하는 방식만을 전제로 하였다거나 그러한 수신료 징수방식에 대한 신뢰를 유도하였다고 볼 수 없으며, 청구인과 한국전력공사 간 TV 방송수신료 징수업무 위·수탁 계약서도 관련 법률의 개정 등 사유를 예정하고 있는 점, 심판대상조항으로 인하여 청구인이 징수할 수 있는 수신료의 금액이나 범위의 변경은 없고 수신료 납부통지 방법만이 변경되는 점 등을 고려할 때 심판대상조항이 신뢰보호원칙에 위배된다고 볼 수 없다(헌재 2024. 5. 30. 2023헌마820).

▶ **개성공단 전면중단 조치가 신뢰보호원칙을 위반하여 청구인들의 영업의 자유와 재산권을 침해하는지**(소극): '개성공단의 정상화를 위한 합의서'에는 국내법과 동일한 법적 구속력을 인정하기 어렵고, 과거 사례 등에 비추어 개성공단의 중단 가능성은 충분히 예상할 수 있었으므로, 개성공단 전면중단 조치는 신뢰보호원칙을 위반하여 개성공단 투자기업인 청구인들의 영업의 자유와 재산권을 침해하지 아니한다(헌재 2022. 1. 27. 2016헌마364).

▶ **성폭력범죄를 저질러 벌금형이 확정된 체육지도자의 자격을 필요적으로 취소하도록 개정된 국민체육진흥법 조항을 개정법 시행 후 발생하는 자격취소사유부터 적용하도록 한 국민체육진흥법 부칙조항이 신뢰보호원칙에 위반되는지**(소극): 개정 전 국민체육진흥법에 따르면, 체육지도자가 성폭력범죄로 벌금형이 확정된다고 하더라도 최대 6개월의 자격정지처분이 내려질 수 있을 뿐 필요적으로 그 자격이 취소되지는 아니하였으므로, 청구인은 개정법 시행 전 저지른 성폭력범죄에 대하여 벌금형이 확정되더라도 체육지도자 자격이 취소되지 않을 것이란 기대를 가질 수 있었다. 그런데 이러한 신뢰는 헌법상 보호가치 있는 신뢰라고 보기 어렵다. 체육지도자의 자격이 있는 사람이 개정법 시행 이후 성폭력범죄로 인한 형이 확정되었음에도 그 범행시기가 개정법 시행일 전이라는 사정만으로 최대 6개월의 자격정지처분만을 할 수 있도록 하는 것은 자격취소조항의 입법취지에 반할 우려가 크다. 따라서 이 사건 부칙조항은 신뢰보호원칙에 위반되지 아니한다(헌재 2024. 8. 29. 2023헌바73).

▶ **헌법재판소가 성인대상 성범죄자에 대하여 10년 동안 일률적으로 의료기관에의 취업제한 등을 하는 규정에 대하여 위헌결정을 한 뒤, 개정법 시행일 전까지 성인대상 성범죄로 형을 선고받아 그 형이 확정된 사람에 대해서 형의 종류 또는 형량에 따라 기간에 차등을 두어 의료기관에의 취업 등을 제한하는 아동·청소년의 성보호에 관한 법률 부칙 제5조 제1호가 신뢰보호원칙에 위배되는지**(소극): 성인대상 성범죄자에게 일률적으로 10년 동안 의료기관에의 취업제한을 하도록 한 조항에 대한 헌법재판소의 2016. 3. 31. 2013헌마585 위헌결정에 따르더라도 재범의 위험성 및 필요성에 상응하는 취업제한 기간을 정하여 부과하는 의료기관 취업제한이 가능함은 예상할 수 있었다고 보아야 하고, 취업제한은 장래의 위험을 방지하기 위한 것으로서, 향후 성인대상 성범죄자에게 의료기관 취업제한이 없을 것이라는 기대는 정당한 신뢰 또는 헌법상 보호가치 있는 신뢰로 보기 어렵다. 따라서 이 사건 부칙조항은 신뢰보호원칙에 위배되지 아니한다(헌재 2023. 5. 25. 2020헌바45).

▶ **2012. 12. 18. 전부 개정된 '성폭력처벌법' 시행 전 행하여진 성폭력범죄로 아직 공소시효가 완성되지 아니한 것에 대하여도 공소시효에 관한 특례의 개정규정을 적용하도록 한 '성폭력처벌법' 부칙 제3조 부분이 신뢰보호의 원칙에 반하는지**(소극): 심판대상조항은 진행 중인 공소시효를 정지·배제하는 법률로서 부진정소급효를 갖는다. 심판대상조항은 대처능력이 현저히 미약하여 범행대상이 되기 쉽고 범행에 따른 피해의 정도도 더 큰 13세 미만의 사람에 대한 강제추행 등 죄질이 매우 나쁜 성폭력범죄에 대해서는 가해자가 살아있는 한 처벌할 수 있도록 하고, 미성년자에 대한 성폭력범죄에 대해서도 피해자인 미성년자가 성년이 되었을 때부터 공소시효를 진행하게 하는 조항을 그 시행 전에 이루어진 사건에도 적용하여 형사처벌의 가능성을 연장함으로써, 그 범죄로 인해 훼손된 불법적인 상태를 바로잡아 실체적 정의를 실현하는 것을 그 목적으로 한다. 심판대상조항이 형사소송법의 공소시효에 관한 조항의 적용을 배제하고 새롭게 규정된 조항을 적용하도록 하였다고 하더라도, 이로 인하여 제한되는 성폭력 가해자의 신뢰이익이 공익에 우선하여 특별히 헌법적으로 보호해야 할 가치나 필요성이 있다고 보기 어려우므로 심판대상조항은 신뢰보호원칙에 반한다고 할 수 없다(헌재 2021. 6. 24. 2018헌바457).

▶ **공무원연금법상 퇴직연금수급자가 지방의회의원에 취임한 경우 그 재직기간 중 퇴직연금 전부의 지급을 정지하도록 규정한 공무원연금법 제47조 제1항 제2호 부분이 신뢰보호원칙에 반하여 청구인들의 재산권을 침해하는지**(소극) : 지방의회의원에 대하여 2006. 1.부터 월정수당이 지급됨에 따라 지방의회의원이 받는 금원은 보수로서의 성격을 보다 강하게 가지게 되었고, 이러한 보수의 현실화로 과거의 법 상태에 대한 신뢰는 보호의 필요성이 적어졌다. 따라서 청구인들이 '지방의회의원에 취임할 당시의 연금제도가 그대로 유지되어 그 임기동안 퇴직연금을 계속 지급받을 수 있을 것'이라고 신뢰하였다 하더라도 이러한 신뢰는 보호가치가 크다고 보기 어렵다. 반면, 연금재정의 안정성과 건전성을 확보하는 것은 공무원연금제도의 장기적 운영과 지속가능성을 위하여 반드시 필요한 요소이므로, 심판대상조항이 추구하는 공익적 가치는 매우 중대하다. 따라서 심판대상조항은 신뢰보호원칙에 반하여 청구인들의 재산권을 침해한다고 볼 수 없다(헌재 2017. 7. 27. 2015헌마1052).

▶ **선출직 공무원으로서 받게 되는 보수가 기존의 연금에 미치지 못하는 경우에도 연금 전액의 지급을 정지하도록 정한 공무원연금법 제47조 제1항 제2호 부분이 과잉금지원칙에 위배되어 재산권을 침해하는지**(적극) : 심판대상조항은 악화된 연금재정을 개선하여 공무원연금제도의 건실한 유지·존속을 도모하고 연금과 보수의 이중수혜를 방지하기 위한 것이다. 퇴직공무원의 적정한 생계 보장이라는 공무원연금제도의 취지에 비추어, 연금 지급을 정지하기 위해서는 '연금을 대체할 만한 소득'이 전제되어야 한다. 지방의회의원이 받는 의정비 중 의정활동비는 의정활동 경비 보전을 위한 것이므로, 연금을 대체할 만한 소득이 있는지 여부는 월정수당을 기준으로 판단하여야 하는데, 월정수당은 지방자치단체에 따라 편차가 크고 안정성이 낮음에도 불구하고 심판대상조항은 연금을 대체할 만한 적정한 소득이 있다고 할 수 없는 경우에도 일률적으로 연금전액의 지급을 정지하여 지급정지제도의 본질 및 취지와 어긋나는 결과를 초래한다. 따라서 심판대상조항은 과잉금지원칙에 위배되어 재산권을 침해한다(헌재 2022. 1. 27. 2019헌바161 헌법불합치).

▶ **공무원이 '직무와 관련 없는 과실로 인한 경우' 및 '소속상관의 정당한 직무상의 명령에 따르다가 과실로 인한 경우'를 제외하고 재직 중의 사유로 금고 이상의 형을 받은 경우, 퇴직급여 등을 감액하도록 규정한 구 공무원연금법 제64조 제1항 제1호를 2010. 1. 1.부터 적용하도록 규정한 공무원연금법 부칙 제1조 본문이 신뢰보호원칙에 위배되는지**(소극) : 헌법재판소에서 구법조항에 대하여 공무원의 신분이나 직무상 의무와 관련이 없는 범죄의 경우에도 퇴직급여 등을 제한하는 것은 공무원범죄를 예방하고 공무원이 재직 중 성실히 근무하도록 유도하는 입법목적을 달성하는 데에 적합한 수단이라고 볼 수 없다는 이유로 헌법불합치결정을 하고 입법개선을 명함에 따라, 그 취지대로 개선입법이 이루어질 것을 충분히 예상할 수 있었으므로, 국회의 개선입법 지연으로 인하여 한시적인 입법의 공백상태가 발생함으로써 1년간 퇴직급여 전액을 지급받을 수 있었다고 하여, 향후 개선입법이 이루어진 이후에도 그 이전에 급여지급사유가 발생한 퇴직 공무원들에 대하여 개선입법 이후 비로소 이행기가 도래하는 퇴직연금 수급권에 대해서까지 급여제한처분이 없으리라는 청구인들의 신뢰가 정당한 것이라고 보기는 어려우므로, 이 사건 부칙조항은 신뢰보호원칙에 위반하지 않는다(헌재 2016. 6. 30. 2014헌바365).

▶ **법 시행일 이후에 이행기가 도래하는 퇴직연금에 대하여 소득과 연계하여 그 일부의 지급을 정지할 수 있도록 한 구 사립학교교직원 연금법 조항이 신뢰보호의 원칙에 위반되는지**(소극) : 심판대상조항에 의해 달성하려는 공익은 사학 연금 재정의 악화에 대비하여 사학연금제도의 유지·존속을 도모하려는 것으로 그 공익적 가치는 매우 큰 데 반하여, 퇴직연금 수급권의 성격상 급여의 구체적인 내용은 가변적인 것일 수 있고, 제반 사정을 고려하면 연금수급자들의 신뢰는 퇴직 후에도 현 제도 그대로 연금액을 받을 것이라는 것이 아니며, 심판대상조항은 퇴직연금 중의 일부의 지급을 정지할 뿐이므로, 퇴직연금 수급자들이 입는 불이익은 그다지 크지 않다. 따라서 심판대상조항이 헌법상 신뢰보호의 원칙에 위반된다고 할 수 없다(헌재 2009. 7. 30. 2007헌바113).

▶ 2013. 1. 1.부터 판사임용자격에 일정기간 법조경력을 요구하는 법원조직법 부칙 제1조 단서 등이 신뢰보호원칙에 반하여 법원조직법 개정 당시 사법시험에 합격하였으나 아직 사법연수원에 입소하지 않은 청구인들의 공무담임권을 침해하는지(소극): 청구인들이 신뢰한 개정 이전의 구 법원조직법 제42조 제2항에 의하더라도 판사임용자격을 가지는 자는 '사법시험에 합격하여 사법연수원의 소정 과정을 마친 자'로 되어 있었고, 청구인들이 사법시험에 합격하여 사법연수원에 입소하기 이전인 2011. 7. 18. 이미 법원조직법이 개정되어 판사임용자격에 일정기간의 법조경력을 요구함에 따라 구 법원조직법이 제공한 신뢰가 변경 또는 소멸되었다. 그렇다면, 청구인들의 신뢰에 대한 보호가치가 크다고 볼 수 없고, 반면 충분한 사회적 경험과 연륜을 갖춘 판사로부터 재판을 받도록 하여 국민의 기본권을 보장하고 사법에 대한 국민의 신뢰를 보호하려는 공익은 매우 중대하다. 따라서 이 사건 심판대상조항이 신뢰보호원칙에 위반하여 청구인들의 공무담임권을 침해한다고 볼 수 없다(헌재 2014. 5. 29. 2013헌마127).

▶ 취업지원 실시기관 채용시험의 가점 적용대상에서 보국수훈자의 자녀를 제외하는 법 개정을 하면서 가까운 장래에 보국수훈자의 자녀가 되어 채용시험의 가점을 받게 될 것이라는 신뢰를 장기간 형성해 온 사람에 대하여 경과조치를 두지 않은 국가유공자예우법 부칙 제16조가 신뢰보호원칙에 위배되어 청구인의 직업선택의 자유 등을 침해하는지(소극): 채용시험의 가점에 관한 국가유공자법 개정이 예측가능하고, 채용시험의 가점은 단지 법률이 부여한 기회를 활용한 것으로서 원칙적으로 사적 위험부담의 범위에 속하는 점, 국가유공자의 가족, 특히 자녀의 합격률 증가로 심화되는 일반 응시자들의 평등권 및 공무담임권 침해를 방지할 공익적 필요성은 상당히 큰 점, 심판대상조항의 적용시점을 정하는 것은 입법재량의 영역에 속하는 것인 점 등을 종합하면, 개정 국가유공자법 시행 직후에 국가유공자로 등록된 사람의 가족에 대하여 경과규정을 두지 않았다는 이유만으로 심판대상조항이 헌법상의 신뢰보호원칙에 위배되어 직업선택의 자유, 공무담임권을 침해하였다고 볼 수 없다(헌재 2015. 2. 26. 2012헌마400).

▶ 임차인의 계약갱신요구권 행사 기간을 10년으로 규정한 '상가건물 임대차보호법' 제10조 제2항을 개정법 시행 후 갱신되는 임대차에 대하여도 적용하도록 규정한 '상가건물 임대차보호법' 부칙 제2조 부분이 신뢰보호원칙에 위배되어 임대인의 재산권을 침해하는지(소극): 개정법 조항은 상가건물 임차인의 계약갱신요구권 행사 기간을 연장함으로써 상가건물에 대한 임차인의 시설투자비, 권리금 등 비용을 회수할 수 있는 기간을 충실히 보장하기 위한 것인데, 개정법 조항을 개정법 시행 후 새로이 체결되는 임대차에만 적용할 경우 임대인들이 새로운 임대차계약에 이를 미리 반영하여 임대료가 한꺼번에 급등할 수 있고 이는 결과적으로 개정법 조항의 입법 취지에도 반하는 것이다. 이에 이 사건 부칙조항은 이러한 부작용을 막고 개정법 조항의 실효성을 확보하기 위해서 개정법 조항 시행 이전에 체결되었더라도 개정법 시행 이후 갱신되는 임대차인 경우 개정법 조항의 연장된 기간을 적용하도록 정한 것이므로, 이와 같은 공익은 긴급하고도 중대하다. 따라서 이 사건 부칙조항은 신뢰보호원칙에 위배되어 임대인의 재산권을 침해한다고 볼 수 없다(헌재 2021. 10. 28. 2019헌마106).

▶ 실종기간이 구법 시행기간 중에 만료되는 때에도 그 실종이 개정민법 시행일 후에 선고된 때에는 상속에 관하여 개정민법의 규정을 적용하도록 한 민법 부칙 제12조 제2항이 신뢰보호원칙에 위배되어 재산권을 침해하는지(소극): 부재자의 참여 없이 진행되는 실종선고 심판절차에서 법원으로서는 실종 여부나 실종이 된 시기 등에 대하여 청구인의 주장과 청구인이 제출한 소명자료를 기초로 실종 여부나 실종기간의 기산일을 판단하게 되는 측면이 있는바, 이로 인하여 발생할 수 있는 상속인의 범위나 상속분 등의 변경에 따른 법률관계의 불안정을 제거하여 법적 안정성을 추구하고, 실질적으로 남녀 간 공평한 상속이 가능하도록 개정된 민법상의 상속규정을 개정민법 시행 후 실종이 선고되는 부재자에게까지 확대 적용함으로써 얻는 공익이 매우 크므로, 심판대상조항은 신뢰보호원칙에 위배하여 재산권을 침해하지 아니한다(헌재 2016. 10. 27. 2015헌바203).

▶ **위법건축물에 대해 이행강제금을 부과하도록 하면서 이행강제금제도 도입 전의 위법건축물에 대하여도 이행강제금제도 적용의 예외를 두지 아니한 건축법 부칙 제9조가 신뢰보호원칙에 위배되는지**(소극) : 위법건축물에 대하여 종전처럼 과태료만이 부과될 것이라고 기대한 신뢰는 제도상의 공백에 따른 반사적인 이익에 불과하여 그 보호가치가 그리 크지 않고, 이행강제금 도입으로 인한 국민의 혼란이나 부담도 많이 줄어든 상태인 반면, 이행강제금제도 도입 전의 위법건축물이라 하더라도 이행강제금을 부과함으로써 위법상태를 치유하여 건축물의 안전, 기능, 미관을 증진하여야 한다는 공익적 필요는 중대하다. 따라서 부칙조항은 신뢰보호원칙에 위배된다고 볼 수 없다(헌재 2015. 10. 21. 2013헌바248).

▶ **무기징역의 집행 중에 있는 자의 가석방 요건을 종전의 '10년 이상'에서 '20년 이상' 형 집행 경과로 강화한 개정 형법 제72조 제1항을 형법 개정 당시에 이미 수용 중인 사람에게도 적용하는 형법 부칙 제2항이 신뢰보호원칙에 위배되어 신체의 자유를 침해하는지**(소극) : 수형자가 형법에 규정된 형 집행경과기간 요건을 갖춘 것만으로 가석방을 요구할 권리를 취득하는 것은 아니므로, 10년간 수용되어 있으면 가석방 적격심사 대상자로 선정될 수 있었던 구 형법 제72조 제1항에 대한 청구인의 신뢰를 헌법상 권리로 보호할 필요성이 있다고 할 수 없다. 가석방 제도의 실제 운용에 있어서도 구 형법 제72조 제1항이 정한 10년보다 장기간의 형 집행 이후에 가석방을 해 왔고, 무기징역형을 선고받은 수형자에 대하여 가석방을 한 예가 많지 않으며, 2002년 이후에는 20년 미만의 집행기간을 경과한 무기징역형 수형자가 가석방된 사례가 없으므로, 청구인의 신뢰가 손상된 정도도 크지 아니하다. 그렇다면 부칙조항이 신뢰보호원칙에 위배되어 청구인의 신체의 자유를 침해한다고 볼 수 없다(헌재 2013. 8. 29. 2011헌마408).

▶ **PC방 전체를 금연구역으로 지정하도록 한 국민건강증진법 제9조 제4항 제23호 부분이 신뢰보호원칙에 위배되어 청구인들의 직업수행의 자유를 침해하는지**(소극) : 청구인들은 현재 시행되고 있는 금연 · 흡연구역의 분리가 지속적으로 유지되지 아니하고 언젠가는 전면금연구역으로 전환되리라는 것을 예측할 수 있었다고 보이고, PC방이 전면금연구역으로 전환되더라도 기존시설을 그대로 사용하거나 보수 또는 구조 변경을 통해 일부 활용할 수도 있으므로, 구법에 기초한 청구인들의 신뢰이익은 절대적으로 보호받아야 할 성질의 것이 아니며 이에 대한 침해도 그리 크지 않다고 인정된다. 그리고 부칙조항이 이 사건 금연구역조항의 시행을 유예한 2년의 기간은 법 개정으로 인해 변화된 상황에 적절히 대처하는 데 있어 지나치게 짧은 기간이라 볼 수 없으므로, 금연구역조항과 부칙조항은 신뢰보호원칙에 위배되지 않는다(헌재 2013. 6. 27. 2011헌마315).

▶ **광명시를 교육감이 추첨에 의하여 고등학교를 배정하는 지역에 포함시킨 '경기도교육감이 고등학교의 입학전형을 실시하는 지역에 관한 조례' 제2조 제9호가 신뢰보호의 원칙에 위반하여 청구인들의 학교선택권을 침해하는지**(소극) : 한 지역의 고교평준화 여부는 그 지역의 실정과 주민의 의사에 따라 탄력적으로 운용할 필요성이 있어 광명시가 비평준화 지역으로 남아 있을 것이라는 청구인들의 신뢰는 헌법상 보호하여야 할 가치나 필요성이 있다고 보기 어렵고, 고등학교 지원을 시 · 도 단위로 하도록 하고 광명시 등 일부 도시를 비평준화 지역으로 유지시킬 경우 경기도 내에서 중학교 교육의 정상화나 학교 간 격차 해소 등 고교평준화정책의 목적을 실질적으로 달성하기가 어려운 점을 감안하면 청구인들의 신뢰가 공익보다 크다고 볼 수도 없으므로, 이 사건 조례조항은 신뢰보호의 원칙에 위반되지 아니하며 청구인들의 학교선택권을 침해한다고 할 수 없다(헌재 2012. 11. 29. 2011헌마827).

3. 소급입법금지원칙

(1) 의의

소급입법금지의 원칙이란 이미 종결된 사실관계 또는 법률관계를 규율하는 내용의 새로운 법률의 제정이나 개정은 원칙적으로 금지된다는 원칙을 말한다. 기존의 법에 따라 형성되어 이미 굳어진 개인의 법적 지위를 사후입법을 통하여 박탈하는 것 등을 내용으로 하는 소급입법은 개인의 신뢰보호와 법적 안정성을 내용으로 하는 법치국가원리에 의하여 특단의 사정이 없는 한 헌법적으로 허용되지 아니하는 것이 원칙이다(헌재 1999. 7. 22. 97헌바76).

> **판례**
>
> ▶ **신뢰보호와 소급효의 구별**: 일정한 법적 상태를 새로이 규율하는 규정이 장래에 발생하는 사실관계뿐만 아니라 이미 과거에 시작하였으나 아직 완성되지 아니한 채 진행과정에 있는 사실관계에도 적용되는 예는 법률개정의 경우 흔히 찾아 볼 수 있는 현상이며, 여기서 발생하는 문제는 소급효의 문제가 아니라 종래의 법적 상태에서 새로운 법적 상태로 이행하는 과정에서 불가피하게 발생하는 법치국가적 문제, 구체적으로 입법자에 대한 신뢰보호의 문제이다(헌재 1999. 4. 29. 94헌바37).

(2) 종류

소급입법은 신법이 이미 종료된 사실관계에 작용하는지, 아니면 과거에 시작되었으나 아직 완성되지 아니하고 현재 진행 중에 있는 사실관계에 작용하는지에 따라 진정소급입법과 부진정소급입법으로 구분된다(헌재 1995. 10. 26. 94헌바12).

(3) 허용 여부

1) 진정소급입법

진정소급입법은 개인의 신뢰보호와 법적안정성을 내용으로 하는 법치국가원리에 의하여 특단의 사정이 없는 한 헌법적으로 허용되지 아니하는 것이 원칙이며, 진정소급입법이 허용되는 예외적인 경우로는 국민이 소급입법을 예상할 수 있었거나 법적상태가 불확실하고 혼란스러웠거나 하여 보호할 만한 신뢰의 이익이 적은 경우, 소급입법에 의한 당사자의 손실이 없거나 아주 경미한 경우, 신뢰보호의 요청에 우선하는 심히 중대한 공익상의 사유가 소급입법을 정당화하는 경우 등을 들 수 있다(헌재 1998. 9. 30. 97헌바38).

> **판례**
>
> ▶ **친일재산을 그 취득·증여 등 원인행위시에 국가의 소유로 하도록 규정한 친일재산귀속법 제3조 제1항 본문이 진정소급입법으로서 헌법 제13조 제2항에 반하는지**(소극): 이 사건 귀속조항은 진정소급입법에 해당하지만, 진정소급입법이라 할지라도 예외적으로 국민이 소급입법을 예상할 수 있었던 경우와 같이 소급입법이 정당화되는 경우에는 허용될 수 있다. 친일재산의 취득 경위에 내포된 민족배반적 성격, 대한민국임시정부의 법통 계승을 선언한 헌법 전문 등에 비추어 친일반민족행위자측으로서는 친일재산의 소급적 박탈을 충분히 예상할 수 있었고, 친일재산 환수 문제는 그 시대적 배경에 비추어 역사적으로 매우 이례적인 공동체적 과업이므로 이러한 소급입법의 합헌성을 인정한다고 하더라도 이를 계기로 진정소급입법이 빈번하게 발생할 것이라는 우려는 충분히 불식될 수 있다. 따라서 이 사건 귀속조항은 진정소급입법에 해당하나 헌법 제13조 제2항에 반하지 않는다(헌재 2011. 3. 31. 2008헌바141).

▶ 2009. 12. 31. 개정된 공무원연금법 제64조 제1항 제1호를 2009. 1. 1.까지 소급하여 적용하도록 규정한 공무원연금법 부칙 제1조 단서 등이 소급입법금지원칙에 위배되는지(적극): 헌법재판소의 헌법불합치결정이 내려진 2007. 3. 29.부터 잠정적용시한인 2008. 12. 31.까지 상당한 시간적 여유가 있었는데도 국회에서 개선입법이 이루어지지 아니하였다. 청구인들은 2009. 1. 1.부터 2009. 12. 31.까지 퇴직연금을 전부 지급받았는데 이는 국회가 개선입법을 하지 않은 것에 기인한 것이다. 그럼에도 이미 받은 퇴직연금 등을 환수하는 것은 국가기관의 잘못으로 인한 법 집행의 책임을 퇴직공무원들에게 전가시키는 것이며, 퇴직급여를 소급적으로 환수당하지 않을 것에 대한 청구인들의 신뢰이익이 적다고 할 수도 없다. 이 사건 부칙조항으로 보전되는 공무원연금의 재정규모도 그리 크지 않을 것으로 보이는 반면, 헌법불합치결정에 대한 입법자의 입법개선의무의 준수, 신속한 입법절차를 통한 법률관계의 안정 등은 중요한 공익상의 사유라고 볼 수 있다. 따라서 이 사건 부칙조항은 소급입법금지원칙에 위반하여 청구인들의 재산권을 침해한다(헌재 2013. 8. 29. 2011헌바391).

▶ 부당환급받은 세액을 징수하는 근거규정인 개정조항을 개정된 법 시행 후 최초로 환급세액을 징수하는 분부터 적용하도록 규정한 법인세 부칙 제9조가 진정소급입법으로서 재산권을 침해하는지(적극): 심판대상조항은 개정조항이 시행되기 전 환급세액을 수령한 부분까지 사후적으로 소급하여 개정된 징수조항을 적용하는 것으로서 헌법 제13조 제2항에 따라 원칙적으로 금지되는 이미 완성된 사실·법률관계를 규율하는 진정소급입법에 해당한다. 법인세를 부당 환급받은 법인은 소급입법을 통하여 이자상당액을 포함한 조세채무를 부담할 것이라고 예상할 수 없었고, 환급세액과 이자상당액을 법인세로서 납부하지 않을 것이라는 신뢰는 보호할 필요가 있다. 나아가 개정 전 법인세법 아래에서도 환급세액을 부당이득 반환청구를 통하여 환수할 수 있었으므로, 신뢰보호의 요청에 우선하여 진정소급입법을 하여야 할 매우 중대한 공익상 이유가 있다고 볼 수도 없다(헌재 2014. 7. 24. 2012헌바105).

2) 부진정소급입법

부진정소급입법은 원칙적으로 허용된다. 다만 소급효를 요구하는 공익상의 사유와 신뢰보호의 요청 사이의 교량과정에서 신뢰보호의 관점이 입법자의 형성권에 제한을 가하게 된다(헌재 1996. 2. 16. 96헌가2). 헌법재판소는 신뢰보호원칙의 판단은 신뢰보호의 필요성과 개정법률로 달성하려는 공익을 비교형량하여 종합적으로 판단하여야 한다고 하였는바, 이러한 판시는 부진정소급입법의 경우에도 당연히 적용되어야 한다(헌재 1995. 10. 26. 94헌바12).

판례

▶ 성폭력범죄를 저질러 벌금형이 확정된 체육지도자의 자격을 필요적으로 취소하도록 개정된 국민체육진흥법 조항을 개정법 시행 후 발생하는 자격취소사유부터 적용하도록 한 국민체육진흥법 부칙조항이 소급입법금지원칙에 위반되는지(소극): 이 사건 부칙조항에 의하면 자격취소조항은 개정법 시행 후 발생하는 자격취소 사유부터 적용되는바, 자격취소조항은 '성폭력범죄를 저질러 벌금형이 확정된 경우'를 체육지도자 자격취소의 요건으로 하고 있으므로, 범죄행위가 종료되었다고 하더라도 이에 대한 형이 확정되지 않은 이상 체육지도자 자격취소에 관한 사실 내지 법률관계가 완성된 것이라고 볼 수 없다. 따라서 이 사건 부칙조항은 진행 중인 사실 내지 법률관계에 대한 규율이므로 헌법상 원칙적으로 금지되는 진정소급입법에 해당하지 아니한다(헌재 2024. 8. 29. 2023헌바73).

> ▶ **공무원의 퇴직연금 지급 개시 연령을 제한한 공무원연금법 제46조 제1항 제1호 등이 소급입법에 해당되거나 신뢰보호원칙에 위배되어 재산권을 침해하는지**(소극) : 이 사건 법률조항들은 현재 공무원으로 재직 중인 자가 퇴직하는 경우 장차 받게 될 퇴직연금의 지급시기를 변경한 것으로, <u>아직 완성되지 아니한 사실 또는 법률관계를 규율대상으로 하는 부진정소급입법에 해당되는 것이어서 원칙적으로 허용되고</u>, 입법목적으로 달성하고자 하는 연금재정 안정 등의 공익이 손상되는 신뢰에 비하여 우월하다고 할 것이어서 신뢰보호원칙에 위배된다고 볼 수 없다(헌재 2015. 12. 23. 2013헌바259).

3) 시혜적 소급입법

신법이 피적용자에게 유리한 경우에 시혜적인 소급입법을 하여야 한다는 입법자의 의무가 죄형법정주의나 법치주의로부터 도출되는 법적 안정성 및 신뢰보호의 원칙들로부터 도출되지는 아니한다. 따라서 시혜적 소급입법을 할 것인지는 입법재량의 문제로서 그 판단은 일차적으로 입법기관에 맡겨져 있는 것이므로 시혜적 조치를 할 것인가를 결정함에 있어서는 국민의 권리를 제한하거나 새로운 의무를 부과하는 경우와는 달리 입법자에게 보다 광범위한 입법형성의 자유가 인정된다(헌재 1995. 12. 28. 95헌마196).

> **판례**
>
> ▶ **순직공무원의 적용 범위를 확대한 개정 공무원연금법 제3조 제1항 제2호 라목 규정을 소급하여 적용하지 아니하도록 한 개정 법률 부칙 제14조 제2항이 평등원칙에 위배되는지**(소극) : 소방공무원이 재난·재해 현장에서 화재진압이나 인명구조작업 중 입은 위해뿐만 아니라 그 업무수행을 위한 긴급한 출동·복귀 및 부수활동 중 위해에 의하여 사망한 경우까지 그 유족에게 순직공무원 보상을 하여 주는 제도를 도입하면서 이 사건 부칙조항이 신법을 소급하는 경과규정을 두지 않았다고 하더라도 <u>소급 적용에 따른 국가의 재정부담, 법적 안정성 측면 등을 종합적으로 고려하여 입법정책적으로 정한 것이므로</u> 입법재량의 범위를 벗어나 불합리한 차별이라고 할 수 없다(헌재 2012. 8. 23. 2011헌바169).

4. 위임입법의 한계

(1) 위임입법의 필요성

권력분립주의에 따른 의회입법의 원칙 내지 법치주의의 기본원리는 그 내포로서 입법부가 입법권한을 행정부 등 다른 국가기관에 위임하는 것을 금지한다. 그러나 현대 사회복지국가에 있어서는 사회현상이 복잡·다기해지고 전문적, 기술적 행정기능이 요구됨에 따라 그때그때의 사회경제적 상황의 변화에 대하여 신속하고 적절히 대응할 필요성이 커지는 반면, 국회의 기술적·전문적 능력이나 시간적 적응능력에는 한계가 있기 때문에 국민의 권리·의무에 관한 것이라 하여 모든 사항을 국회에서 제정한 법률만으로 규정하는 것은 불가능하므로, 일정 사항에 관하여는 행정부에 입법권을 위임하는 것이 불가피하다(헌재 2003. 9. 25. 2002헌마519).

(2) 의회유보원칙

1) 의의
헌법은 법치주의를 기본원리의 하나로 하고 있으며, 법치주의는 행정작용에 국회가 제정한 형식적 법률의 근거가 요청된다는 법률유보를 핵심적 내용의 하나로 하고 있다. 그런데 오늘날 법률유보원칙은 단순히 행정작용이 법률에 근거를 두기만 하면 충분한 것이 아니라, 국가공동체와 구성원에게 기본적이고도 중요한 의미를 갖는 영역, 특히 국민의 기본권 실현에 관련된 영역에 있어서는 행정에 맡길 것이 아니라 국민의 대표자인 입법자 스스로 그 본질적 사항에 대하여 결정하여야 한다는 요구까지 내포하고 있다(의회유보원칙, 헌재 1999. 5. 27. 98헌바70).

2) 의회유보사항
입법자가 형식적 법률로 스스로 규율하여야 하는 사항이 어떤 것인가는 일률적으로 획정할 수 없고, 구체적 사례에서 관련된 이익 내지 가치의 중요성, 규제 내지 침해의 정도와 방법 등을 고려하여 개별적으로 결정할 수 있을 뿐이나, 적어도 헌법상 보장된 국민의 자유나 권리를 제한할 때에는 그 제한의 본질적인 사항에 관한 한 입법자가 법률로써 스스로 규율하여야 할 것이다(헌재 1999. 5. 27. 98헌바70).

3) 필요성 및 요구 정도
국회의 입법절차는 전문관료들만에 의하여 이루어지는 행정입법절차와는 달리 공익의 발견과 상충하는 이익간의 정당한 조정에 보다 적합한 민주적 과정이다. 이러한 견지에서, 규율대상이 기본권적 중요성을 가질수록 그리고 그에 관한 공개적 토론의 필요성 내지 상충하는 이익간 조정의 필요성이 클수록, 그것이 국회의 법률에 의해 직접 규율될 필요성 및 그 규율밀도의 요구 정도는 그만큼 더 중대된다(헌재 2025. 6. 27. 2023헌바358).

4) 적용 범위
법률이 행정부에 속하지 않는 기관의 자치규범에 특정 규율 내용을 정하도록 위임하더라도 그 사항이 국민의 권리 의무에 관련되는 것일 경우에는 적어도 국민의 권리와 의무의 형성에 관한 사항을 비롯하여 국가의 통치조직과 작용에 관한 기본적이고 본질적인 사항은 반드시 국회가 정하여야 한다는 법률유보 내지 의회유보의 원칙이 지켜져야 한다(헌재 2022. 5. 26. 2021헌마619).

> **판례**
>
> ▶ **헌법 제37조 제2항의 "법률로써"의 의미** : 헌법 제37조 제2항은 "국민의 모든 자유와 권리는 국가안전보장·질서유지 또는 공공복리를 위하여 필요한 경우에 한하여 법률로써 제한할 수 있다."고 규정하고 있는바, 여기서 "법률로써"라고 한 것은 국민의 자유나 권리를 제한하는 행정작용의 경우 적어도 제한의 본질적인 사항에 관한 한 국회가 제정하는 법률에 근거를 두는 것만으로 충분한 것이 아니라 국회가 직접 결정함으로써 실질에 있어서도 법률에 의한 규율이 되도록 요구하고 있는 것으로 이해하여야 한다(헌재 1999. 5. 27. 98헌바70).

▶ "정부는 국가 온실가스 배출량을 2030년까지 2018년의 국가 온실가스 배출량 대비 35퍼센트 이상의 범위에서 대통령령으로 정하는 비율만큼 감축하는 것을 중장기 국가 온실가스 감축 목표로 한다."고 규정하고 있는 탄소중립기본법 제8조 제1항이 법률유보원칙에 위배되는지(일부 적극): 탄소중립기본법 제8조 제1항에서 2030년까지의 감축목표에 대하여 2030년을 목표연도로 한 2018년 대비 감축비율의 하한만 법률에서 정하였을 뿐, 구체적인 감축비율의 수치는 대통령령에 위임하고 감축의 경로는 정부가 설정하는 부문별 및 연도별 감축목표에 따르도록 한 것은 법률유보원칙을 위반한 것으로 볼 수 없다. 그러나 중장기적인 온실가스 감축목표와 감축경로를 계획할 때에는 매우 높은 수준의 사회적 합의가 필요하다는 점, 미래세대는 민주적 정치과정에 참여하는 것이 제약되어 있다는 점과 관련하여 입법자에게 더욱 구체적인 입법의무와 책임이 있음을 고려할 때, 2031년부터 2049년까지의 감축목표에 관하여 대강의 정량적 수준도 규정하지 않고 이에 관해 정부가 5년마다 정하도록 한 것은 의회유보원칙을 포함하는 법률유보원칙을 위반한 것이다(헌재 2024. 8. 29. 2020헌마389).

▶ 텔레비전방송수신료의 금액에 대하여 국회가 스스로 결정하거나 결정에 관여함이 없이 한국방송공사로 하여금 결정하도록 한 한국방송공사법 제36조 제1항이 법률유보원칙에 위반되는지(적극): 텔레비전방송수신료는 대다수 국민의 재산권 보장의 측면이나 한국방송공사에게 보장된 방송자유의 측면에서 국민의 기본권실현에 관련된 영역에 속하고, 수신료금액의 결정은 납부의무자의 범위 등과 함께 수신료에 관한 본질적인 중요한 사항이므로 국회가 스스로 행하여야 하는 사항에 속하는 것임에도 한국방송공사법 제36조 제1항에서 국회의 결정이나 관여를 배제한 채 한국방송공사로 하여금 수신료금액을 결정해서 문화관광부장관의 승인을 얻도록 한 것은 법률유보원칙에 위반된다(헌재 1999. 5. 27. 98헌바70 헌법불합치).

▶ 수신료 징수업무를 지정받은 자가 수신료를 징수하는 때 그 고유업무와 관련된 고지행위와 결합하여 이를 행해서는 안 된다고 규정한 방송법 시행령 제43조 제2항이 의회유보원칙에 위배되는지(소극): 심판대상조항은 수신료의 구체적인 고지방법에 관한 규정인바, 이는 수신료의 부과·징수에 관한 본질적인 요소로서 법률에 직접 규정할 사항이 아니므로 이를 법률에서 직접 정하지 않았다고 하여 의회유보원칙에 위반된다고 볼 수 없다(헌재 2024. 5. 30. 2023헌마820).

▶ 교습비 등 반환조항에 따른 교습비 등의 반환사유, 반환금액, 그 밖에 필요한 사항을 대통령령으로 정하도록 한, '학원의 설립·운영 및 과외교습에 관한 법률' 제18조 제2항 중 제1항 가운데 '학습자가 수강을 계속할 수 없는 경우'에 관한 부분이 법률유보원칙에 반하는지 여부(소극): 교습비 등 반환조항은 '학습자가 수강을 계속할 수 없는 경우' '학원설립·운영자'에게 '교습비 등'을 반환할 의무를 규정함으로써, 교습비 등 반환에 관한 본질적 사항인 반환의무의 주체, 반환의무의 발생요건 등을 법률에서 직접 정하고 있다. 위임조항이 대통령령에 위임하고 있는 학습자가 수강을 계속할 수 없는 경우 교습비 등의 구체적인 반환사유, 반환금액 등은 학원운영의 실정 등 제반 여건을 고려하여 달리 규율할 필요가 있는 세부적·기술적 사항이므로 입법자가 반드시 스스로 결정하여야 하는 본질적 사항에 해당한다고 보기는 어렵다. 따라서 위임조항은 법률유보원칙에 위배된다고 볼 수 없다(헌재 2024. 8. 29. 2021헌바74).

▶ 운전면허를 받은 사람이 자동차 등을 이용하여 살인 또는 강간 등 행정안전부령이 정하는 범죄행위를 한 때 운전면허를 취소하도록 하는 도로교통법 제93조 제1항 제11호가 법률유보원칙에 위배되는지(소극): 도로교통법 조항에 의하면 자동차 등의 운전으로 인적·물적 침해를 야기하여 도로에서의 안전한 운행을 방해할 가능성이 있는 범죄행위를 한 경우 운전 적성이 흠결된 것으로 볼 수 있다는 점에서 운전면허의 필요적 취소사유에 대한 일응의 일반적 기준이 제시되어 있고, 심판대상조항은 자동차등을 이용한 범죄행위의 예시로 살인, 강간을 규정하여 보다 더 구체적인 기준을 마련하고 있다. 이처럼 운전면허의 필요적 취소사유인 자동차 등을 이용한 범죄행위의 구체적인 유형을 반드시 법률로써 정하여야만 하는 사항으로 볼 수 없고 법률에서 운전면허의 필요적 취소사유인 살인, 강간 등 자동차 등을 이용한 범죄행위에 대한 예측가능한 기준을 제시한 이상, 심판대상조항은 법률유보원칙에 위배되지 아니한다(헌재 2015. 5. 28. 2013헌가6).

(3) 포괄위임금지원칙

> **헌법 제75조**
> 대통령은 법률에서 구체적으로 범위를 정하여 위임받은 사항과 법률을 집행하기 위하여 필요한 사항에 관하여 대통령령을 발할 수 있다.

1) 의의

포괄위임금지원칙이란 행정부에 입법을 위임하는 '수권법률의 명확성원칙'으로서 헌법 제75조가 규정하고 있는 "법률에서 구체적으로 범위를 정하여 위임받은 사항"이라 함은 법률에 이미 대통령령으로 규정될 내용 및 범위의 기본사항이 구체적으로 규정되어 있어서 누구라도 당해 법률로부터 대통령령에 규정될 내용의 대강을 예측할 수 있어야 함을 의미한다(헌재 1999. 7. 22. 99헌마480).

판례

▶ **법률의 명확성원칙과 포괄위임금지의 원칙의 관계**: 헌법 제75조는 "대통령은 법률에서 구체적으로 범위를 정하여 위임받은 사항과 법률을 집행하기 위하여 필요한 사항에 관하여 대통령령을 발할 수 있다"고 규정함으로써 위임입법의 근거를 마련함과 동시에 입법권의 위임은 "구체적으로 범위를 정하여" 하도록 하여 입법위임의 명확성을 요구하고 있다. 헌법 제75조는 행정부에 입법을 위임하는 수권법률의 명확성 원칙에 관한 것으로서, 법률의 명확성 원칙이 행정입법에 관하여 구체화된 특별규정이다(헌재 2003. 7. 24. 2002헌바82).

▶ **부령으로 위임하는 경우에도 포괄위임금지원칙을 준수해야 하는지**(적극): 헌법 제95조는 부령에의 위임근거를 마련하면서 '구체적으로 범위를 정하여'라는 문구를 사용하고 있지는 않지만, 법률의 위임에 의한 대통령령에 가해지는 헌법상의 제한은 당연히 법률의 위임에 의한 부령의 경우에도 적용된다(헌재 2023. 7. 20. 2020헌바330).

▶ **국회규칙으로 위임하는 경우에도 포괄위임금지원칙을 준수해야 하는지**(적극): 헌법 제75조에 근거한 포괄위임금지원칙은 법률에 이미 대통령령 등 하위법규에 규정될 내용 및 범위의 기본사항이 구체적으로 규정되어 있어서 누구라도 당해 법률로부터 하위법규에 규정될 내용의 대강을 예측할 수 있어야 함을 의미하므로, 하위법규가 국회규칙인 경우에도 수권법률에서 이 원칙을 준수하여야 하는 것은 마찬가지이다(헌재 2023. 3. 23. 2018헌마460).

▶ **대법원규칙으로 위임하는 경우에도 포괄위임금지원칙을 준수해야 하는지**(적극): 대법원은 헌법 제108조에 근거하여 입법권의 위임을 받아 규칙을 제정할 수 있다 할 것이고, 헌법 제75조에 근거한 포괄위임금지원칙은 법률에 이미 하위법규에 규정될 내용 및 범위의 기본사항이 구체적으로 규정되어 있어서 누구라도 당해 법률로부터 하위법규에 규정될 내용의 대강을 예측할 수 있어야 함을 의미하므로, 위임입법이 대법원규칙인 경우에도 수권법률에서 이 원칙을 준수하여야 함은 마찬가지이다(헌재 2016. 6. 30. 2013헌바27).

▶ **정관에 위임하는 경우에도 포괄위임금지원칙이 적용되는지**(소극): 헌법 제75조, 제95조가 정하는 포괄적인 위임입법의 금지는, 그 문리해석상 정관에 위임한 경우까지 그 적용대상으로 하고 있지 않고, 또 권력분립의 원칙을 침해할 우려가 없다는 점 등을 볼 때, 법률이 정관에 자치법적 사항을 위임한 경우에는 원칙적으로 적용되지 않는다(헌재 2001. 4. 26. 2000헌마122).

2) 명확성 원칙과의 관계

헌법 제75조는 위임입법의 헌법상 근거를 마련함과 동시에 위임은 구체적으로 범위를 정하여 하도록 하여 그 한계를 제시하고 있는바, 이는 행정부에 입법을 위임하는 수권법률의 명확성원칙에 관한 것으로서 법률의 명확성원칙이 행정입법에 관하여 구체화된 특별규정이라고 할 수 있으므로 수권법률조항의 명확성원칙 위배 여부는 헌법 제75조의 포괄위임금지의 원칙의 위반 여부에 대한 심사로써 충족된다(헌재 2011. 12. 29. 2010헌바385).

> **판례**
>
> ▶ **포괄위임금지원칙 위반 여부와 별도로 명확성의 원칙이 문제되는 경우**: 일반적으로 법률에서 일부 내용을 하위 법령에 위임하고 있는 경우 위임을 둘러싼 법률 규정 자체에 대한 명확성의 문제는 포괄위임금지원칙 위반의 문제가 될 것이다. 다만 위임 규정이 하위 법령에 위임하고 있는 내용과는 무관하게 법률 자체에서 해당 부분을 완결적으로 정하고 있는 경우 포괄위임금지원칙 위반 여부와는 별도로 명확성의 원칙이 문제될 수 있는바, 위임입법에서 사용하고 있는 추상적 용어가 하위 법령에 규정될 내용의 범위를 구체적으로 정해주기 위한 역할을 하는지, 아니면 그와는 별도로 독자적인 규율 내용을 정하기 위한 것인지 여부에 따라 별도로 명확성원칙 위반의 문제가 나타날 수도 있고, 그렇지 않을 수도 있다(헌재 2011. 12. 29. 2010헌바385).

3) 위임의 구체성과 명확성 요구 정도

위임의 구체성과 명확성의 요구 정도는 규제 대상의 종류와 성격에 따라 달라지는바, 기본권 침해영역에서는 급부영역에서보다 구체성의 요구가 강화되고, 특히 표현의 자유를 내용에 의하여 규제하고 이에 불응할 경우에는 형사처벌이 가해지는 경우에는 구체성의 요구가 더욱 강화된다(헌재 1999. 7. 22. 99헌마480).

4) 위임의 구체성과 명확성 판단 대상

위임의 구체성·명확성(예측가능성)은 당해 특정 조항 하나만을 가지고 판단할 것이 아니라 관련 법조항 전체를 유기적·체계적으로 종합판단하여야 하며 각 대상 법률의 성질에 따라 구체적, 개별적으로 검토하여야 한다(헌재 2000. 1. 27. 99헌바23).

5) 위임범위를 벗어난 하위법령

기본권 제한에 관한 법률유보원칙은 '법률에 근거한 규율'을 요청하는 것이므로, 그 형식이 반드시 법률일 필요는 없다 하더라도 법률상의 근거는 있어야 한다. 따라서 모법의 위임범위를 벗어난 하위법령은 법률의 근거가 없는 것으로 법률유보원칙에 위반된다(헌재 2010. 4. 29. 2007헌마910).

> **판례**
>
> ▶ **하위법령에 규정된 내용이 상위법령이 위임한 범위 안에 있는지 여부에 대한 판단 기준**: 하위법령에 규정된 내용이 상위법령이 위임한 범위 안에 있는지 여부를 판단함에 있어서는, 당해 특정 법령조항 하나만 가지고 판단할 것이 아니라 관련 법령조항 전체를 유기적·체계적으로 고려하여 종합적으로 판단하여야 한다. 수권 법령조항 자체가 위임하는 사항과 그 범위를 명확히 규정하고 있지 않다고 하더라도 관련 법규의 전반적 체계와 관련 규정에 비추어 위임받은 내용과 범위의 한계를 객관적으로 확인할 수 있다면 그 범위 안에서 규정된 하위법령 조항은 위임입법의 한계를 벗어난 것이 아니다(헌재 2010. 10. 28. 2008헌마408).

▶ **법률의 시행령이나 시행규칙의 내용이 모법의 해석상 가능한 것을 명시하거나 모법 조항의 취지를 구체화한 경우**: 법률의 시행령이나 시행규칙은 그 법률에 의한 위임이 없으면 개인의 권리·의무에 관한 내용을 변경·보충하거나 법률이 규정하지 아니한 새로운 내용을 정할 수 없지만, 그 내용이 모법의 입법 취지와 관련 조항 전체를 유기적·체계적으로 살펴보아 모법의 해석상 가능한 것을 명시한 것에 지나지 아니하거나 모법 조항의 취지에 근거하여 이를 구체화하기 위한 것인 때에는 모법의 규율 범위를 벗어난 것으로 볼 수 없다(대판 2016. 1. 1. 2014두8650).

▶ **대한변호사협회의 변호사 광고에 관한 규정 제4조 제14호 중 '협회의 유권해석에 반하는 내용의 광고' 부분 등이 법률유보원칙에 위반되어 청구인들의 표현의 자유, 직업의 자유를 침해하는지**(적극): 위 규정은 '협회의 유권해석에 위반되는'이라는 표지만을 두고 그에 따라 금지되는 광고의 내용 또는 방법 등을 한정하지 않고 있고, 이에 해당하는 내용이 무엇인지 변호사법이나 관련 회규를 살펴보더라도 알기 어렵다. 유권해석위반 광고금지규정 위반이 징계사유가 될 수 있음을 고려하면 적어도 수범자인 변호사는 유권해석을 통해 금지될 수 있는 내용들의 대강을 알 수 있어야 함에도, 규율의 예측가능성이 현저히 떨어지고 법집행기관의 자의적인 해석을 배제할 수 없는 문제가 있다. 따라서 위 규정은 수권법률로부터 위임된 범위 내에서 명확하게 규율 범위를 정하고 있다고 보기 어려우므로, 법률유보원칙에 위반되어 청구인들의 표현의 자유, 직업의 자유를 침해한다(헌재 2022. 5. 26. 2021헌마619).

5. 개별사건법률금지원칙

법률의 형태	수범자	규율대상	효력발생요건
일반적 법률	일반적(불특정 다수인)	추상적(불특정 다수사건)	집행행위 필요
처분적 법률	개별적(특정인)	구체적(특정사건)	집행행위 불요
집행적 법률	일반적(불특정 다수인)	추상적(불특정 다수사건)	집행행위 불요

(1) 의의

개별사건법률금지의 원칙은 "법률은 일반적으로 적용되어야지 어떤 개별사건에만 적용되어서는 아니 된다."는 법 원칙으로서 헌법상의 평등원칙에 근거하는 것으로, 그 기본정신은 입법자에 대하여 기본권을 침해하는 법률은 일반적 성격을 가져야 한다는 형식을 요구함으로써 평등원칙위반의 위험성을 입법과정에서 미리 제거하려는 데 있다(헌재 1996.2.16. 96헌가2).

(2) 위헌성

개별사건법률금지의 원칙은 법률제정에 있어서 입법자가 평등원칙을 준수할 것을 요구하는 것이기 때문에, 특정 규범이 개별사건법률에 해당한다 하여 곧바로 위헌을 뜻하는 것은 아니다. 특정 법률 또는 법률조항이 하나의 사건만을 규율하더라도 이러한 차별적 규율이 합리적인 이유로 정당화될 수 있는 경우에는 합헌적일 수 있다. 따라서 개별사건법률의 위헌 여부는 형식만으로 가려지는 것이 아니라 평등의 원칙이 추구하는 실질적 내용이 정당한지 아닌지를 따져서 가려진다(헌재 1996. 2. 16. 96헌가2).

> **판례**
>
> ▶ **친일재산을 그 취득·증여 등 원인행위 시에 국가의 소유로 하도록 규정한 친일재산귀속법 제3조 제1항 본문이 처분적 법률에 해당하는지**(소극): 우리 헌법은 처분적 법률로서 개인 대상 법률 또는 개별사건법률의 정의를 따로 두고 있지 않음은 물론, 이러한 처분적 법률의 제정을 금하는 명문의 규정도 두고 있지 않은바, 특정 규범이 개인 대상 또는 개별사건법률에 해당한다고 하여 그것만으로 바로 헌법에 위반되는 것은 아니라고 할 것이다. 따라서 처분적 법률이므로 위헌이라는 청구인들의 주장은 주장 자체로 이유 없고, 나아가 이 사건 법률조항들은 친일반민족행위자의 친일재산에 일반적으로 적용되는 것이므로 위 법률조항들을 처분적 법률로 보기도 어렵다(헌재 2011. 3. 31. 2008헌바141).
>
> ▶ **보안관찰처분대상자에게 출소 후 신고의무를 부과하는 보안관찰법 조항이 처분적 법률로써 권력분립의 원리에 위반되는지**(소극): 보안관찰법 제6조 제1항 전문 후단이 보안관찰처분대상자에게 출소 후 신고의무를 법 집행기관의 구체적 처분이 아닌 법률로 직접 부과하고 있기는 하나 위 조항은 보안관찰처분대상자 중에서 일부 특정 대상자에게만 적용되는 것이 아니라 '보안관찰대상자 모두에게 적용되는 일반적이고 추상적인 법률규정'이다. 일반적으로 특정법률이 일반 국민에게 특정한 행위를 하지 못하도록 금지하거나 특정한 의무를 부과할 필요가 있는 경우에는 법률 자체에서 직접 규율하고 있는데 이러한 입법형식은 여러 법 영역에서 광범위하게 찾아볼 수 있고, 또한 널리 인정되고 있다. 따라서 이 사건 조항은 보안관찰처분대상자 모두에게 적용되는 일반적·추상적인 법률규정으로서 법률이 직접 출소 후 신고의무를 부과하고 있다고 하더라도 처분적 법률 내지 개인적 법률에 해당된다고 볼 수 없으므로 권력분립원칙에 위반되지 아니한다(헌재 2003. 6. 26. 2001헌가17).
>
> ▶ **주식회사 연합뉴스를 국가기간뉴스통신사로 지정하고 이에 대한 재정지원 등을 규정한 뉴스통신 진흥에 관한 법률 조항이 개인대상법률로서 헌법에 위반되는지**(소극): 심판대상조항은 주식회사에 불과한 연합뉴스사를 주무관청인 문화관광부장관의 지정절차도 거치지 아니하고 바로 법률로써 국가기간뉴스통신사로 지정하고, 법이 정하는 계약조건으로 정부와 뉴스정보 구독계약을 체결하게 하며, 정부가 위탁하는 공익업무와 관련하여 정부의 예산으로 재정지원을 할 수 있는 법적 근거를 법률로써 창설하고 있는바, 이는 특정인에 대해서만 적용되는 '개인대상법률'로서 처분적 법률에 해당한다(헌재 2005. 6. 30. 2003헌마841).
>
> ▶ **세무대학설치법폐지법률이 세무대학의 폐지를 목적으로 하며 별도의 집행행위를 필요로 하지 않는 처분적 법률에 해당하여 입법권의 한계를 일탈했는지**(소극): 이 사건 폐지법은 세무대학설치의 법적 근거로 제정된 기존의 세무대학설치법을 폐지함으로써 세무대학을 폐교하는 법적 효과를 발생하는 것이므로, 동법은 세무대학과 그 폐지만을 규율목적으로 삼는 '처분법률의 형식'을 띤다. 그러나 이와 같은 처분법률의 형식은 폐지대상인 세무대학설치법 자체가 이미 처분법률에 해당하는 것이므로, 이를 폐지하는 법률도 당연히 그에 상응하여 처분법률의 형식을 띨 수밖에 없는 필연적 현상이다. 한편 어떤 법률이 개별사건법률 또는 처분법률의 성격을 띠고 있다고 해서 그것만으로 헌법에 위반되는 것은 아니고, 정부의 조직 및 기능 조정을 위해 세무대학을 폐지해야 할 합리적 이유가 있는 것이므로 이 사건 폐지법은 그 처분법률의 성격에도 불구하고 헌법적으로 정당하다(헌재 2001. 2. 22. 99헌마613).

6. 체계 정당성 원리

(1) 의의

체계 정당성의 원리란 동일 규범 내에서 또는 상이한 규범 간에 규범의 구조나 내용 또는 규범의 근거가 되는 원칙면에서 상호 배치되거나 모순되어서는 안 된다는 헌법적 요청이다(헌재 2004. 11. 25. 2002헌바66).

(2) 근거

규범 상호 간의 체계 정당성을 요구하는 이유는 입법자의 자의를 금지하여 규범의 명확성, 예측가능성 및 규범에 대한 신뢰와 법적 안정성을 확보하기 위한 것이고 이는 국가공권력에 대한 통제와 이를 통한 국민의 자유와 권리의 보장을 이념으로 하는 법치주의 원리로부터 도출된다(헌재 2004. 11. 25. 2002헌바66).

(3) 위헌성

일반적으로 일정한 공권력 작용이 체계 정당성에 위반한다고 해서 곧 위헌이 되는 것은 아니다. 즉 체계 정당성 위반 자체가 바로 위헌이 되는 것은 아니고 이는 비례의 원칙이나 평등원칙 위반 내지 입법의 자의금지 위반 등의 위헌성을 시사하는 하나의 징후일 뿐이다. 그러므로 체계 정당성 위반이 위헌이 되기 위해서는 비례의 원칙이나 평등의 원칙 등 일정한 헌법의 규정이나 원칙을 위반하여야 한다(헌재 2004. 11. 25. 2002헌바66).

제6항 사회국가원리

I 사회국가원리의 의의

1. 개념

사회국가란 사회정의의 이념을 헌법에 수용한 국가, 사회현상에 대하여 방관적인 국가가 아니라 경제·사회·문화의 모든 영역에서 정의로운 사회질서의 형성을 위하여 사회현상에 관여하고 간섭하고 분배하고 조정하는 국가이며, 궁극적으로는 국민 각자가 실제로 자유를 행사할 수 있는 그 실질적 조건을 마련해 줄 의무가 있는 국가이다(헌재 2002. 12. 18. 2002헌마52).

> **판례**
>
> ▶ **사회국가원리의 수용**: 우리 헌법은 사회국가원리를 명문으로 규정하지 않고 헌법 전문, 인간다운 생활을 할 권리를 비롯한 사회적 기본권의 보장, 경제 영역에서 적극적으로 계획하고 유도하고 재분배하여야 할 국가의 의무를 규정하는 경제에 관한 조항 등을 통하여 간접적으로 사회국가원리를 수용하고 있다(헌재 2004. 10. 28. 2002헌마328).
>
> ▶ **헌법이 사회적 약자의 보호를 명시적으로 규정한 이유**: 헌법이 제34조에서 여자(제3항), 노인·청소년(제4항), 신체장애자(제5항) 등 특정 사회적 약자의 보호를 명시적으로 규정한 것은 장애인과 같은 사회적 약자의 경우에는 개인 스스로가 자유행사의 실질적 조건을 갖추는 데 어려움이 많으므로, 국가가 특히 이들에 대하여 자유를 실질적으로 행사할 수 있는 조건을 형성하고 유지해야 한다는 점을 강조하고자 하는 것이다(헌재 2002. 12. 18. 2002헌마52).

2. 등장

자본주의경제의 발달과정에 있어서 빈곤은 더 이상 개인적인 물질적 결핍의 문제가 아니라 사회의 안정을 위협하는 사회 전체의 문제이고, 경제의 성장에 의하여 자연적으로 해결될 수 있는 것도 아니라는 인식이 자리잡아 가면서, 빈곤 문제는 국가의 과제로 인식되었다. 이러한 인식으로부터 현대의 여러 국가는 모든 국민에게 생활의 기본적 수요를 충족시켜 줌으로써 건강하고 문화적인 생활을 보장하는 것이 국가의 책무라고 하는 사회국가원리를 헌법에 규정하게 되었다(헌재 1997. 5. 29. 94헌마33).

II 사회국가원리의 내용과 한계

1. 내용

사회국가원리의 가장 핵심적인 내용은 실질적인 자유와 평등의 실현이라고 할 수 있다. 이러한 사회국가원리는 '사회적 기본권', '재산권의 사회적 구속성', '사회적 시장경제질서' 등을 통해 실현된다.

2. 한계

사회국가의 원리는 자유민주적 기본질서의 범위 내에서 이루어져야 하고, 국민 개인의 자유와 창의를 보완하는 범위 내에서 이루어지는 내재적 한계를 지니고 있다. 우리 재판소도 "우리 헌법은 자유민주적 기본질서 및 시장경제질서를 기본으로 하면서 위 질서들에 수반되는 모순을 제거하기 위하여 사회국가원리를 수용하여 실질적인 자유와 평등을 아울러 달성하려는 근본이념을 가지고 있다"라고 판시한 것은 이러한 맥락에서 이루어진 것이다(헌재 2001. 9. 27. 2000헌마238).

> **판례**
>
> ▶ **국가적 규제와 통제의 한계**: 우리 헌법 제23조 제1항, 제119조 제1항에서 추구하고 있는 경제질서는 개인과 기업의 경제상의 자유와 창의를 최대한도로 존중·보장하는 자본주의에 바탕을 둔 시장경제질서이므로 국가적인 규제와 통제를 가하는 것도 '보충의 원칙'에 입각하여 자본주의 내지 시장경제질서의 기초라고 할 수 있는 <u>사유재산제도와 경제행위에 대한 사적자치의 원칙이 존중되는 범위 내에서만</u> 허용된다(헌재 1989. 12. 22. 88헌가13).

III 사회적 시장경제질서

1. 헌법상 경제질서

우리나라 헌법상의 경제질서는 사유재산제를 바탕으로 하고 자유경쟁을 존중하는 자유시장경제질서를 기본으로 하면서도 이에 수반되는 갖가지 모순을 제거하고 사회복지·사회정의를 실현하기 위하여 국가적 규제와 조정을 용인하는 '사회적 시장경제질서'로서의 성격을 띠고 있다(헌재 1996. 4. 25. 92헌바47).

> **판례**
>
> ▶ **헌법 제119조의 이념**: 헌법 제119조는 제1항에서 "대한민국의 경제질서는 개인과 기업의 경제상의 자유와 창의를 존중함을 기본으로 한다."라고 규정하여 자유시장경제질서를 기본으로 하고 있음을 선언하고 있으나, 한편 그 제2항에서 "국가는 균형 있는 국민경제의 성장 및 안정과 적정한 소득의 분배를 유지하고, 시장의 지배와 경제력의 남용을 방지하며 경제주체 간의 조화를 통한 경제의 민주화를 위하여 경제에 관한 규제와 조정을 할 수 있다."라고 규정하여, 우리 헌법이 자유시장경제질서를 기본으로 하면서 사회국가원리를 수용하여 실질적인 자유와 평등을 아울러 달성하려는 것을 근본이념으로 하고 있음을 밝히고 있다(헌재 2003. 2. 27. 2002헌바4).
>
> ▶ **헌법 제119조의 법적 성질**: 헌법은 제119조에서 개인의 경제적 자유를 보장하면서 사회정의를 실현하기 위한 경제질서를 선언하고 있다. 이 규정은 헌법상 경제질서에 관한 일반조항으로서 국가의 경제정책에 대한 하나의 헌법적 지침이고, 동 조항이 언급하는 '경제적 자유와 창의'는 직업의 자유, 재산권의 보장, 근로3권과 같은 경제에 관한 기본권 및 비례의 원칙과 같은 법치국가원리에 의하여 비로소 헌법적으로 구체화된다(헌재 2002. 10. 31. 99헌바76).
>
> ▶ **헌법 제119조의 법적 성질**: 헌법 제119조는 헌법상 경제질서에 관한 일반조항으로서 국가의 경제정책에 대한 하나의 헌법적 지침일 뿐 그 자체가 기본권의 성질을 가진다거나 독자적인 위헌심사의 기준이 된다고 할 수 없다(헌재 2017. 7. 27. 2015헌바278).
>
> ▶ **승객이 사망하거나 부상한 경우에는 운행자에게 무과실책임을 지우고 있는 자동차손해배상보장법 제3조 단서 제2호가 자유시장경제질서에 위반되는지**(소극): 자유시장경제질서를 기본으로 하면서도 사회국가원리를 수용하고 있는 우리 헌법의 이념에 비추어 일반불법행위책임에 관하여는 과실책임의 원리를 기본원칙으로 하면서 이 사건 법률조항과 같은 특수한 불법행위책임에 관하여 위험책임의 원리를 수용하는 것은 입법정책에 관한 사항으로서 입법자의 재량에 속한다고 할 것이다. 따라서 이 사건 법률조항이 아래에서 보는 바와 같이 운행자의 재산권을 본질적으로 제한하거나 평등의 원칙에 위반되지 아니하는 이상 위험책임의 원리에 기하여 무과실책임을 지운 것만으로 헌법 제119조 제1항의 자유시장경제질서에 위반된다고 할 수 없다(헌재 1998. 5. 28. 96헌가4).

2. 내용

(1) 경제상의 자유

> **헌법 제119조**
> ① 대한민국의 경제질서는 개인과 기업의 경제상의 자유와 창의를 존중함을 기본으로 한다.

헌법 제119조 제1항은 시장경제의 원리에 입각한 경제체제임을 천명하였는바, 이는 기업의 생성·발전·소멸은 어디까지나 기업의 자율에 맡긴다는 기업자유의 표현이며 국가의 공권력은 특단의 사정이 없는 한 이에 대한 불개입을 원칙으로 한다는 뜻이다(헌재 1993. 7. 29. 89헌마31).

(2) 적정한 소득의 분배·독과점 규제 및 경제민주화

> **헌법 제119조**
> ② 국가는 균형 있는 국민경제의 성장 및 안정과 적정한 소득의 분배를 유지하고, 시장의 지배와 경제력의 남용을 방지하며, 경제주체 간의 조화를 통한 경제의 민주화를 위하여 경제에 관한 규제와 조정을 할 수 있다.

1) 적정한 소득의 분배

헌법 제119조 제2항은 국가가 경제영역에서 실현하여야 할 목표의 하나로서 "적정한 소득의 분배"를 들고 있지만, 이로부터 반드시 소득에 대하여 누진세율에 따른 종합과세를 시행하여야 할 구체적인 헌법적 의무가 조세입법자에게 부과되는 것이라고 할 수 없다. 오히려 입법자는 사회·경제정책을 시행함에 있어서 소득의 재분배라는 관점만이 아니라 서로 경쟁하고 충돌하는 여러 목표, 예컨대 "균형 있는 국민경제의 성장 및 안정", "고용의 안정" 등을 함께 고려하여 서로 조화시키려고 시도하여야 하고, 끊임없이 변화하는 사회·경제상황에 적응하기 위하여 정책의 우선순위를 정할 수도 있다. 그러므로 "적정한 소득의 분배"를 무조건적으로 실현할 것을 요구한다거나 정책적으로 항상 최우선적인 배려를 하도록 요구하는 것은 아니다(헌재 1999. 11. 25. 98헌마55).

2) 독과점 규제

헌법 제119조 제2항은 독과점 규제라는 경제정책적 목표를 개인의 경제적 자유를 제한할 수 있는 정당한 공익의 하나로 명문화하고 있다. 독과점 규제의 목적이 경쟁의 회복에 있다면 이 목적을 실현하는 수단 또한 자유롭고 공정한 경쟁을 가능하게 하는 방법이어야 한다(헌재 1996. 12. 26. 96헌가18).

3) 경제민주화

헌법 제119조 제2항에 규정된 '경제주체 간의 조화를 통한 경제민주화'의 이념은 경제 영역에서 정의로운 사회질서를 형성하기 위하여 추구할 수 있는 국가목표로서 개인의 기본권을 제한하는 국가행위를 정당화하는 헌법 규범이다(헌재 2003. 11. 27. 2001헌바35).

(3) 경자유전의 원칙

> **헌법 제121조**
> ① 국가는 농지에 관하여 경자유전의 원칙이 달성될 수 있도록 노력하여야 하며, 농지의 소작제도는 금지된다.
> ② 농업생산성의 제고와 농지의 합리적인 이용을 위하거나 불가피한 사정으로 발생하는 농지의 임대차와 위탁경영은 법률이 정하는 바에 의하여 인정된다.

헌법 제121조 제1항은 전근대적인 법률관계인 소작제도의 청산을 의미하며 나아가 헌법은 부재지주로 인하여 야기되는 농지이용의 비효율성을 제거하기 위하여 경자유전의 원칙을 국가의 의무로서 천명하고 있다(헌재 2003. 11. 27. 2003헌바2).

판례

▶ **농지소유자에게 원칙적으로 그 소유 농지를 위탁경영할 수 없도록 한 농지법 제9조가 재산권을 침해하는지**(소극): 농지에 대한 위탁경영을 널리 허용할 경우 농지가 투기 수단으로 전락할 수 있고, 식량 생산의 기반으로서 농지의 공익적 기능이 저해될 가능성을 배제하기 어렵다. 한편 위탁경영 금지조항에서는 예외적으로 농지의 위탁경영이 허용되는 사유를 규정함으로써 그 농지를 합리적으로 사용·수익할 수 있도록 하고 있으므로 위탁경영 금지조항은 침해의 최소성도 인정된다. 위탁경영 금지조항으로 농지의 공익적 기능을 유지할 수 있고 궁극적으로 건전한 국민경제의 발전을 도모할 수 있게 된다. 이러한 공익은 위탁경영 금지조항으로 인하여 제한되는 청구인의 재산권보다 현저히 크다고 할 것이므로, 위탁경영 금지조항은 법익의 균형성도 인정된다. 그러므로 위탁경영 금지조항은 청구인의 재산권을 침해하지 않는다(헌재 2020. 5. 27. 2018헌마362).

▶ **자경농지의 양도소득세 면제대상자를 "대통령령이 정하는 바에 따라 농지소재지에 거주하는 거주자"라고 위임한 조세특례제한법 조항이 경자유전의 원칙에 위반되는지**(소극): 위 규정의 입법목적이 외지인의 농지투기를 방지하고 조세부담을 덜어주어 농업·농촌을 활성화하는 데 있음을 고려하면 위 규정은 경자유전의 원칙을 실현하기 위한 것으로 볼 것이지 경자유전의 원칙에 위배된다고 볼 것은 아니다(헌재 2003. 11. 27. 2003헌바2).

(4) 지역경제 육성

헌법 제123조
② 국가는 지역 간의 균형 있는 발전을 위하여 지역경제를 육성할 의무를 진다.

헌법 제123조가 규정하는 지역경제 육성의 목적은 일차적으로 지역 간의 경제적 불균형의 축소에 있다. 입법자가 개인의 기본권 침해를 정당화하는 입법목적으로서의 지역경제를 주장하기 위하여는 문제되는 지역의 현존하는 경제적 낙후성이라든지 아니면 특정 입법조치를 취하지 않을 경우 발생할 지역 간의 심한 경제적 불균형과 같은 납득할 수 있는 구체적이고 합리적인 이유가 있어야 한다(헌재 1996. 12. 26. 96헌가18).

(5) 중소기업 보호

헌법 제123조
③ 국가는 중소기업을 보호·육성하여야 한다.

우리 헌법은 제123조 제3항에서 중소기업이 국민경제에서 차지하는 중요성 때문에 "중소기업의 보호"를 국가 경제정책적 목표로 명문화하고, 대기업과의 경쟁에서 불리한 위치에 있는 중소기업의 지원을 통하여 경쟁에서의 불리함을 조정하고, 가능하면 균등한 경쟁 조건을 형성함으로써 대기업과의 경쟁을 가능하게 해야 할 국가의 과제를 담고 있다. 중소기업의 보호는 넓은 의미의 경쟁정책의 한 측면을 의미하므로 중소기업의 보호는 원칙적으로 경쟁 질서의 범주 내에서 경쟁 질서의 확립을 통하여 이루어져야 한다(헌재 1996. 12. 26. 96헌가18).

> **판례**
> ▶ **의약품 도매상 허가를 받기 위해 필요한 창고면적의 최소기준을 규정하고 있는 약사법 조항이 헌법상 중소기업 보호·육성 의무를 위반하는지**(소극) : 이 사건 법률조항들의 입법 취지는 중소기업을 대상으로 하여 그 영업을 규제하려는 것이 아니며, 그 내용도 의약품 도매상 허가를 받기 위해서는 일정 면적의 창고를 보유해야 한다는 것일 뿐 중소기업을 특정하여 이에 대해 제한을 가하는 규정이 아니므로 헌법 제123조 제3항에 규정된 국가의 중소기업 보호·육성 의무를 위반하였다고 보기 어렵다(헌재 2014. 4. 24. 2012헌마811).

(6) 자조조직의 육성

> **헌법 제123조**
> ⑤ 국가는 농·어민과 중소기업의 자조조직을 육성하여야 하며, 그 자율적 활동과 발전을 보장한다.

헌법 제123조 제5항은 국가에게 농·어민의 자조조직을 육성할 의무와 자조조직의 자율적 활동과 발전을 보장할 의무를 아울러 규정하고 있는데, 이러한 국가의 의무는 자조조직이 제대로 활동하고 기능하는 시기에는 그 조직의 자율성을 침해하지 않도록 하는 후자의 소극적 의무를 다하면 된다고 할 수 있지만, 그 조직이 제대로 기능하지 못하고 향후의 전망도 불확실하다면, 국가는 단순히 그 조직의 자율성을 보장하는 것에 그쳐서는 아니되고 적극적으로 이를 육성하여야 할 전자의 의무까지도 수행하여야 한다(헌재 2000. 6. 1. 99헌마553).

(7) 소비자보호운동의 보장

> **헌법 제124조**
> 국가는 건전한 소비행위를 계도하고 생산품의 품질향상을 촉구하기 위한 소비자보호운동을 법률이 정하는 바에 의하여 보장한다.

1) 소비자보호운동

소비자보호운동이란 공정한 가격으로 양질의 상품 또는 용역을 적절한 유통구조를 통해 적절한 시기에 안전하게 구입하거나 사용할 소비자의 제반 권익을 증진할 목적으로 이루어지는 구체적 활동을 의미하고, 단체를 조직하고 이를 통하여 활동하는 형태, 즉 근로자의 단결권이나 단체행동권에 유사한 활동뿐만 아니라, 하나 또는 그 이상의 소비자가 동일한 목표로 함께 의사를 합치하여 벌이는 운동이면 모두 이에 포함된다(헌재 2011. 12. 29. 2010헌바54).

> **판례**
> ▶ **헌법 제124조의 규정 취지** : 헌법 제124조에서 소비자보호운동을 보장하는 것은 소비자의 권익을 옹호하고 시장의 지배와 경제력의 남용을 방지하며 경제주체 간의 조화를 통해 균형 있는 국민경제의 성장을 도모할 수 있도록 소비자의 권익에 관한 헌법적 보호를 창설한 것이다(헌재 2011. 12. 29. 2010헌바54).

2) 소비자불매운동

① 의의
소비자불매운동이란 하나 또는 그 이상의 운동주도세력이 소비자의 권익을 향상시킬 목적으로 개별 소비자들로 하여금 시장에서 특정 상품의 구매를 억지하거나 제3자로 하여금 그렇게 하도록 설득하는 조직화된 행위를 의미한다(헌재 2011. 12. 29. 2010헌바54).

② 주체
개별소비자나 소비자단체가 '운동의 주체'인데, 2인 이상이 의사를 합치하여 조직적 활동을 벌인 것이라면 소비자보호법상 등록된 소비자단체에 한정되지 않으며, 잠재적으로 소비자가 될 가능성이 있다면 누구나 운동의 주체가 될 수 있다(헌재 2011. 12. 29. 2010헌바54).

③ 목표
불매운동의 목표로서의 '소비자의 권익'이란 원칙적으로 사업자가 제공하는 물품이나 용역의 소비생활과 관련된 것으로서 상품의 질이나 가격, 유통구조, 안전성 등 시장적 이익에 국한된다(헌재 2011. 12. 29. 2010헌바54).

④ 불매행위
불매운동이 예정하고 있는 '불매행위'에는, 단순히 불매운동을 검토하고 있다는 취지의 의견을 표현하는 행위뿐만 아니라, 다른 소비자들에게 불매운동을 촉구하는 행위, 불매운동 실행을 위한 조직행위, 직접적으로 불매를 실행하는 행위 등이 모두 포괄될 수 있다(헌재 2011. 12. 29. 2010헌바54).

⑤ 한계
헌법상 보호되는 소비자불매운동에는 정당하게 보호될 수 있는 영역이 존재하고 넘지 말아야 할 한계가 내재되어 있다. 구체적으로 살펴보면 객관적으로 진실한 사실을 기초로 행해져야 하고, 소비자불매운동에 참여하는 소비자의 의사결정의 자유가 보장되어야 하며, 불매운동을 하는 과정에서 폭행, 협박, 기물파손 등 위법한 수단이 동원되지 않아야 하고, 특히 물품 등의 공급자나 사업자 이외의 제3자를 상대로 불매운동을 벌일 경우 그 경위나 과정에서 제3자의 영업의 자유 등 권리를 부당하게 침해하지 않을 것이 요구된다(헌재 2011. 12. 29. 2010헌바54).

(8) 경영권 불간섭의 원칙

> **헌법 제126조**
> 국방상 또는 국민경제상 긴절한 필요로 인하여 법률이 정하는 경우를 제외하고는, 사영기업을 국유 또는 공유로 이전하거나 그 경영을 통제 또는 관리할 수 없다.

헌법 제126조는 사영기업의 경영권에 대한 불간섭의 원칙을 보다 구체적으로 밝히고 있다. 따라서 국가의 공권력이 부실기업의 처분정리를 위하여 그 경영권에 개입코자 한다면 적어도 긴절한 필요 때문에 정한 법률상의 규정이 없이는 불가능한 일이고, 다만 근거법률은 없지만 부실기업의 정리에 개입하는 예외적인 길은 부실기업 때문에 국가가 중대한 재정·경제상의 위기에 처하게 된 경우 공공의 안녕질서의 유지상 부득이하다 하여 요건에 맞추어 긴급명령(제5공화국 헌법하에서는 비상조치)을 발하여 이를 근거로 할 것이고, 그렇게 하는 것만이 합헌적인 조치가 될 수 있다(헌재 1993. 7. 29. 89헌마31).

(9) 기타

> **헌법 제120조**
> ① 광물 기타 중요한 지하자원·수산자원·수력과 경제상 이용할 수 있는 자연력은 법률이 정하는 바에 의하여 일정한 기간 그 채취·개발 또는 이용을 특허할 수 있다.
> ② 국토와 자원은 국가의 보호를 받으며, 국가는 그 균형 있는 개발과 이용을 위하여 필요한 계획을 수립한다.
>
> **헌법 제122조**
> 국가는 국민 모두의 생산 및 생활의 기반이 되는 국토의 효율적이고 균형 있는 이용·개발과 보전을 위하여 법률이 정하는 바에 의하여 그에 관한 필요한 제한과 의무를 과할 수 있다.
>
> **헌법 제123조**
> ① 국가는 농업 및 어업을 보호·육성하기 위하여 농·어촌종합개발과 그 지원등 필요한 계획을 수립·시행하여야 한다.
> ④ 국가는 농수산물의 수급균형과 유통구조의 개선에 노력하여 가격안정을 도모함으로써 농·어민의 이익을 보호한다.
>
> **헌법 제125조**
> 국가는 대외무역을 육성하며, 이를 규제·조정할 수 있다.
>
> **헌법 제127조**
> ① 국가는 과학기술의 혁신과 정보 및 인력의 개발을 통하여 국민경제의 발전에 노력하여야 한다.
> ② 국가는 국가표준제도를 확립한다.
> ③ 대통령은 제1항의 목적을 달성하기 위하여 필요한 자문기구를 둘 수 있다.

제7항 문화국가원리

I 문화국가원리의 의의

1. 문화국가

문화국가란 문화적 이상에 현실의 국가를 접근시켜 국가를 문화발전에 기여하게 하려는 국가이념을 말한다. 우리나라는 건국헌법 이래 문화국가의 원리를 헌법의 기본원리로 채택하고 있다. 현행 헌법은 전문에서 "문화의 영역에 있어서 각인의 기회를 균등히" 할 것을 선언하고 있을 뿐 아니라, 제9조에서 국가에게 전통문화의 계승 발전과 민족문화의 창달을 위하여 노력할 의무를 지우고 있다(헌재 2004. 5. 27. 2003헌가1).

2. 문화정책

문화국가원리는 국가의 문화국가실현에 관한 과제 또는 책임을 통하여 실현되는바, 국가의 문화정책과 밀접 불가분의 관계를 맺고 있다. 과거 국가절대주의사상의 국가관이 지배하던 시대에는 국가의 적극적인 문화간섭정책이 당연한 것으로 여겨졌다. 그러나 오늘날에 와서는 국가가 어떤 문화현상에 대하여도 이를 선호하거나, 우대하는 경향을 보이지 않는 불편부당의 원칙이 가장 바람직한 정책으로 평가받고 있다(헌재 2004. 5. 27. 2003헌가1).

> **판례**
>
> ▶ 대통령의 지시로 대통령 비서실장 등이 야당 소속 후보를 지지하였거나 정부에 비판적 활동을 한 문화예술인이나 단체를 정부의 문화예술 지원사업에서 배제할 목적으로 한국문화예술위원회 등의 소속 직원들로 하여금 특정 개인이나 단체를 문화예술인 지원사업에서 배제하도록 한 지시 행위가 청구인들의 평등권을 침해하는지(적극) : 우리 헌법상 문화국가원리는 견해와 사상의 다양성을 그 본질로 하며, 이를 실현하는 국가의 문화정책은 불편부당의 원칙에 따라야 하는바, 모든 국민은 정치적 견해 등에 관계없이 문화 표현과 활동에서 차별을 받지 않아야 한다. 특히 정부는 문화국가실현에 관한 과제를 수행함에 있어 과거 문화간섭정책에서 벗어나 문화의 다양성, 자율성, 창조성이 조화롭게 실현될 수 있도록 중립성을 지키면서 문화에 대한 지원 및 육성을 하도록 유의하여야 한다. 그럼에도 불구하고 피청구인들이 이러한 중립성을 보장하기 위하여 법률에서 정하고 있는 제도적 장치를 무시하고 정치적 견해를 기준으로 청구인들을 문화예술계 정부지원사업에서 배제되도록 차별취급한 것은 헌법상 문화국가원리와 법률유보원칙에 반하는 자의적인 것으로 정당화될 수 없다. 따라서 이 사건 지원배제 지시는 청구인들의 평등권을 침해한다(헌재 2020. 12. 23. 2017헌마416).

3. 문화육성의 대상

오늘날 문화국가에서의 문화정책은 그 초점이 문화 그 자체에 있는 것이 아니라 문화가 생겨날 수 있는 문화풍토를 조성하는 데 두어야 한다. 문화국가원리의 이러한 특성은 문화의 개방성 내지 다원성의 표지와 연결되는데, 국가의 문화육성의 대상에는 원칙적으로 모든 사람에게 문화창조의 기회를 부여한다는 의미에서 모든 문화가 포함된다. 따라서 엘리트문화뿐만 아니라 서민문화, 대중문화도 그 가치를 인정하고 정책적인 배려의 대상으로 하여야 한다(헌재 2004. 5. 27. 2003헌가1).

Ⅱ 문화국가원리의 내용

1. 문화국가 실현을 위한 제도와 기본권

(1) 가족제도

혼인과 가족의 보호는 헌법이 지향하는 자유민주적 문화국가의 필수적인 전제조건이다. 개별성·고유성·다양성으로 표현되는 문화는 사회의 자율영역을 바탕으로 하고, 사회의 자율영역은 무엇보다도 바로 가정으로부터 출발하기 때문이다. 헌법은 가족제도를 특별히 보장함으로써, 견해와 사상의 다양성을 그 본질로 하는 문화국가를 실현하기 위한 필수적인 조건을 규정한 것이다(헌재 2000. 4. 27. 98헌가16).

(2) 정신적 기본권

헌법은 문화국가를 실현하기 위하여 보장되어야 할 정신적 기본권으로 양심과 사상의 자유, 종교의 자유, 언론·출판의 자유, 학문과 예술의 자유 등을 규정하고 있는바, 개별성·고유성·다양성으로 표현되는 문화는 사회의 자율영역을 바탕으로 한다고 할 것이고, 이들 기본권은 견해와 사상의 다양성을 그 본질로 하는 문화국가원리의 불가결의 조건이라고 할 것이다(헌재 2004. 5. 27. 2003헌가1).

> **판례**
>
> ▶**과외교습을 원칙적으로 금지하고 이를 위반한 자를 처벌하는 학원의 설립 및 운영에 관한 법률 조항이 문화국가원리에 위반되는지**(적극): 단지 일부 지나친 고액과외교습을 방지하기 위하여 모든 학생으로 하여금 오로지 학원에서만 사적으로 배울 수 있도록 규율한다는 것은 자기결정과 자기책임을 생활의 기본원칙으로 하는 헌법의 인간상이나 개성과 창의성, 다양성을 지향하는 문화국가원리에 위반되는 것이다(헌재 2000. 4. 27. 98헌가16).

(3) 문화향유에 관한 권리

헌법이 보장하는 인간의 존엄성 및 행복추구권은 국가의 교육권한과 부모의 교육권의 범주 내에서 아동에게도 자신의 교육환경에 관하여 스스로 결정할 권리, 그리고 자유롭게 문화를 향유할 권리를 부여한다(헌재 2004. 5. 27. 2003헌가1).

> **판례**
>
> ▶**학교정화구역내의 극장 시설 및 영업을 금지하고 있는 학교보건법 조항이 학생들의 행복추구권을 침해하는지 여부**(적극): 오늘날 영화 및 공연을 중심으로 하는 문화산업은 높은 부가가치를 실현하는 첨단산업으로서의 의미를 가지고 있다. 따라서 직업교육이 날로 강조되는 대학교육에 있어서 문화에의 손쉬운 접근가능성은 중요한 기본권으로서의 의미를 갖게 된다. 이 사건 법률조항은 대학생의 자유로운 문화향유에 관한 권리 등 행복추구권을 침해하고 있다. 또한 아동과 청소년은 부모와 국가에 의한 단순한 보호의 대상이 아닌 독자적인 인격체이며, 그의 인격권은 성인과 마찬가지로 인간의 존엄성 및 행복추구권을 보장하는 헌법 제10조에 의하여 보호된다. 이 사건 법률조항은 아동·청소년의 문화향유에 관한 권리 등 인격의 자유로운 발현과 형성을 충분히 고려하고 있지 아니하므로 아동·청소년의 자유로운 문화향유에 관한 권리 등 행복추구권을 침해하고 있다(헌재 2004. 5. 27. 2003헌가1).
>
> ▶**공연을 관람하는 사람들에게 특별부담금으로서의 문예진흥기금을 납입하게 하는 것이 특별부담금의 헌법적 허용한계를 일탈하여 헌법에 위반되는지**(적극): 문예진흥기금이 공연관람자 등의 집단적 이익을 위해서 사용되는 것도 아니며, 공연 등을 보는 국민이 예술적 감상의 기회를 가진다고 하여 이것을 집단적 효용성으로 평가하는 것도 무리이다. 특히 공연관람자 등이 예술감상에 의한 정신적 풍요를 느낀다면 그것은 헌법상의 문화국가원리에 따라 국가가 적극 장려할 일이지, 이것을 일정한 집단에 의한 수익으로 인정하여 그들에게 경제적 부담을 지우는 것은 헌법의 문화국가이념에 역행하는 것이다. 따라서 이 사건 문예진흥기금의 납입금 자체가 특별부담금의 헌법적 허용한계를 벗어나서 국민의 재산권을 침해하므로 위헌이다(헌재 2003. 12. 18. 2002헌가2).
>
> ▶**영화관 관람객이 입장권 가액의 100분의 3을 부담하도록 하는 영화상영관 입장권 부과금 제도가 영화관 관람객 및 영화관 경영자의 평등권을 침해하는지**(소극): 영화산업은 시장의 크기, 산업의 국가적 선도성, 간접지원의 가능성 등의 측면에서 게임, 음반, 출판 등 다른 문화산업과 차이가 있으므로 그 지원을 위한 별도의 재원 마련에 합리성이 있으며, 이는 입법재량의 영역에 있는 것으로 그 지원을 위하여 영화발전기금이라는 별도의 재원을 마련하는 것은 특수한 공적 과제에 해당한다. 또한 영화산업의 진흥에 대하여 부과금의 납부의무자인 영화상영관 관람객은 영화의 본래적·전형적 소비자인 점에서 특별히 밀접한 관련성이 있는 집단이므로, 이들에게 다른 문화영역을 향유하는 사람들과 다른 특별한 재정책임을 지우는 것은 합리적 근거가 있고, 설사 결과적으로 비디오물 관람 등 영화상영관 입장 이외의 형태로 영화를 감상하는 사람들에게는 부과금이 부과되지 않는다 하더라도 이를 두고 현저히 불합리한 자의적 차별이라고 할 수는 없다. 따라서 이 사건 법령조항들은 영화상영관 관람객과 영화상영관 경영자의 평등권을 침해하지 않는다(헌재 2008. 11. 27. 2007헌마860).

2. 전통문화의 계승·발전과 민족문화의 창달

> **헌법 제9조**
> 국가는 전통문화의 계승·발전과 민족문화의 창달에 노력하여야 한다.

(1) 전통문화의 계승·발전

헌법 전문과 헌법 제9조에서 말하는 전통, 전통문화란 역사성과 시대성을 띤 개념으로 이해하여야 한다. 과거의 어느 일정 시점에서 역사적으로 존재하였다는 사실만으로 모두 헌법의 보호를 받는 전통이 되는 것은 아니다. 만약 전통의 근거를 과거에만 두는 복고주의적 전통개념을 취한다면 시대적으로 특수한 정치적·사회적 이해관계를 전통이라는 이름하에 보편적인 문화양식으로 은폐·강요하는 부작용을 낳기 쉬우며, 현재의 사회구조에 걸맞는 규범 정립이나 미래지향적 사회발전을 가로막는 장애요소로 기능하기 쉽다. 따라서 우리 헌법에서 말하는 전통, 전통문화란 오늘날의 의미로 재해석된 것이 되지 않으면 안 된다(헌재 2005. 2. 3. 2001헌가9).

> **판례**
>
> ▶ **우리가 진정으로 계승·발전시켜야 할 전통문화**: 헌법 제9조의 정신에 따라 우리가 진정으로 계승·발전시켜야 할 전통문화는 이 시대의 제반 사회·경제적 환경에 맞고 또 오늘날에 있어서도 보편타당한 전통윤리 내지 도덕관념이라 할 것이다(헌재 1997. 7. 16. 95헌가6).
>
> ▶ **가족제도에 관한 전통·전통문화**: 가족제도에 관한 전통·전통문화란 적어도 그것이 가족제도에 관한 헌법이념인 개인의 존엄과 양성의 평등에 반하는 것이어서는 안 된다는 자명한 한계가 도출된다. 역사적 전승으로서 오늘의 헌법이념에 반하는 것은 헌법 전문에서 타파의 대상으로 선언한 사회적 폐습이 될 수 있을지언정 헌법 제9조가 계승·발전시키라고 한 전통문화에는 해당하지 않는다고 보는 것이 우리 헌법의 자유민주주의원리, 전문, 제9조, 제36조 제1항을 아우르는 조화적 헌법해석이라 할 것이다. 결론적으로 전래의 어떤 가족제도가 헌법 제36조 제1항이 요구하는 개인의 존엄과 양성평등에 반한다면 헌법 제9조를 근거로 그 헌법적 정당성을 주장할 수는 없다(헌재 2005. 2. 3. 2001헌가9).

(2) 민족문화유산의 보호

헌법 제9조의 규정취지와 민족문화유산의 본질에 비추어 볼 때, 국가가 민족문화유산을 보호하고자 하는 경우 이에 관한 헌법적 보호법익은 민족문화유산의 존속 자체를 보장하는 것이고, 원칙적으로 민족문화유산의 훼손 등에 관한 가치보상이 있는지 여부는 헌법적 보호법익과 직접적인 관련이 없다(헌재 2003. 1. 30. 2001헌바64).

> **판례**
>
> ▶ **전통사찰의 경내지 등에 대한 모든 유형의 소유권변동이 전통사찰을 훼손할 수 있음에도 불구하고, 다른 소유권변동원인과 달리 '공용수용'으로 인한 소유권변동에 대해서는 아무런 규제를 하지 아니한 것이 평등원칙에 위반되는지**(적극): 헌법상 명령에 근거하여 엄격한 보존방법이 규정된 전통사찰보존법을 제정함으로써 민족문화유산으로 지정된 전통사찰을 철저하게 보존하겠다는 입법자의 의사가 분명하게 표명된 이상, 이 사건 법률조항은 전통사찰을 훼손하고자 시도하는 주체가 제3자적 국가기관이고 그 형식이 공용수용이라는 우연한 사정의 유무에 따라서 전통사찰을 훼손하는 것이 불가피한 것인지 여부를 관할 국가기관이 실효성 있게 판단·결정할 수 있는 기회를 실질적으로 배제하는 사안과 그렇지 아니한 사안을 구별하는 중요한 차별을 행하는 것이 되어 불합

리하고, 헌법 제23조를 이유로 하여 헌법 제9조의 규정을 실질적으로 무력화시키는 결과를 초래하므로, 평등의 원칙에 어긋나는 위헌적인 법률이다(헌재 2003. 1. 30. 2001헌바64 헌법불합치).

제8항 평화국가원리

I 평화국가원리의 의의

평화국가원리란 국제적 차원에서 평화공존, 국제적 분쟁의 평화적 해결, 각 민족국가의 자결권 존중, 국내문제불간섭 등을 핵심내용으로 하는 국제평화주의를 국가목적으로 하는 원리를 말한다.

II 평화국가원리의 내용

1. 국제평화주의

> 헌법 제5조
> ① 대한민국은 국제평화의 유지에 노력하고 침략적 전쟁을 부인한다.

헌법은 전문에서 "항구적인 세계평화와 인류공영에 이바지함으로써"라고 규정하고, 제5조 제1항에서 "대한민국은 국제평화의 유지에 노력하고 침략적 전쟁을 부인한다."라고 규정하여 국제평화주의를 선언하고 있다. 침략적 전쟁은 자위전쟁에 대응하는 개념으로 국제분쟁을 해결하는 수단으로서의 전쟁, 즉 영토의 확장이나 채권의 확보 등 국가목적을 위한 전쟁을 말한다.

2. 국제법질서 존중

> 헌법 제6조
> ① 헌법에 의하여 체결·공포된 조약과 일반적으로 승인된 국제법규는 국내법과 같은 효력을 가진다.

(1) 국제법과 국내법의 관계

헌법 제6조 제1항의 국제법 존중주의는 우리나라가 가입한 조약과 일반적으로 승인된 국제법규가 국내법과 같은 효력을 가진다는 것으로서 조약이나 국제법규가 국내법에 우선한다는 것은 아니다 (헌재 2001. 4. 26. 99헌가13).

(2) 조약

1) 의의

조약이란 국가·국제기구 등 국제법 주체 사이에 권리의무관계를 창출하기 위하여 서면 형식으로 체결되고 국제법에 의하여 규율되는 합의를 말한다(헌재 2008. 3. 27. 2006헌라4).

> **판례**
>
> ▶ **구두합의도 조약의 성격을 가질 수 있는지**(적극) : 조약의 개념에 관하여 우리 헌법상 명문의 규정은 없다. 국제법적으로, 조약은 국제법 주체들이 일정한 법률효과를 발생시키기 위하여 체결한 국제법의 규율을 받는 국제적 합의를 말하며 서면에 의한 경우가 대부분이지만 예외적으로 구두 합의도 조약의 성격을 가질 수 있다(헌재 2019. 12. 27. 2016헌마253).

2) 비구속적 합의와 구분

조약과 비구속적 합의를 구분함에 있어서는 합의의 명칭, 합의가 서면으로 이루어졌는지, 국내법상 요구되는 절차를 거쳤는지와 같은 형식적 측면 외에도 합의의 과정과 내용·표현에 비추어 법적 구속력을 부여하려는 당사자의 의도가 인정되는지 여부, 법적 효력을 부여할 수 있는 구체적인 권리·의무를 창설하는지 여부 등 실체적 측면을 종합적으로 고려하여야 한다(헌재 2019. 12. 27. 2016헌마253).

> **판례**
>
> ▶ **대한민국 외교부장관과 일본국 외무부대신이 2015. 12. 28. 공동발표한 일본군 위안부 피해자 문제 관련 합의가 헌법소원심판 청구의 대상이 되는지**(소극) : 이 사건 합의는 서면으로 이루어지지 않았고, 통상적으로 조약에 부여되는 명칭이나 주로 쓰이는 조문 형식을 사용하지 않았으며, 헌법이 규정한 조약체결 절차를 거치지 않았다. 또한 합의 내용상 합의의 효력에 관한 양 당사자의 의사가 표시되어 있지 않을 뿐만 아니라, 구체적인 법적 권리·의무를 창설하는 내용을 포함하고 있지도 않다. 이 사건 합의가 일본군 '위안부' 피해자들의 법적 지위에 영향을 미친다고 볼 수 없으므로 피해자들의 배상청구권 등 기본권을 침해할 가능성이 있다고 보기 어렵고, 따라서 이 사건 합의를 대상으로 한 헌법소원심판청구는 허용되지 않는다(헌재 2019. 12. 27. 2016헌마253).
>
> ▶ **외교통상부장관이 2006. 1. 19.경 워싱턴에서 미합중국 국무장관과 발표한 '동맹 동반자 관계를 위한 전략대화 출범에 관한 공동성명'이 조약에 해당하는지**(소극) : 이 사건 공동성명은 한국과 미합중국이 상대방의 입장을 존중한다는 내용만 담고 있을 뿐, 구체적인 법적 권리·의무를 창설하는 내용을 전혀 포함하고 있지 아니하므로 조약에 해당된다고 볼 수 없다(헌재 2008. 3. 27. 2006헌라4).
>
> ▶ **대한민국과 아메리카합중국 간의 상호방위조약 제4조에 의한 시설과 구역 및 대한민국에서의 합중국군대의 지위에 관한 협정의 성격**(조약) : 이 사건 조약은 그 명칭이 "협정"으로 되어 있어 국회의 관여없이 체결되는 행정협정처럼 보이기도 하나 우리나라의 입장에서 볼 때에는 외국군대의 지위에 관한 것이고, 국가에게 재정적 부담을 지우는 내용과 입법사항을 포함하고 있으므로 국회의 동의를 요하는 조약으로 취급되어야 한다(헌재 1999. 4. 29. 97헌가14).
>
> ▶ **1992. 2. 19. 발효된 남북기본합의서의 법률적 효력 또는 조약으로서의 성격이 있는지**(소극) : 남북사이의 화해와 불가침 및 교류협력에 관한 합의서는 남북관계를 "나라와 나라 사이의 관계가 아닌 통일을 지향하는 과정에서 잠정적으로 형성되는 특수관계"임을 전제로 하여 이루어진 합의문서인바, 이는 한민족공동체 내부의 특수관계를 바탕으로 한 당국간의 합의로서 남북당국의 성의있는 이행을 상호 약속하는 일종의 공동성명 또는 신사협정에 준하는 성격을 가짐에 불과하여 법률이 아님은 물론 국내법과 동일한 효력이 있는 조약이나 이에 준하는 것으로 볼 수 없다(헌재 2000. 7. 20. 98헌바63).

3) 종류

> **헌법 제60조**
> ① 국회는 상호원조 또는 안전보장에 관한 조약, 중요한 국제조직에 관한 조약, 우호통상항해조약, 주권의 제약에 관한 조약, 강화조약, 국가나 국민에게 중대한 재정적 부담을 지우는 조약 또는 입법사항에 관한 조약의 체결·비준에 대한 동의권을 가진다.

국회는 헌법 제60조 제1항에 규정된 일정한 조약에 대해서만 체결·비준에 대한 동의권을 가진다(헌재 2008. 3. 27. 2006헌라4).

4) 체결과 비준

> **헌법 제73조**
> 대통령은 조약을 체결·비준하고, 외교사절을 신임·접수 또는 파견하며, 선전포고와 강화를 한다.
>
> **헌법 제89조**
> 다음 사항은 국무회의의 심의를 거쳐야 한다.
> 3. 헌법개정안·국민투표안·조약안·법률안 및 대통령령안

5) 효력

헌법 부칙 제5조는 "이 헌법 시행 당시의 법령과 조약은 이 헌법에 위배되지 않는 한 그 효력을 지속한다."고 규정하는바, 우리 헌법은 조약에 대한 헌법의 우위를 전제하고 있으며, 헌법과 동일한 효력을 가지는 헌법적 조약을 인정하지 아니한다(헌재 2013. 11. 28. 2012헌마166).

> **판례**
>
> ▶ **한미무역협정으로 헌법 제130조 제2항의 국민투표권이 침해될 가능성이 있는지**(소극): 성문헌법의 개정은 헌법의 조문이나 문구의 명시적이고 직접적인 변경을 내용으로 하는 헌법개정안의 제출에 의하여야 하고, 하위규범인 법률의 형식으로 일반적인 입법절차에 의하여 개정될 수는 없다. 한미무역협정은 국회의 동의를 필요로 하는 조약의 하나로서 법률적 효력이 인정되므로, 그에 의하여 성문헌법이 개정될 수는 없으며, 따라서 한미무역협정으로 인하여 청구인의 헌법 제130조 제2항에 따른 헌법개정절차에서의 국민투표권이 침해될 가능성은 인정되지 아니한다(헌재 2013. 11. 28. 2012헌마166).
>
> ▶ **자유권규약 및 선택의정서에 국내법적 효력을 인정할 수 있는지**(적극): 헌법 제6조 제1항은 "헌법에 의하여 체결·공포된 조약과 일반적으로 승인된 국제법규는 국내법과 같은 효력을 가진다"라고 규정하고 있다. 자유권규약 및 선택의정서는 헌법에 의하여 체결·공포된 조약이므로 국내법과 같은 효력을 가진다(헌재 2018. 7. 26. 2011헌마306).
>
> ▶ **개인통보에 대한 자유권규약위원회의 견해**(Views)**에 법적 구속력을 인정할 수 있는지**(소극): 자유권규약위원회는 자유권규약의 이행을 위해 만들어진 조약상의 기구이고, 우리나라는 자유권규약을 비준함과 동시에, 개인통보를 접수·심리하는 자유권규약위원회의 권한을 인정하는 것을 내용으로 하는 선택의정서에 가입하였으므로, 대한민국 국민이 제기한 개인통보에 대한 자유권규약위원회의 견해(Views)를 존중하고, 그 이행을 위하여 가능한 범위에서 충분한 노력을 기울여야 한다. 다만, 자유권규약이나 선택의정서가 개인통보에 대한 자유권규약위원회의 견해(Views)의 법적 효력에 관하여 명시적으로 밝히고 있지 않고, 개인통보에 대한 자유권규약위원회의 심리는 서면심리로 이루어져 증인신문 등을 하지 않으며 심리가 비공개로 진행되는 점 등을 고려하면, 개인통보에 대한 자유권규약위원회의 견해(Views)에 사법적인 판결이나 결정과 같은 법적 구속력이 인정된다고 단정하기는 어렵다(헌재 2018. 7. 26. 2011헌마306).

▶ **이적행위를 처벌하는 국가보안법 제7조 제1항과 이적표현물의 제작·소지·반포·취득행위를 처벌하는 국가보안법 제7조 제5항이 국제법존중주의에 위배되는지**(소극) : 헌법 제6조 제1항에서 선언하고 있는 국제법존중주의는 국제법과 국내법의 동등한 효력을 인정한다는 취지일 뿐이므로 유엔 자유권위원회가 국가보안법의 폐지나 개정을 권고하였다는 이유만으로 이적행위조항과 이적표현물 소지조항이 국제법존중주의에 위배되는 것은 아니다(헌재 2024. 2. 28. 2023헌바381).

▶ **유엔장애인권리위원회의 권고에 구속력**(소극) : 비준동의한 조약은 국내법과 같은 효력을 가질 뿐 헌법재판규범이 되는 것은 아니고 유엔장애인권리위원회의 권고에 구속력이 있는 것으로 보기도 어렵다(헌재 2019. 12. 27. 2018헌바161).

▶ **국제노동기구 '결사의 자유위원회' 등의 권고의 구속력**(소극) : 국제노동기구 '결사의 자유위원회', 국제연합 '경제적·사회적 및 문화적 권리위원회', 또는 경제협력개발기구(OECD) '노동조합자문위원회' 등이 우리나라에 대하여 가능한 한 빨리 모든 영역의 공무원들에게 근로3권을 보장할 것을 권고하고 있다고 하더라도 이는 권고에 불과한 것으로서 이를 심판대상조항들의 위헌심사 척도로 삼을 수는 없다(헌재 2005. 10. 27. 2003헌바50).

▶ **세계인권선언의 법적 구속력**(소극) : 세계인권선언은 그 전문에 나타나 있듯이 "인권 및 기본적 자유의 보편적인 존중과 준수의 촉진을 위하여 사회의 각 개인과 사회 각 기관이 국제연합 가맹국 자신의 국민 사이에 또 가맹국 관할하의 지역에 있는 시민들 사이에 기본적인 인권과 자유의 존중을 지도교육함으로써 촉진하고 또한 그러한 보편적, 효과적인 승인과 준수를 국내적·국제적인 점진적 조치에 따라 확보할 것을 노력하도록, 모든 국민과 모든 나라가 달성하여야할 공통의 기준"으로 선언하는 의미는 있으나, 그 선언내용인 각 조항이 바로 보편적인 법적 구속력을 가지거나 국제법적 효력을 갖는 것으로 볼 것은 아니다(헌재 1991. 7. 22. 89헌가106).

▶ **한일어업협정의 국내법적 효력**(법률) : 한일어업협정은 우리나라와 일본 간의 어업에 관해 '헌법에 의하여 체결·공포된 조약'으로서 국내적으로 '법률'과 같은 효력을 가진다(헌재 2001. 3. 21. 99헌마139).

▶ **아시아·태평양지역에서의 고등교육의 수학, 졸업증서 및 학위인정에 관한 지역협약이 위헌성 심사의 척도가 되는지**(소극) : 아시아·태평양지역에서의 고등교육의 수학, 졸업증서 및 학위인정에 관한 지역협약은 우리나라도 가입하고 있으나, 그 법적 지위가 헌법적인 것은 아니며 법률적 효력을 갖는 것이므로 예비시험조항의 유무효에 대한 심사척도가 될 수 없다(헌재 2003. 4. 24. 2002헌마611).

▶ **관세법이나 특정범죄가중처벌 등에 관한 법률의 개정 없이 조약에 의하여 관세범에 대한 처벌을 가중하는 것이 죄형법정주의원칙에 위배되는지**(소극) : 마라케쉬협정은 적법하게 체결되어 공포된 조약이므로 국내법과 같은 효력을 갖는 것이어서 그로 인하여 새로운 범죄를 구성하거나 범죄자에 대한 처벌이 가중된다고 하더라도 국내법에 의하여 형사처벌을 가중한 것과 같은 효력을 갖게 되는 것이다. 따라서 마라케쉬협정에 의하여 관세법위반자의 처벌이 가중된다고 하더라도 법률에 의하지 아니한 형사처벌이라거나 행위시의 법률에 의하지 아니한 형사처벌이라고 할 수 없다(헌재 1998. 11. 26. 97헌바65).

6) 조약에 대한 통제

명령과 같은 효력을 갖는 조약은 헌법 제107조 제2항에 따라 법원에 의한 통제를 받고, 법률과 같은 효력을 갖는 조약은 원칙적으로 헌법재판소를 통해 위헌심사의 대상이 될 수 있다.

> **판례**
>
> ▶ **조약이 위헌법률심판의 대상이 되는지**(적극): 헌법재판소법 제68조 제2항은 심판대상을 "법률"로 규정하고 있으나, 여기서의 "법률"에는 "조약"이 포함된다. 국제통화기금협정 제9조(지위, 면제 및 특권) 제3항(사법절차의 면제) 및 제8항(직원 및 피용자의 면제와 특권), 전문기구의 특권과 면제에 관한 협약 제4절, 제19절 (a)은 각 국회의 동의를 얻어 체결된 것으로서, 헌법 제6조 제1항에 따라 국내법적, 법률적 효력을 가지는 바, 가입국의 재판권 면제에 관한 것이므로 성질상 국내에 바로 적용될 수 있는 법규범으로서 위헌법률심판의 대상이 된다(헌재 2001. 9. 27. 2000헌바20).

(3) **일반적으로 승인된 국제법규**

일반적으로 승인된 국제법규란 세계 대다수의 국가가 승인하여 국제사회에서 보편적 효력을 갖는 규범을 말하는 것으로, '국제조약'과 '국제관습법'이 있다.

> **판례**
>
> ▶ **일반적으로 승인된 국제법규**: 우리나라가 가입하지 않았지만 일반성을 지닌 국제조약과 국제관습법에서 양심적 병역거부권을 인정한다면 우리나라에서도 일반적으로 승인된 국제법규로서 양심적 병역거부의 근거가 될 수 있다(헌재 2011. 8. 30. 2008헌가22).
>
> ▶ **전쟁에 관한 법률이나 관습을 위반한 '전쟁범죄'를 범하였을 경우 국제전범재판을 통하여 처벌하여야 한다는 국제법적 원칙**: 독일의 나치 전범을 처벌한 뉘른베르크 재판과 일제(日帝) 전범을 처벌한 도쿄 재판 등을 통하여 개인이 다른 나라를 침략하는 전쟁을 계획·주도하거나 참여한 '침략에 대한 범죄', 전쟁 기간 중 민간인을 상대로 살인·집단학살·학대·노예화 등과 같은 반인도적 행위를 한 '반인도적 범죄', 또는 포로의 살해나 학대 등과 같은 전쟁에 관한 법률이나 관습을 위반한 '전쟁범죄'를 범하였을 경우 국제전범재판을 통하여 처벌하여야 한다는 국제법적 원칙이 성립되었다. 이러한 국제전범재판에 관한 국제법적 원칙은 1946년 국제연합(United Nations) 총회에서 '뉘른베르크 헌장에 의하여 승인된 국제법의 원칙들과 동 재판소의 판결을 확인하기 위한 결의'를 만장일치로 채택함으로써 국제관습법으로 확립되었다(헌재 2021. 8. 31. 2014헌마888).
>
> ▶ **현역입영 또는 소집 통지서를 받은 사람이 정당한 사유 없이 입영일이나 소집일부터 3일이 지나도 입영하지 아니하거나 소집에 응하지 아니한 경우를 처벌하는 병역법 제88조 제1항 제1호가 국제법 존중의 원칙을 선언하고 있는 헌법 제6조 제1항에 위반되는지**(소극): 우리나라가 가입한 시민적·정치적 권리에 관한 국제규약에 따라 양심적 병역거부권이 인정되거나 양심적 병역거부에 관한 법적인 구속력이 발생한다고 보기 곤란하고, 양심적 병역거부권을 명문으로 인정한 국제인권조약은 아직까지 존재하지 않으며, 전 세계적으로 양심적 병역거부권의 보장에 관한 국제관습법이 형성되었다고 할 수 없어 양심적 병역거부가 일반적으로 승인된 국제법규로서 우리나라에 수용될 수는 없으므로, 이 사건 법률조항에 의하여 양심적 병역거부자를 형사처벌한다고 하더라도 국제법 존중의 원칙을 선언하고 있는 헌법 제6조 제1항에 위반된다고 할 수 없다(헌재 2011. 8. 30. 2008헌가22).

▶ **국제노동기구의 제87호 협약 등이 법률에 대한 위헌심사의 척도가 될 수 있는지**(소극) : 국제노동기구의 제87호 협약(결사의 자유 및 단결권 보장에 관한 협약), 제98호 협약(단결권 및 단체교섭권에 대한 원칙의 적용에 관한 협약), 제151호 협약(공공부문에서의 단결권 보호 및 고용조건의 결정을 위한 절차에 관한 협약)은 우리나라가 비준한 바가 없고, 헌법 제6조 제1항에서 말하는 일반적으로 승인된 국제법규로서 헌법적 효력을 갖는 것이라고 볼 만한 근거도 없으므로, 이 사건 심판대상규정에 대한 위헌심사의 척도가 될 수 없다(헌재 2007. 8. 30. 2003헌바51).

▶ **우리나라가 비준한 바 없는 강제노동의 폐지에 관한 국제노동기구(ILO)의 제105호 조약이 위헌성 심사의 척도가 되는지**(소극) : 강제노동의 폐지에 관한 국제노동기구(ILO)의 제105호 조약은 우리나라가 비준한 바가 없고, 헌법 제6조 제1항에서 말하는 일반적으로 승인된 국제법규로서 헌법적 효력을 갖는 것이라고 볼 만한 근거도 없으므로 이 사건 심판대상규정의 위헌성 심사의 척도가 될 수 없다(헌재 1998. 7. 16. 97헌바23).

3. 외국인의 법적 지위 보장

헌법 제6조
② 외국인은 국제법과 조약이 정하는 바에 의하여 그 지위가 보장된다.

4. 평화통일의 원칙

헌법 제4조
대한민국은 통일을 지향하며, 자유민주적 기본질서에 입각한 평화적 통일정책을 수립하고 이를 추진한다.

헌법상 통일 관련 규정들은 통일의 달성이 우리의 국민적·국가적 과제요 사명임을 밝힘과 동시에 자유민주적 기본질서에 입각한 평화적 통일 원칙을 천명하고 있다. 따라서 우리 헌법에서 지향하는 통일은 대한민국의 존립과 안전을 부정하는 것이 아니고, 또 자유민주적 기본질서에 위해를 주는 것이 아니라 그것에 바탕을 둔 통일이다(헌재 1990. 4. 2. 89헌가113).

판례

▶ **통일에 관한 기본권을 인정할 수 있는지**(소극) : 헌법상의 통일 관련 조항들은 국가의 통일의무를 선언한 것이기는 하지만, 그로부터 국민 개개인의 통일에 대한 기본권, 특히 국가기관에 대하여 통일과 관련된 구체적인 행동을 요구하거나 일정한 행동을 할 수 있는 권리가 도출된다고 볼 수 없다(헌재 2000. 7. 20. 98헌바63).

제4절 대한민국헌법의 기본제도

제1항 제도적 보장

I 제도적 보장의 취지

제도적 보장은 객관적 제도를 헌법에 규정하여 당해 제도의 본질을 유지하려는 것으로서 헌법제정권자가 특히 중요하고도 가치가 있다고 인정되고 헌법적으로도 보장할 필요가 있다고 생각하는 국가제도를 헌법에 규정함으로써 장래의 법발전, 법형성의 방침과 범주를 미리 규율하려는 데 있다(헌재 1997. 4. 24. 95헌바48).

II 제도적 보장의 정도

제도적 보장은 주관적 권리가 아닌 객관적 범규범이라는 점에서 기본권과 구별되기는 하지만 헌법에 의하여 일정한 제도가 보장되면 입법자는 그 제도를 설정하고 유지할 입법의무를 지게 될 뿐만 아니라 헌법에 규정되어 있기 때문에 법률로써 이를 폐지할 수 없고, 비록 내용을 제한하더라도 그 본질적 내용을 침해할 수 없다. 그러나 기본권 보장은 "최대한 보장의 원칙"이 적용됨에 반하여, 제도적 보장은 그 본질적 내용을 침해하지 아니하는 범위 안에서 입법자에게 제도의 구체적 내용과 형태의 형성권을 폭넓게 인정한다는 의미에서 "최소한 보장의 원칙"이 적용될 뿐이다(헌재 1997. 4. 24. 95헌바48).

제2항 정당제도

I 정당

1. 의의

헌법 제8조에 의하여 보장되는 정당제도에 있어서 정당이라 함은 국민의 이익을 위하여 책임 있는 정치적 주장이나 정책을 추진하고 공직선거의 후보자를 추천 또는 지지함으로써 국민의 정치적 의사형성에 참여함을 목적으로 하는 국민의 자발적 조직을 의미한다(헌재 1991. 3. 11. 91헌마21).

2. 기능

정당은 정치적 결사로서 국민의 정치적 의사를 적극적으로 형성하고 각계각층의 이익을 대변하며, 정부를 비판하고 정책적 대안을 제시할 뿐만 아니라, 국민 일반이 정치나 국가작용에 영향력을 행사하는 매개체의 역할을 수행하는 등 현대의 대의제민주주의에 없어서는 안 될 중요한 공적 기능을 수행하고 있다(헌재 1996. 8. 29. 96헌마99).

> **판례**
>
> ▶ **정당의 기능**: 정당은 국민과 국가의 중개자로서 정치적 도관(導管)의 기능을 수행하여 주체적·능동적으로 국민의 다원적 정치의사를 유도·통합함으로써 국가정책의 결정에 직접 영향을 미칠 수 있는 규모의 정치적 의사를 형성하고 있다(헌재 2003. 10. 30. 2002헌라1).

3. 헌법에 편입

우리나라는 제2공화국 헌법에서 처음으로 정당에 관한 규정을 두었고, 제3공화국 헌법은 정당국가적 경향을 강화하는 규정을 두었다. 이후 제4공화국 헌법은 정당국가적 조항을 삭제하여 정당의 지위를 약화시켰으나 제5공화국 헌법은 국고보조금조항을 추가하여 정당의 지위를 강화하였다. 현행 헌법은 정당의 조직과 활동뿐만 아니라 그 목적도 민주적일 것을 규정하고 있다.

4. 법적 성격

정당의 법적 지위는 적어도 소유재산의 귀속 관계에 있어서는 법인격 없는 사단으로 보아야 하고, 중앙당과 지구당과의 복합적 구조에 비추어 정당의 지구당은 단순한 중앙당의 하부조직이 아니라 어느 정도의 독자성을 가진 단체로서 법인격 없는 사단에 해당한다(헌재 1993. 7. 29. 92헌마262).

> **판례**
>
> ▶ **정당이 공권력 행사의 주체인지**(소극): 정당의 법적 성격은 일반적으로 사적·정치적 결사 내지는 법인격 없는 사단으로 파악되고 있고, 정당의 법률관계에 대하여는 정당법의 관계 조문 이외에 일반 사법 규정이 적용되므로, 정당은 공권력 행사의 주체가 될 수 없다(헌재 2007. 10. 30. 2007헌마1128).

Ⅱ 정당제 민주주의

1. 등장

오늘날 대의제 민주주의는 국민의 정치적 의사형성을 위한 매개체로서의 정당의 역할이 증대됨에 따라 정당국가적 민주주의로 변화하여, 국회는 국민의 대표인 의원들의 의사에 따라 운영되는 것이 아니라 정당의 구성원인 의원들이 정당을 통하여 그리고 정당 속에서 결합하여 운영되고 있고, 정당의 국회 내에서의 활동도 교섭단체를 중심으로 이루어짐에 따라 국민의 정치적 의사를 형성하여 국가기관의 의사결정에 영향을 미치는 정당의 공적 기능을 수행한다(헌재 2006. 7. 27. 2004헌마655).

2. 자유위임과 정당기속성의 관계

국회의원의 원내 활동을 기본적으로 각자에 맡기는 자유위임은 자유로운 토론과 의사 형성을 가능하게 함으로써 당내민주주의를 구현하고 정당의 독재화 또는 과두화를 막아주는 순기능을 갖는다. 그러나 자유위임은 의회 내에서의 정치적 의사형성에 정당의 협력을 배척하는 것이 아니며, 의원이 정당과 교섭단체의 지시에 기속되는 것을 배제하는 근거가 되는 것도 아니다. 또한 국회의원의 국민대표성을 중시하는 입장에서도 특정 정당에 소속된 국회의원이 정당기속 내지는 교섭단체의 결정(당론)에 위반하는 정치활동을 한 이유로 제재를 받는 경우, 국회의원 신분을 상실하게 할 수는 없으나 "정당 내부의 사실상의 강제" 또는 소속 "정당으로부터의 제명"은 가능하다고 보고 있다. 그렇다면, 당론과 다른 견해를 가진 소속 국회의원을 당해 교섭단체의 필요에 따라 다른 상임위원회로 전임(사·보임)하는 조치는 특별한 사정이 없는 한 헌법상 용인될 수 있는 "정당 내부의 사실상 강제"의 범위 내에 해당한다(헌재 2003. 10. 30. 2002헌라1).

3. 국회의원의 탈당과 의원직 상실

국회의원의 법적 지위 특히 전국구의원이 그를 공천한 정당을 탈당할 때 의원직을 상실하는 여부는 그 나라의 헌법과 법률이 국회의원을 이른바 자유위임하에 두었는가, 명령적 위임하에 두었는가, 양 제도를 병존하게 하였는가에 달려있다. 헌법 제7조 제1항의 "공무원은 국민전체에 대한 봉사자이며, 국민에 대해 책임을 진다."라는 규정, 제45조의 "국회의원은 국회에서 직무상 행한 발언과 표결에 관하여 국회 외에서 책임을 지지 아니한다."라는 규정 및 제46조 제2항의 "국회의원은 국가이익을 우선하여 양심에 따라 직무를 행한다."라는 규정들을 종합하여 볼 때, 헌법은 국회의원을 자유위임의 원칙하에 두었다고 할 것이다. 따라서 별도의 법률규정이 있는 경우는 별론으로 하고, 전국구의원이 그를 공천한 소속정당을 탈당하였다 하여 의원직을 상실하지는 않는다(헌재 1994. 4. 28. 92헌마153).

> **참고**
>
> ▶ **공직선거법 제192조 제4항**: 비례대표국회의원 또는 비례대표지방의회의원이 소속정당의 합당·해산 또는 제명 외의 사유로 당적을 이탈·변경하거나 2 이상의 당적을 가지고 있는 때에는 국회법 제136조(퇴직) 또는 지방자치법 제78조(의원의 퇴직)의 규정에 불구하고 퇴직된다. 다만, 비례대표국회의원이 국회의장으로 당선되어 국회법 규정에 의하여 당적을 이탈한 경우에는 그러하지 아니하다.

III 정당 조항의 규범적 의미

1. 헌법 제8조 제1항

> **헌법 제8조**
> ① 정당의 설립은 자유이며, 복수정당제는 보장된다.

(1) 보장 내용

헌법 제8조 제1항은 국민 누구나가 원칙적으로 국가의 간섭을 받지 아니하고 '정당을 설립할 권리'를 국민의 기본권으로서 보장하면서, 정당설립의 자유를 보장한 것의 당연한 법적 산물인 '복수정당제'를 제도적으로 보장하고 있다(헌재 1999. 12. 23. 99헌마135).

(2) 정당의 자유

1) 주체

정당의 자유는 국민이 개인적으로 갖는 기본권일 뿐만 아니라, 단체로서의 정당이 가지는 기본권이다(헌재 2004. 12. 16. 2004헌마456).

정당설립의 자유는 등록된 정당에게만 인정되는 기본권이 아니라 등록정당은 아니지만 권리능력 없는 사단의 실체를 가지고 있는 정당에게도 인정되는 기본권이다(헌재 2006. 3. 30. 2004헌마246).

> **판례**
>
> ▶ **등록이 취소된 정당**: 정당설립의 자유는 헌법 제8조 제1항 전단에 규정되어 있지만, 국민 개인과 정당 그리고 '권리능력 없는 사단'의 실체를 가지고 있는 등록 취소된 정당에게 인정되는 '기본권'이다(헌재 2014. 1. 28. 2012헌마431).

2) 내용

헌법 제8조 제1항이 명시하는 정당설립의 자유는 설립할 정당의 조직형태를 어떠한 내용으로 할 것인가에 관한 정당조직 선택의 자유 및 그와 같이 선택된 조직을 결성할 자유를 포함한다. 또한 헌법 제8조 제1항은 정당활동의 자유도 보장한다. 이와 같이 헌법 제8조 제1항은 정당설립의 자유, 정당조직의 자유, 정당활동의 자유 등을 포괄하는 정당의 자유를 보장하고 있다(헌재 2016. 3. 31. 2013헌가22).

> **판례**
>
> ▶ **정당의 활동**: 당대표, 원내대표 등 정당 기관의 활동은 정당 자신의 활동이므로 당연히 헌법적으로 보장되어야 할 정당의 활동으로 볼 수 있다. 정당 소속 국회의원은 기본적으로 국민 전체의 대표자로서의 지위를 가지지만, 정당민주주의의 발전에 따라 소속 정당의 공천을 받아 그 지원이나 배경 아래 당선되고 정치의사 형성에 있어서도 사실상 정당의 규율이나 당론 등의 영향을 받게 되어 정당의 이념을 대변하는 지위도 함께 가지게 되었는바, 이들의 활동 역시 일정 부분 정당의 활동이 될 수 있다(헌재 2025. 4. 4. 2024헌나8).
>
> ▶ **정당의 명칭 사용**: 정당의 명칭은 그 정당의 정책과 정치적 신념을 나타내는 대표적인 표지에 해당하므로, 정당설립의 자유는 자신들이 원하는 명칭을 사용하여 정당을 설립하거나 정당활동을 할 자유도 포함한다(헌재 2014. 1. 28. 2012헌마431).

3) 위헌성 심사기준

입법자는 정당설립의 자유를 최대한 보장하는 방향으로 입법하여야 하고, 헌법재판소는 정당설립의 자유를 제한하는 법률의 합헌성을 심사할 때에 헌법 제37조 제2항에 따라 엄격한 비례심사를 하여야 한다(헌재 2014. 1. 28. 2012헌마431).

> **판례**
>
> ▶ **정당설립의 자유에 대한 국가의 간섭이나 침해의 원칙적 금지**: 입법자가 정당으로 하여금 헌법상 부여된 기능을 이행하도록 하기 위하여 그에 필요한 절차적·형식적 요건을 규정함으로써 정당설립의 자유를 구체적으로 형성하고 동시에 제한하는 경우를 제외한다면 정당설립에 대한 국가의 간섭이나 침해는 원칙적으로 허용되지 않는다. 따라서 단지 국민으로부터 일정 수준의 정치적 지지를 얻지 못한 군소정당이라는 이유만으로 정당을 국민의 정치적 의사형성과정에서 배제하기 위한 입법은 헌법상 허용될 수 없다(헌재 2014. 1. 28. 2012헌마431).

> ▶ **정당의 설립 및 가입을 금지하는 법률조항을 정당화하는 사유의 중대성**: 정당의 설립 및 가입을 금지하는 법률조항은 이를 정당화하는 사유의 중대성에 있어서 적어도 '민주적 기본질서에 대한 위반'에 버금가는 것이어야 한다. 다시 말하면, 오늘날의 의회민주주의가 정당의 존재없이는 기능할 수 없다는 점에서 심지어 '위헌적인 정당을 금지해야 할 공익'도 정당설립의 자유에 대한 입법적 제한을 정당화하지 못하도록 규정한 것이 헌법의 객관적인 의사라면, 입법자가 그 외의 공익적 고려에 의하여 정당설립금지조항을 도입하는 것은 원칙적으로 헌법에 위반된다(헌재 1999. 12. 23. 99헌마135).
>
> ▶ **허가절차의 금지**: 입법자가 정당설립과 관련하여 형식적 요건을 설정할 수는 있으나, 일정한 내용적 요건을 구비해야만 정당을 설립할 수 있다는 소위 '허가절차'는 헌법적으로 허용되지 아니한다(헌재 1999. 12. 23. 99헌마135).

2. 헌법 제8조 제2항

> **헌법 제8조**
> ② 정당은 그 목적·조직과 활동이 민주적이어야 하며, 국민의 정치적 의사형성에 참여하는데 필요한 조직을 가져야 한다.

헌법 제8조 제2항은 헌법 제8조 제1항에 의하여 정당의 자유가 보장됨을 전제로 하여, 그러한 자유를 누리는 정당의 목적·조직·활동이 민주적이어야 한다는 요청, 그리고 그 조직이 국민의 정치적 의사형성에 참여하는 데 필요한 조직이어야 한다는 요청을 내용으로 하는 것으로서, 정당에 대하여 정당의 자유의 한계를 부과하는 것임과 동시에 입법자에 대하여 그에 필요한 입법을 해야 할 의무를 부과하고 있다. 그러나 정당의 자유의 헌법적 근거를 제공하는 근거규범으로서 기능한다고는 할 수 없다(헌재 2004. 12. 16. 2004헌마456).

3. 헌법 제8조 제3항

> **헌법 제8조**
> ③ 정당은 법률이 정하는 바에 의하여 국가의 보호를 받으며, 국가는 법률이 정하는 바에 의하여 정당 운영에 필요한 자금을 보조할 수 있다.

보조금제도는 정당이 정당으로서의 역할을 수행하는 데 소요되는 정치자금을 마련함에 있어 정치자금의 기부자인 각종 이익집단으로부터의 부당한 영향력을 배제함으로써 정치부패를 방지하고, 정당 간의 자금조달의 격차를 줄여 공평한 경쟁을 유도하며, 선거비용과 정당의 경비지출의 증가 추세에 따른 재정압박을 완화하여 정당의 원만한 기능을 보장하고 유능한 후보자의 당선가능성을 높이는 데에 그 입법목적이 있다(헌재 2006. 7. 27. 2004헌마655).

4. 헌법 제8조 제4항

> **헌법 제8조**
> ④ 정당의 목적이나 활동이 민주적 기본질서에 위배될 때에는 정부는 헌법재판소에 그 해산을 제소할 수 있고, 정당은 헌법재판소의 심판에 의하여 해산된다.

정당의 해산에 관한 헌법 제8조 제4항은 민주주의를 파괴하려는 세력으로부터 민주주의를 보호하려는 소위 '방어적 민주주의'의 한 요소이고, 다른 한편으로는 헌법 스스로가 정당의 정치적 성격을 이유로 하는 정당금지의 요건을 엄격하게 정함으로써 되도록 '민주적 정치과정의 개방성을 최대한으로 보장'하려는 것이다. 이에 따라 자유민주적 기본질서를 부정하고 이를 적극적으로 제거하려는 조직도, 국민의 정치적 의사형성에 참여하는 한, 정당의 자유의 보호를 받는 정당에 해당하며 오로지 헌법재판소가 그의 위헌성을 확인한 경우에만 정당은 정치생활의 영역으로부터 축출될 수 있다(헌재 1999. 12. 23. 99헌마135).

> **판례**
>
> ▶ **우리 헌법이 정당에 대하여 취하고 있는 규범적 태도**: 모든 정당의 존립과 활동은 최대한 보장되며, 설령 어떤 정당이 민주적 기본질서를 부정하고 이를 적극적으로 공격하는 것으로 보인다 하더라도 국민의 정치적 의사형성에 참여하는 정당으로서 존재하는 한 우리 헌법에 의해 최대한 두텁게 보호되므로, <u>행정부의 통상적인 처분에 의해서는 해산될 수 없고, 오직 헌법재판소가 그 정당의 위헌성을 확인하고 해산의 필요성을 인정한 경우에만 정당정치의 영역에서 배제된다</u>(헌재 1999. 12. 23. 99헌마135).

Ⅳ 정당의 성립

1. 구성
정당은 수도에 소재하는 중앙당과 특별시·광역시·도에 각각 소재하는 시·도당으로 구성한다(정당법 제3조).

2. 창당
정당의 창당활동은 발기인으로 구성하는 창당준비위원회가 하며, 창당준비위원회는 중앙당의 경우에는 200명 이상의, 시·도당의 경우에는 100명 이상의 발기인으로 구성한다(정당법 제5조, 제6조).

3. 성립
정당은 중앙당이 중앙선거관리위원회에 등록함으로써 성립한다(정당법 제4조 제1항). 정당은 5 이상의 시·도당을 가져야 하며(정당법 제17조), 시·도당은 1천인 이상의 당원을 가져야 한다(정당법 제18조 제1항).

> **판례**
>
> ▶ **등록을 정당의 설립요건으로 정한 정당법 제4조 제1항이 청구인들의 정당의 자유를 침해하는지**(소극) : 정당등록제도는 어떤 정치적 결사가 정당법상 정당임을 법적으로 확인하여 줌으로써 법적 안정성과 확실성에 기여하고, 창당준비위원회가 형식적 요건을 구비하여 등록을 신청하면 중앙선거관리위원회는 이를 반드시 수리하여야 하므로, 정당등록제도가 정당의 이념 등을 이유로 등록 여부를 결정하는 것이라고 볼 수는 없다. 따라서 정당등록조항이 과잉금지원칙을 위반하여 정당의 자유를 침해한다고 볼 수 없다(헌재 2023. 9. 26. 2021헌가23).
>
> ▶ **정당은 수도에 소재하는 중앙당과 5 이상의 특별시·광역시·도에 각각 소재하는 시·도당을 갖추어야 한다고 정한 정당법 제3조 등이 청구인들의 정당의 자유를 침해하는지**(소극) : 전국정당조항은 정당이 특정 지역에 편중되지 않고 전국적인 규모의 구성과 조직을 갖추어 국민의 정치적 의사를 균형 있게 집약, 결집하여 국가정책의 결정에 영향을 미칠 수 있도록 함으로써, 헌법 제8조 제2항 후단에 따라 정당에게 부여된 기능인 '국민의 정치적 의사형성에의 참여'를 실현하고자 하는 것이다. 지역적 연고에 지나치게 의존하는 정당정치 풍토가 다른 나라와 달리 우리의 정치현실에서는 특히 문제시되고 있고, 지역정당을 허용할 경우 지역주의를 심화시키고 지역 간 이익갈등이 커지는 부작용을 야기할 수도 있다는 정치현실과 우리나라에 현존하는 정당의 수에 비추어 보면, 전국정당조항이 과잉금지원칙에 반하여 정당의 자유를 침해한다고 볼 수 없다(헌재 2023. 9. 26. 2021헌가23).
>
> ▶ **정당의 시·도당은 1천인 이상의 당원을 가져야 한다고 규정한 정당법 제18조 제1항이 과잉금지원칙을 위반하여 청구인들의 정당의 자유를 침해하는지**(소극) : 법정당원수 조항은 국민의 정치적 의사형성에의 참여를 실현하기 위한 지속적이고 공고한 조직의 최소함을 갖추도록 하는 것이다. 각 시·도당에 1천인 이상의 당원을 요구하는 법정당원수 조항이 신생정당의 창당을 현저히 어렵게 하여 과도한 부담을 지운 것으로 보기는 어렵다. 따라서 법정당원수 조항이 과잉금지원칙을 위반하여 정당의 자유를 침해한다고 볼 수 없다(헌재 2023. 9. 26. 2021헌가23).

4. 합당

정당이 새로운 당명으로 합당하거나 다른 정당에 합당될 때에는 합당을 하는 정당들의 대의기관이나 그 수임기관의 합동회의의 결의로써 합당할 수 있다(정당법 제19조 제1항). 합당으로 신설 또는 존속하는 정당은 합당 전 정당의 권리·의무를 승계한다(정당법 제19조 제5항).

> **판례**
>
> ▶ **정당법 제4조의2에 의한 합당의 경우, 합당으로 인한 권리의무의 승계에 관하여 정당의 결의로써 제한할 수 있는지**(소극) : 정당법 제4조의2 제5항에 의하면, 합당으로 신설 또는 존속하는 정당은 합당 전 정당의 권리의무를 승계하는 것으로 규정되어 있는바, 위 정당법 조항에 의한 합당의 경우에 합당으로 인한 권리의무의 승계조항은 강행규정으로서 합당 전 정당들의 해당 기관의 결의나 합동회의의 결의로써 달리 정하였더라도 그 결의는 효력이 없다(대판 2002. 2. 8. 2001다68969).

5. 발기인 및 당원자격

16세 이상의 국민은 공무원 그 밖에 그 신분을 이유로 정당가입이나 정치활동을 금지하는 다른 법령의 규정에 불구하고 누구든지 정당의 발기인 및 당원이 될 수 있다. 다만, 국가공무원법 또는 지방공무원법에 규정된 공무원(대통령, 국무총리, 국무위원, 국회의원, 지방의회의원, 선거에 의하여 취임하는 지방자치단체의 장, 고등교육법에 따른 교원 등은 제외), 고등교육법에 따른 교원을 제외한 사립학교의 교원, 법령의 규정에 의하여 공무원의 신분을 가진 자, 공직선거법에 따른 선거권이 없는 사람은 정당의 발기인 및 당원이 될 수 없고, 대한민국 국민이 아닌 자는 당원이 될 수 없다(정당법 제22조 제1항, 제2항).

> **판례**
>
> ▶ **공무원의 정당가입을 금지하는 구 정당법 조항이 공무원인 청구인들의 정당가입의 자유를 침해하고, 정당가입이 허용되는 대학교원과 비교할 때 평등원칙에 어긋나는지**(소극) : 정당가입 금지조항은 공무원의 정치적 중립성을 보장하고 초·중등학교 교육의 중립성을 확보한다는 점에서 입법목적의 정당성이 인정되고, 정당에의 가입을 금지하는 것은 입법목적 달성을 위한 적합한 수단이다. 공무원은 정당의 당원이 될 수 없을 뿐, 정당에 대한 지지를 선거와 무관하게 개인적인 자리에서 밝히거나 투표권을 행사하는 등의 활동은 허용되므로 침해의 최소성 원칙에 반하지 않는다. 정치적 중립성, 초·중등학교 학생들에 대한 교육기본권 보장이라는 공익은 공무원이 제한받는 불이익에 비하여 크므로 법익균형성도 인정된다. 또한 초·중등학교 교원에 대하여는 정당가입을 금지하면서 대학교원에게는 허용하는 것은, 기초적인 지식전달, 연구기능 등 직무의 본질이 서로 다른 점을 고려한 합리적 차별이므로 평등원칙에 반하지 아니한다(헌재 2014. 3. 27. 2011헌바42).
>
> ▶ **초·중등학교의 교육공무원이 정당의 발기인 및 당원이 될 수 없도록 규정한 정당법 조항이 청구인들의 정당가입의 자유 등을 침해하는지**(소극) : 이 사건 정당가입 금지조항은 국가공무원이 정당에 가입하는 것을 금지함으로써 공무원이 국민 전체에 대한 봉사자로서 그 임무를 충실히 수행할 수 있도록 정치적 중립성을 보장하고, 초·중등학교 교원이 당파적 이해관계의 영향을 받지 않도록 교육의 중립성을 확보하기 위한 것이므로, 목적의 정당성 및 수단의 적합성이 인정된다. 또한 정당에 대한 지지를 선거와 무관하게 개인적인 자리에서 밝히거나 선거에서 투표를 하는 등 일정한 범위 내의 정당관련 활동은 공무원에게도 허용되므로 이 사건 정당가입 금지조항은 침해의 최소성 원칙에 반하지 않는다. 정치적 중립성, 초·중등학교 학생들에 대한 교육기본권 보장이라는 공익은 공무원들이 제한받는 사익에 비해 중대하므로 법익의 균형성 또한 인정된다. 따라서 이 사건 정당가입 금지조항은 과잉금지원칙에 위배되지 않는다(헌재 2020. 4. 23. 2018헌마551).
>
> ▶ **사회복무요원이 정당 가입을 할 수 없도록 규정한 병역법 제33조 제2항 본문 제2호 부분이 사회복무요원인 청구인의 정치적 표현의 자유 및 결사의 자유를 침해하는지**(소극) : 이 사건 법률조항 중 '정당'에 관한 부분은 사회복무요원의 정치적 중립성을 유지하고 업무전념성을 보장하기 위한 것으로, 정당은 개인적 정치활동과 달리 국민의 정치적 의사형성에 미치는 영향력이 크므로 사회복무요원의 정당 가입을 금지하는 것은 입법목적을 달성하기 위한 적합한 수단이다. 정당에 관련된 표현행위는 직무 내외를 구분하기 어려우므로 '직무와 관련된 표현행위만을 규제'하는 등 기본권을 최소한도로 제한하는 대안을 상정하기 어려우며, 위 입법목적이 사회복무요원이 제한받는 사익에 비해 중대하므로 이 사건 법률조항 중 '정당'에 관한 부분은 청구인의 정치적 표현의 자유 및 결사의 자유를 침해하지 않는다(헌재 2021. 11. 25. 2019헌마534).

▶ **대체복무요원의 정당가입을 금지하는 구 대체역법 제24조 제2항이 청구인의 정당가입의 자유를 침해하는지**(소극) : 정당가입금지조항은 대체복무요원의 정당가입을 금지함으로써 대체복무요원의 정치적 중립성을 유지하며 업무 전념성을 보장하고자 하는 것이다. 정당은 개인적 정치활동과 달리 국민의 정치적 의사형성에 미치는 영향력이 크고, 정당 관련 표현행위는 직무 내외를 구분하기 어려우므로 '직무와 관련된 표현행위만을 규제'하는 등 기본권을 최소한도로 제한하는 대안을 상정하기 어렵다. 따라서 정당가입금지조항은 과잉금지원칙에 위배되어 청구인의 정당가입의 자유를 침해하지 아니한다(헌재 2024. 5. 30. 2022헌마1146).

▶ **검찰총장은 퇴직 후 2년 이내에 정당의 발기인이나 당원이 될 수 없도록 하는 검찰청법 제12조 제5항 등이 정치적 결사의 자유와 참정권을 침해하는지**(적극) : 이 규정은 과거의 특정신분만을 이유로 한 개별적 기본권 제한으로서 그 차별의 합리성을 인정하기 어렵고, 검찰권 행사의 정치적 중립이라는 입법목적을 얼마나 달성할 수 있을지 그 효과에 있어서도 의심스러우므로, 결국 검찰총장에서 퇴직한지 2년이 지나지 아니한 자의 정치적 결사의 자유와 참정권(선거권과 피선거권) 등 우월적 지위를 갖는 기본권을 과잉금지원칙에 위반되어 침해하고 있다(헌재 1997. 7. 16. 97헌마26).

▶ **경찰청장으로 하여금 퇴직 후 2년 이내에 정당의 설립과 가입을 금지하고 있는 경찰청법 제11조 제4항이 정당설립 및 가입의 자유를 침해하는지**(적극) : 경찰청장의 정치적 중립성은 그의 직무의 정치적 중립을 존중하려는 집권세력이나 정치권의 노력이 선행되지 않고서는 결코 실현될 수 없다는 사실 등에 비추어 볼 때, 경찰청장이 퇴임후 공직선거에 입후보하는 경우 당적취득금지의 형태로써 정당의 추천을 배제하고자 하는 이 사건 법률조항이 어느 정도로 입법목적인 '경찰청장 직무의 정치적 중립성'을 확보할 수 있을지 그 실효성이 의문시된다. 따라서 이 사건 법률조항은 정당의 자유를 제한함에 있어서 갖추어야 할 적합성의 엄격한 요건을 충족시키지 못한 것으로 판단되므로 이 사건 법률조항은 정당설립 및 가입의 자유를 침해하는 조항이다(헌재 1999. 12. 23. 99헌마135).

▶ **"누구든지 2 이상의 정당의 당원이 되지 못한다."라고 규정하고 있는 정당법 제42조 제2항이 정당의 당원인 청구인들의 정당 가입·활동의 자유를 침해하는지**(소극) : 심판대상조항은 정당의 정체성을 보존하고 정당 간의 위법·부당한 간섭을 방지함으로써 정당정치를 보호·육성하기 위한 것으로 입법목적은 정당하고, 입법목적 달성을 위한 적합한 수단에 해당한다. 복수 당적 보유가 허용될 경우 정당 간의 부당한 간섭이 발생하거나 정당의 정체성이 약화될 수 있고, 그 결과 정당이 국민의 정치적 의사형성에 참여하고 필요한 조직을 갖추어야 한다는 헌법적 과제를 효과적으로 수행하지 못하게 될 우려가 있다. 정당의 당원인 청구인들로 하여금 다른 정당의 당원이 될 수 없도록 하는 정당 가입·활동 자유 제한의 정도가 정당정치를 보호·육성하고자 하는 공익에 비하여 중하다고 볼 수 없다. 따라서 심판대상조항이 정당의 당원인 청구인들의 정당 가입·활동의 자유를 침해한다고 할 수 없다(헌재 2022. 3. 31. 2020헌마1729).

Ⅴ 정당의 조직과 운영

1. 조직

정당은 민주적인 내부질서를 유지하기 위하여 당원의 총의를 반영할 수 있는 대의기관 및 집행기관과 소속 국회의원이 있는 경우에는 의원총회를 가져야 한다(정당법 제29조 제1항).

2. 운영

(1) **정당명칭 사용금지**

정당법에 의하여 등록된 정당이 아니면 그 명칭에 정당임을 표시하는 문자를 사용하지 못한다(정당법 제41조 제1항).

등록취소된 정당의 명칭과 같은 명칭은 등록취소된 날부터 최초로 실시하는 임기만료에 의한 국회의원선거의 선거일까지 정당의 명칭으로 사용할 수 없다(정당법 제44조 제4항).

> **판례**
>
> ▶ **정당법상 등록된 정당이 아니면 정당이라는 명칭을 사용하지 못하게 하는 정당법 제41조 제1항이 정당의 자유를 침해하는지**(소극) : 정당명칭사용금지조항은 정당법에 따른 등록요건을 갖추지 못한 단체들이 임의로 정당이라는 명칭을 사용하는 것을 금지하여 정당등록제도 및 등록요건의 실효성을 담보하고, 국민의 정치적 의사형성 참여과정에 혼란이 초래되는 것을 방지하기 위한 것이다. 정당의 명칭사용과 관련하여 국민의 정치적 의사형성 참여과정에 위협이 되는 행위만 일일이 선별하여 금지하는 것은 현실적으로 어렵고, 1년 이하의 징역 또는 100만 원 이하의 벌금이라는 법정형이 과도하다고 보기도 어렵다. 따라서 정당명칭사용금지조항이 과잉금지원칙을 위반하여 정당의 자유를 침해한다고 볼 수 없다(헌재 2023. 9. 26. 2021헌가23).

(2) 정당 소속 국회의원의 제명

정당이 그 소속 국회의원을 제명하기 위해서는 당헌이 정하는 절차를 거치는 외에 그 소속 국회의원 전원의 2분의 1 이상의 찬성이 있어야 한다(정당법 제33조).

Ⅵ 정당의 소멸

1. 소멸 사유

(1) 등록의 취소

정당이 법정시·도당수 및 시·도당의 법정당원수의 요건을 구비하지 못하게 된 때, 최근 4년간 임기만료에 의한 국회의원선거 또는 임기만료에 의한 지방자치단체의 장선거나 시·도의회의원선거에 참여하지 아니한 때에는 당해 선거관리위원회는 그 등록을 취소한다(정당법 제44조 제1항).

> **판례**
>
> ▶ **국회의원선거에 참여하여 의석을 얻지 못하고 유효투표총수의 100분의 2 이상을 득표하지 못한 정당에 대해 등록을 취소하도록 한 정당법 제44조 제1항 제3호가 정당설립의 자유를 침해하는지**(적극) : 일정기간 동안 공직선거에 참여할 기회를 수 회 부여하고 그 결과에 따라 등록취소 여부를 결정하는 등 덜 기본권 제한적인 방법을 상정할 수 있고, 정당법에서 법정의 등록요건을 갖추지 못하게 된 정당이나 일정 기간 국회의원선거 등에 참여하지 아니한 정당의 등록을 취소하도록 하는 등 현재의 법체계 아래에서도 입법목적을 실현할 수 있는 다른 장치가 마련되어 있으므로, 정당등록취소조항은 침해의 최소성 요건을 갖추지 못하였다. 따라서 정당등록취소조항은 과잉금지원칙에 위반되어 청구인들의 정당설립의 자유를 침해한다(헌재 2014. 1. 28. 2012헌마431).

(2) 자진해산

정당은 그 대의기관의 결의로써 해산할 수 있다(정당법 제45조 제1항).

(3) 위헌정당해산

정당의 목적이나 활동이 민주적 기본질서에 위배될 때에는 정부는 헌법재판소에 그 해산을 제소할 수 있고, 정당은 헌법재판소의 심판에 의하여 해산된다(헌법 제8조 제4항).

2. 잔여재산의 처분

정당이 등록이 취소되거나 자진해산한 때에는 그 잔여재산은 당헌이 정하는 바에 따라 처분하며, 처분되지 아니한 정당의 잔여재산 및 헌법재판소의 해산결정에 의하여 해산된 정당의 잔여재산은 국고에 귀속한다(정당법 제48조 제1항, 제2항).

Ⅶ 위헌정당해산제도

> **헌법 제8조**
> ④ 정당의 목적이나 활동이 민주적 기본질서에 위배될 때에는 정부는 헌법재판소에 그 해산을 제소할 수 있고, 정당은 헌법재판소의 심판에 의하여 해산된다.

1. 의의

(1) 개념

위헌정당해산제도란 민주적 기본질서를 침해하려는 비민주적 정당의 활동으로부터 헌법 질서와 민주주의를 지키기 위한 헌법 보장 제도를 말한다. 위헌정당해산제도는 방어적 민주주의에 기반을 둔 제도로서 자유의 이름으로 자유를 파괴하거나, 민주주의의 이름으로 민주주의를 파괴하려는 것을 막기 위한 것이다.

(2) 연혁

1958년 진보당이 정부의 등록취소라는 행정처분으로 해산된 이후 정당의 지위를 헌법적으로 보장하기 위해 제2공화국 헌법은 처음으로 위헌정당해산제도를 도입하여 헌법재판소의 해산결정에 의해서만 정당을 해산시킬 수 있도록 규정하였다. 이후 제3공화국헌법에서는 대법원에 의한 정당해산조항을, 제4·5공화국헌법에서는 헌법위원회에 의한 정당해산조항을 두었고, 현행헌법은 다시 헌법재판소에 의한 정당해산제도를 규정하고 있다.

> **판례**
>
> ▶ **정당해산심판제도의 이중적 의미**: 정당해산심판제도는 정부의 일방적인 행정처분에 의해 진보적 야당이 등록취소되어 사라지고 말았던 우리 현대사에 대한 반성의 산물로서 제3차 헌법 개정을 통해 헌법에 도입된 것이다. 우리나라의 경우 이 제도는 발생사적 측면에서 정당을 보호하기 위한 절차로서의 성격이 부각된다. 그러나 이 제도로 인해서 정당활동의 자유가 인정된다 하더라도 민주적 기본질서를 침해해서는 안 된다는 헌법적 한계 역시 설정된다(헌재 2014. 12. 19. 2013헌다1).

2. 실질적 요건

(1) 정당

위헌정당해산제도에 의해 해산의 대상이 되는 정당은 중앙선거관리위원회에 등록을 필한 기성정당을 말한다. 따라서 정당의 방계조직이나 위장조직 그리고 대체 정당은 일반결사에 불과하므로 행정처분으로 해산될 수 있다.

(2) 목적과 활동

1) 정당의 목적

정당의 목적이란, 어떤 정당이 추구하는 정치적 방향이나 지향점 혹은 현실 속에서 구현하고자 하는 정치적 계획 등을 통칭한다(헌재 2014. 12. 19. 2013헌다1).

> **판례**
>
> ▶ **정당의 목적**: 정당의 목적은 주로 정당의 공식적인 강령이나 당헌의 내용을 통해 드러나겠지만, 그밖에 정당대표나 주요 당직자 및 정당관계자의 공식적 발언, 정당의 기관지나 선전자료와 같은 간행물, 정당의 의사결정과정에서 일정한 영향력을 가지거나 정당의 이념으로부터 영향을 받은 당원들의 행위 등도 정당의 목적을 파악하는 데에 도움이 될 수 있다(헌재 2014. 12. 19. 2013헌다1).

2) 정당의 활동

정당의 활동이란 정당 기관의 행위나 주요 정당관계자, 당원 등의 행위로서 그 정당에게 귀속시킬 수 있는 활동 일반을 의미한다(헌재 2014. 12. 19. 2013헌다1).

> **판례**
>
> ▶ **정당의 활동**: 당대표의 활동, 대의기구인 당대회와 중앙위원회의 활동, 집행기구인 최고위원회의 활동, 원내기구인 원내의원총회와 원내대표의 활동 등 정당 기관의 활동은 원칙적으로 정당의 활동으로 볼 수 있고, 정당의 최고위원 등 주요 당직자의 공개된 정치활동은 원칙적으로 정당에 귀속시킬 수 있을 것이다. 정당 소속의 국회의원 등은 비록 정당과 밀접한 관련성을 가지지만 헌법상으로는 정당의 대표자가 아닌 국민 전체의 대표자이므로 그들의 행위를 곧바로 정당의 활동으로 귀속시킬 수는 없겠으나, 그들의 활동 중에서도 국민의 대표자의 지위가 아니라 그 정당에 속한 유력한 정치인의 지위에서 행한 활동으로서 정당과 밀접하게 관련되어 있는 행위들은 정당의 활동이 될 수 있다. 그 밖의 정당에 속한 개인이나 단체의 활동은 그러한 활동이 이루어진 구체적인 경위를 살펴서 그것을 정당의 활동으로 볼 수 있는 사정이 있는지를 판단해야 한다. 예컨대, 정당이 그러한 활동을 할 권한을 부여하거나 그 활동을 독려하였는지 여부, 그러한 권한의 부여 등이 없었다 하더라도 사후에 그 활동을 적극적으로 옹호하는 등 그 활동을 사실상 정당의 활동으로 추인한 것과 같다고 볼 수 있는 사정이 있는지 여부, 사전에 정당이 그러한 활동의 계획을 알았더라도 정당 차원에서 지원하고 지지했을 것이라고 가정적으로 판단할 수 있는 사정이 있는지 여부 등을 구체적으로 살펴 전체적이고 종합적으로 판단해야 한다(헌재 2014. 12. 19. 2013헌다1).

(3) 민주적 기본질서 위배

1) 민주적 기본질서

우리 헌법 제8조 제4항이 의미하는 민주적 기본질서는 개인의 자율적 이성을 신뢰하고 모든 정치적 견해들이 각각 상대적 진리성과 합리성을 지닌다고 전제하는 다원적 세계관에 입각한 것으로서, 모든 폭력적·자의적 지배를 배제하고, 다수를 존중하면서도 소수를 배려하는 민주적 의사결정과 자유·평등을 기본원리로 하여 구성되고 운영되는 정치적 질서를 말하며, 구체적으로는 국민주권의 원리, 기본적 인권의 존중, 권력분립제도, 복수정당제도 등이 현행 헌법상 주요한 요소라고 볼 수 있다(헌재 2014. 12. 19. 2013헌다1).

> **판례**
>
> ▶ **헌법 제8조 제4항의 민주적 기본질서의 개념을 최대한 엄격한 의미로 이해해야 하는 이유**: 민주 사회에서 정당의 자유가 지니는 중대한 함의나 정당해산심판제도의 남용가능성 등을 감안한다면, 헌법 제8조 제4항의 민주적 기본질서는 최대한 엄격하고 협소한 의미로 이해해야 한다. 따라서 민주적 기본질서를 현행 헌법이 채택한 민주주의의 구체적 모습과 동일하게 보아서는 안 된다. 정당이 민주적 기본질서, 즉 민주적 의사결정을 위해서 필요한 불가결한 요소들과 이를 운영하고 보호하는 데 필요한 최소한의 요소들을 수용한다면, 현행 헌법이 규정한 민주주의 제도의 세부적 내용에 관해서는 얼마든지 그와 상이한 주장을 개진할 수 있다(헌재 2014. 12. 19. 2013헌다1).

2) 위배

헌법 제8조 제4항에서 말하는 민주적 기본질서의 위배란 민주적 기본질서에 대한 단순한 위반이나 저촉을 의미하는 것이 아니라, 민주 사회의 불가결한 요소인 정당의 존립을 제약해야 할 만큼 그 정당의 목적이나 활동이 우리 사회의 민주적 기본질서에 대하여 실질적인 해악을 끼칠 수 있는 구체적 위험성을 초래하는 경우를 가리킨다(헌재 2014. 12. 19. 2013헌다1).

> **판례**
>
> ▶ **특정 이념의 표방만으로 위헌정당으로 볼 수 있는지**(소극): 오늘날 정당은 자유민주주의 이념을 추구하는 정당에서부터 공산주의 이념을 추구하는 정당에 이르기까지 그 이념적 지향점이 매우 다양하므로, 어떤 정당이 특정 이념을 표방한다 하더라도 그 정당의 목적이나 활동이 민주적 기본질서의 내용들을 침해하는 것이 아닌 한 그 특정 이념의 표방 그 자체만으로 곧바로 위헌적인 정당으로 볼 수는 없다. 정당해산 여부를 결정하는 문제는 결국 그 정당이 표방하는 정치적 이념이 무엇인지가 아니라 그 정당의 목적이나 활동이 민주적 기본질서에 위배되는지 여부에 달려있기 때문이다(헌재 2014. 12. 19. 2013헌다1).

(4) 비례의 원칙

정당해산심판제도에서 헌법재판소의 정당해산결정이 정당의 자유를 침해할 수 있는 국가권력에 해당하므로 헌법재판소가 정당해산결정을 내리기 위해서는 그 해산결정이 비례원칙에 부합하는지를 숙고해야 하는바, 이 경우의 비례원칙 준수 여부는 그것이 통상적으로 기능하는 위헌심사의 척도가 아니라 헌법재판소의 정당해산결정이 충족해야 할 일종의 헌법적 요건 혹은 헌법적 정당화 사유에 해당한다(헌재 2014. 12. 19. 2013헌다1).

3. 절차적 요건

정당의 목적이나 활동이 민주적 기본질서에 위배될 때 정부는 헌법재판소에 해산을 제소할 수 있다. 정부가 해산제소를 하기 전에 국무회의의 심의를 거쳐야 한다(헌법 제89조 14호).

> **판례**
>
> ▶ **대통령의 해외 순방 중 국무총리가 주재한 국무회의에서 이루어진 정당해산심판청구서 제출안에 대한 의결이 위법한지**(소극): 대통령은 국무회의의 의장으로서 회의를 소집하고 이를 주재하지만 대통령이 사고로 직무를 수행할 수 없는 경우에는 국무총리가 그 직무를 대행할 수 있고, 대통령이 해외 순방 중인 경우는 '사고'에 해당되므로, 대통령의 직무상 해외 순방 중 국무총리가 주재한 국무회의에서 이루어진 정당해산심판청구서 제출안에 대한 의결은 위법하지 아니하다(헌재 2014. 12. 19. 2013헌다1).

4. 헌법재판소의 심리

1) 정족수
위헌정당해산심판을 심리함에 있어 헌법재판소는 재판관 7인 이상의 출석으로 사건을 심리한다(헌법재판소법 제23조 제1항).

2) 가처분 결정
헌법재판소는 정당해산심판의 청구를 받은 때에 청구인의 신청 또는 직권으로 종국결정의 선고 시까지 피청구인(정당)의 활동을 정지하는 결정을 할 수 있다(헌법재판소법 제57조).

> **판례**
>
> ▶ **정당해산심판에 가처분을 허용하는 헌법재판소법 제57조가 청구인의 정당활동의 자유를 침해하는지**(소극) : 가처분조항은 정당해산심판이 갖는 헌법보호라는 측면에 비추어 그 필요성이 인정되므로 입법목적의 정당성 및 수단의 적절성이 인정된다. 가처분 결정의 인용범위도 종국결정의 실효성을 확보하고 헌법질서를 보호하기 위해 필요한 범위 내로 한정되며, 종국결정 선고 시까지만 정당의 활동을 정지시키므로 기본권 제한 범위가 광범위하다고 볼 수 없다. 정당해산심판의 실효성 확보 및 헌법질서의 유지 및 수호라는 공익은 정당해산심판의 종국결정 시까지 잠정적으로 제한되는 정당활동의 자유에 비하여 결코 작다고 볼 수 없으므로 법익균형성요건도 충족하였다. 따라서 가처분조항은 정당활동의 자유를 침해한다고 볼 수 없다(헌재 2014. 2. 27. 2014헌마7).

3) 통지
헌법재판소장은 정당해산심판의 청구가 있는 때, 가처분결정을 한 때 및 그 심판이 종료한 때에는 그 사실을 국회와 중앙선거관리위원회에 통지하여야 한다(헌법재판소법 제58조 제1항).

4) 결정 및 집행
정당해산의 결정은 재판관 6인 이상의 찬성이 있어야 하고(헌법재판소법 제23조 제2항), 정당의 해산을 명하는 헌법재판소의 결정은 중앙선거관리위원회가 정당법의 규정에 의하여 집행한다(헌법재판소법 제60조).

5) 준용규정
정당해산심판에 관하여는 헌법재판소법에 특별한 규정이 있는 경우를 제외하고는 헌법재판의 성질에 반하지 아니하는 한도 내에서 민사소송에 관한 법령을 준용한다(헌법재판소법 제40조 제1항).

> **판례**
>
> ▶ **정당해산심판절차에 민사소송에 관한 법령을 준용할 수 있도록 규정한 헌법재판소법 제40조 제1항이 청구인의 공정한 재판을 받을 권리를 침해하는지**(소극) : 준용조항은 헌법재판에서의 불충분한 절차진행규정을 보완하고, 원활한 심판절차진행을 도모하기 위한 조항으로, 소송절차 일반에 준용되는 절차법으로서의 민사소송에 관한 법령을 준용하도록 한 것이 현저히 불합리하다고 볼 수 없다. 또한 '헌법재판의 성질에 반하지 않는' 경우란, 다른 절차법의 준용이 헌법재판의 고유한 성질을 훼손하지 않는 경우로 해석할 수 있고, 이는 헌법재판소가 당해 헌법재판이 갖는 고유의 성질·헌법재판과 일반재판의 목적 및 성격의 차이·준용 절차와 대상의 성격 등을 종합적으로 고려하여 구체적·개별적으로 판단할 수 있다. 따라서 준용조항은 청구인의 공정한 재판을 받을 권리를 침해한다고 볼 수 없다(헌재 2014. 2. 27. 2014헌마7).

5. 해산 결정의 효력

(1) 정당의 해산 등

헌법재판소가 정당의 해산을 명하는 결정을 한 경우, '해산결정이 선고된 때'에 정당은 해산되고(헌법재판소법 제59조), 해산된 정당의 강령 또는 기본정책과 동일하거나 유사한 정당을 창당하지 못하며(정당법 제40조), 해산된 정당의 명칭과 같은 명칭은 정당의 명칭으로 사용하지 못하며(정당법 제41조 제2항), 해산된 정당의 잔여재산은 국고에 귀속한다(정당법 제48조 제2항). 또한 누구든지 헌법재판소의 결정에 따라 해산된 정당의 목적을 달성하기 위한 집회 또는 시위를 주최하여서는 아니 되고, 이러한 집회 또는 시위를 할 것을 선전하거나 선동하여서도 아니 된다(집시법 제5조 제1항, 제2항).

(2) 의원직 상실

헌법재판소의 해산결정으로 정당이 해산되는 경우에 그 정당 소속 국회의원이 의원직을 상실하는지에 대하여 명문의 규정은 없으나, 정당해산심판제도의 본질은 민주적 기본질서에 위배되는 정당을 정치적 의사형성과정에서 배제함으로써 국민을 보호하는 데에 있는데 해산정당 소속 국회의원의 의원직을 상실시키지 않는 경우 정당해산결정의 실효성을 확보할 수 없게 되므로, 이러한 정당해산제도의 취지 등에 비추어 볼 때 헌법재판소의 정당해산결정이 있는 경우 그 정당 소속 국회의원의 의원직은 당선 방식을 불문하고 모두 상실되어야 한다(헌재 2014. 12. 19. 2013헌다1).

(3) 재심

정당해산심판은 원칙적으로 해당 정당에게만 그 효력이 미치며, 정당해산결정은 대체정당이나 유사정당의 설립까지 금지하는 효력을 가지므로 오류가 드러난 결정을 바로잡지 못한다면 장래 세대의 정치적 의사결정에까지 부당한 제약을 초래할 수 있다. 따라서 정당해산심판절차에서는 재심을 허용하지 아니함으로써 얻을 수 있는 법적 안정성의 이익보다 재심을 허용함으로써 얻을 수 있는 구체적 타당성의 이익이 더 크므로 재심을 허용하여야 한다(헌재 2016. 5. 26. 2015헌아20).

Ⅷ 정치자금

1. 의의

정치자금이란 당비, 후원금, 기탁금, 보조금과 정당의 당헌·당규 등에서 정한 부대수입 그 밖에 정치활동을 위하여 정당, 공직선거에 의하여 당선된 자, 공직선거후보자 등에게 제공되는 금전 등을 말한다(정치자금법 제3조).

> **판례**
>
> ▶ **수수한 금품이 '정치자금'에 해당하는지 여부의 판단 기준**: 수수한 금품이 '정치자금'에 해당하는지 여부는 그 금품이 '정치활동'을 위해서 제공되었는지 여부에 달려 있는 것인데, 대통령선거에 출마할 정당의 후보자를 선출하거나 정당 대표를 선출하는 당내 경선은 그 성격상 정치활동에 해당한다고 봄이 상당하므로, 정당의 당내 경선에 관한 선거운동을 위하여 후보자에게 제공된 금품은 정치자금이라고 보아야 하고, 위 후보자가 정당의 대표로 선출된 이후에 사용한 대외활동비도 정치활동을 위한 정치자금에 해당한다고 할 것이다(대판 2006. 12. 22. 2006도1623).

2. 공개의 원칙

정당의 정치적 의사결정은 정당에게 정치자금을 제공하는 개인이나 단체에 의하여 현저하게 영향을 받을 수 있으므로, 사인이 정당에 정치자금을 기부하는 것 그 자체를 막을 필요는 없으나, 누가 정당에 대하여 영향력을 행사하려고 하는지, 즉 정치적 이익과 경제적 이익의 연계는 원칙적으로 공개되어야 한다(헌재 1999. 11. 25. 95헌마154).

> **판례**
>
> ▶ 정치자금법에 따라 회계보고된 자료의 열람기간을 3월간으로 제한한 정치자금법 제42조 제2항 본문 부분이 과잉금지원칙에 위배되어 청구인의 알권리를 침해하는지(적극) : 정치자금을 둘러싼 분쟁 등의 장기화 방지 및 행정부담의 경감을 위해 열람기간의 제한 자체는 둘 수 있다고 하더라도, 현행 기간이 지나치게 짧다는 점은 명확하다. 짧은 열람기간으로 인해 청구인은 회계보고된 자료를 충분히 살펴 분석하거나, 문제를 발견할 실질적 기회를 갖지 못하게 되는바, 달성되는 공익과 비교할 때 이러한 사익의 제한은 정치자금의 투명한 공개가 민주주의 발전에 가지는 의미에 비추어 중대하다. 그렇다면 이 사건 열람기간제한 조항은 과잉금지원칙에 위배되어 청구인의 알권리를 침해한다(헌재 2021. 5. 27. 2018헌마1168).

3. 정치자금원

(1) 당비

1) 의의

당비라 함은 명목여하에 불구하고 정당의 당헌·당규 등에 의하여 정당의 당원이 부담하는 금전이나 유가증권 그 밖의 물건을 말한다(정치자금법 제3조 3호).

2) 납부

정당의 당원은 같은 정당의 타인의 당비를 부담할 수 없으며, 타인의 당비를 부담한 자와 타인으로 하여금 자신의 당비를 부담하게 한 자는 당비를 낸 것이 확인된 날부터 1년간 당해 정당의 당원자격이 정지되고(정치자금법 제31조 제2항), 정당의 회계책임자는 타인의 명의나 가명으로 납부된 당비는 국고에 귀속시켜야 한다(정치자금법 제4조 제2항).

(2) 후원금

1) 의의

후원금이라 함은 이 법의 규정에 의하여 후원회에 기부하는 금전이나 유가증권 그 밖의 물건을 말한다(정치자금법 제3조 4호).

2) 후원회

후원회라 함은 이 법의 규정에 의하여 정치자금의 기부를 목적으로 설립·운영되는 단체로서 관할 선거관리위원회에 등록된 단체를 말한다(정치자금법 제3조 7호).

3) 후원회지정권자(정치자금법 제6조)

- 중앙당(중앙당창당준비위원회 포함)
- 국회의원(국회의원선거의 당선인 포함)
- 지방의회의원(지방의회의원선거의 당선인 포함)
- 대통령선거의 후보자 및 예비후보자
- 정당의 대통령선거후보자 선출을 위한 당내경선후보자
- 지역선거구 국회의원선거의 후보자 및 예비후보자(후원회를 둔 국회의원은 제외)
- 중앙당 대표자 및 중앙당 최고 집행기관의 구성원을 선출하기 위한 당내경선후보자
- 지역구지방의회의원선거의 후보자 및 예비후보자(후원회를 둔 지방의회의원은 제외)
- 지방자치단체의 장선거의 후보자 및 예비후보자

판례

▶ **특별시장·광역시장·특별자치시장·도지사·특별자치도지사 선거의 예비후보자를 후원회지정권자에서 제외하고 있는 정치자금법 제6조 제6호 부분이 청구인들의 평등권을 침해하는지**(적극): 광역자치단체장선거의 경우 후보자가 후원금을 모금할 수 있는 기간이 불과 20일 미만으로 제한되고 있다. 국회의원선거의 예비후보자 및 그 예비후보자에게 후원금을 기부하고자 하는 자와 광역자치단체장선거의 예비후보자 및 이들 예비후보자에게 후원금을 기부하고자 하는 자를 계속하여 달리 취급하는 것은, 불합리한 차별에 해당하고 입법재량을 현저히 남용하거나 한계를 일탈한 것이다. 따라서 심판대상조항은 광역자치단체장선거의 예비후보자 및 이들 예비후보자에게 후원금을 기부하고자 하는 자의 평등권을 침해한다(헌재 2019. 12. 27. 2018헌마301 헌법불합치).

▶ **국회의원을 후원회지정권자로 정하면서 지방자치법 제2조 제1항의 '도'의회의원과 '시'의회의원을 후원회지정권자에서 제외하고 있는 정치자금법 제6조 제2호가 청구인들의 평등권을 침해하는지**(적극): 현재 지방의회의원에게 지급되는 의정활동비 등은 의정활동에 전념하기에 충분하지 않고, 지방의회는 유능한 신인정치인의 유입 통로가 되므로, 지방의회의원에게 후원회를 지정할 수 없도록 하는 것은 경제력을 갖추지 못한 사람의 정치입문을 저해할 수도 있다. 따라서 심판대상조항이 국회의원과 달리 지방의회의원을 후원회지정권자에서 제외하고 있는 것은 불합리한 차별로서 청구인들의 평등권을 침해한다(헌재 2022. 11. 24. 2019헌마528 헌법불합치).

▶ **정당에 대한 재정적 후원을 금지하고 위반 시 형사처벌하는 구 정치자금법 제6조 등이 정당의 정당활동의 자유와 국민의 정치적 표현의 자유를 침해하는지**(적극): 정경유착의 문제는 일부 재벌기업과 부패한 정치세력에 국한된 것이고 대다수 유권자들과는 직접적인 관련이 없으므로 일반 국민의 정당에 대한 정치자금 기부를 원천적으로 봉쇄할 필요는 없고, 기부 및 모금한도액의 제한, 기부내역 공개 등의 방법으로 정치자금의 투명성을 충분히 확보할 수 있다. 정당제 민주주의 하에서 정당에 대한 재정적 후원이 전면적으로 금지됨으로써 정당이 스스로 재정을 충당하고자 하는 정당활동의 자유와 국민의 정치적 표현의 자유에 대한 제한이 매우 크다고 할 것이므로, 이 사건 법률조항은 정당의 정당활동의 자유와 국민의 정치적 표현의 자유를 침해한다(헌재 2015. 12. 23. 2013헌바168 헌법불합치).

▶ **국회의원이 아닌 원외 당협위원장 또는 국회의원선거를 준비하는 자 등을 후원회지정권자에서 제외하여 정치자금을 모금할 수 없도록 하고 이를 위반하면 처벌하는 것이 평등원칙에 위배되는지**(소극) : 심판대상조항이 원외 당협위원장을 후원회지정권자에서 제외하여 정치자금을 모금할 수 없도록 한 것은 지역구국회의원과의 지위, 정치활동의 대상 및 범위에 있어서의 차이, 후원회의 효과적인 통제 등을 고려한 것이다. 또한 지역구국회의원 선거를 준비하는 자를 후원회지정권자에서 제외한 것은 어느 시점을 기준으로 정치활동을 위한 경비의 지출이 객관적으로 예상되는 위치에 있다고 볼 것인지 명확하지 아니하기 때문이다. 이처럼 원외 당협위원장이나 지역구국회의원 선거를 준비하는 자를 지역구국회의원과 달리 취급하는 것은 합리적인 이유가 인정되므로 심판대상조항은 평등원칙에 위배되지 않는다(헌재 2023. 10. 26. 2020헌바402).

▶ **자치구의 지역구의회의원 선거의 예비후보자를 후원회지정권자에서 제외하고 있는 정치자금법 제6조 제6호 부분이 청구인들의 평등권을 침해하는지**(소극) : 자치구의회의원의 경우 선거비용 이외에 정치자금의 필요성이 크지 않으며, 선거비용 측면에서도 대통령선거나 국회의원선거에 비하여 선거운동 기간이 비교적 단기여서 상대적으로 선거비용이 적게 드는 점 등에 비추어 보면, 국회의원선거의 예비후보자와 달리 자치구의회의원선거의 예비후보자에게 후원회를 통한 정치자금의 조달을 불허하는 것에는 합리적인 이유가 있다. 따라서 심판대상조항은 자치구의회의원선거의 예비후보자 및 이들 예비후보자에게 후원금을 기부하고자 하는 자의 평등권을 침해한다고 볼 수 없다(헌재 2019. 12. 27. 2018헌마301).

4) 잔여재산의 처분

대통령선거경선후보자·당대표경선후보자등·대통령예비후보자·국회의원예비후보자·지방의회의원예비후보자 또는 지방자치단체장예비후보자가 후원회를 둘 수 있는 자격을 상실한 때에는 그 후원회와 후원회지정권자는 잔여재산을 회계보고 전까지 국고에 귀속시켜야 한다(정치자금법 제21조 제3항).

판례

▶ **대통령선거 경선후보자가 당내 경선 과정에서 탈퇴함으로써 후원회를 둘 수 있는 자격을 상실한 때에는 후원회로부터 받은 후원금 전액을 국고에 귀속하도록 하고 있는 정치자금법 제21조 제3항 제2호가 예비후보자의 선거운동의 자유 등을 침해하는지**(적극) : 대통령선거 경선후보자로서 선거과정에 참여한 이들은 이 사건 법률조항으로 인하여 대통령선거 경선후보자로서의 자격을 중도에서 포기할 자유에 중대한 제약을 받게 된다. 대통령선거 경선후보자의 정치적 의사결정에 이와 같은 제약을 가하는 것은 법상의 대통령선거경선후보자 제도 및 후원회 제도의 목적과도 조화되기 어려운 제약으로서, 자유로운 민주정치의 건전한 발전을 방해하는 것이라고 할 것이다. 결국, 이 사건 법률조항은 정당한 사유도 없이 후원금을 선거운동비용으로 사용하는 것을 제한하는 것이고, 그로 인하여 선거운동의 자유 및 선거과정에서 탈퇴할 자유 등 국민의 참정권을 침해하는 것이다(헌재 2009. 12. 29. 2007헌마1412).

(3) **기탁금**

기탁금이라 함은 정치자금을 정당에 기부하고자 하는 개인이 이 법의 규정에 의하여 선거관리위원회에 기탁하는 금전이나 유가증권 그 밖의 물건을 말한다(정치자금법 제3조 5호).

중앙선거관리위원회는 기탁금의 모금에 직접 소요된 경비를 공제하고 지급 당시 제27조(보조금의 배분)의 규정에 의한 국고보조금 배분율에 따라 기탁금을 배분·지급한다(정치자금법 제23조 제1항).

(4) 보조금

보조금이라 함은 정당의 보호·육성을 위하여 국가가 정당에 지급하는 금전이나 유가증권을 말한다(정치자금법 제3조 6호).

> **판례**
>
> ▶ **국가보조금 지급 등에 있어서 정당추천 후보자에 비하여 무소속 후보자를 현저히 불리하게 차별하는 것은 헌법상 평등의 원칙에 위배되는지**(소극) : 정치자금법이 제11조 제1항에서 정당으로 하여금 개인·법인 또는 단체로부터 기탁금을 받을 수 있도록 하고 또 제17조에서 정당에 대한 보조금을 예산에 계상하여 지급하도록 규정함으로써 정당이나 정당소속 입후보자가 보호를 받고 상대적으로 무소속 입후보자가 불리한 차별을 받게 된다 하더라도 이는 우리 헌법이 정당제민주주의를 채택하고 정당에 대하여 특별한 보호를 하도록 한 헌법정신에 따른 것으로 합리적 차별로서 허용되는 것이므로 이를 두고 헌법상 평등원칙에 위배되는 것이라 할 수 없다(헌재 1997. 5. 29. 96헌마85).
>
> ▶ **교섭단체의 구성 여부에 따라 보조금을 배분함에 차등을 두는 정치자금법 조항이 평등원칙에 위반되는지**(소극) : 오늘날 대의제민주주의는 국민의 정치적 의사형성을 위한 매개체로서의 정당의 역할이 증대됨에 따라 정당국가적 민주주의로 변화하여, 국회는 국민의 대표인 의원들의 의사에 따라 운영되는 것이 아니라 정당의 구성원인 의원들이 정당을 통하여 그리고 정당 속에서 결합하여 운영되고 있고, 정당의 국회 내에서의 활동도 교섭단체를 중심으로 이루어짐에 따라 국민의 정치적 의사를 형성하여 국가기관의 의사결정에 영향을 미치는 정당의 공적 기능을 수행하는데 국회에 진출한 정당과 진출하지 못한 정당 사이, 그리고 국회에 진출하여 교섭단체를 구성한 정당과 이를 구성하지 못한 정당 사이에 상당한 차이가 나타날 수밖에 없다. 위와 같은 사정들을 종합해 볼 때, 교섭단체의 구성 여부에 따라 보조금의 배분규모에 차이가 있더라도 그러한 차등정도는 각 정당 간의 경쟁상태를 현저하게 변경시킬 정도로 합리성을 결여한 차별이라고 보기 어렵다(헌재 2006. 7. 27. 2004헌마655).

4. 기부의 금지

외국인, 국내·외의 법인 또는 단체는 정치자금을 기부할 수 없고, 누구든지 국내·외의 법인 또는 단체와 관련된 자금으로 정치자금을 기부할 수 없다(정치자금법 제31조 제1항, 제2항).

> **판례**
>
> ▶ **누구든지 단체와 관련된 자금으로 정치자금을 기부할 수 없도록 한 구 정치자금에 관한 법률 제12조 제2항이 정치활동의 자유 등을 침해하는지**(소극) : 기부금지 조항은 단체의 정치자금 기부금지 규정에 관한 탈법행위를 방지하기 위한 것으로서, 단체의 정치자금 기부를 통한 정치활동이 민주적 의사형성과정을 왜곡하거나, 선거의 공정을 해하는 것을 방지하고, 단체 구성원의 의사에 반하는 정치자금 기부로 인하여 단체 구성원의 정치적 의사표현의 자유가 침해되는 것을 방지하는 것인바, 정당한 입법목적 달성을 위한 적합한 수단에 해당한다. 한편 단체의 정치적 의사표현은 그 방법에 따라 정당·정치인이나 유권자의 선거권 행사에 심대한 영향을 미친다는 점에서 그 방법적 제한의 필요성이 매우 크고, 이 사건 기부금지 조항은 단체의 정치적 의사표현 자체를 금지하거나 그 내용에 따라 규제하도록 한 것이 아니라, 개인과의 관계에서 불균형적으로 주어지기 쉬운 '자금'을 사용한 방법과 관련하여 규제를 하는 것인바, 정치적 표현의 자유의 본질을 침해하는 것이라고 볼 수 없다(헌재 2010. 12. 28. 2008헌바89).

제3항 선거제도

I 선거

선거란 주권자인 국민이 그들을 대표할 국가기관을 선임하는 행위를 말한다. 헌법 제1조는 국민주권의 원리를 천명하고 있다. 그 중요한 의미는 국민의 합의로 국가권력을 조직한다는 것이다. 이를 위해서는 주권자인 국민이 정치과정에 참여하는 기회가 되도록 폭넓게 보장될 것이 요구된다. 대의민주주의를 원칙으로 하는 오늘날의 민주정치 아래에서 국민의 참여는 기본적으로 선거를 통하여 이루어진다. 따라서, 선거는 주권자인 국민이 그 주권을 행사하는 통로이다(헌재 2001. 7. 19. 2000헌마91).

> **판례**
>
> ▶ **선거의 기능** : 선거는 오늘날의 대의민주주의에서 국민이 주권을 행사할 수 있는 가장 중요한 방법으로서, 선거를 통하여 국민은 선출된 국가기관과 그의 국가권력의 행사에 대하여 민주적 정당성을 부여한다(헌재 1999. 5. 27. 98헌마214).
>
> ▶ **선거의 기능** : 국민의 선거권 행사는 국민주권의 현실적 행사수단으로서 한편으로는 국민의 의사를 국정에 반영할 수 있는 중요한 통로로서 기능하며, 다른 한편으로는 주기적 선거를 통하여 국가권력을 통제하는 수단으로서의 기능도 수행한다(헌재 2007. 6. 28. 2004헌마644).
>
> ▶ **국민주권의 원리에 부합하는 선거제도** : 선거는 주권자인 국민이 그 주권을 행사하는 통로이므로 선거제도는 첫째, 국민의 의사를 제대로 반영하고, 둘째, 국민의 자유로운 선택을 보장하여야 하고, 셋째, 정당의 공직선거 후보자의 결정과정이 민주적이어야 하며, 그렇지 않으면 민주주의 원리 나아가 국민주권의 원리에 부합한다고 볼 수 없다(헌재 2001. 7. 19. 2000헌마91).

II 선거구제와 대표제

> **헌법 제41조**
> ③ 국회의원의 선거구와 비례대표제 기타 선거에 관한 사항은 법률로 정한다.

1. 선거구제

의의		선거인단을 분할하는 방식
유형	소	한 선거구에서 1명의 대표자를 선출하는 선거구제
	중	한 선거구에서 두 명에서 네 명의 대표자를 선출하는 선거구제
	대	한 선거구에서 5명 이상의 대표자를 선출하는 선거구제

> **판례**
>
> ▶ **소선거구 다수대표제의 장단점과 평가**: 소선거구 다수대표제는 하나의 지역구에서 1인의 국회의원을 선출하도록 하는 것으로서 선거권자가 후보자를 직접 검증하여 선택할 수 있고, 양대 정당 중심으로 득표가 집중되어 의원내각제에서는 단일정당에 의해 행정부를 구성할 수 있으며 대통령제에서는 그 정당에 의해 정책이 뒷받침될 수 있어 정치의 책임성과 안정성에 유리하다. 소선거구 다수대표제는 다수의 사표를 발생시킬 수 있는 문제점이 제기됨에도 불구하고 정치의 책임성과 안정성을 강화하고 인물 검증을 통해 당선자를 선출하는 등 장점을 가진다고 할 것이며, 선거의 대표성이나 평등선거의 원칙 측면에서도 대체가능한 다른 선거제도와 비교하여 반드시 열등하다고 단정할 수 없다(헌재 2016. 5. 26. 2012헌마374).

2. 대표제

의의		선거구에서 대표를 결정하는 방식 또는 의원 정수를 배분하는 방식
유형	다수	• 선거인으로부터 다수의 표를 득표한 후보자를 당선자로 결정하는 방식 • 유효투표 중 다수표를 얻으면 대표로 선출(상대다수대표제, 영국, 미국) • 유효투표 중 과반수 이상을 얻어야 대표로 선출(절대다수대표제, 프랑스)
	소수	• 한 선거구에서 두 명 이상의 대표를 선출하는 대표제 • 제2공화국 헌법에서 참의원 선거를 대선거구·소수대표제로 실시
	비례	• 각 정당이 득표한 득표율에 따라서 의석을 배분하는 대표제 • 소수 보호와 정치세력의 지지도에 상응한 대의제 실현 • 독일 바이마르 공화국에서 처음 실시 • 우리나라는 제3공화국에서 처음 실시

> **판례**
>
> ▶ **비례대표제**: 비례대표선거제란 정당이나 후보자에 대한 선거권자의 지지에 비례하여 의석을 배분하는 선거제도를 말한다. 비례대표제는 거대정당에게 일방적으로 유리하고, 다양해진 국민의 목소리를 제대로 대표하지 못하며 사표를 양산하는 다수대표제의 문제점에 대한 보완책으로 고안·시행되는 것이다(헌재 2001. 7. 19. 2000헌마91).
>
> ▶ **병립형과 연동형**: 병립형 비례대표제는 지역구의석과 비례대표의석을 구분한 가운데 지역구선거와 비례대표를 위한 정당선거를 각기 치르는 방식이다. 반면, 연동형 비례대표제는 정당의 전체 의석을 비례대표선거에서 얻은 정당 투표를 통해 결정하되, 지역구선거를 통해 획득한 의석을 우선 배정하는 방식으로 지역구선거와 비례대표선거를 연동시키는 제도이다. 연동형 비례대표제는 각 정당의 전체 의석수를 비례대표선거에서 각 정당이 획득한 득표율에 따라 결정하고, 정당의 지역구의석수가 정당득표율에 미치지 못할 경우 그 부족분을 비례대표의석으로 보정함으로써 정당의 득표율과 총 의석 사이의 비례성을 높이는 방법이다. 이러한 방법은 지역구선거에서 승리한 후보자에게 의석을 우선 배분하여 지역대표성을 살리면서도 정당의 전체 의석을 정당의 득표율에 따라 배분하도록 하여 의석 배분의 비례성을 확보할 수 있다는 장점이 있다(헌재 2023. 7. 20. 2019헌마1443).

> ▶ **저지조항** : 득표율이나 직선의석수 등을 기준으로 비례대표의석배분에 일정한 제한을 가하는 조항을 저지조항이라 한다. 저지조항은 비례대표의석배분에서 정당을 차별하고, 저지선을 넘지 못한 정당에 대한 투표의 성과가치를 차별하게 되므로 평등선거의 원칙에 대한 위반여부가 문제되나 저지조항의 인정여부 및 정당성여부는 각 나라의 전체 헌정상황에 비추어 의석배분에서의 정당간 차별이 불가피한가에 따라 판단된다(헌재 2001. 7. 19. 2000헌마91).

Ⅲ 선거제도의 기본원칙

> **헌법 제41조**
> ① 국회는 국민의 보통·평등·직접·비밀선거에 의하여 선출된 국회의원으로 구성한다.
> **헌법 제67조**
> ① 대통령은 국민의 보통·평등·직접·비밀선거에 의하여 선출한다.

1. 보통선거원칙

보통선거의 원칙이란 개인의 납세액이나 소유하는 재산을 선거권의 요건으로 하는 제한선거에 대응하는 것으로 이러한 요건뿐만 아니라 사회적 신분·인종·성별·종교·교육 등을 요건으로 하지 않고 일정한 연령에 달한 모든 국민에게 선거권을 인정하는 제도를 말한다. 보통선거제도하에서도 연령에 의한 선거권의 제한은 가능한데 이는 국정 참여수단으로서의 선거권행사에는 일정한 수준의 정치적인 판단능력이 전제되어야 하기 때문이다(헌재 1997. 6. 26. 96헌마89).

> **판례**
>
> ▶ **국민주권의 원리와 보통선거원칙** : 민주주의는 참정권의 주체와 국가권력의 지배를 받는 국민이 되도록 일치할 것을 요청한다. 국민의 참정권에 대한 이러한 민주주의적 요청의 결과가 바로 보통선거의 원칙이다. 즉, <u>원칙적으로 모든 국민이 균등하게 선거에 참여할 것을 요청하는 보통·평등선거원칙은 국민의 자기지배를 의미하는 국민주권의 원리에 입각한 민주국가를 실현하기 위한 필수적 요건이다.</u> 그러므로 보통선거의 원칙에 따라 원칙적으로 모든 국민에게 선거권과 피선거권이 인정되어야 하며, 특정한 국민을 정치적·경제적 또는 사회적인 이유로 선거권과 피선거권을 행사할 수 없도록 하여서는 아니된다(헌재 1999. 5. 27. 98헌마214).

2. 평등선거원칙

(1) 의의

평등선거의 원칙은 차등선거에 대응하는 개념으로 평등의 원칙이 선거제도에 적용된 것으로서 투표의 수적 평등, 즉 1인 1표의 원칙(one person, one vote)과 투표의 성과가치의 평등, 즉 1표의 투표가치가 대표자선정이라는 선거의 결과에 대하여 기여한 정도에 있어서도 평등하여야 한다는 원칙(one vote, one value)을 그 내용으로 할 뿐만 아니라, 일정한 집단의 의사가 정치과정에서 반영될 수 없도록 차별적으로 선거구를 획정하는 게리맨더링에 대한 부정을 의미한다(헌재 2001. 10. 25. 2000헌마92).

> **판례**
>
> ▶ **입법형성권의 한계**: 선거구의 획정은 사회적·지리적·역사적·경제적·행정적 연관성 및 생활권 등을 고려하여 특단의 불가피한 사정이 없는 한 인접지역이 1개의 선거구를 구성하도록 함이 상당하며, 이는 선거구획정에 관한 국회의 재량권의 한계이다(헌재 1995. 12. 27. 95헌마224).

(2) 인구편차 허용기준

국회의원 선거구의 인구편차의 허용기준에 있어서, 최소선거구의 인구수를 기준으로 할 것인가 아니면 전국 선거구의 평균인구수를 기준으로 할 것인가에 관하여, 선거구 간의 인구불균형의 문제를 엄격한 평등원칙의 문제로서만 파악하는 한 최소선거구의 인구수와 대비검토가 되어야 할 것이지만, 각 선거구의 선거인에 관하여 그 투표가치가 이상에서 어느 정도 떨어져 있는가를 검토하여 그 편차가 매우 큰 경우에 투표가치평등의 요구에 반하고 위헌의 하자를 띠게 된다고 생각할 수 있으므로, 전국 선거구의 평균인구수를 기준으로 하여 인구편차의 허용기준을 검토함이 상당하다(헌재 1995. 12. 27. 95헌마224).

(3) 인구편차 허용한계

1) 국회의원 지역선거구

인구편차의 허용기준을 완화하면 할수록 과대대표되는 지역과 과소대표되는 지역이 생길 가능성이 높아지는데, 이는 지역정당구조를 심화시키는 부작용을 야기할 수 있다. 인구편차의 허용기준을 점차로 엄격하게 하는 것이 외국의 판례와 입법추세임을 고려할 때, 우리도 인구편차의 허용기준을 엄격하게 하는 일을 더 이상 미룰 수 없다. 이러한 사정들을 고려할 때, 현재의 시점에서 헌법이 허용하는 인구편차의 기준을 인구편차 상하 $33\frac{1}{3}\%$를 넘어서지 않는 것으로 봄이 타당하다(헌재 2014. 10. 30. 2012헌마192).

2) 시·도의원 지역선거구

시·도의원은 지역적 사안을 다루는 지방의회의 특성상 지역대표성도 겸하고 있으므로, 시·도의원지역구 획정에 있어서는 행정구역 내지 지역대표성 등 2차적 요소도 인구비례의 원칙에 못지않게 함께 고려해야 할 필요성이 크다. 인구편차 상하 60%의 기준에서 곧바로 인구편차 상하 $33\frac{1}{3}\%$의 기준을 채택하는 경우 시·도의원지역구를 조정함에 있어 예기치 않은 어려움에 봉착할 가능성이 매우 크므로, 현시점에서는 시·도의원지역구 획정에서 허용되는 인구편차 기준을 인구편차 상하 50%(인구비례 3:1)로 변경하는 것이 타당하다(헌재 2018. 6. 28. 2014헌마189).

3) 구·시·군의원 지역선거구

인구편차 상하 60%의 기준에서 곧바로 인구편차 상하 $33\frac{1}{3}\%$의 기준을 채택하는 경우 선거구를 조정하는 과정에서 예기치 않은 어려움에 봉착할 가능성이 크므로, 현재의 시점에서 자치구·시·군의원 선거구 획정과 관련하여 헌법이 허용하는 인구편차의 기준을 인구편차 상하 50%(인구비례 3:1)로 변경하는 것이 타당하다(헌재 2018. 6. 28. 2014헌마166).

(4) 위헌선언의 범위

선거구구역표는 각 선거구가 서로 유기적으로 관련을 가짐으로써 한 부분에서의 변동은 다른 부분에도 연쇄적으로 영향을 미치는 성질을 가지며, 이러한 의미에서 선거구구역표는 전체가 "불가분의 일체"를 이루는 것으로서 어느 한 부분에 위헌적인 요소가 있다면 선거구구역표 전체가 위헌의 하자를 띠는 것이므로, 일부 선거구의 선거구획정에 위헌성이 있다면 선거구구역표의 전부에 관하여 위헌선언을 하는 것이 상당하다(헌재 1995. 12. 27. 95헌마224).

3. 직접선거원칙

직접선거의 원칙은 선거결과가 선거권자의 투표에 의하여 직접 결정될 것을 요구하는 원칙이다. 국회의원의 선출이나 정당의 의석획득이 중간선거인이나 정당 등에 의하여 이루어지지 않고 선거권자의 의사에 따라 직접 이루어져야 함을 의미한다. 역사적으로 직접선거의 원칙은 중간선거인의 부정을 의미하였고, 다수대표제하에서는 이러한 의미만으로도 충분하다고 할 수 있다. 그러나 비례대표제를 채택하는 한 직접선거의 원칙은 의원의 선출뿐만 아니라 정당의 비례적인 의석확보도 선거권자의 투표에 의하여 직접 결정될 것을 요구한다(헌재 2001. 7. 19. 2000헌마91).

> **판례**
>
> ▶ **1인 1표제가 직접선거원칙에 위배되는지**(적극): 비례대표의원의 선거는 지역구의원의 선거와는 별도의 선거이므로 이에 관한 유권자의 별도의 의사표시, 즉 정당명부에 대한 별도의 투표가 있어야 함에도 현행제도는 정당명부에 대한 투표가 따로 없으므로 결국 비례대표의원의 선출에 있어서는 정당의 명부작성행위가 최종적·결정적인 의의를 지니게 되고, 선거권자들의 투표행위로써 비례대표의원의 선출을 직접·결정적으로 좌우할 수 없으므로 직접선거의 원칙에 위배된다(헌재 2001. 7. 19. 2000헌마91).
>
> ▶ **고정명부식제도 자체가 직접선거원칙에 위반되는지**(소극): 비례대표후보자명단과 그 순위, 의석배분방식은 선거시에 이미 확정되어 있고, 투표 후 후보자명부의 순위를 변경하는 것과 같은 사후개입은 허용되지 않는다. 그러므로 비록 후보자 각자에 대한 것은 아니지만 선거권자가 종국적인 결정권을 가지고 있으며, 선거결과가 선거행위로 표출된 선거권자의 의사표시에만 달려 있다고 할 수 있다. 따라서 고정명부식을 채택한 것 자체가 직접선거원칙에 위반된다고는 할 수 없다(헌재 2001. 7. 19. 2000헌마91).

4. 비밀선거원칙

비밀선거의 원칙이란 선거인의 투표내용을 공개하는 공개선거에 대립되는 말로, 선거인이 어느 후보자를 선출하는지 알 수 없게 하는 선거제도를 말한다. 공개선거는 투표의 책임을 명백히 한다는 뜻에서 채용되기도 하지만, 자유로운 의사표시를 방해할 위험이 크기 때문에 선거의 공정성이나 자유로운 분위기를 보장할 수 없다는 단점이 있다. 따라서 대부분의 현대 민주국가는 무기명투표·투표용지관급주의 등에 의하여 선거인의 비밀선거를 보장하고 있다.

5. 자유선거원칙

(1) 의의

자유선거원칙이란 유권자의 투표행위가 국가나 사회로부터의 강제나 부당한 압력의 행사 없이 이루어져야 한다는 것뿐만 아니라, 유권자가 자유롭고 공개적인 의사형성과정에서 자신의 판단과 결정을 내릴 수 있어야 한다는 것을 의미한다(헌재 2004. 5. 14. 2004헌나1).

(2) 인정 여부

자유선거의 원칙은 비록 우리 헌법에 명문으로 규정되지는 아니하였지만 민주국가의 선거제도에 내재하는 법 원리로서, 국민주권의 원리, 의회민주주의의 원리 및 참정권에 관한 규정에서 그 근거를 찾을 수 있다(헌재 2001. 8. 30. 99헌바92).

(3) 내용

자유선거의 원칙은 선거의 전과정에 요구되는 선거권자의 의사형성의 자유와 의사실현의 자유를 말하고, 구체적으로는 투표의 자유, 입후보의 자유 나아가 선거운동의 자유를 뜻한다(헌재 2001. 8. 30. 99헌바92).

Ⅳ 선거제도의 기본내용

1. 선거공영제와 선거부정방지

> **헌법 제116조**
> ② 선거에 관한 경비는 법률이 정하는 경우를 제외하고는 정당 또는 후보자에게 부담시킬 수 없다.

(1) 선거공영제

선거공영제는 선거의 관리·운영에 필요한 비용을 후보자 개인에게 부담시키지 않고 국민 모두의 공평부담으로 하고자 하는 원칙이다. 선거공영제의 내용은 우리의 선거문화와 풍토, 정치문화 및 국가의 재정상황과 국민의 법감정 등 여러 가지 요소를 종합적으로 고려하여 입법자가 정책적으로 결정할 사항으로서 넓은 입법형성권이 인정되는 영역이다(헌재 2010. 5. 27. 2008헌마491).

> **판례**
> ▶ 선거범죄로 당선이 무효로 된 자에게 이미 반환받은 기탁금과 보전받은 선거비용을 다시 반환하도록 한 구 공직선거법 제265조의2 제1항 전문 부분이 선거공영제에 반하는지(소극): 이 사건 법률조항의 제재는 이미 선거의 공정을 저해한 자들에 대한 것이고, 선거범죄 유무를 불문하고 일률적으로 득표율에 따라 선거비용 보전을 해준다면 선거범죄를 저질러서라도 득표율을 높이려고 할 수도 있다는 점 및 재선거를 치르는 경우에는 국가가 이중으로 선거비용을 지출하게 되므로 국가의 재정부담을 줄이는 조치를 해야 할 필요성도 있는 점을 고려한 것이므로, 선거공영제에 대한 입법형성권을 넘어선 것이라고 볼 수 없다(헌재 2011. 4. 28. 2010헌바232).

(2) 선거에서 공무원의 중립의무

공무원 기타 정치적 중립을 지켜야 하는 자는 선거에 대한 부당한 영향력의 행사 기타 선거결과에 영향을 미치는 행위를 하여서는 아니 된다(공직선거법 제9조 제1항).

선거에서의 공무원의 정치적 중립의무는 국민 전체에 대한 봉사자로서의 공무원의 지위를 규정하는 헌법 제7조 제1항, 자유선거원칙을 규정하는 헌법 제41조 제1항 및 제67조 제1항 및 정당의 기회균등을 보장하는 헌법 제116조 제1항으로부터 나오는 헌법적 요청이다(헌재 2004. 5. 14. 2004헌나1).

> **판례**
>
> ▶ **대통령이 공직선거법 제9조의 '공무원'에 해당하는지**(적극) : 공직선거법 제9조의 '공무원'이란 선거에서의 중립의무가 부과되어야 하는 모든 공무원 즉, 구체적으로 '자유선거원칙'과 '선거에서의 정당의 기회균등'을 위협할 수 있는 모든 공무원을 의미한다. 그런데 사실상 모든 공무원이 그 직무의 행사를 통하여 선거에 부당한 영향력을 행사할 수 있는 지위에 있으므로, 여기서의 공무원이란 원칙적으로 국가와 지방자치단체의 모든 공무원 즉, 좁은 의미의 직업공무원은 물론이고, 적극적인 정치활동을 통하여 국가에 봉사하는 정치적 공무원을 포함한다. 다만, 국회의원과 지방의회의원은 정당의 대표자이자 선거운동의 주체로서의 지위로 말미암아 선거에서의 정치적 중립성이 요구될 수 없으므로, 공직선거법 제9조의 '공무원'에 해당하지 않는다. 따라서 선거에 있어서의 정치적 중립성은 행정부와 사법부의 모든 공직자에게 해당하는 공무원의 기본적 의무이다. 대통령은 행정부의 수반으로서 공정한 선거가 실시될 수 있도록 총괄·감독해야 할 의무가 있으므로, 당연히 선거에서의 중립의무를 지는 공직자에 해당하는 것이고, 이로써 공직선거법 제9조의 '공무원'에 포함된다(헌재 2004. 5. 14. 2004헌나1).
>
> ▶ **기자회견에서 특정정당을 지지한 대통령의 발언이 공무원의 정치적 중립의무에 위반되는지**(적극) : 선거에 임박한 시기이기 때문에 공무원의 정치적 중립성이 어느 때보다도 요청되는 때에, 공정한 선거관리의 궁극적 책임을 지는 대통령이 기자회견에서 전 국민을 상대로, 대통령직의 정치적 비중과 영향력을 이용하여 특정 정당을 지지하는 발언을 한 것은, 대통령의 지위를 이용하여 선거에 대한 부당한 영향력을 행사하고 이로써 선거의 결과에 영향을 미치는 행위를 한 것이므로, 선거에서의 중립의무를 위반하였다(헌재 2004. 5. 14. 2004헌나1).

2. 선거구획정

> **헌법 제41조**
> ③ 국회의원의 선거구와 비례대표제 기타 선거에 관한 사항은 법률로 정한다.

(1) 국회의원 지역구

1) 획정기준
국회의원 지역구는 시·도의 관할구역 안에서 인구·행정구역·지리적 여건·교통·생활문화권 등을 고려하여 획정한다(공직선거법 제25조 제1항).

2) 선거구획정위원회
국회의원 선거구획정위원회는 중앙선거관리위원회에 두되, 직무에 관하여 독립의 지위를 가진다. 국회의원 선거구획정위원회는 중앙선거관리위원회 위원장이 위촉하는 9명의 위원으로 구성하되, 위원장은 위원 중에서 호선하며, 국회의원 및 정당의 당원은 위원이 될 수 없다(공직선거법 제24조 제2항, 제3항, 제7항).
국회의원 선거구획정위원회는 재적위원 3분의 2 이상의 찬성으로 의결한 선거구획정안과 그 이유 및 그 밖에 필요한 사항을 기재한 보고서를 임기만료에 따른 국회의원 선거의 선거일 전 13개월까지 국회의장에게 제출하여야 한다(공직선거법 제24조 제11항).

3) 지역구 확정
국회는 국회의원 지역구를 선거일 전 1년까지 확정하여야 한다(공직선거법 제24조의2 제1항).

> **판례**
>
> ▶ **헌법재판소가 입법개선시한을 정하여 헌법불합치결정을 하였음에도 국회가 입법개선시한까지 개선입법을 하지 아니한 경우 국회에 국회의원 선거구를 입법할 헌법상 의무가 존재하는지**(적극): 헌법 제41조 제3항은 국회의원 선거에 있어 필수적인 요소라고 할 수 있는 선거구에 관하여 직접 법률로 정하도록 규정하고 있으므로, 국회에게 국회의원의 선거구를 입법할 명시적인 헌법상 입법의무가 존재한다. 헌법이 국민주권의 실현 방법으로 대의민주주의를 채택하고 있고 선거구는 이를 구현하기 위한 기초가 된다는 점에 비추어 보면, 헌법 해석상으로도 국회에게 국회의원의 선거구를 입법할 의무가 인정된다. 따라서 헌법재판소가 입법개선시한을 정하여 헌법불합치결정을 하였음에도 국회가 입법개선시한까지 개선입법을 하지 아니하여 국회의원의 선거구에 관한 법률이 존재하지 아니하게 된 경우, 국회는 이를 입법하여야 할 헌법상 의무가 있다(헌재 2016. 4. 28. 2015헌마1177).

(2) 지방의회의원 지역구

1) **시·도의회의원**

   시·도의회의원 지역선거구는 인구·행정구역·지세·교통 그 밖의 조건을 고려하여 자치구·시·군을 구역으로 하거나 분할하여 이를 획정하되, 하나의 시·도의원지역구에서 선출할 지역구시·도의원정수는 1명으로 한다(공직선거법 제26조 제1항).

2) **구·시·군의원**

   자치구·시·군의원 지역구는 인구·행정구역·지세·교통 그 밖의 조건을 고려하여 획정하되, 하나의 자치구·시·군의원지역구에서 선출할 지역구자치구·시·군의원정수는 2인 이상 4인 이하로 한다(공직선거법 제26조 제2항).

3. 국회의 의원정수

> **헌법 제41조**
> ② 국회의원의 수는 법률로 정하되, 200인 이상으로 한다.

국회의 의원정수는 지역구 국회의원 254명과 비례대표 국회의원 46명을 합하여 300명으로 하며, 하나의 국회의원 지역선거구에서 선출할 국회의원의 정수는 1인으로 한다(공직선거법 제21조 제1항, 제2항).

4. 의석 할당 정당

> **헌법 제41조**
> ③ 국회의원의 선거구와 비례대표제 기타 선거에 관한 사항은 법률로 정한다.

(1) 국회의원

1) **의석 할당 정당**

   중앙선거관리위원회는 임기 만료에 따른 비례대표 국회의원 선거에서 전국 유효투표 총수의 100분의 3 이상을 득표한 정당과 임기 만료에 따른 지역구 국회의원 선거에서 5 이상의 의석을 차지한 정당에 대하여 비례대표 국회의원 의석을 배분한다(공직선거법 제189조 제1항).

2) 연동배분의석수

[(국회의원 정수 - 의석할당정당이 추천하지 않은 지역구국회의원 당선인 수) × 해당 정당의 비례대표 국회의원선거 득표비율 - 해당 정당의 지역구국회의원 당선인 수] ÷ 2

판례

▶ **준연동형 비례대표제를 규정한 공직선거법 제189조 제2항이 직접선거원칙에 위배되는지**(소극): 의석배분조항은 선거권자의 정당투표결과가 비례대표의원의 의석으로 전환되는 방법을 확정하고 있고, 선거권자의 투표 이후에 의석배분방법을 변경하는 것과 같은 사후개입을 허용하고 있지 않으므로, 의석배분조항은 직접선거원칙에 위배되지 않는다(헌재 2023. 7. 20. 2019헌마1443).

▶ **준연동형 비례대표제를 규정한 공직선거법 제189조 제2항이 평등선거원칙에 위배되는지**(소극): 의석배분조항은 위성정당 창당과 같은 지역구의석과 비례대표의석의 연동을 차단시키기 위한 선거전략을 통제하는 제도를 마련하고 있지 않으나, 의석배분조항이 개정 전 공직선거법상의 병립형 선거제도보다 선거의 비례성을 향상시키고 있고, 이러한 방법이 헌법상 선거원칙에 명백히 위반된다는 사정이 발견되지 않으므로, 정당의 투표전략으로 인하여 실제 선거에서 양당체제를 고착화시키는 결과를 초래하였다는 이유만으로, 의석배분조항이 투표가치를 왜곡하거나 선거의 대표성의 본질을 침해할 정도로 현저히 비합리적인 입법이라고 보기는 어렵다. 따라서 의석배분조항은 평등선거원칙에 위배되지 않는다(헌재 2023. 7. 20. 2019헌마1443).

(2) **지방의회의원**

비례대표 지방의회의원선거에 있어서는 당해 선거구 선거관리위원회가 유효투표 총수의 100분의 5 이상을 득표한 각 정당에 대하여 당해 선거에서 얻은 득표비율에 비례대표 지방의회의원정수를 곱하여 산출된 수의 정수의 의석을 그 정당에 먼저 배분하고 잔여의석은 단수가 큰 순으로 각 의석 할당 정당에 1석씩 배분하되, 같은 단수가 있는 때에는 그 득표수가 많은 정당에 배분하고 그 득표수가 같은 때에는 당해 정당 사이의 추첨에 의한다(공직선거법 제190조의2 제1항).

5. 선거권과 피선거권

헌법 제24조
모든 국민은 법률이 정하는 바에 의하여 선거권을 가진다.

헌법 제25조
모든 국민은 법률이 정하는 바에 의하여 공무담임권을 가진다.

(1) **선거권**

1) 의의

헌법 제24조의 선거권이란 국민이 공무원을 선거하는 권리를 말하고, 이는 주권자인 국민이 자신의 정치적 의사를 자유로이 결정하고 표명하여 선거에 참여함으로써 민주사회를 구성하고 움직이게 하는 작동원리로 작용한다(헌재 2002. 3. 28. 2000헌마283).

> **판례**
>
> ▶ **선거권의 규범적 의미**: 헌법이 선거권과 선거원칙을 명문으로 보장하고 있는 것은 국민주권주의와 대의제 민주주의하에서는 국민의 선거권 행사를 통해서만 국가와 국가권력의 구성과 창설이 비로소 가능해지고 국가와 국가권력의 민주적 정당성이 마련되기 때문이다(헌재 2018. 1. 25. 2015헌마821).
>
> ▶ **선거권과 기본적 의무의 관계**: 헌법 제1조 제2항은 '대한민국의 주권은 국민에게 있고, 모든 권력은 국민으로부터 나온다.'라고 규정할 뿐 주권자인 국민의 지위를 국민의 의무를 전제로 인정하고 있지는 않다. 현행 헌법의 다른 규정들도 국민의 기본권행사를 납세나 국방의 의무 이행에 대한 반대급부로 예정하고 있지 않다. 재외국민들은 '이중과세 방지협정'에서 정한 바에 따라 납세의무가 면제되는 것일 뿐이므로 재외국민이 국가에 대한 납세의무를 다하지 않고 있다고 볼 수도 없으며, 재외국민들 중에는 이미 국내에서 병역의무를 필한 사람도 있는 점, 현재 병역의무가 남자에게만 부여되고 있다는 점 등을 감안하면 선거권과 병역의무 간에 필연적 견련관계를 인정하기 어렵다(헌재 2007. 6. 28. 2004헌마644).
>
> ▶ **지방자치단체의 장 선거권이 헌법상 보장되는 기본권인지**(적극): 주민자치제를 본질로 하는 민주적 지방자치제도가 안정적으로 뿌리내린 현시점에서 지방자치단체의 장 선거권을 지방의회의원 선거권, 국회의원 선거권 및 대통령 선거권과 구별하여 하나는 법률상의 권리로, 나머지는 헌법상의 권리로 이원화하는 것은 허용될 수 없다. 그러므로 지방자치단체의 장 선거권 역시 헌법 제24조에 의해 보호되는 기본권으로 인정하여야 한다(헌재 2016. 10. 27. 2014헌마797).
>
> ▶ **농협의 조합장선거에서 조합장을 선출하거나 조합장으로 선출될 권리, 조합장선거에서 선거운동을 하는 것은 헌법에 의하여 보호되는 선거권의 범위에 포함되는지**(소극): 지역농협은 조합원의 경제적·사회적·문화적 지위의 향상을 목적으로 하는 농업인의 자주적 협동조직으로, 기본적으로 사법인적 성격을 지니고 있다. 사법인적 성격을 지니는 농협의 조합장선거에서 조합장을 선출하거나 조합장으로 선출될 권리, 조합장선거에서 선거운동을 하는 것은 헌법에 의하여 보호되는 선거권의 범위에 포함되지 않는다(헌재 2012. 2. 23. 2011헌바154).

2) 선거권에 관한 법률유보

헌법 제24조는 모든 국민은 '법률이 정하는 바에 의하여' 선거권을 가진다고 규정함으로써 법률유보의 형식을 취하고 있지만, 이것은 국민의 선거권이 '법률이 정하는 바에 따라서만 인정될 수 있다'는 포괄적인 입법권의 유보하에 있음을 의미하는 것이 아니다. 국민의 기본권을 법률에 의하여 구체화하라는 뜻이며 선거권을 법률을 통해 구체적으로 실현하라는 의미이다. 이러한 법률유보는 선거권을 실현하고 보장하기 위한 것이지 제한하기 위한 것이 아니다(헌재 2007. 6. 28. 2004헌마644).

> **판례**
>
> ▶ **선거권 제한의 한계**: 선거권을 제한하는 입법은 헌법 제24조에 의해서 곧바로 정당화될 수는 없고, 헌법 제37조 제2항의 규정에 따라 국가안전보장·질서유지 또는 공공복리를 위하여 필요하고 불가피한 예외적인 경우에만 그 제한이 정당화될 수 있으며, 그 경우에도 선거권의 본질적인 내용을 침해할 수 없다(헌재 2007. 6. 28. 2004헌마644).

3) 선거권자(공직선거법 제15조)

• 대통령 • 비례대표 국회의원	18세 이상의 국민
지역구 국회의원	선거구 안에 주민등록이 되어 있는 18세 이상의 국민
• 지방자치단체의 장 • 지방의회의원	• 관할구역에 주민등록이 되어 있는 18세 이상의 국민 • 해당 지자체의 외국인등록대장에 올라 있는 18세 이상의 외국인

판례

▶ 선거권자의 연령을 선거일 현재를 기준으로 산정하도록 규정한 공직선거법 제17조 부분이 구 공직선거법에 따라 선거권이 있는 만 19세 생일이 선거일 이틀 뒤에 있었던 청구인의 선거권이나 평등권을 침해하는지(소극): 선거일은 공직선거법 제34조 내지 제36조에 명확하게 규정되어 있고 심판대상조항은 선거일 현재를 선거권연령 산정 기준일로 규정하고 있으므로, 국민 각자의 생일을 기준으로 선거권의 유무를 명확하게 판단할 수 있다. 심판대상조항과 달리 선거권연령 산정 기준일을 선거일 이전이나 이후의 특정한 날로 정할 경우, 이를 구체적으로 언제로 할지에 관해 자의적인 판단이 개입될 여지가 있고, 공직선거법 제15조 제2항이 개정되어 선거권연령 자체가 18세로 하향 조정된 점까지 아울러 고려하면, 심판대상조항은 입법형성권의 한계를 벗어나, 청구인의 선거권이나 평등권을 침해하지 않는다(헌재 2021. 9. 30. 2018헌마300).

▶ 주민등록이 되어 있지 않고 국내거소신고도 하지 않은 재외국민에게 임기만료 지역구 국회의원선거권을 인정하지 않은 공직선거법 제15조 제1항 단서가 재외선거인의 선거권을 침해하거나 보통선거원칙에 위배되는지(소극): 전국을 단위로 선거를 실시하는 대통령선거와 비례대표 국회의원선거에 투표하기 위해서는 국민이라는 자격만으로 충분한 데 반해, 지역구의 국회의원선거에 투표하기 위해서는 '해당 지역과의 관련성'이 인정되어야 한다. 주민등록과 국내거소신고를 기준으로 지역구국회의원선거권을 인정하는 것은 해당 국민의 지역적 관련성을 확인하는 합리적인 방법이다. 따라서 선거권조항과 재외선거인 등록신청조항이 재외선거인의 임기만료지역구국회의원선거권을 인정하지 않은 것이 재외선거인의 선거권을 침해하거나 보통선거원칙에 위배된다고 볼 수 없다(헌재 2014. 7. 24. 2009헌마256).

4) 선거권이 없는 자(공직선거법 제18조)

의사무능력자	금치산선고를 받은 자	
일반형사범	• 1년 이상의 징역 또는 금고의 형의 선고를 받고 그 집행이 종료되지 아니하거나 그 집행을 받지 아니하기로 확정되지 아니한 사람 • 형의 집행유예를 선고받고 유예기간 중에 있는 사람은 제외	
선거범 등	100만원 이상의 벌금형	확정 후 5년
	형의 집행유예	확정 후 10년
	징역형	집행종료나 면제된 후 10년
선거권 정지	법원의 판결 또는 다른 법률에 의하여 선거권이 정지 또는 상실된 자	

> **판례**
>
> ▶ **1년 이상의 징역의 형의 선고를 받고 집행이 종료되지 아니한 사람의 선거권을 제한하는 공직선거법 제18조 제1항 제2호 본문이 청구인들의 선거권을 침해하는지**(소극): 심판대상조항에 따른 선거권 제한 기간은 각 수형자의 형의 집행이 종료될 때까지이므로, 형사책임의 경중과 선거권 제한 기간은 비례하게 된다. 1년 이상의 징역형을 선고받은 사람의 선거권을 제한함으로써 형사적·사회적 제재를 부과하고 준법의식을 강화한다는 공익이, 형 집행기간 동안 선거권을 행사하지 못하는 수형자 개인의 불이익보다 작다고 할 수 없다. 따라서 심판대상조항은 과잉금지원칙을 위반하여 청구인의 선거권을 침해하지 아니한다(헌재 2017. 5. 25. 2016헌마292).
>
> ▶ **집행유예기간 중인 자와 수형자의 선거권을 제한하고 있는 공직선거법 제18조 제1항 제2호 등이 청구인들의 선거권을 침해하고, 보통선거원칙에 위반하여 평등원칙에도 어긋나는지**(적극): 심판대상조항은 집행유예자와 수형자에 대하여 전면적·획일적으로 선거권을 제한하고 있다. 범죄자가 저지른 범죄의 경중을 전혀 고려하지 않고 수형자와 집행유예자 모두의 선거권을 제한하는 것은 침해의 최소성원칙에 어긋난다. 특히 집행유예자는 집행유예 선고가 실효되거나 취소되지 않는 한 교정시설에 구금되지 않고 일반인과 동일한 사회생활을 하고 있으므로, 그들의 선거권을 제한해야 할 필요성이 크지 않다. 따라서 심판대상조항은 청구인들의 선거권을 침해하고, 보통선거원칙에 위반하여 집행유예자와 수형자를 차별취급하는 것이므로 평등원칙에도 어긋난다(헌재 2014. 1. 28. 2012헌마409 헌법불합치).
>
> ▶ **'선거범으로서 100만 원 이상의 벌금형의 선고를 받고 그 형이 확정된 후 5년을 경과하지 아니한 자 또는 형의 집행유예의 선고를 받고 그 형이 확정된 후 10년을 경과하지 아니한 자'의 선거권을 제한하는 공직선거법 제18조 제1항 제3호 부분이 청구인들의 선거권을 침해하는지**(소극): 선거권제한조항은 선거의 공정성을 확보하기 위한 것으로서, 선거권 제한의 대상과 요건, 기간이 제한적인 점, 선거의 공정성을 해친 바 있는 선거범으로부터 부정선거의 소지를 차단하여 공정한 선거가 이루어지도록 하기 위하여는 선거권을 제한하는 것이 효과적인 방법인 점, 선거권의 제한 기간이 공직선거마다 벌금형의 경우는 1회 정도, 징역형의 집행유예의 경우에는 2-3회 정도 제한하는 것에 불과한 점 등을 종합하면, 선거권 제한조항은 청구인들의 선거권을 침해한다고 볼 수 없다(헌재 2018. 1. 25. 2015헌마821).
>
> ▶ **'선거범 등의 죄'와 '다른 죄'의 경합범에 대하여 분리 선고하도록 규정한 공직선거법 제18조 제3항 부분이 평등원칙에 위반되는지**(소극): 분리선고조항은 '선거범죄 등'이 '다른 죄'와 경합범으로 동시에 재판을 받게 되었다는 우연한 사정에 의하여 형법 제38조에 따라 경합범 가중을 받아 100만 원 이상의 벌금형 등을 선고받게 됨으로써 선거권 및 공무담임권이 제한되는 불합리한 상황을 극복하기 위하여, '선거범죄 등'과 '다른 죄'를 분리 선고하도록 규정하게 된 것임을 알 수 있다. 법원으로서는 청구인의 경우와 같이 '당선무효범죄와 정치자금법 제45조 위반죄가 경합범이 되는 경우' 또는 '공무담임제한범죄와 당내경선과 관련된 죄가 경합범이 되는 경우'로 인해 공무담임권이 제한되는 사정을 종합적으로 고려하여 구체적 타당성에 부합하는 선고형을 정할 수 있는 점 등을 고려하면, 입법자가 '선거범죄 등'에 해당하는 범죄들의 경합범에 대하여는 분리 선고를 정하지 않은 것에 합리적 이유가 있다 할 것이다(헌재 2021. 8. 31. 2018헌바149).

(2) 피선거권

> **헌법 제25조**
> 모든 국민은 법률이 정하는 바에 의하여 공무담임권을 가진다.
>
> **헌법 제67조**
> ④ 대통령으로 선거될 수 있는 자는 국회의원의 피선거권이 있고 선거일 현재 40세에 달하여야 한다.

1) 의의

피선거권이란 공직선거에 입후보하여 당선될 수 있는 자격 또는 권리를 의미한다. 헌법 제25조의 공무담임권은 여러 가지 선거에 입후보하여 당선될 수 있는 피선거권과 모든 공직에 임명될 수 있는 공직취임권을 포괄하고 있다(헌재 1996. 6. 26. 96헌마200).

2) 피선거권자(공직선거법 제16조)

대통령	선거일 현재 5년 이상 국내에 거주하고 있는 40세 이상의 국민
국회의원	18세 이상의 국민
지방선거	선거일 현재 계속하여 60일 이상 해당 지방자치단체의 관할구역에 주민등록이 되어 있는 18세 이상의 국민

판례

▶ **지방자치단체 장의 피선거권 자격요건으로서 60일 이상 당해 지방자치단체의 관할구역 내에 주민등록이 되어 있을 것을 요구하는 공직선거 및 선거부정방지법 제16조 제3항이 공무담임권을 침해하는지**(소극): 이 사건 법률조항은 헌법이 보장한 주민자치를 원리로 하는 지방자치제도에 있어서 지연적 관계를 고려하여 당해 지역사정을 잘 알거나 지역과 사회적·지리적 이해관계가 있어 당해 지역행정에 대한 관심과 애향심이 많은 사람에게 피선거권을 부여함으로써 지방자치행정의 민주성과 능률성을 도모함과 아울러 우리나라 지방자치제도의 정착을 위한 규정으로서 과잉금지원칙에 위배하여 청구인의 공무담임권을 제한하고 있다고 볼 수 없다(헌재 2004. 12. 16. 2004헌마376).

3) 피선거권이 없는 자(공직선거법 제19조)

선거권 없는 자	• 금치산선고를 받은 자 • 선거범 등 • 법원의 판결 또는 다른 법률에 의하여 선거권이 정지 또는 상실된 자
일반형사범	금고 이상의 형의 선고를 받고 그 형이 실효되지 아니한 자
피선거권 정지	법원의 판결 또는 다른 법률에 의하여 피선거권이 정지 또는 상실된 자

판례

▶ **선거범으로서 100만 원 이상의 벌금형을 선고받아 확정되면 5년 동안 피선거권이 제한되는 공직선거법 제19조 제1호 부분이 공무담임권을 침해하는지**(소극): 선거의 공정성을 해친 바 있는 선거범으로부터 부정선거의 소지를 차단하여 공정한 선거가 이루어지도록 하기 위하여는 피선거권을 제한하는 것이 효과적인 방법이 될 수 있는 점, 피선거권의 제한기간이 공직선거의 참여를 1회 정도 제한하게 되는 점 및 입법자가 이 사건 법률조항에서 피선거권의 제한기준으로 채택한 수단이 지나친 것이어서 입법형성권의 범위를 벗어난 것이라고 단정하기 어려운 점 등을 종합하여 보면, 이 사건 법률조항은 과잉금지원칙에 위배하여 공무담임권을 제한하고 있다고 할 수 없다(헌재 2008. 1. 17. 2004헌마41).

6. 선거기간과 선거일

(1) 선거기간(공직선거법 제33조)

대통령선거	• 후보자등록 마감일의 다음 날부터 선거일까지 • 23일
국회의원선거 등	• 후보자등록 마감일 후 6일부터 선거일까지 • 14일

> **판례**
>
> ▶ 국회의원 선거의 선거기간을 14일로 정하고 있는 공직선거법 제33조 제1항 제2호가 청구인의 정치적 기본권을 침해하거나 평등의 원칙에 위배되는지(소극): 선거일 전 120일부터 예비후보자로 등록할 수 있는 예비후보자 및 후보자등록기간 중의 후보자에 대한 공직선거법 제60조의3에 의한 선거운동의 허용, 후보자 및 후보자가 되려는 자의 인터넷을 통한 선거운동의 허용 등 선거운동 기간의 제한을 받지 않는 선거운동 방법이 다양화된 점을 고려한다면, 위 기간이 유권자인 선거구민으로서 각 후보자의 인물, 정견, 신념 등을 파악하기에 부족한 기간이라고 단정할 수 없다. 그렇다면 공직선거법 제33조 제1항 제2호에서 정하는 선거운동 기간은 제한의 입법목적, 제한의 내용, 우리나라에서의 선거의 태양, 현실적 필요성 등을 고려할 때 필요하고도 합리적인 제한이며, 선거운동의 자유를 형해화할 정도로 과도하게 제한하는 것으로 볼 수 없다(헌재 2005. 2. 3. 2004헌마216).

(2) 선거일

> **헌법 제68조**
> ① 대통령의 임기가 만료되는 때에는 임기 만료 70일 내지 40일전에 후임자를 선거한다.
> ② 대통령이 궐위된 때 또는 대통령 당선자가 사망하거나 판결 기타의 사유로 그 자격을 상실한 때에는 60일 이내에 후임자를 선거한다.

임기 만료 (34조)	대통령	임기 만료일전 70일 이후 첫 번째 수요일
	국회의원	임기 만료일전 50일 이후 첫 번째 수요일
	지방선거	임기 만료일전 30일 이후 첫 번째 수요일
보궐선거 등 (35조)	대통령	실시사유가 확정된 때부터 60일 이내
	국회의원 지방의회의원	• 4월 첫 번째 수요일 • 3월 1일 이후 실시사유가 확정된 선거는 그 다음 연도의 4월 첫 번째 수요일
	지방자치단체의 장	• 전년도 9월 1일부터 2월 말일까지 실시사유가 확정된 선거는 4월 첫 번째 수요일 • 3월 1일부터 8월 31일까지 실시사유가 확정된 선거는 10월 첫 번째 수요일

7. 후보자

(1) 정당의 후보자추천

1) 경선의 실시

정당은 공직선거후보자를 추천하기 위하여 경선을 실시할 수 있다. 정당이 당내경선을 실시하는 경우 경선후보자로서 당해 정당의 후보자로 선출되지 아니한 자는 당해 선거의 같은 선거구에서는 후보자로 등록될 수 없다. 다만, 후보자로 선출된 자가 사퇴·사망·피선거권 상실 또는 당적의 이탈·변경 등으로 그 자격을 상실한 때에는 그러하지 아니하다(공직선거법 제57조의2 제1항, 제2항).

> **판례**
>
> ▶ **정당이 공직선거 후보자를 추천하기 위하여 당내경선을 실시할 수 있다고 규정한 공직선거법 제57조의2 제1항이 당내경선에 참여하고자 하는 청구인의 공무담임권과 평등권을 침해할 가능성이 있는지**(소극) : 정당의 공직선거 후보자 선출은 자발적 조직 내부의 의사결정에 지나지 아니하므로, 청구인이 정당의 내부경선에 참여할 권리는 헌법이 보장하는 공무담임권의 내용에 포함된다고 보기 어렵고, 청구인의 소속 정당이 당내경선을 실시하지 않는다고 하여 청구인이 공직선거의 후보자로 출마할 수 없는 것이 아니므로, 심판대상조항으로 인하여 청구인의 공무담임권이 침해될 여지는 없다. 한편 당내경선 실시 여부를 정당 스스로 정할 수 있도록 하였다는 사정만으로 기성 정치인과 정치 신인을 차별하는 것으로 볼 수 없으므로, 심판대상조항으로 말미암아 청구인의 평등권이 침해될 가능성이 있다고 보기도 어렵다(헌재 2014. 11. 27. 2013헌마814).

2) 경선운동

경선운동이란 정당이 공직선거에 추천할 후보자를 선출하기 위해 실시하는 선거에서 특정인을 당선되게 하거나 되지 못하게 하기 위해 힘쓰는 일 또는 그런 활동을 말한다(헌재 2021. 8. 31. 2018헌바149).

> **판례**
>
> ▶ **경선운동이 선거운동에 해당하는지**(소극) : 당내경선은 공직선거 자체와는 구별되는 정당 내부의 자발적인 의사결정에 해당하고, 경선운동은 원칙적으로 공직선거에서의 당선 또는 낙선을 위한 행위인 선거운동에 해당하지 않는다(헌재 2021. 4. 29. 2019헌가11).
>
> ▶ **당내 경선에도 일반적인 선거원칙이 적용되는지**(적극) : 국회의원 비례대표 후보자 명단을 확정하기 위한 당내 경선은 정당의 대표자나 대의원을 선출하는 절차와 달리 국회의원 당선으로 연결될 수 있는 중요한 절차로서 직접투표의 원칙이 경선절차의 민주성을 확보하기 위한 최소한의 기준이 된다고 할 수 있는 점 등을 종합하여 보면, 국회의원 비례대표 후보자 명단을 확정하기 위한 당내 경선에도 선거권을 가진 당원들의 직접·평등·비밀투표 등 일반적인 선거의 원칙이 그대로 적용되고, 대리투표는 허용되지 않는다(대판 2013. 11. 28. 2013도5117).

> ▶ 지방공사의 상근직원이 당원이 아닌 자에게도 투표권을 부여하는 당내경선에서 경선운동을 할 수 없도록 금지·처벌하는 공직선거법 제57조의6 제1항 등이 정치적 표현의 자유를 침해하는지(적극): 지방공사의 상근직원은 지방공사의 경영에 관여하거나 실질적인 영향력을 미칠 수 있는 권한을 가지고 있지 아니하므로, 경선운동을 한다고 하여 그로 인한 부작용과 폐해가 크다고 보기 어렵다. 또한 지방공사의 상근직원이 그 지위를 이용하여 경선운동을 하는 행위를 금지·처벌하는 규정을 두는 것은 별론으로 하고, 경선운동을 일률적으로 금지·처벌하는 것은 정치적 표현의 자유를 과도하게 제한하는 것이다. 따라서 심판대상조항은 과잉금지원칙에 반하여 정치적 표현의 자유를 침해한다(헌재 2022. 6. 30. 2021헌가24).

3) 경선사무의 위탁

정치자금법의 규정에 따라 보조금의 배분대상이 되는 정당은 당내경선사무 중 경선운동, 투표 및 개표에 관한 사무의 관리를 당해 선거의 관할선거구선거관리위원회에 위탁할 수 있다. 관할선거구선거관리위원회가 당내경선의 투표 및 개표에 관한 사무를 수탁관리하는 경우에는 그 비용은 국가가 부담한다. 다만, 투표 및 개표참관인의 수당은 당해 정당이 부담한다(공직선거법 제57조의4 제1항, 제2항).

4) 정당의 후보자추천

정당이 비례대표 국회의원선거 및 비례대표 지방의회의원선거에 후보자를 추천하는 때에는 그 후보자 중 100분의 50 이상을 여성으로 추천하되, 그 후보자명부의 순위의 매 홀수에는 여성을 추천하여야 한다(공직선거법 제47조 제3항).

정당이 임기 만료에 따른 지역구 국회의원선거 및 지역구 지방의회의원선거에 후보자를 추천하는 때에는 각각 전국지역구총수의 100분의 30 이상을 여성으로 추천하도록 노력하여야 한다(공직선거법 제47조 제4항).

(2) **후보자등록**

1) 예비후보자등록(공직선거법 제60조의2 제1항)

대통령선거	선거일 전 240일
지역구 국회의원 및 시·도지사선거	선거일 전 120일
지역구 시·도의회의원선거 자치구·시의 지역구 의회의원 및 장 선거	선거기간 개시일 전 90일
군의 지역구 의회의원 및 장 선거	선거기간 개시일 전 60일

예비후보자등록을 신청하는 사람은 해당 선거 기탁금의 100분의 20에 해당하는 금액을 중앙선거관리위원회규칙으로 정하는 바에 따라 관할선거구선거관리위원회에 기탁금으로 납부하여야 한다(공직선거법 제60조의2 제2항).

> **판례**
>
> ▶ **대통령선거의 예비후보자등록을 신청하는 사람에게 대통령선거 기탁금의 100분의 20에 해당하는 금액인 6,000만 원을 기탁금으로 납부하도록 정한 공직선거법 제60조의2 제2항이 공무담임권을 침해하는지**(소극): 예비후보자 기탁금제도는 예비후보자의 무분별한 난립을 막고 책임성과 성실성을 담보하기 위한 것인데, 대통령선거는 가장 중요한 국가권력담당자를 선출하는 선거로서 후보난립의 유인이 다른 선거에 비해 훨씬 더 많으며, 본선거의 후보자로 등록하고자 하는 예비후보자에게 예비후보자 기탁금은 본선거 기탁금의 일부를 미리 납부하는 것에 불과하다는 점 등을 고려하면 기탁금 액수가 과다하다고도 할 수 없으므로 심판대상조항이 과잉금지원칙에 위배되어 공무담임권을 침해한다고 볼 수 없다(헌재 2015. 7. 30. 2012헌마402).
>
> ▶ **지역구 국회의원선거 예비후보자의 기탁금 반환 사유로 예비후보자가 당의 공천심사에서 탈락하고 후보자등록을 하지 않았을 경우를 규정하지 않은 공직선거법 제57조 제1항 제1호 다목 부분이 청구인의 재산권을 침해하는지**(적극): 예비후보자가 본선거에서 정당후보자로 등록하려 하였으나 자신의 의사와 관계없이 정당 공천관리위원회의 심사에서 탈락하여 본선거의 후보자로 등록하지 아니한 것은 후보자등록을 하지 못할 정도에 이르는 객관적이고 예외적인 사유에 해당한다. 따라서 이러한 사정이 있는 예비후보자가 납부한 기탁금은 반환되어야 함에도 불구하고, 심판대상조항이 이에 관한 규정을 두지 아니한 것은 입법형성권의 범위를 벗어난 과도한 제한이라고 할 수 있다. 그러므로 심판대상조항은 과잉금지원칙에 반하여 청구인의 재산권을 침해한다(헌재 2018. 1. 25. 2016헌마541 헌법불합치).
>
> ▶ **예비후보자의 기탁금 반환 사유를 예비후보자의 사망, 당내경선 탈락으로 한정하고 질병을 이유로 한 경우에는 기탁금 반환을 허용하지 아니하고 있는 공직선거법 제57조 제1항 제1호 다목 부분이 청구인의 재산권을 침해하는지**(소극): 이 사건 법률조항이 사망 내지 당내경선 탈락 등 객관적인 사유로 기탁금 반환 요건을 한정하고 질병을 이유로 한 경우에는 기탁금 반환을 허용하지 아니한 것은, 예비후보자의 무분별한 난립을 방지하고 예비후보자의 진지성과 책임성을 담보하기 위한 최소한의 제한으로 입법형성권의 범위와 한계 내에서 그 반환 요건을 규정한 것으로서, 과잉금지원칙에 반하여 청구인의 재산권을 침해한다고 볼 수 없다(헌재 2013. 11. 28. 2012헌마568).
>
> ▶ **군의 장의 선거의 예비후보자가 되려는 사람은 그 선거기간 개시일 전 60일부터 예비후보자등록 신청을 할 수 있다고 규정한 공직선거법 제60조의2 제1항 제4호 부분이 청구인의 선거운동의 자유를 침해하는지**(소극): 군의 평균 선거인수는 시·자치구에 비해서도 적다는 점, 오늘날 대중정보매체가 광범위하게 보급되어 있다는 점, 과거에 비해 교통수단이 발달하였다는 점 등에 비추어보면, 군의 장의 선거에서 예비후보자로서 선거운동을 할 수 있는 기간이 최대 60일이라고 하더라도 그 기간이 지나치게 짧다고 보기 어렵다. 따라서 심판대상조항은 청구인의 선거운동의 자유를 침해하지 않는다(헌재 2020. 11. 26. 2018헌마260).

2) 후보자등록

후보자의 등록은 대통령선거에서는 선거일 전 24일, 국회의원선거와 지방자치단체의 의회의원 및 장의 선거에서는 선거일 전 20일부터 2일간 관할선거구선거관리위원회에 서면으로 신청하여야 한다(공직선거법 제49조 제1항).

> **판례**
>
> ▶ 공직선거에 후보자로 등록하고자 하는 자가 제출하여야 하는 금고 이상의 형의 범죄경력에 실효된 형을 포함시키고 있는 공직선거법 제49조 제4항 제5호가 사생활의 비밀과 자유를 침해하는지(소극): 금고 이상의 범죄경력에 실효된 형을 포함시키는 이유는 선거권자가 공직후보의 자질과 적격성을 판단할 수 있도록 하기 위한 점, 전과기록은 통상 공개재판에서 이루어진 국가의 사법작용의 결과라는 점, 전과기록의 범위와 공개시기 등이 한정되어 있는 점 등을 종합하면, 이 사건 법률조항은 피해최소성의 원칙에 반한다고 볼 수 없고, 공익적 목적을 위하여 공직선거 후보자의 사생활의 비밀과 자유를 한정적으로 제한하는 것이어서 법익균형성의 원칙도 충족한다. 따라서 이 사건 법률조항은 청구인들의 사생활의 비밀과 자유를 침해한다고 볼 수 없다(헌재 2008. 4. 24. 2006헌마402).

(3) 공무원 등의 입후보

1) 일반공무원

정당의 당원이 될 수 있는 공무원을 제외한 국가공무원과 지방공무원으로서 후보자가 되려는 사람은 선거일 전 90일까지 그 직을 그만두어야 한다. 다만, 대통령선거와 국회의원선거에 있어서 국회의원이 그 직을 가지고 입후보하는 경우와 지방의회의원선거와 지방자치단체의 장의 선거에 있어서 당해 지방자치단체의 의회의원이나 장이 그 직을 가지고 입후보하는 경우에는 그러하지 아니하다(공직선거법 제53조 제1항).

> **판례**
>
> ▶ 공직선거 및 교육감선거 입후보 시 선거일 전 90일까지 교원직을 그만두도록 하는 공직선거법 제53조 제1항 제1호 본문이 공무담임권을 침해하는지(소극): 선거운동기간과 예비후보자등록일 등을 종합적으로 고려할 때 선거일 전 90일을 사직 시점으로 둔 것이 불합리하다고 볼 수 없는 점, 학생들의 수학권이 침해될 우려가 있다는 점에서 교육감선거 역시 공직선거와 달리 볼 수 없는 점 등에 비추어 보면, 침해의 최소성에 반하지 않는다. 교원의 직을 그만두어야 하는 사익 제한의 정도는 교원의 직무전념성 확보라는 공익에 비하여 현저히 크다고 볼 수 없으므로 법익의 균형성도 갖추었으므로 과잉금지원칙에 위배하여 공무담임권을 침해한다고 볼 수 없다(헌재 2019. 11. 28. 2018헌마222).
>
> ▶ 농업협동조합 등의 조합장이 지방의회의원의 입후보자가 되고자 하는 때에는 지방의회의원의 임기만료일전 90일까지 그 직에서 해임되어야 한다고 규정한 지방의회의원선거법 제35조 제1항 제7호 등이 농지개량조합의 조합장을 제외한 나머지 조합장들의 참정권과 평등권을 침해하는지(적극): 농지개량조합 조합장 이외의 나머지 조합장은 어디까지나 명예직이며, 법률상 비상근직인 것이다. 원래 명예직이란 그 성질상 특히 양립하기 어려운 사유가 없으면 응당 다른 직에 종사가 예정되어 있는 직위이다. 참정권의 제한은 국민주권에 바탕을 두고 자유·평등·정의를 실현시키려는 헌법의 민주적 기본질서를 침해할 위험성이 큰 것으로서 민주주의의 원리와는 배치되는 것이기 때문에 어디까지나 최소한의 정도에 그쳐야 할 것인바, 공무원도 아닌 명예직의 협동조합의 조합장들에게 입후보의 원천봉쇄 및 겸직금지규정으로 참정권에 제약을 가하고 있다. 그렇다면 농지개량조합의 조합장은 별론으로 하고, 그 나머지 조합장에 대해서는 적어도 국민의 참정권을 제한함에 있어서 합리성 없는 차별대우의 입법이라고 보지 않을 수 없으며, 이들에 대한 참정권 및 평등권에 관하여 도저히 헌법 제37조 제2항에 의하여 정당화 될 수 없는 과도한 제한이며 그 기본권의 침해라고 볼 것이다(헌재 1991. 3. 11. 90헌마28).

2) 지방자치단체의 장

지방자치단체의 장은 선거구역이 당해 지방자치단체의 관할구역과 같거나 겹치는 지역구 국회의원선거에 입후보하고자 하는 때에는 당해 선거의 선거일 전 120일까지 그 직을 그만두어야 한다. 다만, 그 지방자치단체의 장이 임기가 만료된 후에 그 임기만료일부터 90일 후에 실시되는 지역구 국회의원선거에 입후보하려는 경우에는 그러하지 아니하다(공직선거법 제53조 제5항).

> **판례**
>
> ▶ 지방자치단체의 장이 당해 지방자치단체의 관할구역과 같거나 겹치는 선거구역에서 실시되는 지역구 국회의원선거에 입후보하고자 하는 경우 당해 선거의 '선거일 전 120일까지' 그 직을 사퇴하도록 규정한 공직선거 및 선거부정방지법 제53조 제3항이 단체장의 평등권을 침해하는지(소극) : 단체장은 지방자치단체의 행정기능을 총괄하며, 직원의 인사권과 주민의 복리에 관한 각종 사업의 기획·시행, 예산의 집행 등 지방자치단체의 운영에 있어서 막중한 지위와 권한을 가지므로 <u>자신의 관할구역 국회의원선거에 입후보할 것에 대비하여 전시성 사업으로 예산을 낭비하거나 불공정한 선심행정을 행할 개연성이 다른 공무원에 비하여 상대적으로 더 높다.</u> 단체장의 그러한 지위와 권한의 특수성을 감안할 때 이 사건 조항은 합리성을 벗어난 것이라 볼 수 없다. 그러므로 이 사건 조항은 단체장의 평등권을 침해하지 않는다(헌재 2006. 7. 27. 2003헌마758).

(4) 기탁금

1) 허용 여부

헌법 제116조 제2항이 선거에 관한 경비는 원칙으로 후보자에게 부담시킬 수 없다고 정하고 있으나 위 헌법규정 자체에서도 법률이 정하는 경우에는 선거경비의 일부를 후보자에게 부담시킬 수 있도록 하고 있을 뿐 아니라 선거에 소요되는 막대한 비용일체를 국고에서 부담하는 것은 국가의 재정형편 등에 비추어 적절하다고 할 수 없고 선거결과 낙선한 후보자로부터 선거비용을 사후에 징수하는 것은 효율적이지 못하므로, 선거에서 후보난립을 방지하고 선거비용 중 일부를 예납하도록 하기 위한 기탁금제도는 그 기탁금액이 과다하지 않는 한 헌법상 허용된다(헌재 1995. 5. 25. 92헌마269).

2) 기탁금액

후보자등록을 신청하는 자는 등록신청 시에 후보자 1명마다 대통령선거는 3억원, 지역구 국회의원선거는 1천 500만원, 비례대표 국회의원선거는 500만원, 시·도의회의원선거는 300만원, 시·도지사선거는 5천만원, 자치구·시·군의 장 선거는 1천만원, 자치구·시·군의원선거는 200만원의 기탁금을 중앙선거관리위원회규칙으로 정하는 바에 따라 관할선거구선거관리위원회에 납부하여야 한다(공직선거법 제56조 제1항).

> **판례**
>
> ▶ **대통령선거 후보자로 등록할 때 5억원의 기탁금을 납부하도록 한 공직선거법 제56조 제1항 제1호가 공무담임권을 침해하는지**(적극): 후보자난립 방지를 위하여 기탁금제도를 두더라도 후보예정자의 참정권과 정치적 의사표현의 자유를 과도하게 제약하지 않는 한도 내에서 입법자의 정책적 재량이 행사되어야 한다. 그 금액이 현저하게 과다하거나 불합리하게 책정된 것이라면 허용될 수 없다. 그런데 이 사건 조항이 설정한 5억원의 기탁금은 대통령선거에서 후보자난립을 방지하기 위한 입법목적의 달성수단으로서는 개인에게 현저하게 과다한 부담을 초래하며, 이는 고액 재산의 다과에 의하여 공무담임권 행사기회를 비합리적으로 차별하므로, 입법자에게 허용된 재량의 범위를 넘어선 것이다. 이 사건 조항은 청구인의 공무담임권을 침해한다(헌재 2008. 11. 27. 2007헌마1024).
>
> ▶ **비례대표국회의원에 입후보하기 위하여 기탁금으로 1,500만원을 납부하도록 한 공직선거법 제56조 제1항 제2호 부분이 정당활동의 자유를 침해하는지**(적극): 정당에 대한 선거로서의 성격을 가지는 비례대표 국회의원선거는 인물에 대한 선거로서의 성격을 가지는 지역구 국회의원선거와 근본적으로 그 성격이 다르고, 공직선거법상 허용된 선거운동을 통하여 선거의 혼탁이나 과열을 초래할 여지가 지역구국회의원선거보다 훨씬 적다. 나아가 고액의 기탁금은 다수대표제의 단점을 보완하기 위하여 도입된 비례대표제의 취지에도 반하는 것이다. 따라서 비례대표 기탁금조항은 침해의 최소성 원칙에 위반되며, 위 조항을 통해 달성하고자 하는 공익보다 제한되는 정당활동의 자유 등의 불이익이 크므로 법익의 균형성 원칙에도 위반된다. 그러므로 비례대표 기탁금조항은 과잉금지원칙을 위반하여 정당활동의 자유 등을 침해한다(헌재 2016. 12. 29. 2015헌마509 헌법불합치).
>
> ▶ **시·도지사 후보자로 등록하려는 사람에게 5천만원의 기탁금을 납부하도록 한 공직선거법 제56조 제1항 제4호가 공무담임권을 침해하는지**(소극): 기탁금조항은 공무담임권을 영구히 박탈하는 것이 아니라 단지 후보자의 성실성 등을 담보하기 위하여 금전적 부담을 지우는 것일 뿐이고, 시·도지사 후보자는 자신이 선거에서 얻은 유효투표총수에 따라 기탁금액을 전액 또는 일부 반환받을 수 있으므로, 기탁금조항으로 제한되는 사익의 정도가 기탁금조항이 달성하고자 하는 공익의 정도보다 더 크다고 보기 어렵다. 따라서 기탁금조항은 법익의 균형성 원칙에 위배되지 않는다. 그렇다면 기탁금조항은 과잉금지원칙에 위배되어 공무담임권을 침해하지 않는다(헌재 2019. 9. 26. 2018헌마128).

3) 기탁금의 반환(공직선거법 제57조 제1항)

• 대통령 • 지역구 국회의원 • 지역구 지방의회의원 • 지방자치단체의 장	• 후보자가 당선되거나 사망한 경우와 유효투표총수의 100분의 15 이상(후보자가 장애인이거나 39세 이하인 경우에는 유효투표총수의 100분의 10 이상)을 득표한 경우에는 기탁금 전액 • 후보자가 유효투표총수의 100분의 10 이상 100분의 15 미만(후보자가 장애인이거나 39세 이하인 경우에는 유효투표총수의 100분의 5 이상 100분의 10 미만)을 득표한 경우에는 기탁금의 100분의 50에 해당하는 금액
• 비례대표 국회의원 • 비례대표 지방의회의원	당해 후보자명부에 올라 있는 후보자 중 당선인이 있는 때에는 기탁금 전액

> **판례**
>
> ▶ **지역구 국회의원선거의 기탁금반환기준을 유효투표총수의 100분의 15 이상으로 정한 것이 청구인들의 공무담임권 등을 침해하는지**(소극) : 기탁금제도의 대안으로서 유권자추천제도를 실시할 경우에 후보자난립을 방지할 정도에 이르는 유권자의 추천수, 역대 선거에서의 기탁금반환비율의 추이, 기탁금반환제도와 국고귀속제도의 입법취지 등을 감안하면, 유효투표총수를 후보자수로 나눈 수 또는 유효투표총수의 100분의 15 이상으로 정한 기탁금반환기준은 입법자의 기술적이고 정책적 판단에 근거한 것으로서 현저히 불합리하거나 자의적인 기준이라고 할 수 없다(헌재 2003. 8. 21. 2001헌마687).
>
> ▶ **득표율에 따라 기탁금 반환금액을 차등적으로 정한 공직선거법 제57조 제1항 제1호 부분이 '유효투표총수의 100분의 10'에 미치지 못하는 득표율을 얻은 청구인의 평등권을 침해하는지**(소극) : 기탁금제도의 실효성을 확보하기 위해서는 기탁금 반환에 대하여 일정한 요건을 정하여야 하는데, 유권자의 의사가 반영된 유효투표총수를 기준으로 하는 것은 합리적인 방법이며, 유효투표총수의 100분의 10 또는 15 이상을 득표하도록 하는 것이 지나치게 높은 기준이라고 보기 어려우므로, 기탁금 반환조항은 청구인의 평등권을 침해하지 아니한다(헌재 2021. 9. 30. 2020헌마899).
>
> ▶ **지역구 국회의원선거에서 유효투표총수의 100분의 15 이상인 때에는 후보자가 지출한 선거비용의 전액을, 100분의 10 이상 100분의 15 미만인 때에는 후보자가 지출한 선거비용의 반액을 보전하도록 규정하고 있는 공직선거법 제122조의2 제1항 제1호 부분이 청구인의 평등권을 침해하는지**(소극) : 득표율을 기준으로 보전 여부를 결정하는 것이 가장 합리적이고, 득표율이 10% 미만인 자는 당선가능성이 거의 없는 자이며, 지난 18대 지역구국회의원 선거에서 절반에 이르는 후보자가 선거비용을 보전받았을 뿐 아니라 국가가 후보자들이 개인적으로 부담하는 선거비용 외에도 상당한 부분의 선거비용을 부담하고 있는 점 등을 고려하면, 이 사건 법률조항이 입법재량권의 한계를 일탈하여 자의적으로 청구인의 평등권을 침해한다고 할 수 없다(헌재 2010. 5. 27. 2008헌마491).

Ⅴ 선거운동

> **헌법 제116조**
> ① 선거운동은 각급 선거관리위원회의 관리하에 법률이 정하는 범위 안에서 하되, 균등한 기회가 보장되어야 한다.

1. 의의

공직선거법에서 "선거운동"이라 함은 당선되거나 되게 하거나 되지 못하게 하기 위한 행위를 말한다. 다만, 선거에 관한 단순한 의견개진 및 의사표시, 입후보와 선거운동을 위한 준비행위, 정당의 후보자 추천에 관한 단순한 지지·반대의 의견개진 및 의사표시, 통상적인 정당활동, 설날·추석 등 명절 및 석가탄신일·기독탄신일 등에 하는 의례적인 인사말을 문자메시지로 전송하는 행위는 선거운동으로 보지 아니한다(공직선거법 제58조 제1항).

> **판례**
>
> ▶ **선거운동의 의의**: 선거운동이라 함은 특정 후보자의 당선 내지 이를 위한 득표에 필요한 모든 행위 또는 특정 후보자의 낙선에 필요한 모든 행위 중 당선 또는 낙선을 위한 것이라는 목적 의사가 객관적으로 인정될 수 있는 능동적, 계획적 행위를 말한다(헌재 2001. 8. 30. 2000헌마121).
>
> ▶ **기자회견에서 특정정당을 지지한 대통령의 발언이 공무원의 선거운동금지를 규정하는 공직선거법 제60조에 위반되는지**(소극): 이 사건의 발언이 이루어진 시기에는 아직 정당의 후보자가 결정되지 아니하였으므로, 후보자의 특정이 이루어지지 않은 상태에서 특정 정당에 대한 지지발언을 한 것은 선거운동에 해당한다고 볼 수 없다. 또한 여기서 문제되는 대통령의 발언들은 기자회견에서 기자의 질문에 대한 답변의 형식으로 수동적이고 비계획적으로 행해진 점을 감안한다면, 대통령의 발언에 선거운동을 향한 능동적 요소와 계획적 요소를 인정할 수 없고, 이에 따라 선거운동의 성격을 인정할 정도로 상당한 목적의사가 있다고 볼 수 없다. 그렇다면 피청구인의 발언이 특정 후보자나 특정 가능한 후보자들을 당선 또는 낙선시킬 의도로 능동적·계획적으로 선거운동을 한 것으로는 보기 어렵다(헌재 2004. 5. 14. 2004헌나1).
>
> ▶ **제3자편의 낙선운동을 규제하는 것이 정치적 표현의 자유를 침해하는지**(소극): 제3자편의 낙선운동이 실제로 선택하는 운동의 방법이나 형식은 후보자편의 낙선운동이 취하는 운동의 방법, 형식과 다를 것이 없고, 제3자편의 낙선운동의 효과는 경쟁하는 다른 후보자의 당선에 크건 작건 영향을 미치게 되고 경우에 따라서는 제3자편의 낙선운동이 그 명분 때문에 후보자편의 낙선운동보다도 훨씬 더 큰 영향을 미칠 수도 있다는 점들을 생각할 때에, 특정후보자를 당선시킬 목적의 유무에 관계없이, 당선되지 못하게 하기 위한 행위 일체를 선거운동으로 규정하여 이를 규제하는 것은 불가피한 조치로서 그 목적의 정당성과 방법의 적정성이 인정된다(헌재 2001. 8. 30. 2000헌마121).

2. 선거운동의 자유

(1) 근거

선거운동의 자유는 자유선거원칙으로부터 도출된다. 자유선거원칙은 선거 전 과정에서 요구되는 선거권자의 의사 형성 및 실현의 자유를 의미하며, 민주국가 선거제도에 내재하는 법원리로서 국민주권 원리, 의회민주주의 원리 및 참정권에 관한 규정에 근거를 두고 있다. 선거운동의 자유는 표현의 자유의 한 모습이기도 하며, 헌법상 언론·출판·집회·결사의 자유 보장 규정에 의하여 보호된다. 선거권이 제대로 행사되려면 후보자에 대한 정보를 자유롭게 교환할 수 있어야 하므로, 선거운동의 자유는 선거권 행사의 전제 또는 선거권의 중요한 내용을 이룬다. 따라서 선거운동의 제한은 참정권의 제한으로도 귀결된다(헌재 2018. 4. 26. 2016헌마611).

(2) 제한의 필요성

선거 부정을 방지하고 선거운동의 과열로 인한 사회경제적 손실과 부작용을 방지하며 실질적인 선거운동의 기회균등을 보장하기 위하여 선거의 공정성 확보가 중요하며, 이를 위해서는 선거운동의 주체, 기간, 방법 등에 대한 규제가 불가피하다(헌재 2018. 4. 26. 2016헌마611).

> **판례**
>
> ▶ **선거의 목적과 선거의 공정성**: 선거의 궁극적인 목적은 국민의 정치적 의사를 대의기관의 구성에 정확하게 반영하는 데에 있고, 이를 위해서는 자유롭게 의견과 정보를 주고받는 과정에서 비판과 토론을 통해 정치적 의사를 형성해 나가는 것이 필수적이다. 선거의 공정성은 국민의 정치적 의사를 정확하게 반영하는 선거를 실현하기 위한 수단적 가치이고, 그 자체가 헌법적 목표는 아니다. 그러므로 선거의 공정성은 정치적 표현의 자유에 대한 전면적·포괄적 제한을 정당화할 수 있는 공익이라고 볼 수 없고, 선거의 공정성이 정치적 표현의 자유를 보장하는 전제조건이 되는 것도 아니므로 이를 이유로 선거에서 표현의 자유가 과도하게 제한되어서는 안 된다(헌재 2022. 7. 21. 2017헌가4).
>
> ▶ **선거운동 제한 입법의 심사기준**: 선거운동의 자유를 제한하는 경우, 기본권 제한의 요건과 한계를 지켜야 하므로, 헌법 제37조 제2항에 따라 국가안전보장·질서유지·공공복리를 위하여 필요한 경우에 한하여 법률로 제한할 수 있으나, 선거운동의 자유에 대한 본질적 내용은 침해할 수 없다. 선거운동은 국민주권 행사의 일환일 뿐만 아니라, 정치적 표현의 자유의 영역에 속하는 것으로 민주사회를 구성하고 작동하는 요소이므로 제한 입법에 대해서는 엄격한 심사기준이 적용된다(헌재 2018. 4. 26. 2016헌마611).

3. 선거운동의 제한

(1) 시간상 제한

선거운동은 선거기간 개시일부터 선거일 전일까지에 한하여 할 수 있다(공직선거법 제59조).

> **판례**
>
> ▶ **선거운동기간 전에 공직선거법에 의하지 않은 선전시설물·용구를 이용한 선거운동을 금지하고, 이에 위반한 경우 처벌하도록 한 공직선거법 제254조 제2항이 선거운동 등 정치적 표현의 자유를 침해하는지**(소극): 사전선거운동 금지조항은 선거에 관한 정치적 표현행위 가운데 특정후보자의 당선 또는 낙선을 도모한다는 목적의사가 뚜렷하게 인정되는 선거운동, 그중에서도 선전시설물·용구를 이용한 선거운동을 선거운동기간 전에 한정하여 금지하고 있다. 이는 선거의 과열경쟁으로 인한 사회·경제적 손실의 발생을 방지하고 후보자 간의 실질적인 기회균등을 보장하기 위한 것으로서, 선거운동 등 정치적 표현의 자유를 침해하지 아니한다(헌재 2022. 11. 24. 2021헌바301).
>
> ▶ **공직선거법 제59조 중 '선거운동기간 전에 개별적으로 대면하여 말로 하는 선거운동에 관한 부분' 및 처벌조항이 과잉금지원칙에 반하여 선거운동 등 정치적 표현의 자유를 침해하는지**(적극, 선례변경): 심판대상조항은 입법목적을 달성하는 데 지장이 없는 선거운동방법, 즉 돈이 들지 않는 방법으로서 '후보자 간 경제력 차이에 따른 불균형 문제'나 '사회·경제적 손실을 초래할 위험성'이 낮은 개별적으로 대면하여 말로 지지를 호소하는 선거운동까지 금지하고 처벌함으로써, 과잉금지원칙에 반하여 선거운동 등 정치적 표현의 자유를 과도하게 제한하고 있다. 종전에 헌법재판소가 이 결정과 견해를 달리하여 공직선거법 제59조 본문이 헌법에 위반되지 않는다고 판시하였던 헌재 2016. 6. 30. 2014헌바253 결정 등은 이 결정과 저촉되는 범위 안에서 변경하기로 한다(헌재 2022. 2. 24. 2018헌바146).

> ▶ **선거운동기간 전의 선거운동을 원칙적으로 금지하면서, 후보자와 후보자가 되고자 하는 자가 자신이 개설한 인터넷 홈페이지를 이용한 선거운동을 할 경우에는 그 예외를 인정하는 공직선거법 제59조 제3호가 일반 유권자의 선거운동의 자유를 침해하는지**(소극) : 온라인 공간의 빠른 전파 가능성 및 익명성에 비추어 볼 때, 허위사실 공표의 처벌이나 후보자 등의 반론 허용 등 단순한 사후적 규제만으로 혼탁선거 및 선거의 불공정성 문제가 해소되기는 어렵고, 선거관리에 막대한 비용과 시간을 필요로 하여 사실상 선거관리를 불가능하게 한다는 측면에서 보면, 최소침해성 원칙에 반한다고 볼 수 없고, 선거의 공정과 평온에 비추어 일반 유권자가 선거운동기간 전에 한정하여 선거운동을 할 수 없다는 제한의 정도가 수인이 불가능할 정도로 큰 것은 아니므로, 법익의 균형성 원칙에도 반하지 아니하므로, 이 사건 법률조항이 과잉금지원칙에 위배되어 일반 유권자의 선거운동의 자유를 침해한다고 볼 수 없다(헌재 2010. 6. 24. 2008헌바169).

(2) 인적 제한

1) 선거운동을 할 수 없는 자

대한민국 국민이 아닌 자(지방선거에서 외국인이 해당 선거에서 선거운동을 하는 경우는 제외), 미성년자(18세 미만의 자), 공직선거법 규정에 의하여 선거권이 없는 자, 국가공무원과 지방공무원 등은 선거운동을 할 수 없다(공직선거법 제60조 제1항).

> **판례**
>
> ▶ **18세 미만의 미성년자는 선거운동을 할 수 없도록 정한 공직선거법 제60조 제1항 본문 제2호가 선거운동의 자유를 침해하는지**(소극) : [심사기준] 선거운동의 자유가 선거권 행사의 전제에 해당하고, 비록 선거권이 인정되지 않는 사람이라고 하더라도 선거와 관련된 정치적 표현의 자유는 보호되어야 한다는 점, 선거운동의 자유는 언론·출판·집회·결사의 자유보장 규정에 의한 보호를 받는다는 점에서 선거운동 제한 규정의 위헌 여부에 대하여는 과잉금지원칙에 의한 심사를 함이 타당하다. 다만 침해의 최소성 부분 판단에서 선거운동의 자유가 인정되는 구체적인 연령은 입법자가 입법재량에 따라 결정할 영역이므로, 그 결정이 헌법적 한계를 일탈하였는지 여부를 기준으로 판단하도록 한다. [선거운동의 자유 침해 여부] 선거운동제한조항은 18세 미만인 사람의 선거운동만을 제한하고 있을 뿐, 선거에 관한 단순한 의견개진 및 의사표시, 정당의 후보자 추천에 관한 단순한 지지·반대의 의견개진 및 의사표시 등은 제한하지 않은 점, 18세가 되면 선거운동의 자유를 행사할 수 있는 점 등을 종합하면, 입법자가 선거운동의 자유가 인정되는 연령을 18세 이상으로 정한 것이 불합리하다고 보기 어렵고, 선거운동제한조항은 18세 미만인 사람들의 선거운동의 자유를 침해하지 않는다(헌재 2024. 5. 30. 2020헌마1743).
>
> ▶ **지방공사 상근직원의 선거운동을 금지하고, 이를 위반한 자를 처벌하는 구 공직선거법 제60조 제1항 제5호 등이 지방공사 상근직원의 선거운동의 자유를 침해하는지**(적극) : 공직선거법은 지방공사 상근직원의 영향력이 상근임원보다 적다는 점을 고려하여, 상근직원은 그 직을 유지한 채 공직선거에 입후보할 수 있도록 규정하고 있다. 그럼에도 심판대상조항이 지방공사 상근직원에게까지 선거운동을 금지하는 것은 과도하다. 또한, 직급에 따른 업무 내용과 수행하는 개별·구체적인 직무의 성격을 고려하여 지방공사 상근직원 중 선거운동이 제한되는 주체의 범위를 최소화하거나, 지방공사 상근직원에 대하여 '그 지위를 이용하여' 또는 '그 직무 범위 내에서' 하는 선거운동을 금지하는 방법으로도 선거의 공정성이 충분히 담보될 수 있다. 결국 심판대상조항은 과잉금지원칙을 위반하여 지방공사 상근직원의 선거운동의 자유를 침해한다(헌재 2024. 1. 25. 2021헌가14).

▶ **한국철도공사의 상근직원에 대하여 선거운동을 금지하고 이를 위반한 경우 처벌하도록 규정한 공직선거법 제60조 제1항 제5호 등이 선거운동의 자유를 침해하는지**(적극) : 한국철도공사 상근직원의 지위와 권한에 비추어볼 때, 특정 개인이나 정당을 위한 선거운동을 한다고 하여 그로 인한 부작용과 폐해가 일반 사기업 직원의 경우보다 크다고 보기 어려우므로, 직급이나 직무의 성격에 대한 검토 없이 일률적으로 모든 상근직원에게 선거운동을 전면적으로 금지하고 이에 위반한 경우 처벌하는 것은 선거운동의 자유를 지나치게 제한하는 것이다. 따라서 심판대상조항은 선거운동의 자유를 침해한다(헌재 2018. 2. 22. 2015헌바124).

▶ **언론인의 선거운동을 금지하고 이를 위반한 경우 처벌하는 구 공직선거법 제60조 제1항 제5호 등이 선거운동의 자유를 침해하는지 여부**(적극) : 언론인의 선거 개입으로 인한 문제는 언론매체를 통한 활동의 측면에서 즉, 언론인으로서의 지위를 이용하거나 그 지위에 기초한 활동으로 인해 발생 가능한 것이므로, 언론매체를 이용하지 아니한 언론인 개인의 선거운동까지 전면적으로 금지할 필요는 없다. 심판대상조항들의 입법목적은, 일정 범위의 언론인을 대상으로 언론매체를 통한 활동의 측면에서 발생 가능한 문제점을 규제하는 것으로 충분히 달성될 수 있다. 그런데 인터넷신문을 포함한 언론매체가 대폭 증가하고, 시민이 언론에 적극 참여하는 것이 보편화된 오늘날 심판대상조항들에 해당하는 언론인의 범위는 지나치게 광범위하다. 따라서 심판대상조항들은 선거운동의 자유를 침해한다(헌재 2016. 6. 30. 2013헌가1).

▶ **지방자치단체의 장의 선거운동을 금지하는 공직선거법 제60조 제1항 제4호 부분이 선거운동의 자유를 침해하는지**(소극) : 지방자치단체의 장은 지방자치단체의 대표로서 그 사무를 총괄하고, 공직선거법상 일정한 선거사무를 맡고 있으며, 지역 내 광범위한 권한 행사와 관련하여 사인으로서의 활동과 직무상 활동이 구분되기 어려운 점 등을 고려할 때 심판대상조항이 입법목적 달성을 위하여 필요한 범위를 벗어난 제한이라 보기 어렵고, 심판대상조항에 의하여 보호되는 선거의 공정성 등 공익과 제한되는 사익 사이에 불균형이 있다고 보기도 어렵다. 따라서 심판대상조항은 과잉금지원칙에 위배하여 선거운동의 자유를 침해한다고 볼 수 없다(헌재 2020. 3. 26. 2018헌바90).

▶ **농업협동조합법·수산업협동조합법에 의하여 설립된 조합의 상근직원에 대하여 선거운동을 금지하는 구 공직선거법 제60조 제1항 제5호 중 제53조 제1항 제5호 부분이 협동조합 상근직원인 청구인들의 선거운동의 자유를 침해하는지**(소극) : 협동조합이 가지는 공법인적 특성과 기능적 공공성에 더하여, 협동조합의 상근직원이 각 지역 주민들의 생활에 매우 밀접한 직무를 수행하고 있는 점 등을 고려해볼 때, 협동조합의 상근직원이 그 직을 그대로 유지한 채 선거운동을 할 경우에는 선거의 공정성·형평성이 저해될 우려가 있다. 심판대상조항은 정치적 의사표현 중 당선 또는 낙선을 위한 직접적인 활동만을 금지할 뿐이므로, 협동조합의 상근직원은 여전히 선거와 관련하여 일정 범위 내에서는 자유롭게 자신의 정치적 의사를 표현하면서 후보자에 대한 정보를 충분히 교환할 수 있다. 따라서 심판대상조항은 침해의 최소성 및 법익의 균형성을 충족한다. 결국 심판대상조항은 과잉금지원칙에 반하여 청구인들의 선거운동의 자유를 침해하지 않는다(헌재 2022. 11. 24. 2020헌마417).

▶ **병역의무를 이행하는 병에 대하여 정치적 중립 의무를 부과하면서 선거운동을 할 수 없도록 하는 국가공무원법 제65조 제2항 등이 청구인의 선거운동의 자유를 침해하는지**(소극) : 병은 군인의 다수를 차지하므로, 만약 병이 선거운동을 통하여 선거에서 특정 후보나 정당을 지지하는 경향을 드러내는 경우, 그것이 국군 전체의 의사로 오도될 가능성이 있고 국군의 정치적 중립성이 크게 흔들릴 수 있다. 심판대상조항이 병의 선거운동의 자유를 전면적으로 제한하고 있으나, 병이 국토방위라는 본연의 업무에 전념할 수 있도록 하고, 헌법이 요구하는 공무원과 국군의 정치적 중립성을 확보하며, 선거의 공정성과 형평성을 확보하기 위하여 반드시 필요한 제한이라 할 수 있다. 따라서 심판대상조항은 과잉금지원칙에 위배되어 청구인의 선거운동의 자유를 침해하지 않는다(헌재 2018. 4. 26. 2016헌마611).

▶ **교육공무원의 선거운동을 금지하고 있는 구 공직선거법 제60조 제1항 제4호 부분 등이 과잉금지원칙을 위배하여 선거운동의 자유를 침해하는지**(소극): 교육공무원의 선거운동 금지조항은 교육의 정치적 중립성을 보장하여 교육 분야에 당파적인 정치적 관념이나 이해관계가 그대로 적용되는 것을 지양하고, 선거의 형평성, 공정성을 기하기 위한 것으로서 그 입법목적의 정당성이 인정될 뿐만 아니라 목적달성에 적합한 수단임이 인정되며, 교육공무원의 활동은 근무시간 내외를 불문하고 학생들의 인격 및 기본생활습관 형성 등에 중요한 영향을 끼치는 잠재적 교육과정의 일부분인 점 등 교원의 특성에 비추어 보아 교육공무원의 선거운동을 기간과 태양, 방법을 불문하고 일체 금지시키는 방법 외에 달리 덜 제한적인 방법으로 목적달성이 가능할 것인지 불분명하고, 법익균형성도 갖추었다고 할 것이므로, 과잉금지원칙을 위배하여 선거운동의 자유를 침해한다고 볼 수 없다(헌재 2012. 7. 26. 2009헌바298).

2) 공무원 등의 선거 관여 금지

공무원 등 법령에 따라 정치적 중립을 지켜야 하는 자는 직무와 관련하여 또는 지위를 이용하여 선거에 부당한 영향력을 행사하는 등 선거에 영향을 미치는 행위를 할 수 없다(공직선거법 제85조 제1항).

판례

▶ **모든 공무원에 대해 '선거운동의 기획에 참여하거나 그 기획의 실시에 관여하는 행위'를 금지하는 공직선거법 조항이 정치적 표현의 자유를 침해하는지**(적극): 선거의 공정성을 확보하기 위하여 선거에 대한 부당한 영향력의 행사 기타 선거결과에 영향을 미치는 행위를 금지하여 선거에서의 공무원의 중립의무를 실현하고자 한다면, 공무원이 '그 지위를 이용하여' 하는 선거운동의 기획행위를 막는 것으로도 충분하므로, 이 사건 법률조항은 수단의 적정성과 피해의 최소성 원칙에 반한다. 따라서 이 사건 법률조항은 공무원의 정치적 표현의 자유를 침해한다(헌재 2008. 5. 29. 2006헌마1096 헌법불합치).

▶ **공직선거법 제85조 제3항 중 '누구든지 종교적인 기관·단체 등의 조직내에서의 직무상 행위를 이용하여 그 구성원에 대하여 선거운동을 하거나 하게 할 수 없다' 부분이 과잉금지원칙에 위배되어 정치적 표현의 자유를 침해하는지**(소극): 직무이용 제한조항에 따라 종교단체 내에서의 정치적 표현의 자유가 일정 부분 제한되지만, 공통된 신앙에 기초하여 구성원 상호 간에 밀접한 관계를 형성하는 종교단체의 특성과 성직자 등 종교단체 내에서 일정한 직무를 가지는 사람이 가지는 상당한 영향력을 고려하면, 선거의 공정성을 확보하고 종교단체가 본연의 기능을 할 수 있도록 하며 정치와 종교가 부당한 이해관계로 결합하는 부작용을 방지함으로써 달성되는 공익이 더 크다. 그렇다면 직무이용 제한조항은 과잉금지원칙을 위반하여 선거운동 등 정치적 표현의 자유를 침해하지 않는다((헌재 2024. 1. 25. 2021헌바233).

▶ **공무원의 지위를 이용하여 선거에 영향을 미치는 행위를 금지하고 위반하는 경우 처벌하는 공직선거법 제85조 제1항 등이 죄형법정주의의 명확성 원칙에 위배되는지**(소극): 금지조항의 문언해석과 입법목적 및 공직선거법상 다른 유사조항의 해석례 등에 비추어 보면, "선거에 영향을 미치는 행위"란 공직선거법이 적용되는 선거에 있어 선거과정 및 선거결과에 변화를 주거나 그러한 영향을 미칠 우려가 있는 일체의 행동으로 해석할 수 있으므로, 금지조항은 죄형법정주의의 명확성 원칙에 위배되지 아니한다(헌재 2016. 7. 28. 2015헌바6).

3) 단체의 선거운동금지

국가·지방자치단체, 향우회·종친회·동창회, 산악회 등 동호인회, 계모임 등 개인 간의 사적 모임 등은 그 기관·단체의 명의 또는 그 대표의 명의로 선거운동을 할 수 없다(공직선거법 제87조 제1항).

(3) 방법상 제한

1) 예비후보자 등의 선거운동

예비후보자는 선거사무소를 설치하거나 그 선거사무소에 간판·현판 또는 현수막을 설치·게시하는 행위, 자신의 성명·사진·전화번호·학력·경력, 그 밖에 홍보에 필요한 사항을 게재한 길이 9센티미터 너비 5센티미터 이내의 명함을 직접 주거나 지지를 호소하는 행위, 선거구안에 있는 세대수의 100분의 10에 해당하는 수 이내에서 자신의 사진·성명·전화번호·학력·경력, 그 밖에 홍보에 필요한 사항을 게재한 인쇄물을 우편발송하는 행위, 선거운동을 위하여 어깨띠 또는 예비후보자임을 나타내는 표지물을 착용하거나 소지하여 내보이는 행위에 해당하는 방법으로 선거운동을 할 수 있다(공직선거법 제60조의3 제1항).

> **판례**
>
> ▶ **예비후보자의 선거운동에서 예비후보자 외에 독자적으로 명함을 교부하거나 지지를 호소할 수 있는 주체를 예비후보자의 배우자와 직계존·비속으로 제한한 공직선거법 조항이 배우자나 직계존·비속이 없는 청구인들의 평등권을 침해하는지**(소극) : 이 사건 법률조항에서 예비후보자의 정치력, 경제력과는 무관하게 존재가능하고 예비후보자와 동일시할 수 있는 배우자나 직계존·비속에 한정하여 명함을 교부하거나 지지를 호소할 수 있도록 한 것에는 합리적 이유가 있다 할 것이고, 배우자나 직계존·비속이 없는 경우 이를 대체할 사람을 지정할 수 있도록 하는 방안은 오히려 예비후보자 간의 기회불균등을 심화시킬 가능성이 있어 쉽게 채택하기 어려운 면이 있으므로, 선거운동을 할 배우자나 직계존·비속이 없는 예외적인 경우까지 고려하지 않았다고 하여 청구인들의 평등권을 침해한 것이라고 볼 수는 없다(헌재 2011. 8. 30. 2010헌마259).
>
> ▶ **예비후보자의 배우자가 함께 다니는 사람 중에서 지정한 자도 선거운동을 위하여 명함교부 및 지지호소를 할 수 있도록 한 공직선거법 조항이 배우자가 없는 청구인의 평등권을 침해하는지**(적극) : 이 사건 법률조항은 배우자가 그와 함께 다니는 사람 중에서 지정한 1명까지 보태어 명함교부 및 지지호소를 할 수 있도록 하여 배우자 유무에 따른 차별효과를 크게 한다. 더욱이 배우자가 그와 함께 다니는 1명을 지정함에 있어 아무런 범위의 제한을 두지 아니하여, 배우자가 있는 예비후보자는 독자적으로 선거운동을 할 수 있는 선거운동원 1명을 추가로 지정하는 효과를 누릴 수 있게 된다. 이것은 명함 본래의 기능에 부합하지 아니할 뿐만 아니라, 선거운동 기회균등의 원칙에 반하고, 예비후보자의 선거운동의 강화에만 치우친 나머지, 배우자의 유무라는 우연적인 사정에 근거하여 합리적 이유 없이 배우자 없는 예비후보자를 차별 취급하는 것이므로, 이 사건 법률조항은 청구인의 평등권을 침해한다(헌재 2013. 11. 28. 2011헌마267).

2) 선거공보

후보자는 선거운동을 위하여 책자형 선거공보 1종을 작성할 수 있다. 이 경우 비례대표 국회의원선거 및 비례대표 지방의회의원 선거에서는 중앙선거관리위원회규칙으로 정하는 바에 따라 해당 정당이 추천한 후보자 모두의 사진·성명·학력·경력을 게재하여야 한다(공직선거법 제65조 제1항).

> **판례**
>
> ▶ **후보자가 시각장애선거인을 위한 점자형 선거공보 1종을 책자형 선거공보 면수 이내에서 임의로 작성할 수 있도록 한 공직선거법 제65조 제4항이 청구인의 선거권과 평등권을 침해하는지**(소극): 인터넷을 이용한 음성정보전송 방식의 선거운동이 특별한 제한 없이 허용되고 있고, 음성을 이용한 인터넷 정보 검색이 가능하며, 인터넷상의 문자정보를 음성으로 전환하는 기술이 빠르게 발전하고 있는 현실에 비추어 보면, 선거공보는 다양한 선거정보제공 수단 중 하나에 불과하다. 시각장애인 중 상당수는 점자를 해독하지 못한다는 사정까지 감안하면 책자형 선거공보와 달리 점자형 선거공보의 작성을 의무사항으로 하는 것은 후보자의 선거운동의 자유에 대한 지나친 간섭이 될 수 있다. 따라서 심판대상조항이 시각장애인의 선거권과 평등권을 침해한다고 볼 수 없다(헌재 2014. 5. 29. 2012헌마913).

3) 어깨띠 등 소품

후보자와 그 배우자, 선거사무장, 선거연락소장, 선거사무원, 후보자와 함께 다니는 활동보조인 및 회계책임자는 선거운동기간 중 후보자의 사진·성명·기호 및 소속 정당명, 그 밖의 홍보에 필요한 사항을 게재한 어깨띠나 중앙선거관리위원회규칙으로 정하는 규격 또는 금액 범위의 윗옷·표찰·수기·마스코트, 그 밖의 소품(소품 등)을 붙이거나 입거나 지니고 선거운동을 할 수 있다(공직선거법 제68조 제1항).

> **판례**
>
> ▶ **선거운동기간 중 어깨띠 등 표시물을 사용한 선거운동을 금지한 공직선거법 제68조 제2항 등이 정치적 표현의 자유를 침해하는지**(적극): 공직선거법상 선거비용 제한 규정이나 표시물의 가액, 종류, 사용방법 등에 대한 제한 수단 마련을 통해 선거에서의 기회 균등이라는 목적 달성이 가능하며, 그 밖에 공직선거법상 후보자비방 금지 규정 등에 비추어 심판대상조항이 무분별한 흑색선전 방지 등을 위한 불가피한 수단이라고 보기도 어려우므로, 심판대상조항은 필요한 범위를 넘어 표시물을 사용한 선거운동을 포괄적으로 금지·처벌하는 것으로서 침해의 최소성에 반한다. 또한 심판대상조항으로 인하여 일반 유권자나 후보자가 받는 정치적 표현의 자유에 대한 제약이 달성되는 공익보다 중대하므로 심판대상조항은 법익의 균형성에도 위배된다. 따라서 심판대상조항은 과잉금지원칙에 반하여 정치적 표현의 자유를 침해한다(헌재 2022. 7. 21. 2017헌가4 헌법불합치).

4) 방송광고

선거운동을 위한 방송광고는 후보자가 선거운동기간 중 소속정당의 정강·정책이나 후보자의 정견 그 밖의 홍보에 필요한 사항을 텔레비전 및 라디오 방송시설을 이용하여 실시할 수 있되, 광고시간은 1회 1분을 초과할 수 없다. 이 경우 광고회수의 계산에 있어서는 재방송을 포함하되, 하나의 텔레비전 또는 라디오 방송시설을 선정하여 당해 방송망을 동시에 이용하는 것은 1회로 본다(공직선거법 제70조 제1항).

> **판례**
>
> ▶ 방송광고, 후보자 등의 방송연설, 방송시설주관 후보자연설의 방송, 선거방송토론위원회 주관 대담·토론회의 방송에서 한국수화언어 또는 자막의 방영을 재량사항으로 규정한 공직선거법 제70조 제6항 등이 청구인들의 선거권을 침해하는지(소극): 방송통신위원회가 고시하는 사업자는 방송법령에 따라 선거방송에서 한국수어·폐쇄자막·화면해설 등을 이용한 방송을 할 의무를 부담한다. 지상파방송사업자, 종합편성·보도전문편성의 방송채널사용사업자는 장애인방송고시에 따라 이 사건 선거방송 중 후보자 등의 방송연설, 방송시설주관 후보자연설의 방송, 선거방송토론위원회 주관 대담·토론회에서 반드시 폐쇄자막방송을 하여야 한다. 적어도 최근 전국단위 주요 선거에서 선거방송토론위원회 주관 대담·토론회 방송은 100% 한국수어방송을 하고 있다는 점도 고려되어야 한다. 이에 더하여 청각장애인이 선거정보를 획득할 수 있는 다양한 수단들이 존재하는 점 등을 종합적으로 고려하면, 이 사건 한국수어·자막조항이 청구인들의 선거권을 침해한다고 보기 어렵다(헌재 2020. 8. 28. 2017헌마813).

5) 공개장소에서의 연설·대담

후보자(비례대표 국회의원후보자 및 비례대표 지방의회의원후보자는 제외)는 선거운동기간 중에 소속 정당의 정강·정책이나 후보자의 정견, 그 밖에 필요한 사항을 홍보하기 위하여 공개장소에서의 연설·대담을 할 수 있다(공직선거법 제79조 제1항).

> **판례**
>
> ▶ 선거운동기간 중 공개장소에서 비례대표 국회의원후보자의 연설·대담을 금지하는 공직선거법 조항이 비례대표 국회의원후보자의 선거운동의 자유 및 정당활동의 자유를 침해하는지(소극): 연설·대담에 소요되는 비용과 노력으로 인한 경제적 부담이 가중되어 정당의 재정적 능력의 차이에 따라 선거운동기회가 차별적으로 부여되는 결과가 야기될 수 있는 점 등을 종합하여 보면, 이 사건 법률조항과 동일한 효과를 가지면서도 덜 침익적인 수단을 발견할 수 없으므로 침해의 최소성원칙에 위배되지 아니한다. 또한 이 사건 법률조항을 통하여 달성하려는 선거의 공정성 확보 등의 공익은 매우 중대한 반면, 비례대표국회의원후보자로 하여금 공개장소에서 연설·대담을 하게 할 필요성이나 이를 금지함으로써 제한되는 비례대표국회의원후보자의 이익 내지 정당활동의 자유가 결코 크다고 볼 수 없어 법익의 균형성도 갖추었다(헌재 2013. 10. 24. 2012헌마311).

6) 대담·토론회

각급선거방송토론위원회는 대통령선거의 대담·토론회를 개최하는 때에는 국회에 5인 이상의 소속의원을 가진 정당이 추천한 후보자, 직전 대통령선거, 비례대표 국회의원선거, 비례대표 시·도의원선거 또는 비례대표 자치구·시·군의원선거에서 전국 유효투표총수의 100분의 3 이상을 득표한 정당이 추천한 후보자, 중앙선거관리위원회규칙이 정하는 바에 따라 언론기관이 선거기간 개시일 전 30일부터 선거기간 개시일 전일까지의 사이에 실시하여 공표한 여론조사결과를 평균한 지지율이 100분의 5 이상인 후보자를 대상으로 개최한다(공직선거법 제82조의2 제4항).

> **판례**
>
> ▶ 선거방송 대담·토론회의 참가기준으로 여론조사 평균지지율 100분의 5를 요구하고 있는 공직선거법 제82조의2 제4항 제1호 다목 등이 여론조사 평균지지율 100분의 5 미만 후보자의 평등권 내지 선거운동의 기회균등을 침해하는지(소극) : 방송토론회의 초청자격을 제한하지 않아 토론자가 너무 많을 경우 시간상 제약 등으로 실질적인 토론과 공방이 이루어지지 않고 후보자에 대한 정책검증이 어려운 점, 대다수의 국민이나 선거구민들이 여론조사에서 높은 지지율을 얻은 후보자에 대하여 관심을 가지고 있다고 보아야 하는 점, 선거방송토론위원회는 위 토론회에 초청받지 못한 후보자들을 대상으로 다른 대담·토론회를 개최할 수 있는 점 등에 비추어 보면, 이 사건 법률조항에 의한 위와 같은 차별에는 이를 정당화할 수 있는 합리적인 이유가 있다고 할 것이다. 따라서 이 사건 법률조항이 청구인들의 평등권이나 선거운동의 기회균등을 침해하는 것으로 보기 어렵다(헌재 2009. 3. 26. 2007헌마1327).

7) 인터넷언론사 게시판·대화방 등의 실명확인

인터넷언론사는 선거운동기간 중 당해 인터넷홈페이지의 게시판·대화방 등에 정당·후보자에 대한 지지·반대의 문자·음성·화상 또는 동영상 등의 정보를 게시할 수 있도록 하는 경우에는 행정안전부장관 또는 신용정보법에 따른 개인신용평가회사가 제공하는 실명인증방법으로 실명을 확인받도록 하는 기술적 조치를 하여야 한다. 다만, 인터넷언론사가 정보통신망법 제44조의5에 따른 본인확인조치를 한 경우에는 그 실명을 확인받도록 하는 기술적 조치를 한 것으로 본다(공직선거법 제82조의6 제1항).

> **판례**
>
> ▶ 인터넷언론사는 선거운동기간 중 당해 홈페이지 게시판 등에 정당·후보자에 대한 지지·반대 등의 정보를 게시하는 경우 실명을 확인받는 기술적 조치를 하도록 정한 공직선거법 조항이 게시판 등 이용자의 익명표현의 자유 및 개인정보자기결정권과 인터넷언론사의 언론의 자유를 침해하는지(적극) : 모든 익명표현을 사전적·포괄적으로 규율하는 것은 표현의 자유보다 행정편의와 단속편의를 우선함으로써 익명표현의 자유와 개인정보자기결정권 등을 지나치게 제한한다. 실명확인제가 표방하고 있는 선거의 공정성이라는 목적은 인터넷이용자의 표현의 자유나 개인정보자기결정권을 제약하지 않는 다른 수단에 의해서도 충분히 달성할 수 있다. 그러므로 심판대상조항은 과잉금지원칙에 반하여 인터넷언론사 홈페이지 게시판 등 이용자의 익명표현의 자유와 개인정보자기결정권, 인터넷언론사의 언론의 자유를 침해한다(헌재 2021. 1. 28. 2018헌마456).

8) 시설물 설치 등의 금지

누구든지 선거일 전 120일부터 선거일까지 선거에 영향을 미치게 하기 위하여 공직선거법의 규정에 의한 것을 제외하고는 화환·풍선·간판·현수막·애드벌룬·기구류 또는 선전탑, 그 밖의 광고물이나 광고시설을 설치·진열·게시·배부하는 행위, 표찰이나 그 밖의 표시물을 착용 또는 배부하는 행위, 후보자를 상징하는 인형·마스코트 등 상징물을 제작·판매하는 행위를 할 수 없다. 이 경우 정당의 명칭이나 후보자의 성명·사진 또는 그 명칭·성명을 유추할 수 있는 내용을 명시한 것은 선거에 영향을 미치게 하기 위한 것으로 본다(공직선거법 제90조 제1항).

> **판례**
>
> ▶ **선거일 전 180일부터 선거일까지 선거에 영향을 미치게 하기 위한 '현수막, 그 밖의 광고물의 설치·게시'나 '표시물의 착용'을 금지하는 공직선거법 제90조 제1항 제1호 및 제2호 등이 정치적 표현의 자유를 침해하는지**(적극): 선거비용을 제한·보전하거나 일반 유권자가 과도한 비용을 들여 현수막, 그 밖의 광고물을 설치·게시하거나 그 밖의 표시물을 착용하는 행위를 제한하는 수단을 통해서 선거에서의 기회균등이라는 심판대상조항의 입법목적의 달성이 가능하고, 공직선거법상 후보자 비방 금지 규정 등을 통해 무분별한 흑색선전 등의 방지도 가능한 점을 종합하면, 시설물설치 등 금지조항은 목적 달성에 필요한 범위를 넘어 장기간 동안 선거에 영향을 미치게 하기 위한 현수막, 그 밖의 광고물의 설치·게시나 그 밖의 표시물의 착용을 금지·처벌하는 것으로서 침해의 최소성에 반한다. 따라서 시설물 설치 등 금지조항은 과잉금지원칙에 반하여 정치적 표현의 자유를 침해한다(헌재 2022. 7. 21. 2017헌바100 헌법불합치).
>
> ▶ **공직선거법 제90조 제1항 제1호 중 '화환 설치'에 관한 부분 등이 정치적 표현의 자유를 침해하는지**(적극): 화환의 설치는 경제적 차이로 인한 선거 기회 불균형을 야기할 수 있으나, 그러한 우려가 있다고 하더라도 공직선거법상 선거비용 규제 등을 통해서 해결할 수 있다. 또한 공직선거법상 후보자 비방 금지 규정 등을 통해 무분별한 흑색선전 등의 방지도 가능하다. 이러한 점들을 종합하면, 심판대상조항은 목적 달성에 필요한 범위를 넘어 장기간 동안 선거에 영향을 미치게 하기 위한 화환의 설치를 금지하는 것으로, 과잉금지원칙에 위반되어 정치적 표현의 자유를 침해한다(헌재 2023. 6. 29. 2023헌가12 헌법불합치).

9) 확성장치와 자동차 등의 사용제한

누구든지 공직선거법의 규정에 의한 공개장소에서의 연설·대담장소 또는 대담·토론회장에서 연설·대담·토론용으로 사용하는 경우를 제외하고는 선거운동을 위하여 확성장치를 사용할 수 없다(공직선거법 제91조 제1항).

> **판례**
>
> ▶ **공개장소에서의 연설·대담장소 또는 대담·토론회장에서 연설·대담·토론용으로 사용하는 경우를 제외하고는 선거운동을 위하여 확성장치를 사용할 수 없도록 한 공직선거법 제91조 제1항 등이 정치적 표현의 자유를 침해하는지**(소극): 선거운동에서 다소 전통적인 수단이라고 할 수 있는 확성장치의 사용을 규제한다고 하더라도 후보자로서는 보다 접근이 용이한 다른 선거운동방법을 활용할 수 있는 점, 확성장치의 출력수나 사용시간을 규제하는 입법이 확성장치사용 자체를 제한하는 방안과 동등하거나 유사한 효과를 불러온다고 보기 어려운 점 등을 종합하면, 확성장치사용 금지조항은 침해의 최소성에 어긋나지 않는다. 나아가 확성장치사용 금지조항이 달성하고자 하는 공익이 그로써 제한되는 정치적 표현의 자유보다 작다고 할 수 없으므로, 위 조항은 법익의 균형성에도 어긋나지 않는다. 따라서 확성장치사용 금지조항은 과잉금지원칙에 반하여 정치적 표현의 자유를 침해하지 않는다(헌재 2022. 7. 21. 2017헌바100).

10) 탈법방법에 의한 문서 · 도화의 배부 · 게시 등 금지

누구든지 선거일 전 120일부터 선거일까지 선거에 영향을 미치게 하기 위하여 공직선거법의 규정에 의하지 아니하고는 정당 또는 후보자를 지지·추천하거나 반대하는 내용이 포함되어 있거나 정당의 명칭 또는 후보자의 성명을 나타내는 광고, 인사장, 벽보, 사진, 문서·도화, 인쇄물이나 녹음·녹화테이프 그 밖에 이와 유사한 것을 배부·첩부·살포·상영 또는 게시할 수 없다(공직선거법 제93조 제1항 본문).

> **판례**
>
> ▶ 선거일 전 180일부터 선거일까지 선거에 영향을 미치게 하기 위한 '광고, 문서·도화의 첩부·게시'를 금지하는 공직선거법 제93조 제1항 본문 등(문서·도화 게시 등 금지조항)이 정치적 표현의 자유를 침해하는지(적극) : 광고, 문서·도화는 시설물 등과 비교하여 보더라도 투입되는 비용이 상대적으로 적어 경제력 차이로 인한 선거 기회 불균형의 문제가 크지 않고, 선거 기회의 불균형에 대한 우려는 공직선거법상 선거비용 제한·보전 제도나 광고, 문서·도화의 종류나 금액 등을 제한하는 수단을 마련하여 방지할 수 있으며, 무분별한 흑색선전, 허위사실유포 등에 대한 규제도 공직선거법에 이미 도입되어 있으므로 문서·도화 게시 등 금지조항은 침해의 최소성에 반한다. 또한 문서·도화 게시 등 금지조항으로 인하여 유권자나 후보자가 받는 정치적 표현의 자유에 대한 제약이 달성되는 공익보다 중대하므로 법익의 균형성에도 위배된다. 따라서 문서·도화 게시 등 금지조항은 과잉금지원칙에 반하여 정치적 표현의 자유를 침해한다(헌재 2022. 7. 21. 2018헌바357 헌법불합치).
>
> ▶ 선거일 전 180일부터 선거일까지 선거에 영향을 미치게 하기 위한 '벽보·인쇄물'의 배부·게시를 금지하는 공직선거법 제93조 제1항 본문 등(인쇄물배부 등 금지조항)이 정치적 표현의 자유를 침해하는지(적극, 선례변경) : 벽보·인쇄물은 시설물 등과 비교하여 보더라도 투입되는 비용이 상대적으로 적어 경제력 차이로 인한 선거 기회 불균형의 문제가 크지 않고, 그러한 우려도 선거비용을 규제하거나 벽보·인쇄물의 종류나 금액 등을 제한하는 수단을 통해서 방지할 수 있다. 또한 공직선거법상 후보자 비방 금지 규정 등을 통해 무분별한 흑색선전 등의 방지도 가능한 점을 종합하면, 인쇄물배부 등 금지조항은 침해의 최소성에 반한다. 또한 인쇄물배부 등 금지조항으로 인하여 일반 유권자나 후보자가 받는 정치적 표현의 자유에 대한 제약이 위 조항을 통하여 달성되는 공익보다 중대하므로 인쇄물배부 등 금지조항은 법익의 균형성에도 위배된다. 따라서 인쇄물배부 등 금지조항은 과잉금지원칙에 반하여 정치적 표현의 자유를 침해한다(헌재 2022. 7. 21. 2017헌바100 헌법불합치).
>
> ▶ 선거일 전 180일부터 선거일까지 선거에 영향을 미치게 하기 위한 벽보 게시, 인쇄물 배부·게시를 금지하는 공직선거법 제93조 제1항 본문 중 '인쇄물 살포'에 관한 부분 등이 정치적 표현의 자유를 침해하는지(적극) : 인쇄물은 시설물 등과 비교하여 보더라도 투입되는 비용이 상대적으로 적어 경제력 차이로 인한 선거 기회 불균형의 문제가 크지 않고, 그러한 우려도 공직선거법상 선거비용 규제나 인쇄물의 종류 또는 금액을 제한하는 수단을 통해서 방지할 수 있다. 또한 공직선거법상 후보자 비방 금지 규정이나 허위사실공표 금지 규정 등을 통해 무분별한 흑색선전 등의 방지도 가능한 점을 종합하면, 심판대상조항은 침해의 최소성에 반한다. 또한 심판대상조항으로 인하여 일반 유권자나 후보자가 받는 정치적 표현의 자유에 대한 제약이 위 조항을 통하여 달성되는 공익보다 중대하므로 심판대상조항은 법익의 균형성에도 위배된다. 따라서 심판대상조항은 과잉금지원칙에 반하여 정치적 표현의 자유를 침해한다(헌재 2023. 3. 23. 2023헌가4 헌법불합치).

11) 각종 집회 등의 제한

누구든지 선거기간 중 선거운동을 위하여 공직선거법에 규정된 것을 제외하고는 명칭 여하를 불문하고 집회나 모임을 개최할 수 없고, 누구든지 선거기간 중 선거에 영향을 미치게 하기 위하여 향우회·종친회·동창회·단합대회·야유회 또는 참가 인원이 25명을 초과하는 그 밖의 집회나 모임을 개최할 수 없다(공직선거법 제103조 제1항, 제3항).

> **판례**
>
> ▶ 누구든지 선거기간 중 선거에 영향을 미치게 하기 위하여 그 밖의 집회나 모임을 개최할 수 없고, 이를 위반하는 자를 처벌하는 공직선거법 제103조 제3항 부분 등이 집회의 자유, 정치적 표현의 자유를 침해하는지(적극): 선거기간 중 선거에 영향을 미치게 하기 위한 집회나 모임이라면 선거의 공정과 평온에 대한 위험이 구체적으로 존재하지 않는 경우까지도 예외 없이 개최를 금지하고 있다. 선거의 평온이라는 입법목적은 '집회 및 시위에 관한 법률'의 다양한 규제수단들이나 형사법상의 처벌조항 등으로 달성할 수 있고, 선거에서의 기회 불균형 등의 문제는 선거비용 제한·보전 제도, 기부행위 금지 등 기존의 공직선거법상의 규제들에 의해서도 방지할 수 있으며, 무분별한 흑색선전, 허위사실유포 등에 대한 규제도 공직선거법에 이미 도입되어 있는바, 집회개최 금지조항은 침해의 최소성에 반한다. 또한 집회개최 금지조항으로 인하여 일반 유권자가 받는 집회의 자유, 정치적 표현의 자유에 대한 제약이 달성되는 공익보다 중대하므로 법익의 균형성에도 위배된다. 따라서 집회개최 금지조항은 과잉금지원칙에 반하여 집회의 자유, 정치적 표현의 자유를 침해한다(헌재 2022. 7. 21. 2018헌바164).

12) 연설회장에서의 소란행위 등의 금지

누구든지 공직선거법의 규정에 의한 공개장소에서의 연설·대담장소, 대담·토론회장 또는 정당의 집회장소에서 폭행·협박 기타 어떠한 방법으로도 연설·대담장소 등의 질서를 문란하게 하거나 그 진행을 방해할 수 없으며, 연설·대담 등의 주관자가 연단과 그 주변의 조명을 위하여 사용하는 경우를 제외하고는 횃불을 사용할 수 없다(공직선거법 제104조 제1항).

> **판례**
>
> ▶ 공직선거법 제104조 중 '누구든지 공직선거법의 규정에 의한 공개장소에서의 연설·대담장소에서 기타 어떠한 방법으로도 연설·대담장소 등의 질서를 문란하게 하거나'에 관한 부분 중 '기타 어떠한 방법으로도'가 죄형법정주의의 명확성 원칙에 위배되는지(소극): 심판대상조항의 입법취지와 목적, 다른 공직선거법 규정과의 관계, 문언적 의미 등을 종합하면, '기타 어떠한 방법으로도'가 연설·대담을 방해할 정도에 이르지 않더라도 자유롭고 평온한 분위기를 깨뜨려 후보자 등과 선거인 사이에 원활한 소통을 저해하거나 사고가 발생할 우려가 있는 모든 행위태양을 의미한다는 것을 알 수 있다. 따라서 심판대상조항은 죄형법정주의의 명확성원칙에 위배되지 않는다(헌재 2023. 5. 25. 2019헌가13).

13) 여론조사의 결과공표금지

누구든지 선거일 전 6일부터 선거일의 투표마감시각까지 선거에 관하여 정당에 대한 지지도나 당선인을 예상하게 하는 여론조사의 경위와 그 결과를 공표하거나 인용하여 보도할 수 없다(공직선거법 제108조 제1항).

(4) 비용상의 제한

1) 선거비용제한액의 공고

선거구선거관리위원회는 선거별로 제121조(선거비용제한액의 산정)의 규정에 의하여 산정한 선거비용제한액을 중앙선거관리위원회규칙이 정하는 바에 따라 공고하여야 한다(공직선거법 제122조).

2) 선거비용의 보전(공직선거법 제122조의2 제1항)

• 대통령 • 지역구 국회의원 • 지역구 지방의회의원 • 지방자치단체의 장	• 후보자가 당선되거나 사망한 경우 또는 후보자의 득표수가 유효투표총수의 100분의 15 이상인 경우에는 후보자가 지출한 선거비용의 전액 • 후보자의 득표수가 유효투표총수의 100분의 10 이상 100분의 15 미만인 경우에는 후보자가 지출한 선거비용의 100분의 50에 해당하는 금액
• 비례대표 국회의원 • 비례대표 지방의회의원	후보자명부에 올라 있는 후보자 중 당선인이 있는 경우에 당해 정당이 지출한 선거비용의 전액

> **판례**
>
> ▶ 예비후보자의 선거비용을 보전대상에서 제외하고 있는 공직선거법 제122조의2 제2항 제1호 부분이 청구인들의 선거운동의 자유를 침해하는지(소극): 예비후보자 선거비용을 후보자가 부담한다고 하더라도 그것이 지나치게 다액이라서 선거공영제의 취지에 반하는 정도에 이른다고 할 수는 없으므로, 선거비용 보전 제한조항은 침해의 최소성 원칙에 반하지 않는다. 예비후보자 선거비용을 보전해줄 경우 선거가 조기에 과열되어 예비후보자 제도의 취지를 넘어서 악용될 수 있고, 탈법적인 선거운동 등을 단속하기 위한 행정력의 낭비도 증가할 수 있는 반면, 선거비용 보전 제한조항으로 인하여 후보자가 받는 불이익은 일부 경제적 부담을 지는 것인데, 후원금을 기부받아 선거비용을 지출할 수 있으므로 그 부담이 경감될 수 있다. 따라서 선거비용 보전 제한조항은 법익균형성원칙에도 반하지 않는다(헌재 2018. 7. 26. 2016헌마524).

4. 선거사범의 처벌과 당선무효

(1) 선거사범의 처벌

1) 공소시효

공직선거법에 규정한 죄의 공소시효는 당해 선거일 후 6개월(선거일 후에 행하여진 범죄는 그 행위가 있는 날부터 6개월)을 경과함으로써 완성한다. 다만, 범인이 도피한 때나 범인이 공범 또는 범죄의 증명에 필요한 참고인을 도피시킨 때에는 그 기간은 3년으로 한다(공직선거법 제268조 제1항).

> **판례**
>
> ▶ 선거일 이전에 행하여진 선거범죄의 공소시효 기산점을 당해 선거일 후로 규정한 공직선거법 제268조 제1항 본문 부분이 평등원칙에 위반되는지(소극): 심판대상조항은 '선거일 이전에 행하여진 선거범죄'의 공소시효 기산점을 '당해 선거일 후'로 정하여, 공직선거법 제268조 제1항에서 '선거일 후에 행하여진 선거범죄'의 공소시효 기산점을 '그 행위가 있는 날부터'로 정하고, 형사소송법 제252조 제1항에서 '다른 일반범죄'에 관한 공소시효의 기산점을 '범죄행위의 종료한 때로부터'로 정한 것과 달리 취급하고 있다. 그러나 이는 선거로 인한 법적 불안정 상태를 신속히 해소하면서도 선거의 공정성을 보장함과 동시에 선거로 야기된 정국의 불안을 특정한 시기에 일률적으로 종료시키기 위한 입법자의 형사정책적 결단 등에서 비롯된 것이므로, 그 합리성을 인정할 수 있다. 따라서 심판대상조항은 평등원칙에 위반되지 않는다(헌재 2020. 3. 26. 2019헌바71).

> ▶ **공무원이 지위를 이용하여 범한 공직선거법위반죄의 경우 공소시효를 10년으로 정한 공직선거법 제268조 제3항 부분이 평등원칙에 위배되는지**(소극) : 공무원이 지위를 이용하여 범한 공직선거법위반죄의 경우 선거의 공정성을 중대하게 저해하고 공권력에 의하여 조직적으로 은폐되어 단기간에 밝혀지기 어려울 수도 있어 단기 공소시효에 의할 경우 처벌규정의 실효성을 확보하지 못할 수 있다. 이러한 취지에서 공무원이 지위를 이용하여 범한 공직선거법위반죄의 경우 해당 선거일 후 10년으로 공소시효를 정한 입법자의 판단은 합리적인 이유가 인정되므로 평등원칙에 위반되지 않는다(헌재 2022. 8. 31. 2018헌바440).

2) 선거범의 재판기간

선거범과 그 공범에 관한 재판은 다른 재판에 우선하여 신속히 하여야 하며, 그 판결의 선고는 제1심에서는 공소가 제기된 날부터 6월 이내에, 제2심 및 제3심에서는 전심의 판결의 선고가 있은 날부터 각각 3월 이내에 반드시 하여야 한다(공직선거법 제270조).

(2) 당선무효

1) 당선무효 사유

① 당선인의 선거범죄

당선인이 당해 선거에 있어 이 법에 규정된 죄 또는 정치자금법 제49조의 죄를 범함으로 인하여 징역 또는 100만원 이상의 벌금형의 선고를 받은 때에는 그 당선은 무효로 한다(공직선거법 제264조).

② 선거비용 초과지출

공고된 선거비용제한액의 200분의 1 이상을 초과지출한 이유로 선거사무장, 선거사무소의 회계책임자가 징역형 또는 300만원 이상의 벌금형의 선고를 받은 때에는 그 후보자의 당선은 무효로 한다. 다만, 다른 사람의 유도 또는 도발에 의하여 당해 후보자의 당선을 무효로 되게 하기 위하여 지출한 때에는 그러하지 아니하다(공직선거법 제263조 제1항).

③ 선거사무장 등의 선거범죄

선거사무장·선거사무소의 회계책임자 또는 후보자의 직계존비속 및 배우자가 해당 선거에 있어서 제230조(매수 및 이해유도죄) 등을 범함으로 인하여 징역형 또는 300만원 이상의 벌금형의 선고를 받은 때에는 그 선거구 후보자(대통령후보자, 비례대표국회의원후보자 및 비례대표지방의회의원후보자 제외)의 당선은 무효로 한다. 다만, 다른 사람의 유도 또는 도발에 의하여 당해 후보자의 당선을 무효로 되게 하기 위하여 죄를 범한 때에는 그러하지 아니하다(공직선거법 제265조).

2) 당선무효된 자 등의 비용반환

당선이 무효로 된 사람과 당선되지 아니한 사람으로서 자신 또는 선거사무장 등의 죄로 당선무효에 해당하는 형이 확정된 사람은 제57조와 제122조의 2에 따라 반환·보전받은 금액을 반환하여야 한다. 이 경우 대통령선거의 정당추천후보자는 그 추천 정당이 반환하며, 비례대표국회의원선거 및 비례대표지방의회의원선거의 경우 후보자의 당선이 모두 무효로 된 때에 그 추천 정당이 반환한다(공직선거법 제265조의 2 제1항).

> **판례**
>
> ▶ **선거범죄로 당선이 무효로 된 자에게 이미 반환받은 기탁금과 보전받은 선거비용을 다시 반환하도록 한 구 공직선거법 제265조의2 제1항 전문 부분이 공무담임권을 제한하는지**(소극) : 공무담임권은 국민이 공무담임에 관한 평등한 기회를 보장받는 권리로서 공직취임 기회의 자의적인 배제와 공무원 신분의 부당한 박탈을 금지하는 것을 보호영역으로 한다. 이 사건 법률조항에서 규정한 제재는 이미 선거에 입후보하여 당선된 사람, 즉, 공직취임의 기회를 이미 보장받았던 사람을 대상으로 하는 것이라서 공직취임의 기회를 배제하는 내용이라고 볼 수 없고, 그 제재의 내용도 금전적 불이익의 부과뿐이라서 공무원 신분의 부당한 박탈에 관한 규정이라고 할 수 없으므로 공무담임권의 보호영역에 속하는 사항을 규정한 것이 아니다. 따라서 이 사건 법률조항에 의하여 공무담임권이 제한된다고 할 수 없다(헌재 2011. 4. 28. 2010헌바232).

Ⅵ 투표

1. 투표구 및 투표소

(1) 투표구

읍·면·동에 투표구를 둔다. 구·시·군선거관리위원회는 하나의 읍·면·동에 2 이상의 투표구를 둘 수 있다. 이 경우 읍·면의 리의 일부를 분할하여 다른 투표구에 속하게 할 수 없다(공직선거법 제31조 제1항, 제2항).

(2) 투표소

읍·면·동선거관리위원회는 선거일 전일까지 관할구역 안의 투표구마다 투표소를 설치하여야 한다(공직선거법 제147조 제1항).

(3) 사전투표소

구·시·군선거관리위원회는 선거일 전 5일부터 2일 동안 관할구역의 읍·면·동마다 1개소씩 사전투표소를 설치·운영하여야 한다. 다만, 읍·면·동 관할구역에 감염병의 예방 및 관리에 관한 법률에 따른 감염병관리시설 또는 감염병의심자 격리시설이 있는 경우 등에는 해당 지역에 사전투표소를 추가로 설치·운영할 수 있다(공직선거법 제148조 제1항).

2. 선거 방법

선거는 기표방법에 의한 투표로 한다. 투표는 직접 또는 우편으로 하되, 1인 1표로 한다. 다만, 국회의원선거, 시·도의원선거 및 자치구·시·군의원선거에 있어서는 지역구 의원선거 및 비례대표 의원선거마다 1인 1표로 한다(공직선거법 제146조 제1항, 제2항).

판례

▶ **신체의 장애로 인하여 자신이 기표할 수 없는 선거인에 대해 투표보조인이 가족이 아닌 경우 반드시 2인을 동반하여서만 투표를 보조하게 할 수 있도록 정하고 있는 공직선거법 제157조 제6항 부분이 청구인의 선거권을 침해하는지**(소극) : 심판대상조항은 선거인이 투표보조 제도를 쉽게 활용하면서 투표의 비밀이 보다 유지되도록 투표보조인을 상호 견제가 가능한 최소한의 인원인 2인으로 한정하고 있고, 중앙선거관리위원회는 실무상 선거인이 투표보조인 2인을 동반하지 않은 경우 투표사무원 중에 추가로 투표보조인으로 선정하여 투표를 보조할 수 있도록 함으로써 선거권 행사를 지원하고 있으며, 공직선거법은 처벌규정을 통해 투표보조인이 비밀유지의무를 준수하도록 강제하고 있다. 따라서 심판대상조항은 침해의 최소성원칙에 반하지 않는다. 그러므로 심판대상조항은 비밀선거의 원칙에 대한 예외를 두고 있지만 필요하고 불가피한 예외적인 경우에 한하고 있으므로, 과잉금지원칙에 반하여 청구인의 선거권을 침해하지 않는다(헌재 2020. 5. 27. 2017헌마867).

▶ **공직선거에서 투표용지에 후보자들에 대한 '전부 거부' 표시방법을 마련하지 않은 공직선거법 제150조 등이 표현의 자유를 제한하는지**(소극) : 이 사건 조항이 선거권자로 하여금 '전부 거부' 방식에 의한 정치적 의사표시를 제공하지 않고 있는 것은, 선거권자인 청구인들의 그러한 의사표현을 금지하거나 제한하고자 하는 것이 아니라 국가가 선거제도에서 투표방식을 일정하게 규정한 결과일 뿐이다. 이 사건의 경우 표현의 자유의 보호범위에 "국가가 공직후보자들에 대한 유권자의 '전부 거부' 의사표시를 할 방법을 보장해 줄 것"까지 포함된다고 볼 수 없으므로 이 사건 조항이 표현의 자유를 제한하는 것이라 할 수 없다(헌재 2007. 8. 30. 2005헌마975).

3. 투표시간(공직선거법 제155조)

임기 만료	일반인	오전 6시 ~ 오후 6시
	격리자	오후 6시 30분 ~ 오후 7시 30분
보궐선거 등	일반인	오전 6시 ~ 오후 8시
	격리자	오후 8시 30분 ~ 오후 9시 30분
사전투표	일반인	오전 6시 ~ 오후 6시 격리시설에 사전투표소가 설치된 경우도 동일
	격리자	오후 6시 30분 ~ 오후 8시(둘째 날)

판례

▶ **투표소를 선거일 오후 6시에 닫도록 한 공직선거법 제155조 제1항 중 '오후 6시에' 부분이 과잉금지원칙에 반하여 선거권을 침해하는지**(소극) : 심판대상 법률조항은 투표일 오전 6시에 투표소를 열도록 하여 일과 시작 전 투표를 할 수 있도록 하고 있고, 근로기준법 제10조는 근로자가 근로시간 중에 투표를 위하여 필요한 시간을 청구할 수 있도록 규정하고 있으며, 통합선거인명부제도가 시행됨에 따라 사전신고를 하지 않고도 부재자투표가 가능해진 점 등을 고려하면 위 조항은 선거권 행사의 보장과 투표시간 한정의 필요성을 조화시키는 하나의 방안이 될 수 있다고 할 것이므로, 침해최소성 및 법익균형성에 반한다고 보기 어렵다. 따라서 심판대상 법률조항은 과잉금지원칙에 반하여 선거권을 침해한다고 볼 수 없다(헌재 2013. 7. 25. 2012헌마815).

> ▶ **부재자투표시간을 오전 10시부터 오후 4시까지로 정하고 있는 공직선거법 제155조 제2항 본문 중 투표종료시간 부분이 청구인의 선거권과 평등권을 침해하는지**(소극) : 투표종료시간을 오후 4시까지로 정한 것은 투표당일 부재자투표의 인계·발송 절차를 밟을 수 있도록 함으로써 부재자투표의 인계·발송절차가 지연되는 것을 막고 투표관리의 효율성을 제고하고 투표함의 관리위험을 경감하기 위한 것이고, 투표개시시간을 일과시간 이전으로 변경한다면, 일과시간에 학업·직장업무를 하여야 하는 부재자투표자가 현실적으로 선거권을 행사하는 데 큰 어려움이 발생하지 않을 것이다. 따라서 투표종료시간 부분은 수단의 적정성, 법익균형성을 갖추고 있으므로 청구인의 선거권이나 평등권을 침해하지 않는다(헌재 2012. 2. 23. 2010헌마601).
>
> ▶ **부재자투표시간을 오전 10시부터 오후 4시까지로 정하고 있는 공직선거법 제155조 제2항 본문 중 투표개시시간 부분이 청구인의 선거권과 평등권을 침해하는지**(적극) : 투표개시시간을 일과시간 이내인 오전 10시부터로 정한 것은 투표시간을 줄인 만큼 투표관리의 효율성을 도모하고 행정부담을 줄이는 데 있고, 그 밖에 부재자투표의 인계·발송절차의 지연위험 등과는 관련이 없다. 이에 반해 일과시간에 학업이나 직장업무를 하여야 하는 부재자투표자는 투표개시시간 부분으로 인하여 일과시간 이전에 투표소에 가서 투표할 수 없게 되어 사실상 선거권을 행사할 수 없게 되는 중대한 제한을 받는다. 따라서 투표개시시간부분은 수단의 적정성, 법익균형성을 갖추지 못하므로 과잉금지원칙에 위배하여 청구인의 선거권과 평등권을 침해하는 것이다(헌재 2012. 2. 23. 2010헌마601).

4. 사전투표

선거인(거소투표자와 선상투표자 제외)은 누구든지 사전투표기간 중에 사전투표소에 가서 투표할 수 있다(공직선거법 제158조).

5. 투표의 비밀보장

선거인은 투표한 후보자의 성명이나 정당명을 누구에게도 또한 어떠한 경우에도 진술할 의무가 없으며, 누구든지 선거일의 투표마감시각까지 이를 질문하거나 그 진술을 요구할 수 없다. 선거인은 자신이 기표한 투표지를 공개할 수 없으며, 공개된 투표지는 무효로 한다(공직선거법 제167조 제2항, 제3항).

6. 재외선거의 특례

(1) 재외선거관리위원회 설치·운영

중앙선거관리위원회는 대통령선거와 임기만료에 따른 국회의원선거를 실시하는 때마다 선거일 전 180일부터 선거일 후 30일까지 대한민국재외공관 설치법에 따른 공관마다 재외선거의 공정한 관리를 위하여 재외선거관리위원회를 설치·운영하여야 한다. 다만, 대통령의 궐위로 인한 선거 또는 재선거는 그 선거의 실시사유가 확정된 날부터 10일 이내에 재외선거관리위원회를 설치하여야 한다(공직선거법 제218조 제1항).

(2) 국외부재자 신고

주민등록이 되어 있는 사람으로서 사전투표기간 개시일 전 출국하여 선거일 후에 귀국이 예정된 사람과 외국에 머물거나 거주하여 선거일까지 귀국하지 아니할 사람으로서 외국에서 투표하려는 선거권자는 대통령선거와 임기만료에 따른 국회의원선거를 실시하는 때마다 선거일 전 150일부터 선거일 전 60일까지 서면·전자우편 또는 중앙선거관리위원회 홈페이지를 통하여 관할 구·시·군의 장에게 국외부재자 신고를 하여야 한다. 이 경우 외국에 머물거나 거주하는 사람은 공관을 경유하여 신고하여야 한다(공직선거법 제218조의4 제1항).

> **판례**
>
> ▶ **재외선거인에게 국회의원 재·보궐선거의 선거권을 인정하지 않은 재외선거인 등록신청조항이 재외선거인의 선거권을 침해하거나 보통선거원칙에 위배되는지**(소극): 입법자는 재외선거제도를 형성하면서, 잦은 재·보궐선거는 재외국민으로 하여금 상시적인 선거체제에 직면하게 하는 점, 재외 재·보궐선거의 투표율이 높지 않을 것으로 예상되는 점, 재·보궐선거 사유가 확정될 때마다 전 세계 해외 공관을 가동하여야 하는 등 많은 비용과 시간이 소요된다는 점을 종합적으로 고려하여 재외선거인에게 국회의원의 재·보궐선거권을 부여하지 않았다고 할 것이고, 이와 같은 선거제도의 형성이 현저히 불합리하거나 불공정하다고 볼 수 없다. 따라서 재외선거인 등록신청조항은 재외선거인의 선거권을 침해하거나 보통선거원칙에 위배된다고 볼 수 없다(헌재 2014. 7. 24. 2009헌마256).

(3) 재외선거인 등록신청

주민등록이 되어 있지 아니하고 재외선거인명부에 올라 있지 아니한 사람으로서 외국에서 투표하려는 선거권자는 대통령선거와 임기만료에 따른 비례대표국회의원선거를 실시하는 때마다 해당 선거의 선거일 전 60일까지 중앙선거관리위원회에 재외선거인 등록신청을 하여야 한다(공직선거법 제218조의5 제1항).

> **판례**
>
> ▶ **재외선거인 등록신청 시 여권을 제시하도록 한 구 공직선거법 제218조의5 제2항 부분이 청구인의 선거권을 침해하는지**(소극): 심판대상조항이 재외선거인 등록신청 시 여권을 제시하도록 한 것은, 국외에서 이루어지는 재외선거의 특성상 선거권 없는 자의 선거참여를 방지하여 선거의 공정성을 확보하기 위한 것으로서, 목적의 정당성과 수단의 적합성이 인정되고, 선거권이 있는 대한민국 국민인지 여부를 확인함에 있어 여권과 동일한 정도의 신뢰성 있는 다른 공신력 있는 방법을 찾기 어려우므로 침해 최소성 원칙에 위배되지 아니한다. 따라서 심판대상조항은 청구인의 선거권을 침해하지 아니한다(헌재 2014. 4. 24. 2011헌마567).
>
> ▶ **재외선거인으로 하여금 선거를 실시할 때마다 재외선거인 등록신청을 하도록 한 재외선거인 등록신청조항이 재외선거인의 선거권을 침해하는지**(소극): 재외선거인의 등록신청서에 따라 재외선거인명부를 작성하는 방법은 해당 선거에서 투표할 권리가 있는지 확인함으로써 투표의 혼란을 막고, 선거권이 있는 재외선거인을 재외선거인명부에 등록하기 위한 합리적인 방법이다. 따라서 재외선거인 등록신청조항이 재외선거권자로 하여금 선거를 실시할 때마다 재외선거인 등록신청을 하도록 규정한 것이 재외선거인의 선거권을 침해한다고 볼 수 없다(헌재 2014. 7. 24. 2009헌마256).

(4) 재외투표소의 설치·운영

재외선거관리위원회는 선거일 전 14일부터 선거일 전 9일까지의 기간 중 6일 이내의 기간을 정하여 공관에 재외투표소를 설치·운영하여야 한다. 이 경우 공관의 협소 등의 사유로 부득이 공관에 재외투표소를 설치할 수 없는 경우에는 공관의 대체시설에 재외투표소를 설치할 수 있다(공직선거법 제218조의17 제1항).

(5) 재외선거의 투표방법

재외선거인명부등에 등재된 사람이 재외투표소에서 투표를 하지 아니하고 귀국한 때에는 선거일 전 8일부터 선거일까지 주소지 또는 최종 주소지를 관할하는 구·시·군선거관리위원회에 신고한 후 선거일에 해당 선거관리위원회가 지정하는 투표소에서 투표할 수 있다(공직선거법 제218조의16 제3항).

> **판례**
>
> ▶ 인터넷투표방법이나 우편투표방법을 채택하지 아니하고 원칙적으로 공관에 설치된 재외투표소에 직접 방문하여 투표하는 방법을 채택한 공직선거법 제218조의19 제1항 및 제2항 부분이 재외선거인의 선거권을 침해하는지(소극) : 입법자가 선거 공정성 확보의 측면, 투표용지 배송 등 선거기술적인 측면, 비용 대비 효율성의 측면을 종합적으로 고려하여, 인터넷투표방법이나 우편투표방법을 채택하지 아니하고 원칙적으로 공관에 설치된 재외투표소에 직접 방문하여 투표하는 방법을 채택한 것이 현저히 불공정하고 불합리하다고 볼 수는 없으므로, 재외선거 투표절차조항은 재외선거인의 선거권을 침해하지 아니한다(헌재 2014. 7. 24. 2009헌마256).
>
> ▶ 재외선거사무 중지결정이 있었고 그에 대한 재개결정이 없었던 상황에서 재외투표기간 개시일 이후에 귀국한 재외선거인 등이 국내에서 선거일에 투표할 수 있도록 하는 절차를 마련하지 아니한 것이 청구인의 선거권을 침해하는지(적극) : 재외투표기간이 종료된 후 선거일이 도래하기 전까지의 기간 내에 재외투표관리관이 재외선거인 등 중 실제로 재외투표를 한 사람들의 명단을 중앙선거관리위원회에 보내거나 중앙선거관리위원회를 경유하여 관할 구·시·군선거관리위원회에 보내어 선거일 전까지 투표 여부에 관한 정보를 확인하는 방법을 상정할 수 있으며, 현재의 기술 수준으로도 이와 같은 방법이 충분히 실현가능한 것으로 보인다. 심판대상조항을 통해 달성하고자 하는 선거의 공정성은 매우 중요한 가치이나, <u>선거의 공정성도 선거인의 선거권이 실질적으로 보장될 때 비로소 의미를 가진다</u>. 심판대상조항의 불충분·불완전한 입법으로 인한 청구인의 선거권 제한을 결코 가볍다고 볼 수 없으며, 이는 심판대상조항으로 인해 달성되는 공익에 비해 작지 않다. 따라서 심판대상조항은 과잉금지원칙에 위배되어 청구인의 선거권을 침해한다(헌재 2022. 1. 27. 2020헌마895 헌법불합치).

Ⅶ 당선인 결정과 재·보궐선거

1. 당선인 결정

(1) 대통령 당선인 결정

> **헌법 제67조**
> ① 대통령은 국민의 보통·평등·직접·비밀선거에 의하여 선출한다.
> ② 제1항의 선거에 있어서 최고득표자가 2인 이상인 때에는 국회의 재적의원 과반수가 출석한 공개회의에서 다수표를 얻은 자를 당선자로 한다.
> ③ 대통령 후보자가 1인일 때에는 그 득표수가 선거권자 총수의 3분의 1 이상이 아니면 대통령으로 당선될 수 없다.

대통령선거에 있어서는 중앙선거관리위원회가 유효투표의 다수를 얻은 자를 당선인으로 결정하고, 이를 국회의장에게 통지하여야 한다(공직선거법 제187조 제1항).

(2) 지역구국회의원 당선인 결정

지역구국회의원선거에 있어서는 선거구선거관리위원회가 당해 국회의원지역구에서 유효투표의 다수를 얻은 자를 당선인으로 결정한다. 다만, 최고득표자가 2인 이상인 때에는 연장자를 당선인으로 결정한다(공직선거법 제188조 제1항).

> **판례**
>
> ▶ 지역구국회의원선거에 있어서 선거구선거관리위원회가 당해 국회의원지역구에서 유효투표의 다수를 얻은 자를 당선인으로 결정하도록 한 공직선거법 조항이 청구인의 평등권과 선거권을 침해하는지(소극) : 유권자들의 후보들에 대한 각기 다른 지지는 자연스러운 것이고, 선거제도상 모든 후보자들을 당선시키는 것은 불가능하므로 사표의 발생은 불가피한 측면이 있다. 이러한 점들을 고려하면, 선거권자들에게 성별, 재산 등에 의한 제한 없이 모두 투표참여의 기회를 부여하고(보통선거), 선거권자 1인의 투표를 1표로 계산하며(평등선거), 선거결과가 선거권자에 의해 직접 결정되고(직접선거), 투표의 비밀이 보장되며(비밀선거), 자유로운 투표를 보장함으로써(자유선거) 헌법상의 선거원칙은 모두 구현되는 것이므로, 이에 더하여 국회의원선거에서 사표를 줄이기 위해 소선거구 다수대표제를 배제하고 다른 선거제도를 채택할 것까지 요구할 수는 없다. 따라서 심판대상조항이 청구인의 평등권과 선거권을 침해한다고 할 수 없다(헌재 2016. 5. 26. 2012헌마374).
>
> ▶ 지방자치단체의 장 선거에서 후보자 등록 마감시간까지 후보자 1인만이 등록한 경우 투표를 실시하지 않고 그 후보자를 당선인으로 결정하도록 하는 공직선거법 제191조 제3항이 청구인의 선거권을 침해하는지(소극) : 후보자가 1인일 경우에도 투표를 실시하도록 하면 당선자가 없어 재선거를 하게 되는 경우도 발생할 수 있는데 이 경우 재선거 실시에 따르는 새로운 후보자 확보 가능성의 문제, 행정적인 번거로움과 시간·비용의 낭비는 물론이고 지방자치난제의 상 업무의 공백 역시 필연적으로 뒤따르게 된다. 입법자가 위와 같은 사정을 고려하여 후보자가 1인일 경우 투표를 실시하지 않고 해당 후보자를 지방자치단체의 장 당선자로 정하도록 결단한 것은 입법목적 달성에 필요한 범위를 넘은 과도한 제한이라 할 수 없으므로 심판대상조항은 청구인의 선거권을 침해하지 않는다(헌재 2016. 10. 27. 2014헌마797).

2. 피선거권상실로 인한 당선무효

선거일에 피선거권이 없는 자는 당선인이 될 수 없고, 당선인이 임기개시 전에 피선거권이 없게 된 때에는 당선의 효력이 상실된다(공직선거법 제192조 제1항, 제2항).

3. 의석 승계

비례대표 국회의원 및 비례대표 지방의회의원에 궐원이 생긴 때에는 선거구선거관리위원회는 궐원통지를 받은 후 10일 이내에 그 궐원된 의원이 그 선거 당시에 소속한 정당의 비례대표 국회의원후보자명부 및 비례대표지방의회의원후보자명부에 기재된 순위에 따라 궐원된 국회의원 및 지방의회의원의 의석을 승계할 자를 결정하여야 한다. 다만 의석을 승계할 후보자를 추천한 정당이 해산되거나 임기만료일 전 120일 이내에 궐원이 생긴 때에는 의석을 승계할 사람을 결정하지 아니한다(공직선거법 제200조 제2항, 제3항).

> **판례**

▶ 비례대표 국회의원에 궐원이 생기는 경우 별도의 보궐선거 없이 궐원된 의원이 그 선거 당시에 소속되어 있던 정당의 비례대표 국회의원 후보자명부에 기재된 순서대로 의석이 승계되도록 정한 공직선거법 제200조 제2항 부분이 청구인의 선거권을 제한하는지(소극): 주기적으로 실시되는 국회의원선거에서 각 정당에 배분되는 비례대표국회의원의 의석수가 결정되면, 청구인을 비롯한 선거권자들의 비례대표국회의원 선거권 행사는 완료된 것으로 볼 수 있다. 심판대상조항은 선거권 행사에 의하여 이미 형성된 의석 분포에 기초하여, 임기 중 비례대표국회의원에 궐원이 생기는 경우 위 분포를 변화시키지 않는 범위 내에서 궐원된 의석을 어떻게 승계할지의 문제만을 규정하고 있으므로, 선거권을 제한한거나 선거권에 영향을 미치는 조항이라고 볼 수 없다(헌재 2023. 9. 26. 2021헌마260).

▶ 임기만료일 전 180일 이내에 비례대표 국회의원에 궐원이 생긴 때를 비례대표국회의원 의석승계 제한사유로 규정한 공직선거법 제200조 제2항 단서 부분이 대의제민주주의 원리에 위배되는지(적극): 현행 비례대표선거제하에서 선거에 참여한 선거권자들의 정치적 의사표명에 의하여 직접 결정되는 것은, 어떠한 비례대표국회의원후보자가 비례대표국회의원으로 선출되느냐의 문제라기보다는 비례대표국회의원의석을 할당받을 정당에 배분되는 비례대표국회의원의 의석수라고 할 수 있다. 그런데 심판대상조항은 정당의 비례대표국회의원 후보자명부에 의한 의석 승계를 인정하지 아니함으로써 그 정당에 비례대표국회의원의석을 할당받도록 한 선거권자들의 정치적 의사표명을 무시하고 왜곡하는 결과가 된다. 따라서 심판대상조항은 선거권자의 의사를 무시하고 왜곡하는 결과를 낳을 수 있고, 의회의 정상적인 기능 수행에 장애가 될 수 있다는 점에서 헌법의 기본원리인 대의제민주주의 원리에 부합되지 않는다(헌재 2009. 6. 25. 2008헌마413 헌법불합치).

▶ 선거범죄로 인하여 당선이 무효로 된 때를 비례대표 지방의회의원의 의석 승계 제한사유로 규정한 공직선거법 제200조 제2항 단서 부분이 대의제민주주의 원리에 위배되는지(적극): 심판대상조항은 선거범죄를 범한 비례대표지방의회의원 당선인 본인의 의원직 박탈로 그치지 아니하고 그로 인하여 궐원된 의석의 승계를 인정하지 아니함으로써 그 정당에 비례대표지방의회의원의석을 할당받도록 한 선거권자들의 정치적 의사표명을 무시하고 왜곡하는 결과가 된다. 따라서 심판대상조항은 선거권자의 의사를 무시하고 왜곡하는 결과를 초래할 수 있다는 점에서 헌법의 기본원리인 대의제민주주의 원리에 부합되지 않는다(헌재 2009. 6. 25. 2007헌마40).

Ⅷ 선거 및 당선쟁송

1. 선거 및 당선쟁송의 관할

구분		소청	소송
대통령·국회의원		×	대법원
시·도지사		중앙선거관리위원회	대법원
시·도의원	비례대표	중앙선거관리위원회	대법원
	지역구	시·도선거관리위원회	고등법원
시·군·구의 장 및 의원		시·도선거관리위원회	고등법원

2. 선거쟁송의 당사자

구분		원고(소청인)	피고(피소청인)
대통령·국회의원		• 선거인 • 정당 • 후보자	• 선거구선거관리위원회위원장 • 궐위 시 선거관리위원회위원 전원
시·도지사			
시·도의원	비례대표		
	지역구		
시·군·구의 장 및 의원			

3. 당선쟁송의 당사자

구분		원고(소청인)	피고(피소청인)
대통령·국회의원		• 정당 • 후보자	• 당선인 자격의 하자: 당선인 • 당선인 결정의 하자: 당선인 결정 기관의 장
시·도지사			
시·도의원	비례대표		
	지역구		
시·군·구의 장 및 의원			

4. 선거무효의 판결 등

소청이나 소장을 접수한 선거관리위원회 또는 대법원이나 고등법원은 선거쟁송에 있어 선거에 관한 규정에 위반된 사실이 있는 때라도 선거의 결과에 영향을 미쳤다고 인정하는 때에 한하여 선거의 전부나 일부의 무효 또는 당선의 무효를 결정하거나 판결한다(공직선거법 제224조).

제4항 공무원제도

I 공무원의 지위

> **헌법 제7조**
> ① 공무원은 국민 전체에 대한 봉사자이며, 국민에 대하여 책임을 진다.

국민 전체에 대한 봉사자란 공무원은 특정인이나 특정의 당파 등 부분 이익만을 대표하여서는 안 되고 국민 전체의 이익을 위해 봉사해야 한다는 것을 말한다. 국민 전체에 대한 봉사자로서의 공무원은 공무수탁사인까지도 포함하는 가장 넓은 의미의 공무원이다.

Ⅱ 직업공무원제도

> **헌법 제7조**
> ② 공무원의 신분과 정치적 중립성은 법률이 정하는 바에 의하여 보장된다.

1. 의의

직업공무원제도란 공무원이 집권 세력의 논공행상의 제물이 되는 엽관제도를 지양하고 정권교체에 따른 국가작용의 중단과 혼란을 예방하고 일관성 있는 공무수행의 독자성을 유지하기 위하여 헌법과 법률에 의하여 공무원의 신분이 보장되는 공직제도를 말한다(헌재 1989. 12. 18. 89헌마32).

> **판례**
>
> ▶ **직업공무원제도의 헌법적 의의**: 직업공무원제도는 공무원의 신분과 정치적 중립성 보장을 통하여 모든 공무원으로 하여금 어떤 특정 정당이나 특정 상급자를 위하여 충성하는 것이 아니라 국민 전체에 대한 봉사자로서 법에 따라 그 소임을 다할 수 있게 함으로써 공무원 개인의 권리나 이익을 보호함에 그치지 아니하고 나아가 국가기능의 측면에서 정치적 안정의 유지에 기여하도록 하는 제도이다(헌재 1997. 4. 24. 95헌바48).
>
> ▶ **직업공무원제도에서 말하는 공무원**: 직업공무원제도에서 말하는 공무원은 국가 또는 공공단체와 근로관계를 맺고 이른바 공법상 특별권력관계 내지 특별행정법관계 아래 공무를 담당하는 것을 직업으로 하는 협의의 공무원을 말하며 정치적 공무원이라든가 임시적 공무원은 포함되지 않는다(헌재 1989. 12. 18. 89헌마32).

2. 법적 성격

직업공무원제도는 지방자치제도, 복수정당제도, 혼인제도 등과 함께 "제도보장"의 하나로서 이는 일반적인 법에 의한 폐지나 제도본질의 침해를 금지한다는 의미의 최소보장의 원칙이 적용되는바, 이는 기본권의 경우 헌법 제37조 제2항의 과잉금지의 원칙에 따라 필요한 경우에 한하여 "최소한으로 제한"되는 것과 대조된다(헌재 1994. 4. 28. 91헌바15).

> **판례**
>
> ▶ **사회국가원리에 입각한 공직제도**: 현대민주주의 국가에 이르러서는 사회국가원리에 입각한 공직제도의 중요성이 특히 강조되고 있는바, 이는 사회적 법치국가이념을 추구하는 자유민주국가에서 공직제도란 사회국가의 실현수단일 뿐 아니라, 그 자체가 사회국가의 대상이며 과제라는 점을 이념적 기초로 한다. 이는 모든 공무원들에게 보호가치 있는 이익과 권리를 인정해 주고, 공무원에게 자유의 영역이 확대될 수 있도록 공직자의 직무의무를 가능한 선까지 완화하며, 공직자들의 직무환경을 최대한으로 개선해 주고, 공직수행에 상응하는 생활부양을 해 주고, 퇴직 후나 재난, 질병에 대처한 사회보장의 혜택을 마련하는 것 등을 그 내용으로 한다. 그런데, 공무원의 생활보장의 가장 일차적이며 기본적인 수단은 '그 일자리의 보장'이라는 점에서 오늘날 사회국가원리에 입각한 공직제도에서 개개 공무원의 공무담임권 보장의 중요성은 더욱 큰 의미를 가지고 있다(헌재 2002. 8. 29. 2001헌마788).

▶ **공직의 구조 및 사회인식의 변화와 공직제도**: 사회구조의 변화는 일반인의 공직에 대한 인식에도 변화를 가져오게 되었는바, 사회구조의 변화에 따른 사회국가적 행정임무의 증대와 이에 따른 공무원 수의 대폭적인 증가현상은 자연히 공무원의 질과 사회적 지위에 영향을 미치게 되었고, 결과적으로 공무원이 종래 누렸던 엘리트적인 면모가 손상을 입게 되었다. 물론 오늘날 공직의 구조 및 공직에 대한 인식의 변화에도 불구하고 공무원은 국민에 대한 봉사자로서의 지위를 지니는 것이고 공정한 공직수행을 위한 직무상의 높은 수준의 염결성은 여전히 강조되는 것이다. 다만, 엘리트적 면모와 사회적 명예직으로서의 공직 인식은 더 이상 유효하지 않다고 할 것이며, 따라서, '모든 범죄로부터 순결한 공직자 집단'이라는 신뢰를 요구하는 것은 오히려 국민의 공직에 대한 신뢰를 과장하여 해석하는 것이라고 아니할 수 없다(헌재 2003. 10. 30. 2002헌마684).

▶ **공직의 구조 및 사회인식의 변화와 공직제도**: 아직도 공무원은 국민에 대한 봉사자로서의 지위를 지니는 것이고 공정한 공직수행을 위한 직무상의 높은 수준의 염결성은 여전히 강조되어 마땅하나, 오늘날 공직의 구조 및 공직에 대한 인식의 변화에 따라, 적어도 급여에 관한 한, 공무원도 일반 직장인과 같은 하나의 직업인이라는 공통된 인식이 확산되었다(헌재 2007. 3. 29. 2005헌바33).

3. 내용

(1) 정치적 중립성

> **국가공무원법 제65조(정치 운동의 금지)**
> ① 공무원은 정당이나 그 밖의 정치단체의 결성에 관여하거나 이에 가입할 수 없다.

공무원의 정치적 중립성의 요청은 정권교체로 인하여 행정의 일관성과 계속성이 상실되지 않도록 하고, 공무원의 정치적 신조에 따라서 행정이 좌우되지 않도록 함으로써 공무집행에서의 혼란의 초래를 예방하고 국민의 신뢰를 확보하기 위함이다(헌재 2012. 7. 26. 2009헌바298).

판례

▶ **초·중등학교의 교육공무원이 정치단체의 결성에 관여하거나 이에 가입하는 행위를 금지한 국가공무원법 제65조 제1항 중 '그 밖의 정치단체 결성에 관여하거나 이에 가입할 수 없다.' 부분이 청구인들의 정치적 표현의 자유 및 결사의 자유를 침해하는지**(적극): 민주주의 국가에서 국가 구성원의 모든 사회적 활동은 '정치'와 관련된다. 특히 단체는 국가 정책에 찬성·반대하거나, 특정 정당이나 후보자의 주장과 우연히 일치하기만 하여도 정치적인 성격을 가진다고 볼 여지가 있다. 국가공무원법 조항은 가입 등이 금지되는 대상을 '정당이나 그 밖의 정치단체'로 규정하고 있으므로, 문언상 '정당'에 준하는 정치단체만을 의미하는 것이라고 해석하기도 어렵다. 단체의 목적이나 활동에 관한 어떠한 제한도 없는 상태에서는 '정치단체'와 '비정치단체'를 구별할 수 있는 기준을 도출할 수 없다. 그렇다면 위 조항은 명확성 원칙에 위배되어 청구인들의 정치적 표현의 자유 및 결사의 자유를 침해한다(헌재 2020. 4. 23. 2018헌마551).

▶ **사회복무요원의 정치적 행위를 금지하는 국가공무원법 제65조 제1항 중 '그 밖의 정치단체에 가입하는 등 정치적 목적을 지닌 행위'에 관한 부분이 청구인의 정치적 표현의 자유 및 결사의 자유를 침해하는지**(적극): '그 밖의 정치단체'는 문언상 '정당'에 준하는 정치단체만을 의미하는 것이 아니고, 단체의 목적이나 활동에 관한 어떠한 제한도 규정하고 있지 않으며, '정치적 중립성'이라는 입법목적 자체가 매우 추상적인 개념이어서, 이로부터 '정치단체'와 '비정치단체'를 구별할 수 있는 기준을 도출할 수 없다. 이 사건 법률조항은 '정치적 목적을 지닌 행위'의 의미를 개별화·유형화 하지 않으며, '그 밖의 정치단체'의 의미가 불명확하므로 이를 예시로 규정하여도 '정치적 목적을 지닌 행위'의 불명확성은 해소되지 않는다. 따라서 심판대상조항은 명확성원칙에 반하여 청구인의 정치적 표현의 자유 및 결사의 자유를 침해한다(헌재 2021. 11. 25. 2019헌마534).

▶ **선거관리위원회 공무원에 대해 특정 정당이나 후보자를 지지·반대하는 단체에의 가입·활동 등을 금지하는 것이 선관위 공무원의 정치적 표현의 자유 등을 침해하는지**(소극): 이 사건 규정들은 선관위 공무원에 대하여 특정 정당이나 후보자를 지지·반대하는 단체에의 가입·활동 등을 금지함으로써 선관위 공무원의 정치적 표현의 자유 등을 제한하고 있으나, 선관위 공무원에게 요청되는 엄격한 정치적 중립성에 비추어 볼 때 선관위 공무원이 특정한 정치적 성향을 표방하는 단체에 가입·활동한다는 사실 자체만으로 그 정치적 중립성과 직무의 공정성, 객관성이 의심될 수 있으므로 이 사건 규정들은 선관위 공무원의 정치적 표현의 자유 등을 침해한다고 할 수 없다(헌재 2012. 3. 29. 2010헌마97).

▶ **공무원에 대하여 국가 또는 지방자치단체의 정책에 대한 반대·방해 행위를 금지한 구 '국가공무원 복무규정' 제3조 제2항 등이 공무원의 정치적 표현의 자유를 침해하는지**(소극): 위 규정들은 공무원의 정치적 의사표현이 집단적인 행위가 아닌 개인적·개별적인 행위인 경우에는 허용하고 있고, 공무원이 직무 외에서 집단적인 정치적 표현 행위를 한다 하더라도 공무원의 정치적 중립성에 대한 국민의 신뢰는 유지되기 어려우므로 직무 내외를 불문하고 금지한다 하더라도 침해의 최소성원칙에 위배되지 아니한다. 만약 국가 또는 지방자치단체의 정책에 대한 공무원의 집단적인 반대·방해 행위가 허용된다면 원활한 정책의 수립과 집행이 불가능하게 되고 공무원의 정치적 중립성이 훼손될 수 있는바, 위 규정들이 달성하려는 공익은 그로 말미암아 제한받는 공무원의 정치적 표현의 자유에 비해 작다고 할 수 없으므로 법익의 균형성 또한 인정된다(헌재 2012. 5. 31. 2009헌마705).

▶ **공무원에 대하여 직무수행 중 정치적 주장을 표시·상징하는 복장 등 착용행위를 금지한 '국가공무원 복무규정' 제8조의2 제2항 등이 공무원의 정치적 표현의 자유를 침해하는지**(소극): 위 규정들은 공무원의 근무기강을 확립하고 공무원의 정치적 중립성을 확보하려는 입법목적을 가진 것으로서, 공무원이 직무 수행 중 정치적 주장을 표시·상징하는 복장 등을 착용하는 행위는 그 주장의 당부를 떠나 국민으로 하여금 공무집행의 공정성과 정치적 중립성을 의심하게 할 수 있으므로 공무원이 직무수행 중인 경우에는 그 활동과 행위에 더 큰 제약이 가능하다고 하여야 할 것인바, 위 규정들은 오로지 공무원의 직무수행 중의 행위만을 금지하고 있으므로 침해의 최소성 원칙에 위배되지 아니한다. 따라서 위 규정들은 과잉금지원칙에 반하여 공무원의 정치적 표현의 자유를 침해한다고 할 수 없다(헌재 2012. 5. 31. 2009헌마705).

(2) 신분보장

1) 의의

헌법 제7조 제2항의 공무원의 신분보장 규정은 공무원이 정당한 이유 없이 해임되지 아니하도록 신분을 보장하여 국민 전체에 대한 봉사자로서 성실히 근무할 수 있도록 하기 위한 것이며 동시에, 공무원의 신분은 무제한 보장되는 것이 아니라 공무의 특수성을 고려하여 헌법이 정한 신분보장의 원칙 아래 법률로 그 내용을 정할 수 있도록 한 것이다(헌재 1997. 11. 27. 95헌바14).

판례

▶ **공무원이 정년까지 근무할 수 있는 권리**: 공무원이 정년까지 근무할 수 있는 권리는 헌법의 공무원 신분보장 규정에 의하여 보호되는 기득권으로서 그 침해 내지 제한은 신뢰보호의 원칙에 위배되지 않는 범위 내에서만 가능하다고 할 것이므로, 기존의 정년규정을 변경하여 임용 당시의 공무원법상의 정년까지 근무할 수 있다는 기대 내지 신뢰를 합리적 이유 없이 박탈하는 것은 공무원 신분보장 규정에 위배된다(헌재 2000. 12. 14. 99헌마112).

▶ **공무원의 신분보장** : 공무원에 대한 특별한 신분보장은 직업공무원제도를 유지하기 위해 공무원에게 반사적으로 인정되는 제도상의 지위인바, 공무원은 공무수행상의 사유가 아니면 자신의 지위를 상실하거나 기타 불이익한 처분을 받지 아니하고, 공무 이외의 타 직을 겸하는 것이 금지되지만 법정 보수를 받고 각종 연금 내지 보상청구권을 갖는다(헌재 2008. 12. 26. 2007헌마444).

▶ **헌법 제7조 제2항에서 지방자치단체장을 위한 퇴직급여제도를 마련할 입법 의무가 도출되는지**(소극) : 지방자치단체장은 특정 정당을 정치적 기반으로 하여 선거에 입후보할 수 있고 주민의 선거에 의하여 선출되는 공무원이라는 점에서, 헌법 제7조 제2항에 따라 신분보장이 필요하고 정치적 중립성이 요구되는 공무원에 해당한다고 보기 어렵다. 따라서 헌법 제7조의 해석상, 지방자치단체장을 위한 퇴직급여제도를 마련하여야 할 입법적 의무가 도출된다고 볼 수는 없다(헌재 2014. 6. 26. 2012헌마459).

▶ **공무원의 보수청구권** : 직업공무원제도를 유지하기 위해 공무원에게 보수청구권이 인정되지만, 공무원의 보수청구권의 구체적 내용을 형성함에 있어서는 입법자에게 폭 넓은 재량이 헌법상 허용된다. 공무원의 보수청구권은 법률 및 법률의 위임을 받은 하위법령에서 보수의 구체적 수준이 형성되면 직업공무원제도의 한 내용으로서 재산권적 성격이 인정되는 공법상 권리가 된다(헌재 2008. 12. 26. 2007헌마444).

2) 공무원 관계의 발생

① 임용

임용이란 정부조직에서 사람을 선발해 쓰는 활동을 말한다. 임용에는 일반적으로 공무원의 신분 관계를 설정하는 임명과 이미 공무원의 신분을 취득한 자에게 일정한 직무를 부여하는 보직 행위가 포함된다.

② 임용 결격사유(국가공무원법 제33조)

- 피성년후견인
- 파산선고를 받고 복권되지 아니한 자
- 금고 이상의 실형을 선고받고 그 집행이 끝나거나 집행이 면제된 날부터 5년이 지나지 아니한 자
- 금고 이상의 형의 집행유예를 선고받고 그 유예기간이 끝난 날부터 2년이 지나지 아니한 자
- 금고 이상의 형의 선고유예를 받은 경우에 그 선고유예 기간 중에 있는 자
- 법원의 판결 또는 다른 법률에 따라 자격이 상실되거나 정지된 자
- 공무원으로 재직기간 중 직무와 관련하여 형법 제355조(횡령, 배임) 및 제356조(업무상 횡령과 배임)에 규정된 죄를 범한 자로서 300만원 이상의 벌금형을 선고받고 그 형이 확정된 후 2년이 지나지 아니한 자
- 다음 각 목의 어느 하나에 해당하는 죄를 범한 사람으로서 100만원 이상의 벌금형을 선고받고 그 형이 확정된 후 3년이 지나지 아니한 사람
  - 성폭력범죄처벌법 제2조에 따른 성폭력범죄
  - 정보통신망법 제74조 제1항 제2호 및 제3호에 규정된 죄
  - 스토킹처벌법 제2조 제2호에 따른 스토킹범죄
- 미성년자에 대한 다음 각 목의 어느 하나에 해당하는 죄를 저질러 파면·해임되거나 형 또는 치료감호를 선고받아 그 형 또는 치료감호가 확정된 사람
  - 성폭력범죄처벌법 제2조에 따른 성폭력범죄
  - 청소년성보호법 제2조 제2호에 따른 아동·청소년대상 성범죄
- 징계로 파면처분을 받은 때부터 5년이 지나지 아니한 자
- 징계로 해임처분을 받은 때부터 3년이 지나지 아니한 자

> **판례**
>
> ▶ 금고 이상의 형의 선고유예를 받고 그 기간 중에 있는 자를 임용결격사유로 삼고 위 사유에 해당하는 자가 임용되더라도 이를 당연무효로 하는 국가공무원법 제33조 제1항 제5호가 공무담임권을 침해하는지(소극) : 이 사건 법률조항은 공직에 대한 국민의 신뢰를 보장하고 공무원의 원활한 직무수행을 도모하기 위하여 마련된 조항이다. 임용결격사유에도 불구하고 임용된 임용결격공무원은 상당한 기간 동안 근무한 경우라도 적법한 공무원의 신분을 취득하여 근무한 것이 아니라는 이유로 공무원연금법상 퇴직급여의 지급대상이 되지 못하는 등 일정한 불이익을 받기는 하지만, 재직기간 중 사실상 제공한 근로에 대하여는 그 대가에 상응하는 금액의 반환을 부당이득으로 청구하는 등의 민사적 구제수단이 있는 점을 고려하면, 공직에 대한 국민의 신뢰보장이라는 공익과 비교하여 임용결격공무원의 사익 침해가 현저하다고 보기 어렵다. 따라서 이 사건 법률조항은 입법자의 재량을 일탈하여 공무담임권을 침해한 것이라고 볼 수 없다(헌재 2016. 7. 28. 2014헌바437).
>
> ▶ '아동에게 성적 수치심을 주는 성희롱 등의 성적 학대행위로 형을 선고받아 그 형이 확정된 사람은 국가공무원법 제2조 제2항 제1호의 일반직공무원으로 임용될 수 없도록 한' 국가공무원법 제33조 제6호의4 나목이 청구인의 공무담임권을 침해하는지(적극) : 심판대상조항은 아동과 관련이 없는 직무를 포함하여 모든 일반직 공무원 및 부사관에 임용될 수 없도록 하므로, 제한의 범위가 지나치게 넓고 포괄적이다. 또한, 심판대상조항은 영구적으로 임용을 제한하고, 결격사유가 해소될 수 있는 어떠한 가능성도 인정하지 않는다. 아동에 대한 성희롱 등의 성적 학대행위로 형을 선고받은 경우라고 하여도 범죄의 종류, 죄질 등은 다양하므로, 개별 범죄의 비난가능성 및 재범 위험성 등을 고려하여 상당한 기간 동안 임용을 제한하는 덜 침해적인 방법으로도 입법목적을 충분히 달성할 수 있다. 따라서 심판대상조항은 과잉금지원칙에 위배되어 청구인의 공무담임권을 침해한다(헌재 2022. 11. 24. 2020헌마1181 헌법불합치).
>
> ▶ '아동·청소년이용음란물임을 알면서 이를 소지한 죄로 형을 선고받아 그 형이 확정된 사람은 국가공무원법 제2조 제2항 제1호의 일반직공무원으로 임용될 수 없도록 한' 국가공무원법 제33조 제6호의4 나목이 청구인들의 공무담임권을 침해하는지(적극) : 심판대상조항은 아동·청소년과 관련이 없는 직무를 포함하여 모든 일반직공무원에 임용될 수 없도록 하므로 제한의 범위가 지나치게 넓고 포괄적이다. 또한, 심판대상조항은 영구적으로 임용을 제한하고, 결격사유가 해소될 수 있는 어떠한 가능성도 인정하지 않는다. 그런데 아동·청소년이용음란물소지죄로 형을 선고받은 경우라고 하여도 범죄의 종류, 죄질 등은 다양하므로, 개별 범죄의 비난가능성 및 재범 위험성 등을 고려하여 상당한 기간 동안 임용을 제한하는 덜 침해적인 방법으로도 입법목적을 충분히 달성할 수 있다. 따라서 심판대상조항은 과잉금지원칙에 위배되어 청구인들의 공무담임권을 침해한다(헌재 2023. 6. 29. 2020헌마1605 헌법불합치).

3) 공무원 관계의 변경

① 직위해제(국가공무원법 제73조의3 제1항)

> - 직무수행 능력이 부족하거나 근무성적이 극히 나쁜 자
> - 파면·해임·강등 또는 정직에 해당하는 징계 의결이 요구 중인 자
> - 형사사건으로 기소된 자(약식명령이 청구된 자 제외)
> - 고위공무원단에 속하는 일반직공무원으로서 적격심사를 요구받은 자
> - 금품비위, 성범죄 등 대통령령으로 정하는 비위행위로 인하여 감사원 및 검찰·경찰 등 수사기관에서 조사나 수사 중인 자로서 비위의 정도가 중대하고 이로 인하여 정상적인 업무수행을 기대하기 현저히 어려운 자

> **판례**
>
> ▶ **형사사건으로 기소되면 필요적으로 직위해제처분을 하도록 한 국가공무원법 규정이 위헌인지**(적극) : 형사사건으로 기소되면 필요적으로 직위해제처분을 하도록 한 국가공무원법규정은 공무원이 국가공무원법 제33조 제1항 제3호 내지 제6호에 해당하는 유죄판결을 받을 고도의 개연성이 있는가의 여부에 무관하게 경우에 따라서는 벌금형이나 무죄가 선고될 가능성이 큰 사건인 경우에 대해서까지도 일률적으로 직위해제처분을 하지 않을 수 없도록 한 것으로 헌법 제37조 제2항의 비례의 원칙에 위반되어 직업의 자유를 과도하게 침해하고 헌법 제27조 제4항의 무죄추정의 원칙에도 위반된다(헌재 1998. 5. 28. 96헌가12).
>
> ▶ **형사사건으로 기소된 국가공무원을 직위해제할 수 있도록 규정한 구 국가공무원법 제73조의2 제1항 제4호 부분이 공무담임권을 침해하는지**(소극) : 이 사건 법률조항은 임용권자로 하여금 구체적인 경우에 따라 개별성과 특수성을 판단하여 직위해제 여부를 결정하도록 한 것이지 직무와 전혀 관련이 없는 범죄나 지극히 경미한 범죄로 기소된 경우까지 임용권자의 자의적인 판단에 따라 직위해제를 할 수 있도록 허용하는 것은 아니고, 기소된 범죄의 법정형이나 범죄의 성질에 따라 그 요건을 보다 한정적, 제한적으로 규정하는 방법을 찾기 어렵다는 점에서 이 사건 법률조항이 필요최소한도를 넘어 공무담임권을 제한하였다고 보기 어렵다. 따라서 이 사건 법률조항은 공무담임권을 침해하지 않는다(헌재 2006. 5. 25. 2004헌바12).
>
> ▶ **지방자치단체의 장은 다른 지방자치단체의 장의 동의를 얻어 그 소속 공무원을 전입할 수 있다고 규정하고 있는 지방공무원법 제29조의3이 위헌인지**(소극) : 헌법 제7조에 규정된 공무원의 신분보장 및 헌법 제15조에서 보장하는 직업선택의 자유의 의미와 효력에 비추어 볼 때 위 법률조항은 해당 지방공무원의 동의가 있을 것을 당연한 전제로 하여 그 공무원이 소속된 지방자치단체의 장의 동의를 얻어서만 그 공무원을 전입할 수 있음을 규정하고 있는 것으로 해석하는 것이 타당하다. 따라서 위 법률조항은 헌법에 위반되지 아니한다(헌재 2002. 11. 28. 98헌바101).

② 징계

공무원이 국가공무원법 및 국가공무원법에 따른 명령을 위반한 경우, 직무상의 의무를 위반하거나 직무를 태만히 한 때, 직무의 내외를 불문하고 그 체면 또는 위신을 손상하는 행위를 한 때 징계 의결을 요구하여야 하고 그 징계 의결의 결과에 따라 징계처분을 하여야 한다(국가공무원법 제78조 제1항). 한편 본인의 의사에 반한 불리한 처분이나 부작위에 관한 행정소송은 소청심사위원회의 심사·결정을 거치지 아니하면 제기할 수 없다(국가공무원법 제16조 제1항).

> **판례**
>
> ▶ **공무원에게 직무의 내외를 불문하고 품위유지의무를 부과하고 품위손상행위를 공무원에 대한 징계사유로 규정한 국가공무원법 조항이 명확성 원칙에 위배되는지**(소극) : 대법원은 공무원이 유지하여야 할 품위에 관하여 '주권자인 국민의 수임자로서 직책을 맡아 수행해 나가기에 손색이 없는 인품'을 말한다고 판시하고 있는바, 이 사건 법률조항이 공무원 징계사유로 규정한 품위손상행위는 '주권자인 국민으로부터 수임받은 공무를 수행함에 손색이 없는 인품에 어울리지 않는 행위를 함으로써 공무원 및 공직 전반에 대한 국민의 신뢰를 떨어뜨릴 우려가 있는 경우'를 일컫는 것으로 해석할 수 있고, 그 수범자인 평균적인 공무원은 이를 충분히 예측할 수 있다. 따라서 이 사건 법률조항은 명확성 원칙에 위배되지 아니한다(헌재 2016. 2. 25. 2013헌바435).

▶ **지방공무원이 면직처분에 대해 불복할 경우 행정소송 제기에 앞서 반드시 소청심사를 거치도록 한 지방공무원법 조항이 재판청구권을 침해하거나 평등원칙에 위반되는지**(소극) : 직권면직처분을 받은 지방공무원이 그에 대해 불복할 경우 행정소송의 제기에 앞서 반드시 소청심사를 거치도록 규정한 것은 행정기관 내부의 인사행정에 관한 전문성 반영, 행정기관의 자율적 통제, 신속성 추구라는 행정심판의 목적에 부합한다. 소청심사제도에도 심사위원의 자격요건이 엄격히 정해져 있고, 임기와 신분이 보장되어 있는 등 독립성과 공정성이 확보되어 있으며, 증거조사절차나 결정절차 등 심리절차에 있어서도 사법절차가 상당 부분 준용되고 있다. 따라서 이 사건 필요적 전치조항은 입법형성의 한계를 벗어나 재판청구권을 침해하거나 평등원칙에 위반된다고 볼 수 없다(헌재 2015. 3. 26. 2013헌바186).

▶ **지방공무원이 면직처분에 대해 불복할 경우 소청심사청구기간을 처분사유 설명서 교부일부터 30일 이내로 정한 구 소방공무원법 조항이 재판청구권을 침해하거나 평등원칙에 위반되는지**(소극) : 지방공무원법은 임용권자가 직권으로 면직처분을 할 수 있는 사유를 구체적으로 규정하고 있고, 면직처분을 하는 경우 당해 공무원에게 그 처분사유를 적은 설명서를 교부하도록 하고 있으므로, 당해 처분의 당사자로서는 그 설명서를 받는 즉시 면직처분을 받은 이유를 상세히 알 수 있고, 30일이면 그 면직처분을 소청심사 등을 통해 다툴지 여부를 충분히 숙고할 수 있다. 따라서 이 사건 청구기간 조항은 청구인의 재판청구권을 침해하거나 평등원칙에 위반된다고 볼 수 없다(헌재 2015. 3. 26. 2013헌바186).

4) 공무원 관계의 소멸

퇴직	• 정년 • 임용결격사유(선고유예의 경우 수뢰죄 등의 경우에 한함)		
면직	의원면직	사의 수리	
	강제면직	징계면직	해임, 파면
		직권면직	폐직, 과원 등

판례

▶ **일반군무원으로 전환된 경우 정년의 단계적 연장을 규정한 군인사법 부칙 부분이 청구인들의 평등권을 침해하는지**(소극) : 일반군무원은 이미 그 정년이 60세인 데에 반하여, 이 사건 정년특례조항이 별정군무원에서 전환된 자들의 정년은 2020년이 되어야 60세가 되도록 한 것은 국가재정상태, 인력수급 상황 등 여러 현실적인 사정을 감안하여 국가로 하여금 일반군무원으로의 전환에 필요한 준비를 할 수 있도록 하기 위하여 그 정년을 단계적으로 연장하도록 한 것이므로, 그 결과 청구인들에게 어떠한 차별이 발생한다 하더라도 이를 합리적 이유 없는 차별이라고 단정하기는 어렵다. 따라서 이 사건 정년특례조항은 청구인들의 평등권을 침해하지 않는다(헌재 2016. 3. 31. 2014헌마581).

▶ **당연퇴직사유와 임용결격사유를 달리 취급할 이유** : 현대민주주의 국가에 이르러서는 특히 사회국가원리에 입각한 공직제도의 중요성이 강조되면서 개개 공무원의 공무담임권 보장의 중요성이 더욱 큰 의미를 가지고 있다. 지방공무원의 당연퇴직사유를 공무원 채용시의 임용결격사유와 동일하게 규정하고 있는데, 일단 공무원으로 채용된 공무원을 퇴직시키는 것은 공무원이 장기간 쌓은 지위를 박탈해 버리는 것이므로 같은 입법목적을 위한 것이라고 하여도 당연퇴직사유를 임용결격사유와 동일하게 취급하는 것은 타당하다고 할 수 없다(헌재 2003. 10. 30. 2002헌마684).

▶ **피성년후견인 국가공무원은 당연퇴직한다고 정한 구 국가공무원법 제69조 제1호 중 제33조 제1호 부분이 공무담임권을 침해하는지**(적극) : 국가공무원법은 정신상의 장애로 직무를 감당할 수 없는 국가공무원에 대하여 임용권자가 최대 2년(공무상 질병 또는 부상은 최대 3년)의 범위 내에서 휴직을 명하도록 하고, 휴직기간이 끝났음에도 직무에 복귀하지 못하거나 직무를 감당할 수 없게 된 때에 비로소 직권면직 절차를 통하여 직을 박탈하도록 하고 있으므로, 이를 성년후견이 개시된 국가공무원에게 적용하더라도 심판대상조항의 입법목적을 달성할 수 있다. 그런데 심판대상조항은 성년후견이 개시되지는 않았으나 동일한 정도의 정신적 장애가 발생한 국가공무원의 경우와 비교할 때 사익의 제한 정도가 과도하고, 성년후견이 개시되었어도 정신적 제약을 극복하여 후견이 종료될 수 있고, 이 경우 법원에서 성년후견 종료심판을 하고 있다는 사실에 비추어 보아도 사익의 제한 정도가 지나치게 가혹하다. 따라서 심판대상조항은 과잉금지원칙에 반하여 공무담임권을 침해한다(헌재 2022. 12. 22. 2020헌가8).

▶ **금고 이상의 형의 '집행유예'의 판결을 당연퇴직사유로 규정하고 있는 국가공무원법 조항이 위헌인지**(소극) : 공무원에 부과되는 신분상 불이익과 보호하려고 하는 공익이 합리적 균형을 이루는 한 법원이 범죄의 모든 정황을 고려한 나머지 금고 이상의 형에 대한 집행유예의 판결을 하였다면 그 범죄행위가 직무와 직접적 관련이 없거나 과실에 의한 것이라 하더라도 공무원의 품위를 손상하는 것으로 당해 공무원에 대한 사회적 비난가능성이 결코 적지 아니할 것이므로 금고 이상의 형의 집행유예 판결을 받은 것을 공무원 임용 결격 및 당연퇴직사유로 규정한 이사건 법률조항이 입법자의 재량을 일탈하여 직업선택의 자유나 공무담임권, 평등권, 행복추구권, 재산권 등을 침해하는 위헌의 법률조항이라고 볼 수는 없다(헌재 1997.11.27. 95헌바14).

▶ **금고 이상의 형의 '선고유예'를 공무원직에서 당연히 퇴직하는 것으로 규정한 지방공무원법 조항이 헌법 제25조의 공무담임권을 침해하는지**(적극) : 이 사건 법률조항은 금고 이상의 선고유예의 판결을 받은 모든 범죄를 포괄하여 규정하고 있을 뿐 아니라, 심지어 오늘날 누구에게나 위험이 상존하는 교통사고 관련 범죄 등 과실범의 경우마저 당연퇴직의 사유에서 제외하지 않고 있으므로 최소침해성의 원칙에 반한다. 일단 공무원으로 채용된 공무원을 퇴직시키는 것은 공무원이 장기간 쌓은 지위를 박탈해 버리는 것이므로 같은 입법목적을 위한 것이라고 하여도 당연퇴직사유를 임용결격사유와 동일하게 취급하는 것은 타당하다고 할 수 없다. 결국, 지방공무원법 제61조 중 제31조 제5호 부분은 헌법 제25조의 공무담임권을 침해하였다고 할 것이다(헌재 2002. 8. 29. 2001헌마788).

▶ **금고 이상의 형의 '선고유예'를 공무원직에서 당연히 퇴직하는 것으로 규정한 국가공무원법 조항이 헌법 제25조의 공무담임권을 침해하는지**(적극) : 같은 금고 이상의 형의 선고유예를 받은 경우라고 하여도 범죄의 종류, 내용이 지극히 다양한 것이므로 그에 따라 국민의 공직에 대한 신뢰 등에 미치는 영향도 큰 차이가 있는 것이다. 따라서 입법자로서는 국민의 공직에 대한 신뢰보호를 위하여 해당 공무원이 반드시 퇴직하여야 할 범죄의 유형, 내용 등으로 그 당연퇴직의 사유 및 범위를 가급적 한정하여 규정하였어야 할 것이다. 그런데 위 규정은 금고 이상의 선고유예의 판결을 받은 모든 범죄를 포괄하여 규정하고 있을 뿐 아니라, 심지어 오늘날 누구에게나 위험이 상존하는 교통사고 관련 범죄 등 과실범의 경우마저 당연퇴직의 사유에서 제외하지 않고 있으므로 최소침해성의 원칙에 반한다(헌재 2003. 10. 30. 2002헌마684).

▶ **수뢰죄를 범하여 금고 이상의 형의 선고유예를 받은 국가공무원은 당연퇴직하도록 규정한 국가공무원법 조항이 청구인의 공무담임권을 침해하는지**(소극) : 수뢰죄는 수수액의 다과에 관계없이 공무원 직무의 불가매수성과 염결성을 치명적으로 손상시키고, 직무의 공정성을 해치며 국민의 불신을 초래하므로 일반 형법상 범죄와 달리 엄격하게 취급할 필요가 있다. 수뢰죄를 범하더라도 자격정지형의 선고유예를 받은 경우 당연퇴직하지 않을 수 있으며, 당연퇴직의 사유가 직무 관련 범죄로 한정되므로 심판대상조항은 침해의 최소성 원칙에 위반되지 않고, 이로써 달성되는 공익이 공무원 개인이 입는 불이익보다 훨씬 크므로 법익균형성원칙에도 반하지 아니한다. 따라서 심판대상조항은 과잉금지원칙에 반하여 청구인의 공무담임권을 침해하지 아니한다(헌재 2013. 7. 25. 2012헌바409).

> ▶ **자격정지 이상의 형의 '선고유예'를 공무원의 당연퇴직사유로 규정하고 있는 경찰공무원법 조항이 공무담임권을 침해하는지**(적극): 이 사건 법률조항은 자격정지 이상의 선고유예 판결을 받은 모든 범죄를 포괄하여 규정하고 있을 뿐만 아니라 심지어 오늘날 누구에게나 위험이 상존하는 교통사고 관련범죄 등 과실범의 경우마저 당연퇴직의 사유에서 제외하지 않고 있으므로 최소침해성의 원칙에 반한다. 따라서 이 사건 법률조항은 헌법 제25조의 공무담임권을 침해한 위헌 법률이다(헌재 2004. 9. 23. 2004헌가12).
>
> ▶ **법원의 판결에 의하여 자격이 정지된 자를 공무원직으로부터 당연퇴직하도록 규정하고 있는 지방공무원법 조항이 공무담임권을 침해하는지**(소극): 법원이 자격정지를 선택하거나 부가하여 판결로서 선고하였다면 범행의 동기와 수단 및 결과, 범행 후의 정황 등을 고려할 때 당해 범죄인이 더 이상 공무원으로서 지위를 유지하지 못하도록 하는 것이 타당하다고 판단하였음을 의미한다. 따라서 비록 당연퇴직으로 인하여 장기간 쌓은 지위가 박탈된다는 점에서 당해 공무원이 받는 불이익이 크다고 하더라도 이 사건 법률조항이 지나치게 공익만을 우선한 입법이라거나 절차적으로 합리성이 보장되지 않는다고 할 수는 없다(헌재 2005. 9. 29. 2003헌마127).
>
> ▶ **지방자치단체의 직제가 폐지된 경우에 해당 공무원을 직권면직할 수 있도록 규정하고 있는 지방공무원법 조항이 직업공무원제도를 위반하는 것인지**(소극): 직권면직은 행정조직의 효율성을 높이기 위한 제도로서 행정수요가 소멸하거나 조직의 비대화로 효율성이 저하되는 경우 불가피하게 이루어지게 된다. 지방공무원법 제62조는 직제의 폐지로 인해 직권면직이 이루어지는 경우 임용권자는 인사위원회의 의견을 듣도록 하고 있고, 면직기준으로 임용형태·업무실적·직무수행능력·징계처분사실 등을 고려하도록 하고 있으며, 면직기준을 정하거나 면직대상을 결정함에 있어서 반드시 인사위원회의 의결을 거치도록 하고 있는바, 이는 합리적인 면직기준을 구체적으로 정함과 동시에 그 공정성을 담보할 수 있는 절차를 마련하고 있는 것이라 볼 수 있다. 그렇다면 이 사건 규정이 직업공무원제도를 위반하고 있다고는 볼 수 없다(헌재 2004. 11. 25. 2002헌바8).

(3) 실적주의

원칙적으로 공직자선발에 있어 해당 공직이 요구하는 직무수행능력과 무관한 요소인 성별·종교·사회적 신분·출신지역 등을 이유로 하는 어떠한 차별도 허용되지 않는다고 할 것이나, 헌법의 기본원리나 특정조항에 비추어 능력주의 원칙에 대한 예외를 인정할 수 있는 경우가 있다. 그러한 헌법규범 내지 헌법원리로는 우리 헌법의 기본원리인 사회국가원리를 들 수 있고, 헌법조항으로는 여자와 연소자의 근로의 특별보호를 규정한 헌법 제32조 제4항, 제5항, 국가유공자·상이군경 및 전몰군경의 유가족에 대한 우선적 근로기회의 보장을 규정한 헌법 제32조 제6항, 여자, 노인과 청소년, 신체장애자 등에 대한 사회보장의무를 규정한 헌법 제34조 제2항 내지 제5항 등을 들 수 있다. 이와 같은 헌법적 요청이 있는 경우에는 합리적 범위 안에서 능력주의가 제한될 수 있다 (헌재 1999. 12. 23. 98헌마363).

제5항 지방자치제도

I 지방자치제도의 의의

1. 개념

지방자치제도는 일정한 지역을 단위로 그 지역의 주민이 그 지방주민의 복지에 관한 사무·재산관리에 관한 사무·기타 법령이 정하는 사무를 그들의 책임하에 자신들이 선출한 기관을 통하여 직접 처리하게 함으로써 지방자치행정의 민주성과 능률성을 제고하고 지방의 균형 있는 발전과 아울러 국가의 민주적 발전을 도모하는 데 있다(헌재 1999. 11. 25. 99헌바28).

> **판례**
>
> ▶ **지방자치의 이념**: 지방자치는 국민자치를 지방적 범위 내에서 실현하는 것이므로 지방시정에 직접적인 관심과 이해관계가 있는 지방주민으로 하여금 스스로 다스리게 한다면 자연히 민주주의가 육성·발전될 수 있다는 "풀뿌리 민주주의"를 그 이념적 배경으로 하고 있다(헌재 1999. 11. 25. 99헌바28).

2. 기능

지방자치제도는 국민의 자치의식과 참여의식만 제고된다면 권력분립원리의 지방차원에서의 실현(지방분권)을 가져다 줄 수 있을 뿐 아니라 지방의 개성 및 특징과 다양성을 국가전체의 발전으로 승화시킬 수 있고, 헌법상 보장되고 있는 선거권·공무담임권(피선거권) 등 국민의 기본권 신장에도 기여할 수 있게 된다(헌재 1991. 3. 11. 91헌마21).

3. 종류

지방자치에는 주민자치와 단체자치가 있다. 주민자치는 영국에서 비롯된 정치적 의미의 자치로서 주민의 의사와 책임하에 행하는 지방자치를 말하고, 단체자치는 독일 등 유럽 대륙에서 발달한 법적 의미의 자치로서 국가로부터 독립된 법인격을 가지는 지방자치단체가 지방적 행정사무를 처리하는 지방자치를 말한다. 그런데 우리 헌법상 자치단체의 보장은 '단체자치'와 '주민자치'를 포괄하는 것이다(헌재 2006. 2. 23. 2005헌마403).

4. 헌정사

제1공화국 헌법	제헌헌법에 지방자치 규정, 1952년에 지방의회 구성
제2공화국 헌법	군사정부에 의해 지방의회 해산
제3공화국 헌법	지방의회의 구성시기를 법률로 유보(지방자치 시행 안 됨.)
제4공화국 헌법	지방의회의 구성시기를 통일 시까지 유보(지방자치 시행 안 됨.)
제5공화국 헌법	지방의회의 구성시기를 법률로 유보(지방자치 시행 안 됨.)

Ⅱ 지방자치제도의 법적 성격과 본질

1. 법적 성격

지방자치제도는 '제도적 보장'의 하나로서, 기본권 보장의 경우와는 달리 그 본질적 내용을 침해하지 아니하는 범위 안에서 입법자에게 제도의 구체적인 내용과 형태의 형성권을 폭넓게 인정한다는 의미에서 '최소한 보장의 원칙'이 적용된다(헌재 2006. 2. 23. 2005헌마403).

2. 본질

헌법 제117조 및 제118조가 보장하고 있는 본질적인 내용은 '자치단체의 보장', '자치기능의 보장' 및 '자치사무의 보장'으로 어디까지나 지방자치단체의 자치권으로 헌법은 지역 주민들이 자신들이 선출한 자치단체의 장과 지방의회를 통하여 자치사무를 처리할 수 있는 대의제 또는 대표제 지방자치를 보장하고 있다(헌재 2001. 6. 28. 2000헌마735).

> **판례**
>
> ▶ **지방의회의 활동을 전면적으로 금지한 계엄포고령이 지방자치의 본질적 내용을 침해하는지**(적극): 헌법 제117조와 제118조에 의하여 제도적으로 보장되는 지방자치는 주권의 지역적 주체로서의 주민에 의한 자기통치의 실현을 위한 것으로, 지방자치의 본질적 내용인 핵심영역은 어떠한 경우라도 입법 기타 중앙정부의 침해로부터 보호되어야 한다. 헌법이 직접 규정한 지방자치단체의 기관인 지방의회는 지역주민이 선출한 지방의회의원으로 구성된 주민의 대표기관으로서 지방행정사무와 법령의 범위 안에서의 지방자치단체의 의사를 결정하며, 지방행정사무에 관한 조례를 제정하고, 집행기관의 업무를 감시, 감독하는 역할을 한다. <u>지방자치단체의 존재 자체를 부인하거나 각종 권한을 말살하는 것은 지방자치의 본질적 내용을 침해하는 것이다.</u> 대통령은 이 사건 포고령을 통하여 지방의회의 활동을 전면적으로 금지하였으므로, 이는 지방자치의 본질적 내용을 침해한 것이다(헌재 2025. 4. 4. 2024헌나8).
>
> ▶ **영일군을 폐치하여 포항시에 병합시킨 것이 지방자치제도의 본질을 침해하는지**(소극): <u>지방자치제도의 보장은 지방자치단체에 의한 자치행정을 일반적으로 보장한다는 것뿐이고 특정자치단체의 존속을 보장한다는 것은 아니며 지방자치단체의 폐지·분합에 있어 지방자치권의 존중은 법정절차의 준수로 족한 것이다.</u> 그러므로 군 및 도의회의 결의에 반하여 법률로 군을 폐지하고 타시에 병합하여 시를 설치한다 하여 주민들의 자치권을 침해하는 결과가 된다거나 헌법 제8장에서 보장하는 지방자치제도의 본질을 침해하는 것이라고 할 수 없다(헌재 1995. 3. 23. 94헌마175).
>
> ▶ **행정심판청구를 인용하는 재결이 행정청을 기속하도록 규정한 행정심판법 제49조 제1항이 지방자치제도의 본질적 부분을 침해하는지**(소극): 이 사건 법률조항은 다층적·다면적으로 설계된 현행 행정심판제도 속에서 각 행정심판기관의 인용재결의 기속력을 인정한 것으로서, <u>이로 인하여 중앙행정기관이 지방행정기관을 통제하는 상황이 발생한다고 하여 그 자체로 지방자치제도의 본질적 부분을 훼손하는 정도에 이른다고 보기 어렵다</u>(헌재 2014. 6. 26. 2013헌바122).

▶ **지방자치단체의 자치사무에 대한 합목적성 감사의 근거가 되는 감사원법 제24조 제1항 제2호 등이 지방자치권의 본질을 침해하는지**(소극) : 헌법이 감사원을 독립된 외부감사기관으로 정하고 있는 취지, 중앙정부와 지방자치단체는 서로 행정기능과 행정책임을 분담하면서 중앙행정의 효율성과 지방행정의 자주성을 조화시켜 국민과 주민의 복리증진이라는 공동목표를 추구하는 협력관계에 있다는 점을 고려하면 지방자치단체의 자치사무에 대한 합목적성 감사의 근거가 되는 이 사건 관련규정은 그 목적의 정당성과 합리성을 인정할 수 있다. 또한 감사원법에서 지방자치단체의 자치권을 존중할 수 있는 장치를 마련해두고 있는 점, 국가재정지원에 상당부분 의존하고 있는 우리 지방재정의 현실, 독립성이나 전문성이 보장되지 않은 지방자치단체 자체감사의 한계 등으로 인한 외부감사의 필요성까지 감안하면, 감사원법 제24조 제1항 제2호 등 관련규정이 지방자치단체의 고유한 권한을 유명무실하게 할 정도로 지나친 제한을 함으로써 지방자치권의 본질적 내용을 침해하였다고는 볼 수 없다(헌재 2008. 5. 29. 2005헌라3).

▶ **수도권지역에서 공장 신설 등의 총허용량을 정한 뒤 이를 초과하는 부분의 신설 등을 제한하는 공장총량제를 규정한 수도권정비계획법 제18조가 지방자치의 본질적 내용을 침해하는지**(소극) : 이 사건 법률조항에 의하여 지방자치단체는 총량을 초과하는 경우의 허가권 행사가 제한될 뿐 그밖에는 여전히 주민의 복리에 관한 사무를 처리할 수 있는 것이므로, 이 사건 법률조항이 지방자치의 본질적 내용을 침해하여 지방자치에 관한 헌법 제117조 제1항에 위반된다고 할 수 없다(헌재 2001. 11. 29. 2000헌바78).

III 지방자치단체

헌법 제117조
② 지방자치단체의 종류는 법률로 정한다.

1. 의의

지방자치단체란 국가 아래서 국가영토의 일부를 구성요소로 하고 그 구역 내의 주민에 대하여 지배권을 행사하는 공법상의 법인을 말한다(헌재 2006. 8. 31. 2004헌라2).

판례

▶ **지방자치단체의 기본권 주체성**(소극) : 기본권의 보장에 관한 각 헌법규정의 해석상 국민만이 기본권의 주체라 할 것이고, 공권력의 행사자인 국가, 지방자치단체나 그 기관 또는 국가조직의 일부나 공법인은 기본권의 수범자이지 기본권의 주체가 아니고 오히려 국민의 기본권을 보호 내지 실현해야 할 책임과 의무를 지니고 있을 뿐이다. 따라서 지방자치단체는 기본권의 주체가 될 수 없다(헌재 2006. 2. 23. 2004헌바50).

2. 종류

지방자치단체는 특별시, 광역시, 특별자치시, 도, 특별자치도와 시, 군, 구로 구분한다(지방자치법 제2조 제1항). 지방자치단체인 구(자치구)는 특별시와 광역시의 관할 구역 안의 구만을 말하며, 자치구의 자치권의 범위는 법령으로 정하는 바에 따라 시·군과 다르게 할 수 있다(지방자치법 제2조 제2항).

3. 명칭과 구역

(1) 명칭과 구역의 결정

지방자치단체의 명칭과 구역은 종전과 같이 하고, 명칭과 구역을 바꾸거나 지방자치단체를 폐지하거나 설치하거나 나누거나 합칠 때에는 법률로 정한다. 지방자치단체의 구역변경 중 관할구역 경계변경과 지방자치단체의 한자 명칭의 변경은 대통령령으로 정한다(지방자치법 제5조 제1항, 제3항). 공유수면법에 따른 매립지의 지역이 속할 지방자치단체는 행정안전부장관이 결정하며, 관계 지방자치단체의 장은 행정안전부장관의 결정에 이의가 있으면 그 결과를 통보받은 날부터 15일 이내에 대법원에 소송을 제기할 수 있다(지방자치법 제5조 제4항, 제9항).

> **판례**
>
> ▶ 매립 전 공유수면에 대한 관할권을 가졌던 청구인들이 새로이 형성된 공유수면 매립지와 관련하여 청구한 권한쟁의심판에서 청구인들의 자치권한이 침해되거나 침해될 현저한 위험이 인정되는지(소극): 일반적으로 공유수면은 인근 어민의 어업활동에 이용되는 반면, 매립지는 주체와 목적이 명확하게 정해져 있어 매립지의 이용은 그 구체적인 내용에 있어서도 상당히 다르다. 신생 매립지는 행정안전부장관의 결정이 확정됨으로써 비로소 관할 지방자치단체가 정해지며, 그 전까지 해당 매립지는 어느 지방자치단체에도 속하지 않는다. 그렇다면 이 사건 매립지의 매립 전 공유수면에 대한 관할권을 가졌을 뿐인 청구인들이 그 후 새로이 형성된 이 사건 매립지에 대해서까지 어떠한 권한을 보유하고 있다고 볼 수 없으므로 이 사건에서 청구인들의 자치권한이 침해되거나 침해될 현저한 위험이 있다고 보기는 어렵다(헌재 2020. 7. 16. 2015헌라3).
>
> ▶ 행정자치부장관이 공유수면 매립지의 관할 지방자치단체를 결정하도록 하는 구 지방자치법 제4조 제3항이 지방자치단체의 지방자치권을 침해하는지(소극): 행정자치부장관이 공유수면 매립지를 관할하는 지방자치단체를 결정하기 전까지 관련 지방자치단체는 해당 공유수면 매립지에 대하여 어떠한 자치권한도 보유하고 있지 않은 이상, 심판대상조항이 지방의회의 의견을 듣거나 주민투표를 거치는 절차를 규정하지 아니하고, 행정자치부장관으로 하여금 공유수면 매립지의 관할 지방자치단체를 결정하도록 한 것이 지방자치단체의 지방자치권을 침해한다고 볼 수 없다(헌재 2024. 3. 28. 2021헌바57).
>
> ▶ 행정자치부장관이 공유수면 매립지의 관할 지방자치단체를 결정하도록 하는 구 지방자치법 제4조 제3항이 법률유보원칙에 위배되는지(소극): 행정자치부장관이 공유수면 매립지가 속할 지방자치단체를 결정할 때 적용할 실질적 기준이 필요하다고 하여도 그러한 기준이 지방자치단체의 자치사무와 본질적으로 관련이 있어 반드시 법률에 규정되어야 한다고 볼 수 없다. 나아가 입법자는 지방자치단체의 종류 및 조직과 운영 등에 관하여 폭넓은 입법형성권을 가지므로, 공유수면 매립지의 관할을 정하는 기준을 법률에서 직접 정하는 대신에 공유수면 매립지를 관할하는 지방자치단체를 정하는 별도의 절차를 법률로써 형성할 수 있다. 따라서 심판대상조항에서 행정자치부장관이 공유수면 매립지를 관할하는 지방자치단체를 결정하도록 하면서 그 실질적 기준을 규정하고 있지 않더라도 그것이 법률유보원칙에 위배된다고 볼 수 없다(헌재 2024. 3. 28. 2021헌바57).

(2) 관할구역

1) 의의

지방자치단체의 관할구역은 인적 요건으로서의 주민 및 자치를 위한 권능으로서 자치권한과 더불어 지방자치의 3요소를 이루는 것으로, 지방자치단체가 자치권한을 행사할 수 있는 장소적 범위를 뜻한다. 이것은 적극적으로는 그 구역 안에 주소를 가진 주민을 구성원으로 하여 이를 지방자치단체의 권한에 복종하게 하고, 소극적으로는 자치권한이 일반적으로 미치는 범위를 장소적으로 한정하는 효과를 가진다(헌재 2006. 8. 31. 2004헌라2).

> **판례**
>
> ▶ **헌법 또는 법률상 지방자치단체에 영토고권이라는 자치권이 부여되어 있는지**(소극) : 지방자치제도의 보장은 지방자치단체에 의한 자치행정을 일반적으로 보장한다는 것뿐이고 특정자치단체의 존속을 보장한다는 것은 아니므로, 마치 국가가 영토고권을 가지는 것과 마찬가지로, 지방자치단체에게 자신의 관할구역 내에 속하는 영토, 영해, 영공을 자유로이 관리하고 관할구역 내의 사람과 물건을 독점적, 배타적으로 지배할 수 있는 권리가 부여되어 있다고 할 수는 없다(헌재 2006. 3. 30. 2003헌라2).

2) 범위

지방자치법 제4조 제1항에 규정된 지방자치단체의 구역은 주민·자치권과 함께 자치단체의 구성요소이며, 자치권이 미치는 관할구역의 범위에는 육지는 물론 바다도 포함되므로, 공유수면에 대한 지방자치단체의 자치권한이 존재한다(헌재 2004. 9. 23. 2000헌라2).

3) 공유수면의 경계

지방자치법 제4조 제1항은 지방자치단체의 관할구역 경계를 결정함에 있어서 '종전'에 의하도록 하고 있고, 지방자치법의 개정연혁에 비추어 보면 '종전'이라는 기준은 최초로 제정된 법률 조항까지 순차 거슬러 올라가게 되므로 1948. 8. 15. 당시 존재하던 관할구역의 경계가 원천적인 기준이 된다. 그런데 지금까지 우리 법체계에서는 공유수면의 행정구역 경계에 관한 명시적인 법령상의 규정이 존재한 바 없으므로 공유수면에 대한 행정구역 경계가 불문법상으로 존재한다면 그에 따라야 한다. 만약 해상경계에 관한 불문법도 존재하지 않으면, 헌법재판소가 지리상의 자연적 조건, 관련 법령의 현황, 연혁적인 상황, 행정권한 행사 내용, 사무 처리의 실상, 주민의 사회·경제적 편익 등을 종합하여 형평의 원칙에 따라 합리적이고 공평하게 해상경계선을 획정할 수밖에 없다(헌재 2015. 7. 30. 2010헌라2).

> **판례**
>
> ▶ **불문법상 해상경계의 성립 기준** : 지방자치단체 사이의 불문법상 해상경계가 성립하기 위해서는 관계 지방자치단체·주민들 사이에 해상경계에 관한 일정한 관행이 존재하고, 그 해상경계에 관한 관행이 장기간 반복되어야 하며, 그 해상경계에 관한 관행을 법규범이라고 인식하는 관계 지방자치단체·주민들의 법적 확신이 있어야 한다(헌재 2021. 2. 25. 2015헌라7).

> ▶**국가기본도에 표시된 해상경계선이 불문법상 해상경계의 기준이 될 수 있는지**(적극) : 국가기본도에 표시된 해상경계선은 그 자체로 불문법상 해상경계선으로 인정되는 것은 아니나, 관할 행정청이 국가기본도에 표시된 해상경계선을 기준으로 하여 과거부터 현재에 이르기까지 반복적으로 처분을 내리고, 지방자치단체가 허가, 면허 및 단속 등의 업무를 지속적으로 수행하여 왔다면 국가기본도상의 해상경계선은 지방자치단체 관할 경계에 관하여 불문법으로서 그 기준이 될 수 있다(헌재 2021. 2. 25. 2015헌라7).

4. 구조

헌법 제117조 제2항은 지방자치단체의 종류를 법률로 정하도록 규정하고 있을 뿐 지방자치단체의 종류 및 구조를 명시하고 있지 않으므로, 기본적으로 입법자에게 위임된 것으로 볼 수 있다. 따라서 헌법상 지방자치제도의 보장은 특정 지방자치단체의 존속을 보장하는 것이 아니며 지방자치단체의 폐지·분합은 헌법적으로 허용될 수 있다. 헌법상 지방자치제도보장의 핵심영역 내지 본질적 부분이 지방자치단체에 의한 자치행정을 일반적으로 보장하는 것이라면, 현행법에 따른 지방자치단체의 중층구조 또는 지방자치단체로서 특별시·광역시 및 도와 시·군 및 구를 계속하여 존속하도록 할지 여부는 입법자의 입법형성권의 범위에 들어가는 것으로 보아야 한다(헌재 2006. 4. 27. 2005헌마1190).

5. 기관

> **헌법 제118조**
> ① 지방자치단체에 의회를 둔다.
> ② 지방의회의 조직·권한·의원선거와 지방자치단체의 장의 선임방법 기타 지방자치단체의 조직과 운영에 관한 사항은 법률로 정한다.

(1) 지방의회

1) 설치

지방자치단체에 주민의 대의기관인 의회를 둔다(지방자치법 제37조).

2) 지방의회의원

지방의회의원은 주민이 보통·평등·직접·비밀선거에 따라 선출하며, 지방의회의원의 임기는 4년으로 한다(지방자치법 제38조, 제39조).

3) 사무직원

지방의회의 의장은 지방의회 사무직원을 지휘·감독하고 법령과 조례·의회규칙으로 정하는 바에 따라 그 임면·교육·훈련·복무·징계 등에 관한 사항을 처리한다(지방자치법 제103조 제2항).

(2) 지방자치단체의 장

1) 선거와 임기

지방자치단체의 장은 주민이 보통·평등·직접·비밀선거로 선출하고(지방자치법 107조), 지방자치단체의 장의 임기는 4년으로 하며, 3기 내에서만 계속 재임할 수 있다(지방자치법 제108조).

> **판례**
>
> ▶ **지방자치단체 장의 계속 재임을 3기로 제한한 지방자치법 조항이 공무담임권을 침해하는지**(소극) : 이 사건 법률조항은 장기집권으로 인한 지역발전 저해 방지와 유능한 인사의 자치단체장 진출 확대로 그 목적의 정당성이 인정되며, 지역 내 유력인사가 일단 자치단체장에 당선되면 지방자치단체 내 공무원 및 지역 지지세력을 장악 및 결집하여 장기간 연속당선을 기도할 가능성이 많은 점에 비추어 방법의 적절성을 갖추고 있으며, 이 사건 법률조항은 3기 초과 연임제한에 관한 것으로 자치단체장들에 대하여 처음부터 공무담임을 제한하지 않으며 연속으로 선출되지 아니하면 제한 없이 입후보할 수 있어 피해의 최소성 원칙을 충족시킨다고 할 것이며, 이런 점에서 기본권 제한의 정도는 비교적 미약한 반면에 이 사건 법률조항으로 달성하고자 하는 지역발전 저해 방지와 유능한 인사의 자치단체장 진출 확대는 실질적인 지방자치제도의 발전을 위하여 달성하여야 할 중요한 공익 중 하나이어서 법익의 균형성에도 어긋나지 않는다(헌재 2006. 2. 23. 2005헌마403).
>
> ▶ **공무원연금법상 연금수급권의 대상이 되는 공무원에서 제외되는 '선거에 의하여 취임하는 공무원'에 지방자치단체의 장을 포함시키는 것이 청구인들의 평등권을 침해하는지**(소극) : 지방자치단체장은 특정 정당을 정치적 기반으로 할 수 있는 선출직공무원으로 임기가 4년이고 계속 재임도 3기로 제한되어 있어, 장기근속을 전제로 하는 공무원을 주된 대상으로 하고 이들이 재직 기간 동안 납부하는 기여금을 일부 재원으로 하여 설계된 공무원연금법의 적용대상에서 지방자치단체장을 제외하는 것에는 합리적 이유가 있다. 따라서 심판대상조항은 청구인들의 평등권을 침해하지 않는다(헌재 2014. 6. 26. 2012헌마459).

2) 권한대행

지방자치단체의 장이 궐위된 경우, 공소 제기된 후 구금상태에 있는 경우, 의료법에 따른 의료기관에 60일 이상 계속하여 입원한 경우, 부지사·부시장·부군수·부구청장이 그 권한을 대행한다(지방자치법 제124조 제1항).

지방자치단체의 장이 그 직을 가지고 그 지방자치단체의 장 선거에 입후보하면 예비후보자 또는 후보자로 등록한 날부터 선거일까지 부단체장이 그 지방자치단체의 장의 권한을 대행한다(지방자치법 제124조 제2항).

> **판례**
>
> ▶ **지방자치단체의 장이 금고 이상의 형을 선고받고 그 형이 확정되지 아니한 경우 부단체장이 그 권한을 대행하도록 규정한 지방자치법 조항이 청구인의 공무담임권을 침해하는지**(적극) : 선거에 의하여 주권자인 국민으로부터 직접 공무담임권을 위임받는 자치단체장의 경우, 그와 같이 공무담임권을 위임한 선출의 정당성이 무너지거나 공무담임권 위임의 본지를 배반하는 직무상 범죄를 저질렀다면, 이러한 경우에도 계속 공무를 담당하게 하는 것은 공무담임권 위임의 본지에 부합된다고 보기 어렵다. 그러므로, 위 두 사유에 해당하는 범죄로 자치단체장이 금고 이상의 형을 선고받은 경우라면, 그 형이 확정되기 전에 해당 자치단체장의 직무를 정지시키더라도 무죄추정의 원칙에 직접적으로 위배된다고 보기 어렵고, 과잉금지의 원칙도 위반하였다고 볼 수 없으나, 위 두 가지 경우 이외에는 금고 이상의 형의 선고를 받았다는 이유로 형이 확정되기 전에 자치단체장의 직무를 정지시키는 것은 무죄추정의 원칙과 과잉금지의 원칙에 위배된다(헌재 2010. 9. 2. 2010헌마418 헌법불합치).

▶ **지방자치단체의 장이 공소 제기된 후 구금상태에 있는 경우 부단체장이 그 권한을 대행하도록 규정한 지방자치법 조항이 청구인의 공무담임권을 침해하는지**(소극) : 자치단체장이 '공소 제기된 후 구금상태'에 있는 경우 자치단체행정의 계속성과 융통성을 보장하고 주민의 복리를 위한 최선의 정책집행을 도모하기 위해서는 해당 자치단체장을 직무에서 배제시키는 방법 외에는 달리 의미있는 대안을 찾을 수 없고, 범죄의 죄질이나 사안의 경중에 따라 직무정지의 필요성을 달리 판단할 여지가 없다. 나아가 정식 형사재판절차를 앞두고 있는 '공소 제기된 후'부터 시작하여 '구금상태에 있는' 동안만 직무를 정지시키고 있어 그 침해가 최소한에 그치도록 하고 있고, 이 사건 법률조항이 달성하려는 공익은 매우 중대한 반면, 일시적·잠정적으로 직무를 정지당할 뿐 신분을 박탈당하지도 않는 자치단체장의 사익에 대한 침해는 가혹하다고 볼 수 없으므로 과잉금지원칙에 위반되지 않는다(헌재 2011. 4. 28. 2010헌마474).

Ⅳ 지방자치단체의 사무

헌법 제117조
① 지방자치단체는 주민의 복리에 관한 사무를 처리하고 재산을 관리하며 법령의 범위 안에서 자치에 관한 규정을 제정할 수 있다.

지방자치단체는 관할구역의 자치사무와 법령에 따라 지방자치단체에 속하는 사무를 처리한다(지방자치법 제13조 제1항).

즉 지방자치단체의 사무에는 자치사무와 위임사무가 있다. 위임사무는 지방자치단체가 위임받아 처리하는 국가사무임에 반하여, 자치사무는 지방자치단체가 주민의 복리를 위하여 처리하는 사무이며 법령의 범위 안에서 그 처리 여부와 방법을 자기책임 아래 결정할 수 있는 사무로서 지방자치권의 최소한의 본질적 사항이므로 지방자치단체의 자치권을 보장한다고 한다면 최소한 자치사무의 자율성만은 침해해서는 안 된다(헌재 2009. 5. 28. 2006헌라6).

판례

▶ **기관위임사무 해당 여부의 판단기준** : 법령상 지방자치단체의 장이 처리하도록 규정하고 있는 사무가 기관위임사무에 해당하는지 여부를 판단함에 있어서는 그에 관한 법령의 규정 형식과 취지를 우선 고려하여야 할 것이지만 그 외에도 그 사무의 성질이 전국적으로 통일적인 처리가 요구되는 사무인지 여부나 그에 관한 경비부담과 최종적인 책임귀속의 주체 등도 아울러 고려하여 판단하여야 한다(대판 1999. 9. 17. 99추30).

Ⅴ 지방자치단체의 자치권

1. 의의

지방자치단체의 자치권이란 자치사무처리, 재산관리, 자치입법에 있어서 지방자치단체가 국가의 지시나 감독을 받지 않고 법이 정하는 바에 따라 독자적인 책임하에 처리할 수 있는 권한을 의미한다(헌재 2006. 8. 31. 2004헌라2). 따라서 지방자치단체 주민으로서의 자치권 또는 주민권은 헌법에 의하여 직접 보장된 개인의 주관적 공권이 아니다(헌재 2006. 3. 30. 2003헌마837).

2. 범위

헌법 제117조 제1항에서 규정하고 있는 법령에 법률 이외에 헌법 제75조 및 제95조 등에 의거한 대통령령, 총리령 및 부령과 같은 법규명령이 포함되는 것은 물론, 헌법 제117조 제1항에서 규정하는 법령에는 법규명령으로서 기능하는 행정규칙이 포함된다(헌재 2002. 10. 31. 2001헌라1).

3. 종류

(1) 자치입법권

1) 조례제정권

지방자치단체는 법령의 범위에서 그 사무에 관하여 조례를 제정할 수 있다. 다만, 주민의 권리 제한 또는 의무 부과에 관한 사항이나 벌칙을 정할 때에는 법률의 위임이 있어야 한다(지방자치법 제28조 제1항).

2) 조례제정권의 한계

① 사항적 한계

지방의회는 '지방자치단체의 사무'에 대하여 조례를 제정할 수 있는데(지방자치법 28조), 지방자치단체는 관할 구역의 자치사무와 법령에 따라 지방자치단체에 속하는 사무를 처리한다(지방자치법 제13조 제1항).

> **판례**
>
> ▶ **기관위임사무에 대하여 조례를 제정할 수 있는지**(한정적극) : 지방자치법 제15조, 제9조에 의하면, 지방자치단체가 자치조례를 제정할 수 있는 사항은 지방자치단체의 고유사무인 자치사무와 개별법령에 의하여 지방지치단체에 위임된 단체위임사무에 한하는 것이고, 국가사무가 지방자치단체의 장에게 위임된 기관위임사무는 원칙적으로 자치조례의 제정범위에 속하지 않는다. 다만 기관위임사무에 있어서도 그에 관한 '개별법령에서 일정한 사항을 조례로 정하도록 위임하고 있는 경우'에는 위임받은 사항에 관하여 개별법령의 취지에 부합하는 범위 내에서 이른바 위임조례를 정할 수 있다(대판 2000. 5. 30. 99추85).

② 법령우위에 따른 한계

지방자치법 제28조 본문은 "지방자치단체는 법령의 범위 안에서 그 사무에 관하여 조례를 제정할 수 있다."고 규정하는바, 여기서 말하는 '법령의 범위 안에서'란 법령에 위반되지 않는 범위 내에서를 가리키므로 지방자치단체가 제정한 조례가 법령에 위반되는 경우에는 효력이 없다(대판 2002. 4. 26. 2002추23).

③ 법률유보원칙에 따른 한계

지방자치단체는 그 내용이 주민의 권리의 제한 또는 의무의 부과에 관한 사항이거나 벌칙에 관한 사항이 아닌 한 법률의 위임이 없더라도 조례를 제정할 수 있다(대판 1992. 6. 26. 92추17).

> **판례**
>
> ▶ **조례에 대한 법률의 위임 방식** : 조례의 제정권자인 지방의회는 선거를 통해서 그 지역적인 민주적 정당성을 지니고 있는 주민의 대표기관이고 헌법이 지방자치단체에 포괄적인 자치권을 보장하고 있는 취지로 볼 때, 조례에 대한 법률의 위임은 법규명령에 대한 법률의 위임과 같이 반드시 구체적으로 범위를 정하여 할 필요가 없으며 '포괄적인 것으로 족'하다(헌재 1995. 4. 20. 92헌마264).

3) 조례의 효력

헌법 제117조 제1항에 비추어 조례는 법률이나 명령보다는 하위에 있지만 당해 지방자치단체 안에서 법규로서의 효력이 있다. 지방자치단체는 조례를 위반한 행위에 대하여 조례로써 1천만원 이하의 과태료를 정할 수 있다(지방자치법 제34조 제1항).

> **판례**
>
> ▶ **조례에 의한 규제가 지역에 따라 다른 것이 평등권을 침해하는 것인지**(소극) : 조례에 의한 규제가 지역의 여건이나 환경 등 그 특성에 따라 다르게 나타나는 것은 헌법이 지방자치단체의 자치입법권을 인정한 이상 당연히 예상되는 불가피한 결과이므로, 이 사건 심판대상규정으로 인하여 청구인들이 다른 지역의 주민들에 비하여 더한 규제를 받게 되었다 하더라도 이를 두고 헌법 제11조 제1항의 평등권이 침해되었다고 볼 수는 없다(헌재 1995. 4. 20. 92헌마264).

4) 조례에 대한 통제

① 명령·규칙심사

명령·규칙 또는 처분이 헌법이나 법률에 위반되는 여부가 재판의 전제가 된 경우에는 대법원은 이를 최종적으로 심사할 권한을 가진다(헌법 제107조 제2항). 따라서 조례의 위헌·위법 여부가 재판의 전제가 된 경우에 법원은 조례의 위헌·위법 여부를 심사할 수 있다.

② 헌법소원

조례는 지방자치단체가 그 자치입법권에 근거하여 자주적으로 지방의회의 의결을 거쳐 제정한 법규이기 때문에 조례 자체로 인하여 직접 그리고 현재 자기의 기본권을 침해받은 자는 그 권리구제의 수단으로서 조례에 대한 헌법소원을 제기할 수 있다(헌재 1995. 4. 20. 92헌마264).

③ 항고소송

조례가 집행행위의 개입 없이도 그 자체로서 직접 국민의 구체적인 권리·의무나 법적 이익에 영향을 미치는 등의 법률상 효과를 발생하는 경우 그 조례는 항고소송의 대상이 되는 행정처분에 해당한다(대판 1996. 9. 20. 95누8003).

> **판례**
>
> ▶ **조례가 항고소송의 대상이 되는 행정처분에 해당되는 경우 조례무효확인 소송의 피고적격 및 교육에 관한 조례 무효확인소송에 있어서 피고적격** : 조례에 대한 무효확인소송을 제기함에 있어서 피고적격이 있는 처분 등을 행한 행정청은 지방자치단체의 집행기관으로서 조례로서의 효력을 발생시키는 공포권이 있는 지방자치단체의 장이다. 한편 지방교육자치에 관한 법률에 의하면 시·도의 교육·학예에 관한 사무의 집행기관은 시·도 교육감이고 시·도 교육감에게 지방교육에 관한 조례안의 공포권이 있다고 규정되어 있으므로, 교육에 관한 조례의 무효확인소송을 제기함에 있어서는 그 집행기관인 시·도 교육감을 피고로 하여야 한다(대판 1996. 9. 20. 95누8003).

(2) 자치재정권

1) 예산에 관한 권한

지방자치단체의 장은 회계연도마다 예산안을 편성하여 시·도는 회계연도 시작 50일 전까지, 시·군 및 자치구는 회계연도 시작 40일 전까지 지방의회에 제출하여야 하고(지방자치법 제142조 제1항), 시·도의회는 예산안을 회계연도 시작 15일 전까지, 시·군 및 자치구의회는 회계연도 시작 10일 전까지 의결하여야 한다(지방자치법 제142조 제2항).

> **판례**
>
> ▶ **국회가 공직선거법을 개정하여 지방선거비용을 해당지방자치단체에게 부담시킨 행위가 지방자치단체인 청구인들의 지방자치권을 침해하는 것인지**(소극): 지방선거사무는 지방자치단체의 존립을 위한 자치사무에 해당하고, 따라서 법률을 통하여 예외적으로 다른 행정주체에게 위임되지 않는 한, 원칙적으로 지방자치단체가 처리하고 그에 따른 비용도 지방자치단체가 부담하여야 한다. 이에 대한민국 국회가 지방선거의 선거비용을 지방자치단체가 부담하도록 공직선거법을 개정한 것은 지방자치단체의 자치권한을 침해한 것이라고 볼 수 없다(헌재 2008. 6. 26. 2005헌라7).

2) 과세권

지방자치법 제28조에서 "지방자치단체는 법령의 범위 안에서 그 사무에 관하여 조례를 제정할 수 있다"는 규정과 헌법 제117조 제1항을 아울러 살펴보면, 지방자치단체에 대하여 자치입법권을 인정하고 있다. 지방자치단체의 자치입법권인 조례를 제정할 권한을 부여한 필연적인 결과로 지방자치단체에는 과세권이 있고, 이 과세권은 헌법이 보장하는 권리이므로 조세법률주의와 조세평등주의 원칙이 적용된다(헌재 1998. 4. 30. 96헌바62).

VI 지방자치단체의 주민

1. 자격

지방자치단체의 구역 안에 주소를 가진 자는 지방자치단체의 주민이 된다(지방자치법 제16조).

2. 권리

(1) 주민투표권

지방자치단체의 장은 주민에게 과도한 부담을 주거나 중대한 영향을 미치는 지방자치단체의 주요 결정사항 등에 대하여 주민투표에 부칠 수 있다(지방자치법 제18조 제1항).

> **판례**
>
> ▶ **주민투표권의 목적**: 주민투표제도는 지방자치단체의 정책결정과정에 주민들의 직접 참여를 보장함으로써 풀뿌리 민주주의를 실현하며, 주민의 생활에 직접적인 영향을 미치는 주요 의사결정과정에 지역주민의 참여를 확보함으로써 지역주민의 의사에 반하는 잘못된 정책결정이 내려지는 것을 방지하는 것을 목적으로 한다(헌재 2007. 6. 28. 2004헌마643).

▶ **주민투표권의 법적 성격**: 지방자치법은 주민에게 주민투표권, 조례의 제정 및 개폐청구권, 감사청구권 등을 부여하고 있으나 이러한 제도는 어디까지나 입법에 의하여 채택된 것일 뿐 헌법에 의하여 이러한 제도의 도입이 보장되고 있는 것은 아니다. 그렇다면 주민투표권은 '법률이 보장하는 권리'일 뿐이지 헌법이 보장하는 기본권 또는 헌법상 제도적으로 보장되는 주관적 공권으로 볼 수 없다(헌재 2005. 12. 22. 2004헌마530).

▶ **주민투표권이 헌법이 보장하는 참정권에 포함되는지**(소극): 우리 헌법은 법률이 정하는 바에 따른 '선거권'과 '공무담임권' 및 국가안위에 관한 중요정책과 헌법개정에 대한 '국민투표권'만을 헌법상의 참정권으로 보장하고 있으므로, 지방자치법 제13조의2에서 규정한 주민투표권은 그 성질상 선거권, 공무담임권, 국민투표권과 전혀 다른 것이어서 이를 법률이 보장하는 참정권이라고 할 수 있을지언정 헌법이 보장하는 참정권이라고 할 수는 없다(헌재 2001. 6. 28. 2000헌마735).

▶ **주민투표권이 헌법이 보장하는 지방자치제도에 포함되는지**(소극): 헌법은 지역 주민들이 자신들이 선출한 자치단체의 장과 지방의회를 통하여 자치사무를 처리할 수 있는 대의제 또는 대표제 지방자치를 보장하고 있을 뿐이지 주민투표에 대하여는 어떠한 규정도 두고 있지 않다. 따라서 우리의 지방자치법이 비록 주민에게 주민투표권과 조례의 제정 및 개폐청구권 및 감사청구권을 부여함으로써 주민이 지방자치사무에 직접 참여할 수 있는 길을 열어 놓고 있다 하더라도 이러한 제도는 어디까지나 입법자의 결단에 의하여 채택된 것일 뿐, 헌법이 이러한 제도의 도입을 보장하고 있는 것은 아니다(헌재 2001. 6. 28. 2000헌마735).

▶ **지방의회가 조례로 정한 특정한 사항에 관하여 지방자치단체의 장이 일정한 기간 내에 반드시 주민투표를 실시하도록 규정한 조례안이 지방자치단체의 장의 고유권한을 침해하는 것으로서 법령에 위반되는지**(적극): 지방자치법에 의하면 주민투표의 대상이 되는 사항이라 하더라도 주민투표의 시행 여부는 지방자치단체의 장의 임의적 재량에 맡겨져 있음이 분명하므로, 지방자치단체의 장의 재량으로서 투표실시 여부를 결정할 수 있도록 한 법규정에 반하여 지방의회가 조례로 정한 특정한 사항에 관하여는 일정한 기간 내에 반드시 투표를 실시하도록 규정한 조례안은 지방자치단체의 장의 고유권한을 침해하는 규정이다(대판 2002. 4. 26. 2002추23).

(2) **조례의 제정과 개정·폐지 청구권**

주민은 지방자치단체의 조례를 제정하거나 개정하거나 폐지할 것을 청구할 수 있다(지방자치법 제19조 제1항).

판례

▶ **조례제정·개폐청구권의 법적 성격**: 대표제 지방자치제도를 보완하기 위하여 주민발안, 주민투표, 주민소환 등의 제도가 도입될 수도 있고, 지방자치법은 주민에게 주민투표권과 조례의 제정 및 개폐청구권 및 감사청구권을 부여함으로써 주민이 지방자치사무에 직접 참여할 수 있는 길을 열어 놓고 있다. 그렇지만 이러한 제도는 어디까지나 입법에 의하여 채택된 것일 뿐, 헌법이 이러한 제도의 도입을 보장하고 있는 것은 아니고, 조례제정·개폐청구권을 주민들의 지역에 관한 의사결정에 참여에 관한 권리 내지 주민발안권으로 이해한더라도 이러한 권리를 헌법이 보장하는 기본권인 참정권이라고 할 수는 없다(헌재 2009. 7. 30. 2007헌바75).

(3) 주민소환권

주민은 그 지방자치단체의 장 및 지방의회의원(비례대표 지방의회의원은 제외)을 소환할 권리를 가진다(지방자치법 제25조 제1항).

> **판례**
>
> ▶ **주민소환권의 제도적 의의**: 주민소환제란 지방자치단체의 특정한 공직에 있는 자가 주민의 신뢰에 반하는 행위를 하고 있다고 생각될 때 임기 종료 전에 주민이 직접 그 해직을 청구하는 제도로서, 주민에 의한 지방행정통제의 가장 강력한 수단이며, 주민의 참정기회를 확대하고 주민대표의 정책이나 행정처리가 주민의사에 반하지 않도록 주민대표나 행정기관에 대한 통제와 주민에 대한 책임성을 확보하는 데 그 제도적 의의가 있다(헌재 2011. 12. 29. 2010헌바368).
>
> ▶ **주민소환권의 법적 성격**: 주민소환제 자체는 지방자치의 본질적인 내용이라고 할 수 없으므로 이를 보장하지 않는 것이 위헌이라거나 어떤 특정한 내용의 주민소환제를 반드시 보장해야 한다는 헌법적인 요구가 있다고 볼 수는 없다(헌재 2009. 3. 26. 2007헌마843).
>
> ▶ **주민소환법 제7조 제1항이 주민소환의 청구사유에 관하여 아무런 규정을 두지 아니한 것이 청구인의 공무담임권을 침해하는지**(소극): 주민소환제는 대표자에 대한 신임을 묻는 것으로 그 속성이 재선거와 같아 그 사유를 묻지 않는 것이 제도의 취지에도 부합하며, 비민주적, 독선적인 정책추진 등을 광범위하게 통제한다는 주민소환제의 필요성에 비추어 청구사유에 제한을 둘 필요가 없고, 청구사유를 제한하지 않음으로써 주민소환이 남용되어 공직자가 소환될 위험성과 이로 인하여 주민들이 공직자를 통제하고 직접참여를 고양시킬 수 있는 공익을 비교하여 볼 때, 법익의 형량에 있어서도 균형을 이루었으므로, 과잉금지의 원칙을 위반하여 청구인의 공무담임권을 침해하는 것으로 볼 수 없다(헌재 2009. 3. 26. 2007헌마843).

3. 의무

주민은 법령으로 정하는 바에 따라 소속 지방자치단체의 비용을 분담하여야 하는 의무를 진다(지방자치법 제27조).

Ⅶ 지방자치단체에 대한 국가의 지도·감독

1. 위법·부당한 명령·처분의 시정

지방자치단체의 사무에 관한 지방자치단체의 장의 명령이나 처분이 법령에 위반되거나 현저히 부당하여 공익을 해친다고 인정되면 시·도에 대해서는 주무부장관이, 시·군 및 자치구에 대해서는 시·도지사가 기간을 정하여 서면으로 시정할 것을 명하고, 그 기간에 이행하지 아니하면 이를 취소하거나 정지할 수 있다(지방자치법 제188조 제1항).

자치사무에 관한 명령이나 처분에 대한 주무부장관 또는 시·도지사의 시정명령, 취소 또는 정지는 법령을 위반한 것에 한정한다(지방자치법 제188조 제5항).

2. 지방자치단체의 장에 대한 직무이행명령

지방자치단체의 장이 법령에 따라 그 의무에 속하는 국가위임사무나 시·도위임사무의 관리와 집행을 명백히 게을리하고 있다고 인정되면 시·도에 대해서는 주무부장관이, 시·군 및 자치구에 대해서는 시·도지사가 기간을 정하여 서면으로 이행할 사항을 명령할 수 있다(지방자치법 제189조 제1항).

3. 지방자치단체의 자치사무에 대한 감사

행정안전부장관이나 시·도지사는 지방자치단체의 자치사무에 관하여 보고를 받거나 서류·장부 또는 회계를 감사할 수 있다. 이 경우 감사는 법령 위반사항에 대해서만 한다. 행정안전부장관 또는 시·도지사는 감사를 하기 전에 해당 사무의 처리가 법령에 위반되는지 등을 확인하여야 한다(지방자치법 제190조 제1항, 제2항).

> **판례**
>
> ▶ **중앙행정기관의 지방자치단체의 자치사무에 대한 감사를 법령위반사항으로 한정하는 지방자치법 제158조 단서 규정이 사전적·일반적인 포괄감사권인지**(소극): 자치사무에 관한 감사규정은 존치하되 '위법성 감사'라는 단서를 추가하여 자치사무에 대한 감사를 축소한 구 지방자치법 제158조 신설경위, 중앙행정기관의 감독권 발동은 지방자치단체의 구체적 법위반을 전제로 하여 작동되도록 제한되어 있는 점, 국가감독권 행사로서 지방자치단체의 자치사무에 대한 감사원의 사전적·포괄적 합목적성 감사가 인정되므로 국가의 중복감사의 필요성이 없는 점 등을 종합하여 보면, 중앙행정기관의 지방자치단체의 자치사무에 대한 구 지방자치법 제158조 단서 규정의 감사권은 사전적·일반적인 포괄감사권이 아니라 그 대상과 범위가 한정적인 제한된 감사권이라 해석함이 마땅하다(헌재 2009. 5. 28. 2006헌라6).
>
> ▶ **중앙행정기관이 지방자치단체의 자치사무에 대한 감사 개시요건**: 중앙행정기관이 구 지방자치법 제158조 단서 규정상의 감사에 착수하기 위해서는 자치사무에 관하여 특정한 법령위반행위가 확인되었거나 위법행위가 있었으리라는 합리적 의심이 가능한 경우이어야 하고, 또한 그 감사대상을 특정해야 한다. 따라서 전반기 또는 후반기 감사와 같은 포괄적·사전적 일반감사나 위법사항을 특정하지 않고 개시하는 감사 또는 법령위반사항을 적발하기 위한 감사는 모두 허용될 수 없다(헌재 2009. 5. 28. 2006헌라6).
>
> ▶ **광역지방자치단체가 기초지방자치단체의 자치사무에 대한 감사 개시요건**: 광역지방자치단체가 기초지방자치단체의 자치사무에 대한 감사에 착수하기 위해서는 자치사무에 관하여 특정한 법령위반행위가 확인되었거나 위법행위가 있었으리라는 합리적 의심이 가능한 경우이어야 하고 그 감사대상을 특정하여야 하며, 위법사항을 특정하지 않고 개시하는 감사 또는 법령위반사항을 적발하기 위한 감사는 허용될 수 없다. 다만 광역지방자치단체가 자치사무에 대한 감사에 착수하기 위해서는 감사대상을 특정하여야 하나, 특정된 감사대상을 사전에 통보할 것까지 요구된다고 볼 수는 없다(헌재 2023. 3. 23. 2020헌라5).
>
> ▶ **광역지방자치단체가 기초지방자치단체의 자치사무에 대한 감사를 개시하기 위하여 요구되는 위법성 확인의 방법과 확인의 정도**: 시·도지사 등이 제보나 언론보도 등을 통해 감사대상 지방자치단체의 자치사무의 위법성에 관한 정보를 수집하고, 객관적인 자료에 근거하여 해당 정보가 믿을만하다고 판단함으로써 위법행위가 있었으리라는 합리적 의심이 가능한 경우라면, 의혹이 제기된 사실관계가 존재하지 않거나 위법성이 문제되지 않는다는 점이 명백하지 아니한 이상 감사를 개시할 수 있을 정도의 위법성 확인은 있었다고 봄이 타당하다(헌재 2023. 3. 23. 2020헌라5).
>
> ▶ **광역지방자치단체가 기초지방자치단체에 대한 감사진행 중에 감사대상의 확장·추가가 허용되는지**(적극): 지방자치단체의 자치사무에 대한 무분별한 감사권의 행사는 헌법상 보장된 지방자치권을 침해할 가능성이 크므로, 원칙적으로 감사 과정에서 사전에 감사대상으로 특정되지 아니한 사항에 관하여 위법사실이 발견되었다고 하더라도 감사대상을 확장하거나 추가하는 것은 허용되지 않는다. 다만, 자치사무의 합법성 통제라는 감사의 목적이나 감사의 효율성 측면을 고려할 때, 당초 특정된 감사대상과 관련성이 인정되는 것으로서 당해 절차에서 함께 감사를 진행하더라도 감사대상 지방자치단체가 절차적인 불이익을 받을 우려가 없고, 해당 감사대상을 적발하기 위한 목적으로 감사가 진행된 것으로 볼 수 없는 사항에 대하여는 감사대상의 확장 내지 추가가 허용된다(헌재 2023. 3. 23. 2020헌라5).

4. 지방의회 의결의 재의와 제소

(1) 재의 요구

지방의회의 의결이 법령에 위반되거나 공익을 현저히 해친다고 판단되면 시·도에 대해서는 주무부장관이, 시·군 및 자치구에 대해서는 시·도지사가 해당 지방자치단체의 장에게 재의를 요구하게 할 수 있고, 재의 요구 지시를 받은 지방자치단체의 장은 의결사항을 이송받은 날부터 20일 이내에 지방의회에 이유를 붙여 재의를 요구하여야 한다(지방자치법 제192조 제1항).

> **판례**
>
> ▶ **교육·학예에 관한 시·도의회의 의결사항에 대하여 서울특별시교육감이 재의요구를 하였다가 철회한 것이, 교육부장관의 재의요구 요청 권한을 침해하는지**(소극): 지방교육자치에 관한 법률 제28조 제1항 제1문이 규정한 교육·학예에 관한 시·도의회의 의결사항에 대한 교육감의 재의요구 권한과 같은 항 제2문이 규정한 교육부장관의 재의요구 요청 권한은 중복하여 행사될 수 있는 별개의 독립된 권한이다. 지방의회의 조례안 의결에 대하여 재의요구를 한 교육감은 지방의회가 재의결을 하기 전까지 재의요구를 철회할 수 있다. 그렇다면, 서울특별시교육감의 재의요구 철회가 교육부장관의 재의요구 요청권한을 침해하지 아니한다(헌재 2013. 9. 26. 2012헌라1).

(2) 제소 지시 및 직접 제소

지방자치단체의 장은 재의결된 사항이 법령에 위반된다고 판단되면 재의결된 날부터 20일 이내에 대법원에 소를 제기할 수 있다(지방자치법 제192조 제4항).

주무부장관이나 시·도지사는 재의결된 사항이 법령에 위반된다고 판단됨에도 불구하고 해당 지방자치단체의 장이 소를 제기하지 아니하면 시·도에 대해서는 주무부장관이, 시·군 및 자치구에 대해서는 시·도지사(주무부장관이 직접 재의 요구 지시를 한 경우에는 주무부장관)가 그 지방자치단체의 장에게 제소를 지시하거나 직접 제소 및 집행정지결정을 신청할 수 있다(지방자치법 제192조 제5항).

> **판례**
>
> ▶ **지방의회 의결(조례안)의 일부에 대한 소 제기가 허용되는지**(소극): 의결의 일부에 대한 효력의 배제는 결과적으로 전체적인 의결의 내용을 변경하는 것에 다름 아니어서 의결기관인 지방의회의 고유권한을 침해하는 것이 될 뿐 아니라, 재의 요구가 있는 때에는 재의 요구에서 지적한 이의사항이 의결의 일부에 관한 것이라고 하여도 의결 전체가 실효되고 재의결만이 의결로서 효력을 발생하는 것이어서 의결의 일부에 대한 재의 요구나 수정재의 요구가 허용되지 않는 점에 비추어 보면, 재의결의 내용 전부가 아니라 그 일부만이 위법한 경우에도 그 재의결 전부의 효력을 부인하여야 한다(대판 1994. 5. 10. 93추144).
>
> ▶ **지방의회 재의결에 대하여 제소를 지시하거나 직접 제소할 수 있는 주체로 규정된 주무부장관이나 시·도지사가 시·도에 대하여는 주무부장관을, 시·군 및 자치구에 대하여는 시·도지사를 의미하는지**(적극): 지방자치법 제172조 제4항, 제6항에서 지방의회 재의결에 대하여 제소를 지시하거나 직접 제소할 수 있는 주체로 규정된 '주무부장관이나 시·도지사'는 시·도에 대하여는 주무부장관을, 시·군 및 자치구에 대하여는 시·도지사를 각 의미한다(대판 2016. 9. 22. 2014추521).

제6항 혼인과 가족제도

I 혼인과 가족제도의 법적 성격

> **헌법 제36조**
> ① 혼인과 가족생활은 개인의 존엄과 양성의 평등을 기초로 성립되고 유지되어야 하며, 국가는 이를 보장한다.

헌법 제36조 제1항은 혼인과 가족생활을 스스로 결정하고 형성할 수 있는 자유를 기본권으로서 보장하고, 혼인과 가족에 대한 제도를 보장한다. 그리고 헌법 제36조 제1항은 혼인과 가족에 관련되는 공법 및 사법의 모든 영역에 영향을 미치는 '헌법원리 내지 원칙규범'으로서의 성격도 가지는데, 이는 적극적으로는 적절한 조치를 통해서 혼인과 가족을 지원하고 제3자에 의한 침해 앞에서 혼인과 가족을 보호해야 할 국가의 과제를 포함하며, 소극적으로는 불이익을 야기하는 제한조치를 통해서 혼인과 가족을 차별하는 것을 금지해야 할 국가의 의무를 포함한다(헌재 2002. 8. 29. 2001헌바82).

> **판례**
>
> ▶ **혼인과 가족제도의 보장 취지**: 혼인과 가족의 보호는 헌법이 지향하는 자유민주적 문화국가의 필수적인 전제조건이다. 개별성·고유성·다양성으로 표현되는 문화는 사회의 자율영역을 바탕으로 하고, 사회의 자율영역은 무엇보다도 바로 가정으로부터 출발하기 때문이다. 헌법은 가족제도를 특별히 보장함으로써, 양심의 자유, 종교의 자유, 언론의 자유, 학문과 예술의 자유와 같이 문화국가의 성립을 위하여 불가결한 기본권의 보장과 함께, 견해와 사상의 다양성을 그 본질로 하는 문화국가를 실현하기 위한 필수적인 조건을 규정한 것이다. 따라서 헌법은 제36조 제1항에서 혼인과 가정생활을 보장함으로써 가족의 자율영역이 국가의 간섭에 의하여 획일화·평준화되고 이념화되는 것으로부터 보호하고자 하는 것이다(헌재 2000. 4. 27. 98헌가16).

II 혼인과 가족제도의 내용

1. 혼인의 자유

헌법 제10조는 개인의 인격권과 행복추구권을 보장하고 있다. 개인의 인격권·행복추구권은 개인의 자기운명결정권을 그 전제로 하고 있으며, 자기운명결정권에는 성적자기결정권 특히 혼인의 자유와 혼인에 있어서 상대방을 결정할 수 있는 자유가 포함되어 있다. 또 헌법 제36조 제1항은 혼인제도와 가족제도에 관한 헌법원리를 규정한 것으로서 혼인제도와 가족제도는 인간의 존엄성 존중과 민주주의의 원리에 따라 규정되어야 함을 천명한 것이라 볼 수 있다. 따라서 혼인에 있어서도 개인의 존엄과 양성의 본질적 평등의 바탕위에서 모든 국민은 스스로 혼인을 할 것인가 하지 않을 것인가를 결정할 수 있고 혼인을 함에 있어서도 그 시기는 물론 상대방을 자유로이 선택할 수 있는 것이며, 이러한 결정에 따라 혼인과 가족생활을 유지할 수 있고, 국가는 이를 보장해야 한다(헌재 1997. 7. 16. 95헌가6).

> **판례**
>
> ▶ **사실혼 배우자에게 상속권을 인정하지 않는 민법 제1003조 제1항이 헌법 제36조 제1항에 위반되는지**(소극): 헌법 제36조 제1항에서 규정하는 '혼인'이란 양성이 평등하고 존엄한 개인으로서 자유로운 의사의 합치에 의하여 생활공동체를 이루는 것으로서 법적으로 승인받은 것을 말하므로, 법적으로 승인되지 아니한 사실혼은 헌법 제36조 제1항의 보호범위에 포함된다고 보기 어렵다(헌재 2014. 8. 28. 2013헌바119).
>
> ▶ **동성동본금혼제도가 혼인의 자유를 침해하는지**(적극): 동성동본금혼을 규정한 민법 제809조 제1항은 사회적 타당성 내지 합리성을 상실하고 있음과 아울러 인간으로서의 존엄과 가치 및 행복추구권을 규정한 헌법이념 및 개인의 존엄과 양성의 평등에 기초한 혼인과 가족생활의 성립·유지라는 헌법규정에 정면으로 배치될 뿐 아니라 남계혈족에만 한정하여 성별에 의한 차별을 함으로써 헌법상의 평등의 원칙에도 위반되며, 또한 그 입법목적이 이제는 혼인에 관한 국민의 자유와 권리를 제한할 사회질서나 공공복리에 해당될 수 없다는 점에서 헌법 제37조 제2항에도 위반된다(헌재 1997. 7. 16. 95헌가6 헌법불합치).
>
> ▶ **8촌 이내의 혈족 사이에서는 혼인할 수 없도록 하는 민법 제809조 제1항이 혼인의 자유를 침해하는지**(소극): 이 사건 금혼조항은 촌수를 불문하고 부계혈족 간의 혼인을 금지한 구 민법상 동성동본금혼 조항에 대한 헌법재판소의 헌법불합치 결정의 취지를 존중하는 한편, 우리 사회에서 통용되는 친족의 범위 및 양성평등에 기초한 가족관계 형성에 관한 인식과 합의에 기초하여 혼인이 금지되는 근친의 범위를 한정한 것이므로 그 합리성이 인정되며, 입법목적 달성에 불필요하거나 과도한 제한을 가하는 것이라고는 볼 수 없으므로 침해의 최소성에 반한다고 할 수 없다. 나아가 이 사건 금혼조항으로 인하여 법률상의 배우자 선택이 제한되는 범위는 친족관계 내에서도 8촌 이내의 혈족으로, 넓다고 보기 어렵다. 그에 비하여 8촌 이내 혈족 사이의 혼인을 금지함으로써 가족질서를 보호하고 유지한다는 공익은 매우 중요하므로 이 사건 금혼조항은 법익균형성에 위반되지 아니한다. 그렇다면 이 사건 금혼조항은 과잉금지원칙에 위배하여 혼인의 자유를 침해하지 않는다(헌재 2022. 10. 27. 2018헌바115).
>
> ▶ **8촌 이내의 혈족 사이에서는 혼인할 수 없도록 하는 민법 제809조 제1항을 위반한 혼인을 무효로 하는 민법 제815조 제2호가 혼인의 자유를 침해하는지**(적극): 이 사건 무효조항의 입법목적은 근친혼이 가까운 혈족 사이의 신분관계 등에 현저한 혼란을 초래하고 가족제도의 기능을 심각하게 훼손하는 경우에 한정하여 무효로 하더라도 충분히 달성 가능하고, 위와 같은 경우에 해당하는지 여부가 명백하지 않다면 혼인의 취소를 통해 장래를 향하여 혼인을 해소할 수 있도록 규정함으로써 가족의 기능을 보호하는 것이 가능하므로, 이 사건 무효조항은 입법목적 달성에 필요한 범위를 넘는 과도한 제한으로서 침해의 최소성을 충족하지 못한다. 나아가 이 사건 무효조항을 통하여 달성되는 공익은 결코 적지 아니하나, 이 사건 무효조항으로 인하여 제한되는 사익 역시 중대함을 고려하면, 이 사건 무효조항은 법익균형성을 충족하지 못한다. 그렇다면, 이 사건 무효조항은 과잉금지원칙에 위배하여 혼인의 자유를 침해한다(헌재 2022. 10. 27. 2018헌바115 헌법불합치).

2. 가족제도

(1) 개인의 존엄과 양성의 평등을 기초로 하는 부부관계

1) 호주제도

호주제는 당사자의 의사나 복리와 무관하게 남계혈통 중심의 가의 유지와 계승이라는 관념에 뿌리박은 특정한 가족관계의 형태를 일방적으로 규정·강요함으로써 개인을 가족 내에서 존엄한 인격체로 존중하는 것이 아니라 가의 유지와 계승을 위한 도구적 존재로 취급하고 있는데, 이는 혼인·가족생활을 어떻게 꾸려나갈 것인지에 관한 개인과 가족의 자율적 결정권을 존중하라는 헌법 제36조 제1항에 부합하지 않는다(헌재 2005. 2. 3. 2001헌가9 헌법불합치).

> **판례**
>
> ▶ **혼인과 가족생활에서 양성평등** : 헌법 제36조 제1항은 혼인과 가족생활에서 양성의 평등대우를 명하고 있으므로 남녀의 성을 근거로 하여 차별하는 것은 원칙적으로 금지되고, 성질상 오로지 남성 또는 여성에게만 특유하게 나타나는 문제의 해결을 위하여 필요한 예외적 경우에만 성차별적 규율이 정당화된다. 과거 전통적으로 남녀의 생활관계가 일정한 형태로 형성되어 왔다는 사실이나 관념에 기인하는 차별, 즉 성역할에 관한 고정관념에 기초한 차별은 허용되지 않는다(헌재 2005. 2. 3. 2001헌가9).

2) 부성주의

양계 혈통을 모두 성으로 반영하기 곤란한 점, 부성의 사용에 관한 사회 일반의 의식, 성의 사용이 개인의 구체적인 권리의무에 영향을 미치지 않는 점 등을 고려할 때 민법 제781조 제1항 본문 중 "자는 부의 성과 본을 따르고" 부분이 성의 사용 기준에 대해 부성주의를 원칙으로 규정한 것은 입법형성의 한계를 벗어난 것으로 볼 수 없다. 다만 출생 직후의 자에게 성을 부여할 당시 부가 이미 사망하였거나 부모가 이혼하여 모가 단독으로 친권을 행사하고 양육할 것이 예상되는 경우, 혼인 외의 자를 부가 인지하였으나 여전히 모가 단독으로 양육하는 경우 등과 같은 사례에 있어서도 일방적으로 부의 성을 사용할 것을 강제하면서 모의 성의 사용을 허용하지 않고 있는 것은 개인의 존엄과 양성의 평등을 침해한다. 그리고 입양이나 재혼 등과 같이 가족관계의 변동과 새로운 가족관계의 형성에 있어서 구체적인 사정들에 따라서는 양부 또는 계부 성으로의 변경이 개인의 인격적 이익과 매우 밀접한 관계를 가짐에도 부성의 사용만을 강요하여 성의 변경을 허용하지 않는 것은 개인의 인격권을 침해한다(헌재 2005. 12. 22. 2003헌가5 헌법불합치).

(2) 개인의 존엄과 양성의 평등을 기초로 하는 친자관계

1) 태어난 즉시 출생등록될 권리

① 의의

태어난 즉시 출생등록될 권리는 '출생 후 곧바로' 등록될 권리를 뜻하는 것이 아니라 '출생 후 아동이 보호를 받을 수 있을 최대한 빠른 시점'에 아동의 출생과 관련된 기본적인 정보를 국가가 관리할 수 있도록 등록할 권리로서, 아동이 사람으로서 인격을 자유로이 발현하고, 부모와 가족 등의 보호하에 건강한 성장과 발달을 할 수 있도록 최소한의 보호장치를 마련하도록 요구할 수 있는 권리이다(헌재 2023. 3. 23. 2021헌마975).

② 근거 및 법적 성격

태어난 즉시 출생등록될 권리는 헌법 제10조의 인간의 존엄과 가치 및 행복추구권으로부터 도출되는 일반적 인격권을 실현하기 위한 기본적인 전제로서 헌법 제10조뿐만 아니라, 헌법 제34조 제1항의 인간다운 생활을 할 권리, 헌법 제36조 제1항의 가족생활의 보장, 헌법 제34조 제4항의 국가의 청소년 복지향상을 위한 정책실시의무 등에도 근거가 있다. 이처럼 태어난 즉시 '출생등록될 권리'는 앞서 언급한 기본권 등의 어느 하나에 완전히 포섭되지 않으며, 이들을 이념적 기초로 하는 헌법에 명시되지 아니한 독자적 기본권으로서, 자유로운 인격실현을 보장하는 자유권적 성격과 아동의 건강한 성장과 발달을 보장하는 사회적 기본권의 성격을 함께 지닌다(헌재 2023. 3. 23. 2021헌마975).

> **판례**
>
> ▶ 혼인 중 여자와 남편 아닌 남자 사이에서 출생한 자녀에 대한 생부의 출생신고를 허용하도록 규정하지 아니한 가족관계등록법 제46조 제2항 등이 혼인 외 출생자인 청구인들의 태어난 즉시 '출생등록될 권리'를 침해하는지 (적극) : 현행 출생신고제도는 혼인 중 여자와 남편 아닌 남자 사이에서 출생한 자녀인 청구인들과 같은 경우 출생신고가 실효적으로 이루어질 수 있도록 보장하지 못하고 있다. 출산을 담당한 의료기관 등이 의무적으로 모와 자녀에 관한 정보 등을 포함한 출생신고의 기재사항을 미리 수집하고, 그 정보를 출생신고를 담당하는 기관에 송부하여 출생신고가 이루어지도록 한다면, 민법상 신분관계와 모순되는 내용이 가족관계등록부에 기재되는 것을 방지하면서도 출생신고가 이루어질 수 있다. 따라서 심판대상조항들은 입법형성권의 한계를 넘어서서 실효적으로 출생등록될 권리를 보장하고 있다고 볼 수 없으므로, 혼인 중 여자와 남편 아닌 남자 사이에서 출생한 자녀에 해당하는 혼인 외 출생자인 청구인들의 태어난 즉시 '출생등록될 권리'를 침해한다(헌재 2023. 3. 23. 2021헌마975 헌법불합치).

2) 부모의 자녀 양육권

부모는 자녀의 양육에 관하여 전반적인 계획을 세우고 자신의 인생관·사회관·교육관에 따라 자녀의 양육을 자유롭게 형성할 권리를 가진다. 자녀에 대한 부모의 양육권은 비록 헌법에 명문으로 규정되어 있지는 아니하지만, 이는 모든 인간이 누리는 불가침의 인권으로서 혼인과 가족생활을 보장하는 헌법 제36조 제1항, 행복추구권을 보장하는 헌법 제10조 및 '국민의 자유와 권리는 헌법에 열거되지 아니한 이유로 경시되지 아니한다.'고 규정한 헌법 제37조 제1항에서 나오는 중요한 기본권이다(헌재 2008. 10. 30. 2005헌마1156).

> **판례**
>
> ▶ **양육권의 법적 성격** : 양육권은 공권력으로부터 자녀의 양육을 방해받지 않을 권리라는 점에서는 자유권적 기본권으로서의 성격을, 자녀의 양육에 관하여 국가의 지원을 요구할 수 있는 권리라는 점에서는 사회권적 기본권으로서의 성격을 아울러 가지고 있다(헌재 2008. 10. 30. 2005헌마1156).
>
> ▶ **육아휴직신청권의 법적 성격** : 육아휴직신청권은 헌법 제36조 제1항 등으로부터 개인에게 직접 주어지는 헌법적 차원의 권리라고 볼 수는 없고, 입법자가 입법의 목적, 수혜자의 상황, 국가예산, 전체적인 사회보장수준, 국민정서 등 여러 요소를 고려하여 제정하는 입법에 적용요건, 적용대상, 기간 등 구체적인 사항이 규정될 때 비로소 형성되는 법률상의 권리에 불과하다(헌재 2008. 10. 30. 2005헌마1156).
>
> ▶ **부모가 자녀의 이름을 지을 자유가 헌법상 보호를 받는지**(적극) : 헌법에 명문으로 규정되어 있지는 않지만, '부모의 자녀의 이름을 지을 자유'는 혼인과 가족생활을 보장하는 헌법 제36조 제1항과 행복추구권을 보장하는 헌법 제10조에 의하여 보호받는다(헌재 2016. 7. 28. 2015헌마964).

3) 부모의 자녀 교육권

부모의 자녀에 대한 교육권은 비록 헌법에 명문으로 규정되어 있지는 아니하지만, 이는 모든 인간이 누리는 불가침의 인권으로서 혼인과 가족생활을 보장하는 '헌법 제36조 제1항', 행복추구권을 보장하는 '헌법 제10조' 및 "국민의 자유와 권리는 헌법에 열거되지 아니한 이유로 경시되지 아니한다."고 규정하는 헌법 '제37조 제1항'에서 나오는 중요한 기본권이다(헌재 2000. 4. 27. 98헌가16).

> **판례**
>
> ▶ **부모의 자녀 교육권의 특징**: 부모의 자녀교육권은 다른 기본권과는 달리, 기본권의 주체인 부모의 자기결정권이라는 의미에서 보장되는 자유가 아니라, '자녀의 보호와 인격발현'을 위하여 부여되는 기본권이다. 다시 말하면, 부모의 자녀교육권은 자녀의 행복이란 관점에서 보장되는 것이며, 자녀의 행복이 부모의 교육에 있어서 그 방향을 결정하는 지침이 된다(헌재 2000. 4. 27. 98헌가16).
>
> ▶ **국가의 교육책임과의 관계**: 부모의 교육권은 교육의 모든 영역에서 존중되어야 한다. 다만 학교교육에 관한 한 국가는 헌법 제31조에 의하여 부모의 교육권으로부터 원칙적으로 독립된 독자적인 교육권한을 부여받음으로써 부모의 교육권과 함께 자녀의 교육을 담당하지만, 학교 밖의 교육영역에서는 원칙적으로 부모의 교육권이 우위에 있다(헌재 2000. 4. 27. 98헌가16).
>
> ▶ **학교교과교습학원 및 교습소의 심야교습을 제한하고 있는 서울특별시 조례가 학부모의 자녀교육권 등을 침해하는지**(소극): 학원조례조항에 의한 교습시간 제한은 학원교습 자체를 금지하거나 학생들이 교습을 받는 것을 금지하는 것이 아니라, 원칙적으로 교습은 보장하면서 심야에 한하여 학원교습만 제한하고 있을 뿐이므로 학원조례조항에 의하여 청구인들이 받는 기본권 제한이 그 입법목적 달성을 위하여 필요한 정도를 넘어 과도하다고 할 수 없다. 그리고 학원조례조항으로 인하여 제한되는 사익은 22:00 또는 23:00부터 다음 날 05:00까지 학원 등에서 교습이 금지되는 불이익에 불과한 반면, 학원조례조항이 추구하는 공익은 학생들의 건강과 안전, 자습능력의 향상, 학교교육 충실화, 사교육비 절감 등으로 학원조례조항으로 인하여 제한되는 사익이 공익보다 중대한 것이라고 보기 어렵다(헌재 2016. 5. 26. 2014헌마374).

4) 가족생활을 스스로 결정하고 형성할 수 있는 자유

헌법 제36조 제1항은 혼인과 가족생활을 스스로 결정하고 형성할 수 있는 자유를 기본권으로서 보장한다(헌재 2002. 8. 29. 2001헌바82).

> **판례**
>
> ▶ **혼인 종료 후 300일 이내에 출생한 자를 전남편의 친생자로 추정하는 민법 제844조 제2항이 모가 가정생활과 신분관계에서 누려야 할 인격권, 혼인과 가족생활에 관한 기본권을 침해하는지**(적극): 심판대상조항에 따르면, 혼인 종료 후 300일 내에 출생한 자녀가 전남편의 친생자가 아님이 명백함에도 그 자녀는 전남편의 친생자로 추정되어 엄격한 친생부인의 소를 통해서만 번복될 수 있다. 그 결과 심판대상조항은 이혼한 모와 전남편이 새로운 가정을 꾸리는 데 부담이 되고, 자녀와 생부가 진실한 혈연관계를 회복하는 데 장애가 되고 있다. 민법 제정 이후의 사회적·법률적·의학적 사정변경을 전혀 반영하지 아니한 채, 이미 혼인관계가 해소된 이후에 자가 출생하고 생부가 출생한 자를 인지하려는 경우마저도, 아무런 예외 없이 그 자를 전남편의 친생자로 추정함으로써 친생부인의 소를 거치도록 하는 심판대상조항은 입법형성의 한계를 벗어나 모가 가정생활과 신분관계에서 누려야 할 인격권, 혼인과 가족생활에 관한 기본권을 침해한다(헌재 2015. 4. 30. 2013헌마623 헌법불합치).

▶ **친생부인의 소 제소기간을 '그 출생을 안 날로부터 1년 내'라고 규정하고 있는 민법조항이 부의 가정생활과 신분관계에서 누려야 할 인격권 등을 침해하는지**(적극) : 일반적으로 친자관계의 존부는 특별한 사정이나 어떤 계기가 없으면 이를 의심하지 아니하는 것이 통례임에 비추어 볼 때, 친생부인의 소의 제척기간의 기산점을 단지 그 '출생을 안 날로부터'라고 규정한 것은 부에게 매우 불리한 규정일 뿐만 아니라, '1년'이라는 제척 기간 그 자체도 그 동안에 변화된 사회현실여건과 혈통을 중시하는 전통관습 등 여러 사정을 고려하면 현저히 짧은 것이어서, 자유로운 의사에 따라 친자관계를 부인하고자 하는 부의 가정생활과 신분관계에서 누려야 할 인격권, 행복추구권 및 개인의 존엄과 양성의 평등에 기초한 혼인과 가족생활에 관한 기본권을 침해하는 것이다(헌재 1997. 3. 27. 95헌가14 헌법불합치).

▶ **친생부인의 소의 제척기간을 규정한 민법 제847조 제1항 중 "부(夫)가 그 사유가 있음을 안 날부터 2년 내" 부분이 헌법에 위반되는지**(소극) : 개정된 민법 제847조 제1항은 '친생부인의 사유가 있음을 안 날'을 제척기 간의 기산점으로 삼음으로써 부(夫)가 혈연관계의 진실을 인식할 때까지 기간의 진행을 유보하고, '그로부터 2년'을 제척기간으로 삼음으로써 부(夫)의 친생부인의 기회를 실질적으로 보장하고 있다. 또한 2년이란 기간 은 자녀의 불안정한 지위를 장기간 방치하지 않기 위한 것으로서 지나치게 짧다고 볼 수 없다. 따라서 민법 제847조 제1항 중 "부(夫)가 그 사유가 있음을 안 날부터 2년 내" 부분은 친생부인의 소의 제척기간에 관한 입법재량의 한계를 일탈하지 않은 것으로서 헌법에 위반되지 아니한다(헌재 2015. 3. 26. 2012헌바357).

▶ **친양자 입양을 청구하기 위해서는 친생부모의 친권상실, 사망 기타 동의할 수 없는 사유가 없는 한 친생부모의 동의를 반드시 요하도록 한 구 민법 제908조의2 제1항 제3호가 친양자가 될 자의 가족생활에 관한 기본권 등을 침해하는지**(소극) : 친양자 입양은 친생부모와 그 자녀 사이의 친족관계를 완전히 단절시키는 등 친생부모의 지위에 중대한 영향을 미치는 점, 친생부모 역시 헌법 제10조 및 제36조 제1항에 근거한 가족생활에 관한 기본권을 보유하고 있다는 점에 비추어 볼 때 그 입법목적은 정당하고, 이 사건 법률조항은 친양자 입양에 있어 무조건 친생부모의 동의를 요하도록 하고 있는 것이 아니라, '친생부모의 친권이 상실되거나 사망 기타 그 밖의 사유로 동의할 수 없는 경우'에는 그 동의 없이도 친양자 입양이 가능하도록 예외규정을 두어 기본권 제한의 비례성을 준수하고 있으므로 헌법에 위반되지 아니한다(헌재 2012. 5. 31. 2010헌바87).

▶ **원칙적으로 3년 이상 혼인 중인 부부만이 친양자 입양을 할 수 있도록 규정하여 독신자는 친양자 입양을 할 수 없도록 한 구 민법 제908조의2 제1항 제1호가 독신자가 가족생활을 스스로 결정하고 형성할 수 있는 자유를 침해하는지**(소극) : 심판대상조항은 친양자가 안정된 양육환경을 제공할 수 있는 가정에 입양되도록 하여 양자의 복리를 증진하는 것을 목적으로 한다. 독신자 가정은 기혼자 가정에 비하여 양자의 양육에 있어 불리할 가능성이 높으므로, 독신자를 친양자의 양친에서 제외하는 것은 입법목적을 달성하기 위한 적절한 수단이다. 심판대상조항으로 인하여 양자가 혼인관계를 바탕으로 한 안정된 가정에 입양되어 더 나은 양육조건에서 성장할 수 있게 되므로 양자의 복리가 증진되는 반면, 독신자는 친양자 입양을 할 수 없게 되어 가족생활의 자유가 다소 제한되지만 여전히 일반입양은 할 수 있으므로 제한되는 사익이 공익보다 결코 크다고 할 수 없다. 결국 심판대상조항은 과잉금지원칙에 위반하여 독신자의 가족생활의 자유를 침해한다고 볼 수 없다 (헌재 2013. 9. 26. 2011헌가42).

▶ **중혼의 취소청구권자를 규정하면서 직계비속을 제외한 민법 제818조가 평등원칙에 반하는지**(적극) : 중혼의 취소청구권자를 규정한 이 사건 법률조항은 그 취소청구권자로 직계존속과 4촌 이내의 방계혈족을 규정하면 서도 직계비속을 제외하였는바, 직계비속을 제외하면서 직계존속만을 취소청구권자로 규정한 것은 가부장 적・종법적인 사고에 바탕을 두고 있고, 직계비속이 상속권 등과 관련하여 중혼의 취소청구를 구할 법률적 인 이해관계가 직계존속과 4촌 이내의 방계혈족 못지않게 크며, 그 취소청구권자의 하나로 규정된 검사에게 취소청구를 구한다고 하여도 검사로 하여금 직권발동을 촉구하는 것에 지나지 않은 점 등을 고려할 때, 합리 적인 이유 없이 직계비속을 차별하고 있어, 평등원칙에 위반된다(헌재 2010. 7. 29. 2009헌가8 헌법불합치).

▶ **직계존속에 대한 상해치사죄의 가중처벌을 규정하고 있는 헌법 제36조 제1항에 위배되는지**(소극): 가중처벌에 의하여 가족 개개인의 존엄성 및 양성의 평등이 훼손되거나 인간다운 생활을 보장받지 못하게 되리라는 사정은 찾아볼 수 없고, 오히려 패륜적·반도덕적 행위의 가중처벌을 통하여 친족 내지 가족에 있어서의 자연적·보편적 윤리를 형법상 보호함으로써 개인의 존엄과 가치를 더욱 보장하고 이를 통하여 올바른 사회질서가 형성될 수 있다고 보아야 할 것이므로, 이 사건 법률조항은 혼인제도와 가족제도에 관한 헌법 제36조 제1항에 위배되거나 인간으로서의 존엄과 가치 또는 행복추구권도 침해하지 아니한다(헌재 2002. 3. 28. 2000헌바53).

▶ **자기의 직계존속을 살해한 자를 일반 살인죄를 저지른 자에 비하여 가중처벌하는 형법 제250조 제2항이 평등원칙에 위배되는지**(소극): 조선시대 이래 현재에 이르기까지 존속살해죄에 대한 가중처벌은 계속되어 왔고, 그러한 입법의 배경에는 우리 사회의 효를 강조하는 유교적 관념 내지 전통사상이 자리 잡고 있는 점, 존속살해는 그 패륜성에 비추어 일반 살인죄에 비하여 고도의 사회적 비난을 받아야 할 이유가 충분한 점, 이 사건 법률조항의 법정형이 종래의 '사형 또는 무기징역'에서 '사형, 무기 또는 7년 이상의 징역'으로 개정되어 기존에 제기되었던 양형에 있어서의 구체적 불균형의 문제도 해소된 점을 고려할 때 이 사건 법률조항이 형벌체계상 균형을 잃은 자의적 입법으로서 평등원칙에 위반된다고 볼 수 없다(헌재 2013. 7. 25. 2011헌바267).

(3) 혼인하지 않은 자와의 차별금지

헌법 제36조 제1항은 "혼인과 가족생활은 개인의 존엄과 양성의 평등을 기초로 성립되고 유지되어야 하며, 국가는 이를 보장한다."고 규정하여 혼인과 가족생활에 불이익을 주지 않도록 국가에게 명령하고 있다. 이는 적극적으로는 적절한 조치를 통해서 혼인과 가족을 지원하고 제3자에 의한 침해 앞에서 혼인과 가족을 보호해야 할 국가의 과제를 포함하고, 소극적으로는 불이익을 야기하는 제한조치를 통해서 혼인과 가족을 차별하는 것을 금지해야 할 국가의 의무를 포함한다. 이러한 헌법원리로부터 도출되는 차별금지명령은 헌법 제11조 제1항의 평등원칙과 결합하여 혼인과 가족을 부당한 차별로부터 특별히 더 보호하고자 하는 목적을 가진다(헌재 2005. 5. 26. 2004헌가6).

판례

▶ **누진과세제도하에서 혼인한 부부에게 조세부담의 증가를 초래하는 부부자산소득합산과세를 규정하고 있는 구 소득세법 제80조 제1항 제2호가 헌법 제36조 제1항에 위반되는지**(적극): 부부의 자산소득을 합산하여 과세하는 취지는 자산소득을 부부간에 분산하여 종합소득세의 누진세 체계를 회피하는 것을 방지하고, 소비단위별 생활실태에 부합하는 공평한 과세를 실현하며, 불로소득인 자산소득에 대하여 중과세하여 소득의 재분배를 기하려는 데에 있으므로 그 입법목적은 정당하다. 그러나, 자산소득이 있는 모든 납세의무자 가운데 혼인한 부부에 대하여만 사실혼관계의 부부나 독신자에 비하여 더 많은 조세부담을 가하여 소득을 재분배하도록 강요하는 것은 입법목적 달성을 위한 적절한 방법이라 볼 수 없다. 나아가, 부부자산소득합산과세가 추구하는 공익은 입법정책적 법익에 불과한 반면, 이로 인하여 침해되는 것은 헌법이 강도 높게 보호하고자 하는 혼인을 근거로 한 차별금지라는 헌법적 가치이므로, 달성하고자 하는 공익과 침해되는 사익 사이에 적정한 균형관계를 인정할 수 없다. 그러므로 부부자산소득합산과세는 혼인한 부부를 비례의 원칙에 반하여 사실혼관계의 부부나 독신자에 비하여 차별하는 것으로서 헌법 제36조 제1항에 위반된다(헌재 2005. 5. 26. 2004헌가6).

▶ **종합부동산세의 과세방법을 '인별합산'이 아니라 '세대별 합산'으로 규정한 종합부동산세법 조항이 헌법 제36조 제1항에 위반되는지**(적극) : 세대별 합산규정은 생활실태에 부합하는 과세를 실현하고 조세회피를 방지하고자 하는 것으로 그 입법목적의 정당성은 수긍할 수 있으나, 가족 간의 증여를 통하여 재산의 소유 형태를 형성하였다고 하여 모두 조세회피의 의도가 있었다고 단정할 수 없고, 정당한 증여의 의사에 따라 가족 간에 소유권을 이전하는 것도 국민의 권리에 속하는 것이며, 우리 민법은 부부별산제를 채택하고 있고 배우자를 제외한 가족의 재산까지 공유로 추정할 근거규정이 없고, 공유재산이라고 하여 세대별로 합산하여 과세할 당위성도 없다. 따라서 이 사건 세대별 합산규정은 혼인한 자 또는 가족과 함께 세대를 구성한 자를 비례의 원칙에 반하여 개인별로 과세되는 독신자, 사실혼 관계의 부부, 세대원이 아닌 주택 등의 소유자 등에 비하여 불리하게 차별하여 취급하고 있으므로, 헌법 제36조 제1항에 위반된다(헌재 2008. 11. 13. 2006헌바112 헌법불합치).

▶ **1세대 3주택 이상에 해당하는 주택에 대하여 양도소득세 중과세를 규정하고 있는 구 소득세법 조항이 과잉금지원칙에 위배되어 헌법 제36조 제1항에 위배되는지**(적극) : 혼인으로 새로이 1세대를 이루는 자를 위하여 상당한 기간 내에 보유 주택수를 줄일 수 있도록 하고 그러한 경과규정이 정하는 기간 내에 양도하는 주택에 대해서는 혼인 전의 보유 주택수에 따라 양도소득세를 정하는 등의 완화규정을 두는 것과 같은 방법이 있음에도 이러한 완화규정을 두지 아니한 것은 최소침해성원칙에 위배된다고 할 것이고, 이 사건 법률조항으로 인하여 침해되는 것은 헌법 제36조 제1항에 근거하는 혼인에 따른 차별금지 또는 혼인의 자유라는 헌법적 가치라 할 것이므로 이 사건 법률조항이 달성하고자 하는 공익과 침해되는 사익 사이에 적절한 균형관계를 인정할 수 없어 법익균형성원칙에도 반한다. 결국 이 사건 법률조항은 과잉금지원칙에 반하여 헌법 제36조 제1항이 정하고 있는 혼인에 따른 차별금지원칙에 위배되고, 혼인의 자유를 침해한다(헌재 2011. 11. 24. 2009헌바146 헌법불합치).

박충신
헌법
기본 이론서

제1장 기본권 일반론

제2장 포괄적 기본권

제3장 자유권적 기본권

제4장 경제적 기본권

제5장 정치적 기본권

제6장 청구권적 기본권

제7장 사회적 기본권

제8장 국민의 기본적 의무

PART 02

기본권론

CHAPTER 01 기본권 일반론

제1절 기본권의 의의

제1항 기본권의 개념

I. 인권과 기본권

인권	• 인간이면 당연히 누리는 천부적 권리 • 자연권
기본권	• 헌법이 보장하는 국민의 기본적 권리 • 인권(자연권) + 새로운 권리(실정권)

인권이란 인간이 인간이기 때문에 당연히 누리는 천부적 권리를 말하는 것이고, 기본권이란 헌법이 보장하는 국민의 기본적 권리를 말한다. 국가인권위원회법은 "인권이란 대한민국 헌법 및 법률에서 보장하거나 대한민국이 가입·비준한 국제인권조약 및 국제관습법에서 인정하는 인간으로서의 존엄과 가치 및 자유와 권리를 말한다."고 정의하고 있다(동법 제2조 1호).

> **판례**
>
> ▶ **기본권과 국가의 관계**: 기본권이란 헌법에서 어떤 법익을 기본적 권리로 인정하고 이를 보장할 때 생겨나는 것이어서 헌법을 떠나 기본권이란 개념을 생각할 수 없고, 헌법은 국가의 존립을 전제로 하므로, 결국 기본권은 국가의 존립을 떠나서 관념할 수 없다. 따라서 <u>국가의 존립은 기본권의 개념적 기초이자 기본권 보장의 전제</u>라 할 것이다(헌재 2009. 5. 28. 2007헌마369).

II. 기본권에 관한 법률유보

기본권제한적 법률유보	• 기본권을 제한하는 법률 • 자유권적 기본권 • 위헌성심사기준: 과잉금지원칙
기본권구체화적 법률유보	• 기본권의 내용을 자세히 규정하거나 행사절차를 정하는 법률 • 재산권, 절차적 기본권 • 위헌성심사기준: 합리성원칙 내지 자의금지원칙
기본권형성적 법률유보	• 기본권의 구체적 내용을 형성하는 법률 • 사회적 기본권 • 위헌성심사기준: 객관적으로 필요한 최소한의 조치

제2항 기본권의 분류와 체계

Ⅰ 기본권의 분류

1. 주체를 기준으로 한 분류

인간의 권리	모든 인간에게 인정되는 기본권(초국가적·자연법적 권리)
국민의 권리	국민에게만 인정되고 외국인에게는 인정되지 않는 기본권

2. 성질을 기준으로 한 분류

(1) 초국가적 권리와 실정법상의 권리

초국가적 권리	자연법상의 권리 또는 천부적 인권
실정법상의 권리	국가에 의해 인정된 기본권

(2) 절대적 권리와 상대적 권리

절대적 권리	제한할 수 없는 기본권
상대적 권리	제한이 가능한 기본권

3. 효력을 기준으로 한 분류

구체적 권리	입법이 없이도 행사할 수 있는 기본권
추상적 권리	입법에 있어야 행사할 수 있는 기본권

Ⅱ 기본권의 보장체계

1. 기본권의 이념적 전제와 목적으로서의 인간의 존엄성

> **헌법 제10조**
> 모든 국민은 인간으로서의 존엄과 가치를 가지며, 행복을 추구할 권리를 가진다. 국가는 개인이 가지는 불가침의 기본적 인권을 확인하고 이를 보장할 의무를 진다.

헌법 제10조는 "모든 국민은 인간으로서의 존엄과 가치를 가지며, 행복을 추구할 권리를 가진다. 국가는 개인이 가지는 불가침의 기본적 인권을 확인하고 이를 보장할 의무를 진다."라고 하여 모든 기본권의 종국적 목적이자 기본이념이라 할 수 있는 인간의 존엄과 가치를 규정하고 있다. 이러한 인간의 존엄과 가치 조항은 헌법이념의 핵심으로 국가는 헌법에 규정된 개별적 기본권을 비롯하여 헌법에 열거되지 아니한 자유와 권리까지도 이를 보장하여야 하고, 이를 통하여 개별 국민이 가지는 인간으로서의 존엄과 가치를 존중하고 확보하여야 한다는 헌법의 기본원리를 선언한 것이다(헌재 2001. 7. 19. 2000헌마546).

2. 인간의 존엄성 보장을 위한 수단으로서의 기본권

(1) 헌법에 열거된 기본권

포괄적 기본권	인간의 존엄과 가치	인격권, 생명권
	행복추구권	일반적 행동의 자유
	평등권	
자유권적 기본권	신체의 자유	
	사생활의 자유	사생활의 비밀과 자유
		주거의 자유
		거주・이전의 자유
		통신의 자유
	정신적 자유	양심의 자유
		종교의 자유
		언론・출판의 자유
		집회・결사의 자유
		학문과 예술의 자유
경제적 기본권	재산권	
	직업의 자유	
정치적 기본권	참정권	국민투표권
		공무담임권
청구권적 기본권	청원권	
	재판청구권	
	국가배상청구권	
	형사보상청구권	
	범죄피해자구조청구권	
사회적 기본권	인간다운 생활을 할 권리	
	사회보장수급권	
	교육을 받을 권리	
	근로의 권리	
	근로3권	
	환경권과 보건권	

(2) 헌법에 열거되지 않은 자유와 권리

헌법 제37조
① 국민의 자유와 권리는 헌법에 열거되지 아니한 이유로 경시되지 아니한다.

1) 취지

헌법 제37조 제1항은 헌법에 명시적으로 규정되지 아니한 자유와 권리라도 헌법 제10조에서 규정한 인간의 존엄과 가치를 위하여 필요한 것일 때에는 이를 모두 보장함을 천명하는 것이다. 이러한 기본권으로서 일반적 행동자유권과 명예권 등을 들 수 있다(헌재 2002. 1. 31. 2001헌바43).

2) 요건

헌법에 열거되지 아니한 기본권을 새롭게 인정하려면, 필요성이 특별히 인정되고, 권리 내용(보호영역)이 비교적 명확하여 구체적 기본권으로서의 실체, 즉 권리 내용을 규범 상대방에게 요구할 힘이 있고, 실현이 방해되는 경우 재판에 의하여 그 실현을 보장받을 수 있는 구체적 권리로서의 실질에 부합하여야 한다(헌재 2009. 5. 28. 2007헌마369).

> **판례**
>
> ▶ **평화적 생존권**(소극) : 평화란 헌법의 이념 내지 목적으로서 추상적인 개념에 지나지 아니하고, 평화적 생존권은 이를 헌법에 열거되지 아니한 기본권으로서 특별히 새롭게 인정할 필요성이 있다거나 그 권리내용이 비교적 명확하여 구체적 권리로서의 실질에 부합한다고 보기 어려워 헌법상 보장된 기본권이라고 할 수 없다(헌재 2009. 5. 28. 2007헌마369).
>
> ▶ **국가인권위원회의 공정한 조사를 받을 권리**(소극) : 국가인권위원회의 공정한 조사를 받을 권리는 헌법상 인정되는 기본권이라고 하기 어렵다(헌재 2012. 8. 23. 2008헌마430).
>
> ▶ **재정지출에 대한 국민의 직접적 감시권**(소극) : 헌법상 조세의 효율성과 타당한 사용에 대한 감시는 국회의 주요책무이자 권한으로 규정되어 있어 재정지출의 효율성 또는 타당성과 관련된 문제에 대한 국민의 관여는 선거를 통한 간접적이고 보충적인 것에 한정되며, 재정지출의 합리성과 타당성 판단은 재정분야의 전문성을 필요로 하는 정책판단의 영역으로서 사법적으로 심사하는 데에 어려움이 있을 수 있다. 게다가 재정지출에 대한 국민의 직접적 감시권을 기본권으로 인정하게 되면 재정지출을 수반하는 정부의 모든 행위를 개별 국민이 헌법소원으로 다툴 수 있게 되는 문제가 발생할 수 있다. 납세의무자로서 청구인들의 재산권이란 결국 재정사용의 합법성과 타당성을 감시하는 납세자의 권리에 다름 아닌바, 이와 같은 권리를 헌법상 보장된 기본권으로 볼 수 없다(헌재 2008. 11. 27. 2008헌마517).

제3항 기본권의 법적 성격

I 이중적 성질

국민의 기본권은 국가권력에 의하여 침해되어서는 안 된다는 의미에서 소극적 방어권으로서의 의미를 가지고 있을 뿐만 아니라, 국가는 적극적으로 국민의 기본권을 보호할 의무를 부담하고 있다는 의미에서 기본권은 국가권력에 대한 객관적 규범 내지 가치질서로서의 의미를 함께 갖는다. 객관적 가치질서로서의 기본권은 입법·사법·행정의 모든 국가기능의 방향을 제시하는 지침으로서 작용하므로, 국가기관에게 기본권의 객관적 내용을 실현할 의무를 부여한다(헌재 1995. 6. 29. 93헌바45).

> **판례**
>
> ▶ **기본권의 이중적 성질**: 헌법상의 기본권은 제1차적으로 개인의 자유로운 영역을 공권력의 침해로부터 보호하기 위한 방어적 권리이지만 다른 한편으로 헌법의 기본적인 결단인 객관적인 가치질서를 구체화한 것으로서, 사법을 포함한 모든 법 영역에 그 영향을 미치는 것이므로 사인간의 사적인 법률관계도 헌법상의 기본권 규정에 적합하게 규율되어야 한다(대판 2010. 4. 22. 2008다38288).
>
> ▶ **정치적 기본권**: 정치적 기본권은 기본권의 주체인 개별 국민의 입장에서 보면 주관적 공권으로서의 성질을 가지지만, 민주정치를 표방한 민주국가에 있어서는 국민의 정치적 의사를 국정에 반영하기 위한 객관적 질서로서의 의미를 아울러 가진다(헌재 2004. 3. 25. 2001헌마710).
>
> ▶ **직업의 자유**: 직업의 선택 혹은 수행의 자유는 각자의 생활의 기본적 수요를 충족시키는 방편이 되고, 또한 개성신장의 바탕이 된다는 점에서 주관적 공권의 성격이 두드러진 것이기는 하나 다른 한편 국가의 사회질서와 경제질서가 형성된다는 점에서 사회적 시장경제질서라고 하는 객관적 법질서의 구성요소이기도 하다(헌재 1996. 8. 29. 94헌마113).

II 기능

주관적 공권	국민이 국가에게 작위·부작위·급부 등을 청구할 권리			
객관적 질서	국가기관	입법부와 행정부	행위규범	권한
				보호의무, 입법의무
		헌법재판소	통제규범	과잉금지원칙
				자의금지원칙
				최소한의 보호조치
	국민	기본권의 제3자적 효력, 기본권의 보호 범위		

제2절 기본권의 주체

제1항 자연인

I 국민

1. 기본권 주체성

헌법 제2장은 "국민의 권리와 의무"라고 제목을 붙이고 각 조항에서 '국민'이 기본권의 주체임을 명시하고 있을 뿐만 아니라, 제2조 제1항은 "대한민국의 국민이 되는 요건은 법률로 정한다."고 하여 기본권의 주체인 국민에 관한 내용을 입법자가 형성하도록 하였다(헌재 2000. 8. 31. 97헌가12).

2. 배아

(1) **의의**

배아란 수정이 일어나 정자와 난자가 합쳐진 접합체가 '첫 번째 세포분열을 하기 시작한 시기부터 태아가 되기 전'까지를 말하는데, 사람의 경우에는 임신 8주 이전까지를 말한다.

(2) **기본권 주체성**

초기 배아는 수정이 된 배아라는 점에서 형성 중인 생명의 첫걸음을 떼었다고 볼 여지가 있기는 하나 아직 모체에 착상되거나 원시선이 나타나지 않은 이상 현재의 자연과학적 인식 수준에서 독립된 인간과 배아 간의 개체적 연속성을 확정하기 어렵다고 봄이 일반적이라는 점, 수정 후 착상 전의 배아가 인간으로 인식된다거나 그와 같이 취급하여야 할 필요성이 있다는 사회적 승인이 존재한다고 보기 어려운 점 등을 종합적으로 고려할 때, 기본권 주체성을 인정하기 어렵다(헌재 2010. 5. 27. 2005헌마346).

3. 태아

(1) **의의**

태아란 임신 초기부터 출생 시까지의 임신된 개체를 의미한다. 수정 후 8주까지는 배아, 수정 후 8주 이후, 즉 인체의 모습이 뚜렷해지는 시기부터 출생 때까지를 태아라 한다.

(2) **생명권 주체성**

모든 인간은 헌법상 생명권의 주체가 되며, 형성 중의 생명인 태아에게도 생명에 대한 권리가 인정되어야 한다. 따라서 태아도 헌법상 생명권의 주체가 되며, 국가는 헌법 제10조에 따라 태아의 생명을 보호할 의무가 있다(헌재 2008. 7. 31. 2004헌바81).

4. 공무원

국가기관의 직무를 담당하는 자연인이 제기한 헌법소원이 언제나 부적법하다고 볼 수는 없다. 만일 심판대상 조항이나 공권력 작용이 넓은 의미의 국가조직영역 내에서 공적 과제를 수행하는 주체의 권한 내지 직무영역을 제약하는 성격이 강한 경우에는 그 기본권 주체성이 부정될 것이지만, 그것이 '일반 국민으로서 국가에 대하여 가지는 헌법상의 기본권을 제약하는 성격이 강한 경우'에는 기본권 주체성을 인정할 수 있다. 그러므로 대통령도 국민의 한 사람으로서 제한적으로나마 기본권의 주체가 될 수 있는바, 대통령은 소속 정당을 위하여 정당활동을 할 수 있는 사인으로서의 지위와 국민 모두에 대한 봉사자로서 공익실현의 의무가 있는 헌법기관으로서의 지위를 동시에 갖는데 최소한 전자의 지위와 관련하여는 기본권 주체성을 갖는다(헌재 2008. 1. 17. 2007헌마700).

> **판례**
>
> ▶ **지방자치단체장의 기본권 주체성을 인정할 수 있는지**(한정 적극): 공직자가 국가기관의 지위에서 순수한 직무상의 권한행사와 관련하여 기본권 침해를 주장하는 경우에는 기본권의 주체성을 인정하기 어렵다 할 것이나, 그 외의 사적인 영역에 있어서는 기본권의 주체가 될 수 있다. 청구인은 선출직 공무원인 ○○시장으로서 주민소환에 관한 법률 조항으로 인하여 공무담임권 등이 침해된다고 주장하여, 순수하게 직무상의 권한행사와 관련된 것이라기보다는 공직의 상실이라는 개인적인 불이익과 연관된 공무담임권을 다투고 있으므로, 기본권의 주체성이 인정된다(헌재 2009. 3. 26. 2007헌마843).
>
> ▶ **검사가 발부한 형집행장에 의하여 검거된 벌금미납자의 신병에 관한 업무와 관련하여 경찰공무원인 청구인에게 헌법소원을 제기할 청구인적격이 인정되는지**(소극): 일반적으로 경찰공무원은 기본권의 주체가 아니라 국민 모두에 대한 봉사자로서 공공의 안전 및 질서유지라는 공익을 실현할 의무가 인정되는 기본권의 수범자라 할 것인바, 검사가 발부한 형집행장에 의하여 검거된 벌금미납자의 신병에 관한 업무는 국가 조직영역 내에서 수행되는 공적 과제 내지 직무영역에 대한 것으로 이와 관련해서 청구인은 국가기관의 일부 또는 그 구성원으로서 공법상의 권한을 행사하는 공권력행사의 주체일 뿐, 기본권의 주체라 할 수 없으므로 청구인에게 헌법소원을 제기할 청구인적격을 인정할 수 없다(헌재 2009. 3. 24. 2009헌마118).

Ⅱ 외국인

1. 기본권 주체성

외국인의 기본권 주체성 여부는 기본권의 성질에 좌우되는데, 인간의 존엄과 가치, 행복추구권과 같은 '인간의 권리'로서의 성격을 갖는 기본권들은 외국인에게 인정된다(헌재 2021. 12. 23. 2020헌마395).

> **판례**
>
> ▶ **불법체류 외국인의 기본권 주체성**(적극): 불법체류라는 것은 관련 법령에 의하여 체류자격이 인정되지 않는다는 것일 뿐이므로, 인간의 권리로서 외국인에게도 주체성이 인정되는 기본권에 관하여 불법체류 여부에 따라 그 인정 여부가 달라지는 것은 아니다(헌재 2012. 8. 23. 2008헌마430).

2. 인정되는 기본권

(1) 인간으로서의 존엄과 가치·행복추구권·평등권

인간의 존엄과 가치, 행복추구권은 대체로 인간의 권리로서 외국인도 주체가 될 수 있다고 보아야 하고, 평등권도 인간의 권리로서 참정권 등에 대한 성질상의 제한 및 상호주의에 따른 제한이 있을 수 있을 뿐이다(헌재 2001. 11. 29. 99헌마494).

(2) 자유권적 기본권

자유권적 기본권은 인간의 권리이므로 외국인에게 원칙적으로 인정된다. 그러나 입국의 허가 여부는 당해 국가의 재량사항이므로 입국의 자유는 인정되지 않는다.

> **판례**
>
> ▶ **신체의 자유, 주거의 자유, 변호인의 조력을 받을 권리**(적극) : 신체의 자유, 주거의 자유, 변호인의 조력을 받을 권리는 성질상 인간의 권리에 해당한다고 볼 수 있으므로, 위 기본권들에 관하여는 외국인의 기본권 주체성이 인정된다(헌재 2012. 8. 23. 2008헌마430).
>
> ▶ **입국의 자유와 복수국적을 누릴 자유**(소극) : 입국의 자유에 대한 외국인의 기본권 주체성이 인정되지 않고, 외국인이 복수국적을 누릴 자유가 우리 헌법상 행복추구권에 의하여 보호되는 기본권이라고 보기 어렵다(헌재 2014. 6. 26. 2011헌마502).

(3) 경제적 기본권

경제적 기본권 중 재산권은 외국인에게 인정되지만 직업의 자유는 원칙적으로 인정되지 않는다.

> **판례**
>
> ▶ **직업의 자유**(소극) : 직업의 자유는 원칙적으로 대한민국 국민에게 인정되는 기본권이지, 외국인에게 인정되는 기본권은 아니다. 국가정책에 따라 정부의 허가를 받은 외국인은 정부가 허가한 범위 내에서 소득활동을 할 수 있는 것이므로, 외국인이 국내에서 누리는 직업의 자유는 법률 이전에 헌법에 의해서 부여된 기본권이라고 할 수는 없고, 법률에 따른 정부의 허가에 의해 비로소 발생하는 권리이다(헌재 2014. 8. 28. 2013헌마359).
>
> ▶ **특정 직업을 선택할 권리**(소극) : 근로관계가 형성되기 전단계인 특정한 직업을 선택할 수 있는 권리는 국가정책에 따라 법률로써 외국인에게 제한적으로 허용되는 것이지 헌법상 기본권에서 유래되는 것은 아니다(헌재 2014. 8. 28. 2013헌마359).
>
> ▶ **직장선택의 자유**(적극) : 직업의 자유 중 직장선택의 자유는 인간의 존엄과 가치 및 행복추구권과도 밀접한 관련을 가지는 만큼 단순히 국민의 권리가 아닌 인간의 권리로 보아야 할 것이므로 외국인도 제한적으로라도 직장선택의 자유를 향유할 수 있다. 청구인들이 이미 적법하게 고용허가를 받아 적법하게 우리나라에 입국하여 우리나라에서 일정한 생활관계를 형성·유지하는 등 우리 사회에서 정당한 노동인력으로서의 지위를 부여받은 상황임을 전제로 하는 이상, 청구인들에게 직장선택의 자유에 대한 기본권 주체성을 인정할 수 있다(헌재 2011. 9. 29. 2007헌마1083).

(4) **정치적 기본권**

정치적 기본권은 국민의 권리이므로 참정권에 대한 외국인의 기본권 주체성은 전면적으로 부정된다(헌재 2011. 9. 29. 2007헌마1083). 다만 공직선거법에서는 일정한 요건을 갖춘 외국인에게 지방선거의 선거권을 인정하고 있고, 주민투표법에서도 일정한 요건을 갖춘 외국인에게 주민투표권을 인정하고 있다.

(5) **청구권적 기본권**

외국인에게 보장된 기본권과 관련된 청구권적 기본권은 외국인에게도 인정된다. 다만 국가배상법 제7조는 "국가배상법은 외국인이 피해자인 경우에는 해당 국가와 상호보증이 있을 때에만 적용한다."고 규정하고 있고, 범죄피해자구조법 제23조는 "구조피해자 또는 그 유족이 외국인인 때에는 해당 국가의 상호보증이 있는 경우 또는 해당 외국인이 구조대상 범죄피해 발생 당시 대한민국 국민의 배우자이거나 대한민국 국민과 혼인관계(사실상의 혼인관계 포함)에서 출생한 자녀를 양육하고 있는 자로서 출입국관리법의 영주자격이나 장기체류자격으로서 법무부령으로 정하는 체류자격을 가지고 있는 경우에만 범죄피해자 보호법을 적용한다."고 규정하고 있다.

> **판례**
>
> ▶ **재판청구권**(적극) : 재판청구권은 성질상 인간의 권리에 해당한다고 볼 수 있으므로, 외국인의 기본권 주체성이 인정된다(헌재 2012. 8. 23. 2008헌마430).

(6) **사회적 기본권**

사회적 기본권은 국민의 권리이므로 외국인의 기본권주체성은 전면적으로 부정된다(헌재 2011. 9. 29. 2007헌마1083). 다만 환경권과 건강권은 인간의 권리로서의 성질도 있으므로 제한된 범위 내에서 외국인에게도 인정된다.

> **판례**
>
> ▶ **근로의 권리 중 일할 환경에 관한 권리**(적극) : 헌법상 근로의 권리는 '일할 자리에 관한 권리'만이 아니라 '일할 환경에 관한 권리'도 의미하는데, '일할 환경에 관한 권리'는 인간의 존엄성에 대한 침해를 방어하기 위한 권리로서 외국인에게도 인정되며, 건강한 작업환경, 일에 대한 정당한 보수, 합리적인 근로조건의 보장 등을 요구할 수 있는 권리 등을 포함한다. 여기서의 근로조건은 임금과 그 지불방법, 취업시간과 휴식시간 등 근로계약에 의하여 근로자가 근로를 제공하고 임금을 수령하는 데 관한 조건들이고, 출국만기보험금은 퇴직금의 성질을 가지고 있어서 그 지급시기에 관한 것은 근로조건의 문제이므로 외국인인 청구인들에게도 기본권 주체성이 인정된다(헌재 2016. 3. 31. 2014헌마367).

제2항 | 법인

Ⅰ 기본권 주체성

우리 헌법은 법인의 기본권 향유능력을 인정하는 명문의 규정을 두고 있지 않지만, 본래 자연인에게 적용되는 기본권 규정이라도 언론·출판의 자유, 재산권의 보장 등과 같이 성질상 법인이 누릴 수 있는 기본권을 당연히 법인에게도 적용하여야 한다(헌재 1991. 6. 3. 90헌마56).

Ⅱ 기본권 주체성이 인정되는 법인

1. 사법인

기본권의 보장에 관한 헌법 규정의 해석상 국민 또는 국민과 유사한 지위에 있는 외국인과 사법인만이 기본권의 주체라 할 것이다(헌재 1994. 12. 29. 93헌마120).

2. 공법인

(1) **원칙적 부정**

국가나 국가기관 또는 국가조직의 일부나 공법인은 기본권의 수범자이지 기본권의 주체로서 그 소지자가 아니고 오히려 국민의 기본권을 보호 내지 실현해야 할 책임과 의무를 지니고 있는 지위에 있을 뿐이다(헌재 1994. 12. 29. 93헌마120).

> **판례**
>
> ▶ **국회 노동위원회**(소극) : 청구인은 국회의 노동위원회로 국회의 일부조직인 상임위원회 가운데 하나에 해당하는 것으로 국가기관인 국회의 일부조직이므로 기본권의 주체가 될 수 없다(헌재 1994. 12. 29. 93헌마120).
>
> ▶ **지방자치단체**(소극) : 기본권의 보장에 관한 각 헌법규정의 해석상 국민만이 기본권의 주체라 할 것이고, 공권력의 행사자인 국가, 지방자치단체나 그 기관 또는 국가조직의 일부나 공법인은 기본권의 수범자이지 기본권의 주체가 아니고 오히려 국민의 기본권을 보호내지 실현해야 할 책임과 의무를 지니고 있을 뿐이다. 따라서 지방자치단체는 기본권의 주체가 될 수 없다(헌재 2006. 2. 23. 2004헌바50).
>
> ▶ **변호사 등록에 관한 대한변호사협회**(소극) : 국가가 행정상 필요로 인해 변호사 등록사무에 대한 감독과 통제를 실시하면서, 변호사법 제7조 제1항에 근거하여 변협에 변호사 등록과 관련한 권한을 이관한 것이다. 따라서 변호사 등록이 단순히 변협과 그 소속 변호사 사이의 내부 법률문제라거나, 변협의 고유사무라고 할 수 없다. 이와 같은 점을 고려할 때, 변협은 변호사 등록에 관한 한 공법인으로서 공권력 행사의 주체라고 할 것이다(헌재 2019. 11. 28. 2017헌마759).
>
> ▶ **직장의료보험조합**(소극) : 직장의료보험조합은 공법인으로서 기본권의 주체가 될 수 없다(헌재 2000. 6. 29. 99헌마289).
>
> ▶ **농지개량조합**(소극) : 농지개량조합은 농지소유자의 조합가입이 강제되는 점, 조합원의 출자에 의하여 조합재산이 형성되는 것이 아니라 국가 등이 설치한 농업생산기반시설을 그대로 인수하는 점 등 농지개량조합의 조직, 재산의 형성·유지 및 그 목적과 활동전반에 나타나는 매우 짙은 공적인 성격을 고려하건대, 공법인이라고 봄이 상당하므로 헌법소원의 청구인적격을 인정할 수 없다(헌재 2000. 11. 30. 99헌마190).

> ▶ **주택재개발정비사업조합**(소극): 재개발조합의 공공성과 '도시 및 주거환경정비법'에서 재개발조합에 행정처분을 할 수 있는 권한을 부여한 취지 등을 종합하여 볼 때, <u>재개발조합이 공법인의 지위에서 행정처분의 주체가 되는 경우에 있어서는 재개발조합은 재개발사업에 관한 국가의 기능을 대신하여 수행하는 공권력 행사자 내지 기본권 수범자의 지위에 있다.</u> 따라서 재개발조합이 기본권의 수범자로 기능하면서 행정심판의 피청구인이 된 경우에 적용되는 심판대상조항의 위헌성을 다투는 사건에 있어, 재개발조합인 청구인은 기본권의 주체가 된다고 볼 수 없다(헌재 2022. 7. 21. 2019헌바543).

(2) 예외적 인정

공법인이나 이에 준하는 지위를 가진 자라 하더라도 공무를 수행하거나 고권적 행위를 하는 경우가 아닌 사경제 주체로서 활동하는 경우나 조직법상 국가로부터 독립한 고유 업무를 수행하는 경우, 그리고 다른 공권력 주체와의 관계에서 지배복종관계가 성립되어 일반 사인처럼 그 지배하에 있는 경우 등에는 기본권 주체가 될 수 있다(헌재 2022. 7. 21. 2019헌바543).

> **판례**
>
> ▶ **국립대학인 서울대학교**(적극): 교육의 자주성이나 대학의 자율성은 헌법 제22조 제1항이 보장하고 있는 학문의 자유의 확실한 보장수단으로 꼭 필요한 것으로서 이는 대학에게 부여된 헌법상의 기본권이다. 따라서 국립대학인 서울대학교는 다른 국가기관 내지 행정기관과는 달리 공권력의 행사자의 지위와 함께 기본권의 주체라는 점도 중요하게 다루어져야 한다(헌재 1992. 10. 1. 92헌마68).
>
> ▶ **국립대학인 세무대학교**(적극): 국립대학인 세무대학은 공법인으로서 사립대학과 마찬가지로 대학의 자율권이라는 기본권의 보호를 받으므로, 세무대학은 국가의 간섭 없이 인사·학사·시설·재정 등 대학과 관련된 사항들을 자주적으로 결정하고 운영할 자유를 갖는다(헌재 2001. 2. 22. 99헌마613).
>
> ▶ **방송사업자**(적극): 청구인은 공법상 재단법인인 방송문화진흥회가 최다출자자인 방송사업자로서 방송법 등 관련 규정에 의하여 공법상의 의무를 부담하고 있지만, 그 설립목적이 언론의 자유의 핵심영역인 방송사업이므로 이러한 업무수행과 관련해서는 기본권 주체가 될 수 있고, 그 운영을 광고수익에 전적으로 의존하고 있는 만큼 이를 위해 사경제 주체로서 활동하는 경우에도 기본권 주체가 될 수 있다(헌재 2013. 9. 26. 2012헌마271).
>
> ▶ **학교안전공제회**(적극): 공제회는 공법인적 성격과 사법인적 성격을 겸유하고 있는데, 공제회가 일부 공법인적 성격을 갖고 있다고 하더라도 공무를 수행하거나 고권적 행위를 하는 경우가 아닌 사경제주체로서 활동하는 경우나 조직법상 국가로부터 독립한 고유 업무를 수행하는 경우, 그리고 다른 공권력 주체와의 관계에서 지배복종관계가 성립되어 일반 사인처럼 그 지배하에 있는 경우 등에는 기본권 주체가 될 수 있다(헌재 2015. 7. 30. 2014헌가7).
>
> ▶ **축협중앙회**(적극): 축협중앙회는 지역별·업종별 축협과 비교할 때, 회원의 임의탈퇴나 임의해산이 불가능한 점 등 그 공법인성이 상대적으로 크다고 할 것이지만, 이로써 공법인이라고 단정할 수는 없을 것이고, 이 역시 그 존립목적 및 설립형식에서의 자주적 성격에 비추어 사법인적 성격을 부인할 수 없으므로, <u>축협중앙회는 공법인성과 사법인성을 겸유한 특수한 법인으로서 기본권의 주체가 될 수 있다</u>(헌재 2000. 6. 1. 99헌마553).

3. 권리능력 없는 사단이나 재단

(1) 한국신문편집인협회

한국신문편집인협회는 언론인들의 협동단체로서 법인격은 없으나, 대표자와 총회가 있고, 단체의 명칭, 대표의 방법, 총회 운영, 재산의 관리 기타 단체의 중요한 사항이 회칙으로 규정되어 있는 등 사단으로서의 실체를 가지고 있으므로 권리능력 없는 사단이라고 할 것이고, 따라서 기본권의 성질상 자연인에게만 인정될 수 있는 기본권이 아닌 한 기본권의 주체가 될 수 있다(헌재 1995. 7. 21. 92헌마177).

(2) 한국영화인협회

법인 아닌 사단·재단이라고 하더라도 대표자의 정함이 있고 독립된 사회적 조직체로서 활동하는 때에는 성질상 법인이 누릴 수 있는 기본권을 침해당하게 되면 그의 이름으로 헌법소원심판을 청구할 수 있다(헌재 1991. 6. 3. 90헌마56).

> **판례**
>
> ▶ **한국영화인협회 감독위원회**(소극) : 청구인 한국영화인협회 감독위원회는 한국영화인협회로부터 독립된 별개의 단체가 아니고, 영화인협회의 내부에 철치된 8개의 분과위원회 가운데 하나에 지나지 아니하며, <u>단체로서의 실체를 갖추어 당사자능력이 인정되는 법인 아닌 사단으로 볼 자료가 없으므로 헌법소원심판청구능력이 있다고</u> 할 수 없다(헌재 1991. 6. 3. 90헌마56).

(3) 정당

정당(진보신당)은 국민의 정치적 의사형성에 참여하기 위한 조직으로 성격상 권리능력 없는 단체에 속하지만, 구성원과는 독립하여 그 자체로서 기본권의 주체가 될 수 있다(헌재 2008. 12. 26. 2008헌마419).

Ⅲ 인정되는 기본권

1. 인간으로서의 존엄과 가치, 행복추구권

헌법 제10조의 인간으로서의 존엄과 가치, 행복을 추구할 권리는 성질상 자연인에게 인정되는 기본권이라고 할 것이어서 법인에게는 적용되지 않는다(헌재 2006. 12. 28. 2004헌바67).

2. 인격권

법인도 법인의 목적과 사회적 기능에 비추어 볼 때 그 성질에 반하지 않는 범위 내에서 인격권의 한 내용인 사회적 신용이나 명예 등의 주체가 될 수 있고 법인이 사회적 신용이나 명예 유지 내지 법인격의 자유로운 발현을 위하여 의사결정이나 행동을 어떻게 할 것인지를 자율적으로 결정하는 것도 법인의 인격권의 한 내용을 이룬다(헌재 2012. 8. 23. 2009헌가27).

3. 평등권

평등권 및 평등선거의 원칙으로부터 나오는 선거에 있어서 기회균등의 원칙은 후보자에 대하여서는 물론 정당에 대하여서도 보장되는 것이며, 따라서 정당추천의 후보자가 선거에서 차등대우를 받는 것은 정당이 선거에서 차등대우를 받는 것과 같은 결과가 되는 것이다(헌재 1991. 3. 11. 91헌마21).

4. 생명권
이 사건에서 침해된다고 하여 주장되는 기본권은 생명·신체의 안전에 관한 것으로서 성질상 자연인에게만 인정되는 것이므로, 진보신당과 같은 권리능력 없는 단체는 생명·신체의 안전에 관한 기본권의 행사에 있어 그 주체가 될 수 없다(헌재 2008. 12. 26. 2008헌마419).

5. 거주·이전의 자유
법인의 설립이나 지점 등의 설치, 활동거점의 이전 등은 법인이 그 존립이나 통상적인 활동을 위하여 필연적으로 요구되는 기본적인 행위유형들이라고 할 것이므로 이를 제한하는 것은 헌법상 법인에게 보장된 직업수행의 자유와 거주·이전의 자유를 제한하는 것인가의 문제로 귀결된다(헌재 1996. 3. 28. 94헌바42).

6. 양심의 자유
사죄광고의 강제는 양심도 아닌 것이 양심인 것처럼 표현할 것의 강제로 인간양심의 왜곡·굴절이고 겉과 속이 다른 이중인격형성의 강요인 것으로서 침묵의 자유의 파생인 양심에 반하는 행위의 강제금지에 저촉되는 것이며 따라서 우리 헌법이 보호하고자 하는 정신적 기본권의 하나인 양심의 자유의 제약(법인의 경우라면 그 대표자에게 양심표명의 강제를 요구하는 결과가 된다)이라고 보지 않을 수 없다(헌재 1991. 4. 1. 89헌마160).

7. 종교의 자유
종립학교의 학교법인이 국·공립학교의 경우와는 달리 종교교육을 할 자유와 운영의 자유를 가진다고 하더라도, 종립학교가 공교육체계에 편입되어 있는 이상 원칙적으로 학생의 종교의 자유, 교육을 받을 권리를 고려한 대책을 마련하는 등의 조치를 취하는 속에서 그러한 자유를 누린다고 해석하여야 한다(대판 2010. 4. 22. 2008다38288).

8. 언론·출판의 자유와 재산권
자연인에게 적용되는 기본권 규정이라도 언론·출판의 자유, 재산권의 보장 등과 같이 성질상 법인이 누릴 수 있는 기본권은 당연히 법인에게도 적용하여야 한다(헌재 1991. 6. 3. 90헌마56).

9. 결사의 자유
헌법 제21조가 규정하는 결사의 자유라 함은 다수의 자연인 또는 법인이 공동의 목적을 위하여 단체를 결성할 수 있는 자유를 말하는 것으로 적극적으로는 단체결성의 자유, 단체존속의 자유, 단체활동의 자유, 결사에의 가입·잔류의 자유를, 소극적으로는 기존의 단체로부터 탈퇴할 자유와 결사에 가입하지 아니할 자유를 내용으로 한다(헌재 2006. 12. 28. 2004헌바67).

10. 직업선택의 자유
직업선택의 자유는 헌법상 법인에게도 인정되는 기본권이며, 또한 법인의 설립은 그 자체가 간접적인 직업선택의 한 방법이기도 하다(헌재 2002. 9. 19. 2000헌바84).

제3절 기본권의 효력

제1항 기본권의 효력 범위

I 대국가적 효력

객관적 가치질서로서의 기본권은 입법·사법·행정의 모든 국가기능의 방향을 제시하는 지침으로서 작용하므로, 국가기관에게 기본권의 객관적 내용을 실현할 의무를 부여한다(헌재 1995. 6. 29. 93헌바45).

> **판례**
>
> ▶ **국유재산은 시효취득의 대상이 되지 아니한다고 규정하고 있는 국유재산법 조항이 헌법에 위반되는지**(적극) : 국유재산 중 잡종재산에 대하여까지 시효취득의 대상이 되지 아니한다고 규정한 것은 사권을 규율하는 법률관계에 있어서는 그가 누구냐에 따라 차별대우가 있어서는 아니되며 비록 국가라 할지라도 국고작용으로 인한 민사관계에 있어서는 사경제적 주체로서 사인과 대등하게 다루어져야 한다는 헌법의 기본원리에 반한다(헌재 1991. 5. 13. 89헌가97).

II 대사인적 효력

기본권 규정은 그 성질상 사법관계에 직접 적용될 수 있는 예외적인 것을 제외하고는 사법상의 일반원칙을 규정한 민법 제2조, 제103조 등의 내용을 형성하고 그 해석기준이 되어 '간접적으로' 사법관계에 효력을 미치게 된다. 종교의 자유라는 기본권의 침해와 관련한 불법행위의 성립 여부도 위와 같은 일반규정을 통하여 사법상으로 보호되는 종교에 관한 인격적 법익침해 등의 형태로 구체화되어 논하여져야 한다(대판 2010. 4. 22. 2008다38288).

제2항 기본권의 갈등

I 기본권의 경합

1. 의의

기본권의 경합이란 하나의 규제로 인해 동일한 기본권 주체의 여러 기본권이 동시에 제약을 받는 경우를 말한다(헌재 1998. 4. 30. 95헌가16).

2. 해결 방법

(1) 직접 관련 기본권 우선 적용

기본권 경합의 경우 기본권 침해를 주장하는 제청신청인과 제청법원의 의도 및 기본권을 제한하는 입법자의 객관적 동기 등을 참작하여 '사안과 가장 밀접한 관계에 있고 침해의 정도가 큰 주된 기본권'을 중심으로 해서 제한의 한계를 따져보아야 한다(헌재 1998. 4. 30. 95헌가16).

> **판례**
>
> ▶ **전국정당조항과 법정당원수 조항에 의해 제한되는 기본권과 판단대상**: 전국정당조항과 법정당원수 조항은 정당의 조직형태 및 등록요건을 제한하고 있으므로, 공동의 정치적 목적을 가진 사람들이 자유롭게 정당을 설립, 조직, 가입하고 활동할 자유, 즉 정당설립의 자유, 정당조직의 자유, 정당가입의 자유 및 정당활동의 자유를 포함한 정당의 자유를 제한한다. 청구인들은 전국정당조항과 법정당원수 조항이 정치적 표현의 자유, 선거권, 공무담임권도 침해한다고 주장하나, 전국정당조항 및 법정당원수 조항과 더욱 밀접하게 관련된 기본권인 정당의 자유의 침해 여부에 대하여 판단하는 이상 공무담임권도 침해한다는 주장에 대하여는 따로 판단하지 아니하기로 한다(헌재 2023. 9. 26. 2021헌가23).
>
> ▶ **간호조무사 국가시험의 시행일시를 모두 토요일 일몰 전으로 정한 '2021년도 간호조무사 국가시험 시행계획 공고'에 의해 제한되는 기본권과 판단대상**: 간호조무사 국가시험을 토요일 일몰 전에 실시하기로 한 이 사건 공고에 따라 청구인으로서는 간호조무사 국가시험에 응시하려면 안식일에 관한 재림교의 교리를 위반할 수밖에 없다 할 것이므로 이 사건 공고는 청구인의 종교의 자유를 제한한다. 청구인은 금요일 일몰부터 토요일 일몰 사이에 시험 응시 등의 세속적 행위를 하게 하는 것은 그들의 양심에 반하는 행위를 강요하는 것이므로 양심의 자유를 침해한다고도 주장하나, 이 사건에서 더 밀접하게 관련된 기본권인 종교의 자유 침해 여부를 판단하는 이상 이에 관하여는 별도로 살피지 아니한다(헌재 2023. 6. 29. 2021헌마171).
>
> ▶ **○○교육대학교 총장임용후보자선거 후보자가 최종 환산득표율의 100분의 15 이상을 득표한 경우에만 기탁금의 반액을 반환하도록 하고 반환하지 않는 기탁금은 대학 발전기금에 귀속되도록 규정한 '○○교육대학교 총장임용후보자 선정규정' 제24조 제2항에 의해 제한되는 기본권과 판단대상**: 이 사건 기탁금귀속조항은, 반환하지 아니하는 기탁금은 모두 대구교육대학교 발전기금에 귀속되도록 하고 있으므로 후보자의 재산권을 제한한다. 청구인은 이 사건 기탁금귀속조항이 대학 발전기금의 납부를 원하지 않는 후보자의 일반적 행동자유권을 제한한다고 주장하나, 이와 가장 밀접하게 관련된 재산권의 침해 여부를 판단하는 이상 일반적 행동자유권 침해 여부는 별도로 판단하지 않는다(헌재 2021. 12. 23. 2019헌마825).
>
> ▶ **후보자 등이 당해 선거구안에 있는 단체 등에 기부행위를 하는 경우 처벌하는 공직선거법 제113조 제1항에 의해 제한되는 기본권 및 판단대상**: 심판대상조항은 후보자 등이 당해 선거구 안에 있는 자에 대하여 기부행위를 하는 것을 금지하고 있으므로 후보자 등의 선거운동의 자유를 제한하고 있다. 청구인은 심판대상조항이 일반적 행동자유권을 제한한다고 주장하나, 심판대상조항과 더욱 밀접하게 관련된 기본권인 선거운동의 자유의 침해 여부를 판단하는 이상 별도로 일반적 행동자유권에 대하여는 판단하지 아니한다(헌재 2021. 6. 24. 2019헌바250).

(2) 특별기본권 우선 적용

1) 공무담임권과 직업의 자유
국민이 선택하고 수행하고자 하는 직업이 공직인 경우에는 공무담임권과 결부되고 그것을 통하여 실현되므로 공직의 경우 공무담임권은 직업선택의 자유에 대한 '특별기본권'이어서 후자의 적용을 배제한다(헌재 2004. 11. 25. 2002헌바8).

> **판례**
>
> ▶ **공무담임권과 직업의 자유**: 가산점제도가 국가기관의 공무원 채용시험과 관련하여 공무담임권을 침해하는지 여부를 심사한 이상 이와 별도로 직업선택의 자유의 침해 여부를 심사할 필요는 없다(헌재 2001. 2. 22. 2000헌마25).

2) 표현의 자유와 행복추구권
표현의 자유 및 선거권과 일반적 행동자유권으로서의 행복추구권은 서로 특별관계에 있어 기본권의 내용상 특별성을 갖는 표현의 자유 및 선거권이 우선 적용된다고 할 것이므로, 행복추구권 침해 여부에 관하여 따로 판단하지 아니한다(헌재 2004. 4. 29. 2002헌마467).

3) 직업의 자유와 행복추구권
어떠한 법률규정이 직업의 자유와 행복추구권의 양자를 제한하는 외관을 띠는 경우 두 기본권의 경합 문제가 발생한다. 보호영역으로서 '직업'이 문제되는 경우 직업의 자유와 행복추구권은 서로 특별관계에 있어 기본권의 내용상 특별성을 갖는 직업의 자유 침해 여부가 우선하므로, 행복추구권 관련 위헌 여부의 심사는 배제된다(헌재 2003. 9. 25. 2002헌마519).

(3) 포괄적 기본권 우선 적용
헌법 제20조 제1항은 종교의 자유를 따로 보장하고 있으므로 양심적 병역거부가 종교의 교리나 종교적 신념에 따라 이루어진 것이라면, 이 사건 법률조항에 의하여 양심적 병역거부자의 종교의 자유도 함께 제한된다. 그러나 양심의 자유는 종교적 신념에 기초한 양심뿐만 아니라 비종교적인 양심도 포함하는 포괄적인 기본권이므로, 양심의 자유를 중심으로 살펴보기로 한다(헌재 2004. 8. 26. 2002헌가1).

> **판례**
>
> ▶ **국가 또는 지방자치단체외의 자가 양로시설을 설치하고자 하는 경우 신고하도록 규정하고 이를 위반한 경우 처벌하는 노인복지법 조항에 의해 제한되는 기본권**(종교의 자유): 심판대상조항에 의하여 신고의 대상이 되는 양로시설에 종교단체가 운영하는 양로시설을 제외하지 않는 것은 자유로운 양로시설 운영을 통한 선교의 자유, 즉 종교의 자유 제한의 문제를 불러온다. 그러나 심판대상조항은 종교단체에서 운영하는 양로시설도 일정규모 이상의 경우 신고하도록 한 규정일 뿐, 거주이전의 자유나 인간다운 생활을 할 권리의 제한을 불러온다고 볼 수 없다. 또한 종교단체의 복지시설 운영은 종교의 자유의 영역이므로 종교의 자유를 침해하는지 여부에 대한 문제로 귀결된다(헌재 2016. 6. 30. 2015헌바46).

▶ **고등교육법에서 규율하는 대학교원들의 단결권을 인정하지 않는 교원노조법 제2조 본문에 의해 제한되는 기본권**(단결권) : 이 사건의 쟁점은 근로기본권의 핵심적인 권리인 단결권조차 인정되지 아니하는 대학교원에 대한 기본권의 제한이 헌법적으로 정당화될 수 있는지 여부이다. 평등원칙 위배에 관한 제청이유는, 초·중등교원과 달리 대학 교원의 단결권 등을 인정하지 않는 것의 위헌성에 관한 주장으로서, 단결권 침해의 위헌성에 대한 주장과 실질적으로 같다고 할 것이므로 별도로 살펴보지 아니한다(헌재 2018. 8. 30. 2015헌가38).

▶ **수용자가 작성한 집필문의 외부반출을 금지할 수 있다고 규정한 '형의 집행 및 수용자의 처우에 관한 법률' 제49조 제3항 등에 의해 제한되는 기본권**(통신의 자유) : 심판대상조항은 집필문을 창작하거나 표현하는 것을 금지하거나 이에 대한 허가를 요구하는 조항이 아니라 이미 표현된 집필문을 외부의 특정한 상대방에게 발송할 수 있는지 여부에 대해 규율하는 것이므로, 제한되는 기본권은 헌법 제18조에서 정하고 있는 통신의 자유로 봄이 상당하다(헌재 2016. 5. 26. 2013헌바98).

▶ **일반음식점영업소를 금연구역으로 지정하여 운영하도록 한 국민건강증진법 제9조 제4항 등에 의해 제한되는 기본권**(직업수행의 자유) : 심판대상조항은 청구인이 선택한 직업을 영위하는 방식과 조건을 규율하고 있으므로 청구인의 직업수행의 자유를 제한한다. 한편, 심판대상조항은 청구인으로 하여금 음식점 시설과 그 내부 장비 등을 철거하거나 변경하도록 강제하는 내용이 아니므로, 이로 인하여 청구인의 음식점 시설 등에 대한 권리가 제한되어 재산권이 침해되는 것은 아니다(헌재 2016. 6. 30. 2015헌마813).

▶ **형제자매에게 가족관계등록부 등의 기록사항에 관한 증명서 교부청구권을 부여하는 '가족관계의 등록 등에 관한 법률' 제14조 제1항 본문에 의해 제한되는 기본권**(개인정보자기결정권) : 개인의 출생, 인지, 입양, 파양, 혼인, 이혼, 사망 등의 신고를 통해 작성되고 보관·관리되는 개인정보가 수록된 각종 증명서를 본인의 동의 없이도 형제자매가 발급받을 수 있도록 하는 것은 개인정보자기결정권을 제한하는 것이다. 청구인은 이 사건 법률조항에 의하여 인간의 존엄과 가치 및 행복추구권, 사생활의 비밀과 자유가 침해된다고 주장하나, 위 기본권들은 모두 개인정보자기결정권의 헌법적 근거로 거론되는 것으로서 청구인의 개인정보에 대한 공개와 이용이 문제되는 이 사건에서 개인정보자기결정권 침해 여부를 판단하는 이상 별도로 판단하지 않는다(헌재 2016. 6. 30. 2015헌마924).

▶ **경찰청장이 2009. 6. 3. 경찰버스들로 서울특별시 서울광장을 둘러싸 통행을 제지한 행위에 의해 제한되는 기본권**(일반적 행동의 자유) : 거주·이전의 자유는 거주지나 체류지라고 볼 만한 정도로 생활과 밀접한 연관을 갖는 장소를 선택하고 변경하는 행위를 보호하는 기본권인바, 이 사건에서 서울광장이 청구인들의 생활형성의 중심지인 거주지나 체류지에 해당한다고 할 수 없고, 서울광장에 출입하고 통행하는 행위가 그 장소를 중심으로 생활을 형성해 나가는 행위에 속한다고 볼 수도 없으므로 청구인들의 거주·이전의 자유가 제한되었다고 할 수 없다. 한편 일반 공중의 사용에 제공된 공공용물을 그 제공 목적대로 이용하는 것은 일반사용 내지 보통사용에 해당하는 것으로 따로 행정주체의 허가를 받을 필요가 없는 행위이고, 이처럼 일반 공중에게 개방된 장소인 서울광장을 개별적으로 통행하거나 서울광장에서 여가활동이나 문화활동을 하는 것은 일반적 행동자유권의 내용으로 보장된다(헌재 2011. 6. 30. 2009헌마406).

▶ **구치소장의 미결수용자에 대한 종교집회 참석 제한 처우에 의해 제한되는 기본권**(종교의 자유) : 종교적 집회·결사의 자유는 종교적 목적으로 같은 신자들이 집회하거나 종교단체를 결성할 자유를 말하는데, 이 사건 종교집회 참석 제한 처우는 청구인이 종교집회에 참석하는 것을 제한한 행위이므로 청구인의 종교의 자유, 특히 종교적 집회·결사의 자유를 제한한다. 청구인은 이 사건 종교집회 참석 제한 처우가 청구인의 평등권, 행복추구권 등도 침해하였다고 주장하나, 위 주장은 결국 청구인의 종교적 집회·결사의 자유가 침해되었다는 주장과 같은 내용이어서, 이하에서는 종교의 자유에 대한 침해 여부에 관하여 판단하고, 나머지 기본권의 침해 여부에 관하여는 따로 판단하지 아니하기로 한다(헌재 2014. 6. 26. 2012헌마782).

▶ 성폭력범죄를 저지른 성도착증 환자로서 재범의 위험성이 인정되는 19세 이상의 사람에 대해 법원이 15년의 범위에서 치료명령을 선고할 수 있도록 한 성충동약물치료법 제4조 제1항 등에 의하여 제한되는 기본권(신체의 자유, 사생활의 자유, 자기운명결정권, 인격권) : 심판대상조항들은 피치료자의 정신적 욕구와 신체기능에 대한 통제를 그 내용으로 하는 것으로서, 신체의 완전성이 훼손당하지 아니할 자유를 포함하는 헌법 제12조의 신체의 자유를 제한하고, 사회공동체의 일반적인 생활규범의 범위 내에서 사생활을 자유롭게 형성해 나가고 그 설계 및 내용에 대해서 외부로부터의 간섭을 받지 아니할 권리인 헌법 제17조의 사생활의 자유를 제한한다. 또한 심판대상조항들은 피치료자의 동의를 요건으로 하지 않으므로, 환자가 질병의 치료 여부 및 방법 등을 결정할 수 있는 신체에 관한 자기결정권 내지 성행위 여부 등에 관한 성적자기결정권 등 헌법 제10조에서 유래하는 개인의 자기운명결정권을 제한한다. 그 밖에 강제적인 성적 욕구·기능의 통제 자체로 대상자로 하여금 물적(物的) 취급을 받는 느낌, 모욕감과 수치심을 가지게 할 수 있으므로 헌법 제10조로부터 유래하는 인격권 역시 제한한다(헌재 2015. 12. 23. 2013헌가9).

▶ 폭력범죄를 2회 이상 범하여 그 습벽이 인정된 때에 해당하고 성폭력범죄를 다시 범할 위험성이 인정되는 자에 대해 검사의 청구와 법원의 판결로 3년 이상 20년 이하의 기간동안 전자장치 부착을 명할 수 있도록 한 구 전자장치부착법 제9조 제1항 제2호 등에 의해 제한되는 기본권(사생활의 비밀과 자유, 개인정보자기결정권, 인격권) : 이 사건 전자장치 부착 조항은 피부착자의 위치와 이동경로를 실시간으로 파악하여 피부착자를 24시간 감시할 수 있도록 하고 있으므로 피부착자의 사생활의 비밀과 자유를 제한하며, 피부착자의 위치와 이동경로 등 '위치정보'를 수집, 보관, 이용한다는 측면에서 개인정보자기결정권도 제한한다. 한편 전자장치를 강제로 착용하게 함으로써 피부착자는 옷차림이나 신체활동의 자유가 제한되고, 24시간 전자장치 부착에 의한 위치 감시 그 자체로 모욕감과 수치심을 느낄 수 있으므로 헌법 제10조로부터 유래하는 인격권을 제한한다(헌재 2012. 12. 27. 2011헌바89).

▶ 식품이나 식품의 용기·포장에 '음주전후' 또는 '숙취해소'라는 표시를 금지하고 있는 식품 등의 표시기준 제7조에 의해 제한되는 기본권(영업의 자유, 표현의 자유, 특허권) : 식품제조업자 등이 숙취해소용 식품을 제조·판매함에 있어서 그 식품의 효능에 관하여 표시·광고하는 것은 영업활동의 중요한 한 부분을 이루므로 이 사건 규정에 의하여 식품제조업자 등의 직업행사의 자유(영업의 자유)가 제한된다. '음주전후' 또는 '숙취해소'라는 표시는 식품판매를 위한 상업적 광고표현에 해당한다고 할 것인데, 상업적 광고표현 또한 표현의 자유의 보호를 받는 대상이 되므로 이 사건 규정은 표현의 자유를 제한하는 것이기도 하다. 나아가 특허권자가 특허발명의 방법에 의하여 생산한 물건에 발명의 명칭과 내용을 표시하는 것은 특허실시권에 내재된 요소라고 할 것이므로 발명의 명칭에 해당하는 '숙취해소'라는 표시를 제한하는 내용의 이 사건 규정은 청구인들의 특허권(재산권) 또한 제한하는 것이 된다(헌재 2000. 3. 30. 99헌마143).

Ⅱ 기본권의 충돌

1. 의의

기본권의 충돌이란 상이한 복수의 기본권 주체가 서로의 권익을 실현하기 위해 하나의 동일한 사건에서 국가에 대하여 서로 대립되는 기본권의 적용을 주장하는 경우를 말하는데, 한 기본권 주체의 기본권 행사가 다른 기본권 주체의 기본권 행사를 제한 또는 희생시킨다는 데 그 특징이 있다(헌재 2005. 11. 24. 2002헌바95).

2. 해결 방법

(1) 일반원칙

두 기본권이 충돌하는 경우 그 해법으로는 기본권의 서열이론, 법익형량의 원리, 실제적 조화의 원리 등을 들 수 있다. 헌법재판소는 기본권 충돌의 문제에 관하여 충돌하는 기본권의 성격과 태양에 따라 그때그때마다 적절한 해결 방법을 선택, 종합하여 이를 해결하여 왔다(헌재 2005. 11. 24. 2002헌바95).

(2) 위계질서가 있는 기본권 간의 충돌

흡연자와 비흡연자가 함께 생활하는 공간에서의 흡연행위는 필연적으로 흡연자의 기본권과 비흡연자의 기본권이 충돌하는 상황이 초래된다. 흡연권은 사생활의 자유를 실질적 핵으로 하는 것이고 혐연권은 사생활의 자유뿐만 아니라 생명권에까지 연결되는 것이므로 혐연권이 흡연권보다 상위의 기본권이라 할 수 있다. 이처럼 상하의 위계질서가 있는 기본권끼리 충돌하는 경우에는 '상위기본권 우선의 원칙'에 따라 하위기본권이 제한될 수 있으므로, 결국 흡연권은 혐연권을 침해하지 않는 한에서 인정되어야 한다(헌재 2004. 8. 26. 2003헌마457).

> **판례**
>
> ▶ **금연구역을 지정할 수 있도록 규정하고 있는 국민건강증진법 시행규칙 제7조가 흡연권을 침해하는지**(소극) : 이 사건 조문은 국민의 건강을 보호하기 위한 것으로서 목적의 정당성을 인정할 수 있고, 흡연자와 비흡연자가 생활을 공유하는 곳에서 일정한 내용의 금연구역을 설정하는 것은 위 목적의 달성을 위하여 효과적이고 적절하여 방법의 적정성도 인정할 수 있다. 또한 이 사건 조문으로 달성하려고 하는 공익(국민의 건강)이 제한되는 사익(흡연권)보다 크기 때문에 법익균형성도 인정된다. 그렇다면 이 사건 조문은 과잉금지원칙에 위반되지 아니한다(헌재 2004. 8. 26. 2003헌마457).

(3) 위계질서가 없는 기본권 간의 충돌

두 기본권이 서로 충돌하는 경우에는 헌법의 통일성을 유지하기 위하여 상충하는 기본권 모두가 최대한으로 그 기능과 효력을 나타낼 수 있도록 하는 조화로운 방법이 모색되어야 한다(헌재 1991. 9. 16. 89헌마165).

> **판례**
>
> ▶ **정정보도청구권과 언론의 자유** : 반론권은 보도기관이 사실에 대한 보도과정에서 타인의 인격권 및 사생활의 비밀과 사유에 대한 중대한 침해가 될 직접적 위험을 초래하게 되는 경우 이러한 법익을 보호하기 위한 적극적 요청에 의하여 마련된 제도인 것이지 언론의 자유를 제한하기 위한 소극적 필요에서 마련된 것은 아니기 때문에 이에 따른 보도기관이 누리는 언론의 자유에 대한 제약의 문제는 결국 피해자의 반론권과 서로 충돌하는 관계에 있는 것으로 보아야 한다. 이와 같이 두 기본권이 서로 충돌하는 경우에는 <u>헌법의 통일성을 유지하기 위하여 상충하는 기본권 모두가 최대한으로 그 기능과 효력을 나타낼 수 있도록 하는 조화로운 방법이 모색되어야 할 것이고</u>, 결국 정정보도청구제도가 과잉금지의 원칙에 따라 그 목적이 정당한 것인가 그러한 목적을 달성하기 위하여 마련된 수단 또한 언론의 자유를 제한하는 정도가 인격권과의 사이에 적정한 비례를 유지하는 것인가의 여부가 문제된다(헌재 1991. 9. 16. 89헌마165).

▶ **학부모들의 알 권리와 교원의 개인정보자기결정권**: 이 사건은 교원의 교원단체 및 노동조합 가입에 관한 정보의 공개를 요구하는 학부모들의 알 권리 및 그것을 통한 교육권과 그 정보의 비공개를 요청하는 정보주체인 교원의 사생활의 비밀과 자유 및 이를 구체화한 개인정보자기결정권이 충돌하는 문제상황이다. 두 기본권이 충돌하는 경우에는 헌법의 통일성을 유지하기 위하여 상충하는 기본권 모두 최대한으로 그 기능과 효력을 발휘할 수 있도록 조화로운 방법이 모색되어야 한다. 따라서 이 사건 법률조항 및 시행령조항이 알 권리를 제한하는 목적이 정당한 것인가, 그러한 목적을 달성하기 위하여 마련된 수단이 알 권리를 제한하는 정도와 개인정보자기결정권을 보호하는 정도 사이에 적정한 비례를 유지하고 있는가의 관점에서 심사하기로 한다(헌재 2011. 12. 29. 2010헌마293).

▶ **개인적 단결권과 집단적 단결권**: 개인적 단결권이든 집단적 단결권이든 기본권의 서열이나 법익의 형량을 통하여 어느 쪽을 우선시키고 다른 쪽을 후퇴시킬 수는 없다고 할 것이다. 따라서 이러한 경우 헌법의 통일성을 유지하기 위하여 상충하는 기본권 모두가 최대한으로 그 기능과 효력을 발휘할 수 있도록 '조화로운 방법'을 모색하되, 법익형량의 원리, 입법에 의한 선택적 재량 등을 종합적으로 참작하여 심사하여야 한다(헌재 2005. 11. 24. 2002헌바95).

▶ **친양자가 될 자의 기본권과 친생부모의 기본권**: 친양자가 될 자의 기본권과 친생부모의 기본권은 공히 가족생활에 대한 기본권으로서 그 서열이나 법익의 형량을 통하여 어느 한쪽의 기본권을 일방적으로 우선시키고 다른 쪽을 후퇴시키는 것은 부적절하다. 이와 같이 기본권이 서로 충돌하는 경우에는 헌법의 통일성을 유지하기 위하여 상충하는 기본권 모두가 최대한 그 기능과 효력을 나타낼 수 있도록 하는 조화로운 방법이 모색되어야 할 것이므로, 이 사건 법률조항이 헌법에 합치하는지 여부는 결국 입법 당시의 환경을 고려한 다음 과잉금지의 원칙에 따라 그 동의를 요하도록 한 입법목적이 정당한 것인가, 그로 인한 친양자로 될 자의 기본권 제한의 정도에 있어 적정한 비례관계가 유지되고 있는가를 종합하여 판단되어야 할 것이다(헌재 2012. 5. 31. 2010헌바87).

제4절 기본권의 제한

제1항 기본권 제한의 유형

I 헌법유보

헌법유보란 헌법이 직접 기본권의 제한사유를 규정하여 기본권을 제한하기 위해 새로운 입법이 필요하지 않은 경우를 의미한다. 이러한 헌법유보에는 헌법이 모든 기본권에 적용되는 제한사유를 직접 규정하는 '일반적 헌법유보'와 헌법이 특정의 기본권에 한하여 제한사유를 규정하는 경우 '개별적 헌법유보'가 있다. 현행 헌법상 일반적 헌법유보조항은 없고, 개별적 헌법유보조항은 있다.

> **참고**
>
> ▶ **개별적 헌법유보조항**: 재산권 행사의 공공복리 적합의무(제23조 제2항), 군인 등의 국가배상청구권 제한(제29조 제2항), 공무원과 주요 방위산업체에 종사하는 근로자의 근로3권 제한(제33조 제2항, 제3항), 정당의 민주적 기본질서 위배금지(제8조 제4항)

Ⅱ 법률유보

1. 의의

헌법에서 기본권을 제한하는 권한을 법률로 위임하고 입법자가 법률로써 기본권을 제한하는 경우를 의미한다. 이러한 기본권 제한적 법률유보는 행복추구권·평등권·자유권적 기본권 등 구체적 입법이 없이 직접 행사할 수 있는 기본권을 대상으로 한다.

2. 유형

(1) 일반적 법률유보와 개별적 법률유보

법률유보에는 모든 기본권을 적용대상으로 하는 '일반적 법률유보'와 개별적 기본권만을 적용대상으로 하는 '개별적 법률유보'가 있다. 현행 헌법은 헌법 제37조 제2항에서 일반적 법률유보조항을 두고 있고, 신체의 자유(제12조 제1항 2문)와 재산권(제23조 제3항)에서 개별적 법률유보조항을 두고 있다.

(2) 단순법률유보와 가중법률유보

단순법률유보는 입법자가 일정한 요건의 제약 없이 기본권을 제한할 수 있는 법률유보이고, 가중법률유보는 입법자가 헌법에 규정된 일정한 요건 안에서 기본권을 제한할 수 있는 법률유보이다. 헌법 제37조 제2항은 가중법률유보에 해당한다.

제2항 일반적 법률유보

> **헌법 제37조**
> ② 국민의 모든 자유와 권리는 국가안전보장·질서유지 또는 공공복리를 위하여 필요한 경우에 한하여 법률로써 제한할 수 있으며, 제한하는 경우에도 자유와 권리의 본질적인 내용을 침해할 수 없다.

> **참고**
>
> ▶ **헌정사**: 일반적 법률유보조항과 본질적 내용 침해금지는 1960년 6월 헌법(제3차 개정헌법)에서, 기본권 제한의 목적으로 국가안전보장은 1972년 헌법(제7차 개정헌법)에서 도입.

I 헌법 제37조 제2항의 의미

헌법 제37조 제2항의 규정은 기본권 제한입법의 수권규정이지만, 그것은 동시에 기본권 제한입법의 한계규정이기도 하기 때문에, 입법부도 수권의 범위를 넘어 자의적인 입법을 할 수 있는 것은 아니며, 기본권을 제한하는 입법을 함에 있어서도 그 본질적인 내용의 침해가 있거나 과잉금지의 원칙에 위배되는 입법을 할 수 없다(헌재 1990. 9. 3. 89헌가95).

II 기본권 제한의 목적

1. 국가의 안전보장

헌법 제37조 제2항의 국가의 안전보장의 개념은 국가의 존립·헌법의 기본질서의 유지 등을 포함하는 개념으로서 결국 국가의 독립, 영토의 보전, 헌법과 법률의 기능, 헌법에 의하여 설치된 국가기관의 유지 등의 의미로 이해될 수 있다(헌재 1992. 2. 25. 89헌가104).

2. 질서유지

질서유지란 사회의 평온을 유지하고, 그 평온에 대한 위해를 사전에 방지하는 일을 말한다.

3. 공공복리

공공복리란 사회 구성원 전체에 공통되는 이익으로 공공복지라고도 한다. 개인의 개별적 이익과는 달리 다수인 개개의 이익이 잘 조화될 때 성립하는 전체의 이익을 의미한다.

> **판례**
>
> ▶ 난민인정신청을 하였으나 난민인정심사불회부결정을 받아 인천국제공항 송환대기실에 약 5개월째 수용중인 청구인의 변호인의 접견신청을 거부한 것이 국가안전보장이나 질서유지, 공공복리를 위해 필요한 기본권 제한 조치인지(소극): 청구인에게 변호인 접견신청을 허용한다고 하여 국가안전보장, 질서유지, 공공복리에 어떠한 장애가 생긴다고 보기는 어렵다. 송환대기실에 수용된 외국인에 대한 변호인 접견 허용으로 인해 국가안전보장이나 환승구역의 질서유지 등에 장애가 생길 우려가 있다 하더라도, 필요한 최소한의 범위 내에서 접견 장소 등을 제한하는 방법을 취한다면 국가안전보장이나 환승구역의 질서유지 등에 별다른 지장을 주지 않으면서도 청구인의 변호인 접견권을 제대로 보장할 수 있다. 따라서 이 사건 변호인 접견신청 거부는 국가안전보장이나 질서유지, 공공복리를 위해 필요한 기본권 제한 조치로 볼 수도 없다(헌재 2018. 5. 31. 2014헌마346).

III 법률에 의한 제한

1. 법률유보의 원칙

법률유보의 원칙은 '법률에 의한' 규율만을 뜻하는 것이 아니라 '법률에 근거한' 규율을 요청하는 것이므로 기본권 제한의 형식이 반드시 법률의 형식일 필요는 없고 법률에 근거를 두면서 헌법 제75조가 요구하는 위임의 구체성과 명확성을 구비하기만 하면 위임입법에 의하여도 기본권 제한은 가능하다(헌재 2005. 2. 24. 2003헌마289).

판례

▶ **기본권을 제한하는 내용의 입법을 고시 등 행정규칙에 위임할 수 있는지**(적극): 행정규칙은 법규명령과 같은 엄격한 제정 및 개정절차를 필요로 하지 아니하므로, 기본권을 제한하는 내용의 입법을 위임할 때에는 법규명령에 위임하는 것이 원칙이고, 고시와 같은 형식으로 입법위임을 할 때에는 법령이 전문적·기술적 사항이나 경미한 사항으로서 업무의 성질상 위임이 불가피한 사항에 한정된다(헌재 2019. 11. 28. 2017헌바449).

▶ **대통령의 지시로 대통령 비서실장 등이 야당 소속 후보를 지지하였거나 정부에 비판적 활동을 한 문화예술인이나 단체를 정부의 문화예술 지원사업에서 배제할 목적으로 개인의 정치적 견해에 관한 정보를 수집·보유·이용한 행위가 법률유보원칙을 위반하여 개인정보자기결정권을 침해하는지**(적극): 이 사건 정보수집 등 행위의 대상인 정치적 견해에 관한 정보는 공개된 정보라 하더라도 개인의 인격주체성을 특징짓는 것으로, 개인정보자기결정권의 보호 범위 내에 속하며, 국가가 개인의 정치적 견해에 관한 정보를 수집·보유·이용하는 등의 행위는 개인정보자기결정권에 대한 중대한 제한이 되므로 이를 위해서는 법령상의 명확한 근거가 필요함에도 그러한 법령상 근거가 존재하지 않으므로 이 사건 정보수집 등 행위는 법률유보원칙을 위반하여 청구인들의 개인정보자기결정권을 침해한다(헌재 2020. 12. 23. 2017헌마416).

▶ **대통령의 지시로 대통령 비서실장 등이 야당 소속 후보를 지지하였거나 정부에 비판적 활동을 한 문화예술인이나 단체를 정부의 문화예술 지원사업에서 배제할 목적으로, 한국문화예술위원회, 영화진흥위원회, 한국출판문화산업진흥원 소속 직원들로 하여금 특정 개인이나 단체를 문화예술인 지원사업에서 배제하도록 한 지시 행위가 법률유보원칙을 위반하여 표현의 자유를 침해하는지**(적극): 이 사건 지원배제 지시는 특정한 정치적 견해를 표현한 자에 대하여 문화예술 지원 공모사업에서의 공정한 심사 기회를 박탈하여 사후적으로 제재를 가한 것으로, 개인 및 단체의 정치적 표현의 자유에 대한 제한조치에 해당하는바, 그 법적 근거가 없으므로 법률유보원칙을 위반하여 표현의 자유를 침해한다(헌재 2020. 12. 23. 2017헌마416).

▶ **서울종로경찰서장이 2015. 5. 1. 22:13경부터 23:20경까지 사이에 최루액을 물에 혼합한 용액을 살수차를 이용하여 청구인들에게 살수한 행위가 법률유보원칙에 위배되어 청구인들의 신체의 자유와 집회의 자유를 침해하는지**(적극): 집회나 시위 해산을 위한 살수차 사용은 집회의 자유 및 신체의 자유에 대한 중대한 제한을 초래하므로 살수차 사용요건이나 기준은 법률에 근거를 두어야 하고, 살수차와 같은 위해성 경찰장비는 본래의 사용방법에 따라 지정된 용도로 사용되어야 하며 다른 용도나 방법으로 사용하기 위해서는 반드시 법령에 근거가 있어야 한다. 혼합살수방법은 법령에 열거되지 않은 새로운 위해성 경찰장비에 해당하고 이 사건 지침에 혼합살수의 근거 규정을 둘 수 있도록 위임하고 있는 법령이 없으므로, 이 사건 지침은 법률유보원칙에 위배되고 이 사건 지침만을 근거로 한 이 사건 혼합살수행위 역시 법률유보원칙에 위배된다. 따라서 이 사건 혼합살수행위는 청구인들의 신체의 자유와 집회의 자유를 침해한다(헌재 2018. 5. 31. 2015헌마476).

▶ **서울남대문경찰서장이 ○○합섬HK지회에 대해 9회에 걸쳐 옥외집회신고서를 반려한 행위가 법률유보원칙에 위반하여 집회의 자유를 침해하는지**(적극): 집회의 자유에 대한 제한은 법률에 의해서만 가능하므로 법률에 정하여지지 않은 방법으로 이를 제한할 경우에는 그것이 과잉금지 원칙에 위배되었는지 여부를 판단할 필요 없이 헌법에 위반된다. 그런데 서울남대문경찰서장은 청구인 ○○합섬HK지회와 ○○생명인사지원실이 제출한 옥외집회신고서를 폭력사태 발생이 우려된다는 이유로 동시에 접수하였고, 이후 상호 충돌을 피한다는 이유로 두 개의 집회신고를 모두 반려하였는바, 법의 집행을 책임지고 있는 국가기관인 피청구인으로서는 이 사건 집회신고에 관한 사무를 처리하는 데 있어서 적법한 절차에 따라 접수순위를 확정하려는 최선의 노력을 한 후, 집시법 제8조 제2항에 따라 후순위로 접수된 집회의 금지 또는 제한을 통고하였어야 한다. 결국 이 사건 반려행위는 법률의 근거 없이 청구인들의 집회의 자유를 침해한 것으로서 헌법상 법률유보원칙에 위반된다(헌재 2008. 5. 29. 2007헌마712).

▶ 고졸검정고시 또는 '고등학교 입학자격 검정고시'에 합격했던 자는 해당 검정고시에 다시 응시할 수 없도록 응시자격을 제한한 전라남도 교육청 공고가 법률유보원칙을 위반하여 청구인들의 교육을 받을 권리를 침해하는지(적극) : 이 사건 응시제한이 검정고시 응시자에게 미치는 영향은 응시자격의 영구적인 박탈인 만큼 중대하다고 할 수 있는 점 등에 비추어 보다 엄격한 기준으로 법률유보원칙의 준수 여부를 심사하여야 할 것인바, 고졸검정고시규칙과 고입검정고시규칙은 이미 응시자격이 제한되는 자를 특정적으로 열거하고 있으면서 달리 일반적인 제한 사유를 두지 않고 또 그 제한에 관하여 명시적으로 위임한 바가 없으며, 단지 고시시행에 관한 기술적·절차적인 사항만을 위임하였을 뿐, 특히 '검정고시에 합격한 자'에 대하여만 응시자격 제한을 공고에 위임했다고 볼 근거도 없으므로, 이 사건 응시제한은 위임받은 바 없는 응시자격의 제한을 새로이 설정한 것으로서 기본권 제한의 법률유보원칙에 위배하여 청구인의 교육을 받을 권리 등을 침해한다(헌재 2012. 5. 31. 2010헌마139).

▶ 미결수용자의 면회횟수를 매주 2회로 제한하고 있는 군행형법시행령 조항이 법률유보원칙에 위배되는지(적극) : 군행형법 제15조는 면회의 횟수를 제한하지 않는 자유로운 면회를 전제로 하면서, 면회에의 참여에 관한 사항만을 대통령령으로 정하도록 위임하고 있고 면회의 횟수에 관하여는 전혀 위임한 바가 없다. 따라서 이 사건 시행령규정이 미결수용자의 면회횟수를 매주 2회로 제한하고 있는 것은 법률의 위임 없이 접견교통권을 제한하는 것으로서, 헌법 제37조 제2항 및 제75조에 위반된다(헌재 2003. 11. 27. 2002헌마193).

▶ 집회 또는 시위를 하기 위하여 인천애뜰 중 잔디마당과 그 경계 내 부지에 대한 사용허가 신청을 한 경우 인천광역시장이 이를 허가할 수 없도록 제한하는 인천애뜰의 사용 및 관리에 관한 조례 제7조 제1항 제5호 가목이 법률유보원칙에 위배되어 청구인들의 집회의 자유를 침해하는지(소극) : 조례에 대한 법률의 위임은 법규명령에 대한 법률의 위임과 같이 반드시 구체적으로 범위를 정할 필요가 없으며, 포괄적으로도 할 수 있다. 이 사건 조례는 지방자치법 제13조 제2항 제1호 자목 및 제5호 나목 등에 근거하여 인천광역시가 소유한 공유재산이자 공공시설인 인천애뜰의 사용 및 관리에 필요한 사항을 규율하기 위하여 제정되었고, 심판대상조항은 잔디마당과 그 경계 내 부지의 사용 기준을 정하고 있다. 그렇다면 심판대상조항은 법률의 위임 내지는 법률에 근거하여 규정된 것이라고 할 수 있으므로 법률유보원칙에 위배되지 않는다(헌재 2023. 9. 26. 2019헌마1417).

▶ 공기업이 공기업의 업무를 수행하던 비정규직 근로자를 정규직 근로자로 고용한 공기업의 자회사와 수의계약을 체결할 수 있도록 한 '공기업·준정부기관 계약사무규칙' 제8조 제1항 제2호의2 부분이 법률유보원칙에 위배하여 직업수행의 자유를 침해하는지(소극) : '공공기관의 운영에 관한 법률' 제39조 제3항은 공기업의 운영에 대한 전반적인 관리·감독권한을 보유하고 있는 기획재정부장관이 공기업의 계약상대방에 관해서 기획재정부령으로 정할 수 있도록 한 것이다. 심판대상조항은 공기업의 수의계약사유에 관한 내용으로서 공기업의 계약상대방과 관련된 내용이므로, 위 조항의 위임 범위를 벗어난 것이라고 볼 수 없다. 따라서 심판대상조항이 법률유보원칙에 위배하여 공기업의 자회사와 경쟁하는 청구인들의 직업수행의 자유를 침해한다고 볼 수 없다(헌재 2023. 10. 26. 2019헌마871).

▶ 공기업 등으로부터 입찰참가자격제한처분을 받은 자가 국가 중앙관서나 다른 공기업 등이 집행하는 입찰에 참가할 수 없도록 한 구 '국가를 당사자로 하는 계약에 관한 법률 시행령' 제76조 제8항 단서 부분 등이 법률유보원칙에 위배하여 직업수행의 자유를 침해하는지(소극) : 이 사건 시행령조항은 구 '국가를 당사자로 하는 계약에 관한 법률' 제27조 제1항이 규정한 입찰참가자격제한 대상인 '경쟁의 공정한 집행 또는 계약의 적정한 이행을 해칠 염려가 있거나 기타 입찰에 참가시키는 것이 적합하지 아니하다고 인정되는 자(부정당업자)'를 구체화한 것이고, 이 사건 규칙조항은 '공공기관의 운영에 관한 법률' 제39조 제2항이 규정한 입찰참가자격제한사유인 '공정한 경쟁이나 계약의 적정한 이행을 해칠 것이 명백하다고 판단되는 경우'를 구체화한 것으로, 각 상위 법률의 위임범위를 벗어나 법률유보원칙에 위배하여 청구인의 직업수행의 자유를 침해한다고 볼 수 없다(헌재 2023. 7. 20. 2017헌마1376).

▶ ○○교도소장, ○○구치소장이 청구인에 대한 규율위반사유와 징벌처분의 내용 등을 양형 참고자료로 관할법원에 통보한 행위가 법률유보원칙에 위배되어 청구인의 개인정보자기결정권을 침해하는지(소극): 교정시설의 장이 미결수용자에 대한 징벌에 관한 자료를 작성하는 것뿐만 아니라 이를 법원에 통지하는 행위 또한 교정시설의 안전과 질서유지라는 소관 업무를 위한 것이므로, 개인정보보호법 제17조 제1항 제2호에 근거하여 수집의 목적 범위에서 제3자에게 제공한 것으로 볼 수 있다. 설령 그렇지 않다 하더라도 이 사건 통보행위는 재판의 업무수행을 위하여 필요한 경우 개인정보를 수집목적 외의 용도로 제3자에게 제공할 수 있다고 규정한 개인정보보호법 제18조 제2항 제8호에 근거한 것으로 볼 수 있다. 따라서 이 사건 통보행위가 법률의 근거 없이 청구인의 개인정보자기결정권을 제한한 것이라고 보기 어렵다(헌재 2016. 4. 28. 2012헌마549).

▶ 교도관이 미결수용자와 변호인 간에 주고받는 서류를 확인하고, 소송관계서류처리부에 그 제목을 기재하여 등재한 행위가 법률유보원칙에 위배되는지(소극): 형집행법 제43조는 소장이 수용자가 주고받는 서신에 법령에 따라 금지된 물품이 들어 있는지 확인할 수 있도록 하고(제3항), 서신발송의 횟수, 서신 내용물의 확인방법 및 서신 내용의 검열절차 등에 관하여 필요한 사항은 대통령령으로 정하도록 하고 있다(제8항). 이에 따라 형집행법 시행령 제71조는 교도관이 수용자의 접견, 서신수수, 전화통화 등의 과정에서 수용자의 처우에 특히 참고할 사항을 알게 된 경우에는 그 요지를 수용기록부에 기록하도록 규정하고 있다. 이와 같이 이 사건 서류 확인 및 등재행위는 형집행법 제43조 제3항과 제8항에 근거를 두고 이루어진 것이므로 법률유보원칙에 위배되지 않는다(헌재 2016. 4. 28. 2015헌마243).

▶ 구치소장이 변호인접견실에 CCTV를 설치하여 미결수용자와 변호인 간의 접견을 관찰한 행위가 법률유보원칙에 위배되는지(소극): 형집행법 제94조는 자살・자해・도주・폭행・손괴, 그 밖에 수용자의 생명・신체를 해하거나 시설의 안전 또는 질서를 해하는 행위를 방지하기 위하여 필요한 범위에서 교도관이 전자장비를 이용하여 수용자 또는 시설을 계호할 수 있도록 하고, 전자장비의 종류・설치장소・사용방법 및 녹화기록물의 관리 등에 관하여 필요한 사항은 법무부령으로 정하도록 하고 있다. 이에 따라 형집행법 시행규칙 제160조 제1호 및 제162조 제1항은 영상정보처리기기인 CCTV를 변호인접견실에 설치할 수 있도록 하였다. 이와 같이 이 사건 CCTV 관찰행위는 형집행법 제94조 제1항과 제4항에 근거를 두고 이루어진 것이므로 법률유보원칙에 위배되지 않는다(헌재 2016. 4. 28. 2015헌마243).

▶ 교도소 내 엄중격리 대상자의 수용거실에 CCTV를 설치하여 24시간 감시하는 행위가 법률유보원칙에 위배되는지(소극): 교도소 내 엄중격리 대상자의 수용거실에 CCTV를 설치하여 24시간 감시하는 행위는 행형법 및 교도관직무규칙 등에 규정된 교도관의 계호활동 중 육안에 의한 시선계호를 CCTV 장비에 의한 시선계호로 대체한 것에 불과하므로, CCTV 설치행위에 대한 특별한 법적 근거가 없더라도 일반적인 계호활동을 허용하는 법률규정에 의하여 허용된다(헌재 2008. 5. 29. 2005헌마137).

2. 명확성의 원칙

명확성 원칙이란 법령을 명확한 용어로 규정함으로써 적용대상자 즉 수범자에게 그 규제내용을 미리 알 수 있도록 공정한 고지를 하여 장래의 행동지침을 제공하고, 동시에 법 집행자에게 객관적 판단지침을 주어 차별적이거나 자의적인 법해석 및 집행을 예방하기 위한 원칙을 의미하는 것으로서, 민주주의와 법치주의의 원리에 기초하여 모든 기본권제한입법에 요구되는 원칙이다(헌재 2002. 6. 27. 99헌마480).

Ⅳ 본질적 내용 침해금지

기본권의 본질적 내용은 만약 이를 제한하는 경우에는 기본권 그 자체가 무의미하여지는 경우에 그 본질적인 요소를 말하는 것으로서, 기본권의 본질적 내용은 개별 기본권마다 다를 수 있다(헌재 1995. 4. 20. 92헌바29).

판례

▶ **재산권의 본질적 내용을 침해하는 경우**: 재산권의 본질적인 내용을 침해하는 경우라고 하는 것은 그 침해로 사유재산권이 유명무실해지고 사유재산제도가 형해화되어 헌법이 재산권을 보장하는 궁극적인 목적을 달성할 수 없게 되는 지경에 이르는 경우라고 할 것이다. 사유재산제도의 전면적인 부정, 재산권의 무상몰수, 소급입법에 의한 재산권 박탈 등이 본질적인 침해가 된다는 데 대하여서는 이론의 여지가 없으나 토지거래허가제는 헌법의 해석이나 국가, 사회공동체에 대한 철학과 가치관의 여하에 따라 결론이 달라질 수 있다(헌재 1989. 12. 23. 88헌가13).

▶ **국가비상사태하에서 근로자의 단체교섭권 및 단체행동권을 제한한 구 '국가보위에 관한 특별조치법' 제11조 제2항 부분이 근로3권의 본질적인 내용을 침해하는지**(적극): 헌법 제37조 제2항에 의하여 근로자의 근로3권에 대해 일부 제한이 가능하다 하더라도, '공무원 또는 주요 방위사업체 근로자'가 아닌 근로자의 근로3권을 전면적으로 부정하는 것은 헌법 제37조 제2항 후단의 본질적 내용 침해금지에 위반된다. 그런데 심판대상조항은 단체교섭권·단체행동권이 제한되는 근로자의 범위를 구체적으로 제한함이 없이, 단체교섭권·단체행동권의 행사요건 및 한계 등에 관한 기본적 사항조차 법률에서 정하지 아니한 채, 그 허용 여부를 주무관청의 조정결정에 포괄적으로 위임하고 이에 위반할 경우 형사처벌하도록 하고 있는바, 이는 모든 근로자의 단체교섭권·단체행동권을 사실상 전면적으로 부정하는 것으로서 헌법에 규정된 근로3권의 본질적 내용을 침해하는 것이다(헌재 2015. 3. 26. 2014헌가5).

▶ **국세우선징수권을 규정하면서 국세의 납부기한으로부터 1년 전에 전세권·질권 또는 저당권의 설정을 등기 또는 등록한 경우에만 예외로 인정하고 있는 국세기본법 제35조 제1항 3호가 재산권의 본질적 내용을 침해하는지**(적극): 먼저 성립하고 공시(公示)를 갖춘 담보물권이 후에 발생하고 공시를 전혀 갖추고 있지 않은 조세채권에 의하여 그 우선순위를 추월당함으로써, 합리적인 사유없이 저당권이 전혀 그 본래의 취지에 따른 담보기능을 발휘할 수 없게 된 사정을 엿볼 수 있다. 담보물권이 합리적인 사유없이 담보기능을 수행하지 못하여 담보채권의 실현에 전혀 기여하지 못하고 있다면 그것은 담보물권은 물론, 나아가 사유재산제도의 본질적 내용의 침해가 있는 것이다(헌재 1990. 9. 3. 89헌가95).

▶ **생명권의 제한이 곧 생명권의 본질적 내용에 대한 침해인지 여부**(소극): 비록 생명이 이념적으로 절대적 가치를 지닌 것이라 하더라도 생명에 대한 법적 평가가 예외적으로 허용될 수 있다고 할 것이므로, 생명권 역시 헌법 제37조 제2항에 의한 일반적 법률유보의 대상이 될 수밖에 없다. 나아가 생명권의 경우, 다른 일반적인 기본권 제한의 구조와는 달리, 생명의 일부 박탈이라는 것을 상정할 수 없기 때문에 생명권에 대한 제한은 필연적으로 생명권의 완전한 박탈을 의미하게 되는바, 생명권의 제한이 정당화될 수 있는 예외적인 경우에는 생명권의 박탈이 초래된다 하더라도 곧바로 기본권의 본질적인 내용을 침해하는 것이라 볼 수는 없다(헌재 2010. 2. 25. 2008헌가23).

Ⅴ 과잉금지의 원칙

1. 의의

헌법 제37조 제2항은 "국민의 모든 자유와 권리는 필요한 경우에 한하여 법률로써 제한할 수 있다."고 규정하고 있는데 이는 과잉금지의 원칙을 규정한 것이다. 즉 과잉금지원칙이란 국가가 국민의 기본권을 제한하는 내용의 입법활동을 함에 있어서 준수하여야 할 기본원칙 내지 입법활동의 한계를 의미하는 것으로서 국민의 기본권을 제한하려는 입법의 목적이 헌법 및 법률의 체제상 그 정당성이 인정되어야 하고(목적의 정당성), 그 목적의 달성을 위하여 그 방법이 효과적이고 적절하여야 하며(방법의 적절성), 입법권자가 선택한 기본권 제한의 조치가 입법목적 달성을 위하여 적절하다 할지라도 보다 완화된 형태나 방법을 모색함으로써 기본권의 제한은 필요한 최소한도에 그치도록 하여야 하며(피해의 최소성), 그 입법에 의하여 보호하려는 공익과 침해되는 사익을 비교형량할 때 보호되는 공익이 더 커야 한다(법익의 균형성)는 헌법상의 원칙이다(헌재 1990. 9. 3. 89헌가95).

2. 내용

(1) 목적의 정당성

목적의 정당성이란 국민의 기본권을 제한하려는 입법의 목적이 헌법 및 법률의 체제상 그 정당성이 인정되어야 한다는 것을 말한다(헌재 2008. 4. 24. 2007헌마1456).

(2) 방법의 적절성

방법의 적절성이란 정당한 입법목적을 달성하기 위한 방법이 '효과적이고 적절해야' 한다는 것을 말한다(헌재 2008. 4. 24. 2007헌마1456). 국가작용에 있어서 취해진 어떠한 조치나 선택된 수단은 그것이 달성하려는 사안의 목적에 적합하여야 함은 당연하지만 그 조치나 수단이 목적달성을 위하여 유일무이한 것일 필요는 없다(헌재 1989. 12. 22. 88헌가13).

> **판례**
>
> ▶ **방법의 적절성으로 심사하는 내용**: 헌법재판소가 방법의 적절성으로 심사하는 내용은 입법자가 선택한 방법이 최적의 것이었는가 하는 것이 아니고, 그 방법이 입법목적 달성에 유효한 수단인가 하는 점에 한정된다(헌재 2008. 4. 24. 2007헌마1456).
>
> ▶ **수단의 선택과 입법재량**: 입법목적을 달성하기 위하여 가능한 여러 수단들 가운데 구체적으로 어느 것을 선택할 것인가의 문제가 기본적으로 입법재량에 속하는 것이기는 하다. 그러나 위 입법재량이라는 것도 자유재량을 말하는 것은 아니므로 입법목적을 달성하기 위한 수단으로서 반드시 가장 합리적이며 효율적인 수단을 선택하여야 하는 것은 아니라고 할지라도 적어도 현저하게 불합리하고 불공정한 수단의 선택은 피하여야 할 것이다(헌재 1996. 4. 25. 92헌바47).
>
> ▶ **수단의 적합성과 침해의 최소성 심사**: 기본권 제한 법률은 그 합헌성과 관련, '수단의 적합성' 및 '침해의 최소성'이 요구된다. 그리고 그 여부는 입법자의 판단이 명백히 잘못되었다는 소극적 심사에 그치는 것이 아니라, 입법자로 하여금 법률이 공익의 달성이나 위험의 방지에 적합하고 최소한의 침해를 가져오는 수단이라는 것을 어느 정도 납득시킬 것이 요청된다(헌재 1999. 12. 23. 99헌마135).

(3) 침해의 최소성

1) **의의**

    침해의 최소성이란 입법권자가 선택한 기본권 제한의 조치가 입법목적 달성을 위하여 적절하다 할지라도 보다 완화된 형태나 방법을 모색함으로써 기본권의 제한은 필요한 최소한도에 그치도록 하여야 한다는 것을 말한다(헌재 2008. 4. 24. 2007헌마1456).

    > **판례**
    >
    > ▶ **입법자가 택한 수단보다 국민의 기본권을 덜 침해하는 수단이 존재하는 경우**: 과잉금지원칙의 한 내용인 '최소침해의 원칙'이라는 것은 어디까지나 입법목적의 달성에 있어 동일한 효과를 나타내는 수단 중에서 되도록 당사자의 기본권을 덜 침해하는 수단을 채택하라는 헌법적 요구인바, 입법자가 택한 수단보다 국민의 기본권을 덜 침해하는 수단이 존재하더라도 그 다른 수단이 효과 측면에서 입법자가 선택한 수단과 동등하거나 유사하다고 단정할 만한 명백한 근거가 없는 이상, 그것이 과잉금지원칙에 반한다고 할 수는 없다(헌재 2012. 8. 23. 2010헌가65).
    >
    > ▶ **기본권을 제한당하는 국민이 그 기본권을 실현할 다른 수단이 있다고 하여 그것만으로 기본권의 제한이 정당화되는지**(소극): 국민의 자유와 권리를 제한함에 있어서는 규제하려는 쪽에서 국민의 기본권을 보다 덜 제한하는 다른 방법이 있는지를 모색하여야 할 것이지, 제한당하는 국민의 쪽에서 볼 때 그 기본권을 실현할 다른 수단이 있다고 하여 그와 같은 사유만으로 기본권의 제한이 정당화되는 것은 아니다(대판 1994. 3. 8. 92누1728).

2) **임의적 규정과 필요적 규정**

    입법자가 임의적 규정으로도 법의 목적을 실현할 수 있는 경우에 구체적 사안의 개별성과 특수성을 고려할 수 있는 가능성을 일체 배제하는 필요적 규정을 둔다면, 이는 비례의 원칙의 한 요소인 최소침해성의 원칙에 위배된다(헌재 1998. 5. 28. 96헌가12).

    > **판례**
    >
    > ▶ **운전면허를 받은 사람이 자동차 등을 이용하여 살인 또는 강간 등 행정안전부령이 정하는 범죄행위를 한 때 운전면허를 취소하도록 하는 구 도로교통법 조항이 직업의 자유 및 일반적 행동의 자유를 침해하는지**(적극): 자동차 등을 이용한 범죄를 근절하기 위하여 그에 대한 행정적 제재를 강화할 필요가 있다 하더라도 임의적 운전면허 취소 또는 정지사유로 규정함으로써 불법의 정도에 상응하는 제재수단을 선택할 수 있도록 하여도 충분히 그 목적을 달성하는 것이 가능함에도, 심판대상조항은 필요적으로 운전면허를 취소하도록 하여 구체적 사안의 개별성과 특수성을 고려할 수 있는 여지를 일체 배제하고 있다. 나아가 '자동차 등을 이용하여' 부분은 포섭될 수 있는 행위 태양이 지나치게 넓고, 하위법령에서 규정될 대상범죄에 심판대상조항의 입법목적을 달성하기 위해 반드시 규제할 필요가 있는 범죄행위가 아닌 경우까지 포함될 우려가 있어 침해의 최소성 원칙에 위배된다(헌재 2015. 5. 28. 2013헌가6).

▶ **운전면허를 받은 사람이 다른 사람의 자동차 등을 훔친 경우 운전면허를 필요적으로 취소하도록 한 구 도로교통법 제93조 제1항 제12호 부분이 운전면허 소지자의 직업의 자유 내지 일반적 행동의 자유를 침해하는지**(적극): 자동차 등을 훔친 범죄행위에 대한 행정적 제재를 강화하더라도 불법의 정도에 상응하는 제재수단을 선택할 수 있도록 임의적 운전면허 취소 또는 정지사유로 규정하여도 충분히 그 목적을 달성하는 것이 가능함에도, 심판대상조항은 필요적으로 운전면허를 취소하도록 하여 구체적 사안의 개별성과 특수성을 고려할 수 있는 여지를 일절 배제하고 있다. 다른 사람의 자동차 등을 훔친 모든 경우에 필요적으로 운전면허를 취소하는 것은, 그것이 달성하려는 공익의 비중에도 불구하고 운전면허 소지자의 직업의 자유 내지 일반적 행동의 자유를 과도하게 제한하는 것이다(헌재 2017. 5. 25. 2016헌가6).

▶ **거짓이나 그 밖의 부정한 수단으로 운전면허를 받은 경우 모든 범위의 운전면허를 필요적으로 취소하도록 한 도로교통법 조항이 일반적 행동의 자유 또는 직업의 자유를 침해하는지**(일부 적극): 심판대상조항이 '부정 취득하지 않은 운전면허'까지 필요적으로 취소하도록 한 것은, 임의적 취소·정지 사유로 함으로써 구체적 사안의 개별성과 특수성을 고려하여 불법의 정도에 상응하는 제재수단을 선택하도록 하는 등 완화된 수단에 의해서도 입법목적을 같은 정도로 달성하기에 충분하므로, 피해의 최소성 원칙에 위배된다. 나아가, 위법이나 비난의 정도가 미약한 사안을 포함한 모든 경우에 부정 취득하지 않은 운전면허까지 필요적으로 취소하고 이로 인해 2년 동안 해당 운전면허 역시 받을 수 없게 하는 것은, 공익의 중대성을 감안하더라도 지나치게 기본권을 제한하는 것이므로, 법익의 균형성 원칙에도 위배된다(헌재 2020. 6. 25. 2019헌가9).

▶ **음주운전 금지규정을 위반하여 자동차를 운전한 사람이 다시 음주운전 금지규정을 위반하여 자동차를 운전해서 운전면허 정지사유에 해당된 경우 필요적으로 그의 운전면허를 취소하도록 하는 구 도로교통법 조항이 과잉금지원칙에 반하여 직업의 자유 및 일반적 행동의 자유를 침해하는지**(소극): 음주운전자를 대상으로 한 교육·치료, 차량의 몰수·폐기, 음주 시 시동방지장치 강제 부착 등 다른 행정제재가 고려될 수 있으나, 이러한 대안만으로 반복적인 음주운전이 방지되기 어렵다는 입법자의 판단은 충분히 수긍할 수 있고, 재판에서 위반행위의 모든 정황을 고려하여 형을 정하는 사법기관과 달리, 행정청은 위반행위에 내재된 비난가능성을 일일이 판단하기 쉽지 않으므로 심판대상조항이 운전면허를 필요적으로 취소하더라도 침해의 최소성에 반한다고 할 수 없다. 운전면허가 취소되더라도 적용받는 결격기간이 상대적으로 짧고, 경우에 따라 결격기간이 배제되기도 하는 점을 고려하면, 심판대상조항으로 제한되는 사익이 교통질서를 확립하고 국민의 생명, 신체 및 재산을 보호하려는 공익에 비하여 중요하다고 할 수 없으므로, 심판대상조항은 법익의 균형성에 반하지 아니한다(헌재 2023. 6. 29. 2020헌바182).

▶ **음주측정거부 전력이 있는 자가 음주운전을 한 경우 운전면허를 필요적으로 취소하도록 규정한 도로교통법 제93조 제1항 단서 제2호 부분이 과잉금지원칙에 위배되어 직업의 자유 및 일반적 행동자유권을 침해하는지**(소극): 입법자는 음주운전이 반복되는 교통현실과 이에 관대한 문화를 교정하기 위하여 반복적 음주운전자에 대하여 필요적 면허취소라는 수단을 선택한 점, 음주운전 금지규정을 위반하고도 제재로부터 벗어나는 폐단을 방지하려면 음주측정거부를 음주운전 금지규정 위반에 준하여 무겁게 제재할 필요성이 인정되는 점, 형사제재와 행정제재의 목적과 기능 및 절차상 차이를 고려할 때 운전면허 취소처분에 있어 과거 음주측정거부 전력의 상세한 내용이나 음주운전 금지규정 위반행위의 경중 등을 개별적으로 고려하지 않는다고 하여 지나치다고 보기는 어려운 점 등을 종합하면, 심판대상조항은 과잉금지원칙에 위배되어 직업의 자유 및 일반적 행동자유권을 침해하지 아니한다(헌재 2024. 5. 30. 2022헌바256).

▶ **음주측정거부자에 대하여 필요적으로 운전면허를 취소하도록 규정한 구 도로교통법 제78조 제1항 단서 중 제8호 부분이 직업의 자유 내지 일반적 행동의 자유를 침해하는지**(소극) : 음주측정거부자에 대하여 임의적 면허취소를 규정하는 데 그친다면 음주운전을 방지함으로써 도로교통상의 안전과 위험방지를 기하려는 이 사건 법률조항의 행정목적을 달성할 수 없는 결과가 초래될 수 있는 점 등에 비추어 보면, <u>이 사건 법률조항이 음주측정거부자에 대하여 반드시 면허를 취소하도록 규정하고 있다고 하여 피해최소성의 원칙에 반한다고 볼 수는 없다.</u> 따라서 이 사건 법률조항은 기본권 제한의 입법한계인 과잉금지의 원칙을 준수하였다고 할 것이므로, 직업의 자유를 본질적으로 침해하거나 일반적 행동의 자유를 침해한다고 볼 수 없다(헌재 2007. 12. 27. 2005헌바95).

▶ **주류 판매면허를 받은 자가 타인과 동업 경영을 하는 경우 관할 세무서장이 해당 주류 판매업자의 면허를 필요적으로 취소하도록 한 구 주세법 조항이 주류 판매면허업자의 직업의 자유를 침해하는지**(소극) : 심판대상 조항은 주류 유통질서의 핵심이라고 할 수 있는 주류 판매면허업자가 면허 허가 범위를 넘어 사업을 운영하는 것을 제한함으로써, 주류 판매업면허 제도의 실효성을 확보하고자 마련된 것이다. <u>국가의 관리 감독에서 벗어난 판매업자의 등장으로 유통 질서가 왜곡되는 것을 방지하고 규제의 효용성을 담보하기 위하여 필요하므로</u>, 면허의 필요적 취소를 과도한 제한이라고 볼 수 없다. 따라서 이 조항은 주류 판매면허업자의 직업의 자유를 침해하지 않는다(헌재 2021. 4. 29. 2020헌바328).

▶ **부정한 방법으로 자동차대여사업 등록을 한 경우 필요적으로 등록을 취소하도록 규정한 여객자동차운수사업법 조항이 직업선택의 자유를 침해하는지**(소극) : 이 사건 법률조항은 자동차대여업 등록제도의 취지를 관철하고자 하는 것으로 그 목적의 정당성 및 방법의 적절성이 인정되고, <u>임의적 취소제도로는 입법목적을 효과적으로 달성할 수 없고, 등록이 취소된 후 2년이 경과하면 다시 등록을 할 수 있음을 고려하면 피해최소성원칙에도 부합하며</u>, 등록 취소로 인해 자동차대여업자가 더 이상 자동차대여업을 영위하지 못하는 등 손해를 입는다고 해도 등록제를 통하여 자동차대여업의 건전한 발전과 국민의 안전을 도모하고자 하는 공익에 비하면 침해되는 사익이 더 중대하다고 할 수는 없으므로 이 사건 법률조항은 청구인의 직업선택의 자유를 침해하지 않는다(헌재 2006. 12. 28. 2005헌바87).

▶ **여객운송사업자가 지입제 경영을 한 경우 구체적 사안의 개별성과 특수성을 전혀 고려하지 않고 그 사업면허를 필요적으로 취소하도록 한 여객자동차운송사업법 조항이 피해최소성의 원칙에 반하는지**(적극) : <u>종래의 임의적 취소제도로도 철저한 단속, 엄격한 법집행 등 그 운용 여하에 따라서는 지입제 관행의 근절이라는 입법목적을 효과적으로 달성할 수 있었을 것으로 보이므로</u>, 기본권침해의 정도가 덜한 임의적 취소제도의 적절한 운용을 통하여 입법목적을 달성하려는 노력은 기울이지 아니한 채 기본권침해의 정도가 한층 큰 필요적 취소제도를 도입한 이 사건 법률조항은 행정편의적 발상으로서 피해최소성의 원칙에 위반된다(헌재 2000. 6. 1. 99헌가11).

▶ **형사사건으로 기소되면 필요적으로 직위해제처분을 하도록 한 국가공무원법 규정의 위헌 여부**(적극) : 형사사건으로 기소되기만 하면 그가 국가공무원법 제33조 제1항 제3호 내지 제6호에 해당하는 유죄판결을 받을 고도의 개연성이 있는가의 여부에 무관하게 경우에 따라서는 벌금형이나 무죄가 선고될 가능성이 큰 사건인 경우에 대해서까지도 당해 공무원에게 일률적으로 직위해제처분을 하지 않을 수 없도록 한 이 사건 규정은 헌법 제37조 제2항의 비례의 원칙에 위반되어 직업의 자유를 과도하게 침해한다(헌재 1998. 5. 28. 96헌가12).

3) 행사의 방법과 행사의 여부

침해의 최소성의 관점에서 입법자는 그가 의도하는 공익을 달성하기 위하여 우선 기본권을 보다 적게 제한하는 단계인 기본권 행사의 '방법'에 관한 규제로써 공익을 실현할 수 있는가를 시도하고 이러한 방법으로는 공익달성이 어렵다고 판단되는 경우에 그 다음 단계인 기본권 행사의 '여부'에 관한 규제를 선택해야 한다(헌재 1998. 5. 28. 96헌가5).

4) 의무부과와 불이행에 대한 제재

어떤 법률의 입법목적이 정당하고 그 목적을 달성하기 위해 국민에게 의무를 부과하고 그 불이행에 대해 제재를 가하는 것이 적합하다고 하더라도 입법자가 국민에게 의무를 부과하지 아니하고도 그 목적을 실현할 수 있음에도 불구하고 국민에게 의무를 부과하고 그 의무를 강제하기 위하여 그 불이행에 대해 제재를 가한다면 이는 최소침해성의 원칙에 위배된다(헌재 2006. 6. 29. 2002헌바80).

(4) 법익의 균형성

법익의 균형성이란 입법에 의하여 보호하려는 공익과 침해되는 사익을 비교형량할 때 보호되는 공익이 더 커야 한다는 것을 말한다(헌재 2008. 4. 24. 2007헌마1456).

3. 심사의 강도

제한하는 내용이 개인의 본질적이고 핵심적인 자유영역에 속하는 사항인지, 사회적 연관관계가 큰 경제활동에 관한 사항인지에 따라 비례원칙 적용에 있어서 심사강도가 달라질 수 있는바, 사회적 연관관계에 있는 경제적 활동을 규제하는 입법사항에 대하여는 보다 완화된 심사기준이 적용된다(헌재 2024. 2. 28. 2020헌마1343).

> **판례**
>
> ▶ **내밀한 사적 영역에 근접하는 민감한 개인정보를 공개함으로써 사생활의 비밀과 자유를 제한하는 국가적 조치에 대한 심사기준**: 사람의 육체적·정신적 상태나 건강에 대한 정보, 성생활에 대한 정보와 같은 것은 인간의 존엄성이나 인격의 내적 핵심을 이루는 요소이다. 인간이 아무리 공동체에서 어울려 살아가는 사회적 존재라 할지라도 개인의 질병명은 외부세계와의 접촉을 통하여 생성·전달·공개·이용되는 것이 자연스럽거나 필요한 정보가 아니다. 오히려 특별한 사정이 없는 한 타인의 지득, 외부에 대한 공개로부터 차단되어 개인의 내밀한 영역 내에 유보되어야 하는 정보인 것이다. 따라서 이러한 성격의 개인정보를 공개함으로써 사생활의 비밀과 자유를 제한하는 국가적 조치는 '엄격한 기준과 방법'에 따라 섬세하게 행하여지지 않으면 안 된다(헌재 2007. 5. 31. 2005헌마1139).
>
> ▶ **임차인이 계약갱신을 요구할 경우 임대인이 정당한 사유 없이 이를 거절하지 못하도록 한 주택임대차법 조항에 대한 심사기준**: 주택 임대차관계에서 임차인의 보호가 주거안정의 보장과 관련하여 중요한 공익적 목적이 되는 점을 고려할 때 주택 재산권에 대하여서도 토지 재산권만큼은 아니라도 상당한 정도의 사회적 구속성이 인정된다. 나아가 주택 임대차계약의 갱신 여부, 계약내용 및 상대방 결정 등과 같은 계약의 자유로 보호되는 내용은 임대인 소유의 주택에 대한 사용·수익행위로서 일반적인 경제활동 영역에 속하는 것이고, 임차인 보호와 주거안정 보장의 측면에서 중요한 사회적 관련성을 갖는다. 따라서 입법자는 주택 소유자의 해당 주택에 대한 사용·수익권의 행사 방법과 임대차계약의 내용 및 그 한계를 형성하는 규율을 할 수 있다고 할 것이므로, 주택임대차법상 임차인 보호 규정들이 임대인의 계약의 자유와 재산권을 침해하는지 여부를 심사함에 있어서는 보다 완화된 심사기준을 적용하여야 할 것이다(헌재 2024. 2. 28. 2020헌마1343).

▶ **경제적 활동을 규제하는 경제사회적 입법사항에 대한 심사기준**: 전기간선시설의 설치비용을 누구에게, 어느 정도로 부담시킬 것인지의 문제는 개인의 본질적이고 핵심적 자유영역에 속하는 사항이라기보다는 사회적 연관관계에 놓여지는 경제적 활동을 규제하는 경제사회적인 입법사항에 해당하므로 비례의 원칙을 적용함에 있어서도 보다 '완화된 심사기준'이 적용된다(헌재 2005. 2. 24. 2001헌바71).

▶ **상업광고의 규제에 대한 심사기준**: 상업광고는 표현의 자유의 보호영역에 속하지만 사상이나 지식에 관한 정치적, 시민적 표현행위와는 차이가 있고, 직업수행의 자유의 보호영역에 속하지만 인격발현과 개성신장에 미치는 효과가 중대한 것은 아니다. 그러므로 상업광고 규제에 관한 비례의 원칙 심사에 있어서 피해의 최소성 원칙은 같은 목적을 달성하기 위하여 달리 덜 제약적인 수단이 없을 것인지 혹은 입법목적을 달성하기 위하여 필요한 최소한의 제한인지를 심사하기보다는 '입법목적을 달성하기 위하여 필요한 범위 내의 것인지'를 심사하는 정도로 완화되는 것이 상당하다(헌재 2005. 10. 27. 2003헌가3).

▶ **전문직 자격제도에 대한 심사기준**: 전문직 자격제도에 관하여는 입법자에게 폭넓은 형성의 자유가 인정되므로, 심판대상조항이 직업선택의 자유를 최소한 침해하고 있는지 여부를 판단함에 있어서도 가장 덜 제약적인 방법인지가 아니라 입법목적을 달성하기 위해 필요한 범위 내의 것인지를 심사하는 방법에 따라야 한다(헌재 2016. 9. 29. 2012헌마1002).

4. 입증책임

법률이 개인의 핵심적 자유영역(생명권, 신체의 자유, 직업선택의 자유 등)을 침해하는 경우 이러한 자유에 대한 보호는 더욱 강화되어야 하므로, 입법자는 입법의 동기가 된 구체적 위험이나 공익의 존재 및 법률에 의하여 입법목적이 달성될 수 있다는 구체적 인과관계를 헌법재판소가 납득하게끔 소명·입증해야 할 책임을 진다(헌재 2002. 10. 31. 99헌바76).

5. 적용범위

헌법은 제33조 제2항은 "공무원인 근로자는 법률이 정하는 자에 한하여 단결권·단체교섭권 및 단체행동권을 가진다."고 규정하여 공무원인 근로자에 대하여는 일정한 범위의 공무원에 한하여서만 노동3권을 향유할 수 있도록 함으로써 기본권의 주체에 관한 제한을 두고 있다. 헌법 제33조 제2항이 직접 '법률이 정하는 자'만이 노동3권을 향유할 수 있다고 규정하고 있어서 '법률이 정하는 자' 이외의 공무원은 노동3권의 주체가 되지 못하므로, 노동3권이 인정됨을 전제로 하는 헌법 제37조 제2항의 과잉금지원칙은 적용이 없는 것으로 보아야 할 것이다(헌재 2007. 8. 30. 2003헌바51).

판례

▶ **헌법 제37조 제2항의 비례원칙의 헌법적 기능**: 헌법 제37조 제2항의 비례원칙은, 단순히 기본권 제한의 일반원칙에 그치지 않고, 모든 국가작용은 정당한 목적을 달성하기 위하여 필요한 범위 내에서만 행사되어야 한다는 국가작용의 한계를 선언한 것이므로, 병역법 제5조가 헌법 제39조에 규정된 국방의 의무를 형성하는 입법이라 할지라도 그에 대한 심사는 헌법상 비례원칙에 의하여야 한다(헌재 2018. 6. 28. 2011헌바379).

제3항 특별권력관계

I 고전적 특별권력관계론

19세기 독일 공법이론의 산물인 특별권력관계이론에 따르면, 국민은 일반국민과 특별권력관계에 있는 국민으로 구분되고 후자에게는 기본권이 적용되지 않는다고 한다. 즉 기본권이란 국가의 침해로부터 사회의 구성원을 보호하고자 하는 것인데, 공무원관계와 같이 개인이 사회에서 이탈하여 국가와의 특별한 권리·의무관계에 들어가는 경우 개인은 기본권의 주체인 '사회의 구성원'이 아니라 '국가조직의 일부분'으로 간주된다. 그 결과 특별권력관계에 있는 국민은 기본권의 보호를 받지 못하게 되어 그에 대한 규율은 기본권의 제한에 해당하지 아니하며 법률유보의 원칙 등이 적용되지 아니한다(헌재 2016. 11. 24. 2012헌마854).

> **참고**
>
> ▶ **특별권력관계의 종류**: 공무원의 근무관계, 군복무관계, 국공립학교 재학관계, 재소자관계, 국공립병원 입원관계 등

II 현대적 특별권력관계론

1. 고전적 특별권력관계론의 인정 여부

현대법치국가에서는 국가와 특수한 관계에 있는 국민에 대하여 기본권 보호의 사각지대를 인정한 특별권력관계이론은 더 이상 용인될 수 없는 이론이다. 모든 국가기관이 기본권의 구속을 받는 헌법국가에서 기본권의 구속으로부터 자유로운 국가행위의 영역은 원칙적으로 인정되지 않는다(헌재 2016. 11. 24. 2012헌마854).

2. 기본권의 보장

(1) 기본권의 보장

기본권의 예외 없는 보장을 핵심으로 하는 오늘날의 법치주의 헌법 아래에서 군인이라고 하여 기본권보장의 예외가 될 수는 없다(헌재 2010. 10. 28. 2008헌마638).

(2) 제한되는 기본권

수형자라 하여 모든 기본권을 제한하는 것은 허용되지 아니하며, 제한되는 기본권은 형의 집행과 도망의 방지라는 구금의 목적과 관련된 기본권(신체의 자유, 거주이전의 자유, 통신의 자유 등)에 한정되어야 하고, 그 역시 형벌의 집행을 위하여 필요한 한도를 벗어날 수 없다(헌재 2008. 5. 29. 2005헌마137).

(3) 제한의 한계

수형자의 기본권 제한에 대한 구체적인 한계는 헌법 제37조 제2항에 따라 법률에 의하여, 구체적인 자유·권리의 내용과 성질, 그 제한의 태양과 정도 등을 교량하여 설정하게 되며, 수용시설 내의 안전과 질서를 유지하기 위하여 이들 기본권의 일부 제한이 불가피하다 하더라도 그 본질적인 내용을 침해하거나, 과잉금지의 원칙에 위배되어서는 안 된다(헌재 2004. 12. 16. 2002헌마478).

3. 특별권력관계에서의 사법심사

경찰공무원을 비롯한 공무원의 근무관계인 이른바 특별권력관계에 있어서도 일반행정법관계에 있어서와 마찬가지로 행정청의 위법한 처분 또는 공권력의 행사·불행사 등으로 인하여 권리 또는 법적 이익을 침해당한 자는 행정소송 등에 의하여 그 위법한 처분 등의 취소를 구할 수 있다(헌재 1995. 12. 28. 91헌마80).

> **판례**
>
> ▶ 육군3사관학교 사관생도인 갑이 4회에 걸쳐 학교 밖에서 음주를 하여 '사관생도 행정예규' 제12조에서 정한 품위유지의무를 위반하였다는 이유로 육군3사관학교장이 교육운영위원회의 의결에 따라 갑에게 내린 퇴학처분이 적법한지(소극) : 사관생도의 모든 사적 생활에서까지 예외 없이 금주의무를 이행할 것을 요구하면서 사관생도의 음주가 교육 및 훈련 중에 이루어졌는지 여부나 음주량, 음주 장소, 음주 행위에 이르게 된 경위 등을 묻지 않고 일률적으로 2회 위반 시 원칙으로 퇴학 조치하도록 정한 것은 사관학교가 금주제도를 시행하는 취지에 비추어 보더라도 사관생도의 기본권을 지나치게 침해하는 것이므로, 위 금주조항은 사관생도의 일반적 행동자유권, 사생활의 비밀과 자유 등 기본권을 과도하게 제한하는 것으로서 무효이다(대판 2018. 8. 30. 2016두60591).
>
> ▶ 금치처분을 받은 수형자에 대하여 금치 기간 중 운동을 금지하는 행형법 시행령 조항이 수형자의 신체의 자유 등을 침해하는지 여부(적극) : 금치 수형자에 대하여 일체의 운동을 금지하는 것은 수형자의 신체적 건강뿐만 아니라 정신적 건강을 해칠 위험성이 현저히 높다. 따라서 금치처분을 받은 수형자에 대한 절대적인 운동의 금지는 징벌의 목적을 고려하더라도 그 수단과 방법에 있어서 필요한 최소한도의 범위를 벗어난 것으로서, 수형자의 헌법 제10조의 인간의 존엄과 가치 및 신체의 안전성이 훼손당하지 아니할 자유를 포함하는 제12조의 신체의 자유를 침해하는 정도에 이르렀다고 판단된다(헌재 2004. 12. 16. 2002헌마478).
>
> ▶ 금치기간 중 실외운동을 원칙적으로 제한하는 형집행법 제112조 제3항 부분이 청구인의 신체의 사유를 침해하는지 여부(적극) : 이 사건 법률조항은 금치처분을 받은 사람에 대하여 실외운동을 원칙적으로 금지하고, 다만 소장의 재량에 의하여 이를 예외적으로 허용하고 있다. 그러나 소란, 난동을 피우거나 다른 사람을 해할 위험이 있어 실외운동을 허용할 경우 금치처분의 목적 달성이 어려운 예외적인 경우에 한하여 실외운동을 제한하는 덜 침해적인 수단이 있음에도 불구하고, 위 조항은 금치처분을 받은 사람에게 원칙적으로 실외운동을 금지한다. 나아가 위 조항은 예외적으로 실외운동을 허용하는 경우에도, 실외운동의 기회가 부여되어야 하는 최저기준을 법령에서 명시하고 있지 않으므로, 침해의 최소성 원칙에 위배된다. 위 조항은 수용자의 정신적·신체적 건강에 필요 이상의 불이익을 가하고 있고, 이는 공익에 비하여 큰 것이므로 위 조항은 법익의 균형성 요건도 갖추지 못하였다. 따라서 위 조항은 청구인의 신체의 자유를 침해한다(헌재 2016. 5. 26. 2014헌마45).
>
> ▶ 행형법상 금치처분을 받은 자에 대하여 금치기간 중 집필을 전면 금지한 행형법 시행령 제145조 제2항 본문 중 "집필" 부분이 과잉금지원칙에 위반하여 청구인의 표현의 자유를 침해하는지(적극) : 기본권을 제한하는 입법에 있어 입법자는 침해 최소성의 관점에서 기본권을 보다 적게 제한하는 단계인 기본권행사의 '방법'에 관한 규제로써 의도하는 목적을 달성할 수 있는가를 시도하고 이러한 방법으로는 목적 달성이 어렵다고 판단되는 경우에 비로소 그 다음 단계인 기본권행사의 '여부'에 관한 규제를 선택해야 한다. 그런데 이 사건 시행령조항이 규율 위반자에 대해 불이익을 가한다는 면만을 강조하여 금치처분을 받은 자에 대하여 집필의 목적과 내용 등을 묻지 않고, 또 대상자에 대한 교화 또는 처우상 필요한 경우까지도 예외 없이 일체의 집필행위를 금지하고 있음은 입법목적 달성을 위한 필요최소한의 제한이라는 한계를 벗어난 것이라고 할 것이다(헌재 2005. 2. 24. 2003헌마289).

▶ **교정시설 내에서 규율위반행위 등을 이유로 금치처분을 받은 미결수용자가 금치기간 중 서신수수, 접견, 전화통화를 제한하는 형집행법 조항이 청구인의 통신의 자유를 침해하는지**(소극) : 금치처분을 받은 미결수용자에 대하여 금치기간 중 서신수수, 접견, 전화통화를 제한하는 것은 대상자를 구속감과 외로움 속에 반성에 전념하게 함으로써 수용시설 내 안전과 질서를 유지하기 위한 것이다. 접견이나 서신수수의 경우에는 교정시설의 장이 수용자의 권리구제 등을 위해 필요하다고 인정한 때에는 예외적으로 허용할 수 있도록 하여 기본권 제한을 최소화하고 있다. 나아가 금치처분을 받은 자는 수용시설의 안전과 질서유지에 위반되는 행위, 그 중에서도 가장 중하다고 평가된 행위를 한 자이므로 이에 대하여 금치기간 중 일률적으로 전화통화를 금지한다 하더라도 과도하다고 보기 어렵다(헌재 2016. 4. 28. 2012헌마549).

▶ **금치기간 중 공동행사 참가를 정지하는 형집행법 조항이 청구인의 통신의 자유, 종교의 자유를 침해하는지**(소극) : 형집행법 제112조 제3항 본문 중 제108조 제4호에 관한 부분은 금치의 징벌을 받은 사람에 대해 금치기간 동안 공동행사 참가 정지라는 불이익을 가함으로써, 규율의 준수를 강제하여 수용시설 내의 안전과 질서를 유지하기 위한 것으로서, 목적의 정당성 및 수단의 적합성이 인정된다. 금치처분을 받은 사람은 최장 30일 이내의 기간 동안 공동행사에 참가할 수 없으나, 서신수수, 접견을 통해 외부와 통신할 수 있고, 종교상담을 통해 종교활동을 할 수 있다. 또한, 위와 같은 불이익은 규율 준수를 통하여 수용질서를 유지한다는 공익에 비하여 크다고 할 수 없다(헌재 2016. 5. 26. 2014헌마45).

▶ **금치기간 중 텔레비전 시청을 제한하는 형집행법 제112조 제3항 본문 부분이 청구인의 알 권리를 침해하는지**(소극) : 금치처분은 금치처분을 받은 사람을 징벌거실 속에 구금하여 반성에 전념하게 하려는 목적을 가지고 있으므로 그에 대하여 일반수용자와 같은 수준으로 텔레비전 시청이 이뤄지도록 하는 것은 교정실무상 어려움이 있고, 금치처분을 받은 사람은 텔레비전을 시청하는 대신 수용시설에 보관된 도서를 열람함으로써 다른 정보원에 접근할 수 있다. 또한, 위와 같은 불이익은 규율 준수를 통하여 수용질서를 유지한다는 공익에 비하여 크다고 할 수 없다. 따라서 위 조항은 청구인의 알 권리를 침해하지 아니한다(헌재 2016. 5. 26. 2014헌마45).

▶ **금치기간 중 신문·도서·잡지 외 자비구매물품의 사용을 제한하는 형집행법 제112조 제3항 본문 부분이 청구인의 일반적 행동의 자유를 침해하는지 여부**(소극) : 이 사건 법률조항은 금치의 징벌을 받은 사람에 대해 금치기간 동안 자비로 구매한 음식물, 의약품 및 의료용품 등 자비구매물품을 사용할 수 없는 불이익을 가함으로써, 규율의 준수를 강제하여 수용시설 내의 안전과 질서를 유지하기 위한 것으로서 목적의 정당성 및 수단의 적합성이 인정된다. 금치처분을 받은 사람은 소장이 지급하는 음식물, 의류·침구, 그 밖의 생활용품을 통하여 건강을 유지하기 위한 필요최소한의 생활을 영위할 수 있고, 의사가 치료를 위하여 처방한 의약품은 여전히 사용할 수 있다. 또한, 위와 같은 불이익은 규율 준수를 통하여 수용질서를 유지한다는 공익에 비하여 크다고 할 수 없다. 따라서 위 조항은 청구인의 일반적 행동의 자유를 침해하지 아니한다(헌재 2016. 5. 26. 2014헌마45).

▶ **교도소 내 엄중격리 대상자에 대하여 이동 시 계구를 사용하고 교도관이 동행계호하는 행위 및 1인 운동장을 사용하게 하는 처우가 신체의 자유를 과도하게 제한하는지**(소극) : 청구인들은 상습적으로 교정질서를 문란케 하는 등 교정사고의 위험성이 높은 엄중격리 대상자들인바, 이들에 대한 계구사용행위, 동행계호행위 및 1인 운동장을 사용하게 하는 처우는 그 목적의 정당성 및 수단의 적정성이 인정되며, 필요한 경우에 한하여 부득이한 범위 내에서 실시되고 있다고 할 것이고, 이로 인하여 수형자가 입게 되는 자유 제한에 비하여 교정사고를 예방하고 교도소 내의 안전과 질서를 확보하는 공익이 더 크다고 할 것이다(헌재 2008. 5. 29. 2005헌마137).

제5절 기본권의 확인과 보장

제1항 국가의 기본권 확인과 기본권 보장의무

> **헌법 제10조**
> 국가는 개인이 가지는 불가침의 기본적 인권을 확인하고 이를 보장할 의무를 진다.

I 국가의 기본권 보장의무

헌법 제10조 제2문은 "국가는 개인이 가지는 불가침의 기본적 인권을 확인하고 이를 보장할 의무를 진다."고 규정하고 있는데, 국가는 국민의 기본권을 침해하지 않고 이를 최대한 보호해야 할 의무를 지며 만약 국가가 불법적으로 국민의 기본권을 침해하는 경우 그러한 기본권을 보호해 주어야 할 행위의무를 진다(헌재 2003. 5. 15. 2000헌마192).

II 기본권보호의무

1. 의의

기본권보호의무란 기본권적 법익을 기본권 주체인 사인에 의한 위법한 침해 또는 침해의 위험으로부터 보호하여야 하는 국가의 의무를 말하며, 주로 사인인 제3자에 의한 개인의 생명이나 신체의 훼손에서 문제되는데, 이는 타인에 의하여 개인의 신체나 생명 등 법익이 국가의 보호의무 없이는 무력화될 정도의 상황에서만 적용될 수 있다(헌재 2009. 2. 26. 2005헌마764).

> **판례**
>
> ▶ **생명·신체의 안전을 보호할 국가의 의무**: 인간의 존엄과 가치의 근간을 이루는 국민의 생명·신체의 안전이 위협받거나 받게 될 우려가 있는 경우, 국가로서는 그 위험의 원인과 정도에 따라 사회·경제적인 여건 및 재정 사정 등을 감안하여 국민의 생명·신체의 안전을 보호하기에 필요한 적절하고 효율적인 입법·행정상의 조치를 취하여 그 침해의 위험을 방지하고 이를 유지할 포괄적인 의무를 진다(헌재 2016. 10. 27. 2012헌마121).
>
> ▶ **세월호 사건에서 대통령의 생명권 보호의무**: 대통령은 행정부의 수반으로서 국가가 국민의 생명과 신체의 안전 보호의무를 충실하게 이행할 수 있도록 권한을 행사하고 직책을 수행하여야 하는 의무를 부담한다. 하지만 국민의 생명이 위협받는 재난상황이 발생하였다고 하여 대통령이 직접 구조 활동에 참여하여야 하는 등 구체적이고 특정한 행위의무까지 바로 발생한다고 보기는 어렵다. 세월호 참사에 대한 대통령의 대응조치에 미흡하고 부적절한 면이 있었다고 하여 곧바로 대통령이 생명권 보호의무를 위반하였다고 인정하기는 어렵다(헌재 2017. 3. 10. 2016헌나1).

2. 인정 근거

헌법 제10조의 규정에 의하면, 국가는 개인이 가지는 불가침의 기본적 인권을 확인하고 이를 보장할 의무를 지고 기본권은 공동체의 객관적 가치질서로서의 성격을 가지므로, 적어도 생명·신체의 보호와 같은 중요한 기본권적 법익 침해에 대해서는 그것이 국가가 아닌 사인에 의해서 유발된 것이라고 하더라도 국가가 적극적인 보호의 의무를 진다.

> **판례**
>
> ▶ **건강하고 쾌적한 환경에서 생활할 권리를 보장해야 할 국가의 의무**: 국가에게 국민의 기본권을 적극적으로 보장하여야 할 의무가 인정되는 점, 헌법 제35조 제1항이 국가와 국민에게 환경보전을 위하여 노력하여야 할 의무를 부여하고 있는 점, 환경침해는 사인에 의해서 빈번하게 유발되므로 입법자가 그 허용 범위에 관해 정할 필요가 있는 점, 환경피해는 생명·신체의 보호와 같은 중요한 기본권적 법익 침해로 이어질 수 있는 점 등을 고려할 때, 일정한 경우 국가는 사인에 의한 국민의 환경권 침해에 대해서도 적극적으로 기본권 보호조치를 취할 의무를 부담한다(헌재 2020. 3. 26. 2017헌마1281).

3. 기본권과의 관계

국민의 기본권에 대한 국가의 적극적 보호의무는 입법자의 입법행위를 매개로 하지 아니하고 단순히 기본권이 존재한다는 것만으로 헌법상 광범위한 방어적 기능을 갖게 되는 기본권의 소극적 방어권으로서의 측면과 근본적인 차이가 있다. 즉 기본권에 대한 보호의무자로서의 국가는 국민의 기본권에 대한 침해자로서의 지위에 서는 것이 아니라 국민과 동반자로서의 지위에 서는 점에서 서로 다르다(헌재 1997. 1. 16. 90헌마110).

4. 실현책임

(1) 입법자

국가의 보호의무를 입법자가 어떻게 실현하여야 할 것인가 하는 문제는 원칙적으로 권력분립 원칙과 민주주의 원칙에 따라 국민에 의해 직접 민주적 정당성을 부여받고 자신의 결정에 대해 정치적 책임을 지는 입법자의 책임범위에 속한다(헌재 1997. 1. 16. 90헌마110).

> **판례**
>
> ▶ **기본권보호의무에 대한 입법자 또는 집행자의 책임**: 국가가 국민의 건강하고 쾌적한 환경에서 생활할 권리를 보호할 의무를 진다고 하더라도, 국가의 기본권 보호의무를 입법자 또는 그로부터 위임받은 집행자가 어떻게 실현하여야 할 것인가 하는 문제는 원칙적으로 권력분립과 민주주의의 원칙에 따라 국민에 의하여 직접 민주적 정당성을 부여받고 자신의 결정에 대하여 정치적 책임을 지는 입법자 또는 집행자의 책임범위에 속한다. 헌법재판소는 단지 제한적으로만 입법자 또는 집행자에 의한 보호의무의 이행을 심사할 수 있다(헌재 2024. 8. 29. 2020헌마389).

(2) 입법재량권

국가의 기본권 보호의무의 이행은 입법자의 입법을 통하여 비로소 구체화되는 것이고, 국가가 그 보호의무를 어떻게 어느 정도로 이행할 것인지는 원칙적으로 한 나라의 정치·경제·사회·문화적인 제반여건과 재정사정 등을 감안하여 입법정책적으로 판단하여야 하는 입법재량의 범위에 속하는 것이다(헌재 1997. 1. 16. 90헌마110).

> **판례**
>
> ▶ **국가가 국민의 기본권 보호의무를 이행함에 있어 그 행위의 형식에 관하여도 폭넓은 형성의 자유가 인정되는지**
> (적극): 국가가 국민의 기본권 보호의무를 이행함에 있어 그 행위의 형식에 관하여도 폭넓은 형성의 자유가 인정되고, 그것도 반드시 법령에 의하여 이행하여야 하는 것은 아니며, 이 사건 고시와 같이 국가가 쇠고기 소비자의 생명·신체의 안전에 관한 보호의무를 이행하기 위하여 취한 행위의 경우 법령의 위임이 없거나 그 위임의 범위를 벗어난 것이라는 사유만으로는 보호의무를 위반하거나 그로 인하여 소비자의 기본권을 침해한 것으로 볼 수 없다(헌재 2008. 12. 26. 2008헌마419).

5. 심사기준

(1) 과소보호금지원칙

입법자가 보호의무를 최대한으로 실현하려고 노력하는 것이 이상적이기는 하나, 그것이 헌법재판소에 의한 심사기준을 의미하지는 않는다. 만일 헌법재판소에 의한 심사기준을 입법자에 대한 헌법의 요구와 일치시킨다면, 이는 바로 공동체의 모든 것이 헌법재판소의 판단에 의하여 결정되는 것을 의미하며, 결과적으로 헌법재판소가 입법자를 물리치고 정치적 형성의 최종적 주체가 됨으로써 우리 헌법이 설정한 권력분립적 기능질서에 반하게 된다. 그러므로 헌법재판소는 권력분립의 관점에서 소위 "과소보호금지원칙", 즉 국가가 국민의 법익보호를 위하여 적어도 적절하고 효율적인 최소한의 보호조치를 취했는가를 기준으로 심사하게 된다(헌재 1997. 1. 16. 90헌마110).

> **판례**
>
> ▶ **기본권보호의무에 대한 심사기준**: 국가가 국민이 건강하고 쾌적한 환경에서 생활할 권리에 관한 보호의무를 다하지 않았는지를 헌법재판소가 심사할 때에는 국가가 이를 보호하기 위하여 적어도 적절하고 효율적인 최소한의 보호조치를 취하였는가 하는 이른바 '과소보호금지원칙'의 위반 여부를 기준으로 삼아야 한다(헌재 2020. 3. 26. 2017헌마1281).
>
> ▶ **과소보호금지원칙에 미달하게 되는지에 대한 판단기준**: 어떠한 경우에 과소보호금지원칙에 미달하게 되는지에 대해서는 일반적·일률적으로 확정할 수 없다. 이는 개별 사례에 있어서 관련 법익의 종류 및 그 법익이 헌법질서에서 차지하는 위상, 그 법익에 대한 침해와 위험의 태양과 정도, 상충하는 법익의 의미 등을 비교 형량하여 구체적으로 확정하여야 한다(헌재 2019. 12. 27. 2018헌마730).
>
> ▶ **과소보호금지원칙 위반 여부의 판단대상으로서 위험상황과 보호조치**: 개별 사례에서 과소보호금지원칙 위반 여부는 기본권침해가 예상되어 보호가 필요한 '위험상황'에 대응하는 '보호조치'의 내용이 문제 되는 위험상황의 성격에 상응하는 보호조치로서 필요한 최소한의 성격을 갖고 있는지에 따라 판단한다. 이에 대한 판단이 전문적이고 기술적인 영역에 있거나 국제적 성격을 갖는 경우, 그러한 위험상황의 성격 등은 '과학적 사실'과 '국제기준'에 근거하여 객관적으로 검토되어야 한다(헌재 2015. 10. 21. 2012헌마89).
>
> ▶ **국가의 기본권보호의무 위반인 경우**: 입법부작위나 불완전한 입법에 의한 기본권의 침해는 입법자의 보호의무에 대한 명백한 위반이 있는 경우에만 인정될 수 있다. 다시 말하면 국가가 국민의 법익을 보호하기 위하여 전혀 아무런 보호조치를 취하지 않았든지 아니면 취한 조치가 법익을 보호하기에 명백하게 전적으로 부적합하거나 불충분한 경우에 한하여 헌법재판소는 국가의 보호의무의 위반을 확인할 수 있을 뿐이다(헌재 1997. 1. 16. 90헌마110).

(2) 특정조치를 취할 국가의 의무

헌법재판소는 원칙적으로 국가의 보호의무에서 특정조치를 취해야 할 또는 특정법률을 제정해야 할 구체적인 국가의 의무를 이끌어 낼 수 없다. 단지 국가가 특정조치를 취해야만 당해 법익을 효율적으로 보호할 수 있는 유일한 수단일 경우에만 입법자의 광범위한 형성권은 국가의 구체적인 보호의무로 축소되며, 이 경우 국가가 보호의무 이행의 유일한 수단인 특정조치를 취하지 않은 때에는 헌법재판소는 보호의무의 위반을 확인하게 된다(헌재 1997. 1. 16. 90헌마110).

> **판례**
>
> ▶ 정부가 '국가 온실가스 배출량을 2030년까지 2018년의 국가 온실가스 배출량 대비 35퍼센트 이상의 범위에서 대통령령으로 정하는 비율만큼 감축하는 것'을 '중장기 국가 온실가스 감축 목표'로 하도록 규정한 '탄소중립기본법' 제8조 제1항이 과소보호금지원칙에 반하여 환경권을 침해하는지(일부 적극): 탄소중립기본법 제8조 제1항과 같은 법 시행령 제3조 제1항이 설정한 2030년까지의 중장기 감축목표로서 국가 온실가스 배출량을 2018년 대비 40%만큼 감축한다는 감축비율의 수치만으로는, 전 지구적 온실가스 감축 노력의 관점에서 우리나라가 기여해야 할 몫에 현저히 미치지 못한다거나, 기후변화의 영향과 온실가스 배출 제한의 측면에서 미래에 과중한 부담을 이전하는 것이라고 단정하기 어렵다. 그러나 탄소중립기본법 제8조 제1항에서 2031년부터 2049년까지의 감축목표에 관하여 어떤 형태의 정량적 기준도 제시하지 않은 것은, 2050년 탄소중립의 목표 시점에 이르기까지 점진적이고 지속적인 감축을 실효적으로 담보할 수 없으므로, 미래에 과중한 부담을 이전하는 방식으로 온실가스 감축목표를 규율한 것이다. 따라서 탄소중립기본법 제8조 제1항은 2031년부터 2049년까지의 감축목표에 대한 규율에 관하여 기후위기라는 위험상황에 상응하는 보호조치로서 필요한 최소한의 성격을 갖추지 못하였으므로 과소보호금지원칙을 위반하였다(헌재 2024. 8. 29. 2020헌마389).
>
> ▶ 공직선거 선거운동 시 확성장치 사용에 따른 소음 규제기준 규정을 두지 않은 공직선거법 제79조 제3항 제2호 등이 청구인의 건강하고 쾌적한 환경에서 생활할 권리를 침해하여 위헌인지(적극): 심판대상조항이 선거운동의 자유를 감안하여 선거운동을 위한 확성장치를 허용할 공익적 필요성이 인정된다고 하더라도 정온한 생활환경이 보장되어야 할 주거지역에서 출근 또는 등교 이전 및 퇴근 또는 하교 이후 시간대에 확성장치의 최고출력 내지 소음을 제한하는 등 사용시간과 사용지역에 따른 수인한도 내에서 확성장치의 최고출력 내지 소음 규제기준에 관한 규정을 두지 아니한 것은, 국민이 건강하고 쾌적하게 생활할 수 있는 양호한 주거환경을 위하여 노력하여야 할 국가의 의무를 부과한 헌법 제35조 제3항에 비추어 보면, 적절하고 효율적인 최소한의 보호조치를 취하지 아니하여 국가의 기본권 보호의무를 과소하게 이행한 것으로서, 청구인의 건강하고 쾌적한 환경에서 생활할 권리를 침해하므로 헌법에 위반된다(헌재 2019. 12. 27. 2018헌마730).
>
> ▶ 학교시설에서의 유해중금속 등 유해물질의 예방 및 관리 기준을 규정한 학교보건법 시행규칙 제3조 제1항 제1호의2 [별표 2의2] 제1호, 제2호에 마사토 운동장에 대한 규정을 두지 아니한 것이 청구인의 환경권을 침해하는지(소극): 학교보건법 시행규칙과 관련 고시의 내용을 전체적으로 보면 필요한 경우 학교의 장이 마사토 운동장에 대한 유해중금속 등의 점검을 실시하는 것이 가능하고, 토양환경보전법령에 따른 학교용지의 토양 관리체제, 교육부 산하 법정기관이 발간한 운동장 마감재 조성 지침 상의 권고, 학교장이나 교육감에게 학교 운동장의 유해물질 관리를 의무화하고 있는 각 지방자치단체의 조례 등을 통해 마사토 운동장에 대한 유해중금속 등 유해물질의 관리가 이루어지고 있다. 따라서 심판대상조항에 마사토 운동장에 대한 기준이 도입되지 않았다는 사정만으로 국민의 환경권을 보호하기 위한 국가의 의무가 과소하게 이행되었다고 평가할 수는 없다(헌재 2024. 4. 25. 2020헌마107).

▶ **일정한 한약서에 수재된 품목에 대해 안전성·유효성 심사를 면제할 수 있도록 규정하고 있는 '한약제제 등의 품목허가·신고에 관한 규정' 제24조 제1항 제4호, 제5호가 국가의 기본권 보호의무를 위반함으로써 청구인들의 보건권을 침해하는지**(소극): 심판대상조항에 의하여 안전성·유효성 심사가 면제되는 품목은 사용경험이 풍부하여 안전성·유효성이 확인되고, 위험성이 상대적으로 낮은 제제에 한정되어 있으며, 한약서에 수재된 품목이더라도 안전성을 저해할 우려가 있는 경우에는 안전성·유효성 심사대상에 다시 포함됨으로써 국민의 건강을 보호하기 위한 규제방안이 마련되어 있다. 따라서 심판대상조항이 일정한 한약서에 수재된 처방에 해당하는 품목의 한약제제를 안전성·유효성 심사대상에서 제외하였더라도, 국가가 국민의 보건권을 보호하는 데 적절하고 효율적인 최소한의 조치를 취하지 아니하였다고는 볼 수 없다. 따라서 심판대상조항은 국민의 보건권에 관한 국가의 보호의무를 위반하지 아니하고, 청구인들의 보건권을 침해하지 아니한다(헌재 2018. 5. 31. 2015헌마1181).

▶ **원자력발전소 건설을 내용으로 하는 전원개발사업 실시계획에 대한 승인권한을 산업통상자원부장관에게 부여하고 있는 전원개발촉진법 제5조 제1항 본문이 국가의 기본권 보호의무를 위반하는지**(소극): 원전 사고로 인한 피해의 심각성을 고려할 때 원자력의 특성을 도외시하고 다른 전원 개발과 동일한 절차만으로 원전을 건설·운영할 수 있도록 한다면, 이는 국민의 생명·신체의 안전에 상당한 위험이 될 수 있다. 그런데 국가는 원전의 건설·운영을 산업통상자원부장관의 전원개발사업 실시계획 승인만으로 가능하도록 한 것이 아니라, '원자력안전법'에서 규정하고 있는 건설허가 및 운영허가 등의 절차를 거치도록 하고 있다. 원전 사고로 인한 방사능 피해는 전원개발사업 실시계획 승인 단계에서가 아니라 원전의 건설·운영과정에서 발생하므로 원전 건설·운영의 허가 단계에서 보다 엄격한 기준을 마련하여 원전으로 인한 피해가 발생하지 않도록 조치들을 강구하고 있다. 따라서 이 사건 승인조항에서 원전 건설을 내용으로 하는 전원개발사업 실시계획에 대한 승인권한을 다른 전원개발과 마찬가지로 산업통상자원부장관에게 부여하고 있다 하더라도, 국가가 국민의 생명·신체의 안전을 보호하기 위하여 필요한 최소한의 보호조치를 취하지 아니한 것이라고 보기는 어렵다(헌재 2016. 10. 27. 2015헌바358).

▶ **발전용 원자로 및 관계시설의 건설허가 신청 시 필요한 방사선 환경영향평가서 등에 '중대사고'에 대한 평가를 제외하고 있는 원자력이용시설 방사선 환경영향평가서 작성 등에 관한 규정 제5조 제1항 부분이 기본권보호의무를 위반하여 청구인들의 생명·신체의 안전에 대한 권리를 침해하는지**(소극): 국가는 예상 가능한 '자연재해'와 '인위적 사건'을 고려하여 이를 초과하는 여분의 설계를 하도록 함으로써 원전 사고의 위험에 대비하는 한편, 이러한 설계기준을 벗어나 노심의 손상을 가져오는 '중대사고'에 대하여는 원자력안전위원회의 정책 등 행정적 조치를 통하여 관리해 오다가, 2015. 6. 22. 원자력안전법을 개정하면서 법령 차원에서 이를 관리하고 있다. '중대사고'를 비롯한 원전 사고가 본격적으로 문제되는 것은 원전이 운영허가를 받고 실질적으로 운영되기 시작한 이후라는 점과 그 밖에 원전의 안전 관련 조치 등을 종합적으로 고려하면, 이 사건 각 고시조항에서 평가서 초안 및 평가서 작성시 '중대사고'에 대한 평가를 제외하도록 하였다고 하여, 국가가 국민의 생명·신체의 안전을 보호하는 데 적절하고 효율적인 최소한의 조치조차 취하지 아니한 것이라고 보기는 어렵다(헌재 2016. 10. 27. 2012헌마121).

▶ **일반인의 방사선 피폭선량 한도를 정한 '원자력안전법 시행령' 제2조 제4호 별표1 부분이 국가의 기본권 보호의무를 위반하였는지**(소극): 이 사건 시행령 별표는 국제방사선방호위원회 권고와 동일한 수준의 선량한도를 정하고 있으며, 위 권고가 정하지 아니한 손·발의 등가선량한도도 별도로 정하고 있다. 나아가 국가는 국내 유통식품의 검사 및 수입식품의 검역, 방사능 위험지역 생산 식품에 대한 수입제한, 방사선원의 안전관리, 환경방사능 감시 등을 통하여 국민의 방사선 노출을 줄이기 위한 다양한 조치를 시행하고 있다. 이러한 점들을 종합하면, 이 사건 시행령 별표는 그 기준이 지나치게 낮다거나 자의적이라고 볼 수 없으므로, 방사능으로부터 국민을 보호하기 위하여 필요한 최소한의 보호조치를 취하지 않은 것이라고 보기 어렵다(헌재 2015. 10. 21. 2012헌마89).

▶ **식품의 방사능 기준을 정한 '식품의 기준 및 규격' 부분이 국가의 기본권 보호의무를 위반하였는지**(소극): 이 사건 고시는 1년 동안 섭취하는 식품의 10%가 이 사건 고시가 정한 기준치의 방사성물질에 오염될 경우를 가정하여 연간 1밀리시버트의 방사선에 노출되지 않도록 설정된 것이다. 성인의 연간 식품섭취량 통계에 따르면, 총 섭취 식품 중 10%가 이 사건 고시가 정한 기준치의 방사성 요오드 또는 방사성 세슘에 오염된 경우라고 하더라도 이로 인한 방사선 노출량은 연간 기준치(1밀리시버트) 미만으로 평가된다. 반면 영·유아는 영·유아의 연간 식품섭취량 통계에 따라 영아(1세 이하)는 우유 섭취량의 100%가, 유아(1-6세)는 우유 섭취량의 100% 및 기타 식품섭취량의 10%가 방사성 요오드 또는 방사성 세슘에 오염된 경우라고 하더라도, 이로 인한 방사선 노출량은 방사능에 민감한 영·유아를 고려한 일반인에 대한 연간 기준치(1밀리시버트)에 현저히 미달한다. 그렇다면 이 사건 고시의 기준이 지나치게 낮다거나 불합리하다고 볼 수 없으므로 국민의 생명·신체의 안전을 보호하기 위하여 필요한 최소한의 조치를 취하지 않은 것이라고 보기 어렵다(헌재 2015. 10. 21. 2012헌마89).

▶ **담배의 제조 및 판매에 관하여 규율하고 있는 구 담배사업법이 국가의 보호의무를 위반하여 청구인의 생명·신체의 안전에 관한 권리를 침해하는지**(소극): 담배사업법은 담배의 제조 및 판매 자체는 금지하고 있지 않지만, 현재로서는 흡연과 폐암 등의 질병 사이에 필연적인 관계가 있다거나 흡연자 스스로 흡연 여부를 결정할 수 없을 정도로 의존성이 높아서 국가가 개입하여 담배의 제조 및 판매 자체를 금지하여야만 한다고 보기는 어렵다. 또한, 담배사업법은 담배성분의 표시나 경고문구의 표시, 담배광고의 제한 등 여러 규제들을 통하여 직접흡연으로부터 국민의 생명·신체의 안전을 보호하려고 노력하고 있다. 따라서 담배사업법이 국가의 보호의무에 관한 과소보호금지 원칙을 위반하여 청구인의 생명·신체의 안전에 관한 권리를 침해하였다고 볼 수 없다(헌재 2015. 4. 30. 2012헌마38).

▶ **교통사고처리특례법 제4조 제1항 본문 중 업무상과실 또는 중대한 과실로 인한 교통사고로 말미암아 피해자로 하여금 상해에 이르게 한 경우 공소를 제기할 수 없도록 한 부분이 교통사고 피해자에 대한 국가의 기본권보호의무에 위반하는지**(소극): 국가의 신체와 생명에 대한 보호의무는 교통과실범의 경우 발생한 침해에 대한 사후처벌 뿐 아니라, 무엇보다도 우선적으로 운전면허취득에 관한 법규 등 전반적인 교통관련법규의 정비, 운전자와 일반 국민에 대한 지속적인 계몽과 교육, 교통안전에 관한 시설의 유지 및 확충, 교통사고 피해자에 대한 보상제도 등 여러 가지 사전적·사후적 조치를 함께 취함으로써 이행된다 할 것이므로, 형벌은 국가가 취할 수 있는 유효적절한 수많은 수단 중의 하나일 뿐이지, 결코 형벌까지 동원해야만 보호법익을 유효적절하게 보호할 수 있다는 의미의 최종적인 유일한 수단이 될 수는 없다 할 것이다. 따라서 이 사건 법률조항은 국가의 기본권 보호의무의 위반 여부에 관한 심사기준인 과소보호금지의 원칙에 위반한 것이라고 볼 수 없다(헌재 2009. 2. 26. 2005헌마764).

▶ **2008. 6. 26. 농림수산식품부 고시 제2008-15호 '미국산 쇠고기 수입위생조건'이 청구인들의 생명·신체의 안전을 보호할 국가의 의무를 명백히 위반하였는지**(소극): 이 사건 고시가 개정 전 고시에 비하여 완화된 수입위생조건을 정한 측면이 있다 하더라도, 미국산 쇠고기의 수입과 관련한 위험상황 등과 관련하여 개정 전 고시 이후에 달라진 여러 요인들을 고려하고 지금까지의 관련 과학기술 지식과 OIE 국제기준 등에 근거하여 보호조치를 취한 것이라면, 이 사건 고시상의 보호조치가 체감적으로 완벽한 것은 아니라 할지라도, 위 기준과 그 내용에 비추어 쇠고기 소비자인 국민의 생명·신체의 안전을 보호하기에 전적으로 부적합하거나 매우 부족하여 그 보호의무를 명백히 위반한 것이라고 단정하기는 어렵다 할 것이다(헌재 2008. 12. 26. 2008헌마419 2008헌마419).

> ▶ **민법 제3조(권리능력) 및 제762조(손해배상청구권)가 태아의 생명권을 보호하는 데 미흡하여 국가의 기본권 보호의무를 위반하는지**(소극) : 생명의 연속적 발전과정에 대해 동일한 생명이라는 이유만으로 언제나 동일한 법적 효과를 부여하여야 하는 것은 아니다. 동일한 생명이라 할지라도 법질서가 생명의 발전과정을 일정한 단계들로 구분하고 그 각 단계에 상이한 법적 효과를 부여하는 것이 불가능하지 않다. 이 사건 법률조항들의 경우에도 '살아서 출생한 태아'와는 달리 '살아서 출생하지 못한 태아'에 대해서는 손해배상청구권을 부정함으로써 후자에게 불리한 결과를 초래하고 있으나 이러한 결과는 사법(私法)관계에서 요구되는 법적 안정성의 요청이라는 법치국가이념에 의한 것으로 헌법적으로 정당화된다. 그렇다면 이 사건 법률조항들이 권리능력의 존재 여부를 출생시를 기준으로 확정하고 태아에 대해서는 살아서 출생할 것을 조건으로 손해배상청구권을 인정한다 할지라도 이러한 입법적 태도가 입법형성권의 한계를 명백히 일탈한 것으로 보기는 어려우므로 이 사건 법률조항들이 국가의 생명권 보호의무를 위반한 것이라 볼 수 없다(헌재 2008. 7. 31. 2004헌바81).

제2항 국가인권위원회에 의한 기본권 구제

Ⅰ 인권과 차별행위

1. 인권

인권이란 대한민국헌법 및 법률에서 보장하거나 대한민국이 가입·비준한 국제인권조약 및 국제관습법에서 인정하는 인간으로서의 존엄과 가치 및 자유와 권리를 말한다(국가인권위원회법 제2조 1호).

2. 차별행위(국가인권위원회법 제2조 3호)

> - 합리적인 이유 없이 성별, 종교, 장애, 나이, 사회적 신분, 출신 지역, 출신 국가, 출신 민족, 용모 등 신체조건, 기혼·미혼·별거·이혼·사별·재혼·사실혼 등 혼인 여부, 임신 또는 출산, 가족 형태 또는 가족 상황, 인종, 피부색, 사상 또는 정치적 의견, 형의 효력이 실효된 전과, 성적 지향, 학력, 병력(病歷) 등을 이유로 한 고용과 관련하여 특정한 사람을 우대·배제·구별하거나 불리하게 대우하는 행위
> - 재화·용역·교통수단·상업시설·토지·주거시설의 공급이나 이용과 관련하여 특정한 사람을 우대·배제·구별하거나 불리하게 대우하는 행위
> - 교육시설이나 직업훈련기관에서의 교육·훈련이나 그 이용과 관련하여 특정한 사람을 우대·배제·구별하거나 불리하게 대우하는 행위
> - 성희롱 행위

Ⅱ 적용범위

국가인권위원회법은 대한민국 국민과 대한민국의 영역에 있는 외국인에 대하여 적용한다(국가인권위원회법 제4조).

Ⅲ 국가인권위원회

1. 설립
국가인원위원회법에서 정하는 인권의 보호와 향상을 위한 업무를 수행하기 위하여 국가인권위원회를 둔다(국가인권위원회법 제3조 제1항). 위원회는 그 권한에 속하는 업무를 독립하여 수행한다(국가인권위원회법 제3조 제2항).

2. 구성과 조직

(1) 위원 수

위원회는 위원장 1명과 상임위원 3명을 포함한 11명의 인권위원으로 구성한다(국가인권위원회법 제5조 제1항).

(2) 위원의 임명

위원은 국회가 선출하는 4명(상임위원 2명을 포함), 대통령이 지명하는 4명(상임위원 1명을 포함), 대법원장이 지명하는 3명을 대통령이 임명한다(국가인권위원회법 제5조 제2항).

(3) 위원의 임기

위원장과 위원의 임기는 3년으로 하고, 한 번만 연임할 수 있다(국가인권위원회법 제7조 제1항).

(4) 위원의 결격사유

대한민국 국민이 아닌 사람, 국가공무원법 제33조의 어느 하나에 해당하는 사람, 정당의 당원, 공직선거법에 따라 실시하는 선거에 후보자로 등록한 사람은 위원이 될 수 없다(국가인권위원회법 제9조 제1항).

3. 조사와 구제

(1) 위원회의 조사

1) 진정에 의한 조사

국가기관, 지방자치단체, 초·중등교육법 제2조, 고등교육법 제2조와 그 밖의 다른 법률에 따라 설치된 각급 학교, 공직자윤리법 제3조의 2 제1항에 따른 공직유관단체 또는 구금·보호시설의 업무 수행(국회의 입법 및 법원·헌법재판소의 재판은 제외)과 관련하여 대한민국헌법 제10조부터 제22조까지의 규정에서 보장된 인권을 침해당하거나 차별행위를 당한 경우와 법인, 단체 또는 사인(私人)으로부터 차별행위를 당한 경우에 인권침해나 차별행위를 당한 사람(피해자) 또는 그 사실을 알고 있는 사람이나 단체는 위원회에 그 내용을 진정할 수 있다(국가인권위원회법 제30조 제1항).

2) 직권에 의한 조사

위원회는 진정이 없는 경우에도 인권침해나 차별행위가 있다고 믿을 만한 상당한 근거가 있고 그 내용이 중대하다고 인정할 때에는 직권으로 조사할 수 있다(국가인권위원회법 제30조 제3항).

> **판례**
> ▶ **법원의 재판을 국가인권위원회에 진정할 수 있는 대상에서 제외하는 것이 국민의 기본권을 과도하게 침해하는지**(소극) : 국가인권위원회는 제대로 운영되고 있는 기존의 국가기관들과 경합하는 것이 아니라 보충하는 방법으로 설립되고 운영되는 것이 바람직하며, 법원의 재판을 포함하여 모든 인권침해에 관한 진정을 빠짐없이 국가인권위원회의 조사대상으로 삼아야만 국가인권기구의 본질에 부합하는 것은 아니다. 구두심리 절차와 엄격한 증거방법을 모두 채택하기 어려운 국가인권위원회가 법원의 재판의 당부를 판단하는 것도 곤란한 측면이 있으며, 국가인권위원회가 법원의 재판을 진정대상으로 삼는다면, 분쟁 또는 인권침해의 해결과정이 무한정 반복되고 지연될 가능성마저 있게 된다. 이러한 사정을 종합하면 입법자가 법원의 재판을 국가인권위원회의 조사대상에 포함시키지 않은 것이 국민의 기본적 인권보장을 다하지 못한 것이라고 단언할 수는 없다(헌재 2004. 8. 26. 2002헌마302).

3) 조사 등의 비공개

위원회의 진정에 대한 조사·조정 및 심의는 비공개로 한다. 다만, 위원회의 의결이 있을 때에는 공개할 수 있다(국가인권위원회법 제49조).

(2) 진정의 각하와 기각

1) 진정의 각하

위원회는 진정의 내용이 위원회의 조사대상에 해당하지 아니하는 경우, 명백히 거짓이거나 이유 없다고 인정되는 경우 등에는 그 진정을 각하한다(국가인권위원회법 제32조 제1항).

2) 진정의 기각

위원회는 진정을 조사한 결과 진정의 내용이 사실이 아님이 명백하거나 사실이라고 인정할 만한 객관적인 증거가 없는 경우, 인권침해나 차별행위에 해당하지 아니하는 경우 등에는 그 진정을 기각한다(국가인권위원회법 제39조 제1항).

> **판례**
> ▶ **행정심판이나 행정소송 등의 사전구제절차를 거치지 아니하고 청구한 국가인권위원회의 진정에 대한 각하 또는 기각결정의 취소를 구하는 헌법소원심판이 보충성 요건을 충족하는지**(소극) : 진정에 대한 국가인권위원회의 각하 및 기각결정은 피해자인 진정인의 권리행사에 중대한 지장을 초래하는 것으로서 항고소송의 대상이 되는 행정처분에 해당하므로, 그에 대한 다툼은 우선 행정심판이나 행정소송에 의하여야 할 것이다(헌재 2015. 3. 26. 2013헌마214).

(3) 진정의 인용

1) 구제조치 등의 권고

위원회가 진정을 조사한 결과 인권침해나 차별행위가 일어났다고 판단할 때에는 피진정인, 그 소속기관·단체 또는 감독기관(소속기관 등)의 장에게 구제조치의 이행, 법령·제도·정책·관행의 시정 또는 개선을 권고할 수 있다(국가인권위원회법 제44조 제1항).

2) 고발

위원회는 진정을 조사한 결과 진정의 내용이 범죄행위에 해당하고 이에 대하여 형사 처벌이 필요하다고 인정하면 검찰총장에게 그 내용을 고발할 수 있다. 다만, 피고발인이 군인등인 경우에는 소속 군 참모총장 또는 국방부장관에게 고발할 수 있다(국가인권위원회법 제45조 제1항).

3) 징계 권고

위원회가 진정을 조사한 결과 인권침해 및 차별행위가 있다고 인정하면 피진정인 또는 인권침해에 책임이 있는 사람을 징계할 것을 소속기관등의 장에게 권고할 수 있다(국가인권위원회법 제45조 제2항).

4) 법률구조 요청

위원회는 진정에 관한 위원회의 조사, 증거의 확보 또는 피해자의 권리 구제를 위하여 필요하다고 인정하면 피해자를 위하여 대한법률구조공단 또는 그 밖의 기관에 법률구조를 요청할 수 있다(국가인권위원회법 제47조 제1항). 법률구조 요청은 피해자의 명시한 의사에 반하여 할 수 없다(국가인권위원회법 제47조 제2항).

(4) 처리 결과 등의 공개

위원회는 진정의 조사 및 조정의 내용과 처리 결과, 관계기관 등에 대한 권고와 관계기관 등이 한 조치 등을 공표할 수 있다. 다만, 다른 법률에 따라 공표가 제한되거나 사생활의 비밀이 침해될 우려가 있는 경우에는 그러하지 아니하다(국가인권위원회법 제50조).

CHAPTER 02 포괄적 기본권

제1절 인간의 존엄과 가치

헌법 제10조
모든 국민은 인간으로서의 존엄과 가치를 가지며, 행복을 추구할 권리를 가진다. 국가는 개인이 가지는 불가침의 기본적 인권을 확인하고 이를 보장할 의무를 진다.

> **참고**
> ▶ 헌정사: 인간으로서의 존엄과 가치조항은 1962년 헌법(제5차 개정헌법)에서 도입

제1항 인간의 존엄과 가치의 의의

헌법 제10조에서는 "모든 국민은 인간으로서의 존엄과 가치를 가지며, 행복을 추구할 권리를 가진다."라고 하여 모든 기본권의 종국적 목적이자 기본이념이라 할 수 있는 인간의 존엄과 가치를 규정하고 있는바, 이는 인간의 본질적이고도 고유한 가치로서 모든 경우에 최대한 존중되어야 한다(헌재 2001. 7. 19. 2000헌마546).

> **판례**
> ▶ **인간의 존엄과 가치의 규범적 의미**: 인간의 존엄과 가치는 모든 인간을 그 자체로서 목적으로 존중할 것을 요구하고, 인간을 다른 목적을 위한 단순한 수단으로 취급하는 것을 허용하지 아니한다(헌재 2016. 12. 29. 2013헌마142).
>
> ▶ **우리 헌법질서가 예정하는 인간상**: 우리 헌법질서가 예정하는 인간상은 "자신이 스스로 선택한 인생관·사회관을 바탕으로 사회공동체 안에서 각자의 생활을 자신의 책임 아래 스스로 결정하고 형성하는 성숙한 민주시민"인바, 이는 사회와 고립된 주관적 개인이나 공동체의 단순한 구성분자가 아니라, 공동체에 관련되고 공동체에 구속되어 있기는 하지만 그로 인하여 자신의 고유가치를 훼손당하지 아니하고 개인과 공동체의 상호연관 속에서 균형을 잡고 있는 인격체라 할 것이다(헌재 2003. 10. 30. 2002헌마518).

제2항 인간의 존엄과 가치의 법적 성격

헌법 제10조는 모든 기본권의 종국적 목적이자 기본이념이라 할 수 있는 인간의 존엄과 가치를 규정하고 있다. 이러한 인간의 존엄과 가치조항은 헌법 이념의 핵심으로 국가는 헌법에 규정된 개별적 기본권을 비롯하여 헌법에 열거되지 아니한 자유와 권리까지도 이를 보장하여야 하고, 이를 통하여 개별 국민이 가지는 인간으로서의 존엄과 가치를 존중하고 확보하여야 한다는 헌법의 기본원리를 선언한 것이다(헌재 2010. 2. 25. 2008헌가23).

> **판례**
>
> ▶ **인간의 존엄성의 법적 성격**: 인간의 존엄성은 최고의 헌법적 가치이자 국가목표규범으로서 모든 국가기관을 구속하며, 그리하여 국가는 인간존엄성을 실현해야 할 의무와 과제를 안게 됨을 의미한다. 따라서 인간의 존엄성은 '국가권력의 한계'로서 국가에 의한 침해로부터 보호받을 개인의 방어권일 뿐 아니라, '국가권력의 과제'로서 국민이 제3자에 의하여 인간존엄성을 위협받을 때 국가는 이를 보호할 의무를 부담한다(헌재 2019. 12. 27. 2012헌마939).

제3항 인간의 존엄과 가치의 주체

인간으로서의 존엄과 가치는 인간의 권리이므로 외국인에게도 인정되고 법인에게는 인정되지 않는다. 태아도 인간으로서의 존엄과 가치를 갖는다.

> **판례**
>
> ▶ **피의자·피고인·수형자(적극)**: 인간의 존엄과 가치는 국가가 형벌권을 행사함에 있어서 피의자·피고인·수형자를 다른 모든 사람과 마찬가지로 존엄과 가치를 가지는 인간으로 대우할 것을 요구한다. 그러므로 인간의 존엄과 가치는 국가가 형벌권을 행사함에 있어 사람을 국가행위의 단순한 객체로 취급하거나 비인간적이고 잔혹한 형벌을 부과하는 것을 금지하고, 행형(行刑)에 있어 인간 생존의 기본조건이 박탈된 시설에 사람을 수용하는 것을 금지한다. 특히 수형자의 경우 형벌의 집행을 위하여 교정시설에 격리된 채 강제적인 공동생활을 하게 되는바, 그 과정에서 구금의 목적 달성을 위하여 필요최소한의 범위 내에서는 수형자의 기본권에 대한 제한이 불가피하다 하더라도, 국가는 인간의 존엄과 가치에서 비롯되는 위와 같은 국가형벌권 행사의 한계를 준수하여야 하고, 어떠한 경우에도 수형자가 인간으로서 가지는 존엄과 가치를 훼손할 수 없다(헌재 2016. 12. 29. 2013헌마142).

제4항 인간의 존엄과 가치의 내용

I 인격권

1. 의의
인격권이란 일반적으로 자신과 분리될 수 없는 인격적 이익의 향유를 내용으로 하는 권리 내지 인격의 자유로운 발현에 관한 권리로서 인격을 형성·유지하고 보호받을 수 있는 권리를 말하며, 구체적으로는 생명·신체·명예·초상·성명·사생활의 비밀 등의 보호를 내용으로 한다.

2. 법적 성격
인격권은 국가나 제3자로부터 인격권에 대한 침해가 있을 때 그 침해행위의 배제를 청구할 수 있는 소극적 권리이지, 자신의 인격을 자유로이 발현하기 위해 국가에 대하여 일정한 행위를 요구할 수 있는 적극적 권리는 아니다.

3. 주체

(1) **아동과 청소년**

아동과 청소년은 인격의 발전을 위하여 어느 정도 부모와 학교의 교사 등 타인에 의한 결정을 필요로 하는 아직 성숙하지 못한 인격체이지만, 부모와 국가에 의한 교육의 단순한 대상이 아닌 독자적인 인격체이며, 그의 인격권은 성인과 마찬가지로 인간의 존엄성 및 행복추구권을 보장하는 헌법 제10조에 의하여 보호된다(헌재 2004. 5. 27. 2003헌가1).

(2) **법인**

법인도 법인의 목적과 사회적 기능에 비추어 볼 때 그 성질에 반하지 않는 범위 내에서 인격권의 한 내용인 사회적 신용이나 명예 등의 주체가 될 수 있고 법인이 사회적 신용이나 명예 유지 내지 법인격의 자유로운 발현을 위하여 의사결정이나 행동을 어떻게 할 것인지를 자율적으로 결정하는 것도 법인의 인격권의 한 내용을 이룬다(헌재 2012. 8. 23. 2009헌가27).

4. 내용

(1) **자기결정권**

1) 의의

자기결정권은 인간의 존엄성을 실현하기 위한 수단으로서 인간이 자신의 생활영역에서 인격의 발현과 삶의 방식에 관한 근본적인 결정을 자율적으로 내릴 수 있는 권리다(헌재 2019. 4. 11. 2017헌바127).

> **판례**
>
> ▶ **미군기지의 이전이 자기결정권의 보호범위에 포함되는지**(소극): 인간은 누구나 자기 운명을 스스로 결정할 수 있는 자기결정권을 가진다. 미군기지의 평택 이전은 개인의 인격이나 운명에 관한 사항은 아니며 또한 각자의 개성에 따른 개인적 선택에 직접적인 제한을 가하는 것도 아니므로 헌법상 자기결정권의 보호범위에 포함된다고 볼 수 없다(헌재 2006. 2. 23. 2005헌마268).

2) 근거

헌법 제10조 제1문이 보호하는 인간의 존엄성으로부터 개인의 일반적 인격권이 보장된다. 일반적 인격권은 인간의 존엄성과 밀접한 연관관계를 보이는 자유로운 인격발현의 기본조건을 포괄적으로 보호하는데, 개인의 자기결정권은 일반적 인격권에서 파생된다. 모든 국민은 그의 존엄한 인격권을 바탕으로 하여 자율적으로 자신의 생활영역을 형성해 나갈 수 있는 권리를 가진다(헌재 2019. 4. 11. 2017헌바127).

3) 내용

① 생명·신체에 관한 자기결정권

환자가 장차 죽음에 임박한 상태에 이를 경우에 대비하여 미리 의료인 등에게 연명치료 거부 또는 중단에 관한 의사를 밝히는 등의 방법으로 죽음에 임박한 상태에서 인간으로서의 존엄과 가치를 지키기 위하여 연명치료의 거부 또는 중단을 결정할 수 있다 할 것이고, 위 결정은 헌법상 기본권인 자기결정권의 한 내용으로서 보장된다(헌재 2009. 11. 26. 2008헌마385).

> **판례**
>
> ▶ 인수자가 없는 시체를 생전의 본인의 의사와는 무관하게 해부용 시체로 제공될 수 있도록 규정한 '시체 해부 및 보존에 관한 법률' 제12조 제1항 본문이 청구인의 시체처분에 대한 자기결정권을 침해하는지(적극) : 이 사건 법률조항은 본인이 해부용 시체로 제공되는 것에 대해 반대하는 의사표시를 명시적으로 표시할 수 있는 절차도 마련하지 않고 본인의 의사와는 무관하게 해부용 시체로 제공될 수 있도록 규정하고 있다는 점에서 침해의 최소성 원칙을 충족했다고 보기 어렵고, 실제로 해부용 시체로 제공된 사례가 거의 없는 상황에서 이 사건 법률조항이 추구하는 공익이 사후 자신의 시체가 자신의 의사와 무관하게 해부용 시체로 제공됨으로써 침해되는 사익보다 크다고 할 수 없으므로 이 사건 법률조항은 청구인의 시체처분에 대한 자기결정권을 침해한다(헌재 2015. 11. 26. 2012헌마940).
>
> ▶ 환자 자신의 신체에 관한 결정권이 인정되는지(적극) : 개인의 인격권·행복추구권은 개인의 자기운명결정권을 전제하는 것이고, 자기운명결정권에는 환자가 자신의 신체에 관한 결정을 스스로 할 수 있는 권리가 포함되어 있다. 따라서 특별한 사정이 없는 한 환자는 자유로이 진료여부를 결정할 수 있고 체결된 진료계약을 해지할 수 있다. 진료계약을 유지하는 경우에도 환자의 자기결정권이 보장되는 범위 내에서는 제공되는 구체적인 진료행위의 내용을 선택하고 그 내용의 변경을 요구할 수 있으며, 원칙적으로 의사는 이를 받아들이고 환자의 요구에 상응한 다른 적절한 진료방법이 있는지를 강구하여야 한다(헌재 2019. 6. 28. 2018헌바128).

② 임신과 출산에 관한 자기결정권

인간은 그 자체로서 궁극적 목적이자 최고의 가치로서 대우받아야 하며, 어떠한 경우에도 인간이 다른 가치나 목적, 법익을 위한 수단으로 취급되어서는 안 된다. 특히 여성은 남성과 달리 임신, 출산을 할 수 있는데 이에 관한 결정은 여성의 삶에 중대한 영향을 미친다. 따라서 자기결정권에는 여성이 그의 존엄한 인격권을 바탕으로 하여 자율적으로 자신의 생활영역을 형성해 나갈 수 있는 권리가 포함되고, 여기에는 임신한 여성이 자신의 신체를 임신상태로 유지하여 출산할 것인지 여부에 대하여 결정할 수 있는 권리가 포함되어 있다(헌재 2019. 4. 11. 2017헌바127).

③ 성적 자기결정권

헌법 제10조에서 보장하는 인격권 및 행복추구권, 헌법 제17조에서 보장하는 사생활의 비밀과 자유는 타인의 간섭을 받지 아니하고 누구나 자기운명을 스스로 결정할 수 있는 권리를 전제로 하는 것이다. 이러한 권리내용 중에 성적 자기결정권이 포함되는 것은 물론이다. 성적 자기결정권은 각인 스스로 선택한 인생관 등을 바탕으로 사회공동체 안에서 각자가 독자적으로 성적 관(觀)을 확립하고, 이에 따라 사생활의 영역에서 자기 스스로 내린 성적 결정에 따라 자기책임 하에 상대방을 선택하고 성관계를 가질 권리를 의미한다(헌재 2002. 10. 31. 99헌바40).

> **판례**
>
> ▶ 배우자 있는 자의 간통행위 및 그와의 상간행위를 2년 이하의 징역에 처하도록 규정한 형법 제241조가 성적 자기결정권 및 사생활의 비밀과 자유를 침해하여 헌법에 위반되는지(적극) : 심판대상조항은 선량한 성풍속 및 일부일처제에 기초한 혼인제도를 보호하고 부부간 정조의무를 지키게 하기 위한 것으로 그 입법목적의 정당성은 인정된다. 그러나 사회 구조 및 결혼과 성에 관한 국민의 의식이 변화되고, 성적 자기결정권을 보다 중요시하는 인식이 확산됨에 따라 간통행위를 국가가 형벌로 다스리는 것이 적정한지에 대해서는 이제 더 이상 국민의 인식이 일치한다고 보기 어렵고, 비록 비도덕적인 행위라 할지라도 본질적으로 개인의 사생활에 속하고 사회에 끼치는 해악이 그다지 크지 않거나 구체적 법익에 대한 명백한 침해가 없는 경우에는 국가권력이 개입해서는 안 된다는 것이 현대 형법의 추세인 점 등을 종합해 보면, 선량한 성풍속 및 일부일처제에 기초한 혼인제도를 보호하고 부부간 정조의무를 지키게 하고자 간통행위를 처벌하는 심판대상조항은 그 수단의 적절성과 침해최소성을 갖추지 못하였다. 결국 심판대상조항은 과잉금지원칙에 위배하여 국민의 성적 자기결정권 및 사생활의 비밀과 자유를 침해하는 것으로서 헌법에 위반된다(헌재 2015. 2. 26. 2009헌바17).
>
> ▶ 혼인을 빙자하여 음행의 상습없는 부녀를 기망하여 간음한 자를 처벌하고 있는 형법 제304조가 남성의 성적 자기결정권 및 사생활의 비밀과 자유를 침해하는지(적극) : 이 사건 법률조항의 경우 입법목적의 정당성이 인정되지 않는다. 첫째, 남성이 위력이나 폭력 등 해악적 방법을 수반하지 않고서 여성을 애정행위의 상대방으로 선택하는 문제는 그 행위의 성질상 국가의 개입이 자제되어야 할 사적인 내밀한 영역인데다 또 그 속성상 과장이 수반되게 마련이어서 우리 형법이 혼전 성관계를 처벌대상으로 하지 않고 있으므로 혼전 성관계의 과정에서 이루어지는 통상적 유도행위 또한 처벌해야 할 이유가 없다. 다음 여성이 혼전 성관계를 요구하는 상대방 남자와 성관계를 가질 것인가의 여부를 스스로 결정한 후 자신의 결정이 착오에 의한 것이라고 주장하면서 상대방 남성의 처벌을 요구하는 것은 여성 스스로가 자신의 성적 자기결정권을 부인하는 행위이다. 결국 이 사건 법률조항은 남녀평등의 사회를 지향하고 실현해야 할 국가의 헌법적 의무에 반하는 것이자, 여성을 유아시함으로써 여성을 보호한다는 미명 아래 사실상 국가 스스로가 여성의 성적 자기결정권을 부인하는 것이 되므로, 이 사건 법률조항이 보호하고자 하는 여성의 성적 자기결정권은 여성의 존엄과 가치에 역행하는 것이다. 따라서 이 사건 법률조항은 헌법 제37조 제2항의 과잉금지원칙을 위반하여 남성의 성적 자기결정권 및 사생활의 비밀과 자유를 과잉제한하는 것으로 헌법에 위반된다(헌재 2009. 11. 26. 2008헌바58).

▶ '성폭력범죄의 처벌 등에 관한 특례법' 제6조 제4항 중 '정신적인 장애로 항거불능 또는 항거곤란 상태에 있음을 이용하여 사람을 간음한 사람을 무기징역 또는 7년 이상의 징역에 처하도록 규정한 부분'이 정신적 장애인의 성적 자기결정권을 침해하거나 평등원칙에 위반되는지(소극) : 심판대상조항은 정신적 장애인과 성관계를 한 모든 사람을 처벌하는 것이 아니라, 정신적 장애를 원인으로 한 항거불능 혹은 항거곤란 상태를 이용하여, 즉 성적 자기결정권을 행사할 수 없는 장애인을 간음한 사람을 처벌하는 조항이다. 성적 자기결정권을 행사할 능력이 있는 19세 이상의 정신적 장애인과 정상적인 합의하에 성관계를 한 사람은 심판대상조항에 의하여 처벌되지 아니하므로, 심판대상조항이 정신적 장애인의 성적 자기결정권을 침해하거나 장애인과 비장애인을 차별하지 아니한다(헌재 2016. 11. 24. 2015헌바136).

▶ 성매매를 한 자를 형사처벌하도록 규정한 '성매매알선 등 행위의 처벌에 관한 법률' 제21조 제1항이 개인의 성적 자기결정권, 사생활의 비밀과 자유, 성판매자의 직업선택의 자유를 침해하는지(소극) : 성성매매 공급이 확대되거나 쉽게 접근할 수 있는 길을 열어줄 위험과 불법적인 조건으로 성매매를 유도할 가능성이 있는 점 등을 고려할 때 성판매자도 형사처벌의 대상에 포함시킬 필요성이 인정되고, 나라별로 다양하게 시행되는 성매매에 대하여 정책의 효율성을 판단하는 것도 쉽지 않으므로, 전면적 금지정책에 기초하여 성매매 당사자 모두를 형사처벌하도록 한 입법을 침해최소성에 어긋난다고 볼 수 없다. 사회 전반의 건전한 성풍속과 성도덕이라는 공익적 가치는 개인의 성적 자기결정권 등 기본권 제한의 정도에 비해 결코 작다고 볼 수 없어 법익균형성 원칙에도 위배되지 아니한다. 따라서 심판대상조항은 개인의 성적 자기결정권, 사생활의 비밀과 자유, 직업선택의 자유를 침해하지 아니한다(헌재 2016. 3. 31. 2013헌가2).

▶ 13세 이상 16세 미만의 사람에 대하여 간음 또는 추행을 한 19세 이상의 자를 강간죄, 유사강간죄, 강제추행죄의 예에 따라 처벌하도록 한 형법 제305조 제2항 부분이 성적 자기결정권 및 사생활의 비밀과 자유를 침해하는지(소극) : 13세 이상 16세 미만의 청소년은 성행위의 의미와 결과를 예상하지 못한 채 성행위에 동의할 수 있고, 상대방의 행위가 성적 학대나 착취에 해당하는지 여부를 평가할 수 없는 상태에서 성행위에 나아갈 가능성이 높기 때문에 절대적 보호의 필요성이 있다. 심판대상조항이 19세 미만의 사람을 처벌대상에서 제외한 것은 연령 차이가 크지 않은 미성년자 사이의 성행위를 심리적 장애 없이 성적 자기결정권을 행사한 것으로 보고 이를 존중하고자 한 것이다. 19세 이상의 성인이 13세 이상 16세 미만의 청소년을 간음 또는 추행한 행위는 19세 이상의 성인이 다른 성인을 폭행이나 협박으로 간음 또는 추행한 행위에 비하여 그 불법과 책임의 정도가 결코 가볍다고 볼 수 없다. 따라서 심판대상조항은 과잉금지원칙에 위반하여 성적 자기결정권 및 사생활의 비밀과 자유를 침해하지 아니한다(헌재 2024. 6. 27. 2022헌바106).

(2) 성명권

헌법은 제10조는 모든 국민이 자신의 존엄한 인격권을 바탕으로 자율적으로 자신의 생활영역을 형성해 나갈 수 있는 권리를 보장하고 있는데 성명은 개인의 정체성과 개별성을 나타내는 인격의 상징으로서 개인이 사회 속에서 자신의 생활영역을 형성하고 발현하는 기초가 되는 것이라 할 것이므로 자유로운 성(姓)의 사용 역시 헌법상 인격권으로부터 보호된다(헌재 2005. 12. 22. 2003헌가5).

(3) 초상권

사람은 자신의 의사에 반하여 얼굴을 비롯하여 일반적으로 특정인임을 식별할 수 있는 신체적 특징에 관하여 함부로 촬영당하지 아니할 권리를 가지고 있으므로, 촬영 허용행위는 헌법 제10조로부터 도출되는 초상권을 포함한 일반적 인격권을 제한한다(헌재 2014. 3. 27. 2012헌마652).

(4) 명예권·신용권

헌법 제10조로부터 도출되는 일반적 인격권에는 개인의 명예에 관한 권리도 포함될 수 있으나, 명예는 사람이나 그 인격에 대한 사회적 평가, 즉 객관적·외부적 가치평가를 말하는 것이지 단순히 주관적·내면적인 명예감정은 포함되지 않는다. 그와 같은 주관적·내면적·정신적 사항은 객관성과 구체성이 미약한 것이므로 법적인 개념이나 이익으로 파악하는 데는 대단히 신중을 기하지 않을 수 없기 때문이다(헌재 2005. 10. 27. 2002헌마425).

> **판례**
>
> ▶ **사죄광고와 인격권의 제한** : 사죄광고란 양심의 자유에 반하는 굴욕적인 의사표시를 자기의 이름으로 신문·잡지 등 대중매체에 게재하여 일반 세인에게 널리 광포하는 것이다. 이러한 굴욕적인 내용을 온 세상에 광포하면서도 그 구체적 내용이 국가기관에 의하여 결정되는 것이며 그럼에도 마치 본인의 자발적 의사형성인 것 같이 되는 것이 사죄광고이며 또 본인의 의사와는 무관한 데도 본인의 이름으로 이를 대외적으로 표명되게 되는 것이 그 제도의 특질이다. 따라서 사죄광고 과정에서는 자연인이든 법인이든 인격의 자유로운 발현을 위해 보호받아야 할 인격권이 무시되고 국가에 의한 인격의 외형적 변형이 초래되어 인격형성에 분열이 필연적으로 수반되게 된다. 이러한 의미에서 사죄광고제도는 헌법에서 보장된 인격의 존엄과 가치 및 그를 바탕으로 하는 인격권에 큰 위해도 된다(헌재 1991. 4. 1. 89헌마160).
>
> ▶ **타인의 명예를 훼손한 자에 대하여 법원이 손해배상에 갈음하거나 손해배상과 함께 명예회복에 적당한 처분을 명할 수 있다고 규정하고 있는 민법 제764조가 인격권을 침해하는지**(적극) : 민법 제764조에 기하여 명하는 처분이라 함은 피해자에 대하여 일단 생긴 사회로부터의 부정적 평가를 가능한 한 정정시키려는 처분 곧 부정적 평가의 자료가 되었던 정보의 정정의 효과가 있는 처분을 뜻한다 한다면 사죄광고 아닌 다른 방법도 민법 제764조의 소기의 목적을 달하기에 필요하고 충분한 방법이 된다. 따라서 민법 제764조가 사죄광고제도를 포함하는 취지라면 그에 의한 기본권 제한에 있어서 그 선택된 수단이 목적에 적합하지 않을 뿐 아니라 그 정도 또한 과잉하여 비례의 원칙이 정한 한계를 벗어난 것으로 헌법 제37조 제2항에 의하여 정당화될 수 없어 헌법 제19조에 위반되는 동시에 헌법상 보장되는 인격권의 침해에 이르게 된다(헌재 1991. 4. 1. 89헌마160 한정위헌).
>
> ▶ **방송사업자에게 사과방송을 명할 수 있도록 한 구 방송법 제100조 제1항 제1호 등이 방송사업자의 인격권을 침해하는지**(적극) : 심의규정을 위반한 방송사업자에게 '주의 또는 경고'만으로도 심의규정에 위반하여 '주의 또는 경고'의 제재조치를 받은 사실을 공표하게 되어 이를 다른 방송사업자나 일반 국민에게 알리게 됨으로써 여론의 왜곡 형성 등을 방지하는 한편, 해당 방송사업자에게는 해당 프로그램의 신뢰도 하락에 따른 시청률 하락 등의 불이익을 줄 수 있고, '시청자에 대한 사과'에 대하여는 '명령'이 아닌 '권고'의 형태를 취할 수도 있다. 이와 같이 기본권을 보다 덜 제한하는 다른 수단에 의하더라도 심판대상조항이 추구하는 목적을 달성할 수 있으므로 이 사건 심판대상조항은 침해의 최소성 원칙에 위배된다(헌재 2012. 8. 23. 2009헌가27).
>
> ▶ **가해학생에 대한 조치로 피해학생에 대한 서면사과를 규정한 구 학교폭력예방법 제17조 제1항 제1호가 가해학생의 양심의 자유와 인격권을 침해하는지**(소극) : 서면사과 조치는 내용에 대한 강제 없이 자신의 행동에 대한 반성과 사과의 기회를 제공하는 교육적 조치로 마련된 것이고, 가해학생에게 의견진술 등 적정한 절차적 기회를 제공한 뒤에 학교폭력 사실이 인정되는 것을 전제로 내려지는 조치이며, 이를 불이행하더라도 추가적인 조치나 불이익이 없다. 또한 서면사과의 교육적 효과는 가해학생에 대한 주의나 경고 또는 권고적인 조치만으로는 달성하기 어렵다. 따라서 서면사과조항이 가해학생의 양심의 자유와 인격권을 과도하게 침해한다고 보기 어렵다(헌재 2023. 2. 23. 2019헌바93).

(5) 태아의 성별정보에 대한 접근권

헌법 제10조로부터 도출되는 일반적 인격권에는 각 개인이 그 삶을 사적으로 형성할 수 있는 자율영역에 대한 보장이 포함되어 있음을 감안할 때, 장래 가족의 구성원이 될 태아의 성별 정보에 대한 접근을 국가로부터 방해받지 않을 부모의 권리는 '일반적 인격권'에 의하여 보호된다(헌재 2008. 7. 31. 2004헌마1010).

> **판례**
>
> ▶ 임신 32주 이전에 태아의 성별 고지를 금지하는 의료법 제20조 제2항이 헌법 제10조 일반적 인격권에서 나오는 부모가 태아의 성별 정보에 대한 접근을 방해받지 않을 권리를 침해하는지(적극) : 심판대상조항은 성별을 이유로 한 낙태를 방지함으로써 성비의 불균형을 해소하고 태아의 생명을 보호하기 위해 입법된 것으로 목적의 정당성이 인정된다. 그러나 남아선호사상이 확연히 쇠퇴하고 있고, 심판대상조항이 사문화되었음에도 불구하고 출생성비가 자연성비의 정상범위 내이므로, 심판대상조항은 더 이상 태아의 성별을 이유로 한 낙태를 방지하기 위한 목적을 달성하는 데에 적합하고 실효성 있는 수단이라고 보기 어렵고, 입법수단으로서도 현저하게 불합리하고 불공정하다. 태아의 생명 보호를 위해 국가가 개입하여 규제해야 할 단계는 성별고지가 아니라 낙태행위인데, 심판대상조항은 낙태로 나아갈 의도가 없는 부모까지 규제하여 기본권을 제한하는 과도한 입법으로 침해의 최소성에 반하고, 법익의 균형성도 상실하였다. 따라서 심판대상조항은 과잉금지원칙을 위반하여 부모가 태아의 성별 정보에 대한 접근을 방해받지 않을 권리를 침해한다(헌재 2024. 2. 28. 2022헌마356).

(6) 배아생성자의 배아에 대한 결정권

배아생성자는 배아가 모체에 성공적으로 착상하여 인간으로 출생할 경우 생물학적 부모로서의 지위를 갖게 되므로, 배아의 관리 또는 처분에 대한 결정권을 가진다. 이러한 배아생성자의 배아에 대한 결정권은 헌법상 명문으로 규정되어 있지는 아니하지만, 헌법 제10조로부터 도출되는 '일반적 인격권'의 한 유형으로서의 헌법상 권리이다(헌재 2010. 5. 27. 2005헌마346).

5. 제한

인격권도 헌법 제37조 제2항에 따라 제한이 가능하므로, 국가안전보장·질서유지 또는 공공복리를 위하여 필요한 경우에 한하여 법률로써 제한할 수 있으나, 이 경우에도 자유와 권리의 본질적인 내용을 침해할 수 없다(헌재 2014. 3. 27. 2012헌마652).

> **판례**
>
> ▶ 변호사에 대한 징계결정정보를 인터넷 홈페이지에 공개하도록 한 변호사법 제98조의5 제3항과 징계결정정보의 공개범위와 시행방법을 정한 변호사법 시행령 제23조의2가 청구인의 인격권을 침해하는지(소극) : 징계결정 공개조항은 전문적인 법률지식, 윤리적 소양, 공정성 및 신뢰성을 갖추어야 할 변호사가 징계를 받은 경우 국민이 이러한 사정을 쉽게 알 수 있도록 하여 변호사를 선택할 권리를 보장하고, 변호사의 윤리의식을 고취시킴으로써 법률사무에 대한 전문성, 공정성 및 신뢰성을 확보하여 국민의 기본권을 보호하며 사회정의를 실현하기 위한 것으로서 입법목적의 정당성이 인정되고, 이러한 입법목적을 달성하는데 유효·적절한 수단이다. 또한 징계정보 공개조항은 공개되는 정보의 범위, 공개기간, 공개영역, 공개방식 등을 필요한 범위로 제한하고 있고, 입법목적의 달성에 동일한 효과가 있으면서 덜 침해적인 다른 대체수단이 존재하지 아니하므로, 침해 최소성의 원칙에 위배되지 않는다. 따라서 징계결정 공개조항은 과잉금지원칙에 위배되지 아니하므로 청구인의 인격권을 침해하지 아니한다(헌재 2018. 7. 26. 2016헌마1029).

▶ **국가항공보안계획 제8장 승객·휴대물품·위탁수하물 등 보안대책 중 체약국의 요구가 있는 경우 항공운송사업자의 추가 보안검색 실시에 관한 부분이 청구인의 인격권 등을 침해하는지**(소극) : 항공운송사업자가 다른 체약국의 추가 보안검색 요구에 응하지 않을 경우 항공기의 취항 자체가 거부될 수 있으므로 국가항공보안계획에 따른 추가 보안검색 실시는 불가피하며, 관련 법령에서 보안검색의 구체적 기준 및 방법 등을 마련하여 기본권 침해를 최소화하고 있으므로 침해의 최소성도 인정된다. 또한 국내외적으로 항공기 안전사고와 테러 위협이 커지는 상황에서, 민간항공의 보안 확보라는 공익은 매우 중대한 반면, 추가 보안검색 실시로 인해 승객의 기본권이 제한되는 정도는 그리 크지 아니하므로 법익의 균형성도 인정된다(헌재 2018. 2. 22. 2016헌마780).

▶ **중혼을 혼인취소의 사유로 정하면서 그 취소청구권의 제척기간 또는 소멸사유를 규정하지 않은 민법 제816조 제1호 부분이 후혼배우자의 인격권 및 행복추구권을 침해하는지**(소극) : 이 사건 법률조항은 우리 사회의 중대한 공익이며 헌법 제36조 제1항으로부터 도출되는 일부일처제를 실현하기 위한 것이다. 이 사건 법률조항은 중혼을 혼인무효사유가 아니라 혼인취소사유로 정하고 있는데, 혼인 취소의 효력은 기왕에 소급하지 아니하므로 중혼이라 하더라도 법원의 취소판결이 확정되기 전까지는 유효한 법률혼으로 보호받는다. 따라서 중혼 취소청구권의 소멸에 관하여 아무런 규정을 두지 않았다 하더라도, 현저히 입법재량의 범위를 일탈하여 후혼배우자의 인격권 및 행복추구권을 침해하지 아니한다(헌재 2014. 7. 24. 2011헌바275).

▶ **집회에 참가한 청구인들을 촬영한 행위가 과잉금지원칙을 위반하여 청구인들의 일반적 인격권, 개인정보자기결정권, 집회의 자유를 침해하는지**(소극) : 미신고 옥외집회·시위 또는 신고범위를 벗어난 옥외집회·시위가 적법한 경찰의 해산명령에 불응하는 집회·시위로 이어질 수 있으므로, 이에 대비하여 경찰은 미신고 옥외집회·시위 또는 신고범위를 벗어난 집회·시위를 촬영함으로써, 적법한 경찰의 해산명령에 불응하는 집회·시위의 경위나 전후 사정에 관한 자료를 수집할 수 있다. 옥외집회·시위에 대한 경찰의 촬영행위에 의해 취득한 자료는 '개인정보보호법'이 적용될 수 있다. 따라서 이 사건에서 피청구인이 신고범위를 벗어난 동안에만 집회참가자들을 촬영한 행위가 과잉금지원칙을 위반하여 집회참가자인 청구인들의 일반적 인격권, 개인정보자기결정권 및 집회의 자유를 침해한다고 볼 수 없다(헌재 2018. 8. 30. 2014헌마843).

▶ **보도자료 배포 직후 기자들의 취재 요청에 응하여 청구인이 경찰서 조사실에서 양손에 수갑을 찬 채 조사받는 모습을 촬영할 수 있도록 허용한 행위가 청구인의 인격권을 침해하는지**(적극) : 피청구인은 기자들에게 청구인이 경찰서 내에서 수갑을 차고 얼굴을 드러낸 상태에서 조사받는 모습을 촬영할 수 있도록 허용하였는데, 청구인에 대한 수사 장면을 공개 및 촬영하게 할 어떠한 공익 목적도 인정하기 어려우므로 촬영 허용행위는 목적의 정당성이 인정되지 아니한다. 피의자의 얼굴을 공개하더라도 그로 인한 피해의 심각성을 고려하여 모자, 마스크 등으로 피의자의 얼굴을 가리는 등 피의자의 신원이 노출되지 않도록 침해를 최소화하기 위한 조치를 취하여야 하는데, 그러한 조치를 전혀 취하지 아니하였으므로 침해의 최소성 원칙도 충족하였다고 볼 수 없다. 따라서 이 사건 촬영 허용행위는 과잉금지원칙에 위반되어 청구인의 인격권을 침해하였다(헌재 2014. 3. 27. 2012헌마652).

▶ **청소년 성매수자에 대한 신상공개를 규정한 청소년의 성보호에 관한 법률 제20조 제2항 제1호가 인격권과 사생활의 비밀의 자유를 침해하는지**(소극) : 신상공개제도를 통하여 달성하고자 하는 '청소년의 성보호'라는 목적은 우리 사회에 있어서 가장 중요한 공익의 하나라고 할 것이다. 이에 비하여 법 제20조 제2항은 "성명, 연령, 직업 등의 신상과 범죄사실의 요지"를 공개하도록 규정하고 있는바, 이는 이미 공개된 형사재판에서 유죄가 확정된 형사판결이라는 공적 기록의 내용 중 일부를 국가가 공익 목적으로 공개하는 것으로 공개된 형사재판에서 밝혀진 범죄인들의 신상과 전과를 일반인이 알게 된다고 하여 그들의 인격권 내지 사생활의 비밀을 침해하는 것이라고 단정하기는 어렵다. 또한 청소년 성매수자의 일반적 인격권과 사생활의 비밀의 자유가 제한되는 정도가 청소년 성보호라는 공익적 요청에 비해 크다고 할 수 없으므로, 법 제20조 제2항 제1호의 신상공개는 해당 범죄인들의 일반적 인격권, 사생활의 비밀의 자유를 과잉금지의 원칙에 위배하여 침해한 것이라 할 수 없다(헌재 2003. 6. 26. 2002헌가14).

▶ **신상정보 공개·고지명령을 소급적용하는 성폭력처벌법 부칙 제7조 제1항 부분이 과잉금지원칙에 위배되어 청구인들의 인격권 및 개인정보자기결정권을 침해하는지**(소극): 성폭력범죄자로부터 잠재적인 피해자와 지역사회를 보호하기 위해서는 신상정보 공개·고지명령 제도가 시행되기 전 형이 확정된 자들 중에서도 재범의 위험성이 높은 자들에 대하여는 신상정보를 소급하여 공개할 필요성이 인정된다. 심판대상조항은 모든 성인 대상 성범죄자를 신상정보 공개·고지명령 대상자로 정한 것이 아니라, 비교적 중한 성폭력범죄자들 중에서 2008. 4. 16.부터 2011. 4. 15. 사이에 유죄판결이 확정된 사람만으로 그 대상자를 한정하고 있고, 법원은 그 중에서도 재범의 위험성이 큰 사람으로 그 적용 대상자를 제한하고 있다. 따라서 심판대상조항은 청구인들의 인격권 및 개인정보자기결정권을 침해하지 아니한다(헌재 2016. 12. 29. 2015헌바196).

▶ **범죄행위 당시에 없었던 위치추적 전자장치 부착명령을 출소예정자에게 소급 적용할 수 있도록 한 전자장치부착법 부칙 제2조 제1항이 과잉금지원칙에 반하여 피부착자의 인격권 등을 침해하는지**(소극): 전자장치 부착명령의 소급적용은 성폭력범죄의 재범 방지 및 사회 보호에 있어 실질적인 효과를 나타내고 있는 점, 장래의 재범 위험성으로 인한 보안처분의 판단시기는 범죄의 행위시가 아닌 재판시가 될 수밖에 없으므로 부착명령 청구 당시 형 집행 종료일까지 6개월 이상 남은 출소예정자가 자신이 부착명령 대상자가 아니라는 기대를 가졌더라도 그 신뢰의 보호가치는 크지 아니한 점 등을 고려할 때, 부칙조항은 과잉금지원칙에 반하여 피부착자의 인격권 등을 침해하지 아니한다(헌재 2015. 9. 24. 2015헌바35).

▶ **교도소장이 민사법정 내에서 청구인으로 하여금 양손수갑 2개를 앞으로 사용하고 상체승을 한 상태에서 변론을 하도록 한 행위가 과잉금지원칙에 위반되어 청구인의 인격권과 신체의 자유를 침해하는지**(소극): 민사법정에서는 구금기능이 취약해질 수 있는데 청구인이 무기징역형을 선고받고 관심대상수용자로 관리되어 엄중한 계호가 요구되는 사람임을 감안하면 포승, 양손수갑 중 어느 하나의 보호장비만으로는 계호에 불충분하다. 출정 시 수용자 의류를 입고 교도관과 동행하였으며 재판 시작 전까지 보호장비를 사용하였던 청구인이 민사법정 내에서 보호장비를 사용하게 되어 영향을 받는 인격권, 신체의 자유 정도는 제한적인 반면, 민사법정 내 교정사고를 예방하고 법정질서 유지에 협력하고자 하는 공익은 매우 중요하다. 따라서 민사법정 내 보호장비 사용행위는 과잉금지원칙에 위반되어 청구인의 인격권과 신체의 자유를 침해하지 아니한다(헌재 2018. 6. 28. 2017헌마181).

▶ **청구인이 민사재판에 출정하여 법정 대기실 내 쇠창살 격리시설에 유치되어 있는 동안 교도소장이 청구인에게 양손수갑 1개를 앞으로 사용한 행위가 과잉금지원칙을 위반하여 청구인의 신체의 자유 및 인격권을 침해하는지**(소극): 법정 대기실 내 쇠창살 격리시설은 수시로 출입문이 여닫히고, 법원 외부나 법정과 연결된 구조로 되는 반면, 법정 대기실을 담당하는 교정 인원은 소수에 그쳐 교정시설에 비해 구금기능이 취약하다. 수갑은 청구인의 신체를 비교적 적게 억압하면서 외부로의 노출 정도가 크지 않은 보호장비에 해당하고, 여러 명의 교도관이 계호하는 방법으로 보호장비 사용을 대체할 수도 없으므로 침해의 최소성이 인정된다. 따라서 이 사건 보호장비 사용행위는 과잉금지원칙을 위반하여 청구인의 신체의 자유 및 인격권을 침해하지 않는다(헌재 2023. 6. 29. 2018헌마1215).

▶ **공주교도소장이 2011. 7. 13. 청구인을 경북북부제1교도소로 이송함에 있어 4시간 정도에 걸쳐 포승과 수갑 2개를 채운 행위가 청구인의 신체의 자유 및 인격권을 침해하는지**(소극): 수형자를 장거리 호송하는 경우에는 도주 등 교정사고 발생 가능성이 높아지는 만큼 포승이나 수갑 등 어느 하나의 보호장비만으로는 계호에 불충분하며, 장시간 호송하는 경우에 수형자가 수갑을 끊거나 푸는 것을 최대한 늦추거나 어렵게 하기 위하여 수갑 2개를 채운 행위가 과하다고 보기 어려우므로 최소한의 범위 내에서 보호장비가 사용되었다고 할 수 있다. 또한 이 사건 보호장비 사용행위로 인하여 제한되는 신체의 자유 등에 비하여 도주 등의 교정사고를 예방함으로써 수형자를 이송함에 있어 안전과 질서를 보호할 수 있는 공익이 더 크다 할 것이므로 법익의 균형성도 갖추었다(헌재 2012. 7. 26. 2011헌마426).

▶ **행정법정 방청석에서 청구인의 변론 순서가 될 때까지 대기하는 동안 수갑 1개를 착용하도록 한 행위가 청구인의 인격권과 신체의 자유를 침해하는지**(소극) : 수형자가 행정법정에 출정하는 경우 교도관의 수, 교정설비의 한계 등으로 인해 구금기능이 취약해질 수 있으므로 방청석에서 대기하는 동안 보호장비를 사용함으로써 도주 등 교정사고를 실효적으로 예방하는 것은 불가피한 측면이 있다. 이러한 사정을 종합하면 이 사건 보호장비 사용행위는 침해의 최소성 원칙을 준수하였다. 출정시 교도관과 동행하면서 재판 시작 전까지 보호장비를 착용하였던 청구인이 행정법정 방청석에서 보호장비를 사용함으로써 영향을 받은 신체의 자유나 인격권의 정도는 제한적인 반면, 행정법정 내 교정사고를 예방하기 위한 공익은 매우 중요하므로 이 사건 보호장비 사용행위는 법익의 균형성 원칙도 준수하였다(헌재 2018. 7. 26. 2017헌마1238).

▶ **미결수용자가 구치소 등 수용시설 안에서 사복을 입지 못하게 하고 재소자용 의류를 입게 한 행위가 청구인의 인격권을 침해하는지**(소극) : 구치소 등 수용시설 안에서는 재소자용 의류를 입더라도 일반인의 눈에 띄지 않고, 수사 또는 재판에서 방어권을 행사하는 데 지장을 주는 것도 아닌 반면에, 미결수용자에게 사복을 입도록 하면 의복의 수선이나 세탁 및 계절에 따라 의복을 바꾸는 과정에서 증거인멸 또는 도주를 기도하거나 흉기, 담배, 약품 등 소지금지품이 반입될 염려 등이 있으므로 미결수용자에게 시설 안에서 재소자용 의류를 입게 하는 것은 구금 목적의 달성, 시설의 규율과 안전유지를 위한 필요최소한의 제한으로서 정당성·합리성을 갖춘 재량의 범위 내의 조치이다(헌재 1999. 5. 27. 97헌마137).

▶ **미결수용자가 수사 또는 재판을 받을 때에도 사복을 입지 못하게 하고 재소자용 의류를 입게 한 행위가 청구인의 인격권과 행복추구권, 공정한 재판을 받을 권리를 침해하는지**(적극) : 수사 및 재판단계에서 유죄가 확정되지 아니한 미결수용자에게 재소자용 의류를 입게 하는 것은 미결수용자로 하여금 모욕감이나 수치심을 느끼게 하고, 심리적인 위축으로 방어권을 제대로 행사할 수 없게 하여 실체적 진실의 발견을 저해할 우려가 있으므로, 도주방지 등 어떠한 이유를 내세우더라도 그 제한은 정당화될 수 없어 헌법 제37조 제2항의 기본권 제한에서의 비례원칙에 위반되는 것으로서, 무죄추정의 원칙에 반하고 인간으로서의 존엄과 가치에서 유래하는 인격권과 행복추구권, 공정한 재판을 받을 권리를 침해하는 것이다(헌재 1999. 5. 27. 97헌마137).

▶ **형집행법 제88조가 형사재판의 피고인으로 출석하는 수형자에 대하여 사복착용을 허용하는 형집행법 제82조를 준용하지 아니한 것이 공정한 재판을 받을 권리, 인격권, 행복추구권을 침해하는지**(적극) : 수형자라 하더라도 확정되지 않은 별도의 형사재판에서만큼은 미결수용자와 같은 지위에 있으므로, 이러한 수형자로 하여금 형사재판 출석 시 아무런 예외 없이 사복착용을 금지하고 재소자용 의류를 입도록 하여 인격적인 모욕감과 수치심 속에서 재판을 받도록 하는 것은 재판부나 검사 등 소송관계자들에게 유죄의 선입견을 줄 수 있고, 수형자의 지위로 인해 크게 위축된 피고인의 방어권을 필요 이상으로 제약하는 것이다. 따라서 심판대상조항이 형사재판의 피고인으로 출석하는 수형자에 대하여 사복착용을 허용하지 아니한 것은 청구인의 공정한 재판을 받을 권리, 인격권, 행복추구권을 침해한다(헌재 2015. 12. 23. 2013헌마712 헌법불합치).

▶ **형집행법 제88조가 민사재판의 당사자로 출석하는 수형자에 대하여, 사복착용을 허용하는 형집행법 제82조를 준용하지 아니한 것이 공정한 재판을 받을 권리, 인격권, 행복추구권을 침해하는지**(소극) : 민사재판에서 법관이 당사자의 복장에 따라 불리한 심증을 갖거나 불공정한 재판 진행을 하게 되는 것은 아니므로, 심판대상조항이 민사재판의 당사자로 출석하는 수형자에 대하여 사복착용을 불허하는 것으로 공정한 재판을 받을 권리가 침해되는 것은 아니다. 수형자가 민사법정에 출석하기까지 교도관이 반드시 동행하여야 하므로 수용자의 신분이 드러나게 되어 있어 재소자용 의류를 입었다는 이유로 인격권과 행복추구권이 제한되는 정도는 제한적이고, 형사법정 이외의 법정 출입방식은 미결수용자와 교도관 전용통로 및 시설이 존재하는 형사재판과 다르며, 계호의 방식과 정도도 확연히 다르다. 따라서 심판대상조항이 민사재판에 출석하는 수형자에 대하여 사복착용을 허용하지 아니한 것은 청구인의 인격권과 행복추구권을 침해하지 아니한다(헌재 2015. 12. 23. 2013헌마712).

▶ **외부 재판에 출정할 때 운동화를 착용하게 해달라는 청구인의 신청을 불허한 교도소장의 행위가 청구인의 인격권과 행복추구권을 침해하는지**(소극): 운동화착용불허행위는 시설 바깥으로의 외출이라는 기회를 이용한 도주를 예방하기 위한 것으로서 그 목적이 정당하고, 이러한 목적을 달성하기에 적합한 수단이다. 또한 신발의 종류를 제한하는 것에 불과하여 법익침해의 최소성과 균형성도 갖추었다 할 것이므로, 이 사건 운동화착용불허행위가 기본권 제한에 있어서의 과잉금지원칙에 반하여 청구인의 인격권과 행복추구권을 침해하였다고 볼 수 없다(헌재 2011. 2. 24. 2009헌마209).

▶ **차폐시설이 불충분하여 사용 과정에서 신체부위가 다른 유치인들 및 경찰관들에게 관찰될 수 있고 냄새가 유출되는 유치실 내 화장실을 사용하도록 강제한 행위가 청구인들의 인격권을 침해하는지**(적극): 청구인들로 하여금 유치기간 동안 위와 같은 구조의 화장실을 사용하도록 강제한 피청구인의 행위는 인간으로서의 기본적 품위를 유지할 수 없도록 하는 것으로서, 수인하기 어려운 정도라고 보여지므로 전체적으로 볼 때 비인도적·굴욕적일 뿐만 아니라 동시에 비록 건강을 침해할 정도는 아니라고 할지라도 헌법 제10조의 인간의 존엄과 가치로부터 유래하는 인격권을 침해하는 정도에 이르렀다(헌재 2001. 7. 19. 2000헌마546).

▶ **경찰관에게 등을 보인 채 상의를 속옷과 함께 겨드랑이까지 올리고 하의를 속옷과 함께 무릎까지 내린 상태에서 3회에 걸쳐 앉았다 일어서게 하는 방법으로 실시한 정밀 신체수색이 청구인들의 인격권을 침해하는지**(적극): 청구인들은 유치장에 수용될 당시 신체검사를 통하여 위험물 및 반입금지물품의 소지·은닉 여부를 조사하여 그러한 물품이 없다는 사실을 이미 확인하였으며, 특히 청구인들의 옷을 전부 벗긴 상태에서 청구인들에 대하여 실시한 신체수색은 그 수단과 방법에 있어서 필요 최소한의 범위를 명백하게 벗어난 조치로서 청구인들에게 심한 모욕감과 수치심만을 안겨주었다고 인정하기에 충분하다. 따라서 이 사건 신체수색은 청구인들로 하여금 인간으로서의 기본적 품위를 유지할 수 없도록 하는 것으로서 수인하기 어려운 정도라고 보여지므로 헌법 제10조의 인간의 존엄과 가치로부터 유래하는 인격권 및 제12조의 신체의 자유를 침해하는 정도에 이르렀다(헌재 2002. 7. 18. 2000헌마327).

▶ **교도관이 마약류 사범에게 검사의 취지와 방법을 설명하고 반입금지품을 제출하도록 안내한 후 외부와 차단된 검사실에서 같은 성별의 교도관 앞에 돌아서서 하의 속옷을 내린 채 상체를 숙이고 양손으로 둔부를 벌려 항문을 보이는 방법으로 실시한 정밀신체검사가 마약류 사범인 청구인의 기본권을 침해하였는지**(소극): 이 사건 정밀신체검사는 다른 사람이 볼 수 없는 차단막이 쳐진 공간에서 같은 성별의 교도관과 1 대 1의 상황에서 짧은 시간 내에 시각적으로 항문의 내부를 보이게 한 후 검사를 마쳤고, 그 검사 전에는 검사를 하는 취지와 방법 등을 설명하면서 미리 소지한 반입금지품을 자진 제출하도록 하였으며(최소침해성), 청구인이 수인하여야 할 모욕감이나 수치심에 비하여 반입금지품을 차단함으로써 얻을 수 있는 수용자들의 생명과 신체의 안전, 구치소 내의 질서유지 등의 공익이 보다 크므로(법익균형성), 과잉금지의 원칙에 위배되었다고 할 수 없다(헌재 2006. 6. 29. 2004헌마826).

▶ **수용자를 교정시설에 수용할 때마다 전자영상 검사기를 이용하여 수용자의 항문 부위에 대한 신체검사를 하는 것이 수용자의 인격권 등을 침해하는지**(소극): 이 사건 신체검사는 사전에 검사의 목적과 방법을 고지한 후, 다른 사람이 볼 수 없는 차단된 장소에서 실시하는 등 검사받는 사람의 모욕감 내지 수치심 유발을 최소화하는 방법으로 실시하였는바, 기본권 침해의 최소성 요건을 충족하였다. 또한 이 사건 신체검사로 인하여 수용자가 느끼는 모욕감이나 수치심이 결코 작다고 할 수는 없지만, 흉기 기타 위험물이나 금지물품을 교정시설 내로 반입하는 것을 차단함으로써 수용자 및 교정시설 종사자들의 생명·신체의 안전과 교정시설 내의 질서를 유지한다는 공적인 이익이 훨씬 크다 할 것이므로, 법익의 균형성 요건 또한 충족된다(헌재 2011. 5. 26. 2010헌마775).

▶ **인원점검을 하면서 청구인을 비롯한 수형자들을 정렬시킨 후 차례로 번호를 외치도록 한 행위가 청구인의 인격권 및 일반적 행동의 자유를 침해하는지**(소극) : 인원점검시 점호행위에 응하지 못할 사정이 있는 경우에는 예외가 인정될 뿐만 아니라, 다수의 수형자가 공동으로 생활하는 혼거실의 경우에는 인원점검의 효율적인 운영과 기초질서의 함양을 위해서는 점호행위와 같은 방법이 효과적이며, 점검관이 목산(目算)하는 방법은 인원점검의 정확성·신속성 측면에서 다수의 수형자가 생활하는 혼거실에 대한 인원점검 방법으로는 부적절할 뿐만 아니라 효과적인 방법이 될 수 없다. 따라서 이 사건 점호행위는 과잉금지원칙에 위배되어 청구인의 인격권 및 일반적 행동의 자유를 침해한다 할 수 없다(헌재 2012. 7. 26. 2011헌마332).

▶ **교도소 수용거실에 조명을 켜 둔 행위가 청구인의 인간으로서의 존엄과 가치 등 기본권을 침해하는지**(소극) : 교정시설의 안전과 질서유지를 위해서는 수용거실 안에 일정한 수준의 조명을 유지할 필요가 있다. 수용자의 도주나 자해 등을 막기 위해서는 취침시간에도 최소한의 조명은 유지할 수밖에 없다. 또 조명점등행위로 인한 청구인의 권익 침해가 교정시설 안전과 질서유지라는 공익 보호보다 더 크다고 보기도 어렵다. 그렇다면 조명점등행위가 과잉금지원칙에 위배하여 청구인의 기본권을 침해한다고 볼 수 없다(헌재 2018. 8. 30. 2017헌마440).

▶ **사업자단체의 독점규제 및 공정거래법 위반행위가 있을 때 공정거래위원회가 당해 사업자단체에 대하여 '법위반사실의 공표'를 명할 수 있도록 한 동법 제27조 부분이 행위자의 일반적 행동의 자유 및 명예권을 침해하는지**(적극) : 소비자보호를 위한 보호적, 경고적, 예방적 형태의 공표조치를 넘어서 형사재판이 개시되기도 전에 공정거래위원회의 행정처분에 의하여 무조건적으로 법위반을 단정, 그 피의사실을 널리 공표토록 한다면 이는 지나치게 광범위한 조치로서 입법목적에 반드시 부합하는 적합한 수단이라고 하기 어렵다. 또한 '법위반으로 인한 시정명령을 받은 사실의 공표'에 의할 경우, 입법목적을 달성하면서도 행위자에 대한 기본권 침해의 정도를 현저히 감소시키고 재판 후 발생 가능한 무죄로 인한 혼란과 같은 부정적 효과를 최소화할 수 있는 것이므로, 법위반사실을 인정케 하고 공표시키는 이 사건과 같은 명령형태는 기본권을 과도하게 제한하는 것이 된다(헌재 2002. 1. 31. 2001헌바43).

▶ **거짓이나 그 밖의 부정한 방법으로 보조금을 교부받거나 보조금을 유용하여 어린이집 운영정지, 폐쇄명령 또는 과징금 처분을 받은 어린이집에 대하여 위반사실을 공표하도록 한 구 영유아보육법 조항이 과잉금지원칙을 위반하여 인격권 및 개인정보자기결정권을 침해하는지**(소극) : 어린이집의 투명한 운영을 담보하고 영유아 보호자의 보육기관 선택권을 실질적으로 보장하기 위해서는 보조금을 부정수급하거나 유용한 어린이집의 명단 등을 공표하여야 할 필요성이 있으며, 심판대상조항은 공표대상이나 공표정보, 공표기간 등을 제한적으로 규정하고 공표 전에 의견진술의 기회를 부여하여 공표대상자의 절차적 권리도 보장하고 있다. 심판대상조항을 통하여 추구하는 영유아의 건강한 성장 도모 및 영유아 보호자들의 보육기관 선택권 보장이라는 공익이 공표대상자의 법 위반사실이 일정기간 외부에 공표되는 불이익보다 크다. 따라서 심판대상조항은 과잉금지원칙을 위반하여 인격권 및 개인정보자기결정권을 침해하지 아니한다(헌재 2022. 3. 31. 2019헌바520).

Ⅱ 생명권

1. 의의
생명권이란 인간의 인격적, 육체적 존재 형태인 생존에 관한 권리를 말한다. 생존권은 모든 인권보장의 대전제가 되는 생명이라는 최고의 가치를 보장하는 권리이다.

2. 법적 성격
인간의 생명은 고귀하고, 이 세상에서 무엇과도 바꿀 수 없는 존엄한 인간 존재의 근원이다. 이러한 생명에 대한 권리는 비록 헌법에 명문의 규정이 없다 하더라도 인간의 생존본능과 존재목적에 바탕을 둔 선험적이고 자연법적인 권리로서 헌법에 규정된 모든 기본권의 전제로서 기능하는 기본권 중의 기본권이라 할 것이다(헌재 1996. 11. 28. 95헌바1).

3. 주체
모든 인간은 헌법상 생명권의 주체가 되며, 형성 중의 생명인 태아에게도 생명에 대한 권리가 인정되어야 한다. 태아가 비록 그 생명의 유지를 위하여 모(母)에게 의존해야 하지만, 그 자체로 모(母)와 별개의 생명체이고, 특별한 사정이 없는 한, 인간으로 성장할 가능성이 크기 때문이다. 따라서 태아도 헌법상 생명권의 주체가 되며, 국가는 헌법 제10조 제2문에 따라 태아의 생명을 보호할 의무가 있다(헌재 2019. 4. 11. 2017헌바127).

> **판례**
>
> ▶ **사람의 시기**: 태아는 형성 중의 인간으로서 생명을 보유하고 있으므로 국가는 태아를 위하여 각종 보호조치들을 마련해야 할 의무가 있다. 하지만 국가의 기본권 보호의무로부터 태아의 출생 전에, 또한 태아가 살아서 출생할 것인가와는 무관하게, 태아를 위하여 민법상 일반적 권리능력까지도 인정하여야 한다는 헌법적 요청이 도출되지는 않는다. 법치국가원리로부터 나오는 법적 안정성의 요청은 인간의 권리능력이 언제부터 시작되는가에 관하여 가능한 한 명확하게 그 시점을 확정할 것을 요구한다. 따라서 인간이라는 생명체의 형성이 출생 이전의 그 어느 시점에서 시작됨을 인정하더라도, 법적으로 사람의 시기를 출생의 시점에서 시작되는 것으로 보는 것이 헌법적으로 금지된다고 할 수 없다(헌재 2008. 7. 31. 2004헌바81).

4. 제한과 한계

(1) 사형제도

1) 일반적 법률유보의 대상 여부

어느 개인의 생명권에 대한 보호가 곧바로 다른 개인의 생명권에 대한 제한이 될 수밖에 없거나, 특정한 인간에 대한 생명권의 제한이 일반국민의 생명보호나 이에 준하는 매우 중대한 공익을 지키기 위하여 불가피한 경우에는 비록 생명이 이념적으로 절대적 가치를 지닌 것이라 하더라도 생명에 대한 법적 평가가 예외적으로 허용될 수 있다고 할 것이므로, 생명권 역시 헌법 제37조 제2항에 의한 일반적 법률유보의 대상이 될 수밖에 없다(헌재 2010. 2. 25. 2008헌가23).

2) 생명권의 본질적 내용 침해 여부

생명권 제한이 정당화될 수 있는 예외적인 경우에는 생명권의 박탈이 초래된다 하더라도 곧바로 기본권의 본질적인 내용을 침해하는 것이라 볼 수는 없다. 따라서 사형이 비례의 원칙에 따라 최소한 동등한 가치가 있는 다른 생명 또는 그에 못지 아니한 공공의 이익을 보호하기 위한 불가피성이 충족되는 예외적인 경우에만 적용됨으로써 생명권의 제한이 정당화될 수 있는 경우에는, 그것이 비록 생명권의 박탈을 초래하는 형벌이라 하더라도 이를 두고 곧바로 생명권이라는 기본권의 본질적인 내용을 침해하는 것이라 볼 수는 없다(헌재 2010. 2. 25. 2008헌가23).

> **판례**
>
> ▶ **사형제도의 헌법적 근거** : 헌법 제110조 제4항은 법률에 의하여 사형이 형벌로서 규정되고 그 형벌조항의 적용으로 사형이 선고될 수 있음을 전제로 하여, 사형을 선고한 경우에는 비상계엄하의 군사재판이라도 단심으로 할 수 없고 사법절차를 통한 불복이 보장되어야 한다는 취지의 규정으로, 우리 헌법은 문언의 해석상 사형제도를 간접적으로나마 인정하고 있다(헌재 2010. 2. 25. 2008헌가23).
>
> ▶ **상관을 살해한 경우 사형만을 유일한 법정형으로 규정하고 있는 군형법 제53조 제1항이 형벌과 책임 간의 비례원칙에 위배되는지**(적극) : 군대 내 명령체계 유지 및 국가방위라는 이유만으로 가해자와 상관 사이에 명령복종관계가 있는지 여부를 불문하고 전시와 평시를 구분하지 아니한 채 다양한 동기와 행위태양의 범죄를 동일하게 평가하여 사형만을 유일한 법정형으로 규정하고 있는 이 사건 법률조항은, 범죄의 중대성 정도에 비하여 심각하게 불균형적인 과중한 형벌을 규정함으로써 죄질과 그에 따른 행위자의 책임 사이에 비례관계가 준수되지 않아 인간의 존엄과 가치를 존중하고 보호하려는 실질적 법치국가의 이념에 어긋나고, 형벌체계상 정당성을 상실한 것이다(헌재 2007. 11. 29. 2006헌가13).

(2) **인공임신중절**

국가에게 태아의 생명을 보호할 의무가 있다고 하더라도 생명의 연속적 발전과정에 대하여 생명이라는 공통요소만을 이유로 하여 언제나 동일한 법적 효과를 부여하여야 하는 것은 아니다. 국가가 생명을 보호하는 입법적 조치를 취함에 있어 인간생명의 발달단계에 따라 그 보호정도나 보호수단을 달리하는 것은 불가능하지 않다. 한편 임신한 여성의 자기결정권이 보장되려면 임신한 여성이 임신 유지와 출산 여부에 관하여 전인적 결정을 하고 그 결정을 실행함에 있어서 충분한 시간이 확보되어야 한다. 이러한 점들을 모두 고려한다면, 태아가 모체를 떠난 상태에서 독자적으로 생존할 수 있는 시점인 임신 22주 내외에 도달하기 전이면서 동시에 임신 유지와 출산 여부에 관한 자기결정권을 행사하기에 충분한 시간이 보장되는 시기까지의 낙태에 대해서는 국가가 생명보호의 수단 및 정도를 달리 정할 수 있다고 봄이 타당하다(헌재 2019. 4. 11. 2017헌바127).

> **판례**
>
> ▶ **임신한 여성의 자기낙태를 처벌하는 형법 제269조 제1항 등에 대한 심사기준** : 이 사안은 국가가 태아의 생명 보호를 위해 확정적으로 만들어 놓은 자기낙태죄 조항이 임신한 여성의 자기결정권을 제한하고 있는 것이 과잉금지원칙에 위배되어 위헌인지 여부에 대한 것이다. 자기낙태죄 조항의 존재와 역할을 간과한 채 임신한 여성의 자기결정권과 태아의 생명권의 직접적인 충돌을 해결해야 하는 사안으로 보는 것은 적절하지 않다(헌재 2019. 4. 11. 2017헌바127).

> ▶ **임신한 여성의 자기낙태를 처벌하는 형법 제269조 제1항과 의사가 임신한 여성의 촉탁 또는 승낙을 받아 낙태하게 한 경우를 처벌하는 같은 법 제270조 제1항 부분이 임신한 여성의 자기결정권을 침해하는지**(적극) : 자기낙태죄 조항은 태아의 생명을 보호하기 위한 것으로서, 정당한 입법목적을 달성하기 위한 적합한 수단이다. 자기낙태죄 조항은 모자보건법에서 정한 사유에 해당하지 않는다면 결정가능기간 중에 다양하고 광범위한 사회적·경제적 사유를 이유로 낙태갈등 상황을 겪고 있는 경우까지도 예외 없이 전면적·일률적으로 임신의 유지 및 출산을 강제하고, 이를 위반한 경우 형사처벌하고 있다. 따라서, 자기낙태죄 조항은 입법목적을 달성하기 위하여 필요한 최소한의 정도를 넘어 임신한 여성의 자기결정권을 제한하고 있어 침해의 최소성을 갖추지 못하였고, 태아의 생명 보호라는 공익에 대하여만 일방적이고 절대적인 우위를 부여함으로써 법익균형성의 원칙도 위반하였으므로, 과잉금지원칙을 위반하여 임신한 여성의 자기결정권을 침해한다(헌재 2019. 4. 11. 2017헌바127 헌법불합치).

(3) 안락사

1) **의의**

   안락사란 불치의 질병 등으로 극심한 고통을 겪고 있는 병자 본인 또는 그 가족의 요청에 따라 그 고통을 덜어주기 위하여 인위적으로 죽음을 앞당기거나 생명 유지에 필수적인 영양 공급이나 약물 투여 등을 중단함으로써 생명을 단축하는 행위를 말한다.

2) **연명치료의 중단**

   죽음에 임박한 환자에 대한 연명치료는 의학적인 의미에서 치료의 목적을 상실한 신체침해 행위가 계속적으로 이루어지는 것이라 할 수 있고, 죽음의 과정이 시작되는 것을 막는 것이 아니라 자연적으로는 이미 시작된 죽음의 과정에서의 종기를 인위적으로 연장시키는 것으로 볼 수 있어, 비록 연명치료 중단에 관한 결정 및 그 실행이 환자의 생명단축을 초래한다 하더라도 이를 생명에 대한 임의적 처분으로서 자살이라고 평가할 수 없고, 오히려 인위적인 신체침해 행위에서 벗어나서 자신의 생명을 자연적인 상태에 맡기고자 하는 것으로서 인간의 존엄과 가치에 부합한다(헌재 2009. 11. 26. 2008헌마385).

   > **판례**
   >
   > ▶ **죽음에 임박한 환자의 의미** : 연명치료 중단에 관한 자기결정권의 인정 여부가 문제되는 '죽음에 임박한 환자'란 '의학적으로 환자가 의식의 회복 가능성이 없고 생명과 관련된 중요한 생체기능의 상실을 회복할 수 없으며 환자의 신체상태에 비추어 짧은 시간 내에 사망에 이를 수 있음이 명백한 경우', 즉 '회복 불가능한 사망의 단계'에 이른 경우를 의미한다(헌재 2009. 11. 26. 2008헌마385).
   >
   > ▶ **사전의료지시가 없는 경우** : 환자의 평소 가치관이나 신념 등에 비추어 연명치료를 중단하는 것이 객관적으로 환자의 최선의 이익에 부합한다고 인정되어 환자에게 자기결정권을 행사할 수 있는 기회가 주어지더라도 연명치료의 중단을 선택하였을 것이라고 볼 수 있는 경우에는, 그 연명치료 중단에 관한 환자의 의사를 추정할 수 있다고 인정하는 것이 합리적이고 사회상규에 부합된다. 이러한 환자의 의사 추정은 객관적으로 이루어져야 한다(대판 2009. 5. 21. 2009다17417).

제5항 인간의 존엄과 가치의 제한

헌법 제10조에서 규정한 인간의 존엄과 가치는 '헌법이념의 핵심'으로 국가는 헌법에 규정된 개별적 기본권을 비롯하여 헌법에 열거되지 아니한 자유와 권리까지도 이를 보장하여야 하며, 이를 통하여 개별 국민이 가지는 인간으로서의 존엄과 가치를 존중하고 확보하여야 한다는 헌법의 기본원리를 선언한 조항이다. 따라서 자유와 권리의 보장은 1차적으로 헌법상 개별적 기본권 규정을 매개로 이루어지지만, 기본권 제한에 있어서 인간의 존엄과 가치를 침해한다거나 기본권 형성에 있어서 최소한의 필요한 보장조차 규정하지 않음으로써 결과적으로 인간으로서의 존엄과 가치를 훼손한다면 헌법 제10조에서 규정한 인간의 존엄과 가치에 위반된다(헌재 2004. 10. 28. 2002헌마328).

> **판례**
>
> ▶ **구치소 내 과밀수용행위가 수형자인 청구인의 인간의 존엄과 가치를 침해하는지**(적극) : 교정시설의 1인당 수용면적이 수형자의 인간으로서의 기본욕구에 따른 생활조차 어렵게 할 만큼 지나치게 협소하다면, 이는 그 자체로 국가형벌권 행사의 한계를 넘어 수형자의 인간의 존엄과 가치를 침해하는 것이다. 이 사건의 경우, 성인 남성인 청구인이 이 사건 방실에 수용된 기간 동안 1인당 실제 개인사용 가능면적은, 2일 16시간 동안에는 1.06㎡, 6일 5시간 동안에는 1.27㎡였다. 이러한 1인당 수용면적은 우리나라 성인 남성의 평균 신장인 사람이 팔다리를 마음껏 뻗기 어렵고, 모로 누워 '칼잠'을 자야 할 정도로 매우 협소한 것이다. 그렇다면 청구인이 인간으로서 최소한의 품위를 유지할 수 없을 정도로 과밀한 공간에서 이루어진 이 사건 수용행위는 청구인의 인간으로서의 존엄과 가치를 침해한다(헌재 2016. 12. 29. 2013헌마142).

제2절 행복추구권

> **헌법 제10조**
> 모든 국민은 인간으로서의 존엄과 가치를 가지며, 행복을 추구할 권리를 가진다.

> **참고**
>
> ▶ **헌정사** : 행복추구권은 1980년 헌법(제8차 개정헌법)에서 도입

제1항 행복추구권의 의의

행복추구권이란 소극적으로는 고통과 불쾌감이 없는 상태를 추구할 권리, 적극적으로는 만족감을 느끼는 상태를 추구할 수 있는 권리라고 일반적으로 해석되고 있으나, 행복이라는 개념 자체가 역사적 조건이나 때와 장소에 따라 그 개념이 달라질 수 있으며, 행복을 느끼는 정신적 상태는 생활환경이나 생활조건, 인생관, 가치관에 따라 각기 다른 것이므로 일률적으로 정의하기가 어려운 개념일 수 밖에 없다(헌재 1997. 7. 16. 95헌가6).

제2항 행복추구권의 법적 성격

I 자연권적 기본권

행복추구권의 법적 성격에 관하여 자연권적 권리이고 인간으로서의 존엄과 가치의 존중 규정과 밀접 불가분의 관계가 있고, 헌법에 규정하고 있는 모든 개별적, 구체적 기본권은 물론 그 이외에 헌법에 열거되지 아니하는 모든 자유와 권리까지도 그 내용으로 하는 포괄적 기본권으로 해석되고 있다(헌재 1997. 7. 16. 95헌가6).

II 포괄적 자유권

헌법 제10조의 행복추구권은 국민이 행복을 추구하기 위하여 필요한 급부를 국가에게 적극적으로 요구할 수 있는 것을 내용으로 하는 것이 아니라, 국민이 행복을 추구하기 위한 활동을 국가권력의 간섭 없이 자유롭게 할 수 있다는 포괄적인 의미의 자유권으로서의 성격을 가진다(헌재 1995. 7. 21. 93헌가14).

III 보충적 기본권

행복추구권은 다른 기본권에 대한 보충적 기본권으로서의 성격을 지니므로, 공무담임권이라는 우선적으로 적용되는 기본권이 존재하여 그 침해 여부를 판단하는 이상, 행복추구권 침해 여부를 독자적으로 판단할 필요가 없다(헌재 2000. 12. 14. 99헌마112).

제3항 행복추구권의 주체

행복추구권은 인간의 권리이므로 외국인에게도 인정되나 법인에게는 원칙적으로 인정되지 않는다. 다만 행복추구의 향유는 정신적·신체적 상황과는 무관하기 때문에 신체적·정신적 장애나 성년 여부 등에 관계없이 모든 인간에게 인정된다.

제4항 행복추구권의 내용

I 일반원칙

1. 사적 자치의 원칙

(1) 의의

사적 자치의 원칙이란 인간의 자기결정 및 자기책임의 원칙에서 유래된 기본원칙으로서, 법률관계의 형성은 고권적인 명령에 의해서가 아니라 법인격자 자신들의 의사나 행위를 통해서 이루어진다는 원칙이다(헌재 2001. 5. 31. 99헌가18).

(2) 근거

사적 자치의 원칙이란 자신의 일을 자신의 의사로 결정하고 행하는 자유뿐만 아니라 원치 않으면 하지 않을 자유로서 우리 헌법 제10조의 행복추구권에서 파생되는 일반적 행동자유권의 하나이다(헌재 2009. 10. 29. 2007헌바135).

(3) 내용

사적 자치는 계약의 자유, 소유권의 자유, 결사의 자유, 유언의 자유 및 영업의 자유를 그 구성요소로 하고 있으며, 그중 계약의 자유는 사적 자치가 실현되는 가장 중요한 수단으로서, 이는 계약체결의 자유, 상대방선택의 자유, 방식의 자유, 계약의 변경 또는 해소의 자유를 포함한다(헌재 2001. 5. 31. 99헌가18).

2. 자기책임의 원리

(1) 의의

행복추구권에서 파생되는 자기결정권 내지 일반적 행동자유권은 이성적이고 책임감 있는 사람의 자기의 운명에 대한 결정·선택을 존중하되 그에 대한 책임은 스스로 부담함을 전제로 한다. 자기책임의 원리는 자기결정권의 한계논리로서 책임부담의 근거로 기능하는 동시에 자기가 결정하지 않은 것이나 결정할 수 없는 것에 대하여는 책임을 지지 않고 책임부담의 범위도 스스로 결정한 결과 내지 그와 상관관계가 있는 부분에 국한됨을 의미하는 책임의 한정원리로 기능한다(헌재 2004. 6. 24. 2002헌가27).

(2) 적용 범위

자기책임의 원리는 인간의 자유와 유책성, 그리고 인간의 존엄성을 진지하게 반영한 원리로서 그것이 비단 민사법이나 형사법에 국한된 원리라기보다는 근대법의 기본이념으로서 법치주의에 당연히 내재하는 원리로 볼 것이고, 헌법 제13조 제3항은 그 한 표현에 해당하는 것으로서 자기책임의 원리에 반하는 제재는 그 자체로서 헌법 위반을 구성한다(헌재 2011. 9. 29. 2010헌마68).

> **판례**
>
> ▶ **당해 전문학원을 졸업하고 운전면허를 받은 사람 중 교통사고를 일으킨 사람의 비율이 대통령령이 정하는 비율을 초과하는 때 운전전문학원에 대한 운영정지나 등록취소를 할 수 있도록 규정하고 있는 도로교통법 조항이 자기책임의 원리에 위반되는지**(적극) : 이 사건 조항에 의한 법적 책임의 부과는 운전전문학원이 주체적으로 행해야 하는 자기책임의 범위를 벗어난 것이다. 무릇 형벌을 포함한 법적 제재는 기본적으로 행위자의 의사결정과 책임의 범위에 상응하는 것이어야 하고, 자신의 의사결정이나 행위책임과 무관한 제재는 '책임원칙'에 반하거나, 타인에 해악을 주지 않는 한 자유롭게 행동할 수 있고 자신과 무관한 사유로 인한 법적 제재로부터 자유로울 것을 내포하는 헌법 제10조의 행복추구권의 취지에 어긋난다(헌재 2005. 7. 21. 2004헌가30).
>
> ▶ **담배소비세가 면제된 담배를 공급받은 자가 이를 당해 용도에 사용하지 않은 경우 면세담배를 공급한 제조자에게 담배소비세와 가산세의 납부의무를 부담시키는 지방세법 조항이 헌법에 위반되는지**(적극) : 제조자는 면세담배를 공급받은 자가 이를 용도 외로 사용하는지 여부에 관하여 관리하거나 감독할 수 있는 법적 권리나 의무가 없음에도 불구하고, 제조자에게 담배소비세와 가산세를 부과하는 것은 자신의 통제권 내지 결정권이 미치지 않는 데 대하여까지 책임을 지게 하는 것이다. 제조자는 법령이 정한 일정한 자격을 갖춘 상대방에게 특수용담배임을 표시하여 담배를 제공함으로써 일응의 책임을 다 한 것으로 볼 것이고, 그 이후의 단계에서 이루어진 용도 외의 처분에 관하여 제조자에게 귀책사유가 있다는 등의 특별한 사정이 없는 한 그 책임을 제조자에게 묻는 것은 자기책임의 원리에 반한다(헌재 2004. 6. 24. 2002헌가27).

Ⅱ 기본권

1. 일반적 내용

헌법 제10조 전문은 행복추구권을 보장하고 있는데 행복추구권에는 그 구체적인 표현으로서 일반적 행동자유권과 개성의 자유로운 발현권이 포함된다(헌재 1998. 10. 29. 97헌마345).

> **판례**
>
> ▶ **한자를 의사소통의 수단으로 사용하는 권리** : 언어와 그 언어를 표기하는 방식인 글자는 정신생활의 필수적인 도구이며 타인과의 소통을 위한 가장 기본적인 수단인바, 한자를 의사소통의 수단으로 사용하는 것은 행복추구권에서 파생되는 일반적 행동의 자유 내지 개성의 자유로운 발현의 한 내용이다(헌재 2009. 5. 28. 2006헌마618).
>
> ▶ **지역 방언을 자신의 언어로 선택하여 공적 또는 사적인 의사소통과 교육의 수단으로 사용하는 권리** : 지역 방언을 자신의 언어로 선택하여 공적 또는 사적인 의사소통과 교육의 수단으로 사용하는 것은 행복추구권에서 파생되는 일반적 행동의 자유 내지 개성의 자유로운 발현의 한 내용이 된다(헌재 2009. 5. 28. 2006헌마618).

2. 일반적 행동의 자유권

(1) 의의
일반적 행동자유권은 개인이 행위를 할 것인가의 여부에 대하여 자유롭게 결단하는 것을 전제로 하여 이성적이고 책임감 있는 사람이라면 자기에 관한 사항은 스스로 처리할 수 있을 것이라는 생각에서 인정되는 것이다. 일반적 행동자유권에는 적극적으로 자유롭게 행동을 하는 것은 물론 소극적으로 행동을 하지 않을 자유, 즉 부작위의 자유도 포함되며, 포괄적인 의미의 자유권으로서 일반조항적인 성격을 가진다(헌재 2003. 10. 30. 2002헌마518).

(2) 보호영역
일반적 행동자유권은 '모든 행위를 할 자유와 행위를 하지 않을 자유'로 가치 있는 행동만 그 보호영역으로 하는 것은 아닌 것으로, 그 보호영역에는 개인의 생활방식과 취미에 관한 사항도 포함되며, 여기에는 위험한 스포츠를 즐길 권리와 같은 위험한 생활방식으로 살아갈 권리도 포함된다(헌재 2003. 10. 30. 2002헌마518).

> **판례**
>
> ▶ **개인이 대마를 자유롭게 수수하고 흡연할 자유**(적극) : 일반적 행동자유권은 적극적으로 자유롭게 행동을 하는 것은 물론 소극적으로 행동을 하지 않을 자유도 포함되고, 가치있는 행동만 보호영역으로 하는 것은 아닌 것인바, 개인이 대마를 자유롭게 수수하고 흡연할 자유도 헌법 제10조의 행복추구권에서 나오는 일반적 행동자유권의 보호영역에 속한다(헌재 2005. 11. 24. 2005헌바46).
>
> ▶ **대마의 흡연행위를 마약류 관리에 관한 법률 제2조 제4호 가목의 향정신성의약품의 원료식물의 흡연행위와 같은 법정형으로 처벌하는 법 제61조 제1항이 과잉금지의 원칙을 위반하여 행복추구권을 침해하는지**(소극) : 대마의 사용자가 흡연행위를 한 후 그에 그치지 않고 환각상태에서 다른 강력한 범죄로 나아갈 경우와 같은 사회적인 위험성의 측면에서 보면 대마의 흡연행위가 법 제2조 제4호 가목 소정의 향정신성의약품 원료식물의 흡연 등의 행위보다 사회적 위험성 면에서 결코 약하다고 만은 할 수 없고, 법 제61조 제1항이 위 두 경우를 같은 법정형으로 처벌하도록 규정하고 있으면서도 5년 이하의 징역이나 5천만 원 이하의 벌금에 처하도록 법정형의 상한만을 정하여 그 죄질에 따라 법원이 적절한 선고형을 정하는 것이 가능하도록 하고 있으므로, 과잉금지의 원칙에 반하여 행복추구권을 침해하는 것이라고 할 수 없다(헌재 2005. 11. 24. 2005헌바46).
>
> ▶ **운전 중 휴대전화를 사용할 자유**(적극) : 헌법 제10조 전문의 행복추구권에는 그 구체적인 표현으로서 일반적 행동자유권이 포함된다. 일반적 행동자유권의 보호영역에는 가치 있는 행동뿐만 아니라 개인의 생활방식과 취미에 관한 사항도 포함되며, 여기에는 위험한 스포츠를 즐길 권리와 같은 위험한 생활방식으로 살아갈 권리도 포함된다. 따라서 운전 중 휴대용 전화를 사용할 자유는 헌법 제10조의 행복추구권에서 나오는 일반적 행동자유권의 보호영역에 속한다(헌재 2021. 6. 24. 2019헌바5).

▶ **운전 중 휴대전화 사용을 금지하고 이를 위반한 경우 20만 원 이하의 벌금이나 구류 또는 과료에 처할 수 있다고 규정하고 있는 도로교통법 조항이 자동차 등 운전자의 일반적 행동자유권을 침해하는지**(소극): 이 사건 법률조항의 입법목적은 운전 중 휴대용 전화의 사용으로 인한 교통사고 발생의 위험을 줄여 국민의 생명과 안전, 재산을 보호하고자 하는 것으로서 그 입법목적의 정당성이 인정되고, 수단의 적합성도 인정된다. 자동차 운전 중 휴대용 전화 사용 금지에 실질적 강제력을 부여하기 위해 그 위반행위에 대하여 형벌을 부과하도록 규정한 입법자의 판단이 잘못되었다고 보기도 어려우므로 침해의 최소성 원칙에 위반된다고 할 수 없다. 한편 이 사건 법률조항으로 인하여 청구인은 운전 중 휴대용 전화 사용의 편익을 누리지 못하고 그 의무에 위반할 경우 20만 원 이하의 벌금이나 구류 또는 과료에 처해질 수 있으나 이러한 부담은 크다고 보기 어렵다. 이에 비하여 운전 중 휴대용 전화 사용 금지로 교통사고의 발생을 줄이면 국민의 생명·신체·재산을 보호할 수 있으므로 이로 인해 달성되는 공익은 중대하다. 따라서 이 사건 법률조항은 법익의 균형성도 갖추었다(헌재 2021. 6. 24. 2019헌바5).

▶ **'누구든지 응급의료종사자의 응급환자에 대한 진료를 폭행, 협박, 위계, 위력, 그 밖의 방법으로 방해하여서는 아니된다'는 응급의료에 관한 법률 제12조 중 부분 등이 응급환자의 자기결정권 내지 일반적 행동자유권을 제한하는지**(소극): 먼저 응급환자 본인의 행위가 위법성이 인정되지 않는 범위 내에 있다면 심판대상조항에 의한 규율의 대상이 되지 아니하므로 자기결정권 내지 일반적 행동의 자유의 제한 문제가 발생하지 않는다. 한편 응급환자 본인의 모든 행위가 응급의료에 대한 거부 내지 항의를 위한 행위라는 이유로 허용되는 것은 아니며, 그 행위의 태양, 내용, 방법 및 그 결과에 비추어 사회통념상 용인될 수 없는 정도로 타인에게 심각한 피해를 발생시킨 경우 이는 정당한 자기결정권 내지 일반적 행동의 자유 행사의 범위를 벗어나는 것으로 허용될 수 없다. 즉, 응급환자 본인의 행위가 응급환자의 생명과 건강에 중대한 위해를 가할 우려가 있어 사회통념상 용인될 수 없는 정도의 것으로 '응급진료 방해 행위'로 평가되는 경우 이는 정당한 자기결정권 내지 일반적 행동의 자유의 한계를 벗어난 것이므로, 이를 다른 응급진료 방해 행위와 마찬가지로 금지하고 형사처벌의 대상으로 한다고 하여 자기결정권 내지 일반적 행동의 자유의 제한의 문제가 발생하는 것은 아니다(헌재 2019. 6. 28. 2018헌바128).

(3) **보호대상**

일반적 행동자유권은 모든 행위를 하거나 하지 않을 자유를 내용으로 하나, 그 보호대상으로서의 행동이란 국가가 간섭하지 않으면 자유롭게 할 수 있는 행위 내지 활동을 의미하고, 이를 국가권력이 가로막거나 강제하는 경우 자유권의 침해로서 논의될 수 있다(헌재 2010. 12. 28. 2008헌마527).

판례

▶ **현역병으로 복무할 권리**(소극): 일반적 행동자유권은 모든 행위를 하거나 하지 않을 자유를 내용으로 하나, 그 보호대상으로서의 행동이란 국가가 간섭하지 않으면 자유롭게 할 수 있는 행위 내지 활동을 의미하고, 이를 국가권력이 가로막거나 강제하는 경우 자유권의 침해로서 논의될 수 있다 할 것인데, 병역의무의 이행으로서의 현역병 복무는 국가가 간섭하지 않으면 자유롭게 할 수 있는 행위에 속하지 않으므로, 현역병으로 복무할 권리가 일반적 행동자유권에 포함된다고 할 수 없다(헌재 2010. 12. 28. 2008헌마527).

(4) 내용

1) 계약자유

계약자유의 원칙이란 계약을 체결할 것인가의 여부, 체결한다면 어떠한 내용의, 어떠한 상대방과의 관계에서, 어떠한 방식으로 계약을 체결하느냐 하는 것도 당사자 자신이 자기의사로 결정하는 자유뿐만 아니라, 원치 않으면 계약을 체결하지 않을 자유를 말하며, 이는 헌법상의 행복추구권 속에 함축된 일반적 행동자유권으로부터 파생되는 것이라 할 것이다. 이는 곧 헌법 제119조 제1항의 개인의 경제상의 자유의 일종이기도 하다(헌재 1991. 6. 3. 89헌마204).

> **판례**
>
> ▶ **주 52시간 상한제조항이 상시 5명 이상 근로자를 사용하는 사업주인 청구인의 계약의 자유와 직업의 자유, 근로자인 청구인들의 계약의 자유를 침해하는지**(소극) : [심사기준] 주 52시간 상한제조항과 같은 근로시간법제는 개인의 본질적이고 핵심적인 자유 영역에 관한 것이라기보다 사회적 연관관계에 놓여 있는 경제 활동을 규제하는 사항에 해당한다고 볼 수 있다. 그러므로 그 위헌성 여부를 심사함에 있어서는 완화된 심사기준이 적용된다. [과잉금지원칙 위반 여부] 주 52시간 상한제조항은 연장근로의 틀 안에 법정근로시간 외 근로를 일원화하여 실근로시간을 획기적으로 단축시키고자 하였다. 입법자는 사용자와 근로자가 일정 부분 장시간 노동을 선호하는 경향, 포괄임금제의 관행 및 사용자와 근로자 사이의 협상력의 차이 등으로 인해 장시간 노동 문제가 구조화되었다고 보고, 사용자와 근로자 사이의 합의로 주 52시간 상한을 초과할 수 없다고 판단했는데, 이러한 입법자의 판단이 합리성을 결여했다고 볼 수 없으므로 주 52시간 상한제조항은 과잉금지원칙에 반하여 상시 5명 이상 근로자를 사용하는 사업주인 청구인의 계약의 자유와 직업의 자유, 근로자인 청구인들의 계약의 자유를 침해하지 않는다(헌재 2024. 2. 28. 2019헌마500).

2) 흡연권

흡연자들이 자유롭게 흡연할 권리를 흡연권이라고 한다면, 이러한 흡연권은 인간의 존엄과 행복추구권을 규정한 헌법 제10조와 사생활의 자유를 규정한 헌법 제17조에 의하여 뒷받침된다. 인간으로서의 존엄과 가치를 실현하고 행복을 추구하기 위하여서는 누구나 자유로이 의사를 결정하고 그에 기하여 자율적인 생활을 형성할 수 있어야 하므로, 자유로운 흡연에의 결정 및 흡연행위를 포함하는 흡연권은 헌법 제10조에서도 그 근거를 찾을 수 있다(헌재 2004. 8. 26. 2003헌마457).

3) 휴식권

휴식권은 헌법상 명문의 규정은 없으나 포괄적 기본권인 행복추구권의 한 내용으로 볼 수 있다(헌재 2001. 9. 27. 2000헌마159).

4) 자신이 마실 물을 선택할 자유

자신이 마실 물을 선택할 자유, 수돗물 대신 먹는샘물을 음용수로 이용할 자유는 헌법 제10조에 규정된 행복추구권의 내용을 이룬다(헌재 1998. 12. 24. 98헌가1).

5) 하객들에게 주류와 음식물을 접대하는 행위

결혼식 등의 당사자가 자신을 축하하러 온 하객들에게 주류와 음식물을 접대하는 행위는 인류의 오래된 보편적인 사회생활의 한 모습으로서 개인의 일반적인 행동의 자유 영역에 속하는 행위이므로 이는 헌법 제37조 제1항에 의하여 경시되지 아니하는 기본권이며 헌법 제10조가 정하고 있는 행복추구권에 포함되는 일반적 행동자유권으로서 보호되어야 할 기본권이다(헌재 1998. 10. 15. 98헌마168).

6) 미결수용자의 접견교통권

헌법재판소는 헌법 제10조의 행복추구권에 포함되는 기본권의 하나로서 일반적 행동자유권을 인정하고 있는데 미결수용자의 접견교통권은 일반적 행동자유권으로부터 나온다고 보아야 할 것이고 다른 한편으로는 무죄추정의 원칙을 규정한 헌법 제27조 제4항도 미결수용자의 접견교통권 보장의 한 근거가 된다(헌재 2003. 11. 27. 2002헌마193).

7) 미결수용자 가족의 접견교통권

미결수용자의 가족이 미결수용자와 접견하는 것은 헌법 제10조가 보장하고 있는 인간으로서의 존엄과 가치 및 행복추구권 가운데 포함되는 헌법상의 기본권이라고 보아야 한다(헌재 2003. 11. 27. 2002헌마193).

8) 무상으로 가르치는 행위

무상 또는 일회적·일시적으로 가르치는 행위는 일반적 행동의 자유에 속하는 것으로서 헌법 제10조의 행복추구권에 의하여 보호된다(헌재 2000. 4. 27. 98헌가16).

9) 무상의 의료행위

이 사건 법률조항은 청구인이 의료행위를 지속적인 소득활동이 아니라 취미, 일시적 활동 또는 무상의 봉사활동으로 삼는 경우에는 헌법 제10조의 행복추구권에서 파생하는 일반적 행동의 자유를 제한하는 규정이다(헌재 2002. 12. 18. 2001헌마370).

10) 기부금품 모집행위

기부금품의 모집행위는 행복추구권에서 파생하는 일반적인 행동자유권에 의하여 기본권으로 보장되기 때문에, 법의 허가가 기본권의 본질과 부합하려면, 그 허가절차는 기본권에 의하여 보장된 자유를 행사할 권리 그 자체를 제거해서는 아니되고 허가절차에 규정된 법률요건을 충족시킨 경우에는 기본권의 주체에게 기본권 행사의 형식적 제한을 다시 해제할 것을 요구할 수 있는 법적 권리를 부여하여야 한다(헌재 1998. 5. 28. 96헌가5).

11) 소비자의 자기결정권

자도소주구입명령제도는 비록 직접적으로는 소주판매업자에게만 구입의무를 부과하고 있으나 실질적으로는 구입명령제도가 능력경쟁을 통한 시장의 점유를 억제함으로써 소주제조업자의 기업의 자유 및 경쟁의 자유를 제한하고, 소비자가 자신의 의사에 따라 자유롭게 상품을 선택하는 것을 제약함으로써 소비자의 행복추구권에서 파생되는 자기결정권도 제한하고 있다(헌재 1996. 12. 26. 96헌가18).

(5) 제한

일반적 행동의 자유는 개인의 인격발현과 밀접히 관련되어 있으므로 최대한 존중되어야 하는 것이지만, 헌법 제37조 제2항에 따라 국가안전보장, 질서유지 또는 공공복리를 위하여 법률로 제한될 수 있다. 다만 제한하는 경우에도 기본권 제한입법의 한계를 준수하여야 할 것이다(헌재 2003. 10. 30. 2002헌마518).

> **판례**
>
> ▶ 누구든지 금융회사 등에 종사하는 자에게 타인의 금융거래의 내용에 관한 정보 또는 자료를 요구하는 것을 금지하고, 이를 위반 시 형사처벌하는 구 '금융실명거래 및 비밀보장에 관한 법률' 제4조 제1항 본문 등이 과잉금지원칙을 위반하여 일반적 행동자유권을 침해하는지(적극) : 제공요구행위에 사회적으로 비난받을 행위가 수반되지 않거나, 금융거래의 비밀 보장에 실질적인 위협이 되지 않는 행위도 충분히 있을 수 있고, 명의인의 동의를 받을 수 없는 상황에서 타인의 금융거래정보가 필요하여 금융기관 종사자에게 그 제공을 요구하는 경우가 있을 수 있는 등 금융거래정보 제공요구행위는 구체적인 사안에 따라 죄질과 책임을 달리한다고 할 것임에도, 심판대상조항은 정보제공요구의 사유나 경위, 행위 태양, 요구한 거래정보의 내용 등을 전혀 고려하지 아니하고 일률적으로 금지하고, 그 위반 시 형사처벌을 하도록 하고 있다. 따라서 심판대상조항은 과잉금지원칙에 반하여 일반적 행동자유권을 침해한다(헌재 2022. 2. 24. 2020헌가5).
>
> ▶ 이동통신사업자가 제공하는 전기통신역무를 타인의 통신용으로 제공하는 것을 원칙적으로 금지하고, 위반 시 형사처벌하는 전기통신사업법 제30조 본문 등이 이동통신서비스 이용자의 일반적 행동자유권을 침해하는지(소극) : 이동통신서비스를 타인의 통신용으로 제공한 사람들은 이동통신시장에 대포폰이 다량 공급되는 원인으로 작용하고 있으므로, 대포폰을 이용한 보이스피싱 등 신종범죄로부터 통신의 수신자 등을 보호하기 위해서는 이동통신서비스를 타인의 통신용으로 제공하는 것을 금지하고 위반 시 처벌할 필요성이 크다. 따라서 심판대상조항은 이동통신서비스 이용자의 일반적 행동자유권을 침해하지 아니한다(헌재 2022. 6. 30. 2019헌가14).
>
> ▶ 못된 장난 등으로 다른 사람, 단체 또는 공무수행중인 자의 업무를 방해한 사람을 20만 원 이하의 벌금, 구류 또는 과료로 처벌하는 '경범죄 처벌법' 제3조 제2항 제3호가 죄형법정주의의 명확성원칙을 위반하여 청구인의 일반적 행동자유권을 침해하는지(소극) : 형법상 업무방해죄, 공무집행방해죄에 이르지 아니하나 업무나 공무를 방해하거나 그러한 위험이 있는 행위의 유형은 매우 다양하므로 심판대상조항에서는 '못된 장난 등'이라는 다소 포괄적인 규정으로 개별 사안에서 법관이 그 적용여부를 판단할 수 있도록 하고 있으나, '경범죄 처벌법'은 제2조에서 남용금지 규정을 둠으로써 심판대상조항이 광범위하게 자의적으로 적용될 수 있는 가능성을 차단하고 있다. 따라서 심판대상조항은 죄형법정주의의 명확성원칙을 위반하여 청구인의 일반적 행동자유권을 침해하지 않는다(헌재 2022. 11. 24. 2021헌마426).
>
> ▶ 어린이 보호구역에서 제한속도 준수의무 또는 '안전운전의무'를 위반하여 어린이를 상해에 이르게 한 경우 1년 이상 15년 이하의 징역 또는 500만 원 이상 3천만 원 이하의 벌금에, 사망에 이르게 한 경우 무기 또는 3년 이상의 징역에 처하도록 규정한 '특정범죄 가중처벌 등에 관한 법률' 제5조의13이 과잉금지원칙에 위반되어 청구인들의 일반적 행동자유권을 침해하는지(소극) : 어린이의 통행이 빈번한 초등학교 인근 등 제한된 구역을 중심으로 어린이 보호구역을 설치하고 엄격한 주의의무를 부과하여 위반자를 엄하게 처벌하는 것은 어린이에 대한 교통사고 예방과 보호를 위해 불가피한 조치이다. 운전자의 주의의무 위반의 내용 및 정도와 어린이가 입은 피해의 정도가 다양하여 불법성 및 비난가능성에 차이가 있다고 하더라도, 이는 법관의 양형으로 충분히 극복될 수 있는 범위 내에 있다. 따라서 심판대상조항은 과잉금지원칙에 위반되어 청구인들의 일반적 행동자유권을 침해한다고 볼 수 없다(헌재 2023. 2. 23. 2020헌마460).

▶ **전동킥보드의 최고속도는 25km/h를 넘지 않아야 한다고 규정한 구 '안전확인대상생활용품의 안전기준' 규정이 소비자의 자기결정권 및 일반적 행동자유권을 침해하는지**(소극): 최고속도 제한을 두지 않는 방식이 이를 두는 방식에 비해 확실히 더 안전한 조치라고 볼 근거가 희박하고, 최고속도가 시속 25km라는 것은 자전거도로에서 통행하는 다른 자전거보다 속도가 더 높아질수록 사고위험이 증가할 수 있는 측면을 고려한 기준 설정으로서, 전동킥보드 소비자의 자기결정권 및 일반적 행동자유권을 박탈할 정도로 지나치게 느린 정도라고 보기 어렵다. 심판대상조항은 과잉금지원칙을 위반하여 소비자의 자기결정권 및 일반적 행동자유권을 침해하지 아니한다(헌재 2020. 2. 27. 2017헌마1339).

▶ **교통사고 발생 시 사상자 구호 등 필요한 조치를 하지 않은 자에 대한 형사처벌을 정하는 구 도로교통법 제148조가 과잉금지원칙에 위반하여 일반적 행동자유권을 침해하는지**(소극): 교통사고 발생 시 조치의무를 형사처벌로 강제하는 심판대상조항은, 교통사고로 인한 사상자의 신속한 구호 및 교통상의 위험과 장해의 방지·제거를 통하여 안전하고 원활한 교통을 확보하기 위한 것으로, 입법목적의 정당성 및 수단의 적합성을 인정할 수 있다. 교통사고 관련 운전자 등이 조치의무를 이행하지 않고 그대로 현장을 벗어날 유인이 많은 점을 고려할 때, 과태료와 같은 행정적 제재만으로는 조치의무의 실효성을 담보할 수 없으므로 최소침해성의 원칙에 위배되지 않으며, 심판대상조항이 운전자 등의 시간적, 경제적 손해를 유발할 가능성이 있는 것은 사실이나 이미 발생한 피해자의 생명·신체에 대한 피해 구호와 안전한 교통의 회복이라는 공익은 운전자등이 제한당하는 사익보다 크므로, 심판대상조항은 법익균형성을 갖추었다. 따라서 심판대상조항은 청구인의 일반적 행동자유권을 침해하지 않는다(헌재 2019. 4. 11. 2017헌가28).

▶ **육군 장교가 민간법원에서 약식명령을 받아 확정되면 자진신고할 의무를 규정한 '2020년도 장교 진급 지시' 등이 과잉금지원칙에 반하여 일반적 행동의 자유를 침해하는지**(소극): 청구인들이 자진신고의무를 부담하는 것은 수사 및 재판 단계에서 의도적으로 신분을 밝히지 않은 행위에서 비롯된 것으로서 이미 예상가능한 불이익인 반면, '군사법원에서 약식명령을 받아 확정된 경우'와 그 신분을 밝히지 않아 '민간법원에서 약식명령을 받아 확정된 경우' 사이에 발생하는 인사상 불균형을 방지함으로써 군 조직의 내부 기강 및 질서를 유지하고자 하는 공익은 매우 중대하다. 20년도 육군지시 자진신고조항 및 21년도 육군지시 자진신고조항은 과잉금지원칙에 반하여 일반적 행동의 자유를 침해하지 않는다(헌재 2021. 8. 31. 2020헌마12).

▶ **의료분쟁 조정신청의 대상인 의료사고가 사망에 해당하는 경우 한국의료분쟁조정중재원의 원장은 지체 없이 조정절차를 개시해야 한다고 규정한 '의료사고 피해구제 및 의료분쟁 조정 등에 관한 법률' 제27조 제9항 전문 부분이 청구인의 일반적 행동의 자유를 침해하는지**(소극): 조정절차가 자동으로 개시되더라도 피신청인은 이의신청을 통해 조정절차에 참여하지 않을 수 있고, 조정의 성립까지 강제되는 것은 아니므로 합의나 조정결정의 수용 여부에 대해서는 자유롭게 선택할 수 있으며, 채무부존재확인의 소 등을 제기하여 소송절차에 따라 분쟁을 해결할 수도 있다. 따라서 의료사고로 사망의 결과가 발생한 경우 의료분쟁 조정절차를 자동으로 개시하도록 한 심판대상조항이 청구인의 일반적 행동의 자유를 침해한다고 할 수 없다(헌재 2021. 5. 27. 2019헌마321).

▶ **비어업인이 잠수용 스쿠버장비를 사용하여 수산자원을 포획·채취하는 것을 금지하는 수산자원관리법 시행규칙 제6조 부분이 청구인의 일반적 행동의 자유를 침해하는지**(소극): 수산자원을 유지·보존하고 어업인들의 재산을 보호함으로써, 단기적으로는 어업인의 생계를 보장하고 장기적으로는 수산업의 생산성을 향상시키고자 하는 입법목적은 정당하고, 비어업인이 잠수용 스쿠버장비를 사용하여 수산자원을 포획·채취하는 것을 금지하는 것은 이러한 입법목적을 달성하기 위한 적절한 수단이다. 여가생활 또는 오락으로 잠수용 스쿠버다이빙을 즐기면서 수산자원을 포획하거나 채취하지 못함으로 인하여 청구인이 입는 불이익에 비해 수산자원을 보호해야 할 공익은 현저히 크다고 할 것이므로, 이 사건 규칙조항은 침해의 최소성과 법익의 균형성도 갖추었다(헌재 2016. 10. 27. 2013헌마450).

▶성폭력처벌법 제16조 제2항 중 같은 법 제14조 제2항(카메라 등을 이용한 촬영)의 범죄를 범한 사람에 대하여 유죄판결을 선고하는 경우 성폭력 치료프로그램의 이수명령을 병과하도록 한 부분이 일반적 행동자유권을 침해하는지(소극) : 카메라 등 이용 촬영죄는 왜곡된 성 의식과 피해자에 대한 공감능력의 부족, 성충동 조절의 실패 등에서 비롯되는 경우가 많으므로, 카메라 등 이용 촬영죄를 범한 사람에 대하여 이수명령을 부과하도록 한 것이 불합리하다고 볼 수 없다. 이수명령 조항이 달성하고자 하는 공익의 중요성을 고려하면 일정 기간 동안 일정 장소에 참석하여 성폭력 치료프로그램을 이수하여야 하는 불이익은 그다지 큰 불이익이라고 볼 수 없다. 따라서 이수명령 조항은 일반적 행동자유권을 침해한다고 볼 수 없다(헌재 2016. 12. 29. 2016헌바153).

▶관할경찰관서의 장은 등록기간 중 반기 1회 등록대상자와 직접 대면 등의 방법으로 등록정보의 진위 및 변경 여부를 확인하여야 한다고 규정한 성폭력특례법 제45조 제4항이 청구인의 일반적 행동자유권, 개인정보자기결정권을 침해하는지(소극) : 대면확인조항은 범죄 수사 및 예방을 위하여 등록대상자들이 관할경찰관서의 장과 정기적으로 직접 대면하여 신상정보의 진위 및 변경 여부를 확인받도록 하는 것인데, 연 1회 등록정보의 변경 여부만을 확인하도록 한 구 성폭력특례법 제35조 제3항과 제출조항만으로는 신상정보의 최신성을 확보하는 데 한계가 있고, 등록대상자가 대면확인을 거부하더라도 처벌받지 않으므로 등록대상자는 국가의 신상정보 등록제도 운영에 협력하는 정도의 부담만을 지게 되는 것이어서 그로 인하여 등록대상자가 입는 불이익이 크다고 할 수 없다. 따라서 대면확인조항은 청구인의 일반적 행동자유권 및 개인정보자기결정권을 침해하지 않는다(헌재 2016. 3. 31. 2014헌마457).

▶아동·청소년 대상 성범죄자에게 1년마다 정기적으로 새로 촬영한 사진을 제출하도록 하고, 정당한 사유 없이 사진제출의무를 위반한 경우 처벌하는 구 '아동·청소년의 성보호에 관한 법률' 제34조 제2항 단서 등이 일반적 행동의 자유를 침해하는지(소극) : 아동·청소년 대상 성범죄자의 신상정보를 등록하게 하고, 그중 사진의 경우에는 1년마다 새로 촬영하여 제출하게 하고 이를 보존하는 것은 신상정보 등록대상자의 재범을 억제하고, 재범한 경우에는 범인을 신속하게 검거하기 위한 것이므로 입법목적이 정당하고, 적합한 수단이다. 외모라는 신상정보의 특성에 비추어 보면 변경되는 정보의 보관을 위하여 정기적으로 사진을 제출하게 하는 방법 외에는 다른 대체수단을 찾기 어렵고, 등록의무자에게 매년 새로 촬영된 사진을 제출하게 하는 것이 그리 큰 부담은 아닐 뿐만 아니라, 의무위반 시 제재방법은 입법자에게 재량이 있으며 형벌 부과는 입법재량의 범위 내에 있고 또한 명백히 잘못되었다고 할 수는 없으며, 법정형 또한 비교적 경미하므로 침해의 최소성 원칙 및 법익균형성 원칙에도 위배되지 아니한다(헌재 2015. 7. 30. 2014헌바257).

▶가해학생이 특별교육을 이수할 경우 그 보호자도 함께 특별교육을 이수하도록 하는 학교폭력예방법 제17조 제9항이 가해학생 보호자의 일반적 행동자유권을 침해하는지(소극) : 학교폭력예방법에서 가해학생과 함께 그 보호자도 특별교육을 이수하도록 의무화한 것은 교육의 주체인 보호자의 참여를 통해 학교폭력 문제를 보다 근본적으로 해결하기 위한 것이다. 가해학생이 학교폭력에 이르게 된 원인을 발견하여 이를 근본적으로 치유하기 위해서는 가족 공동체의 일원으로서 가해학생과 밀접 불가분의 유기적 관계를 형성하고 있는 보호자의 교육 참여가 요구된다. 따라서 특별교육이수규정이 가해학생 보호자의 일반적 행동자유권을 침해한다고 볼 수 없다(헌재 2013. 10. 24. 2012헌마832).

▶형의 집행을 유예하면서 사회봉사를 명할 수 있도록 한 형법 제62조의 제1항이 범죄인의 일반적 행동의 자유를 과도하게 제한하여 과잉금지원칙에 위배되는지(소극) : 이 사건 법률조항은 범죄인에게 근로를 강제하여 형사제재적 기능을 함과 동시에 사회에 유용한 봉사활동을 통하여 사회와 통합하여 재범방지 및 사회복귀를 용이하게 하려는 것으로서, 이에 근거하여 부과되는 사회봉사명령이 자유형 집행의 대체수단으로서 자유형의 집행으로 인한 범죄인의 자유의 제한을 완화하여 주기 위한 수단인 점, 기간이 500시간 이내로 제한되어 있는 점 등을 종합하여 보면 과잉금지원칙에 위배되지 아니한다(헌재 2012. 3. 29. 2010헌바100).

▶ **피치료감호자에 대한 치료감호가 가종료되었을 때 필요적으로 3년간의 보호관찰이 시작되도록 규정하고 있는 치료감호법 조항이 청구인의 일반적 행동의 자유를 침해하는지**(소극): 정신질병의 특성상 증상의 정도를 세분화하여 그 기준을 만든다는 것이 쉽지 않고, 질병의 증상은 언제라도 호전과 악화를 반복할 수 있으므로 가종료 결정 당시의 증상만을 기준으로 보호관찰기간을 정하는 것은 적절한 관리가 되지 않을 수 있으며, 보호관찰을 부과하지 아니할 정도로 치료가 된 상태라면 가종료가 아닌 치료감호 종료사유에 해당된다는 점 등을 고려할 때, 침해의 최소성 원칙에 위배되지 아니하고, 법익의 균형성도 갖추고 있으므로, 청구인의 일반적 행동의 자유를 침해하지 않는다(헌재 2012. 12. 27. 2011헌마285).

▶ **경찰청장이 2009. 6. 3. 경찰버스들로 서울특별시 서울광장을 둘러싸 통행을 제지한 행위가 청구인들의 일반적 행동자유권을 침해한 것인지**(적극): 전면적이고 광범위한 집회방지조치를 취할 필요성이 있었다고 하더라도, 서울광장의 몇 군데라도 통로를 개설하여 통제하에 출입하게 하거나 대규모의 불법·폭력집회가 행해질 가능성이 적은 시간대라든지 서울광장 인근 건물에의 출근이나 왕래가 많은 오전 시간대에는 일부 통제를 푸는 등 시민들의 통행이나 여가·문화활동에 과도한 제한을 초래하지 않으면서도 목적을 상당 부분 달성할 수 있는 수단이나 방법을 고려하였어야 함에도 불구하고 모든 시민의 통행을 전면적으로 제지한 것은 침해의 최소성을 충족한다고 할 수 없다(헌재 2011. 6. 30. 2009헌마406).

▶ **이륜자동차와 원동기장치자전거가 일반도로에서 통행할 수 있는 차로를 오른쪽 차로만으로 규정하고 있는 구 도로교통법 시행규칙 제16조 제1항 [별표 9] 부분이 통행의 자유**(일반적 행동의 자유)**를 침해하는지**(소극): 이륜자동차 등이 일반도로의 모든 차로를 자유로이 통행하는 것을 허용한다면 일반도로의 다른 차량 운전자들에게 심리적 위축 및 불안감을 야기하고, 교통사고 발생 확률을 높여 원활한 교통소통 및 교통 안전성을 저해할 가능성이 상당하므로 일반도로에서 이륜자동차 등이 통행할 수 있는 차로를 오른쪽 차로로 제한할 필요가 있는 점, 이륜자동차 등이 통행할 수 있는 차로를 제한하면서도 이륜자동차 등 운전자들의 통행의 자유(일반적 행동의 자유)에 대한 제한을 완화하고, 안전한 주행과 원활한 교통 흐름을 확보하기 위한 규정을 두고 있는 점 등을 고려하면 심판대상조항은 이륜자동차 등 운전자의 통행의 자유(일반적 행동의 자유)를 침해하지 아니한다(헌재 2025. 4. 10. 2020헌마1437).

▶ **긴급자동차를 제외한 이륜자동차의 자동차 전용도로 통행을 금지하고 이를 위반한 경우 처벌하는 도로교통법 제63조 부분 등이 통행의 자유**(일반적 행동의 자유)**를 침해하는지**(소극): 이륜자동차의 자동차전용도로 통행을 허용할 경우 이륜자동차의 구조적 특수성, 일부 그 이륜자동차 운전자들의 낮은 교통질서 의식과 나쁜 운전습관 등으로 인하여, 이륜자동차 운전자의 안전은 물론 일반자동차 운전자의 안전까지 저해할 우려가 있고, 차량의 능률적인 운행과 원활한 교통소통을 방해할 가능성이 크다. 따라서 이 사건 법률조항이 과잉금지원칙에 반하여 이륜자동차 운전자의 통행의 자유(일반적 행동의 자유)를 침해한다고 볼 수 없다(헌재 2015. 9. 24. 2014헌바291).

▶ **음주운전의 경우 운전의 개념에 '도로 외의 곳'을 포함하도록 한 도로교통법 제2조 제26호 부분이 일반적 행동의 자유를 침해하는지**(소극): 구체적 장소를 열거하거나 일부 장소만으로 한정하여서는 음주운전으로 인한 교통사고를 강력히 억제하려는 입법목적을 달성하기 어렵다. 음주운전은 사고의 위험성이 높고 그로 인한 피해도 심각하며 반복의 위험성도 높다는 점에서 음주운전으로 인한 교통사고의 위험을 방지할 필요성은 절실한 반면, 그로 인하여 제한되는 사익은 도로 외의 곳에서 음주운전을 할 수 있는 자유로서 인격과 관련성이 있다거나 사회적 가치가 높은 이익이라 할 수 없으므로 법익의 균형성 또한 인정된다(헌재 2016. 2. 25. 2015헌가11).

▶ 의무보험에 가입되어 있지 아니한 자동차는 도로에서 운행할 수 없도록 하고 이를 위반하여 자동차를 운행한 자동차 보유자를 형사처벌하도록 정한 '자동차손해배상 보장법' 제8조 본문 등이 청구인의 일반적 행동자유권, 계약의 자유, 재산권을 침해하는지 여부(소극) : 자동차 운행으로 인한 사고에 대해서는 자동차 소유자뿐만 아니라 소유자가 아니더라도 자기를 위하여 자동차를 운행하는 자 또한 손해배상책임을 지므로, 자동차 소유자 외에 자동차를 사용할 권리가 있는 자로서 자기를 위하여 자동차를 운행하는 자에게도 의무보험에 가입할 의무를 부과하는 것은 입법목적 달성을 위해 불가피하다. 자동차사고에 대한 손해배상을 보장하는 제도를 확립하여 피해자를 보호하고, 자동차사고로 인한 위험을 사회적으로 분산시킬 수 있으므로 심판대상조항들로 달성되는 공익은 중대하다. 반면 가입하여야 하는 보험의 내용과 금액의 한도가 정해져 있는 점 등을 고려하면, 자동차 보유자가 받는 불이익이 감수할 수 없을 정도로 크다고 볼 수 없다. 심판대상조항들은 법익의 균형성 원칙도 충족한다(헌재 2019. 11. 28. 2018헌바134).

▶ 자동차 운전자에게 좌석안전띠를 매도록 하고, 이를 위반했을 때 범칙금을 납부하도록 통고하는 것이 일반적 행동자유권을 침해하는지(소극) : 자동차 운전자에게 좌석안전띠를 매도록 하고 이를 위반했을 때 범칙금을 납부하도록 통고하는 것은, 교통사고로부터 국민의 생명 또는 신체에 대한 위험과 장애를 방지·제거하고 사회적 부담을 줄여 교통질서를 유지하고 사회공동체의 상호이익을 보호하는 공공복리를 위한 것으로 그 입법목적이 정당하고, 운전자의 불이익은 약간의 답답함이라는 경미한 부담이고 좌석안전띠 미착용으로 부담하는 범칙금이 소액인 데 비하여 좌석안전띠 착용으로 달성하려는 공익은 동승자를 비롯한 국민의 생명과 신체를 보호하고 교통사고로 인한 사회적인 비용을 줄여 사회공동체의 이익을 증진하는 것이므로 달성하고자 하는 공익이 침해되는 청구인의 좌석안전띠를 매지 않을 자유라는 사익보다 크며, 제도의 연혁과 현황을 종합하여 볼 때 청구인의 일반적 행동자유권을 비례의 원칙에 위반되게 과도하게 침해하는 것이 아니다(헌재 2003. 10. 30. 2002헌마518).

▶ 교도소장이 청구인을 비롯한 ○○교도소 수용자의 동절기 취침시간을 21:00로 정한 행위가 청구인의 일반적 행동자유권을 침해하는지(소극) : 교도소는 수용자가 공동생활을 영위하는 장소이므로 질서유지를 위하여 취침시간의 일괄처우가 불가피한 바, 피청구인은 취침시간을 21:00로 정하되 기상시간을 06:20으로 정함으로써 동절기 일조시간의 특성을 수면시간에 반영하였고, 이에 따른 수면시간은 9시간 20분으로 성인의 적정 수면시간 이상을 보장하고 있다. 나아가 특별한 사정이 있거나 수용자가 부상·질병으로 적절한 치료를 받아야 할 경우에는 관련규정에 따라 21:00 취침의 예외가 인정될 수 있으므로, 이 사건 취침시간은 청구인의 일반적 행동자유권을 침해하지 아니한다(헌재 2016. 6. 30. 2015헌마36).

▶ 마약류 사범인 청구인에게 마약류 반응검사를 위하여 소변을 받아 제출하게 한 것이 청구인의 일반적인 행동자유권, 신체의 자유를 침해하였는지(소극) : 수용자가 마약류를 복용할 경우 그 수용자의 수용목적이 근본적으로 훼멸될 뿐만 아니라 다른 수용자들에 대한 위해로 인한 사고로 이어질 수 있으므로, 소변채취를 통한 마약류 반응검사가 월 1회씩 정기적으로 행하여진다 하여도 이는 마약류의 반입 및 복용사실을 조기에 발견하고 마약류의 반입시도를 사전에 차단함으로써 교정시설 내의 안전과 질서유지를 위하여 필요하고, 징벌 등 제재처분 없이 자발적으로 소변을 받아 제출하도록 한 후 3분 내의 짧은 시간에 시약을 떨어뜨리는 간단한 방법으로 실시되므로, 대상자가 소변을 받아 제출하는 하기 싫은 일을 하여야 하고 자신의 신체의 배출물에 대한 자기결정권이 다소 제한된다고 하여도, 그것만으로는 소변채위의 목적 및 검사방법 등에 비추어 과잉금지의 원칙에 반한다고 할 수 없다(헌재 2006. 7. 27. 2005헌마277).

제5항 행복추구권의 제한

행복추구권도 헌법 제37조 제2항에 의해 국가안전보장, 질서유지 또는 공공복리를 위하여 필요한 경우에 한하여 법률로써 제한할 수 있다. 다만 이 경우에도 행복추구권의 본질적인 내용은 침해할 수 없다.

> **판례**
>
> ▶ **대학교정화구역 내의 극장시설 및 영업을 금지하고 있는 학교보건법 제6조 제1항 제2호가 학생들의 행복추구권을 침해하는지**(적극): 직업교육이 날로 강조되는 대학교육에 있어서 문화에의 손쉬운 접근가능성은 중요한 기본권으로서의 의미를 갖게 된다. 이 사건 법률조항은 대학생의 자유로운 문화향유에 관한 권리 등 행복추구권을 침해하고 있다. 아동과 청소년은 부모와 국가에 의한 단순한 보호의 대상이 아닌 독자적인 인격체이며, 그의 인격권은 성인과 마찬가지로 인간의 존엄성 및 행복추구권을 보장하는 헌법 제10조에 의하여 보호된다. 따라서 헌법이 보장하는 인간의 존엄성 및 행복추구권은 국가의 교육권한과 부모의 교육권의 범주 내에서 아동에게도 자신의 교육환경에 관하여 스스로 결정할 권리, 그리고 자유롭게 문화를 향유할 권리를 부여한다. 이 사건 법률조항은 아동·청소년의 문화향유에 관한 권리 등 인격의 자유로운 발현과 형성을 충분히 고려하고 있지 아니하므로 아동·청소년의 자유로운 문화향유에 관한 권리 등 행복추구권을 침해하고 있다(헌재 2004. 5. 27. 2003헌가1).

제3절 평등권

제1항 평등권의 의의

평등의 원칙은 입법자에게 본질적으로 같은 것을 자의적으로 다르게, 본질적으로 다른 것을 자의적으로 같게 취급하는 것을 금지하는 것이고(헌재 1996. 12. 26. 96헌가18), 헌법 제11조가 규정하고 있는 평등권이란 정당한 이유나 합리적 근거가 없는 자의적 차별을 당하지 아니할 권리를 의미한다(헌재 1993. 5. 13. 91헌바17).

제2항 평등권의 법적 성격

I 이중적 성질

평등의 원칙은 국민의 기본권 보장에 관한 우리 헌법의 최고원리로서 국가가 입법을 하거나 법을 해석 및 집행함에 있어 따라야 할 기준인 동시에, 국가에 대하여 합리적 이유 없이 불평등한 대우를 하지 말 것과 평등한 대우를 요구할 수 있는 모든 국민의 권리로서, 국민의 기본권 중의 기본권이다(헌재 1989. 1. 25. 88헌가7).

II 행위규범과 통제규범

평등원칙은 '행위규범'으로서 입법자에게 객관적으로 같은 것은 같게, 다른 것은 다르게 규범의 대상을 실질적으로 평등하게 규율할 것을 요구하나, 헌법재판소의 심사기준이 되는 '통제규범'으로서의 평등원칙은 단지 자의적인 입법의 금지기준만을 의미하게 되므로 헌법재판소는 입법자의 결정에서 차별을 정당화할 수 있는 합리적인 이유를 찾아볼 수 없는 경우에만 평등원칙의 위반을 선언하게 된다(헌재 1997. 1. 16. 90헌마110).

> **판례**
>
> ▶ **평등원칙에 근거하여 입법의무가 발생하는지**(소극): 평등원칙은 원칙적으로 입법자에게 헌법적으로 아무런 구체적인 입법의무를 부과하지 않고, 다만, 입법자가 평등원칙에 반하는 일정 내용의 입법을 하게 되면, 이로써 피해를 입게 된 자는 직접 당해 법률조항을 대상으로 하여 평등원칙의 위반여부를 다툴 수 있을 뿐이다(헌재 2003. 1. 30. 2002헌마358).
>
> ▶ **평등원칙의 목적과 제도의 단계적 개선**: 헌법이 보장하는 평등의 원칙은 개인의 기본권 신장이나 제도의 개혁에 있어 법적 가치의 상향적 실현을 보편화하기 위한 것이지, 불균등의 제거만을 목적으로 한 나머지 하향적 균등까지 수용하고자 하는 것은 결코 아니다. 헌법이 규정한 평등의 원칙은 국가가 언제 어디에서 어떤 계층을 대상으로 하여 기본권에 관한 상황이나 제도의 개선을 시작할 것인지를 선택하는 것을 방해하지는 않는다. 말하자면 국가는 합리적인 기준에 따라 능력이 허용하는 범위 내에서 법적 가치의 상향적 구현을 위한 제도의 단계적 개선을 추진할 수 있는 길을 선택할 수 있어야 한다(헌재 1990. 6. 25. 89헌마107).
>
> ▶ **부담평등의 원칙**: 헌법상의 평등원칙에서 파생하는 부담평등의 원칙은 조세뿐만 아니라, 보험료를 부과하는 경우에도 준수되어야 한다. 조세를 비롯한 공과금의 부과에서의 평등원칙은 공과금 납부의무자가 법률에 의하여 법적 및 사실적으로 평등하게 부담을 받을 것을 요청한다. 즉 납부의무자의 균등부담의 원칙은 공과금 납부의무의 규범적 평등과 공과금의 징수를 통한 납부의무의 관철에 있어서의 평등이라는 두 가지 요소로 이루어진다. 따라서 납부의무를 부과하는 실체적 법률은 '사실적 결과에 있어서도 부담의 평등'을 원칙적으로 보장할 수 있는 절차적 규범이나 제도적 조치와 결합되어서 납부의무자 간의 균등부담을 보장해야 한다(헌재 2016. 12. 29. 2015헌바199).

제3항 법 앞에 평등의 의미

> **헌법 제11조**
> ① 모든 국민은 법 앞에 평등하다. 누구든지 성별·종교 또는 사회적 신분에 의하여 정치적·경제적·사회적·문화적 생활의 모든 영역에 있어서 차별을 받지 아니한다.
> ② 사회적 특수계급의 제도는 인정되지 아니하며, 어떠한 형태로도 이를 창설할 수 없다.
> ③ 훈장 등의 영전은 이를 받은 자에게만 효력이 있고, 어떠한 특권도 이에 따르지 아니한다.

Ⅰ 법 앞에

우리 헌법이 선언하고 있는 '법 앞에 평등'은 행정부나 사법부에 의한 법 적용상의 평등만을 의미하는 것이 아니고, 입법권자에게 정의와 형평의 원칙에 합당하게 합헌적으로 법률을 제정하도록 하는 것을 명하는 '법 내용상의 평등'을 의미하고 있기 때문에 그 입법내용이 정의와 형평에 반하거나 자의적으로 이루어진 경우에는 평등권 등의 기본권을 본질적으로 침해한 입법권의 행사로서 위헌성을 면하기 어렵다(헌재 1992. 4. 28. 90헌바24).

Ⅱ 평등

헌법 제11조 제1항의 평등의 원칙은 일체의 차별적 대우를 부정하는 절대적 평등을 의미하는 것이 아니라 입법과 법의 적용에 있어서 합리적 근거 없는 차별을 하여서는 아니된다는 상대적 평등을 뜻하고 따라서 합리적 근거 있는 차별 내지 불평등은 평등의 원칙에 반하는 것이 아니다(헌재 2002. 12. 18. 2001헌마546).

Ⅲ 평등원칙 위반의 특수성

평등원칙 위반의 특수성은 대상 법률이 정하는 '법률효과' 자체가 위헌이 아니라 그 법률효과가 수범자의 한 집단에만 귀속하여 '다른 집단과 사이에 차별'이 발생한다는 점에 있기 때문에 평등원칙의 위반을 인정하기 위해서는 우선 법적용에 관련하여 상호 배타적인 '두 개의 비교집단'을 일정한 기준에 따라서 구분할 수 있어야 한다(헌재 2003. 12. 18. 2002헌마593).

> **판례**
>
> ▶ **비교집단의 동일성 판단기준**: 평등의 원칙은 입법자에게 본질적으로 같은 것을 자의적(恣意的)으로 다르게, 본질적으로 다른 것을 자의적으로 같게 취급하는 것을 금하고 있다. 그러므로 비교의 대상을 이루는 두 개의 사실관계 사이에 서로 상이한 취급을 정당화할 수 있을 정도의 차이가 없음에도 불구하고 두 사실관계를 서로 다르게 취급한다면, 입법자는 이로써 평등권을 침해하게 된다. 그런데 서로 비교될 수 있는 사실관계가 모든 관점에서 완전히 동일한 것이 아니라 단지 일정 요소에 있어서만 동일한 경우에, <u>두 개의 사실관계가 본질적으로 동일한가의 판단은 일반적으로 '당해 법률조항의 의미와 목적'에 달려 있다</u>(헌재 2001. 11. 29. 99헌마494).

▶ **차별이 인정되는 경우**: 헌법 제11조 제1항이 규정하고 있는 법 앞에서의 평등원칙은 본질적으로 같은 것은 같게, 본질적으로 다른 것은 다르게 취급할 것을 요구한다. 그러므로 본질적으로 같은 것을 다르게, 다른 것을 같게 취급하는 경우에 비로소 차별이 발생하고, 본질적으로 같지 않은 것을 다르게 취급하는 경우에는 차별 자체가 존재한다고 할 수 없다(헌재 2012. 11. 29. 2010헌바454).

▶ **공무원보수규정의 봉급액 책정에 있어서 경찰공무원과 군인을 평등권 침해 여부의 판단에 있어서 의미 있는 비교집단으로 볼 수 있는지**(적극): 경찰공무원은 국민의 생명·신체 및 재산의 보호와 범죄의 예방·진압 및 수사, 치안정보의 수집, 교통의 단속 기타 공공의 안녕과 질서유지를 그 임무로 하고, 군인은 전시와 평시를 막론하고 국방의 의무를 수행하기 위한 군에 복무하면서 대한민국의 자유와 독립을 보전하고 국토를 방위하며 국민의 생명과 재산을 보호하고 나아가 국제평화의 유지에 이바지함을 그 사명으로 하므로, 경찰공무원과 군인은 주된 임무가 다르지만, 양자 모두 국민의 생명·신체 및 재산에 대한 구체적이고 직접적인 위험을 예방하고 보호하는 업무를 수행하면서 그 과정에서 생명과 신체에 대한 상당한 위험을 부담한다. 이를 고려하여 볼 때, 직무의 곤란성과 책임의 정도에 따라 결정되는 공무원 보수의 책정에 있어서, 경찰공무원과 군인은 본질적으로 동일·유사한 집단이다(헌재 2008. 12. 26. 2007헌마444).

제4항 합리적 차별의 기준

I 일반적 기준

평등원칙 위반 여부를 심사함에 있어 엄격한 심사적도에 의할 것인지, 완화된 심사척도에 의할 것인지는 입법자에게 허용되는 '입법형성권의 정도'에 따라서 달라지는데, 특별한 사정이 없는 한 법률의 평등원칙 위반 여부는 입법자의 '자의성이 있는지 여부'만을 심사하게 된다(헌재 2003. 12. 18. 2002헌마593).

▶ **평등권 침해 여부에 대한 심사기준**: 일반적인 평등원칙의 위반 내지 평등권의 침해 여부에 대한 헌법재판소의 통상의 심사기준은 입법과 법의 적용에 있어서 합리적인 근거가 없는 자의적 차별이 있는지 여부이다. 그런데 입법자가 설정한 차별이 국민들 간에 단순한 이해관계의 차별을 넘어서서 '기본권에 관련된 차별'을 가져온다면 헌법재판소는 그러한 차별에 대해서는 자의금지 내지 합리성 심사를 넘어서 목적과 수단 간의 엄격한 비례성이 준수되었는지를 심사하여야 한다. 나아가 사람이나 사항에 대한 불평등대우가 기본권으로 보호된 '자유의 행사에 불리한 영향을 미칠 수 있는 정도가 크면 클수록', 입법자의 형성의 여지에 대해서는 그만큼 더 좁은 한계가 설정되므로, 헌법재판소는 보다 엄격한 심사척도를 적용함이 타당하다(헌재 2003. 9. 25. 2003헌마30).

Ⅱ 자의심사

1. 의의
자의심사의 경우에는 차별을 정당화하는 합리적인 이유가 있는지만을 심사하기 때문에 그에 해당하는 비교 대상 간의 사실상의 차이나 입법목적(차별목적)을 발견·확인하는 데 그친다(헌재 2011. 2. 24. 2008헌바56).

2. 적용 범위
헌법에서 특별히 평등을 요구하고 있는 경우나 차별적 취급으로 인하여 관련 기본권에 중대한 제한을 초래하는 경우 이외에는 완화된 심사척도인 자의금지원칙에 의하여 심사하면 족하다(헌재 2011. 10. 25. 2010헌마661).

> **판례**
>
> ▶ **경찰공무원의 봉급월액을 군인 및 일반직공무원에 비하여 낮은 수준으로 규정하고 있는 공무원보수규정이 경찰공무원의 평등권을 침해하는지 여부에 대한 심사기준**: 이 사건 법령조항으로 인한 차별취급은 헌법에서 특별히 평등을 요구하는 경우에 해당한다고 볼 수 없는 점과 공무원 보수청구권의 구체적 내용에 대하여는 광범위한 재량이 부여된다는 점을 고려하면, 이에 대한 평등심사는 완화된 심사기준인 자의금지원칙을 적용함이 상당하다(헌재 2008. 12. 26. 2007헌마444).
>
> ▶ **국가유공자 등 예우 및 지원에 관한 법률에 의한 보상의 대상과 그 범위를 정하는 법률조항이 평등권을 침해하였는지 여부에 대한 심사기준**: 국가가 국가유공자에게 예우할 구체적인 의무의 내용이나 범위, 그 방법·시기 등은 국가의 재정부담능력과 전체적인 사회보장의 수준, 국가유공자에 대한 평가기준 등에 따라 정하여지는 입법자의 광범위한 입법형성의 영역에 속하는 것으로 기본적으로는 '자의금지원칙'에 입각하여 그 평등원칙의 위배 여부를 판단한다(헌재 2005. 10. 27. 2004헌바37).
>
> ▶ **대한민국 국민인 남자에 한하여 병역의무를 부과한 구 병역법 제3조 제1항 전문이 청구인의 평등권을 침해하는지 여부의 심사기준**: 위 법률조항은 헌법이 특별히 양성평등을 요구하는 경우나 관련 기본권에 중대한 제한을 초래하는 경우의 차별취급을 그 내용으로 하고 있다고 보기 어려우며, 징집대상자의 범위 결정에 관하여는 입법자의 광범위한 입법형성권이 인정된다는 점에 비추어 위 법률조항이 평등권을 침해하는지 여부는 '완화된 심사기준'에 따라 판단하여야 한다(헌재 2010. 11. 25. 2006헌마328).
>
> ▶ **직업군인에게만 육아휴직을 허용하는 것이 의무복무군인인 남성 단기복무장교의 평등권을 침해하는지 여부에 대한 심사기준**: 여성군인이나 남성 직업군인에 대하여만 육아휴직을 허용한다 하여 그로부터 배제된 남성 단기복무장교의 양육권이 중대한 제한을 받게 되는 것은 아니라 할 것이고, 병역의무이행의 일환으로 복무하는 남성 단기복무장교와 장기복무장교, 장기복무부사관 및 준사관 등 직업군인을 차별하는 것이 헌법에서 특별히 평등을 요구하고 있는 영역에서의 차별도 아니므로, 이를 심사함에 있어서는 자의금지원칙 위반 여부를 판단함으로써 족하다(헌재 2008. 10. 30. 2005헌마1156).
>
> ▶ **중혼의 취소청구권자를 규정하면서 직계비속을 제외한 민법 제818조가 평등원칙에 반하는지 여부에 대한 심사기준**: 중혼의 취소청구권자를 어느 범위까지 포함할 것인지 여부에 관하여는 입법자의 입법재량의 폭이 넓은 영역이라 할 것이어서, 이 사건 법률조항이 평등원칙을 위반했는지 여부를 판단함에 있어서는 자의금지원칙 위반 여부를 심사하는 것으로 족하다(헌재 2010. 7. 29. 2009헌가8).

> ▶ "약사 또는 한약사가 아니면 약국을 개설할 수 없다."고 규정한 약사법 제16조 제1항이 다른 전문직과 달리 약사에게만 업무수행을 위한 법인설립을 제한함으로써 평등권을 침해하는지 여부에 대한 심사기준: 이 사건 법률조항은 헌법에서 특별히 평등을 요구하는 부분에 대한 것이 아니고, 이 사건 법률조항에 의하여 직업수행의 자유가 일부 제한된다고 하여 관련 기본권에 대한 중대한 침해가 있다고 볼 수 없으므로, 완화된 심사기준 즉, 차별기준 내지 방법의 합리성 여부가 헌법적 정당성 여부의 판단기준이 된다(헌재 2002. 9. 19. 2000헌바84).

III 비례심사

> **헌법 제31조**
> ① 모든 국민은 능력에 따라 균등하게 교육을 받을 권리를 가진다.
>
> **헌법 제32조**
> ④ 여자의 근로는 특별한 보호를 받으며, 고용·임금 및 근로조건에 있어서 부당한 차별을 받지 아니한다.
> ⑥ 국가유공자·상이군경 및 전몰군경의 유가족은 법률이 정하는 바에 의하여 우선적으로 근로의 기회를 부여받는다.
>
> **헌법 제36조**
> ① 혼인과 가족생활은 개인의 존엄과 양성의 평등을 기초로 성립되고 유지되어야 하며, 국가는 이를 보장한다.

1. 의의

비례심사는 단순히 합리적인 이유의 존부문제가 아니라 차별을 정당화하는 이유와 차별 간의 상관관계에 대한 심사, 즉 비교대상 간의 사실상의 차이의 성질과 비중 또는 입법목적의 비중과 차별의 정도에 적정한 균형관계가 이루어져 있는가를 심사한다(헌재 1999. 12. 23. 98헌마363).

즉 엄격한 심사를 한다는 것은 자의금지원칙에 따른 심사, 즉 합리적 이유의 유무를 심사하는 것에 그치지 아니하고 비례성 원칙에 따른 심사, 즉 차별취급의 목적과 수단 간에 엄격한 비례관계가 성립하는지를 기준으로 한 심사를 의미한다(헌재 2002. 9. 19. 2000헌바84).

2. 적용 범위

비례의 원칙에 따른 심사를 하여야 할 경우로서 첫째, '헌법에서 특별히 평등을 요구하고 있는 경우', 즉 헌법이 차별의 근거로 삼아서는 아니되는 기준 또는 차별을 금지하고 있는 영역을 제시하고 있음에도 그러한 기준을 근거로 한 차별이나 그러한 영역에서의 차별의 경우, 둘째 '차별적 취급으로 인하여 관련 기본권에 대한 중대한 제한을 초래하게 되는 경우'이다(헌재 1999. 12. 23. 98헌마363).

판례

> ▶ 자사고를 지원한 학생에게 평준화지역 후기학교에 중복지원하는 것을 금지한 초·중등교육법 시행령 제81조 제5항의 평등권 침해 여부에 대한 심사기준: 헌법은 제31조 제1항에서 "능력에 따라 균등하게"라고 하여 교육영역에서 평등원칙을 구체화하고 있다. 헌법 제31조 제1항은 취학·진학의 기회에 있어서 고려될 수 있는 차별기준으로 '능력'을 제시함으로써, 능력 이외의 다른 요소에 의한 차별을 원칙적으로 제한하고 있다. 고등학교 진학 기회의 제한은 대학 등 고등교육기관에 비하여 당사자에게 미치는 제한의 효과가 더욱 크므로 보다 더 엄격히 심사하여야 한다. 따라서 이 사건 중복지원금지 조항의 차별 목적과 차별의 정도가 비례원칙을 준수하는지 살펴본다(헌재 2019. 4. 11. 2018헌마221).

▶ **제대군인이 공무원 채용시험 등에 응시한 때에 과목별 득점에 과목별 만점의 5% 또는 3%를 가산하는 제대군인 가산점제도의 평등원칙 위반 여부를 심사함에 있어 적용되는 심사척도**: 헌법에서 특별히 평등을 요구하고 있는 경우와 차별적 취급으로 인하여 관련 기본권에 대한 중대한 제한을 초래하게 된다면 입법형성권은 축소되어 보다 엄격한 심사척도가 적용되어야 할 것인바, 가산점제도는 헌법 제32조 제4항이 특별히 남녀평등을 요구하고 있는 "근로" 내지 "고용"의 영역에서 남성과 여성을 달리 취급하는 제도이고, 또한 헌법 제25조에 의하여 보장된 공무담임권이라는 기본권의 행사에 중대한 제약을 초래하는 것이기 때문에 엄격한 심사척도가 적용된다(헌재 1999. 12. 23. 98헌마363).

▶ **배우자의 직계존·비속의 재산을 등록한 혼인한 여성 등록의무자는 계속해서 배우자의 직계존·비속의 재산을 등록하도록 규정한 공직자윤리법 부칙 제2조가 평등원칙에 위배되는지 여부에 대한 심사기준**: 이 사건 부칙조항으로 인해 혼인한 남성 등록의무자와 일부 혼인한 여성 등록의무자 간에 등록대상재산의 범위에 차이가 발생하게 되었으므로, 이에 대해서는 엄격한 심사척도를 적용하여 비례성 원칙에 따른 심사를 행하여야 할 것이다(헌재 2021. 9. 30. 2019헌가3).

▶ **누진과세제도 하에서 혼인한 부부에게 조세부담의 증가를 초래하는 부부자산소득합산과세를 규정하고 있는 구 소득세법 제80조 제1항 제2호가 헌법 제36조 제1항에 위반되는지 여부를 판단하는 심사기준**: 특정한 조세법률조항이 혼인을 근거로 혼인한 부부를 혼인하지 아니한 자에 비해 차별취급하는 것이라면 비례의 원칙에 의한 심사에 의해 정당화되지 않는 한 헌법 제36조 제1항에 위반된다(헌재 2005. 5. 26. 2004헌가6).

▶ **국가유공자와 그 유족 등 취업보호대상자가 국가기관이 실시하는 채용시험에 응시하는 경우에 10%의 가점을 주도록 한 국가유공자예우법 조항이 평등권을 침해하는지 여부를 심사함에 있어 적용되는 심사의 기준**: 이 사건 법률조항은 비교집단이 일정한 생활영역에서 경쟁관계에 있는 경우로서 국가유공자와 그 유족 등에게 가산점의 혜택을 부여하는 것은 그 이외의 자들에게는 공무담임권 또는 직업선택의 자유에 대한 중대한 침해를 의미하게 되므로, 원칙적으로 비례심사를 하여야 할 것이나, 구체적인 비례심사의 과정에서는 헌법 제32조 제6항이 근로의 기회에 있어서 국가유공자 등을 우대할 것을 명령하고 있는 점을 고려하여 보다 완화된 기준을 적용하여야 한다(헌재 2001. 2. 22. 2000헌마25).

▶ **국가유공자 등과 그 가족 누구에게나 국가기관 등의 채용시험에서 필기·실기·면접시험마다 만점의 10%의 가산점을 주도록 하고 있는 국가유공자예우법 조항이 평등권을 침해하는지 여부를 심사함에 있어 적용되는 심사기준**: 이 사건 조항은 일반 응시자들의 공직취임의 기회를 차별하는 것이며, 이러한 기본권 행사에 있어서의 차별은 차별목적과 수단 간에 비례성을 갖추어야만 헌법적으로 정당화될 수 있다. 종전 결정은 국가유공자와 그 가족에 대한 가산점제도는 모두 헌법 제32조 제6항에 근거를 두고 있으므로 평등권 침해 여부에 관하여 보다 완화된 기준을 적용한 비례심사를 하였으나, 국가유공자 본인의 경우는 별론으로 하고, 가족의 경우는 헌법 제32조 제6항이 가산점제도의 근거라고 볼 수 없으므로 그러한 완화된 심사는 부적절하다(헌재 2006. 2. 23. 2004헌마675).

제5항 평등권의 내용

I 차별금지사유

헌법 제11조 제1항은 "모든 국민은 법 앞에 평등하다."고 선언하면서, 이어서 "누구든지 성별·종교 또는 사회적 신분에 의하여 정치적·경제적·사회적·문화적 생활의 모든 영역에 있어서 차별을 받지 아니한다."고 규정하고 있다. 헌법 제11조 제1항 후문의 규정은 불합리한 차별의 금지에 초점이 있고, 예시한 사유가 있는 경우에 절대적으로 차별을 금지할 것을 요구함으로써 입법자에게 인정되는 입법형성권을 제한하는 것은 아니다. '성별'의 경우를 살펴보면, 이와 같은 헌법규정이 남성과 여성의 차이, 예컨대 임신이나 출산과 관련된 신체적 차이 등을 이유로 한 차별취급까지 금지하는 것은 아니며, 성별에 의한 차별취급이 곧바로 위헌의 강한 의심을 일으키는 사례군으로서 언제나 엄격한 심사를 요구하는 것이라고 단정짓기는 어렵다(헌재 2010. 11. 25. 2006헌마328).

> **판례**
>
> ▶ **사회적 신분** : 헌법 제11조 제1항에서의 사회적 신분이란 사회에서 장기간 점하는 지위로서 일정한 사회적 평가를 수반하는 것을 의미한다 할 것이므로 전과자도 사회적 신분에 해당된다(헌재 1995. 2. 23. 93헌바43).
>
> ▶ **단기복무군인 중 여성에게만 육아휴직을 허용하는 것이 성별에 의한 차별인지**(소극) : 병역의무를 이행하고 있는 남성 단기복무군인과 달리 장교를 포함한 여성 단기복무군인은 지원에 의하여 직업으로서 군인을 선택한 것이므로, 이 사건 법률조항이 육아휴직과 관련하여 단기복무군인 중 남성과 여성을 차별하는 것은 성별에 근거한 차별이 아니라 의무복무군인과 직업군인이라는 복무형태에 따른 차별로 봄이 타당하다(헌재 2008. 10. 30. 2005헌마1156).
>
> ▶ **직업군인에게만 육아휴직을 허용하는 것이 의무복무군인인 남성 단기복무장교의 평등권을 침해하는지**(소극) : 장교를 포함한 남성 단기복무군인은 병역법상의 병역의무 이행을 위하여 한정된 기간 동안만 복무하는 데 반하여 직업군인은 군인을 직업으로 선택하여 상대적으로 장기간 복무한다는 점에서 중요한 차이가 있으므로, 입법자가 육아휴직의 적용대상으로부터 의무복무 중인 단기장교를 제외한 것이 입법재량의 범위를 벗어났다거나 의무복무군인인 남성 단기복무장교의 평등권을 침해한다고 볼 수 없다(헌재 2008. 10. 30. 2005헌마1156).
>
> ▶ **대한민국 국민인 남자에 한하여 병역의무를 부과한 구 병역법 제3조 제1항 전문이 평등권을 침해하는지**(소극) : 집단으로서의 남자는 집단으로서의 여자에 비하여 보다 전투에 적합한 신체적 능력을 갖추고 있으며, 개개인의 신체적 능력에 기초한 전투적합성을 객관화하여 비교하는 검사체계를 갖추는 것이 현실적으로 어려운 점, 신체적 능력이 뛰어난 여자의 경우에도 월경이나 임신, 출산 등으로 인한 신체적 특성상 병력자원으로 투입하기에 부담이 큰 점 등에 비추어 남자만을 징병검사의 대상이 되는 병역의무자로 정한 것이 현저히 자의적인 차별취급이라 보기 어렵다. 결국 이 사건 법률조항이 성별을 기준으로 병역의무자의 범위를 정한 것은 자의금지원칙에 위배하여 평등권을 침해하지 않는다(헌재 2010. 11. 25. 2006헌마328).

Ⅱ 차별금지영역

1. 정치적 생활영역

정치적 생활영역에서의 차별금지는 정치적 기본권의 행사에 있어 그 의미가 크다. 특히 가산점제도에 의한 공직취임권의 제한 등이 차별금지와 관련하여 문제된다.

> **판례**
>
> ▶ 혼인한 등록의무자 모두 본인의 직계존·비속의 재산을 등록하도록 공직자윤리법 제4조 제1항 제3호가 개정되었음에도 이미 배우자의 직계존·비속의 재산을 등록한 혼인한 여성 등록의무자는 종전과 동일하게 계속해서 배우자의 직계존·비속의 재산을 등록하도록 규정한 공직자윤리법 부칙 제2조가 평등원칙에 위배되는지(적극): 혼인한 남성 등록의무자와 달리 혼인한 여성 등록의무자의 경우에만 본인이 아닌 배우자의 직계존·비속의 재산을 등록하도록 하는 것은 여성의 사회적 지위에 대한 그릇된 인식을 양산하고, 가족관계에 있어 시가와 친정이라는 이분법적 차별구조를 정착시킬 수 있으며, 이것이 사회적 관계로 확장될 경우에는 남성우위·여성비하의 사회적 풍토를 조성하게 될 우려가 있다. 이는 성별에 의한 차별금지 및 혼인과 가족생활에서의 양성의 평등을 천명하고 있는 헌법에 정면으로 위배되는 것으로 그 목적의 정당성을 인정할 수 없다. 따라서 이 사건 부칙조항은 평등원칙에 위배된다(헌재 2021. 9. 30. 2019헌가3 위헌).
>
> ▶ 제대군인이 공무원 채용시험 등에 응시한 때에 과목별 득점에 과목별 만점의 5% 또는 3%를 가산하는 제대군인 가산점제도가 평등권을 침해하는지(적극): 제대군인에 대한 가산점제도는 여성과 장애인 등 이른바 사회적 약자들의 희생을 초래하고 있으며, 사회적 법치국가를 표방하고 있는 우리 헌법과 이를 구체화하고 있는 전체 법체계 등에 비추어 우리 법체계 내에 확고히 정립된 기본질서라고 할 '여성과 장애인에 대한 차별금지와 보호'에도 저촉되므로 정책수단으로서의 적합성과 합리성을 상실한 것이고, 가산점제도는 가산점을 받지 못하는 사람들을 6급 이하의 공무원 채용에 있어서 실질적으로 거의 배제하는 것과 마찬가지의 결과를 초래하고 있고, 제대군인에 대한 이러한 혜택을 몇 번이고 아무런 제한없이 부여함으로써 한 사람의 제대군인을 위하여 몇 사람의 비제대군인의 기회가 박탈당할 수 있게 하는 등 차별취급을 통하여 달성하려는 입법목적의 비중에 비하여 차별로 인한 불평등의 효과가 극심하므로 가산점제도는 차별취급의 비례성을 상실하고 있다(헌재 1999. 12. 23. 98헌마363).
>
> ▶ 7급 혹은 9급 국가공무원시험 등에서 국가유공자와 그 가족이 응시하는 경우 모든 만점의 10퍼센트를 가산하도록 규정하고 있는 국가유공자예우 및 지원에 관한 법률조항이 평등권을 침해하는지(적극): 이 사건 조항은 명시적인 헌법적 근거 없이 국가유공자의 가족들에게 만점의 10%라는 높은 가산점을 부여하고 있는바, 그러한 가산점 부여 대상자의 광범위성과 가산점 10%의 심각한 영향력과 차별효과를 고려할 때, 그러한 입법정책만으로 헌법상의 공정경쟁의 원리와 기회균등의 원칙을 훼손하는 것은 부적절하며, 국가유공자의 가족의 공직 취업기회를 위하여 매년 많은 일반응시자들에게 불합격이라는 심각한 불이익을 입게 하는 것은 정당화될 수 없다. 이 사건 조항의 차별로 인한 불평등 효과는 입법목적과 그 달성수단 간의 비례성을 현저히 초과하는 것이므로, 이 사건 조항은 청구인들과 같은 일반 공직시험 응시자들의 평등권을 침해한다(헌재 2006. 2. 23. 2004헌마675).

▶ **공무원의 근무연수 및 계급에 따라 행정사 자격시험의 제1차시험을 면제하거나 제1차시험의 전과목과 제2차시험의 일부과목을 면제하는 행정사법 제9조 제1항 제1호 등이 일반응시자인 청구인들의 평등권 및 직업선택의 자유를 침해하는지**(소극): 경력공무원에 대하여 행정사 자격시험 중 일부를 면제하는 것은 상당 기간 행정의 실무경험을 갖춘 공무원의 경우 행정에 관련된 전문지식이나 능력을 이미 갖춘 것으로 볼 수 있기 때문이다. 국·공립학교 교사나 직업군인을 비롯하여 대부분의 공무원들은 직렬이나 담당업무를 불문하고 일정한 행정업무를 담당하고 있고, 그와 같은 행정경험이 행정사 업무수행에 기여할 것이라는 입법자의 판단이 현저하게 잘못되었다고 보기 어렵다. 따라서 시험면제조항은 일반응시자인 청구인들의 평등권이나 직업선택의 자유를 침해하지 아니한다(헌재 2016. 2. 25. 2013헌마626).

▶ **'고용노동 및 직업상담 직류를 채용하는 경우 직업상담사 자격증 보유자에게 만점의 3% 또는 5%의 가산점을 부여한다'고 명시한 공무원임용시험령 제31조 제2항 등이 공무담임권과 평등권을 침해하는지**(소극): 자격증소지를 시험의 응시자격으로 한 것이 아니라 각 과목 만점의 최대 5% 이내에서 가산점을 부여하는 점, 자격증 소지자도 다른 수험생들과 마찬가지로 합격의 최저 기준인 각 과목 만점의 40% 이상을 취득하여야 한다는 점, 그 가산점 비율은 3% 또는 5%로서 다른 직렬과 자격증 가산점 비율에 비하여 과도한 수준이라고 볼 수 없다는 점을 종합하면 이 조항이 피해최소성 원칙에 위배된다고 볼 수 없고, 법익의 균형성도 갖추었다. 따라서 심판대상조항이 청구인들의 공무담임권과 평등권을 침해하였다고 볼 수 없다(헌재 2018. 8. 30. 2018헌마46).

▶ **동일 지역 교육대학 출신 응시자에게 제1차시험 만점의 6% 내지 8%의 지역가산점을 부여하는 임용시험시행공고 등이 과잉금지원칙에 위배되어 공무담임권, 평등권을 침해하는지**(소극): 구 교육공무원법 제11조의2 [별표2]에서 인정되는 각종 가산점은 제1차 시험성적의 10% 범위에서만 부여할 수 있고, 임용권자로서는 다른 가산점을 고려하여 지역가산점을 부여해야 하므로 지역가산점을 제한된 범위 내에서 부여할 수밖에 없는 점, 이 사건 지역가산점을 받지 못하는 불이익은 그런 점을 알고도 다른 지역 교대에 입학한 것에서 기인하는 점, 노력 여하에 따라서는 가산점의 불이익을 감수하고라도 수도권 지역에 합격할 길이 열려 있는 점 등에 비추어, 이 사건 지역가산점 규정이 과잉금지원칙에 위배되어 다른 지역 교대출신 응시자들의 공무담임권, 평등권을 침해한다고 볼 수 없다(헌재 2014. 4. 24. 2010헌마747).

▶ **일반군무원으로 전환된 경우 정년의 단계적 연장을 규정한 법 부칙 제3조 부분이 청구인들의 평등권을 침해하는지**(소극): 일반군무원은 이미 그 정년이 60세인 데에 반하여, 이 사건 정년특례조항이 별정군무원에서 전환된 자들의 정년은 2020년이 되어야 60세가 되도록 한 것은, 국가재정상태, 인력수급 상황 등 여러 현실적인 사정을 감안하여 국가로 하여금 일반군무원으로의 전환에 필요한 준비를 할 수 있도록 하기 위하여 그 정년을 단계적으로 연장하도록 한 것이므로, 그 결과 청구인들에게 어떠한 차별이 발생한다 하더라도 이를 합리적 이유 없는 차별이라고 단정하기는 어렵다. 따라서 이 사건 정년특례조항은 청구인들의 평등권을 침해하지 않는다(헌재 2016. 3. 31. 2014헌마581).

▶ **구 국가공무원법 제83조의2 제1항 중 공무원에 대한 징계시효를 '금품수수의 경우에는 3년'으로 정한 부분이 평등권을 침해하는지**(소극): 이 사건 법률조항에서 공무원이 '금품수수'를 한 경우 직무관련성 유무 등과 상관없이 징계시효 기간을 일률적으로 3년으로 정한 것은 징계가 가능한 기간을 늘려 징계의 실효성을 제고하고 이를 통해 금품수수 관련 비위의 발생을 억제함으로써 공무원의 청렴의무 강화와 공직기강의 확립에 기여하려는 것으로서 여기에는 합리적 이유가 있다고 할 것이다. 따라서 이 사건 법률조항은 평등권을 침해하지 아니한다(헌재 2012. 6. 27. 2011헌바226).

2. 경제적 생활영역

고용에 있어서 동일자격·동일취업의 원칙, 임금에 있어 동일노동·동일임금의 원칙, 담세에 있어서 담세평등의 원칙이 준수되어야 한다.

> **판례**
>
> ▶ **외국인만으로 구성된 가구 중 영주권자 및 결혼이민자만을 긴급재난지원금 지급대상에 포함시키고 난민인정자를 제외한 관계부처합동 '긴급재난지원금 가구구성 및 이의신청 처리기준'이 난민인정자인 청구인의 평등권을 침해하는지**(적극): 코로나19로 인하여 경제적 타격을 입었다는 점에 있어서는 영주권자, 결혼이민자, 난민인정자간에 차이가 있을 수 없으므로 그 회복을 위한 지원금 수급 대상이 될 자격에 있어서 역시 이들 사이에 차이가 발생한다고 볼 수 없다. 또한, '영주권자 및 결혼이민자'는 한국에서 영주하거나 장기 거주할 목적으로 합법적으로 체류하고 있고, '난민인정자' 역시 우리나라에 합법적으로 체류하면서 취업활동에 제한을 받지 않는다는 점에서 영주권자 및 결혼이민자와 차이가 있다고 보기 어렵다. 그렇다면 이 사건 처리기준은 합리적 이유 없는 차별이라 할 것이므로, 이 사건 처리기준은 난민인정자인 청구인의 평등권을 침해한다(헌재 2024. 3. 28. 2020헌마1079).
>
> ▶ **내국인 등과 달리 보험료를 체납한 경우에는 다음 달부터 곧바로 보험급여를 제한하는 국민건강보험법 제109조 제10항이 외국인인 청구인들의 평등권을 침해하는지**(적극): 보험급여제한 조항은 외국인의 경우 보험료의 1회 체납만으로도 별도의 공단 처분 없이 곧바로 그 다음 달부터 보험급여를 제한하도록 규정하고 있으므로, 보험료가 체납되었다는 통지도 실시되지 않는다. 그러나 절차적으로 보험료 체납을 통지하는 것은 당사자로 하여금 착오를 시정할 수 있도록 하거나 잘못된 보험료 부과 또는 보험급여제한처분에 불복할 기회를 부여하는 것이기 때문에, 이를 통지하지 않는 것은 정당화될 수 없는 차별이다. 외국인도 국민건강보험에 당연가입하도록 하고, 국내에 체류하는 한 탈퇴를 불허하는 것은, 단지 내국인과의 형평성 제고뿐 아니라, 이들에게 사회연대원리가 적용되는 공보험의 혜택을 제공한다는 정책적 효과도 가지게 되는 것임을 고려하면, 보험료 체납에도 불구하고 보험급여를 실시할 수 있는 예외를 전혀 인정하지 않는 것은 합리적인 이유 없이 외국인을 내국인등과 달리 취급한 것이다. 따라서 보험급여제한 조항은 청구인들의 평등권을 침해한다(헌재 2023. 9. 26. 2019헌마1165 헌법불합치).
>
> ▶ **근로자가 사망할 당시 그 근로자와 생계를 같이 하고 있던 유족 중 '대한민국 국민인 유족' 및 '국내거주 외국인유족'은 퇴직공제금을 지급받을 유족의 범위에 포함하면서 '외국거주 외국인유족'을 그 범위에서 제외하는 구 건설근로자의 고용개선 등에 관한 법률 제14조 제2항 부분이 평등원칙에 위반되는지**(적극): 외국거주 외국인유족에게 퇴직공제금을 지급하더라도 국가 및 사업주의 재정에 영향을 미치거나 건설근로자공제회의 재원 확보 및 퇴직공제금 지급 업무에 특별한 어려움이 초래될 일도 없으므로 외국거주 외국인유족을 퇴직공제금을 지급받을 유족의 범위에서 제외할 이유가 없다는 점, 외국거주 외국인유족은 자신이 거주하는 국가에서 발행하는 공신력 있는 문서로서 퇴직공제금을 지급받을 유족의 자격을 충분히 입증할 수 있으므로 그가 '외국인'이라는 사정 또는 '외국에 거주'한다는 사정이 대한민국 국민인 유족 혹은 국내거주 외국인유족과 달리 취급받을 합리적인 이유가 될 수 없다는 점 등을 종합하면, 심판대상조항은 합리적 이유 없이 외국거주 외국인유족을 대한민국 국민인 유족 및 국내거주 외국인유족과 차별하는 것이므로 평등원칙에 위반된다(헌재 2023. 3. 23. 2020헌바471).

▶ **대한민국 국적을 가지고 있는 영유아 중에서 재외국민인 영유아를 보육료·양육수당의 지원대상에서 제외함으로써, 청구인들과 같이 국내에 거주하면서 재외국민인 영유아를 양육하는 부모를 차별하는 보건복지부지침이 청구인들의 평등권을 침해하는지**(적극): 법의 목적과 보육이념, 보육료·양육수당 지급에 관한 법 규정을 종합할 때, 보육료·양육수당은 영유아가 국내에 거주하면서 국내에 소재한 어린이집을 이용하거나 가정에서 양육되는 경우에 지원이 되는 것으로 제도가 마련되어 있다. 단순한 단기체류가 아니라 국내에 거주하는 재외국민, 특히 외국의 영주권을 보유하고 있으나 상당한 기간 국내에서 계속 거주하고 있는 자들은 주민등록법상 재외국민으로 등록·관리될 뿐 '국민인 주민'이라는 점에서는 다른 일반 국민과 실질적으로 동일하므로, 단지 외국의 영주권을 취득한 재외국민이라는 이유로 달리 취급할 아무런 이유가 없어 위와 같은 차별은 청구인들의 평등권을 침해한다(헌재 2018. 1. 25. 2015헌마1047).

▶ **국군포로로서 억류기간 동안의 보수를 지급받을 권리를 국내로 귀환하여 등록절차를 거친 자에게만 인정하는 '국군포로의 송환 및 대우 등에 관한 법률' 제9조 제1항이 귀환하지 않은 국군포로를 합리적 이유 없이 차별하여 평등원칙에 위배되는지**(소극): 국군포로 본인이 귀환하지 않은 상태에서는 등록 거부 혹은 등급 부여를 위해 대상자의 신원, 포로가 된 경위, 억류기간 중의 행적 등을 파악하는 데에는 한계가 있을 수밖에 없고, 등록을 인정한다고 하여도 국군포로송환법에 따른 대우와 지원을 받을 대상자가 현재 대한민국에 존재하지 않는다면 그 실효성이 인정되기 어렵다. 심판대상조항을 비롯하여 등록포로에게 각종 대우와 지원을 규정하고 있는 국군포로송환법의 취지는 본인의 의사와 달리 북한에 억류되어 고초를 겪었을 국군포로 본인의 희생을 위로하고 안정적 정착을 지원하고자 하는 것이기 때문이다. 위와 같은 점들을 고려하면 심판대상조항이 국군포로가 귀환하여 등록절차를 거친 경우에 억류기간에 대한 보수를 지급하도록 하고 귀환하지 못한 국군포로에 대하여 이를 인정하지 않는 것에는 합리적인 이유가 있다. 따라서 심판대상조항은 평등원칙에 위배되지 않는다(헌재 2022. 12. 22. 2020헌바39).

▶ **집합금지조치로 인한 손실을 보상하는 규정을 두고 있지 않은 구 감염병의 예방 및 관리에 관한 법률 제70조 제1항이 실내체육시설을 운영하는 청구인들의 평등권을 침해하는지**(소극): 지역사회 전파가 거의 이루어지지 않았던 2015년 메르스 사태를 계기로 현행법과 같이 개정된 이 사건 손실보상조항의 개정 배경 및 집합금지조치 자체가 구체적인 재산상 손실을 초래하는 것은 아닌 점, 장기간의 집합금지조치로 인해 중대한 영업상 손실이 발생하리라는 것을 예상하기 어려웠던 점 등을 고려하면, 집합금지조치로 인한 영업손실을 보상하는 규정을 입법자가 미리 마련하지 않았다고 하여 곧바로 평등권을 침해하는 것이라고 할 수 없다(헌재 2024. 8. 29. 2021헌마175).

▶ **정부조직법에 따른 각급 행정기관의 근로자가 가구원인 경우 해당 가구의 격리자를 생활지원비 지원제외 대상으로 정한 '코로나바이러스감염증-19 관련 입원·격리자 생활지원비 지원사업 안내 2-5판' 규정이 행정기관의 근로자를 가구원으로 둔 청구인의 평등권을 침해하는지**(소극): 코로나19가 급속히 확산되는 상황에서 한정된 재원을 효과적으로 지원하기 위해서는 격리로 인하여 생계가 곤란하게 될 위험성을 살펴 지원대상의 범위를 제한할 필요가 있다. 행정기관 근로자는 입원하거나 격리하더라도 유급휴가를 받을 수 있어 격리자를 포함한 해당 가구가 생계곤란을 겪을 위험이 현저히 낮다. 따라서 행정기관 근로자가 가구원인 경우 해당 가구의 격리자에게 생활지원비를 지원하지 않는 것에는 합리적 이유가 있으므로, 이 사건 제외규정은 청구인의 평등권을 침해하지 않는다(헌재 2024. 8. 29. 2021헌마450).

▶ **국가를 상대로 하는 당사자소송의 경우에는 가집행선고를 할 수 없다고 규정한 행정소송법 제43조가 평등원칙에 위배되는지**(적극) : 동일한 성격인 공법상 금전지급청구소송임에도 피고가 누구인지에 따라 가집행선고를 할 수 있는지 여부가 달라진다면 상대방 소송 당사자인 원고로 하여금 불합리한 차별을 받도록 하는 결과가 된다. 재산권의 청구가 공법상 법률관계를 전제로 한다는 점만으로 국가를 상대로 하는 당사자소송에서 국가를 우대할 합리적인 이유가 있다고 할 수 없고, 집행가능성 여부에 있어서도 국가와 지방자치단체 등이 실질적인 차이가 있다고 보기 어렵다는 점에서, 심판대상조항은 국가가 당사자소송의 피고인 경우 가집행의 선고를 제한하여, 국가가 아닌 공공단체 그 밖의 권리주체가 피고인 경우에 비하여 합리적인 이유 없이 차별하고 있으므로 평등원칙에 반한다(헌재 2022. 2. 24. 2020헌가12).

▶ **국가에 대한 금전채권의 소멸시효기간을 5년으로 정하고 있는 국가재정법 제96조 제2항이 평등원칙에 위배되는지**(소극) : 국가의 채권·채무관계를 조기에 확정하고 예산 수립의 불안정성을 제거하여 국가재정을 합리적으로 운용할 필요성이 있는 점, 국가의 채무는 법률에 의하여 엄격하게 관리되므로 채무이행에 대한 신용도가 매우 높은 반면, 법률상태가 조속히 확정되지 않을 경우 국가예산 편성의 불안정성이 커지게 되는 점, 특히 손해배상청구권과 같이 예측가능성이 낮고 불안정성이 높은 채무의 경우 단기간에 법률관계를 안정시켜야 할 필요성이 큰 점, 일반사항에 관한 예산·회계 관련 기록물들의 보존기간이 5년인 점 등에 비추어 보면, 차별취급에 합리적인 사유가 존재한다고 할 것이다. 따라서 심판대상조항은 평등원칙에 위배되지 아니한다(헌재 2018. 2. 22. 2016헌바470).

▶ **5억 원 이상의 국세징수권의 소멸시효기간을 10년으로 규정하는 구 국세기본법 제27조 제1항 제1호가 평등원칙에 위반되는지**(소극) : 심판대상조항은 고액체납자의 조세회피를 방지하고 세금 징수를 확보하기 위하여, 5억 원 이상의 국세징수권에 대하여 장기의 소멸시효기간을 적용한 것이다. 10년의 소멸시효기간은 민법상 일반채권의 소멸시효기간에 비추어 볼 때 과도하게 긴 기간이라고 보기 어렵고, 5억 원 이상의 납세의무를 지는 고액체납자는 상당한 규모의 경제활동을 하였음에도 그 세액을 납부하지 않은 것이므로 10년의 소멸시효기간이 적용된다고 하여 지나치게 가혹한 것이라고 보기도 어렵다. 조세채권은 국가 재정의 기초로서 특히 그 징수가 중요하다는 점에서 국가의 다른 금전채권과 구별되는 것으로서, 고액체납자들에게 납세의무 회피에 대한 경각심을 심어주고 일반 납세자들에게 공평과세에 대한 신뢰를 유지할 필요가 있다. 그러므로 심판대상조항은 평등원칙에 위반되지 않는다(헌재 2023. 6. 29. 2019헌가27).

▶ **문화재보호법 제27조에 따라 지정된 보호구역에 있는 부동산에 대한 재산세 경감을 규정하고 있는 구 지방세특례제한법 제55조 제2항 제1호 부분이 조세평등주의에 위배되는지**(소극) : 보호구역은 문화재가 외부환경과의 직접적인 접촉으로 인하여 훼손되지 않도록 하는 데 목적이 있는 반면, 역사문화환경 보존지역은 문화재 주변 경관을 저해하는 이질적 요소들로 인해 문화재의 가치가 하락하지 않도록 하는 데 목적이 있으므로, 양자는 그 취지와 목적을 달리한다. 보호구역에 있는 부동산의 경우 문화재의 보존에 영향을 미칠 우려가 있는지 여부와 무관하게 대부분의 현상 변경 행위에 대하여 허가가 필요하다. 반면, 역사문화환경 보존지역에 있는 부동산의 경우 건설공사의 시행이 지정문화재의 보존에 영향을 미칠 우려가 있는지 여부를 사전에 검토하여 그러한 우려가 있는 경우에만 허가를 받도록 하고 있다. 이상과 같은 점들을 종합하면, 심판대상조항이 보호구역에 있는 부동산을 재산세 경감 대상으로 규정하면서 역사문화환경 보존지역에 있는 부동산을 재산세 경감 대상으로 규정하지 않은 것이 입법재량을 벗어난 합리적 이유 없는 차별에 해당한다고 볼 수 없으므로, 심판대상조항은 조세평등주의에 위배되지 않는다(헌재 2024. 1. 25. 2020헌바479).

▶ **국공립어린이집 등과 달리 민간어린이집에는 보육교직원 인건비를 지원하지 않는 '2020년도 보육사업안내' 본문 부분이 민간어린이집을 운영하는 청구인의 평등권을 침해하는지**(소극) : 보건복지부장관이 민간어린이집, 가정어린이집에 대하여 국공립어린이집 등과 같은 기준으로 인건비 지원을 하는 대신 기관보육료를 지원하는 것은 전체 어린이집 수, 어린이집 이용 아동수를 기준으로 할 때 민간어린이집, 가정어린이집의 비율이 여전히 높고 보육예산이 한정되어 있는 상황에서 이들에 대한 지원을 국공립어린이집 등과 같은 수준으로 당장 확대하기 어렵기 때문이다. 이와 같은 어린이집에 대한 이원적 지원 체계는 기존의 민간어린이집을 공적 보육체계에 포섭하면서도 나머지 민간어린이집은 기관보육료를 지원하여 보육의 공공성을 확대하는 방향으로 단계적 개선을 이루어나가고 있다. 이상을 종합하여 보면, 심판대상조항이 합리적 근거 없이 민간어린이집을 운영하는 청구인을 차별하여 청구인의 평등권을 침해하였다고 볼 수 없다(헌재 2022. 2. 24. 2020헌마177).

▶ **임대의무기간이 10년인 공공건설임대주택의 분양전환가격을 임대의무기간이 5년인 공공건설임대주택의 분양전환가격과 다른 기준에 따라 산정하도록 하는 구 임대주택법 시행규칙 제14조 부분이 10년 임대주택에 거주하는 임차인의 평등권을 침해하는지**(소극) : 구 임대주택법령상 10년 임대주택의 임차인은 5년 임대주택의 임차인보다 장기간 동안 주변 시세에 비하여 저렴한 임대보증금과 임대료를 지불하면서 거주하고 위 기간 동안 재산을 형성하여 당해 공공건설임대주택을 분양전환을 통하여 취득할 기회를 부여받게 되므로, 10년 임대주택과 5년 임대주택은 임차인의 주거의 안정성을 보장한다는 면에서 차이가 있다. 위 차이는 장기간 임대사업의 불확실성을 감당하게 되는 임대사업자의 수익성과 연결된다. 분양전환제도의 목적은 임차인이 일정 기간 거주한 이후 우선 분양전환을 통하여 당해 임대주택을 소유할 권리를 부여하는 것이지 당해 임대주택의 소유를 보장하기 위한 것은 아니다. 이를 고려하면, 5년 임대주택과 동일한 분양전환가격 산정기준을 적용받지 않는다고 하여 10년 임대주택의 임차인이 합리적 이유 없이 차별 취급되고 있다고 보기 어렵다(헌재 2021. 4. 29. 2019헌마202).

▶ **사회복무요원에게 현역병의 봉급에 해당하는 보수를 지급하도록 한 병역법 시행령 제62조 제1항 본문이 현역병에 비하여 사회복무요원을 합리적 근거 없이 차별하여 평등권을 침해하는지**(소극) : 현역병과 달리 사회복무요원에게 보수 외에 중식비, 교통비, 제복 등을 제외한 다른 의식주 비용을 지급하지 않는 것은 해당 비용과 직무수행 간의 밀접한 관련성 유무를 고려한 것이다. 현역병은 엄격한 규율이 적용되는 내무생활을 하면서 총기·폭발물 사고 등 위험에 노출되어 있는데, 병역의무 이행에 대한 보상의 정도를 결정할 때 위와 같은 현역병 복무의 특수성을 반영할 수 있으며, 사회복무요원은 생계유지를 위하여 필요한 경우 복무기관의 장의 허가를 얻어 겸직할 수 있는 점 등을 고려하면, 심판대상조항이 사회복무요원에게 현역병의 봉급과 동일한 보수를 지급하면서 중식비, 교통비, 제복 등을 제외한 다른 의식주 비용을 추가로 지급하지 않는다 하더라도, 사회복무요원을 현역병에 비하여 합리적 이유 없이 자의적으로 차별한 것이라고 볼 수 없다(헌재 2019. 2. 28. 2017헌마374).

▶ **일반 근로자에 대한 산업재해보상보험법과 달리 공무원에게 재해보상을 위하여 실시되는 급여의 종류로 휴업급여 또는 상병보상연금 규정을 두고 있지 않은 '공무원 재해보상법' 제8조가 공무원의 평등권을 침해하는지**(소극) : 공무원에게 인정되는 신분보장의 정도, 질병휴직 후 직무복귀의 가능성, 공무상 병가 및 공무상 질병휴직기간 동안 지급받는 보수의 수준, 퇴직연금 내지 퇴직일시금 제도에 의한 생계보장 면에서 공무원이 일반 근로자에 비해 대체로 유리하다는 점을 고려하면, 심판대상조항이 휴업급여 내지 상병보상연금이라는 급여를 별도로 규정하지 않았다 하여 공무원의 업무상 재해보상에 관하여 합리적인 이유 없이 일반 근로자와 달리 취급하고 있다고 볼 수 없다. 따라서 심판대상조항은 청구인의 평등권을 침해하지 아니한다(헌재 2024. 2. 28. 2020헌마1587).

▶ **공무상 질병 또는 부상으로 '퇴직 이후에 폐질상태가 확정된 군인'에 대해서 상이연금 지급에 관한 규정을 두지 아니한 군인연금법 제23조 제1항이 평등의 원칙에 위배되는지**(적극): 공무상 질병 또는 부상으로 '퇴직 이후에 폐질상태가 확정된 군인'에 대해서 상이연금 지급에 관한 규정을 두지 아니한 이 사건 법률조항은, 군인과 본질적인 차이가 없는 일반공무원의 경우에는 퇴직 이후에 폐질상태가 확정된 경우에도 장해급여수급권이 인정되고 있는 것과 달리, 군인과 일반공무원을 차별취급하고 있고, 또 폐질상태의 확정이 퇴직 이전에 이루어진 군인과 그 이후에 이루어진 군인을 차별취급하고 있는데, 군인이나 일반공무원이 공직수행 중 얻은 질병으로 퇴직 이후 폐질상태가 확정된 것이라면 그 질병이 퇴직 이후의 생활에 미치는 정도나 사회보장의 필요성 등의 측면에서 차이가 없을 뿐만 아니라 폐질상태가 확정되는 시기는 근무환경이나 질병의 특수성 등 우연한 사정에 의해 좌우될 수 있다는 점에서 볼 때, 위와 같은 차별취급은 합리적인 이유가 없어 정당화되기 어려우므로 평등의 원칙을 규정한 헌법 제11조 제1항에 위반된다(헌재 2010. 6. 24. 2008헌바128 헌법불합치).

▶ **공무상 질병 또는 부상으로 인하여 퇴직 후 장애 상태가 확정된 군인에게 상이연금을 지급하도록 한 개정된 군인연금법 제23조 제1항을 개정법 시행일 이후부터 적용하도록 한 군인연금법 부칙 부분이 평등원칙에 위반되는지**(적극): 장애의 정도나 위험성, 생계곤란의 정도 등을 고려하지 않은 채 장애의 확정시기라는 우연한 형식적 사정을 기준으로 상이연금의 지급 여부를 달리하는 것은 불합리하다. 퇴직 후 신법 조항 시행일 전에 장애 상태로 된 군인에게 장애 상태가 확정된 때부터 상이연금을 지급하는 것이 국가의 재정형편상 어렵다면, 신법 조항 시행일 이후부터 상이연금을 지급하도록 하거나, 수급자의 생활수준에 따라 지급범위와 지급액을 달리 하는 등 국가의 재정능력을 감안하면서도 차별적 요소를 완화하는 입법을 할 수 있다. 그럼에도 불구하고, 퇴직 후 신법 조항 시행일 전에 장애 상태가 확정된 군인을 보호하기 위한 최소한의 조치도 하지 않은 것은 그 차별이 군인연금기금의 재정상황 등 실무적 여건이나 경제상황 등을 고려한 것이라고 하더라도, 그 차별을 정당화할 만한 합리적인 이유가 있는 것으로 보기 어렵다. 따라서 심판대상조항은 헌법상 평등원칙에 위반된다(헌재 2016. 12. 29. 2015헌바208 헌법불합치).

▶ **장애보상금 지급대상을 군인으로 한정함으로써 군복무 중 질병 또는 부상으로 퇴직한 이후에 장애상태가 확정된 군인을 그 지급대상에서 제외하고 있는 구 군인연금법 제31조 제1항 중 군인에 대한 장애보상금에 관한 부분이 평등원칙에 위배되는지**(소극): 장애보상금은 상이연금에 비하여 근로재해에 대한 재해보상으로서의 성격이 약하고 일시금으로 지급된다는 점에서 당장의 생활 안정을 위한 금전으로서의 성격이 더 강하다. 군인이 공무상 질병 또는 부상으로 퇴직하는 경우 이러한 재해에 대한 보상 및 사회보장으로서의 기본적인 급여는 상이연금이고, 장애보상금은 질병 또는 부상이 공무상의 것인지를 묻지 않고 추가로 지급되는 급여라고 볼 수 있으므로, 장애보상금의 지급대상을 어떻게 정할 것인지에 대하여는 입법자의 재량이 크다 할 것이고, 전역 후에 확정된 장애에 대하여도 국가가 전액 부담하여 보상금을 지급하는 것은 군인연금재정의 안정적이고 효율적인 운용을 저해할 수 있는 점 등을 종합할 때, 심판대상조항이 장애보상금 지급대상에서 퇴직 후 신체장애등급을 받은 경우를 제외하고 있다 하더라도 그러한 사정만으로 평등원칙에 위반된다고 볼 수 없다(헌재 2024. 2. 28. 2020헌바320).

▶ **현역병이 국민건강보험공단으로부터 요양비에 관한 지급을 받을 수 있도록 규정한 개정된 법률조항을 개정법 시행 후 최초로 요양을 받은 경우부터 적용하도록 규정한 국민건강보험법 부칙 제4조 부분이 평등원칙에 위반되는지**(소극): 제도의 단계적 개선을 추진하는 경우에 언제 어디에서 어떤 계층을 대상으로 하여 기본권에 관한 사항이나 제도의 개선을 시작할 것인지를 선택하는 것에는 입법형성의 자유가 인정되고, 입법목적, 사회실정, 법률의 개정이유나 경위 등을 참작하여 시혜적 소급입법을 할 것인지 여부에 관하여 입법자가 한 판단은 존중되어야 하기에 그 결정이 합리적 재량의 범위를 벗어나 현저하게 불합리하고 불공정한 것이 아닌 한 헌법에 위반된다고 할 수 없다. 요양을 받은 일자를 한정하지 않고 소급할 경우 공단 및 국방부가 안게 될 행정부담과 공단의 청구에 따라 요양비를 지급해야 하는 국가가 안게 되는 재정적 부담을 종합적으로 고려하여 개정법 시행 후 최초로 요양을 받은 경우부터 개정된 법률조항을 적용하기로 한 입법적 결정이 입법재량의 한계를 벗어나 현저히 자의적인 것이라고 보기 어려워, 이 사건 부칙조항은 평등원칙에 위반되지 아니한다((헌재 2024. 3. 28. 2021헌바97).

▶ '수사가 진행 중이거나 형사재판이 계속 중이었다가 그 사유가 소멸한 경우'에는 잔여 퇴직급여 등에 대해 이자를 가산하는 규정을 두면서, '형이 확정되었다가 그 사유가 소멸한 경우'에는 이자 가산 규정을 두지 않은 군인연금법 제33조 제2항이 평등원칙을 위반하는지(적극): 금고 이상의 형이 확정되었다가 재심에서 무죄판결을 받은 사람은 처음부터 유죄판결이 없었던 것과 같은 상태가 되었으므로 '유죄판결을 받지 않았다면 본래 퇴직급여 등을 받을 수 있었던 날'에 퇴직급여를 지급받을 수 있었던 사람들이다. 따라서 미지급기간동안 잔여 퇴직급여에 발생하였을 경제적 가치의 증가를 전혀 반영하지 않고 잔여 퇴직급여 원금만을 지급하는 것은 제대로 된 권리 회복이라고 볼 수 없다. 이러한 점들을 종합하면, 잔여 퇴직급여에 대한 이자 지급 여부에 있어 양자를 달리 취급하는 것은 합리적 이유 없는 차별로서 평등원칙을 위반한다(헌재 2016. 7. 28. 2015헌바20 헌법불합치).

▶ 경찰공무원의 봉급월액을 군인 및 일반직공무원에 비하여 낮은 수준으로 규정하고 있는 공무원보수규정이 경찰공무원인 청구인(경장)의 평등권을 침해하는지(소극): 경찰공무원과 군인은 업무를 수행하는 과정에서 생명과 신체에 대한 상당한 위험을 부담한다는 점에서 유사한 측면이 존재하지만, 법률에 의하여 부여된 고유업무는 서로 다르고, 그에 따라 업무수행 중에 노출되는 위험상황의 성격과 정도에 있어서도 서로 일치한다고는 볼 수 없다. 또한 경찰공무원과 군인은 직종 간 특성에 따라 다른 계급체계 및 인사운영체계를 가지고 있고, 이에 따라 봉급월액을 다르게 정하고 있다. 따라서 경찰공무원 중 경장의 봉급월액이 이에 대응하는 군인계급인 중사의 봉급월액보다 적게 규정되었다고 하여 이를 합리적 이유 없는 차별에 해당한다고 볼 수 없다(헌재 2008. 12. 26. 2007헌마444).

▶ 계속근로기간 1년 미만인 근로자를 퇴직급여 지급대상에서 제외하는 근로자퇴직급여 보장법 제4조 제1항 단서 부분이 청구인의 평등권을 침해하는지(소극): '계속근로기간이 1년 미만인 근로자'를 퇴직급여 대상에서 제외하여 '계속근로기간이 1년 이상인 근로자'와 차별취급하는 것은, 퇴직급여가 1년 이상 장기간 근속한 근로자의 공로를 보상하고 업무의 효율성과 생산성의 증대 등을 위해 장기간 근무를 장려하기 위한 것으로 볼 수 있으며, 입법자가 퇴직급여법의 확대적용을 위한 지속적인 노력을 기울이는 과정에서 한편으로 사용자의 재정적 부담능력 등의 현실적인 측면을 고려하고, 다른 한편으로 퇴직급여제도 이외에 국민연금제도나 실업급여제도 등 퇴직근로자의 생활을 보장하기 위한 다른 사회보장적 제도도 함께 고려하였다고 할 것이다. 따라서, 그 차별에 합리적 이유가 있으므로 청구인의 평등권이 침해되었다고 보기 어렵다(헌재 2011. 7. 28. 2009헌마408).

▶ 실업급여에 관한 고용보험법의 적용에 있어 '65세 이후에 새로이 고용된 자'를 그 적용대상에서 배제한 고용보험법 제10조 제1호 부분이 65세 이후 고용된 사람의 평등권을 침해하는지(소극): 우리 사회보장체계는 65세 이후에는 소득상실이라는 사회적 위험이 보편적으로 발생한다고 보고, 고용에 대한 지원이나 보장보다 노령연금이나 기초연금과 같은 사회보장급여체계를 통하여 노후생활이 안정될 수 있도록 설계되었다. 실업급여의 지급목적, 경제활동인구의 연령별 비율, 보험재정상태 등을 모두 고려하여 '65세 이후 고용된 자'의 경우 고용보험법상 고용안정·직업능력개발사업의 지원대상에는 포함되지만, 실업급여를 적용하지 않도록 한 데에는 합리적 이유가 있다. 따라서 그러한 적용제외 조항이 65세 이후 고용된 후 이직한 청구인의 평등권을 침해하지 아니한다(헌재 2018. 6. 28. 2017헌마238).

▶ 법관의 명예퇴직수당 정년잔여기간 산정에 있어 정년퇴직일 전에 임기만료일이 먼저 도래하는 경우 임기만료일을 정년퇴직일로 보도록 정한 구 '법관 및 법원공무원 명예퇴직수당 등 지급규칙' 제3조 제5항 본문이 퇴직법관인 청구인의 평등권을 침해하는지(소극): 법적으로 확보된 근속가능기간 측면에서 10년마다 연임절차를 거쳐야 정년까지 근무할 수 있는 법관과 그러한 절차 없이도 정년까지 근무할 수 있는 다른 경력직공무원은 동일하다고 보기 어려운 점 등을 고려할 때, 심판대상조항이 임기만료일을 법관 명예퇴직수당 정년잔여기간 산정의 기준 중 하나로 정한 것은 그 합리성을 인정할 수 있다(헌재 2020. 4. 23. 2017헌마321).

▶ **공무원과 이혼한 배우자의 분할연금 수급요건을 정한 공무원연금법 제45조 제1항을 2016. 1. 1. 이후 이혼한 사람부터 적용하도록 한 공무원연금법 부칙 제4조 제1항 전문 부분이 평등원칙에 위반되는지**(소극): 분할연금제도를 도입하면서 그 시행 전에 이혼한 사람들도 소급하여 분할연금수급권자가 될 수 있도록 한다면, 분할연금 수급권자에게 지급하여야 할 분할연금을 포함하여 이미 퇴직연금을 지급한 경우나 퇴직연금수급자가 이미 사망하여 퇴직연금이 소멸된 경우 등 과거에 이미 형성된 법률관계에 중대한 영향을 미쳐 법적 안정성이 훼손될 우려가 크다는 점 등을 종합하면, 심판대상조항이 분할연금제도의 적용대상을 그 제도가 도입된 2016. 1. 1. 이후에 이혼한 사람으로 한 것은 입법재량의 범위를 벗어나 현저히 불합리한 차별이라고 보기 어렵다. 심판대상조항은 평등원칙에 위반되지 않는다(헌재 2023. 3. 23. 2022헌바108).

▶ **공무원 퇴직연금의 수급요건을 재직기간 20년에서 10년으로 완화한 개정 공무원연금법 제46조 제1항의 적용대상을 법 시행일 당시 재직 중인 공무원으로 한정한 공무원연금법 부칙 제6조 중 제46조 제1항에 관한 부분이 청구인의 평등권을 침해하는지**(소극): 2015. 6. 22. 공무원연금법이 개정되면서 퇴직연금의 수급요건인 재직기간이 20년에서 10년으로 완화되었는바, 이와 같은 개정을 하면서 그 적용대상을 제한하지 아니하고 이미 법률관계가 확정된 자들에게까지 소급한다면 그로 인하여 법적 안정성 문제를 야기하게 되고 상당한 규모의 재정부담도 발생하게 될 것이므로, 일정한 기준을 두어 적용대상을 제한한 것은 충분히 납득할 만한 이유가 있다. 따라서 개정 법률을 그 시행일 전으로 소급적용하는 경과규정을 두지 않았다고 하여 이를 현저히 불합리한 차별이라고 볼 수 없으므로, 심판대상조항은 청구인의 평등권을 침해하지 아니한다(헌재 2017. 5. 25. 2015헌마933).

▶ **도시개발법의 도시개발사업, '도시정비법'의 재개발사업 및 재건축사업, '소규모주택정비법'에 따른 가로주택정비사업 및 소규모재건축사업 등에 대해서는 사업구역 내 가구 수가 증가하지 아니하는 경우에는 학교용지부담금을 부과할 수 없도록 하면서, 주택법에 따른 주택건설사업에 대해서는 가구 수 증가와 상관없이 학교용지부담금을 부과하는 구 '학교용지 확보 등에 관한 특례법' 제5조 제1항 단서가 평등원칙에 위반되는지**(소극): 도시개발법상 도시개발사업 등은 그 실질이 모두 기존 주택의 재건축에 해당하는데, 이들 개발사업을 시행하는 조합의 조합원은 사업구역 내에 위치한 토지 또는 건물의 소유자 등으로 기존 세대가 사업을 주도하고 기존 세대 대부분이 조합원의 지위에서 분양을 받아 사업시행 이후 그대로 거주한다. 반면 주택법의 적용을 받는 주택건설사업은 사업주체가 택지를 매입하여 신규 주택을 건설하고 공급하는 사업으로, 기존 세대와 무관하게 신규 주택을 건설·공급하게 되므로 사업시행 이후 기존 세대가 이전하고 인구가 새로 유입되는 상황을 예정하고 있다. 이와 같이 기존 세대가 잔류하지 아니하고 인구가 새로 유입되면서 세대가 교체되어 그 구성원에 변동이 생기는 상황이라면 가구 수 자체의 변동이 없더라도 취학 수요가 증가하여 학교시설을 확보할 필요성이 유발된다고 볼 수 있는데, 입법자가 이러한 주택법상 주택건설사업의 실질을 고려하여 주택법상 주택건설사업의 경우 신축된 전체 가구 수를 기준으로 학교용지부담금을 부과할 수 있도록 정한 것은 합리적인 이유가 있다(헌재 2025. 4. 10. 2020헌바363).

▶ **주거환경개선사업 및 주택재개발사업의 시행으로 철거되는 주택의 소유자에 대해서는 임시수용시설의 설치 등을 사업시행자의 의무로 규정한 반면, 도시환경정비사업의 경우에는 이와 같은 규정을 두지 아니한 도시 및 주거환경정비법 제36조 제1항 본문 부분이 평등원칙에 위반되는지**(소극): 주거환경개선사업 및 주택재개발사업은 정비기반시설이 열악하고 노후·불량건축물이 밀집한 지역에서 주거환경을 개선하기 위하여 시행하는 사업으로서 다수 주민의 이주대책이나 주거대책이 필수적으로 수반되어야 한다. 반면, 도시환경정비사업은 상공업지역에서 도시기능의 회복 등을 목적으로 도시환경을 개선하기 위한 사업이라는 점에서 위와 같은 대책이 반드시 수반되어야 하는 것은 아니다. 주민들의 대규모 이주대책이 명백하게 요구되는 주거환경개선사업 등의 경우 임시수용시설의 설치 등을 사업시행자의 의무로 규정하면서도, 도시환경정비사업의 경우에는 위와 같은 의무를 부과하는 입법을 하지 않은 것은 각 정비사업의 시행지역과 성격 내지 목적 등을 반영한 합리적인 차별이다. 따라서 이 사건 법률조항은 평등원칙에 위반되지 아니한다(헌재 2014. 3. 27. 2011헌바396).

3. 사회적 생활영역

주거·여행·공공시설이용 등에서의 차별, 적자와 서자의 차별, 혼인과 가족생활에서의 차별은 허용되지 않는다.

> **판례**
>
> ▶ **단기법무장교의 의무복무기간을 장교에 임용된 날부터 기산하도록 한 군인사법 시행령 제6조 제1항 전문 부분이 현역병 및 군간부후보생 교육기관에서 교육을 받다가 퇴교되어 현역병 등으로 복무하게 된 사람과의 관계에서 단기법무장교인 청구인들의 평등권을 침해하는지**(소극) : 심판대상조항이 현역병과 달리 법무사관후보생에 대한 군사교육기간을 단기법무장교의 의무복무기간에 산입하지 않도록 규정한 것은 단기법무장교와 현역병의 차이, 즉 계급 및 선발과정, 전체적인 복무내용, 군사교육의 목적과 내용, 군사교육기간 동안의 신분 등을 종합적으로 고려하여 결정한 것이다. 이와 같이 차별을 정당화할 합리적인 이유가 있으므로 심판대상조항이 청구인들의 평등권을 침해한다고 보기 어렵다(헌재 2024. 3. 28. 2020헌마1401).
>
> ▶ **경찰공무원 중 경사를 공직자 재산등록 의무자로 정한 구 공직자윤리법 시행령 제3조 제4항 제6호 중 '경사' 부분이 일반직공무원과 경찰공무원을 달리 취급하여 평등권을 침해하는지**(소극) : 경찰공무원은 그 직무범위와 권한이 포괄적이므로 권한을 남용할 경우 국민에게 미치는 영향이 크다는 점, 경찰공무원 중 경사 계급은 현장 수사의 핵심인력으로서 직무수행과 관련하여 많은 대민접촉이 이루어지므로 민사 분쟁에 개입하거나 금품을 수수하는 등의 비리 개연성이 높다는 점 등을 종합하여 보면, 일반직 공무원과 달리 경찰업무의 특수성을 고려하여 경사 계급까지 등록의무를 부과한 것은 합리적인 이유가 있으므로 심판대상조항이 청구인의 평등권을 침해한다고 볼 수 없다(헌재 2024. 2. 28. 2021헌마845).
>
> ▶ **병원, 치과병원, 종합병원과 달리 정신병원에 대하여는 한의사를 두어 한의과 진료과목을 추가로 설치·운영할 수 있다는 규정을 두지 아니한 의료법 제43조 제1항이 정신병원을 운영하는 청구인의 평등권을 침해하는지**(적극) : 의료법 제43조 제2항 등에 따라 한방병원에 정신건강의학과를 추가로 설치·운영하는 것은 허용하면서, 정신병원은 한의과 진료과목을 추가로 설치·운영할 수 없다고 할 만한 사유를 찾아보기 어렵다. 나아가, 정신병원 내에 한의과 진료과목을 설치·운영한다고 하더라도, 종합병원·병원·치과병원에 한의과 진료과목이 설치·운영되는 경우와 마찬가지로 한의과 진료과목의 진료에 필요한 시설·장비가 갖추어진 상태에서 자격을 갖춘 한의사에 의하여 진료가 이루어지게 할 수 있으므로, 국민의 보건위생상 어떠한 위해가 생길 것이라고 보기 어렵다. 위와 같은 점을 종합하면 심판대상조항이 정신병원을 운영하는 자를 종합병원·병원·치과병원을 운영하는 자와 달리 취급하는 데에 합리적인 이유가 있다고 볼 수 없으므로, 심판대상조항은 정신병원을 운영하는 청구인의 평등권을 침해한다(헌재 2025. 1. 23. 2021헌마886 헌법불합치).
>
> ▶ **치과의사에게 요양병원을 개설할 자격을 부여하지 않는 구 의료법 제33조 제2항 후문 부분이 치과의사의 평등권을 침해하는지**(소극) : 요양병원의 입원 대상은 노인성질환자, 만성질환자, 외과적 수술 후 또는 상해 후 회복기간에 있는 자로서 주로 요양이 필요한 사람이다. 요양병원의 설치목적과 공공성, 국민의 건강을 보호하고 적정한 의료급여를 보장해야 하는 사회국가적 의무를 감안하면, 인체 전반에 관한 의료 및 보건지도를 임무로 하는 의사 및 한의사에게는 요양병원의 개설을 허용하면서, 치과 의료와 구강 보건지도를 임무로 하고 치과진료에 특화된 의료인인 치과 의사에게는 요양병원의 개설을 허용하지 않고 있는 것에는 합리적인 이유가 있다고 보아야 한다. 심판대상조항은 청구인의 평등권을 침해한다고 볼 수 없다(헌재 2024. 3. 28. 2020헌마387).

▶ 물리치료사가 의사, 치과의사의 지도하에 업무를 할 수 있도록 정한 구 의료기사법 제1조 부분이 한의사를 의사 및 치과의사에 비하여 합리적 이유 없이 차별하여 한의사의 평등권을 침해하는지(소극): 의료행위와 한방의료행위를 구분하고 있는 이원적 의료체계하에서 의사의 의료행위를 지원하는 행위 중 전문적 지식 및 기술을 요하는 부분에 대하여 별도의 자격제도를 마련한 의료기사제도의 입법취지, 물리치료사 양성을 위한 교육과정 및 그 업무영역 등을 고려할 때, 물리치료사의 업무가 한방의료행위와도 밀접한 연관성이 있다고 보기 어렵고, 물리치료사 업무영역에 대한 의사와 한의사의 지도능력에도 차이가 있으므로, 의사에 대해서만 물리치료사 지도권한을 인정하고 한의사에게는 이를 배제하고 있는 데에 합리적 이유가 있다. 따라서 이 사건 조항은 한의사의 평등권을 침해하지 않는다(헌재 2014. 5. 29. 2011헌마552).

▶ 육아휴직을 신청한 공무원은 별도의 신청 없이도 육아휴직수당을 지급받는 반면, 민간 근로자의 경우에는 육아휴직 신청과는 별도로 '육아휴직이 끝난 날 이후 12개월 이내에 신청하여야 한다'고 규정한 고용보험법 제70조 제2항 본문 부분이 평등원칙에 위반되는지(소극): 공무원은 육아휴직의 신청 상대방과 육아휴직수당의 지급주체가 국가 또는 지방자치단체 등으로 동일하므로, 육아휴직수당의 지급에 관한 별도의 신청이 필요하지 아니한 것이다. 한편, 민간 근로자의 경우 육아휴직은 남녀고용평등법 제19조 제1항에 따라 사업주에게 신청한다. 그런데 법률상 인정된 권리인 육아휴직 급여를 지급받기 위해서는 관할 직업안정기관의 장에게 신청을 하여야 하고, 그 지급도 직업안정기관의 장이 고용보험기금에서 지출하게 된다. 국가가 민간 근로자에게 육아휴직 급여를 지급하기 위해서는 당사자가 육아휴직 급여수급권을 가지는지 확인이 필요한데, 국가의 이러한 확인행위를 발동시키기 위해서는 당사자의 신청이 필수적으로 선행되어야 한다. 그렇다면, 육아휴직수당의 지급에 관한 별도의 신청이 요구되지 않는 공무원과 달리, 심판대상조항이 육아휴직 급여를 지급받으려는 민간 근로자에게 육아휴직이 끝난 날 이후 12개월 이내 신청할 것을 요구하는 데에는 합리적인 이유가 있다고 할 것이다. 그러므로 심판대상조항은 평등원칙에 위반되지 아니한다(헌재 2023. 2. 23. 2018헌바240).

▶ 특별교통수단에 있어 표준휠체어만을 기준으로 휠체어 고정설비의 안전기준을 정하고 있는 '교통약자의 이동편의 증진법 시행규칙' 조항이 표준휠체어를 이용할 수 없는 장애인의 평등권을 침해하는지(적극): 심판대상조항은 교통약자의 이동편의를 위한 특별교통수단에 표준휠체어만을 기준으로 휠체어 고정설비의 안전기준을 정하고 있어 표준휠체어를 사용할 수 없는 장애인은 안전기준에 따른 특별교통수단을 이용할 수 없게 된다. 그런데 표준휠체어를 이용할 수 없는 장애인은 장애의 정도가 심하여 특수한 설비가 갖춰진 차량이 아니고서는 사실상 이동이 불가능하다. 그럼에도 불구하고 표준휠체어를 이용할 수 없는 장애인에 대한 고려 없이 표준휠체어만을 기준으로 고정설비의 안전기준을 정하는 것은 불합리하고, 특별교통수단에 장착되는 휠체어 탑승설비 연구·개발사업 등을 추진할 국가의 의무를 제대로 이행한 것이라 보기도 어렵다. 따라서 심판대상조항은 합리적 이유 없이 표준휠체어를 이용할 수 있는 장애인과 표준휠체어를 이용할 수 없는 장애인을 달리 취급하여 청구인의 평등권을 침해한다(헌재 2023. 5. 25. 2019헌마1234 헌법불합치).

▶ 국립묘지 안장 대상자의 사망 당시의 배우자가 재혼한 경우에는 국립묘지에 안장된 안장 대상자와 합장할 수 없도록 규정한 '국립묘지의 설치 및 운영에 관한 법률' 제5조 제3항 본문 제1호 단서 부분이 평등원칙에 위배되는지(소극): 안장 대상자가 사망한 뒤 그 배우자가 재혼을 통해 새로운 혼인관계를 형성하고 안장 대상자를 매개로 한 인척관계를 종료하였다면, 그가 국립묘지에 합장될 자격이 있는지는 사망 당시의 배우자를 기준으로 하는 것이 사회통념에 부합한다. 안장 대상자의 사망 후 재혼하지 않은 배우자나 배우자 사망 후 안장 대상자가 재혼한 경우의 종전 배우자는 자신이 사망할 때까지 안장 대상자의 배우자로서의 실체를 유지하였다는 점에서 합장을 허용하는 것이 국가와 사회를 위하여 헌신하고 희생한 안장 대상자의 충의와 위훈의 정신을 기리고자 하는 국립묘지 안장의 취지에 부합하고, 안장 대상자의 사망 후 그 배우자가 재혼을 통하여 새로운 가족관계를 형성한 경우에 그를 안장 대상자와의 합장 대상에서 제외하는 것은 합리적인 이유가 있다. 따라서 심판대상조항은 평등원칙에 위배되지 않는다(헌재 2022. 11. 24. 2020헌바463).

▶ **1993. 12. 31. 이전에 출생한 사람들에 대한 예외를 두지 않고 재외국민 2세의 지위를 상실할 수 있도록 규정한 병역법 시행령 조항가 청구인들의 평등권을 침해하는지**(소극): 심판대상조항에 의해 재외국민 2세의 지위를 상실할 경우 청구인들은 일반 국외이주자에 해당하여 1년의 기간 내에 통틀어 6개월 이상 국내에 체재하면 국외여행허가가 취소됨으로써 병역의무가 부과될 수 있다. 그런데 1993. 12. 31. 이전에 출생한 재외국민 2세와 1994. 1. 1. 이후 출생한 재외국민 2세는 병역의무의 이행을 연기하고 있다는 점에서 차이가 없고, 3년을 초과하여 국내에 체재한 경우 실질적인 생활의 근거지가 대한민국에 있다고 볼 수 있어 더 이상 특례를 인정해야 할 필요가 없다는 점에서도 동일하다. 1993. 12. 31. 이전에 출생한 재외국민 2세 중에는 기존 제도가 유지될 것으로 믿고 국내에 생활의 기반을 형성한 경우가 있을 수 있으나, 출생년도를 기준으로 한 특례가 앞으로도 지속될 것이라는 신뢰에 대하여 보호가치가 인정된다고 볼 수 없고, 병역의무의 평등한 이행을 확보하기 위하여 출생년도와 상관없이 모든 재외국민 2세를 동일하게 취급하는 것은 합리적인 이유가 있으므로, 심판대상조항은 청구인들의 평등권을 침해하지 아니한다(헌재 2021. 5. 27. 2019헌마177).

▶ **우편을 이용한 접근금지를 피해자보호명령에 포함시키지 아니한 구 '가정폭력범죄의 처벌 등에 관한 특례법' 제55조의2 제1항이 평등원칙에 위배되는지**(소극): 피해자보호명령제도는 가정폭력행위자가 피해자와 시간적·공간적으로 매우 밀접하게 관련되어 즉시 조치를 취하지 않으면 피해자에게 회복할 수 없는 피해를 입힐 가능성이 있을 때에 법원의 신속한 권리보호명령이 이루어질 수 있도록 하는 것이 입법의 주요한 목적 중 하나이다. 그런데 전기통신을 이용한 접근행위의 피해자와 우편을 이용한 접근행위의 피해자는 피해의 긴급성, 광범성, 신속한 조치의 필요성 등의 측면에서 차이가 있다. 이러한 피해자보호명령제도의 특성, 우편을 이용한 접근행위의 성질과 그 피해의 정도 등을 고려할 때, 입법자가 심판대상조항에서 우편을 이용한 접근금지를 피해자보호명령의 종류로 정하지 아니하였다고 하더라도 이것이 입법자의 재량을 벗어난 자의적인 입법으로서 평등원칙에 위반된다고 보기 어렵다(헌재 2023. 2. 23. 2019헌바43).

▶ **피해자의 의사에 반하여 처벌할 수 없는 죄에 있어서 피해자에게 자복한 때에는 그 형을 감경 또는 면제할 수 있도록 정한 형법 제52조 제2항이 평등원칙에 위반되는지**(소극): 통상의 경우 자복 그 자체만으로는, 자수와 같이 범죄자가 형사법절차 속으로 스스로 들어왔다거나 국가형벌권의 적정한 행사에 기여하였다고 단정하기 어려우므로, 이 사건 법률조항에서 통상의 자복에 관하여 자수와 동일한 법적 효과를 부여하지 않았다고 하여 자의적이라 볼 수는 없다. 반의사불벌죄에서의 자복은, 형사소추권의 행사 여부를 좌우할 수 있는 자에게 자신의 범죄를 알리는 행위란 점에서 자수와 그 구조 및 성격이 유사하므로, 이 사건 법률조항이 청구인과 같이 반의사불벌죄 이외의 죄를 범하고 피해자에게 자복한 사람에 대하여 반의사불벌죄를 범하고 피해자에게 자복한 사람과 달리 임의적 감면의 혜택을 부여하지 않고 있다 하더라도 이를 자의적인 차별이라고 보기 어렵다. 따라서 이 사건 법률조항은 평등원칙에 위반되지 아니한다(헌재 2018. 3. 29. 2016헌바270).

▶ **친고죄에 있어서 고소 취소가 가능한 시기를 제1심 판결선고 전까지로 제한한 형사소송법조항이 평등권을 침해하는지**(소극): 이 사건 법률조항은 고소인과 피고소인 사이에 자율적인 화해가 이루어질 수 있도록 어느 정도의 시간을 보장함으로써 국가형벌권의 남용을 방지하는 동시에 국가형벌권의 행사가 전적으로 고소인의 의사에 의해 좌우되는 것 또한 방지하는 한편, 가급적 고소 취소가 제1심 판결선고 전에 이루어지도록 유도함으로써 남상소를 막고, 사법자원이 효율적으로 분배될 수 있도록 하는 역할을 한다. 또한, 경찰·검찰의 수사단계에서부터 제1심 판결선고 전까지의 기간이 고소인과 피고소인 상호간에 숙고된 합의를 이루어낼 수 없을 만큼 부당하게 짧은 기간이라고 하기 어렵고, 현행 형사소송법상 제1심과 제2심이 모두 사실심이기는 하나 제2심은 제1심에 대한 항소심인 이상 두 심급이 근본적으로 동일하다고 볼 수는 없다. 따라서 이 사건 법률조항이 항소심 단계에서 고소 취소된 사람을 자의적으로 차별하는 것이라고 할 수는 없다(헌재 2011. 2. 24. 2008헌바40).

▶ 자기 또는 배우자의 직계존속을 고소하지 못하도록 규정한 형사소송법 제224조가 비속을 차별 취급하여 평등권을 침해하는지(소극): 가정의 영역에서는 법률의 역할보다 전통적 윤리의 역할이 더 강조되고, 그 윤리에는 인류 공통의 보편적인 윤리와 더불어 그 나라와 사회가 선택하고 축적해 온 고유한 문화전통과 윤리의식이 강하게 작용할 수밖에 없다. 우리는 오랜 세월동안 유교적 전통을 받아들이고 체화시켜 이는 현재에 이르기까지 일정한 부분 엄연히 우리의 고유한 의식으로 남아 있다. 이러한 측면에서 '효'라는 우리 고유의 전통규범을 수호하기 위하여 비속이 존속을 고소하는 행위의 반윤리성을 억제하고자 이를 제한하는 것은 합리적인 근거가 있는 차별이라고 할 수 있다. 따라서, 이 사건 법률조항은 헌법 제11조 제1항의 평등원칙에 위반되지 아니한다(헌재 2011. 2. 24. 2008헌바56 직계비속 고소금지 규정 사건).

▶ 부정청탁금지조항과 금품수수금지조항 및 신고조항과 제재조항은 전체 민간부문을 대상으로 하지 않고 사립학교 관계자와 언론인만 '공직자등'에 포함시켜 공직자와 같은 의무를 부담시키고 있는 청탁금지법 제9조 제1항 제2호 등이 언론인과 사립학교 관계자의 평등권을 침해하는지(소극): 교육과 언론은 공공성이 강한 영역으로 공공부문과 민간부문이 함께 참여하고 있고, 참여 주체의 신분에 따른 차별을 두기 어려운 분야이다. 따라서 사립학교 관계자와 언론인 못지않게 공공성이 큰 민간분야 종사자에 대해서 청탁금지법이 적용되지 않는다는 이유만으로 부정청탁금지조항과 금품수수금지조항 및 신고조항과 제재조항이 청구인들의 평등권을 침해한다고 볼 수 없다(헌재 2016. 7. 28. 2015헌마236).

▶ 소년범 중 형의 집행이 종료되거나 면제된 자에 한하여 자격에 관한 법령의 적용에 있어 장래에 향하여 형의 선고를 받지 아니한 것으로 본다고 규정한 소년법 제67조가 평등원칙에 위반되는지(적극): 이 사건 구법 조항은 집행유예보다 중한 실형을 선고받고 집행이 종료되거나 면제된 경우에는 자격에 관한 법령의 적용에 있어 형의 선고를 받지 아니한 것으로 본다고 하여 공무원 임용 등에 자격제한을 두지 않으면서 집행유예를 선고받은 경우에 대해서는 이와 같은 특례조항을 두지 아니하여 불합리한 차별을 야기하고 있다. 더욱이 집행유예기간을 경과한 자의 경우에는 원칙적으로 형의 선고에 의한 법적 효과가 장래를 향하여 소멸하고 향후 자격제한 등의 불이익을 받지 아니함에도, 이 사건 구법 조항에 따르면 집행유예를 선고받은 자의 자격제한을 완화하지 아니하여 집행유예기간이 경과한 경우에도 그 후 일정 기간 자격제한을 받게 되었으므로, 명백히 자의적인 차별에 해당하여 평등원칙에 위반된다(헌재 2018. 1. 25. 2017헌가7 헌법불합치).

▶ 보호처분에 대한 항고권을 사건 본인·보호자·보조인 또는 그 법정대리인으로 규정하고 검사나 피해자에게 인정하고 있지 않은 소년법 제43조 제1항 부분이 평등권을 침해하는지(소극): 소년심판절차의 전 단계에서 검사가 관여하고 있고, 소년심판절차의 제1심에서 피해자 등의 진술권이 보장되고 있다. 또한 소년심판은 형사소송절차와는 달리 소년에 대한 후견적 입장에서 소년의 환경조정과 품행교정을 위한 보호처분을 하기 위한 심문절차이며, 보호처분을 함에 있어 범행의 내용도 참작하지만 주로 소년의 환경과 개인적 특성을 근거로 소년의 개선과 교화에 부합하는 처분을 부과하게 되므로 일반 형벌의 부과와는 차이가 있다. 그리고 소년심판은 심리의 객체로 취급되는 소년에 대한 후견적 입장에서 법원의 직권에 의해 진행되므로 검사의 관여가 반드시 필요한 것이 아니고 이에 따라 소년심판의 당사자가 아닌 검사가 상소 여부에 관여하는 것이 배제된 것이다. 위와 같은 소년심판절차의 특수성을 감안하면, 차별대우를 정당화하는 객관적이고 합리적인 이유가 존재한다고 할 것이어서 이 사건 법률조항은 청구인의 평등권을 침해하지 않는다(헌재 2012. 7. 26. 2011헌마232).

▶ **검사의 불기소처분에 대해 고소인·고발인만을 검찰청법상 항고권자로 규정하고 있는 검찰청법 제10조 제1항 제1문이 피의자를 합리적 이유 없이 차별하고 있는지**(소극) : 고소인·고발인과 피의자는 기본적으로 대립적인 이해관계에서 기소유예처분에 대하여 불복할 이익을 가지고 있다. 본래 항고제도는 고소인 또는 고발인이 검사의 자의적인 불기소처분으로 인하여 재판에 접근할 수 있는 기회가 차단되는 것을 막기 위하여 검찰 내부의 자체적 시정수단으로 도입된 것이다. 검찰청법상 항고제도의 성격과 취지 및 한정된 인적·물적 사법자원의 측면, 그리고 이 사건 법률조항이 헌법소원심판청구 등 피의자의 다른 불복수단까지 원천적으로 봉쇄하는 것은 아닌 점 등을 종합하면, 이 사건 법률조항이 피의자를 고소인·고발인에 비하여 합리적 이유 없이 차별하는 것이라 할 수 없다(헌재 2012. 7. 26. 2010헌마642).

▶ **검사의 불기소처분에 대한 항고권자를 고소인·고발인으로 한정한 검찰청법 제10조 제1항 전문이 고소하지 않은 범죄피해자의 평등권을 침해하는지**(소극) : 검찰청법상 항고는 검사의 불기소처분에 대하여 검찰 내부에 의한 신속하고 효율적인 자체 시정을 구하는 제도로서, 수사 절차상 지위가 불분명한 고소하지 않은 범죄피해자에게 검찰항고를 허용할 경우 이 같은 제도의 취지가 달성되지 않을 가능성이 있다. 심판대상조항이 고소하지 않은 범죄피해자를 검찰항고권자로 정하지 않은 것은 검찰항고를 거쳐 재정신청에 이르는 일련의 제도를 고려한 것이다. 고소하지 않은 범죄피해자는 헌법소원심판을 청구함으로써 부당한 불기소처분에 대한 시정을 구할 수 있다. 따라서 심판대상조항은 고소하지 않은 범죄피해자의 평등권을 침해하지 않는다(헌재 2024. 7. 18. 2021헌마248).

▶ **성폭력범죄 피해자가 국민참여재판을 원하지 아니하는 경우 법원이 국민참여재판 배제결정을 할 수 있도록 규정한 '국민의 형사재판 참여에 관한 법률' 제9조 제1항 제3호가 평등원칙에 위배되는지**(소극) : 다수의 배심원이 참여하는 국민참여재판으로 성폭력범죄에 대한 재판이 진행되는 경우, 재판 진행 과정에서 피해자의 신상이 공개될 가능성이 높고 피해자의 인격이나 명예가 손상되거나 사생활에 관한 비밀이 침해되며, 성적 수치심이나 공포감이 유발되는 등 추가적인 피해가 발생할 우려가 존재한다. 심판대상조항이 피해자 등의 의사를 고려하여 국민참여재판 배제결정을 할 수 있도록 규정한 것은 위와 같은 성폭력범죄 및 그에 관한 재판의 특수성을 고려한 것으로 합리적인 근거가 있다. 따라서 심판대상조항은 평등원칙에 위배되지 아니한다((헌재 2025. 2. 27. 2023헌바155).

▶ **국민참여재판 배심원의 자격을 만 20세 이상으로 정한 '국민의 형사재판 참여에 관한 법률' 제16조 부분이 평등원칙에 위배되는지**(소극) : 국민참여재판법상 배심원의 최저연령 제한은 배심원의 역할을 수행하기 위한 최소한의 자격으로, 배심원에게 요구되는 역할과 책임을 감당할 수 있는 능력을 갖춘 시기를 전제로 한다. 배심원의 역할은 형사재판에서 직접 공무를 담당하는 직책이라는 점을 고려하면, 배심원의 자격을 갖추는 데 요구되는 최저한의 연령을 설정함에 있어서는 법적 행위능력을 갖추고 중등교육을 마칠 정도의 최소한의 지적 이해능력과 판단능력을 갖춘 연령을 기초로 하되, 중죄를 다루는 형사재판에서 평결 및 양형의견 개진 등의 책임과 의무를 이해하고 이를 합리적으로 수행하기 위하여 필요한 직접 또는 간접적인 경험을 쌓는 데 소요되는 최소한의 기간 등도 충분히 요청될 수 있다. 따라서 심판대상조항이 우리나라 국민참여재판제도의 취지와 배심원의 권한 및 의무 등 여러 사정을 종합적으로 고려하여 만 20세에 이르기까지 교육 및 경험을 쌓은 자로 하여금 배심원의 책무를 담당하도록 정한 것은 입법형성권의 한계 내의 것으로 자의적인 차별이라고 볼 수 없다(헌재 2021. 5. 27. 2019헌가19).

▶ 국민참여재판의 대상사건을 형사사건 중 합의부 관할사건으로 한정한 '국민의 형사재판 참여에 관한 법률'(국민참여재판법) 제5조 제1항 제1호가 평등권을 침해하는지(소극) : 형사사건의 다수를 차지하는 단독판사 관할사건까지 국민참여재판의 대상사건으로 할 경우, 한정된 인적·물적 자원만으로는 현실적으로 제도 운영에 어려움이 있는 점, 합의부 관할사건이 일반적으로 단독판사 관할사건보다 사회적 파급력이 큰 점 등에 비추어 보면, 이 사건 법률조항이 단독판사 관할사건으로 재판받는 피고인과 합의부 관할사건으로 재판받는 피고인을 다르게 취급하고 있는 것은 합리적인 이유가 있으므로 이 사건 법률조항은 평등권을 침해하지 않는다(헌재 2015. 7. 30. 2014헌바447).

▶ 근로자의 날을 관공서의 공휴일에 포함시키지 않은 '관공서의 공휴일에 관한 규정' 제2조 본문이 공무원인 청구인들의 평등권을 침해하는지(소극) : 역사적으로 볼 때 근로자의 날은, 사용자에 대항하는 개념으로서의 근로자가 근로조건의 향상을 위해 투쟁하였던 노동운동의 산물이라 할 것인데, 공무원의 근로관계는 그 직무의 특수성으로 말미암아 일반근로자처럼 근로자와 사용자의 이원적 구조를 전제로 투쟁과 타협에 의하여 발전되어 왔다고 보기 어렵다. 따라서 근로자의 날이 갖는 역사적 의의도 일반근로자와 공무원이 서로 같다고 볼 수는 없다. 이처럼 공무원과 일반근로자는 그 직무 성격의 차이로 인하여 근로조건을 정함에 있어서 그 방식이나 내용에 있어서 차이가 있을 뿐만 아니라 근로자의 날을 법정유급휴일로 정할 필요성에 있어서도 차이가 있다. 따라서 심판대상조항이 근로자의 날을 공무원의 법정유급휴일에 해당하는 관공서 공휴일로 규정하지 않은 데에는 합리적인 이유가 있다 할 것이므로, 심판대상조항이 청구인들의 평등권을 침해한다고 볼 수 없다(헌재 2022. 8. 31. 2020헌마1025).

▶ 입양기관이 '기본생활지원을 위한 미혼모자가족복지시설'을 함께 운영할 수 없도록 한 한부모가족지원법 제20조 제4항 및 부칙 제2조 제3항이 사회복지법인의 평등권을 침해하는지(소극) : 사회복지법인 입양기관을 운영하는 자가 출산 전후의 미혼모와 그 자녀들의 '기본생활지원을 위한 미혼모자가족복지시설'을 함께 설치하여 운영할 경우 미혼모에게 경제적·사회적 부담이 큰 자녀 양육보다는 손쉬운 입양을 권유할 가능성이 높고, 실제로 입양기관을 운영하는 자가 설치한 미혼모자가족복지시설에서 출산한 미혼모들이 그렇지 않은 미혼모들보다 입양을 더 많이 선택하고 있다. 이러한 사정을 고려할 때, 미혼모가 스스로 자녀를 양육할 수 있도록 하고 이를 통해 입양 특히 국외입양을 최소화하기 위하여, 입양기관을 운영하는 자로 하여금 일정한 유예기간을 거쳐 '기본생활지원을 위한 미혼모자가족복지시설'을 설치·운영할 수 없게 하는 것에는 합리적 이유가 있다고 할 것이므로, 이 사건 법률조항들은 청구인들의 평등권을 침해하지 아니한다(헌재 2014. 5. 29. 2011헌마363).

▶ 택시운송사업자가 운송비용을 택시운수종사자에게 전가할 수 없도록 정한 택시발전법 제12조 제1항이 평등원칙에 위반하는지(소극) : 이 사건 금지조항은 택시업종만을 규제하고 화물자동차나 대중버스 등 다른 운송수단에는 적용되지 않으나, 화물차운수사업은 여객이 아닌 화물을 운송하는 것을 목적으로 하고 있으며, 대중버스의 경우 운송비용 전가 문제가 발생하고 있지 않다. 따라서, 택시운송사업에 한하여 운송비용 전가 문제를 규제할 필요성이 인정되므로 다른 운송수단에 대하여 동일한 규제를 하지 않는다고 하더라도 평등원칙에 위반되지 아니한다(헌재 2018. 6. 28. 2016헌마1153).

▶ 변호인선임서 등을 공공기관에 제출할 때 소속 지방변호사회를 경유하도록 하는 변호사법 제29조가 다른 전문직과 비교하여 변호사의 평등권을 침해하는지 여부(소극) : 다른 전문직에 비하여 변호사는 포괄적인 직무영역과 그에 따른 더 엄격한 직무의무를 부담하고 있는바, 이는 변호사 직무의 공공성 및 그 포괄적 직무범위에 따른 사회적 책임성을 고려한 것으로서, 다른 전문직과 비교하여 차별취급의 합리적 이유가 있다고 할 것이므로, 변호사법 제29조는 변호사의 평등권을 침해하지 아니한다(헌재 2013. 5. 30. 2011헌마131).

▶ 음주운전자와 도주차량운전자에 대하여는 임의적 면허취소를 규정하고 있으면서 음주측정거부자에 대하여 필요적으로 운전면허를 취소하도록 규정한 구 도로교통법 제78조 제1항 단서 중 제8호 부분이 평등권을 침해하는지(소극): 술에 취한 상태에서 운전한 자에 대한 행정제재의 경우 그 음주정도와 경위, 교통사고 유무 등 구체적·개별적 사정에 비추어 면허의 정지 또는 취소 여부를 결정할 필요가 상당하고, 또한 이미 교통사고로 사람을 사상한 도주차량운전자의 경우 그 불법에 상응하는 정도의 제재를 가할 필요성 못지않게 피해자에 대한 실질적 구제가 중요하므로 탄력적인 행정제재를 통하여 사고운전자의 자진신고를 유도하여 원활한 피해배상이 이루어지도록 행정제재에 재량의 여지를 둘 필요가 적지 않은 점 등에 비추어 보면, 이 사건 법률조항이 법상 면허취소·정지 사유 간의 체계를 파괴할 만큼 형평성에서 벗어나 평등권을 침해한다고 볼 수도 없다(헌재 2007. 12. 27. 2005헌바95).

4. 문화적 생활영역

교육에 있어서 기회균등이 보장되고, 문화적 활동·이용·접근 등에서의 차별은 금지된다.

판례

▶ 자사고를 지원한 학생에게 평준화지역 후기학교에 중복지원하는 것을 금지한 초·중등교육법시행령 제81조 제5항이 청구인 학생 및 학부모의 평등권을 침해하는지(적극): 자사고에 지원하였다가 불합격한 평준화지역 소재 학생들은 지역별 해당 교육감의 재량에 따라 배정·추가배정 여부가 달라진다. 이에 따라 일부 지역의 경우 평준화지역 자사고 불합격자들에 대하여 일반고 배정절차를 마련하지 아니하여 자신의 학교군에서 일반고에 진학할 수 없고, 통학이 힘든 먼 거리의 비평준화지역의 학교에 진학하거나 학교의 장이 입학전형을 실시하는 고등학교에 정원미달이 발생할 경우 추가선발에 지원하여야 하고 그조차 곤란한 경우 고등학교 재수를 하여야 하는 등 고등학교 진학 자체가 불투명하게 되기도 한다. 이 사건 중복지원금지 조항은 중복지원금지 원칙만을 규정하고 지시고 불합격자에 대하여 아무런 고등학교 진학 대책을 마련하지 않았다. 결국 이 사건 중복지원금지 조항은 고등학교 진학 기회에 있어서 자사고 지원자들에 대한 차별을 정당화할 수 있을 정도로 차별 목적과 차별 정도 간에 비례성을 갖춘 것이라고 볼 수 없다(헌재 2019. 4. 11. 2018헌마221).

CHAPTER 03 자유권적 기본권

제1절 신체의 자유

제1항 신체의 자유의 의의

> **헌법 제12조**
> ① 모든 국민은 신체의 자유를 가진다. 누구든지 법률에 의하지 아니하고는 체포·구속·압수·수색 또는 심문을 받지 아니하며, 법률과 적법한 절차에 의하지 아니하고는 처벌·보안처분 또는 강제노역을 받지 아니한다.

헌법 제12조 제1항 전문은 "모든 국민은 신체의 자유를 가진다."라고 규정하여 신체의 자유를 보장하고 있는데, 신체의 자유는 신체의 안전성이 외부로부터의 물리적인 힘이나 정신적인 위험으로부터 침해당하지 아니할 자유와 신체활동을 임의적이고 자율적으로 할 수 있는 자유를 말한다(헌재 1992. 12. 24. 92헌가8).

제2항 신체의 자유의 내용

I 불법한 체포·구속, 압수·수색, 심문을 받지 않을 권리

1. 체포·구속

체포란 실력으로 일정기간 동안 신체의 자유를 구속하여 일정한 장소에 인치(引致)하는 행위를 말하며, 구속이란 실력으로 일정한 장소에 유치하고 그 장소 밖으로 나가는 것을 금지함을 말한다. 구속은 구인과 구금을 포함하는 개념이다.

2. 압수·수색

압수란 물건의 점유를 강제로 취득하는 행위를 말하고, 수색이란 사람이나 물건을 발견하기 위하여 신체, 물건 또는 장소에 대하여 행하는 강제처분을 말한다. 주택에 대한 압수·수색은 헌법 제16조의 적용을 받는다.

> **판례**
> ▶ **인터넷회선 감청이 압수·수색에 해당하는지**(소극): 인터넷회선 감청은 서버에 저장된 정보가 아니라, 인터넷 상에서 발신되어 수신되기까지의 과정 중에 수집되는 정보, 즉 전송 중인 정보의 수집을 위한 수사이므로, 압수·수색과 구별된다(헌재 2018. 8. 30. 2016헌마263).

3. 심문

신문(訊問)은 어떤 사건에 대해 법원 등이 당사자에게 말로 물어 조사하는 것을 말하고, 심문(審問)은 법원 등이 이해 관계자에게 서면이나 말로 하고 싶은 말이 있는지 묻는 것으로 진술 기회를 주는 행위를 말한다. 다만 여기서는 자세히 따져 묻는다는 의미로, 구두 또는 서면에 의해 사실에 대한 진술의 강요를 말한다.

Ⅱ 불법한 처벌·보안처분·강제노역을 받지 않을 권리

1. 처벌

처벌이란 본인에게 불이익 또는 고통을 주는 일체의 제재를 말한다. 따라서 처벌에는 형사벌 외에 질서벌(과태료)과 집행벌(이행강제금)도 포함된다.

2. 보안처분

(1) 의의

보안처분이란 사회적으로 위험한 행위를 할 우려가 있는 자를 사회로부터 격리하여 그 위험성을 교정하는 것을 목적으로 하는 범죄예방처분을 말한다.

(2) 형벌과 보안처분

1) 양자의 차이

형벌은 본질적으로 행위자가 저지른 과거의 불법에 대한 책임을 전제로 부과되는 제재를 뜻함에 반하여, 보안처분은 행위자의 장래 위험성에 근거하여 범죄자의 개선을 통해 범죄를 예방하고 장래의 위험을 방지하여 사회를 보호하기 위해서 형벌에 대신하여 또는 형벌을 보충하여 부과되는 자유의 박탈과 제한 등의 처분을 뜻하는 것으로서 양자는 그 근거와 목적을 달리하는 형사제재이다. 즉, 형벌과 보안처분은 다 같이 형사제재에 해당하지만, 형벌은 책임의 한계 안에서 과거 불법에 대한 응보를 주된 목적으로 하는 제재이고, 보안처분은 장래 재범 위험성을 전제로 범죄를 예방하기 위한 제재이다(헌재 2012. 12. 27. 2011헌바89).

2) 구별기준

오늘날에는 형벌과 보안처분의 형태가 다양해지고 형벌 집행에 있어서 범죄자에 대한 특별예방적·형사정책적 관심과 배려를 강조하는 새로운 형사제재수단들, 예를 들어 보호관찰, 사회봉사명령이나 수강명령 등이 등장하면서 형벌과 보안처분의 경계가 모호해지고 있다. 따라서 동일한 형태의 형사제재에 있어서도 관련 제도의 목적, 요건 등을 고려하여 그 법적 성격을 구분해야 한다(헌재 2012. 12. 27. 2011헌바89).

> **판례**
>
> ▶ **보호감호의 법적 성격**: 상습범에 대한 보안처분인 보호감호처분은 그 처분이 행위자의 범죄행위를 요건으로 하여 형사소송절차에 따라 비로소 과해질 수 있는 것이고, 신체에 대한 자유의 박탈을 그 본질적 내용으로 하고 있는 점에서 역시 형사적 제재의 한 태양이라고 볼 수밖에 없다(헌재 1989. 7. 14. 88헌가5).

> ▶ **성충동 약물치료의 법적 성격**: 성충동 약물치료가 행위자의 불법에 대한 책임과 무관하게 이루어지도록 하고 있다. 즉 범죄자의 책임이 아니라 행위에서 제시된 위험성이 치료명령 여부, 기간 등을 결정하고, 치료 명령은 장래를 향한 조치로서 기능하는바, 성충동 약물치료는 본질적으로 '보안처분'에 해당한다(헌재 2015. 12. 23. 2013헌가9).
>
> ▶ **위치추적 전자장치의 법적 성격**: 특정 범죄자에 대한 위치추적 전자장치 부착 등에 관한 법률에 의한 성폭력범죄자에 대한 전자감시제도는, 성폭력범죄자의 재범방지와 성행교정을 통한 재사회화를 위하여 그의 행적을 추적하여 위치를 확인할 수 있는 전자장치를 신체에 부착하게 하는 부가적인 조치를 취함으로써 성폭력범죄로부터 국민을 보호함을 목적으로 하는 일종의 보안처분이다(대판 2011. 7. 28. 2011도5813).
>
> ▶ **아동·청소년의 성보호에 관한 법률에서 정한 공개명령제도의 법적 성격**: 아동·청소년의 성보호에 관한 법률이 정한 공개명령 및 고지명령 제도는 아동·청소년대상 성폭력범죄 등을 효과적으로 예방하고 그 범죄로부터 아동·청소년을 보호함을 목적으로 하는 일종의 보안처분이다(대판 2012. 5. 24. 2012도2763).

(3) 요건

헌법 제12조 제1항이 규정한 "누구든지 법률과 적법한 절차에 의하지 아니하고는 처벌·보안처분 또는 강제노역을 받지 아니한다."라는 조항에서 구현된 죄형법정주의의 보안처분적 요청은 "재범의 위험성이 없으면 보안처분은 없다."는 뜻을 내포한다(헌재 1989. 7. 14. 88헌가5).

보안처분의 본질인 재범의 위험성은 보안처분으로 인한 신체의 자유박탈이라는 인권 제한과의 비례원칙상 단순한 재범의 가능성만으로는 부족하고 상당한 개연성을 요구한다(헌재 1989. 7. 14. 88헌가5).

(4) 한계

1) 비례의 원칙

형벌은 책임주의에 의하여 제한을 받지만 보안처분은 책임에 따른 제재가 아니어서 책임주의의 제한을 받지 않는다. 보안처분에 있어서는 형벌에 대해 책임주의가 기능하는 바와 같은 역할을 하는 것이 바로 비례의 원칙이다. 목적과 수단 사이에 상당한 비례관계가 유지되어야 한다는 비례의 원칙을 우리의 헌법과 법률은 명문화하고 있지는 않지만 이를 인정하는 것은 법치국가의 원리상 당연하다. 비례의 원칙은 보안처분의 선고 여부를 결정할 때뿐만 아니라 보안처분을 종료할 것인지 여부를 판단할 때에도 적용된다(헌재 2005. 2. 3. 2003헌바1).

> **판례**
>
> ▶ **성폭력범죄를 저지른 성도착증 환자로서 재범의 위험성이 인정되는 19세 이상의 사람에 대해 법원이 15년의 범위에서 치료명령을 선고할 수 있도록 한 성충동약물치료법 제4조 제1항 등이 치료명령 피청구인의 신체의 자유 등 기본권을 침해하는지**(일부 적극): 성충동 약물치료는 전문의의 감정을 거쳐 성도착증 환자로 인정되는 사람을 대상으로 청구되고, 한정된 기간 동안 의사의 진단과 처방에 의하여 이루어지며, 부작용 검사 및 치료가 함께 이루어지고, 치료 불필요한 경우의 가해제도가 있으며, 치료 중단시 남성호르몬의 생성과 작용의 회복이 가능하다는 점을 고려할 때, 심판대상조항들은 원칙적으로 침해의 최소성 및 법익균형성이 충족된다. 다만 장기형이 선고되는 경우 치료명령의 선고시점과 집행시점 사이에 상당한 시간적 간극이 있어 집행시점에서 발생할 수 있는 불필요한 치료와 관련한 부분에 대해서는 침해의 최소성과 법익균형성을 인정하기 어렵다. 따라서 청구조항은 과잉금지원칙에 위배되지 아니하나, 명령조항은 집행 시점에서 불필요한 치료를 막을 수 있는 절차가 마련되어 있지 않은 점으로 인하여 과잉금지원칙에 위배되어 치료명령 피청구인의 신체의 자유 등 기본권을 침해한다(헌재 2015. 12. 23. 2013헌가9 헌법불합치).

▶ 성폭력범죄를 2회 이상 범하여 그 습벽이 인정된 때에 해당하고 성폭력범죄를 다시 범할 위험성이 인정되는 자에 대해 검사의 청구와 법원의 판결로 3년 이상 20년 이하의 기간 동안 전자장치 부착을 명할 수 있도록 한 구 전자장치부착법 조항이 청구인의 사생활의 비밀과 자유 등을 침해하는지(소극) : 성폭력범죄는 대부분 습벽에 의한 것이고 그 습벽은 단기간에 교정되지 않고 장기간 계속될 가능성이 크다는 점에서 일반적으로는 부착기간의 상한을 높게 확보해 둘 필요가 있는 점, 범죄예방 효과의 측면에서 위치추적을 통한 전자감시제도보다 덜 기본권 제한적인 수단을 쉽게 마련하기 어려운 점 등을 고려하면, 전자장치부착조항에 의한 전자감시제도가 침해의 최소성 원칙에 반한다고 할 수 없다. 또한 이 사건 전자장치부착조항이 보호하고자 하는 이익에 비해 재범의 위험성이 있는 성폭력범죄자가 입는 불이익이 결코 크다고 할 수 없어 법익의 균형성 원칙에 반하지 아니하므로, 전자장치부착조항이 과잉금지원칙에 위배하여 피부착자의 사생활의 비밀과 자유, 개인정보자기결정권, 인격권을 침해한다고 볼 수 없다(헌재 2012. 12. 27. 2011헌바89).

▶ 전자장치부착법에 의한 전자장치 부착기간 동안 다른 범죄를 저질러 구금된 경우, 그 구금기간이 부착기간에 포함되지 않는 것으로 규정한 법 제13조 제4항 제1호 등이 피부착자의 사생활의 비밀과 자유, 개인정보자기결정권 및 인격권을 침해하는지(소극) : 심판대상 법률조항은 전자장치 부착명령을 집행할 수 없는 기간 동안 집행을 정지하고 다시 집행이 가능해졌을 때 잔여기간을 집행함으로써 재범방지 및 재사회화라는 전자장치 부착의 목적을 달성하기 위한 것으로서 입법목적의 정당성 및 수단의 적절성이 인정되며, 부착명령 집행이 불가능한 기간 동안 집행을 정지하는 것 이외에 덜 침해적인 수단이 있다고 보기도 어렵다. 또한 특정범죄자의 재범방지 및 재사회화라는 공익을 고려하면, 침해되는 사익이 더 크다고 볼 수 없어 법익균형성도 인정되므로, 심판대상 법률조항은 과잉금지원칙에 위배되지 아니한다(헌재 2013. 7. 25. 2011헌마781).

▶ 법원이 부착기간 중 기간을 정하여 야간 외출제한 및 아동시설 출입금지 등의 준수사항을 명할 수 있도록 한 구 전자장치부착법 제9조의2 제1항 제1호 등이 청구인의 일반적 행동의 자유를 침해하는지(소극) : 피부착자에게 출입이 금지되는 구역과 외출이 금지되는 시간을 지정하거나 치료 프로그램의 이수 등을 의무화함으로써 다양한 형태로 전자감시제도를 시행하는 것은 재범을 방지하고 피부착자의 재사회화를 위한 것으로서 이보다 덜 침해적인 수단을 찾기 어렵다. 전자장치 부착과 더불어 준수사항 이행의무를 지게 됨으로써 피부착자가 받게 되는 기본권 제한이 적다고 볼 수 없으나, 성범죄의 습벽이 강하고 특히 재범의 위험성이 높아 형벌로는 특별예방이나 사회방위 효과를 거두기 힘든 성폭력범죄자의 재범을 예방하여 성폭력범죄로부터 국민을 보호한다고 하는 공익이 훨씬 크다(헌재 2012. 12. 27. 2011헌바89).

▶ 사회보호법 폐지 전에 이미 판결이 확정된 보호감호를 종전의 사회보호법에 따라 집행하도록 한 사회보호법 부칙 제2조가 신체의 자유 등을 침해하여 헌법에 위반되는지(소극) : 입법자가 종전 사회보호법을 폐지하면서 적지 않은 수의 보호감호 대상자가 일시에 석방될 경우 초래될 사회적 혼란의 방지, 법원의 양형실무 및 확정판결에 대한 존중 등을 고려하여 법률 폐지 이전에 이미 보호감호 판결이 확정된 자에 대하여는 보호감호를 집행하도록 한 것이므로, 이중처벌에 해당하거나 비례원칙을 위반하여 신체의 자유를 과도하게 침해한다고 볼 수 없다(헌재 2015. 9. 24. 2014헌바222).

2) 소급입법금지원칙

보안처분은 형벌과는 달리 행위자의 장래 재범위험성에 근거하는 것으로서, 행위시가 아닌 재판시의 재범위험성 여부에 대한 판단에 따라 보안처분 선고를 결정하므로 원칙적으로 재판 당시 현행법을 소급적용할 수 있다고 보는 것이 타당하다. 그러나 보안처분의 범주가 넓고 그 모습이 다양한 이상, 보안처분에 속한다는 이유만으로 일률적으로 소급입법금지원칙이 적용된다거나 그렇지 않다고 단정해서는 안 되고, 보안처분이라는 우회적인 방법으로 형벌불소급의 원칙을 유명무실하게 하는 것을 허용해서도 안 된다. 따라서 보안처분이라 하더라도 형벌적 성격이 강하여 신체의 자유를 박탈하거나 박탈에 준하는 정도로 신체의 자유를 제한하는 경우에는 소급입법금지원칙을 적용하는 것이 법치주의 및 죄형법정주의에 부합한다(헌재 2012. 12. 27. 2010헌가82).

> **판례**
>
> ▶ 신상정보 공개·고지명령을 소급적용하는 성폭력처벌법 부칙 제7조 제1항이 소급처벌금지원칙에 위배되는지(소극) : 신상정보 공개·고지명령은 형벌과는 구분되는 비형벌적 보안처분으로서 어떠한 형벌적 효과나 신체의 자유를 박탈하는 효과를 가져오지 아니하므로 소급처벌금지원칙이 적용되지 아니한다. 따라서 심판대상조항은 소급처벌금지원칙에 위배되지 않는다(헌재 2016. 12. 29. 2015헌바196).
>
> ▶ 범죄행위 당시에 없었던 위치추적 전자장치 부착명령을 출소예정자에게 소급 적용할 수 있도록 한 전자장치부착법 부칙 제2조 제1항이 소급처벌금지원칙에 위배되는지(소극) : 전자장치 부착은 전통적 의미의 형벌이 아니며, 이를 통하여 피부착자의 위치만 국가에 노출될 뿐 그 행동 자체를 통제하지 않는다는 점에서 비형벌적 보안처분에 해당되므로, 이를 소급적용하도록 한 부칙경과조항은 헌법 제13조 제1항 전단의 소급처벌금지원칙에 위배되지 아니한다(헌재 2015. 9. 24. 2015헌바35).
>
> ▶ 디엔에이법 시행 당시 디엔에이감식시료 채취 대상범죄로 이미 징역이나 금고 이상의 실형이 확정되어 수용 중인 사람에게 디엔에이감식시료 채취 및 디엔에이확인정보의 수집·이용 등을 할 수 있도록 규정한 디엔에이법 부칙 제2조 제1항이 소급입법금지원칙에 위배되는지(소극) : 디엔에이신원확인정보의 수집·이용이 범죄의 예방효과를 가지는 보안처분으로서의 성격을 일부 지닌다고 하더라도 이는 형벌과는 구별되는 비형벌적 보안처분으로서 소급입법금지원칙이 적용되지 아니하고, 소급적용으로 발생하는 당사자의 손실에 비하여 소급적용으로 인한 공익적 목적이 더 크다고 할 것이므로, 소급입법금지원칙에 위배되는 것은 아니다(헌재 2014. 8. 28. 2011헌마28).
>
> ▶ 개정 형법 시행 이전에 죄를 범한 자에 대하여 개정 형법에 따라 보호관찰을 명할 수 있는지(적극) : 보호관찰은 형벌이 아니라 보안처분의 성격을 갖는 것으로서, 과거의 불법에 대한 책임에 기초하고 있는 제재가 아니라 장래의 위험성으로부터 행위자를 보호하고 사회를 방위하기 위한 합목적적인 조치이므로, 그에 관하여 반드시 행위 이전에 규정되어 있어야 하는 것은 아니며, 재판시의 규정에 의하여 보호관찰을 받을 것을 명할 수 있다고 보아야 할 것이고, 이와 같은 해석이 형벌불소급의 원칙 내지 죄형법정주의에 위배되는 것이라고 볼 수 없다(대판 1997. 6. 23. 97도703).

3. 강제노역

강제노역이란 본인의 의사에 반하는 강제적인 노동력의 제공을 말한다. 헌법에서 국방의 의무를 규정하고 있으므로 징병제도는 강제노역이 아니다.

제3항 신체의 자유를 보장하기 위한 헌법원리

I 죄형법정주의

> **헌법 제13조**
> ① 모든 국민은 행위시의 법률에 의하여 범죄를 구성하지 아니하는 행위로 소추되지 아니한다.

1. 의의

죄형법정주의는 자유주의, 권력분립, 법치주의 및 국민주권의 원리에 입각한 것으로서 무엇이 범죄이며 그에 대한 형벌이 어떠한 것인가는 반드시 국민의 대표로 구성된 입법부가 제정한 법률로써 정하여야 한다는 원칙이다(헌재 1991. 7. 8. 91헌가4).

> **판례**
>
> ▶ **죄형법정주의의 기능 및 근거**: "법률이 없으면 범죄도 없고 형벌도 없다."라는 말로 표현되는 죄형법정주의는 이미 제정된 정의로운 법률에 의하지 아니하고는 처벌되지 아니한다는 원칙으로서 이는 무엇이 처벌될 행위인가를 국민이 예측가능한 형식으로 정하도록 하여 개인의 법적 안정성을 보호하고 성문의 형벌법규에 의한 실정법질서를 확립하여 국가형벌권의 자의적 행사로부터 개인의 자유와 권리를 보장하려는 법치국가 형법의 기본원칙이다(헌재 1991. 7. 8. 91헌가4).

2. 내용

(I) 법률주의

1) 의의

죄형법정주의를 천명한 헌법 제12조 제1항 후단이나 제13조 제1항 전단에서 말하는 법률은 입법부에서 제정한 형식적 의미의 법률을 의미한다(헌재 1991. 7. 8. 91헌가4).

> **판례**
>
> ▶ **부동산소유권이전등기신청을 의무화하고 그 의무위반에 대하여 과태료에 처할 수 있도록 규정하고 있는 부동산등기특별조치법 제11조 제1항 본문이 죄형법정주의의 규율대상에 해당하는지**(소극): 부동산등기특별조치법 제11조 제1항 본문 중 제2조 제1항에 관한 부분이 정하고 있는 과태료는 행정상의 질서유지를 위한 행정질서벌에 해당할 뿐 형벌이라고 할 수 없어 죄형법정주의의 규율대상에 해당하지 아니한다(헌재 1998. 5. 28. 96헌바83).
>
> ▶ **단체협약에 위반한 자를 1,000만원 이하의 벌금에 처하도록 규정한 노동조합법 제46조의3이 죄형법정주의에 위배되는지**(적극): 구 노동조합법 제46조의3은 그 구성요건을 "단체협약에 위반한 자"라고만 규정함으로써 범죄구성요건의 외피(外皮)만 설정하였을 뿐 구성요건의 실질적 내용을 직접 규정하지 아니하고 모두 단체협약에 위임하고 있어 죄형법정주의의 기본적 요청인 "법률"주의에 위배되고, 그 구성요건도 지나치게 애매하고 광범위하여 죄형법정주의의 명확성의 원칙에 위배된다(헌재 1998. 3. 26. 96헌가20).

> ▶ **정관 위반행위에 대해서 형사처벌을 하도록 규정하고 있는 새마을금고법 조항이 죄형법정주의 원칙에 위반되는지**(적극): 형벌 구성요건의 실질적 내용을 법률에서 직접 규정하지 아니하고 금고의 정관에 위임한 것은 범죄와 형벌에 관하여는 입법부가 제정한 형식적 의미의 "법률"로써 정하여야 한다는 죄형법정주의 원칙에 위반된다. '정관에 위반하여'라는 구성요건에 '5년 이하의 징역 또는 500만원 이하의 벌금에 처한다'고 규정한 것은 구성요건을 '정관에 위반하여'라는 외피만 설정한 것일 뿐, 구성요건의 실질적 내용에 관하여는 아무 것도 정하지 아니한 것이다. 이것은 금지의 실질을 법인의 조직과 활동에 관한 근본규칙인 정관에 맡긴 것인데, 결과적으로 금고의 발기인들에게 처벌법규의 내용을 형성할 권한을 준 것에 다름 아니다(헌재 2001. 1. 18. 99헌바112).
>
> ▶ **임원의 선거운동 기간 및 선거운동에 필요한 사항을 정관에서 정할 수 있도록 규정한 신용협동조합법 제27조의2 제2항 등이 죄형법정주의에 위반되는지**(적극): 신용협동조합법 제27조의2 제2항 내지 제4항은 구체적으로 허용되는 선거운동의 기간 및 방법을 시행령이나 시행규칙이 아닌 정관에 맡기고 있어 정관으로 정하기만 하면 임원 선거운동의 기간 및 방법에 관한 추가적인 규제를 설정할 수 있도록 열어 두고 있다. 이는 범죄와 형벌은 입법부가 제정한 형식적 의미의 법률로 정하여야 한다는 죄형법정주의를 위반한 것이므로 헌법에 위반된다(헌재 2020. 6. 25. 2018헌바278).

2) 처벌법규의 위임

① 위임 가능성

위임입법에 관한 헌법 제75조는 처벌법규에도 적용되는 것이지만 법률에 의한 처벌법규의 위임은, 헌법이 특히 인권을 최대한으로 보장하기 위하여 죄형법정주의와 적법절차를 규정하고, 법률에 의한 처벌을 특별히 강조하고 있는 기본권 보장 우위사상에 비추어 바람직스럽지 못한 일이므로, 그 요건과 범위가 보다 엄격하게 제한적으로 적용되어야 한다(헌재 1991. 7. 8. 91헌가4).

② 위임의 요건

처벌법규의 위임은 첫째, 특히 긴급한 필요가 있거나 미리 법률로써 자세히 정할 수 없는 부득이한 사정이 있는 경우에 한정되어야 하고, 둘째, 이러한 경우에도 법률에서 범죄의 구성요건은 처벌대상인 행위가 어떠한 것일 거라고 이를 예측할 수 있을 정도로 구체적으로 정하고, 셋째, 형벌의 종류 및 상한과 폭을 명백히 규정하여야 한다(헌재 2008. 4. 24. 2005헌마373).

> **판례**
>
> ▶ **집회 또는 시위의 주최자가 대통령령으로 정하는 기준을 위반한 소음을 발생시키는 것을 금지한 '집회 및 시위에 관한 법률' 제14조 제1항이 죄형법정주의 및 포괄위임금지원칙에 위배되는지**(소극): 집회 또는 시위에서 발생하는 소음의 제한과 관련하여 세부적인 사항은 대상지역, 시간대, 측정방법 등을 고려하여 탄력적으로 정할 필요가 있다. '집회 및 시위에 관한 법률' 제14조 제1항은 '타인에게 심각한 피해를 주는 소음'으로 대통령령이 규정할 소음기준을 정하고 있고, 이에 따라 대통령령에서 대상지역이나 시간대 등을 고려하여 소음기준이 정해질 것임을 충분히 예측할 수 있으므로, '집회 및 시위에 관한 법률' 제14조 제1항은 죄형법정주의 및 포괄위임금지원칙에 위배되지 않는다(헌재 2024. 3. 28. 2020헌바586).

(2) 명확성의 원칙

1) 의의
죄형법정주의에서 파생되는 명확성의 원칙은 누구나 법률이 처벌하고자 하는 행위가 무엇이며 그에 대한 형벌이 어떠한 것인지를 예견할 수 있고, 그에 따라 자신의 행위를 결정할 수 있도록 구성요건이 명확할 것을 의미한다(헌재 2000. 6. 29. 98헌가10).

2) 요청 정도
처벌법규의 구성요건이 어느 정도 명확하여야 하는가는 일률적으로 정할 수 없고, 각 구성요건의 특수성과 그러한 법적 규제의 원인이 된 여건이나 처벌의 정도 등을 고려하여 종합적으로 판단하여야 한다(헌재 2005. 10. 27. 2003헌바50).

3) 판단대상
형벌규정에 대한 예측가능성의 유무는 당해 특정조항 하나만을 가지고 판단할 것이 아니고, 관련 법조항 전체를 유기적·체계적으로 종합 판단하여야 하며, 각 대상법률의 성질에 따라 구체적·개별적으로 검토하여야 한다(헌재 2019. 11. 28. 2017헌바182).

> **판례**
>
> ▶ **법관의 보충적 해석을 필요로 하는 개념을 사용한 경우**: 처벌법규의 구성요건이 명확하여야 한다고 하여 모든 구성요건을 단순한 서술적 개념으로 규정하여야 하는 것은 아니고, 다소 광범위하여 법관의 보충적인 해석을 필요로 하는 개념을 사용하였다고 하더라도 통상의 해석방법에 의하여 건전한 상식과 통상적인 법감정을 가진 사람이면 당해 처벌법규의 보호법익과 금지된 행위 및 처벌의 종류와 정도를 알 수 있도록 규정하였다면 헌법이 요구하는 처벌법규의 명확성에 배치되는 것이 아니다(헌재 2004. 11. 25. 2004헌바35).

4) 포괄성과 불명확성
형벌을 부과하는 법률조항의 내용이 포괄적이고 광범위하다는 것이 곧 해당 법률조항 의미 자체의 불명확성을 뜻하는 것은 아니므로, 어떠한 형벌조항의 적용범위가 지나치게 광범위하다는 이유로 죄형법정주의의 명확성원칙에 위반된다고 판단하기 위해서는 그와 같은 적용범위의 광범위함으로 인해 법규범의 의미내용에 대한 예측가능성 또는 법규범의 자의적 법집행 배제가 확보되지 않는다는 점이 확인되어야 한다(헌재 2023. 3. 23. 2019헌바141).

> **판례**
>
> ▶ **직권의 내용과 범위가 포괄적이고 광범위하다는 것이 곧 직권이라는 의미 자체의 불명확성을 의미하는지**(소극): 직권의 내용과 범위가 포괄적이고 광범위하다는 것이 곧 직권이라는 의미 자체의 불명확성을 뜻하는 것은 아니다. 직권의 내용과 범위가 비록 포괄적이고 광범위하더라도 공무원은 그 직권을 부여한 법령의 명시적인 규정 또는 위임이나 지시, 명령 등을 통해 직권의 내용이 무엇이고 그 범위와 한계는 어디까지인지를 알 수 있다. 따라서 공무원이 어떠한 행위를 함에 있어 그것이 자신의 직무상 권한에 속하는 것이어서 직무상 권한을 이용하는 것으로 볼 것인지 여부가 불분명하다면, 이는 그 공무원에게 직권을 부여한 법령의 규정이나 지휘 권한을 가진 상급 공무원의 위임 또는 지시, 명령 등의 내용이 불명확하기 때문이거나 공무원 자신이 그에게 부여된 직무상 권한의 범위를 명확히 인식하지 못하고 있는 것에 의한 것일 뿐 법률조항이 의미하는 "직권"의 의미 자체가 불명확하기 때문이라고 볼 수는 없다(헌재 2006. 7. 27. 2004헌바46).

▶ **형벌규정을 준용하는 경우 포괄적 준용방식이 금지되는지**(소극) : 형벌규정을 준용하는 경우에는 죄형법정주의 원칙상 준용규정에 의하여 금지되는 행위 또는 의무가 무엇이고, 그 위반에 대한 처벌의 종류 및 정도를 수범자가 쉽게 예측할 수 있어야 한다는 점에서 형벌 외의 규정에 비하여 보다 명확하게 규정될 것이 요구된다. 따라서 형벌에 관한 준용규정이 죄형법정주의 명확성원칙에 위배되는지 여부는 구성요건 및 벌칙규정의 준용 여부가 준용규정에 의하여 명확한지에 달린 것이지 형벌규정이라고 해서 포괄적 준용 방식은 금지되고 반드시 열거적 준용 방식을 택하여만 하는 것은 아니다(헌재 2022. 6. 30. 2020헌바15).

▶ **처벌을 규정하고 있는 법률조항이 구성요건이 되는 행위를 직접 규정하지 않고 다른 법률조항을 원용하거나 그 내용 중 일부를 괄호 안에 규정한 것만으로 명확성 원칙에 위반되는지**(소극) : 형벌을 규정함에 있어 구성요건 조항과 처벌 조항을 별개의 법률조항으로 나누어 규정하는 것은 통상적인 입법기술의 하나로서, 동일한 내용의 사항을 서로 다른 조항에서 반복해서 규정하는 경우에는 그 내용을 이미 규정하고 있는 조항을 원용하여 규정하는 것이 보편적인 방식이며, 처벌을 규정하고 있는 법률조항이 구성요건이 되는 행위를 같은 법률조항에서 직접 규정하지 않고 다른 법률조항에서 이미 규정한 내용을 원용하였다고 해서 그 법률조항의 내용이 불명확해진다고 볼 수는 없다. 또한 법률조항이 규율하고자 하는 내용 중 일부를 괄호 안에 규정하는 것 역시 단순한 입법기술상의 문제에 불과할 뿐, 괄호 안에 규정되어 있다는 사실만으로 그 내용이 중요한 의미를 가지는 것이 아니라고 볼 아무런 근거가 없다(헌재 2010. 3. 25. 2009헌바121).

▶ **구성요건 규정과 처벌규정을 별도의 조항에서 정하고 있는 새마을금고법이 처벌규정에서 범죄 구성요건에 해당하는 법률 규정을 명시하지 아니하고 "이 법과 이 법에 의한 명령에 위반하여"라고만 규정한 것이 죄형법정주의의 명확성 원칙에 위반되는지**(적극) : 범죄행위의 유형을 정하는 구성요건규정과 제재규정인 처벌규정을 별도의 조항에서 정하고 있는 법규인 경우, 처벌규정에서 범죄 구성요건에 해당하는 법률규정을 명시하는 것이 통상의 예이고, 법규 수범자는 처벌규정에서 정한 법조에 의해 자신의 어떠한 행위가 처벌받는지를 예측할 수 있게 되지만, 이 규정의 경우는 '이 법과 이 법에 의한 명령'이라고만 되어 있을 뿐 처벌규정에서 범죄구성요건에 해당하는 규정을 특정하지 아니하였을 뿐만 아니라 처벌규정 자체에서도 범죄구성요건을 정하고 있지 아니하여 금지하고자 하는 행위 유형의 실질을 파악할 수 없도록 하고 있으므로 죄형법정주의의 명확성 원칙에 위반된다(헌재 2001. 1. 18. 99헌바112).

▶ **'여러 사람의 눈에 뜨이는 곳에서 공공연하게 알몸을 지나치게 내놓거나 가려야 할 곳을 내놓아 다른 사람에게 부끄러운 느낌이나 불쾌감을 준 사람'을 처벌하는 경범죄처벌법 조항이 죄형법정주의의 명확성 원칙에 위배되는지**(적극) : 심판대상조항은 알몸을 '지나치게 내놓는' 것이 무엇인지 그 판단 기준을 제시하지 않아 무엇이 지나친 알몸노출행위인지 판단하기 쉽지 않고, '가려야 할 곳'의 의미도 알기 어렵다. 심판대상조항 중 '부끄러운 느낌이나 불쾌감'은 사람마다 달리 평가될 수밖에 없고, 노출되었을 때 부끄러운 느낌이나 불쾌감을 주는 신체부위도 사람마다 달라 '부끄러운 느낌이나 불쾌감'을 통하여 '지나치게'와 '가려야 할 곳' 의미를 확정하기도 곤란하다. 심판대상조항은 '선량한 성도덕과 성풍속'을 보호하기 위한 규정인데, 이러한 성도덕과 성풍속이 무엇인지 대단히 불분명하므로, 심판대상조항의 의미를 그 입법목적을 고려하여 밝히는 것에도 한계가 있다. 심판대상조항의 불명확성을 해소하기 위해 노출이 허용되지 않는 신체부위를 예시적으로 열거하거나 구체적으로 특정하여 분명하게 규정하는 것이 입법기술상 불가능하거나 현저히 곤란하지도 않다. 예컨대 이른바 '바바리맨'의 성기노출행위를 규제할 필요가 있다면 노출이 금지되는 신체부위를 '성기'로 명확히 특정하면 될 것이다. 따라서 심판대상조항은 죄형법정주의의 명확성 원칙에 위배된다(헌재 2016. 11. 24. 2016헌가3).

▶ '공중도덕상 유해한 업무'에 취업시킬 목적으로 근로자를 파견한 사람을 형사처벌하도록 규정한 파견근로자보호 등에 관한 법률 제42조 제1항 부분이 죄형법정주의의 명확성 원칙에 위배되는지(적극) : 공중도덕은 시대상황, 사회가 추구하는 가치 및 관습 등 시간적·공간적 배경에 따라 그 내용이 얼마든지 변할 수 있는 규범적 개념이므로, 그것만으로는 구체적으로 무엇을 의미하는지 설명하기 어렵다. 파견법은 '공중도덕상 유해한 업무'에 관한 정의조항은 물론 그 의미를 해석할 수 있는 수식어를 두지 않았으므로, 심판대상조항이 규율하는 사항을 바로 알아내기도 어렵다. 심판대상조항의 입법목적, 파견법의 체계, 관련조항 등을 모두 종합하여 보더라도 '공중도덕상 유해한 업무'의 내용을 명확히 알 수 없다. 심판대상조항은 건전한 상식과 통상적 법감정을 가진 사람으로 하여금 자신의 행위를 결정해 나가기에 충분한 기준이 될 정도의 의미내용을 가지고 있다고 볼 수 없으므로 죄형법정주의의 명확성 원칙에 위배된다(헌재 2016. 11. 24. 2015헌가23).

▶ 미성년자에게 음란성 또는 잔인성을 조장할 우려가 있거나 기타 미성년자로 하여금 범죄의 충동을 일으킬 수 있게 하는 만화(불량만화)의 반포 등 행위를 금지하고 이를 위반하는 자를 처벌하는 미성년자보호법 조항이 명확성의 원칙에 위배되는지(적극) : "음란성 또는 잔인성을 조장할 우려"라는 표현을 보면, '음란성'은 법관의 보충적인 해석을 통하여 그 규범내용이 확정될 수 있는 개념이라고 할 수 있으나, '잔인성'에 대하여는 아직 판례상 개념규정이 확립되지 않은 상태이고 그 사전적 의미는 "인정이 없고 모짊"이라고 할 수 있는바, 이에 의하면 미성년자의 감정이나 의지, 행동 등 그 정신생활의 모든 영역을 망라하는 것으로서 법집행자의 자의적인 판단을 허용할 여지가 높고, 여기에 '조장' 및 '우려'까지 덧붙여지면 사회통념상 정당한 것으로 볼 여지가 많은 것까지 처벌의 대상으로 할 수 있게 되는바, 모두 처벌하게 되면 그 처벌범위가 너무 광범위해지고, 일정한 경우에만 처벌하게 된다면 어느 경우가 그에 해당하는지 명확하게 알 수 없다. 다음으로 "범죄의 충동을 일으킬 수 있게"라는 표현은 확정적이든 미필적이든 고의를 품도록 하는 것에만 한정되는 것인지, 인식의 유무를 가리지 않고 실제로 구성요건에 해당하는 행위로 나아가게 하는 일체의 것을 의미하는지, 나아가 단순히 행위에 착수하는 단계만으로도 충분한 것인지, 결과까지 의욕하거나 실현하도록 하여야만 하는 것인지를 전혀 알 수 없어 그 규범내용이 확정될 수 없는 것이다. 그러므로, 미성년자보호법 조항은 법관의 보충적인 해석을 통하여도 그 규범내용이 확정될 수 없는 모호하고 막연한 개념을 사용함으로써 그 적용범위를 법집행기관의 자의적인 판단에 맡기고 있으므로, 죄형법정주의에서 파생된 명확성의 원칙에 위배된다(헌재 2002. 2. 28. 99헌가8).

▶ 아동의 덕성을 심히 해할 우려가 있는 도서, 간행물, 광고물, 기타의 내용물의 제작 등 행위를 금지하고 이를 위반하는 자를 처벌하는 아동보호법 조항이 명확성의 원칙에 위배되는지(적극) : 아동복지법 조항의 "어질고 너그러운 품성"을 뜻하는 '덕성'이라는 개념은 도덕이나 윤리가 품성으로 인격화된 것을 의미한다 할 것인바, 도덕이나 윤리는 국민 개개인마다 역사인식이나 종교관, 가치규범에 따라 자율적인 구속력을 지닌 내면적인 당위(當爲)로서 일의적으로 확정된 의미를 가진다고 보기 어려우므로 그 적용범위의 한계가 명확하다고 할 수 없고, 이에 덧붙인 "심히 해할 우려"라는 요소까지 고려하면 과연 무엇을 기준으로 그 덕성을 심히 해하는 경우와 다소 해하기는 하지만 심히 해하는 정도에까지 이르지 못하는 경우를 나눌 수 있을지 알 수 없으며, 나아가 심히 해하는 정도에까지 이르지 못하는 경우 중에서도 심히 해하지는 않을까 하는 우려가 인정되는 경우와 그러한 우려가 인정되지 않는 경우를 다시 나누는 것도 어렵다. 그러므로, 이 사건 아동복지법 조항은 법관의 보충적인 해석을 통하여도 그 규범내용이 확정될 수 없는 모호하고 막연한 개념을 사용함으로써 그 적용범위를 법집행기관의 자의적인 판단에 맡기고 있으므로, 죄형법정주의에서 파생된 명확성의 원칙에 위배된다(헌재 2002. 2. 28. 99헌가8).

▶ 집단급식소에 근무하는 영양사의 직무를 규정한 조항인 식품위생법 제52조 제2항(직무수행조항)을 위반한 자를 처벌하는 식품위생법 제96조 부분이 헌법에 위반되는지(적극) : [재판관 5인] 직무수행조항은 집단급식소에 근무하는 영양사와 조리사의 직무범위를 구분하는 기능을 함과 동시에 처벌조항을 통해 구성요건이 된다. 전자는 포괄적 규정의 필요성이 인정될 수 있지만, 후자는 죄형법정주의 등을 고려하여 제한된 범위 내에서 구체적으로 범죄행위를 규정할 것이 요청된다. 그러나 처벌조항에 규정된 '위반'이라는 문언은 집단급식소에 근무하는 영양사가 직무를 수행하지 아니한 경우 처벌한다는 의미만을 전달할 뿐, 그 판단기준에 관해서는 구체적이고 유용한 지침을 제공하지 않는다. 이상과 같은 점을 고려할 때 처벌조항은 죄형법정주의의 명확성원칙에 위반된다. [재판관 2인] 처벌조항은 아무런 제한 없이 직무수행조항을 위반하면 형사처벌을 하도록 함으로써 형사제재의 필요성이 인정된다고 보기 어려운 행위에 대해서까지 처벌의 대상으로 삼을 수 있도록 하고 있다. 처벌조항으로 인해 집단급식소에 근무하는 영양사는 그 경중 또는 실질적인 사회적 해악의 유무에 상관없이 직무수행조항에서 규정하고 있는 직무를 단 하나라도 불이행한 경우 상시적인 형사처벌의 위험에 노출된다. 이는 범죄의 설정에 관한 입법재량의 한계를 현저히 일탈하여 과도하다고 하지 않을 수 없다. 그러므로 처벌조항은 과잉금지원칙에 위반된다(헌재 2023. 3. 23. 2019헌바141).

▶ 의약외품이 아닌 것을 용기·포장 또는 첨부 문서에 의학적 효능·효과 등이 있는 것으로 오인될 우려가 있는 표시를 하거나 이와 같은 의약외품과 유사하게 표시된 것을 판매하는 것을 금지하는 구 약사법 제66조 중 제61조 제2항 부분이 죄형법정주의의 명확성 원칙에 위배되는지(소극) : 약사법 제2조 제7호에 의하면, 의약외품은 '사람이나 동물의 질병을 치료·경감·처치 또는 예방할 목적으로 사용되는 섬유·고무제품 또는 이와 유사한 것', '인체에 대한 작용이 약하거나 인체에 직접 작용하지 아니하며, 기구 또는 기계가 아닌 것과 이와 유사한 것', '감염병 예방을 위하여 살균·살충 및 이와 유사한 용도로 사용되는 제제'를 말하는바, 이 사건 금지조항의 '의학적 효능·효과 등'은 해당 물품이 위와 같은 목적으로 사용됨으로써 발생할 것으로 기대되는 일정한 효능·효과를 의미한다. 따라서 이 사건 금지조항은 의약외품이 아닌 것이 의약외품으로서 의학적 효능·효과가 있다고 소비자가 잘못 인식할 가능성이 있는 경우에 적용될 수 있으므로, 이 사건 금지조항은 죄형법정주의의 명확성원칙에 위반되지 않는다(헌재 2024. 4. 25. 2022헌바204).

▶ 감염병을 예방하기 위하여 집회를 제한하거나 금지하고 이를 위반한 자를 처벌하는 구 '감염병의 예방 및 관리에 관한 법률' 제49조 제1항 제2호 등의 '집회'에 관한 부분이 죄형법정주의의 명확성의 원칙에 위배되는지(소극) : 심판대상조항은 집회제한 등 조치의 부과주체를 시·도지사 등이라고 명기하고 있고, '감염병의 예방 및 관리에 관한 법률' 제2조는 예방조치가 요구되는 감염병의 종류를 명확하고 구체적으로 규정하고 있다. 심판대상조항을 근거로 발령되는 방역당국의 집회제한 등 조치는 그 성격상 특정 상대방에게 장소와 시기를 특정하여 집회를 제한하거나 금지하는 조치를 지시하는 내용이 될 수밖에 없기에 금지의무의 구체적인 내용이 행위자에게 인식될 수 있다. 따라서 심판대상조항은 죄형법정주의의 명확성원칙에 위배되지 아니한다(헌재 2024. 8. 29. 2022헌바177).

▶ 소방시설공사업법 제39조 중 '제36조 제3호에 해당하는 위반행위(거짓 등으로 감리한 경우)를 하면 그 행위자를 벌한다'에 관한 부분(양벌규정)이 죄형법정주의의 명확성 원칙에 위배되는지(소극) : 이 사건 양벌규정의 문언과 관련 규정의 내용, 입법목적 및 확립된 판례를 통한 해석방법 등을 종합하여 보면, 위 조항이 처벌대상으로 규정하고 있는 '행위자'에는 감리업자 이외에 실제 감리업무를 수행한 감리원도 포함된다는 점을 충분히 알 수 있으므로, 이 사건 양벌규정은 죄형법정주의의 명확성 원칙에 위배된다고 볼 수 없다(헌재 2023. 2. 23. 2020헌바314).

▶ 비방할 목적으로 정보통신망을 이용하여 공공연하게 사실을 드러내어 다른 사람의 명예를 훼손한 자를 처벌하고 있는 구 정보통신망법 제70조 제1항이 명확성 원칙에 위배되는지(소극) : '비방'이나 '목적'이라는 용어는, 일반인이 일상적으로 사용하거나 다른 법령들에서도 사용되는 일반적인 용어로서, 특별한 경우를 제외하고는 법관의 보충적 해석 작용 없이도 일반인들이 그 대강의 의미를 이해할 수 있는 표현이다. 심판대상조항에서 사용되는 의미 또한 일반적으로 사용되는 의미범위를 넘지 않고 있으므로, '비방할 목적'이 불명확하다고 보기 어렵다. 따라서 심판대상조항은 명확성원칙에 위배되지 아니한다(헌재 2016. 2. 25. 2013헌바105).

▶ 정보통신망을 통하여 음란한 화상 또는 영상을 공공연하게 전시하여 유통하는 것을 금지하고 이를 위반하는 자를 처벌하도록 정한 '정보통신망 이용촉진 및 정보보호 등에 관한 법률' 제44조의7 제1항 제1호 부분이 죄형법정주의의 명확성 원칙에 위배되는지(소극) : 헌법재판소와 대법원은 음란의 개념에 대하여, 단순히 저속하거나 문란하다는 정도를 넘어 사람의 존엄성과 가치를 심각하게 훼손·왜곡하였다고 할 수 있을 정도로 노골적인 방법에 의하여 성적 부위나 행위를 적나라하게 표현한 것으로서, 사회통념에 비추어 전적으로 또는 지배적으로 성적 흥미에만 호소하고 하등의 문학적·예술적·사상적·과학적·의학적·교육적 가치를 지니지 아니하는 것이라고 판시함으로써 그 해석 기준을 제시해 왔고, 이에 따라 자의적인 법해석이나 법집행을 배제할 수 있으므로, 심판대상조항은 죄형법정주의의 명확성원칙에 위배되지 않는다(헌재 2023. 2. 23. 2019헌바305).

▶ 성폭력처벌법 제13조 제1항 중 카메라나 그 밖에 이와 유사한 기능을 갖춘 기계장치를 이용하여 '성적 욕망 또는 수치심'을 유발할 수 있는 다른 사람의 신체를 그 의사에 반하여 촬영한 자에 관한 부분이 죄형법정주의의 명확성 원칙에 위배되는지(소극) : '성적 욕망 또는 수치심을 유발할 수 있는 다른 사람의 신체'는 구체적, 개별적, 상대적으로 판단할 수밖에 없는 개념이고, 사회와 시대의 문화, 풍속 및 가치관의 변화에 따라 수시로 변화하는 개념이므로, 심판대상조항이 다소 개방적이거나 추상적인 표현을 사용하면서 그 의미를 법관의 보충적 해석에 맡긴 것은 어느 정도 불가피하다. 법원은 이에 대해 합리적인 해석기준을 제시하고 그 기준에 따라 심판대상조항의 해당 여부를 판단하고 있으므로, 법 집행기관이 심판대상조항을 자의적으로 해석할 염려가 있다고 보기도 어렵다. 따라서 심판대상조항은 죄형법정주의의 명확성 원칙에 위배되지 아니한다(헌재 2017. 6. 29. 2015헌바243).

▶ 통신매체를 이용한 음란행위를 처벌하는 성폭력처벌법 제13조 중 '성적 수치심이나 혐오감' 부분이 명확성 원칙에 위배되는지(소극) : 헌법재판소는 구 '아동·청소년의 성보호에 관한 법률' 제2조 제5호 등 위헌제청 사건에서 위 법률 제2조 제4호 다목의 '성적 수치심이나 혐오감을 일으키는 행위'는 규범적으로 음란한 행위의 의미와 별다른 차이가 없다고 판시한 바 있다. 또한 심판대상조항의 조문명이 '통신매체를 이용한 음란행위'이고, '성적 수치심이나 혐오감을 일으키는 말, 음향, 글, 그림, 영상 또는 물건을 상대방에게 도달하게 하는 행위'를 음란행위라고 규정하고 있는 점을 아울러 고려하면, 수범자로서는 심판대상조항이 금지하고 있는 성적 수치심이나 혐오감을 일으키는 표현의 판단기준 또는 해석기준이 음란이라는 개념으로부터 도출되어야 함을 문언상 알 수 있다. 이러한 음란의 개념에 대하여는 헌법재판소에서 이미 여러 차례 합헌판단을 하였으므로 이러한 기준에 따라 어떤 표현이 상대방에게 성적 수치심 또는 혐오감을 일으키는 음란행위에 해당하는지 알 수 있다. 따라서 심판대상조항 중 '성적 수치심 또는 혐오감' 부분은 명확성 원칙에 위배되지 아니한다(헌재 2016. 3. 31. 2014헌바397).

▶ **대중교통수단, 공연·집회 장소, 그 밖에 공중이 밀집하는 장소에서 사람을 추행한 사람을 처벌하는 구 성폭력처벌법 제11조 중 '추행' 부분이 죄형법정주의 명확성 원칙에 위반되는지**(소극) : 심판대상조항의 '추행'이란 강제추행죄의 '추행'과 마찬가지로, 객관적으로 일반인에게 성적 수치심이나 혐오감을 일으키게 하고 선량한 성적 도덕관념에 반하는 행위로서 피해자의 성적 자기결정권을 침해하는 것을 뜻한다. 건전한 상식과 통상적인 법감정을 가진 사람이라면 심판대상조항에 따라 처벌되는 행위가 무엇인지 파악할 수 있으므로, 심판대상조항 중 '추행' 부분은 죄형법정주의 명확성 원칙에 위반되지 아니한다(헌재 2021. 3. 25. 2019헌바413).

▶ **성범죄 의료인의 취업을 제한하고 있는 구 청소년성보호법 제44조 제1항 제13호 부분에서 "성인대상 성범죄" 부분이 명확성 원칙에 위배되는지**(소극) : "성인대상 성범죄"는 그 문언에 비추어 성인 피해자를 범죄대상으로 한 성에 관련된 범죄로서 타인의 성적 자기결정권을 침해하여 가해지는 위법행위 혹은 성인이 연루되어 있는 사회의 건전한 성풍속을 침해하는 위법행위를 일컫는 것으로 보이고, 이러한 범죄들 중에서도 의료기관 취업을 제한할 필요가 있는 범죄로 해석된다. 이상의 내용을 종합하면 "성인대상 성범죄" 부분은 불명확하다고 볼 수 없어 헌법상 명확성 원칙에 위배되지 않는다(헌재 2016. 3. 31. 2013헌마585).

▶ **모의총포의 기준을 구체적으로 정한 총포화약법 시행령 조항이 명확성 원칙에 위반되는지**(소극) : 이 사건 시행령 조항에서 '범죄에 악용될 소지가 현저한 것'은 진정한 총포로 오인·혼동되어 위협 수단으로 사용될 정도로 총포와 모양이 유사한 것을 의미하고, '인명·신체상 위해를 가할 우려가 있는 것'은 사람에게 상해나 사망의 결과를 가할 우려가 있을 정도로 진정한 총포의 기능과 유사한 것을 의미한다. 따라서 이 사건 시행령 조항은 문언상 그 의미가 명확하므로, 죄형법정주의 명확성 원칙에 위반되지 않는다(헌재 2018. 5. 31. 2017헌마167).

▶ **어린이 보호구역에서 제한속도 준수의무 또는 '안전운전의무'를 위반하여 어린이를 상해에 이르게 한 경우 1년 이상 15년 이하의 징역 또는 500만 원 이상 3천만 원 이하의 벌금에, 사망에 이르게 한 경우 무기 또는 3년 이상의 징역에 처하도록 규정한 '특정범죄 가중처벌 등에 관한 법률' 제5조의13이 죄형법정주의 명확성 원칙에 위반되는지**(소극) : 건전한 상식과 통상적 법 감정을 가진 운전자의 경우 어린이 보호구역에서 도로의 유형과 형태, 횡단보도 및 신호기 설치 여부, 주요 표지 및 어린이의 존부 등을 살핌으로써 해당 보호구역에서 운전자에게 부여되는 안전운전의무의 구체적 의미 내용이 무엇인지 충분히 파악할 수 있을 것으로 보이고, 달리 심판대상조항이 법 해석·적용기관에 의한 자의적 법 집행 여지를 두고 있다고 보기 어렵다. 따라서 심판대상조항은 죄형법정주의 명확성 원칙에 위반되지 아니한다(헌재 2023. 2. 23. 2020헌마460 이른바 '민식이법' 사건).

▶ **음주단속의 요건을 규정하고 있는 구 도로교통법 제44조 제2항 중 '교통의 안전과 위험방지를 위하여 필요하다고 인정하는 경우'에 관한 부분이 죄형법정주의 명확성 원칙에 위반되는지**(소극) : 심판대상조항의 '교통의 안전과 위험방지를 위하여 필요하다고 인정하는 경우'란 음주운전을 제지하지 않고 방치할 때 초래될 도로교통상 안전에 대한 침해 또는 위험을 미리 방지하기 위해 필요한 경우를 의미함을 충분히 알 수 있다. 심판대상조항은 건전한 상식과 통상적인 법 감정을 가진 사람이라면 그 내용을 예측할 수 있으므로 불명확하다고 할 수 없고, 법을 해석하고 집행하는 기관이 이를 자의적으로 해석하거나 집행할 우려도 크지 않다. 따라서 심판대상조항은 죄형법정주의 명확성 원칙에 위배되지 않는다(헌재 2023. 10. 26. 2019헌바91).

▶ **음주운전의 경우 운전의 개념에 '도로 외의 곳'을 포함하도록 한 도로교통법 조항이 명확성 원칙에 위배되는지**(소극) : 심판대상조항에 규정된 '도로 외의 곳'이란 '도로 외의 모든 곳 가운데 자동차 등을 그 본래의 사용방법에 따라 사용할 수 있는 공간'으로 해석할 수 있다. 따라서 심판대상조항이 죄형법정주의 명확성 원칙에 위배된다고 할 수 없다(헌재 2016. 2. 25. 2015헌가11).

▶ 구 도로교통법 제60조 제1항 본문 중 '자동차의 운전자는 고속도로 등에서 자동차의 고장 등 '부득이한 사정'이 있는 경우를 제외하고는 갓길로 통행하여서는 아니 된다.' 부분이 죄형법정주의의 명확성 원칙에 위배되는지 여부(소극): 금지조항이 규정한 '부득이한 사정'이란 사회통념상 차로로의 통행을 기대하기 어려운 특별한 사정을 의미한다고 해석된다. 건전한 상식과 통상적인 법감정을 가진 수범자는 금지조항이 규정한 부득이한 사정이 어떠한 것인지 충분히 알 수 있고, 법관의 보충적인 해석을 통하여 그 의미가 확정될 수 있다. 그러므로 금지조항 중 '부득이한 사정' 부분은 죄형법정주의의 명확성 원칙에 위배되지 않는다(헌재 2021. 8. 31. 2020헌바100).

▶ 의료인 등이 거짓이나 과장된 내용의 의료광고를 하지 못하도록 하고 이를 위반한 자를 처벌하는 의료법 제56조 제3항 등이 명확성 원칙에 위배되는지(소극): '거짓이나 과장된 내용'의 의료광고는 사실이 아니거나 사실보다 지나치게 부풀려진 내용을 담고 있어 일반 의료소비자에게 오인이나 혼동을 불러일으킬 염려가 있어 국민건강 및 건전한 의료경쟁질서를 해할 위험이 있는 의료광고로 해석할 수 있고, '의료광고'란 의료업무 또는 의료인의 경력 등에 한정되지 않는 모든 내용의 의료광고를 의미하므로, 이 사건 법률조항들은 명확성 원칙에 위배되지 아니한다(헌재 2015. 12. 23. 2012헌마685).

▶ 의료법인·의료기관 또는 의료인이 '치료효과를 보장하는 등 소비자를 현혹할 우려가 있는 내용의 광고'를 한 경우 형사처벌하는 의료법 제89조 부분이 죄형법정주의의 명확성 원칙에 위배되는지(소극): '소비자를 현혹할 우려가 있는 내용의 광고'란, '광고 내용의 진실성·객관성을 불문하고, 오로지 의료서비스의 긍정적인 측면만을 강조하는 취지의 표현을 사용함으로써 의료소비자를 혼란스럽게 하고 합리적인 선택을 방해할 것으로 걱정되는 광고'를 의미하는 것으로 충분히 해석할 수 있으므로, 심판대상조항은 죄형법정주의의 명확성 원칙에 위배되지 아니한다(헌재 2014. 9. 25. 2013헌바28).

▶ 국가 또는 지방자치단체 외의 자가 '양로시설'을 설치하고자 하는 경우 신고하도록 규정하고 이를 위반한 경우 처벌하는 노인복지법 제33조 제2항 부분이 죄형법정주의의 명확성 원칙에 위배되는지(소극): 심판대상조항에 의하여 신고의무를 부담하는 양로시설은, 양로시설의 설치주체나 목적에 상관없이 법에서 요구하는 일정 규모의 시설을 갖춘 시설로서, 노인들이 편안하고 안정된 생활을 도모할 수 있도록 식사, 주거와 같은 일상생활에 필요한 각종 편의를 제공하는 시설을 의미한다고 할 것이다. 따라서 심판대상조항이 죄형법정주의 명확성 원칙에 반한다고 볼 수 없다(헌재 2016. 6. 30. 2015헌바46).

▶ 이적행위를 처벌하는 국가보안법 제7조 제1항 중 '국가의 존립·안전이나 자유민주적 기본질서를 위태롭게 한다는 정을 알면서 찬양·고무·선전 또는 이에 동조한 자'에 관한 부분이 죄형법정주의의 명확성원칙에 위배되는지(소극): 남·북한 간의 대치상황, 국가보안법의 입법목적 등에 비추어, 이적행위의 의미가 국론의 분열, 체제의 전복 등을 야기하거나 국민주권주의, 법치주의 등 민주주의의 근간을 흔드는 행위를 의미한다는 점이 수범자의 입장에서 충분히 예측가능하고, 협력의 동반자로서의 북한의 지위와 관련된 주장이나 통일·군사·안보 정책에 대한 건설적 비판, 남북상황, 대북정책 등에 대한 사적인 견해의 피력은 국가의 존립·안전이나 자유민주적 기본질서를 위태롭게 할 위험성이 전혀 없어 이적행위 조항에 의해 처벌되지 아니함이 명백하므로, 이적행위 조항은 죄형법정주의의 명확성원칙에 위배되지 않는다(헌재 2015. 4. 30. 2012헌바95).

▶ **이적표현물의 제작·소지·반포·취득행위를 처벌하는 국가보안법 제7조 제5항 부분이 죄형법정주의의 명확성원칙에 위배되는지**(소극) : 이적표현물 조항 중 "문서·도화 기타의 표현물"은 개인적인 사상, 의견, 신념이나 이념 등을 글, 그림 또는 언어 등의 형상으로 나타낸 일체의 물건을 뜻하고, 이적표현물을 소지한다는 것은 이적표현물을 자기의 사실상의 지배하에 두는 것을 의미하므로, 그 의미가 불명확하다거나 다의적으로 해석될 여지가 있다고 보기 어렵다. 국가의 존립·안전이나 자유민주적 기본질서를 위태롭게 할 만한 위험성을 전혀 갖지 아니한 표현물은 위 조항의 적용대상이 아니라는 점 역시 명백하다. 따라서 이적표현물 조항은 죄형법정주의의 명확성원칙에 위배되지 아니한다(헌재 2015. 4. 30. 2012헌바95).

▶ **법률사건의 수임에 관하여 '알선'의 대가로 금품을 제공하거나 이를 약속한 변호사를 형사처벌하는 구 변호사법 제109조 제2호 부분이 죄형법정주의의 명확성 원칙에 위반되는지**(소극) : '법률사건'이란 '법률상의 권리·의무의 발생·변경·소멸에 관한 다툼 또는 의문에 관한 사건'을 의미하고, '알선'이란 법률사건의 당사자와 그 사건에 관하여 대리 등의 법률사무를 취급하는 상대방 사이에서 양자 간에 법률사건이나 법률사무에 관한 위임계약 등의 체결을 중개하거나 그 편의를 도모하는 행위를 말하는바, 이 사건 법률조항에 의하여 금지되고, 처벌되는 행위의 의미가 문언상 불분명하다고 할 수 없으므로 이 사건 법률조항은 죄형법정주의의 명확성 원칙에 위배되지 않는다(헌재 2013. 2. 28. 2012헌바62).

(3) 형벌불소급원칙

1) 의의

형벌불소급원칙이란 형벌법규는 시행된 이후의 행위에 대해서만 적용되고 시행 이전의 행위에 대해서는 소급하여 불리하게 적용되어서는 안 된다는 원칙을 말한다(헌재 2015. 2. 26. 2012헌바268).

2) 적용대상

헌법 제13조 제1항 전단은 "모든 국민은 행위시의 법률에 의하여 범죄를 구성하지 않는 행위로 소추되지 아니하며"라고 하여 죄형법정주의 원칙과 형벌불소급원칙을 규정하고 있다. 헌법은 범죄구성요건만을 언급하고 있으나 범죄구성요건과 형벌은 불가분의 내적인 연관관계에 있기 때문에 죄형법정주의는 이 두 가지 요소로 구성되는 "가벌성"을 그 내용으로 하는 것이다. 즉 가벌성의 조건을 사후적으로 변경할 것을 요구하는 공익의 요청도 개인의 신뢰보호와 법적 안정성에 우선할 수 없다는 것을 명백히 규정함으로써 위 헌법조항은 소급적인 범죄구성요건의 제정과 소급적인 형벌의 가중을 엄격히 금하고 있다(헌재 1996. 2. 16. 96헌가2).

판례

▶ **피고인이 정식재판을 청구한 사건에 대하여 약식명령의 형보다 '중한 형'을 선고하지 못하도록 하던 구 형사소송법 불이익변경금지조항을 '중한 종류의 형'을 선고하지 못하도록 규정하는 형종상향금지조항으로 개정하면서, 형종상향금지조항의 시행 전에 정식재판을 청구한 사건에 대해서는 종전의 불이익변경금지조항에 따르도록 규정한 형사소송법 부칙 제2조가 형벌불소급원칙에 위배되는지**(소극) : 불이익변경금지조항이나 형종상향금지조항은 약식명령을 받은 피고인에 대하여 정식재판청구권의 행사를 절차적으로 보장하면서, 그 남용을 방지하거나 사법자원을 적정하게 분배한다는 등의 정책적인 고려를 통하여 선고형의 상한에 조건을 설정하거나 조정하는 규정들로, 행위의 불법과 행위자의 책임을 기초로 하는 실체적인 가벌성에는 영향을 미치지 아니한다. 따라서 형종상향금지조항으로의 개정 전후에 이루어진 정식재판청구에 대하여 적용될 규범의 시적 적용범위를 정하고 있는 심판대상조항은 행위자가 범죄행위 당시 예측가능성을 확보해야 하는 범죄구성요건의 제정이나 형벌의 가중에 해당한다고 볼 수 없으므로 형벌불소급원칙에 위배되지 아니한다(헌재 2023. 2. 23. 2018헌바513).

3) 처벌의 범위

형벌불소급원칙에서 의미하는 '처벌'은 단지 형법에 규정되어 있는 형식적 의미의 형벌 유형에 국한되지 않는다. 범죄행위에 따른 제재의 내용이나 실제적 효과가 가중되거나 부수효과가 불이익하게 변경되는 경우에는 행위시법을 적용함이 바람직하다. 특히 범죄행위에 따른 제재의 내용이나 실제적 효과가 형벌적 성격이 강하여, 신체의 자유를 박탈하거나 이에 준하는 정도로 신체의 자유를 제한하는 경우에는 법적 안정성, 예측 가능성 및 국민의 신뢰를 보호하기 위하여 형벌불소급원칙이 적용되어야 한다(헌재 2017. 10. 26. 2015헌바239).

> **판례**
>
> ▶ **헌법재판소와 대법원이 보안처분에 형벌불소급원칙을 적용한 사례**: 헌법재판소는 보안처분인 구 사회보호법상 '보호감호'에 대하여 '상습범 등에 대한 보안처분의 하나로서 신체에 대한 자유의 박탈을 그 내용으로 하는 보호감호처분은 그 요건이 되는 범죄에 관한 한 소급입법에 의한 보호감호처분은 허용될 수 없다.'고 판시하여 '형법이 규정한 형벌' 외의 제재에 대해서도 형벌불소급원칙이 적용될 수 있음을 밝힌 바 있다(헌재 1989. 7. 14. 88헌가5). 대법원은 '가정폭력범죄의 처벌 등에 관한 특례법'이 정한 보호처분 중하나인 '사회봉사명령'에 대하여, 보안처분의 성격을 가지는 것이나 실질적으로는 신체적 자유를 제한하게 되므로 형벌불소급원칙에 따라 행위시법을 적용하여야 한다는 취지로 판결하였다(대판 2008. 7. 24. 2008어4).
>
> ▶ **노역장유치에 형벌불소급원칙이 적용되는지**(적극): 노역장유치는 벌금형에 부수적으로 부과되는 환형처분으로서, 그 실질은 신체의 자유를 박탈하여 징역형과 유사한 형벌적 성격을 가지고 있으므로, 형벌불소급원칙의 적용대상이 된다(헌재 2017. 10. 26. 2015헌바239).
>
> ▶ **1억 원 이상의 벌금형을 선고하는 경우 노역장유치기간의 하한을 중하게 변경한 형법 제70조 제2항(노역장유치조항)을 시행일 이후 최초로 공소제기되는 경우부터 적용하도록 한 형법 부칙 제2조 제1항이 형벌불소급원칙에 위반되는지**(적극): 노역장유치조항은 1억 원 이상의 벌금형을 선고받는 자에 대하여 유치기간의 하한을 중하게 변경시킨 것이므로, 이 조항 시행 전에 행한 범죄행위에 대해서는 범죄행위 당시에 존재하였던 법률을 적용하여야 한다. 그런데 부칙조항은 노역장유치조항의 시행 전에 행해진 범죄행위에 대해서도 공소제기의 시기가 노역장유치조항의 시행 이후이면 이를 적용하도록 하고 있으므로, 이는 범죄행위 당시 보다 불이익한 법률을 소급 적용하도록 하는 것으로서 헌법상 형벌불소급원칙에 위반된다(헌재 2017. 10. 26. 2015헌바239).

4) 적용 범위

① 공소시효 규정

형벌불소급의 원칙은 형사소추가 "언제부터 어떠한 조건하에서" 가능한가의 문제에 관한 것이고, "얼마동안" 가능한가의 문제에 관한 것은 아니다. 다시 말하면 형벌불소급원칙을 규정한 헌법의 규정은 "행위의 가벌성"에 관한 것이기 때문에 소추가능성에만 연관될 뿐, 가벌성에는 영향을 미치지 않는 공소시효에 관한 규정은 원칙적으로 그 효력범위에 포함되지 않는다. 행위의 가벌성은 행위에 대한 소추가능성의 전제조건이지만 소추가능성은 가벌성의 조건이 아니므로 공소시효의 정지규정을 과거에 이미 행한 범죄에 대하여 적용하도록 하는 법률이라 하더라도 그 사유만으로 헌법 제12조 제1항 및 제13조 제1항에 규정한 죄형법정주의의 파생원칙인 형벌불소급의 원칙에 언제나 위배되는 것으로 단정할 수는 없다(헌재 1996. 2. 16. 96헌가2).

② 폐지된 행위시법의 적용

형벌불소급원칙이란 형벌법규는 시행된 이후의 행위에 대해서만 적용되고 시행 이전의 행위에 대해서는 소급하여 불리하게 적용되어서는 안 된다는 원칙인바, 개정된 법률 이전의 행위를 소급하여 형사처벌하도록 규정하고 있는 것이 아니라 형사처벌을 규정하고 있던 행위시법이 사후 폐지되었음에도 신법이 아닌 행위시법에 의하여 형사처벌하도록 규정한 것은 헌법 제13조 제1항의 형벌불소급원칙 보호영역에 포섭되지 아니한다(헌재 2015. 2. 26. 2012헌바268).

> **판례**
>
> ▶ **형을 가볍게 개정하면서 부칙에서 개정 전 범죄에 대하여는 종전의 법을 적용하도록 규정하는 것이 형벌불소급원칙이나 신법우선원칙에 반하는지**(소극) : 형법 제1조 제2항 및 제8조에 의하면 범죄 후 법률의 변경에 의하여 형이 구법보다 가벼운 때에는 원칙적으로 신법에 따라야 하지만, <u>신법에 경과규정을 두어 이러한 신법의 적용을 배제하는 것도 허용되는 것으로서</u>, 형을 종전보다 가볍게 형벌법규를 개정하면서 그 부칙에서 개정된 법의 시행 전의 범죄에 대하여는 종전의 형벌법규를 적용하도록 규정한다 하여 형벌불소급의 원칙이나 신법우선의 원칙에 반한다고 할 수 없다(대판 2011. 7. 14. 2011도1303).

③ 판례의 변경

형사처벌의 근거가 되는 것은 법률이지 판례가 아니고, 형법 조항에 관한 판례의 변경은 그 법률조항의 내용을 확인하는 것에 지나지 아니하여 이로써 그 법률조항 자체가 변경된 것으로 볼 수 없으므로, 행위 당시의 판례에 의하면 처벌대상이 되지 아니하는 것으로 해석되었던 행위를 판례의 변경에 따라 확인된 내용의 형법 조항에 근거하여 처벌한다고 하여 그것이 형벌불소급원칙에 위반된다고 할 수 없다(헌재 2014. 5. 29. 2012헌바390).

(4) 유추해석금지원칙

1) 의의

유추해석이란 법률에 규정이 없는 사항에 대하여 그것과 유사한 성질을 가지는 사항에 관한 법률을 적용하는 것을 뜻한다(대판 1997. 3. 20. 96도1167).

2) 근거

죄형법정주의 원칙에서 누구나 법률이 처벌하고자 하는 행위가 무엇이며 그에 대한 형벌이 어떠한 것인지를 예견할 수 있고 그에 따라 자신의 행위를 결정지을 수 있도록 구성요건이 명확할 것을 요구하는 '명확성의 원칙'과 범죄와 형벌에 대한 규정이 없음에도 해석을 통하여 유사한 성질을 가지는 사항에 대하여 범죄와 형벌을 인정하는 것을 금지하는 '유추해석금지의 원칙'이 도출된다(헌재 2015. 11. 26. 2013헌바343).

> **판례**
>
> ▶ **체계적 해석의 허용성** : 형벌법규는 문언에 따라 엄격하게 해석·적용하여야 하고 피고인에게 불리한 방향으로 확장해석하거나 유추해석을 하여서는 안 되는 것이지만, <u>문언이 가지는 가능한 의미의 범위 안에서</u> 규정의 입법 취지와 목적 등을 고려하여 문언의 논리적 의미를 분명히 밝히는 체계적 해석을 하는 것은 죄형법정주의의 원칙에 어긋나지 않는다(대판 2020. 8. 27. 2019도11294).

3) 내용

형벌법규는 헌법상 규정된 죄형법정주의 원칙상 입법목적이나 입법자의 의도를 감안한 유추해석이 일체 금지되고, 법률조항의 문언의 의미를 엄격하게 해석하여야 하는바, 유추해석을 통하여 형벌법규의 적용범위를 확대하는 것은 법관에 의한 범죄구성요건의 창설에 해당하여 죄형법정주의 원칙에 위배된다(헌재 2012. 12. 27. 2011헌바117).

> **판례**
>
> ▶ 형법 제129조 제1항(수뢰죄) 중 공무원에 구 제주특별법 제299조 제2항의 제주특별자치도 통합영향평가심의위원회 심의위원 중 위촉위원이 포함되는 것으로 해석하는 것이 죄형법정주의 원칙에 위배되는지(적극): 공무원이 아님에도 법령에 기하여 공무에 종사한다는 이유로 공무원 의제규정이 없는 사인을 '공무원'에 포함된다고 해석하는 것은 처벌의 필요성만을 지나치게 강조하여 범죄와 형벌에 대한 규정이 없음에도 구성요건을 확대한 것으로서 죄형법정주의와 조화될 수 없다. 따라서 이 사건 법률조항의 '공무원'에 국가공무원법·지방공무원법에 따른 공무원이 아니고 공무원으로 간주되는 사람도 아닌 제주자치도 위촉위원이 포함된다고 해석하는 것은 법률해석의 한계를 넘은 것으로서 죄형법정주의에 위배된다(헌재 2012. 12. 27. 2011헌바117).

(5) 적정성의 원칙

1) 의의

적정성의 원칙이란 범죄와 형벌을 규정하는 형벌법규의 내용은 인간의 존엄과 가치를 실질적으로 보장할 수 있도록 처벌의 필요성과 합리성이 인정되어야 한다는 것을 말한다.

2) 법정형에 대한 입법형성권

① 입법형성권의 범위

법정형의 종류와 범위의 선택은 그 범죄의 죄질과 보호법익에 대한 고려뿐만 아니라 우리의 역사와 문화, 입법당시의 시대적 상황, 국민일반의 가치관 내지 법감정 그리고 범죄예방을 위한 형사정책적 측면 등을 종합적으로 고려하여 입법자가 결정할 사항으로서 광범위한 입법재량 내지 형성의 자유가 인정되어야 할 분야이다(헌재 1995. 4. 20. 93헌바40).

② 입법형성권의 한계

형벌은 인간의 존엄과 가치를 해하지 아니하고 죄질과 책임에 상응하도록 비례성을 갖추어야 하고(책임과 형벌 사이의 비례성), 전체 형벌체계상 지나치게 가혹하지 아니할 것이 요구되며(형벌체계상의 균형성과 평등원칙), 이에 위반되는 법정형을 규정한 조항은 형벌법규의 법정형에 대한 입법형성권의 한계를 일탈한 것으로서 헌법에 위반된다(헌재 2019. 2. 28. 2016헌가13).

3) 책임주의

① '책임 없으면 형벌없다'

'책임 없는 자에게 형벌을 부과할 수 없다.'는 형벌에 관한 책임주의는 형사법의 기본원리로서, 헌법상 법치국가의 원리에 내재하는 원리인 동시에, 헌법 제10조의 취지로부터 도출되는 원리이고, 법인의 경우도 자연인과 마찬가지로 책임주의원칙이 적용된다(헌재 2012. 2. 23. 2012헌가2).

> **판례**

▶ 법인의 대표자 등이 법인의 재산을 국외로 도피한 경우 행위자를 벌하는 외에 그 법인에도 도피액의 2배 이상 10배 이하에 상당하는 벌금형을 과하는 특정경제범죄 가중처벌 등에 관한 법률 조항이 책임주의에 위반되어 위헌인지(소극) : [법인의 대표자] 법인 대표자의 법규위반행위에 대한 법인의 책임은 법인 자신의 법규위반행위로 평가될 수 있는 행위에 대한 법인의 직접책임이므로, 법인의 대표자 관련 부분은 법인의 직접책임을 근거로 하여 법인을 처벌하므로 책임주의원칙에 반하지 아니한다. [종업원] 종업원 등이 재산국외도피행위를 함에 있어 법인이 그 위반행위를 방지하기 위하여 해당 업무에 관하여 상당한 주의와 감독을 게을리 한 경우라면, 법인이 설령 종업원등이 범한 횡령행위의 피해자의 지위에 있다 하더라도, 종업원등의 범죄행위에 대한 관리 감독 책임을 물어 법인에도 형벌을 부과할 수 있다. 따라서 법인의 종업원 등 관련 부분은 법인의 과실책임에 기초하여 법인을 처벌하므로 책임주의원칙에 반하지 아니한다(헌재 2019. 4. 11. 2015헌바443).

▶ 법인의 대리인·사용인 기타의 종업원이 그 법인의 업무에 관하여 근로자가 노동조합을 조직 또는 운영하는 것을 지배하거나 이에 개입하는 행위를 한 때에 그 법인에 대하여도 벌금형을 과하도록 한 노동조합법 제94조 부분이 책임주의 원칙에 위반되는지(적극) : 심판대상조항은 종업원 등의 범죄행위에 관하여 비난할 근거가 되는 법인의 의사결정 및 행위구조, 즉 종업원 등이 저지른 행위의 결과에 대한 법인의 독자적인 책임에 관하여 전혀 규정하지 않은 채, 단순히 법인이 고용한 종업원 등이 업무에 관하여 범죄행위를 하였다는 이유만으로 법인에 대하여 형벌을 부과하도록 정하고 있는바, 헌법상 법치국가원리로부터 도출되는 책임주의원칙에 위배된다(헌재 2019. 4. 11. 2017헌가30).

▶ 법인의 대리인·사용인 기타의 종업원이 그 법인의 업무에 관하여 노동조합 및 노동관계조정법을 위반하여 부당노동행위를 한 때에는 그 법인에 대하여도 벌금형을 과하도록 한 '노동조합 및 노동관계조정법' 제94조 부분이 책임주의원칙에 위배되는지 여부(적극) : 심판대상조항 중 법인의 종업원 관련 부분은 종업원 등의 범죄행위에 관하여 비난할 근거가 되는 법인의 의사결정 및 행위구조, 즉 종업원 등이 저지른 행위의 결과에 대한 법인의 독자적인 책임에 관하여 전혀 규정하지 않은 채, 법인에 대하여 형벌을 부과하도록 정하고 있는바, 이는 다른 사람의 범죄에 대하여 그 책임 유무를 묻지 않고 형사처벌하는 것이므로 헌법상 법치국가원리로부터 도출되는 책임주의원칙에 위배된다(헌재 2020. 4. 23. 2019헌가25).

▶ 법인의 대표자나 법인 또는 개인의 대리인·사용인 기타의 종업원이 그 법인 또는 개인의 업무에 관하여 제81조 등 규정에 의한 위반행위를 한 때에는 그 행위자를 벌하는 외에 그 법인 또는 개인에 대하여도 각 해당 조의 벌금형을 과한다.'고 규정하고 있는 구 도로법 제86조 부분이 책임주의원칙에 위배되는지(적극) : 심판대상조항은 종업원 등의 범죄행위에 대한 법인의 가담 여부나 이를 감독할 주의의무 위반 여부를 법인에 대한 처벌요건으로 규정하지 아니하고, 달리 법인이 면책될 가능성에 대해서도 정하지 아니한 채, 곧바로 법인을 종업원 등과 같이 처벌하는 것이다. 심판대상조항은 종업원 등의 범죄행위에 관하여 비난할 근거가 되는 법인의 독자적인 책임에 관하여 전혀 규정하지 않은 채, 단순히 법인이 고용한 종업원 등이 업무에 관하여 범죄행위를 하였다는 이유만으로 법인에 대하여 형벌을 부과하도록 정하고 있는바, 이는 헌법상 법치국가원리로부터 도출되는 책임주의원칙에 위배된다(헌재 2020. 6. 25. 2020헌가7).

▶ **종업원이 고정조치의무를 위반하여 화물을 적재하고 운전한 경우 그를 고용한 법인을 면책사유 없이 형사처벌하도록 규정한 구 도로교통법 제116조 부분이 헌법을 위반하는지**(적극) : 심판대상조항은, 종업원이 법인의 업무에 관하여 운전 중 실은 화물이 떨어지지 아니하도록 덮개를 씌우거나 묶는 등 확실하게 고정될 수 있도록 필요한 조치를 하지 아니한 채 운전한 사실이 인정되면, 곧바로 법인에 대해서도 형벌을 부과하도록 정하고 있다. 그 결과 종업원의 고정조치의무 위반행위와 관련하여 선임·감독상 주의의무를 다하여 아무런 잘못이 없는 법인도 형사처벌되게 되었는바, 이는 헌법상 법치국가원리 및 죄형법정주의로부터 도출되는 책임주의원칙에 위배된다(헌재 2016. 10. 27. 2016헌가10).

▶ **선박소유자가 고용한 선장이 선박소유자의 업무에 관하여 범죄행위를 하면 그 선박소유자에게도 동일한 벌금형을 과하도록 규정하고 있는 구 선박안전법 제84조 제2항 부분이 책임주의원칙에 위배되는지**(적극) : 이 사건 법률조항은 선장이 저지른 행위의 결과에 대한 선박소유자의 독자적인 책임에 관하여 전혀 규정하지 않은 채, 단순히 선박소유자가 고용한 선장이 업무에 관하여 범죄행위를 하였다는 이유만으로 선박소유자에 대하여 형사처벌을 과하고 있는바, 이는 다른 사람의 범죄에 대하여 그 책임 유무를 묻지 않고 형벌을 부과하는 것으로서, 법치국가의 원리 및 죄형법정주의로부터 도출되는 책임주의원칙에 반한다(헌재 2013. 9. 26. 2013헌가15).

▶ **법인의 대리인·사용인 기타 종업원이 그 법인의 업무에 관하여 무허가 사행행위영업을 한 때에는 그 법인에 대하여도 벌금형을 과하도록 규정하고 있는 사행행위규제법 조항이 책임주의에 반하는지**(적극) : 이 사건 법률조항에 의할 경우 법인이 종업원 등의 위반행위와 관련하여 선임·감독상의 주의의무를 다하여 아무런 잘못이 없는 경우까지도 법인에게 형벌을 부과될 수밖에 없게 되어 법치국가의 원리 및 죄형법정주의로부터 도출되는 책임주의원칙에 반한다(헌재 2009. 7. 30. 2008헌가14).

▶ **개인이 고용한 종업원 등의 일정한 범죄행위 사실이 인정되면 곧바로 영업주인 개인을 종업원 등과 같이 처벌하도록 규정하고 있는 수산업법 조항이 형벌에 관한 책임주의에 반하는지**(적극) : 심판대상법률조항은 개인이 고용한 종업원 등의 일정한 범죄행위 사실이 인정되면 종업원 등의 범죄행위에 대한 영업주의 가담여부나 종업원 등의 행위를 감독할 주의의무의 위반 여부 등을 전혀 묻지 않고 곧바로 영업주인 개인을 종업원 등과 같이 처벌하도록 규정하고 있는바, 이는 아무런 비난받을 만한 행위를 한 바 없는 자에 대해서까지 다른 사람의 범죄행위를 이유로 처벌하는 것으로서 형벌에 관한 책임주의에 반하므로 헌법에 위반된다(헌재 2010. 9. 2. 2009헌가11).

▶ **종업원의 위반행위에 대하여 개인인 영업주에게도 동일하게 무기 또는 2년 이상의 징역형의 법정형으로 처벌하도록 규정하고 있는 '보건범죄단속에 관한 특별조치법' 조항이 형사법상 책임원칙에 반하는지**(적극) : 이 사건 법률조항이 종업원의 업무 관련 무면허의료행위가 있으면 이에 대해 영업주가 비난받을 만한 행위가 있었는지 여부와는 관계없이 영업주도 처벌하도록 규정하고 있고, 그 문언상 명백한 의미와 달리 "종업원의 범죄행위에 대해 영업주 선임감독상의 과실이 인정되는 경우"라는 요건을 추가하여 해석하는 것은 문리해석의 범위를 넘어서는 것으로서 허용될 수 없으므로, 결국 위 법률조항은 형사법의 기본원리인 '책임없는 자에게 형벌을 부과할 수 없다'는 책임주의에 반한다(헌재 2007. 11. 29. 2005헌가10).

② **책임과 형벌 간의 비례의 원칙**

형사법상 책임원칙은 형벌은 범행의 경중과 행위자의 책임 사이에 비례성을 갖추어야 하고, 특별한 이유로 형을 가중하는 경우에도 형벌의 양은 행위자의 책임의 정도를 초과해서는 안 된다는 것을 의미한다. 형사법상 범죄행위의 유형이 다양한 경우 그 중에서 특히 죄질이 흉악한 범죄를 무겁게 처벌해야 한다는 것은 책임주의의 원칙상 당연히 요청되지만, 다양한 행위유형을 하나의 구성요건으로 포섭하면서 법정형의 하한을 무겁게 책정하여 죄질이 가벼운 행위까지 모두 엄히 처벌하는 것은 책임주의에 반한다(헌재 2023. 2. 23. 2021헌가9).

> **판례**
>
> ▶ 음주운전 금지규정 위반 또는 음주측정거부 전력이 1회 이상 있는 사람이 다시 음주운전 금지규정 위반행위를 한 경우 2년 이상 5년 이하의 징역이나 1천만 원 이상 2천만 원 이하의 벌금에 처하도록 규정한 도로교통법 제148조의2 제1항 부분이 책임과 형벌 간의 비례원칙에 위반되는지(적극) : 심판대상조항은 가중요건이 되는 과거의 위반행위와 처벌대상이 되는 재범 음주운전 금지규정 위반행위 사이에 아무런 시간적 제한을 두지 않고 있다. 그런데 과거의 위반행위가 상당히 오래 전에 이루어져 그 이후 행해진 음주운전 금지규정 위반행위를 '교통법규에 대한 준법정신이나 안전의식이 현저히 부족한 상태에서 이루어진 반규범적 행위' 또는 '반복적으로 사회구성원에 대한 생명·신체 등을 위협하는 행위'라고 평가하기 어렵다면, 이를 가중처벌할 필요성이 인정된다고 보기 어렵다. 또한 심판대상조항은 과거 위반 전력의 시기 및 내용이나 음주운전 당시의 혈중알코올농도 수준과 발생한 위험 등을 고려할 때 비난가능성이 상대적으로 낮은 재범행위까지도 법정형의 하한인 2년 이상의 징역 또는 1천만 원 이상의 벌금을 기준으로 처벌하도록 하고 있어, 책임과 형벌 사이의 비례성을 인정하기 어렵다. 따라서 심판대상조항은 책임과 형벌 간의 비례원칙에 위반된다(헌재 2022. 5. 26. 2021헌가30).
>
> ▶ 아동·청소년이 등장하는 아동·청소년성착취물을 배포한 자를 3년 이상의 징역에 처하도록 한 '아동·청소년의 성보호에 관한 법률' 제11조 제3항 부분이 책임과 형벌 간의 비례원칙에 위반되는지(소극) : 아동·청소년성착취물을 배포하는 행위는 그 피해를 광범위하게 확대시킬 수 있고 그러한 피해는 쉽사리 해결할 수 없으며, 경우에 따라서는 성착취물에 관여된 피해 아동·청소년에게 회복할 수 없는 상처를 남길 수 있으므로 아동·청소년성착취물 배포행위는 인간의 존엄과 가치에 정면으로 반하는 범죄로서 죄질과 범정이 매우 무겁고 비난가능성 또한 대단히 높다. 심판대상조항은 법정형의 하한이 징역 3년으로 법관이 법률상 감경이나 작량감경을 하지 않더라도 집행유예 선고가 가능하며, 죄질이 경미하고 비난가능성이 적은 경우 법관이 작량감경 등을 통해 양형 단계에서 피고인의 책임에 상응하는 형을 선고할 수 있다. 따라서 심판대상조항은 책임과 형벌 간의 비례원칙에 위반되지 않는다(헌재 2022. 11. 24. 2021헌바144).
>
> ▶ 아동학대 신고의무자인 초·중등학교 교원이 보호하는 아동에 대하여 아동학대범죄를 범한 때에는 그 죄에 정한 형의 2분의 1까지 가중하도록 한 '아동학대범죄의 처벌 등에 관한 특례법' 제7조 부분이 책임과 형벌 간의 비례원칙에 위배되는지(소극) : 아동학대범죄를 발견하고 신고하여야 할 법적 의무를 지고 있는 초·중등교육법상 교원이 자신이 보호하는 아동에 대하여 아동학대범죄를 저지르는 행위에 대해서는 높은 비난가능성과 불법성이 인정되는 점, 심판대상조항이 각 죄에 정한 형의 2분의 1을 가중하도록 하고 있다고 하더라도 이는 법정형의 범위를 넓히는 것일 뿐이어서, 법관은 구체적인 행위의 태양, 죄질의 정도와 수법 등을 고려하여 법정형의 범위 내에서 행위자의 책임에 따른 적절한 형벌을 과하는 것이 가능한 점 등을 종합하여 보면, 심판대상조항이 책임과 형벌 간의 비례원칙에 어긋나는 과잉형벌을 규정하였다고 볼 수 없다(헌재 2021. 3. 25. 2018헌바388).

▶ **예비군대원 본인의 부재시 예비군훈련 소집통지서를 수령한 같은 세대 내의 가족 중 성년자가 정당한 사유 없이 소집통지서를 본인에게 전달하지 아니한 경우 형사처벌을 하는 예비군법 제15조 제10항 전문 부분이 책임과 형벌 간의 비례원칙에 위반되는지 여부**(적극): 심판대상조항은 행정절차적 협력의무에 불과한 소집통지서 전달의무의 위반에 대하여 과태료 등의 행정적 제재가 아닌 형사처벌을 부과하고 있는데, 이는 형벌의 보충성에 반하고, 책임에 비하여 처벌이 지나치게 과도하여 비례원칙에도 위반된다. 결국 심판대상조항은 책임과 형벌 간의 비례원칙에 위반된다(헌재 2022. 5. 26. 2019헌가12).

▶ **특정범죄가중법상 밀수입 예비행위를 본죄에 준하여 처벌하는 특정범죄가중법 제6조 제7항 부분이 책임과 형벌 사이의 비례성 원칙에 위반되는지**(적극): 예비행위를 본죄에 준하여 처벌하도록 하고 있는 심판대상조항은 그 불법성과 책임의 정도에 비추어 지나치게 과중한 형벌을 규정하고 있는 것이다. 또한 예비행위의 위험성은 구체적인 사건에 따라 다름에도 심판대상조항에 의하면 위험성이 미약한 예비행위까지도 본죄에 준하여 처벌하도록 하고 있어 행위자의 책임을 넘어서는 형벌이 부과되는 결과가 발생한다. 따라서 심판대상조항은 구체적 행위의 개별성과 고유성을 고려한 양형판단의 가능성을 배제하는 가혹한 형벌로서 책임과 형벌 사이의 비례성의 원칙에 위배된다(헌재 2019. 2. 28. 2016헌가13).

▶ **수뢰죄를 범한 사람에게 수뢰액의 2배 이상 5배 이하의 벌금을 병과하도록 규정한 '특정범죄 가중처벌 등에 관한 법률' 제2조 제2항 부분이 책임과 형벌의 비례원칙에 위배되는지**(소극): 벌금형을 수뢰액의 2배 이상 5배 이하 사이에서 정하도록 한 것은, 수뢰액에 따라 수뢰행위의 가벌성의 정도를 달리 평가하고 그에 상응하도록 벌금형의 액수에 차이를 두고자 한 것이며, 벌금형의 필요적 병과는 수뢰액의 다과를 불문하고 수뢰행위의 반사회성, 반윤리성에 터잡아 수뢰범에 대하여 경제적인 불이익을 가함으로써 공무원 등의 청렴성, 공직 등의 불가매수성 및 순수성을 확보하고, 이에 대한 사회적 신뢰를 회복하기 위한 입법목적에서 비롯되었으므로 심판대상조항이 특가법 적용을 받는 수뢰죄뿐 아니라 형법 적용을 받는 수뢰죄에도 벌금형을 필요적으로 병과하도록 하였다 하더라도 형벌과 책임 사이의 비례관계를 벗어난 것이라고 할 수 없다(헌재 2017. 7. 27. 2016헌바42).

▶ **가석방이 불가능한 '절대적 종신형'이 아니라 가석방이 가능한 '상대적 종신형'만을 규정한 현행 무기징역형제도가 평등원칙이나 책임원칙에 위반되는지**(소극): 절대적 종신형제도는 사형제도와는 또 다른 위헌성 문제를 야기할 수 있고, 현행 형사법령하에서도 가석방제도의 운영 여하에 따라 사회로부터의 영구적 격리가 가능한 절대적 종신형과 상대적 종신형의 각 취지를 살릴 수 있다는 점 등을 고려하면, 현행 무기징역형제도가 상대적 종신형 외에 절대적 종신형을 따로 두고 있지 않은 것이 형벌체계상 정당성과 균형을 상실하여 헌법 제11조의 평등원칙에 반한다거나 형벌이 죄질과 책임에 상응하도록 비례성을 갖추어야 한다는 책임원칙에 반한다고 단정하기 어렵다(헌재 2010. 2. 25. 2008헌가23).

▶ **상관을 폭행한 사람을 5년 이하의 징역으로 처벌하도록 한 군형법 제48조 제2호 중 '폭행'에 관한 부분이 책임과 형벌 간의 비례원칙에 위배되는지**(소극): 군조직의 특성상 상관을 폭행하는 행위는 상관 개인의 신체적 법익에 대한 침해를 넘어 군기를 문란케 하는 행위로서 그로 인하여 군조직의 위계질서와 통수체계가 파괴될 위험이 있기 때문에, 형법상의 폭행죄를 저지른 사람보다 엄하게 처벌할 필요성이 있다. 심판대상조항은 벌금형을 법정형으로 정하지 않았지만, 징역형의 하한에 제한을 두지 않아 징역 1월까지 선고하는 것이 가능하며, 작량감경을 하지 않더라도 징역형의 집행유예나 선고유예를 선고할 수 있다. 따라서 심판대상조항은 책임과 형벌 간의 비례원칙에 위배된다고 볼 수 없다(헌재 2016. 6. 30. 2015헌바132).

> ▶ **제1종 운전면허를 받은 사람이 정기적성검사 기간 내에 적성검사를 받지 아니한 경우에 행정형벌을 과하도록 규정한 구 도로교통법 제156조 제8호 부분이 책임과 형벌 간의 비례원칙에 위반되는지**(소극): 입법자가 교통사고 발생의 위험을 방지하고 교통질서유지 및 안전을 도모하기 위하여 제1종 운전면허 소지자에게 정기적성검사 의무를 부과하고, 이를 위반할 경우 행정질서벌의 부과만으로는 입법목적을 달성할 수 없다고 판단하여 행정형벌이란 수단을 선택한 것이 명백히 잘못되었다고 보기 어렵다. 따라서 정기적성검사를 받지 아니한 제1종 운전면허 소지자에 대하여 행정질서벌이 아닌 행정형벌을 과하도록 규정한 심판대상조항이 책임과 형벌 사이의 비례원칙에 위반된다고 보기 어렵다(헌재 2015. 2. 26. 2012헌바268).

3) 형벌체계상 균형성

형벌체계상의 균형성 및 평등원칙이란 죄질과 보호법익 등이 유사한 범죄는 합리적인 범위 내에서 비슷한 법정형으로 처벌되어야 하고, 반대로 행위불법과 결과불법이 다른 범죄에 대해서는 동일하게 평가하여서는 아니 된다는 것을 말한다. 따라서 법정형의 종류와 범위를 정함에 있어서 고려해야 할 사항 중 가장 중요한 것은 당해 범죄의 보호법익과 죄질로서 보호법익이 다르면 법정형의 내용이 다를 수 있고, 보호법익이 같다고 하더라도 죄질이 다르면 또 그에 따라 법정형의 내용이 달라질 수밖에 없다(헌재 2019. 2. 28. 2016헌가13).

> **판례**
>
> ▶ **살인죄의 법정형을 기준으로 수뢰죄 소정형의 경중을 논단할 수 있는지**(소극): 살인죄는 강학상의 이른바 개인적 법익을 침해하는 죄로서 그 보호법익은 사람의 생명이고 형법상의 수뢰죄는 이른바 국가적 법익을 침해하는 죄로서 그 보호법익은 국가기능의 공정성이며 더 구체적으로는 공무원의 직무 순수성 내지 그 직무행위의 불가매수성이므로 양자는 그 보호법익과 죄질이 다르다. 따라서 살인죄의 법정형을 기준으로 하여 수뢰죄 소정형의 경중을 논단할 수는 없다 할 것이고 이 점은 사람의 생명이 가장 존귀한 형벌법규의 보호법익이라 하더라도 결론을 달리할 수 없다(헌재 1995. 4. 20. 93헌바40).
>
> ▶ **군사기지·군사시설에서 군인 상호간의 폭행죄에 반의사불벌에 관한 형법조항의 적용을 배제하고 있는 군형법 조항이 형벌체계상 균형을 상실하여 평등원칙에 위반되는지**(소극): 엄격한 위계질서와 집단생활을 하는 군 조직의 특수성으로 인하여 피해자가 가해자에 대한 처벌을 희망할 경우 다른 구성원에 의해 피해를 당할 우려가 있고, 상급자가 가해자·피해자 사이의 합의에 관여할 경우 피해자가 처벌불원의사를 거부하기 어려운 경우가 발생할 수 있다. 특히 병역의무자는 헌법상 국방의 의무의 일환으로서 병역의무를 이행하는 대신, 국가는 병영생활을 하는 병역의무자의 신체·안전을 보호할 책임이 있음을 고려할 때, 궁극적으로는 군사기지·군사시설에서의 폭행으로부터 병역의무자를 보호해야 한다는 입법자의 판단이 헌법이 부여한 광범위한 형성의 자유를 일탈한다고 보기 어렵다. 따라서 심판대상조항이 형벌체계상 균형을 상실하였다고 보기 어려우므로 평등원칙에 위반되지 아니한다(헌재 2022. 3. 31. 2021헌바62).
>
> ▶ **흉기 기타 위험한 물건을 휴대하여 형법상 폭행죄를 범한 사람을 가중처벌하는 폭력행위처벌법 제3조 제1항 부분이 형벌체계상의 균형을 상실하여 평등원칙에 위배되는지**(적극): 폭처법상 폭행죄 조항의 구성요건인 '흉기 기타 위험한 물건을 휴대하여'와 형법 제261조의 구성요건인 '위험한 물건을 휴대하여'는 그 의미가 동일하다. 그런데 폭처법상 폭행죄 조항은 형법 제261조와 똑같은 내용의 구성요건을 규정하면서 징역형의 하한을 1년으로 올리고, 벌금형을 제외하고 있다. 폭처법상 폭행죄 조항은 가중적 구성요건의 표지가 전혀 없이 법적용을 오로지 검사의 기소재량에만 맡기고 있으므로, 법집행기관 스스로도 법적용에 대한 혼란을 겪을 수 있고, 이는 결과적으로 국민의 불이익으로 돌아올 수밖에 없다. 따라서 폭처법상 폭행죄 조항은 형벌체계상의 정당성과 균형을 잃은 것이 명백하므로, 인간의 존엄성과 가치를 보장하는 헌법의 기본원리에 위배될 뿐만 아니라 그 내용에 있어서도 평등원칙에 위배된다(헌재 2015. 9. 24. 2015헌가17).

Ⅱ 적법절차원칙

헌법 제12조
① 누구든지 법률과 적법한 절차에 의하지 아니하고는 처벌·보안처분 또는 강제노역을 받지 아니한다.
③ 체포·구속·압수 또는 수색을 할 때에는 적법한 절차에 따라 검사의 신청에 의하여 법관이 발부한 영장을 제시하여야 한다.

> **참고**
> ▶ **헌정사**: 적법절차원칙은 제9차 개정헌법(1987년 헌법)에서 도입

1. 의의

적법절차의 원칙은 공권력에 의한 국민의 생명·자유·재산의 침해는 반드시 합리적이고 정당한 법률에 의거해서 정당한 절차를 밟은 경우에만 유효하다는 원리로서, 그 의미는 누구든지 합리적이고 정당한 법률의 근거가 있고 적법한 절차에 의하지 아니하고는 체포·구속·압수·수색을 당하지 아니함은 물론, 형사처벌 및 행정벌과 보안처분, 강제노역 등을 받지 아니한다고 이해된다(헌재 2018. 4. 26. 2016헌바453).

> **판례**
> ▶ **적법절차원칙의 연혁**: 헌법 제12조 제1항 후문과 제3항은 적법절차의 원칙을 헌법상 명문규정으로 두고 있는데, 이는 영미법계의 국가에서 국민의 인권을 보장하기 위한 기본원리의 하나로 발달되어 온 적법절차의 원칙을 현행 헌법에서 처음으로 도입하여 헌법에 명문화한 것이며, 이 적법절차의 원칙은 역사적으로 볼 때 영국의 마그나 카르타 제39조, 1335년의 에드워드 3세 제정법률, 1628년 권리청원 제4조를 거쳐 1791년 미국 수성헌법 제5조 제3문과 1868년 미국 수정헌법 제14조에 명문화되어 미국헌법의 기본원리의 하나로 자리잡고 모든 국가작용을 지배하는 일반원리로 해석·적용되는 중요한 원칙으로서, 오늘날에는 독일 등 대륙법계의 국가에서도 이에 상응하여 일반적인 법치국가원리 또는 기본권 제한의 법률유보원리로 정립되게 되었다(헌재 1992. 12. 24. 92헌가8).

2. 수용

(1) 실체적 적법절차

적법절차의 원칙은 영미법계의 국가에서 국민의 인권을 보호하기 위한 기본원리의 하나로 발달되어 온 원칙으로, 미국헌법상 적법절차 법리의 전개는 절차적정성 내지 절차의 정의합치성을 뜻하는 절차적 적법절차에 그치지 아니하고, 입법내용의 적정성을 뜻하는 실체적 적법절차로 발전되어 왔다. 따라서 헌법 제12조 제1항과 제3항의 적법한 절차라 함은 인신의 구속이나 처벌 등 형사절차만이 아니라 국가작용으로서의 모든 입법작용과 행정작용에도 광범위하게 적용되는 독자적인 헌법원리의 하나로, 절차가 형식적 법률로 정하여져야 할 뿐만 아니라 적용되는 법률의 내용에 있어서도 합리성과 정당성을 갖춘 적정한 것이어야 함을 요구하는 것이다(헌재 1997. 11. 27. 92헌바28).

> **판례**
>
> ▶ **적법절차원칙의 실질적 의미**: 적법절차원칙은 법률이 정한 형식적 절차와 실체적 내용이 모두 합리성과 정당성을 갖춘 적정한 것이어야 한다는 실질적 의미를 지니고 있는 것으로서 특히 형사절차와 관련시켜 적용함에 있어서는 형사절차의 전반을 기본권 보장의 측면에서 규율하여야 한다는 기본원리를 천명하고 있는 것으로 이해된다(헌재 2021. 1. 28. 2020헌마264).
>
> ▶ **헌법 제12조 제1항 후문과 제3항의 관계**: 헌법 제12조 제1항 후문은 적법절차원칙을 헌법원리의 하나로 수용하고 있다. 헌법 제12조 제3항의 적법절차원칙은 기본권 제한 정도가 가장 심한 형사상 강제처분의 영역에서 기본권을 더욱 강하게 보장하려는 의지를 담아 중복 규정된 것이라고 해석함이 상당하다(헌재 2012. 12. 27. 2011헌바225).

(2) **과잉금지원칙과의 관계**

적법절차의 원칙을 법률이 정한 절차와 그 실체적인 내용이 합리성과 정당성을 갖춘 적정한 것이어야 한다는 것으로 이해한다면, 그 법률이 기본권의 제한입법에 해당하는 한 헌법 제37조 제2항의 일반적 법률유보조항의 해석상 요구되는 기본권 제한 법률의 정당성 요건과 개념상 중복되는 것으로 볼 수도 있으나, 현행 헌법이 명문화하고 있는 적법절차의 원칙은 단순히 입법권의 유보제한이라는 한정적인 의미에 그치는 것이 아니라 모든 국가작용을 지배하는 독자적인 헌법의 기본원리로서 해석되어야 할 원칙이라는 점에서 입법권의 유보적 한계를 선언하는 과잉입법금지의 원칙과는 구별된다(헌재 1992. 12. 24. 92헌가8).

> **판례**
>
> ▶ **신체의 자유를 제한하는 법률에서 적법절차원칙의 의미**: 적법절차의 원칙을 형사소송절차에 있어서 신체의 자유를 제한하는 법률과 관련시켜 적용함에 있어서는 법률에 따른 형벌권의 행사라고 할지라도 신체의 자유의 본질적인 내용을 침해하지 않아야 할 뿐 아니라 비례의 원칙이나 과잉입법금지의 원칙에 반하지 아니하는 한도 내에서만 그 적정성과 합헌성이 인정될 수 있음을 특히 강조하고 있는 것으로 해석하여야 할 것이다(헌재 1992. 12. 24. 92헌가8).

3. 내용

(1) **절차적 요소**

적법절차원칙에서 도출할 수 있는 중요한 절차적 요청으로는 당사자에게 적절한 고지를 행할 것, 당사자에게 의견 및 자료 제출의 기회를 부여할 것 등을 들 수 있겠으나, 이 원칙이 구체적으로 어떠한 절차를 어느 정도로 요구하는지는 일률적으로 말하기 어렵고, 규율되는 사항의 성질, 관련 당사자의 사익(私益), 절차의 이행으로 제고될 가치, 국가작용의 효율성, 절차에 소요되는 비용, 불복의 기회 등 다양한 요소들을 형량하여 개별적으로 판단할 수밖에 없다(헌재 2006. 5. 25. 2004헌바12).

판례

▶ **수사기관 등이 전기통신사업자에게 이용자의 성명 등 통신자료의 열람이나 제출을 요청할 수 있도록 한 전기통신사업법 제83조 제3항이 적법절차원칙에 위배되는지**(적극) : 이 사건 법률조항에 의한 통신자료 제공요청이 있는 경우 통신자료의 정보주체인 이용자에게는 통신자료 제공요청이 있었다는 점이 사전에 고지되지 아니하며, 전기통신사업자가 수사기관 등에게 통신자료를 제공한 경우에도 이러한 사실이 이용자에게 별도로 통지되지 않는다. 효율적인 수사와 정보수집의 신속성, 밀행성 등의 필요성을 고려하여 사전에 정보주체인 이용자에게 그 내역을 통지하도록 하는 것이 적절하지 않다면 수사기관 등이 통신자료를 취득한 이후에 수사 등 정보수집의 목적에 방해가 되지 않는 범위 내에서 통신자료의 취득사실을 이용자에게 통지하는 것이 얼마든지 가능하다. 그럼에도 이 사건 법률조항은 통신자료 취득에 대한 사후통지절차를 두지 않아 적법절차원칙에 위배된다(헌재 2022. 7. 21. 2016헌마388 헌법불합치).

▶ **전자우편에 대한 압수수색 집행의 경우에도 급속을 요하는 때에는 사전통지를 생략할 수 있도록 한 형사소송법 제122조 단서가 적법절차원칙에 위배되는지**(소극) : 이 사건 법률조항에 의하여 피의자 등이 압수수색 사실을 사전 통지받을 권리 및 이를 전제로 한 참여권을 일정 정도 제한받게 되기는 하지만, 그 제한은 '사전통지에 의하여 압수수색의 목적을 달성할 수 없는 예외적인 경우'로 한정되어 있고, 전자우편의 경우에도 사용자가 그 계정에서 탈퇴하거나 메일 내용을 삭제·수정함으로써 증거를 은닉·멸실시킬 가능성을 배제할 수 없으며, 이와 같은 제한을 통해 압수수색 제도가 전자우편에 대하여도 실효적으로 기능하도록 함으로써 실체적 진실발견 및 범죄수사의 목적을 달성할 수 있도록 하여야 할 공익은 매우 크다고 할 수 있는 점 등을 종합해 보면, 이 사건 법률조항에 의하여 형성된 절차의 내용이 적법절차원칙에서 도출되는 절차적 요청을 무시하였다거나 비례의 원칙이나 과잉금지원칙을 위반하여 합리성과 정당성을 상실하였다고 볼 수 없다(헌재 2012. 12. 27. 2011헌바225).

▶ **특정공무원범죄의 범인에 대한 추징판결을 범인 외의 자가 그 정황을 알면서 취득한 불법재산 및 그로부터 유래한 재산에 대하여 그 범인 외의 자를 상대로 집행할 수 있도록 규정한 '공무원범죄에 관한 몰수 특례법' 제9조의2가 적법절차원칙에 위반되는지**(소극) : 심판대상조항에 따른 추징판결의 집행은 그 성질상 신속성과 밀행성을 요구하는데, 제3자에게 추징판결의 집행사실을 사전에 통지하거나 의견 제출의 기회를 주게 되면 제3자가 또다시 불법재산 등을 처분하는 등으로 인하여 집행의 목적을 달성할 수 없게 될 가능성이 높다. 따라서 심판대상조항이 제3자에 대하여 특정공무원범죄를 범한 범인에 대한 추징판결을 집행하기에 앞서 제3자에게 통지하거나 의견을 진술할 기회를 부여하지 않은 데에는 합리적인 이유가 있다. 따라서 심판대상조항은 적법절차원칙에 위배된다고 볼 수 없다(헌재 2020. 2. 27. 2015헌가4).

▶ **형사재판에 계속 중인 사람에 대하여 출국을 금지할 수 있다고 규정한 출입국관리법 제4조 제1항 제1호가 적법절차원칙에 위배되는지**(소극) : 심판대상조항에 따른 출국금지결정은 성질상 신속성과 밀행성을 요하므로, 출국금지 대상자에게 사전통지를 하거나 청문을 실시하도록 한다면 국가 형벌권 확보라는 출국금지제도의 목적을 달성하는 데 지장을 초래할 우려가 있다. 나아가 출국금지 후 즉시 서면으로 통지하도록 하고 있고, 이의신청이나 행정소송을 통하여 출국금지결정에 대해 사후적으로 다툴 수 있는 기회를 제공하여 절차적 참여를 보장해 주고 있으므로 적법절차원칙에 위배된다고 보기 어렵다(헌재 2015. 9. 24. 2012헌바302).

▶ **전투경찰순경에 대한 징계처분으로 영창을 규정하고 있는 구 전투경찰대 설치법 제5조 제1항, 제2항 중 각 '전투경찰순경에 대한 영창' 부분이 적법절차원칙에 위배되는지**(소극): 전투경찰순경에 대한 영창처분은 그 사유가 제한되어 있고, 징계위원회의 심의절차를 거쳐야 하며, 징계 심의 및 집행에 있어 징계대상자의 출석권과 진술권이 보장되고 있다. 또한 소청과 행정소송 등 별도의 불복절차가 마련되어 있고 소청에서 당사자 의견진술 기회 부여를 소청결정의 효력에 영향을 주는 중요한 절차적 요건으로 규정하는바, 이 사건 영창조항이 헌법에서 요구하는 수준의 절차적 보장 기준을 충족하지 못하였다고 볼 수 없으므로 헌법 제12조 제1항의 적법절차원칙에 위배되지 아니한다(헌재 2016. 3. 31. 2013헌바190).

▶ **범칙금 통고처분을 받고도 납부기간 이내에 범칙금을 납부하지 아니한 사람에 대하여 행정청에 대한 이의제기나 의견진술 등의 기회를 주지 않고 경찰서장이 곧바로 즉결심판을 청구하도록 한 구 도로교통법 제165조 제1항 본문 제2호가 적법절차원칙에 위배되는지**(소극): 도로교통법상 범칙금 납부통고는 위반행위에 대한 제재를 신속·간편하게 종결할 수 있게 하는 제도로서, 이에 불복하여 범칙금을 납부하지 아니한 자에게는 재판절차라는 완비된 절차적 보장이 주어진다. 도로교통법 위반사례가 격증하고 있는 현실에서 통고처분에 대한 이의제기 등 행정청 내부 절차를 추가로 둔다면 절차의 중복과 비효율을 초래하고 신속한 사건처리에 저해가 될 우려도 있다. 따라서 이 사건 즉결심판청구 조항에서 의견진술 등의 별도의 절차를 두지 않은 것이 현저히 불합리하여 적법절차원칙에 위배된다고 보기 어렵다(헌재 2014. 8. 28. 2012헌바433).

▶ **사법경찰관이 위험 발생의 염려가 없음에도 불구하고 사건종결 전에 압수물을 폐기한 행위가 적법절차의 원칙에 반하고, 공정한 재판을 받을 권리를 침해하는지**(적극): 사건 종결 전의 압수물에 대한 폐기는 엄격히 제한할 필요가 있다. 즉 형사소송법 제130조 제3항 이외의 일반적인 압수물로서 제130조 제2항에서 정한 사유에 해당하지 아니하는 압수물에 대하여는 설사 피압수자의 소유권 포기가 있거나 동의가 있다 하더라도 폐기가 허용되지 아니한다고 해석하여야 한다. 그렇지 않고 소유권 포기나 동의에 의한 압수물의 일반적 폐기를 허용한다면 국가 형벌권의 실현절차인 형사소송절차는 법률에 정한 절차에만 의하도록 한 형사절차법정주의를 무의미하게 할 수 있다. 그런데 이 사건 압수물은 그 물건의 성상이나 형태 등에 비추어 볼 때 종국판결까지 보관하는 것 자체가 위험하다고 볼 수 없을 뿐만 아니라 이를 보관하는 데 아무런 불편이 없는 물건임이 명백하다. 그럼에도 법에서 정한 압수물 폐기의 요건과 무관하게 단지 압수물에 대한 소유권 포기가 있다는 사유만으로 임의로 압수물을 폐기한 것은 기본권 제한의 법률유보원리로서의 적법절차원칙을 위반한 것으로서 헌법에 위반되고, 청구인의 공정한 재판을 받을 권리를 침해한 것이다(헌재 2012. 12. 27. 2011헌마351).

▶ **검사가 법원의 증인으로 채택된 수감자를 그 증언에 이르기까지 거의 매일 검사실로 하루 종일 소환하여 피고인 측 변호인이 접근하는 것을 차단하고 검찰에서의 진술을 번복하는 증언을 하지 않도록 회유·압박하는 한편, 때로는 검사실에서 그에게 편의를 제공하기도 한 행위가 적법절차의 원칙을 침해하는지**(적극): 오늘날의 재판절차는 그 과정에서 상대방에게 예치키 못한 타격을 가하는 일이 없도록 하는 것을 중요한 목표 중의 하나로 하고 있다고 할 것인데, 만약 증인의 증언 전에 일방당사자만이 그와의 접촉을 독점하고 상대방의 접촉을 제한함으로써, 그 증인이 어떠한 내용의 증언을 할 것인지를 알지 못하여 그에 대한 방어를 준비할 수 없도록 한다면, 결국 그 당사자로 하여금 상대방이 가하는 예치키 못한 타격에 그대로 노출될 수밖에 없는 위험을 감수하라는 것이 되어, 헌법 제12조 제1항 후문이 규정하고 있는 적법절차의 원칙에 반한다(헌재 2001. 8. 30. 99헌마496).

(2) 주체적 요소

적법절차의 원칙에 의하여 그 성질상 보안처분의 범주에 드는 모든 처분의 개시 내지 결정에 법관의 판단을 필요로 한다고 단정할 수 없고, 보안처분의 개시에 있어 그 결정기관 내지 절차와 당해 보안처분으로 인한 자유 침해의 정도와의 사이에 비례의 원칙을 충족하면 적법절차의 원칙은 준수된다고 보아야 한다(헌재 1997. 11. 27. 92헌바28).

> **판례**
>
> ▶ 수신료 징수업무를 지정받은 자가 수신료를 징수하는 때 그 고유업무와 관련된 고지행위와 결합하여 이를 행해서는 안 된다고 규정한 방송법 시행령 제43조 제2항이 적법절차원칙에 위반되는지(소극) : 심판대상조항의 개정 절차를 살펴보면, '국민 불편을 해소하고 국민의 권리를 보호하기 위해 신속한 개정이 필요'하다는 이유로 방송통신위원회 위원장은 법제처장과 입법예고기간을 10일로 단축할 것을 협의한 사실을 인정할 수 있고, 이는 행정절차법 및 법제업무 운영규정에 따른 것으로 절차상 위법한 내용이 없다. 관련 방송통신위원회의 의결도 재적위원 3인 중 2인의 찬성으로 의결이 된 것으로 '방송통신위원회의 설치 및 운영에 관한 법률'상 절차를 위반한 사실을 인정하기 어렵다. 심판대상조항은 법률에서 정하는 수신료 징수방법의 절차를 구체화하는 것으로서, 규제의 신설이나 강화에 해당한다고 보기 어려워 규제영향분석 대상도 아니므로 적법절차원칙에 위배되지 않는다(헌재 2024. 5. 30. 2023헌마820).
>
> ▶ 치료감호 가종료 시 3년의 보호관찰이 시작되도록 한 '치료감호 등에 관한 법률' 조항이 적법절차원칙에 반하여 청구인의 재판청구권을 침해하는지(소극) : 치료감호와 보호관찰은 모두 적법절차원칙의 적용대상인 보안처분이지만 보호관찰은 '시설 외 처분'으로서 '시설 내 처분'인 치료감호보다 경한 처분이고, 독립성과 전문성을 갖춘 치료감호심의위원회로 하여금 치료의 필요성과 재범의 위험성을 판단하도록 한 것은 합리성이 인정된다. 또한 3년의 보호관찰기간 종료 전이라도 6개월마다 치료감호의 종료 여부 심사를 치료감호심의위원회에 신청할 수 있고, 그 신청에 관한 치료감호심의위원회의 기각결정에 불복하는 경우 행정소송을 제기하여 법관에 의한 재판을 받을 수 있다. 따라서 심판대상조항은 적법절차원칙에 반하여 청구인의 재판청구권을 침해하지 아니한다(헌재 2023. 10. 26. 2021헌마839).
>
> ▶ 교도소·구치소의 수용자가 교정시설 외부로 나갈 경우 도주 방지를 위하여 해당 수용자의 발목에 전자장치를 부착하도록 한 '수용자 도주방지를 위한 위치추적전자장치 운영방안'이 적법절차원칙에 위반되어 청구인들의 인격권과 신체의 자유를 침해하는지(소극) : 전자장치 부착행위는 교정시설에서의 안전과 질서유지를 위해 형집행법에 따라 수용자들을 대상으로 이루어진 것이므로, 전자장치 부착에 앞서 법원의 명령이 필요한 것은 아니다. 또한 행형 관계 법령에 따라 행하는 사항에 대하여는 의견청취·의견제출 등에 관한 행정절차법 조항이 적용되지 않는 점, 형집행법상 소장에 대한 면담 신청이나 법무부장관 등에 대한 청원 절차가 마련되어 있는 점을 종합해 보면, 이 사건 부착행위는 적법절차원칙에 위반되어 수용자인 청구인들의 인격권과 신체의 자유를 침해하지 아니한다(헌재 2018. 5. 31. 2016헌마191).
>
> ▶ 가출소, 집행면제 등 보호감호의 관리와 집행에 관한 종전의 사회보호위원회의 권한을 법관이 아닌 치료감호법에 따른 치료감호심의위원회로 하여금 행사하도록 한 것이 법관의 재판을 받을 권리 및 적법절차를 침해하는(소극) : 치료감호심의위원회의 심사대상은 이미 판결에 의하여 확정된 보호감호처분을 집행하는 것에 불과하므로 이를 법관에게 맡길 것인지, 아니면 제3의 기관에 맡길 것인지는 입법 재량의 범위 내에 있으며, 위원회의 결정에 대하여 불복이 있는 경우 행정소송 등 사법심사의 길이 열려 있으므로 법관에 의한 재판을 받을 권리를 침해한다고 할 수 없다. 나아가, 치료감호심의위원회의 구성, 심사절차 및 심사대상에 비추어 볼 때 위원회가 보호감호의 관리 및 집행에 관한 사항을 심사·결정하도록 한 것이 헌법상 적법절차 원칙에 위배된다고 볼 수 없다(헌재 2015. 9. 24. 2014헌바222).

> ▶ **법관 아닌 사회보호위원회가 치료감호의 종료 여부를 결정하도록 한 사회보호법 제9조 제2항이 적법절차의 원칙에 위배되는지**(소극) : 사회보호위원회의 구성이나 심사, 의결 및 결정 절차에 비추어 보면 사회보호위원회는 독립성과 전문성을 갖춘 특별위원회로서 준사법적 성격을 겸유하는 점, 판사ㆍ검사 또는 변호사의 자격이 있는 자와 의사의 자격이 있는 자로 구성된 사회보호위원회로 하여금 재범의 위험성이 상존하는지 여부를 판단하도록 한 것은 정신의학적 평가와 법률적 평가의 불가결적 연계성에 기초한 합리적인 조치로서 그 정당성을 인정할 수 있는 점, 치료감호의 종료에 대한 피치료감호자 측의 신청권이 보장되어 있고 그 절차에의 참여권이 피치료감호자 측에게 어느 정도 보장되어 있으며, 피치료감호자 측이 신청한 치료감호의 종료청구가 기각될 경우 이에 대한 행정소송이 가능한 점 등을 고려할 때, 사회보호법이 사회보호위원회에 치료감호의 종료 여부를 결정할 권한을 부여한 것이 적법절차에 위배된다고 할 수 없다(헌재 2005. 2. 3. 2003헌바1).

> ▶ **보호관찰처분심의위원회에 의한 보안관찰처분이 적법절차원칙에 위반되는지**(소극) : 보안관찰처분의 심의ㆍ의결은 법무부내에 설치된 보호관찰처분심의위원회에서 하고, 그 위원장은 법무부차관이 되며, 위원은 학식과 덕망이 있는 자로 하되, 그 과반수는 변호사의 자격이 있는 자로 구성하도록 하고 있으므로, 위원회는 어느 정도 독립성이 보장된 준사법적기관이라고 할 수 있고, 보안관찰법상의 보안관찰처분의 자유 제한의 정도를 고려하면 위 위원회에서 보안관찰처분을 심의ㆍ의결하는 것은 적법절차의 원칙 내지 법관에 의한 정당한 재판을 받을 권리를 침해하는 것은 아니라 할 것이다(헌재 1997. 11. 27. 92헌바28).

(3) 통제적 요소

행정절차상 강제처분에 의해 신체의 자유가 제한되는 경우, 강제처분의 집행기관으로부터 독립된 중립적인 기관이 이를 통제하도록 하는 것은 적법절차원칙의 중요한 내용에 해당하는바, 구체적인 통제의 모습이나 수준은 강제처분의 목적과 이로써 달성하고자 하는 공익, 강제처분으로 인해 신체의 자유가 제한되는 정도 등 모든 요소를 고려하여 결정되어야 한다(헌재 2023. 3. 23. 2020헌가1).

> ▶ **강제퇴거명령을 받은 사람을 보호할 수 있도록 하면서 보호기간의 상한을 마련하지 아니한 출입국관리법 제63조 제1항이 적법절차원칙에 위배되어 피보호자의 신체의 자유를 침해하는지**(적극, 선례변경) : 심판대상조항에 의한 보호는 신체의 자유를 제한하는 정도가 박탈에 이르러 형사절차상 '체포 또는 구속'에 준하는 것으로 볼 수 있는 점을 고려하면, 보호의 개시 또는 연장 단계에서 그 집행기관인 출입국관리공무원으로부터 독립되고 중립적인 지위에 있는 기관이 보호의 타당성을 심사하여 이를 통제할 수 있어야 한다. 그러나 현재 출입국관리법상 보호의 개시 또는 연장 단계에서 집행기관으로부터 독립된 중립적 기관에 의한 통제절차가 마련되어 있지 아니하다. 또한 당사자에게 의견 및 자료 제출의 기회를 부여하는 것은 적법절차원칙에서 도출되는 중요한 절차적 요청이므로, 심판대상조항에 따라 보호를 하는 경우에도 피보호자에게 위와 같은 기회가 보장되어야 하나, 심판대상조항에 따른 보호명령을 발령하기 전에 당사자에게 의견을 제출할 수 있는 절차적 기회가 마련되어 있지 아니하다. 따라서 심판대상조항은 적법절차원칙에 위배되어 피보호자의 신체의 자유를 침해한다(헌재 2023. 3. 23. 2020헌가1 헌법불합치).

4. 적용대상과 범위

(1) 적용대상

우리 현행 헌법에서는 제12조 제1항의 처벌, 보안처분, 강제노역 등 및 제12조 제3항의 영장주의와 관련하여 각각 적법절차의 원칙을 규정하고 있지만, 이는 그 대상을 한정적으로 열거하고 있는 것이 아니라 그 적용대상을 예시한 것에 불과하다고 해석하는 것이 우리의 통설적 견해이다(헌재 1992. 12. 24. 92헌가8).

(2) 적용범위

적법절차의 원칙은 헌법조항에 규정된 형사절차상의 제한된 범위 내에서만 적용되는 것이 아니라 국가작용으로서 기본권 제한과 관련되든 관련되지 않든 모든 입법작용 및 행정작용에도 광범위하게 적용된다고 해석하여야 할 것이고, 나아가 형사소송절차와 관련시켜 적용함에 있어서는 형벌권의 실행절차인 형사소송의 전반을 규율하는 기본원리로 이해하여야 하는 것이다(헌재 1992. 12. 24. 92헌가8).

> **판례**
>
> ▶ **국회의 탄핵소추절차에 적법절차원칙을 직접 적용할 수 있는지**(소극) : 적법절차원칙이란, 국가공권력이 국민에 대하여 불이익한 결정을 하기에 앞서 국민은 자신의 견해를 진술할 기회를 가짐으로써 절차의 진행과 그 결과에 영향을 미칠 수 있어야 한다는 법원리를 말한다. 그런데 이 사건의 경우, 국회의 탄핵소추절차는 국회와 대통령이라는 헌법기관 사이의 문제이고, 국회의 탄핵소추의결에 의하여 사인으로서의 대통령의 기본권이 침해되는 것이 아니라, 국가기관으로서의 대통령의 권한행사가 정지되는 것이다. 따라서 <u>국가기관이 국민과의 관계에서 공권력을 행사함에 있어서 준수해야 할 법원칙으로서 형성된 적법절차의 원칙을 국가기관에 대하여 헌법을 수호하고자 하는 탄핵소추절차에는 직접 적용할 수 없다</u>(헌재 2004. 5. 14. 2004헌나1).

Ⅲ 이중처벌금지원칙

> **헌법 제13조**
> ① 모든 국민은 동일한 범죄에 대하여 거듭 처벌받지 아니한다.

1. 의의

이중처벌금지의 원칙은 한번 판결이 확정되면 동일한 사건에 대해서는 다시 심판할 수 없다는 일사부재리의 원칙이 국가형벌권의 기속원리로 헌법상 선언된 것으로서, 동일한 범죄행위에 대하여 국가가 형벌권을 거듭 행사할 수 없도록 함으로써 국민의 기본권 특히 신체의 자유를 보장하기 위한 것이다(헌재 1994. 6. 30. 92헌바38).

> **판례**
>
> ▶ 외국에서 형의 전부 또는 일부의 집행을 받은 자에 대하여 형을 감경 또는 면제할 수 있도록 규정한 형법 제7조가 이중처벌금지원칙에 위배되는지(소극): 형사판결은 국가주권의 일부분인 형벌권 행사에 기초한 것으로서, 외국의 형사판결은 원칙적으로 우리 법원을 기속하지 않으므로 동일한 범죄행위에 관하여 다수의 국가에서 재판 또는 처벌을 받는 것이 배제되지 않는다. 따라서 이중처벌금지원칙은 동일한 범죄에 대하여 대한민국 내에서 거듭 형벌권이 행사되어서는 안 된다는 뜻으로 새겨야 할 것이므로 이 사건 법률조항은 헌법 제13조 제1항의 이중처벌금지원칙에 위배되지 아니한다(헌재 2015. 5. 28. 2013헌바129).

2. 요건

(1) 동일한 행위

이중처벌금지의 원칙은 처벌 또는 제재가 동일한 행위를 대상으로 행해질 때에 적용될 수 있는 것이고, 그 대상이 동일한 행위인지의 여부는 기본적 사실관계가 동일한지 여부에 의하여 가려야 한다(헌재 2011. 10. 25. 2009헌바140).

> **판례**
>
> ▶ 동일한 거래에 관한 것인 경우에도 각 공급가액 등을 별도로 산정하여 합산하도록 하여 가중처벌하는 '특정범죄가중법' 제8조의2 제1항 제1호 부분이 이중처벌금지원칙에 위배되는지(소극): 심판대상조항이 가중처벌의 대상으로 삼고 있는 허위 계산서 발급·수취 행위와 허위 계산서합계표 제출행위는 동일한 거래에 기초하여 이루어진 것이라 하더라도 각각 별개로 이루어지는 행위이다. 결국 심판대상조항이 동일한 거래에 기초한 허위 계산서 및 허위 매출·매입처별계산서합계표의 각 공급가액등을 별도로 산정하여 합산하도록 하는 것을 동일한 행위를 거듭 처벌하는 것이라고는 볼 수 없으므로 심판대상조항은 이중처벌금지원칙에 위배되지 아니한다(헌재 2022. 11. 24. 2019헌바350).
>
> ▶ 유사석유제품을 제조하여 조세를 포탈한 자를 처벌하도록 규정한 구 조세범 처벌법 제5조가 이중처벌금지원칙에 위배되는지(소극): 구 석유 및 석유대체연료 사업법에 의한 처벌은 유사석유제품을 제조하는 것으로써 구성요건을 충족하는 반면, 심판대상조항에 의한 처벌은 유사석유제품을 제조하여 그에 따른 세금을 포탈한 때 구성요건에 해당하는 것이므로, 양자는 처벌의 대상이 되는 행위를 달리한다. 따라서 심판대상조항은 이중처벌금지원칙에 위배되지 아니한다(헌재 2017. 7. 27. 2012헌바323).
>
> ▶ 국가보안법의 죄에 관하여 유기징역형을 선고할 때에 그 형의 장기 이하의 자격정지를 병과할 수 있도록 정한 국가보안법 제14조 부분이 이중처벌금지원칙에 위반되는지(소극): 이중처벌은 처벌 또는 제재가 동일한 행위를 대상으로 거듭 행해질 때 발생하는 문제로서, 심판대상조항과 같이 하나의 형사재판절차에서 다루어진 사건을 대상으로 동시에 징역형과 자격정지형을 병과하는 것은 이중처벌금지원칙에 위반되지 아니한다(헌재 2018. 3. 29. 2016헌바361).
>
> ▶ "금고 이상의 형의 선고를 받아 그 판결이 확정된 때"를 집행유예의 실효사유를 정한 형법 제63조가 이중처벌금지원칙에 위배되는지(소극): 집행유예가 실효되는 경우에 부활되는 본형은 이미 판결이 확정된 동일한 사건에 대하여 다시 심판한 결과 새로이 부과되는 것이 아니라 집행유예에 본래부터 내재되어 있던 효과가 발생한 것에 불과하고 동일한 범죄행위에 대하여 국가가 형벌권을 거듭 행사하도록 하는 것이 아니므로 이중처벌금지원칙은 문제되지 않는다(헌재 2020. 6. 25. 2019헌마192).

(2) 처벌

헌법 제13조 제1항에서 말하는 처벌은 원칙으로 범죄에 대한 '국가의 형벌권 실행으로서의 과벌'을 의미하는 것이고, 국가가 행하는 일체의 제재나 불이익처분을 모두 그 처벌에 포함시킬 수는 없다(헌재 1994. 6. 30. 92헌바38).

> **판례**
>
> ▶ **형벌과 보호감호를 병과하는 것이 이중처벌에 해당하는지**(소극) : 보호감호와 형벌은 다 같이 신체의 자유를 박탈하는 수용처분이라는 점에서 서로 유사한 점이 있기는 하지만, 보호감호처분은 재범의 위험성이 있고 특수한 교육·개선 및 치료가 필요하다고 인정되는 자에 대하여 사회복귀를 촉진하고 사회를 보호하기 위하여 헌법 제12조 제1항을 근거로 한 보안처분으로서, 그 본질과 목적 및 기능에 있어 형벌과는 다른 독자적 의의를 가진 사회보호적 처분이므로, 형벌과 보호감호를 서로 병과하여 선고한다고 해서 그것이 헌법 제13조 제1항 후단 소정의 이중처벌금지원칙에 해당되지 아니한다(헌재 2015. 9. 24. 2014헌바222).
>
> ▶ **'선거범으로서 100만 원 이상의 벌금형의 선고를 받고 그 형이 확정된 후 5년을 경과하지 아니한 자 또는 형의 집행유예의 선고를 받고 그 형이 확정된 후 10년을 경과하지 아니한 자'에 대한 선거권을 제한하는 공직선거법 제18조 제1항 제3호 부분이 이중처벌금지원칙에 위배되는지**(소극) : 헌법 제13조 제1항 후단에 규정된 이중처벌금지의 원칙에 있어 '처벌'이라 함은 원칙적으로 범죄에 대한 국가 형벌권 실행으로서의 형벌을 의미하는 것인데, 선거권제한조항이 정하는 선거권의 제한은 범죄에 대한 국가 형벌권의 실행으로서의 형벌에 해당하지 않음이 명백하므로, 이중처벌금지원칙 위배에 대해서는 더 나아가 판단하지 않는다(헌재 2018. 1. 25. 2015헌마821).
>
> ▶ **건축법을 위반한 건축주 등이 건축 허가권자로부터 위반건축물의 철거 등 시정명령을 받고도 그 이행을 하지 않는 경우 건축법 위반자에 대하여 시정명령 이행시까지 반복적으로 이행강제금을 부과할 수 있도록 규정한 건축법 제80조 제1항 및 제4항이 이중처벌금지의 원칙에 위배되는지**(소극) : 이 사건 법률조항에서 규정하고 있는 이행강제금은 일정한 기한까지 의무를 이행하지 않을 때에는 일정한 금전적 부담을 과할 뜻을 미리 계고함으로써 의무자에게 심리적 압박을 주어 장래에 그 의무를 이행하게 하려는 행정상 간접적인 강제집행 수단의 하나로서 과거의 일정한 법률위반 행위에 대한 제재로서의 형벌이 아니라 장래의 의무이행의 확보를 위한 강제수단일 뿐이어서 범죄에 대하여 국가가 형벌권을 실행한다고 하는 과벌에 해당하지 아니하므로 헌법 제13조 제1항이 금지하는 이중처벌금지의 원칙이 적용될 여지가 없다(헌재 2011. 10. 25. 2009헌바140).
>
> ▶ **주취 중 운전 금지규정을 2회 이상 위반한 사람이 다시 이를 위반한 때에는 운전면허를 필요적으로 취소하도록 규정하고 있는 도로교통법 제93조 제1항 단서 제2호 부분이 이중처벌금지원칙에 위배되는지**(소극) : 운전면허 취소처분은 형법상에 규정된 형(刑)이 아니고, 그 절차도 일반 형사소송절차와는 다를 뿐만 아니라, 주취 중 운전 금지라는 행정상 의무의 존재를 전제하면서 그 이행을 확보하기 위해 마련된 수단이라는 점에서 형벌과는 다른 목적과 기능을 가지고 있다고 할 것이므로, 운전면허 취소처분을 이중처벌금지원칙에서 말하는 처벌로 보기 어렵다. 따라서 이 사건 법률조항은 이중처벌금지원칙에 위반되지 아니한다(헌재 2010. 3. 25. 2009헌바83).
>
> ▶ **청소년 성매수자에 대한 신상공개를 규정한 청소년성보호법 제20조 제2항 제1호가 이중처벌금지원칙에 위배되는지**(소극) : 공개되는 신상과 범죄사실은 이미 공개재판에서 확정된 유죄판결의 일부로서, 개인의 신상 내지 사생활에 관한 새로운 내용이 아니고, 공익목적을 위하여 이를 공개하는 과정에서 부수적으로 수치심 등이 발생된다고 하여 이것을 기존의 형벌 외에 또 다른 형벌로서 수치형이나 명예형에 해당한다고 볼 수는 없다. 그렇다면, 신상공개제도는 헌법 제13조의 이중처벌금지 원칙에 위배되지 않는다(헌재 2003. 6. 26. 2002헌가14).

▶ **신상정보 공개·고지명령을 소급적용하는 성폭력처벌법 부칙 제7조 제1항 부분이 이중처벌금지원칙에 위배되는지**(소극) : 신상정보 공개·고지명령은 형벌과는 목적이나 심사대상 등을 달리하는 보안처분에 해당하므로 동일한 범죄행위에 대하여 형벌이 부과된 이후 다시 신상정보 공개·고지명령이 선고 및 집행된다고 하여 이중처벌금지의 원칙에 위반된다고 할 수 없다(헌재 2016. 12. 29. 2015헌바196).

▶ **성폭력처벌법 제16조 제2항 중 같은 법 제14조 제2항의 범죄를 범한 사람에 대하여 유죄판결을 선고하는 경우 성폭력 치료프로그램의 이수명령을 병과하도록 한 부분이 이중처벌금지원칙에 위배되는지**(소극) : 이수명령은 그 목적이 과거의 범죄행위에 대한 제재가 아니라 대상자의 건전한 사회복귀의 촉진 및 범죄예방과 사회보호에 있다는 점에서, 형벌과 본질적 차이가 있는 보안처분에 해당한다. 따라서 동일한 범죄행위에 대하여 이수명령이 형벌과 병과된다고 하여 이중처벌금지원칙에 위반된다고 할 수 없다(헌재 2016. 12. 29. 2016헌바153).

▶ **누범에 대한 가중처벌이 일사부재리의 원칙에 위반되는지**(소극) : 누범을 가중처벌하는 것은 전범에 대하여 형벌을 받았음에도 다시 범행을 하였다는 데 있는 것이지, 전범에 대하여 처벌을 받았음에도 다시 범행을 하는 경우에는 전범(前犯)도 후범과 일괄하여 다시 처벌한다는 것은 아님이 명백하므로, 헌법상의 일사부재리의 원칙에 위배하여 피고인의 기본권을 침해하는 것이라고는 볼 수 없다(헌재 1995. 2. 23. 93헌바43).

▶ **상습범에 대한 가중처벌을 규정하고 있는 특정범죄가중법 조항이 일사부재리의 원칙에 위반되는지**(소극) : 이 사건 법률조항이 처벌대상으로 삼고 있는 것은 이미 처벌받은 전범이 아니며 후범이며 상습성의 위험성 때문에 일반범죄와 달리 가중처벌함에 목적을 두고 있으므로 헌법 제13조 제1항 소정의 일사부재리의 원칙에 위배되지 아니한다(헌재 1995. 3. 23. 93헌바59).

Ⅳ 연좌제의 금지

헌법 제13조
③ 모든 국민은 자기의 행위가 아닌 친족의 행위로 인하여 불이익한 처우를 받지 아니한다.

> **참고**
> ▶ **헌정사** : 연좌제 금지는 제5공화국 헌법(제8차 개정헌법)에서 도입

연좌제의 금지란 친족의 행위와 본인 간에 실질적으로 의미 있는 아무런 관련성을 인정할 수 없음에도 불구하고 오로지 친족이라는 사유 그 자체만으로 불이익한 처우를 가하는 경우에만 적용된다(헌재 2005. 12. 22. 2005헌마19).

> **판례**
>
> ▶ **배우자가 선거범죄로 300만 원 이상의 벌금형을 선고받은 경우 후보자의 당선을 무효로 하는 공직선거법 제265조가 자기책임의 원리와 헌법 제13조 제3항의 연좌제금지원칙에 위반되는지**(소극) : 이 사건 법률조항은 '친족인 배우자의 행위와 본인 간에 실질적으로 의미 있는 아무런 관련성을 인정할 수 없음에도 불구하고 오로지 배우자라는 사유 그 자체만으로' 불이익한 처우를 가하는 것이거나 배우자가 죄를 저질렀다는 이유만으로 후보자에게 불이익을 주는 것이 아니라, 후보자와 불가분의 선거운명공동체를 형성하여 활동하게 마련인 배우자의 실질적 지위와 역할을 근거로 후보자에게 연대책임을 부여한 것이므로, 이 사건 법률조항은 헌법 제13조 제3항에서 금지하고 있는 연좌제에 해당하지 아니하고, 자기책임의 원리에도 위배되지 아니한다(헌재 2011. 9. 29. 2010헌마68).

Ⅴ 무죄추정의 원칙

> **헌법 제27조**
> ④ 형사피고인은 유죄의 판결이 확정될 때까지는 무죄로 추정된다.

1. 의의

무죄추정의 원칙이란 형사절차와 관련하여 아직 공소가 제기되지 아니한 피의자는 물론 공소가 제기된 피고인이라 할지라도 유죄의 판결이 확정될 때까지는 원칙적으로 죄가 없는 자로 다루어져야 하고 불이익은 필요최소한에 그쳐야 한다는 원칙을 말한다(헌재 1997. 5. 29. 96헌가17).

> **판례**
>
> ▶ **무죄추정원칙에서 불이익의 의미**: 헌법 제27조 제4항의 무죄추정이란 유죄의 확정판결 전에 죄 있는 자에 준하여 취급하는 불이익을 금하는 것을 말하고, 여기서의 불이익이란 범죄사실의 인정 또는 유죄를 전제로 그에 대하여 법률적·사실적 측면에서 유형·무형의 차별취급을 가하는 '유죄인정의 효과'로서의 불이익을 뜻한다(헌재 2011. 3. 31. 2009헌마617).

2. 법적 성격

무죄추정의 원칙은 증거법에 국한된 원칙이 아니라 수사절차에서 공판절차에 이르기까지 형사절차의 전과정을 지배하는 지도원리로서 인신의 구속 자체를 제한하는 원리로 작용한다(헌재 2003. 11. 27. 2002헌마193).

3. 적용 범위

무죄추정의 원칙은 형사절차 내에서 원칙으로 인식되고 있으나 형사절차뿐만 아니라 기타 일반 법생활영역에서의 기본권 제한과 같은 경우에도 적용된다. 지방자치법에 의한 단체장의 권한정지는 형사절차 내에서의 불이익은 아니지만 유죄판결을 근거로 피고인의 공무담임권을 제한하는 것으로 무죄추정원칙이 적용된다(헌재 2005. 5. 26. 2002헌마699).

> **판례**
>
> ▶ **지방자치단체의 장이 금고 이상의 형의 선고를 받은 경우 부단체장으로 하여금 그 권한을 대행하도록 한 지방자치법 제111조 제1항 제3호가 무죄추정의 원칙에 위배되는지**(적극, 선례변경): 이 사건 법률조항은 '금고 이상의 형이 선고되었다.'는 사실 자체에 주민의 신뢰와 직무전념성을 해칠 우려가 있다는 이유로 부정적 의미를 부여한 후 그 유죄판결의 존재를 유일한 전제로 하여 형이 확정되지도 않은 상태에서 해당 자치단체장에 대하여 직무정지라는 불이익한 처분을 부과하고 있다. 즉, 유죄의 확정판결이 있기 전이라도 '금고 이상의 형을 선고'받았다면 유죄의 확정판결이 내려질 개연성이 높다는 전제에서 당해 피고인을 죄가 있는 자에 준하여 불이익을 입히고 있는 것이다. 특히 이 사건 법률조항은 오직 '금고 이상의 형을 선고받은 때로부터 금고 이상의 형이 확정될 때까지'에만 적용되는 규정이므로, 형사피고인이라 하여도 유죄의 확정판결이 있기까지는 원칙적으로 죄가 없는 자에 준하여 취급하여야 한다는 무죄추정의 원칙에 반하는 규정이라고 아니할 수 없다. 따라서 선거에 의하여 선출된 자치단체장의 직무를 '금고 이상의 형을 선고받은 사실'만으로 정지시키는 것은 '유죄인정의 효과로서의 불이익'에 해당되어 무죄추정의 원칙에 반한다(헌재 2010. 9. 2. 2010헌마418).

4. 내용

(1) 내용 일반

무죄추정의 원칙은 인간의 존엄성을 기본권질서의 중심으로 보장하고 있는 헌법질서 내에서 형벌작용의 필연적인 기속원리가 될 수밖에 없고, 이러한 원칙이 제도적으로 표현된 것으로는, 공판절차의 입증단계에서 거증책임을 검사에게 부담시키는 제도, 보석 및 구속적부심 등 인신구속의 제한을 위한 제도, 그리고 피의자 및 피고인에 대한 부당한 대우 금지 등이 있다(헌재 2001. 11. 29. 2001헌바41).

(2) 불구속수사·불구속재판의 원칙

신체의 자유를 최대한으로 보장하려는 헌법정신, 특히 무죄추정의 원칙으로 인하여 수사와 재판은 불구속을 원칙으로 한다. 그러므로 구속은 예외적으로 구속 이외의 방법에 의하여서는 범죄에 대한 효과적인 투쟁이 불가능하여 형사소송의 목적을 달성할 수 없다고 인정되는 경우에 한하여 최후의 수단으로만 사용되어야 하며 구속수사 또는 구속재판이 허용될 경우라도 그 구속기간은 가능한 한 최소한에 그쳐야 한다(헌재 2003. 11. 27. 2002헌마193).

> **판례**
>
> ▶ 판결선고 전 구금일수의 산입을 규정한 형법 제57조 제1항 중 "또는 일부" 부분이 헌법상 무죄추정의 원칙 및 적법절차의 원칙 등을 위배하여 신체의 자유를 침해하는지(적극): 미결구금은 신체의 자유를 침해받는 피의자 또는 피고인의 입장에서 보면 실질적으로 자유형의 집행과 다를 바 없으므로, 인권보호 및 공평의 원칙상 형기에 전부 산입되어야 한다. 따라서 형법 제57조 제1항 중 "또는 일부 부분"은 헌법상 무죄추정의 원칙 및 적법절차의 원칙 등을 위배하여 합리성과 정당성 없이 신체의 자유를 침해한다(헌재 2009. 6. 25. 2007헌바25).
>
> ▶ 상소제기 후의 미결구금일수 산입을 규정하면서 상소제기 후 상소취하시까지 구금일수 통산에 관하여는 규정하지 아니함으로써 이를 본형 산입의 대상에서 제외되도록 한 형사소송법 제482조 제1항 등이 무죄추정의 원칙 등에 위반되는지(적극): 상소제기 후 상소취하시까지의 구금 역시 미결구금에 해당하는 이상 그 구금일수도 형기에 전부 산입되어야 한다. 결국 상소제기 후 상소취하시까지의 미결구금을 형기에 산입하지 아니하는 것은 헌법상 무죄추정의 원칙 및 적법절차의 원칙, 평등원칙 등을 위배하여 합리성과 정당성 없이 신체의 자유를 지나치게 제한하는 것이다(헌재 2009. 12. 29. 2008헌가13 헌법불합치).
>
> ▶ 소년보호사건에 있어 제1심 결정에 의한 소년원 수용기간을 항고심 결정에 의한 보호기간에 산입하지 아니하는 소년법 제33조가 무죄추정원칙에 위배되는지(소극): 소년보호사건은 소년의 개선과 교화를 목적으로 하는 것으로서 통상의 형사사건과는 구별되어야 하고, 법원이 소년의 비행사실이 인정되고 보호의 필요성이 있다고 판단하여 소년원 송치처분을 함과 동시에 이를 집행하는 것은 무죄추정원칙과는 무관하다. 소년보호사건에서 소년은 피고인이 아닌 피보호자이며, 원 결정에 따라 소년원 송치처분을 집행하는 것은 비행을 저지른 소년에 대한 보호의 필요성이 시급하다고 판단하였기 때문에 즉시 보호를 하기 위한 것이지, 소년이 비행을 저질렀다는 전제 하에 그에게 불이익을 주거나 처벌을 하기 위한 것이 아니다. 따라서 1심 결정에 의한 소년원 수용기간을 항고심 결정에 의한 보호기간에 산입하지 않더라도 이는 무죄추정원칙과는 관련이 없으므로 이 사건 법률조항은 무죄추정원칙에 위배되지 않는다(헌재 2015. 12. 23. 2014헌마768).

(3) 부당한 대우의 금지

무죄추정의 원칙상 공소의 제기가 있는 피고인이라도 유죄의 확정판결이 있기까지는 원칙적으로 죄가 없는 자에 준하여 취급하여야 하고, 불이익을 입혀서는 안 된다고 할 것으로 가사 그 불이익을 입힌다 하여도 필요한 최소한도에 그치도록 비례의 원칙이 존중되어야 한다(헌재 1990. 11. 19. 90헌가48).

> **판례**
>
> ▶ 요양기관이 의료법 제33조 제2항을 위반하였다는 사실(사무장병원)을 수사기관의 수사 결과로 확인한 경우 공단으로 하여금 해당 요양기관이 청구한 요양급여비용의 지급을 보류할 수 있도록 규정한 구 국민건강보험법 제47조의2 제1항 등이 무죄추정의 원칙에 위반되는지(소극) : 이 사건 지급보류조항은 수사기관의 수사결과를 기준으로 요양급여비용의 지급을 잠정적으로 보류할 수 있도록 함으로써 사후적인 부당이득 환수절차의 한계를 보완하고, 건강보험의 재정건전성이 악화될 위험을 방지하는 것일 뿐이다. 그렇다면 사무장병원일 가능성이 있는 요양기관이 일정기간 동안 요양급여비용을 지급받지 못하는 불이익을 받더라도 이를 두고 유죄의 판결이 확정되기 전에 죄 있는 자에 준하여 취급하는 것이라고 보기 어렵다. 따라서 이 사건 지급보류조항은 무죄추정의 원칙에 위반된다고 볼 수 없다(헌재 2023. 3. 23. 2018헌바433).
>
> ▶ 지방자치단체의 장이 '공소 제기된 후 구금상태에 있는 경우' 부단체장이 그 권한을 대행하도록 규정한 지방자치법 제111조 제1항 제2호가 자치단체장인 청구인의 공무담임권을 제한함에 있어 무죄추정의 원칙에 위반되는지(소극) : 이 사건 법률조항은 공소 제기된 자로서 구금되었다는 사실 자체에 사회적 비난의 의미를 부여한다거나 그 유죄의 개연성에 근거하여 직무를 정지시키는 것이 아니라, 구금의 효과, 즉 구속되어 있는 자치단체장의 물리적 부재상태로 말미암아 자치단체행정의 원활하고 계속적인 운영에 위험이 발생할 것이 명백하여 이를 미연에 방지하기 위하여 직무를 정지시키는 것이므로, '범죄사실의 인정 또는 유죄의 인정에서 비롯되는 불이익'이라거나 '유죄를 근거로 하는 사회윤리적 비난'이라고 볼 수 없다. 따라서 무죄추정의 원칙에 위반되지 않는다(헌재 2011. 4. 28. 2010헌마474).
>
> ▶ 형사재판에 계속 중인 사람에 대하여 출국을 금지할 수 있다고 규정한 출입국관리법 제4조 제1항 제1호가 무죄추정의 원칙에 위배되는지(소극) : 심판대상조항은 형사재판에 계속 중인 사람이 국가의 형벌권을 피하기 위하여 해외로 도피할 우려가 있는 경우 법무부장관으로 하여금 출국을 금지할 수 있도록 하는 것일 뿐으로, 무죄추정의 원칙에서 금지하는 유죄 인정의 효과로서의 불이익, 즉, 유죄를 근거로 형사재판에 계속 중인 사람에게 사회적 비난 내지 응보적 의미의 제재를 가하려는 것이라고 보기 어렵다. 따라서 심판대상조항은 무죄추정의 원칙에 위배된다고 볼 수 없다(헌재 2015. 9. 24. 2012헌바302).
>
> ▶ 국민참여재판으로 진행하는 것이 적절하지 아니하다고 인정되는 경우 법원이 국민참여재판 배제 결정을 할 수 있도록 한 재판참여법 제9조 제1항 제3호가 무죄추정원칙에 위배되는지(소극) : 이 사건 참여재판 배제조항은 국민참여재판의 특성에 비추어 그 절차로 진행함이 부적당한 사건에 대하여 법원의 재량으로 국민참여재판을 하지 아니하기로 하는 결정을 할 수 있도록 한 것일 뿐, 피고인에 대한 범죄사실 인정이나 유죄판결을 전제로 하여 불이익을 과하는 것이 아니므로 무죄추정원칙에 위배된다고 볼 수 없다(헌재 2014. 1. 28. 2012헌바298).

▶ **형사사건으로 기소된 국가공무원을 직위해제할 수 있도록 규정한 구 국가공무원법 제73조의2 제1항 제4호 부분이 무죄추정의 원칙에 위배되는지**(소극) : 이 사건 법률조항의 직위해제는 형사사건으로 기소된 공무원이 계속 직위를 보유하고 직무를 수행하게 되는 경우 야기할 수 있는 공직 및 공무집행 공정성과 그에 대한 국민의 신뢰를 저해할 구체적인 위험을 사전에 방지하고자 하는 잠정적이고 가처분적 성격을 가진 제도일 뿐 직위해제처분을 받은 공무원에 대한 범죄사실 인정이나 유죄판결을 전제로 하여 불이익을 과하는 것은 아니므로 무죄추정의 원칙에 위배된다고 볼 수 없다(헌재 2006. 5. 25. 2004헌바12).

▶ **검사조사실에서 포승과 수갑을 채운 상태에서 피의자조사를 받도록 한 것이 무죄추정의 원칙에 위반되는지**(적극) : 피의자에 대한 계구사용은 도주 또는 증거인멸의 우려가 있거나 검사조사실 내의 안전과 질서를 유지하기 위하여 꼭 필요한 목적을 위하여만 허용될 수 있다. 당시 청구인은 도주·폭행·소요 또는 자해 등의 우려가 없었다고 판단되고, 수사검사도 이러한 사정 및 당시 검사조사실의 정황을 종합적으로 고려하여 청구인에 대한 계구의 해제를 요청하였음에도 소속 계호교도관이 이를 거절하고 청구인으로 하여금 수갑 및 포승을 계속 사용한 채 피의자조사를 받도록 하였는바, 이와 같은 계구의 사용은 무죄추정원칙의 근본취지에도 반한다(헌재 2005. 5. 26. 2001헌마728).

▶ **공정거래법 위반자에 대한 법위반사실공표명령제도가 무죄추정의 원칙에 위배되는지**(적극) : 공정거래위원회의 고발조치 등으로 장차 형사절차내에서 진술을 해야할 행위자에게 사전에 법위반사실의 공표를 하게 하는 것은 형사절차내에서 법위반사실을 부인하고자 하는 행위자의 입장을 모순에 빠뜨려 소송수행을 심리적으로 위축시키거나, 법원으로 하여금 공정거래위원회 조사결과의 신뢰성 여부에 대한 불합리한 예단을 촉발할 소지가 있고 이는 장차 진행될 형사절차에도 영향을 미칠 수 있다. 결국 법위반사실의 공표명령은 공소제기조차 되지 아니하고 단지 고발만 이루어진 수사의 초기단계에서 아직 법원의 유무죄에 대한 판단이 가려지지 아니하였는데도 관련 행위자를 유죄로 추정하는 불이익한 처분이 된다(헌재 2002. 1. 31. 2001헌바43).

Ⅵ 영장주의

헌법 제12조
③ 체포·구속·압수 또는 수색을 할 때에는 적법한 절차에 따라 검사의 신청에 의하여 법관이 발부한 영장을 제시하여야 한다. 다만, 현행범인인 경우와 장기 3년 이상의 형에 해당하는 죄를 범하고 도피 또는 증거인멸의 염려가 있을 때에는 사후에 영장을 청구할 수 있다.

1. 의의

영장주의는 형사절차와 관련하여 체포·구속·압수·수색의 강제처분을 함에 있어서는 사법권 독립에 의하여 신분이 보장되는 법관이 발부한 영장에 의하지 않으면 아니 된다는 원칙이다. 따라서 헌법상 영장주의의 본질은 체포·구속·압수·수색 등 기본권을 제한하는 강제처분을 함에 있어서는 중립적인 법관의 구체적 판단을 거쳐야 한다는 데에 있다(헌재 2018. 6. 28. 2012헌마191).

판례

▶ **영장주의의 제도적 의의** : 영장주의는 체포·구속의 필요성 유무를 공정하고 독립적 지위를 가진 사법기관으로 하여금 판단하게 함으로써 수사기관에 의한 체포·구속의 남용을 방지하려는 데 그 의의가 있다(헌재 1997. 3. 27. 96헌바28).

2. 적용 범위

헌법상 신체의 자유는 헌법 제12조 제1항의 문언과 자연권적 속성에 비추어 볼 때 형사절차에 한정하여 보호되는 기본권이 아니다. 헌법 제12조 제3항의 영장주의가 수사기관에 의한 체포·구속을 전제하여 규정된 것은 형사절차의 경우 법관에 의한 사전적 통제의 필요성이 강하게 요청되기 때문이지, 형사절차 이외의 국가권력작용에 대해 영장주의를 배제하는 것이 아니고, 오히려 그 본질은 인신구속과 같이 중대한 기본권 침해를 야기할 때는 법관이 구체적 판단을 거쳐 발부한 영장에 의하여야 한다는 것이다. 따라서 형사절차가 아니라 하더라도 실질적으로 수사기관에 의한 인신구속과 동일한 효과를 발생시키는 인신구금은 영장주의의 본질상 그 적용대상이 되어야 한다(헌재 2020. 9. 24. 2017헌바157 재판관 4인의 보충의견).

> **판례**
>
> ▶ **행정상즉시강제에 영장주의가 적용되는지**(소극) : 행정상 즉시강제는 상대방의 임의이행을 기다릴 시간적 여유가 없을 때 하명 없이 바로 실력을 행사하는 것으로서, 그 본질상 급박성을 요건으로 하고 있어 법관의 영장을 기다려서는 그 목적을 달성할 수 없다고 할 것이므로, 원칙적으로 영장주의가 적용되지 않는다(헌재 2002. 10. 31. 2000헌가12).

3. 적용요건

(1) 강제처분

영장주의란 수사기관이 형사절차와 관련하여 체포·구속·압수·수색 등의 강제처분을 함에 있어 검사의 신청에 의하여 법관이 발부한 영장을 사전에 제시하여야 한다는 원칙을 말하는 것이므로 영장주의가 적용되기 위해서는 강제처분이라야 한다. 헌법재판소는 영장주의가 적용되는 강제처분을 물리적 강제력을 행사하는 경우로 제한하고 있다(헌재 2004. 9. 23. 2002헌가17).

> **판례**
>
> ▶ **헌법 제12조 제3항의 '체포·구속·압수·수색'의 의미** : 헌법 제12조 제3항의 '체포·구속·압수·수색'에는 강제구금은 물론 강제구인, 강제동행 및 강제구류 등이 포함된다. 따라서 법률이 수사기관으로 하여금 법관에 의한 영장에 의하지 아니하고 참고인에 대하여 실질적으로 이와 동일한 행위를 하도록 허용한다면 이는 헌법상 영장주의원칙을 위반한 것이거나 적어도 위 헌법상 원칙을 잠탈하는 것이다(헌재 2008. 1. 10. 2007헌마1468).
>
> ▶ **수사기관 등이 전기통신사업자에게 이용자의 성명 등 통신자료의 열람이나 제출을 요청할 수 있도록 한 전기통신사업법 제83조 제3항이 영장주의의 적용을 받는지**(소극) : 헌법상 영장주의는 체포·구속·압수·수색 등 기본권을 제한하는 강제처분에 적용되므로, 강제력이 개입되지 않은 임의수사에 해당하는 수사기관 등의 통신자료 취득에는 영장주의가 적용되지 않는다(헌재 2022. 7. 21. 2016헌마388).

▶ **각급선거관리위원회 위원·직원의 선거범죄 조사에 있어서 피조사자에게 자료제출의무를 부과하고 허위자료를 제출하는 경우 형사처벌하는 공직선거법 조항이 영장주의에 위반되는지**(소극): 심판대상조항에 의한 자료제출요구는 그 성질상 대상자의 자발적 협조를 전제로 할 뿐이고 물리적 강제력을 수반하지 아니한다. 심판대상조항은 피조사자로 하여금 자료제출요구에 응할 의무를 부과하고, 허위 자료를 제출한 경우 형사처벌하고 있으나, 이는 형벌에 의한 불이익이라는 심리적, 간접적 강제수단을 통하여 진실한 자료를 제출하도록 함으로써 조사권 행사의 실효성을 확보하기 위한 것이다. 심판대상조항에 의한 자료제출요구는 행정조사의 성격을 가지는 것으로 수사기관의 수사와 근본적으로 그 성격을 달리하며, 청구인에 대하여 직접적으로 어떠한 물리적 강제력을 행사하는 강제처분을 수반하는 것이 아니므로 영장주의의 적용대상이 아니다(헌재 2019. 9. 26. 2016헌바381).

▶ **형집행법 제41조 제2항 제1호 중 '미결수용자의 접견내용의 녹음·녹화'에 관한 부분이 영장주의에 위배되는지**(소극): 녹음조항에 따라 접견내용을 녹음·녹화하는 것은 직접적으로 물리적 강제력을 수반하는 강제처분이 아니므로 영장주의가 적용되지 않아 영장주의에 위배된다고 할 수 없다(헌재 2016. 11. 24. 2014헌바401).

▶ **형사재판에 계속 중인 사람에 대하여 출국을 금지할 수 있다고 규정한 출입국관리법 제4조 제1항 제1호가 영장주의에 위배되는지**(소극): 심판대상조항에 따른 법무부장관의 출국금지결정은 형사재판에 계속 중인 국민의 출국의 자유를 제한하는 행정처분일 뿐이고, 영장주의가 적용되는 신체에 대하여 직접적으로 물리적 강제력을 수반하는 강제처분이라고 할 수는 없으므로 헌법 제12조 제3항의 영장주의에 위배된다고 볼 수 없다(헌재 2015. 9. 24. 2012헌바302).

▶ **채취대상자가 동의하는 경우에 영장 없이 디엔에이감식시료를 채취할 수 있도록 규정한 디엔에이법 제8조 제3항이 영장주의와 적법절차원칙에 위배되어 신체의 자유를 침해하는지**(소극): 동의에 의하여 디엔에이감식시료를 채취하는 경우, 채취를 거부할 수 있음을 사전에 고지하고 서면으로 동의서를 받도록 하고 있으며, 동의가 없으면 반드시 법관이 발부한 영장에 의하여 채취하도록 하고 있으므로 동의에 의하여 디엔에이감식시료를 채취하도록 규정한 조항 자체가 영장주의를 회피하는 수단이 되어 영장주의와 적법절차원칙에 반한다고 보기는 어렵다. 따라서 이 사건 채취동의조항은 영장주의와 적법절차원칙에 위배되어 신체의 자유를 침해한다고 볼 수 없다(헌재 2014. 8. 28. 2011헌마28).

▶ **범죄의 피의자로 입건된 사람들에게 경찰공무원이나 검사의 신문을 받으면서 자신의 신원을 밝히지 않고 지문채취에 불응하는 경우 형사처벌을 통하여 지문채취를 강제하는 구 경범죄처벌법 제1조 제42호가 영장주의의 원칙에 위반되는지**(소극): 이 사건 법률조항은 형벌에 의한 불이익을 부과함으로써 심리적·간접적으로 지문채취를 강요하고 있으므로 피의자가 본인의 판단에 따라 수용여부를 결정한다는 점에서 궁극적으로 당사자의 자발적 협조가 필수적임을 전제로 하므로 물리력을 동원하여 강제로 이루어지는 경우와는 질적으로 차이가 있다. 따라서 이 사건 법률조항에 의한 지문채취의 강요는 영장주의에 의하여야 할 강제처분이라 할 수 없다(헌재 2004. 9. 23. 2002헌가17).

▶ **마약류사범에 대한 소변채취가 강제처분인지**(소극): 교도소에서 마약류사범에게 마약류반응검사를 위하여 월 1회씩 정기적으로 하는 소변채취는 교정시설의 안전과 질서유지를 위한 목적에서 행하는 것으로 수사에 필요한 처분이 아닐 뿐만 아니라 검사대상자에게 소변을 종이컵에 채취하여 제출하도록 한 것으로서 당사자의 협력이 불가피하므로 이를 강제처분이라고 할 수도 없다(헌재 2006. 7. 27. 2005헌마277).

▶ **주취운전의 혐의자에게 음주측정에 응할 의무를 부과하는 것이 강제처분인지**(소극): 음주측정은 성질상 강제될 수 있는 것이 아니며 궁극적으로 당사자의 자발적 협조가 필수적인 것이므로 이를 법관의 영장을 필요로 하는 강제처분이라 할 수 없다(헌재 1997. 3. 27. 96헌가11).

(2) 검사의 청구

1) 연혁

헌법 제12조 제3항은 "구속을 할 때에는 검사의 신청에 의하여 법관이 발부한 영장"이라고 규정함으로써 마치 모든 구속영장의 발부에는 검사의 신청이 필요한 것처럼 규정하고 있다. 이와 같은 규정은 제헌헌법에는 구속영장의 발부에 관하여 "체포, 구금, 수색에는 법관의 영장이 있어야 한다."(9조)라고만 되어 있던 것이 1962. 12. 26. 제5차 개정헌법에서 처음으로 "구금에는 검찰관의 신청에 의하여 법관이 발부한 영장을 제시하여야 한다."(10조③항) 라는 규정에 의하여 처음 도입된 이래 현행헌법에 이르기까지 같은 내용으로 존속되어 온 것이다.

2) 취지

제5차 개정헌법이 영장의 발부에 관하여 "검찰관의 신청"이라는 요건을 규정한 취지는 검찰의 다른 수사기관에 대한 수사지휘권을 확립시켜 종래 빈번히 야기되었던 검사 아닌 다른 수사기관의 영장신청에서 오는 '인권유린의 폐해를 방지'하고자 함에 있다. 따라서 현행헌법 제12조 제3항 중 "검사의 신청"이라는 부분의 취지도 모든 영장의 발부에 검사의 신청이 필요하다는 것이 아니라 수사단계에서 영장의 발부를 신청할 수 있는 자를 검사로 한정한 것으로 해석함이 타당하다(헌재 1997. 3. 27. 96헌바28).

> **판례**
>
> ▶ **헌법 제12조 제3항과 제16조의 영장신청권에 '헌법상 검사의 수사권'이 도출되는지**(소극) : 영장신청의 신속성·효율성 측면이 아니라, 법률전문가이자 인권옹호기관인 검사로 하여금 제3자의 입장에서 수사기관의 강제수사 남용을 통제하는 취지에서 영장신청권이 헌법에 도입된 것으로 해석되므로, 헌법상 검사의 영장신청권 조항에서 '헌법상 검사의 수사권'까지 도출된다고 보기 어렵다(헌재 2023. 3. 23. 2022헌라4).
>
> ▶ **피고인을 구속하는 경우 검사의 신청 없이도 법원이 영장을 발부할 수 있도록 규정하고 있는 형사소송법 조항이 영장주의에 반하는지**(소극) : 헌법 제12조 제3항이 "구속을 할 때에 검사의 신청에 의하여 법관이 발부한 영장"이라고 규정한 취지는 수사단계에서의 영장주의를 특히 강조함과 동시에 수사단계에서의 영장신청권자를 검사로 한정한 데 있다고 해석된다(공판단계에서의 영장발부에 관한 헌법적 근거는 헌법 제12조 제1항이다). 헌법 제12조 제3항의 규정 취지를 공판단계에서의 영장발부에도 검사의 신청이 필요한 것으로 해석하는 것은 신체의 자유를 보장하기 위한 사법적 억제의 대상인 수사기관이 사법적 억제의 주체인 법관을 통제하는 결과를 낳아 오히려 영장주의의 본질에 반한다. 따라서 공판단계에서 법원이 직권에 의하여 구속영장을 발부할 수 있음을 규정한 형사소송법 제70조 제1항 및 제73조는 헌법 제12조 제3항에 위반되지 아니한다(헌재 1997. 3. 27. 96헌바28).
>
> ▶ **'수사처검사는 직무를 수행함에 있어서 검찰청법 제4조에 따른 검사의 직무 및 군사법원법 제37조에 따른 군검사의 직무를 수행할 수 있다'고 규정하고 있는 공수처법 제8조 제4항이 영장주의원칙을 위반하여 청구인들의 신체의 자유 등을 침해하는지**(소극) : 헌법에 규정된 영장신청권자로서의 검사는 검찰권을 행사하는 국가기관인 검사로서 공익의 대표자이자 수사단계에서의 인권옹호기관으로서의 지위에서 그에 부합하는 직무를 수행하는 자를 의미하는 것이지, 검찰청법상 검사만을 지칭하는 것으로 보기 어렵다. 수사처검사는 변호사 자격을 일정 기간 보유한 사람 중에서 임명하도록 되어 있으므로, 법률전문가로서의 자격도 충분히 갖추었다. 따라서 공수처법 제8조 제4항은 영장주의원칙을 위반하여 청구인들의 신체의 자유 등을 침해하지 않는다(헌재 2021. 1. 28. 2020헌마264).

(3) **법관의 발부**

영장주의의 본질은 신체의 자유를 침해하는 강제처분을 함에 있어서는 중립적인 법관이 구체적 판단을 거쳐 발부한 영장에 의하여야만 한다는 데에 있으므로 당연히 법관이 발부해야 한다. 다만 법원이 직권으로 발부하는 영장과 수사기관의 청구에 의하여 발부하는 구속영장의 법적 성격은 같지 않은데, 전자는 명령장으로서의 성질을 갖고 후자는 허가장으로서의 성질을 갖는다(헌재 1997. 3. 27. 96헌바28).

> **판례**
>
> ▶ '일체의 정치활동', '자유민주주의 체제를 부정하거나, 전복을 기도하는 일체의 행위', '사회혼란을 조장하는 파업, 태업, 집회행위' 등 광범위한 행위를 금지하고 그 위반자에 대해서 영장 없이 체포·구금·압수·수색을 할 수 있도록 규정한 계엄포고령이 영장주의에 위반되는지(적극) : 비상계엄지역에서 군사상 필요가 인정되어 특별한 조치로서 사전영장주의의 예외를 인정하는 경우에도 영장주의의 본질을 침해하는 것은 허용될 수 없으므로, 수사기관의 강제처분이 영장 없이 이루어지는 경우 조속한 시간 내에 법관에 의한 사후심사가 이루어질 수 있는 장치가 마련되어야 한다. 대통령은 이 사건 포고령을 통하여 '일체의 정치활동', '자유민주주의 체제를 부정하거나, 전복을 기도하는 일체의 행위', '사회혼란을 조장하는 파업, 태업, 집회행위' 등 광범위한 행위를 금지하고 그 위반자에 대해서 영장 없이 체포·구금·압수·수색을 할 수 있도록 하였다. 이는 어떠한 제약 조건도 두지 아니하고 법관의 구체적 판단 없이 체포·구금·압수·수색을 할 수 있도록 하고, 이에 대하여 법관에 의한 사후적 심사장치도 두지 아니한 것이므로, 국가긴급권이 발동되는 상황이라 하더라도 지켜져야 할 영장주의의 본질을 침해하는 것이다(헌재 2025. 4. 4. 2024헌나8).
>
> ▶ '중앙선거관리위원회에 대한 압수·수색'이 영장주의를 위반하고 선거관리위원회의 독립성을 침해한 것인지(적극) : 대통령은 행정부 수반의 지위에서 영장주의의 예외에 해당하는 사유가 없음에도 독립된 헌법기관인 선거관리위원회에 대하여 병력을 동원하여 영장 없는 압수·수색을 하도록 지시하였는바, 이는 영장주의를 위반하고 선거관리위원회의 독립성을 침해한 것이다(헌재 2025. 4. 4. 2024헌나8).
>
> ▶ 국가보안법위반죄 등 일부 범죄혐의자를 법관의 영장 없이 구속, 압수, 수색할 수 있도록 규정하고 있던 구 인신구속 등에 관한 임시 특례법 제2조 제1항이 영장주의에 위배되는지(적극) : 형식적으로 영장주의에 위배되는 법률은 곧바로 헌법에 위반되고, 형식적으로는 영장주의를 준수하였더라도 실질적인 측면에서 입법자가 합리적인 선택범위를 일탈하는 등 입법형성권을 남용하였다면 그러한 법률은 자의금지원칙에 위배되어 헌법에 위반된다. 이 사건 법률조항은 수사기관이 법관에 의하여 발부된 영장 없이 일부 범죄 혐의자에 대하여 구속 등 강제처분을 할 수 있도록 규정하고 있을 뿐만 아니라, 그와 같이 영장 없이 이루어진 강제처분에 대하여 일정한 기간 내에 법관에 의한 사후영장을 발부받도록 하는 규정도 마련하지 아니함으로써, 수사기관이 법관에 의한 구체적 판단을 전혀 거치지 않고서도 임의로 불특정한 기간 동안 피의자에 대한 구속 등 강제처분을 할 수 있도록 하고 있는바, 이는 이 사건 법률조항의 입법목적과 그에 따른 입법자의 정책적 선택이 자의적이었는지 여부를 따질 필요도 없이 형식적으로 영장주의의 본질을 침해한다고 하지 않을 수 없다(헌재 2012. 12. 27. 2011헌가5).

▶ **긴급체포한 피의자를 구속하고자 할 때에는 48시간 이내에 구속영장을 청구하되, 그렇지 않은 경우 사후 영장청구 없이 피의자를 즉시 석방하도록 한 형사소송법 제200조의4 제1항 등이 헌법상 영장주의에 위반되는지**(소극) : 피의자를 긴급체포하여 조사한 결과 구금을 계속할 필요가 없다고 판단하여 48시간 이내에 석방하는 경우까지도 수사기관이 반드시 체포영장발부절차를 밟게 한다면, 이는 피의자, 수사기관 및 법원 모두에게 비효율을 초래할 가능성이 있고, 경우에 따라서는 오히려 인권침해적인 상황을 발생시킬 우려도 있다. 또한 영장청구조항은 체포한 때로부터 48시간 이내라 하더라도 피의자를 구속할 필요가 있는 때에는 지체 없이 구속영장을 청구하도록 함으로써 사후영장청구의 시간적 요건을 강화하고 있다. 따라서 영장청구조항은 헌법상 영장주의에 위반되지 아니한다(헌재 2021. 3. 25. 2018헌바212).

▶ **특별검사가 참고인에게 지정된 장소까지 동행할 것을 명령할 수 있게 하고 참고인이 정당한 이유 없이 위 동행명령을 거부한 경우 천만 원 이하의 벌금형에 처하도록 규정한 '이명박특검법' 제6조 제6항 등이 영장주의에 위배하여 청구인들의 신체의 자유를 침해하는지**(적극) : 참고인에 대한 동행명령제도는 참고인의 신체의 자유를 사실상 억압하여 일정 장소로 인치하는 것과 실질적으로 같으므로 헌법 제12조 제3항이 정한 영장주의원칙이 적용되어야 한다. 그럼에도 법관이 아닌 특별검사가 동행명령장을 발부하도록 하고 정당한 사유 없이 이를 거부한 경우 벌금형에 처하도록 함으로써, 실질적으로는 참고인의 신체의 자유를 침해하여 지정된 장소에 인치하는 것과 마찬가지의 결과가 나타나도록 규정한 이 사건 동행명령조항은 영장주의원칙을 규정한 헌법 제12조 제3항에 위반되거나 적어도 위 헌법상 원칙을 잠탈하는 것이다(헌재 2008. 1. 10. 2007헌마1468).

▶ **지방자치법에 근거한 조례에 의하여 지방의회에서의 사무감사·조사를 위한 증인의 동행명령장을 지방의회 의장이 발부하는 것이 영장주의원칙에 위배되는지**(적극) : 지방의회에서의 사무감사·조사를 위한 증인의 동행명령장제도도 증인의 신체의 자유를 억압하여 일정 장소로 인치하는 것으로서 헌법 제12조 제3항의 "체포 또는 구속"에 준하는 사태로 보아야 하고, 거기에 현행범 체포와 같이 사후에 영장을 발부받지 아니하면 목적을 달성할 수 없는 긴박성이 있다고 인정할 수는 없으므로, 헌법 제12조 제3항에 의하여 법관이 발부한 영장의제시가 있어야 함에도 불구하고 동행명령장을 법관이 아닌 지방의회 의장이 발부하고 이에 기하여 증인의 신체의 자유를 침해하여 증인을 일정 장소에 인치하도록 규정된 조례안은 영장주의원칙을 규정한 헌법 제12조 제3항에 위반된 것이다(대판 1995. 6. 30. 93추83).

▶ **검사로부터 사형, 무기 또는 10년 이상의 징역이나 금고의 형에 해당한다는 취지의 의견진술이 있는 사건에 대하여는 무죄 등의 판결이 선고된 때에도 구속영장의 효력을 잃지 않도록 규정하고 있는 형사소송법 제331조 단서가 영장주의와 적법절차원리에 위반되는지**(적극) : 헌법 제12조 제3항 본문에서 "체포·구속·압수 또는 수색을 할 때에는 적법한 절차에 따라 검사의 신청에 의하여 법관이 발부한 영장을 제시하여야 한다."라고 하여 인신구속에 관한 영장주의의 대원칙을 규정하고 있는데, 헌법에 명문으로 규정된 영장주의는 구속의 개시시점에 한하지 않고 구속영장의 효력을 계속 유지할 것인지 아니면 취소 또는 실효시킬 것인지의 여부도 사법권 독립의 원칙에 의하여 신분이 보장되고 있는 법관의 판단에 의하여만 결정되어야 한다는 것을 의미하고 그 밖에 검사나 다른 국가기관의 의견에 의하여 좌우되도록 하는 것은 헌법상의 적법절차의 원칙에 위배된다(헌재 1992. 12. 24. 92헌가8).

▶**법원의 보석허가결정에 대하여 검사가 즉시항고할 수 있도록 한 형사소송법 제97조 제3항 규정이 헌법상 영장주의원칙에 위배되는지**(적극) : 구속여부에 관한 전권을 갖는 법관 또는 법관으로 구성된 법원이 피의자나 피고인의 구속 또는 그 유지 여부의 필요성이 있는 유무에 관하여 한 재판의 효력이 검사나 그 밖의 어느 다른 기관의 이견이나 불복이 있다 하여 좌우된다거나 제한받는다면 이는 위 영장주의에 반하고 따라서 적법절차의 원칙에도 위배된다. 이 사건 규정은 법원이 이러한 영장주의의 구현으로 결정한 보석허가결정의 집행이 즉시항고의 제기기간인 3일 동안 그리고 검사의 즉시항고가 제기된 경우는 그 즉시항고에 대한 재판이 확정될 때까지 무조건 정지되어 피고인은 석방되지 못하고 신체의 자유를 계속 박탈당한 채 구속되어 있어야 하도록 규정하고 있다. 결과적으로 이 사건 규정은 당해 피고인에 대한 보석허가결정이 부당하다는 검사의 불복을 그 피고인에 대한 구속집행을 계속 할 필요가 없다는 법원의 판단보다 우선시킨 것이며, 구속의 여부와 구속을 계속시키는 여부에 대한 판단은 헌법 제103조에 의하여 독립이 보장된 법관의 결정에만 맡기려는 영장주의에 위반된다(헌재 1993. 12. 23. 93헌가2).

▶**법원의 구속집행정지결정에 대하여 검사가 즉시항고할 수 있도록 한 형사소송법 제101조 제3항이 헌법상 영장주의에 위배되는지**(적극) : 법원이 피고인의 구속 또는 그 유지 여부의 필요성에 관하여 한 재판의 효력이 검사나 다른 기관의 이견이나 불복이 있다 하여 좌우되거나 제한받는다면 이는 영장주의에 위반된다고 할 것인바, 구속집행정지결정에 대한 검사의 즉시항고를 인정하는 이 사건 법률조항은 검사의 불복을 그 피고인에 대한 구속집행을 정지할 필요가 있다는 법원의 판단보다 우선시킬 뿐만 아니라, 사실상 법원의 구속집행정지결정을 무의미하게 할 수 있는 권한을 검사에게 부여한 것이라는 점에서 헌법 제12조 제3항의 영장주의원칙에 위배된다(헌재 2012. 6. 27. 2011헌가36).

Ⅶ 이유고지 및 통지제도

헌법 제12조
⑤ 누구든지 체포 또는 구속의 이유와 변호인의 조력을 받을 권리가 있음을 고지받지 아니하고는 체포 또는 구속을 당하지 아니한다. 체포 또는 구속을 당한 자의 가족 등 법률이 정하는 자에게는 그 이유와 일시·장소가 지체 없이 통지되어야 한다.

Ⅷ 자백의 증거능력 및 증명력 제한

헌법 제12조
⑦ 피고인의 자백이 고문·폭행·협박·구속의 부당한 장기화 또는 기망 기타의 방법에 의하여 자의로 진술된 것이 아니라고 인정될 때 또는 정식재판에 있어서 피고인의 자백이 그에게 불리한 유일한 증거일 때에는 이를 유죄의 증거로 삼거나 이를 이유로 처벌할 수 없다.

제4항 신체의 자유를 보장하기 위한 형사절차상의 권리

I 체포·구속적부심을 받을 권리

> **헌법 제12조**
> ⑥ 누구든지 체포 또는 구속을 당한 때에는 적부의 심사를 법원에 청구할 권리를 가진다.

1. 의의

체포·구속적부심사제도를 규정하고 있는 현행 헌법 제12조 제6항의 본질적 내용은 당사자가 체포·구속된 원인관계 등에 대한 최종적인 사법적 판단절차와는 별도로 체포·구속 자체에 대한 적부 여부를 법원에 심사 청구할 수 있는 절차를 헌법적 차원에서 보장하는 규정이다(헌재 2004. 3. 25. 2002헌바104).

2. 법적 성격

신체의 자유를 보장하기 위한 방법의 하나로 헌법 제12조 제6항에 규정된 체포·구속적부심사청구권은 원칙적으로 국가기관 등에 대하여 특정한 행위를 요구하거나 국가의 보호를 요구하는 절차적 기본권(청구권적 기본권)이기 때문에, 본질적으로 제도적 보장의 성격을 강하게 띠고 있다(헌재 2004. 3. 25. 2002헌바104).

> **판례**
>
> ▶ **제도적 보장의 성격이 강한 절차적 기본권의 침해 여부에 대한 위헌성심사기준**: 체포·구속적부심사청구권은 헌법적 차원에서 독자적인 시위를 가지고 있기 때문에 입법자가 전반적인 법체계를 통하여 관련자에게 그 구체적인 절차적 권리를 제대로 행사할 수 있는 기회를 최소한 1회 이상 제공하여야 할 의무가 있다. 다만, 본질적으로 제도적 보장의 성격이 강한 절차적 기본권에 관하여는 상대적으로 광범위한 입법형성권이 인정되기 때문에 관련 법률에 대한 위헌성심사를 함에 있어서는 자의금지원칙(恣意禁止原則)이 적용되고 따라서 현저하게 불합리한 절차법규정이 아닌 이상 헌법에 위반된다고 할 수 없다(헌재 2004. 3. 25. 2002헌바104).
>
> ▶ **구속된 피의자가 적부심사청구권을 행사한 다음 검사가 전격기소를 한 경우, 법원으로부터 구속의 헌법적 정당성에 대하여 실질적 심사를 받고자 하는 청구인의 절차적 기회를 제한하는 결과를 가져오는 형사소송법 제214조의2 제1항이 헌법에 합치되는지**(소극): 구속된 피의자가 적부심사청구권을 행사한 경우 검사는 그 적부심사절차에서 피구속자와 대립하는 반대 당사자의 지위만을 가지게 됨에도 불구하고 헌법상 독립된 법관으로부터 심사를 받고자 하는 청구인의 '절차적 기회'가 반대 당사자의 '전격기소'라고 하는 일방적 행위에 의하여 제한되어야 할 합리적인 이유가 없고, 기소이전단계에서 이미 행사된 적부심사청구권의 당부에 대하여 법원으로부터 실질적인 심사를 받을 수 있는 청구인의 절차적 기회를 완전히 박탈하여야 하는 합리적인 근거도 없기 때문에, 입법자는 그 한도 내에서 적부심사청구권의 본질적 내용을 제대로 구현하지 아니하였다고 보아야 한다(헌재 2004. 3. 25. 2002헌바104 헌법불합치).

Ⅱ 고문을 받지 않을 권리

> **헌법 제12조**
> ② 모든 국민은 고문을 받지 아니한다.

Ⅲ 진술거부권

> **헌법 제12조**
> ② 모든 국민은 형사상 자기에게 불리한 진술을 강요당하지 아니한다.

1. 의의

진술거부권이란 피고인 또는 피의자가 수사절차나 공판절차에서 수사기관 또는 법원의 심문에 대하여 진술을 거부할 수 있는 권리를 말한다. 진술거부권은 고문 등 폭행에 의한 강요는 물론 법률로써도 진술을 강요당하지 아니함을 의미한다(헌재 1997. 3. 27. 96헌가11).

2. 취지

헌법이 진술거부권을 국민의 기본적 권리로 보장하는 것은 첫째, 피고인 또는 피의자의 인권을 실체적 진실발견이나 사회정의의 실현이라는 국가이익보다 우선적으로 보호함으로써 인간의 존엄성과 가치를 보장하고, 나아가 비인간적인 자백의 강요와 고문을 근절하려는 데 있고, 둘째, 피고인 또는 피의자와 검사 사이에 무기평등을 도모하여 공정한 재판의 이념을 실현하려는 데 있다(헌재 2005. 12. 22. 2004헌바25).

3. 내용

(1) 주체와 적용 범위

진술거부권은 현재 피의자나 피고인으로서 수사 또는 공판절차에 계속중인 자뿐만 아니라 장차 피의자나 피고인이 될 자에게도 보장된다. 따라서 진술거부권은 형사절차뿐만 아니라 행정절차나 국회에서의 조사절차 등에서도 보장된다(헌재 2005. 12. 22. 2004헌바25).

(2) 적용대상

1) 형사상 자기에게 불리

진술거부권에 있어서 진술이란 형사상 자신에게 불이익이 될 수 있는 진술이므로 범죄의 성립과 양형에서의 불리한 사실 등을 말하는 것이고, 그 진술내용이 자기의 형사책임에 관련되는 것일 것을 전제로 한다(헌재 2014. 9. 25. 2013헌마11).

> **판례**
> ▶ **민사집행법상 재산명시의무를 위반한 채무자에 대하여 법원이 결정으로 20일 이내의 감치에 처하도록 규정한 민사집행법 제68조 제1항이 청구인의 진술거부권을 침해하는지**(소극) : 심판대상조항에 의한 감치는 형사적 제재가 아니라 재산명시의무를 간접강제하기 위한 민사적 성격의 제재이다. 그렇다면 채무자의 재산명시기일에서의 재산목록 작성·제출행위는 형사상 불이익한 진술에 해당한다고 볼 수 없다(헌재 2014. 9. 25. 2013헌마11).

2) 진술

진술거부권의 보호대상이 되는 진술이란 언어적 표출, 즉 개인의 생각이나 지식, 경험사실을 정신작용의 일환인 언어를 통하여 표출하는 것을 의미한다(헌재 2005. 12. 22. 2004헌바25).

> **판례**
>
> ▶ **음주측정불응죄 처벌이 진술거부권을 침해하는지**(소극) : 도로교통법 제41조 제2항에 규정된 음주측정은 호흡측정기에 입을 대고 호흡을 불어 넣음으로써 신체의 물리적, 사실적 상태를 그대로 드러내는 행위에 불과하므로 이를 진술이라 할 수 없다(헌재 1997. 3. 27. 96헌가11).
>
> ▶ **정치자금의 수입과 지출에 관한 내역을 '기재'하게 하는 것이 진술을 강요하는 것인지**(적극) : 정치자금을 받고 지출하는 행위는 당사자가 직접 경험한 사실로서 이를 문자로 기재하도록 하는 것은 당사자가 자신의 경험을 말로 표출한 것의 등가물로 평가할 수 있으므로, 위 조항들이 정하고 있는 기재행위 역시 진술의 범위에 포함된다(헌재 2005. 12. 22. 2004헌바25).
>
> ▶ **정치자금의 수입·지출에 관한 내역을 회계장부에 허위 기재하거나 관할 선거관리위원회에 허위 보고한 정당의 회계책임자를 형사처벌하는 구 정치자금법 제31조 제1호가 진술거부권을 침해하는지**(소극) : 심판대상조항들은 정치자금의 투명성을 확보하여 민주정치의 건전한 발전을 도모하려는 것으로서 입법목적은 정당하고 적절한 수단이다. 정치자금에 관한 사무를 처리하는 선거관리위원회가 모든 정당·후원회·국회의원 등의 모든 정치자금 내역을 파악한다는 것은 불가능에 가까우므로, 불법 정치자금의 수수 내역을 기재하고 이를 신고하는 조항이 없다면 '정치자금의 투명성 확보'라는 정치자금법 본연의 목적을 달성할 수 없게 된다는 점에서 위 조항들의 시행은 정치자금법의 입법목적을 달성하기 위한 필수불가결한 조치라고 할 것이고, 정치자금의 투명한 공개라는 공익은 불법 정치자금을 수수한 사실을 회계장부에 기재하고 신고해야 할 의무를 지키지 않은 채 진술거부권을 주장하는 사익보다 우월하다. 따라서 심판대상조항들은 진술거부권을 침해한다고 할 수 없다(헌재 2005. 12. 22. 2004헌바25).
>
> ▶ **정치자금의 수입·지출에 관한 명세서, 영수증 및 회계장부를 보존하지 않은 정당의 회계책임자를 형사처벌하는 정치자금법 제31조 제6호가 진술거부권을 침해하는지**(소극) : 이 조항이 규정하고 있는 회계장부·명세서·영수증을 보존하는 행위는 진술거부권의 보호대상이 되는 진술, 즉, 언어적 표출의 등가물로 볼 수 없으므로, 위 조항은 헌법 제12조 제2항의 진술거부권을 침해하지 않는다(헌재 2005. 12. 22. 2004헌바25).

(3) 효과

피의자의 진술거부권은 헌법이 보장하는 형사상 자기에 불리한 진술을 강요당하지 않는 자기부죄거부의 권리에 터 잡은 것이므로 수사기관이 피의자를 신문함에 있어서 피의자에게 미리 진술거부권을 고지하지 않은 때에는 그 피의자의 진술은 위법하게 수집된 증거로서 진술의 임의성이 인정되는 경우라도 증거능력이 부인되어야 한다(대판 1992. 6. 23. 92도682).

> **판례**
>
> ▶ **진술거부권이 보장되는 절차에서 진술거부권을 고지받을 권리가 헌법 제12조 제2항에 의하여 도출되는지**(소극) : 진술거부권이 보장되는 절차에서 진술거부권을 고지받을 권리가 헌법 제12조 제2항에 의하여 바로 도출된다고 할 수는 없고, 이를 인정하기 위해서는 입법적 뒷받침이 필요하다(대판 2014. 1. 16. 2013도5441).

Ⅳ 변호인의 조력을 받을 권리

> **헌법 제12조**
> ④ 누구든지 체포 또는 구속을 당한 때에는 즉시 변호인의 조력을 받을 권리를 가진다. 다만, 형사피고인이 스스로 변호인을 구할 수 없을 때에는 법률이 정하는 바에 의하여 국가가 변호인을 붙인다.

1. 의의

변호인의 조력을 받을 권리란 국가권력의 일방적인 형벌권 행사에 대항하여 자신에게 부여된 헌법상·소송법상 권리를 효율적이고 독립적으로 행사하기 위하여 변호인의 도움을 얻을 피의자 및 피고인의 권리를 말한다(헌재 2016. 4. 28. 2015헌마243).

> **판례**
>
> ▶ **변호인의 조력을 받을 권리의 제도적 취지**: 변호인의 조력을 받을 권리는 형사절차에서 피의자 또는 피고인이 검사 등 수사·공소기관과 대립되는 당사자의 지위에서 변호인 또는 변호인이 되려는 자와 사이에 충분한 접견교통에 의하여 피의사실이나 공소사실에 대하여 충분하게 방어할 수 있도록 함으로써 피고인이나 피의자의 인권을 보장하려는 데 그 제도의 취지가 있다(헌재 1998. 8. 27. 96헌마398).

2. 주체

(1) 피의자와 피고인

불구속 피의자의 변호인의 조력을 받을 권리는 우리 헌법에 나타난 법치국가원리, 적법절차원칙에서 인정되는 당연한 내용이고, 헌법 제12조 제4항도 이를 전제로 특히 신체구속을 당한 사람에 대하여 변호인의 조력을 받을 권리의 중요성을 강조하기 위하여 별도로 명시하고 있다(헌재 2004. 9. 23. 2000헌마138).

(2) 수형자

형사절차가 종료되어 교정시설에 수용중인 수형자는 원칙적으로 변호인의 조력을 받을 권리의 주체가 될 수 없다. 다만, 수형자의 경우에도 재심절차 등에는 변호인 선임을 위한 일반적인 교통·통신이 보장될 수도 있다(헌재 1998. 8. 27. 96헌마398).

3. 인정 범위

(1) 구속

우리 헌법은 제헌헌법 이래 신체의 자유를 보장하는 규정을 두었는데, 원래 "구금"이라는 용어를 사용해 오다가 현행 헌법 개정시에 이를 "구속"이라는 용어로 바꾸었다. 현행헌법이 종래의 "구금"을 "구속"으로 바꾼 것은 헌법 제12조에 규정된 신체의 자유의 보장 범위를 구금된 사람뿐 아니라 구인된 사람에게까지 넓히기 위한 것으로 해석하는 것이 타당하다(헌재 2018. 5. 31. 2014헌마346).

(2) 형사절차와 행정절차

헌법 제12조 제4항 본문에 규정된 "구속"은 사법절차에서 이루어진 구속뿐 아니라, 행정절차에서 이루어진 구속까지 포함하는 개념이다. 따라서 헌법 제12조 제4항 본문에 규정된 변호인의 조력을 받을 권리는 행정절차에서 구속을 당한 사람에게도 즉시 보장된다(헌재 2018. 5. 31. 2014헌마346 선례변경).

> **판례**
>
> ▶ 변호사와 접견하는 경우에도 수용자의 접견은 원칙적으로 접촉차단시설이 설치된 장소에서 하도록 규정하고 있는 형집행법 시행령 제58조 제4항이 변호인의 조력을 받을 권리를 제한하는지(소극) : 변호인의 조력을 받을 권리에 대한 헌법과 법률의 규정 및 취지에 비추어 보면, '형사사건에서 변호인의 조력을 받을 권리'를 의미한다고 보아야 할 것이므로 형사절차가 종료되어 교정시설에 수용 중인 수형자나 미결수용자가 형사사건의 변호인이 아닌 민사재판, 행정재판, 헌법재판 등에서 변호사와 접견할 경우에는 원칙적으로 헌법상 변호인의 조력을 받을 권리의 주체가 될 수 없다(헌재 2013. 8. 29. 2011헌마122).
>
> ▶ 수형자인 청구인이 헌법소원 사건의 국선대리인인 변호사를 접견함에 있어서 그 접견내용을 녹음, 기록한 교도소장의 행위가 변호인의 조력을 받을 권리를 침해하는지(소극) : 변호인의 조력을 받을 권리는 '형사사건'에서의 변호인의 조력을 받을 권리를 의미한다. 따라서 수형자가 형사사건의 변호인이 아닌 민사사건, 행정사건, 헌법소원사건 등에서 변호사와 접견할 경우에는 원칙적으로 헌법상 변호인의 조력을 받을 권리의 주체가 될 수 없다 할 것이므로, 이 사건 녹취행위에 의하여 청구인의 변호인의 조력을 받을 권리가 침해되었다고 할 수는 없다(헌재 2013. 9. 26. 2011헌마398).
>
> ▶ 인천국제공항에서 난민인정신청을 하였으나 난민인정심사불회부결정을 받고 인천국제공항 송환대기실에 약 5개월째 수용된 청구인의 변호인 접견신청을 인천공항출입국·외국인청장이 거부한 행위가 청구인에게 보장되는 헌법 제12조 제4항 본문에 의한 변호인의 조력을 받을 권리를 침해한 것인지(적극) : 헌법 제37조 제2항에 따르면 변호인의 조력을 받을 권리는 "법률로써" 제한할 수 있다. 난민법 제6조 제2항 내지 제4항에는 출입국항에서 난민인정신청서를 제출한 사람을 난민인정심사회부 여부가 결정될 때까지 최장 7일의 범위에서 출입국항에 있는 일정한 장소에 머무르도록 할 수 있는 근거규정이 마련되어 있다. 그러나 이 사건 변호인 접견신청 거부는 청구인이 난민인정심사 불회부 결정을 받은 후 5개월째 구속되어 있던 때에 이루어졌으므로 위 난민법 규정의 적용 대상이 아닐뿐더러, 위 규정에도 변호인 접견권의 제한에 관한 내용은 없다. 그 밖에 현행법상 청구인의 변호인조력권 제한의 근거 법률이 없다. 이 사건 변호인 접견신청 거부는 아무런 법률상 근거가 없다. 따라서 이 사건 변호인 접견신청 거부는 청구인의 변호인의 조력을 받을 권리를 침해하므로 헌법에 위반된다(헌재 2018. 5. 31. 2014헌마346).

4. 내용

(1) 변호인 선임권

헌법 제12조 제4항 본문은 체포 또는 구속을 당한 때에 "즉시" 변호인의 조력을 받을 권리를 가진다고 규정함으로써 변호인이 선임되기 이전에도 피의자 등에게 변호인의 조력을 받을 권리가 있음을 분명히 하고 있다. 아직 변호인을 선임하지 않은 피의자 등의 변호인 조력을 받을 권리는 변호인 선임을 통하여 구체화되는데, 피의자 등의 변호인 선임권은 변호인의 조력을 받을 권리의 출발점이자 가장 기초적인 구성부분으로서 법률로써도 제한할 수 없는 권리이다. 따라서 변호인 선임을 위하여 피의자 등이 가지는 '변호인이 되려는 자'와의 접견교통권 역시 헌법상 기본권으로 보호되어야 한다(헌재 2019. 2. 28. 2015헌마1204).

(2) 변호인과의 접견교통권

1) 전제
변호인의 조력은 구속된 자와 변호인의 대화내용에 대하여 비밀이 완전히 보장되고 어떠한 제한, 영향, 압력 또는 부당한 간섭없이 자유롭게 대화할 수 있는 접견을 통하여서만 가능하고 이러한 자유로운 접견은 구속된 자와 변호인의 접견에 교도관이나 수사관 등 관계공무원의 참여가 없어야 가능할 것이다(헌재 1992. 1. 28. 91헌마111).

2) 내용
변호인 등은 구속된 자와의 접견교통에 의하여 그에게 피의사실이나 공소사실의 의미와 진술거부권 등의 중요성 및 행사방법을 인식시키며 자백강요나 고문 등에 대한 적절한 대응방법을 가르쳐 허위자백을 하지 않도록 권고하고 피의자로부터 수사기관의 부당한 조사 유무를 수시로 확인할 수 있다(헌재 1995. 7. 21. 92헌마144).

3) 제한
변호인과의 자유로운 접견은 신체구속을 당한 사람에게 보장된 변호인의 조력을 받을 권리의 가장 중요한 내용이어서 국가안전보장・질서유지 또는 공공복리 등 어떠한 명분으로도 제한될 수 있는 성질의 것이 아니라고 할 것이나, 이는 구속된 자와 변호인 간의 접견이 실제로 이루어지는 경우에 있어서의 '자유로운 접견', 즉 '대화내용에 대하여 비밀이 완전히 보장되고 어떠한 제한, 영향, 압력 또는 부당한 간섭 없이 자유롭게 대화할 수 있는 접견'을 제한할 수 없다는 것이지, 변호인과의 접견 자체에 대해 아무런 제한도 가할 수 없다는 것을 의미하는 것은 아니다(헌재 2011. 5. 26. 2009헌마341).

즉, 변호인의 조력을 받을 권리 역시 다른 모든 헌법상 기본권과 마찬가지로 국가안전보장・질서유지 또는 공공복리를 위하여 필요한 경우에는 법률로써 제한할 수 있는 것이며, 변호인의 조력을 받을 권리의 내용 중 하나인 변호인과의 접견교통권 역시 국가안전보장・질서유지 또는 공공복리를 위해 필요한 경우에는 법률로써 제한될 수 있다(헌재 2016. 4. 28. 2015헌마243).

> **판례**
>
> ▶ **미결수용자 또는 변호인이 원하는 특정한 시점의 접견 불허가 변호인의 조력을 받을 권리를 침해하는지**(소극) : 미결수용자 또는 변호인이 원하는 특정한 시점에 접견이 이루어지지 못하였다 하더라도 그것만으로 곧바로 변호인의 조력을 받을 권리가 침해되었다고 단정할 수는 없는 것이고, 변호인의 조력을 받을 권리가 침해되었다고 하기 위해서는 접견이 불허된 특정한 시점을 전후한 수사 또는 재판의 진행 경과에 비추어 보아, 그 시점에 접견이 불허됨으로써 피의자 또는 피고인의 방어권 행사에 어느 정도는 불이익이 초래되었다고 인정할 수 있어야만 한다(헌재 2011. 5. 26. 2009헌마341).
>
> ▶ **미결수용자와 변호인 사이의 서신을 검열한 행위가 헌법에 위반되는지**(적극) : 헌법 제12조 제4항 본문은 신체구속을 당한 사람에 대하여 변호인의 조력을 받을 권리를 규정하고 있는바, 이를 위하여서는 신체구속을 당한 사람에게 변호인과 사이의 충분한 접견교통을 허용함은 물론 교통내용에 대하여 비밀이 보장되고 부당한 간섭이 없어야 하는 것이며, 이러한 취지는 접견의 경우뿐만 아니라 변호인과 미결수용자 사이의 서신에도 적용되어 그 비밀이 보장되어야 할 것이다(헌재 1995. 7. 21. 92헌마144).

▶ **구치소장이 변호인접견실에 CCTV를 설치하여 미결수용자와 변호인 간의 접견을 관찰한 행위가 변호인의 조력을 받을 권리를 침해하는지**(소극) : 이 사건 CCTV 관찰행위는 금지물품의 수수나 교정사고를 방지하거나 이에 적절하게 대처하기 위한 것으로 교도관의 육안에 의한 시선계호를 CCTV 장비에 의한 시선계호로 대체한 것에 불과하므로 그 목적의 정당성과 수단의 적합성이 인정된다. 금지물품의 수수를 적발하거나 교정사고를 효과적으로 방지하고 교정사고가 발생하였을 때 신속하게 대응하기 위하여는 CCTV를 통해 관찰하는 방법 외에 더 효과적인 다른 방법을 찾기 어려운 점 등에 비추어 보면, 이 사건 CCTV 관찰행위는 그 목적을 달성하기 위하여 필요한 범위 내의 제한으로 침해의 최소성을 갖추었다. CCTV 관찰행위로 침해되는 법익은 변호인접견 내용의 비밀이 폭로될 수 있다는 막연한 추측과 감시받고 있다는 심리적인 불안 내지 위축으로 법익의 침해가 현실적이고 구체화되어 있다고 보기 어려운 반면, 이를 통하여 구치소 내의 수용질서 및 규율을 유지하고 교정사고를 방지하고자 하는 것은 교정시설의 운영에 꼭 필요하고 중요한 공익이므로, 법익의 균형성도 갖추었다(헌재 2016. 4. 28. 2015헌마243).

▶ **교도관이 미결수용자와 변호인 간에 주고받는 서류를 확인하고, 소송관계서류처리부에 그 제목을 기재하여 등재한 행위가 변호인의 조력을 받을 권리를 침해하는지**(소극) : 미결수용자와 변호인 간에 주고받는 서류를 확인하고 이를 소송관계서류처리부에 등재하는 행위는 미결수용자의 변호인 접견교통권을 제한하는 행위이다. 이 사건 서류 확인 및 등재행위는 구금시설의 안전과 질서를 유지하고, 금지물품이 외부로부터 반입 또는 외부로 반출되는 것을 차단하기 위한 것으로서 그 목적이 정당하고, 적절한 수단이다. 서류확인 및 등재는 변호인 접견이 종료된 뒤 이루어지고, 교도관은 변호인과 미결수용자가 지켜보는 가운데 서류를 확인하여 그 제목 등을 소송관계처리부에 기재하여 등재하므로 내용에 대한 검열이 이루어질 수도 없는 점에 비추어 보면 침해의 최소성 요건을 갖추었고, 달성하고자 하는 공익과 제한되는 청구인의 사익 간에 불균형이 발생한다고 볼 수 없으므로 법익의 균형성도 갖추었다(헌재 2016. 4. 28. 2015헌마243).

▶ **교도소장이 금지물품 동봉 여부를 확인하기 위하여 미결수용자와 같은 지위에 있는 수형자의 변호인이 위 수형자에게 보낸 서신을 개봉한 후 교부한 행위가 위 수형자가 변호인의 조력을 받을 권리를 침해하는지**(소극) : 수용자에게 변호인이 보낸 형사소송관련 서신이라는 이유만으로 금지물품 확인 과정 없이 서신이 무분별하게 교정시설 내에 들어오게 된다면, 이를 악용하여 마약·담배 등 금지물품의 반입 등이 이루어질 가능성을 배제하기 어렵다. 금지물품을 확인할 뿐 변호인이 보낸 서신 내용의 열람·지득 등 검열을 하는 것이 아니어서, 이 사건 서신개봉행위로 인하여 미결수용자와 같은 지위에 있는 수형자가 새로운 형사사건 및 형사재판에서 방어권행사에 불이익이 있었다거나 그 불이익이 예상된다고 보기도 어렵다. 이 사건 서신개봉행위와 같이 금지물품이 들어 있는지를 확인하기 위하여 서신을 개봉하는 것만으로는 미결수용자와 같은 지위에 있는 수형자가 변호인의 조력을 받을 권리를 침해하지 아니한다(헌재 2021. 10. 28. 2019헌마973).

▶ **미결수용자와 변호인이 아닌 자 사이의 서신을 검열한 행위가 헌법에 위반되는지**(소극) : 미결수용자는 구속제도 자체가 가지고 있는 일면의 작용인 사회적 격리의 점에 있어 외부와의 자유로운 교통과는 상반되는 성질을 가지고 있으므로, 증거인멸이나 도망을 예방하고 교도소 내의 질서를 유지하여 미결구금제도를 실효성 있게 운영하고 일반사회의 불안을 방지하기 위하여 미결수용자의 서신에 대한 검열은 그 필요성이 인정된다고 할 것이고, 이로 인하여 미결수용자의 통신의 비밀이 일부제한되는 것은 질서유지 또는 공공복리라는 정당한 목적을 위하여 불가피할 뿐만 아니라 유효적절한 방법에 의한 최소한의 제한으로서 헌법에 위반된다고 할 수 없다(헌재 1995. 7. 21. 92헌마144).

> ▶ **수형자의 서신을 검열하는 것이 수형자의 통신의 자유 등 기본권을 침해하는 것인지**(소극) : 수형자의 교화·갱생을 위하여 서신수발의 자유를 허용하는 것이 필요하다고 하더라도, 구금시설은 다수의 수형자를 집단으로 관리하는 시설로서 규율과 질서유지가 필요하므로 수형자의 서신수발의 자유에는 내재적 한계가 있고, 구금의 목적을 달성하기 위하여 수형자의 서신에 대한 검열은 불가피하다. 현행법령과 제도하에서 수형자가 수발하는 서신에 대한 검열로 인하여 수형자의 통신의 비밀이 일부 제한되는 것은 국가안전보장·질서유지 또는 공공복리라는 정당한 목적을 위하여 부득이할 뿐만 아니라 유효적절한 방법에 의한 최소한의 제한이며 통신의 자유의 본질적 내용을 침해하는 것이 아니다(헌재 1998. 8. 27. 96헌마398).

(3) 변호인과 상담하고 조언을 구할 권리

피의자·피고인의 구속 여부를 불문하고 조언과 상담을 통하여 이루어지는 변호인의 조력자로서의 역할은 변호인 선임권과 마찬가지로 변호인의 조력을 받을 권리의 내용 중 가장 핵심적인 것이고, 변호인과 상담하고 조언을 구할 권리는 변호인의 조력을 받을 권리의 내용 중 구체적인 입법형성이 필요한 다른 절차적 권리의 필수적인 전제요건으로서 변호인의 조력을 받을 권리 그 자체에서 막바로 도출되는 것이다(헌재 2004. 9. 23. 2000헌마138).

(4) 피의자신문 시 변호인 참여 요구권

불구속 피의자나 피고인의 경우 형사소송법상 특별한 명문의 규정이 없더라도 스스로 선임한 변호인의 조력을 받기 위하여 변호인을 옆에 두고 조언과 상담을 구하는 것은 수사절차의 개시에서부터 재판절차의 종료에 이르기까지 언제나 가능하다. 따라서 불구속 피의자가 피의자신문시 변호인의 조언과 상담을 원한다면, 위법한 조력의 우려가 있어 이를 제한하는 다른 규정이 있고 그가 이에 해당한다고 하지 않는 한 수사기관은 피의자의 위 요구를 거절할 수 없다(헌재 2004. 9. 23. 2000헌마138).

(5) 수사기록 열람·등사신청권

변호인의 조력을 받을 권리는 변호인과의 자유로운 접견교통권에 그치지 아니하고 변호인을 통하여 수사서류를 포함한 소송관계 서류를 열람·등사하고 이에 대한 검토결과를 토대로 공격과 방어의 준비를 할 수 있는 권리도 포함된다고 보아야 할 것이므로 변호인의 수사기록 열람·등사에 대한 지나친 제한은 피고인에게 보장된 변호인의 조력을 받을 권리를 침해하는 것이다(헌재 1997. 11. 27. 94헌마60).

> **판례**
>
> ▶ **법원의 수사서류 열람·등사 허용 결정에도 불구하고 검사가 해당 수사서류의 등사를 거부한 행위가 청구인들의 신속하고 공정한 재판을 받을 권리 및 변호인의 조력을 받을 권리를 침해하는지**(적극) : 피청구인은 법원의 수사서류 열람·등사 허용 결정 이후 해당 수사서류에 대한 열람은 허용하고 등사만을 거부하였는데, 변호인이 수사서류를 열람은 하였지만 등사가 허용되지 않는다면, 변호인은 형사소송절차에서 청구인들에게 유리한 수사서류의 내용을 법원에 현출할 수 있는 방법이 없어 불리한 지위에 놓이게 되고, 그 결과 청구인들을 충분히 조력할 수 없음이 명백하므로, 피청구인이 수사서류에 대한 등사만을 거부하였다 하더라도 청구인들의 신속·공정한 재판을 받을 권리 및 변호인의 조력을 받을 권리가 침해되었다고 보아야 한다(헌재 2017. 12. 28. 2015헌마632).

▶ **별건으로 공소제기 후 확정되어 검사가 보관하고 있는 서류에 대하여 법원의 열람·등사 허용 결정이 있었음에도 검사가 청구인에 대한 형사사건과의 관련성을 부정하면서 해당 서류의 열람·등사를 허용하지 아니한 행위가 청구인의 신속하고 공정한 재판을 받을 권리 및 변호인의 조력을 받을 권리를 침해하는지**(적극) : 법원이 검사의 열람·등사 거부처분에 정당한 사유가 없다고 판단하고 그러한 거부처분이 피고인의 헌법상 기본권을 침해한다는 취지에서 수사서류의 열람·등사를 허용하도록 명한 이상, 법치국가와 권력분립의 원칙상 검사로서는 당연히 법원의 그러한 결정에 지체 없이 따라야 하며, 이는 별건으로 공소제기되어 확정된 관련 형사사건 기록에 관한 경우에도 마찬가지이다. 그렇다면 피청구인의 이 사건 거부행위는 청구인의 신속·공정한 재판을 받을 권리 및 변호인의 조력을 받을 권리를 침해한다(헌재 2022. 6. 30. 2019헌마356).

(6) 국선변호인의 조력을 받을 권리

형사피고인이 스스로 변호인을 구할 수 없을 때에는 법률이 정하는 바에 의하여 국가가 변호인을 붙인다(헌법 제12조 제4항 단서). 헌법 제12조 제4항 본문과 단서의 논리적 관계를 고려할 때 '국선변호인의 조력을 받을 권리'는 피의자가 아닌 피고인에게만 보장되는 기본권이다(헌재 2023. 2. 23. 2020헌마1030).

5. 변호인의 변호권

(1) 법적 성격

피의자 및 피고인을 조력할 변호인의 권리 중 그것이 보장되지 않으면 그들이 변호인의 조력을 받는다는 것이 유명무실하게 되는 핵심적인 부분은 헌법상 기본권인 피의자 및 피고인이 가지는 변호인의 조력을 받을 권리와 표리의 관계에 있다. 따라서 피의자 및 피고인이 가지는 변호인의 조력을 받을 권리가 실질적으로 확보되기 위해서는 피의자 및 피고인에 대한 변호인의 조력할 권리의 핵심적인 부분은 헌법상 기본권으로서 보호되어야 한다(헌재 2017. 11. 30. 2016헌마503).

(2) 내용

1) 변호인이 되려는 자의 접견교통권

변호인이 되려는 자의 접견교통권은 피의자 등을 조력하기 위한 핵심적인 권리로서, 피의자 등이 가지는 변호인이 되려는 자의 조력을 받을 권리가 실질적으로 확보되기 위하여 헌법상 기본권으로서 보장되어야 한다(헌재 2019. 2. 28. 2015헌마1204).

▶ **청구인이 '변호인이 되려는 자'의 자격으로 피의자 접견 신청을 하였음에도 이를 허용하기 위한 조치를 취하지 않은 검사의 행위가 헌법상 기본권인 청구인의 접견교통권을 침해하였는지**(적극) : 헌법이나 형사소송법은 피의자신문 중 변호인 등의 접견신청이 있는 경우 이를 제한하거나 거부할 수 있는 규정을 두고 있지 아니한 점 등을 종합해 볼 때, 청구인의 피의자에 대한 접견신청은 '변호인이 되려는 자'에게 보장된 접견교통권의 행사 범위 내에서 이루어진 것이고, 검사의 접견불허행위는 헌법이나 법률의 근거 없이 제한한 것이므로 청구인의 접견교통권을 침해하였다(헌재 2019. 2. 28. 2015헌마1204).

2) 고소장과 피의자신문조서에 대한 열람·등사권

고소로 시작된 형사피의사건의 구속적부심절차에서 피구속자의 변호를 맡은 변호인으로서는 피구속자에 대한 고소장과 경찰의 피의자신문조서를 열람하여 그 내용을 제대로 파악하지 못한다면 피구속자가 무슨 혐의로 고소인의 공격을 받고 있는 것인지 그리고 이와 관련하여 피구속자가 수사기관에서 무엇이라고 진술하였는지 그리고 어느 점에서 수사기관 등이 구속사유가 있다고 보았는지 등을 제대로 파악할 수 없게 되고 그 결과 구속적부심절차에서 피구속자를 충분히 조력할 수 없음이 사리상 명백하므로 위 서류들의 열람은 피구속자를 충분히 조력하기 위하여 변호인에게 반드시 보장되지 않으면 안 되는 핵심적 권리이다(헌재 2003. 3. 27. 2000헌마474).

3) 피의자신문에 참여할 권리

변호인이 피의자신문에 자유롭게 참여할 수 있는 권리는 피의자가 가지는 변호인의 조력을 받을 권리를 실현하는 수단이라고 할 수 있으므로 헌법상 기본권인 변호인의 변호권으로서 보호되어야 한다(헌재 2017. 11. 30. 2016헌마503).

> **판례**
>
> ▶ **검찰수사관이 피의자신문에 참여한 변호인인 청구인에게 피의자 후방에 앉으라고 요구한 행위가 변호인인 청구인의 변호권을 침해하는지**(적극): 피의자신문에 참여한 변호인이 피의자 옆에 앉는다고 하여 피의자 뒤에 앉는 경우보다 수사를 방해할 가능성이 높아진다거나 수사기밀을 유출할 가능성이 높아진다고 볼 수 없으므로, 후방착석요구행위의 목적의 정당성과 수단의 적절성을 인정할 수 없다. 한편 변호인의 수사방해나 수사기밀의 유출에 대한 우려가 없고, 조사실의 장소적 제약 등과 같이 후방착석요구행위를 정당화할 그 외의 특별한 사정도 없으므로, 후방착석요구행위는 침해의 최소성 요건을 충족하지 못한다. 그리고 후방착석요구행위로 얻어질 공익보다는 변호인의 피의자신문참여권 제한에 따른 불이익의 정도가 크므로, 법익의 균형성 요건도 충족하지 못한다. 따라서 이 사건 후방착석요구행위는 변호인인 청구인의 변호권을 침해한다(헌재 2017. 11. 30. 2016헌마503).

제5항 신체의 자유의 제한

헌법 제37조 제2항은 기본권 제한에 관한 일반적 법률유보조항과 입법권의 한계를 설정하여 두고 있다. 따라서 법률에 의하여 신체의 자유를 제한하는 구속이 가능하다고 하더라도 이는 국가안전보장, 질서유지, 공공복리 등의 목적이 있는 경우에 한하며, 이때에도 신체의 자유의 본질적인 내용을 침해하면 안 될 뿐만 아니라 입법권자의 입법재량에 있어서 지켜야 할 비례의 원칙 내지는 과잉입법금지의 원칙에 위배되어서는 안 된다는 것을 명시하여 기본권의 제한 입법에는 그 한계가 있다는 것을 선언하고 있다(헌재 1992. 12. 24. 92헌가8).

판례

▶ **보호의무자 2인의 동의와 정신건강의학과 전문의 1인의 진단으로 정신질환자에 대한 보호입원이 가능하도록 한 정신보건법 제24조 제1항 및 제2항이 신체의 자유를 침해하는지**(적극) : 현행 보호입원 제도가 입원치료·요양을 받을 정도의 정신질환이 어떤 것인지에 대해서는 구체적인 기준을 제시하지 않고 있는 점, 보호의무자 2인의 동의를 보호입원의 요건으로 하면서 보호의무자와 정신질환자 사이의 이해충돌을 적절히 예방하지 못하고 있는 점, 입원의 필요성이 인정되는지 여부에 대한 판단권한을 정신과전문의 1인에게 전적으로 부여함으로써 그의 자의적 판단 또는 권한의 남용 가능성을 배제하지 못하고 있는 점 등을 종합하면, 심판대상조항은 침해의 최소성 원칙에 위배된다. 심판대상조항이 정신질환자를 신속·적정하게 치료하고, 정신질환자 본인과 사회의 안전을 도모한다는 공익을 위한 것임은 인정되나, 정신질환자의 신체의 자유 침해를 최소화할 수 있는 적절한 방안을 마련하지 아니함으로써 지나치게 기본권을 제한하고 있다. 따라서 심판대상조항은 법익의 균형성 요건도 충족하지 못한다(헌재 2016. 9. 29. 2014헌가9 헌법불합치).

▶ **외국에서 형의 전부 또는 일부의 집행을 받은 자에 대하여 형을 감경 또는 면제할 수 있도록 규정한 형법 제7조가 신체의 자유를 침해하는지**(적극) : 외국에서 실제로 형의 집행을 받았음에도 불구하고 우리 형법에 의한 처벌 시 이를 전혀 고려하지 않는다면 신체의 자유에 대한 과도한 제한이 될 수 있으므로 그와 같은 사정은 어느 범위에서든 반드시 반영되어야 하고, 이러한 점에서 입법형성권의 범위는 다소 축소될 수 있다. 입법자는 국가 형벌권의 실현과 국민의 기본권 보장의 요구를 조화시키기 위하여 형을 필요적으로 감면하거나 외국에서 집행된 형의 전부 또는 일부를 필요적으로 산입하는 등의 방법을 선택하여 청구인의 신체의 자유를 덜 침해할 수 있음에도, 우리 형법에 의한 처벌 시 외국에서 받은 형의 집행을 전혀 반영하지 아니할 수도 있도록 한 것은 과잉금지원칙에 위배되어 신체의 자유를 침해한다(헌재 2015. 5. 28. 2013헌바129 헌법불합치).

▶ **전투경찰순경에 대한 징계처분으로 영창을 규정하고 있는 구 전투경찰대 설치법 제5조 제1항, 제2항이 과잉금지원칙에 위배되어 전투경찰순경의 신체의 자유를 침해하는지**(소극) : 전투경찰순경 등 관리규칙에서는 '경찰공무원 징계령'과 '경찰공무원 징계양정 등에 관한 규칙'을 준용하도록 하여 의무위반 행위의 유형·정도, 과실의 경중, 평소의 행실, 근무성적, 공적, 뉘우치는 정도 또는 그 밖의 정상을 참작하도록 하므로, 복무규율 위반의 정도와 책임에 상응하는 징계처분을 할 수 있는 기준이 마련되어 있어 영창처분의 남용 가능성이 크다고 볼 수도 없으므로 침해의 최소성 원칙에 위배된다고 볼 수 없다. 전투경찰순경의 복무기강을 엄정히 하고 단체적 전투력과 작전수행의 원활함 및 신속함을 달성하고자 하는 공익은 영창처분으로 인하여 전투경찰순경이 받게 되는 일정기간 동안의 신체의 자유 제한 정도에 비해 결코 작다고 볼 수 없으므로 법익의 균형성 원칙도 충족하였다(헌재 2016. 3. 31. 2013헌바190).

▶ **병(兵)에 대한 징계처분으로 일정기간 부대나 함정 내의 영창, 그 밖의 구금장소에 감금하는 영창처분이 가능하도록 규정한 구 군인사법 제57조 제2항 중 '영창'에 관한 부분이 과잉금지원칙에 반하여 신체의 자유를 침해하는지**(적극) : 심판대상조항에 의한 영창처분은 징계처분임에도 불구하고 신분상 불이익 외에 신체의 자유를 박탈하는 것까지 그 내용으로 삼고 있어 징계의 한계를 초과한 점, 영창처분이 가능한 징계사유는 지나치게 포괄적이고 기준이 불명확하여 영창처분의 보충성이 담보되고 있지 아니한 점, 심판대상조항은 징계위원회의 심의·의결과 인권담당 군법무관의 적법성 심사를 거치지만, 모두 징계권자의 부대 또는 기관에 설치되거나 소속된 것으로, 형사절차에 견줄만한 중립적이고 객관적인 절차라고 보기 어려운 점 등에 비추어 심판대상조항은 침해의 최소성 원칙에 어긋난다. 또한 군대 내 지휘명령체계를 확립하고 전투력을 제고한다는 공익은 매우 중요한 공익이나, 심판대상조항으로 과도하게 제한되는 병의 신체의 자유가 위 공익에 비하여 결코 가볍다고 볼 수 없어, 심판대상조항은 법익의 균형성 요건도 충족하지 못한다(헌재 2020. 9. 24. 2017헌바157).

▶ **치료감호기간의 상한을 정하지 아니한 사회보호법 조항이 신체의 자유를 침해하는지**(소극) : 치료감호의 기간을 미리 법정하지 않고 재범의 위험성이 제거될 정도에 이르기까지 피치료감호자를 계속 수용하여 치료할 수 있도록 하는 것은 정신장애자의 개선 및 재활과 사회의 안전에 모두 도움이 되고 이로서 달성되는 사회적 공익은 상당히 크다. 한편, 피치료감호자는 계속적인 치료감호를 통하여 정신장애로부터의 회복을 기대할 수 있는 이익도 있을 뿐만 아니라, 가종료, 치료위탁 등 법적 절차를 통하여 장기수용의 폐단으로부터 벗어날 수도 있으므로, 치료감호에 기간을 정하지 아니함으로 말미암아 초래될 수 있는 사익의 침해는 그로써 얻게 되는 공익에 비하여 크다고 볼 수 없다(헌재 2005. 2. 3. 2003헌바1).

▶ **'감염병의 예방 및 관리에 관한 법률' 제49조 제1항 제14호에 따라 감염병의심자를 적당한 장소에 일정한 기간 격리시키는 조치를 위반한 자를 1년 이하의 징역 또는 1천만 원 이하의 벌금에 처한다고 규정한 '감염병의 예방 및 관리에 관한 법률' 제79조의3 제5호 부분이 과잉금지원칙에 반하여 신체의 자유를 침해하는지**(소극) : 심판대상조항을 통해 격리 조치의 위반행위를 처벌하지 않고 이를 방치한다면, 감염병의심자가 격리 조치를 준수하지 아니하고 여러 사람들과 접촉함으로써 감염병이 걷잡을 수 없이 급속하게 확산될 우려가 있다. 한편 형벌이 아닌 과태료 등을 부과하는 방안이나 개별적인 사정에 근거해 가벌대상을 달리 하는 방안 등은 심판대상조항과 동일한 정도로 입법목적을 달성할 수 있는 실효적 대안이라고 볼 수 없다. 이상의 사정들을 종합하여 보면, 심판대상조항이 과잉금지원칙에 위반되어 신체의 자유를 침해한다고 볼 수 없다(헌재 2025. 4. 10. 2021헌바329).

▶ **정신성적 장애인을 치료감호시설에 수용하는 기간은 15년을 초과할 수 없다고 규정한 구 치료감호법 제16조 제2항 제1호 부분이 청구인의 신체의 자유를 침해하는지**(소극) : 정신성적 장애는 그 증상이나 정도, 치료의 방법 등에 따라 치료의 종료 시기가 달라질 수 있으므로 이를 일률적으로 예측하기 어렵고, 그에 따른 재범의 위험성 소멸시기를 예측하는 것도 어려우므로 정신성적 장애인에 대한 치료감호는 그 본질상 집행단계에서 기간을 확정할 수밖에 없다. 구 치료감호법은 치료의 경과 및 재범의 위험성의 소멸 정도에 따라 기간 만료 전에도 가종료나 종료 결정에 의해 치료감호소를 퇴소할 수 있도록 하는 등 구체적·개별적 사안마다 치료감호시설의 수용 계속 여부를 적절하게 심사·결정할 수 있는 장치를 마련하여 기본권 제한을 최소화하고 있다. 따라서 치료감호기간 조항은 과잉금지원칙을 위반하여 청구인의 신체의 자유를 침해하지 않는다(헌재 2017. 4. 27. 2016헌바452).

▶ **알코올 중독 등의 증상이 있는 자에 대한 치료감호기간의 상한을 2년으로 정하고 있는 치료감호법 제16조 제2항 제2호가 청구인의 신체의 자유를 침해하는지**(소극) : 알코올 중독 등의 증상은 그 치료시기를 예측하기 어렵다는 점 등을 고려하여 치료감호기간의 상한을 2년으로 정해 놓은 것으로 그 목적의 정당성 및 수단의 적절성이 인정되고, 치료감호법은 알코올 중독자 등에 대한 치료감호기간의 상한을 2년으로 하면서도, 치료감호와 형이 병과된 경우에는 치료감호를 먼저 집행하고 치료감호의 집행기간은 형 집행기간에 포함되도록 하고 있으며, 위 기간 만료 전에라도 치료감호심의위원회의 치료감호 가종료 또는 종료 결정에 의해 치료감호소를 퇴소할 수 있도록 하는 장치를 갖춤으로써 기본권 침해를 최소화하고 있다. 따라서 위 법률조항이 청구인의 신체의 자유를 침해한다고 할 수 없다(헌재 2012. 12. 27. 2011헌마276).

제2절 사생활의 자유

제1항 사생활의 비밀과 자유

> **헌법 제17조**
> 모든 국민은 사생활의 비밀과 자유를 침해받지 아니한다.

> **참고**
> ▶ **헌정사**: 사생활의 자유는 제5공화국 헌법(1980년 헌법)에서 도입

I 사생활의 비밀과 자유의 의의

1. 개념

사생활의 비밀은 국가가 사생활영역을 들여다보는 것에 대한 보호를 제공하는 기본권이며, 사생활의 자유는 국가가 사생활의 자유로운 형성을 방해하거나 금지하는 것에 대한 보호를 의미한다(헌재 2009. 10. 29. 2007헌마667).

2. 보호영역

사생활의 비밀과 자유가 보호하는 것은 개인의 내밀한 내용의 비밀을 유지할 권리, 개인이 자신의 사생활의 불가침을 보장받을 수 있는 권리, 개인이 양심영역이나 성적 영역과 같은 내밀한 영역에 대한 보호, 인격적인 감정세계의 존중을 받을 권리와 정신적인 내면생활이 침해받지 아니할 권리 등이다(헌재 2009. 10. 29. 2007헌마667).

> **판례**
>
> ▶ **사생활의 비밀**: 헌법 제17조에서 보장하는 사생활의 비밀이란 사생활에 관한 사항으로 일반인에게 아직 알려지지 아니하고 일반인의 감수성을 기준으로 할 때 공개를 원하지 않을 사항을 말한다. 감시, 도청, 비밀녹음, 비밀촬영 등에 의해 다른 사람의 사생활의 비밀을 탐지하거나 사생활의 평온을 침입하는 행위, 사적 사항의 무단 공개 등은 타인의 사생활의 비밀과 자유의 불가침을 해하는 것이다(헌재 2018. 8. 30. 2016헌마263).
>
> ▶ **사생활의 비밀과 자유의 보호영역**: 헌법 제17조가 보호하고자 하는 기본권은 사생활영역의 자유로운 형성과 비밀유지라고 할 것이며, 공적인 영역의 활동은 다른 기본권에 의한 보호는 별론으로 하고 사생활의 비밀과 자유가 보호하는 것은 아니다(헌재 2003. 10. 30. 2002헌마518).
>
> ▶ **인터넷언론사의 공개된 게시판·대화방에서 정당·후보자에 대한 지지·반대의 글을 게시하는 행위**(소극): 인터넷언론사의 공개된 게시판·대화방에서 스스로의 의사에 의하여 정당·후보자에 대한 지지·반대의 글을 게시하는 행위는 정당·후보자에 대한 단순한 의견 등의 표현행위에 불과하여 양심의 자유나 사생활 비밀의 자유에 의하여 보호되는 영역이라고 할 수 없다(헌재 2010. 2. 25. 2008헌마324).

Ⅱ 사생활의 비밀과 자유의 법적 성격

헌법 제17조는 사생활의 비밀과 자유를 규정하고 있는바, 이는 개인의 사생활 활동이 타인으로부터 침해되거나 사생활이 함부로 공개되지 아니할 '소극적인 권리'는 물론, 오늘날 고도로 정보화된 현대사회에서 자신에 대한 정보를 자율적으로 통제할 수 있는 '적극적인 권리'까지도 보장하려는 데에 그 취지가 있는 것으로 해석된다(대판 1998. 7. 24. 96다42789).

Ⅲ 사생활의 비밀과 자유의 내용

1. 사생활의 자유의 불가침

사생활의 자유란 사회공동체의 일반적인 생활규범의 범위 내에서 사생활을 자유롭게 형성해 나가고 그 설계 및 내용에 대해서 외부로부터의 간섭을 받지 아니할 권리를 말한다(헌재 2001. 8. 30. 99헌바92).

2. 사생활의 비밀의 불가침

사생활의 비밀이란 사생활과 관련된 사사로운 자신만의 영역이 본인의 의사에 반해서 타인에게 알려지지 않도록 할 수 있는 권리를 말한다(헌재 2001. 8. 30. 99헌바92).

> **판례**
>
> ▶ **4급 이상 공무원들의 병역 면제사유인 질병명을 관보와 인터넷을 통해 공개하도록 하는 것이 사생활의 비밀과 자유를 침해하는지**(적극) : 이 사건 법률조항은 공개 시 인격이나 사생활의 심각한 침해를 초래할 수 있는 질병이나 심신장애내용까지도 예외 없이 공개함으로써 신고의무자인 공무원의 사생활의 비밀을 심각하게 침해하고 있다. 우리 현실에 비추어 질병명 공개와 같은 처방을 통한 병역풍토의 쇄신이 필요하다 하더라도 특별한 책임과 희생을 추궁할 수 있는 소수 사회지도층에 국한하여야 할 것이다. 결론적으로, 이 사건 법률조항이 공적 관심의 정도가 약한 4급 이상의 공무원들까지 대상으로 삼아 모든 질병명을 아무런 예외 없이 공개토록 한 것은 입법목적 실현에 치중한 나머지 사생활 보호의 헌법적 요청을 현저히 무시한 것이고, 이로 인하여 청구인들을 비롯한 해당 공무원들의 헌법 제17조가 보장하는 기본권인 사생활의 비밀과 자유를 침해하는 것이다(헌재 2007. 5. 31. 2005헌마1139 헌법불합치).
>
> ▶ **'금융감독원의 4급 이상 직원에 대하여 공직자윤리법상 재산등록의무'를 부과하는 공직자윤리법 제3조 제1항 제13호 부분이 청구인들의 사생활의 비밀과 자유를 침해하는지**(소극) : 재산등록 조항은 금융감독원 직원의 비리유혹을 억제하고 업무 집행의 투명성 및 청렴성을 확보하기 위한 것으로 입법목적이 정당하고, 적절한 수단이다. 재산등록제도는 재산공개제도와 구별되는 것이고, 재산등록사항의 누설 및 목적 외 사용금지 등 재산등록사항이 외부에 알려지지 않도록 보호하는 조치가 마련되어 있다. 재산등록 조항에 의하여 제한되는 사생활 영역은 재산관계에 한정됨에 비하여 이를 통해 달성할 수 있는 공익은 금융감독원 업무의 투명성 및 책임성 확보 등으로 중대하므로 법익균형성도 충족하고 있다. 따라서 이 사건 재산등록 조항은 청구인들의 사생활의 비밀과 자유를 침해하지 아니한다(헌재 2014. 6. 26. 2012헌마331).

▶ **경찰공무원에게 재산등록의무를 부과하고 있는 공직자윤리법 시행령 조항이 사생활의 비밀과 자유를 침해하는지**(소극): 이 사건 시행령 조항은 경찰공무원에게 재산등록 의무를 부과함으로써 경찰공무원의 청렴성을 확보하고자 하는 것이므로 그 목적의 정당성과 수단의 적정성이 인정되고, 등록되는 재산사항의 범위가 한정적인 점, 직계존비속이 재산사항의 고지를 거부할 수 있는 점 및 등록된 재산사항의 유출 방지를 위한 여러 형벌적 조치가 존재하는 점 등을 종합하여 보면 이 사건 시행령조항은 청구인의 사생활의 비밀과 자유의 제한을 최소화하도록 규정하고 있다. 또한 이 사건 시행령조항이 달성하려는 공익은 경찰공무원의 비리유혹을 억제하고 공무집행의 투명성을 확보하여 궁극적으로 국민의 봉사자로서 경찰공무원의 책임성을 확보하는 것이므로 기본권 제한의 법익균형성을 상실하였다고 볼 수 없어, 결국 이 사건 시행령조항이 청구인의 사생활의 비밀과 자유를 침해한다고 할 수 없다(헌재 2010. 10. 28. 2009헌마544).

▶ **대체복무요원 생활관 내부의 공용공간에 CCTV를 설치하여 촬영하는 행위가 대체복무요원 생활관에서 합숙하는 청구인들의 사생활의 비밀과 자유를 침해하는지**(소극): 청구인들의 생활관 내부에 설치된 CCTV들은 외부인의 허가 없는 출입이나 이동, 시설의 안전, 화재, 사고 등을 확인할 수 있는 위치들에 설치되어 있고, 개별적인 생활공간에는 CCTV가 설치되어 있지 않다. 따라서 CCTV 촬영행위는 과잉금지원칙을 위반하여 청구인들의 사생활의 비밀과 자유를 침해하지 아니한다(헌재 2024. 5. 30. 2022헌마707).

▶ **어린이집에 폐쇄회로 텔레비전(CCTV)을 원칙적으로 설치하도록 정한 영유아보육법 제15조의4 제1항 제1호 등이 어린이집 보육교사의 사생활의 비밀과 자유 등을 침해하는지**(소극): 어린이집 보육대상은 0세부터 6세 미만의 영유아로 어린이집에서의 아동학대 방지 및 적발을 위해서 CCTV 설치를 대체할 만한 수단은 상정하기 어렵다. 법은 CCTV 외에 네트워크 카메라 설치는 원칙적으로 금지하고, 녹음기능 사용금지 등으로 관련 기본권 침해를 최소화하기 위한 조치를 마련하고 있으며, 보호자 전원이 CCTV 설치에 반대하는 경우에는 CCTV를 설치하지 않을 수 있는 가능성을 열어두고 있으므로 이 조항은 침해의 최소성에 반하지 아니한다. 영유아 보육을 위탁받아 행하는 어린이집에서의 아동학대근절과 보육환경의 안전성 확보는 단순히 보호자의 불안을 해소하는 차원을 넘어 사회적·국가적 차원에서도 보호할 필요가 있는 중대한 공익이다. 이 조항으로 보육교사 등의 기본권에 가해지는 제약이 위와 같은 공익에 비하여 크다고 보기 어려우므로 법익의 균형성도 인정된다(헌재 2017. 12. 28. 2015헌마994).

▶ **구치소장이 CCTV를 이용하여 청구인을 계호한 행위가 청구인의 사생활의 비밀과 자유를 침해하는지**(소극): 교정시설 내 수용자를 상시적으로 시선계호할 인력 확보가 불가능한 현실에서 응급상황이 발생하는 경우 신속하게 이를 파악하고 응급조치를 실행하기 위하여는 CCTV를 이용한 계호 외에 다른 효과적인 방법을 찾기 어렵다. 교정시설 내 자살·자해 등의 사고는 수용자 본인 및 다른 수용자들에게 중대한 부정적 영향을 끼칠 수 있고, 교정정책 전반에 대한 불신을 야기할 수도 있다는 점에서 이를 방지할 필요성이 매우 크다. 따라서 이 사건 CCTV 계호가 청구인의 사생활의 비밀과 자유를 과도하게 제한하는 것으로 볼 수 없다(헌재 2016. 4. 28. 2012헌마549).

▶ **경북북부제2교도소장이 청구인의 정신과진료 현장에 각각 간호직교도관을 입회시킨 행위 및 홍성교도소장이 청구인의 정신과 화상진료 현장에 각각 간호직교도관을 입회시킨 행위가 과잉금지원칙에 반하여 사생활의 비밀과 자유를 침해하는지**(소극): 이 사건 동행계호행위는 교정사고를 예방하고 수용자 및 진료 담당 의사의 신체 등을 보호하기 위한 것이다. 청구인이 상습적으로 교정질서 문란행위를 저지른 전력이 있는 점, 정신질환의 증상으로 자해 또는 타해 행동이 나타날 우려가 있는 점, 교정시설은 수형자의 교정교화와 건전한 사회복귀를 도모하기 위한 시설로서 정신질환자의 치료 중심 수용 환경 조성에는 한계가 있는 점 등을 고려하면 이 사건 동행계호행위는 과잉금지원칙에 반하여 청구인의 사생활의 비밀과 자유를 침해하지 않는다(헌재 2024. 1. 25. 2020헌마1725).

▶ **구치소장이 청구인과 배우자의 접견을 녹음한 행위가 청구인의 사생활의 비밀과 자유를 침해하는지**(소극) : 이 사건 녹음행위는 교정시설 내의 안전과 질서유지에 기여하기 위한 것으로서 그 목적이 정당할 뿐 아니라 수단이 적절하다. 또한, 소장은 미리 접견내용의 녹음 사실 등을 고지하며, 접견기록물의 엄격한 관리를 위한 제도적 장치도 마련되어 있는 점 등을 고려할 때 침해의 최소성 요건도 갖추었고, 이 사건 녹음행위는 미리 고지되어 청구인의 접견내용은 사생활의 비밀로서의 보호가치가 그리 크지 않다고 할 것이므로 법익의 불균형을 인정하기도 어려워, 과잉금지원칙에 위반하여 청구인의 사생활의 비밀과 자유를 침해하였다고 볼 수 없다(헌재 2012. 12. 27. 2010헌마153).

▶ **징벌혐의의 조사를 받고 있는 청구인이 변호인 아닌 자와 접견할 당시 교도관이 참여하여 대화내용을 기록하게 한 행위가 청구인의 사생활의 비밀과 자유를 침해하는지**(소극) : 접견내용을 녹음·녹화하는 경우 수용자 및 그 상대방에게 그 사실을 말이나 서면 등으로 알려주어야 하고 취득된 접견기록물은 법령에 의해 보호·관리되고 있으므로 사생활의 비밀과 자유에 대한 침해를 최소화하는 수단이 마련되어 있다는 점, 청구인이 나눈 접견내용에 대한 사생활의 비밀로서의 보호가치에 비해 증거인멸의 위험을 방지하고 교정시설 내의 안전과 질서유지에 기여하려는 공익이 크고 중요하다는 점에 비추어 볼 때, 이 사건 접견참여·기록이 청구인의 사생활의 비밀과 자유를 침해하였다고 볼 수 없다(헌재 2014. 9. 25. 2012헌마523).

▶ **형집행법 제41조 제2항 제1호, 제3호 중 '미결수용자의 접견내용의 녹음·녹화'에 관한 부분이 과잉금지원칙에 위배되어 청구인의 사생활의 비밀과 자유 등을 침해하는지**(소극) : 미결수용자는 접견 시 지인 등을 통해 자신의 범죄에 대한 증거를 인멸할 가능성이 있고, 마약류사범의 경우 그 중독성으로 인하여 교정시설 내부로 마약을 반입하여 복용할 위험성도 있으므로 교정시설 내의 안전과 질서를 유지할 필요성은 매우 크다. 또한, 교정시설의 장은 미리 접견내용의 녹음 사실 등을 고지하며, 접견기록물의 엄격한 관리를 위한 제도적 장치도 마련되어 있는 점 등을 고려할 때 침해의 최소성 요건도 갖추고 있다. 나아가 청구인의 접견내용을 녹음·녹화함으로써 증거인멸이나 형사 법령 저촉 행위의 위험을 방지하고, 교정시설 내의 안전과 질서유지에 기여하려는 공익은 미결수용자가 받게 되는 사익의 제한보다 훨씬 크고 중요하므로 법익의 균형성도 인정된다(헌재 2016. 11. 24. 2014헌바401).

▶ **교도소장이 수용자가 없는 상태에서 실시한 거실 및 작업장 검사행위가 수용자의 사생활의 비밀 및 자유를 침해하는지**(소극) : 이 사건 검사행위는 교도소의 안전과 질서를 유지하고, 수형자의 교화·개선에 지장을 초래할 수 있는 물품을 차단하기 위한 것으로서 그 목적이 정당하고, 수단도 적절하며, 검사의 실효성을 확보하기 위한 최소한의 조치로 보이고, 달리 덜 제한적인 대체수단을 찾기 어려운 점 등에 비추어 보면 이 사건 검사행위가 과잉금지원칙에 위배하여 사생활의 비밀 및 자유를 침해하였다고 할 수 없다(헌재 2011. 10. 25. 2009헌마691).

▶ **변호사에게 전년도에 처리한 수임사건의 건수 및 수임액을 소속 지방변호사회에 보고하도록 규정하고 있는 구 변호사법 제28조의2가 청구인들의 사생활의 비밀을 침해하는지**(소극) : 일반적으로 경제적 내지 직업적 활동은 복합적인 사회적 관계를 전제로 하여 다수 주체 간의 상호작용을 통하여 이루어지는 것이고, 특히 변호사의 업무는 다른 어느 직업적 활동보다도 강한 공공성을 내포한다는 점 등을 감안하여 볼 때, 변호사의 업무와 관련된 수임사건의 건수 및 수임액이 변호사의 내밀한 개인적 영역에 속하는 것이라고 보기 어렵고, 따라서 이 사건 법률조항이 청구인들의 사생활의 비밀과 자유를 침해하는 것이라 할 수 없다(헌재 2009. 10. 29. 2007헌마667).

> ▶ '청소년 성매수자에 대한 신상공개'를 규정한 청소년성보호법 제20조 제2항 제1호가 해당 범죄인들의 일반적 인격권, 사생활의 비밀의 자유를 침해하는지(소극) : 법 제20조 제2항은 "성명, 연령, 직업 등의 신상과 범죄사실의 요지"를 공개하도록 규정하고 있는바, 이는 이미 공개된 형사재판에서 유죄가 확정된 형사판결이라는 공적 기록의 내용 중 일부를 국가가 공익 목적으로 공개하는 것으로 공개된 형사재판에서 밝혀진 범죄인들의 신상과 전과를 일반인이 알게 된다고 하여 그들의 인격권 내지 사생활의 비밀을 침해하는 것이라고 단정하기는 어렵다. 그렇다면 청소년 성매수자의 일반적 인격권과 사생활의 비밀의 자유가 제한되는 정도가 청소년 성보호라는 공익적 요청에 비해 크다고 할 수 없으므로 결국 법 제20조 제2항 제1호의 신상공개는 해당 범죄인들의 일반적 인격권, 사생활의 비밀의 자유를 과잉금지의 원칙에 위배하여 침해한 것이라 할 수 없다(헌재 2003. 6. 26. 2002헌가14).

3. 개인정보자기결정권

(1) 의의

개인정보자기결정권은 자신에 관한 정보가 언제 누구에게 어느 범위까지 알려지고 또 이용되도록 할 것인지를 그 정보주체가 스스로 결정할 수 있는 권리이다. 즉 정보주체가 개인정보의 공개와 이용에 관하여 스스로 결정할 권리를 말한다(헌재 2005. 5. 26. 99헌마513). 한편 개인정보보호법상의 개인정보란 살아 있는 개인에 관한 정보를 말한다(개인정보보호법 제2조 1호).

(2) 근거

개인정보자기결정권은 자신에 관한 정보가 언제 누구에게 어느 범위까지 알려지고 또 이용되도록 할 것인지를 그 정보주체가 스스로 결정할 수 있는 권리로서, 헌법 제10조 제1문에서 도출되는 일반적 인격권 및 헌법 제17조의 사생활의 비밀과 자유에 의하여 보장된다(헌재 2016. 6. 30. 2015헌마924).

> **판례**
>
> ▶ 개인정보자기결정권의 근거 : 개인정보자기결정권의 헌법상 근거로는 헌법 제17조의 사생활의 비밀과 자유, 헌법 제10조 제1문의 인간의 존엄과 가치 및 행복추구권에 근거를 둔 일반적 인격권 또는 위 조문들과 동시에 우리 헌법의 자유민주적 기본질서 규정 또는 국민주권원리와 민주주의원리 등을 고려할 수 있으나, 개인정보자기결정권으로 보호하려는 내용을 위 각 기본권들 및 헌법원리들 중 일부에 완전히 포섭시키는 것은 불가능하다고 할 것이므로, 그 헌법적 근거를 굳이 어느 한 두개에 국한시키는 것은 바람직하지 않은 것으로 보이고, 오히려 개인정보자기결정권은 이들을 이념적 기초로 하는 독자적 기본권으로서 헌법에 명시되지 아니한 기본권이라고 보아야 한다(헌재 2005. 5. 26. 99헌마513).

(3) 보호 대상

개인정보자기결정권의 보호 대상이 되는 개인정보는 개인의 신체, 신념, 사회적 지위, 신분 등과 같이 개인의 인격주체성을 특징짓는 사항으로서 그 개인의 동일성을 식별할 수 있게 하는 일체의 정보라고 할 수 있고, 반드시 개인의 내밀한 영역이나 사사(私事)의 영역에 속하는 정보에 국한되지 않고 공적 생활에서 형성되었거나 이미 공개된 개인정보까지 포함한다(헌재 2005. 5. 26. 99헌마513).

> **판례**

▶ **가명정보가 개인정보자기결정권의 보호대상이 되는 개인정보에 해당하는지**(적극) : 가명정보는 원래의 상태로 복원하기 위한 추가 정보의 사용·결합을 통해서 특정 개인을 알아볼 수 있는 정보이므로 개인정보자기결정권의 보호대상이 되는 개인정보에 해당한다(헌재 2023. 10. 26. 2020헌마1477).

▶ **보호자가 자녀 또는 보호아동의 안전을 확인할 목적으로 CCTV 영상정보 열람을 할 수 있도록 정한 영유아보육법 제15조의5 제1항 제1호가 어린이집 보육교사의 개인정보자기결정권 등을 침해하는지**(소극) : 심판대상법률은 어린이집 안전사고 내지 아동학대 적발 및 방지를 위한 것으로, 아동학대 등이 의심되는 경우 보호자가 영상정보 열람을 통해 이를 확인할 수 있도록 하는 것은 어린이집에 CCTV 설치를 의무화하는 이유이다. 법은 CCTV 열람의 활용 목적을 제한하고 있고, 어린이집 원장은 열람시간 지정 등을 통해 보육활동에 지장이 없도록 보호자의 열람 요청에 적절히 대응할 수 있으므로 이 조항으로 어린이집 원장이나 보육교사 등의 기본권이 필요 이상으로 과도하게 제한된다고 볼 수 없다. 또한 이를 통해 달성할 수 있는 보호자와 어린이집 사이의 신뢰회복 및 어린이집 아동학대 근절이라는 공익의 중대함에 반하여, 제한되는 사익이 크다고 보기 어렵다. 따라서 법 제15조의5 제1항 제1호는 과잉금지원칙을 위반하여 어린이집 보육교사 등의 개인정보자기결정권 및 어린이집 원장의 직업수행의 자유를 침해하지 아니한다(헌재 2017. 12. 28. 2015헌마994).

▶ **전기통신역무제공에 관한 계약을 체결하는 경우 전기통신사업자로 하여금 가입자에게 본인임을 확인할 수 있는 증서 등을 제시하도록 한 전기통신사업법 제32조의4 제2항 등이 익명으로 이동통신서비스에 가입하여 통신하고자 하는 자들의 개인정보자기결정권 및 통신의 자유를 침해하는지**(소극) : 심판대상조항이 타인 또는 허무인의 이름을 사용한 휴대전화인 이른바 대포폰이 보이스피싱 등 범죄의 범행도구로 이용되는 것을 막고, 개인정보를 도용하여 타인의 명의로 가입한 다음 휴대전화 소액결제나 서비스요금을 그 명의인에게 전가하는 등 명의도용범죄의 피해를 막고자 하는 입법목적은 정당하고, 적합한 수단이다. 명의도용피해를 막고, 차명휴대전화의 생성을 억제하여 보이스피싱 등 범죄의 범행도구로 악용될 가능성을 방지함으로써 잠재적 범죄 피해 방지 및 통신망 질서 유지라는 더욱 중대한 공익의 달성효과가 인정된다. 따라서 심판대상조항은 청구인들의 개인정보자기결정권 및 통신의 자유를 침해하지 않는다(헌재 2019. 9. 26. 2017헌마1209).

▶ **통계작성, 과학적 연구, 공익적 기록보존을 위하여 정보주체의 동의 없이 가명정보를 처리할 수 있도록 규정하고 있는 개인정보보호법 제28조의2 제1항 등이 청구인들의 개인정보자기결정권을 침해하는지**(소극) : 심판대상조항은 데이터의 이용을 활성화하여 신산업을 육성하고 "통계작성, 연구, 공익적 기록보존"을 보다 효과적으로 수행하기 위한 것으로서 입법목적이 정당하고 수단의 적합성이 인정된다. 가명정보는 그 자체만으로는 특정 개인을 알아볼 수 없어 인격권이나 사생활의 자유에 미치는 영향이 크지 않고, 정보주체의 동의 없는 처리는 "통계작성, 연구, 공익적 기록보존" 목적으로만 가능하며, 법률에서 정보주체를 보호하기 위한 여러 규정을 두고 있으므로, 침해의 최소성도 인정된다. "통계작성, 연구, 공익적 기록보존"을 효과적으로 수행하고자 하는 공익이 가명정보가 제한된 목적으로 동의 없이 처리되는 정보주체의 불이익보다 크다고 할 수 있으므로, 법익의 균형성도 갖추었다. 따라서 심판대상조항은 청구인들의 개인정보자기결정권을 침해하지 않는다(헌재 2023. 10. 26. 2020헌마1476).

▶ **가명정보의 재식별을 예외 없이 금지하고 있는 개인정보보호법 제28조의5가 청구인들의 개인정보자기결정권을 침해하는지**(소극) : 재식별금지조항은 가명정보를 통해서는 특정 개인을 알아볼 수 없도록 함으로써 정보주체의 개인정보자기결정권을 충분히 보호하고자 하는 것으로서 그 입법목적이 정당하고, 재식별을 금지하여 특정 개인을 알아볼 가능성을 최소화하는 것은 그와 같은 입법목적을 달성하기에 적합한 수단이다. 최초 가명처리자에 한하여 재식별이 가능하도록 하면 가명정보로서 처리되던 정보를 다시 정보주체에게 미치는 영향이 큰 정보로 되돌림으로써 정보주체에게 예기치 못한 피해를 입힐 우려가 있다. 따라서 재식별을 전면적, 일률적으로 금지하는 것 외에 덜 침해적인 수단이 있다고 보기 어려워 침해의 최소성이 인정된다. 재식별을 금지하여 정보주체의 법익 침해 가능성을 최소화하고자 하는 공익은 이로 인하여 제한되는 정보주체의 사익보다 크므로, 법익의 균형성도 인정된다. 따라서 재식별금지조항은 청구인들의 개인정보자기결정권을 침해하지 않는다(헌재 2023. 10. 26. 2020헌마1477).

▶ **개인정보 보호를 위한 일부 규정들을 가명정보에는 적용하지 않도록 규정하고 있는 개인정보 보호법 제28조의7(적용제외조항) 등이 청구인들의 개인정보자기결정권을 침해하는지**(소극) : 적용제외조항은 가명정보의 활용을 원활하게 하여 데이터의 이용을 활성화하고자 하는 것으로서 그 입법목적이 정당하고, 가명정보의 성질상 적용이 어려운 규정들을 배제하는 것은 그와 같은 입법목적을 달성하기에 적합한 수단이다. 가명정보는 그 자체만으로는 특정 개인을 알아볼 수 없으므로 일반적인 개인정보에 적용되는 통지의무 등을 그대로 적용하기가 불가능하거나 어렵고, 정보주체를 보호하기 위한 다른 규정들이 존재하므로, 침해의 최소성이 인정된다. 가명정보의 원활한 활용이라는 공익은 중대하고, 그 자체로 식별이 불가능한 가명정보를 제한된 목적으로만 동의 없이 처리할 수 있도록 하여 정보주체의 불이익은 크지 않으므로, 법익의 균형성도 갖추었다. 따라서 적용제외조항은 청구인들의 개인정보자기결정권을 침해하지 않는다(헌재 2023. 10. 26. 2020헌마1477).

▶ **수사기관 등이 전기통신사업자에게 이용자의 성명 등 통신자료의 열람이나 제출을 요청할 수 있도록 한 전기통신사업법 제83조 제3항 부분이 과잉금지원칙에 반하여 개인정보자기결정권을 침해하는지**(소극) : 이 사건 법률조항은 수사기관 등이 통신자료 제공요청을 할 수 있는 정보의 범위를 성명, 주민등록번호, 주소 등 피의자나 피해자를 특정하기 위한 불가피한 최소한의 기초정보로 한정하고, 민감정보를 포함하고 있지 않으며, 그 사유 또한 '수사, 형의 집행 또는 국가안전보장에 대한 위해를 방지하기 위한 정보수집'으로 한정하고 있다. 또한, 전기통신사업법은 통신자료 제공요청 방법이나 통신자료 제공현황 보고에 관한 규정 등을 두어 통신자료가 수사 등 정보수집의 목적달성에 필요한 최소한의 범위 내에서 이루어지도록 하고 있다. 따라서 이 사건 법률조항은 과잉금지원칙에 위배되지 않는다(헌재 2022. 7. 21. 2016헌마388).

▶ **국민건강보험공단이 2013. 12. 20. 서울용산경찰서장에게 청구인들의 요양급여내역을 제공한 행위가 과잉금지원칙에 위배되어 청구인들의 개인정보자기결정권을 침해하는지**(적극) : 요양급여내역은 건강에 관한 정보로서 '개인정보보호법' 제23조 제1항이 규정한 민감정보에 해당한다. 서울용산경찰서장은 전기통신사업자로부터 위치추적자료를 제공받는 등으로 청구인들의 위치를 확인하였거나 확인할 수 있는 상태였다. 따라서 서울용산경찰서장이 청구인들을 검거하기 위하여 청구인들의 약 2년 또는 3년이라는 장기간의 요양급여내역을 제공받는 것이 불가피하였다고 보기 어렵다. 그렇다면 이 사건 정보제공행위는 이 사건 정보제공조항 등이 정한 요건을 충족한 것으로 볼 수 없고, 침해의 최소성 및 법익의 균형성에 위배되어 청구인들의 개인정보자기결정권을 침해하였다(헌재 2018. 8. 30. 2014헌마368).

▶ **국민건강보험공단이 2013. 12. 20. 서울용산경찰서장에게 청구인들의 요양급여내역을 제공한 행위가 영장주의에 위배되어 청구인들의 개인정보자기결정권을 침해하는지**(소극) : 이 사건 사실조회행위는 강제력이 개입되지 아니한 임의수사에 해당하므로, 이에 응하여 이루어진 이 사건 정보제공행위에도 영장주의가 적용되지 않는다. 그러므로 이 사건 정보제공행위가 영장주의에 위배되어 청구인들의 개인정보자기결정권을 침해한다고 볼 수 없다(헌재 2018. 8. 30. 2014헌마368).

▶ 김포시장이 김포경찰서장에게 김포시장애인주간보호센터 직원인 청구인들의 이름, 생년월일, 전화번호, 주소를 제공한 행위가 과잉금지원칙에 위배되어 청구인들의 개인정보자기결정권을 침해하는지(소극) : 김포경찰서장은 김포시장애인주간보호센터 직원으로부터 활동보조인들이 활동지원급여비용을 부정 수급하는 사례가 다수 있다는 첩보를 입수하고, 김포시장에게 김포시장애인복지관 등 기관에 소속된 활동보조인 및 그 수급자들의 인적사항, 휴대전화번호 등을 확인할 수 있는 자료를 요청하였다. 이름, 생년월일, 주소는 사회생활 영역에서 노출되는 것이 자연스러운 정보이고, 전화번호 역시 특정한 개인을 고유하게 구별할 수 있는 기능을 갖거나, 개인의 신상이나 인격을 묘사하는 내용을 포함하는 것이 아니다. 또한 활동보조인의 부정 수급 관련 범죄의 수사를 가능하게 함으로써 실체적 진실 발견과 국가형벌권의 적정한 행사에 기여하고자 하는 공익은 매우 중대한 것인 점을 고려하면, 이 사건 정보제공행위는 과잉금지원칙에 위배되어 청구인들의 개인정보자기결정권을 침해하였다고 볼 수 없다(헌재 2018. 8. 30. 2016헌마483).

▶ 김포시장이 김포경찰서장에게 김포시장애인주간보호센터 직원인 청구인들의 이름, 생년월일, 전화번호, 주소를 제공한 행위가 영장주의에 위배되어 청구인들의 개인정보자기결정권을 침해하는지(소극) : 이 사건 사실조회행위는 강제력이 개입되지 아니한 임의수사에 해당하므로, 이에 응하여 이루어진 이 사건 정보제공행위에도 영장주의가 적용되지 않는다. 그러므로 이 사건 정보제공행위가 영장주의에 위배되어 청구인들의 개인정보자기결정권을 침해한다고 볼 수 없다(헌재 2018. 8. 30. 2016헌마483).

▶ 개인별로 주민등록번호를 부여하면서 주민등록번호 변경에 관한 규정을 두고 있지 않은 주민등록법 제7조가 개인정보자기결정권을 침해하는지(적극) : 주민등록번호 유출 또는 오·남용으로 인하여 발생할 수 있는 피해 등에 대한 아무런 고려 없이 주민등록번호 변경을 일체 허용하지 않는 것은 그 자체로 개인정보자기결정권에 대한 과도한 침해가 될 수 있다. 비록 국가가 개인정보보호법 등으로 정보보호를 위한 조치를 취하고 있더라도, 여전히 주민등록번호를 처리하거나 수집·이용할 수 있는 경우가 적지 아니하며, 이미 유출되어 발생된 피해에 대해서는 뚜렷한 해결책을 제시해 주지 못하므로, 국민의 개인정보를 충분히 보호하고 있다고 보기 어렵다. 따라서 주민등록번호 변경에 관한 규정을 두고 있지 않은 심판대상조항은 과잉금지원칙에 위배되어 개인정보자기결정권을 침해한다(헌재 2015. 12. 23. 2013헌바68 헌법불합치).

▶ 통계청장이 인구주택총조사의 방문 면접조사를 실시하면서, 담당 조사원을 통해 청구인에게 피청구인이 작성한 2015 인구주택총조사 조사표의 조사항목들에 응답할 것을 요구한 행위가 과잉금지원칙을 위반하여 청구인의 개인정보자기결정권을 침해하는지(소극) : 2015 인구주택총조사 조사표의 조사항목들은 당시 우리 사회를 진단하고 미래를 대비하기 위하여 필요한 항목들로 구성되어 있다. 조사항목 52개 가운데 성명, 성별, 나이 등 38개 항목은 UN통계처의 조사권고 항목을 그대로 반영한 것이어서 범세계적 조사항목에 속한다. 한편, 오늘날 직장인이나 학생들의 근무·학업 시간, 도시화·산업화가 진행된 현대사회의 생활형태 등을 고려하면, 출근 시간 직전인 오전 7시 30분경 및 퇴근 직후인 오후 8시 45분경이 방문 면접조사를 실시하기에 불합리할 정도로 이르거나 늦은 시간이라고 단정하기 어렵다. 따라서 심판대상행위가 과잉금지원칙을 위반하여 청구인의 개인정보자기결정권을 침해하였다고 볼 수 없다(헌재 2017. 7. 27. 2015헌마1094).

▶ 형제자매에게 가족관계등록부 등의 기록사항에 관한 증명서 교부청구권을 부여하는 '가족관계등록법' 제14조 제1항 부분이 과잉금지원칙을 위반하여 청구인의 개인정보자기결정권을 침해하는지(적극) : 형제자매는 언제나 이해관계를 같이 하는 것은 아니므로 형제자매가 본인에 대한 개인정보를 오남용 또는 유출할 가능성은 얼마든지 있다. 그런데 이 사건 법률조항은 증명서 발급에 있어 형제자매에게 정보주체인 본인과 거의 같은 지위를 부여하고 있으므로, 이는 증명서 교부청구권자의 범위를 필요한 최소한도로 한정한 것이라고 볼 수 없다. 따라서 이 사건 법률조항은 침해의 최소성에 위배된다. 또한, 이 사건 법률조항을 통해 달성하려는 공익에 비해 초래되는 기본권 제한의 정도가 중대하므로 법익의 균형성도 인정하기 어려워, 이 사건 법률조항은 청구인의 개인정보자기결정권을 침해한다(헌재 2016. 6. 30. 2015헌마924).

▶ **가족관계등록법 제14조 제1항 본문 중 '직계혈족이 제15조에 규정된 증명서 가운데 가족관계증명서 및 기본증명서의 교부를 청구'하는 부분이 불완전·불충분하게 규정되어 있어 가정폭력 피해자의 개인정보자기결정권을 침해하는지**(적극) : 이 사건 법률조항은 가정폭력 가해자에 대한 별도의 제한 없이 직계혈족이기만 하면 사실상 자유롭게 그 자녀의 가족관계증명서와 기본증명서의 교부를 청구하여 발급받을 수 있도록 함으로써, 그로 인하여 가정폭력 피해자인 청구인의 개인정보가 가정폭력 가해자인 전 배우자에게 무단으로 유출될 수 있는 가능성을 열어놓고 있다. 따라서 과잉금지원칙에 위배되어 청구인의 개인정보자기결정권을 침해한다(헌재 2020. 8. 28. 2018헌마927 헌법불합치).

▶ **정보주체의 배우자나 직계혈족이 정보주체의 위임 없이도 정보주체의 가족관계 상세증명서의 교부 청구를 할 수 있도록 하는 '가족관계등록법' 제14조 제1항 본문 부분이 개인정보자기결정권을 침해하는지**(소극) : 정보주체는 심판대상조항으로 인하여 전혼에서 얻은 자녀, 사실혼에서 얻은 자녀 등 현재의 혼인 외에서 얻은 자녀와 사망한 자녀(상세증명서 추가 기재 자녀)에 관한 내밀한 개인정보를 자신의 의사에 반하여 배우자나 직계혈족에게 공개 당하게 된다. 그러나 상세증명서 추가 기재 자녀에 관한 개인정보는 가족간의 신뢰의 근간을 이루는 중요한 정보에 해당되어 가족과 공유하는 것이 적절한 측면도 있으므로 배우자나 직계혈족에 대한 관계에서도 보호가치가 높다고 단정하기 어렵다. 심판대상조항은 정보주체의 배우자나 직계혈족이 스스로의 정당한 법적 이익을 지키기 위하여 정보주체 본인의 위임 없이도 가족관계 상세증명서를 간편하게 발급받을 수 있게 해 주는 것이므로, 상세증명서 추가 기재 자녀의 입장에서 보아도 자신의 개인정보가 공개되는 것을 중대한 불이익이라고 평가하기는 어렵다. 따라서 심판대상조항은 과잉금지원칙에 위배되어 청구인의 개인정보자기결정권을 침해하지 아니한다(헌재 2022. 11. 24. 2021헌마130).

▶ **혼인무효로 정정된 가족관계등록부의 재작성 신청을 제한하는 '가족관계등록부의 재작성에 관한 사무처리지침' 제2조 제1호 부분이 청구인의 개인정보자기결정권을 침해하는지**(소극) : 혼인의 무효가 명백하여 가정법원의 허가를 받아 등록부가 정정된 경우, 관할 가정법원장이 사회통념상 이해관계인에게 현저히 부당하다고 인정하는 경우에는 가족관계등록부 재작성이 허용될 수 있으므로, 혼인무효의 경우 합리적 범위에서 가족관계등록부가 재작성될 수 있는 점 등을 고려하면, 심판대상조항은 침해의 최소성이 인정된다. 심판대상조항은 청구인의 개인정보를 새로이 수집·관리하는 것이 아니고, 그러한 정보는 법령에 따른 교부 청구 등이 없는 한 공개되지 아니하므로, 심판대상조항으로 인하여 청구인이 입는 불이익이 중대하다고 보기는 어렵다. 반면, 심판대상조항이 가족관계의 변동에 관한 진실성을 담보하는 공익은 훨씬 중대하므로 심판대상조항은 법익균형성이 인정된다. 심판대상조항은 과잉금지원칙을 위반하여 청구인의 개인정보자기결정권을 침해하지 않는다(헌재 2024. 1. 25. 2020헌마65).

▶ **보안관찰처분대상자에게 출소 후 신고의무를 부과하고 이를 위반한 경우 처벌하는 보안관찰법 제6조 제1항 등이 청구인의 사생활의 비밀과 자유 및 개인정보자기결정권을 침해하는지**(소극) : 보안관찰해당범죄는 민주주의체제의 수호와 사회질서의 유지, 국민의 생존 및 자유에 중대한 영향을 미치는 범죄인 점, 보안관찰법은 대상자를 파악하고 재범의 위험성 등 보안관찰처분의 필요성 유무의 판단 자료를 확보하기 위하여 신고의무를 규정하고 있다는 점 등에 비추어 출소 후 신고의무 위반에 대한 제재수단으로 형벌을 택한 것이 과도하다거나 법정형이 다른 법률들에 비하여 각별히 과중하다고 볼 수도 없다. 따라서 출소후신고조항 및 위반 시 처벌조항은 과잉금지원칙을 위반하여 청구인의 사생활의 비밀과 자유 및 개인정보자기결정권을 침해하지 아니한다(헌재 2021. 6. 24. 2017헌바479).

▶ 보안관찰처분대상자에게 출소 후 신고사항에 변동이 있을 때에는 변동이 있는 날부터 7일 이내에 그 변동된 사항을 관할경찰서장에게 신고의무를 부과하고 이를 위반한 경우 처벌하는 보안관찰법 제6조 제2항 및 제27조가 청구인의 사생활의 비밀과 자유 및 개인정보자기결정권을 침해하는지(적극) : 변동신고조항은 출소 후 기존에 신고한 거주예정지 등 정보에 변동이 생기기만 하면 신고의무를 부과하는바, 의무기간의 상한이 정해져 있지 아니하여, 대상자로서는 보안관찰처분을 받은 자가 아님에도 무기한의 신고의무를 부담한다. 그렇다면 변동신고조항 및 위반 시 처벌조항은 대상자에게 보안관찰처분의 개시 여부를 결정하기 위함이라는 공익을 위하여 지나치게 장기간 형사처벌의 부담이 있는 신고의무를 지도록 하므로, 이는 과잉금지원칙을 위반하여 청구인의 사생활의 비밀과 자유 및 개인정보자기결정권을 침해한다(헌재 2021. 6. 24. 2017헌바479 헌법불합치).

▶ 아동·청소년 대상 성폭력 범죄를 저지른 사람에 대하여 신상정보를 공개하도록 한 구 아동·청소년의 성보호에 관한 법률 제38조 제1항 본문 제1호가 청구인들의 인격권 및 개인정보자기결정권을 침해하는지(소극) : 신상정보 공개제도는, 공개대상이나 공개기간이 제한적이고, 법관이 '특별한 사정' 등을 고려하여 공개 여부를 판단하도록 되어 있으며, 공개로 인한 피해를 최소화하는 장치도 마련되어 있으므로 침해의 최소성이 인정되고, 이를 통하여 달성하고자 하는 '아동·청소년의 성보호'라는 목적이 침해되는 사익에 비하여 매우 중요한 공익에 해당하므로 법익의 균형성도 인정된다. 따라서 심판대상조항은 과잉금지원칙을 위반하여 청구인들의 인격권, 개인정보자기결정권을 침해한다고 볼 수 없다(헌재 2013. 10. 24. 2011헌바106).

▶ 통신매체이용음란죄로 유죄판결이 확정된 자는 신상정보 등록대상자가 된다고 규정한 성폭력범죄처벌법 제42조 제1항 부분이 청구인의 개인정보자기결정권을 침해하는지(적극) : 통신매체이용음란죄의 구성요건에 해당하는 행위 태양은 행위자의 범의·범행 동기·행위 상대방·행위 횟수 및 방법 등에 따라 매우 다양한 유형이 존재하고, 개별 행위유형에 따라 재범의 위험성 및 신상정보 등록 필요성은 현저히 다르다. 그런데 심판대상조항은 통신매체이용음란죄로 유죄판결이 확정된 사람은 누구나 법관의 판단 등 별도의 절차 없이 필요적으로 신상정보 등록대상자가 되도록 하고 있고, 등록된 이후에는 그 결과를 다툴 방법도 없다. 그렇다면 심판대상조항은 통신매체이용음란죄의 죄질 및 재범의 위험성에 따라 등록대상을 축소하거나, 유죄판결 확정과 별도로 신상정보 등록 여부에 관하여 법관의 판단을 받도록 하는 절차를 두는 등 기본권 침해를 줄일 수 있는 다른 수단을 채택하지 않았다는 점에서 침해의 최소성 원칙에 위배된다(헌재 2016. 3. 31. 2015헌마688).

▶ '아동에게 음란한 행위를 시키거나 이를 매개하는 행위 또는 아동에게 성적 수치심을 주는 성희롱 등의 성적 학대행위를 하였다는 범죄사실로 유죄판결이 확정된 자'를 신상정보 등록대상자로 정한 '성폭력처벌법' 제42조 제1항이 과잉금지원칙을 위반하여 개인정보자기결정권을 침해하는지(소극) : 개별 사안에서 이 사건 범죄의 행위태양이나 불법성의 경중 등이 다양하게 나타날 수 있다고 하여도, 아동이 범죄에 대한 대처능력이 성인보다 떨어지고 신체적·정신적 발달이 완전히 이루어지지 않았다는 점을 이용한 범죄로서 아동을 성적 대상화하고, 아동의 완전하고 조화로운 인격발달을 현저하게 저해하여 1차적으로는 그 아동의 전 생애에, 2차적으로는 그 아동이 속한 가정과 사회에 악영향을 끼칠 수 있다는 이 사건 범죄의 성격이 달라지는 것은 아니므로, 이 사건 등록조항이 이 사건 범죄의 개별 행위별로 또는 금지행위의 개별적·구체적 사안을 구분하여 규정하지 않았다고 하여 입법목적 달성을 위한 불필요한 제한을 부과하는 것으로 볼 수 없다. 따라서 이 사건 등록조항은 과잉금지원칙을 위반하여 청구인들의 개인정보자기결정권을 침해하지 않는다((헌재 2025. 1. 23. 2021헌마853).

▶ **공중밀집장소추행죄로 유죄판결이 확정된 자를 신상정보 등록대상자로 규정한 성폭력범죄처벌법 제42조 제1항 본문이 청구인의 개인정보자기결정권을 침해하는지**(소극) : 심판대상조항은 공중밀집장소추행죄로 유죄판결이 확정되면 모두 신상정보 등록대상자가 되도록 함으로써 그 관리의 기초를 마련하기 위한 것으로, 등록대상 성폭력범죄로 유죄판결을 선고할 경우 등록대상자에게 등록대상자라는 사실과 신상정보 제출의무가 있음을 알려주도록 하며, 등록대상자의 범위, 신상정보 제출의무의 내용 및 신상정보의 등록·보존·관리 또한 법률에서 규율하고 있는 점 등을 고려할 때, 심판대상조항은 청구인의 개인정보자기결정권을 침해하였다고 볼 수 없다(헌재 2020. 6. 25. 2019헌마699).

▶ **아동·청소년이용음란물 배포 및 소지 행위로 유죄판결이 확정된 자는 신상정보 등록대상자가 된다고 규정한 구 성폭력범죄처벌법 제42조 제1항 부분이 청구인의 개인정보자기결정권을 침해하는지**(소극) : 등록조항은 아동·청소년이용음란물을 소지한 행위로 징역형이 선고된 경우에는 신상정보 등록대상이 되지만, 벌금형이 선고된 경우에는 신상정보 등록대상에서 제외함으로써 신상정보 등록대상의 범위를 입법목적에 필요한 범위 내로 제한하고 있으므로 침해의 최소성에 위배되지 않는다. 등록조항에 의하여 제한되는 사익에 비하여 아동·청소년대상 성범죄의 발생 및 재범 방지와 사회 방위라는 공익이 크다는 점에서, 법익의 균형성도 인정된다. 따라서 등록조항은 청구인의 개인정보자기결정권을 침해하지 않는다(헌재 2017. 10. 26. 2016헌마656).

▶ **성적목적공공장소침입죄로 유죄판결이 확정된 자는 신상정보 등록대상자가 된다고 규정한 성폭력범죄처벌법 제42조 제1항 부분이 청구인의 개인정보자기결정권을 침해하는지**(소극) : 성적목적공공장소침입죄는 공공화장실 등 일정한 장소를 침입하는 경우에 한하여 성립하므로 등록조항에 따른 등록대상자의 범위는 이에 따라 제한되는바, 등록조항은 침해의 최소성 원칙에 위배되지 않는다. 등록조항으로 인하여 제한되는 사익에 비하여 성범죄의 재범 방지와 사회 방위라는 공익이 크다는 점에서 법익의 균형성도 인정된다. 따라서 등록조항은 청구인의 개인정보자기결정권을 침해하지 않는다(헌재 2016. 10. 27. 2014헌마709).

▶ **강제추행죄로 유죄판결이 확정된 자는 신상정보 등록대상자가 되도록 규정한 성폭력범죄처벌법 제42조 제1항 부분이 청구인의 개인정보자기결정권을 침해하는지**(소극) : 이 사건 법률조항이 강제추행죄의 행위태양이나 불법성의 경중을 고려하지 않고 있더라도 이는 본질적으로 성폭력범죄에 해당하는 강제추행죄의 특성을 고려한 것이라고 할 것이므로, 이 사건 법률조항은 침해최소성이 인정된다. 또 신상정보 등록으로 인한 사익의 제한은 비교적 경미한 반면 달성되는 공익은 매우 중대하다고 할 것이어서 법익균형성도 인정된다. 따라서 이 사건 법률조항은 과잉금지원칙에 반하여 개인정보자기결정권을 침해한다고 할 수 없다(헌재 2015. 10. 21. 2014헌마637).

▶ **카메라등이용촬영죄로 유죄판결이 확정된 자를 신상정보 등록대상자가 되도록 규정한 성폭력범죄처벌법 제42조 제1항 부분이 개인정보자기결정권을 침해하는지**(소극) : 카메라등이용촬영죄의 행위 태양, 불법성의 경중은 다양할 수 있으나, 인격체인 피해자의 성적 자유 및 함부로 촬영당하지 않을 자유를 침해하는 성범죄로서의 본질은 같으므로 입법자가 개별 카메라등이용촬영죄의 행위 태양, 불법성을 구별하지 않은 것이 지나친 제한이라고 볼 수 없고, 신상정보 등록대상자가 된다고 하여 그 자체로 사회복귀가 저해되거나 전과자라는 사회적 낙인이 찍히는 것은 아니므로 침해되는 사익은 크지 않은 반면 이 사건 등록조항을 통해 달성되는 공익은 매우 중요하다. 따라서 이 사건 등록조항은 개인정보자기결정권을 침해하지 않는다(헌재 2015. 7. 30. 2014헌마340).

▶ 아동·청소년 성매수죄로 유죄가 확정된 자는 신상정보 등록대상자가 되도록 규정한 성폭력처벌법 제42조 제1항 부분이 청구인의 개인정보자기결정권을 침해하는지(소극): 아동·청소년 성매수죄는 그 죄질이 무겁고, 그 행위 태양 및 불법성이 다양하다고 보기 어려우므로, 입법자가 개별 아동·청소년 성매수죄의 행위 태양, 불법성을 구별하지 않은 것이 불필요한 제한이라고 볼 수 없다. 또한, 신상정보 등록대상자가 된다고 하여 그 자체로 사회복귀가 저해되거나 전과자라는 사회적 낙인이 찍히는 것은 아니므로 침해되는 사익은 크지 않고, 반면 등록조항을 통해 달성되는 공익은 매우 중요하다. 따라서 등록조항은 청구인의 개인정보자기결정권을 침해하지 않는다(헌재 2016. 2. 25. 2013헌마830).

▶ 등록대상자는 성명, 주민등록번호 등을 제출하여야 하고 정보가 변경된 경우 그 사유와 변경내용을 제출하여야 한다고 규정한 구 성폭력범죄처벌법 제43조 제1항 본문 등이 청구인의 개인정보자기결정권을 침해하는지(소극): 제출조항은 범죄 수사 및 예방을 위하여 일정한 신상정보를 제출하도록 하는 것으로서, 목적의 정당성 및 수단의 적합성이 인정된다. 제출조항은 고정적인 거주지가 없거나 이동이 잦은 직업에 종사하는 등록대상자에 대한 수사가 효율적으로 이루어지게 하고, 종교, 질병, 가족관계 등 입법목적과 직접적인 관련성이 인정되지 않는 정보의 제출을 제한하고 있으므로 침해의 최소성이 인정된다. 제출조항으로 인하여 청구인은 일정한 신상정보를 제출해야 하는 불이익을 받게 되나, 이에 비하여 제출조항이 달성하려는 공익이 크다고 보이므로 법익의 균형성도 인정된다. 따라서 제출조항은 청구인의 개인정보자기결정권을 침해하지 않는다(헌재 2016. 3. 31. 2014헌마457).

▶ 관할경찰관서의 장으로 하여금 등록대상자와 연 1회 직접 대면 등의 방법으로 등록정보의 진위와 변경 여부를 확인하도록 규정한 성폭력처벌법 제45조 제7항 제3호가 개인정보자기결정권 및 일반적 행동자유권을 침해하는지(소극): 연 1회 등록정보의 변경 여부만을 확인하도록 한 구 성폭력특례법 제35조 제3항과 제출조항만으로는 신상정보의 최신성을 확보하는 데 한계가 있고, 등록대상자가 대면확인을 거부하더라도 처벌받지 않으므로 등록대상자는 국가의 신상정보 등록제도 운영에 협력하는 정도의 부담만을 지게 되는 것이어서 그로 인하여 등록대상자가 입는 불이익이 크다고 할 수 없다. 따라서 대면확인조항은 청구인의 일반적 행동자유권 및 개인정보자기결정권을 침해하지 않는다(헌재 2019. 11. 28. 2017헌마399).

▶ 법무부장관이 신상정보 등록대상자의 정보를 검사 또는 각급 경찰관서의 장에게 배포할 수 있도록 규정한 성폭력처벌법 제46조 제1항이 개인정보자기결정권을 침해하는지(소극): 배포조항은 범죄 수사 및 예방을 위하여 법무부장관에게 수사를 담당하는 검사 또는 각급 경찰관서의 장에게 등록정보를 배포할 수 있는 권한을 부여한 것인데 등록정보를 활용하는 목적을 한정한 점, 배포되는 등록정보 중 민감정보, 고유식별정보는 더욱 두텁게 보호되는 점, 배포 대상인 검사 및 경찰관서의 장은 비밀준수의무를 지고 위 의무를 위반한 때 형사처벌되는 점 등을 고려하면 배포조항은 침해의 최소성 요건과 법익의 균형성을 갖추었다. 따라서 배포조항은 청구인의 개인정보자기결정권을 침해하지 않는다(헌재 2019. 11. 28. 2017헌마399).

▶ 법무부장관은 등록정보를 최초 등록일부터 20년간 보존·관리하여야 한다고 규정한 성폭력특례법 제45조 제1항이 개인정보자기결정권을 침해하는지(적극): 성범죄의 재범을 억제하고 수사의 효율성을 제고하기 위하여, 법무부장관이 등록대상자의 재범 위험성이 상존하는 20년 동안 그의 신상정보를 보존·관리하는 것은 정당한 목적을 위한 적합한 수단이다. 그런데 재범의 위험성은 등록대상 성범죄의 종류, 등록대상자의 특성에 따라 다르게 나타날 수 있고, 입법자는 이에 따라 등록기간을 차등화함으로써 등록대상자의 개인정보자기결정권에 대한 제한을 최소화하는 것이 바람직함에도, 이 사건 관리조항은 모든 등록대상 성범죄자에 대하여 일률적으로 20년의 등록기간을 적용하고 있으므로 지나치게 가혹하다. 이 사건 관리조항이 추구하는 공익이 중요하더라도, 모든 등록대상자에게 20년 동안 신상정보를 등록하게 하고 위 기간 동안 각종 의무를 부과하는 것은 비교적 경미한 등록대상 성범죄를 저지르고 재범의 위험성도 많지 않은 자들에 대해서는 달성되는 공익과 침해되는 사익 사이의 불균형이 발생할 수 있으므로 이 사건 관리조항은 개인정보자기결정권을 침해한다(헌재 2015. 7. 30. 2014헌마340 헌법불합치).

▶ **신상정보 등록대상자의 등록기간을 정한 성폭력처벌법 제45조 제1항 본문 제3호 중 '카메라나 그 밖에 이와 유사한 기능을 갖춘 기계장치를 이용하여 성적 욕망 또는 수치심을 유발할 수 있는 다른 사람의 신체를 그 의사에 반하여 촬영한 범죄로 3년 이하의 징역형을 선고받은 사람' 부분이 청구인의 개인정보자기결정권을 침해하는지**(소극) : 헌재 2015. 7. 30. 2014헌마340 헌법불합치결정에 따라 개정된 성폭력처벌법 제45조 제1항은 선고형에 따라 등록기간을 10년부터 30년까지 달리하여 형사책임의 경중 및 재범의 위험성에 따라 등록기간을 차등화하였다. 이 사건 범죄로 3년 이하의 징역형을 선고받은 사람은 재범의 위험성이 상당히 인정되는 사람이므로, 심판대상조항이 등록기간을 보다 세분화하거나 법관의 판단을 받을 수 있는 별도의 절차를 두지 않았더라도 불필요한 제한을 부과한 것이라 보기 어렵다. 심판대상조항으로 인하여 침해되는 사익보다 성범죄자의 재범 방지 및 사회 방위의 공익이 우월하므로, 법익의 균형성도 인정된다. 그렇다면, 심판대상조항은 청구인의 개인정보자기결정권을 침해하지 않는다(헌재 2018. 3. 29. 2017헌마396).

▶ **법무부장관이 성범죄로 벌금형을 선고받은 사람의 등록정보를 10년간 보존·관리하도록 규정한 성폭력처벌법 제45조 제1항 본문 제4호가 개인정보자기결정권을 침해하는지**(소극) : 헌법재판소의 헌법불합치결정에 따라 2016. 12. 20. 성폭력처벌법 제45조 제1항은 선고형에 따라 등록기간을 10년부터 30년까지 달리하는 내용으로 개정되었는데, 이는 형사책임의 경중 등을 고려하여 등록기간을 차등화함으로써 헌법재판소가 지적한 위헌성을 제거한 것으로 볼 수 있다. 관리조항에 의하여 등록정보가 보존·관리된다고 하여 그 자체로 신상정보 등록대상자의 일상생활이 방해받는 것은 아니므로 관리조항으로 인하여 침해되는 사익은 크지 않다고 할 수 있다. 반면 관리조항을 통하여 달성하려는 성범죄자의 재범 방지 및 수사의 효율성이라는 공익은 크다. 따라서 관리조항은 법익의 균형성이 인정된다. 따라서 관리조항은 과잉금지원칙을 위반하여 청구인의 개인정보자기결정권을 침해하지 않는다(헌재 2019. 11. 28. 2017헌마399 기각).

▶ **수사경력자료의 보존 및 보존기간을 정하면서 범죄경력자료의 삭제에 대해 규정하지 않은 '형의 실효 등에 관한 법률' 제8조의2가 과잉금지원칙을 위반하여 청구인의 개인정보자기결정권을 침해하는지**(소극) : 범죄경력자료를 범인 추적과 실체적 진실발견 등을 위한 자료로 사용하기 위해 보존하는 것은 목적에 있어 정당하고 수단의 적합성을 갖추고 있다. 범죄경력을 보존할 필요가 있는지 여부를 결정하는 다양한 요소들을 모두 고려해 각개의 전과마다 개별화된 보존기간을 설정하는 것 또한 현실적으로 가능하지 않으므로, 입법자가 범죄경력자료의 보존기간을 세분화하지 않았다는 사정만으로 기본권을 덜 침해하는 가능한 수단을 택하지 않았다고 볼 수 없다. 또한 형실효법은 범죄경력자료의 불법조회나 누설에 대한 금지 및 벌칙 규정을 두고 있고 범죄경력자료를 조회·회보할 수 있는 사유를 제한하고 있다. 따라서 이 사건 수사경력자료 정리조항에서 범죄경력자료의 삭제를 규정하지 않은 것이 청구인의 개인정보자기결정권을 침해한다고 볼 수 없다(헌재 2012. 7. 26. 2010헌마446).

▶ **검사의 '기소유예처분 등'에 관한 수사경력자료의 보존 및 보존기간(5년)을 정한 형의 실효 등에 관한 법률 제8조의2 제1항 제1호 등이 청구인의 개인정보자기결정권을 침해하는지**(소극) : 기소유예처분에 관한 수사경력자료를 보존하도록 하는 것은 재기소나 재수사 상황에 대비한 기초자료를 제공하고, 수사 및 재판과정에서 적정한 양형 등을 통해 사법정의를 실현하기 위한 것으로서 그 목적이 정당하고 수단의 적합성이 인정된다. 보존되는 정보가 최소한에 그치고 이용범위도 제한적이며, 수사경력자료의 누설이나 목적 외 취득과 사용이 엄격히 금지될 뿐만 아니라 법정 보존기간이 합리적 범위 안에 있어 침해의 최소성에 반한다고 볼 수 없고, 수사경력자료의 보존으로 청구인이 현실적으로 입게 되는 불이익이 그다지 크지 않으므로 법익의 균형성도 갖추고 있다. 따라서 심판대상조항은 과잉금지원칙을 위반하여 청구인의 개인정보자기결정권을 침해하지 아니한다(헌재 2016. 6. 30. 2015헌마828).

▶ '혐의없음'의 불기소처분을 받은 수사경력자료를 보존하고 그 보존기간을 두고 있는 이 사건 수사경력자료 정리 조항이 과잉금지원칙을 위반하여 청구인의 개인정보자기결정권을 침해하는지(소극): '혐의없음'의 불기소처분에 관한 개인정보를 보존하도록 하는 것은 재수사에 대비한 기초자료를 보존하고 수사의 반복을 피하기 위한 것으로서 그 목적이 정당하고 수단의 적합성이 인정된다. 또한 해당범죄의 공소시효를 고려할 때 이 사건 수사경력자료 정리조항이 규정한 수사경력자료의 보존기간이 필요 이상으로 긴 것으로 보기도 어려우므로 침해의 최소성을 갖추고 있고, 수사경력자료의 보존으로 청구인이 현실적으로 입게 되는 불이익이 그다지 크지 않으므로 법익의 균형성도 갖추고 있다. 따라서 이 사건 수사경력자료 정리조항에서 '혐의없음'의 불기소처분에 관한 개인정보를 보존하도록 하는 것은 청구인의 개인정보자기결정권을 침해하지 아니한다(헌재 2012. 7. 26. 2010헌마446).

▶ 소년에 대한 수사경력자료의 삭제와 보존기간에 대하여 규정하면서 법원에서 불처분결정된 소년부송치 사건에 대하여 규정하지 않은 구 형의 실효 등에 관한 법률 제8조의2 제1항 등이 과잉금지원칙에 반하여 개인정보자기결정권을 침해하는지(적극): 법원에서 소년부송치된 사건을 심리하여 보호처분을 할 수 없거나 할 필요가 없다고 인정하여 불처분결정을 하는 경우 소년부송치 및 불처분결정된 사실이 소년의 장래 신상에 불이익한 영향을 미치지 않는 것이 마땅하다. 또한 모든 소년부송치 사건의 수사경력자료를 해당 사건의 경중이나 결정 이후 경과한 시간 등에 대한 고려 없이 일률적으로 당사자가 사망할 때까지 보존할 필요가 있다고 보기는 어렵고, 불처분결정된 소년부송치 사건의 수사경력자료가 조회 및 회보되는 경우에도 이를 통해 추구하는 실체적 진실발견과 형사사법의 정의 구현이라는 공익에 비해, 당사자가 입을 수 있는 실질적 또는 심리적 불이익과 그로 인한 재사회화 및 사회복귀의 어려움이 더 크다. 따라서 심판대상조항은 과잉금지원칙을 위반하여 소년부송치 후 불처분결정을 받은 자의 개인정보자기결정권을 침해한다(헌재 2021. 6. 24. 2018헌가2 헌법불합치).

▶ 디엔에이감식시료 채취대상자가 사망할 때까지 디엔에이신원확인정보를 데이터베이스에 수록, 관리할 수 있도록 규정한 디엔에이법 제13조 제3항 중 수형인 등에 관한 부분이 개인정보자기결정권을 침해하는지(소극): 디엔에이신원확인정보는 개인식별을 위한 최소한의 정보인 단순한 숫자에 불과하여 이로부터 개인의 유전정보를 확인할 수 없는 것이어서 개인의 존엄과 인격권에 심대한 영향을 미칠 수 있는 민감한 정보라고 보기 어렵고, 디엔에이신원확인정보의 수록 후 디엔에이감식시료와 디엔에이의 즉시 폐기, 무죄 등의 판결이 확정된 경우 디엔에이신원확인정보의 삭제, 디엔에이인적관리자와 디엔에이신원확인정보담당자의 분리, 디엔에이신원확인정보데이터베이스관리위원회의 설치, 업무목적 외 디엔에이신원확인정보의 사용ㆍ제공ㆍ누설 금지 및 위반시 처벌, 데이터베이스 보안장치 등 개인정보보호에 관한 규정을 두고 있으므로 침해최소성 원칙에 위배되지 않는다. 디엔에이신원확인정보를 범죄수사 등에 이용함으로써 달성할 수 있는 공익의 중요성에 비하여 청구인의 불이익이 크다고 보기 어려워 법익균형성도 갖추었다. 따라서 이 사건 삭제조항이 과도하게 개인정보자기결정권을 침해한다고 볼 수 없다(헌재 2014. 8. 28. 2011헌마28).

▶ 디엔에이신원확인정보담당자가 디엔에이신원확인정보를 검색하거나 그 결과를 회보할 수 있도록 규정한 디엔에이법 제11조 제1항이 개인정보자기결정권을 침해하는지(소극): 검색ㆍ회보조항에서 정한 검색ㆍ회보 사유의 필요성이 있고, 검색ㆍ회보 사유가 한정되어 있으며, 개인정보보호를 위한 조치들을 규정하고 있고, 범죄수사 등을 위한 공익이 청구인들의 불이익보다 크다. 따라서 검색ㆍ회보조항이 과도하게 개인정보자기결정권을 침해한다고 볼 수 없다(헌재 2014. 8. 28. 2011헌마28).

▶ **학교생활세부사항기록부의 '행동특성 및 종합의견'에 학교폭력예방법에 규정된 가해학생에 대한 조치사항을 입력하도록 규정한 '학교생활기록 작성 및 관리지침' 제16조 제2항 및 이러한 내용을 학생의 졸업과 동시에 삭제하도록 규정한 위 지침 제18조 제5항이 과잉금지원칙에 반하여 청구인의 개인정보자기결정권을 침해하는지**(소극): 학교폭력 관련 조치사항들을 학교생활기록부에 기재하고 보존하는 것은 가해학생을 선도하고 교육할 수 있는 유용한 정보가 되고, 상급학교로의 진학 자료로 사용됨으로써 학생들의 경각심을 고취시켜 학교폭력을 예방하고 재발을 방지하는 가장 효과적인 수단이 된다. 그러므로 비록 경미한 조치라 하더라도 학교생활기록부에의 기재 및 보존의 필요성이 있고, 관련 조항들에서 목적 외 사용금지 등 활용목적의 확대 및 남용에 따른 부수적인 기본권침해도 방지하고 있으므로, 침해의 최소성도 인정된다. 안전하고 건전한 학교생활보장 및 학생보호라는 공익은 학교폭력의 가해자인 학생이 입게 되는 기본권제한의 정도에 비해 그 보호가치가 결코 작지 않으므로, 법익의 균형성도 인정된다. 따라서 이 사건 기재조항 및 보존조항은 과잉금지원칙에 위배되어 청구인의 개인정보자기결정권을 침해하지 않는다(헌재 2016. 4. 28. 2012헌마630).

▶ **구치소장이 미결수용자인 청구인에게 징벌을 부과한 뒤 그 규율위반 내용 및 징벌처분 결과 등을 관할 법원에 양형 참고자료로 통보한 행위가 청구인의 개인정보자기결정권을 침해하는지**(소극): 이 사건 통보행위는 해당 미결수용자에 대한 적정한 양형을 실현하고 형사재판절차를 원활하게 진행하기 위한 것이다. 이로 인하여 제공되는 개인정보의 내용은 정보주체와 관련한 객관적이고 외형적인 사항들로서 엄격한 보호의 대상이 되지 아니하고, 개인정보가 제공되는 상대방이 체포·구속의 주체인 법원으로 한정되며, 양형 참고자료를 통보받은 법원으로서는 관련 법령에 따라 이를 목적 외의 용도로 이용하거나 제3자에게 제공할 수 없다. 통보행위로 인해 제공되는 정보의 성격이나 제공 상대방의 한정된 범위를 고려할 때 그로 인한 기본권 제한의 정도가 크지 않은 데 비해, 이로 인하여 달성하고자 하는 적정한 양형의 실현 및 형사재판절차의 원활한 진행과 같은 공익은 훨씬 중대하다. 이 사건 통보행위는 과잉금지원칙에 위배되어 청구인의 개인정보자기결정권을 침해하였다고 볼 수 없다(헌재 2023. 9. 26. 2022헌마926).

▶ **구치소장이 검사의 요청에 따라 청구인과 배우자의 접견녹음파일을 제공한 행위가 청구인의 개인정보자기결정권을 침해하는지**(소극): 제공행위는 형사사법의 실체적 진실을 발견하고 이를 통해 형사사법의 적정한 수행을 도모하기 위한 것으로 그 목적이 정당하고, 수단 역시 적합하다. 또한, 접견기록물의 제공은 제한적으로 이루어지고, 제공된 접견내용은 수사와 공소제기 등에 필요한 범위 내에서만 사용하도록 제도적 장치가 마련되어 있으며, 사적 대화내용을 분리하여 제공하는 것은 그 구분이 실질적으로 불가능하고, 범죄와 관련 있는 대화내용을 쉽게 파악하기 어려워 전체제공이 불가피한 점 등을 고려할 때 침해의 최소성 요건도 갖추고 있다. 나아가 접견 내용이 기록된다는 사실이 미리 고지되어 그에 대한 보호가치가 그리 크다고 볼 수 없는 점 등을 고려할 때, 법익의 불균형을 인정하기도 어려우므로, 과잉금지원칙에 위반하여 청구인의 개인정보자기결정권을 침해하였다고 볼 수 없다(헌재 2012. 12. 27. 2010헌마153).

▶ **수형자가 제출한 소송서류의 발송일자 등을 소송서류 접수 및 전달부에 등재한 행위가 청구인의 개인정보자기결정권을 침해하는지**(소극): 이 사건 소송서류 등재는 수형자가 제출하는 소송서류 접수, 발송업무라는 소관업무의 정확성을 기하고 형사소송법 제344조 제1항이 정한 재소자의 특칙 등 기간준수 여부 확인을 위한 공적 자료를 마련하기 위한 것으로서 그 목적의 정당성과 수단의 적절성이 인정된다. 또한 청구인이 제출한 소송서류의 '접수일자, 소송의 종류, 소송서류명, 관할법원 및 기관, 사건번호, 발송일자, 기일만료일' 등의 정보는 소송서류의 내용적 정보가 아니라 소송서류와 관련된 외형적이고 형식적인 사항들로서 개인의 인격과 밀접하게 연관된 민감한 정보라고 보기는 어렵고, 이 사건 소송서류 등재가 수형자의 편의를 도모하기 위한 측면이 있음에 비추어 볼 때, 이 사건 소송서류 등재가 청구인의 개인정보자기결정권을 침해하였다고 볼 수 없다(헌재 2014. 9. 25. 2012헌마523).

> ▶ 대통령의 지시로 대통령 비서실장 등이 야당 소속 후보를 지지하였거나 정부에 비판적 활동을 한 문화예술인이나 단체를 정부의 문화예술 지원사업에서 배제할 목적으로 개인의 정치적 견해에 관한 정보를 수집·보유·이용한 행위가 과잉금지원칙을 위반하여 개인정보자기결정권을 침해하는지(적극): 이 사건 정보수집 등 행위는 청구인들의 정치적 견해를 확인하여 야당 후보자를 지지한 이력이 있거나 현 정부에 대한 비판적 의사를 표현한 자에 대한 문화예술 지원을 차단하는 위헌적인 지시를 실행하기 위한 것으로, 그 목적의 정당성을 인정할 여지가 없어 청구인들의 개인정보자기결정권을 침해한다(헌재 2020. 12. 23. 2017헌마416).

▶ 법무부장관은 변호사시험 합격자가 결정되면 즉시 명단을 공고하여야 한다고 규정한 변호사시험법 제11조 부분이 청구인들의 개인정보자기결정권을 침해하는지(소극): 심판대상조항의 입법목적은 공공성을 지닌 전문직인 변호사에 관한 정보를 널리 공개하여 법률서비스 수요자가 필요한 정보를 얻는 데 도움을 주고, 변호사시험 관리 업무의 공정성과 투명성을 간접적으로 담보하는 데 있다. 심판대상조항은 법무부장관이 시험 관리 업무를 위하여 수집한 응시자의 개인정보 중 합격자의 성명을 공개하도록 하는 데 그치므로, 청구인들의 개인정보자기결정권이 제한되는 범위와 정도는 매우 제한적이다. 따라서 심판대상조항이 과잉금지원칙에 위배되어 청구인들의 개인정보자기결정권을 침해한다고 볼 수 없다(헌재 2020. 3. 26. 2018헌마77).

▶ 국민기초생활보장법상의 급여신청자에게 금융거래정보의 제출을 요구할 수 있도록 한 법 시행규칙 제35조 제1항 제5호가 급여신청자의 개인정보자기결정권을 침해하는지(소극): 보장법시행규칙 제35조 제1항 제5호는 급여신청자의 수급자격 및 급여액 결정을 객관적이고 공정하게 판정하려는 데 그 목적이 있는 것으로, 그 정당성이 인정되고, 이를 위해서 금융거래정보를 파악하는 것은 적절한 수단이며 금융기관과의 금융거래정보로 제한된 범위에서 수집되고 조사를 통해 얻은 정보와 자료를 목적 외의 다른 용도로 사용하거나 다른 기관에 제공하는 것이 금지될 뿐만 아니라 이를 어긴 경우 형벌을 부과하고 있으므로 정보주체의 자기결정권을 제한하는 데 따른 피해를 최소화하고 있고 위 시행규칙조항으로 인한 정보주체의 불이익보다 추구하는 공익이 더 크므로 개인정보자기결정권을 침해하지 아니한다(헌재 2005. 11. 24. 2005헌마112).

Ⅳ 사생활의 비밀과 자유의 한계

명예훼손적 표현의 피해자가 공적 인물인지 아니면 사인인지, 그 표현이 공적인 관심 사안에 관한 것인지 순수한 사적인 영역에 속하는 사안인지의 여부에 따라 헌법적 심사기준에는 차이가 있어야 하고, 공적 인물의 공적 활동에 대한 명예훼손적 표현은 그 제한이 더 완화되어야 한다(헌재 2013. 12. 26. 2009헌마747).

판례

▶ 공직자의 자질·도덕성·청렴성에 관한 사실은 순수한 사생활의 영역에 있다고 보기 어렵고, 이에 대한 문제제기 내지 비판이 허용되어야 하는지(적극): 공직자의 공무집행과 직접적인 관련이 없는 개인적인 사생활에 관한 사실이라도 일정한 경우 공적인 관심 사안에 해당할 수 있다. 공직자의 자질·도덕성·청렴성에 관한 사실은 그 내용이 개인적인 사생활에 관한 것이라 할지라도 순수한 사생활의 영역에 있다고 보기 어렵다. 이러한 사실은 공직자 등의 사회적 활동에 대한 비판 내지 평가의 한 자료가 될 수 있고, 업무집행의 내용에 따라서는 업무와 관련이 있을 수도 있으므로, 이에 대한 문제제기 내지 비판은 허용되어야 한다(헌재 2013. 12. 26. 2009헌마747).

제2항 주거의 자유

> **헌법 제16조**
> 모든 국민은 주거의 자유를 침해받지 아니한다. 주거에 대한 압수나 수색을 할 때에는 검사의 신청에 의하여 법관이 발부한 영장을 제시하여야 한다.

참고

▶ **헌정사**: 주거의 자유와 관련한 영장주의는 1962년 제5차 개정헌법에서 도입

I 주거의 자유의 의의

주거의 자유란 인간의 체류와 활동을 위한 사적 공간인 주거에 관하여는 개인의 자유로운 영역으로 인정하여 국가가 공간적으로 이를 침해할 수 없다는 것을 말하는 것으로, 개인의 인격의 발현과 자주적인 생활형성을 위한 공간적 기초를 보장해 준다. 헌법 제16조가 보장하는 주거의 자유는 개방되지 않은 사적 공간인 주거를 공권력이나 제3자에 의해 침해당하지 않도록 함으로써 국민의 사생활영역을 보호하기 위한 권리이다(헌재 2015. 11. 26. 2013헌바415).

판례

▶ **주거의 자유의 취지와 주거용 건축물의 사용·수익관계**: 헌법 제16조가 보장하는 주거의 자유는 개방되지 않은 사적 공간인 주거를 공권력이나 제3자에 의해 침해당하지 않도록 함으로써 국민의 사생활영역을 보호하기 위한 권리이므로, 주거용 건축물의 사용·수익관계를 정하고 있는 도시 및 주거환경정비법 조항이 주거의 자유를 제한한다고 볼 수 없다(헌재 2015. 11. 26. 2013헌바415).

II 주거의 자유의 내용

1. 주거의 불가침

주거의 불가침이란 주거소지자의 의사에 반하는 침입이나 체류를 금지하는 것을 의미한다. 즉 주거의 자유의 주체에 의한 동의나 승낙이 없는 경우 누구도 주거에 들어가거나 머무르는 것을 금지한다. 여기서 주거란 현재 거주여부를 불문하고 사람이 거주하기 위하여 점유하고 있는 일체의 건조물 및 시설을 말하고, 침입이란 주거의 사실상 평온상태를 해치는 행위 태양으로 주거에 들어가는 것을 의미하고, 침입에 해당하는지는 출입 당시 객관적·외형적으로 드러난 행위 태양을 기준으로 판단함이 원칙이다(대판 2022. 3. 24. 2017도18272).

판례

▶ **주거침입죄의 성립 여부**: 행위자가 범죄 등을 목적으로 음식점에 출입하였거나 영업주가 행위자의 실제 출입 목적을 알았더라면 출입을 승낙하지 않았을 것이라는 사정이 인정되더라도 그러한 사정만으로는 출입 당시 객관적·외형적으로 드러난 행위 태양에 비추어 사실상의 평온상태를 해치는 방법으로 음식점에 들어갔다고 평가할 수 없으므로 침입행위에 해당하지 않는다(대판 2022. 3. 24. 2017도18272).

▶ **주거침입죄의 성립 여부**: 외부인이 공동거주자의 일부가 부재중에 주거 내에 현재하는 거주자의 현실적인 승낙을 받아 통상적인 출입방법에 따라 공동주거에 들어간 경우라면 그것이 부재중인 다른 거주자의 추정적 의사에 반하는 경우에도 주거침입죄가 성립하지 않는다(대판 2021. 9. 9. 2020도12630).

2. 영장주의

헌법 제12조 제3항과는 달리 헌법 제16조 후문은 "주거에 대한 압수나 수색을 할 때에는 검사의 신청에 의하여 법관이 발부한 영장을 제시하여야 한다."라고 규정하고 있을 뿐 영장주의에 대한 예외를 명문화하고 있지 않다. 그러나 헌법 제16조의 영장주의에 대해서도 그 예외를 인정하되, 이는 그 장소에 범죄혐의 등을 입증할 자료나 피의자가 존재할 개연성이 소명되고, 사전에 영장을 발부받기 어려운 긴급한 사정이 있는 경우에만 제한적으로 허용될 수 있다고 보는 것이 타당하다(헌재 2018. 4. 26. 2015헌바370).

판례

▶ **체포영장을 집행하는 경우 필요한 때에는 타인의 주거 등에서 피의자 수사를 할 수 있도록 한 형사소송법 제216조 제1항 제1호 부분이 헌법 제16조의 영장주의에 위반되는지**(적극): 심판대상조항은 체포영장을 발부받아 피의자를 체포하는 경우에 필요한 때에는 영장 없이 타인의 주거 등 내에서 피의자 수사를 할 수 있다고 규정함으로써, 별도로 영장을 발부받기 어려운 긴급한 사정이 있는지 여부를 구별하지 아니하고 피의자가 소재할 개연성만 소명되면 영장 없이 타인의 주거 등을 수색할 수 있도록 허용하고 있다. 이는 체포영장이 발부된 피의자가 타인의 주거 등에 소재할 개연성은 소명되나, 수색에 앞서 영장을 발부받기 어려운 긴급한 사정이 인정되지 않는 경우에도 영장 없이 피의자 수색을 할 수 있다는 것이므로, 헌법 제16조의 영장주의 예외 요건을 벗어나는 것으로서 영장주의에 위반된다(헌재 2018. 4. 26. 2015헌바370 헌법불합치).

▶ **서울출입국관리사무소장이 불법체류 외국인인 청구인들을 긴급보호하는 과정에서 서울출입국관리사무소 소속 직원들이 청구인의 주거에 들어간 것이 주거의 자유를 침해하는지**(소극): 출입국관리법에 의한 보호에 있어서 용의자에 대한 긴급보호를 위해 그의 주거에 들어간 것이라면 그 긴급보호가 적법한 이상 주거의 자유를 침해한 것으로 볼 수 없으므로 청구인에 대한 긴급보호가 적법한 이상 그 긴급보호 과정에서 청구인의 주거에 들어갔다고 하더라도 주거의 자유를 침해하였다고 볼 수 없다(헌재 2012. 8. 23. 2008헌마430).

제3항 거주·이전의 자유

헌법 제14조
모든 국민은 거주·이전의 자유를 가진다.

Ⅰ 거주·이전의 자유의 의의

1. 개념
거주·이전의 자유란 국가권력의 간섭을 받지 않고 누구나 그 의사에 따라 원하는 장소에 주소나 거소를 정하고 그곳으로부터 자유롭게 이전하거나 또는 자신의 의사에 반하여 거주지나 체류지를 변경하지 않을 자유를 말한다(헌재 2004. 10. 28. 2003헌가18).

2. 기능
거주·이전의 자유란 국가의 간섭없이 자유롭게 거주와 체류지를 정할 수 있는 자유로서 정치·경제·사회·문화 등 모든 생활영역에서 개성신장을 촉진함으로써 헌법상 보장되고 있는 다른 기본권들의 실효성을 증대시켜주는 기능을 한다(헌재 2004. 10. 28. 2003헌가18).

3. 보호 범위
거주·이전의 자유는 생활형성의 중심지 즉, 거주지나 체류지라고 볼 만한 정도로 생활과 밀접한 연관을 갖는 장소를 선택하고 변경하는 행위를 보호하는 기본권으로서, 생활의 근거지에 이르지 못하는 일시적인 이동을 위한 장소의 선택과 변경까지 그 보호영역에 포함되는 것은 아니다(헌재 2011. 6. 30. 2009헌마406).

> **판례**
>
> ▶ **거주·이전의 자유의 보호 범위**: 거주·이전의 자유는 공권력의 간섭을 받지 아니하고 일시적으로 머물 체류지와 생활의 근거되는 거주지를 자유롭게 정하고 체류지와 거주지를 변경할 목적으로 자유롭게 이동할 수 있는 자유를 내용으로 한다. 그러나 거주·이전의 자유가 국민에게 그가 선택할 직업 내지 그가 취임할 공직을 그가 선택하는 임의의 장소에서 자유롭게 행사할 수 있는 권리까지 보장하는 것은 아니다(헌재 1996. 6. 26. 96헌마200).
>
> ▶ **경찰청장이 경찰버스들로 서울특별시 서울광장을 둘러싸 통행을 제지한 행위가 청구인들의 거주·이전의 자유를 제한하는지**(소극): 거주·이전의 자유는 거주지나 체류지라고 볼 만한 정도로 생활과 밀접한 연관을 갖는 장소를 선택하고 변경하는 행위를 보호하는 기본권인바, 서울광장이 청구인들의 생활형성의 중심지인 거주지나 체류지에 해당한다고 할 수 없고, 서울광장에 출입하고 통행하는 행위가 그 장소를 중심으로 생활을 형성해 나가는 행위에 속한다고 볼 수도 없으므로 청구인들의 거주·이전의 자유가 제한되었다고 할 수 없다(헌재 2011. 6. 30. 2009헌마406).
>
> ▶ **영내에 기거하는 군인은 그가 속한 세대의 거주지에서 등록하여야 한다고 규정하고 있는 주민등록법 제6조 제2항이 거주이전의 자유를 제한하는지**(소극): 누구든지 주민등록 여부와 무관하게 거주지를 자유롭게 이전할 수 있으므로 주민등록 여부가 거주·이전의 자유와 직접적인 관계가 있다고 보기도 어렵다. 더욱이 영내 기거 현역병은 병역법으로 인해 거주·이전의 자유를 제한받게 되므로, 영내로의 주민등록 가능 여부가 해당 현역병의 거주·이전의 자유에 영향을 미친다고 보기 어렵다(헌재 2011. 6. 30. 2009헌마59).

Ⅱ 거주·이전의 자유 내용

1. 국내 거주·이전의 자유

모든 국민은 국내에서 거주·이전의 자유를 가진다. 거주·이전의 자유에는 거주지의 이전 이외에도 국내여행의 자유, 기업활동의 근거지인 본점이나 사무소의 설치·이전의 자유 등이 포함된다.

> **판례**
>
> ▶ **지방자치단체장의 피선거권 자격요건으로서 90일 이상 관할구역 내에 주민등록이 되어 있을 것을 요구하는 공직선거법 조항이 거주·이전의 자유를 침해하는지**(소극) : 직업에 관한 규정이나 공직취임의 자격에 관한 제한규정이 직업 또는 공직을 선택하거나 행사하려는 자의 거주·이전의 자유를 간접적으로 어렵게 하거나 불가능하게 하거나 원하지 않는 지역으로 이주할 것을 강요하게 될 수 있다 하더라도, 그와 같은 조치가 특정한 직업 내지 공직의 선택 또는 행사에 있어서의 필요와 관련되어 있는 것인 한, 그러한 조치에 의하여 직업의 자유 내지 공무담임권이 제한될 수는 있어도 거주·이전의 자유가 제한되었다고 볼 수는 없다. 그러므로 이 사건 법률조항으로 인하여 청구인이 그 체류지와 거주지의 자유로운 결정과 선택에 사실상 제약을 받는다고 하더라도 청구인의 공무담임권에 대한 제한이 있는 것은 별론으로 하고 거주·이전의 자유가 침해되었다고 할 수는 없다(헌재 1996. 6. 26. 96헌마200).
>
> ▶ **법인이 과밀억제권역 내에 본점의 사업용 부동산으로 건축물을 신축하여 이를 취득하는 경우 취득세를 중과세하는 구 지방세법 제112조 제3항 본문 부분이 거주·이전의 자유 및 영업의 자유를 침해하는지**(소극) : 이 사건 법률조항은 수도권에 인구 및 경제·산업시설이 밀집되어 발생하는 문제를 해결하고 국토의 균형 있는 발전을 도모하기 위하여 법인이 과밀억제권역 내에 본점의 사업용 부동산으로 건축물을 신축·증축하여 이를 취득하는 경우 취득세를 중과세하는 조항으로서, 구법과 달리 인구유입과 경제력 집중의 효과가 뚜렷한 건물의 신축, 증축 그리고 부속토지의 취득만을 그 적용대상으로 한정하여 부당하게 중과세할 소지를 제거하였다. 따라서 이 사건 법률조항은 거주·이전의 자유와 영업의 자유를 침해하지 아니한다(헌재 2014. 7. 24. 2012헌바408).

2. 국외 거주·이전의 자유

해외여행 및 해외이주의 자유는 필연적으로 외국에서 체류 또는 거주하기 위해서 대한민국을 떠날 수 있는 '출국의 자유'와 외국체류 또는 거주를 중단하고 다시 대한민국으로 돌아올 수 있는 '입국의 자유'를 포함한다(헌재 2004. 10. 28. 2003헌가18).

> **판례**
>
> ▶ **지방병무청장으로 하여금 병역준비역에 대하여 27세를 초과하지 않는 범위에서 단기 국외여행을 허가하도록 한 구 '병역의무자 국외여행 업무처리 규정' 제5조 제1항 부분이 27세가 넘은 병역준비역인 청구인의 거주·이전의 자유를 침해하는지**(소극) : 단기 국외여행 허가는 별다른 구비서류를 요구하지 않아 병역의무 회피 도구로 악용될 가능성이 있기 때문에, 병역준비역의 개별적·구체적 사정을 감안하지 않고 연령이라는 일괄적 기준에 따라 허가 여부를 결정하도록 한 것이다. 이처럼 심판대상조항은 공정하고 효율적인 병역의무의 이행을 확보한다는 입법목적을 해치지 않으면서도 징집 연기가 가능한 범위에서 국외여행의 자유를 최대한 보장하고 있다. 따라서 심판대상조항은 청구인의 거주·이전의 자유를 침해하지 않는다(헌재 2023. 2. 23. 2019헌마1157).

▶ **형사재판에 계속 중인 사람에 대하여 출국을 금지할 수 있다고 규정한 출입국관리법 제4조 제1항 제1호가 출국의 자유를 침해하는지**(소극) : 형사재판에 계속 중인 사람의 해외도피를 막아 국가 형벌권을 확보함으로써 실체적 진실발견과 사법정의를 실현하고자 하는 심판대상조항은 그 입법목적이 정당하고, 수단의 적정성도 인정된다. 심판대상조항으로 인하여 형사재판에 계속 중인 사람이 입게 되는 불이익은 일정 기간 출국이 금지되는 것인 반면, 심판대상조항을 통하여 얻는 공익은 국가 형벌권을 확보함으로써 실체적 진실발견과 사법정의를 실현하고자 하는 것으로서 중대하므로 법익의 균형성도 충족된다(헌재 2015. 9. 24. 2012헌바302).

▶ **아프가니스탄 등 전쟁 또는 테러위험이 있는 해외 위난지역에서 여권사용을 제한하거나 방문 또는 체류를 금지한 외교통상부 고시가 청구인들의 거주·이전의 자유를 침해하는지**(소극) : 이 사건 고시는 국민의 생명·신체 및 재산을 보호하기 위한 것으로 그 목적의 정당성과 수단의 적절성이 인정되며, 대상지역을 당시 전쟁이 계속 중이던 이라크와 소말리아, 그리고 실제로 한국인에 대한 테러 가능성이 높았던 아프가니스탄 등 3곳으로 한정하고, 그 기간도 1년으로 하여 그다지 장기간으로 볼 수 없을 뿐 아니라, 부득이한 경우 예외적으로 외교통상부장관의 허가를 받아 여권의 사용 및 방문·체류가 가능하도록 함으로써 국민의 거주·이전의 자유에 대한 제한을 최소화하고 법익의 균형성도 갖추었다(헌재 2008. 6. 26. 2007헌마1366).

3. 국적변경의 자유

거주·이전의 자유는 국내에서 체류지와 거주지를 자유롭게 정할 수 있는 자유영역뿐 아니라 나아가 국외에서 체류지와 거주지를 자유롭게 정할 수 있는 '해외여행 및 해외 이주의 자유'를 포함하고 덧붙여 대한민국의 국적을 이탈할 수 있는 '국적변경의 자유' 등도 그 내용에 포섭된다(헌재 2004. 10. 28. 2003헌가18).

제4항 통신의 자유

헌법 제18조
모든 국민은 통신의 비밀을 침해받지 아니한다.

I 통신의 자유의 의의

1. 개념

통신의 자유란 개인이 그 의사나 정보를 우편물이나 전기통신 등의 수단에 의하여 전달 또는 교환하는 경우에 그 내용 등이 본인의 의사에 반하여 공개되지 아니할 자유를 말한다. 통신의 일반적인 속성으로는 당사자 간의 동의, 비공개성, 당사자의 특정성 등을 들 수 있다. 이러한 통신의 속성에 비추어 헌법 제18조에서 규정하고 있는 통신의 의미는 비공개를 전제로 하는 쌍방향적인 의사소통이라고 할 수 있다(헌재 2001. 3. 21. 2000헌바25).

2. 취지

통신의 자유를 기본권으로서 보장하는 것은 사적 영역에 속하는 개인간의 의사소통을 사생활의 일부로서 보장하겠다는 취지에서 비롯된 것이다. 통신은 기본적으로 개인과 개인간의 관계를 전제로 하는 것이지만, 통신의 수단인 우편이나 전기통신의 운영이 전통적으로 국가독점에서 출발하였기 때문에, 통신의 영역은 다른 사생활 영역에 비하여 국가에 의한 침해 가능성이 매우 큰 영역이라 할 수 있고, 이것이 사생활의 비밀과 자유에 포섭될 수 있는 사적 영역에 속하는 통신의 자유를 헌법이 별개의 조항을 통해서 기본권으로 보호하고 있는 이유이다(헌재 2001. 3. 21. 2000헌바25).

Ⅱ 통신의 자유의 내용

1. 통신의 자유

통신의 자유란 통신수단을 자유로이 이용하여 의사소통할 권리이고, 이러한 '통신수단의 자유로운 이용'에는 자신의 인적사항을 누구에게도 밝히지 않는 상태로 통신수단을 이용할 자유, 즉 통신수단의 익명성 보장도 포함된다(헌재 2019. 9. 26. 2017헌마1209).

> **판례**
>
> ▶ 전기통신역무제공에 관한 계약을 체결하는 경우 전기통신사업자로 하여금 가입자에게 본인임을 확인할 수 있는 증서 등을 제시하도록 한 전기통신사업법 제32조의 4 제2항이 통신의 자유를 제한하는지(적극): 통신의 자유란 통신수단을 자유로이 이용하여 의사소통할 권리이고, 이러한 '통신수단의 자유로운 이용'에는 자신의 인적사항을 누구에게도 밝히지 않는 상태로 통신수단을 이용할 자유, 즉 통신수단의 익명성 보장도 포함된다. 따라서 심판대상조항은 익명으로 통신하고자 하는 청구인들의 통신의 자유를 제한한다(헌재 2019. 9. 26. 2017헌마1209).
>
> ▶ 육군 신병교육 지침서 중 '신병훈련소에서 교육훈련을 받는 동안 전화사용을 통제하는 부분'이 청구인의 통신의 자유 등 기본권을 침해하는지(소극): 이 사건 지침은 신병들을 군인으로 육성하고 교육훈련과 병영생활에 조속히 적응시키기 위하여 신병교육기간에 한하여 신병의 외부 전화통화를 통제한 것으로, 긴급한 전화통화의 경우는 지휘관의 통제 하에 허용될 수 있다는 점, 신병들이 부모 및 가족에 대한 편지를 작성하여 우편으로 송부하도록 하고 있는 점 등을 종합하여 고려하여 보면, 청구인을 포함한 신병교육훈련생들의 통신의 자유 등 기본권을 필요한 정도를 넘어 과도하게 제한하는 것이라고 보기 어렵다(헌재 2010. 10. 28. 2007헌마890).
>
> ▶ 구치소장이 구치소에 수용 중인 수형자 앞으로 온 서신 속에 허가받지 않은 물품인 '녹취서'와 '사진'이 동봉되어 있음을 이유로 수형자에게 해당 서신수수를 금지하고 해당 녹취서와 사진을 발신자인 청구인에게 반송한 행위가 청구인의 통신의 자유를 침해하는지(소극): 구치소장이 구치소에 수용중인 수형자에게 온 서신에 '허가 없이 수수되는 물품'인 녹취서와 사진이 동봉되어 있음을 확인하여 서신수수를 금지하고 발신인인 청구인에게 위 물품을 반송한 것은 교정사고를 미연에 방지하고 교정시설의 안전과 질서 유지를 위하여 불가피한 측면이 있다. 또한 청구인은 관심대상수용자로 지정된 자이고, 서신에 동봉된 녹취서는 청구인이 원고인 민사사건 증인의 증언을 녹취한 소송서류로서 타인의 실명과 개인정보가 기재되어 있다. 이와 같은 점을 종합적으로 고려하면, 이 사건 반송행위는 과잉금지원칙에 위반되어 청구인의 통신의 자유를 침해하지 않는다(헌재 2019. 12. 27. 2017헌마413).

▶ **수용자가 작성한 집필문의 외부반출을 금지할 수 있다고 규정한 형집행법 제49조 제3항 등이 수용자의 통신의 자유를 침해하는지**(소극) : 수용자의 처우 또는 교정시설의 운영에 관한 거짓 사실을 담고 있는 집필문이나 타인의 사생활의 비밀 또는 자유를 침해할 가능성이 있는 내용을 담고 있는 집필문이 외부로 반출되는 경우 그로 인한 부작용은 예측하기 어려우므로 이를 규제할 필요가 있다. 형집행법상 수용자들의 집필활동은 특별한 사정이 없는 한 자유롭게 허용되고, 작성된 집필문의 외부 반출도 원칙적으로 허용되며, 예외적으로 금지되는 사유도 구체적이고 한정되어 있으므로 그 제한의 정도도 최소한에 그치고 있다. 또한 집필문의 외부반출이 불허되고 영치처분이 내려진 경우에도 수용자는 행정소송 등을 통해 이러한 처분의 취소를 구할 수 있는 등의 불복수단도 마련되어 있으므로, 심판대상조항은 수용자의 통신의 자유를 침해하지 않는다(헌재 2016. 5. 26. 2013헌바98).

2. 통신의 비밀

통신의 비밀이란 서신·우편·전신의 통신수단을 통하여 개인 간에 의사나 정보의 전달과 교환이 이루어지는 경우, 통신의 내용과 통신이용의 상황이 개인의 의사에 반하여 공개되지 아니할 자유를 의미한다(헌재 2016. 11. 24. 2014헌바401).

자유로운 의사소통은 통신내용의 비밀을 보장하는 것만으로는 충분하지 아니하고 구체적인 통신으로 발생하는 외형적인 사실관계, 특히 통신관여자의 인적 동일성·통신시간·통신장소·통신횟수 등 통신의 외형을 구성하는 통신이용의 전반적 상황의 비밀까지도 보장해야 한다(헌재 2018. 6. 28. 2012헌마191).

판례

▶ **방송통신심의위원회가 주식회사 ○○ 외 9개 정보통신서비스제공자 등에 대하여 895개 웹사이트**(불법 인터넷 사이트)**에 대한 접속차단의 시정을 요구한 행위가 통신의 비밀을 제한하는지**(적극) : 이 사건 시정요구는 정보통신서비스제공자 등이 방송통신심의위원회와 사전에 협의한 내용을 바탕으로 기존의 차단 방식과 SNI 차단 방식을 함께 적용하여 특정 웹사이트에 대한 접속을 차단하도록 하므로, 그 차단 과정에서 청구인들이 접속하고자 하는 웹사이트를 알 수 있는 SNI 등의 접속정보가 정보통신서비스제공자에게 공개되어 청구인들의 통신의 비밀과 자유가 제한된다(헌재 2023. 10. 26. 2019헌마158).

▶ **전기통신역무제공에 관한 계약을 체결하는 경우 전기통신사업자로 하여금 가입자에게 본인임을 확인할 수 있는 증서 등을 제시하도록 한 전기통신사업법 제32조의4 제2항이 통신의 비밀을 제한하는지**(소극) : 가입자의 인적사항이라는 정보는 통신의 내용·상황과 관계없는 '비 내용적 정보'이며 휴대전화 통신계약 체결 단계에서는 아직 통신수단을 통하여 어떠한 의사소통이 이루어지는 것이 아니므로 통신의 비밀에 대한 제한이 이루어진다고 보기는 어렵다. 따라서 심판대상조항에 의해서는 통신의 비밀이 제한되지 않으며, 오직 인적사항을 밝히지 않는 방식으로 통신수단을 이용할 자유라는 의미에서의 통신의 자유만이 문제된다(헌재 2019. 9. 26. 2017헌마1209).

▶ **교도소장이 소송대리인인 변호사가 수용자인 청구인에게 온 서신을 개봉한 행위가 청구인의 통신의 자유를 침해하는지**(소극) : 교도소장의 서신개봉행위는 법령상 금지되는 물품을 서신에 동봉하여 반입하는 것을 방지하기 위하여 구 형집행법 제43조 제3항 등에 근거하여 수용자에게 온 서신의 봉투를 개봉하여 내용물을 확인한 행위로서, 교정시설의 안전과 질서를 유지하고 수용자의 교화 및 사회복귀를 원활하게 하기 위한 것이다. 개봉하는 발신자나 수용자를 한정하거나 엑스레이 기기 등으로 확인하는 방법 등으로는 금지물품 동봉 여부를 정확하게 확인하기 어려워, 입법목적을 같은 정도로 달성하면서, 소장이 서신을 개봉하여 육안으로 확인하는 것보다 덜 침해적인 수단이 있다고 보기 어렵다. 또한 서신을 개봉하더라도 그 내용에 대한 검열은 원칙적으로 금지된다. 따라서 서신개봉행위는 청구인의 통신의 자유를 침해하지 아니한다(헌재 2021. 9. 30. 2019헌마919).

▶ **교도소장이 법원, 검찰청 등이 수용자인 청구인에게 보낸 문서를 열람한 행위가 청구인의 통신의 자유를 침해하는지**(소극) : 문서열람행위는 형집행법 시행령 제67조에 근거하여 법원 등 관계기관이 수용자에게 보내온 문서를 열람한 행위로서, 문서 전달 업무에 정확성을 기하고 수용자의 편의를 도모하며 법령상의 기간준수 여부 확인을 위한 공적 자료를 마련하기 위한 것이다. 수용자 스스로 고지하도록 하거나 특별히 엄중한 계호를 요하는 수용자에 한하여 열람하는 등의 방법으로는 목적 달성에 충분하지 않고, 다른 법령에 따라 열람이 금지된 문서는 열람할 수 없으며, 열람한 후에는 본인에게 신속히 전달하여야 하므로, 문서열람행위는 청구인의 통신의 자유를 침해하지 아니한다(헌재 2021. 9. 30. 2019헌마919).

▶ **수용자가 국가기관에 서신을 발송할 경우에 교도소장의 허가를 받도록 하는 것이 통신비밀의 자유를 침해하는지**(소극) : 교도소 수용자들의 도주를 예방하고 교도소내의 규율과 질서를 유지하여 구금의 목적을 달성하기 위해서는 서신에 대한 검열이 불가피하며, 만약 국가기관과 사인에 대한 서신을 따로 분리하여 사인에 대한 서신의 경우에만 검열을 실시하고, 국가기관에 대한 서신의 경우에는 검열을 하지 않는다면 사인에게 보낼 서신을 국가기관의 명의를 빌려 검열 없이 보낼 수 있게 됨으로써 검열을 거치지 않고 사인에게 서신을 발송하는 탈법수단으로 이용될 수 있게 되므로 수용자의 서신에 대한 검열은 국가안전보장·질서유지 또는 공공복리라는 정당한 목적을 위하여 부득이 할 뿐만 아니라 유효 적절한 방법에 의한 최소한의 제한이며, 통신비밀의 자유의 본질적 내용을 침해하는 것이 아니어서 헌법에 위반된다고 할 수 없다(헌재 2001. 11. 29. 99헌마713).

▶ **미결수용자의 서신에 대한 검열이 통신의 비밀을 침해받지 않을 권리를 침해하는지**(소극) : 미결수용자가 서신을 제한 없이 발송할 수 있게 한다면 증거인멸의 부탁, 출소 후의 보복 협박, 교도소 등에 있는 동안의 뒷바라지 강요 등 각양각색의 협박편지가 그대로 발송될 수 있고, 이와 같은 사례들이 사회에 전파될 때 많은 사람이 수사 및 재판과정에서의 증언 또는 진술을 기피할 것이고 보복이 두려워서라도 각종 불법행위를 외면하게 되어 공정한 사법제도가 운영될 수 없게 될 위험이 있다. 따라서 증거의 인멸이나 도망을 예방하고 교도소 내의 질서를 유지하여 미결구금제도를 실효성 있게 운영하고 일반사회의 불안을 방지하기 위한 미결수용자의 서신에 대한 검열은 그 필요성이 인정된다. 교도관집무규칙 제78조 등은 서신검열의 기준 및 검열자의 비밀준수의무 등을 규정하고 있으므로, 서신검열로 인하여 미결수용자의 통신의 비밀이 일부 제한되는 것은 질서유지 또는 공공복리라는 정당한 목적을 위하여 불가피할 뿐만 아니라 유효적절한 방법에 의한 최소한의 제한으로서 헌법에 위반된다고 할 수는 없다(헌재 1995. 7. 21. 92헌마144).

▶ **수형자의 서신 검열이 통신의 자유를 침해하는지**(소극) : 구금시설은 다수의 수형자를 집단으로 관리하는 시설로서 규율과 질서유지가 필요하므로 수형자의 서신수발의 자유에는 내재적 한계가 있고, 구금의 목적을 달성하기 위하여 수형자의 서신에 대한 검열은 불가피하다. 현행법령과 제도하에서 수형자가 수발하는 서신에 대한 검열로 인하여 수형자의 통신의 비밀이 일부 제한되는 것은 국가안전보장·질서유지 또는 공공복리라는 정당한 목적을 위하여 부득이할 뿐만 아니라 유효적절한 방법에 의한 최소한의 제한이며 통신의 자유의 본질적 내용을 침해하는 것이 아니다(헌재 1998. 8. 27. 96헌마398).

▶ **수용자가 밖으로 내보내는 모든 서신을 봉함하지 않은 상태로 교정시설에 제출하도록 규정하고 있는 형집행법 시행령 제65조 제1항이 청구인의 통신비밀의 자유를 침해하는지**(적극) : 이 사건 시행령조항은 교정시설의 안전과 질서유지, 수용자의 교화 및 사회복귀를 원활하게 하기 위해 수용자가 밖으로 내보내는 서신을 봉함하지 않은 상태로 제출하도록 한 것이나, 이와 같은 목적은 교도관이 수용자의 면전에서 서신에 금지물품이 들어 있는지를 확인하고 수용자로 하여금 서신을 봉함하게 하는 방법, 봉함된 상태로 제출된 서신을 X-ray 검색기 등으로 확인한 후 의심이 있는 경우에만 개봉하여 확인하는 방법, 서신에 대한 검열이 허용되는 경우에만 무봉함 상태로 제출하도록 하는 방법 등으로도 얼마든지 달성할 수 있다고 할 것인바, 위 시행령 조항이 수용자가 보내려는 모든 서신에 대해 무봉함 상태의 제출을 강제함으로써 수용자의 발송 서신 모두를 사실상 검열 가능한 상태에 놓이도록 하는 것은 기본권 제한의 최소침해성 요건을 위반하여 수용자인 청구인의 통신비밀의 자유를 침해하는 것이다(헌재 2012. 2. 23. 2009헌마333).

Ⅲ 통신의 자유의 제한

1. 제한 가능성

통신의 중요한 수단인 서신의 당사자나 내용은 본인의 의사에 반하여 공개될 수 없으므로 서신의 검열은 원칙으로 금지된다. 그러나 통신의 자유도 절대적인 것은 아니므로 헌법 제37조 제2항에 따라 국가안전보장·질서유지 또는 공공복리를 위하여 필요한 경우에는 법률로써 제한할 수 있고, 다만 제한하는 경우에도 그 본질적인 내용은 침해할 수 없다(헌재 1998. 8. 27. 96헌마398).

> **판례**
>
> ▶ 방송통신심의위원회가 주식회사 ○○ 외 9개 정보통신서비스제공자 등에 대하여 895개 웹사이트(불법 인터넷 사이트)에 대한 접속차단의 시정을 요구한 행위가 청구인들의 통신의 비밀과 자유 및 알 권리를 침해하는지(소극): 이 사건 시정요구는 불법정보 등의 유통을 차단함으로써 정보통신에서의 건전한 문화를 창달하고 정보통신의 올바른 이용환경을 조성하고자 하는 것으로서 그 목적이 정당하고, 불법정보 등을 담고 있는 특정 웹사이트에 대한 접속을 차단하는 것은 수단의 적합성이 인정된다. 인터넷을 통해 유통되는 정보는 복제성, 확장성, 신속성을 가지고 있어 사후적 조치만으로는 시정조치의 목적을 동일한 정도로 달성할 수 없고, 해외에 서버를 둔 웹사이트의 경우 다른 조치에 한계가 있어 접속을 차단하는 것이 현실적인 방법이다. 따라서 침해의 최소성 및 법익의 균형성도 인정된다. 그렇다면 이 사건 시정요구는 청구인들의 통신의 비밀과 자유 및 알 권리를 침해하지 아니한다(헌재 2023. 10. 26. 2019헌마158).
>
> ▶ 온라인서비스제공자가 자신이 관리하는 정보통신망에서 아동·청소년이용음란물을 발견하기 위하여 대통령령으로 정하는 조치를 취하지 아니하거나 발견된 아동·청소년이용음란물을 즉시 삭제하고, 전송을 방지 또는 중단하는 기술적인 조치를 취하지 아니한 경우 처벌하는 '아동·청소년의 성보호에 관한 법률' 부분이 과잉금지원칙에 위배되어 온라인서비스제공자의 영업수행의 자유, 서비스이용자의 통신의 비밀과 표현의 자유를 침해하는지(소극): [제한되는 기본권] 심판대상조항은 온라인서비스제공자의 직업의 자유, 구체적으로는 영업수행의 자유를 제한하며, 서비스이용자의 통신의 비밀과 표현의 자유를 제한한다. [과잉금지원칙 위반 여부] 아동음란물의 특성상 자료가 이미 확산되어 버린 이후에는 관련된 아동·청소년의 인권 침해를 막기 어려우며, 온라인서비스제공자에게 적극적 발견 의무를 부과함으로써 선제적으로 대응하지 않으면 아동음란물의 광범위한 확산에 효과적으로 대응할 수 없으므로, 아동음란물의 보관·유통을 실효적으로 차단하기 위해서는 온라인서비스제공자에게 적극적 의무를 부과하는 것이 필요하고, 입법자가 온라인서비스제공자에게 이러한 적극적 의무를 부과하고 형벌로 대응하는 것이 입법재량의 한계를 넘은 것이라 할 수 없다. 심판대상조항을 통하여 아동음란물의 광범위한 유통·확산을 사전적으로 차단하고 이를 통해 아동음란물이 초래하는 각종 폐해를 방지하며 특히 관련된 아동·청소년의 인권 침해 가능성을 사전적으로 차단할 수 있는바, 이러한 공익이 사적 불이익보다 더 크다. 따라서 심판대상조항은 온라인서비스제공자의 영업수행의 자유, 서비스이용자의 통신의 비밀과 표현의 자유를 침해하지 아니한다(헌재 2018. 6. 28. 2016헌가15).

2. 통신비밀보호법

(1) 정의

1) 통신과 우편물

통신이란 우편물 및 전기통신을 말하는데, 우편물이란 우편법에 의한 통상우편물과 소포우편물을 말하고, 전기통신이란 전화·전자우편·회원제정보서비스·모사전송·무선호출 등과 같이 유선·무선·광선 및 기타의 전자적 방식에 의하여 모든 종류의 음향·문언·부호 또는 영상을 송신하거나 수신하는 것을 말한다(통신비밀보호법 제2조 1호, 2호, 3호).

2) 검열과 감청

검열이란 우편물에 대하여 당사자의 동의없이 이를 개봉하거나 기타의 방법으로 그 내용을 지득 또는 채록하거나 유치하는 것을 말하고, 감청이란 전기통신에 대하여 당사자의 동의없이 전자장치·기계장치등을 사용하여 통신의 음향·문언·부호·영상을 청취·공독하여 그 내용을 지득 또는 채록하거나 전기통신의 송·수신을 방해하는 것을 말한다(통신비밀보호법 제2조 6호, 7호).

3) 통신사실확인자료(통신비밀보호법 제2조 11호)

- 가입자의 전기통신일시
- 전기통신개시·종료시간
- 발·착신 통신번호 등 상대방의 가입자번호
- 사용도수
- 컴퓨터통신 또는 인터넷의 사용자가 전기통신역무를 이용한 사실에 관한 컴퓨터통신 또는 인터넷의 로그기록자료
- 정보통신망에 접속된 정보통신기기의 위치를 확인할 수 있는 발신기지국의 위치추적자료
- 컴퓨터통신 또는 인터넷의 사용자가 정보통신망에 접속하기 위하여 사용하는 정보통신기기의 위치를 확인할 수 있는 접속지의 추적자료

판례

▶ 이미 수신이 완료된 전기통신 내용을 지득하는 등의 행위도 감청에 포함되는지(소극) : 일반적으로 감청은 다른 사람의 대화나 통신 내용을 몰래 엿듣는 행위를 의미하는 점 등을 고려하여 보면, 통신비밀보호법상 '감청'이란 대상이 되는 전기통신의 송·수신과 동시에 이루어지는 경우만을 의미하고, 이미 수신이 완료된 전기통신의 내용을 지득하는 등의 행위는 포함되지 않는다(대판 2012. 10. 25. 2012도4644).

(2) 통신제한조치

1) 절차

	청구권자	허가기관		허가기간	긴급통신제한
범죄수사	검사	법원		· 2개월 초과금지 · 2월 범위 내 연장 · 총 연장기간 1년	· 허가 없이 통신제한조치 · 착수 후 36시간 이내에 법원의 허가
국가안보	정보수사기관의 장	내국인	고법 수석	· 4개월 초과금지 · 4월 범위 내 연장 · 총 연장기간 1년	· 범죄수사와 동일 · 소속장관의 승인을 얻어 통신제한조치 · 착수 후 36시간 이내에 대통령의 승인
		외국인	대통령		

> **판례**
>
> ▶ **통신비밀보호법 제5조 제2항 중 '인터넷회선을 통하여 송·수신하는 전기통신'에 관한 부분이 과잉금지원칙을 위반하여 청구인의 통신의 자유와 사생활의 자유를 침해하는지**(적극): 인터넷회선 감청은 수사기관이 실제 감청 집행을 하는 단계에서는 해당 인터넷회선을 통하여 흐르는 불특정 다수인의 모든 정보가 패킷 형태로 수집되어 일단 수사기관에 그대로 전송되므로, 감청 집행을 통해 수사기관이 취득하는 자료가 매우 방대하다. 불특정 다수가 하나의 인터넷회선을 공유하여 사용하는 경우가 대부분이므로, 실제 집행 단계에서는 법원이 허가한 범위를 넘어 피의자 내지 피내사자의 통신자료뿐만 아니라 동일한 인터넷회선을 이용하는 불특정 다수인의 통신자료까지 수사기관에 모두 수집·저장된다. 그러므로 이 사건 법률조항은 과잉금지원칙에 위반하는 것으로 청구인의 기본권을 침해한다(헌재 2018. 8. 30. 2016헌마263).
>
> ▶ **통신제한조치기간의 연장을 허가함에 있어 총연장기간 또는 총연장횟수의 제한을 두지 아니한 통신비밀보호법 조항이 통신의 비밀을 침해하는지**(적극): 통신제한조치기간의 연장을 허가함에 있어 총연장기간 또는 총연장횟수의 제한을 두고 그 최소한의 연장기간동안 범죄혐의를 입증하지 못하는 경우 통신제한조치를 중단하게 한다고 하여도, 통신제한조치를 해야 할 필요가 있으면 법원에 새로운 통신제한조치의 허가를 청구할 수 있으므로 이로써 수사목적을 달성하는 데 충분하다. 그럼에도 통신제한조치기간을 연장함에 있어 법운용자의 남용을 막을 수 있는 최소한의 한계를 설정하지 않은 이 사건 법률조항은 침해의 최소성원칙에 위반한다(헌재 2010. 12. 28. 2009헌가30 헌법불합치).

2) 집행에 관한 통지

검사는 통신제한조치를 집행한 사건에 관하여 공소를 제기하거나, 공소의 제기 또는 입건을 하지 아니하는 처분(기소중지결정, 참고인중지결정 제외)을 한 때에는 그 처분을 한 날부터 30일 이내에 우편물 검열의 경우에는 그 대상자에게, 감청의 경우에는 그 대상이 된 전기통신의 가입자에게 통신제한조치를 집행한 사실과 집행기관 및 그 기간 등을 서면으로 통지하여야 한다(통신비밀보호법 제9조의2 제1항).

3) 감청설비에 대한 인가와 신고

감청설비를 제조·수입·판매·배포·소지·사용하거나 이를 위한 광고를 하고자 하는 자는 과학기술정보통신부장관의 인가를 받아야 한다. 다만, 국가기관의 경우에는 그러하지 아니하다(통신비밀보호법 제10조 제1항).

> **판례**
>
> ▶ **감청설비 제조·수입 등의 경우 정보통신부장관의 인가를 받도록 하되 국가기관은 예외로 규정한 통신비밀보호법 제10조 제1항이 통신의 자유를 침해하는지**(소극): 국가기관의 감청설비 보유·사용에 대한 관리와 통제를 위한 법적·제도적 장치가 마련되어 있으므로, 국가기관이 인가 없이 감청설비를 보유, 사용할 수 있다는 사실만 가지고 바로 국가기관에 의한 통신비밀침해행위를 용이하게 하는 결과를 초래함으로써 통신의 자유를 침해한다고 볼 수는 없다(헌재 2001. 3. 21. 2000헌바25).

(3) 압수·수색·검증

검사는 송·수신이 완료된 전기통신에 대하여 압수·수색·검증을 집행한 경우 그 사건에 관하여 공소를 제기하거나 공소의 제기 또는 입건을 하지 아니하는 처분(기소중지결정, 참고인중지결정 제외)을 한 때에는 그 처분을 한 날부터 30일 이내에 수사대상이 된 가입자에게 압수·수색·검증을 집행한 사실을 서면으로 통지하여야 한다(통신비밀보호법 제9조의3 제1항).

> **판례**
>
> ▶ 통신비밀보호법 제9조의3 제2항 중 '통지의 대상을 수사대상이 된 가입자로만 한정한 부분'이 적법절차원칙에 위배되어 개인정보자기결정권을 침해하는지(소극): 전기통신의 특성상 수사대상이 된 가입자와 전기통신을 송·수신한 상대방은 다수일 수 있는데, 이들 모두에 대하여 그 압수·수색 사실을 통지하도록 한다면, 수사대상이 된 가입자가 수사를 받았다는 사실이 상대방 모두에게 알려지게 되어 오히려 가입자가 예측하지 못한 피해를 입을 수 있고, 또한 통지를 위하여 상대방의 인적사항을 수집해야 함에 따라 또 다른 개인정보자기결정권의 침해를 야기할 수도 있다. 이상과 같은 점들을 종합하여 볼 때, 심판대상조항은 적법절차원칙에 위배되어 청구인들의 개인정보자기결정권을 침해하지 않는다(헌재 2018. 4. 26. 2014헌마1178).

(4) 통신사실 확인자료의 열람·제출

1) 절차

검사 또는 사법경찰관은 수사 또는 형의 집행을 위하여 필요한 경우 전기통신사업법에 의한 전기통신사업자에게 통신사실 확인자료의 열람이나 제출을 요청할 수 있다(통신비밀보호법 제13조 제1항). 검사 또는 사법경찰관은 수사를 위하여 통신사실확인자료 중 '실시간 추적자료', '특정한 기지국에 대한 통신사실확인자료'가 필요한 경우에는 다른 방법으로는 범죄의 실행을 저지하기 어렵거나 범인의 발견·확보 또는 증거의 수집·보전이 어려운 경우에만 전기통신사업자에게 해당 자료의 열람이나 제출을 요청할 수 있다. 다만, 통신비밀보호법 제5조 제1항에 해당하는 범죄 또는 전기통신을 수단으로 하는 범죄에 대한 통신사실확인자료가 필요한 경우에는 열람이나 제출을 요청할 수 있다(통신비빌보호법 제13조 제2항).

> **판례**
>
> ▶ 통신비밀보호법 제13조 제1항 중 '검사 또는 사법경찰관은 수사를 위하여 필요한 경우 전기통신사업법 에 의한 전기통신사업자에게 제2조 제11호 가목 내지 라목의 통신사실확인자료의 열람이나 제출을 요청할 수 있다' 부분이 과잉금지원칙에 위반되어 청구인의 개인정보자기결정권과 통신의 자유를 침해하는지(적극): 수사기관의 통신사실 확인자료 제공요청에 대해 법원의 허가를 거치도록 규정하고 있으나 수사의 필요성만을 그 요건으로 하고 있어 제대로 된 통제가 이루어지기 어려운 점, 기지국수사의 허용과 관련하여서는 유괴·납치·성폭력범죄 등 강력범죄나 국가안보를 위협하는 각종 범죄와 같이 피의자나 피해자의 통신사실확인자료가 반드시 필요한 범죄로 그 대상을 한정하는 방안 등을 검토함으로써 수사에 지장을 초래하지 않으면서도 불특정 다수의 기본권을 덜 침해하는 수단이 존재하는 점을 고려할 때, 이 사건 요청조항은 과잉금지원칙에 반하여 청구인의 개인정보자기결정권과 통신의 자유를 침해한다(헌재 2018. 6. 28. 2012헌마538 헌법불합치).

▶ **통신비밀보호법 제13조 제1항 중 '검사 또는 사법경찰관은 수사를 위하여 필요한 경우 전기통신사업법에 의한 전기통신사업자에게 제2조 제11호 바목, 사목의 통신사실확인자료의 열람이나 제출을 요청할 수 있다' 부분이 과잉금지원칙에 위반되어 청구인들의 개인정보자기결정권과 통신의 자유를 침해하는지**(적극) : 이 사건 요청조항은 수사기관의 광범위한 위치정보 추적자료 제공요청을 허용하여 정보주체의 기본권을 과도하게 제한하는 점, 위치정보 추적자료의 제공요청과 관련하여서는 실시간 위치추적 또는 불특정 다수에 대한 위치추적의 경우 보충성 요건을 추가하거나 대상범죄의 경중에 따라 보충성 요건을 차등적으로 적용함으로써 수사에 지장을 초래하지 않으면서도 정보주체의 기본권을 덜 침해하는 수단이 존재하는 점, 수사의 필요성만을 그 요건으로 하고 있어 절차적 통제마저도 제대로 이루어지기 어려운 현실인 점 등을 고려할 때, 이 사건 요청조항은 과잉금지원칙에 반하여 청구인들의 개인정보자기결정권과 통신의 자유를 침해한다(헌재 2018. 6. 28. 2012헌마191 헌법불합치).

▶ **수사기관이 수사를 위하여 필요한 경우 법원의 허가를 얻어 전기통신사업자에게 정보주체의 위치정보 추적자료의 제공을 요청할 수 있도록 하고 있는 통신비밀보호법 제13조 제2항 본문 부분이 헌법상 영장주의에 위반되어 청구인들의 개인정보자기결정권과 통신의 자유를 침해하는지**(소극) : 위치정보 추적자료 제공요청은 통신비밀보호법이 정한 강제처분에 해당되므로 헌법상 영장주의가 적용된다. 다만 이 사건 허가조항은 수사기관이 전기통신사업자에게 위치정보 추적자료 제공을 요청함에 있어 관할 지방법원 또는 지원의 허가를 받도록 규정하고 있으므로 헌법상 영장주의에 위배되지 아니한다(헌재 2018. 6. 28. 2012헌마191).

2) 제공의 통지

검사 또는 사법경찰관은 제13조에 따라 통신사실 확인자료제공을 받은 사건에 관하여 통신비밀보호법이 정한 기간 내에 통신사실 확인자료제공을 받은 사실과 제공요청기관 및 그 기간 등을 통신사실 확인자료제공의 대상이 된 당사자에게 서면으로 통지하여야 한다(통신비밀보호법 제13조의3 제1항).

판례

▶ **기소중지결정이나 수사 중에는 수사기관에게 위치정보 추적자료를 제공받은 사실 등에 관하여 통지할 의무를 부과하지 아니하고 있는 통신비밀보호법 제13조의3 제1항 부분이 적법절차원칙에 위반되어 청구인들의 개인정보자기결정권을 침해하는지**(적극) : 이 사건 통지조항은 수사가 장기간 진행되거나 기소중지결정이 있는 경우에는 정보주체에게 위치정보 추적자료 제공사실을 통지할 의무를 규정하지 아니하고, 그 밖의 경우에 제공사실을 통지받더라도 그 제공사유가 통지되지 아니하며, 수사목적을 달성한 이후 해당 자료가 파기되었는지 여부도 확인할 수 없게 되어 있어, 정보주체로서는 위치정보 추적자료와 관련된 수사기관의 권한남용에 대해 적절한 대응을 할 수 없게 되었다. 따라서 이 사건 통지조항은 적법절차원칙에 위배되어 청구인들의 개인정보자기결정권을 침해한다(헌재 2018. 6. 28. 2012헌마191 헌법불합치).

(5) **통신 및 대화비밀의 보호**

누구든지 통신비밀보호법과 형사소송법 또는 군사법원법의 규정에 의하지 아니하고는 우편물의 검열·전기통신의 감청 또는 통신사실확인자료의 제공을 하거나 공개되지 아니한 타인 간의 대화를 녹음 또는 청취하지 못하며(통신비밀보호법 제3조 제1항), 불법검열에 의하여 취득한 우편물이나 그 내용 및 불법감청에 의하여 지득 또는 채록된 전기통신의 내용은 재판 또는 징계절차에서 증거로 사용할 수 없다(통신비밀보호법 제4조).

제3절 정신적 자유

제1항 양심의 자유

> **헌법 제19조**
> 모든 국민은 양심의 자유를 가진다.

I 양심의 자유의 의의

1. 양심의 자유

(1) 개념

양심의 자유란 외부로부터의 부당한 간섭이나 강제를 받지 않고 개인의 내심영역에서 양심을 형성하고 양심상의 결정하며, 형성된 양심을 외부로 표명하고 양심에 따라 삶을 형성할 자유를 말한다(헌재 2004. 8. 26. 2002헌가1).

(2) 기능

헌법은 제19조는 양심의 자유를 국민의 기본권으로 보장하고 있는데, 인간의 존엄성 유지와 개인의 자유로운 인격발현을 최고의 가치로 삼는 우리 헌법상의 기본권체계 내에서 양심의 자유의 기능은 개인적 인격의 정체성과 동질성을 유지하는 데 있다(헌재 2004. 8. 26. 2002헌가1).

2. 양심

(1) 개념

헌법상 보호되는 양심은 어떤 일의 옳고 그름을 판단함에 있어서 그렇게 행동하지 아니하고는 자신의 인격적인 존재가치가 허물어지고 말 것이라는 강력하고 진지한 마음의 소리로서 절박하고 구체적인 양심을 말한다. 즉, '양심상의 결정'이란 선과 악의 기준에 따른 모든 진지한 윤리적 결정으로서 구체적인 상황에서 개인이 이러한 결정을 자신을 구속하고 무조건적으로 따라야 하는 것으로 받아들이기 때문에 양심상의 심각한 갈등이 없이는 그에 반하여 행동할 수 없는 것을 말한다(헌재 2018. 6. 28. 2011헌바379).

(2) 판단기준

특정한 내적인 확신 또는 신념이 양심으로 형성된 이상 그 내용 여하를 떠나 양심의 자유에 의해 보호되는 양심이 될 수 있으므로, 헌법상 양심의 자유에 의해 보호받는 '양심'으로 인정할 것인지의 판단은 그것이 깊고, 확고하며, 진실된 것인지 여부에 따르게 된다(헌재 2018. 6. 28. 2011헌바379).

판례

▶ **신념이 깊고, 확고하며, 진실하다는 의미**: 신념이 깊다는 것은 그것이 사람의 내면 깊이 자리잡은 것으로서 그의 모든 생각과 행동에 영향을 미친다는 것을 뜻한다. 삶의 일부가 아닌 전부가 그 신념의 영향력 아래 있어야 한다. 신념이 확고하다는 것은 그것이 유동적이거나 가변적이지 않다는 것을 뜻한다. 반드시 고정불변이어야 하는 것은 아니지만, 그 신념은 분명한 실체를 가진 것으로서 좀처럼 쉽게 바뀌지 않는 것이어야 한다. 신념이 진실하다는 것은 거짓이 없고, 상황에 따라 타협적이거나 전략적이지 않다는 것을 뜻한다(대판 2018. 11. 1. 2016도10912).

▶ **양심의 자유에 의해 보호하는 양심**: 양심의 자유에서 보호하는 양심은 어느 것으로도 대체되지 아니하며, 그에 따라 행동함으로써 자기를 표현하고 인간으로서의 존엄과 가치를 확인하는 의미를 가지는 것이다(헌재 2018. 6. 28. 2011헌바379).

▶ **양심상 결정이 기초하는 가치체계**: 양심상의 결정이 어떠한 종교관·세계관 또는 그 외의 가치체계에 기초하고 있는가와 관계없이 모든 내용의 양심상의 결정이 양심의 자유에 의하여 보장된다(헌재 2004. 8. 26. 2002헌가1). 즉 헌법 제19조의 양심이란 세계관·인생관·주의·신조 등은 물론, 이에 이르지 아니하여도 보다 널리 개인의 인격형성에 관계되는 내심에 있어서의 가치적·윤리적 판단도 포함된다(헌재 1991. 4. 1. 89헌마160).

▶ **헌법에 의해 보호받는 양심**: 양심은 민주적 다수의 사고나 가치관과 일치하는 것이 아니라, 개인적 현상으로서 지극히 주관적인 것이다. 그래서 양심은 그 대상이나 내용 또는 동기에 의하여 판단될 수 없으며, 특히 양심상의 결정이 이성적·합리적인가, 타당한가 또는 법질서나 사회규범·도덕률과 일치하는가 하는 관점은 양심의 존재를 판단하는 기준이 될 수 없다. 즉 개인의 양심은 사회 다수의 정의관·도덕관과 일치하지 않을 수 있으며, 오히려 헌법상 양심의 자유가 문제되는 상황은 개인의 양심이 국가의 법질서나 사회의 도덕률에 부합하지 않는 경우이므로, 헌법에 의해 보호받는 양심은 법질서와 도덕에 부합하는 사고를 가진 다수가 아니라 이른바 '소수자'의 양심이 되기 마련이다(헌재 2018. 6. 28. 2011헌바379).

▶ **양심에 대한 사회적·도덕적 평가**: 양심에 대한 사회적·도덕적 판단이나 평가는 당연히 가능하며, 양심이기 때문에 무조건 그 자체로 정당하다거나 도덕적이라는 의미는 아니다(헌재 2018. 6. 28. 2011헌바379).

▶ **민사집행법상 재산명시의무를 위반한 채무자에 대하여 법원이 결정으로 20일 이내의 감치에 처하도록 규정한 민사집행법 제68조 제1항이 청구인의 양심의 자유를 침해하는지**(소극): 헌법 제19조에서 보호되어야 할 양심에는 단순한 사실관계의 확인과 같이 가치적·윤리적 판단이 개입될 여지가 없는 경우는 보호대상이 아니다. 이 사건에서 채무자가 부담하는 행위의무는 강제집행의 대상이 되는 재산관계를 명시한 재산목록을 제출하고 그 재산목록의 진실함을 법관 앞에서 선서하는 것으로서, 개인의 인격형성에 관계되는 내심의 가치적·윤리적 판단이 개입될 여지가 없는 단순한 사실관계의 확인에 불과한 것이므로, 헌법 제19조에 의하여 보장되는 양심의 영역에 포함되지 않는다(헌재 2014. 9. 25. 2013헌마11).

▶ **사업자단체의 독점규제 및 공정거래법 위반행위가 있을 때 공정거래위원회가 당해 사업자단체에 대하여 "법위반 사실의 공표"를 명할 수 있도록 한 공정거래법 제27조가 양심의 자유를 침해하는지**(소극): 단순한 사실관계의 확인과 같이 가치적·윤리적 판단이 개입될 여지가 없는 경우는 물론, 법률해석에 관하여 여러 견해가 갈리는 경우처럼 다소의 가치관련성을 가진다고 하더라도 개인의 인격형성과는 관계가 없는 사사로운 사유나 의견 등은 그 보호대상이 아니다. 이러한 법률판단의 문제는 개인의 인격형성과는 무관하며, 대화와 토론을 통하여 가장 합리적인 것으로 그 내용이 동화되거나 수렴될 수 있는 포용성을 가지는 분야에 속한다고 할 것이므로 헌법 제19조에 의하여 보장되는 양심의 영역에 포함되지 아니한다(헌재 2002. 1. 31. 2001헌바43).

▶ **국가보안법 등 위반 수형자의 가석방 결정시 준법서약서를 제출하도록 한 가석방심사 등에 관한 규칙 제14조가 준법서약의 내용상 서약자의 양심의 영역을 침범하는 것인지**(소극) : 국법질서의 준수에 대한 국민의 일반적 의무가 헌법적으로 명백함을 감안할 때, 내용상 단순히 국법질서나 헌법체제를 준수하겠다는 취지의 서약을 할 것을 요구하는 준법서약은 국민이 부담하는 일반적 의무를 장래를 향하여 확인하는 것에 불과하며, 어떠한 가정적 혹은 실제적 상황하에서 특정의 사유(思惟)를 하거나 특별한 행동을 할 것을 새로이 요구하는 것이 아니다. 따라서 이 사건 준법서약은 어떤 구체적이거나 적극적인 내용을 담지 않은 채 단순한 헌법적 의무의 확인·서약에 불과하다 할 것이어서 양심의 영역을 건드리는 것이 아니다(헌재 2002. 4. 25. 98헌마425).

▶ **주취운전의 혐의자에게 주취여부의 측정에 응할 의무를 지우고 이에 불응한 사람을 처벌하는 도로교통법조항이 양심의 자유를 침해하는지**(소극) : 음주측정에 응해야 할 것인지에 대한 고민은 선과 악의 범주에 관한 진지한 윤리적 결정을 위한 고민이라 할 수 없으므로 그 고민 끝에 어쩔 수 없이 음주측정에 응하였다 하여 내면적으로 구축된 인간양심이 왜곡 굴절된다고 할 수도 없다. 따라서 음주측정요구와 그 거부는 양심의 자유의 보호영역에 포괄되지 아니하므로 이 사건 법률조항을 두고 헌법 제19조에서 보장하는 양심의 자유를 침해하는 것이라고 할 수 없다(헌재 1997. 3. 27. 96헌가11).

▶ **자동차 운전자에게 좌석안전띠를 매도록 하고, 이를 위반했을 때 범칙금을 납부하도록 통고하는 것이 양심의 자유를 침해하는지**(소극) : 자동차를 운전하며 좌석안전띠를 맬 것인지 여부에 대한 고민 끝에 제재를 받지 않기 위하여 어쩔 수 없이 좌석안전띠를 매었다 하여 청구인이 내면적으로 구축한 인간양심이 왜곡·굴절되고 청구인의 인격적인 존재가치가 허물어진다고 할 수는 없다. 따라서 운전 중 운전자의 좌석안전띠착용은 양심의 자유의 보호영역에 속하지 아니한다(헌재 2003. 10. 30. 2002헌마518).

▶ **주민등록증 발급대상자로 하여금 주민등록증발급신청서에 열 손가락의 지문을 날인하도록 하고 있는 주민등록법 시행령조항이 양심의 자유를 침해하는지**(소극) : 지문을 날인할 것인지 여부의 결정이 선악의 기준에 따른 개인의 진지한 윤리적 결정에 해당한다고 보기는 어려워, 이 사건 시행령조항에 대하여 국가가 개인의 윤리적 판단에 개입한다거나 그 윤리적 판단을 표명하도록 강제하는 것으로 볼 여지는 없다(헌재 2005. 5. 26. 99헌마513).

▶ **탈법방법에 의한 문서·도화의 배부·게시 등을 금지하고 있는 공직선거법 조항이 양심의 자유를 침해하는지**(소극) : 자신의 태도나 입장을 외부에 설명하거나 해명하는 행위는, 진지한 윤리적 결정에 관계된 행위라기보다는 단순한 생각이나 의견, 사상이나 확신 등의 표현행위라고 볼 수 있어, 그 행위가 선거에 영향을 미치게 하기 위한 것이라는 이유로 이를 하지 못하게 된다 하더라도 내면적으로 구축된 인간의 양심이 왜곡 굴절된다고는 할 수 없다는 점에서 양심의 자유의 보호영역에 포괄되지 아니한다(헌재 2001. 8. 30. 99헌바92).

Ⅱ 양심의 자유의 주체

양심의 자유는 인간의 권리이므로 국민만이 아니라 외국인도 양심의 자유의 주체가 된다. 헌법재판소는 법인은 양심의 자유의 주체가 될 수 없다는 입장이다(헌재 1991. 4. 1. 89헌마160).

Ⅲ 양심의 자유의 내용

1. 양심형성의 자유

양심형성의 자유란 외부로부터의 부당한 간섭이나 강제를 받지 않고 개인의 내심영역에서 양심을 형성하고 양심상의 결정을 내리는 자유를 말한다(헌재 2011. 8. 30. 2007헌가12).

> **판례**
>
> ▶ **이적표현물의 소지·취득행위를 처벌하는 국가보안법 제7조 제5항 부분이 양심의 자유를 제한하는지**(적극): 표현물에 담긴 내용이나 사상은 개개인이 자신의 세계관이나 가치체계를 형성해 나가는 데 영향을 주는 것으로 어떠한 신념에 근거하여 윤리적 결정을 하고 삶의 방향을 설정해 나갈 것인가를 정하는 기초가 된다. 따라서 특정한 내용이 담긴 표현물의 소지나 취득을 금지함으로써 정신적 사유의 범위를 제한하는 것은, 내적 영역에서 양심을 형성하고 사상을 발전시켜 나가고자 하는 양심의 자유 내지는 사상의 자유를 제한한다(헌재 2015. 4. 30. 2012헌바95).

2. 양심실현의 자유

(1) 내용

양심실현의 자유란 형성된 양심을 외부로 표명하고 양심에 따라 삶을 형성할 자유로, 구체적으로는 양심을 표명하거나 또는 양심을 표명하도록 강요받지 아니할 자유(양심표명의 자유), 양심에 반하는 행동을 강요받지 아니할 자유(부작위에 의한 양심실현의 자유), 양심에 따른 행동을 할 자유(작위에 의한 양심실현의 자유)를 모두 포함한다(헌재 2011. 8. 30. 2007헌가12).

> **판례**
>
> ▶ **정당한 사유 없이 입영기간이 경과하여도 입영하지 아니한 자를 처벌하도록 규정하고 있는 구 병역법 제88조 제1항이 양심의 자유를 제한하는지**(적극): 자신의 종교관·가치관·세계관 등에 따라 전쟁과 그에 따른 인간의 살상에 반대하는 진지한 양심이 형성되었다면, '병역의무를 이행할 수 없다'는 결정은 양심에 반하여 행동할 수 없다는 강력하고 진지한 윤리적 결정인 것이며, 현역복무라는 병역의무를 이행해야 하는 상황은 개인의 윤리적 정체성에 대한 중대한 위기상황에 해당한다. 이 사건 법률조항은 형사처벌을 통하여 양심적 병역거부자에게 양심에 반하는 행동을 강요하고 있으므로, '양심에 반하는 행동을 강요당하지 아니할 자유', 즉, '부작위에 의한 양심실현의 자유'를 제한하는 규정이다(헌재 2011. 8. 30. 2008헌가22).

(2) 양심적 병역거부

1) 의의

양심적 병역거부는 병역의무가 인정되는 징병제 국가에서 종교적·윤리적·철학적 또는 이와 유사한 동기로부터 형성된 양심상의 결정을 이유로 병역의무의 이행을 거부하는 행위를 가리킨다(헌재 2018. 6. 28. 2011헌바379).

> **판례**
>
> ▶ **양심적 병역거부가 도덕적이고 정당하다는 의미인지**(소극): 양심의 의미에 따를 때, '양심적' 병역거부는 실상 당사자의 '양심에 따른' 혹은 '양심을 이유로 한' 병역거부를 가리키는 것일 뿐이지 병역거부가 '도덕적이고 정당하다'는 의미는 아닌 것이다(헌재 2018. 6. 28. 2011헌바379).
>
> ▶ **양심적 병역거부와 종교 및 병역의무와의 관계**: 양심적 병역거부를 인정하는 것은 인류 공통의 염원인 평화를 수호하기 위하여 무기를 들 수 없다는 양심을 보호하고자 하는 것일 뿐, 특정 종교나 교리를 보호하고자 하는 것은 아니고, 양심적 병역거부를 인정한다고 해서 양심적 병역거부자의 병역의무를 전적으로 면제하는 것은 아니다(헌재 2018. 6. 28. 2011헌바379).
>
> ▶ **병역기피자와 구별**: 양심적 병역거부자들은 병역의무를 단순히 거부하는 것이 아니라 자신의 양심을 지키면서도 국민으로서의 국방의 의무를 다할 수 있도록 집총 등 군사훈련을 수반하는 병역의무를 대신하는 제도를 마련해달라고 국가에 호소하고 있으므로, 단순히 군복무의 위험과 어려움 때문에 병역의무 이행을 회피하고자 하는 다른 병역기피자들과는 구별된다(헌재 2018. 6. 28. 2011헌바379).

2) 증명

특정한 내적인 확신 또는 신념이 양심으로 형성된 이상 그 내용 여하를 떠나 양심의 자유에 의해 보호되는 양심이 될 수 있으므로, 헌법상 양심의 자유에 의해 보호받는 '양심'으로 인정할 것인지의 판단은 그것이 깊고, 확고하며, 진실된 것인지 여부에 따르게 된다. 양심적 병역거부를 주장하는 사람은 자신의 '양심'을 외부로 표명하여 증명할 최소한의 의무를 진다(헌재 2018. 6. 28. 2011헌바379).

> **판례**
>
> ▶ **병역의 종류를 현역 등 다섯 가지로 규정하고 양심적 병역거부자에 대한 대체복무제를 규정하지 아니한 병역법 제5조가 과잉금지원칙을 위반하여 양심적 병역거부자의 양심의 자유를 침해하는지**(적극): [제한되는 기본권] 이 사건 법률조항은 '양심에 반하는 행동을 강요당하지 아니할 자유', 즉, '부작위에 의한 양심실현의 자유'를 제한하고 있다. 한편, 청구인 등의 대부분은 여호와의 증인 또는 카톨릭 신도로서 자신들의 종교적 신앙에 따라 병역의무를 거부하고 있으므로, 이 사건 법률조항에 의하여 이들의 종교의 자유도 함께 제한된다. 그러나 종교적 신앙에 의한 행위라도 개인의 주관적·윤리적 판단을 동반하는 것인 한 양심의 자유에 포함시켜 고찰할 수 있고, 양심적 병역거부의 바탕이 되는 양심상의 결정은 종교적 동기뿐만 아니라 윤리적·철학적 또는 이와 유사한 동기로부터도 형성될 수 있는 것이므로, 이 사건에서는 양심의 자유를 중심으로 기본권 침해 여부를 판단하기로 한다. [과잉금지원칙 위반] 국가가 관리하는 객관적이고 공정한 사전심사절차와 엄격한 사후관리절차를 갖추고, 현역복무와 대체복무 사이에 복무의 난이도나 기간과 관련하여 형평성을 확보해 현역복무를 회피할 요인을 제거한다면, 심사의 곤란성과 양심을 빙자한 병역기피자의 증가 문제를 해결할 수 있으므로, 대체복무제를 도입하면서도 병역의무의 형평을 유지하는 것은 충분히 가능하다. 따라서 대체복무제라는 대안이 있음에도 불구하고 군사훈련을 수반하는 병역의무만을 규정한 병역종류조항은 침해의 최소성 원칙에 어긋난다(헌재 2018. 6. 28. 2011헌바379 헌법불합치).

▶ **현역입영 또는 소집 통지서를 받은 사람이 정당한 사유 없이 입영일이나 소집일부터 3일이 지나도 입영하지 아니하거나 소집에 응하지 아니한 경우를 처벌하는 병역법 제88조 제1항 본문 제1호, 제2호가 양심적 병역거부자의 양심의 자유를 침해하는지**(소극) : 양심적 병역거부자에 대한 처벌은 대체복무제를 규정하지 아니한 병역종류조항의 입법상 불비와 양심적 병역거부는 처벌조항의 '정당한 사유'에 해당하지 않는다는 법원의 해석이 결합되어 발생한 문제일 뿐, 처벌조항 자체에서 비롯된 문제가 아니다. 따라서 처벌조항은 정당한 사유 없이 병역의무를 거부하는 병역기피자를 처벌하는 조항으로서, 과잉금지원칙을 위반하여 양심적 병역거부자의 양심의 자유를 침해한다고 볼 수는 없다(헌재 2018. 6. 28. 2011헌바379).

▶ **양심적 병역거부가 병역법 제88조 제1항에서 정한 '정당한 사유'에 해당하는지**(한정 적극) : 자유민주주의는 다수결의 원칙에 따라 운영되지만 소수자에 대한 관용과 포용을 전제로 할 때에만 정당성을 확보할 수 있다. 그 신념에 선뜻 동의할 수는 없다고 하더라도 이제 이들을 관용하고 포용할 수는 있어야 한다. 양심적 병역거부자에게 병역의무의 이행을 일률적으로 강제하고 그 불이행에 대하여 형사처벌 등 제재를 하는 것은 양심의 자유를 비롯한 헌법상 기본권 보장체계와 전체 법질서에 비추어 타당하지 않을 뿐만 아니라 소수자에 대한 관용과 포용이라는 자유민주주의 정신에도 위배된다. 따라서 진정한 양심에 따른 병역거부라면, 이는 병역법 제88조 제1항의 '정당한 사유'에 해당한다(대판 2018. 11. 1. 2016도10912).

▶ **정당한 사유의 부존재에 대한 증명책임**(검사) : 정당한 사유가 없다는 사실은 범죄구성요건이므로 검사가 증명하여야 한다. 다만 진정한 양심의 부존재를 증명한다는 것은 마치 특정되지 않은 기간과 공간에서 구체화되지 않은 사실의 부존재를 증명하는 것과 유사하다. 따라서 양심적 병역거부를 주장하는 피고인은 자신의 병역거부가 그에 따라 행동하지 않고서는 인격적 존재가치가 파멸되고 말 것이라는 절박하고 구체적인 양심에 따른 것이며 그 양심이 깊고 확고하며 진실한 것이라는 사실의 존재를 수긍할 만한 소명자료를 제시하고, 검사는 제시된 자료의 신빙성을 탄핵하는 방법으로 진정한 양심의 부존재를 증명할 수 있다. 이때 병역거부자가 제시해야 할 소명자료는 적어도 검사가 그에 기초하여 정당한 사유가 없다는 것을 증명하는 것이 가능할 정도로 구체성을 갖추어야 한다(대판 2018. 11. 1. 2016도10912).

▶ **대체복무기관을 '교정시설'로 한정한 '대체역법 시행령 제18조, 대체복무요원의 복무기간을 '36개월'로 한 대체역법 제18조 제1항, 대체복무요원으로 하여금 '합숙'하여 복무하도록 한 대체역법 제21조 제2항이 청구인들의 양심의 자유를 침해하는지**(소극) : 복무기관조항은 복무 장소를 교정시설에 국한하였을 뿐, 대체복무요원이 수행하는 구체적인 업무 내용은 사회복지시설, 병원, 응급구조시설, 공공기관 등 다른 기관에서 복무를 하게 된다 하더라도 부여될 수 있는 업무들을 수행하고 있다. 대체복무의 기간을 현역 복무기간보다 어느 정도 길게 하거나 대체복무의 강도를 현역복무의 경우와 최소한 같게 하거나 그보다 더 무겁고 힘들게 하는 것은 대체역 편입심사의 곤란성 문제를 극복하고 병역기피자의 증가를 막는 수단이 된다. 현역병은 원칙적으로 군부대 안에서 합숙복무를 하고 있으며, 전투 준비와 훈련을 위하여 사실상 24시간 내내 대기 상태에 있어야 하고, 초병으로서 취침 중간에 각 초소와 부대를 방어하는 역할까지 병행하여야 한다. 이와 같은 현역병 복무의 실질적 강도와 현역 등의 복무를 대신하여 병역을 이행한다는 대체복무제의 목적에 비추어 볼 때, 복무기관조항, 기간조항 및 합숙조항으로 인한 고역의 정도가 지나치게 과도하여 양심적 병역거부자가 도저히 대체복무를 선택하기 어렵게 만드는 것으로 볼 수는 없다. 따라서 위 조항들은 과잉금지원칙을 위반하여 청구인들의 양심의 자유를 침해한다고 볼 수 없다(헌재 2024. 5. 30. 2021헌마117).

Ⅳ 양심의 자유의 제한

1. 제한 가능성

양심의 자유 중 양심형성의 자유는 내심에 머무르는 한, 절대적으로 보호되는 기본권이라 할 수 있는 반면, 양심적 결정을 외부로 표현하고 실현할 수 있는 권리인 양심실현의 자유는 법질서에 위배되거나 타인의 권리를 침해할 수 있기 때문에 법률에 의하여 제한될 수 있다(헌재 2018. 6. 28. 2011헌바379).

2. 양심의 자유가 침해될 수 있는 경우

양심의 자유는 내심에서 우러나오는 윤리적 확신과 이에 반하는 외부적 법질서의 요구가 서로 회피할 수 없는 상태로 충돌할 때에만 침해될 수 있다. 양심의 자유를 침해하는 정도의 외부적 법질서의 요구가 있다고 할 수 있기 위해서는 법적 의무의 부과와 위반시 이행강제, 처벌 또는 법적 불이익의 부과 등 방법에 의하여 강제력이 있을 것임을 요한다(헌재 2002. 4. 25. 98헌마425).

> **판례**
>
> ▶ **국가보안법 등 위반 수형자의 가석방결정시 준법서약서를 제출하도록 한 가석방심사등에 관한 규칙 제14조가 서약자의 양심의 자유를 침해하는지**(소극): 수형자는 가석방심사위원회의 판단에 따라 준법서약서의 제출을 요구받았다고 하더라도 자신의 의사에 의하여 준법서약서의 제출을 거부할 수 있다. 가석방은 행형기관의 교정정책 혹은 형사정책적 판단에 따라 수형자에게 주는 은혜적 조치일 뿐이고 수형자에게 주어지는 권리가 아니어서, 준법서약서의 제출을 거부하는 수형자는 규칙조항에 의하여 가석방의 혜택을 받을 수 없게 될 것이지만, 단지 그것뿐이며 더 이상 법적 지위가 불안해지거나 법적 상태가 악화되지 아니한다. 이와 같이 위 규칙조항은 수형자에게 하등의 법적 의무를 부과하는 것이 아니며 이행강제나 처벌 또는 법적 불이익의 부과 등 방법에 의하여 준법서약을 강제하고 있는 것이 아니므로 당해 수형자의 양심의 자유를 침해하는 것이 아니다(헌재 2002. 4. 25. 98헌마425).
>
> ▶ **이적표현물의 제작·소지·반포·취득행위를 처벌하는 국가보안법 제7조 제5항 부분이 표현의 자유 및 양심의 자유를 침해하는지**(소극): 이적표현물 조항은 표현물의 제작·소지·반포·취득행위가 국가의 존립·안전이나 자유민주적 기본질서에 실질적 해악을 줄 명백한 위험성이 있는 경우에 한하여 적용되므로 그로 인한 기본권의 제한이 결코 지나치다고 볼 수 없다. 이적표현물의 소지·취득행위만으로도 그 표현물의 이적내용이 전파될 가능성을 배제하기 어렵고, 특히 최근 늘어나고 있는 전자매체 형식의 표현물들은 실시간으로 다수에게 반포가 가능하고 소지·취득한 사람의 의사와 무관하게 전파, 유통될 가능성도 배제할 수 없으므로, 이적표현물을 소지·취득하는 행위가 지니는 위험성이 이를 제작·반포하는 행위에 비해 결코 적다고 보기 어렵다. 따라서 이적표현물 조항은 표현의 자유 및 양심의 자유를 침해하지 아니한다(헌재 2015. 4. 30. 2012헌바95).

제2항 종교의 자유

> **헌법 제20조**
> ① 모든 국민은 종교의 자유를 가진다.
> ② 국교는 인정되지 아니하며, 종교와 정치는 분리된다.

I 종교의 자유의 의의

종교의 자유란 자신이 선호하는 종교를 자신이 원하는 방법으로 신봉하는 자유를 말한다. 여기서 종교란 신이나 절대자 등 초월적 존재를 신봉하고 그것에 귀의하는 것 또는 신과 내세에 대한 내적인 확신을 말한다.

II 종교의 자유의 내용

1. 신앙의 자유

신앙의 자유는 신과 피안 또는 내세에 대한 인간의 내적 확신에 대한 자유를 말하는 것으로서, 이러한 신앙의 자유는 그 자체가 내심의 자유의 핵심이기 때문에 법률로써도 이를 침해할 수 없다(헌재 2016. 6. 30. 2015헌바46).

종교의 자유는 무종교의 자유도 포함하는 것으로, 신앙을 가지지 않고 종교적 행위 및 종교적 집회에 참석하지 아니할 소극적 자유도 함께 보호한다(헌재 2022. 11. 24. 2019헌마941).

2. 종교적 행위의 자유

(1) 의의

종교적 행위의 자유는 종교상의 의식·예배 등 종교적 행위를 각 개인이 임의로 할 수 있는 등 종교적인 확신에 따라 행동하고 교리에 따라 생활할 수 있는 자유와 소극적으로는 자신의 종교적인 확신에 반하는 행위를 강요당하지 않을 자유, 그리고 선교의 자유, 종교교육의 자유 등이 포함된다(헌재 2016. 6. 30. 2015헌바46).

> **판례**
>
> ▶ **종교적 행위의 자유**: 종교적 행위의 자유에는 신앙고백의 자유, 종교적 의식 및 집회·결사의 자유, 종교전파·교육의 자유 등이 있다(헌재 2008. 6. 26. 2007헌마1366).
>
> ▶ **소극적 종교행위의 자유**: 종교의 자유에는 신앙에 대한 침묵을 뜻하는 소극적인 신앙고백의 자유와 자신의 종교적인 확신에 반하는 행위를 강요당하지 아니하는 소극적인 종교행위의 자유 등이 포함된다(대판 2010. 4. 22. 2008다38288).

(2) 선교의 자유

선교의 자유란 자기가 신봉하는 종교를 선전하고 새로운 신자를 규합하기 위한 활동을 자유롭게 할 수 있는 자유를 말한다. 그러나 종교(선교활동)의 자유는 국민에게 그가 선택한 임의의 장소에서 자유롭게 행사할 수 있는 권리까지 보장한다고 할 수 없다(헌재 2008. 6. 26. 2007헌마1366).

> **판례**
>
> ▶ **선교의 자유의 내용과 보호 정도**: 선교의 자유에는 다른 종교를 비판하거나 다른 종교의 신자에 대하여 개종을 권고하는 자유도 포함되는바, 종교적 선전, 타 종교에 대한 비판 등은 동시에 표현의 자유의 보호대상이 되는 것이나, 그 경우 종교의 자유에 관한 헌법 제20조 제1항은 표현의 자유에 관한 헌법 제21조 제1항에 대하여 특별규정의 성격을 갖는다 할 것이므로 종교적 목적을 위한 언론·출판의 경우에는 그 밖의 일반적인 언론·출판에 비하여 보다 고도의 보장을 받게 된다(대판 1996. 9. 6. 96다19246).
>
> ▶ **아프카니스탄 등 해외 위난지역에서의 여권사용 제한이 선교의 자유를 제한하는지**(소극): 종교전파의 자유는 국민에게 그가 선택한 임의의 장소에서 자유롭게 행사할 수 있는 권리까지 보장한다고 할 수 없으며, 그 임의의 장소가 대한민국의 주권이 미치지 아니하는 지역 나아가 국가에 의한 국민의 생명·신체 및 재산의 보호가 강력히 요구되는 해외 위난지역인 경우에는 더욱 그러하다(헌재 2008. 6. 26. 2007헌마1366).

(3) 종교교육의 자유

종교의 자유에는 특정 종교단체가 그 종교의 지도자와 교리자를 자체적으로 교육시킬 수 있는 종교교육의 자유가 포함된다(헌재 2000. 3. 30. 99헌바14).

> **판례**
>
> ▶ **종교의 자유와 학교설립인가제도 및 학원의 등록제도**: 종교교육이라 하더라도 그것이 학교나 학원이라는 교육기관의 형태를 취할 경우에는 교육법이나 학원법상의 규정에 의한 규제를 받게 된다고 보아야 할 것이고, 종교교육이라고 해서 예외가 될 수 없다. 그러나 그러한 종교단체가 교육법상의 학교나 학원법상의 학원 형태가 아닌 교단 내부의 순수한 성직자 내지 교리자 양성기관을 운영하는 것은 방해받지 아니한다(헌재 2000. 3. 30. 99헌바14).
>
> ▶ **종교교육의 자유와 학생의 종교의 자유의 관계**: 학교법인이 국·공립학교와는 달리 종교교육을 할 자유와 운영의 자유를 가진다고 하더라도, 그 종립학교가 공교육체계에 편입되어 있는 이상 원칙적으로 학생의 종교의 자유, 교육을 받을 권리를 고려한 대책을 마련하는 등의 조치를 취하는 속에서 그러한 자유를 누린다(대판 2010. 4. 22. 2008다38288).
>
> ▶ **사립대학이 학생들로 하여금 일정한 내용의 종교교육을 받을 것을 졸업요건으로 하는 학칙을 제정할 수 있는지**(한정 적극): 사립학교는 국·공립학교와는 달리 종교의 자유의 내용으로서 종교교육 내지는 종교선전을 할 수 있고, 특히 대학은 헌법상 자치권이 부여되어 있으므로 사립대학은 종교교육 내지 종교선전을 위하여 학생들의 신앙을 가지지 않을 자유를 침해하지 않는 범위 내에서 학생들로 하여금 일정한 내용의 종교교육을 받을 것을 졸업요건으로 하는 학칙을 제정할 수 있다(대판 1998. 11. 10. 96다37268).

3. 종교적 집회·결사의 자유

종교적 집회·결사의 자유란 같은 신앙을 가진 사람끼리 종교적 목적의 단체를 조직하고 종교행사를 위해서 모임을 가질 수 있는 자유를 말한다(헌재 2016. 6. 30. 2015헌바46).

> **판례**
>
> ▶ 대구구치소장이 대구구치소 내에서 실시하는 종교의식 또는 행사에 미결수용자인 청구인의 참석을 금지한 행위가 청구인의 종교의 자유를 침해하였는지(적극) : 무죄추정의 원칙이 적용되는 미결수용자들에 대한 기본권 제한은 징역형 등의 선고를 받아 그 형이 확정된 수형자의 경우보다는 더 완화되어야 할 것임에도, 피청구인이 수용자 중 미결수용자에 대하여만 일률적으로 종교행사 등의 참석을 불허한 것은 미결수용자의 종교의 자유를 나머지 수용자의 종교의 자유보다 더욱 엄격하게 제한한 것이다. 따라서, 이 사건 종교행사 등 참석불허 처우는 과잉금지원칙을 위반하여 청구인의 종교의 자유를 침해하였다(헌재 2011. 12. 29. 2009헌마527).
>
> ▶ 구치소장이 미결수용자의 신분으로 구치소에 수용되었던 기간 중 청구인의 조사수용 내지 징벌(금치)집행 중이었던 기간을 제외한 기간 및 미지정 수형자(추가 사건이 진행 중인 자)의 신분으로 수용되어 있던 기간 동안, 교정시설 안에서 매주 화요일에 실시하는 종교집회 참석을 제한한 행위가 청구인의 종교의 자유를 침해하였는지(적극) : 구치소장은 출력수(작업에 종사하는 수형자)를 대상으로 원칙적으로 월 3~4회의 종교집회를 실시하는 반면, 미결수용자와 미지정 수형자에 대해서는 원칙적으로 매월 1회, 그것도 공간의 협소함과 관리 인력의 부족을 이유로 수용동별로 돌아가며 종교집회를 실시하여 실제 연간 1회 정도의 종교집회 참석 기회를 부여하고 있다. 이는 미결수용자 및 미지정 수형자의 구금기간을 고려하면 사실상 종교집회 참석 기회가 거의 보장되지 않는 결과를 초래할 수도 있다. 따라서 이 사건 종교집회 참석 제한 처우는 부산구치소의 열악한 시설을 감안하더라도 과잉금지원칙을 위반하여 청구인의 종교의 자유를 침해한 것이다(헌재 2014. 6. 26. 2012헌마782).
>
> ▶ 구치소장이 구치소 내 미결수용자를 대상으로 한 개신교 종교행사를 4주에 1회, 일요일이 아닌 요일에 실시한 행위가 청구인의 종교의 자유를 침해하는지(소극) : 구치소에 종교행사 공간이 1개뿐이고, 종교행사는 종교, 수형자와 미결수용자, 성별, 수용동 별로 진행되며, 미결수용자는 공범이나 동일사건 관련자가 있는 경우 이를 분리하여 참석하게 해야 하는 점을 고려하면 피청구인이 미결수용자 대상 종교행사를 4주에 1회 실시했더라도 종교의 자유를 과도하게 제한하였다고 보기 어렵고, 따라서 이 사건 종교행사 처우는 청구인의 종교의 자유를 침해하지 않는다(헌재 2015. 4. 30. 2013헌마190).

Ⅲ 종교의 자유의 제한

신앙의 자유는 그 자체가 내심의 자유의 핵심이기 때문에 법률로써도 이를 침해할 수 없으나 종교적 행위의 자유와 종교적 집회·결사의 자유는 신앙의 자유와는 달리 절대적 자유는 아니지만, 이를 제한할 경우에는 헌법 제37조 제2항의 과잉금지원칙을 준수하여야 한다(헌재 2011. 12. 29. 2009헌마527).

> **판례**
>
> ▶ **육군훈련소장이 청구인들로 하여금 육군훈련소 내 종교행사에 참석하도록 한 행위가 과잉금지원칙에 위배되어 청구인들의 종교의 자유를 침해하는지**(적극): 이 사건 종교행사 참석조치를 통하여 궁극적으로는 군인의 정신적 전력을 강화하고자 하였다고 볼 수 있는바, 그 목적의 정당성을 인정할 여지가 있다. 그러나 개인이 자율적으로 형성한 종교적 신념이나 자발적인 종교행사 참석의 긍정적인 측면을 인정하고 적극적으로 수용한 것에 그치지 않고 더 나아가 종교를 가지지 않은 자로 하여금 종교행사에 참석하도록 강제하는 것은, 군에서 필요한 정신전력을 강화하는 데 기여하기보다 오히려 해당 종교와 군 생활에 대한 반감이나 불쾌감을 유발하여 역효과를 일으킬 소지가 크다. 따라서 청구인들의 의사에 반하여 종교행사에 참석하도록 하는 방법으로 군인의 정신전력을 제고하려는 이 사건 종교행사 참석조치는 그 수단의 적합성을 인정할 수 없다. 따라서 이 사건 종교행사 참석조치는 과잉금지원칙을 위반하여 청구인들의 종교의 자유를 침해한다(헌재 2022. 11. 24. 2019헌마941).
>
> ▶ **국가 또는 지방자치단체외의 자가 양로시설을 설치하고자 하는 경우 신고하도록 규정하고 이를 위반한 경우 처벌하는 노인복지법 제33조 제2항 등이 종교의 자유를 침해하는지**(소극): 종교단체에서 구호활동의 일환으로 운영하는 양로시설이라고 하더라도 신고대상에서 제외하면 관리·감독의 사각지대가 발생할 수 있으며, 안전사고나 인권침해 피해정도가 커질 수 있으므로, 예외를 인정함이 없이 신고의무를 부과할 필요가 있다. 심판대상조항에 의하여 제한되는 사익에 비하여 심판대상조항이 달성하려는 공익은 양로시설에 입소한 노인들의 쾌적하고 안전한 주거환경을 보장하는 것으로 이는 매우 중대하다. 따라서 심판대상조항이 과잉금지원칙에 위배되어 종교의 자유를 침해한다고 볼 수 없다(헌재 2016. 6. 30. 2015헌바46).

Ⅳ 국교부인과 정교분리의 원칙

1. 의의

헌법 제20조 제2항에서 정하고 있는 정교분리원칙은 종교와 정치가 분리되어 상호간의 간섭이나 영향력을 행사하지 않는 것으로 국가의 종교에 대한 중립을 의미한다. 정교분리원칙에 따라 국가는 특정 종교의 특권을 인정하지 않고 종교에 대한 중립을 유지하여야 한다. 국가의 종교적 중립성은 종교의 자유를 온전히 실현하기 위하여도 필요한데, 국가가 특정한 종교를 장려하는 것은 다른 종교 또는 무종교의 자유에 대한 침해가 될 수 있다(헌재 2010. 2. 25. 2007헌바131).

2. 내용

국가가 오로지 종교만을 이유로 일반적이고 중립적인 법률에 따른 의무를 면제하거나 부과하는 입법을 한다면, 그러한 법률의 주요한 효과는 종교를 장려하거나 금지하는 것이 될 것이어서, 헌법 제20조 제2항과 배치된다. 모든 종교를 동등하게 보호하거나 우대하는 조치도 무종교의 자유를 고려하면 헌법이 규정하고 있는 종교와 정치의 분리원칙에 어긋난다(헌재 2010. 2. 25. 2007헌바131).

판례

▶ **종교법인·종교시설·성직자 등 종교의 자유의 행사와 관련된 행위에 대한 조세나 부담금의 면제 등 각종 우대조치**: 종교법인·종교시설·성직자 등 종교의 자유의 행사와 관련된 행위에 대한 조세나 부담금의 면제 등 각종 우대조치는 특정한 집단의 부담을 다른 일반 국민의 부담으로 떠넘기는 결과를 가져와 평등원칙과 배치되는 점이 있으므로, 특히 정책목표달성이 필요한 경우에 요건을 엄격히 하여 극히 한정된 범위에서 예외적으로만 허용되어야 한다(헌재 2000. 1. 27. 98헌바6).

▶ **조세나 부담금을 부과하는 법률적용의 면제 등 적극적인 우대조치를 요구할 권리**(소극): 헌법 제20조 제1항이 보장하고 있는 종교의 자유는 국민을 종교와 관련된 공권력의 강제와 개입으로부터 보호하지만, 이로부터 종교를 이유로 국민이 일반적으로 적용되는 조세나 부담금을 부과하는 법률적용의 면제 등 적극적인 우대조치를 요구할 권리가 직접 도출된다거나 적극적인 우대조치를 할 국가의 의무가 발생하는 것은 아니다(헌재 2010. 2. 25. 2007헌바131).

▶ **육군훈련소장이 청구인들로 하여금 육군훈련소 내 종교행사에 참석하도록 한 행위가 정교분리원칙에 위배되어 청구인들의 종교의 자유를 침해하는지**(적극): 육군훈련소장이 청구인들로 하여금 개신교, 천주교, 불교, 원불교 4개 종교의 종교행사 중 하나에 참석하도록 한 것은 그 자체로 종교적 행위의 외적 강제에 해당한다. 이는 훈련소장이 4개 종교를 승인하고 장려한 것이자, 여타 종교 또는 무종교보다 4개 종교 중 하나를 가지는 것을 선호한다는 점을 표현한 것이라고 보여질 수 있으므로 국가의 종교에 대한 중립성을 위반하여 특정 종교를 우대하는 것이다. 또한, 이 사건 종교행사 참석조치는 국가가 종교를, 군사력 강화라는 목적을 달성하기 위한 수단으로 전락시키거나, 반대로 종교단체가 군대라는 국가권력에 개입하여 선교행위를 하는 등 영향력을 행사할 수 있는 기회를 제공하므로, 국가와 종교의 밀접한 결합을 초래한다는 점에서 정교분리원칙에 위배된다(헌재 2022. 11. 24. 2019헌마941).

▶ **기반시설부담금 부과제외나 경감을 규정하고 있는 기반시설부담금에 관한 법률 제8조 제1항 등이 종교의 자유를 침해하는지**(소극): 종교의 자유에서 종교에 대한 적극적인 우대조치를 요구할 권리가 직접 도출되거나 우대할 국가의 의무가 발생하지 아니한다. 종교시설의 건축행위에만 기반시설부담금을 면제한다면 국가가 종교를 지원하여 종교를 승인하거나 우대하는 것으로 비칠 소지가 있어 헌법 제20조 제2항의 국교금지·정교분리에 위배될 수도 있다고 할 것이므로 종교시설의 건축행위에 대하여 기반시설부담금 부과를 제외하거나 감경하지 아니하였더라도, 종교의 자유를 침해하는 것이 아니다(헌재 2010. 2. 25. 2007헌바131).

▶ **이미 문화적 가치로 성숙한 종교적인 의식, 행사, 유형물에 대한 국가 등의 지원이 헌법상의 정교분리원칙에 위배되는지**(한정 소극): 오늘날 종교적인 의식 또는 행사가 하나의 사회공동체의 문화적인 현상으로 자리잡고 있으므로, 어떤 의식, 행사, 유형물 등이 비록 종교적인 의식, 행사 또는 상징에서 유래되었다고 하더라도 그것이 이미 우리 사회공동체 구성원들 사이에서 관습화된 문화요소로 인식되고 받아들여질 정도에 이르렀다면, 이는 정교분리원칙이 적용되는 종교의 영역이 아니라 헌법적 보호가치를 지닌 문화의 의미를 갖게 된다. 그러므로 이와 같이 이미 문화적 가치로 성숙한 종교적인 의식, 행사, 유형물에 대한 국가 등의 지원은 일정 범위 내에서 전통문화의 계승·발전이라는 문화국가원리에 부합하며 정교분리원칙에 위배되지 않는다(대판 2009. 5. 28. 2008두16933).

▶ **지방자치단체가 유서 깊은 천주교 성당 일대를 문화관광지로 조성하기 위하여 상급 단체로부터 문화관광지 조성계획을 승인받은 후 사업부지 내 토지 등을 수용재결한 것이 헌법의 정교분리원칙에 위배되는지**(소극): 문화관광지 조성계획은 지방자치단체가 지역경제의 활성화를 도모하기 위하여 추진한 것으로 보이며 특정 종교를 우대·조장하거나 배타적 특권을 부여하는 것으로 볼 수 없어, 그 계획의 승인과 그에 따른 토지 등 수용재결이 헌법의 정교분리원칙이나 평등권에 위배되지 않는다(대판 2009. 5. 28. 2008두16933).

제3항 언론·출판의 자유

> **헌법 제21조**
> ① 모든 국민은 언론·출판의 자유와 집회·결사의 자유를 가진다.

I 언론·출판의 자유의 의의

헌법 제21조에서 보장하고 있는 표현의 자유는, 전통적으로는 사상 또는 의견의 자유로운 표명과 그것을 전파할 자유를 의미하는 것으로서, 개인이 인간으로서의 존엄과 가치를 유지하고 행복을 추구하며 국민주권을 실현하는 데 필수불가결한 것이고, 종교의 자유, 양심의 자유, 학문과 예술의 자유 등의 정신적인 자유를 외부적으로 표현하는 자유이다(헌재 2009. 5. 28. 2006헌바109).

> **판례**
>
> ▶ **언론·출판의 자유의 기능**: 언론의 자유는 개인이 언론 활동을 통하여 자기의 인격을 형성하는 개인적 가치인 자기실현의 수단임과 동시에 사회 구성원으로서 평등한 배려와 존중을 기본원리로 공생·공존관계를 유지하고 정치적 의사결정에 참여하는 사회적 가치인 자기통치를 실현하는 수단이다(헌재 1999. 6. 24. 97헌마265).

II 언론·출판의 자유의 법적 성격

표현의 자유는 자신의 의사를 표현·전달하고, 의사형성에 필요한 정보를 수집·접수하며, 객관적인 사실을 보도·전파할 수 있는 자유를 그 내용으로 하는 주관적 공권일 뿐 아니라, 의사표현과 여론형성 그리고 정보의 전달을 통하여 국민의 정치적 공감대에 바탕을 둔 민주정치를 실현시키고 동화적 통합을 이루기 위한 객관적 가치질서로서의 성격도 갖는다(헌재 2009. 5. 28. 2006헌바109).

III 언론·출판의 자유의 주체

표현의 자유는 공무원에게도 원칙적으로 보장되어야 한다. 더욱이 오늘날 정치적 표현의 자유는 자유민주적 기본질서의 구성요소로서 다른 기본권에 비하여 우월한 효력을 가지므로, 공무원이라는 지위에 있다는 이유만으로 정치적 표현의 자유를 전면적으로 부정할 수는 없다(헌재 2018. 7. 26. 2016헌바139).

> **판례**
>
> ▶ **공무원의 정치적 표현의 자유의 제한**: 공무원은 국민 전체에 대한 봉사자로서의 지위와 기본권을 향유하는 기본권주체로서의 지위라는 이중적 지위를 가진다. 따라서 공무원 지위의 특수성에 비추어 공무원에 대해서는 개별 법률에서 일반 국민에 비해 보다 폭넓고 강한 기본권 제한이 필요한 경우가 많다(헌재 2018. 7. 26. 2016헌바139).

Ⅳ 언론·출판의 자유의 내용

1. 내용 일반

표현의 자유의 내용에는 의사표현·전파의 자유, 정보의 자유, 신문의 자유 및 방송·방영의 자유 등이 있다(헌재 2009. 5. 28. 2006헌바109).

2. 표현의 자유

(1) 의의

표현의 자유는 사상 또는 의견의 자유로운 표명(발표의 자유)과 그것을 전파할 자유(전달의 자유)를 의미한다(헌재 2020. 11. 26. 2016헌마275).

(2) 방법

1) 의사표현의 매개체

언론·출판의 자유의 내용 중 의사표현·전파의 자유에 있어서 의사표현 또는 전파의 매개체는 어떠한 형태이건 가능하며 그 제한이 없으므로, 담화·연설·토론·연극·방송·음악·영화·가요 등과 문서·소설·시가·도화·사진·조각·서화 등 모든 형상의 의사표현 또는 의사전파의 매개체를 포함한다(헌재 2009. 5. 28. 2006헌바109).

2) 상업적 광고

광고가 단순히 상업적인 상품이나 서비스에 관한 사실을 알리는 경우에도 그 내용이 공익을 포함하는 때에는 헌법 제21조의 표현의 자유에 의하여 보호된다(헌재 2002. 12. 18. 2000헌마764). 즉 광고물도 사상·지식·정보 등을 불특정다수인에게 전파하는 것으로서 언론·출판의 자유에 의한 보호를 받는 대상이 된다(헌재 1998. 2. 27. 96헌바2).

> **판례**
>
> ▶ **상업적 광고 규제에 대한 위헌성 심사기준**: 상업광고는 표현의 자유의 보호영역에 속하지만 사상이나 지식에 관한 정치적·시민적 표현행위와는 차이가 있고, 한편 직업수행의 자유의 보호영역에 속하지만 인격발현과 개성신장에 미치는 효과가 중대한 것은 아니므로, 상업광고 규제에 관한 비례의 원칙 심사에 있어서 '피해의 최소성' 원칙은 같은 목적을 달성하기 위하여 달리 덜 제약적인 수단이 없을 것인지, 혹은 입법목적을 달성하기 위하여 필요한 최소한의 제한인지를 심사하기보다는 '입법목적을 달성하기 위하여 필요한 범위 내의 것인지'를 심사하는 정도로 완화하는 것이 상당하다(헌재 2005. 10. 27. 2003헌가3).
>
> ▶ **식품이나 식품의 용기·포장에 "음주전후" 또는 "숙취해소"라는 표시를 금지하고 있는 식품등의 표시기준조항이 영업의 자유 등 기본권을 침해하는지**(적극): 위 규정은 음주전후, 숙취해소 등 음주를 조장하는 내용의 표시를 금지하고 있으나, "음주전후", "숙취해소"라는 표시는 이를 금지할 만큼 음주를 조장하는 내용이라 볼 수 없고, 식품에 숙취해소 작용이 있음에도 불구하고 이러한 표시를 금지하면 숙취해소용 식품에 관한 정확한 정보 및 제품의 제공을 차단함으로써 숙취해소의 기회를 국민으로부터 박탈하게 되므로, 위 규정은 숙취해소용 식품의 제조·판매에 관한 영업의 자유 및 광고표현의 자유를 과잉금지원칙에 위반하여 침해하는 것이다(헌재 2000. 3. 30. 99헌마143).

> ▶ **특정의료기관이나 특정의료인의 기능·진료방법에 관한 광고를 금지하는 의료법 조항이 표현의 자유를 침해하는지**(적극): 의료광고가 전문적이고 기술적인 영역에 관한 것이고, 일반 국민들이 그 가치를 판단하기 어려운 측면이 있다 하더라도, 소비자로 하여금 과연 특정의료인이 어떤 기술이나 기량을 지니고 있는지, 어떻게 진단하고 치료하는지를 알 수 없게 한다면, 이는 소비자를 중요한 특정 의료정보로부터 차단시킴으로써 정보의 효율적 유통을 방해하는 것이며, 표현의 자유와 영업의 자유의 대상이 된 상업광고에 대한 규제가 입법목적의 달성에 필요한 한도 내에서 섬세하게 재단(裁斷)된 것이라 할 수 없다. 그러므로 이 사건 조항이 의료인의 기능과 진료방법에 대한 광고를 금지하고 이에 대하여 벌금형에 처하도록 한 것은 입법목적을 달성하기 위하여 필요한 범위를 넘어선 것이므로, '피해의 최소성' 원칙에 위반된다(헌재 2005. 10. 27. 2003헌가3).

3) 집필

일반적으로 표현의 자유는 정보의 전달 또는 전파와 관련지어 생각되므로 구체적인 전달이나 전파의 상대방이 없는 집필의 단계를 표현의 자유의 보호영역에 포함시킬 것인지 의문이 있을 수 있으나, 집필은 문자를 통한 모든 의사표현의 기본 전제가 된다는 점에서 당연히 표현의 자유의 보호영역에 속해 있다(헌재 2005. 2. 24. 2003헌마289).

> **판례**
>
> ▶ **금치처분을 받은 미결수용자에게 금치기간 중 집필을 제한하는 형집행법 제112조 제3항 본문 부분**(집필제한 조항)**이 청구인의 표현의 자유를 침해하는지**(소극): 이 사건 집필제한 조항은 금치처분을 받은 미결수용자에게 집필제한이라는 불이익을 가함으로써 규율 준수를 강제하고 수용시설의 안전과 질서를 유지하기 위한 것으로 목적의 정당성 및 방법의 적절성이 인정된다. 교정시설의 장이 수용자의 권리구제 등을 위해 특히 필요하다고 인정하는 때에는 집필을 허용할 수 있도록 예외가 규정되어 있으며, 형집행법 제85조에서 미결수용자의 징벌집행 중 소송서류의 작성 등 수사 및 재판과정에서의 권리행사를 보장하도록 규정하고 있는 점 등에 비추어 볼 때 위 조항이 청구인의 표현의 자유를 과도하게 제한한다고 보기 어렵다(헌재 2016. 4. 28. 2012헌마549).

4) 익명표현의 자유

자유로운 표명과 전파의 자유에는 자신의 신원을 누구에게도 밝히지 아니한 채 익명 또는 가명으로 자신의 사상이나 견해를 표명하고 전파할 익명표현의 자유도 언론·출판의 자유의 보호영역에 포함된다(헌재 2010. 2. 25. 2008헌마324).

> **판례**
>
> ▶ **인터넷게시판을 설치·운영하는 정보통신서비스 제공자에게 본인확인조치의무를 부과하여 게시판 이용자로 하여금 본인확인절차를 거쳐야만 게시판을 이용할 수 있도록 하는 정보통신망법 조항이 게시판 이용자의 익명표현의 자유 등을 침해하는지**(적극): 이 사건 법령조항들이 표방하는 건전한 인터넷 문화의 조성 등 입법목적은, 인터넷 주소 등의 추적 및 확인, 당해 정보의 삭제·임시조치, 손해배상, 형사처벌 등 인터넷 이용자의 표현의 자유나 개인정보자기결정권을 제약하지 않는 다른 수단에 의해서도 충분히 달성할 수 있음에도, 인터넷의 특성을 고려하지 아니한 채 본인확인제의 적용범위를 광범위하게 정하여 법집행자에게 자의적인 집행의 여지를 부여하고, 목적달성에 필요한 범위를 넘는 과도한 기본권 제한을 하고 있으므로 침해의 최소성이 인정되지 아니한다(헌재 2012. 8. 23. 2010헌마47).

> ▶ 인터넷언론사는 선거운동기간 중 당해 홈페이지 게시판 등에 정당·후보자에 대한 지지·반대 등의 정보를 게시하는 경우 실명을 확인받는 기술적 조치를 하도록 정한 공직선거법 조항이 게시판 등 이용자의 익명표현의 자유 및 개인정보자기결정권과 인터넷언론사의 언론의 자유를 침해하는지(적극): 모든 익명표현을 사전적·포괄적으로 규율하는 것은 표현의 자유보다 행정편의와 단속편의를 우선함으로써 익명표현의 자유와 개인정보자기결정권 등을 지나치게 제한한다. 실명확인제가 표방하고 있는 선거의 공정성이라는 목적은 인터넷 이용자의 표현의 자유나 개인정보자기결정권을 제약하지 않는 다른 수단에 의해서도 충분히 달성할 수 있다. 그러므로 심판대상조항은 과잉금지원칙에 반하여 인터넷언론사 홈페이지 게시판 등 이용자의 익명표현의 자유와 개인정보자기결정권, 인터넷언론사의 언론의 자유를 침해한다(헌재 2021. 1. 28. 2018헌마456).
>
> ▶ 공공기관등이 게시판을 설치·운영하려면 그 게시판 이용자의 본인 확인을 위한 방법 및 절차의 마련 등 대통령령으로 정하는 필요한 조치를 하도록 정한 '정보통신망법' 제44조의5 제1항 제1호가 청구인의 익명표현의 자유를 침해하는지(소극): 공공기관등이 설치·운영하는 게시판의 경우 본인확인조치를 통해 책임성과 건전성을 사전에 확보함으로써 해당 게시판에 대한 공공성과 신뢰성을 유지할 필요성이 크며, 그 이용 조건으로 본인확인을 요구하는 것이 과도하다고 보기는 어렵다. 게시판의 활용이 공공기관등을 상대방으로 한 익명표현의 유일한 방법은 아닌 점, 공공기관등에 게시판을 설치·운영할 일반적인 법률상 의무가 존재한다고 보기 어려운 점 등에 비추어 볼 때 심판대상조항으로 인한 기본권 제한의 정도가 크지 않다. 그에 반해 공공기관등이 설치·운영하는 게시판에 언어폭력, 명예훼손, 불법정보의 유통이 이루어지는 것을 방지함으로써 얻게 되는 건전한 인터넷 문화 조성이라는 공익은 중요하다. 따라서 심판대상조항은 청구인의 익명표현의 자유를 침해하지 않는다(헌재 2022. 12. 22. 2019헌마654).

3. 알 권리

(1) 의의

알 권리란 모든 정보원으로부터 일반적 정보를 수집하고 이를 처리할 수 있는 권리를 말한다. 여기서 일반적이란 신문, 잡지, 방송 등 불특정다수인에게 개방될 수 있는 것을 말하며, 정보란 양심, 사상, 의견, 지식 등의 형성에 관련이 있는 일체의 자료를 말한다(헌재 2010. 10. 28. 2008헌마638).

(2) 근거

알 권리는 국민이 일반적으로 접근할 수 있는 정보원으로부터 자유롭게 정보를 수령·수집하거나 의사형성이나 여론형성에 필요한 정보를 적극적으로 수집하고 수집에 대한 방해의 제거를 국가기관 등에 청구할 수 있는 권리로서 헌법 제21조에 의하여 직접 보장되는 기본권이다(헌재 2014. 9. 25. 2011헌바358).

(3) 법적 성격

자유로운 의사의 형성은 정보에의 접근이 충분히 보장됨으로써 비로소 가능한 것이며, 그러한 의미에서 정보에의 접근·수집·처리의 자유, 즉 알 권리는 표현의 자유와 표리일체의 관계에 있으며 자유권적 성질과 청구권적 성질을 공유하는 것이다(헌재 1991. 5. 13. 90헌마133).

> **판례**
>
> ▶ 알 권리의 법적 성격: 알 권리는 표현의 자유와 표리일체의 관계에 있으며, 자유권적 성질과 청구권적 성질을 공유한다. 자유권적 성질은 일반적으로 정보에 접근하고 수집·처리함에 있어서 국가권력의 방해를 받지 아니한다는 것을 말하며, 청구권적 성질은 의사형성이나 여론형성에 필요한 정보를 적극적으로 수집할 권리 등을 의미하는 것이다(헌재 2013. 7. 25. 2012헌마167).

(4) 내용

1) 내용 일반

알 권리는 일반적으로 접근할 수 있는 정보원으로부터 자유롭게 정보를 수령·수집하거나, 국가기관 등에 대하여 정보의 공개를 청구할 수 있는 권리를 말한다(헌재 2013. 7. 25. 2012헌마167).

> **판례**
>
> ▶ **정보통신망을 통해 청소년유해매체물을 제공하는 자에게 이용자의 본인확인의무를 부과하고 있는 청소년 보호법 제16조 제1항 등이 청구인들의 알 권리 등을 침해하는지**(소극) : 이 사건 본인확인 조항은 청소년유해매체물 이용자의 연령을 정확하게 확인함으로써 청소년을 음란·폭력성 등을 지닌 유해매체물로부터 차단·보호하기 위한 것으로 입법목적의 정당성이 인정되고, 입법목적 달성을 위한 적절한 수단이다. 이용자가 자율적으로 개인정보 제공에 대하여 동의하지 않는 한 이 사건 본인확인 조항 자체에 의해 정보제공자가 이용자의 개인정보를 수집·보관할 수 없으므로, 침해의 최소성에 위배되지 아니한다. 강한 전파력을 가지고 무차별적으로 유포될 수 있는 가능성을 지닌 인터넷 매체의 특성을 고려할 때 이러한 제한을 통하여 달성하고자 하는 청소년 보호라는 공익은 매우 중대한 것임에 반해, 청구인들이 입게 되는 불이익은 인터넷상 청소년유해매체물을 이용하려는 경우 본인인증 절차를 거쳐야 하는 것이므로, 법익의 균형성도 갖추었다(헌재 2015. 3. 26. 2013헌마354).

2) 정보공개청구권

정보공개청구권은 정부나 공공기관이 보유하고 있는 정보에 대하여 정당한 이해관계가 있는 자가 그 공개를 요구할 수 있는 권리로서, 알 권리의 청구권적 성질과 밀접하게 관련된다. 정보공개청구권은 알 권리의 당연한 내용으로서 헌법 제21조에 의하여 직접 보장된다(헌재 2015. 6. 25. 2011헌마769).

국가 또는 지방자치단체의 기관이 보관하고 있는 문서 등에 관하여 이해관계 있는 국민이 공개를 요구함에도 정당한 이유 없이 이에 응하지 아니하거나 거부하는 것은 당해 국민의 알 권리를 침해하는 것이다(헌재 1994. 8. 31. 93헌마174).

> **판례**
>
> ▶ **정보공개청구권의 근거** : 알 권리의 실현은 법률의 제정이 뒤따라 이를 구체화시키는 것이 충실하고도 바람직하지만, 법률이 제정되어 있지 않다고 하더라도 불가능한 것은 아니고 헌법 제21조에 의해 직접 보장될 수 있다(헌재 1991. 5. 13. 90헌마133).
>
> ▶ **입법과정의 공개를 요구할 권리** : 국민은 헌법상 보장된 알권리의 한 내용으로서 국회에 대하여 입법과정의 공개를 요구할 권리를 가지며, 국회의 의사에 대하여는 직접적인 이해관계 유무와 상관없이 일반적 정보공개청구권을 가진다고 할 수 있다(헌재 2009. 9. 24. 2007헌바17).
>
> ▶ **정부의 정보공개의무의 인정 요건** : 알 권리에서 파생되는 정부의 공개의무는 특별한 사정이 없는 한 국민의 적극적인 정보수집행위, 특히 특정의 정보에 대한 공개청구가 있는 경우에야 비로소 존재하므로, 정보공개청구가 없었던 경우 사전에 공개할 정부의 의무는 인정되지 아니한다(헌재 2004. 12. 16. 2002헌마579).

▶ **변호사시험 성적을 합격자에게 공개하지 않도록 규정한 변호사시험법 제18조 제1항 본문이 청구인들의 알 권리를 침해하는지**(적극) : 변호사시험 성적 비공개로 인하여 변호사시험 합격자의 능력을 평가할 수 있는 객관적인 자료가 없어서 오히려 대학의 서열에 따라 합격자를 평가하게 되어 대학의 서열화는 더욱 고착화된다. 또한 법학전문대학원도 학생들이 좋은 성적을 얻기 위해 노력하는 것은 당연하고 시험성적을 공개하지 않는다고 하여 변호사시험 준비를 소홀히 하는 것도 아니다. 오히려 시험성적을 공개하는 경우 경쟁력 있는 법률가를 양성할 수 있고, 각종 법조직역에 채용과 선발의 객관적 기준을 제공할 수 있다. 따라서 변호사시험 성적의 비공개는 기존 대학의 서열화를 고착시키는 등의 부작용을 낳고 있으므로 수단의 적절성이 인정되지 않는다(헌재 2015. 6. 25. 2011헌마769).

▶ **경찰관서에서 수집한 개인영상정보의 보유기간을 30일로 정한 '경찰청 영상정보처리기기 운영규칙' 제10조 제1항 본문이 해당 영상정보에 대하여 정보공개청구를 한 청구인의 알 권리를 침해하는지**(소극) : 보유기간 조항이 개인영상정보의 보유기간을 30일로 제한한 것은 수사기관에서 CCTV 등 영상정보처리기기로 수집된 개인영상정보가 정보주체의 의사와 무관하게 무단히 유출되거나 이용됨으로써 영상에 녹화된 개인의 사생활이 침해되거나 수사기관의 수사 또는 조사에 대한 정보 등이 유출되는 것을 차단하기 위한 것으로 그 입법목적의 정당성 및 수단의 적합성이 인정된다. 개인영상정보의 보유 목적, 처리 주체, 설치 장소 등을 종합적으로 고려할 때 30일의 기간이 지나치게 짧다고 볼 수 없으므로 침해의 최소성도 충족한다. 경찰관서에서 수집된 개인영상정보의 보유기간을 30일로 제한함으로써 사생활 침해나 정보유출을 최소화하려는 공익이 정보공개청구권자가 그 기간을 초과하여 해당 정보를 열람하거나 이용할 사익보다 작다고 볼 수 없으므로 법익의 균형성도 충족한다. 따라서 보유기간 조항은 과잉금지원칙에 위배되어 청구인의 알 권리를 침해하지 아니한다(헌재 2024. 2. 28. 2021헌마40).

(5) 한계

1) 비공개 대상 정보(정보공개법 제9조 제1항)

- 다른 법률 또는 법률에서 위임한 명령에 따라 비밀이나 비공개 사항으로 규정된 정보
- 국가안전보장·국방·통일·외교관계 등에 관한 사항으로서 공개될 경우 국가의 중대한 이익을 현저히 해칠 우려가 있다고 인정되는 정보
- 공개될 경우 국민의 생명·신체 및 재산의 보호에 현저한 지장을 초래할 우려가 있다고 인정되는 정보
- 진행 중인 재판에 관련된 정보와 범죄의 예방, 수사, 공소의 제기 및 유지, 형의 집행, 교정, 보안처분에 관한 사항으로서 공개될 경우 그 직무수행을 현저히 곤란하게 하거나 형사피고인의 공정한 재판을 받을 권리를 침해한다고 인정할 만한 상당한 이유가 있는 정보 등

판례

▶ **공공기관이 보유·관리하는 인사관리에 관한 정보 중 공개될 경우 업무의 공정한 수행에 현저한 지장을 초래한다고 인정할 만한 상당한 이유가 있는 정보를 비공개 대상 정보로 규정한 구 정보공개법 제9조 제1항 단서 제5호 부분이 과잉금지원칙에 위배되어 청구인의 정보공개청구권을 침해하는지**(소극) : 심판대상조항은 인사관리에 관한 사항 중에서 공개될 경우 업무의 공정한 수행에 현저한 지장을 초래할 우려가 있는 정보만을 비공개 대상 정보로 규정하는 등 비공개 가능한 정보의 요건을 강화하고 있다. 또한 공공기관의 재량을 통제하는 방법으로 정보공개법은 비공개결정에 대하여 청구인이 이의신청할 수 있는 절차도 마련하고 있다. 공공기관 전체 업무의 적정성을 높이기 위하여 내부적으로 적시에 적절한 인사행정이 가능하도록 보장하는 것이 무엇보다 중요하다는 점을 고려할 때, 심판대상조항으로 인하여 제한되는 사익보다 보호되는 공익이 크다고 할 것이다. 따라서 심판대상조항은 정보공개청구권을 침해한다고 할 수 없다(헌재 2021. 5. 27. 2019헌바224).

2) 국가기밀

국가기밀은 일반인에게 알려지지 아니한 것, 즉 비공지의 사실로서 국가의 안전에 대한 불이익의 발생을 방지하기 위하여 그것이 적국 또는 반국가단체에 알려지지 아니하도록 할 필요성, 즉 요비닉성이 있는 동시에, 그것이 누설되는 경우 국가의 안전에 명백한 위험을 초래한다고 볼 만큼의 실질적 가치가 있는 것 즉 실질비성을 갖춘 것이어야 한다(헌재 1997. 1. 16. 92헌바6).

> **판례**
>
> ▶ '군사상의 기밀을 부당한 방법으로 탐지하거나 수집하는 자는 10년 이하의 징역이나 금고에 처한다.'고 규정하고 있는 군사기밀보호법 제6조 등이 알 권리를 침해하는지(소극): 군사기밀보호법 제6조 등은 동법 제2조 제1항의 군사상의 기밀이 비공지의 사실로서 적법절차에 따라 군사기밀로서의 표지를 갖추고 그 누설이 국가의 안전보장에 명백한 위험을 초래한다고 볼 만큼의 실질가치를 지닌 것으로 인정되는 경우에 한하여 적용된다 할 것이므로 그러한 해석하에 헌법에 위반되지 아니한다(헌재 1992. 2. 25. 89헌가104 한정합헌).

3) 사생활의 비밀

알 권리의 대상이 타인의 사생활의 비밀인 경우에는 기본권의 충돌에 해당하여 사생활의 비밀은 알 권리의 보장한계가 된다. 다만 개인의 사생활이라 하여도 그것이 공공의 정당한 관심사가 될 경우에는 알 권리의 대상이 된다.

> **판례**
>
> ▶ 공공기관이 보유·관리하는 개인정보를 공개하면 개인의 사생활의 비밀 또는 자유를 침해할 우려가 있다고 인정되는 경우에 이를 비공개할 수 있도록 규정하고 있는 정보공개법 제9조 제1항 6호 부분이 청구인의 알 권리를 침해하는지(소극): 정보공개법은 비공개대상으로 정할 수 있는 개인정보의 범위를 공개될 경우 개인의 사생활의 비밀 또는 자유를 침해할 우려가 있다고 인정되는 정보로 제한하는 등 국민의 알권리를 필요·최소한으로 제한하고 있다. 나아가 이 사건 법률조항에 따른 비공개로 인하여 법률상 이익을 침해받은 자를 위한 구제절차(이의신청, 행정심판, 행정소송)도 마련되어 있어, 국민의 알권리(정보공개청구권)와 개인정보 주체의 사생활의 비밀과 자유 사이에 균형을 도모하고 있으므로 이 사건 법률조항은 청구인의 알 권리를 침해하지 아니한다(헌재 2010. 12. 28. 2009헌바258).
>
> ▶ 공시대상정보로서 교원의 교원단체 및 노동조합 가입현황(인원 수)만을 규정할 뿐 개별 교원의 명단은 규정하고 있지 아니한 교육기관정보공개법 시행령 조항이 학부모들의 알 권리를 침해하는지(소극): 교원의 교원단체 및 노동조합 가입에 관한 정보는 개인정보 보호법상의 민감정보로서 특별히 보호되어야 할 성질의 것이고, 인터넷 게시판에 공개되는 '공시'로 말미암아 발생할 교원의 개인정보자기결정권에 대한 중대한 침해의 가능성을 고려할 때, 이 사건 시행령조항은 학부모 등 국민의 알 권리와 교원의 개인정보자기결정권이라는 두 기본권을 합리적으로 조화시킨 것이라 할 수 있으므로, 학부모들의 알 권리를 침해하지 않는다(헌재 2011. 12. 29. 2010헌마293).

(6) 제한

알 권리는 헌법유보(헌법 제21조 제4항)와 일반적 법률유보(헌법 제37조 제2항)에 의하여 제한될 수 있으며, 아무에게도 달리 보호되고 있는 법익을 침해하는 권리를 부여하는 것은 아니다. 그러나 알 권리의 제한은 본질적 내용을 침해하지 않은 범위 내에서 최소한도에 그쳐야 할 것이다(헌재 1989. 9. 4. 88헌마22).

다만 알 권리를 제한하는 경우에도 알 권리는 청구인에게 이해관계가 있고 타인의 기본권을 침해하지 않으면서 동시에 공익실현에 장애가 되지 않는다면 가급적 널리 인정하여야 할 것이고 적어도 직접의 이해관계가 있는 자에 대하여는 특단의 사정이 없는 한 의무적으로 공개하여야 한다(헌재 1991. 5. 13. 90헌마133).

> **판례**
>
> ▶ 공정거래위원회의 처분과 관련된 자료를 대상으로 한 당사자의 열람·복사 요구에 대하여 공정위로 하여금 자료를 제출한 자의 동의가 있거나 공익상 필요하다고 인정할 때에 응하도록 한 구 '공정거래법' 제52조의2 후문 부분이 알 권리를 침해하는지(소극) : 공정위는 당사자의 방어권과 거부에 의하여 보호되는 이익을 비교형량하여 열람·복사의 허용 여부를 결정하여야 한다. 따라서 당사자의 방어권 또는 그 행사를 위한 알 권리는 자료열람·복사 요구에 대하여 공정위가 심판대상조항에 해당하는 사유가 있는지를 판단하는 과정에서 충분히 보장될 수 있다. 당사자의 열람·복사요구가 정당한 사유 없이 거부되었다면 당사자는 그 거부처분의 취소를 구하는 항고소송을 제기할 수도 있다. 심판대상조항에 의한 청구인들의 사익 제한이 중대하다고 보기 어렵고, 위 조항이 추구하는 공익이 그보다 더 크다고 할 것이므로, 심판대상조항은 과잉금지원칙에 위반되어 알 권리를 침해하지 않는다(헌재 2023. 7. 20. 2019헌바417).

4. 언론기관 설립 및 언론기관의 자유

> **헌법 제21조**
> ② 언론·출판에 대한 허가나 검열과 집회·결사에 대한 허가는 인정되지 아니한다.
> ③ 통신·방송의 시설기준과 신문의 기능을 보장하기 위하여 필요한 사항은 법률로 정한다.

(1) 언론기관설립의 자유

1) 시설기준 법정주의

헌법 제21조 제3항은 "통신·방송의 시설기준과 신문의 기능을 보장하기 위하여 필요한 사항은 법률로 정한다."라고 규정하고 있는바, 입법자는 자유민주주의를 기본원리로 하는 헌법의 요청에 따라 국민의 다양한 의견을 반영하고 국가권력이나 사회세력으로부터 독립된 방송을 실현할 수 있도록 광범위한 입법형성재량을 갖고 방송체제의 선택을 비롯하여, 방송의 설립 및 운영에 관한 조직적, 절차적 규율과 방송운영주체의 지위에 관하여 실체적인 규율을 행할 수 있다(헌재 2024. 5. 30. 2023헌마820).

> **판례**
>
> ▶ 헌법 제21조 제3항의 규범적 의미 : 헌법 제21조 제3항은 "통신·방송의 시설기준과 신문의 기능을 보장하기 위하여 필요한 사항은 법률로 정한다."고 규정하고 있는데, 이는 통신·방송의 시설기준 법정주의와 신문기능 법정주의를 정한 것이다(헌재 2006. 6. 29. 2005헌마165).

> ▶ **통신·방송의 시설기준 법정주의의 취지**: 헌법 제21조 제3항은 "통신·방송의 시설기준과 신문의 기능을 보장하기 위하여 필요한 사항은 법률로 정한다."고 규정하여 일정한 방송시설기준을 구비한 자에 대해서만 방송사업을 허가하는 허가제가 허용될 여지를 주는 한편 방송사업에 대한 시설기준을 "법률"로 정하도록 함으로써 행정부에 의한 방송사업허가제의 자의적 운영이 방지되도록 하고 있다(헌재 2001. 5. 31. 2000헌바43).
>
> ▶ **언론·출판기업의 등록제도와 언론·출판의 자유와의 관계**: 헌법이 언론·출판의 자유를 보장하는 것은 언론·출판의 자유의 내재적 본질인 표현의 방법과 내용을 보장하는 것을 말하는 것으로서 언론·출판기업의 주체인 기업인으로서의 활동까지 포함하는 것으로 볼 수 없다. 기업경영주체로서는 일반사회질서의 규율에서 예외가 될 수 없으며 언론출판기업에 대하여 일정한 시설을 갖추어 등록하게 하는 것은 언론·출판의 자유의 본질적 내용의 간섭과는 구분되며, 원칙적으로 언론·출판의 자유에 관한 본질적인 내용의 침해에 해당하는 것이라고 볼 수 없다(헌재 1996. 8. 29. 94헌바15).

2) 제한

① 목적과 유형

국가는 언론의 자유와 조화를 이루는 범위 내에서 매체산업의 균형발전이라는 경제정책적 목적이나 사회·문화정책적 목적을 달성하기 위한 규제를 할 수 있는데, 예컨대 방송매체의 소유에 관한 규제는 견해의 다양성을 보장한다는 입법목적 외에 매체산업의 균형적 발전이라든가 자국문화의 보호와 같은 입법목적을 복합적으로 가질 수도 있다(헌재 2001. 5. 31. 2000헌바43). 규제형태로 볼 때 방송매체에 대한 규제는 내용에 대한 것과 내용 중립적인 것으로 나타나며, 이러한 규제들에 대해서는 헌법 제21조 제2항의 허가·검열금지원칙에 따른 한계 또는 헌법 제37조 제2항에 의한 일반적인 기본권 제한의 한계가 적용된다(헌재 2001. 5. 31. 2000헌바43).

② 허가제 금지

㉠ 의의

헌법 제21조 제2항에서의 허가나 검열은 행정권이 주체가 되어 사상이나 의견 등이 발표되기 이전에 예방적 조치로서 그 내용을 심사·선별하여 발표를 사전에 억제하는, 즉 허가받지 아니한 것의 발표를 금지하는 제도를 뜻한다(헌재 1998. 2. 27. 96헌바2).

㉡ 대상

사전 허가금지의 대상은 어디까지나 언론·출판 자유의 내재적 본질인 표현의 내용을 보장하는 것을 말하는 것이지, 언론·출판을 위해 필요한 물적 시설이나 언론기업의 주체인 기업인으로서의 활동까지 포함되는 것으로 볼 수는 없다. 즉, 언론·출판에 대한 허가·검열 금지의 취지는 정부가 표현의 내용에 관한 가치판단에 입각해서 특정 표현의 자유로운 공개와 유통을 사전 봉쇄하는 것을 금지하는 데 있으므로, 내용 규제 그 자체가 아니거나 내용 규제 효과를 초래하는 것이 아니라면 헌법이 금지하는 "허가"에는 해당되지 않는다(헌재 2001. 5. 31. 2000헌바43).

> **판례**

▶ **인터넷신문의 등록제도를 규정하고 있는 '신문법' 제9조 제1항이 사전허가금지원칙에 위배되는지**(소극) : 등록조항은 인터넷신문에 대한 인적 요건의 규제 및 확인에 관한 것으로, 인터넷신문의 내용을 심사·선별하여 사전에 통제하기 위한 규정이 아님이 명백하다. 따라서 등록조항은 사전허가금지원칙에도 위배되지 않는다(헌재 2016. 10. 27. 2015헌마1206).

▶ **방송사업허가제가 헌법적으로 허용될 수 있는지**(적극) : 종합유선방송사업허가의 요건은 기술적·물적 또는 인적인 것으로서 구성되어 있다. 구조적 규제의 일종인 진입규제로서의 이 허가제는 방송의 기술적·사회적 특수성을 반영한 것으로서 정보와 견해의 다양성과 공정성을 유지한다는 방송의 공적 기능을 보장하는 것을 주된 입법목적으로 하는 것이고, 표현내용에 대한 가치판단에 입각한 사전봉쇄를 위한 것이거나 그와 같은 실질을 가진다고는 볼 수 없으므로 헌법 제21조 제2항에서 금지된 "허가"에는 해당되지 않는다(헌재 2001. 5. 31. 2000헌바43).

▶ **영화법 제4조 제1항 등이 정한 등록요건이 사실상 허가제에 해당하는지**(소극) : 위 법령조항 등에 정한 예탁금액이 지나치게 많은 경우에는 헌법에서 금지하는 언론·출판의 허가제에 유사한 제한을 하는 것에 해당하게 된다. 그러나 영화는 오늘날 다른 표현매체와 달리 대규모의 자본과 시설에 의해 이루어지고 있고, 각국이 자국의 문화를 세계에 널리 보급하고자 새로운 전략산업으로 지원·육성하고 있다. 이처럼 영화는 표현의 자유를 구현하는 수단으로서의 의미도 있지만, 이를 기업화하여 국민경제에 기여하는 전략산업으로 육성하여야 할 필요성 또한 크므로, 표현의 자유를 본질적으로 침해하는 것이 아닌 한 영화제작업체를 기업적으로 육성하여야 할 필요가 있다. 이러한 점을 고려해 볼 때 영화법상의 등록제도는 이러한 규제목적을 달성하기 위한 것으로서 예탁금을 포함한 그 규제의 정도가 표현의 자유를 본질적으로 침해할 정도에 이르렀다고 보기는 어렵다(헌재 1996. 8. 29. 94헌바15).

▶ **음반제작자에 대하여 일정한 시설을 갖추어 등록할 것을 요구하는 구 음반에 관한 법률 제3조 제1항이 위헌인지**(소극) : 구 음반에 관한 법률 제3조 제1항이 비디오물을 포함하는 음반제작자에 대하여 일정한 시설을 갖추어 문화공보부에 등록할 것을 명하는 것은 음반제작에 필수적인 기본시설을 갖추지 못함으로써 발생하는 폐해방지 등의 공공복리 목적을 위한 것으로서 헌법상 금지된 허가제나 검열제와는 다른 차원의 규정이고, 예술의 자유나 언론·출판의 자유를 본질적으로 침해하였다거나 헌법 제37조 제2항의 과잉금지의 원칙에 반한다고 할 수 없다(헌재 1993. 5. 13. 91헌바17).

▶ **정기간행물을 발행하고자 하는 자에게 일정한 물적 시설을 갖추어 등록할 것을 요구하는 정기간행물의 등록 등에 관한 법률 제7조 제1항이 언론·출판의 자유를 침해하는지**(소극) : 정기간행물의 등록 등에 관한 법률 제7조 제1항은 정기간행물의 발행인들에 의한 무책임한 정기간행물의 난립을 방지함으로써 언론·출판의 공적 기능과 언론의 건전한 발전을 도모할 목적으로 제정된 법률규정으로서, 헌법상 금지된 허가제나 검열제와는 다른 차원의 규정이고 언론·출판의 자유를 본질적으로 침해하는 것도 아니고, 헌법상 제37조 제2항에 반하는 입법권행사라고 할 수 없다(헌재 1992. 6. 26. 90헌가23).

▶ **옥외광고물의 사전허가를 규정하고 있는 옥외광고물등 관리법 제3조가 사전허가금지에 위반되는지**(소극) : 옥외광고물등관리법 제3조는 일정한 지역·장소 및 물건에 광고물 또는 게시시설을 표시하거나 설치하는 경우에 그 광고물 등의 종류·모양·크기·색깔, 표시 또는 설치의 방법 및 기간 등을 규제하고 있을 뿐, 광고물 등의 내용을 심사·선별하여 광고물을 사전에 통제하려는 제도가 아님은 명백하므로, 헌법 제21조 제2항이 정하는 사전허가·검열에 해당되지 아니한다(헌재 1998. 2. 27. 96헌바2).

③ 일반적인 기본권 제한의 한계

국민의 모든 자유와 권리는 국가안전보장·질서유지 또는 공공복리를 위하여 필요한 경우에 한하여 법률로써 제한할 수 있으며, 제한하는 경우에도 자유와 권리의 본질적인 내용을 침해할 수 없다(헌법 제37조 제2항).

> **판례**
>
> ▶ 인터넷신문을 발행하려는 사업자가 취재 인력 3인 이상을 포함하여 취재 및 편집 인력 5명 이상을 상시 고용하지 않는 경우 인터넷신문으로 등록할 수 없도록 규정하고 있는 '신문법 시행령' 제2조 제1항 제1호 가목이 과잉금지원칙을 위반하여 언론의 자유를 침해하는지(적극): 인터넷신문의 부정확한 보도로 인한 폐해를 규제할 필요가 있다고 하더라도 다른 덜 제약적인 방법들이 신문법, 언론중재법 등에 이미 충분히 존재한다. 또한 고용조항 등은 소규모 인터넷신문이 언론으로서 활동할 수 있는 기회 자체를 원천적으로 봉쇄할 수 있음에 비하여, 인터넷신문의 신뢰도 제고라는 입법목적의 효과는 불확실하다는 점에서 법익의 균형성도 잃고 있다. 따라서 고용조항 및 확인조항은 과잉금지원칙에 위배되어 청구인들의 언론의 자유를 침해한다(헌재 2016. 10. 27. 2015헌마1206).
>
> ▶ 정기간행물을 발행하고자 하는 자에게 일정한 물적 시설을 갖추어 등록할 것을 요구하는 정기간행물의 등록 등에 관한 법률 제7조 제1항 제9호 소정의 시설을 "자기소유"이어야 하는 것으로 해석하는 한 헌법에 위반되는지(적극): 이 사건 법률 제7조 제1항 제9호에서의 "해당시설"은 임차 또는 리스 등에 의하여도 갖출 수 있는 것이므로 위 조항의 등록요건인 동항 제9호 소정의 제6조 제3항 제1호 및 제2호의 규정에 의한 해당시설을 자기소유이어야 하는 것으로 해석하는 한 신문발행인의 자유를 제한하는 것으로서 허가제의 수단으로 남용될 우려가 있으므로 헌법 제12조의 죄형법정주의의 원칙에 반하고 헌법상 금지되고 있는 과잉금지원칙이나 비례의 원칙에 반한다(헌재 1992. 6. 26. 90헌가23).
>
> ▶ 음반제작자에 대하여 일정한 시설을 갖추어 등록할 것을 요구하는 구 음반에 관한 법률 제3조 제1항에 규정한 시설을 "자기소유"이어야 하는 것으로 해석하는 한 헌법에 위반되는지(적극): 구 음반에관한법률 제3조 제1항 각호에 규정한 시설은 임차 또는 리스 등에 의하여도 갖출 수 있으므로, 동항 및 동법 제13조 제1항 제1호 등에 규정한 시설을 자기소유이어야 하는 것으로 해석하는 한, 헌법상 금지된 허가제의 수단으로 남용될 우려가 있으므로 예술의 자유, 언론·출판의 자유, 평등권을 침해할 수 있게 되고, 죄형법정주의에 반하는 결과가 된다(헌재 1993. 5. 13. 91헌바17 한정위헌).
>
> ▶ 영화법 제4조 제1항에서 영화제작업자에게 등록의무를 부과하는 것이 언론·출판의 자유를 침해하는지(소극): 영화법 제4조 제1항 및 제32조 제1호는 헌법상 보장된 표현의 자유의 내용을 간섭하기 위한 것이 아니라 단순히 주무행정관청의 기본업무인 행정상의 절차와 행정업무상 필요한 사항을 등록하게 하고 이를 규제하기 위하여 그 위반행위에 대한 벌칙 규정을 두고 있는데 불과한 것이다. 따라서 위 법률조항은 입법부가 그러한 규제를 함에 있어서 입법재량을 남용함으로써 과잉금지의 원칙에 위반하는 등 자의적인 입법을 하지 않는 이상 그 규제입법 자체를 위헌이라고 할 수 없다(헌재 1996. 8. 29. 94헌바15).

(2) 언론기관의 자유

1) 방송의 자유

① 법적 성격

헌법 제21조 제1항에 의해 보장되는 언론·출판의 자유에는 방송의 자유가 포함된다. 방송의 자유는 주관적 권리로서의 성격과 함께 자유로운 의견형성이나 여론형성을 위해 필수적인 기능을 행하는 객관적 규범질서로서 제도적 보장의 성격을 함께 가진다(헌재 2003. 12. 18. 2002헌바49).

> **판례**
>
> ▶ **방송의 자유의 보호영역**: 방송의 자유의 보호영역에는 단지 국가의 간섭을 배제함으로써 성취될 수 있는 방송프로그램에 의한 의견 및 정보를 표현, 전파하는 주관적인 자유권 영역 외에 그 자체만으로 실현될 수 없고 그 실현과 행사를 위해 실체적, 조직적, 절차적 형성 및 구체화를 필요로 하는 객관적 규범질서의 영역이 존재한다. 그러므로 입법자가 방송법제의 형성을 통하여 민영방송을 허용하는 경우 민영방송사업자는 그 방송법제에서 기대되는 방송의 기능을 보장받으며 형성된 법률에 의해 주어진 범위 내에서 주관적 권리를 가지고 헌법적 보호를 받는다(헌재 2003. 12. 18. 2002헌바49).
>
> ▶ **협찬고지의 허용범위를 대통령령에 위임하고 있는 방송법 제74조 제1항의 법적 성격**: 협찬고지는 본질이 방송운영에 특유한 광고방송의 한 종류에 속하는 것이므로 그에 대한 규율은 방송의 형성에 속하는 사항으로서 그 허용범위의 문제는 방송의 자유의 객관적 측면인 방송사업자의 방송운영에 관한 활동의 범위를 정하는 것이다. 입법자는 이 사건 법률조항의 신설에 의해 협찬고지를 방송운영의 자유의 한 부분으로서 허용하는 동시에 그 허용범위를 형성하였다고 볼 수 있으므로 이 사건 법률조항은 이러한 영역을 규율하는 형성법률이다. 따라서 이 사건 법률조항의 주된 성격은 비록 그 허용범위가 제한적이지만 형성적, 허용적 규정이며, 방송사업자의 주관적 권리는 이 사건 법률조항의 형성에 의하여 비로소, 그리고 오로지 형성된 기준에 따라서만 성립될 수 있으므로, 비록 이 사건 법률조항에 대한 위반행위에 대하여 과태료 등의 제재가 수반되더라도 이를 들어 이 사건 법률조항의 성격을 기본권 제한규정으로 볼 것은 아니다(헌재 2003. 12. 18. 2002헌바49).

② 내용

방송의 자유의 내용으로는 방송설립의 자유, 방송운영의 자유, 방송편성의 자유 등이 언급되고, 그 중 방송편성의 자유는 방송의 자유의 핵심이다. 이것은 방송주체가 외부의 압력이나 영향으로부터 자유롭게 자신의 언론적 과제나 방식, 즉 방송프로그램의 선정, 내용 및 형식을 결정할 수 있는 자유를 말한다(헌재 2021. 8. 31. 2019헌바439).

③ 제한

㉠ 방송편성의 자유

언론·출판의 자유는 매우 중요한 기본권이지만 어떠한 경우에도 제한할 수 없는 기본권이라고 할 수는 없으며 타인의 명예나 권리, 공중도덕이나 사회윤리를 침해해서는 아니 되고, 헌법 제37조 제2항에 따라 국가안전보장·질서유지 또는 공공복리를 위하여 필요한 경우 법률로써 제한할 수 있다(헌재 2022. 10. 27. 2021헌가4).

판례

▶ **방송편성에 관하여 간섭을 금지하고 그 위반 행위자를 처벌하는 구 방송법 제4조 제2항 등이 과잉금지원칙에 위반되어 표현의 자유를 침해하는지**(소극): 방송의 자유는 민주주의의 원활한 작동을 위한 기초인바, 국가권력은 물론 정당, 노동조합, 광고주 등 사회의 여러 세력이 법률에 정해진 절차에 의하지 아니하고 방송편성에 개입한다면 국민 의사가 왜곡되고 민주주의에 중대한 위해가 발생하게 된다. 심판대상조항은 방송편성의 자유와 독립을 보장하기 위하여 방송에 개입하여 부당하게 영향력을 행사하는 '간섭'에 이르는 행위만을 금지하고 처벌할 뿐이고, 방송법과 다른 법률들은 방송 보도에 대한 의견 개진 내지 비판의 통로를 충분히 마련하고 있다. 따라서 심판대상조항이 과잉금지원칙에 반하여 표현의 자유를 침해한다고 볼 수 없다(헌재 2021. 8. 31. 2019헌바439).

▶ **인터넷언론사에 대하여 선거일 전 90일부터 선거일까지 후보자 명의의 칼럼이나 저술을 게재하는 보도를 제한하는 구 '인터넷선거보도 심의기준 등에 관한 규정' 제8조 제2항 본문 등이 청구인의 표현의 자유를 침해하는지**(적극): 공직선거법상 인터넷 선거보도 심의의 대상이 되는 인터넷언론사의 개념은 매우 광범위한데, 이 사건 시기제한조항이 정하고 있는 일률적인 규제와 결합될 경우 이로 인해 발생할 수 있는 표현의 자유 제한이 작다고 할 수 없다. 인터넷언론의 특성과 그에 따른 언론시장에서의 영향력 확대에 비추어 볼 때, 인터넷언론에 대하여는 자율성을 최대한 보장하고 언론의 자유에 대한 제한을 최소화하는 것이 바람직하고, 계속 변화하는 이 분야에서 규제 수단 또한 헌법의 틀 안에서 다채롭고 새롭게 강구되어야 한다. 이 사건 시기제한조항의 입법목적을 달성할 수 있는 덜 제약적인 다른 방법들이 이 사건 심의기준 규정과 공직선거법에 이미 충분히 존재한다. 따라서 이 사건 시기제한조항은 과잉금지원칙에 반하여 청구인의 표현의 자유를 침해한다(헌재 2019. 11. 28. 2016헌마90).

▶ **'국가보안법에서 금지하는 행위를 수행하는 내용의 정보'에 대하여 정보통신망을 통한 유통을 금지하는 정보통신망법 제44조의7 제1항 제8호 및 방송통신위원회가 일정한 요건하에 서비스제공자 등에게 불법정보의 취급거부 등을 명하도록 한 정보통신망법 제44조의7 제3항 언론의 자유를 침해하는지**(소극): 국가보안법에서 금지하는 행위를 수행하는 내용의 정보는 '그 자체로서 불법성이 뚜렷하고 사회적 유해성이 명백한 표현물'에 해당하는 점, 정보를 직접 유통한 작성자를 형사처벌하는 것이 아니라 해당 정보의 시정요구, 취급거부 등을 통하여 그 정보의 삭제 등을 하는 데 불과한 점, 서비스제공자 등에 대하여도 방송통신심의위원회의 시정요구 및 방송통신위원회의 명령을 이행하지 아니한 때 비로소 형사책임을 묻는 점, 이의신청 및 의견진술기회 등을 제공하고 있는 점, 사법적 사후심사가 보장되어 있는 점 등에 비추어 보면, 이 사건 법률조항들은 침해최소성과 법익균형성 요건도 충족하고 있어 과도하게 언론의 자유를 침해하지 아니한다(헌재 2014. 9. 25. 2012헌바325).

▶ **중계유선방송사업자가 방송의 중계송신업무만 수행하고 보도, 논평, 광고는 할 수 없도록 하는 구 유선방송관리법 제15조 제1항 등이 방송의 자유, 직업수행의 자유를 침해하는지**(소극): 심판대상조항들의 규제는 방송사업허가제, 특히 종합유선방송사업의 허가제를 유지하기 위해서 본래적 의미에서의 방송을 수행하는 종합유선방송사업의 허가를 받지 아니한 중계유선방송사업에 대해 부과하는 자유 제한이다. 중계유선방송사업자가 자체적인 프로그램 편성의 자유와 그에 따르는 책임을 부여받지 아니한 이상 이러한 제한의 범위가 지나치게 넓다고 할 수 없고, 중계유선방송사업자도 요건을 갖추면 종합유선방송사업의 허가를 받을 수 있었던 점 등을 종합하여 볼 때, 규제의 정도가 과도하다고 보기도 어렵다(헌재 2001. 5. 31. 2000헌바43).

ⓛ 방송운영의 자유

방송사업자의 주관적 권리로서 방송운영의 자유는 이를 허용하는 형성법률에 의해 비로소 그 형성된 기준에 따라 성립되는 것이므로 이러한 형성법률에 대한 위헌성 판단은 기본권 제한의 한계 규정인 헌법 제37조 제2항에 따른 과잉금지 내지 비례의 원칙의 적용을 받는 것이 아니라, 그러한 형성법률이 그 재량의 한계인 자유민주주의 등 헌법상의 기본원리를 지키면서 방송의 자유의 실질적 보장에 기여하는지 여부에 따라 판단된다(헌재 2003. 12. 18. 2002헌바49).

판례

▶ **공영방송 수신료제도에 관한 입법재량의 한계**: 심판대상조항이 수신료 징수방법에 관한 사항을 과도하게 규제하여 방송운영의 자유를 침해하는지 여부가 문제되는바, 공영방송의 책무인 헌법상 민주주의 원리, 알 권리, 인간다운 생활을 할 권리 등을 실현하는 객관적 규범질서를 형성하여 방송의 기능과 자유를 보장할 수 있는지 여부가 입법재량의 한계를 판단하는 기준이 된다. 즉 심판대상조항은 방송법에서 규정하고 있는 수신료의 부과·징수와 관련하여, 수신료 납부통지에 관한 절차적 사항을 구체화하고 있는바, 심판대상조항이 정하는 절차가 입법재량의 한계를 준수하였는지 여부는, 그 내용이 청구인이 공영방송의 헌법적 기능을 수행하기 위하여 필요한 재정적 독립성을 침해하는지 여부에 따라 판단하여야 한다(헌재 2024. 5. 30. 2023헌마820).

▶ **수신료 징수업무를 지정받은 자가 수신료를 징수하는 때 그 고유업무와 관련된 고지행위와 결합하여 이를 행해서는 안 된다고 규정한 방송법 시행령 제43조 제2항이 입법재량의 한계를 위반하여 청구인의 방송운영의 자유를 침해하는지**(소극): 공법상 의무인 수신료 납부의무와 사법상 의무인 전기요금 납부의무는 분리하여 고지·징수하는 것이 원칙적인 방식이고, 미납이나 연체된 수신료에 대한 추징금 및 가산금의 징수 및 강제가 가능하며, 지난 30년간 수신료 통합징수 시행을 통하여 수상기 등록 세대에 대한 정보가 확보된 점, 30년 전 통합징수가 실시되기 이전과는 달리 현재는 정보통신기술의 발달로 각종 요금의 고지 및 납부 방법이 전산화·다양화된 점 등을 고려할 때 심판대상조항으로 인하여 곧 청구인의 재정적 손실이 초래된다고 단정할 수 없다. 따라서 심판대상조항은 공영방송의 기능을 위축시킬 만큼 청구인의 재정적 독립에 영향을 끼친다고 볼 수 없다(헌재 2024. 5. 30. 2023헌마820).

▶ **방송문화진흥회가 최다출자자인 지상파방송사업자가 계열관계에 있는 다른 지상파방송사업자의 주식 또는 지분을 소유하는 경우 예외적으로 소유 제한의 범위를 적용하지 않도록 규정하고 있는 방송법 제8조 제8항 단서가 평등원칙에 위반되는지**(소극): 문화방송과 지역문화방송에 대해 방송법 제8조 제8항 본문이 규정하고 있는 지분 또는 주식소유의 제한원칙을 그대로 적용한다면, 결국 지역문화방송은 시장동향에 민감한 민영방송으로 조직의 성격이 변하여 공영방송으로서의 역할을 다 하지 못하게 될 위험이 있다. 또한 각 지역문화방송은 일정 비율의 지역 밀착형 자체 제작프로그램을 제작하고 편성하여 해당 지역의 이익을 대변하고, 문화적 가치를 보존하고 계승하는 지역공영방송으로서의 역할도 충실히 수행하고 있으므로, 문화방송이 지역문화방송의 주식을 제한 없이 소유한다고해서 그로 인해 여론의 독과점을 조장하거나 방송의 다양성이나 공정성, 독립성을 훼손한다고 볼 수도 없고, 심판대상조항은 △△방송이 기존 계열사 관계에 있는 지역△△방송의 주식 또는 지분을 소유하는 것만을 예외로 인정한 것일 뿐이지 모든 지상파방송사업자의 주식을 제한 없이 취득할 것을 허용한 것은 아니다. 따라서 심판대상조항은 평등원칙에 위배된다고 볼 수 없다(헌재 2015. 4. 30. 2012헌바358).

▶ **협찬고지의 허용범위를 대통령령에 위임하고 있는 방송법 제74조 제1항이 방송사업자의 방송운영의 자유를 침해하는지**(소극) : 이 사건 법률조항은 여타의 법익을 위한 방송의 자유에 대한 제한이 아니라 방송사업의 운영을 규율하는 형성법률의 한 내용으로서 협찬고지라는 광고방송의 한 형태를 규율함에 있어 헌법상 방송의 자유를 실질적으로 보장하기 위하여 필요한 규제로서 입법자의 형성의 범위 내에서 행해졌다고 볼 수 있어 헌법에 합치되며, 방송사업자인 청구인의 협찬고지에 관한 방송운영의 자유는 이 사건 법률조항의 형성을 통해서 비로소, 그리고 오로지 형성된 기준에 따라 성립되는 것이므로 기본권 제한이나 침해를 내포하지 않고, 따라서 또 다른 헌법적 정당화를 필요로 하지 아니한다(헌재 2003. 12. 18. 2002헌바49).

2) 신문의 자유

헌법 제21조 제1항은 언론의 자유를 보장하고 있는바, 언론의 자유에 신문의 자유와 같은 언론매체의 자유가 포함됨은 물론이다. 신문의 자유는 개인의 주관적 기본권으로서 보호될 뿐만 아니라, '자유 신문'이라는 객관적 제도로서도 보장되고 있다. 객관적 제도로서의 '자유 신문'은 신문의 사경제적・사법적 조직과 존립의 보장 및 그 논조와 경향, 정치적 색채 또는 세계관에 있어 국가권력의 간섭과 검열을 받지 않는 자유롭고 독립적인 신문의 보장을 내용으로 하는 한편, 자유롭고 다양한 의사형성을 위한 상호 경쟁적인 다수 신문의 존재는 다원주의를 본질로 하는 민주주의사회에서 필수불가결한 요소가 된다(헌재 2006. 6. 29. 2005헌마165).

판례

▶ **신문의 자유에 의해 보호되는 범위** : 신문의 자유에 의하여 보호되는 것은 정보의 획득에서부터 뉴스와 의견의 전파에 이르기까지, 언론으로서의 신문의 기능과 본질적으로 관련되는 모든 활동이다(헌재 2006. 6. 29. 2005헌마165).

▶ **신문의 편집인 등으로 하여금 아동보호사건에 관련된 아동학대행위자를 특정하여 파악할 수 있는 인적 사항 등을 신문 등 출판물에 싣거나 방송매체를 통하여 방송할 수 없도록 하는 '아동학대처벌법' 제35조 제2항 부분이 언론・출판의 자유 등을 침해하는지**(소극) : 아동학대행위자 대부분은 피해아동과 평소 밀접한 관계에 있으므로, 행위자를 특정하여 파악할 수 있는 식별정보를 신문, 방송 등 매체를 통해 보도하는 것은 피해아동의 사생활 노출 등 2차 피해로 이어질 가능성이 매우 높다. 보도금지조항은 아동학대사건 보도를 전면금지하지 않으며 오직 식별정보에 대한 보도를 금지할 뿐으로, 익명화된 형태의 사건보도는 가능하다. 따라서 보도금지조항으로 제한되는 사익은 아동학대행위자의 식별정보 보도라는 자극적인 보도의 금지에 지나지 않는 반면 이를 통해 달성하려는 2차 피해로부터의 아동보호 및 아동의 건강한 성장이라는 공익은 매우 중요하다. 따라서 보도금지조항은 언론・출판의 자유와 국민의 알 권리를 침해하지 않는다(헌재 2022. 10. 27. 2021헌가4).

▶ **일간신문과 뉴스통신・방송사업의 겸영을 금지하는 신문법 제15조 제2항이 신문사업자인 청구인들의 신문의 자유를 침해하는지**(소극) : 신문법 제15조 제2항은 신문의 다양성을 보장하기 위하여 필요한 한도 내에서 그 규제의 대상과 정도를 선별하여 제한적으로 규제하고 있다. 규제 대상을 일간신문으로 한정하고 있고, 겸영에 해당하지 않는 행위, 즉 하나의 일간신문법인이 복수의 일간신문을 발행하는 것 등은 허용되며, 종합편성이나 보도전문편성이 아니어서 신문의 기능과 중복될 염려가 없는 방송채널사용사업이나 종합유선방송사업, 위성방송사업 등을 겸영하는 것도 가능하다. 그러므로 신문법 제15조 제2항은 헌법에 위반되지 아니한다(헌재 2006. 6. 29. 2005헌마165).

▶ **일간신문사 지배주주의 뉴스통신사 또는 다른 일간신문사 주식·지분의 소유·취득을 제한하는 신문법 제15조 제3항이 신문사업자인 청구인들의 신문의 자유를 침해하는지**(한정 적극): 신문법 제15조 제3항에서 일간신문의 지배주주가 뉴스통신 법인의 주식 또는 지분의 2분의 1 이상을 취득 또는 소유하지 못하도록 함으로써 이종 미디어 간의 결합을 규제하는 부분은 언론의 다양성을 보장하기 위한 필요한 한도 내의 제한이라고 할 것이어서 신문의 자유를 침해한다고 할 수 없다. 그런데 제15조 제3항은 나아가 일간신문의 지배주주에 의한 신문의 복수소유를 규제하고 있다. 신문의 다양성을 보장하기 위하여 신문의 복수소유를 제한하는 것 자체가 헌법에 위반된다고 할 수 없지만, 신문의 복수소유가 언론의 다양성을 저해하지 않거나 오히려 이에 기여하는 경우도 있을 수 있는데, 이 조항은 신문의 복수소유를 일률적으로 금지하고 있어서 필요 이상으로 신문의 자유를 제약하고 있다(헌재 2006. 6. 29. 2005헌마165 헌법불합치).

Ⅴ 언론·출판의 자유의 한계

헌법 제21조
④ 언론·출판은 타인의 명예나 권리 또는 공중도덕이나 사회윤리를 침해하여서는 아니된다. 언론·출판이 타인의 명예나 권리를 침해한 때에는 피해자는 이에 대한 피해의 배상을 청구할 수 있다.

1. 취지

오늘날 언론기관이 정치적·사회적으로 미치는 영향력은 강력하여 언론기관이 공정성과 객관성을 유지하지 않을 경우 자칫 정치적, 사회적 여론을 왜곡시킬 수 있으며, 명예, 사생활 비밀과 같은 개인의 소중한 자유에 회복하기 어려운 피해를 입힐 수 있다. 이에 우리 헌법 제21조 제4항은 '언론·출판이 타인의 명예나 권리 또는 공중도덕이나 사회윤리를 침해하여서는 아니된다.'고 규정하여 막중한 언론의 사회적 책임과 의무를 헌법적 차원에서 강조하고 있다(헌재 1991. 9. 16. 89헌마165).

2. 법적 성격

헌법 제21조 제4항은 언론·출판의 자유에 따르는 책임과 의무를 강조하는 동시에 '언론·출판의 자유에 대한 제한의 요건'을 명시한 규정으로 볼 것이고, 헌법상 표현의 자유의 보호영역 한계를 설정한 것이라고는 볼 수 없다(헌재 2009. 5. 28. 2006헌바109).

3. 내용

(1) 명예

명예란 사람의 품성, 명성, 신용 등 인격적 가치에 대하여 사회로부터 받는 객관적인 평가를 말하고, 특히 법인의 경우에는 그 사회적 명성과 신용을 가리키는 것이며, 명예훼손이란 명예주체에 대한 사회적 평가를 저하시키는 일체의 행위를 말한다(대판 2000. 7. 28. 99다6203).

> **판례**
>
> ▶ **언론의 자유와 인격권의 조정 과정에서 고려할 사항**: 개인의 언론 활동이 타인의 명예를 훼손하는 경우, 행위자와 피해자라는 개인 대 개인 간의 사적 관계에서는 언론의 자유보다 명예 보호라는 인격권이 우선하나, 당해 표현이 공공적·사회적·객관적인 의미를 가진 정보에 해당되는 것은 그 평가를 달리 하여야 한다. 즉, 당해 표현으로 인한 피해자가 공적 인물인지 아니면 사인인지, 그 표현이 공적인 관심 사안에 관한 것인지 순수한 사적인 영역에 속하는 사안인지, 피해자가 당해 명예훼손적 표현의 위험을 자초한 것인지, 그 표현이 객관적으로 국민이 알아야 할 공공성·사회성을 갖춘 사실(알권리)로서 여론형성이나 공개토론에 기여하는 것인지 등을 종합하여 구체적인 표현 내용과 방식에 따라 상반되는 두 권리를 유형적으로 형량한 비례관계를 따져 언론의 자유에 대한 한계 설정을 할 필요가 있다(헌재 1999. 6. 24. 97헌마265).

(2) 음란

1) 의의

음란이란 일반 보통인의 성욕을 자극하여 성적 흥분을 유발하고 정상적인 성적 수치심을 해하여 성적 도의관념에 반하는 것을 말한다(대판 2006. 4. 28. 2003도4128).

2) 언론·출판의 자유의 보호영역

음란표현이 언론·출판의 자유의 보호영역에 해당하지 아니한다고 해석할 경우, 음란표현에 대하여 언론·출판의 자유의 제한에 대한 헌법상의 기본원칙에 입각한 합헌성 심사를 하지 못하게 될 뿐만 아니라, 기본권 제한에 대한 헌법상의 기본원칙도 적용하기 어렵게 되는 결과, 음란표현에 대한 최소한의 헌법상 보호마저도 부인하게 될 위험성이 농후하게 된다는 점을 간과할 수 없다. 따라서 음란표현은 헌법 제21조가 규정하는 언론·출판의 자유의 보호영역 내에 있다(헌재 2009. 5. 28. 2006헌바109).

VI 언론·출판의 자유의 제한

1. 사전 검열의 금지

> **헌법 제21조**
> ② 언론·출판에 대한 허가나 검열과 집회·결사에 대한 허가는 인정되지 아니한다.

(1) 의의

헌법 제21조 제2항의 검열은 그 명칭이나 형식과 관계없이 실질적으로 행정권이 주체가 되어 사상이나 의견 등이 발표되기 이전에 예방적 조치로서 그 내용을 심사, 선별하여 발표를 사전에 억제하는, 즉 허가받지 아니한 것의 발표를 금지하는 제도를 뜻하고, 이러한 사전검열은 법률로써도 불가능한 것으로서 절대적으로 금지된다. 여기에서 절대적이라 함은 언론·출판의 자유의 보호를 받는 표현에 대해서는 사전검열금지원칙이 예외 없이 적용된다는 의미이다(헌재 2001. 8. 30. 2000헌가9). 사전검열금지원칙은 모든 형태의 사전적인 규제를 금지하는 것은 아니고, 의사표현의 발표 여부가 오로지 행정권의 허가에 달려있는 사전심사만을 금지한다(헌재 2008. 6. 26. 2005헌마506).

> **판례**
>
> ▶ **영화에 대한 등급심사제가 사전 검열에 해당하는지**(소극): 심의기관에서 허가절차를 통하여 영화의 상영 여부를 종국적으로 결정할 수 있도록 하는 것은 검열에 해당하나, 영화의 상영으로 인한 실정법위반의 가능성을 사전에 막고, 청소년 등에 대한 상영이 부적절할 경우, 이를 유통단계에서 효과적으로 관리할 수 있도록 미리 등급을 심사하는 것은 사전검열이 아니다(헌재 1996. 10. 4. 93헌가13).

(2) 요건

1) 일반적 요건

헌법재판소는 헌법이 금지하는 사전검열의 요건으로 첫째, 일반적으로 허가를 받기 위한 표현물의 제출의무가 존재할 것, 둘째, 행정권이 주체가 된 사전심사절차가 존재할 것, 셋째, 허가를 받지 아니한 의사표현을 금지할 것, 넷째, 심사절차를 관철할 수 있는 강제수단이 존재할 것을 제시하고 있다(헌재 2008. 6. 26. 2005헌마506).

> **판례**
>
> ▶ **민사소송법 제714조 제2항에 의한 방영금지가처분 규정이 검열에 해당하는지**(소극): 헌법 제21조 제2항에서 규정한 검열 금지의 원칙은 모든 형태의 사전적인 규제를 금지하는 것이 아니고 단지 의사표현의 발표 여부가 오로지 행정권의 허가에 달려있는 사전심사만을 금지하는 것을 뜻하므로, 이 사건 법률조항에 의한 방영금지가처분은 행정권에 의한 사전심사나 금지처분이 아니라 개별 당사자간의 분쟁에 관하여 사법부가 사법절차에 의하여 심리, 결정하는 것이어서 헌법에서 금지하는 사전검열에 해당하지 아니한다(헌재 2001. 8. 30. 2000헌바36).
>
> ▶ **건강기능식품 기능성 광고 사전심의에서 심사절차를 관철할 수 있는 강제수단**: 심의받은 내용과 다른 내용의 광고를 한 경우, 이 사건 제재조항은 대통령령으로 정하는 바에 따라 영업허가를 취소·정지하거나, 영업소의 폐쇄를 명할 수 있도록 하고, 이 사건 처벌조항은 5년 이하의 징역 또는 5천만 원 이하의 벌금에 처하도록 하고 있다. 이와 같은 행정제재나 형벌의 부과는 사전심의절차를 관철하기 위한 강제수단에 해당한다(헌재 2018. 6. 28. 2016헌가8).

2) 독립적 위원회

광고의 심의기관이 행정기관인지 여부는 기관의 형식에 의하기보다는 그 실질에 따라 판단되어야 한다. 따라서 검열을 행정기관이 아닌 독립적인 위원회에서 행한다고 하더라도, 행정권이 주체가 되어 검열절차를 형성하고 검열기관의 구성에 지속적인 영향을 미칠 수 있는 경우라면 실질적으로 그 검열기관은 행정기관이라고 보아야 한다(헌재 2008. 10. 30. 2004헌가18).

> **판례**
>
> ▶ **공연윤리위원회가 검열기관인지**(적극): 공연윤리위원회가 민간인으로 구성된 자율적인 기관이라고 할지라도 영화법에서 영화에 대한 사전허가제도를 채택하고, 공연법에 의하여 공연윤리위원회를 설치토록 하여 행정권이 공연윤리위원회의 구성에 지속적인 영향을 미칠 수 있게 하였으므로 공연윤리위원회는 검열기관으로 볼 수밖에 없다(헌재 1996. 10. 4. 93헌가13).

▶ **영상물등급위원회가 검열기관인지**(적극) : 영상물등급위원회는, 그 위원을 대통령이 위촉하고, 그 구성방법 및 절차에 관하여 필요한 사항을 대통령령으로 정하도록 하고 있으며, 국가예산으로 그 운영에 필요한 경비의 보조를 받을 수 있도록 하고 있는 점 등에 비추어 <u>행정권이 심의기관의 구성에 지속적인 영향을 미칠 수 있고 행정권이 주체가 되어 검열절차를 형성하고 있어 검열기관에 해당한다</u>(헌재 2001. 8. 30. 2000헌가9).

3) 민간심의기구

민간심의기구가 심의를 담당하는 경우에도 행정권이 개입하여 그 사전심의에 자율성이 보장되지 않는다면 이 역시 행정기관의 사전검열에 해당하게 된다. 또한 민간심의기구가 사전심의를 담당하고 있고, 현재에는 행정기관이 그 업무에 실질적인 개입을 하고 있지 않더라도 행정기관의 자의에 의해 언제든지 개입할 가능성이 열려 있다면, 개입 가능성의 존재 자체로 민간심의기구는 심의 업무에 영향을 받을 수밖에 없을 것이기 때문에, 이 경우 역시 헌법이 금지하는 사전검열이라는 의심을 면하기 어렵다(헌재 2015. 12. 23. 2015헌바75).

> **판례**
>
> ▶ **한국광고자율심의기구가 검열기관에 해당하는지**(적극) : 방송위원회와 자율심의기구 사이의 업무위탁계약서 제8조에 의하면, 방송위원회는 위탁업무의 원활한 수행을 위하여 위탁계약기간 동안에 필요한 비용의 전부 또는 일부를 심의기구에 지원할 수 있다고 규정하고 있고, <u>실제 자율심의기구의 운영비나 사무실 유지비, 인건비 등은 방송위원회가 비용을 지급하고 있다.</u> 자율심의기구의 운영비용을 방송위원회에 의존하고 있는 상황에서는 그 영향력에서 완전히 벗어나 독립적이고 자율적으로 사전심의를 하고 있다고 보기 어렵고, 결국 이 사건 방송광고 사전심의에 있어서는 자율심의기구의 행정기관성을 부인하기는 어려울 것이다(헌재 2008. 6. 26. 2005헌마506).
>
> ▶ **사전심의를 받은 내용과 다른 내용의 건강기능식품 기능성광고를 금지하고 이를 위반한 경우 처벌하는 '건강기능식품에 관한 법률' 제18조 제1항 제6호 등 부분이 사전검열금지원칙에 위배되는지**(적극, 선례변경) : 건강기능식품법상 기능성 광고의 심의는 식약처장으로부터 위탁받은 한국건강기능식품협회에서 수행하고 있지만, <u>법상 심의주체는 행정기관인 식약처장이며, 언제든지 그 위탁을 철회할 수 있고, 심의위원회의 구성에 관하여도 법령을 통해 행정권이 개입하고 지속적으로 영향을 미칠 가능성이 존재하는 이상 그 구성에 자율성이 보장되어 있다고 볼 수 없다.</u> 따라서 이 사건 건강기능식품 기능성광고 사전심의는 그 검열이 행정권에 의하여 행하여진다 볼 수 있고, 헌법이 금지하는 사전검열에 해당하므로 헌법에 위반된다(헌재 2018. 6. 28. 2016헌가8).
>
> ▶ **사전심의를 받지 않은 건강기능식품의 기능성 광고를 금지하고 이를 어길 경우 형사처벌하도록 한 구 '건강기능식품에 관한 법률' 제18조 제1항 제6호 부분이 사전검열금지원칙에 위배되는지**(적극) : '건강기능식품에 관한 법률'에 따르면 기능성 광고의 심의는 식품의약품안전처장으로부터 위탁받은 한국건강기능식품협회에서 수행하고 있지만, <u>법상 심의주체는 행정기관인 식품의약품안전처장이며, 언제든지 그 위탁을 철회할 수 있고, 심의위원회의 구성에 관하여도 법령을 통해 행정권이 개입하고 지속적으로 영향을 미칠 가능성이 존재하는 이상 그 구성에 자율성이 보장되어 있다고 볼 수 없다.</u> 따라서 이 사건 건강기능식품 기능성 광고 사전심의는 행정권이 주체가 된 사전심사로서, 헌법이 금지하는 사전검열에 해당하므로 헌법에 위반된다(헌재 2019. 5. 30. 2019헌가4).

▶ **의료기기와 관련하여 심의를 받지 아니하거나 심의받은 내용과 다른 내용의 광고를 하는 것을 금지하고 이를 위반한 경우 행정제재와 형벌을 부과하도록 한 의료기기법 제24조 제2항 제6호 부분 등이 사전검열금지원칙에 위반되는지**(적극) : 의료기기법상 의료기기 광고의 심의는 식약처장으로부터 위탁받은 한국의료기기산업협회가 수행하고 있지만, 법상 심의주체는 행정기관인 식약처장이고, 식약처장이 언제든지 그 위탁을 철회할 수 있으며, 심의위원회의 구성에 관하여도 식약처고시를 통해 행정권이 개입하고 지속적으로 영향을 미칠 가능성이 존재하는 이상 그 구성에 자율성이 보장되어 있다고 보기 어렵다. 따라서 이 사건 의료기기 광고 사전심의는 행정권이 주체가 된 사전심사로서 헌법이 금지하는 사전검열에 해당하고, 이러한 사전심의제도를 구성하는 심판대상조항은 헌법 제21조 제2항의 사전검열금지원칙에 위반된다(헌재 2020. 8. 28. 2017헌가35).

▶ **사전심의를 받지 아니한 의료광고를 금지하고 이를 위반한 경우 처벌하는 의료법 제56조 제2항 제9호 부분이 사전검열금지원칙에 위배되는지**(적극) : 의료광고의 사전심의는 보건복지부장관으로부터 위탁을 받은 각 의사협회가 행하고 있으나 사전심의의 주체인 보건복지부장관은 언제든지 위탁을 철회하고 직접 의료광고 심의업무를 담당할 수 있는 점, 의료법 시행령이 심의위원회의 구성에 관하여 직접 규율하고 있는 점, 심의기관의 장은 심의 및 재심의 결과를 보건복지부장관에게 보고하여야 하는 점, 보건복지부장관은 의료인 단체에 대해 재정지원을 할 수 있는 점, 심의기준·절차 등에 관한 사항을 대통령령으로 정하도록 하고 있는 점 등을 종합하여 보면, 각 의사협회는 행정권의 영향력에서 벗어나 독립적이고 자율적으로 사전심의업무를 수행하고 있다고 보기 어렵다. 따라서 이 사건 법률규정들은 사전검열금지원칙에 위배된다(헌재 2015. 12. 23. 2015헌바75).

▶ **방송위원회로부터 위탁을 받은 한국광고자율심의기구로 하여금 텔레비전 방송광고의 사전심의를 담당하도록 한 것이 헌법이 금지하는 사전검열에 해당하는지**(적극) : 한국광고자율심의기구는 민간이 주도가 되어 설립된 기구이기는 하나, 그 구성에 행정권이 개입하고 있고, 행정법상 공무수탁사인으로서 그 위탁받은 업무에 관하여 국가의 지휘·감독을 받고 있으며, 방송위원회는 텔레비전 방송광고의 심의 기준이 되는 방송광고 심의규정을 제정·개정할 권한을 가지고 있고, 자율심의기구의 운영비나 사무실 유지비, 인건비 등을 지급하고 있다. 그렇다면 한국광고자율심의기구가 행하는 방송광고 사전심의는 방송위원회가 위탁이라는 방법에 의해 그 업무의 범위를 확장한 것에 지나지 않는다고 할 것이므로 한국광고자율심의기구가 행하는 이 사건 텔레비전 방송광고 사전심의는 행정기관에 의한 사전검열로서 헌법이 금지하는 사전검열에 해당한다(헌재 2008. 6. 26. 2005헌마506).

▶ **영화에 대한 공연윤리위원회의 사전심사가 검열에 해당하는지**(적극) : 영화법이 규정하고 있는 영화에 대한 심의제의 내용은 심의기관인 공연윤리위원회가 영화의 상영에 앞서 그 내용을 심사하여 심의기준에 적합하지 아니한 영화에 대하여는 상영을 금지할 수 있고, 심의를 받지 아니하고 영화를 상영할 경우에는 형사처벌까지 가능하도록 한 것이 그 핵심이므로 이는 헌법 제21조 제1항이 금지한 사전검열제도를 채택한 것이다(헌재 1996. 10. 4. 93헌가13).

▶ **영상물등급위원회에 의한 비디오물의 등급분류보류제도를 규정한 음반·비디오물 및 게임물에 관한 법률 제20조 제4항 부분이 행정기관에 의한 사전검열에 해당하는지**(적극) : 영상물등급위원회는 그 위원을 대통령이 위촉하고, 위원회의 운영에 필요한 경비를 국고에서 보조할 수 있으며, 등급분류가 보류된 비디오물이나 등급분류를 받지 아니한 비디오물에 대하여 문화관광부장관 등은 관계공무원으로 하여금 이를 수거하여 폐기하게 할 수도 있고 이를 유통 또는 시청에 제공한 자에게는 형벌까지 부과될 수 있으며, 등급분류보류의 횟수제한이 설정되어 있지 않아 무한정 등급분류가 보류될 수 있다. 따라서, 영상물등급위원회는 실질적으로 행정기관인 검열기관에 해당하고, 이에 의한 등급분류보류는 비디오물 유통 이전에 그 내용을 심사하여 허가받지 아니한 것의 발표를 금지하는 제도, 즉 검열에 해당되므로 헌법에 위반된다(헌재 2008. 10. 30. 2004헌가18).

▶ **외국음반의 영리목적 국내제작에 대한 영상물등급위원회의 추천제도가 검열에 해당하는지**(적극) : 외국음반 국내제작 추천제도는 외국음반의 국내제작이라는 의사표현행위 이전에 그 표현물을 행정기관의 성격을 가진 영상물등급위원회에 제출토록 하여 당해 표현행위의 허용여부가 행정기관의 결정에 좌우되도록 하고 있으며, 이를 준수하지 않는 자들에 대하여 형사처벌 등 강제수단까지 규정하고 있는바, 우리 헌법 제21조 제2항이 절대적으로 금지하고 있는 사전검열에 해당하는 것으로서 위헌을 면할 수 없다(헌재 2006. 10. 26. 2005헌가14).

▶ **외국비디오물을 수입할 경우에 반드시 영상물등급위원회로부터 수입추천을 받도록 규정하고 있는 구 음반·비디오물 및 게임물에 관한 법률 제16조 제1항 등이 사전검열에 해당하는지**(적극) : 외국비디오물 수입추천제도는 외국비디오물의 수입·배포라는 의사표현행위 전에 표현물을 행정기관의 성격을 가진 영상물등급위원회에 제출토록 하여 표현행위의 허용 여부를 행정기관의 결정에 좌우되게 하고, 이를 준수하지 않는 자들에 대하여 형사처벌 등의 강제조치를 규정하고 있는바, 허가를 받기 위한 표현물의 제출의무, 행정권이 주체가 된 사전심사절차, 허가를 받지 아니한 의사표현의 금지, 심사절차를 관철할 수 있는 강제수단이라는 요소를 모두 갖추고 있으므로, 우리나라 헌법이 절대적으로 금지하고 있는 사전검열에 해당한다(헌재 2005. 2. 3. 2004헌가8).

2. 사후 제한

(1) 과잉금지원칙

국가가 표현내용을 규제하는 것은 원칙적으로 중대한 공익의 실현을 위하여 불가피한 경우에 한하여 허용되고, 특히 정치적 표현의 내용 중에서도 특정한 견해, 이념, 관점에 기초한 제한은 과잉금지원칙 준수 여부를 심사할 때 더 엄격한 기준이 적용되어야 한다(헌재 2023. 9. 26. 2020헌마1724).

판례

▶ **남북합의서 위반행위로서 전단 등 살포를 하여 국민의 생명·신체에 위해를 끼치거나 심각한 위험을 발생시키는 것을 금지하고 이에 위반한 경우 처벌하는 남북관계 발전에 관한 법률 제24조 제1항 제3호 등이 청구인들의 표현의 자유를 침해하는지**(적극) : 심판대상조항은 전단 등 살포를 금지하는 데서 더 나아가 이를 범죄로 규정하면서 징역형 등을 두고 있으며, 그 미수범도 처벌하도록 하고 있어 과도하다고 하지 않을 수 없다. 심판대상조항으로 북한의 적대적 조치가 유의미하게 감소하고 이로써 접경지역 주민의 안전이 확보될 것인지, 나아가 남북 간 평화통일의 분위기가 조성되어 이를 지향하는 국가의 책무 달성에 도움이 될 것인지 단언하기 어려운 반면, 심판대상조항이 초래하는 정치적 표현의 자유에 대한 제한은 매우 중대하다. 그렇다면 심판대상조항은 과잉금지원칙에 위배되어 청구인들의 표현의 자유를 침해한다(헌재 2023. 9. 26. 2020헌마1724).

▶ **조합장선거에서 후보자가 아닌 사람의 선거운동을 금지하고, 이를 위반하면 처벌하는 '공공단체 등 위탁선거에 관한 법률' 제24조 제1항 등이 단체의 기관구성에 관한 조합원의 결사의 자유 및 후보자를 포함하여 조합장선거에서 선거운동을 하고자 하는 사람의 표현의 자유를 침해하여 헌법에 위반되는지**(소극) : 조합장선거의 구조 및 선거문화 등에 비추어 보면 후보자가 아닌 사람에게 선거운동을 허용해 줄 필요성이 크지 않고 후보자 혼자 선거운동기간 동안 조합원들을 상대로 선거운동을 하는 것이 물리적으로 불가능하다고 보이지도 않으므로 침해의 최소성 원칙에도 반하지 아니하고, 조합장선거의 공정성 확보라는 공익은 조합장선거의 후보자가 충분한 선거운동을 할 수 없게 되는 불이익보다 훨씬 크다 할 것이어서 법익의 균형성도 충족되는바, 조합장선거의 후보자 및 선거인인 조합원의 결사의 자유 등 기본권을 침해하지 아니하므로 헌법에 위반되지 않는다(헌재 2024. 2. 28. 2021헌가16).

▶ **공연히 허위의 사실을 적시하여 사람의 명예를 훼손한 자를 형사처벌하도록 규정한 형법 제307조 제2항이 표현의 자유를 침해하는지**(소극): 개인의 인격권을 충실히 보호하고 민주사회의 자유로운 여론 형성을 위한 공론의 장이 제 기능을 다 할 수 있도록 하기 위하여 허위사실을 적시하여 타인의 명예를 훼손하는 표현행위를 형사처벌을 통해 규제할 필요가 있다. 허위의 사실임을 인식하면서도 이를 적시하여 타인의 명예를 훼손하는 행위는 표현의 자유의 보장을 통하여 달성하고자 하는 개인적 가치인 인격 실현과 사회적 가치인 자치정체 이념의 실현에 기여한다고 단정할 수 없을 뿐만 아니라, 오히려 신뢰를 바탕으로 한 비판과 검증을 통하여 형성되어야 할 공적 여론에 부정적인 영향을 끼치게 될 것이므로 형법 제307조 제2항으로 인한 표현의 자유의 제한 정도가 지나치게 크다고 볼 수 없다. 그러므로 형법 제307조 제2항은 과잉금지원칙에 반하여 표현의 자유를 침해하지 아니한다(헌재 2021. 2. 25. 2016헌바84).

▶ **공연히 사실을 적시하여 사람의 명예를 훼손한 자를 형사처벌하도록 규정한 형법 제307조 제1항이 표현의 자유를 침해하는지**(소극): 헌법 제21조가 표현의 자유를 보장하면서도 타인의 명예와 권리를 그 한계로 선언하는 점, 타인으로부터 부당한 피해를 받았다고 생각하는 사람이 법률상 허용된 민·형사상 절차에 따르지 아니한 채 사적 제재수단으로 명예훼손을 악용하는 것을 규제할 필요성이 있는 점, 공공성이 인정되지 않음에도 불구하고 단순히 타인의 명예가 허명임을 드러내기 위해 개인의 약점과 허물을 공연히 적시하는 것은 자유로운 논쟁과 의견의 경합을 통해 민주적 의사형성에 기여한다는 표현의 자유의 목적에도 부합하지 않는 점 등을 종합적으로 고려하면, 형법 제307조 제1항은 과잉금지원칙에 반하여 표현의 자유를 침해하지 아니한다(헌재 2021. 2. 25. 2017헌마1113).

▶ **사람을 비방할 목적으로 정보통신망을 통하여 공공연하게 사실을 드러내어 다른 사람의 명예를 훼손한 자를 형사처벌하도록 규정한 정보통신망법 제70조 제1항이 과잉금지원칙에 반하여 표현의 자유를 침해하는지**(소극): 심판대상조항은 타인의 명예를 침해하는 정보가 무분별하게 유통되는 것을 방지하면서도 '비방할 목적'이라는 초과주관적 구성요건을 추가로 요구하여 규제 범위를 최소한도로 제한하고 있고, 정보통신망에서 정하고 있는 구제방법이나 민사상 손해배상 등과 같은 민사적 구제방법이 형사처벌을 대체하여 정보통신망에서의 악의적이고 공격적인 명예훼손행위를 방지하기에 충분한 덜 제약적인 수단이라고 보기 어렵다. 심판대상조항이 법정형의 하한을 두지 않아 법관은 정상참작감경 없이도 선고유예나 집행유예를 선고할 수 있는 점 등을 고려할 때, 심판대상조항에서 정한 법정형이 과중하다고 볼 수 없다. 따라서 심판대상조항은 과잉금지원칙에 반하여 표현의 자유를 침해하지 아니한다(헌재 2023. 9. 26. 2021헌바281).

▶ **당선되지 못하게 할 목적으로 '후보자가 되고자 하는 자'에 관하여 허위의 사실을 공표한 자를 처벌하는 공직선거법 제250조 제2항(허위사실공표금지)이 과잉금지원칙에 위배되어 정치적 표현의 자유를 침해하는지**(소극): 선거의 공정성을 보장하기 위해서는 후보자가 되고자 하는 자에 관하여 허위사실을 공표하는 것을 금지하는 것이 필요하고, 허위사실공표금지 조항의 문언, 입법취지 등에 의해 금지되는 행위의 유형이 제한된다는 점을 고려하면, 위 조항이 필요 이상으로 정치적 표현의 자유를 제한한다고 볼 수 없고, 그 입법목적을 효과적으로 달성하면서도 예상되는 부작용을 실효적으로 방지할 수 있는 대안을 상정하기도 어려우므로, 침해의 최소성에 반한다고 보기 어렵다. 이 사건 허위사실공표금지 조항으로 인하여 후보자가 되고자 하는 자에 관하여 비판 내지 의혹을 제기하려는 자의 정치적 표현의 자유가 일부 제한된다 하더라도, 그 제한의 정도가 선거인들에게 후보자가 되고자 하는 자의 능력, 자질 등을 올바르게 판단할 수 있는 기회를 제공함으로써 선거의 공정성을 보장하고자 하는 공익에 비하여 중하다고 볼 수 없다. 따라서 이 사건 허위사실공표금지 조항은 과잉금지원칙에 위배되어 정치적 표현의 자유를 침해하지 않는다(헌재 2024. 6. 27. 2023헌바78).

▶ 당선되거나 되게 하거나 되지 못하게 할 목적으로 공연히 사실을 적시하여 후보자가 되고자 하는 자를 비방한 자를 처벌하는 공직선거법 제251조 부분(비방금지)이 과잉금지원칙에 위배되어 정치적 표현의 자유를 침해하는지(적극, 선례변경) : 비방금지 조항의 입법목적은 선거의 공정성을 보장하고자 하는 것으로 정당성을 인정할 수 있고, 진실한 사실로서 공공의 이익에 관한 경우 외에 후보자가 되고자 하는 자를 비방하는 행위를 처벌하는 것은 위와 같은 입법목적을 달성하기 위한 적합한 수단이 된다. 그런데 비방행위가 허위사실에 해당할 경우에는 허위사실공표금지 조항으로 처벌하면 족하고, 허위가 아닌 사실에 대한 경우 후보자가 되고자 하는 자는 스스로 반박함으로써 유권자들이 그의 능력과 자질 등을 올바르게 판단할 수 있는 자료를 얻을 수 있게 하여야 한다. 한편, 비방금지조항이 없더라도 사실을 적시한 명예훼손은 형법 제307조 제1항에 따라 처벌하여 그 가벌성을 확보할 수 있다. 나아가 후보자가 되고자 하는 자는 자발적으로 공론의 장에 뛰어든 사람이므로, 자신에 대한 부정적인 표현을 어느 정도 감수하여야 한다. 이를 종합하면, 비방금지 조항은 과잉금지원칙에 위배되어 정치적 표현의 자유를 침해한다(헌재 2024. 6. 27. 2023헌바78).

▶ 정보통신망을 통해 일반에게 공개된 정보로 사생활 침해 등 타인의 권리가 침해된 경우 그 침해를 받은 자가 삭제요청을 하면 정보통신서비스 제공자는 권리의 침해 여부를 판단하기 어렵거나 이해당사자 간에 다툼이 예상되는 경우에는 30일 이내에서 해당 정보에 대한 접근을 임시적으로 차단하는 조치를 하여야 한다고 규정한 정보통신망법 제44조의2 제2항 등이 과잉금지원칙에 위반되어 표현의 자유를 침해하는지(소극) : 정보통신망에서 무수하게 발생할 수 있는 권리침해적 정보와 관련한 정보통신서비스 제공자의 손해배상책임으로 인하여 그 서비스 자체가 위축되는 것을 방지하고자 이 사건 법률조항에 임시조치가 규정된 것임을 고려하면, 정보게재자의 이의제기권이나 복원권 등을 규정하지 않고 이를 정보통신서비스 제공자의 정책에 남겨두었다고 하여 정보게재자의 표현의 자유에 대한 제한이 과도하다고 볼 수 없는 점, 사인인 정보통신서비스 제공자가 임시조치를 하였다고 하여, 그것이 해당 정보에 대한 표현의 금지를 의미하는 것은 아니고, 정보게재자는 해당 정보를 다시 게재할 수 있으며, 의사표현의 통로가 다양하게 존재하고 있어, 이 사건 법률조항에 기한 임시조치로 인해 자유로운 여론 형성이 방해되고 있다거나 그로 인한 표현의 자유 제한이 심대하다고 보기 어려운 점 등에 비추어 볼 때, 이 사건 법률조항은 과잉금지원칙에 위반되어 표현의 자유를 침해하지 않는다(헌재 2020. 11. 26. 2016헌마275 기각).

▶ 대통령의 지시로 대통령 비서실장 등이 야당 소속 후보를 지지하였거나 정부에 비판적 활동을 한 문화예술인이나 단체를 정부의 문화예술 지원사업에서 배제할 목적으로, 한국문화예술위원회, 영화진흥위원회, 한국출판문화산업진흥원 소속 직원들로 하여금 특정 개인이나 단체를 문화예술인 지원사업에서 배제하도록 한 일련의 지시 행위가 과잉금지원칙을 위반하여 표현의 자유를 침해하는지(적극) : 이 사건 지원배제 지시는 정부에 대한 비판적 견해를 가진 청구인들을 제재하기 위한 목적으로 행한 것인데, 이는 헌법의 근본원리인 국민주권주의와 자유민주적 기본질서에 반하므로, 그 목적의 정당성을 인정할 수 없어 청구인들의 표현의 자유를 침해한다(헌재 2020. 12. 23. 2017헌마416).

▶ 정보통신망을 통하여 공포심이나 불안감을 유발하는 문언 등을 반복적으로 상대방에게 도달하도록 하는 내용의 정보유통을 금지하고, 이를 위반한 경우 처벌을 규정하고 있는 정보통신망법 제74조 제1항 제3호 등이 표현의 자유를 침해하는지(소극) : 형법상 협박죄는 해악의 고지를 그 요건으로 하고 있어서, 해악의 고지는 없으나 반복적인 음향이나 문언 전송 등의 다양한 방법으로 상대방에게 공포심이나 불안감을 유발하는 소위 '사이버스토킹'을 규제하기는 불충분한 반면, 현대정보사회에서 정보통신망을 이용한 불법행위가 급증하는 추세에 있고, 오프라인 공간에서 발생하는 불법행위에 비해 행위유형이 비정형적이고 다양하여 피해자에게 주는 고통이 더욱 클 수도 있어서 규제의 필요성은 매우 크다. 이러한 사정을 종합하면 심판대상조항은 침해의 최소성에 반한다고 할 수 없다. 심판대상조항으로 인하여 개인은 정보통신망을 통한 표현에 일정한 제약을 받게 되나, 수신인인 피해자의 사생활의 평온 보호 및 정보의 건전한 이용풍토 조성이라고 하는 공익이 침해되는 사익보다 크다고 할 것이어서 심판대상조항은 법익균형성의 요건도 충족하였다. 따라서 심판대상조항은 표현의 자유를 침해하지 아니한다(헌재 2016. 12. 29. 2014헌바434).

▶ **대한민국 또는 헌법상 국가기관에 대하여 모욕, 비방, 사실 왜곡, 허위사실 유포 또는 기타 방법으로 대한민국의 안전, 이익 또는 위신을 해하거나 해할 우려가 있는 표현이나 행위에 대하여 형사처벌하도록 규정한 구 형법 제104조의2(국가모독죄)가 표현의 자유를 침해하는지**(적극) : 심판대상조항의 신설 당시 제안이유에서는 '국가의 안전과 이익, 위신 보전'을 그 입법목적으로 밝히고 있으나, 언론이 통제되고 있던 당시 상황과 위 조항의 삭제 경위 등에 비추어 볼 때 이를 진정한 입법목적으로 볼 수 있는지 의문이고, 일률적인 형사처벌을 통해 국가의 안전과 이익, 위신 등을 보전할 수 있다고 볼 수도 없으므로 수단의 적합성을 인정할 수 없다. 따라서 심판대상조항은 과잉금지원칙에 위배되어 표현의 자유를 침해한다(헌재 2015. 10. 21. 2013헌가20).

▶ **대한민국을 모욕할 목적으로 국기를 손상, 제거 또는 오욕한 자를 처벌하는 형법 제105조 중 국기에 관한 부분(국기모독죄)이 과잉금지원칙에 위배되어 표현의 자유를 침해하는지**(소극) : 심판대상조항은 국기를 존중, 보호함으로써 국가의 권위와 체면을 지키고, 국민들이 국기에 대하여 가지는 존중의 감정을 보호하려는 목적에서 입법된 것이다. 심판대상조항은 국가가 가지는 고유의 상징성과 위상을 고려하여 일정한 표현방법을 규제하는 것에 불과하므로, 국기모독 행위를 처벌한다고 하여 이를 정부나 정권, 구체적 국가기관이나 제도에 대한 비판을 허용하지 않거나 이를 곤란하게 하는 것으로 볼 수 없다. 그러므로 심판대상조항은 과잉금지원칙에 위배되어 청구인의 표현의 자유를 침해한다고 볼 수 없고, 표현의 자유의 본질적 내용을 침해한다고도 할 수 없다(헌재 2019. 12. 27. 2016헌바96).

(2) 명확성의 원칙

명확성의 원칙은 표현의 자유를 규제하는 입법에서는 특별히 중요한 의미를 지닌다. 즉, 무엇이 금지되는 표현인지가 불명확한 경우에는, 자신이 행하고자 하는 표현이 규제의 대상이 아니라는 확신이 없는 기본권 주체는 대체로 규제를 받을 것을 우려해서 표현행위를 스스로 억제하게 될 가능성이 높아지기 때문에 표현의 자유를 규제하는 법률은 그 규제로 인해 보호되는 다른 표현에 대해 위축효과가 미치지 않도록 규제되는 표현의 개념을 세밀하고 명확하게 규정할 것이 헌법적으로 요구된다(헌재 2008. 7. 31. 2007헌가4).

판례

▶ **공익을 해할 목적으로 전기통신설비에 의하여 공연히 허위의 통신을 한 자를 형사처벌하는 전기통신기본법조항이 명확성 원칙에 위배하는지**(적극) : 이 사건 법률조항은 "공익을 해할 목적"의 허위의 통신을 금지하는바, 여기서의 "공익"은 형벌조항의 구성요건으로서 구체적인 표지를 정하고 있는 것이 아니라, 헌법상 기본권 제한에 필요한 최소한의 요건 또는 헌법상 언론·출판의 자유의 한계를 그대로 법률에 옮겨 놓은 것에 불과할 정도로 그 의미가 불명확하고 추상적이다. 나아가 현재의 다원적이고 가치상대적인 사회구조 하에서 구체적으로 어떤 행위상황이 문제되었을 때에 문제되는 공익은 하나로 수렴되지 않는 경우가 대부분인바, 공익을 해할 목적이 있는지 여부를 판단하기 위한 공익간 형량의 결과가 언제나 객관적으로 명백한 것도 아니다. 결국, 이 사건 법률조항은 수범자인 국민에 대하여 일반적으로 허용되는 '허위의 통신' 가운데 어떤 목적의 통신이 금지되는 것인지 고지하여 주지 못하고 있으므로 표현의 자유에서 요구하는 명확성의 요청 및 죄형법정주의의 명확성 원칙에 위배하여 헌법에 위반된다(헌재 2010. 12. 28. 2008헌바157).

▶ **공공의 안녕질서 또는 미풍양속을 해하는 내용의 통신(불온통신)을 금하는 전기통신사업법 제53조 제1항이 명확성의 원칙에 위배되는지**(적극): "공공의 안녕질서 또는 미풍양속을 해하는"이라는 불온통신의 개념은 너무나 불명확하고 애매하다. 여기서의 "공공의 안녕질서"는 헌법 제37조 제2항의 "국가의 안전보장 · 질서유지"와, "미풍양속"은 헌법 제21조 제4항의 "공중도덕이나 사회윤리"와 비교하여 볼 때 동어반복이라 해도 좋을 정도로 전혀 구체화되어 있지 아니하다. 이처럼, "공공의 안녕질서", "미풍양속"은 매우 추상적인 개념이어서 어떠한 표현행위가 과연 "공공의 안녕질서"나 "미풍양속"을 해하는 것인지, 아닌지에 관한 판단은 사람마다의 가치관, 윤리관에 따라 크게 달라질 수밖에 없고, 법집행자의 통상적 해석을 통하여 그 의미내용을 객관적으로 확정하기도 어렵다(헌재 2002. 6. 27. 99헌마480 불온통신 사건).

▶ **저속한 간행물을 발간한 출판사에 대해 등록취소를 규정한 출판사 및 인쇄소 등록에 관한 법률 조항이 명확성 원칙에 위배되는지**(적극): "음란"의 개념과는 달리 "저속"의 개념은 그 적용범위가 매우 광범위할 뿐만 아니라 법관의 보충적인 해석에 의한다 하더라도 그 의미내용을 확정하기 어려울 정도로 매우 추상적이다. 이 "저속"의 개념에는 출판사 등록이 취소되는 성적 표현의 하한이 열려 있을 뿐만 아니라 폭력성이나 잔인성 및 천한 정도도 그 하한이 모두 열려 있기 때문에 출판을 하고자 하는 자는 어느 정도로 자신의 표현내용을 조절해야 되는지를 도저히 알 수 없도록 되어 있어 명확성의 원칙 및 과도한 광범성의 원칙에 반한다(헌재 1998. 4. 30. 95헌가16).

▶ **'제한상영가' 등급의 영화를 '상영 및 광고 · 선전에 있어서 일정한 제한이 필요한 영화'라고 정의한 영화진흥법이 명확성 원칙에 위배되는지**(적극): 제한상영가 등급의 영화도 마찬가지로 헌법상 표현의 자유를 통하여 보호를 받는 표현물인데도, 다른 등급의 영화에 비하여 상영이나 광고 등의 면에서 제한을 받고 있으므로 이에 해당하는 영화가 어떤 영화인지에 관하여는 법률이 명확하게 규정할 필요가 있다. 영진법 제21조 제3항 제5호는 '제한상영가' 등급의 영화를 '상영 및 광고 · 선전에 있어서 일정한 제한이 필요한 영화'라고 규정하고 있는데, 이 규정은 제한상영가 등급의 영화가 어떤 영화인지를 말해주기보다는 제한상영가 등급을 받은 영화가 사후에 어떠한 법률적 제한을 받는지를 기술하고 있는바, 이것으로는 제한상영가 영화가 어떤 영화인지를 알 수가 없고, 따라서 영진법 제21조 제3항 제5호는 명확성원칙에 위배된다(헌재 2008. 7. 31. 2007헌가4 헌법불합치).

▶ **방송통신심의위원회의 직무의 하나로 '건전한 통신윤리의 함양을 위하여 필요한 사항으로서 대통령령이 정하는 정보의 심의 및 시정요구'를 규정하고 있는 '방송통신위원회의 설치 및 운영에 관한 법률' 제21조 제4호 중 '건전한 통신윤리' 부분이 명확성 원칙에 위배되는지**(소극): 이 사건 법률조항 중 '건전한 통신윤리'라는 개념은 전기통신회선을 이용하여 정보를 전달함에 있어 우리 사회가 요구하는 최소한의 질서 또는 도덕률을 의미하고, '건전한 통신윤리의 함양을 위하여 필요한 사항으로서 대통령령이 정하는 정보'란 이러한 질서 또는 도덕률에 저해되는 정보로서 심의 및 시정요구가 필요한 정보를 의미한다고 할 것이며, 정보통신영역의 광범위성과 빠른 변화속도, 그리고 다양하고 가변적인 표현형태를 문자화하기에 어려운 점을 감안할 때, 위와 같은 함축적인 표현은 불가피하다고 할 것이어서, 이 사건 법률조항이 명확성의 원칙에 반한다고 할 수 없다(헌재 2012. 2. 23. 2011헌가13).

Ⅶ 언론기관에 의한 권리침해와 구제

권리	요건
정정보도청구권 (언론중재법 14조①)	• 진실하지 아니한 사실적 주장 • 언론사 등의 고의·과실 불요
반론보도청구권 (언론중재법 16조②)	• 보도 내용의 진실 여부 불문 • 언론사 등의 고의·과실이나 위법성 불요
추후보도청구권 (언론중재법 17조①)	• 범죄혐의가 있거나 형사상의 조치를 받았다고 보도 또는 공표 • 무죄판결 또는 이와 동등한 형태로 종결
손해배상청구권 (언론중재법 30조①)	• 언론 등의 고의 또는 과실로 인한 위법행위 • 재산상 손해, 인격권 침해 또는 그 밖의 정신적 고통

판례

▶ **입증책임**: 방송 등 언론매체가 사실을 적시하여 개인의 명예를 훼손하는 행위를 한 경우에도 그 목적이 오로지 공공의 이익을 위한 것일 때에는 적시된 사실이 진실이라는 증명이 있거나 그 증명이 없다 하더라도 행위자가 그것을 진실이라고 믿었고 또 그렇게 믿을 상당한 이유가 있으면 위법성이 없다고 보아야 할 것이나, 그에 대한 입증책임은 어디까지나 명예훼손 행위를 한 방송 등 언론매체에 있고 피해자가 공적인 인물이라 하여 방송 등 언론매체의 명예훼손 행위가 현실적인 악의에 기한 것임을 그 피해자측에서 입증하여야 하는 것은 아니다(대판 1998. 5. 8. 97다34563).

제4항 집회·결사의 자유

Ⅰ 집회의 자유

헌법 제21조
① 모든 국민은 언론·출판의 자유와 집회·결사의 자유를 가진다.
② 언론·출판에 대한 허가나 검열과 집회·결사에 대한 허가는 인정되지 아니한다.

1. 의의

(1) 집회의 자유

헌법 제21조 제1항은 집회의 자유를 '표현의 자유'로서 언론·출판의 자유와 함께 국민의 기본권으로 보장하고 있다. 집회의 자유에는 집회를 통하여 형성된 의사를 집단적으로 표현하고 이를 통해 불특정 다수인의 의사에 영향을 줄 자유를 포함한다. 따라서 이를 내용으로 하는 시위의 자유는 집회의 자유를 규정한 헌법 제21조 제1항에 의하여 보호되는 기본권이다(헌재 2005. 11. 24. 2004헌가17).

> **판례**
>
> ▶ **집회의 자유의 헌법적 기능**: 집회의 자유는 국민들이 타인과 접촉하고 정보와 의견을 교환하며 공동의 목적을 위하여 집단적으로 의사표현을 할 수 있게 함으로써 개성신장과 아울러 여론형성에 영향을 미칠 수 있게 하여 동화적 통합을 촉진하는 기능을 가지며, 정치·사회현상에 대한 불만과 비판을 공개적으로 표출케 함으로써 정치적 불만세력을 사회적으로 통합하여 정치적 안정에 기여하는 역할을 한다. 또한 선거와 선거 사이의 기간에 유권자와 대표 사이의 의사를 연결하고, 대의기능이 약화된 경우에 그에 갈음하는 직접민주주의의 수단으로서 기능하며, 현대사회에서 의사표현의 통로가 봉쇄되거나 제한된 소수집단에게 의사표현의 수단을 제공한다는 점에서, 언론·출판의 자유와 더불어 대의제 자유민주국가에서는 필수적 구성요소가 된다. 이러한 의미에서 헌법이 집회의 자유를 보장한 것은 관용과 다양한 견해가 공존하는 다원적인 '열린사회'에 대한 헌법적 결단이다(헌재 2009. 9. 24. 2008헌가25).

(2) 집회

일반적으로 집회는, 일정한 장소를 전제로 하여 특정 목적을 가진 다수인이 일시적으로 회합하는 것을 말하는 것으로 일컬어지고 있고, 그 공동의 목적은 '내적인 유대 관계'로 족하다(헌재 2009. 5. 28. 2007헌바22).

> **판례**
>
> ▶ **집시법상 집회의 개념**: 집시법에 의하여 보장 및 규제의 대상이 되는 집회란 '특정 또는 불특정 다수인이 공동의 의견을 형성하여 이를 대외적으로 표명할 목적 아래 일시적으로 일정한 장소에 모이는 것을 말한다(대판 2012. 4. 26. 2011도6294).
>
> ▶ **2인이 모인 집회가 집시법의 규제대상이 되는지**(적극): 모이는 장소나 사람의 다과에 제한이 있을 수 없으므로, 2인이 모인 집회도 집시법의 규제대상이 된다(대판 2012. 5. 24. 2010도11381).

(3) 시위

시위란 여러 사람이 공동의 목적을 가지고 도로, 광장, 공원 등 일반인이 자유로이 통행할 수 있는 장소를 행진하거나 위력 또는 기세를 보여, 불특정한 여러 사람의 의견에 영향을 주거나 제압을 가하는 행위를 말한다(집시법 제2조 2호).

> **판례**
>
> ▶ **집시법 제2조 제2호 소정의 "시위"의 개념요소**: 집시법 제2조 제2호의 "시위"는 그 문리와 개정연혁에 비추어 다수인이 공동목적을 가지고 ① 도로·광장·공원 등 공중이 자유로이 통행할 수 있는 장소를 진행함으로써 불특정다수인의 의견에 영향을 주거나 제압을 가하는 행위와 ② 위력 또는 기세를 보여 불특정다수인의 의견에 영향을 주거나 제압을 가하는 행위를 말한다고 풀이되므로, ②의 경우에는 "공중이 자유로이 통행할 수 있는 장소"라는 장소적 제한개념은 시위라는 개념의 요소라고 볼 수 없다(헌재 1994. 4. 28. 91헌바14).

2. 내용

(1) 내용 일반

집회의 자유는 집회의 시간, 장소, 방법과 목적을 스스로 결정할 권리를 보장한다. 집회의 자유에 의하여 구체적으로 보호되는 주요행위는 집회의 준비 및 조직, 지휘, 참가, 집회장소·시간의 선택이다. 그러나 집회를 방해할 의도로 집회에 참가하는 것은 보호되지 않는다. 주최자는 집회의 대상, 목적, 장소 및 시간에 관하여, 참가자는 참가의 형태와 정도, 복장을 자유로이 결정할 수 있다(헌재 2003. 10. 30. 2000헌바67).

따라서 집회의 자유는 개인이 집회에 참가하는 것을 방해하거나 또는 집회에 참가할 것을 강요하는 국가행위를 금지할 뿐만 아니라, 집회장소로의 여행을 방해하거나, 집회장소로부터 귀가하는 것을 방해하거나, 집회참가자에 대한 검문의 방법으로 시간을 지연시킴으로써 집회장소에 접근하는 것을 방해하는 등 집회의 자유행사에 영향을 미치는 모든 조치를 금지한다(헌재 2003. 10. 30. 2000헌바67).

판례

▶ 집회·시위 등 현장에서 집회·시위 참가자에 대한 사진이나 영상 촬영행위가 집회의 자유를 제한하는지(적극): 집회의 자유는 개인이 가능한 외부의 영향을 받지 않고 집회의 준비와 실행에 참여할 수 있고, 집회참가자 상호간 및 공중과의 의사소통이 가능한 방해받지 않아야 한다. 따라서 집회·시위 등 현장에서 집회·시위 참가자에 대한 사진이나 영상촬영 등의 행위는 집회·시위 참가자들에게 심리적 부담으로 작용하여 여론형성 및 민주적 토론절차에 영향을 주고 집회의 자유를 전체적으로 위축시키는 결과를 가져올 수 있으므로 집회의 자유를 제한한다(헌재 2018. 8. 30. 2014헌마843).

(2) 집회의 장소

집회의 목적·내용과 집회의 장소는 일반적으로 밀접한 내적인 연관관계에 있기 때문에, 집회의 장소에 대한 선택이 집회의 성과를 결정짓는 경우가 적지 않다. 집회의 장소가 집회의 목적과 효과에 대하여 중요한 의미를 가지기 때문에, 누구나 '어떤 장소에서' 자신이 계획한 집회를 할 것인가를 원칙적으로 자유롭게 결정할 수 있어야만 집회의 자유가 비로소 효과적으로 보장되는 것이다. 따라서 집회의 자유는 다른 법익의 보호를 위하여 정당화되지 않는 한, 집회장소를 항의의 대상으로부터 분리시키는 것을 금지한다(헌재 2003. 10. 30. 2000헌바67).

3. 한계

비록 헌법이 명시적으로 밝히고 있지는 않으나, 집회의 자유에 의하여 보호되는 것은 단지 '평화적' 또는 '비폭력적' 집회이다. 집회의 자유는 민주국가에서 정신적 대립과 논의의 수단으로서, 평화적 수단을 이용한 의견의 표명은 헌법적으로 보호되지만, 폭력을 사용한 의견의 강요는 헌법적으로 보호되지 않는다(헌재 2003. 10. 30. 2000헌바67).

> **판례**
>
> ▶ **집회의 자유의 헌법적 의미**: 헌법 제21조 제1항은 타인과의 의견교환을 위한 기본권인 표현의 자유, 집회의 자유, 결사의 자유를 함께 국민의 기본권으로 보장하고 있다. 헌법은 집회의 자유를 국민의 기본권으로 보장함으로써, 평화적 집회 그 자체는 공공의 안녕질서에 대한 위험이나 침해로서 평가되어서는 아니 되며, 개인이 집회의 자유를 집단적으로 행사함으로써 불가피하게 발생하는 일반대중에 대한 불편함이나 법익에 대한 위험은 보호법익과 조화를 이루는 범위 내에서 국가와 제3자에 의하여 수인되어야 한다는 것을 헌법 스스로 규정하고 있다(헌재 2003. 10. 30. 2000헌바67).

4. 제한

(1) 금지되는 집회 및 시위

누구든지 헌법재판소의 결정에 따라 해산된 정당의 목적을 달성하기 위한 집회 또는 시위, 집단적인 폭행, 협박, 손괴, 방화 등으로 공공의 안녕질서에 직접적인 위협을 끼칠 것이 명백한 집회나 시위를 주최하여서는 아니 되고, 이렇게 금지된 집회 또는 시위를 할 것을 선전하거나 선동하여서는 아니 된다(집시법 제5조 제1항, 제2항).

(2) 옥외집회 및 시위의 제한

1) 개념

옥외집회란 천장이 없거나 사방이 폐쇄되지 아니한 장소에서 여는 집회를 말한다(집시법 제2조 1호).

2) 신고제

옥외집회나 시위를 주최하려는 자는 그에 관한 목적, 일시, 장소, 주최자, 참가 예정인 단체와 인원, 시위의 경우 그 방법 모두를 적은 신고서를 옥외집회나 시위를 시작하기 720시간 전부터 48시간 전에 관할 경찰서장에게 제출하여야 한다(집시법 제6조 제1항 본문).

3) 금지 시간

누구든지 해가 뜨기 전이나 해가 진 후에는 옥외집회 또는 시위를 하여서는 아니 된다. 다만, 집회의 성격상 부득이하여 주최자가 질서유지인을 두고 미리 신고한 경우에는 관할경찰관서장은 질서유지를 위한 조건을 붙여 해가 뜨기 전이나 해가 진 후에도 옥외집회를 허용할 수 있다(집시법 제10조).

4) 금지 장소

누구든지 국회의사당, 각급 법원, 헌법재판소, 대통령 관저(官邸), 국회의장 공관, 대법원장 공관, 헌법재판소장 공관, 국무총리 공관, 국내 주재 외국의 외교기관이나 외교사절의 숙소의 경계 지점으로부터 100미터 이내의 장소에서는 옥외집회 또는 시위를 하여서는 아니 된다(집시법 제11조).

(3) 금지되는 집회 또는 시위 등의 해산

관할경찰관서장은 집시법 제5조 제1항(금지되는 집회) 등을 위반한 집회 또는 시위에 대하여는 상당한 시간 이내에 자진 해산할 것을 요청하고 이에 따르지 아니하면 해산을 명할 수 있다(집시법 제20조 제1항).

(4) 제한의 한계

1) 허가제의 금지

허가제란 집회·시위의 일반적 금지를 전제로 당국의 재량적 허가처분에 따라 특정한 경우에 금지를 해제해 주는 것을 말하는데, 헌법 제21조 제2항 후단에서 금지하고 있는 집회에 대한 '허가'는 행정권이 주체가 되어 집회 이전에 예방적 조치로서 집회의 내용·시간·장소 등을 사전에 심사하여 일반적인 집회 금지를 특정한 경우에 해제함으로써 집회를 할 수 있게 하는 제도, 즉 허가를 받지 아니한 집회를 금지하는 제도를 의미한다(헌재 2009. 9. 24. 2008헌가25).

> **판례**
>
> ▶ **헌법 제21조 제2항의 허가**: 헌법 제21조 제2항의 '허가'는 '행정청이 주체가 되어 집회의 허용 여부를 사전에 결정하는 것'으로서 행정청에 의한 사전허가는 헌법상 금지되지만, 입법자가 법률로써 일반적으로 집회를 제한하는 것은 헌법상 '사전허가금지'에 해당하지 않는다. 물론 이러한 법률적 제한이 실질적으로는 행정청의 허가 없는 집회 또는 시위를 불가능하게 하는 것이라면 헌법상 금지되는 허가제에 해당하지만, 그에 이르지 않는 한 헌법 제21조 제2항에 반하는 것이 아니라, 위 법률적 제한이 헌법 제37조 제2항에 위반하여 집회의 자유를 과도하게 제한하는지 여부만이 문제된다(헌재 2023. 7. 20. 2020헌바131).
>
> ▶ **해가 뜨기 전이나 해가 진 후의 옥외집회를 금지하고, 이에 위반한 경우의 처벌하는 집시법 조항이 사전허가 금지에 위반되는지**(소극): 집시법 제10조 본문은 "해가 뜨기 전이나 해가 진 후에는" 옥외집회를 못하도록 시간적 제한을 규정한 것이고, 단서는 오히려 본문에 의한 제한을 완화시키려는 규정이다. 따라서 본문에 의한 시간적 제한이 집회의 자유를 과도하게 제한하는지 여부는 별론으로 하고, 단서의 "관할경찰관서장의 허용"이 '옥외집회에 대한 일반적인 사전허가'라고는 볼 수 없다(헌재 2009. 9. 24. 2008헌가25).
>
> ▶ **일출시간 전, 일몰시간 후에는 옥외집회 또는 시위를 금지하고, 다만 옥외집회의 경우 예외적으로 관할 경찰관서장이 허용할 수 있도록 한 집시법 제10조가 허가제 금지에 위반되는지**(소극): 이 사건 법률조항 중 단서 부분은 시위에 대하여 적용되지 않으므로 야간 시위의 금지와 관련하여 헌법상 '허가제 금지' 규정의 위반 여부는 문제되지 아니한다(헌재 2014. 4. 24. 2011헌가29).
>
> ▶ **옥외집회·시위의 사전신고제도를 규정한 집시법 제6조 제1항이 헌법 제21조 제2항의 사전허가금지에 위배되는지**(소극): 집시법의 사전신고는 경찰관청 등 행정관청으로 하여금 집회의 순조로운 개최와 공공의 안전보호를 위하여 필요한 준비를 할 수 있는 시간적 여유를 주기 위한 것으로서, 협력의무로서의 신고이다. 집시법 전체의 규정 체제에서 보면 집시법은 일정한 신고절차만 밟으면 일반적·원칙적으로 옥외집회 및 시위를 할 수 있도록 보장하고 있으므로, 집회에 대한 사전신고제도는 헌법 제21조 제2항의 사전허가금지에 위배되지 않는다(헌재 2014. 1. 28. 2011헌바174).
>
> ▶ **국내 주재 외교기관 인근의 옥외집회 또는 시위를 예외적으로 허용하는 구 '집시법' 제11조 제5호 부분이 헌법 제21조 제2항의 허가제 금지에 위배되는지**(소극): 단서의 규정은 본문에 의한 제한을 완화시키려는 것으로, 입법자는 본문과 단서를 합하여 법률로써 직접 집회의 장소적 제한을 규정한 것이고, 행정청이 주체가 되어 집회의 허용 여부를 사전에 결정하는 것이라고 볼 수 없다. 결국 심판대상조항은 법률로써 직접 옥외집회 또는 시위의 장소적 제한을 규정한 것으로서 헌법 제21조 제2항의 허가제 금지에 위배되지 않는다(헌재 2023. 7. 20. 2020헌바131).

2) 과잉금지원칙

집회의 자유를 제한하는 대표적인 공권력의 행위는 집시법에서 규정하는 집회의 금지, 해산과 조건부 허용이다. 집회의 자유에 대한 제한은 다른 중요한 법익의 보호를 위하여 반드시 필요한 경우에 한하여 정당화되는 것이며, 특히 집회의 금지와 해산은 원칙적으로 공공의 안녕질서에 대한 직접적인 위협이 명백하게 존재하는 경우에 한하여 허용될 수 있다. 집회의 금지와 해산은 집회의 자유를 보다 적게 제한하는 다른 수단, 즉 조건(예컨대 시위참가자수의 제한, 시위대상과의 거리제한, 시위방법, 시기, 소요시간의 제한 등)을 붙여 집회를 허용하는 가능성을 모두 소진한 후에 비로소 고려될 수 있는 최종적인 수단이다(헌재 2003. 10. 30. 2000헌바67).

판례

▶ **집단적인 폭행·협박·손괴·방화 등으로 공공의 안녕질서에 직접적인 위협을 가할 것이 명백한 집회 또는 시위의 주최를 금지하고 있는 집시법 조항이 집회의 자유를 침해하는지**(소극): 집단적인 폭행·협박 등이 발생한 집회 또는 시위를 해산하고 질서를 회복시키는 데는 일반적으로 상당한 시간과 경찰력이 동원되고, 그 과정에서 공공의 안녕질서나 참가자나 제3자의 신체와 재산의 안전 등이 중대하게 침해되거나 위협받을 수밖에 없으므로, 그와 같은 집회 또는 시위의 주최를 절대적으로 금지하는 것은 공공의 안녕질서를 유지하고, 집회 또는 시위의 참가자나 이에 참가하지 않은 제3자의 생명·신체·재산의 안전 등 기본권을 보호하기 위한 것으로서 정당한 목적달성을 위한 적합한 수단이며, 목적달성에 필요한 정도를 넘은 과도한 제한이 된다고 보기 어렵다. 한편 이 사건 법률조항들을 통해 달성하려는 공공의 안녕질서 유지, 기본권 보호의 필요성은 양보하기 어려운 것이므로, 그로 인해 제한되는 사익과의 관계에서 현저한 불균형이 존재한다고 보기도 어렵다. 따라서 이 사건 법률조항들은 과잉금지원칙에 위반하여 집회의 자유를 침해하지 아니한다(헌재 2010. 4. 29. 2008헌바118).

▶ **재판에 영향을 미칠 염려가 있거나 미치게 하기 위한 집회 또는 시위를 금지하고 이를 위반한 자를 형사처벌하는 구 집시법 제3조 제1항 제2호 등이 집회의 자유를 침해하는지**(적극): 이 사건 규정은 법관의 직무상 독립을 보호하여 사법작용의 공정성과 독립성을 확보하기 위한 것으로 입법목적의 정당성은 인정되나, 국가의 사법권한 역시 국민의 의사에 정당성의 기초를 두고 행사되어야 한다는 점과 재판에 대한 정당한 비판은 오히려 사법작용의 공정성 제고에 기여할 수도 있는 점을 고려하면 사법의 독립성을 확보하기 위한 적합한 수단이라 보기 어렵다. 따라서 이 사건 규정은 과잉금지원칙에 위배되어 집회의 자유를 침해한다(헌재 2016. 9. 29. 2014헌가3).

▶ **헌법의 민주적 기본질서에 위배되는 집회 또는 시위를 금지하고 이에 위반한 자를 형사처벌하는 구 집시법 제3조 제1항 제3호 등이 집회의 자유를 침해하는지**(적극): 이 사건 규정은 규제대상인 집회·시위의 목적이나 내용을 구체적으로 적시하지 않은 채 헌법의 지배원리인 '민주적 기본질서'를 구성요건으로 규정하였을 뿐 기본권 제한의 한계를 설정할 수 있는 구체적 기준을 전혀 제시한 바 없다. 이와 같은 규율의 광범성으로 인하여 헌법이 규정한 민주주의의 세부적 내용과 상이한 주장을 하거나 집회·시위 과정에서 우발적으로 발생한 일이 민주적 기본질서에 조금이라도 위배되는 경우 처벌이 가능할 뿐 아니라 사실상 사회현실이나 정부정책에 비판적인 사람들의 집단적 의견표명 일체를 봉쇄하는 결과를 초래함으로써 침해의 최소성 및 법익의 균형성을 상실하였으므로, 과잉금지원칙에 위배되어 집회의 자유를 침해한다(헌재 2016. 9. 29. 2014헌가3).

▶ 해가 뜨기 전이나 해가 진 후의 옥외집회를 금지하고, 일정한 경우 관할경찰관서장이 허용할 수 있도록 한 '집회 및 시위에 관한 법률' 제10조 중 "옥외집회" 부분과 이에 위반한 경우의 처벌규정인 집시법 제23조 제1호 부분이 헌법에 위반하여 집회의 자유를 침해하는지(적극) : 집시법 제10조에 의하면 낮 시간이 짧은 동절기의 평일의 경우에는 직장인이나 학생은 사실상 집회를 주최하거나 참가할 수 없게 되어 집회의 자유를 실질적으로 박탈하거나 명목상의 것으로 만드는 결과를 초래하게 된다. 따라서 집시법 제10조는 목적달성을 위해 필요한 정도를 넘는 지나친 제한이다. 따라서 집시법 제10조는 침해최소성의 원칙에 반하고, 법익균형성도 갖추지 못하였다. 따라서 집시법 제10조 중 '옥외집회'에 관한 부분은 과잉금지원칙에 위배하여 집회의 자유를 침해하는 것으로 헌법에 위반되고, 이를 구성요건으로 하는 집시법 제23조 제1호의 해당 부분 역시 헌법에 위반된다(헌재 2009. 9. 24. 2008헌가25 헌법불합치).

▶ 해가 뜨기 전이나 해가 진 후의 시위를 금지하는 집시법 제10조 본문 중 '시위'에 관한 부분 및 이에 위반한 시위에 참가한 자를 형사처벌하는 집시법 제23조 제3호 부분이 집회의 자유를 침해하는지(적극) : 집시법 제10조 본문에 의하면, 낮 시간이 짧은 동절기의 평일의 경우, 직장인이나 학생은 사실상 시위를 주최하거나 참가할 수 없게 되는 등 집회의 자유가 실질적으로 박탈되는 결과가 초래될 수 있다. 나아가 도시화·산업화가 진행된 현대사회에서 전통적 의미의 야간, 즉 '해가 뜨기 전이나 해가 진 후'라는 광범위하고 가변적인 시간대에 일률적으로 야간 시위를 금지하는 것은 목적달성을 위해 필요한 정도를 넘는 지나친 제한으로서 침해의 최소성 원칙 및 법익균형성 원칙에 반한다. 심판대상조항들은, 이미 보편화된 야간의 일상적인 생활의 범주에 속하는 '해가 진 후부터 같은 날 24시까지의 시위'에 적용하는 한 헌법에 위반된다(헌재 2014. 3. 27. 2010헌가2 한정위헌).

▶ 일출시간 전, 일몰시간 후에는 옥외집회 또는 시위를 금지하고, 다만 옥외집회의 경우 예외적으로 관할 경찰관서장이 허용할 수 있도록 한 구 집시법 제10조 및 이에 위반하여 옥외집회 또는 시위에 참가한 자를 형사처벌하는 구 집시법 제20조 제3호 부분이 집회의 자유를 침해하는지(적극) : 이 사건 법률조항은 목적달성을 위하여 필요한 범위를 넘어 과도하게 야간의 옥외집회 또는 시위를 제한함으로써, 과잉금지원칙에 위배하여 집회의 자유를 침해하는 것으로 헌법에 위반되고, 이를 구성요건으로 하는 집시법 제20조 제3호의 해당 부분 역시 헌법에 위반된다. 이 사건 법률조항과 이를 구성요건으로 하는 집시법 제20조 제3호 중 '제10조 본문' 부분은 '일몰시간 후부터 같은 날 24시까지의 옥외집회'에 적용하는 한 헌법에 위반된다(헌재 2014. 4. 24. 2011헌가29 한정위헌).

▶ 국내주재 외교기관 청사의 경계지점으로부터 100미터 이내의 장소에서의 옥외집회를 전면적으로 금지하고 있는 집시법 제11조 제5호 부분이 집회의 자유를 침해하는지(적극) : 이 사건 법률조항에 의하여 전제된 추상적 위험성에 대한 입법자의 예측판단은 구체적으로 다음과 같은 경우에 부인될 수 있다고 할 것이다. 첫째, 외교기관에 대한 집회가 아니라 우연히 금지장소 내에 위치한 다른 항의대상에 대한 집회의 경우, 이 사건 법률조항에 의하여 전제된 법익충돌의 위험성이 작다고 판단된다. 둘째, 소규모 집회의 경우, 일반적으로 이 사건 법률조항의 보호법익이 침해될 위험성이 작다. 셋째, 예정된 집회가 외교기관의 업무가 없는 휴일에 행해지는 경우, 외교기관에의 자유로운 출입 및 원활한 업무의 보장 등 보호법익에 대한 침해의 위험이 일반적으로 작다고 할 수 있다. 그럼에도 이 사건 법률조항은 전제된 위험상황이 구체적으로 존재하지 않는 경우에도 이를 함께 예외 없이 금지하고 있는데, 이는 입법목적을 달성하기에 필요한 조치의 범위를 넘는 과도한 제한인 것이다. 그러므로 이 사건 법률조항은 최소침해의 원칙에 위반되어 집회의 자유를 과도하게 침해하는 위헌적인 규정이다(헌재 2003. 10. 30. 2000헌바67 헌법불합치).

▶ **국내 주재 외교기관 인근의 옥외집회 또는 시위를 예외적으로 허용하는 구 '집시법' 제11조 제5호 부분이 과잉금지원칙에 위반하여 집회의 자유를 침해하는지**(소극): 심판대상조항은 외교기관의 기능보장과 안전보호를 달성하기 위한 것으로 외교기관의 기능이나 안녕을 침해할 우려가 없다고 인정되는 세 가지의 예외적인 경우에는 집회, 시위를 허용하고 있어 과잉금지원칙에 위반하여 집회의 자유를 침해한다고 볼 수 없다(헌재 2023. 7. 20. 2020헌바131).

▶ **누구든지 각급 법원의 경계 지점으로부터 100미터 이내의 장소에서 옥외집회 또는 시위를 할 경우 형사처벌한다고 규정한 집시법 제11조 제1호 부분 등이 집회의 자유를 침해하는지**(적극): 법원 인근에서의 집회라 할지라도 법관의 독립을 위협하거나 재판에 영향을 미칠 염려가 없는 집회도 있다. 예컨대 법원을 대상으로 하지 않고 검찰청 등 법원 인근 국가기관이나 일반법인 또는 개인을 대상으로 한 집회로서 재판업무에 영향을 미칠 우려가 없는 집회가 있을 수 있다. 법원을 대상으로 한 집회라도 사법행정과 관련된 의사표시 전달을 목적으로 한 집회 등 법관의 독립이나 구체적 사건의 재판에 영향을 미칠 우려가 없는 집회도 있다. 심판대상조항은 입법목적을 달성하는 데 필요한 최소한도의 범위를 넘어 규제가 불필요하거나 또는 예외적으로 허용 가능한 옥외집회·시위까지도 일률적·전면적으로 금지하고 있으므로, 침해의 최소성 원칙에 위배된다. 따라서 심판대상조항은 과잉금지원칙을 위반하여 집회의 자유를 침해한다(헌재 2018. 7. 26. 2018헌바137 헌법불합치).

▶ **누구든지 국회의사당의 경계지점으로부터 100미터 이내의 장소에서 옥외집회 또는 시위를 할 경우 형사처벌한다고 규정한 집시법 제11조 제1호 중 '국회의사당'에 관한 부분 등이 집회의 자유를 침해하는지**(적극): 국회의사당 인근에서의 집회가 심판대상조항에 의하여 보호되는 법익에 대한 직접적인 위협을 초래한다는 일반적 추정이 구체적인 상황에 의하여 부인될 수 있는 경우라면, 입법자로서는 예외적으로 옥외집회가 가능할 수 있도록 심판대상조항을 규정하여야 한다. 심판대상조항은 입법목적을 달성하는 데 필요한 최소한도의 범위를 넘어, 규제가 불필요하거나 또는 예외적으로 허용하는 것이 가능한 집회까지도 이를 일률적·전면적으로 금지하고 있으므로 침해의 최소성 원칙에 위배된다. 따라서 심판대상조항은 과잉금지원칙을 위반하여 집회의 자유를 침해한다(헌재 2018. 5. 31. 2013헌바322 헌법불합치).

▶ **국무총리 공관 인근에서 옥외집회·시위를 금지하고 위반시 처벌하는 집시법 제11조 제3호 등이 집회의 자유를 침해하는지**(적극): 이 사건 금지장소 조항은 국무총리 공관의 기능과 안녕을 직접 저해할 가능성이 거의 없는 '소규모 옥외집회·시위의 경우', '국무총리를 대상으로 하는 옥외집회·시위가 아닌 경우'까지도 예외 없이 옥외집회·시위를 금지하고 있는바, 이는 입법목적 달성에 필요한 범위를 넘는 과도한 제한이다. 따라서 이 사건 금지장소 조항은 그 입법목적을 달성하는 데 필요한 최소한도의 범위를 넘어, 규제가 불필요하거나 또는 예외적으로 허용하는 것이 가능한 집회까지도 이를 일률적·전면적으로 금지하고 있다고 할 것이므로 침해의 최소성 원칙에 위배된다. 따라서 이 사건 금지장소 조항은 과잉금지원칙을 위반하여 집회의 자유를 침해한다(헌재 2018. 6. 28. 2015헌가28 헌법불합치).

▶ **대통령 관저의 경계 지점으로부터 100미터 이내의 장소에서는 옥외집회 또는 시위를 금지하고 위반시 형사처벌한다고 규정한 '집시법' 제11조 제2호 부분 등이 집회의 자유를 침해하는지**(적극): 심판대상조항은 대통령 관저 인근 일대를 광범위하게 집회금지장소로 설정함으로써, 집회가 금지될 필요가 없는 장소까지도 집회금지장소에 포함되게 한다. 대규모 집회 또는 시위로 확산될 우려가 없는 소규모 집회의 경우, 심판대상조항에 의하여 보호되는 법익에 대해 직접적인 위협이 될 가능성은 낮고, 이러한 집회가 대통령 등의 안전이나 대통령 관저 출입과 직접적 관련이 없는 장소에서 열릴 경우에는 위험성은 더욱 낮아진다. 따라서 심판대상조항은 과잉금지원칙에 위배되어 집회의 자유를 침해한다(헌재 2022. 12. 22. 2018헌바48 헌법불합치).

▶ 국회의장 공관의 경계 지점으로부터 100미터 이내의 장소에서의 옥외집회 또는 시위를 일률적으로 금지하고, 이를 위반한 집회·시위의 참가자를 처벌하는 구 '집시법' 제11조 제2호 등이 집회의 자유를 침해하는지(적극): 심판대상조항이 집회 금지 장소로 설정한 '국회의장 공관의 경계 지점으로부터 100미터 이내에 있는 장소'에는, 해당 장소에서 옥외집회·시위가 개최되더라도 국회의장에게 물리적 위해를 가하거나 국회의장 공관으로의 출입 내지 안전에 위협을 가할 우려가 없는 장소까지 포함되어 있다. 또한 대규모로 확산될 우려가 없는 소규모 옥외집회·시위의 경우, 심판대상조항에 의하여 보호되는 법익에 직접적인 위험을 가할 가능성은 상대적으로 낮다. 그럼에도 심판대상조항은 국회의장 공관 인근 일대를 광범위하게 전면적인 집회 금지 장소로 설정함으로써 입법목적 달성에 필요한 범위를 넘어 집회의 자유를 과도하게 제한하고 있는바, 과잉금지원칙에 반하여 집회의 자유를 침해한다(헌재 2023. 3. 23. 2021헌가1 헌법불합치).

▶ 집회 또는 시위를 하기 위하여 인천애뜰 중 잔디마당과 그 경계 내 부지에 대한 사용허가 신청을 한 경우 인천광역시장이 이를 허가할 수 없도록 제한하는 인천애뜰의 사용 및 관리에 관한 조례가 과잉금지원칙에 위배되어 청구인들의 집회의 자유를 침해하는지(적극): 인천광역시로서는 시청사 보호를 위한 방호인력을 확충하고 청사 입구에 보안시설물을 설치하는 등의 대책을 마련함으로써, 잔디마당에서의 집회·시위를 전면적으로 제한하지 않고도 입법목적을 충분히 달성할 수 있다. 심판대상조항에 의하여 잔디마당을 집회 장소로 선택할 자유가 완전히 제한되는바, 공공에 위험을 야기하지 않고 시청사의 안전과 기능에도 위협이 되지 않는 집회나 시위까지도 예외 없이 금지되는 불이익이 발생한다. 그렇다면 심판대상조항은 과잉금지원칙에 위배되어 청구인들의 집회의 자유를 침해한다(헌재 2023. 9. 26. 2019헌마1417).

▶ 대한민국을 방문하는 외국의 국가 원수를 경호하기 위하여 지정된 경호구역 안에서 서울종로경찰서장이 안전 활동의 일환으로 청구인들의 삼보일배행진을 제지한 행위 등이 청구인들의 집회 또는 시위의 자유를 침해하는지(소극): 이 사건 공권력 행사는 경호대상자의 안전보호 및 국가 간 친선관계의 고양, 질서유지 등을 위한 것이다. 이 사건 공권력 행사는 집회장소의 장소적 특성과 미합중국 대통령의 이동경로, 진회 참가자와의 거리, 질서유지에 필요한 시간 등을 고려하여 경호 목적 달성을 위한 최소한의 범위에서 행해진 것으로 침해의 최소성을 갖추었다. 또한, 이 사건 공권력행사로 인해 제한된 사익은 집회 또는 시위의 자유 일부에 대한 제한으로서 국가 간 신뢰를 공고히 하고 발전적인 외교관계를 맺으려는 공익이 위 제한되는 사익보다 덜 중요하다고 할 수 없다. 따라서 이 사건 공권력 행사는 과잉금지원칙을 위반하여 청구인들의 집회의 자유 등을 침해하였다고 할 수 없다(헌재 2021. 10. 28. 2019헌마1091).

▶ 서울지방경찰청장 등이 2015. 11. 14. 19:00경 종로구청입구 사거리에서 살수차를 이용하여 물줄기가 일직선 형태로 청구인 백▽▽에게 도달되도록 살수한 행위(직사살수행위)가 청구인 백▽▽의 생명권 및 집회의 자유를 침해하는지(적극): 이 사건 직사살수행위는 불법 집회로 인하여 발생할 수 있는 타인 또는 경찰관의 생명·신체의 위해와 재산·공공시설의 위험을 억제하기 위하여 이루어진 것이므로 그 목적이 정당하다. 이 사건 직사살수행위 당시 청구인 백▽▽는 살수를 피해 뒤로 물러난 시위대와 떨어져 홀로 경찰 기동버스에 매여 있는 밧줄을 잡아당기고 있었다. 따라서 이 사건 직사살수행위 당시 억제할 필요성이 있는 생명·신체의 위해 또는 재산·공공시설의 위험 자체가 발생하였다고 보기 어려우므로, 수단의 적합성을 인정할 수 없다. 그러므로 이 사건 직사살수행위는 과잉금지원칙에 반하여 청구인 백▽▽의 생명권 및 집회의 자유를 침해하였다(헌재 2020. 4. 23. 2015헌마1149).

▶ **미신고 시위에 대한 해산명령에 불응하는 자를 처벌하도록 규정한 '집시법' 제24조 제5호 부분이 집회의 자유를 침해하는지**(소극) : 집시법상 해산명령은 미신고 시위라는 이유만으로 발할 수 있는 것이 아니라, 미신고 시위로 인하여 타인의 법익이나 공공의 안녕질서에 대한 위험이 명백하게 발생한 경우에만 발할 수 있고, 먼저 자진 해산을 요청한 후 참가자들이 자진 해산 요청에 따르지 아니하는 경우에 해산명령을 내리도록 하고 이에 불응하는 경우에만 처벌하는 점 등을 고려하면, 심판대상조항은 집회의 자유에 대한 제한을 최소화하고 있다. 또한 심판대상조항이 달성하려는 공공의 안녕질서 유지 및 회복이라는 공익과 심판대상조항으로 인하여 제한되는 청구인의 집회의 자유 사이의 균형을 상실하였다고 보기 어려우므로, 심판대상조항은 과잉금지원칙을 위반하여 집회의 자유를 침해한다고 볼 수 없다(헌재 2016. 9. 29. 2014헌바492).

▶ **신고사항에 미비점이 있거나 신고의 범위를 일탈하였다는 이유만으로 옥외집회 또는 시위를 해산하거나 저지할 수 있는지**(소극) : 관할 경찰관서장으로서는 단순히 신고사항에 미비점이 있었다거나 신고의 범위를 일탈하였다는 이유만으로 당해 옥외집회 또는 시위 자체를 해산하거나 저지하여서는 아니될 것이고, 그로 인하여 타인의 법익 기타 공공의 안녕질서에 대하여 직접적인 위험이 초래된 경우에 그 위험의 방지·제거에 적합한 제한조치를 취할 수 있되, 그 조치는 법령에 의하여 허용되는 범위 내에서 필요한 최소한도에 그쳐야 한다(대판 2001. 10. 9. 98다20929).

▶ **미신고 옥외집회 또는 시위라는 이유만으로 해산을 명하고 이에 불응하였다고 하여 처벌할 수 있는지**(소극) : 집회 및 시위에 관한 법률 제20조 제1항 제2호가 미신고 옥외집회 또는 시위를 해산명령 대상으로 하면서 별도의 해산 요건을 정하고 있지 않더라도, 그 옥외집회 또는 시위로 인하여 타인의 법익이나 공공의 안녕질서에 대한 직접적인 위험이 명백하게 초래된 경우에 한하여 해산을 명할 수 있고, 이러한 요건을 갖춘 해산명령에 불응하는 경우에만 집시법 제24조 제5호에 의하여 처벌할 수 있다(대판 2012. 4. 19. 2010도6388).

Ⅱ 결사의 자유

헌법 제21조
① 모든 국민은 언론·출판의 자유와 집회·결사의 자유를 가진다.
② 언론·출판에 대한 허가나 검열과 집회·결사에 대한 허가는 인정되지 아니한다.

1. 의의

결사의 자유란 다수의 자연인 또는 법인이 공동의 목적을 위하여 단체를 결성하거나 또는 이미 결성된 단체에 자유롭게 가입할 수 있는 자유를 말한다(헌재 1994. 2. 24. 92헌바43). 결사의 자유는 견해표명과 정보유통을 집단적으로 구현시켜 사회연대를 촉진하고 국가로부터 사회의 민주성과 자율성을 구현하는 자유이다(헌재 2012. 3. 29. 2011헌바53).

2. 주체와 대상

(1) 주체

결사의 자유는 인격발현과 관련된 기본권이라는 점에서 외국인에게도 인정된다. 한편 법인 등 결사체도 그 조직과 의사형성에 있어서, 그리고 업무수행에 있어서 자기결정권을 가지고 있어 결사의 자유의 주체가 된다(헌재 2000. 6. 1. 99헌마553).

> **판례**
>
> ▶ **축협중앙회**(적극) : 법인 등 결사체도 그 조직과 의사형성에 있어서, 그리고 업무수행에 있어서 자기결정권을 가지고 있어 결사의 자유의 주체가 된다고 봄이 상당하므로, 축협중앙회는 그 회원조합들과 별도로 결사의 자유의 주체가 된다(헌재 2000. 6. 1. 99헌마553).
>
> ▶ **상공회의소**(적극) : 상공회의소는 사업범위, 조직, 회계 등에 있어서 상공회의소법에 따른 규율을 받고 있는 특수성을 가지고 있으나, 기본적으로는 관할구역의 상공업계를 대표하여 그 권익을 대변하고 회원에게 기술 및 정보 등을 제공하여 회원의 경제적·사회적 지위를 높임으로써 상공업의 발전을 꾀함을 목적으로 하는 조직으로 목적이나 설립, 관리 면에서 자주적인 단체로 사법인이라고 할 것이므로 상공회의소와 관련해서도 결사의 자유는 보장된다(헌재 1996. 4. 25. 92헌바47).
>
> ▶ **중소기업중앙회**(적극) : 중소기업중앙회는 기본적으로는 회원 간의 상호부조, 협동을 통해 중소기업자의 경제적 지위를 향상시키기 위한 자조조직으로서 사법인에 해당한다. 따라서 결사의 자유를 누릴 수 있는 단체에 해당하고, 이러한 결사의 자유에는 당연히 그 내부기관 구성의 자유가 포함되므로, 중앙회 회장선거에 있어 선거운동을 제한하는 것은 단체구성원들의 결사의 자유를 제한하는 것이 된다(헌재 2021. 7. 15. 2020헌가9).

(2) 대상

결사의 자유에서의 결사란 자연인 또는 법인의 다수가 상당한 기간 동안 공동목적을 위하여 자유의사에 기하여 결합하고 조직화된 의사형성이 가능한 단체를 말하는 것으로, 공법상의 결사나 법이 특별한 공공목적에 의하여 구성원의 자격을 정하고 있는 특수단체의 조직활동은 이에 포함되지 아니한다(헌재 1994. 2. 24. 92헌바43).

> **판례**
>
> ▶ **영리단체**(적극) : 헌법재판소는 결사의 자유에서 말하는 결사의 공동목적의 범위를 비영리적인 것으로 제한하지는 않았고, 영리단체를 결사에서 제외하여야 할 뚜렷한 근거가 없는 터이므로, 영리단체도 헌법상 결사의 자유에 의하여 보호된다(헌재 2002. 9. 19. 2000헌바84).
>
> ▶ **농지개량조합**(소극) : 농지개량조합을 공법인으로 보는 이상, 이는 결사의 자유가 뜻하는 헌법상 보호법익의 대상이 되는 단체로 볼 수 없다(헌재 2000. 11. 30. 99헌마190).
>
> ▶ **주택건설촉진법상 주택조합**(소극) : 주택건설촉진법상의 주택조합은 주택이 없는 국민의 주거생활의 안정을 도모하고 모든 국민의 주거수준의 향상을 기한다는 공공목적을 위하여 법이 구성원의 자격을 제한적으로 정해 놓은 특수조합이어서 이는 헌법상 결사의 자유가 뜻하는 헌법상 보호법익의 대상이 되는 단체가 아니다(헌재 1994. 2. 24. 92헌바43).

3. 내용

결사의 자유에는 단체결성의 자유, 단체존속의 자유, 단체활동의 자유, 결사에의 가입·잔류의 자유와 같은 적극적인 자유는 물론, 기존의 단체로부터 탈퇴할 자유와 결사에 가입하지 아니할 소극적인 자유도 포함된다(헌재 2012. 3. 29. 2011헌바53).

> **판례**
>
> ▶ **단체활동의 자유** : 결사의 자유에는 '단체활동의 자유'도 포함되는데, 단체활동의 자유는 단체 외부에 대한 활동뿐만 아니라 단체의 조직, 의사형성의 절차 등의 단체의 내부적 생활을 스스로 결정하고 형성할 권리인 '단체 내부 활동의 자유'를 포함한다(헌재 2012. 12. 27. 2011헌마562).

4. 제한

결사의 자유는 헌법 제37조 제2항에 의해 제한할 수 있다. 다만 결사의 자유는 민주주의질서를 비롯한 공동체의 전체적 질서를 구성하는 불가결의 요소이기 때문에 결사의 자유를 본질적으로 제한하는 허가제는 헌법에 의해 금지된다(헌법 21조 제2항).

결사의 자유에 대한 '허가제'란 행정권이 주체가 되어 예방적 조치로서 단체의 설립 여부를 사전에 심사하여 일반적인 단체 결성의 금지를 특정한 경우에 한하여 해제함으로써 단체를 설립할 수 있게 하는 제도, 즉 사전 허가를 받지 아니한 단체결성을 금지하는 제도라고 할 것이다(헌재 2012. 3. 29. 2011헌바53).

> **판례**
>
> ▶ **공적인 역할을 수행하는 농협 구성원의 결사의 자유와 심사기준** : 공적인 역할을 수행하는 결사 또는 그 구성원들이 기본권의 침해를 주장하는 경우에 과잉금지원칙 위배 여부를 판단할 때에는, 순수한 사적인 임의결사의 기본권이 제한되는 경우의 심사에 비해서는 완화된 기준을 적용할 수 있다(헌재 2012. 12. 27. 2011헌마562).
>
> ▶ **운송사업자로 구성된 협회로 하여금 연합회에 강제로 가입하게 하고 임의로 탈퇴할 수 없도록 하는 '화물자동차 운수사업법' 제50조 제1항 부분이 과잉금지원칙을 위반하여 결사의 자유를 침해하는지**(소극) : 연합회는 공공재적 성격을 가지는 화물자동차 운송사업의 공익성을 구현한다는 점에서 다른 사법인과 차이가 있다. 연합회는 법령에 따라 다양한 공익적 기능을 수행하는바, 전국적인 단일 조직을 갖추지 못한다면 업무 수행의 효율성과 신속성 등이 저해될 우려가 있다. 국가나 지방자치단체가 공익적 기능을 직접 수행하거나 별개의 단체를 설립하는 방안은 연합회에의 가입강제 내지 임의탈퇴 불가와 같거나 유사한 효과를 가진다고 보기 어렵다. 따라서 심판대상조항이 과잉금지원칙에 위배되어 결사의 자유를 침해한다고 볼 수 없다(헌재 2022. 2. 24. 2018헌가8).
>
> ▶ **노동조합을 설립할 때 행정관청에 설립신고서를 제출하게 하고 그 요건을 충족하지 못하는 경우 설립신고서를 반려하도록 하는 노동조합법 제12조 제3항 제1호가 허가제에 해당하는지**(소극) : 이 사건 법률조항은 노동조합 설립에 있어 노동조합법상의 요건 충족 여부를 사전에 심사하도록 하는 구조를 취하고 있으나, 이 경우 노동조합법상 요구되는 요건만 충족되면 그 설립이 자유롭다는 점에서 일반적인 금지를 특정한 경우에 해제하는 허가와는 개념적으로 구분되고, 더욱이 행정관청의 설립신고서 수리 여부에 대한 결정은 재량 사항이 아니라 의무 사항으로 그 요건 충족이 확인되면 설립신고서를 수리하고 그 신고증을 교부하여야 한다는 점에서, 이 사건 법률조항의 노동조합 설립신고서 반려제도가 헌법 제21조 제2항 후단에서 금지하는 결사에 대한 허가제라고 볼 수 없다(헌재 2012. 3. 29. 2011헌바53).

제5항 학문과 예술의 자유

> **헌법 제22조**
> ① 모든 국민은 학문과 예술의 자유를 가진다.
> ② 저작자·발명가·과학기술자와 예술가의 권리는 법률로써 보호한다.

I 학문의 자유

1. 의의

학문이란 자연과 사회의 변화·발전에 관한 법칙 또는 진리를 탐구하고 인식하는 행위를 말하는 것으로 학문의 자유란 학문적 활동에 관하여 공권력의 간섭이나 방해를 받지 아니하는 자유를 말한다(헌재 1992. 11. 12. 89헌마88).

> **판례**
>
> ▶ **교육이 학문의 자유의 보호영역에 해당하는지**(소극) : 진리탐구의 과정과는 무관하게 단순히 기존의 지식을 전달하거나 인격을 형성하는 것을 목적으로 하는 '교육'은 학문의 자유의 보호영역이 아니라 교육에 관한 기본권(헌법 31조)의 보호영역에 속한다(헌재 2003. 9. 25. 2001헌마814).

2. 내용

학문의 자유에서 말하는 '학문'이란 일정한 지식수준을 기반으로 방법론적으로 정돈된 비판적인 성찰을 함으로써 진리를 탐구하는 활동을 말한다. 학문의 자유는 곧 진리탐구의 자유라 할 수 있고, 나아가 그렇게 탐구한 결과를 발표하거나 강의할 자유 등도 학문의 자유의 내용으로서 보장된다(헌재 1992. 11. 12. 89헌마88).

> **판례**
>
> ▶ **국립대학 교원의 성과연봉 지급에 대하여 규정한 공무원보수규정 제39조의2 제1항 등이 청구인들의 학문의 자유를 제한하는지**(적극) : 국립대학 교원에 대하여 국립대학의 장이 정하는 바에 따라 일정기간 동안의 교육·연구·봉사 등의 업적을 평가하고 그 평가 결과에 따라 성과연봉을 차등지급하도록 하면서, 평가 방식에 있어서 일정 비율의 교원은 반드시 최하위평가를 받을 수밖에 없는 상대평가 방식을 채택하고 있는바, 이로 인하여 청구인들이 자유롭게 학문 활동을 할 수 있는 자유가 제한된다(헌재 2013. 11. 28. 2011헌마282).

Ⅱ 예술의 자유

1. 의의

예술의 자유란 인간의 미적인 감각세계 내지는 창조적인 경험세계의 표현형태에 관한 기본권으로서 객관화될 수 있는 주관적·미적 감각세계를 창조적이고도 개성적으로 추구하고 표현할 수 있는 자유를 말한다.

2. 내용

(1) 예술창작의 자유

예술창작의 자유는 예술창작활동을 할 수 있는 자유로서 창작소재, 창작형태 및 창작과정 등에 대한 임의로운 결정권을 포함한 모든 예술창작활동의 자유를 그 내용으로 한다(헌재 1993. 5. 13. 91헌바17).

(2) 예술표현의 자유

예술표현의 자유는 창작한 예술품을 일반대중에게 전시·공연·보급할 수 있는 자유이다. 예술품보급의 자유와 관련해서 예술품보급을 목적으로 하는 예술출판자 등도 이러한 의미에서의 예술의 자유의 보호를 받는다. 따라서 비디오물을 포함하는 음반제작자도 이러한 의미에서의 예술표현의 자유를 향유한다(헌재 1993. 5. 13. 91헌바17).

> **판례**
>
> ▶ **반국가단체의 활동을 찬양·고무하거나 동조한다는 인식 내지 목적 아래 발언하고 이적표현물을 제작·전시·배포하는 행위가 헌법상의 표현의 자유 및 예술의 자유의 한계 내의 행위인지**(소극): 표현의 자유 및 예술의 자유는 헌법 제37조 제2항에 의하여 국가안전보장, 질서유지 또는 공공복리를 위하여 필요한 경우에는 그 자유와 권리의 본질적인 내용을 침해하지 않는 한도내에서 제한할 수 있는 것이므로, 반국가단체의 활동을 찬양, 고무하거나 이에 동조한다는 인식 내지 목적 아래 발언하고 그와 같은 내용이 표현된 표현물을 제작, 전시, 배포한 행위는 헌법이 보장하는 자유의 한계를 벗어난 행위로서 국가보안법 제7조 제1항 및 제5항 소정의 구성요건을 충족하는 것이다(대판 1990. 9. 25. 90도1586).

Ⅲ 지적 재산권의 보호

헌법 제22조 제2항은 학문과 예술의 자유를 제도적으로 뒷받침하고 학문과 예술의 자유에 내포된 문화국가실현의 실효성을 높이기 위하여 저작자 등의 권리보호를 국가의 과제로 규정하고 있는바, 저작자 등의 권리를 보호하는 것은 학문과 예술을 발전·진흥시키고 문화국가를 실현하기 위하여 불가결하다(헌재 2002. 4. 25. 2001헌마200).

> **판례**
>
> ▶ **과학기술자의 특별보호를 명시한 헌법 제22조 제2항의 목적**: 과학기술자의 특별보호를 명시한 헌법 제22조 제2항은 과학·기술의 자유롭고 창조적인 연구개발을 촉진하여 이론과 실제 양면에 있어서 그 연구와 소산을 보호함으로써 문화창달을 제고하려는 데 목적이 있다(헌재 1993. 11. 25. 92헌마87).

▶ **특허발명제품에 특허발명의 명칭이나 내용에 대한 표시금지**: 헌법 제22조 제2항은 발명가의 권리를 법률로써 보호하도록 하고 있고, 이에 따라 특허법은 특허권자에게 업(業)으로서 그 특허발명을 실시할 권리를 독점적으로 부여하고 있다. 따라서 특허권자가 특허발명의 방법으로 생산한 물건을 판매하는 것은 특허권의 본질적 내용의 하나이다. 그런데 특허발명제품에 특허발명의 명칭이나 내용을 표시할 수 없다면 그 제품은 특허에 관한 설명력과 광고·유인효과를 전혀 가질 수 없어 특허제품으로서의 기능과 효과를 제대로 발휘하지 못하게 되고, 이러한 결과는 업으로서의 특허실시권을 사실상 유명무실하게 하는 것이다. 그러므로 특허권자가 그 특허발명의 방법에 의하여 생산한 물건에 발명의 명칭과 내용을 표시하는 것은 특허실시권에 내재된 요소이며, 그러한 표시를 제한하는 것은 곧 특허권에 대한 제한이라고 보아야 한다(헌재 2000. 3. 30. 99헌마143).

▶ **과거에 소멸한 저작인접권을 회복시키는 저작권법 부칙 제4조 제2항이 헌법 제13조 제2항이 금지하는 소급입법에 의한 재산권 박탈에 해당하는지**(소극): 심판대상조항은 개정된 저작권법이 시행되기 전에 있었던 과거의 음원 사용 행위에 대한 것이 아니라 개정된 법률 시행 이후에 음원을 사용하는 행위를 규율하고 있으므로 진정소급입법에 해당하지 않으며, 저작인접권이 소멸한 음원을 무상으로 사용하는 것은 저작인접권자의 권리가 소멸함으로 인하여 얻을 수 있는 반사적 이익에 불과할 뿐이므로, 헌법 제13조 제2항이 금지하는 소급입법에 의한 재산권 박탈에 해당하지 아니한다(헌재 2013. 11. 28. 2012헌마770).

▶ **청중이나 관중으로부터 당해 공연에 대한 반대급부를 받지 아니하는 경우에는 상업용 목적으로 공표된 음반 또는 상업용 목적으로 공표된 영상저작물을 재생하여 공중에게 공연할 수 있다고 규정한 저작권법 제29조 제2항 본문 등이 저작재산권자 및 저작인접권자의 재산권을 침해하는지**(소극): 심판대상조항으로 인하여 저작재산권자 등이 상업용 음반 등을 재생하는 공연을 허락할 권리를 행사하지 못하거나 그러한 공연의 대가를 받지 못하게 되는 불이익이 상업용 음반 등을 재생하는 공연을 통하여 공중이 문화적 혜택을 누릴 수 있게 한다는 공익보다 크다고 보기도 어려우므로, 심판대상조항이 비례의 원칙에 반하여 저작재산권자 등의 재산권을 침해한다고 볼 수 없다(헌재 2019. 11. 28. 2016헌마1115).

▶ **법인·단체 그 밖의 사용자의 기획 하에 법인 등의 업무에 종사하는 자가 업무상 작성하는 컴퓨터프로그램저작물의 저작자는 계약 또는 근무규칙 등에 다른 정함이 없는 때에는 그 법인 등이 된다고 규정한 저작권법 제9조 부분이 입법형성권의 한계를 일탈하였는지**(소극): 프로그램의 활발한 유통과 안정적 창작을 위하여 법인 등의 기획 하에 피용자가 통상적인 업무의 일환으로 보수를 지급받고 컴퓨터프로그램저작물을 작성한 경우 그 저작자를 법인 등으로 정하도록 하되, 계약 또는 근무규칙으로 저작자를 달리 정할 수 있도록 한 입법자의 판단은 합리적인 이유가 있으므로, 심판대상조항은 입법형성권의 한계를 일탈하였다고 보기 어렵다(헌재 2018. 8. 30. 2016헌가12).

CHAPTER 04 경제적 기본권

제1절 재산권

제1항 재산권 보장의 배경과 체계

I 재산권 보장의 배경

헌법은 제23조 제1항 제1문에서 "모든 국민의 재산권은 보장된다."고 규정하고, 제119조 제1항에서 "대한민국의 경제질서는 개인과 기업의 경제상의 자유와 창의를 존중함을 기본으로 한다."고 규정함으로써, 국민 개개인이 사적 자치의 원칙을 기초로 하는 자본주의 시장경제질서 아래 자유로운 경제활동을 통하여 생활의 기본적 수요를 스스로 충족할 수 있도록 하면서, 사유재산의 자유로운 이용·수익과 그 처분 및 상속을 보장하고 있다. 이는 이러한 보장이 자유와 창의를 보장하는 지름길이고 궁극에는 인간의 존엄과 가치를 증대시키는 최선의 방법이라는 이상을 배경으로 한다(헌재 1999. 4. 29. 94헌바37).

> **판례**
>
> ▶ **재산권 보장의 법적 성격**: 헌법 제23조에 의한 재산권의 보장은 재산권보장은 개인이 현재 누리고 있는 재산권을 개인의 기본권으로 보장한다는 의미와 개인이 재산권을 향유할 수 있는 법제도로서의 사유재산제도를 보장한다는 이중적 의미를 가지고 있다(헌재 1993. 7. 29. 92헌바20).

II 재산권 보장의 체계

1. 헌법 제23조의 규범 구조

(1) 재산권 형성적 법률

> **헌법 제23조**
> ① 모든 국민의 재산권은 보장된다. 그 내용과 한계는 법률로 정한다.

1) 의의

우리 헌법상의 재산권에 관한 규정은 다른 기본권 규정과는 달리 그 내용과 한계가 법률에 의해 구체적으로 형성되는 기본권형성적 법률유보의 형태를 띠고 있다. 그리하여 헌법이 보장하는 재산권의 내용과 한계는 국회에서 제정되는 형식적 의미의 법률에 의하여 정해지므로 이 헌법상의 재산권 보장은 재산권형성적 법률유보에 의하여 실현되고 구체화하게 된다. 따라서 재산권의 구체적 모습은 재산권의 내용과 한계를 정하는 법률에 의하여 형성된다(헌재 1993. 7. 29. 92헌바20).

2) 입법형성권의 범위

재산권의 내용과 한계를 정할 입법자의 권한은 장래에 발생할 사실관계에 적용될 새로운 권리를 형성하고 그 내용을 규정할 권한뿐만 아니라, 더 나아가 과거의 법에 의하여 취득한 구체적인 법적 지위에 대하여까지도 그 내용을 새로이 형성할 수 있는 권한을 포함하고 있다. 따라서 재산권이 헌법 제23조에 의하여 보장된다고 하더라도 입법자에 의하여 일단 형성된 구체적 권리가 그 형태로 영원히 지속될 것이 보장된다고까지 하는 의미는 아니다(헌재 1999. 4. 29. 94헌바37).

3) 재산권의 내용과 한계를 법률로 정한다는 의미

① 새로운 재산권

헌법이 보장하는 재산권의 내용과 한계를 정하는 법률은 재산권을 제한한다는 의미가 아니라 재산권을 형성한다는 의미를 갖는다(헌재 1993. 7. 29. 92헌바20).

> **판례**
>
> ▶ **재산권의 요건**: 재산권이 법질서 내에서 인정되고 보호받기 위하여는 '입법자에 의한 형성'을 필요로 한다. 즉, 재산권은 이를 구체적으로 형성하는 법이 없을 경우에는 재산에 대한 사실상의 지배만 있을 뿐이므로, 그 내용이 입법자에 의하여 법률로 구체화됨으로써 비로소 권리다운 모습을 갖게 된다(헌재 1998. 12. 24. 89헌마214).
>
> ▶ **공무원의 보수청구권**: 공무원의 보수청구권은 법률 및 법률의 위임을 받은 하위법령에서 보수의 구체적 수준이 형성되면 직업공무원제도의 한 내용으로서 재산권적 성격이 인정되는 공법상 권리가 된다. 즉 공무원의 보수청구권은, 법률 및 법률의 위임을 받은 하위법령에 의해 그 구체적 내용이 형성되면 재산적 가치가 있는 공법상의 권리가 되어 재산권의 내용에 포함되지만, 법령에 의하여 구체적 내용이 형성되기 전의 권리, 즉 공무원이 국가 또는 지방자치단체에 대하여 어느 수준의 보수를 청구할 수 있는 권리는 난순한 기대이익에 불과하여 재산권의 내용에 포함된다고 볼 수 없다(헌재 2008. 12. 26. 2007헌마444).

② 기존의 재산권

입법자가 재산권의 내용을 형성함에 있어서 무제한적인 형성의 자유를 가지는 것은 아니며 어떠한 재산을 사용·수익할 수 있는 사적 유용성과 처분권을 본질로 하는 재산권은 인간으로서의 존엄과 가치를 실현하고 인간의 자주적이고 주체적인 삶을 이루어나가기 위한 범위에서 헌법적으로 보장되어 있는 것이다. 따라서 재산권의 내용과 한계를 법률로 정한다는 것은 헌법적으로 보장된 재산권의 내용을 구체화하면서 이를 제한하는 것으로 볼 수 있다(헌재 2001. 4. 26. 99헌바37).

> **판례**
>
> ▶ **입법형성권의 기준**: 입법자는 헌법 제23조 제1항 제2문에 의거 재산권의 내용과 한계를 구체적으로 형성함에 있어서는 헌법 제23조 제1항 제1문에 의한 사적 재산권의 보장과 함께 헌법 제23조 제2항의 재산권의 사회적 제약을 동시에 고려하여 양 법익이 균형을 이루도록 입법하여야 한다(헌재 2019. 9. 26. 2016헌바314).

> ▶ **토지재산권의 보장 범위**: 헌법상의 재산권은 토지소유자가 이용가능한 모든 용도로 토지를 자유로이 최대한 사용할 권리나 가장 경제적 또는 효율적으로 사용할 수 있는 권리를 보장하는 것을 의미하지는 않는다. 입법자는 중요한 공익상의 이유와 토지가 가진 특성에 따라 토지를 일정용도로 사용하는 권리를 제한할 수 있기 때문이다(헌재 1998. 12. 24. 89헌마214).
>
> ▶ **도로 등 영조물 주변에서 광업권자의 채굴행위를 제한하는 구 광업법 제44조 제1항 제1호의 법적 성격**: 광업권이 토지소유권과 독립한 독자적 권리이고 광업의 수행방법이 가지는 특성으로 인하여 광업권은 당해 토지 또는 인접 토지의 통상적인 이용과의 관계에서 충돌이 발생할 가능성이 예정되어 있는바, 심판대상조항은 그러한 경우에 충돌하는 권리의 양립을 도모하기 위해 광업권의 전부 또는 일부를 소멸시키는 대신 채굴행위를 일부 제한하는 규정이다. 따라서 심판대상조항은 이미 형성된 구체적인 재산권을 공익을 위하여 개별적·구체적으로 박탈하거나 제한하는 것으로서 보상을 요하는 헌법 제23조 제3항의 수용·사용 또는 제한을 규정한 것이라고 할 수는 없고, 입법자가 광업권에 관한 권리와 의무를 일반·추상적으로 확정하는, 재산권의 내용과 한계를 정하는 규정인 동시에 공익적 요청에 따른 재산권의 사회적 제약을 구체화하는 규정이라고 보아야 한다(헌법 제23조 제1항 및 제2항)(헌재 2014. 2. 27. 2010헌바483).

(2) 재산권 행사의 사회적 의무성

> **헌법 제23조**
> ② 재산권의 행사는 공공복리에 적합하도록 하여야 한다.

1) 취지

재산권 행사의 사회적 의무성을 헌법 자체에서 명문화하고 있는 것은 사유재산제도의 보장이 타인과 더불어 살아가야 하는 공동체생활과의 조화와 균형을 흐트러뜨리지 않는 범위 내에서의 보장임을 천명한 것으로서, 재산권의 악용 또는 남용으로 인한 사회공동체의 균열과 파괴를 방지하고 실질적인 사회정의를 구현하겠다는 국민적 합의의 표현이라고 할 수 있다(헌재 1989. 12. 22. 88헌가13).

2) 사회적 의무성의 정도

재산권 행사의 사회적 의무성의 정도는 재산의 종류, 성질, 형태, 조건 등에 따라 달라질 수 있다. 따라서 재산권 행사의 대상이 되는 객체가 지닌 사회적인 연관성과 사회적 기능이 크면 클수록 입법자에 의한 보다 광범위한 제한이 허용된다. 즉, 특정 재산권의 이용이나 처분이 그 소유자 개인의 생활영역에 머무르지 아니하고 일반 국민 다수의 일상생활에 큰 영향을 미치는 경우에는 입법자가 공동체의 이익을 위하여 개인의 재산권을 규제하는 권한을 더욱 폭넓게 가진다(헌재 1999. 4. 29. 94헌바37).

> **판례**
>
> ▶ **재산권의 자유보장적 기능과 사회적 의무성의 관계**: 재산권은 기본권의 주체로서의 국민이 각자의 인간다운 생활을 자기 책임하에 자주적으로 형성하는데 필요한 경제적 조건을 보장해 주는 기능을 한다. 그러므로 재산권의 보장은 곧 국민 개개인의 자유실현의 물질적 바탕을 의미한다고 할 수 있고, 따라서 자유와 재산권은 상호보완관계이자 불가분의 관계에 있다. 재산권의 자유보장적 기능은 재산권을 어느 정도로 제한할 수 있는가 하는 사회적 의무성의 정도를 결정하는 중요한 기준이 된다(헌재 1998. 12. 24. 89헌마214).

> ▶ **재산권의 사회적 의무성과 입법자의 규율권한의 관계**: 재산권의 이용과 처분이 소유자의 개인적 영역을 넘어, 국민일반의 자유행사에 큰 영향을 미치거나 국민일반이 자신의 자유를 행사하기 위하여 문제되는 재산권에 의존하는 경우에는, 입법자가 공동체의 이익을 위하여 개인의 재산권을 제한하는 규율권한은 더욱 넓어진다. 토지는 생산이나 대체가 불가능하여 공급이 제한되어 있고 우리나라의 가용토지 면적이 인구에 비하여 부족한 반면에 모든 국민이 생산 및 생활의 기반으로서 토지의 합리적인 이용에 의존하고 있는 정황을 고려하면, 토지재산권의 행사에 대해서는 국민경제의 관점에서나 토지의 사회적 기능에 비추어 다른 재산권에 비해 더 강하게 공동체의 이익을 관철할 것이 요구된다(헌재 2010. 4. 29. 2008헌바70).

(3) 재산권 수용적 법률

> **헌법 제23조**
> ③ 공공필요에 의한 재산권의 수용·사용 또는 제한 및 그에 대한 보상은 법률로써 하되, 정당한 보상을 지급하여야 한다.

재산권 수용적 법률이란 국가가 구체적인 공적 과제를 수행하기 위하여 이미 형성된 구체적인 재산적 권리를 전면적 또는 부분적으로 박탈하거나 제한하는 법률을 말한다(헌재 1999. 4. 29. 94헌바37). 공공필요에 의하여 공권력의 행사로서 특정인에게 재산권의 수용·사용 또는 제한을 가하여 일반인에게 예기치 않은 특별한 희생을 가할 수 있는 경우도 국회에서 제정한 법률에 규정된 경우에 한하고 이에 대한 보상도 국회에서 제정한 법률에 의한 정당한 보상을 하여야만 한다. 여기서 말하는 정당한 보상은 원칙적으로 완전보상을 의미한다(헌재 1989. 12. 22. 88헌가13).

2. 위헌성 심사기준

(1) 재산권 형성적 법률

1) 심사기준

① 새로운 재산권

재산권을 형성하는 내용의 완전히 새로운 제도를 창설하면서 그 행사기간 등을 정하는 경우에 있어서는 기본적으로 입법재량이 인정되고 이에 기초한 정책적 판단이 이루어져야 할 특별한 영역에 해당되므로, 입법이 합리적인 재량의 범위를 일탈한 것인지 여부만을 기준으로 심사한다(헌재 2006. 11. 30. 2003헌바66).

> **판례**
>
> ▶ **점유자는 소유의 의사로 점유한 것으로 추정하는 민법 제197조 제1항이 소유자인 청구인의 재산권을 침해하는지 여부에 대한 심사기준**: 심판대상조항은 점유의 태양에 관한 것으로서 종전에 법률로써 인정되던 재산권의 내용을 축소하거나 그 한계를 강화하는 것으로 보기 어려운 점, 심판대상조항은 추정 규정으로서 입증책임규범은 입법자가 입증책임 분배의 기본원칙에 따라 정할 수 있는 입법형성의 영역이라는 점, 헌법재판소는 민법 제245조 제1항의 점유취득시효, 제2항의 등기부취득시효 규정의 재산권 침해 여부에 관해서도 입법형성권의 한계를 일탈하였는지 여부를 심사한 점 등을 고려할 때, 심판대상조항이 재산권의 내용과 한계를 정한 조항으로서 입법형성의 범위를 일탈하였는지를 심사하기로 한다(헌재 2019. 9. 26. 2016헌바314).

> ▶ **부양의무 불이행으로 인한 증여계약 해제권의 효과를 제한하는 민법 제558조가 재산권을 침해하는지 여부에 대한 심사기준**: 망은행위로 인한 증여자의 법정해제제도를 채택할지 여부나 그 법정해제권의 내용을 어떻게 정할지는 원칙적으로 입법자가 입법 정책적으로 결정하여야 하는 사항이다. 더구나 재산권을 형성하는 내용의 완전히 새로운 제도를 창설하면서 그 행사기간 등을 정하는 경우에 있어서는 기본적으로 입법재량이 인정되고 이에 기초한 정책적 판단이 이루어져야 할 특별한 영역에 해당되므로 그 입법이 합리적인 재량의 범위를 일탈한 것인지 여부만을 기준으로 심사하여야 할 것이다(헌재 2009. 10. 29. 2007헌바135).

② 기존의 재산권

재산권에 대한 제한의 허용정도는 그 객체가 지닌 사회적 연관성과 기능에 따라 달라지는 것으로서, 그 이용이나 처분이 소유자 개인의 생활영역에 머무르지 않고 일반국민 다수의 일상생활에 큰 영향을 미치는 경우에는 입법자가 공동체의 이익을 위하여 개인의 재산권을 규제하는 권한을 폭넓게 가질 수 있다. 그러한 경우에도 재산권에 대한 제한입법 역시 다른 기본권을 제한하는 입법과 마찬가지로 비례의 원칙을 준수해야 하고, 재산권의 본질적 내용을 침해해서는 안 된다(헌재 2014. 2. 27. 2010헌바483).

2) 비례의 원칙 위반과 보상 규정

① 사회적 제약과 보상규정

재산권에 대한 제약이 비례의 원칙에 합치하는 것이라면 그 제약은 재산권자가 수인하여야 하는 사회적 제약의 범위 내에 있는 것이고, 반대로 비례의 원칙에 위배되는 과잉제한이라면 그 제약은 재산권자가 수인하여야 하는 사회적 제약의 한계를 넘는 것이다. 따라서 후자의 경우 입법자는 재산권에 대한 제한의 비례성을 회복할 수 있도록 수인의 한계를 넘어 가혹한 부담이 발생하는 예외적인 경우 이를 완화하거나 조정하는 등의 보상규정을 두어야 한다(헌재 2015. 11. 26. 2013헌바415).

판례

> ▶ **보상규정의 법적 성격**: 토지재산권에 대한 제한이 재산권의 사회적 기속성으로도 정당화될 수 없는 가혹한 부담을 토지소유자에게 부과하는 경우 입법자가 그 부담을 완화하는 보상규정을 두어야만 비로소 헌법상으로 허용될 수 있다. 이러한 보상규정은 입법자가 헌법 제23조 제1항 및 제2항에 의하여 재산권의 내용을 구체적으로 형성하고 공공의 이익을 위하여 재산권을 제한하는 과정에서 이를 합헌적으로 규율하기 위하여 두어야 하는 규정이다(헌재 1998. 12. 24. 89헌마214).
>
> ▶ **습지보호지역 등에서 광업권을 소유한 사람이 환경부장관이나 해양수산부장관에게 광업권을 매도하려는 경우 임의로 매수할 수 있도록 한 구 습지보전법 제20조의2 제1항의 법적 성격**: 습지보전법 제13조 제1항 제4호는 습지의 보호와 국제협약의 이행 등을 위하여 습지보호지역 내에서 광물의 채굴행위를 제한하고 있다. 이 사건 행위제한조항은 입법자가 광업권이라는 재산권에 관한 권리와 의무를 일반·추상적으로 확정하는, 재산권의 내용과 한계에 관한 규정이면서 동시에 공익적 요청에 따른 재산권의 사회적 제약을 구체화하는 규정이고(헌법 제23조 제1항 및 제2항), 이미 형성된 구체적인 재산권을 공익을 위하여 개별적·구체적으로 박탈하거나 제한하는 것이 아니므로 보상을 요하는 헌법 제23조 제3항의 수용·사용 또는 제한을 규정한 것이라고 할 수는 없다. 심판대상조항을 손실보상적 성격의 측면에서 보면, 이 사건 행위제한조항으로 인한 광업권의 제한이 사회적 수인한도를 넘는 경우에 광업권자로부터 이를 매수하여 광업권의 제한을 합헌적으로 완화·조정하는 규정이 된다(헌재 2015. 10. 21. 2014헌바170).

② **사회적 제약을 넘는 경우**

새로운 법규정으로 '이미 실현된 토지사용을 배제'한다면, 즉 토지를 종래 합법적으로 행사된 토지이용의 목적으로도 사용할 수 없는 경우에는 토지재산권의 제한을 단순히 사회적 제약으로 판단할 수 없고 수용적 효과를 인정해야 한다. 그리고 토지에 대한 사용제한으로 인하여 토지소유자에게 법적으로 허용되는 사적 효용을 가져오는 사용방법이 없기 때문에 '토지재산권의 사적 효용성이 폐지된 경우'에도 사회적 제약의 한계를 넘는 특별한 재산적 손해가 발생하였다고 보아 수용적 효과를 인정해야 한다(헌재 2003. 4. 24. 99헌바110).

> **판례**
>
> ▶ **보상규정이 필요한 경우** : 토지재산권에 대한 제한으로 말미암아 토지를 종래의 목적으로도 사용할 수 없거나 또는 법률상으로 허용된 토지이용의 방법이 없기 때문에 실질적으로 토지의 사용·수익권이 폐지된 경우에는 재산권의 사회적 기속성으로도 정당화될 수 없는 가혹한 부담을 토지소유자에게 부과하는 것이므로 입법자가 그 부담을 완화하는 보상규정을 두어야만 비로소 헌법상으로 허용될 수 있다(헌재 1998. 12. 24. 89헌마214).

③ **보상의 방법에 대한 입법형성권**

헌법적으로 가혹한 부담의 조정이란 목적을 달성하기 위하여 이를 완화·조정할 수 있는 방법의 선택에 있어서는 반드시 직접적인 금전적 보상의 방법에 한정되지 아니하고, 입법자에게 광범위한 형성의 자유가 부여된다(헌재 2015. 11. 26. 2013헌바415).

> **판례**
>
> ▶ 살처분된 가축의 소유자가 축산계열화사업자인 경우에는 계약사육농가의 수급권 보호를 위하여 보상금을 계약사육농가에 지급한다고 규정한 '가축전염병 예방법' 조항이 축산계열화사업자의 재산권을 침해하는지 여부에 대한 심사기준 : 가축의 살처분으로 인한 재산권의 제약은 헌법 제23조 제3항에 따라 보상을 요하는 수용에 해당하지 않고, 가축의 소유자가 수인해야 하는 사회적 제약의 범위에 속한다. 그러나 헌법 제23조 제1항 및 제2항에 따라 재산권의 사회적 제약을 구체화하는 법률조항이라 하더라도 권리자에게 수인의 한계를 넘어 가혹한 부담이 발생하는 예외적인 경우에는 이를 완화하는 보상규정을 두어야 한다. 입법자에게는 헌법적으로 가혹한 부담의 조정이란 '목적'을 달성하기 위하여 어떠한 '방법'으로 보상하여 가혹한 부담을 완화·조정할 것인가를 선택함에 있어서는 광범위한 형성의 자유가 부여된다. 따라서 심판대상조항이 재산권을 침해하는지 여부는 조정적 보상조치의 규율에 관하여 입법자가 갖는 입법형성재량의 한계를 일탈하였는지 여부로 심사하기로 한다(헌재 2024. 5. 30. 2021헌가3).

(2) **재산권 수용적 법률**

공공필요에 의한 재산권의 공권력적, 강제적 박탈을 의미하는 공용수용은 국민의 재산권을 그 의사에 반하여 강제적으로라도 취득해야 할 공익적 필요성이 있을 것, 수용과 그에 대한 보상은 모두 법률에 의거할 것, 정당한 보상을 지급할 것의 요건을 갖추어야 합헌적이다. 다만 헌법 제23조 제3항 공용수용의 요건 중 '공공의 필요성'에 대한 심사는 실질적으로 헌법 제37조 제2항의 과잉금지원칙에 따라 이루어져야 한다(헌재 2006. 7. 27. 2003헌바18).

제2항 재산권의 의의와 범위

I 재산권의 의의

헌법이 보장하고 있는 재산권은 경제적 가치가 있는 모든 공법상·사법상의 권리를 뜻하고, 그 재산가액의 다과를 불문한다. 재산권의 보장은 재산권의 자유로운 처분의 보장까지 포함한다(헌재 1992. 6. 26. 90헌바26).

> **판례**
>
> ▶ **헌법 제23조에서 보장하는 재산권**: 헌법 제23조에서 보장하는 재산권은 <u>사적 유용성 및 그에 대한 원칙적 처분권을 내포하는 재산가치 있는 구체적 권리</u>이므로, 구체적인 권리가 아닌 단순한 이익이나 재화의 획득에 관한 기회 또는 기업활동의 사실적·법적 여건 등은 재산권 보장의 대상에 포함되지 아니한다(헌재 1997. 11. 27. 97헌바10).

II 재산권의 범위

1. 일반적 범위

재산권의 범위에는 동산·부동산에 대한 모든 종류의 물권, 재산가치 있는 모든 사법상의 채권과 특별법상의 권리 및 재산가치 있는 공법상의 권리 등이 포함되나, 단순한 기대이익·반사적 이익 또는 경제적인 기회 등은 재산권에 속하지 않는다(헌재 1998. 7. 16. 96헌마246).

> **판례**
>
> ▶ **권리금**(적극): 상가임대차법이 제10조의4를 통해 임대인으로 하여금 임차인이 주선하는 신규임차인과 새로운 임대차계약을 체결하도록 하여 임대차 종료 당시의 영업 가치인 권리금을 금전적으로 회수할 수 있도록 하고 임대인이 정당한 사유 없이 이를 거절할 경우 임차인에 대하여 손해배상책임까지 부담하도록 하고 있는 점에 비추어 보면, <u>이는 임차인이 권리금을 회수할 수 있는 지위를 보장하는 것으로서 헌법상 재산권 보장의 대상이 된다</u>(헌재 2023. 6. 29. 2021헌바264).
>
> ▶ **일본군위안부 피해자들이 일본에 대하여 가지는 배상청구권**(적극): 일본국에 의하여 광범위하게 자행된 반인도적 범죄행위에 대하여 일본군위안부 피해자들이 일본에 대하여 가지는 배상청구권은 헌법상 보장되는 재산권이다(헌재 2011. 8. 30. 2006헌마788).
>
> ▶ **해상여객운송사업의 면허권**(적극): 해상여객운송사업의 면허권은 <u>사적 유용성 및 그에 대한 원칙적 처분권을 내포하는 재산적 가치가 있는 구체적 권리에 해당</u>하므로, 헌법 제23조에 의하여 보장되는 재산권에 속한다(헌재 2018. 2. 22. 2015헌마552).
>
> ▶ **저작재산권자의 공연권 및 저작인접권자의 보상청구권**(적극): 상업용 음반 등에 관한 저작재산권자의 공연권 및 저작인접권자의 보상청구권은 헌법 제23조에 의하여 보장되는 재산적 가치가 있는 권리에 해당한다(헌재 2019. 11. 28. 2016헌마1115).

▶ **유언의 자유**(적극) : 우리 헌법의 재산권 보장은 사유재산의 처분과 그 상속을 포함하는 것인바, 유언자가 생전에 최종적으로 자신의 재산권에 대하여 처분할 수 있는 법적 가능성을 의미하는 유언의 자유는 생전증여에 의한 처분과 마찬가지로 헌법상 재산권의 보호를 받는다(헌재 2008. 12. 26. 2007헌바128).

▶ **정당한 지목을 등록함으로써 토지소유자가 누리게 될 이익**(적극) : 정당한 지목을 등록함으로써 토지소유자가 누리게 될 이익은 국가가 헌법 제23조에 따라 보장하여 주어야 할 재산권에 해당한다(헌재 1999. 6. 24. 97헌마315).

▶ **환매권**(적극) : 공용수용의 목적물이 공익사업의 폐지 등의 사유로 불필요하게 되거나 당해 공익사업에 이용되지 아니한 경우, 그 목적물의 피수용자가 일정한 대가를 지급하고 그 목적물의 소유권을 다시 취득할 수 있는 권리인 환매권은 헌법 제23조 제1항 및 제2항에 따라 헌법이 보장하는 재산권의 내용에 포함되고(헌재 2006. 11. 30. 2005헌가20), 이 권리는 공권력이 공공사업에 필요한 재산권을 수용의 형태로 강제로 취득하였는지 또는 사법상 매매계약의 형태로 협의취득하였는지 여부와 관계없이 인정된다(헌재 1994. 2. 24. 92헌가15).

▶ **관행어업권**(적극) : 관행어업권은 물권에 유사한 권리로서 공동어업권이 설정되었는지 여부에 관계없이 발생하는 것이고, 그 존속에 있어서도 공동어업권과 운명을 같이 하지 않으며 공동어업권자는 물론 제3자에 대하여서도 주장하고 행사할 수 있는 권리이므로, 헌법상 재산권 보장의 대상이 되는 재산권에 해당한다(헌재 1999. 7. 22. 97헌바76).

▶ **집합 제한조치로 감소된 영업이익**(소극) : 감염병예방법에 근거한 집합 제한조치로 인하여 청구인들의 일반음식점 영업이 제한되어 영업이익이 감소되었다 하더라도, 청구인들이 소유하는 영업 시설·장비 등에 대한 구체적인 사용·수익 및 처분권한을 제한받는 것은 아니므로, 보상규정의 부재가 청구인들의 재산권을 제한한다고 볼 수 없다(헌재 2023. 6. 29. 2020헌마1669).

▶ **개성공단 중단조치로 인한 영업상의 손실이나 주가 등의 하락**(소극) : 이 사건 중단조치에 의한 영업중단으로 영업상 손실이나 주식 등 권리의 가치하락이 발생하였더라도 이는 영리획득의 기회나 기업활동의 여건 변화에 따른 재산적 손실일 뿐이므로, 헌법 제23조의 재산권 보장의 범위에 속한다고 보기 어렵다(헌재 2022. 1. 27. 2016헌마364).

▶ **새로이 어업면허를 부여받음에 있어서 우선순위를 가질 것이라는 기대**(소극) : 청구인이 새로이 어업면허를 부여받음에 있어서 우선순위를 가질 것이라는 기대는 헌법상 보장되는 재산권에 포함되지 아니한다(헌재 2019. 7. 25. 2017헌바133).

▶ **시혜적 입법의 시혜대상이 될 경우 얻을 수 있는 재산상 이익의 기대**(소극) : 시혜적 입법의 시혜대상에서 제외되었다는 이유만으로 재산권의 침해가 발생하는 것은 아니고 시혜대상에 포함될 경우 얻을 수 있었던 재산상 이익의 기대가 성취되지 않았다고 하여도 이와 같은 단순한 재산상 이익에 대한 기대는 헌법이 보호하는 재산권의 영역에 포함되지 아니한다(헌재 2008. 9. 25. 2007헌가9).

▶ **약사의 한약조제권**(소극) : 약사의 한약조제권이란 그것이 타인에 의하여 침해되었을 때 방해를 배제하거나 원상회복 내지 손해배상을 청구할 수 있는 권리가 아니라 법률에 의하여 약사의 지위에서 인정되는 하나의 권능에 불과하고, 더욱이 의약품을 판매하여 얻게 되는 이익 역시 장래의 불확실한 기대이익에 불과한 것이므로, 약사에게 인정된 한약조제권은 재산권의 범위에 속하지 아니한다(헌재 1997. 11. 27. 97헌바10).

▶ **잠수기어업허가를 받지 못하여 상실된 이익**(소극) : 청구인이 잠수기어업허가를 받아 키조개 등을 채취하는 직업에 종사한다고 하더라도 이는 원칙적으로 자신의 계획과 책임하에 행동하면서 법제도에 의하여 반사적으로 부여되는 기회를 활용하는 것에 불과하므로 잠수기어업허가를 받지 못하여 상실된 이익은 헌법 제23조에서 규정하는 재산권의 보호범위에 포함된다고 볼 수 없다(헌재 2008. 6. 26. 2005헌마173).

▶ **국립공원의 입장료**(소극) : 국립공원의 입장료는 공원의 관리와 공원안에 있는 문화재의 관리·보수를 위한 비용에만 사용하여야 하는 것이므로, 민법상 과실이라고 볼 여지가 없으므로, 국립공원의 입장료를 국가 내지 국립공원관리공단의 수입으로 하도록 한 규정이 국립공원내 토지의 소유자의 재산권을 침해하는 것이라 할 수 없다(헌재 2001. 6. 28. 2000헌바44).

2. 공법상 권리의 재산권 요건

공법상의 권리가 권리주체에게 귀속되어 개인의 이익을 위하여 이용가능해야 하며(사적 유용성), 국가의 일방적인 급부에 의한 것이 아니라 권리주체의 노동이나 투자, 특별한 희생에 의하여 획득되어 자신이 행한 급부의 등가물에 해당하는 것이어야 하며(수급자의 상당한 자기기여), 수급자의 생존의 확보에 기여해야 한다(헌재 2000. 6. 29. 99헌마289).

판례

▶ **공무원연금법상 연금수급권**(적극) : 공무원연금제도는 기여금 납부를 통하여 공무원 자신도 그 재원의 형성에 일부 기여한다는 점에서 후불임금의 성격도 가미되어 있다. 그렇다면 공무원연금법상의 퇴직급여, 유족급여 등 각종 급여를 받을 권리, 즉 연금수급권은 사회적 기본권의 하나인 사회보장수급권의 성격과 재산권의 성격을 아울러 지니고 있다고 하겠다(헌재 1999. 4. 29. 97헌마333).

▶ **사립학교교직원 연금법상의 퇴직급여**(적극) : '사립학교교직원 연금법'상의 퇴직급여 및 퇴직수당을 받을 권리는 사회적 기본권의 하나인 사회보장수급권임과 동시에 경제적 가치가 있는 권리로서 헌법 제23조에 의하여 보장되는 재산권이다(헌재 2010. 7. 29. 2008헌가15).

▶ **의료보험수급권**(적극) : 의료보험법상의 보험급여는 가입자가 기여금의 형태로 납부한 보험료에 대한 반대급부의 성질을 갖는 것이고 본질상, 보험사고로 초래되는 가입자의 재산상의 부담을 전보하여 주는 경제적 유용성을 가지므로 의료보험수급권은 재산권의 성질을 갖는다(헌재 2003. 12. 18. 2002헌바1).

▶ **요양기관의 요양급여비용 지급청구권**(적극) : 요양기관이 요양급여 제공 후 공단에 요양급여비용의 지급을 청구하였고, 이에 관하여 심사평가원의 심사결과 통보가 있었다면, 요양급여비용 지급청구권은 공단의 지급결정이 있기 전이라고 하더라도 경제적 가치가 있는 권리로서 헌법 제23조에 의하여 보장되는 재산권의 성격을 갖는다(헌재 2023. 3. 23. 2018헌바433).

▶ **의료보험공단의 적립금**(소극) : 공법상의 권리인 사회보험법상의 권리가 재산권 보장의 보호를 받기 위해서는 법적 지위가 사적 이익을 위하여 유용한 것으로서 권리주체에게 귀속될 수 있는 성질의 것이어야 하는데, 적립금에는 사법상의 재산권과 비교될 만한 최소한의 재산권적 특성이 결여되어 있다. 따라서 의료보험조합의 적립금은 헌법 제23조에 의하여 보장되는 재산권의 보호대상이라고 볼 수 없다(헌재 2000. 6. 29. 99헌마289).

▶ **학교안전공제 및 사고예방 기금**(소극) : 공제회가 관리·운용하는 기금은 학교안전사고보상공제 사업 등에 필요한 재원을 확보하고, 공제급여에 충당하기 위하여 설치 및 조성되는 것으로서 학교안전법령이 정하는 용도에 사용되는 것일 뿐, 각 공제회에 귀속되어 사적 유용성을 갖는다거나 원칙적 처분권이 있는 재산적 가치라고 보기 어렵고, 공제회가 갖는 기금에 대한 권리는 법에 의하여 정해진 대로 운영할 수 있는 법적 권능에 불과할 뿐 사적 이익을 위해 권리주체에게 귀속될 수 있는 성질의 것이 아니므로, 이는 헌법 제23조 제1항에 의하여 보호되는 공제회의 재산권에 해당되지 않는다(헌재 2015. 7. 30. 2014헌가7).

▶ **사회부조와 같이 국가의 일방적인 급부에 대한 권리**(소극) : 사회부조와 같이 국가의 일방적인 급부에 대한 권리는 재산권의 보호대상에서 제외되고, 사회법상의 지위가 자신의 급부에 대한 등가물에 해당하는 경우에 한하여 사법상의 재산권과 유사한 정도로 보호받아야 할 공법상의 권리가 인정된다(헌재 2000. 6. 29. 99헌마289).

▶ **의료급여수급권**(소극) : 의료급여수급권은 공공부조의 일종으로서 순수하게 사회정책적 목적에서 주어지는 권리이므로 개인의 노력과 금전적 기여를 통하여 취득되는 재산권의 보호대상에 포함된다고 보기 어렵다(헌재 2009. 9. 24. 2007헌마1092).

▶ **국외강제동원자지원법이 규정하는 위로금**(소극) : 국외강제동원자지원법이 규정하는 위로금 및 의료지원금은 국가의 일방적인 급부로서 헌법상 재산권의 보호대상에 포함된다고 보기 어렵다(헌재 2012. 7. 26. 2011헌바352).

▶ **국민연금법상 사망일시금**(소극) : 사망일시금은 애초에 수급자의 생존 확보에 기여하기 위하여 도입된 것이 아니라 가입자 등의 사망으로 인해 소요되는 비용을 일부 지급하여 주는 명목으로 도입된 급여로, 가입자 등과 일정한 인적 관계에 있을 것을 요건으로 지급된다. 사망일시금은 수급자의 노동이나 투자, 특별한 희생에 의하여 그 권리를 획득한 것으로 보기 어렵고, 수급자의 생존확보를 위한 제도로 보기도 어렵다. 따라서 사망일시금은 헌법상 재산권에 해당하지 않는다(헌재 2019. 2. 28. 2017헌마432).

제3항 재산권의 제한

I 재산권 제한의 형태

헌법 제23조에 의하여 재산권을 제한하는 형태에는, 제1항 및 제2항에 근거하여 재산권의 내용과 한계를 정하는 것과 제3항에 따른 수용·사용 또는 제한을 하는 것의 두 가지 형태가 있다. 전자는 "입법자가 장래에 있어서 추상적이고 일반적인 형식으로 재산권의 내용을 형성하고 확정하는 것"을 의미하고, 후자는 "국가가 구체적인 공적 과제를 수행하기 위하여 이미 형성된 구체적인 재산적 권리를 전면적 또는 부분적으로 박탈하거나 제한하는 것"을 의미한다(헌재 1999. 4. 29. 94헌바37).

> **판례**
>
> ▶ **개발제한구역제도**: 개발제한구역을 지정하여 그 안에서는 건축물의 건축 등을 할 수 없도록 하고 있는 도시계획법 제21조는 헌법 제23조 제1항, 제2항에 따라 토지재산권에 관한 권리와 의무를 일반·추상적으로 확정하는 규정으로서 <u>재산권을 형성하는 규정인 동시에 공익적 요청에 따른 재산권의 사회적 제약을 구체화하는 규정</u>이다(헌재 1998. 12. 24. 89헌마214).
>
> ▶ **택지소유상한제도**: 택지소유상한에 관한 법률은, 택지의 소유에 상한을 두거나 그 소유를 금지하고, 허용된 소유상한을 넘은 택지에 대하여는 처분 또는 이용·개발의무를 부과하며, 이러한 의무를 이행하지 아니하였을 때에는 부담금을 부과하는 등의 제한 및 의무부과 규정을 두고 있는바, 위와 같은 규정은 헌법 제23조 제1항 및 제2항에 의하여 토지재산권에 관한 권리와 의무를 일반·추상적으로 확정함으로써 <u>재산권의 내용과 한계를 정하는</u> 규정이라고 보아야 한다(헌재 1999. 4. 29. 94헌바37).

Ⅱ 재산권의 내용과 한계를 형성하는 법률

1. 재산권 침해의 심사기준

헌법은 재산권을 보장하지만 다른 기본권과는 달리 "그 내용과 한계는 법률로 정한다."고 하여 입법자에게 재산권에 관한 규율권한을 유보하고 있다. 그러므로 재산권을 형성하거나 제한하는 입법에 대한 위헌심사에 있어서는 입법자의 재량이 고려되어야 한다. 재산권의 제한에 대하여는 재산권 행사의 대상이 되는 객체가 지닌 사회적인 연관성과 사회적 기능이 크면 클수록 입법자에 의한 보다 광범위한 제한이 허용되며, 한편 개별 재산권이 갖는 자유보장적 기능, 즉 국민 개개인의 자유실현의 물질적 바탕이 되는 정도가 강할수록 엄격한 심사가 이루어져야 한다(헌재 2005. 5. 26. 2004헌가10).

2. 입법형성권의 한계와 과잉금지원칙

(1) 입법형성권의 한계

헌법 제23조 제1항의 규정상 재산권의 구체적 모습은 재산권의 내용과 한계를 정하는 법률에 의하여 형성된다. 이러한 재산권의 내용과 한계를 정하는 법률의 경우에도 사유재산제도나 사유재산을 부인하는 것은 재산권보장규정의 침해를 의미하고 결코 재산권형성적 법률유보라는 이유로 정당화 될 수 없다(헌재 2019. 9. 26. 2016헌바314).

한편 재산권을 형성하는 내용의 완전히 새로운 제도를 창설하면서 그 행사기간 등을 정하는 경우에 있어서는 기본적으로 입법재량이 인정되고 이에 기초한 정책적 판단이 이루어져야 할 특별한 영역에 해당되므로, 입법이 합리적인 재량의 범위를 일탈한 것인지 여부만을 기준으로 심사한다(헌재 2006. 11. 30. 2003헌바66).

판례

▶ 살처분된 가축의 소유자가 축산계열화사업자인 경우에는 계약사육농가의 수급권 보호를 위하여 보상금을 계약사육농가에 지급한다고 규정한 '가축전염병 예방법' 제48조 제1항 제3호 단서가 축산계열화사업자의 재산권을 침해하는지(적극) : 살처분 보상금을 가축의 소유인 축산계열화사업자와 계약사육농가에게 개별로 지급함으로써 대상 가축의 살처분으로 인한 각자의 경제적 가치의 손실에 비례한 보상을 실시하는 것은 입법기술상으로 불가능하지 않은 점을 고려하면, 축산계열화사업자가 가축의 소유자라 하여 살처분 보상금을 오직 계약사육농가에만 지급하는 방식은 축산계열화사업자에 대한 재산권의 과도한 부담을 완화하기에 적절한 조정적 보상조치라고 할 수 없다. 따라서 심판대상조항은 조정적 보상조치에 관하여 인정되는 입법형성재량의 한계를 벗어나 가축의 소유인 축산계열화사업자의 재산권을 침해한다(헌재 2024. 5. 30. 2021헌가3 헌법불합치).

▶ 임차인이 3기의 차임액에 해당하는 금액에 이르도록 차임을 연체한 경우 임대인의 권리금 회수기회 보호의무가 발생하지 않도록 규정한 '상가건물 임대차보호법' 제10조의 4 제1항 단서 부분이 재산권을 침해하는지(소극) : [심사기준] 상가임대차법은 임대인에게 직접 임차인의 권리금을 지급할 의무를 부여한 것이 아니라 임차인을 간접적으로 보호하는 형식을 취하였고, 임차인의 권리금 회수기회 보호제도를 형성함에 있어서는 입법자에게 재량이 있으므로, 심판대상조항이 임차인의 재산권을 침해하는지 여부를 심사함에 있어서는 입법형성권의 한계 일탈 여부를 기준으로 삼기로 한다. [재산권 침해 여부] 급격한 경제상황의 변동 등과 같은 사정이 있어 임차인이 귀책사유 없이 차임을 연체하였다 하더라도 그와 같은 경제상황의 변동은 일차적으로 임차인 스스로가 감수하여야 할 위험에 해당하는 점, '상가건물 임대차보호법' 제11조 제1항에 의하면 임차인은 경제 사정의 변동 등을 이유로 차임 감액을 청구할 수 있는 점, 심판대상조항은 임차인이 차임을 단순히 3회 연체한 경우가 아니라 3기의 차임액에 해당하는 금액에 이르도록 연체한 경우에 한하여 임대인의 권리금 회수기회 보호의무가 발생하지 않는 것으로 규정하고 있는 점 등을 종합하여 볼 때, 심판대상조항은 입법형성권의 한계를 일탈하여 재산권을 침해한다고 할 수 없다(헌재 2023. 6. 29. 2021헌바264).

▶ 사업주체가 공급질서 교란행위를 이유로 주택공급계약을 취소한 경우 선의의 제3자 보호규정을 두고 있지 않는 구 주택법 제39조 제2항이 입법형성권의 한계를 벗어나서 선의의 제3자의 재산권을 침해하는지(소극) : [심사기준] 입법자는 헌법 제23조 제1항 제2문에 따라 소유권의 내용과 한계를 구체적으로 형성할 권한이 있고, 소유권을 취득할 수 있는 범위와 예외를 설정하는 것은 입법자의 구체적 입법형성권에 속하므로, 심판대상조항이 입법형성권의 한계를 일탈한 것인지를 살펴볼 필요가 있다. [재산권 침해 여부] 실수요자인 무주택 서민들에게 주택이 우선적으로 공급되는 것을 목적으로 하는 주택공급제도의 목표를 달성하기 위해서는 주택 분양단계에서 그 절차 및 과정이 투명하고 공정하게 운영되는 것이 특히 중요하다. 사업주체가 공급질서 교란자와 체결한 주택공급계약을 취소할 수 있도록 하는 것은 이를 위해 필요하고 적절한 조치이다. 한편 심판대상조항은 '주택공급계약을 취소할 수 있다'고 규정하여 사업주체가 선의의 제3자 보호의 필요성 등을 고려하여 주택공급계약의 효력을 유지할 수 있는 가능성을 열어두고 있다. 따라서 심판대상조항은 입법형성권의 한계를 벗어났다고 보이지 않으므로 재산권을 침해하지 않는다(헌재 2022. 3. 31. 2019헌가26).

▶ 피상속인에 대한 부양의무를 이행하지 않은 직계존속의 경우를 상속결격사유로 규정하지 않은 민법 제1004조가 청구인의 재산권을 침해하는지(소극) : [심사기준] 심판대상조항은 상속결격사유에 관한 규정으로 상속권의 내용과 한계를 구체적으로 형성하므로, 심판대상조항이 피상속인에 대한 부양의무를 전혀 이행하지 않은 직계존속의 경우를 상속결격사유로 규정하지 않은 것이 입법형성권의 한계를 일탈하였는지 여부를 그 위헌심사기준으로 하여 검토하기로 한다. [재산권 침해 여부] 부양의무의 이행과 상속은 서로 대응하는 개념이 아니어서, 법정상속인이 피상속인에 대한 부양의무를 이행하지 않았다고 하여 상속인의 지위를 박탈하는 것도 아니고, 법정상속인이 아닌 사람이 피상속인을 부양하였다고 하여 상속인이 되는 것도 아니다. 따라서 심판대상조항이 피상속인에 대한 부양의무를 이행하지 않은 직계존속의 경우를 상속결격사유로 규정하지 않았다고 하더라도 이것이 입법형성권의 한계를 일탈하여 다른 상속인인 청구인의 재산권을 침해한다고 보기 어렵다(헌재 2018. 2. 22. 2017헌바59).

▶ 상속개시 후 인지 또는 재판확정에 의하여 공동상속인이 된 자가 다른 공동상속인에 대해 그 상속분에 상당한 가액의 지급에 관한 청구권을 행사하는 경우에도 상속회복청구권에 관한 10년의 제척기간을 적용하도록 한 민법 제999조 제2항 부분이 청구인의 재산권과 재판청구권을 침해하는지(적극, 선례변경) : '침해행위가 있은 날'부터 10년 후에 인지 또는 재판의 확정이 이루어진 경우에도 추가된 공동상속인이 상속분가액지급청구권을 원천적으로 행사할 수 없도록 하는 것은 '가액반환의 방식'이라는 우회적·절충적 형태를 통해서라도 인지된 자의 상속권을 뒤늦게나마 보상해 주겠다는 상속분가액지급청구권의 입법취지에 반하며, 추가된 공동상속인의 권리구제 실효성을 완전히 박탈하는 결과를 초래한다. 심판대상조항은 입법형성의 한계를 일탈하여 청구인의 재산권과 재판청구권을 침해한다(헌재 2024. 6. 27. 2021헌마1588).

▶ 공익사업법 제91조 제4항 중 '토지의 가격이 취득일 당시에 비하여 현저히 상승한 경우 환매금액에 대한 협의가 성립하지 아니한 때에는 사업시행자로 하여금 환매금액의 증액을 청구할 수 있도록 한 부분'이 환매권자의 재산권을 침해하는지(소극) : [심사기준] 입법자가 재산권의 내용과 한계를 구체적으로 형성함에 있어서는 헌법 제23조 제1항 제1문에 의한 사적 재산권의 보장과 함께 헌법 제23조 제2항의 재산권의 사회적 제약을 동시에 고려하여 양 법익이 균형을 이루도록 하여야 하고, 그러한 범위 내에서 일반적으로 광범위한 입법형성권이 인정된다. 따라서 이 사건 증액청구조항에 대한 위헌심사는 입법자가 재산권의 내용과 한계를 형성함에 있어 위와 같은 입법형성권의 한계를 일탈하였는지 여부를 심사하는 방법으로 이루어져야 한다. [재산권 침해 여부] 환매권의 내용에 토지가 취득되지 아니하였다면 원소유자가 누렸을 법적 지위의 회복을 요구할 권리가 포함된다고 볼 수 없는 점, 개발이익은 토지의 취득 당시의 객관적 가치에 포함된다고 볼 수 없는 점, 환매권자가 증액된 환매금액의 지급의무를 부담하게 될 것을 우려하여 환매권을 행사하지 못하더라도 이는 사실상의 제약에 불과한 점 등에 비추어 볼 때, 위 조항이 재산권의 내용에 관한 입법형성권의 한계를 일탈하여 환매권자의 재산권을 침해한다고 볼 수 없다(헌재 2016. 9. 29. 2014헌바400).

▶ 협의취득 내지 수용 후 당해사업의 폐지나 변경이 있는 경우 환매권을 인정하는 대상으로 토지만을 규정하고 있는 토지보상법 제91조 제1항이 구 건물소유자의 재산권을 침해하는지(소극) : 수용이 이루어진 후 공익사업이 폐지되거나 변경되었을 때, 건물에 대해서까지 환매권을 인정할 것인지에 관해서는 입법재량의 범위가 넓다. 토지의 경우에는 공익사업이 폐지·변경되더라도 기본적으로 형상의 변경이 없는 반면, 건물은 그 경우 통상 철거되거나 그렇지 않더라도 형상의 변경이 있게 되며, 따라서 토지에 대해서는 그 존속가치를 보장해 주기 위해 공익사업의 폐지·변경 등으로 토지가 불필요하게 된 경우 환매권이 인정되어야 할 것이나, 건물에 대해서는 그 존속가치를 보장하기 위하여 환매권을 인정하여야 할 필요성이 없거나 매우 적다. 따라서 건물에 대한 환매권을 인정하지 않는 입법이 자의적인 것이라거나 정당한 입법목적을 벗어난 것이라 할 수 없으므로, 입법자가 건물에 대한 환매권을 부인한 것은 헌법적 한계 내에 있는 입법재량권의 행사이므로 재산권을 침해하는 것이라 볼 수 없다(헌재 2005. 5. 26. 2004헌가10).

(2) **과잉금지원칙**

입법자는 재산권을 새로이 형성하는 것이 구법에 의하여 부여된 구체적인 법적 지위에 대한 침해를 의미한다는 것을 고려하여야 한다. 따라서 재산권의 내용을 새로이 형성하는 규정은 비례의 원칙을 기준으로 판단하였을 때 공익에 의하여 정당화되는 경우에만 합헌적이다. 즉, 재산권의 내용을 새로이 형성하는 법률이 합헌적이기 위하여서는 장래에 적용될 법률이 헌법에 합치하여야 할 뿐만 아니라, 또한 과거의 법적 상태에 의하여 부여된 구체적 권리에 대한 침해를 정당화하는 이유가 존재하여야 한다(헌재 1999. 4. 29. 94헌바37).

판례

▶ 요양기관이 의료법 제33조 제2항을 위반하였다는 사실(사무장병원)을 수사기관의 수사 결과로 확인한 경우 공단으로 하여금 해당 요양기관이 청구한 요양급여비용의 지급을 보류할 수 있도록 규정한 구 국민건강보험법 제47조의2 제1항 등이 의료기관 개설자의 재산권을 침해하는지(적극) : 지급보류처분은 잠정적 처분이고, 그 처분 이후 사무장병원에 해당하지 않는다는 사실이 밝혀져서 무죄판결의 확정 등 사정변경이 발생할 수 있다는 점 등을 고려하면, 지급보류처분의 '처분요건'뿐만 아니라 '지급보류처분의 취소'에 관하여도 명시적인 규율이 필요하고, 그 '취소사유'는 '처분요건'과 균형이 맞도록 규정되어야 한다. 사정변경사유가 발생할 경우 지급보류처분이 취소될 수 있도록 한다면, 이와 함께 지급보류기간 동안 의료기관의 개설자가 수인해야 했던 재산권 제한상황에 대한 적절하고 상당한 보상으로서의 이자 내지 지연손해금의 비율에 대해서도 규율이 필요하다. 이러한 사항들은 이 사건 지급보류조항으로 인한 기본권 제한이 입법목적 달성에 필요한 최소한도에 그치기 위해 필요한 조치들이지만, 현재 이에 대한 어떠한 입법적 규율도 없다. 따라서 이 사건 지급보류조항은 과잉금지원칙에 반하여 요양기관 개설자의 재산권을 침해한다(헌재 2023. 3. 23. 2018헌바433 헌법불합치).

▶ 전기통신금융사기의 피해자가 피해구제 신청을 하는 경우 피해자의 자금이 송금·이체된 계좌 및 해당 계좌로부터 자금의 이전에 이용된 계좌를 지급정지하는 '전기통신금융사기 피해방지 및 피해금 환급에 관한 특별법' 제4조 제1항 제1호가 청구인의 재산권을 침해하는지(소극) : 전기통신금융사기는 범행 이후 피해금 인출이 신속히 이루어지고 전기통신금융사기의 범인은 동일한 계좌를 이용하여 다수의 피해자를 상대로 여러 차례 범행을 저지를 가능성이 있으므로, 전기통신금융사기로 인한 피해를 실효적으로 구제하기 위하여는 피해금 상당액을 넘어 사기이용계좌 전부에 대하여 지급정지를 하는 것이 불가피하다. 전기통신금융사기 범인이 피해자에게 그 범죄와 무관한 사람의 계좌에 피해금을 입금하도록 하고 범인은 계좌 명의인으로부터 재화 또는 용역을 제공받는 경우, 계좌 명의인은 입금 받은 돈이 거래의 대가 등 정당한 권원에 의하여 취득한 것임을 객관적인 자료로 소명하여 지급정지에 대하여 이의제기를 하고 지급정지를 종료시킬 수 있다. 따라서 지급정지조항은 과잉금지원칙을 위반하여 청구인의 재산권을 침해하지 아니한다(헌재 2022. 6. 30. 2019헌마579).

▶ 조세채무에 대하여 면책의 효력이 미치지 못하는 것으로 규정한 '채무자회생법 제566조 단서 제1호가 청구인들의 재산권을 침해하는지(소극) : [심사기준] 입법자가 헌법 제23조 제1항 및 제2항에 의하여 재산권의 내용을 구체적으로 형성함에 있어서는, 헌법상의 재산권 보장의 원칙과 재산권의 제한을 요청하는 공익 등 재산권의 사회적 제약성을 비교 형량하여, 양 법익이 조화와 균형을 이루도록 하여야 한다. 다만, 입법자는 재산권의 내용을 형성함에 있어 광범한 입법재량을 가지고 있으므로 재산권의 내용을 형성하는 사회적 제약이 비례원칙에 부합하는지 여부를 판단함에 있어서는, 이미 형성된 기본권을 제한하는 입법의 경우에 비하여 보다 완화된 기준에 의하여 심사한다(헌재 2011. 10. 25. 2009헌바234 참조). [재산권 침해 여부] 조세채권을 면책채권으로 하게 되면, 조세를 면탈할 목적으로 제기되는 파산신청이 증가하여 면책제도가 악용될 우려가 있을 뿐만 아니라, 조세의 부과·징수의 효율성과 실효성을 저해하여 국가나 지방자치단체의 활동을 위한 필수적인 재정수입의 확보에 어려움을 겪을 수 있다. 심판대상조항으로 인하여 직접적으로 면책의 대상에서 제외되는 것은 파산채권인 조세채권으로 그 범위가 제한된다고 볼 수 있는바, 심판대상조항이 조세를 면책의 대상에서 제외하도록 한 것이 입법목적의 달성에 필요한 범위를 넘어선 지나친 규제로 보기는 어렵다. 그렇다면 심판대상조항으로 인한 조세채무자의 재산권 제한은 조세징수의 확보라는 중대한 공익적 가치에 비하여 결코 크다고 할 수 없으므로, 심판대상조항은 청구인들의 재산권을 침해하지 아니한다(헌재 2022. 9. 29. 2019헌마874).

▶ 법인인 채무자가 파산폐지의 결정으로 소멸하는 경우 위 결정은 파산채권자가 채무자의 보증인에 대하여 가지는 권리에 영향을 미치지 아니한다고 규정한 '채무자회생법' 제548조 제2항 부분이 보증인의 재산권을 침해하는지(소극) : 보증은 채무자의 변제능력 상실에 대비하기 위한 제도이므로, 법인인 채무자가 파산폐지로 소멸하여 채무를 이행할 수 없는 경우 비로소 제 기능을 다하게 된다. 이를 고려한다면, 심판대상조항이 파산절차가 진행되는 동안 발생한 지연이자를 포함한 원래의 내용에 따른 채무를 보증인에게 부담시킨다고 하여도 침해의 최소성에 위반된다고 할 수 없다. 보증인이 제한받는 재산권 정도가 보증을 신뢰하고 자금을 융통해준 파산채권자를 보호한다는 공익보다 더 크다고 할 수 없으므로 법익의 균형성도 인정된다. 심판대상조항은 과잉금지원칙에 반하여 보증인의 재산권을 침해한다고 할 수 없다(헌재 2023. 3. 23. 2021헌바183).

▶ 개성공단 전면중단 조치가 과잉금지원칙을 위반하여 청구인들의 영업의 자유와 재산권을 침해하는지(소극) : 개성공단 전면중단 조치로 개성공단에 투자한 청구인들이 입은 피해가 적지 않지만 그럼에도 불구하고 북한의 핵개발에 맞서 개성공단의 운영 중단을 통해 대한민국의 존립과 안전 등을 보장할 필요가 있다는 대통령의 결정은 헌법이 대통령에게 부여한 권한 범위 내에서 정치적 책임을 지고 한 판단과 선택이며, 그 판단이 현저히 합리성을 결여한 것이거나 명백히 잘못된 것이라고 평가하기 어렵다. 따라서 개성공단 전면중단 조치는 과잉금지원칙을 위반하여 개성공단 투자기업인 청구인들의 영업의 자유와 재산권을 침해하지 아니한다(헌재 2022. 1. 27. 2016헌마364).

▶ 분묘기지권에 관한 관습법 중 "타인 소유의 토지에 소유자의 승낙 없이 분묘를 설치한 경우에는 20년간 평온·공연하게 그 분묘의 기지를 점유하면 지상권과 유사한 관습상의 물권인 분묘기지권을 시효로 취득하고, 이를 등기 없이 제3자에게 대항할 수 있다."는 부분 등이 과잉금지원칙에 위배되어 토지소유자의 재산권을 침해하는지(소극) : 이 사건 관습법은 평온·공연한 점유를 요건으로 하고 있어 법률상 도저히 용인할 수 없는 분묘기지권의 시효취득을 배제하고 있고, 분묘기지권을 시효취득한 경우에도 분묘의 수호·관리에 필요한 상당한 범위 내에서만 인정되는 등 토지 소유자의 재산권 제한은 그 범위가 적절히 한정되어 있으며, 단지 원칙적으로 지료지급의무가 없다거나 분묘기지권의 존속기간에 제한이 없다는 사정만으로 이 사건 관습법이 필요한 정도를 넘어서는 과도한 재산권 제한이라고 보기는 어렵다. 따라서 이 사건 관습법은 과잉금지원칙에 위배되어 토지소유자의 재산권을 침해한다고 볼 수 없다(헌재 2020. 10. 29. 2017헌바208).

▶ 대구교육대학교 총장임용후보자선거 후보자가 제1차 투표에서 최종 환산득표율의 100분의 15 이상을 득표한 경우에만 기탁금의 반액을 반환하도록 하고 반환하지 않는 기탁금은 대학 발전기금에 귀속되도록 규정한 '대구교육대학교 총장임용후보자 선정규정' 제24조 제2항이 과잉금지원칙에 위배되어 청구인의 재산권을 침해하는지(적극) : 이 사건 기탁금귀속조항에 따르면, 최다 득표를 하여 총장임용후보자로 선정된 사람조차도 기탁금의 반액은 반환받지 못하게 된다. 이는 난립후보라고 할 수 없는 성실한 후보자들을 상대로도 기탁금의 발전기금 귀속을 일률적으로 강요함으로써 대학의 재정을 확충하는 것과 다름없다. 기탁금 반환 조건을 현재보다 완화하더라도 충분히 후보자의 난립을 방지하고 후보자의 성실성을 확보할 수 있음에도, 이 사건 기탁금귀속조항은 후보자의 성실성이나 노력 여하를 막론하고 기탁금의 절반은 반드시 대학 발전기금에 귀속되도록 하고 나머지 금액의 반환 조건조차 지나치게 까다롭게 규정하고 있다. 그러므로 이 사건 기탁금 귀속조항은 과잉금지원칙에 위배되어 청구인의 재산권을 침해한다(헌재 2021. 12. 23. 2019헌마825).

▶ **습지보호지역 등에서 광업권을 소유한 사람이 환경부장관이나 해양수산부장관에게 광업권을 매도하려는 경우 임의로 매수할 수 있도록 한 구 습지보전법 제20조의2 제1항이 광업권자의 재산권을 침해하는지**(소극): [심사 방법] 공익적 목적으로 설정된 특정 지역 내에서 일정한 행위를 제한하는 조항(행위제한조항)이 재산권을 침해하는지가 문제되는 경우 비례원칙이 심사기준이 되지만, 행위제한에 대한 보상으로서 토지 등의 매수를 규정한 조항(매수조항)만이 심판대상이 되어 그 위헌성을 다투는 이 사건의 경우에는 '행위제한조항이 재산권의 사회적 제약의 한계를 넘는 과도한 부담을 초래하고 있는가', '만약 그렇다면 매수조항을 비롯한 보상규정이 이러한 과도한 부담을 완화하여 재산권의 사회적 제약을 합헌적으로 조정하고 있는가'라는 두 단계의 심사를 거치는 것이 타당하다. [행위제한조항] 미채굴 광물에 대하여 갖는 권리가 일반 재산권만큼 보호가치가 확고한 것은 아니고, 광물 채굴 절차의 진행 정도에 따라 광업권의 재산적 가치가 낮거나 거의 없을 수 있어, 광물의 채굴 금지로 인하여 광업권자에게 항상 사회적 제약의 한계를 넘는 과도한 부담이 부과된다고 볼 수는 없다. [매수조항] 심판대상조항이 행정청에 재량을 부여하면서 매수 요건에 관하여 '습지보호지역등의 생태계를 보전하기 위하여 필요한 지역 등에서'라고만 규정하여 그 요건에 대하여 구체적으로 정하지 않고 있더라도, 과도한 재산권의 부담을 완화·조정하는 역할을 하는 매수조항의 경우 반드시 법률로써 구체적인 보상의 요건을 규정하여야 하는 것은 아니고 법률에 보상의 근거를 두고 있으면 족한 점, 매수청구제도를 운용함에 있어서 행정기관은 광업권의 재산권 제한의 정도가 비교적 높을 수 있다는 점을 충분히 고려하여 매수 여부를 결정하여야 하고 법원도 이 점을 참작하여 재산권을 충분히 보장하는 방향으로 사법심사를 하여야 하는 점 등에 비추어, 심판대상조항은 광물의 채굴 금지에 따른 광업권의 부담을 합헌적인 범위 내에서 완화·조정하고 있다고 할 것이므로 광업권자의 재산권을 침해하지 않는다(헌재 2015. 10. 21. 2014헌바170).

▶ **도로 등 영조물 주변 일정 범위에서 광업권자의 채굴행위를 제한하는 구 광업법 제44조 제1항 제1호가 광업권자의 재산권을 침해하는지**(소극): 심판대상조항은 광업권이 정당한 토지사용권 등 공익과 충돌하는 것을 조정하는 정당한 입법목적이 있고, 도로와 일정 거리 내에서는 허가 또는 승낙 하에서만 채굴할 수 있도록 하는 것이 적절한 수단이 되며, 정당한 이유 없이 허가 또는 승낙을 거부할 수 없도록 하여 광업권이 합리적인 이유 없이 제한되는 일이 없도록 하므로 최소침해성의 원칙에도 부합하고, 실현하고자 하는 공익과 광업권의 침해 정도를 비교형량할 때 적정한 비례관계가 성립하므로 법익균형성도 충족된다. 또한 광업권의 특성을 감안할 때 심판대상조항에 의한 제한은 광업권자가 수인하여야 하는 사회적 제약의 범주에 속하는 것이다. 따라서 심판대상조항은 광업권자의 재산권을 침해하지 아니한다(헌재 2014. 2. 27. 2010헌바483).

▶ **성매매에 제공되는 사실을 알면서 건물을 제공하는 행위를 처벌하는 성매매처벌법 제19조 제1항 제1호 부분이 과잉금지원칙에 위반하여 재산권을 침해하는지**(소극): 건물제공행위로 인하여 성매매가 지속적으로 이루어지는 점, 직접 성매매를 알선한 자만 처벌해서는 성매매 근절에 한계가 있으며, 성매매는 그 자체가 유해한 범죄행위로서 그것을 용이하게 한 건물제공행위를 범죄행위로 보고 형사처벌을 택한 것이 결코 과도한 기본권 제한이라고 볼 수 없는 점, 청구인은 성매매가 아닌 다른 목적의 임대를 통해 당해 건물을 사용·수익하는 것이 충분히 가능한 반면, 성매매에 제공되는 사실을 알면서 건물을 제공하는 행위를 규제함으로써 보호하고자 하는 성매매 근절 등의 공익이 더 크고 중요하다는 점을 고려하면, 이 사건 법률조항이 과잉금지원칙에 위반하여 재산권을 침해한다고 할 수 없다(헌재 2012. 12. 27. 2011헌바235).

▶ **사업시행자로 하여금 문화재 발굴비용 전부를 부담하도록 한 구 문화재보호법 제55조 제7항 제2문 등이 청구인의 재산권을 침해하는지**(소극): 이 사건 법률조항은 각종 개발행위로 인한 무분별한 문화재 발굴로부터 매장문화재를 보호하는 것으로서 입법목적의 정당성, 방법의 적절성이 인정되고, 사업시행자가 발굴조사비용을 감당하기 어렵다고 판단하는 경우에는 더 이상 사업시행에 나아가지 아니할 수 있고, 대통령령으로 정하는 경우에는 예외적으로 국가 등이 발굴비용을 부담할 수 있는 완화규정을 두고 있어 침해최소성 원칙, 법익균형성 원칙에도 반하지 아니하므로, 과잉금지원칙에 위배되지 아니한다(헌재 2011. 7. 28. 2009헌바244).

▶ **명의신탁자에 대하여 과징금을 부과하도록 규정한 구 부동산실명법 제5조 제1항 제1호가 재산권을 침해하는지**(소극): 이 사건 법률조항은, 부동산등기제도를 악용한 투기·탈세·탈법행위 등 반사회적 행위를 방지하고 부동산거래의 정상화와 부동산가격의 안정을 도모하여 국민경제의 건전한 발전에 이바지하고자 제정된 부동산실명법의 실효성을 확보하기 위한 것으로 그 입법목적이 정당하고, 수단의 적합성 또한 인정된다. 또한 부동산실명법이 개정되면서 과징금 부과의 방식이 개선되어 실명등기의무를 위반한 자에 대하여 부동산가액의 100분의 30을 한도로 부동산평가액과 의무위반 경과기간을 각 3단계로 나누어 과징금의 부과비율을 달리하게 되었으므로, 부과되는 과징금의 부과비율이 지나치게 고율이라고 보기는 어려워 침해의 최소성 원칙에 위배되지 아니한다. 그리고, 실명등기의무를 위반한 명의신탁자들은 과징금을 부과받는 불이익을 입게 되지만, 명의신탁행위로 발생할 수 있는 불법이익을 박탈하고, 실명등기의무의 이행을 강제하여 얻게 되는 공익이 훨씬 더 크다 할 것이므로 법익의 균형성원칙에도 위배되지 아니한다(헌재 2011. 12. 29. 2010헌바130).

▶ **민법에 따라 등기를 하지 아니한 경우라도 부동산을 사실상 취득한 경우 그 취득물건의 소유자 또는 양수인을 취득자로 보도록 한 구 지방세법 제7조 제2항이 과잉금지원칙에 반하여 재산권을 침해하는지**(소극): 심판대상조항이 부동산을 사실상 취득한 양수인에게 취득세를 부과하는 것은 조세공평과 조세정의를 실현하기 위한 것으로서, 심판대상조항에 의하더라도 양수인이 등기를 마치지 아니한 모든 경우가 아니라 사회통념상 대금의 거의 전부가 지급되었다고 볼 수 있는 경우에만 취득세를 부과하므로, 입법목적의 달성에 필요한 정도를 벗어났다고 보기 어렵다. 따라서 심판대상조항은 과잉금지원칙에 반하여 재산권을 침해한다고 볼 수 없다(헌재 2022. 3. 31. 2019헌바107).

▶ **건축법을 위반한 건축주 등이 건축 허가권자로부터 위반건축물의 철거 등 시정명령을 받고도 그 이행을 하지 않는 경우 건축법 위반자에 대하여 시정명령 이행시까지 반복적으로 이행강제금을 부과할 수 있도록 규정한 건축법 제80조 제1항 및 제4항이 과잉금지원칙에 위배되어 건축법 위반자의 재산권을 침해하는지**(소극): 이행강제금은 위법건축물의 원상회복을 궁극적인 목적으로 하고, 그 궁극적인 목적을 달성하기 위해서는 위법건축물이 존재하는 한 계속하여 부과할 수밖에 없으며, 만약 통산 부과횟수나 통산 부과상한액의 제한을 두면 위반자에게 위법건축물의 현상을 고착할 수 있는 길을 열어 주게 됨으로써 이행강제금의 본래의 취지를 달성할 수 없게 되므로 이 사건 법률조항에서 이행강제금의 통산 부과횟수나 통산 부과상한액을 제한하는 규정을 두고 있지 않다고 하여 침해 최소성의 원칙에 반한다고 할 수는 없다. 그리고 이 사건 법률조항에 의하여 위반자는 위법건축물의 사용·수익·처분 등에 관한 권리가 제한되지만, 건축물의 안전과 기능, 미관을 향상시켜 공공복리의 증진을 도모하고자 하는 공익이 훨씬 크다고 할 것이므로, 이 사건 법률조항은 법익 균형성의 원칙에 위배되지 아니한다(헌재 2011. 10. 25. 2009헌바140).

▶ **개발제한구역 내에서 허가받지 않은 건축물을 건축하는 등 개발행위를 한 토지소유자에게 이행강제금을 부과한다고 규정한 '개발제한구역법' 제30조의2 제1항이 과잉금지원칙에 위배되어 토지소유자인 청구인들의 재산권을 침해하는지**(소극): 대집행은 당사자의 의사와 무관하게 행해지고 당사자의 저항을 불러일으킬 수 있다는 점에서 당사자로 하여금 위법상태를 자발적으로 시정할 기회를 주고 그 방향으로 유도하는 이행강제금 부과를 우선 시행하는 것이 더 타당할 수 있다. 만약 통산 부과횟수나 통산 부과상한액의 제한을 두면 토지 소유자로 하여금 위법한 상태를 유지할 수 있는 길을 열어주게 됨으로써 이행강제금의 본래의 취지를 달성할 수 없게 될 수 있다. 입법목적을 달성하기 위하여는 이행강제금을 반복적으로 부과하는 것이 필요하므로, 이행강제금 부과조항이 이행강제금의 통산 부과횟수나 통산 부과상한액을 제한하는 규정을 두고 있지 않더라도 침해의 최소성에 반한다고 할 수는 없다. 이를 종합하면, 이행강제금 부과조항은 과잉금지원칙을 위반하여 청구인들의 재산권을 침해한다고 할 수 없다(헌재 2023. 2. 23. 2019헌바550).

▶ 구 국민의료보험법 제41조 제1항의 보험급여 제한 사유에 고의와 중과실에 의한 범죄행위 이외에 경과실에 의한 범죄행위까지 포함되는 것으로 해석하는 것이 재산권에 대한 과도한 제한으로서 재산권을 침해하는지(적극) : 보험재정의 공공성을 유지하기 위하여 범죄행위에 기인한 보험사고에 대하여 보험급여를 하지 않는 것은 고의범과 중과실범의 경우로 한정하면 충분하므로, 경과실범에 의한 보험사고의 경우에까지 의료보험수급권을 부정하는 것은 기본권 제한에 있어서의 최소침해의 원칙에 어긋나며, 나아가 보호되는 공익에 비하여 침해되는 사익이 현저히 커서 법익균형의 원칙에도 어긋나므로 이는 재산권에 대한 과도한 제한으로서 헌법에 위반된다(헌재 2003. 12. 18. 2002헌바1 한정위헌).

▶ 국가에 대한 금전채권의 소멸시효기간을 5년으로 정하고 있는 예산회계법 제96조 제2항이 채권자의 재산권을 침해하여 헌법에 위반되는지(소극) : [심사기준] 이 사건 법률조항에 의하면 재산권인 채권을 행사할 수 있는 기간이 제한되므로 헌법 제37조 제2항에 규정된 기본권제한의 입법한계를 넘었는지 여부가 문제된다. 다만 시효기간을 정함에 있어 입법자에게는 상당한 범위의 입법재량이 인정되므로 이 사건 법률조항의 위헌판단은 그것이 현저히 자의적이어서 입법적 한계를 벗어난 것인지 여부에 의하여 결정되어야 할 것이다. [재산권 침해 여부] 국가채무에 대하여 단기소멸시효를 두는 것은 국가의 채권, 채무관계를 조기에 확정하고 예산 수립의 불안정성을 제거하여 국가재정을 합리적으로 운용하기 위한 것으로서 그 입법목적은 정당하며, 국가에 대한 채권의 경우 민법상 단기시효기간이 적용되는 채권과 같이 일상적으로 빈번하게 발생하는 것이라 할 수 없고 일반사항에 관한 예산·회계관련 기록물들의 보존기간이 5년으로 되어 있는 점에 비추어 이 사건 법률조항에서 정한 5년의 단기시효기간이 채권자의 재산권을 본질적으로 침해할 정도로 지나치게 짧고 불합리하다고 볼 수 없다(헌재 2001. 4. 26. 99헌바37).

▶ 환매권의 발생기간을 제한하고 있는 '토지보상법' 제91조 제1항 중 '토지의 협의취득일 또는 수용의 개시일부터 10년 이내에' 부분이 재산권을 침해하는지(적극) : 이 사건 법률조항의 환매권 발생기간 '10년'을 예외 없이 유지하게 되면 토지수용 등의 원인이 된 공익사업의 폐지 등으로 공공필요가 소멸하였음에도 단지 10년이 경과하였다는 사정만으로 환매권이 배세되는 결과가 초래될 수 있다. 발생기간을 제한하지 않거나 더 길게 규정하면서 행사기간 제한 또는 토지에 현저한 변경이 있을 때 환매거절권을 부여하는 등 보다 덜 침해적인 방법으로 입법목적을 달성하고 있으므로, 이 사건 법률조항은 침해의 최소성 원칙에 어긋난다. 결국 이 사건 법률조항은 헌법 제37조 제2항에 반하여 재산권을 침해한다(헌재 2020. 11. 26. 2019헌바131 헌법불합치).

▶ 토지의 협의취득 또는 수용 후 당해 공익사업이 다른 공익사업으로 변경되는 경우에 당해 토지의 원소유자 또는 그 포괄승계인의 환매권을 제한하고, 환매권 행사기간을 변환 고시일부터 기산하도록 한 공익사업법 제91조 제6항 전문이 과잉금지원칙에 위배되어 청구인의 재산권을 침해하는지(소극) : 이 사건 법률조항은 변환이 가능한 공익사업의 시행자와 사업의 종류를 한정하고 있고, 공익사업 변환을 하기 위해서는 적어도 새로운 공익사업이 공익사업법 제20조 제1항의 규정에 의해 사업인정을 받거나 다른 법률의 규정에 의해 사업인정을 받은 것으로 볼 수 있는 경우이어야 하므로 침해의 최소성원칙에 반하지 아니한다. 이 사건 법률조항으로 인하여 제한되는 사익인 환매권은 이미 정당한 보상을 받은 소유자에게 수용된 토지가 목적 사업에 이용되지 않을 경우에 인정되는 것이고, 변환된 공익사업을 기준으로 다시 취득할 수 있어, 이 사건 법률조항으로 인하여 제한되는 사익이 이로써 달성할 수 있는 공익에 비하여 중하다고 할 수 없으므로, 이 사건 법률조항은 과잉금지원칙에 위배되어 청구인의 재산권을 침해한다고 할 수 없다(헌재 2012. 11. 29. 2011헌바49).

▶ **유류분상실사유를 별도로 규정하지 아니한 민법 제1112조 제1호부터 제3호 및 형제자매의 유류분을 규정한 민법 제1112조 제4호가 재산권을 침해하여 헌법에 위반되는지**(적극) : [심사기준] 상속제도나 상속권의 내용은 입법자가 입법정책적으로 결정하여야 할 사항으로서 원칙적으로 입법자의 입법형성의 자유에 속한다고 할 것이지만, 입법자가 상속제도나 상속권의 내용을 정함에 있어서 입법형성권을 자의적으로 행사하여 헌법 제37조 제2항이 규정하는 기본권 제한의 입법한계를 일탈하는 경우에는 그 법률조항은 헌법에 위반된다. [재산권 침해 여부] 패륜적인 상속인의 유류분을 인정하는 것은 일반 국민의 법감정과 상식에 반한다고 할 것이므로, 민법 제1112조 제1호부터 제3호가 유류분상실사유를 별도로 규정하지 아니한 것은 불합리하고 기본권 제한 입법의 한계를 벗어나 헌법에 위반된다. 또한 상속재산형성에 대한 기여나 상속재산에 대한 기대 등이 거의 인정되지 않는 피상속인의 형제자매에게까지 유류분을 인정하는 민법 제1112조 제4호 역시 불합리하고 기본권 제한 입법의 한계를 벗어나 헌법에 위반된다(헌재 2024. 4. 25. 2020헌가4).

▶ **배우자 상속공제를 인정받기 위한 요건으로 배우자상속재산분할기한까지 배우자의 상속재산을 분할하여 신고할 것을 요하고 있는 상속세 및 증여세법 제19조 제2항이 상속인들의 재산권과 평등권을 침해하는지**(적극) : 심판대상조항은 상속에 대한 실체적 분쟁이 계속 중이어서 법정기한 내에 재산분할을 마치기 어려운 부득이한 사정이 있는 경우, 기한이 경과하면 일률적으로 배우자 상속공제를 부인함으로써 비례원칙에 위배되어 청구인들의 재산권을 침해한다(헌재 2012. 5. 31. 2009헌바190 헌법불합치).

▶ **상속회복청구권의 행사기간을 상속 개시일로부터 10년으로 제한한 것이 재산권 등을 침해하는지**(적극) : 상속회복청구권은 진정상속인으로 하여금 참칭상속인을 배제하고 상속권의 내용을 실현할 수 있게 함으로써 진정상속인을 보호하기 위한 권리인바, 상속회복청구권에 대하여 '상속 개시일부터 10년'이라는 단기의 행사기간을 규정함으로 인하여, 기간이 경과된 후에는 진정한 상속인은 상속인으로서의 지위와 함께 상속에 의하여 승계한 개개의 권리의무도 총괄적으로 상실하여 참칭상속인을 상대로 재판상 그 권리를 주장할 수 없고, 오히려 그 반사적 효과로서 참칭상속인의 지위는 확정되어 참칭상속인이 상속개시의 시점으로부터 소급하여 상속인으로서의 지위를 취득하게 되므로, 이는 진정상속인의 권리를 심히 제한하여 기본권 제한의 한계를 넘어 헌법상 보장된 상속인의 재산권, 행복추구권, 재판청구권 등을 침해한다(헌재 2001. 7. 19. 99헌바9).

3. 소급입법에 의한 재산권 박탈 금지

헌법 제13조
② 모든 국민은 소급입법에 의하여 참정권의 제한을 받거나 재산권을 박탈당하지 아니한다.

헌법 제13조 제2항은 소급입법에 의한 재산권의 박탈을 금지하고 있다. 기존의 법에 따라 형성되어 이미 굳어진 개인의 법적 지위를 사후입법을 통하여 박탈하는 것 등을 내용으로 하는 소급입법은 개인의 신뢰보호와 법적 안정성을 내용으로 하는 법치국가원리에 의하여 특단의 사정이 없는 한 헌법적으로 허용되지 아니하는 것이 원칙이다. 다만 일반적으로 국민이 소급입법을 예상할 수 있었거나 법적 상태가 불확실하고 혼란스러워 보호할 만한 신뢰이익이 적은 경우와 소급입법에 따른 당사자의 손실이 없거나 아주 경미한 경우 그리고 신뢰보호의 요청에 우선하는 심히 중대한 공익상의 사유가 소급입법을 정당화하는 경우 등에는 예외적으로 허용된다(헌재 1999. 7. 22. 97헌바76).

> **판례**
>
> ▶ **헌법 제13조 제2항이 금하고 있는 소급입법**: 헌법 제13조 제2항이 금하고 있는 소급입법은 진정소급효를 가지는 법률만을 의미하는 것으로서 이에 반하여 부진정소급효의 입법은 원칙적으로 허용되는 것이다. 다만 부진정소급효를 가지는 입법에 있어서도 소급효를 요구하는 공익상의 사유와 신뢰보호의 요청 사이의 비교형량 과정에서 신뢰보호의 관점이 입법자의 형성권에 제한을 가하게 된다(헌재 2005. 6. 30. 2004헌바42).
>
> ▶ **1945. 8. 9. 이후 성립된 거래를 전부 무효로 한 재조선미국육군사령부군정청 법령 조항 등이 진정소급입법으로서 헌법 제13조 제2항에 반하는지**(소극): 심판대상조항은 진정소급입법에 해당하지만 1945. 8. 9. 이후 조선에 남아 있던 일본인들이 일본의 패망과 미군정의 수립에도 불구하고 그들이 한반도 내에서 소유하거나 관리하던 재산을 자유롭게 거래하거나 처분할 수 있다고 신뢰하였다 하더라도 그러한 신뢰가 헌법적으로 보호할 만한 가치가 있는 신뢰라고 보기 어렵고, 일본인들이 불법적인 한일병합조약을 통하여 조선 내에서 축적한 재산을 1945. 8. 9. 상태 그대로 일괄 동결시키고 그 산일과 훼손을 방지하여 향후 수립될 대한민국에 이양한다는 공익은, 한반도 내의 사유재산을 자유롭게 처분하고 일본 본토로 철수하고자 하였던 일본인이나, 일본의 패망 직후 일본인으로부터 재산을 매수한 한국인들에 대한 신뢰보호의 요청보다 훨씬 더 중대하다. 따라서 심판대상조항은 소급입법금지원칙에 대한 예외로서 헌법 제13조 제2항에 위반되지 아니한다(헌재 2021. 1. 28. 2018헌바88).

4. 개별적 검토

(1) 조세

헌법 제23조 제1항이 보장하고 있는 사유재산권은 사유재산에 관한 임의적인 이용, 수익, 처분권을 본질로 하기 때문에 사유재산의 처분금지를 내용으로 하는 입법조치는 원칙으로 재산권에 관한 입법형성권의 한계를 일탈하는 것이고, 조세의 부과·징수는 국민의 납세의무에 기초하는 것으로서 원칙으로 재산권의 침해가 되지 않지만 그로 인하여 납세의무자의 사유재산에 관한 이용, 수익, 처분권이 중대한 제한을 받게되는 경우에는 그것도 재산권의 침해가 될 수 있다(헌재 1997. 12. 24. 96헌가19).

> **판례**
>
> ▶ **골프장 입장행위에 대하여 1명 1회 입장마다 1만 2천 원의 개별소비세를 골프장 경영자에게 부과하는 개별소비세법 조항이 과잉금지원칙에 위반되어 재산권을 침해하는지**(소극): 골프장 입장행위에 대한 개별소비세 부과는 담세력에 상응하는 조세부과를 통해 과세의 형평을 도모하기 위한 것으로서 세율이 자의적이라거나 골프장 이용객 수의 과도한 감소를 초래할 정도라고 보이지 아니하며, 사치성이 없다고 볼 수 있는 골프장 입장에 대하여는 개별소비세를 배제할 수 있는 길을 열어놓고 있는 점에 비추어 과잉금지원칙에 위반되어 재산권을 침해하지 않는다(헌재 2024. 8. 29. 2021헌바34).

(2) 부담금

1) 의의

부담금이란 특별한 행정적 과제를 수행하기 위하여 부과되는 공과금을 말하는 것으로 공적 기관에 의한 반대급부가 보장되지 않는 금전급부의무를 설정하는 것이라는 점에서 조세와 유사하나, 조세는 국가 등의 일반적 과제의 수행을 위한 것으로서 담세능력이 있는 일반국민에 대해 부과되지만, 부담금은 특별한 과제의 수행을 위한 것으로서 당해 공익사업과 일정한 관련성이 있는 특정 부류의 사람들에 대해서만 부과되는 점에서 차이가 있다(헌재 2004. 7. 15. 2002헌바42).

2) 조세와 구별

어떤 공과금이 조세인지 아니면 부담금인지는 단순히 법률에서 그것을 무엇으로 성격 규정하고 있느냐를 기준으로 할 것이 아니라, 그 실질적인 내용을 결정적인 기준으로 삼아야 한다(헌재 2004. 7. 15. 2002헌바42).

> **판례**
>
> ▶ **TV수신료**: 수신료는 공영방송사업이라는 특정한 공익사업의 경비조달에 충당하기 위하여 수상기를 소지한 특정집단에 대하여 부과되는 특별부담금에 해당한다(헌재 2008. 2. 28. 2006헌바70).
>
> ▶ **개발부담금**: 개발부담금은 특정 개발사업에 대한 반대급부적 성격 없이 개발이익환수법에 규정된 요건에 해당하는 모든 사람에 대하여 일방적으로 부과·징수되는 점, 징수된 개발부담금은 국가 및 지방자치단체의 재정수입에 충당되는 점 등을 종합해 보면, 개발부담금은 '국가 또는 지방자치단체가 재정수요를 충족시키기 위하여 반대급부 없이 법률에 규정된 요건에 해당하는 모든 자에 대하여 일반적 기준에 의하여 부과하는 금전급부'라는 조세로서의 특징을 지니고 있다는 점에서 실질적인 조세로 보아야 할 것이다(헌재 2001. 4. 26. 99헌바39).

3) 종류

① 재정조달목적 부담금

재정조달목적 부담금은 특정한 공익사업의 경비조달에 충당하기 위해 특정한 공익사업과 특별히 밀접한 관련성을 가지는 사람들에게 부과되는 부담금을 말한다(헌재 2004. 7. 15. 2002헌바42). 재정조달목적 부담금은 공적 과제가 부담금 수입의 지출 단계에서 실현된다(헌재 2022. 6. 30. 2019헌바440).

> **판례**
>
> ▶ **물이용부담금**: 물이용부담금은 한강수계관리기금의 재원을 마련하는 데에 그 부과의 목적이 있고, 그 부과 자체로써 수돗물 최종수요자의 행위를 특정한 방향으로 유도하거나 물이용부담금 납부의무자 이외의 다른 집단과의 형평성 문제를 조정하고자 하는 등의 목적이 있다고 보기 어려우므로, 재정조달목적 부담금에 해당한다(헌재 2020. 8. 28. 2018헌바425).
>
> ▶ **수질개선부담금**: 수질개선부담금은 공공의 지하수 자원을 보호하고 먹는물의 수질개선에 기여하게 한다는 특정한 공적 과제를 위하여 반대급부 없이 부과되며, 그 지출 용도가 매우 제한적으로 설정되어 있고, 위 행정과제와의 관련성을 매개로 특정 부류의 사람들에 대해서만 부과되는 점에서 그 이념과 기능이 조세의 그것과 실질적으로 구별되므로 부담금에 해당한다(헌재 2004. 7. 15. 2002헌바42).
>
> ▶ **골프장 부가금**: 골프장 부가금은 국민체육진흥계정의 재원을 마련하는 데에 그 목적이 있을 뿐, 그 부과 자체로써 골프장 부가금 납부의무자의 행위를 특정한 방향으로 유도하거나 골프장 부가금 납부의무자 이외의 다른 집단과의 형평성 문제를 조정하고자 하는 등의 목적이 있다고 보기 어렵다는 점 등을 고려할 때, 재정조달목적 부담금에 해당한다(헌재 2019. 12. 27. 2017헌가21).

> ▶ **광역교통시설부담금**: 광역교통시설부담금은 광역교통시설의 개선이라는 특정한 공익적 과제의 필요에 충당하기 위하여 교통에 부담을 유발하는 사업을 하는 일부 사람들에게만 강제적으로 부과·징수되므로 성질상으로도 부담금에 해당한다. 특히 부과대상과 사용용도 사이의 관계를 기준으로 보면 원인자부담금에 해당하며, 기능적 측면에서는 교통시설의 개선에 필요한 재원 확보를 목적으로 하는 <u>재정조달목적 부담금</u>에 해당한다(헌재 2013. 10. 24. 2012헌바368).
>
> ▶ **학교용지부담금**: 학교용지부담금은 개발사업지역의 <u>학교시설 확보라는 특별한 공익사업의 재정을 충당하기 위하여</u> 특정 집단에게만 반대급부 없이 부과되는 재정조달목적 부담금에 해당한다(헌재 2008. 9. 25. 2007헌가1).
>
> ▶ **영화상영관 입장권 부과금**: 부과금은 그 부과의 목적이 한국영화산업의 진흥 발전을 위한 각종 사업의 용도로 쓰일 영화발전기금의 재원을 마련하는 것으로서, 그 부과 자체로써 부과금의 부담 주체인 영화상영관 관람객의 행위를 특정한 방향으로 유도하거나 관람객 이외의 다른 사람들과의 형평성 문제를 조정하고자 하는 등의 목적은 없으며, 또한 추구하는 공적 과제가 부과금으로 재원이 마련된 영화발전기금의 집행 단계에서 실현되므로 <u>순수한 재정조달목적 부담금</u>에 해당한다(헌재 2008. 11. 27. 2007헌마860).

② 정책실현목적 부담금

정책실현목적 부담금은 개별행위에 대한 명령·금지와 같은 직접적인 규제수단을 사용하는 대신 부담금이라는 금전적 부담의 부과를 통하여 간접적으로 국민의 행위를 유도하고 조정함으로써 사회적·경제적 정책목적을 달성하고자 하는 부담금을 말하는 것으로, 부담금이라는 경제적 부담을 지우는 것 자체가 국민의 행위를 일정한 정책적 방향으로 유도하는 수단이 되는 '유도적 부담금'과 특정한 공법적 의무를 이행하지 않은 사람과 그것을 이행한 사람 사이 혹은 공공의 출연으로부터 특별한 이익을 얻은 사람과 그 외의 사람 사이에 발생하는 형평성 문제를 조정하는 수단이 되는 '조정적 부담금'으로 구별할 수 있다(헌재 2022. 6. 30. 2019헌바440).

정책실현목적 부담금은 추구되는 공적 과제의 전부 혹은 일부가 부담금의 부과 단계에서 이미 실현된다(헌재 2004. 7. 15. 2002헌바42).

> **판례**
>
> ▶ **환경개선부담금**: 환경개선부담금은 경유차가 유발하는 대기오염으로 인해 발생하는 사회적 비용을 오염원인자인 경유차 소유자에게 부과함으로써 경유차 소비 및 사용 자제를 유도하는 한편, 징수된 부담금으로 환경개선을 위한 투자재원을 합리적으로 조달하는 것에 그 주된 목적이 있다. 그렇다면, 환경개선부담금은 '환경개선을 위한 투자재원의 합리적 조달'이라는 <u>재정조달목적뿐 아니라 정책실현목적(유도적)</u>도 갖는다(헌재 2022. 6. 30. 2019헌바440).
>
> ▶ **재건축부담금**: 재건축부담금 제도는 재건축사업으로 발생하는 초과이익의 사유화로 인하여 발생하는 소득구조의 불균형과 계층 간 갈등, 주택가격의 폭등을 방지함으로써 주택가격의 안정과 사회적 형평을 기하고, 주거환경(노후·불량주택)을 개선하고자 하는 재건축사업이 본래의 목적대로 추진되도록 유도하고자 마련된 것이다. 그렇다면 이는 재정조달목적이 아예 없다고는 할 수 없지만, 대체로 부담금의 부과 자체로 특정한 사회·경제 정책의 실현을 목적으로 하는 '<u>정책실현목적의 유도적·조정적 부담금</u>'이라고 할 것이다(헌재 2019. 12. 27. 2014헌바381).

▶ **개발제한구역훼손부담금**: 개발제한구역훼손부담금은 내용상으로는 개발제한구역 훼손의 원인을 제공한 자에게 부과하는 원인자부담금 또는 개발제한구역의 지정 및 관리를 통한 쾌적한 생활공간의 확보에서 발생하는 유·무형적 수익에 대한 수익자 부담금으로서의 성격을 가지고, 기능상으로는 개발제한구역 내에서 토지형질변경을 초래하는 건축물의 건축 등 행위를 직접적으로 금지하는 대신 행위자에게 일정한 금전적 부담을 지움으로써 위와 같은 행위를 간접적·경제적으로 규제하고 억제하려는 정책실현목적 부담금으로서의 성격을 갖는다(헌재 2007. 5. 31. 2005헌바47).

4) 정당화 요건

① 재정조달목적 부담금

부담금은 조세에 대한 관계에서 어디까지나 예외적으로만 인정되어야 하며, 어떤 공적 과제에 관한 재정조달을 조세로 할 것인지 아니면 부담금으로 할 것인지에 관하여 입법자의 자유로운 선택권을 허용하여서는 안 된다. 부담금 납부의무자는 재정조달 대상인 공적 과제에 대하여 일반국민에 비해 '특별히 밀접한 관련성'을 가져야 하며, 부담금이 장기적으로 유지되는 경우에 있어서는 그 징수의 타당성이나 적정성이 입법자에 의해 지속적으로 심사될 것이 요구된다(헌재 2004. 7. 15. 2002헌바42).

> **판례**
>
> ▶ **특별히 밀접한 관련성**: '특별히 밀접한 관련성' 요건은 납부의무자들이 일반인과 구별되는 동질성을 지니고 있고 이들 집단에게 당해 과제에 관한 특별한 재정책임이 인정되며 주로 그 부담금 수입이 납부의무자 집단에게 유용하게 사용될 때 인정될 수 있다(헌재 2008. 9. 25. 2007헌가1).
>
> ▶ **회원제로 운영하는 골프장 시설의 입장료에 대한 부가금을 규정하고 있는 국민체육진흥법 제20조 제1항 제3호가 헌법상 평등원칙에 위배되는지**(적극): 광범위한 목표를 바탕으로 다양한 규율 내용을 수반하는 '국민체육의 진흥'이라는 공적 과제에 국민 중 어느 집단이 특별히 더 근접한다고 자리매김하는 것은 무리한 일이다. 골프 이외에도 많은 비용이 필요한 체육 활동이 적지 않을뿐더러, 체육시설 이용 비용의 다과에 따라 '국민체육의 진흥'이라는 공적 과제에 대한 객관적 근접성의 정도가 달라진다고 단정할 수도 없다. 심판대상 조항이 규정하고 있는 골프장 부가금은 일반 국민에 비해 특별히 객관적으로 밀접한 관련성을 가진다고 볼 수 없는 골프장 부가금 징수 대상 시설 이용자들을 대상으로 하는 것으로서 합리적 이유가 없는 차별을 초래하므로, 헌법상 평등원칙에 위배된다(헌재 2019. 12. 27. 2017헌가21).

② 정책실현목적 부담금

정책실현목적 부담금은 부담금의 정당화 요건 중 '재정조달 대상인 공적 과제와 납부의무자 집단 사이에 존재하는 관련성' 자체보다 '재정조달 이전 단계에서 추구되는 특정 사회적·경제적 정책목적과 부담금의 부과 사이에 존재하는 상관관계'가 더 중요한 의미를 지닌다(헌재 2022. 6. 30. 2019헌바440).

> **판례**
>
> ▶ **정책실현목적 부담금의 특징**: 정책실현목적 부담금의 경우 조세의 우선적 지위가 인정되지 않고, 납부의무자와 공적 과제와의 특별히 밀접한 관련성을 요하지 않는다(헌재 2004. 7. 15. 2002헌바42).

5) 한계

부담금은 국민의 재산권을 제한하는 성격을 가지고 있으므로 부담금을 부과함에 있어서도 '평등원칙'이나 '비례성원칙'과 같은 재산권 제한 입법의 한계 역시 준수되어야 한다(헌재 2008. 9. 25. 2007헌가1).

> **판례**
>
> ▶ **경유를 연료로 사용하는 자동차의 소유자로부터 환경개선부담금을 부과·징수하도록 정한 환경개선비용 부담법 제9조 제1항이 휘발유를 연료로 사용하는 자동차의 소유자에 비해 차별하여 평등원칙에 위반되는지 여부**(소극) : 경유차는 휘발유차에 비해 대기오염물질을 훨씬 더 많이 배출하는 것으로 조사되고 있고, 경유차가 초래하는 환경피해비용 또한 휘발유차에 비해 월등히 높은 것으로 연구되고 있다. 입법자는 이와 같은 과학적 조사·연구결과 등을 토대로 자동차의 운행으로 인한 대기오염물질 및 환경피해비용을 저감하기 위해서는 환경개선부담금의 부과를 통해 휘발유차보다 경유차의 소유·운행을 억제하는 것이 더 효과적이라고 판단한 것으로 보이고, 위와 같은 입법자의 판단은 합리적인 이유가 인정되므로, 이 사건 법률조항은 평등원칙에 위반되지 아니한다(헌재 2022. 6. 30. 2019헌바440).
>
> ▶ **주택재건축사업만을 재건축부담금의 부과대상으로 하는 '재건축초과이익 환수에 관한 법률' 제3조 등이 평등원칙에 위반되는지**(소극) : 주택재건축사업은 기본적으로 정비기반시설이 양호한 지역에서 불량·노후한 주택을 소유자 스스로 개선하여 주거생활의 질을 높이고자 하는 목적으로 추진되는 것이고, 주택재개발 사업시행자는 정비구역 안에 도로·상하수도·공원 등의 정비기반시설을 설치하여야 하고 그 비용은 원칙적으로 주택재개발 사업시행자가 부담하도록 하고 있는바, 주택재개발사업과 주택재건축사업은 그 사업목적과 대상, 강제성의 정도, 구체적인 사업의 시행방식 및 절차, 개발이익 환수의 방식과 정도가 모두 다르다고 할 것이어서, 개발이익 환수의 필요성 측면에서 주택재건축사업과 주택재개발사업이 동일하다고 볼 수 없다. 그렇다면 주택재건축사업과 주택재개발사업은 이 사건 재건축부담금 부과와 관련하여 헌법적으로 의미 있는 비교집단이라고 볼 수 없으므로, 이 사건 환수조항 등은 헌법상 평등원칙에 위반된다고 할 수 없다(헌재 2019. 12. 27. 2014헌바381).
>
> ▶ **한강을 취수원으로 한 수돗물의 최종수요자에게 물이용부담금을 부과하는 한강수계법 제19조 제1항 본문 부분이 물이용부담금 납부의무자의 평등원칙에 위배되는지**(소극) : 부담금의 선별적 부과라는 차별에 합리성이 있는지 여부는 그것이 행위 형식의 남용으로서 부담금의 헌법적 정당화 요건을 갖추었는지 여부와 관련이 있는데, 한강 수질개선이라는 공적과제와 부담금 납부대상자 사이에 특별히 밀접한 관련성을 인정할 수 있으므로 물이용부담금의 부과는 헌법적 정당화 요건을 갖추었다. 따라서 물이용부담금의 납부의무자 집단을 선정하면서 한강 하류 지역의 수돗물 최종수요자를 납부의무자로 정한 부담금부과조항이 평등원칙에 위배된다고 볼 수 없다(헌재 2020. 8. 28. 2018헌바425).

III 공용수용적 법률

> **헌법 제23조**
> ③ 공공필요에 의한 재산권의 수용·사용 또는 제한 및 그에 대한 보상은 법률로써 하되, 정당한 보상을 지급하여야 한다.

1. 의의

공용수용이란 특정한 공익사업의 시행을 위하여 법률에 의거하여 타인의 토지 등의 재산권을 강제적으로 취득하는 제도를 말한다. 공용수용의 목적은 특정한 공익사업을 위한 재산권의 강제적 취득이고, 공익사업의 범위는 법률에 의해서 정해진다(헌재 1995. 2. 23. 92헌바14).

2. 요건

(1) 공공필요

1) 의의

헌법재판소는 헌법 제23조 제3항에서 규정하고 있는 공공필요의 의미를 국민의 재산권을 그 의사에 반하여 강제적으로라도 취득해야 할 공익적 필요성으로 해석하여 왔다. 즉 공공필요의 개념은 '공익성'과 '필요성'이라는 요소로 구성되어 있다(헌재 2014. 10. 30. 2011헌바172).

2) 공익성

공용수용이 허용될 수 있는 공익성을 가진 사업의 범위는 사업시행자와 토지소유자 등의 이해가 상반되는 중요한 사항으로서, 공용수용에 대한 법률유보의 원칙에 따라 법률에서 명확히 규정되어야 한다. 오늘날 공익사업의 범위가 확대되는 경향에 대응하여 재산권의 존속보장과의 조화를 위해서는 공공필요의 요건에 관하여, 공익성은 추상적인 공익 일반 또는 국가의 이익 이상의 중대한 공익을 요구하므로 기본권 일반의 제한사유인 공공복리보다 좁게 보는 것이 타당하다(헌재 2014. 10. 30. 2011헌바172).

3) 필요성

헌법적 요청에 의한 수용이라 하더라도 국민의 재산을 그 의사에 반하여 강제적으로라도 취득해야 할 정도의 필요성이 인정되어야 하고, 그 필요성이 인정되기 위해서는 공용수용을 통하여 달성하려는 공익과 그로 인하여 재산권을 침해당하는 사인의 이익 사이의 형량에서 사인의 재산권침해를 정당화할 정도의 공익의 우월성이 인정되어야 한다(헌재 2014. 10. 30. 2011헌바172).

> **판례**
>
> ▶ **공공의 필요성에 대한 심사기준**: 헌법 제23조 제3항 공용수용의 요건 중 '공공의 필요성'에 대한 심사는 실질적으로 헌법 제37조 제2항의 과잉금지원칙에 따라 이루어져야 한다(헌재 2006. 7. 27. 2003헌바18).
>
> ▶ **수용 등의 주체**: 헌법 제23조 제3항은 정당한 보상을 전제로 하여 재산권의 수용 등에 관한 가능성을 규정하고 있지만, 재산권 수용의 주체를 한정하지 않고 있다. 이는 재산의 수용과 관련하여 그 수용의 주체가 국가 등에 한정되어야 하는지, 아니면 민간기업에게도 허용될 수 있는지 여부에 대하여 헌법이라는 규범적 층위에서는 구체적으로 결정된 내용이 없다는 점을 의미하는 것이다. 따라서 위 수용 등의 주체를 국가 등의 공적 기관에 한정하여 해석할 이유가 없다(헌재 2009. 9. 24. 2007헌바114).

> ▶ 고급골프장 사업과 같이 공익성이 낮은 사업에 대해서까지도 시행자인 민간개발자에게 수용권한을 부여하는 구 '지역균형개발 및 지방중소기업 육성에 관한 법률' 제19조 제1항 등이 헌법 제23조 제3항에 위배되는지(적극): 고급골프장 등 사업은 그 특성상 사업 운영 과정에서 발생하는 지방세수 확보와 지역경제 활성화는 부수적인 공익일 뿐이고, 이러한 공익이 그 사업으로 인하여 강제수용 당하는 주민들의 기본권침해를 정당화할 정도로 우월하다고 볼 수는 없다. 따라서 이 사건 법률조항은 공익적 필요성이 인정되기 어려운 민간개발자의 지구개발사업을 위해서까지 공공수용이 허용될 수 있는 가능성을 열어두고 있어 헌법 제23조 제3항에 위반된다(헌재 2014. 10. 30. 2011헌바172 헌법불합치).

(2) 법률에 근거한 제한

헌법 제23조 제3항은 "공공필요에 의한 재산권의 수용·사용 또는 제한 및 그에 대한 보상은 법률로써 한다"라고 규정하고 있고 이는 법치주의 이념상 너무도 당연한 규정이다. 다만 위와 같은 사항을 대통령령에 위임할 수 있다(헌재 1994. 6. 30. 92헌가18).

판례

> ▶ 입법적 수용이 허용되는지(적극): 입법적 수용은 법률에 근거하여 일련의 절차를 거쳐 별도의 행정처분에 의하여 이루어지는 소위 행정적 수용과 달리 법률에 의하여 직접 수용이 이루어지는 것이므로 법률에 의하여 수용하라는 헌법적 요청을 충족한다(헌재 1998. 3. 26. 93헌바12).
>
> ▶ 개성공단 전면중단 조치가 헌법 제23조 제3항을 위반하여 청구인들의 재산권을 침해하는지(소극): 이 사건 중단조치로 개성공단 내에 위치한 사업용 토지나 건물 등 재산을 사용할 수 없게 되는 제한이 발생하기는 하였으나, 이는 개성공단이라는 특수한 지역에 위치한 사업용 재산이 받는 사회적 제약이 구체화된 것일 뿐이므로, 공익목적을 위해 개별적, 구체적으로 이미 형성된 구체적 재산권을 제한하는 공용 제한과는 구별된다(헌재 2022. 1. 27. 2016헌마364).
>
> ▶ 도시환경정비사업의 시행으로 철거되는 주택의 소유자에게는 임시수용시설이나 주택자금의 융자 알선 등 임시수용에 상응하는 조치를 제공받을 권리를 인정하지 않는 도시 및 주거환경 정비법 제36조 제1항이 헌법 제23조 제3항의 정당한 보상 원칙에 위반되는지(소극): 도시정비법상 관리처분계획의 인가 및 이에 따른 이전고시 등의 절차를 거쳐 신(新) 주택이나 대지를 분양한 경우, 구(舊) 주택이나 대지에 관한 권리는 권리자의 의사에 관계없이 신 주택이나 대지에 관한 권리로 교환·변경되어 공용환권된 것이라 할 것인바, 권리의 교환·변경이라는 개념상 헌법 제23조 제3항의 수용·사용·제한과는 구별된다(헌재 2014. 3. 27. 2011헌바396).

(3) 정당한 보상

헌법이 규정한 정당한 보상이란 손실보상의 원인이 되는 재산권의 침해가 기존의 법질서 안에서 개인의 재산권에 대한 개별적인 침해인 경우에는 그 손실보상은 원칙적으로 피수용재산의 객관적인 재산가치를 완전하게 보상하는 것이어야 한다는 완전보상을 뜻한다. 여기서 재산권의 객체가 갖는 객관적 가치란 그 물건의 성질에 정통한 사람들의 자유로운 거래에 의하여 도달할 수 있는 합리적인 매매가능가격 즉 시가에 의하여 산정되는 것이 보통이나(헌재 1990. 6. 25. 89헌마107), 헌법 제23조 제3항에 규정된 정당한 보상의 원칙이 모든 경우에 예외없이 개별적 시가에 의한 보상을 요구하는 것이라고 할 수 없다(헌재 2002. 12. 18. 2002헌가4).

> **판례**
>
> ▶ 공익사업시행지구 밖에 있는 토지 등에 대한 손실보상의 청구기간을 해당 사업의 공사완료일부터 1년 이내로 제한한 토지보상법 제79조 제5항이 입법재량을 벗어나 청구인의 재산권을 침해하는지(소극) : 공익사업시행지구 밖 토지 등의 소유자 등은 해당 공익사업의 공사가 어느 정도 진척된 시점에서는 공사가 완료되기 전이라도 그로 인한 손실의 발생 여부를 알 수 있거나 예측할 수 있고, 공사완료일부터 1년 이내에는 이를 알 수 있는 경우가 대부분이다. 장기간 손실보상 청구가 가능하도록 하거나, 소유자 등의 주관적 인식 또는 손실 발생시점 등을 고려하도록 할 경우, 공익사업을 둘러싼 법률관계가 불안정해지고 사업 수행의 안정성이 저해될 위험이 있다. 이를 종합하면, 1년의 손실보상 청구기간이 지나치게 단기간이어서 소유자등의 권리행사를 현저히 곤란하게 하거나 사실상 불가능하게 한다고 볼 수 없으므로, 기간조항은 입법재량을 벗어나 청구인의 재산권을 침해한다고 볼 수 없다(헌재 2024. 6. 27. 2020헌바596).

제2절 직업의 자유

헌법 제15조
모든 국민은 직업선택의 자유를 가진다.

> **참고**
>
> ▶ **헌정사** : 직업선택의 자유는 1962년 헌법(제5차 개정헌법)에서 처음으로 규정

제1항 직업의 자유의 의의

I 직업의 자유

헌법 제15조에 의한 직업선택의 자유는 자신이 원하는 직업을 자유롭게 선택하는 '좁은 의미의 직업선택의 자유'와 그가 선택한 직업을 자기가 원하는 방식으로 자유롭게 수행할 수 있는 '직업수행의 자유'를 포함하는 직업의 자유를 뜻한다(헌재 1998. 3. 26. 97헌마194).

II 직업

직업이란 생활의 기본적 수요를 충족시키기 위한 계속적인 활동, 즉 총체적이며 경제적 성질을 가지는 모든 소득활동을 의미하며 이러한 활동인 한 그 종류나 성질을 불문한다(헌재 1993. 5. 13. 92헌마80).

직업의 개념표지들은 개방적 성질을 지녀 엄격하게 해석할 필요는 없는바, '계속성'과 관련하여서는 주관적으로 활동의 주체가 어느 정도 계속적으로 해당 소득활동을 영위할 의사가 있고, 객관적으로도 그러한 활동이 계속성을 띨 수 있으면 족하므로 휴가기간 중에 하는 일, 수습직으로서의 활동도 이에 포함된다. '생활수단성'과 관련하여서는 단순한 여가활동이나 취미활동은 직업의 개념에 포함되지 않으니 겸업이나 부업은 삶의 수요를 충족하기에 적합하므로 직업에 해당한다(헌재 2003. 9. 25. 2002헌마519).

판례

▶ **대학생이 방학기간을 이용하여 학원강사로서 일하는 행위**(적극): 학업 수행이 청구인과 같은 대학생의 본업이라 하더라도 방학기간을 이용하여 또는 휴학 중에 학비 등을 벌기 위해 학원강사로서 일하는 행위는 어느 정도 계속성을 띤 소득활동으로서 직업의 자유의 보호영역에 속한다(헌재 2003. 9. 25. 2002헌마519).

▶ **성매매**(적극): 성매매는 그것이 가지는 사회적 유해성과는 별개로 성판매자의 입장에서 생활의 기본적 수요를 충족하기 위한 소득활동에 해당함을 부인할 수 없으므로, 성매매처벌법 제21조 제1항은 성판매자의 직업선택의 자유도 제한하고 있다(헌재 2016. 3. 31. 2013헌가2).

▶ **판매 목적의 모의총포 소지행위**(적극): 청구인은 판매를 목적으로 모의총포를 소지하는 자인바 소지하는 행위 자체를 일률적으로 영입활동이라 볼 수는 없지만, 그 소지 목적이나 정황적 근거에 따라 소지행위가 영업을 위한 준비행위로서 영업활동의 일환으로 평가될 수 있고, 총포·도검·화약류 등 단속법에 의하여 금지되는 소지행위도 영업으로서 직업의 자유의 보호범위에 포함될 수 있다(헌재 2011. 11. 24. 2011헌바18).

▶ **의무로서의 현역병**(소극): 의무복무로서의 현역병은 헌법 제15조가 선택의 자유로서 보장하는 직업이라고 할 수 없다(헌재 2010. 12. 28. 2008헌마527).

제2항 직업의 자유의 법적 성격 및 주체

I 국민의 권리

직업의 자유는 국가자격제도정책과 국가의 경제상황에 따라 법률에 의하여 제한할 수 있고 인류보편적인 성격을 지니고 있지 아니하므로 국민의 권리에 해당한다. 헌법에서 인정하는 직업의 자유는 원칙적으로 대한민국 국민에게 인정되는 기본권이지, 외국인에게 인정되는 기본권은 아니다. 국가정책에 따라 정부의 허가를 받은 외국인은 정부가 허가한 범위 내에서 소득활동을 할 수 있는 것이므로, 외국인이 국내에서 누리는 직업의 자유는 법률 이전에 헌법에 의해서 부여된 기본권이라고 할 수는 없고, 법률에 따른 정부의 허가에 의해 비로소 발생하는 권리이다(헌재 2014. 8. 28. 2013헌마359).

> **판례**
>
> ▶ **외국인이 직업의 자유의 주체가 되는지**(소극) : 헌법재판소의 결정례 중에는 외국인이 대한민국 법률에 따른 허가를 받아 국내에서 일정한 직업을 수행함으로써 근로관계가 형성된 경우, 제한적으로 직업의 자유에 대한 기본권주체성을 인정할 수 있다고 하였다. 하지만 이는 이미 근로관계가 형성되어 있는 예외적인 경우에 제한적으로 인정한 것에 불과하다. <u>근로관계가 형성되기 전단계인 특정한 직업을 선택할 수 있는 권리는 국가정책에 따라 법률로써 외국인에게 제한적으로 허용되는 것이지 헌법상 기본권에서 유래되는 것은 아니다</u>(헌재 2014. 8. 28. 2013헌마359).

II 이중적 성질

직업의 선택 혹은 수행의 자유는 각자의 생활의 기본적 수요를 충족시키는 방편이 되고, 또한 개성신장의 바탕이 된다는 점에서 주관적 공권의 성격이 두드러진 것이기는 하나 다른 한편 국가의 사회질서와 경제질서가 형성된다는 점에서 사회적 시장경제질서라고 하는 객관적 법질서의 구성요소이기도 하다(헌재 1997. 4. 24. 95헌마273).

제3항 직업의 자유의 내용

I 직업선택의 자유

1. 직업변경 및 겸직의 자유

누구든지 자기가 선택한 직업에 종사하여 이를 영위하고 언제든지 임의로 그것을 바꿀 수 있는 자유와 여러 개의 직업을 선택하여 동시에 함께 행사할 수 있는 자유, 즉 겸직의 자유도 가질 수 있다(헌재 1997. 4. 24. 95헌마90).

2. 직업교육장선택의 자유

직업선택의 자유에는 자신이 원하는 직업 내지 직종에 종사하는 데 필요한 전문지식을 습득하기 위한 직업교육장을 임의로 선택할 수 있는 직업교육장 선택의 자유도 포함된다(헌재 2009. 2. 26. 2007헌마1262).

> **판례**
>
> ▶ 법학전문대학원 입학자 중 법학 외의 분야 및 당해 법학전문대학원이 설치된 대학 외의 대학에서 학사학위를 취득한 자가 차지하는 비율이 입학자의 3분의 1 이상이 되도록 규정한 법학전문대학원 설치·운영에 관한 법률 조항이 **직업선택의 자유를 제한하는지**(적극): 법 제26조 제2항 및 제3항이 로스쿨에 입학하는 자들에 대하여 학사 전공별로, 그리고 출신 대학별로 로스쿨 입학정원의 비율을 각각 규정한 것은 변호사가 되기 위하여 필요한 전문지식을 습득할 수 있는 로스쿨에 입학하는 것을 제한하는 것이기 때문에 직업교육장 선택의 자유 내지 직업선택의 자유를 제한한다(헌재 2009. 2. 26. 2007헌마1262).

Ⅱ 직업수행의 자유

1. 일반적 내용

직업수행의 자유에는 선택된 직업에서 이루어질 수 있는 모든 현실적 활동을 할 자유가 포함된다(헌재 2009. 9. 24. 2006헌마1264).

> **판례**
>
> ▶ **합당한 보수를 받을 권리**(소극): 직업의 자유에 해당 직업에 합당한 보수를 받을 권리까지 포함되어 있다고 보기 어렵다(헌재 2004. 2. 26. 2001헌마718).

2. 구체적 내용

(1) **기업의 자유**

직업선택의 자유는 기업의 설립과 경영의 자유를 의미하는 기업의 자유를 포함한다(헌재 1998. 10. 29. 97헌마345).

(2) **경쟁의 자유**

경쟁의 자유는 기본권의 주체가 직업의 자유를 실제로 행사하는 데에서 나오는 결과이므로 당연히 직업의 자유에 의하여 보장되고, 다른 기업과의 경쟁에서 국가의 간섭이나 방해를 받지 않고 기업활동을 할 수 있는 자유를 의미한다(헌재 1996. 12. 26. 96헌가18).

(3) **직장선택의 자유**

직업의 자유는 독립적 형태의 직업활동뿐만 아니라 고용된 형태의 종속적인 직업활동도 보장하므로, 직업선택의 자유는 직장선택의 자유를 포함한다. 직장선택의 자유는 개인이 그 선택한 직업분야에서 구체적인 취업의 기회를 가지거나, 이미 형성된 근로관계를 계속 유지하거나 포기하는 데에 있어 국가의 방해를 받지 않는 자유로운 선택·결정을 보호하는 것을 내용으로 한다(헌재 2002. 11. 28. 2001헌바50).

> **판례**

▶ **직장제공청구권, 직장존속보호청구권, 직접보호청구권이 인정되는지**(소극) : 직장선택의 자유는 원하는 직장을 제공하여 줄 것을 청구하거나 한번 선택한 직장의 존속보호를 청구할 권리를 보장하지 않으며, 또한 사용자의 처분에 따른 직장 상실로부터 직접 보호하여 줄 것을 청구할 수도 없다. 다만 국가는 이 기본권에서 나오는 객관적 보호의무, 즉 사용자에 의한 해고로부터 근로자를 보호할 의무를 질뿐이다(헌재 2002. 11. 28. 2001헌바50).

▶ **외국인에게 직장선택의 자유에 대한 기본권 주체성을 인정할 수 있는지**(적극) : 직업의 자유 중 직장선택의 자유는 인간의 존엄과 가치 및 행복추구권과도 밀접한 관련을 가지는 만큼 단순히 국민의 권리가 아닌 인간의 권리로 보아야 할 것이므로 외국인도 제한적으로라도 직장선택의 자유를 향유할 수 있다. 청구인이 이미 적법하게 고용허가를 받아 적법하게 우리나라에 입국하여 우리나라에서 일정한 생활관계를 형성, 유지하는 등, 우리 사회에서 정당한 노동인력으로서의 지위를 부여받은 상황임을 전제로 하는 이상, 청구인에게 직장선택의 자유에 대한 기본권 주체성을 인정할 수 있다(헌재 2011. 9. 29. 2009헌마351).

▶ **외국인에게 인정되는 직장선택의 자유의 수준** : 기본권 주체성의 인정문제와 기본권 제한의 정도는 별개의 문제이므로, 외국인에게 직장 선택의 자유에 대한 기본권 주체성을 인정한다는 것이 곧바로 이들에게 우리 국민과 동일한 수준의 직장선택의 자유가 보장된다는 것을 의미하는 것은 아니다(헌재 2011. 9. 29. 2007헌마1083).

▶ **외국인의 직장선택의 자유 침해 여부에 대한 심사기준** : 외국인근로자의 직장선택의 자유는 입법자가 정책적 판단에 따라 법률로써 그 제도의 내용을 구체적으로 규정할 때 비로소 구체화된다. 따라서 입법자가 고용허가제라는 제도를 마련함에 있어 사업장 변경가능 횟수를 제한하고 있는 이 사건에 있어서는 그 입법의 내용이 합리적인 근거 없이 현저히 자의적인 경우에만 헌법에 위반된다(헌재 2011. 9. 29. 2007헌마1083).

▶ **외국인근로자의 사업장 변경 사유를 제한하는 외국인고용법 제25조 제1항이 외국인근로자인 청구인들의 직장선택의 자유를 침해하는지**(소극) : 이 사건 사유제한조항이 외국인근로자의 자유로운 사업장 변경 신청권을 인정하지 않는 것은 고용허가제를 취지에 맞게 존속시키기 위해 필요한 제한으로 볼 수 있다. 이 사건 사유제한조항은 입법재량의 범위를 넘어 명백히 불합리하다고 볼 수 없으므로 청구인들의 직장선택의 자유를 침해하지 아니한다(헌재 2021. 12. 23. 2020헌마395).

▶ **외국인근로자의 사업장 이동을 3회로 제한한 구 외국인고용법 제25조 제4항이 직장선택의 자유를 침해하는지**(소극) : 이 사건 법률조항은 일정한 사유가 있는 경우에 외국인근로자에게 3년의 체류기간 동안 3회까지 사업장을 변경할 수 있도록 하고 대통령령이 정하는 부득이한 사유가 있는 경우에는 추가로 사업장변경이 가능하도록 하여 외국인근로자의 사업장 변경을 일정한 범위 내에서 가능하도록 하고 있으므로 이 사건 법률조항이 입법자의 재량의 범위를 넘어 명백히 불합리하다고 할 수는 없다. 따라서 이 사건 법률조항은 청구인들의 직장선택의 자유를 침해하지 아니한다(헌재 2011. 9. 29. 2007헌마1083).

제4항 직업의 자유 제한

I 직업의 자유 제한

직업의 자유는 헌법 제37조 제2항에 따라 국가안전보장, 질서유지 또는 공공복리 등 정당하고 중요한 공공의 목적을 달성하기 위하여 필요한 경우에는 그 본질적 내용을 침해하지 않는 범위 내에서 제한될 수 있다(헌재 2010. 5. 27. 2008헌바110).

> **판례**
>
> ▶ **직업의 자유 제한 정도와 입법재량권의 범위** : 직업의 자유에 대한 제한이라고 하더라도 그 제한사유가 직업의 자유의 내용을 이루는 직업수행의 자유와 직업선택의 자유 중 어느 쪽에 작용하느냐에 따라 그 제한에 대하여 요구되는 정당화의 수준이 달라진다. 직업의 자유에 대한 법적 규율이 직업수행에 대한 규율로부터 직업선택에 대한 규율로 가면 갈수록 자유제약의 정도가 상대적으로 강해져 입법재량의 폭이 좁아지게 되고, 직업선택의 자유에 대한 제한이 문제되는 경우에 있어서도 일정한 주관적 사유를 직업의 개시 또는 계속수행의 전제조건으로 삼아 직업선택의 자유를 제한하는 경우보다는 직업의 선택을 객관적 허가조건에 걸리게 하는 방법으로 제한하는 경우에 침해의 심각성이 더 크므로 보다 엄밀한 정당화가 요구된다(헌재 2003. 9. 25. 2002헌마519).
>
> ▶ **직업의 자유 제한 정도와 위헌성 심사기준** : 좁은 의미의 직업선택의 자유를 제한하는 것은 인격발현에 대한 침해의 효과가 직업수행의 자유를 제한하는 경우보다 크기 때문에 전자에 대한 제한은 후자에 대한 제한보다 더 엄격한 제약을 받는다. 또한 직업선택의 자유를 제한하는 경우에 기본권 주체의 능력이나 자격 등 주관적 사유에 의한 제한보다는 기본권 주체와는 전혀 무관한 객관적 사유를 이유로 하는 제한이 가장 심각한 제약이 되므로, 객관적 사유에 의한 직업선택의 자유의 제한은 가장 엄격한 요건이 갖추어진 경우에만 허용될 수 있고 그 제한법률에 대한 심사기준도 엄격한 비례의 원칙이 적용된다(헌재 2010. 5. 27. 2008헌바110).

II 직업행사의 자유 제한

직업행사의 자유는 직업결정의 자유에 비하여 상대적으로 그 침해의 정도가 작다고 할 것이어서, 이에 대하여는 공공복리 등 공익상의 이유로 비교적 넓은 법률상의 규제가 가능하다. 그러나 직업수행의 자유를 제한할 때에도 헌법 제37조 제2항에 의거한 비례의 원칙에 위배되어서는 안 된다(헌재 2003. 10. 30. 2001헌마700).

> **판례**
>
> ▶ **직업수행의 자유 제한에 대한 위헌성 심사기준** : 직업수행의 자유를 제한함에 있어서는 입법자의 재량의 여지가 많으므로 그 제한을 규정하는 법령에 대한 위헌 여부를 심사할 때 좁은 의미의 직업선택의 자유에 비하여 상대적으로 폭넓은 법률상의 규제가 가능한 것으로 보아 다소 완화된 심사기준을 적용할 수 있다(헌재 2008. 7. 31. 2006헌마1087).

▶ 사업주로부터 위임을 받아 고용보험 및 산업재해보상보험에 관한 보험사무를 대행할 수 있는 기관의 자격을 일정한 기준을 충족하는 단체 또는 법인, 공인노무사 또는 세무사로 한정한 '고용산업재해보험료징수법' 조항이 과잉금지원칙에 위배되어 공인회계사인 청구인들의 직업수행의 자유를 침해하는지(소극) : 심판대상조항이 규정하고 있는 단체, 법인이나 개인들은 공신력과 신용도를 일정 수준 이상 담보할 수 있거나, 직무상 보험사무대행업무의 전문성이 있거나 하여 보험사무대행기관의 범위에 포함될 나름의 합리적인 이유를 갖고 있다. 반면 개인 공인회계사의 경우는 그 직무와 보험사무대행업무 사이의 관련성이 높다고 보기 어렵고, 보험사무대행기관으로 추가해야 할 현실적 필요성이 있다고 보기도 어렵다. 따라서 심판대상조항은 과잉금지원칙에 위배되어 청구인들의 직업수행의 자유를 침해한다고 볼 수 없다(헌재 2024. 2. 28. 2020헌마39).

▶ 경비업자가 집단민원현장에 일반경비원을 배치하는 경우 경비원을 배치하기 48시간 전까지 배치허가를 신청하고 허가를 받도록 정한 경비업법 제18조 제2항 단서가 과잉금지원칙을 위반하여 경비업자의 직업수행의 자유를 침해하는지(소극) : 경비업법상 '집단민원현장'으로 분류된, 이해당사자 간 갈등이 표출될 가능성이 큰 성격의 장소들에 경비원을 배치함으로 인하여 발생할 수 있는 폭력사태를 억제하고 그러한 위험성을 관리하기 위해서는 관할 경찰관서장이 배치할 경비원의 결격사유 해당 여부, 교육 이수 여부, 배치할 집단민원현장에서의 이해당사자 간의 갈등 정도 및 폭력 발생의 가능성을 비롯한 다양한 요소를 종합적으로 검토하여 충분한 시간을 갖고 경비원 배치허가 여부를 결정할 필요가 있다. 따라서 심판대상조항은 과잉금지원칙을 위반하여 경비업자의 직업수행의 자유를 침해하지 않는다(헌재 2023. 2. 23. 2018헌마246).

▶ 시설경비업을 허가받은 경비업자로 하여금 허가받은 경비업무 외의 업무에 경비원을 종사하게 하는 것을 금지하고, 이를 위반한 경비업자에 대한 허가를 취소하도록 정하고 있는 경비업법 제7조 제5항 등이 경비업자의 직업의 자유를 침해하는지(적극) : 심판대상조항은 경비업무의 전념성이 훼손되는 정도를 고려하지 아니한 채 경비업자가 경비원으로 하여금 비경비업무에 종사하도록 하는 것을 일률적·전면적으로 금지하고, 경비업자가 허가받은 시설경비업무 외의 업무에 경비원을 종사하게 한 때에는 필요적으로 경비업의 허가를 취소하도록 규정하고 있는 점 등에 비추어 볼 때, 심판대상조항은 침해의 최소성에 위배된다. 따라서 심판대상조항은 과잉금지원칙에 위반하여 시설경비업을 수행하는 경비업자의 직업의 자유를 침해한다(헌재 2023. 3. 23. 2020헌가19 헌법불합치).

▶ 문화체육관광부장관이 정부광고 업무를 한국언론진흥재단에 위탁하도록 한 '정부기관 및 공공법인 등의 광고시행에 관한 법률 시행령' 제6조 제1항이 광고대행업에 종사하는 청구인들의 직업수행의 자유를 침해하는지(소극) : 정부광고는 대부분이 소액광고들인 반면, 광고주에 해당하는 정부기관 등의 수는 매우 많다. 이 사건 시행령조항은 단일한 공적 기관이 규모의 경제를 통하여 협상력을 가지고 정부광고 업무를 신속하고 효율적으로 처리할 수 있도록 한 것이다. 정부광고가 전체 국내 광고시장에서 차지하는 비중이 크지 않고, 정부기관등을 제외한 나머지 광고주들이 의뢰하는 광고는 이 사건 시행령조항의 적용을 받지 않으므로, 이 사건 시행령조항으로 인한 기본권 제한의 정도는 제한적이다. 따라서 이 사건 시행령조항은 과잉금지원칙에 위배되어 청구인들의 직업수행의 자유를 침해한다고 볼 수 없다(헌재 2023. 6. 29. 2019헌마227).

▶ **대한변호사협회의 변호사 광고에 관한 규정 제5조 제2항 제1호 중 '변호사 등과 소비자를 연결' 부분**(대가수수 직접 연결 금지)**과 제5조 제2항 제1호 중 '변호사 등을 광고·홍보·소개하는 행위' 부분**(대가수수 광고 금지)**이 과잉금지원칙에 위반되어 청구인들의 표현의 자유, 직업의 자유를 침해하는지**(적극) : 각종 매체를 통한 변호사 광고를 원칙적으로 허용하는 변호사법 제23조 제1항의 취지에 비추어 볼 때, 변호사등이 다양한 매체의 광고업자에게 광고비를 지급하고 광고하는 것은 허용된다고 할 것인데, 이러한 행위를 일률적으로 금지하는 위 규정은 수단의 적합성을 인정하기 어렵다. 대가수수 광고금지규정이 아니더라도 변호사법이나 다른 규정들에 의하여 입법목적을 달성할 수 있고, 공정한 수임질서를 해치거나 소비자에게 피해를 줄 수 있는 내용의 광고를 특정하여 제한하는 등 완화된 수단에 의해서도 입법목적을 같은 정도로 달성할 수 있다. 나아가, 위 규정으로 입법목적이 달성될 수 있을지 불분명한 반면, 변호사들이 광고업자에게 유상으로 광고를 의뢰하는 것이 사실상 금지되어 청구인들의 표현의 자유, 직업의 자유에 중대한 제한을 받게 되므로, 위 규정은 침해의 최소성 및 법익의 균형성도 갖추지 못하였다(헌재 2022. 5. 26. 2021헌마619).

▶ **화물자동차운송사업을 양수한 자는 양도한 자의 운송사업자로서의 지위를 승계하도록 하고, 양도인의 위법행위를 원인으로 양수인에게 운행정지처분, 감차처분 및 유가보조금 환수처분을 부과하는 구 화물자동차 운수사업법 제14조 제3항 전단 등이 과잉금지원칙을 위반하여 양수인의 직업의 자유와 재산권을 침해하는지**(소극) : 이 사건 법률조항은 양도인이 화물자동차 운송사업을 영위하는 과정에서 위법행위를 저질러 제재적 처분사유가 발생한 경우, 사업의 양도를 통한 제재처분의 면탈을 방지하기 위한 것이다. 선의의 양수인을 보호하기 위해 제재적 처분사유의 승계를 제한하게 되면 선의의 양수인에게 감차처분 등과 같은 제재처분을 부과할 수 없어 불법증차된 차량을 존치시킬 수밖에 없다. 이는 화물자동차 운송사업에 사용되는 차량의 수급불균형으로 이어지고, 이로 인한 화물자동차의 공급과잉은 화물자동차 운송사업 및 나아가 국가경제에 악영향을 끼칠 우려가 있다. 선의의 양수인이 입게 되는 불측의 손해는 양도인을 상대로 손해배상책임을 묻는 방법으로 어느 정도 해결할 수 있는 점 등을 종합하여 볼 때, 이 사건 법률조항은 과잉금지원칙에 반한다고 할 수 없다(헌재 2019. 9. 26. 2017헌바397).

▶ **허가받은 지역 밖에서의 이송업의 영업을 금지하고 처벌하는 응급의료법 제51조 제1항 후문 등이 직업수행의 자유를 침해하는지**(소극) : 심판대상조항은 지역사정에 밝은 이송업자가 해당 지역에서 이송을 담당하게 함으로써, 응급의료의 질을 높임과 동시에 응급이송자원이 지역간에 적절하게 분배·관리될 수 있도록 하여 국민건강을 증진하고 지역주민의 편의를 도모하기 위한 것이다. 이러한 입법목적은 정당하고, 수단의 적합성도 인정된다. 이송업 허가는 광역자치단체 단위로 이루어지는데 광역자치단체의 인구와 면적을 감안할 때, 그리고 여러 지역의 허가를 받아 영업을 하는 것도 가능하다는 점에서 심판대상조항은 침해의 최소성을 충족한다. 따라서 심판대상조항은 과잉금지원칙을 위반하여 직업수행의 자유를 침해한다고 볼 수 없다(헌재 2018. 2. 22. 2016헌바100).

▶ **택시운송사업자가 운송비용을 택시운수종사자에게 전가할 수 없도록 정한 택시발전법 제12조 제1항이 과잉금지원칙에 위반하여 청구인의 직업수행의 자유를 침해하는지**(소극) : 이 사건 금지 조항은, 택시운수종사자의 생활안정을 통하여 과속운행, 난폭운전 등을 방지하고 승객들의 안전을 제고하기 위한 것으로 입법목적의 정당성이 인정되고, 이러한 입법목적을 달성하기 위한 적합한 수단이다. 또한, 일정한 금액이나 비율로 운송비용 전가를 허용하는 등 덜 침해적인 방법으로 입법목적을 동일하게 달성할 수 없으므로 침해의 최소성이 인정되고, 택시운송사업자의 운송비용 부담으로 인한 사익 침해보다 택시운수종사자의 근로조건 개선 및 승객의 안전과 편의 증대라는 공익이 중대하므로 법익의 균형성도 충족한다. 따라서, 이 사건 금지조항은 청구인의 직업의 자유를 침해한다고 할 수 없다(헌재 2018. 6. 28. 2016헌마1153).

▶ **일반음식점영업소를 금연구역으로 지정하여 운영하도록 한 국민건강증진법 제9조 제4항 전문 부분이 과잉금지원칙을 위반하여 청구인의 직업수행의 자유를 침해하는지**(소극): 심판대상조항의 입법목적을 가장 효과적으로 달성하기 위해서는 음식점 공간 전체를 금연구역으로 지정하여 비흡연자를 흡연으로부터 완전히 차단하는 것이 필요하다. 주류를 주로 판매하는 업종에 한해서 음식점 영업자의 손실을 최소화할 수 있는 대안들을 고려해 보아도, 그러한 대안들이 음식점 전체를 금연구역으로 지정하는 방법에 대한 적절한 대체수단이 되기 어렵다. 음식점 시설 전체를 금연구역으로 지정함으로써 음식점 영업자가 입게 될 불이익보다 간접흡연을 차단하여 이로 인한 폐해를 예방하고 국민의 생명·신체를 보호하고자 하는 공익이 더욱 중대하므로, 심판대상조항이 과잉금지원칙을 위반하여 청구인의 직업수행의 자유를 침해한다고 할 수 없다(헌재 2016. 6. 30. 2015헌마813).

▶ **의료인은 하나의 의료기관만을 개설할 수 있다고 규정하고 있는 의료법 제33조 제2항 단서 부분이 복수면허 의료인들의 직업의 자유를 침해하는지**(적극): 의료인 면허를 취득한 것은 그 면허에 따른 직업선택의 자유를 회복한 것이고, 이렇게 회복된 자유에 대하여 전문분야의 성격과 정책적 판단에 따라 면허를 실현할 수 있는 방법이나 내용을 정할 수는 있지만 이를 다시 전면적으로 금지하는 것은 입법형성의 범위 내라고 보기 어렵다. 복수면허 의료인은 양방 및 한방 의료행위 양쪽에 대하여 상대적으로 지식이 많거나 능력이 뛰어나고, 그가 행하는 양방 및 한방 의료행위의 내용과 그것이 인체에 미치는 영향 등에 대하여 더 유용한 정보를 취득하고 이를 분석하여 적절하게 대처할 수 있다고 평가될 수 있다. 양방 및 한방 의료행위가 중첩될 경우 인체에 미치는 영향에 대한 과학적 검증이 없다는 점을 고려한다 하여도 위험영역을 한정하여 규제를 하면 족한 것이지 진단 등과 같이 위험이 없는 영역까지 전면적으로 금지하는 것은 지나치다(헌재 2007. 12. 27. 2004헌마1021 헌법불합치).

▶ **의료인은 어떠한 명목으로도 둘 이상의 의료기관을 운영할 수 없다고 규정한 의료법 제33조 제8항 본문 등이 과잉금지원칙에 위반하여 직업수행의 자유를 침해하는지**(소극): 이 사건 법률조항은 의료인으로 하여금 하나의 의료기관에서 책임 있는 의료행위를 하게 하여 의료행위의 질을 유지하고, 지나친 영리추구로 인한 의료의 공공성 훼손 및 의료서비스 수급의 불균형을 방지하며, 소수의 의료인에 의한 의료시장의 독과점 및 의료시장의 양극화를 방지하기 위한 것이다. 의료의 중요성, 우리나라의 취약한 공공의료의 실태, 의료인이 여러 개의 의료기관을 운영할 때 의료계 및 국민건강보험 재정 등 국민보건 전반에 미치는 영향, 국가가 국민의 건강을 보호하고 적정한 의료급여를 보장해야 하는 사회국가적 의무 등을 종합하여 볼 때, 이 사건 법률조항은 과잉금지원칙에 반한다고 할 수 없다(헌재 2019. 8. 29. 2014헌바212).

▶ **치과전문의 자격 인정 요건으로 '외국의 의료기관에서 치과의사 전문의 과정을 이수한 사람'을 포함하지 아니한 치과전문의규정 제18조 제1항이 청구인들의 직업수행의 자유를 침해하는지**(적극): 외국의 의료기관에서 치과전문의 과정을 이수한 사람에 대해 그 외국의 치과전문의 과정에 대한 인정절차를 거치거나, 치과전문의 자격시험에 앞서 예비시험제도를 두는 등 직업의 자유를 덜 제한하는 방법으로도 입법목적을 달성할 수 있고, 이미 국내에서 치과의사면허를 취득하고 외국의 의료기관에서 치과전문의 과정을 이수한 사람들에게 다시 국내에서 전문의 과정을 다시 이수할 것을 요구하는 것은 지나친 부담을 지우는 것이므로, 심판대상조항은 침해의 최소성원칙에 위배되고 법익의 균형성도 충족하지 못한다(헌재 2015. 9. 24. 2013헌마197 헌법불합치).

▶ **전문과목을 표시한 치과의원은 그 표시한 전문과목에 해당하는 환자만을 진료하여야 한다고 규정한 의료법 제77조 제3항이 과잉금지원칙에 위배되어 청구인들의 직업수행의 자유를 침해하는지**(적극): 치과의원의 치과전문의가 자신의 전문과목을 표시하는 경우 그 진료범위를 제한하여 현실적으로 전문과목의 표시를 매우 어렵게 하고 있는바, 이는 치과전문의 자격 자체의 의미를 현저히 감소시키고, 이로 인해 치과의원의 치과전문의들이 대부분 전문과목을 표시하지 않음에 따라 치과전문의 제도를 유명무실하게 만들 위험이 있다. 따라서 심판대상조항은 수단의 적절성과 침해의 최소성을 갖추지 못하였다. 따라서 심판대상조항은 과잉금지원칙에 위배되어 청구인들의 직업수행의 자유를 침해한다(헌재 2015. 5. 28. 2013헌마799).

▶ 법인의 임원이 학원법을 위반하여 벌금형을 선고받은 경우, 법인의 학원설립·운영 등록이 효력을 잃도록 규정하고 있는 학원법 제9조 제2항 본문 부분이 과잉금지원칙에 위배되어 직업수행의 자유를 침해하는지(적극) : 사회통념상 벌금형을 선고받은 피고인에 대한 사회적 비난가능성이 그리 높다고 보기 어려운데도, 이 사건 등록실효조항은 법인의 임원이 학원법을 위반하여 벌금형을 선고받으면 일률적으로 법인의 등록을 실효시키고 있고, 법인으로서는 대표자인 임원이건 그렇지 아니한 임원이건 모든 임원 개개인의 학원법위반범죄와 형사처벌 여부를 항시 감독하여야만 등록의 실효를 면할 수 있게 되므로 학원을 설립하고 운영하는 법인에게 지나치게 과중한 부담을 지우고 있다. 따라서 이 사건 등록실효조항은 학원법인의 직업수행의 자유를 침해한다(헌재 2015. 5. 28. 2012헌마653).

▶ 법에서 정한 근로자파견대상업무 외에 근로자파견사업을 행한 자를 형사처벌하도록 규정한 구 파견법 제43조 제1호 등이 근로자파견 사업자의 직업의 자유를 침해하는지(소극) : 이 사건 법률조항들은 근로자파견사업의 적정한 운영을 기하여 근로자의 직접고용을 증진하고 적정임금을 보장하기 위한 것으로 입법목적이 정당하고, 적절한 수단이다. 제조업의 직접생산공정업무에 파견근로를 허용할 경우 제조업 전체가 간접고용형태의 근로자로 바뀜으로써 고용이 불안해지는 등 근로조건이 열악해질 가능성이 높고, 건설공사업무, 하역업무, 선원업무 등은 모두 유해하거나 위험한 성격의 업무로서 개별 사업장에서 파견근로자가 사용사업주의 지휘, 명령에 따라야 하는 근로자파견의 특성상 파견업무로 부적절하므로 이들 업무를 근로자파견 허용대상에서 제외할 필요성은 충분히 인정된다. 따라서 이 사건 법률조항들은 근로자파견을 행하려는 자들의 직업의 자유를 침해하지 아니한다(헌재 2013. 7. 25. 2011헌바395).

▶ 접촉차단시설이 설치되지 않은 장소에서의 수용자 접견 대상을 소송사건의 대리인인 변호사로 한정한 구 형집행법 시행령 제58조 제4항 제2호가 변호사인 청구인의 직업수행의 자유를 침해하는지(소극) : 소송대리인이 되려는 변호사의 수용자 접견의 주된 목적은 소송대리인 선임 여부를 확정하는 것이고 소송준비와 소송대리 등 소송에 관한 직무활동은 소송대리인 선임 이후에 이루어지는 것이 일반적이므로 소송대리인 선임 여부를 확정하기 위한 단계에서는 접촉차단시설이 설치된 장소에서 접견하더라도 그 접견의 목적을 수행하는데 필요한 의사소통이 심각하게 저해될 것이라고 보기 어렵다. 수용자가 소를 제기하지 아니한 상태에서 소송대리인이 되려는 변호사의 접견을 소송대리인인 변호사의 접견과 같은 형태로 허용한다면 소송제기 의사가 진지하지 않은 수용자가 이를 악용할 우려가 있다. 따라서 심판대상조항은 변호사인 청구인의 업무를 원하는 방식으로 자유롭게 수행할 수 있는 자유를 침해한다고 할 수 없다(헌재 2022. 2. 24. 2018헌마1010).

▶ 소송사건의 대리인인 변호사가 수형자를 접견하고자 하는 경우 소송계속 사실을 소명할 수 있는 자료를 제출하도록 규정하고 있는 형집행법 시행규칙 제29조의2 제1항 제2호 부분이 과잉금지원칙에 위배되어 변호사인 청구인의 직업수행의 자유를 침해하는지(적극) : 심판대상조항에 의하면 소송계속 사실 소명자료를 제출하도록 규정함으로써 이를 제출하지 못하는 변호사는 일반접견을 이용할 수밖에 없다. 일반접견은 접촉차단시설이 설치된 일반접견실에서 10분 내외 짧게 이루어지므로 그 시간은 변호사접견의 1/6 수준에 그친다. 또한 그 대화 내용은 청취·기록·녹음·녹화의 대상이 되므로 교정시설에서 부당한 처우를 당했다는 등의 사정이 있는 수형자는 위축된 나머지 법적 구제를 단념할 가능성마저 배제할 수 없다. 심판대상조항은 소 제기 전 단계에서 충실한 소송준비를 하기 어렵게 하여 변호사의 직무수행에 큰 장애를 초래하고, 변호사의 도움이 가장 필요한 시기에 접견에 대한 제한의 정도가 크다는 점에서 수형자의 재판청구권 역시 심각하게 제한될 수밖에 없다. 따라서 심판대상조항은 과잉금지원칙에 위배되어 변호사인 청구인의 직업수행의 자유를 침해한다(헌재 2021. 10. 28. 2018헌마60).

▶ **법무법인에 대하여 변호사법 제38조 제2항을 준용하지 않고 있는 변호사법 제57조가 법무법인의 영업의 자유를 침해하는지**(소극) : 법무법인이 영리기업으로 변질됨에 따라 변호사 직무의 일반적 신뢰 저하나 법률소비자의 불측의 손해가 발생할 수 있고, 그 정도 또한 클 것으로 예상되는 점, 현행 변호사법 규정으로는 영리추구 기업으로 변질된 법무법인에 대한 실질적인 감독ㆍ제재가 어려운 점 등을 종합하면, 법무법인이 변호사회 등의 허가를 받아 영리행위를 할 수 있도록 하는 방법으로는 심판대상조항과 동등한 수준으로 입법목적을 달성할 것으로 보기 어렵다. 또한 법무법인의 구성원 변호사들은 자신에 대한 겸직허가를 받아 영리행위를 하거나 영리법인을 설립할 수 있으므로, 법무법인의 구성원 변호사의 기본권실현에 특별한 지장이 있다고 보기도 어렵다. 이러한 점들을 종합하면, 심판대상조항이 피해의 최소성 및 법익의 균형성 원칙에 위반된다고 볼 수 없다(헌재 2020. 7. 16. 2018헌바195).

▶ **법률사건의 수임에 관하여 알선의 대가로 금품을 제공하거나 이를 약속한 변호사를 형사처벌하는 구 변호사법 제109조 제2호 중 제34조 제2항 부분이 과잉금지원칙에 위배하여 변호사의 직업수행의 자유를 침해하는지**(소극) : 이 사건 법률조항은 변호사제도의 특성상 변호사에게 요구되는 윤리성을 담보하고, 비변호사의 법률사무 취급행위를 방지하며, 법률사무 취급의 전문성, 공정성, 신뢰성 등을 확보하고자 하는 것인바, 정당한 목적 달성을 위한 적합한 수단에 해당한다. 나아가 이 사건 법률조항으로 인하여 수범자인 변호사가 받는 불이익이란 결국 수임 기회의 제한에 불과하고, 이는 현재의 변호사제도가 변호사에게 법률사무 전반을 독점시키고 있음에 따라 필연적으로 발생하는 규제로서 변호사를 직업으로 선택한 이로서는 당연히 감수하여야 할 부분이다. 따라서 이 사건 법률조항이 과잉금지원칙에 위반하여 변호사의 직업수행의 자유를 침해한다고 볼 수 없다(헌재 2013. 2. 28. 2012헌바62).

▶ **변호인선임서 등을 공공기관에 제출할 때 소속 지방변호사회를 경유하도록 하는 변호사법 제29조가 변호사의 직업수행의 자유를 침해하는지**(소극) : 변호인선임서 등의 지방변호사회 경유제도는 사건 브로커 등 수임관련 비리의 근절 및 사건수임 투명성을 위하여 도입된 것으로, 변호인선임서의 경유 시에 사건수임에 관한 기본적인 사항만을 작성하도록 하고 있는 점, 상당수의 지방변호사회에서 '인터넷 경유업무시스템'을 도입하여 직접경유로 인한 불편함을 최소화하고 있는 점, 급박한 사정이 있는 경우에는 변호사법 제29조 단서에서 예외를 규정하고 있는 점을 고려할 때 입법목적 달성에 필요한 범위를 넘지 아니하였으며, 그로 인한 사익 제한은 크지 않은 반면 사건수임 투명화라는 공익은 더 크므로, 변호사법 제29조는 변호사의 직업수행의 자유를 침해하지 아니한다(헌재 2013. 5. 30. 2011헌마131).

▶ **법학전문대학원 출신 변호사들에게 6개월간의 법률사무 종사 또는 연수 의무를 부과한 변호사법 제31조의2 제1항이 직업수행의 자유를 침해하는지**(소극) : 심판대상조항은 법학전문대학원 출신 변호사들에게 본격적이고 실질적인 실무수습의 기회를 갖도록 함으로써 사회적 신뢰를 쌓을 수 있도록 하기 위한 것으로서 그 목적의 정당성과 수단의 적합성이 인정되고, 의무연수 또는 의무종사의 선택권 보장, 대상기관의 확대, 기간통산제도 등을 통해 실무수습의 다양성을 보장하고 있으므로 피해 최소성원칙에 어긋나지 않는다. 실무교육 능력이 검증되지 않은 상황에서 소비자인 국민의 권익을 보호하고 법학전문대학원 출신 변호사들의 실무능력을 향상한다는 점에서 법익균형성도 인정되므로, 심판대상조항은 과잉금지원칙에 위배되어 청구인의 직업수행의 자유를 침해하지 않는다(헌재 2013. 10. 24. 2012헌마480).

▶ 학교정화구역 내에서의 극장시설 및 영업을 금지하고 있는 학교보건법 제6조 제1항 본문 제2호 중 대학의 정화구역에서도 극장영업을 일반적으로 금지하고 있는 부분이 직업의 자유를 침해하는지(적극) : 대학생의 신체적·정신적 성숙성에 비추어 볼 때 대학생이 영화의 오락성에 탐닉하여 학습을 소홀히 할 가능성이 적으며, 그와 같은 가능성이 있다고 하여도 이는 자율성을 가장 큰 특징으로 하는 대학교육이 용인해야 할 부분이라고 할 것이다. 따라서 대학의 정화구역에 관하여는 학교보건법 제6조 제1항 단서에서 규율하는 바와 같은 예외조항의 유무와 상관없이 극장에 대한 일반적 금지를 둘 필요성을 인정하기 어렵다. 결국, 대학의 정화구역 안에서 극장시설을 금지하는 이 사건 법률조항은 극장운영자의 직업수행의 자유를 필요·최소한 정도의 범위에서 제한한 것이라고 볼 수 없어 최소침해성의 원칙에 반한다(헌재 2004. 5. 27. 2003헌가1).

▶ 유치원 및 초·중·고등학교의 정화구역 중 극장영업을 절대적으로 금지하고 있는 절대금지구역 부분이 극장영업을 하고자 하는 자의 직업의 자유를 과도하게 침해하여 위헌인지(적극) : 국가·지방자치단체 또는 문화재단 등 비영리단체가 운영하는 공연장 및 영화상영관, 순수예술이나 아동·청소년을 위한 전용공연장 등을 포함한 예술적 관람물의 공연을 목적으로 하는 공연법상의 공연장, 순수예술이나 아동·청소년을 위한 영화진흥법상의 전용영화상영관 등의 경우에는 정화구역 내에 위치하더라도 초·중·고등학교 학생들에게 유해한 환경이라고 하기보다는 오히려 학생들의 문화적 성장을 위하여 유익한 시설로서의 성격을 가지고 있어 바람직한 방향으로 활용될 가능성이 높다는 점을 부인하기 어렵다. 그렇다면 정화구역 내의 절대금지구역에서는 이와 같은 유형의 극장에 대한 예외를 허용할 수 있는 가능성을 전혀 인정하지 아니하고 일률적으로 금지하고 있는 이 사건 법률조항은 그 입법목적을 달성하기 위하여 필요한 정도 이상으로 극장운영자의 기본권을 제한하는 법률이다(헌재 2004. 5. 27. 2003헌가1 헌법불합치).

▶ 학교보건법 소정의 학교환경위생정화구역 안에서 노래연습장의 시설·영업을 금지하는 것이 헌법 제15조의 직업선택의 자유 등을 침해하는지(소극) : 이 사건 시행령조항은 노래연습장으로 인하여 청소년 학생이 학습을 소홀히 하는 것을 막고 노래연습장의 유해환경으로부터 학생들을 차단, 보호하여 학교교육의 능률화를 기하려는 것으로서 그 입법목적이 정당하고, 학교경계선으로부터 200미터 이내의 학교환경위생정화구역안에서만 노래연습장 시설을 금지하는데 불과하므로 기본권 제한의 정도가 그다지 크지 아니한 데 비하여, 학교환경위생정화구역 안에서 노래연습장 시설을 금지하면 변별력과 의지력이 미약한 초·중등교육법상 각 학교의 학생들을 노래연습장이 갖는 오락적인 유혹으로부터 차단하는 효과가 상당히 크다고 할 것이므로, 이 사건 시행령에 의한 직업행사 자유의 제한은 그 입법목적 달성을 위하여 필요한 정도를 넘어 과도하게 제한하는 것이라고 할 수 없다(헌재 1999. 7. 22. 98헌마480).

Ⅲ 주관적 사유에 의한 직업선택의 자유 제한

1. 일반적 기준

직업선택의 자유를 제한함에 있어 어떤 직업의 수행을 위한 전제요건으로서 일정한 주관적 요건을 갖춘 자에게만 그 직업에 종사할 수 있도록 제한하는 경우, 이러한 주관적 요건을 갖추도록 요구하는 것이 누구에게나 제한 없이 그 직업에 종사하도록 방임함으로써 발생할 우려가 있는 공공의 손실과 위험을 방지하기 위한 적절한 수단이고, 그 직업을 희망하는 모든 사람에게 동일하게 적용되어야 하며, 주관적 요건 자체가 그 제한목적과 합리적인 관계가 있어야 한다는 과잉금지원칙이 적용된다(헌재 2015. 12. 23. 2014헌바446).

> **판례**
>
> ▶ **성범죄 의료인 취업제한**: 이는 일정한 직업을 선택함에 있어 기본권 주체의 능력과 자질에 따른 제한이므로, 이른바 '주관적 요건에 의한 좁은 의미의 직업선택의 자유'에 대한 제한에 해당한다(헌재 2016. 3. 31. 2013헌마585).
>
> ▶ **아동학대관련범죄자 취업제한**: 이는 일정한 직업을 선택함에 있어 기본권 주체의 능력과 자질에 따른 제한에 해당하므로, 이른바 '주관적 요건에 의한 좁은 의미의 직업선택의 자유'에 대한 제한에 해당한다(헌재 2018. 6. 28. 2017헌마130).
>
> ▶ **정원제로 사법시험의 합격자를 결정하는 방법**: 시험제도란 본질적으로 응시자의 자질과 능력을 측정하는 것이며, 이 사건 법률조항이 사법시험의 합격자를 결정하는 방법으로 정원제를 취한 이유는 상대평가라는 방식을 통하여 응시자의 자질과 능력을 검정하려는 것이므로 이는 객관적 사유가 아닌 주관적 사유에 의한 직업선택의 자유의 제한이다(헌재 2010. 5. 27. 2008헌바110).

2. 자격제도

(1) 직업선택의 자유와 자격제도

헌법 제15조는 직업선택의 자유를 보장하고 있으나, 입법자는 의사와 같이 국민의 생명과 건강을 다루는 직업과 변호사, 건축사 등과 같이 전문적 지식과 기술을 가져야만 직업을 원활히 수행할 수 있다고 판단되는 직업에 대하여는 그 공익목적을 위하여 헌법상 보장된 직업선택의 자유를 법률로 전면적으로 금지시켜 놓은 다음 일정한 자격을 갖춘 자에 한하여 직업선택의 자유를 회복시켜 주는 자격제도를 실시하고 있다(헌재 2000. 4. 27. 97헌바88).

(2) 자격제도와 평등권 침해 여부

입법자는 당해 직업의 업무를 수행하는데 충분한 능력과 지식 등을 갖춘 사람이면 모두에게 자격을 부여하는 것이 원칙일 것이다. 그러나 자격제도를 만들면서 각 직업에 실질적으로 필요한 자격요건이 무엇인가 하는 것은 그 업무의 내용과 제반여건 등을 종합적으로 고려하여 입법자가 결정할 재량사항으로서, 이러한 점에 대한 판단과 선택은 입법자에게 입법형성의 자유가 인정되며, 다만 그 자격요건의 설정이 재량의 범위를 넘어 명백히 불합리하게 된 경우에만 평등권 침해 등의 위헌 문제가 생길 수 있다(헌재 2000. 4. 27. 97헌바88).

> **판례**
>
> ▶ 국세에 관한 행정사무에 종사한 경력 10년이상인 자로서 그 중 일반직 5급이상 공무원으로 5년이상 재직한 경력이 있는 자에게만 세무사의 자격을 주도록 하고 있는 것이 6급이하 세무공무원 재직경력자들의 평등권을 침해하는지(소극): 5급이상의 세무공무원은 국세의 부과·징수업무를 전반적으로 지휘·감독하고 총괄처리하는 역할을 수행하고 주요업무를 지휘·감독하여 독자적으로 결정하고 책임지므로 국세업무전반에 걸친 폭넓은 이해와 세무법률관계에 관한 실무적·이론적 지식을 갖추고 있어야 하며, 채용시험이나 승진시험의 수준도 이를 검정하도록 정해져 있어 이들이 갖추고 있는 능력과 지식은 행정실무적 능력뿐 아니라 법률제도에 대한 기본적인 소양이나 세법에 대한 이론적인 지식이 필요한 세무사업무의 수행에 적합하다. 그러나 6급이하 세무공무원은 행정실무에 필요한 능력과 지식은 가진 것으로 볼 수 있으나 세무업무에 관한 전반적인 지휘·감독 및 총괄처리능력과 세법과 법률제도 전반에 걸친 기본소양이나 이론적지식이 부족하여, 세무사 업무능력이 충분히 갖추었다고 볼 수 없다. 따라서 이 사건 법률조항이 일반직 5급이상 재직한 경력이 있는 자들에게만 세무사자격을 인정하여 6급이하의 재직경력자들은 불리하게 차별취급하는 것은 합리적인 이유가 있다 할 것이고, 이를 가리켜 자의적인 차별로서 청구인들의 평등권을 침해한다고 볼 수 없다(헌재 2000. 4. 27. 97헌바88).

(3) 자격제도와 직업의 자유 침해 여부

1) 유연하고 탄력적 심사

좁은 의미의 직업선택의 자유를 제한함에 있어 어떤 직업의 수행을 위한 전제요건으로서 일정한 주관적 요건을 갖춘 자에게만 그 직업에 종사할 수 있도록 제한하는 경우에는 이러한 주관적 요건을 갖추도록 요구하는 것이 누구에게나 제한 없이 그 직업에 종사하도록 방임함으로써 발생할 우려가 있는 공공의 손실과 위험을 방지하기 위한 적절한 수단이고, 그 직업을 희망하는 모든 사람에게 동일하게 적용되어야 하며, 주관적 요건 자체가 그 제한 목적과 합리적인 관계가 있어야 한다는 과잉금지원칙이 적용되어야 할 것이다. 다만 과잉금지원칙을 적용함에 있어, 일정한 직업의 업무에 실질적으로 필요한 자격요건을 어떻게 설정할 것인가는 업무의 내용과 제반여건 등을 종합적으로 고려하여 입법자가 결정할 사항으로서 입법자에게 폭넓은 입법재량권이 부여되어 있으므로, 다른 방법으로 직업의 자유를 제한하는 경우에 비하여 보다 유연하고 탄력적인 심사가 필요하다(헌재 2024. 3. 28. 2020헌마915).

2) 침해의 최소성

① 입법목적을 달성하기 위한 필요한 범위 내

전문직 자격제도에 관하여는 입법자에게 폭넓은 형성의 자유가 인정되므로, 심판대상조항이 직업선택의 자유를 최소한 침해하고 있는지 여부를 판단함에 있어서도 가장 덜 제약적인 방법인지가 아니라 완화된 기준으로 입법목적을 달성하기 위해 필요한 범위 내의 것인지를 심사하는 방법에 따라야 한다(헌재 2016. 9. 29. 2012헌마1002).

> **판례**
>
> ▶ 변호사시험에 응시하려는 사람은 법학전문대학원의 석사학위를 취득하여야 한다는 자격요건을 규정하고 있는 변호사시험법 제5조 제1항 본문이 과잉금지원칙을 위반하여 직업선택의 자유를 침해하는지(소극) : 이 사건 법률조항은, 양질의 법률서비스를 제공하기 위하여 다양한 학문적 배경을 가진 전문법조인을 법률이론과 실무교육을 통해 양성하고, 법학교육을 정상화하며, 과다한 응시생이 장기간 사법시험에 빠져있음으로 인한 국가인력의 극심한 낭비와 비효율성을 막기 위한 취지에서 도입된 것으로, 사법시험 병행제도 및 예비시험 제도는 위와 같은 입법목적을 달성하기에 부족한 반면, 변호사시험법은 사법시험을 2017년까지 병행 실시하도록 하여 기존 사법시험 준비자들의 신뢰를 보호하였으므로, 위 법률조항은 침해의 최소성 원칙에도 위배되지 않는다(헌재 2012. 4. 24. 2009헌마608).

② 결격사유의 발생과 자격박탈

어떠한 직업분야에 관한 자격제도를 만들면서 그 자격요건 내지 결격사유를 어떻게 설정할 것인가에 관하여 입법자에게 폭넓은 입법재량이 인정되기는 하나, 일단 자격요건을 구비하여 자격을 부여받았다면 사후적으로 결격사유가 발생했다고 해서 당연히 그 자격을 박탈할 수 있는 것은 아니다. 국가가 설정한 자격요건을 구비하지 못했다는 이유로 일정한 자격을 부여하지 않더라도 해당자가 잃는 이익이 크다고 볼 수 없는 반면 그러한 자격을 일단 취득하여 직업활동을 영위해 오고 있는 자의 자격을 상실시킬 경우 장기간 쌓아온 지위를 박탈하는 것으로서 그 불이익이 중대할 수 있기 때문이다. 따라서 이미 부여받은 자격을 박탈하는 경우, 입법자로서는 입법목적을 달성하기 위해 선택할 수 있는 여러 수단 중에서 국민의 기본권을 가장 덜 제한하는 수단을 채택하여야 하며, 보다 덜 제한적인 방법으로도 동일한 목적을 실현할 수 있음에도 불구하고 더 제한적인 방법을 선택했다면 이는 최소침해성의 원칙에 위배되는 것이다(헌재 2014. 1. 28. 2011헌바252).

> **판례**
>
> ▶ 자격제도와 양립할 수 없는 결격사유를 규정한 경우 : 입법자가 일정한 자격제도를 마련하면서 그 자격제도를 둔 취지와 양립할 수 없는 결격사유를 규정하고 있는 이상, 일단 자격을 취득하여 그 자격제도에 포섭된 자일지라도 결격사유에 해당하게 됨으로써 당해 자격제도의 범주에서 벗어난 경우, 필요적으로 그 자격을 취소·박탈하는 것은 자격취득에 관한 요건으로 결격사유를 설정한 자격제도 자체에서 유래하는 본질적인 한계에 속하고, 단지 그 결과만을 두고 최소침해성의 원칙에 위반된다고 볼 수 없다(헌재 2001. 5. 31. 99헌바94).
>
> ▶ 금고 이상의 형의 선고유예를 받은 경우에는 공무원직에서 당연히 퇴직하는 것으로 규정한 국가공무원법 조항이 헌법 제25조의 공무담임권을 침해하는 것인지(적극) : 같은 금고 이상의 형의 선고유예를 받은 경우라고 하여도 범죄의 종류, 내용이 지극히 다양한 것이므로 그에 따라 국민의 공직에 대한 신뢰 등에 미치는 영향도 큰 차이가 있는 것이다. 따라서 입법자로서는 국민의 공직에 대한 신뢰보호를 위하여 해당 공무원이 반드시 퇴직하여야 할 범죄의 유형, 내용 등으로 그 당연퇴직의 사유 및 범위를 가급적 한정하여 규정하였어야 할 것이다. 그런데 위 규정은 금고 이상의 선고유예의 판결을 받은 모든 범죄를 포괄하여 규정하고 있을 뿐 아니라, 심지어 오늘날 누구에게나 위험이 상존하는 교통사고 관련 범죄 등 과실범의 경우마저 당연퇴직의 사유에서 제외하지 않고 있으므로 최소침해성의 원칙에 반한다(헌재 2003. 10. 30. 2002헌마684).

▶ **대학·산업대학의 간호학과나 전문대학의 간호과 재학 중 일정한 교직학점을 취득한 경우에만 보건교사가 될 수 있도록 한 초·중등교육법 제21조 제2항 별표 2 부분이 과잉금지원칙에 위반되어 직업선택의 자유를 침해하는지**(소극) : 심판대상조항이 보건교사가 될 수 있는 자격요건의 하나로 대학·산업대학의 간호학과 또는 전문대학의 간호과 재학 중 일정한 교직학점을 취득하도록 한 것은 교사로서의 전문성을 확보하기 위함이고, 교육대학원 등을 통한 보건교사 양성과정을 별도로 두지 아니한 것은 학생 수 대비 적정한 보건교사의 수를 유지함으로써 보건교육의 질을 확보하기 위한 것이다. 따라서 심판대상조항이 보건교사의 경우 교육대학원 등으로 보건교사 양성기관을 확대하지 아니한 것은 교사 수요 대비 적정한 교원양성규모를 유지하기 위한 것으로 이러한 입법자의 판단이 잘못되었다고 보기 어렵다. 그러므로 심판대상조항은 과잉금지원칙에 위반되어 청구인의 직업선택의 자유를 침해하지 않는다(헌재 2024. 3. 28. 2020헌마915).

▶ **국민권익위원회 심사보호국 소속 5급 이하 7급 이상의 일반직공무원으로 하여금 퇴직일부터 3년간 취업심사대상기관에 취업할 수 없도록 한 공직자윤리법 제17조 제1항이 과잉금지원칙에 위배되어 직업선택의 자유를 침해하는지**(소극) : 심판대상조항은 국민권익위원회 소속 공무원이라 하더라도 관할 공직자윤리위원회로부터 퇴직 전 5년 동안 소속되었던 부서의 업무와 취업심사대상기관 간에 밀접한 관련성이 없다는 확인을 받거나 취업승인을 받은 때에는 예외적으로 취업이 가능하도록 규정하고 있는데, 취업을 원칙적으로 제한하지 아니하고 사후심사를 통하여 취업을 제한하거나 특정 이해충돌 행위만을 금지하여서는, 공직자가 재직 중 취업예정기관에 특혜를 부여하거나 퇴직 이후에 재직했던 부서에 부당한 영향력을 행사할 가능성을 방지하기 어렵다. 따라서 심판대상조항은 과잉금지원칙에 위배되어 청구인의 직업선택의 자유를 침해하지 않는다(헌재 2024. 3. 28. 2020헌마1527).

▶ **의료법 등을 위반하여 금고 이상의 형을 선고받은 경우 의료인의 면허를 필요적으로 취소하도록 규정한 의료법 제65조 제1항 부분이 과잉금지원칙에 반하여 직업선택의 자유를 침해하는지**(소극) : 의료인에 대한 신뢰를 보호하고자 의료관련범죄로 인하여 처벌받은 의료인에게 면허취소라는 불이익을 과하는 심판대상조항은 입법목적의 정당성 및 수단의 적절성이 인정된다. 의료법 제65조 제2항 단서는 면허취소의 경우 의료인의 자격을 영구히 상실하게 하고 있지 않고 3년이 경과하는 경우 면허를 다시 받을 수 있는 길을 열어둠으로써 의료인의 직업선택의 자유에 대한 제한을 완화하는 규정을 두고 있다. 이와 같은 점을 고려하면 심판대상조항은 최소침해성의 원칙에도 부합한다. 따라서 심판대상조항은 법익의 균형성 요건도 갖추었다(헌재 2020. 4. 23. 2019헌바118).

▶ **의료인이 아닌 자의 문신시술업을 금지하고 처벌하는 의료법 제27조 제1항 본문 전단 부분 등이 청구인들의 직업선택의 자유를 침해하는지**(소극) : 별도의 문신시술 자격제도를 통하여 비의료인의 문신시술을 허용할 수 있다는 대안이 제시되기도 하나, 문신시술에 한정된 의학적 지식과 기술만으로는, 현재 의료인과 동일한 정도의 안전성과 사전적·사후적으로 필요할 수 있는 의료조치의 완전한 수행을 보장할 수 없다. 따라서 문신시술 자격제도와 같은 대안의 도입 여부는 입법재량의 영역에 해당하고, 입법부가 위와 같은 대안을 선택하지 않고 국민건강과 보건위생을 위하여 의료인만이 문신시술을 하도록 허용하였다고 하여 헌법에 위반된다고 볼 수 없다. 그러므로 심판대상조항은 명확성원칙이나 과잉금지원칙을 위반하여 청구인들의 직업선택의 자유를 침해하지 않는다(헌재 2022. 3. 31. 2017헌마1343).

▶ "약사 또는 한약사가 아니면 약국을 개설할 수 없다."고 규정한 약사법 제16조 제1항은 법인을 구성하여 약국을 개설·운영하려고 하는 약사들 및 이들 약사들로 구성된 법인의 직업선택의 자유와 결사의 자유를 침해하는지(적극) : 국민의 보건을 위해서는 약국에서 실제로 약을 취급하고 판매하는 사람은 반드시 약사이어야 한다는 제한을 둘 필요가 있을 뿐, 약국의 개설 및 운영 자체를 자연인 약사에게만 허용할 합리적 이유는 없다. 법인의 설립은 그 자체가 간접적인 직업선택의 한 방법으로서 직업수행의 자유의 본질적 부분의 하나이므로, 정당한 이유 없이 약국개설권이 있는 약사들만으로 구성된 법인에게도 약국개설을 금지하는 것은 입법목적을 달성하기 위하여 필요하고 적정한 방법이 아니고, 입법형성권의 범위를 넘어 과도한 제한을 가하는 것으로서, 법인을 구성하여 약국을 개설·운영하려고 하는 약사들 및 이들로 구성된 법인의 직업선택(직업수행)의 자유의 본질적 내용을 침해하는 것이고, 동시에 약사들이 약국경영을 위한 법인을 설립하고 운영하는 것에 관한 결사의 자유를 침해하는 것이다(헌재 2002. 9. 19. 2000헌바84 헌법불합치).

▶ '약사 또는 한약사가 아닌 자연인'의 약국 개설을 금지하고 위반 시 형사처벌하는 약사법 제20조 제1항이 과잉금지원칙에 반하여 직업의 자유를 침해하는지(소극) : 비약사의 약국 개설이 허용되면, 영리 위주의 의약품 판매로 인해 의약품 오남용 및 국민 건강상의 위험이 증대할 가능성이 높고, 대규모 자본이 약국시장에 유입되어 의약품 유통체계 및 판매질서를 위협할 우려가 있다. 또한 비약사의 약국 개설은, 개설등록 취소나 약사의 자격정지, 부당이득 보험급여 징수 등 행정제재만으로는 예방하기에 미흡하고, 그에 가담한 약사를 형사처벌 대상에서 제외할 특별한 사정이 있다고도 할 수 없다. 약국 개설은 전 국민의 건강과 보건, 나아가 생명과도 직결된다는 점에서 달성되는 공익보다 제한되는 사익이 더 중하다고 볼 수 없다. 심판대상조항은 과잉금지원칙에 반하여 직업의 자유를 침해하지 않는다(헌재 2020. 10. 29. 2019헌바249).

▶ 안경사 면허를 가진 자연인에게만 안경업소의 개설 등을 할 수 있도록 한 구 의료기사 등에 관한 법률 제12조 제1항 등이 과잉금지원칙에 반하여 자연인 안경사와 법인의 직업의 자유를 침해하는지(소극) : 국민의 눈 건강과 관련된 국민보건의 중요성, 안경사 업무의 전문성, 안경사로 하여금 자신의 책임하에 고객과의 신뢰를 쌓으면서 안경사 업무를 수행하게 할 필요성 등을 고려할 때, 안경업소 개설은 그 업무를 담당할 자연인 안경사로 한정할 것이 요청된다. 법인 안경업소가 허용되면 영리추구 극대화를 위해 무면허자로 하여금 안경 조제·판매를 하게 하는 등의 문제가 발생할 가능성이 높아지고, 안경 조제·판매 서비스의 질이 하락할 우려가 있다. 또한 대규모 자본을 가진 비안경사들이 법인의 형태로 안경시장을 장악하여 개인 안경업소들이 폐업하면 안경사와 소비자 간 신뢰관계 형성이 어려워지고, 독과점으로 인해 안경 구매비용이 상승할 수 있다. 따라서 심판대상조항은 과잉금지원칙에 반하지 아니하여 자연인 안경사와 법인의 직업의 자유를 침해하지 아니한다(헌재 2021. 6. 24. 2017헌가31).

▶ 나무의사만이 수목진료를 할 수 있도록 규정한 산림보호법 제21조의4 제1항이 과잉금지원칙에 위배되어 청구인들의 직업선택의 자유를 침해하는지(소극) : 나무의사조항은 수목을 체계적으로 보호하기 위한 것으로, 목적의 정당성과 수단의 적합성이 인정되고, 산림보호법은 기존에 수목진료를 해오던 식물보호기사·산업기사의 기본권 제한을 최소화하기 위한 조치를 취하고 있는 점 등을 고려하면, 나무의사조항은 침해의 최소성에 반하지 않으며, 청구인들이 교육을 이수한 후 나무의사 자격시험에 합격하지 않으면 수목진료를 할 수 없게 되는 불이익이 나무의사조항이 추구하는 공익에 비하여 중대하다고 볼 수 없으므로, 나무의사조항은 법익의 균형성에도 반하지 않는다. 따라서 나무의사조항은 과잉금지원칙에 위배되어 청구인들의 직업선택의 자유를 침해하지 않는다(헌재 2020. 6. 25. 2018헌마974).

▶ **세무사 자격 보유 변호사로 하여금 세무사로서 세무사의 업무를 할 수 없도록 규정한 세무사법 제6조 제1항 등이 세무사 자격 보유 변호사의 직업선택의 자유를 침해하는지**(적극) : 세무사의 업무에는 세법 및 관련 법령에 대한 전문 지식과 법률에 대한 해석·적용능력이 필수적으로 요구되는 업무가 포함되어 있다. 세법 및 관련 법령에 대한 해석·적용에 있어서는 세무사나 공인회계사보다 변호사에게 오히려 전문성과 능력이 인정됨에도 불구하고, 심판대상조항은 세무사 자격 보유 변호사로 하여금 세무대리를 일체 할 수 없도록 전면적으로 금지하고 있으므로, 수단의 적합성을 인정할 수 없다. 심판대상조항이 세무사 자격 보유 변호사에 대하여 세무사로서의 세무대리를 일체 할 수 없도록 전면 금지하는 것은 세무사 자격 부여의 의미를 상실시키는 것일 뿐만 아니라, 세무사 자격에 기한 직업선택의 자유를 지나치게 제한하는 것이다. 따라서 심판대상조항은 침해의 최소성에도 반한다(헌재 2018. 4. 26. 2015헌가19 헌법불합치).

▶ **변호사의 자격이 있는 자에게 더 이상 세무사 자격을 부여하지 않는 구 세무사법 제3조가 시행일 이후 변호사 자격을 취득한 청구인들의 직업선택의 자유를 침해하는지**(소극) : 변호사가 세무나 회계 등과 관련한 법률사무를 처리할 수 있다고 하여 변호사에게 반드시 세무사의 자격이 부여되어야 하는 것은 아니고 변호사에 대하여 세무사 자격을 부여할 것인지 여부는 국가가 입법 정책적으로 결정할 사안이라는 점, 변호사에게 세무사의 자격을 부여하면서도 현행법상 실무교육에 더하여 세무대리업무에 특화된 추가교육을 이수하도록 하는 등의 대안을 통해서는 세무사 자격 자동부여와 관련된 특혜시비를 없애고 일반 국민과의 형평을 도모한다는 입법목적을 달성할 수 없는 점 등을 고려하면, 이 사건 법률조항이 피해의 최소성 원칙에 반한다고 보기 어렵다(헌재 2021. 7. 15. 2018헌마279).

▶ **어린이집 원장 또는 보육교사가 아동학대관련범죄로 처벌을 받은 경우 행정청이 재량으로 그 자격을 취소할 수 있도록 정한 영유아보육법 조항이 직업선택의 자유를 침해하는지**(소극) : 어린이집의 안전성에 대한 사회적 신뢰를 지키고 영유아의 완전하고 조화로운 인격 발달을 도모하기 위해서는 아동학대관련범죄로 처벌받은 어린이집 원장 또는 보육교사의 자격을 취소하여 보육현장에서 배제할 필요가 크다. 심판대상조항은 행정청에 자격취소에 관한 재량을 부여하는 임의적 규정이고, 재량권 행사의 당부를 법원에서 사후적으로 판단받을 수도 있다. 따라서 심판대상조항은 과잉금지원칙에 반하여 직업선택의 자유를 침해하지 아니한다(헌재 2023. 5. 25. 2021헌바234).

▶ **아동학대 관련 범죄로 형을 선고받아 확정된 자는 그 형이 확정된 때부터 형의 집행이 종료되거나 집행을 받지 아니하기로 확정된 후 10년 동안 체육시설 및 초·중등교육법 제2조의 학교를 운영하거나 취업을 할 수 없도록 한 아동복지법 조항이 청구인들의 직업선택의 자유를 침해하는지**(적극) : 아동학대관련범죄전력만으로 그가 장래에 동일한 유형의 범죄를 다시 저지를 것을 당연시하고, 형의 집행이 종료된 때부터 10년이 경과하기 전에는 결코 재범의 위험성이 소멸하지 않는다고 보며, 각 행위의 죄질에 따른 상이한 제재의 필요성을 간과함으로써, 아동학대관련범죄전력자 중 재범의 위험성이 없는 자, 아동학대관련범죄전력이 있지만 10년의 기간 안에 재범의 위험성이 해소될 수 있는 자, 범행의 정도가 가볍고 재범의 위험성이 상대적으로 크지 않은 자에게까지 10년 동안 일률적인 취업제한을 부과하고 있는데, 이는 침해의 최소성 원칙과 법익의 균형성 원칙에 위배된다(헌재 2018. 6. 28. 2017헌마130).

▶ **아동학대 관련 범죄로 벌금형이 확정된 날부터 10년이 지나지 아니한 사람은 어린이집을 설치·운영하거나 어린이집에 근무할 수 없도록 한 영유아보육법 조항이 직업선택의 자유를 침해하는지**(적극): 아동학대 관련 범죄전력자에 대해 범죄전력만으로 장래에 동일한 유형의 범죄를 다시 저지를 것이라고 단정하기는 어려움에도 불구하고, 심판대상조항은 오직 아동학대 관련 범죄전력에 기초해 10년이라는 기간 동안 일률적으로 취업제한의 제재를 부과하는 점, 이 기간 내에는 취업제한 대상자가 그러한 제재로부터 벗어날 수 있는 어떠한 기회도 존재하지 않는 점, 재범의 위험성에 대한 사회적 차원의 대처가 필요하다 해도 개별 범죄행위의 태양을 고려한 위험의 경중에 대한 판단이 있어야 하는 점 등에 비추어 볼 때, 심판대상조항은 침해의 최소성 요건을 충족했다고 보기 어렵다(헌재 2022. 9. 29. 2019헌마813).

▶ **성적목적공공장소침입죄로 형을 선고받아 확정된 자로 하여금 그 형의 집행을 종료한 날부터 10년 동안 의료기관을 제외한 아동·청소년 관련기관 등을 개설하거나 그에 취업할 수 없도록 한 '아동·청소년의 성보호에 관한 법률' 제56조 제1항 부분이 청구인의 직업선택의 자유를 침해하는지**(적극): 취업제한조항이 성적목적공공장소침입죄 전력만으로 장래에 동일한 유형의 범죄를 저지를 것을 당연시하고, 형의 집행이 종료된 때로부터 10년이 경과하기 전에는 결코 재범의 위험성이 소멸하지 않는다고 보아, 각 행위의 죄질에 따른 상이한 제재의 필요성을 간과함으로써, 범죄 전력자 중 재범의 위험성이 없는 자, 범죄전력이 있지만 10년의 기간 안에 재범의 위험성이 해소될 수 있는 자, 범행의 정도가 가볍고 재범의 위험성이 상대적으로 크지 않은 자에게까지 10년 동안 일률적인 취업제한을 하고 있는 것은 침해의 최소성 원칙과 법익의 균형성 원칙에 위배된다(헌재 2016. 10. 27. 2014헌마709).

▶ **성인대상 성범죄로 형을 선고받아 확정된 자로 하여금 그 형의 집행을 종료한 날부터 10년 동안 의료기관을 개설하거나 의료기관에 취업할 수 없도록 한 구 아동·청소년의 성 보호에 관한 법률조항이 직업선택의 자유를 침해하는지**(적극): 이 사건 법률조항이 성범죄 전력만으로 그가 장래에 동일한 유형의 범죄를 다시 저지를 것을 당연시하고, 형의 집행이 종료된 때부터 10년이 경과하기 전에는 결코 재범의 위험성이 소멸하지 않는다고 보며, 각 행위의 죄질에 따른 상이한 제재의 필요성을 간과함으로써, 성범죄 전력자 중 재범의 위험성이 없는 자, 성범죄 전력이 있지만 10년의 기간 안에 재범의 위험성이 해소될 수 있는 자, 범행의 정도가 가볍고 재범의 위험성이 상대적으로 크지 않은 자에게까지 10년 동안 일률적인 취업제한을 부과하고 있는 것은 침해의 최소성 원칙과 법익의 균형성 원칙에 위배된다(헌재 2016. 3. 31. 2013헌마585).

▶ **마약류관리법을 위반하여 금고 이상의 실형을 선고받고 그 집행이 끝나거나 면제된 날부터 20년이 지나지 아니한 것을 택시운송사업의 운전업무 종사자격의 결격사유 및 취소사유로 정한 여객자동차법 조항이 직업선택의 자유를 침해하는지**(적극): 심판대상조항은 구체적 사안의 개별성과 특수성을 고려할 수 있는 여지를 일체 배제하고 그 위법의 정도나 비난 가능성의 정도가 미약한 경우까지도 획일적으로 20년이라는 장기간 동안 택시운송사업의 운전업무 종사자격을 제한하는 것이므로 침해의 최소성 원칙에 위배되며, 법익의 균형성 원칙에도 반한다. 따라서 심판대상조항은 청구인들의 직업선택의 자유를 침해한다(헌재 2015. 12. 23. 2014헌바446 헌법불합치).

▶ **청원경찰이 금고 이상의 형의 선고유예를 받은 경우 당연 퇴직되도록 규정한 청원경찰법 제10조의6 제1호 중 제5조 제2항에 의한 국가공무원법 제33조 제5호에 관한 부분이 직업의 자유를 침해하는지**(적극): 심판대상조항은 청원경찰이 저지른 범죄의 종류나 내용을 불문하고 금고 이상의 형의 선고유예를 받게 되면 당연히 퇴직되도록 규정함으로써 청원경찰에게 공무원보다 더 가혹한 제재를 가하고 있으므로, 침해의 최소성 원칙에 위배된다. 따라서, 심판대상조항은 과잉금지원칙에 반하여 직업의 자유를 침해한다(헌재 2018. 1. 25. 2017헌가26).

▶ **사립학교 교원이 금고 이상의 형의 집행유예를 받은 경우 당연퇴직 되도록 정한 사립학교법 제57조 본문 부분이 사립학교 교원의 직업의 자유 등을 침해하는지**(소극) : 이 사건 법률조항은 교원의 사회적 책임 및 교직에 대한 국민의 신뢰를 제고하고 교원으로서의 성실한 직무수행을 담보하기 위한 법적 조치로서, 금고 이상의 형에 대한 집행유예 판결에 내포된 사회적 비난가능성과 공교육을 담당하는 교원에게 요구되는 사회적 책임 및 교직 수행에 대한 신뢰의 수준 등을 종합적으로 고려할 때, 이 사건 법률조항이 헌법 제37조 제2항에 위배하여 청구인의 직업선택의 자유를 침해한다고 볼 수는 없다(헌재 2020. 6. 25. 2018헌바256).

▶ **아동·청소년에 대한 위계에 의한 추행죄를 범하여 금고 이상의 형의 집행유예를 선고받은 자에 대하여 택시운전자격을 필요적으로 취소하도록 규정한 '여객자동차 운수사업법' 제87조 제1항 단서 부분이 과잉금지원칙을 위배하여 택시운수종사자의 직업선택의 자유를 침해하는지**(소극) : 대중교통에서 택시가 차지하는 비중, 교통수단으로서 택시의 특수성, 심판대상조항에 규정된 범죄의 중대성, 해당 범죄로 금고 이상의 형의 집행유예를 선고받은 사람에 대한 사회적 비난가능성 등을 고려하면, 택시운전자격을 임의적으로 취소하는 것만으로는 입법목적을 달성하는 데 충분하다고 보기 어려우므로 침해의 최소성을 충족한다. 심판대상조항으로 택시운전자격이 취소되더라도 일정기간이 경과하면 다시 자격을 취득할 수 있어 침해되는 사익은 제한적인 반면에, 달성하려는 공익은 중요하므로 법익의 균형성도 충족한다. 따라서 심판대상조항이 과잉금지원칙에 반하여 택시운수종사자의 직업선택의 자유를 침해한다고 할 수 없다(헌재 2025. 5. 29. 2024헌바448).

▶ **'특정범죄 가중처벌 등에 관한 법률' 제5조의9 제2항의 보복범죄를 범하여 징역형의 집행유예를 선고받은 자에 대하여 택시운전자격을 필요적으로 취소하는 '여객자동차 운수사업법' 제87조 제1항 단서 제3호 부분이 과잉금지원칙에 위반하여 택시운수종사자의 직업선택의 자유를 침해하는지**(소극) : 대중교통에서 택시가 차지하는 비중, 교통수단으로서 택시의 특수성, 보복범죄가 야기하는 법익침해의 중대성 및 해당 범죄로 금고 이상의 형의 집행유예를 선고받은 사람에 대한 사회적 비난가능성 등을 고려하면, 택시운전자격 취소조항은 침해의 최소성을 충족하고, 택시운전자격이 취소되더라도 일정기간이 경과하면 다시 자격을 취득할 수 있으므로 법익의 균형성도 충족한다. 따라서 택시운전자격 취소조항이 과잉금지원칙에 반하여 택시운수종사자의 직업선택의 자유를 침해한다고 할 수 없다(헌재 2025. 3. 27. 2021헌바219).

▶ **택시운전자격을 취득한 사람이 강제추행 등 성범죄를 범하여 금고 이상의 형의 집행유예를 선고받은 경우 그 자격을 취소하도록 규정한 여객자동차법 조항이 과잉금지원칙에 위배되어 직업의 자유를 침해하는지**(소극) : 택시 승객은 운전자와 접촉하는 빈도와 밀도가 높고 야간에도 택시를 이용하는 등 위험에 노출될 확률이 높다. 범죄의 개별성·특수성을 일일이 고려하여 해당 운전자의 준법의식 구비 여부를 가리는 방법은 매우 번잡한 절차가 필요하므로, 심판대상조항과 같이 명백하고 일률적인 기준을 설정하는 것은 불가피하다. 이러한 점을 종합하면 임의적 운전자격 취소만으로는 입법목적을 달성하는 데 충분하다고 보기 어려우므로, 침해의 최소성도 인정된다. 따라서 심판대상조항은 과잉금지원칙에 위배되지 않는다(헌재 2018. 5. 31. 2016헌바14).

▶ **법무부장관이 2020. 11. 23.에 한 '코로나19 관련 제10회 변호사시험 응시자 유의사항 등 알림' 중 코로나바이러스감염증-19 확진환자의 시험 응시를 금지한 부분이 직업선택의 자유를 침해하는지**(적극): 시험장 개수가 확대됨으로써 응시자들이 분산되고, 시험장 내에서 마스크를 착용하게 함으로써 비말이 전파될 가능성을 최소화할 수 있으며, 자가격리자나 유증상자는 별도의 장소에서 시험에 응시하도록 하는 등 시험장에서의 감염위험을 예방하기 위한 각종 장치가 마련된 사정을 고려할 때, 피청구인으로서는 응시자들의 응시 제한을 최소화하는 방법을 택하여야 할 것이다. 감염병의 유행은 일률적이고 광범위한 기본권 제한을 허용하는 면죄부가 될 수 없고, 감염병의 확산으로 인하여 의료자원이 부족할 수도 있다는 막연한 우려를 이유로 확진환자 등의 응시를 일률적으로 금지하는 것은 청구인들의 기본권을 과도하게 제한한 것이라고 볼 수밖에 없다. 따라서 이 사건 알림 중 코로나19 확진환자의 시험 응시를 금지한 부분은 청구인들의 직업선택의 자유를 침해한다(헌재 2023. 2. 23. 2020헌마1736).

▶ **변호사시험의 응시기간과 응시횟수를 법학전문대학원의 석사학위를 취득한 달의 말일 또는 취득예정기간 내 시행된 시험일부터 5년 내에 5회로 제한한 변호사시험법 제7조 제1항이 변호사시험에 5회 모두 불합격한 청구인들의 직업선택의 자유를 침해하는지**(소극): 현행 변호사시험의 운영방식상 법학전문대학원 졸업자의 약 4분의 3이 변호사시험에 최종합격하고 있고, 변호사 자격을 취득하지 못하는 결과가 발생하는 것은 법학전문대학원에서의 교육 수료와 변호사시험 합격을 조건으로 변호사 자격을 취득하는 현행 제도에 내재되어 있으므로, 변호사시험의 응시기회를 제한한 것이 과도한 제약이라고 할 수 없다(헌재 2016. 9. 29. 2016헌마47).

▶ **성매매를 한 자를 형사처벌 하도록 규정한 성매매처벌법 제21조 제1항이 개인의 성적자기결정권, 사생활의 비밀과 자유, 성판매자의 직업선택의 자유를 침해하는지**(소극): 성매매를 형사처벌함으로써 사회 전반의 건전한 성풍속 및 성도덕을 확립하려는 심판대상조항의 입법목적은 정당하고 수단의 적절성도 인정된다. 한편, 성매매 공급이 확대되거나 쉽게 접근할 수 있는 길을 열어줄 위험과 불법적인 조건으로 성매매를 유도할 가능성이 있는 점 등을 고려할 때 성판매자도 형사처벌의 대상에 포함시킬 필요성이 인정된다. 또한 나라별로 다양하게 시행되는 성매매에 대하여 정책의 효율성을 판단하는 것도 쉽지 않으므로, 전면적 금지정책에 기초하여 성매매 당사자 모두를 형사처벌하도록 한 입법을 침해최소성에 어긋난다고 볼 수 없다(헌재 2016. 3. 31. 2013헌가2).

▶ **학원설립·운영자가 학원법을 위반하여 벌금형을 선고받은 경우 등록의 효력을 잃도록 규정하고 있는 학원법 제9조 제2항 본문 부분이 과잉금지원칙을 위배하여 직업선택의 자유를 침해하는지**(적극): 등록의 효력상실사유로서 벌금형 판결을 받은 학원법 위반범죄를 규정할 경우, 범죄의 유형, 내용 등으로 그 범위를 가급적 한정하여 규정해야 함에도 이 사건 효력상실조항은 학원법 위반으로 벌금형이 확정되기만 하면 일률적으로 등록을 상실하도록 규정하고 있어 지나친 제재라 하지 않을 수 없다. 또한 이 사건 효력상실조항을 삭제하더라도 교육감은 위반행위의 내용을 감안하여 적절한 지도·감독을 하거나 등록말소, 교습정지 등의 처분을 할 수 있어 입법목적을 달성하는 데 아무런 어려움이 발생하지 않으므로 이 사건 효력상실조항은 최소침해성 원칙에 위배된다(헌재 2014. 1. 28. 2011헌바252).

▶ **대통령령으로 정하는 공공기관 및 공기업으로 하여금 매년 정원의 100분의 3 이상씩 34세 이하의 청년 미취업자를 채용하도록 한 청년고용촉진특별법 조항이 35세 이상 미취업자들의 평등권, 직업선택의 자유를 침해하는지**(소극) : 청년할당제는 일정 규모 이상의 기관에만 적용되고, 전문적인 자격이나 능력을 요하는 경우에는 적용을 배제하는 등 상당한 예외를 두고 있다. 더욱이 3년 간 한시적으로만 시행하며, 청년할당제가 추구하는 청년실업해소를 통한 지속적인 경제성장과 사회 안정은 매우 중요한 공익인 반면, 청년할당제가 시행되더라도 현실적으로 35세 이상 미취업자들이 공공기관 취업기회에서 불이익을 받을 가능성은 크다고 볼 수 없다. 따라서 이 사건 청년할당제가 청구인들의 평등권, 공공기관 취업의 자유를 침해한다고 볼 수 없다(헌재 2014. 8. 28. 2013헌마553).

▶ **시각장애인에 대하여만 안마사 자격인정을 받을 수 있도록 이른바 비맹제외기준을 설정하고 있는 구 의료법 조항이 직업선택의 자유를 침해하는지**(소극) : 위 조항들로 인하여 비시각장애인들의 직업선택의 자유가 제한되기는 하지만, 시각장애인에 대한 국가의 보호의무를 규정한 헌법 제34조 제5항의 요청, 시각장애인을 둘러싼 기본권의 특성과 복지정책의 현황, 안마사 직역 외에 생계보장을 위한 대안이 거의 없다는 점, 시각장애인 안마사제도가 사회적 약자인 시각장애인을 우대하기 위한 조치로서 불가피한 점, 이에 기초한 국회의 입법조치를 존중할 필요가 있는 점 등 제반 사정들을 종합하여 비맹제외기준을 설정한 위 조항들이 비시각장애인인 청구인들의 직업선택의 자유와 평등권을 침해하는 것으로 볼 수 없다(헌재 2008. 10. 30. 2006헌마1098).

IV 객관적 사유에 의한 직업선택의 자유의 제한

당사자의 능력이나 자격과 상관없는 객관적 사유에 의한 제한은 월등하게 중요한 공익을 위하여 명백하고 확실한 위험을 방지하기 위한 경우에만 정당화될 수 있고, 따라서 헌법재판소가 이 사건을 심사함에 있어서는 헌법 제37조 제2항이 요구하는바 과잉금지의 원칙, 즉 엄격한 비례의 원칙이 그 심사척도가 된다(헌재 2002. 4. 25. 2001헌마614).

판례

▶ **경비업을 경영하고 있는 자 등이 경비업을 전문으로 하는 별개의 법인을 설립하지 않는 한 경비업과 그밖의 업종을 겸영하지 못하도록 금지하고 있는 경비업법 조항** : 이 사건 법률조항은 청구인들과 같이 경비업을 경영하고 있는 자들이나 다른 업종을 경영하면서 새로이 경비업에 진출하고자 하는 자들로 하여금 경비업을 전문으로 하는 별개의 법인을 설립하지 않는 한 경비업과 그 밖의 업종 간에 택일하도록 법으로 강제하고 있다. 따라서 이미 선택한 직업을 어떠한 제약 아래 수행하느냐의 관점이나 당사자의 능력이나 자격과도 상관없는 객관적 사유에 의한 이러한 제한은 직업의 자유에 대한 제한 중에서도 가장 심각한 제약이 아닐 수 없다(헌재 2002. 4. 25. 2001헌마614).

▶ **경비업을 전문으로 하는 별개의 법인을 설립하지 않는 한 경비업과 그밖의 업종을 겸영하지 못하도록 금지하고 있는 경비업법 조항이 직업의 자유를 침해하는지**(적극) : 비전문적인 영세경비업체의 난립을 막고 전문경비업체를 양성하며, 경비원의 자질을 높이고 무자격자를 차단하여 불법적인 노사분규 개입을 막고자 하는 입법목적 자체는 정당하다. 그러나 현대의 첨단기술을 바탕으로 한 소위 디지털시대에 있어서 경비업은 경비장비의 제조·설비·판매업이나 네트워크를 통한 정보산업, 시설물 유지관리, 나아가 경비원교육업 등을 포함하는 '토탈서비스'를 절실히 요구하고 있는 추세이므로, 좁은 의미의 경비업만을 영위하도록 법에서 강제하는 수단으로는 오히려 영세한 경비업체의 난립을 방치하는 역효과를 가져올 수도 있다는 점에서 경비업체로 하여금 일체의 겸영을 금지하는 것이 적절한 방법이라고는 볼 수 없다(헌재 2002. 4. 25. 2001헌마614).

제3절 소비자의 권리

> **헌법 제124조**
> 국가는 건전한 소비행위를 계도하고 생산품의 품질향상을 촉구하기 위한 소비자보호운동을 법률이 정하는 바에 의하여 보장한다.

참고

▶ **헌정사**: 소비자보호운동은 1980년 헌법(제8차 개정헌법)에서 처음으로 규정

제1항 소비자의 권리

I. 의의

소비자의 권리란 공정한 가격으로 양질의 상품 또는 용역을 적절한 유통구조를 통해 적절한 시기에 안전하게 구입하거나 사용할 권리를 말한다. 여기서 소비자는 사업자가 제공하는 물품 또는 용역을 소비생활을 위하여 사용하는 자 또는 생산활동을 위하여 사용하는 자이다(소비자기본법 제2조 제1호).

II. 내용

소비자는 물품 또는 용역으로 인한 생명·신체 또는 재산에 대한 위해로부터 보호받을 권리, 물품 등을 선택함에 있어서 필요한 지식 및 정보를 제공받을 권리, 물품 등을 사용함에 있어서 거래상대방·구입장소·가격 및 거래조건 등을 자유로이 선택할 권리, 소비생활에 영향을 주는 국가 및 지방자치단체의 정책과 사업자의 사업활동 등에 대하여 의견을 반영시킬 권리, 물품 등의 사용으로 인하여 입은 피해에 대하여 신속·공정한 절차에 따라 적절한 보상을 받을 권리, 합리적인 소비생활을 위하여 필요한 교육을 받을 권리, 소비자 스스로의 권익을 증진하기 위하여 단체를 조직하고 이를 통하여 활동할 수 있는 권리, 안전하고 쾌적한 소비생활 환경에서 소비할 권리를 가진다(소비자기본법 제4조).

제2항 소비자 권리의 침해와 구제

I 피해구제의 신청

소비자는 물품 등의 사용으로 인한 피해의 구제를 한국소비자원에 신청할 수 있다(소비자기본법 제55조 제1항).

II 위법사실의 통보

원장은 피해구제신청사건을 처리함에 있어서 당사자 또는 관계인이 법령을 위반한 것으로 판단되는 때에는 관계기관에 이를 통보하고 적절한 조치를 의뢰하여야 한다. 다만, 피해구제신청사건의 당사자가 피해보상에 관한 합의를 하고 법령위반행위를 시정한 경우, 관계기관에서 위법사실을 이미 인지하여 조사하고 있는 경우에는 그러하지 아니하다(소비자기본법 제56조).

III 소비자분쟁의 조정

소비자와 사업자 사이에 발생한 분쟁을 조정하기 위하여 한국소비자원에 소비자분쟁조정위원회를 두며(소비자기본법 제60조 제1항), 조정위원회는 소비자분쟁에 대한 조정결정, 조정위원회의 의사에 관한 규칙의 제정 및 개정·폐지, 그 밖에 조정위원회의 위원장이 토의에 부치는 사항을 심의·의결한다(소비자기본법 제60조 제2항).

IV 소비자단체소송

소비자단체는 사업자가 제20조(소비자의 권익증진 관련 기준)의 규정을 위반하여 소비자의 생명·신체 또는 재산에 대한 권익을 직접적으로 침해하고 그 침해가 계속되는 경우 법원에 소비자권익침해행위의 금지·중지를 구하는 소송을 제기할 수 있다(소비자기본법 제70조 제1항).

CHAPTER 05 정치적 기본권

제1절 정치적 기본권의 의의

종래 정치적 기본권으로는 헌법 제24조(선거권)와 제25조(공무담임권) 및 그 밖에 제72조·제130조(국민투표권)가 규정하는 이른바 '참정권'만을 의미하는 것으로 보았다. 그러나 오늘날 정치적 기본권은 국민이 정치적 의사를 자유롭게 표현하고, 국가의 정치적 의사형성에 참여하는 정치적 활동을 총칭하는 것으로 넓게 인식하고 있다(헌재 2004. 3. 25. 2001헌마710).

> **판례**
>
> ▶ **정치적 자유권**: 정치적 자유권이란 국가권력의 간섭이나 통제를 받지 아니하고 자유롭게 정치적 의사를 형성·발표할 수 있는 자유라고 할 수 있다. 이러한 정치적 자유권에는 <u>정치적 의사를 자유롭게 표현하고, 자발적으로 정당에 가입하고 활동하며, 자유롭게 선거운동을 할 수 있는 것을 주된 내용으로 한다</u>(헌재 2004. 3. 25. 2001헌마710).
>
> ▶ **정치적 기본권의 법적 성격**: 정치적 기본권은 기본권의 주체인 개별 국민의 입장에서 보면 <u>주관적 공권</u>으로서의 성질을 가지지만, 민주정치를 표방한 민주국가에 있어서는 국민의 정치적 의사를 국정에 반영하기 위한 <u>객관적 질서</u>로서의 의미를 아울러 가진다(헌재 2004. 3. 25. 2001헌마710).

제2절 참정권

제1항 참정권의 내용

I. 직접참정권

1. 의의

직접참정권이란 국민이 국가의 의사형성이나 정책결정에 직접 참여할 수 있는 권리를 말한다.

2. 유형

국민발안권	• 국민이 헌법개정안이나 법률안을 제안할 수 있는 권리 • 헌법개정에 대한 국민발안은 2차 개정헌법부터 6차 개정헌법까지 규정
국민표결권	• 국민이 중요한 법안이나 정책을 국민투표로 결정하는 권리 • 주권의 제약 등에 대한 국민투표제도는 2차 개정헌법에서 규정 • 헌법개정에 대한 필수적 국민투표는 5차 개정헌법에서 규정
국민소환권	• 국민이 공직자를 임기만료 전에 해직시킬 수 있는 권리 • 우리 헌정사에서 규정된 적 없음.

판례

▶ **선거권과 국민투표권의 차이**: 선거권이 국가기관의 형성에 간접적으로 참여할 수 있는 간접적인 참정권이라면, 국민투표권은 국민이 국가의 의사형성에 직접 참여하는 헌법에 의해 보장되는 직접적인 참정권이다. 선거는 대의제를 가능하게 하기 위한 전제조건으로서 국민의 대표자를 선출하는 '인물에 관한 결정'이며, 이에 대하여 국민투표는 직접민주주의를 실현하기 위한 수단으로서 특정한 국가정책이나 법안을 대상으로 하는 '사안에 대한 결정'이다(헌재 2014. 7. 24. 2009헌마256).

3. 현행헌법상 국민투표권

헌법 제72조
대통령은 필요하다고 인정할 때에는 외교·국방·통일 기타 국가안위에 관한 중요정책을 국민투표에 붙일 수 있다.

헌법 제130조
② 헌법개정안은 국회가 의결한 후 30일 이내에 국민투표에 붙여 국회의원선거권자 과반수의 투표와 투표자 과반수의 찬성을 얻어야 한다.

(1) **의의**

국민투표권이란 국민이 국가의 특정 사안에 대해 직접 결정권을 행사하는 권리로서, 각종 선거에서의 선거권 및 피선거권과 더불어 국민의 참정권의 한 내용을 이루는 헌법상 기본권이다(헌재 2007. 6. 28. 2004헌마644).

(2) **국민투표권자**

헌법 제72조의 중요정책 국민투표와 헌법 제130조의 헌법개정안 국민투표는 대의기관인 국회와 대통령의 의사결정에 대한 국민의 승인절차에 해당한다. 대의기관의 선출주체가 곧 대의기관의 의사결정에 대한 승인주체가 되는 것은 당연한 논리적 귀결이므로, 국민투표권자의 범위는 대통령선거권자·국회의원선거권자와 일치되어야 한다(헌재 2007. 6. 28. 2004헌마644).

> **판례**
>
> ▶ **국민투표권자에 재외선거인이 포함되는지**(적극) : 공직선거법 제15조 제1항은 19세 이상의 국민에게 대통령 및 국회의원의 선거권을 인정하고 있는바, 재외선거인에게도 대통령선거권과 국회의원선거권이 인정되고 있다. 따라서 재외선거인은 대의기관을 선출할 권리가 있는 국민으로서 대의기관의 의사결정에 대해 승인할 권리가 있고, 국민투표권자에는 재외선거인이 포함된다. 특히 헌법 제130조 제2항에 의하면 헌법개정안 국민투표는 '국회의원선거권자' 과반수의 투표와 투표자의 과반수의 찬성을 얻도록 규정하고 있는바, 헌법은 헌법개정안 국민투표권자로서 국회의원선거권자를 예정하고 있다(헌재 2014. 7. 24. 2009헌마256).
>
> ▶ **재외선거인의 국민투표권을 배제할 이유가 존재하는지**(소극) : 국민투표법조항이 국회의원선거권자인 재외선거인에게 국민투표권을 인정하지 않은 것은 국회의원선거권자의 헌법개정안 국민투표 참여를 전제하고 있는 헌법 제130조 제2항의 취지에도 부합하지 않는다. 즉, 국민투표는 선거와 달리 국민이 직접 국가의 정치에 참여하는 절차이므로, 국민투표권은 대한민국 국민의 자격이 있는 사람에게 반드시 인정되어야 하는 권리이다. 대한민국 국민인 재외선거인의 의사는 국민투표에 반영되어야 하고, 재외선거인의 국민투표권을 배제할 이유가 없다(헌재 2014. 7. 24. 2009헌마256).
>
> ▶ **헌법 제72조에 근거하여 국민투표 회부요구권이 인정되는지**(소극) : 특정의 국가정책에 대하여 다수의 국민들이 국민투표를 원하고 있음에도 불구하고 대통령이 이러한 희망과는 달리 국민투표에 회부하지 아니한다고 하여도 이를 헌법에 위반된다고 할 수 없고 국민에게 특정의 국가정책에 관하여 국민투표에 회부할 것을 요구할 권리가 인정된다고 할 수 없다. 결국 헌법 제72조의 국민투표권은 대통령이 어떠한 정책을 국민투표에 부의한 경우에 비로소 행사가 가능한 기본권이다(헌재 2005. 11. 24. 2005헌마579).

(3) 투표인명부

국민투표를 실시할 때에는 그때마다 구청장·시장·읍장·면장은 국민투표일공고일 현재로 그 관할 구역 안에 주민등록이 되어 있는 투표권자 및 재외동포법 제2조에 따른 재외국민으로서 같은 법 제6조에 따른 국내거소신고가 되어 있는 투표권자를 투표구별로 조사하여 국민투표일 공고일로부터 5일 이내에 투표인명부를 작성하여야 한다(국민투표법 제14조 제1항).

> **판례**
>
> ▶ **재외선거인의 국민투표권을 제한한 국민투표법 제14조 제1항 중 '그 관할 구역 안에 주민등록이 되어 있는 투표권자 및 재외동포법 제2조에 따른 재외국민으로서 같은 법 제6조에 따른 국내거소신고가 되어 있는 투표권자' 부분이 재외선거인의 국민투표권을 침해하는지**(적극) : 재외선거인은 대의기관을 선출할 권리가 있는 국민으로서 대의기관의 의사결정에 대해 승인할 권리가 있으므로, 국민투표권자에는 재외선거인이 포함된다. 또한, 국민투표는 선거와 달리 국민이 직접 국가의 정치에 참여하는 절차이므로, 국민투표권은 대한민국 국민의 자격이 있는 사람에게 반드시 인정되어야 하는 권리이다. 국민의 본질적 지위에서 도출되는 국민투표권을 추상적 위험 내지 선거기술상의 사유로 배제하는 것은 헌법이 부여한 참정권을 사실상 박탈한 것과 다름없다. 따라서 국민투표법 조항은 재외선거인의 국민투표권을 침해한다(헌재 2014. 7. 24. 2009헌마256 헌법불합치).

(4) 국민투표무효의 소

국민투표의 효력에 관하여 이의가 있는 투표인은 투표인 10만인 이상의 찬성을 얻어 중앙선거관리위원회위원장을 피고로 하여 투표일로부터 20일 이내에 대법원에 제소할 수 있고(국민투표법 제92조), 대법원은 국민투표무효의 소송에 있어서 국민투표에 관하여 국민투표법 또는 국민투표법에 의하여 발하는 명령에 위반하는 사실이 있는 경우라도 국민투표의 결과에 영향이 미쳤다고 인정하는 때에 한하여 국민투표의 전부 또는 일부의 무효를 판결한다(국민투표법 제93조).

II 간접참정권

1. 의의

간접참정권이란 국민이 국가기관의 구성에 참여하거나 국가기관의 구성원으로 선임될 수 있는 권리를 말한다.

2. 선거권

선거권이란 국민이 공무원을 선거하는 권리를 말하고, 원칙적으로 간접민주정치를 채택하고 있는 우리나라에서는 공무원선거권은 국민의 참정권 중 가장 중요한 것이다(헌재 2002. 3. 28. 2000헌마283).

3. 공무담임권

> **헌법 제25조**
> 모든 국민은 법률이 정하는 바에 의하여 공무담임권을 가진다.

(1) 의의

공무담임권이란 입법부, 집행부, 사법부는 물론 지방자치단체 등 국가, 공공단체의 구성원으로서 그 직무를 담당할 수 있는 권리를 말한다. 여기서 직무를 담당한다는 것은 모든 국민이 현실적으로 그 직무를 담당할 수 있다고 하는 의미가 아니라, 국민이 공무담임에 관한 자의적이지 않고 '평등한 기회를 보장받음'을 의미한다(헌재 2006. 5. 25. 2004헌바12).

> **판례**
>
> ▶ **공무담임권**: 공무담임권은 국민이 국가나 공공단체의 구성원으로서 직무를 담당할 수 있는 권리를 뜻하고, 여기서 직무를 담당한다는 것은 공무담임에 관하여 능력과 적성에 따라 평등한 기회를 보장받는 것을 의미한다(헌재 2018. 7. 26. 2017헌마1183).

(2) 내용

공무담임권은 여러 가지 선거에 입후보하여 당선될 수 있는 피선거권과 모든 공직에 임명될 수 있는 공직취임권을 포괄한다(헌재 1996. 6. 26. 96헌마200).

(3) 보호 범위

1) 일반적 범위

공무담임권의 보호영역에는 공직취임 기회의 자의적인 배제뿐 아니라, 공무원 신분의 부당한 박탈이나 권한(직무)의 부당한 정지도 포함된다(헌재 2007. 6. 28. 2005헌마1179).

2) 승진할 때 균등한 기회 제공을 요구할 권리

승진임용은 신규임용과 함께 공무원을 임용하는 방법 중 하나이므로, 공무담임권은 공직취임의 기회 균등뿐만 아니라 취임한 뒤 승진할 때에도 균등한 기회 제공을 요구한다(헌재 2018. 7. 26. 2017헌마1183).

> **판례**
>
> ▶ **공무원으로 임용되기 전에 병역의무를 이행한 기간을 공무원 경력평정에 60퍼센트 반영하는 구 지방공무원 임용령 조항과 공무원으로 임용되기 전에 병역의무를 이행한 기간을 승진소요 최저연수에 포함하는 규정을 두지 않은 지방공무원 임용령 조항이 공무담임권을 제한하는지**(적극) : 청구인의 경우 군 복무기간이 승진소요 최저연수에 포함되지 않으므로 공무원으로 근무하다가 군 복무를 한 사람보다 더 오래 재직하여야 승진임용 절차가 진행된다. 또 군 복무기간이 경력평정에서도 일부만 산입되므로 경력평정점수도 상대적으로 적게 부여된다. 이는 승진임용절차 개시 및 승진임용점수 산정과 관련된 법적 불이익에 해당하므로, 승진경쟁인원 증가에 따라 승진 가능성이 낮아지는 사실상의 불이익 문제나 단순한 내부승진인사 문제와 달리 공무담임권의 제한에 해당한다(헌재 2018. 7. 26. 2017헌마1183).
>
> ▶ **공무원이 감봉처분을 받은 경우 12월간 승진임용을 제한하는 국가공무원법 제80조 제6항이 공무담임권을 제한하는지**(적극) : 이 사건 법률조항 중 '승진임용'에 관한 부분 및 승진제한규정에 따르면 감봉의 징계처분을 받은 경우 그 집행이 끝난 날로부터 12월 동안 승진임용이 제한된다. 따라서 이 사건 승진조항은 공무담임권을 제한한다(헌재 2022. 3. 31. 2020헌마211).

3) 승진시험의 응시 제한

승진시험의 응시제한이나 이를 통한 승진기회의 보장 문제는 공직신분의 유지나 업무수행에는 영향을 주지 않는 단순한 내부 승진인사에 관한 문제에 불과하여 공무담임권의 보호영역에 포함된다고 보기는 어렵다(헌재 2007. 6. 28. 2005헌마1179).

> **판례**
>
> ▶ **공무원임용시험령 제42조 제1항이 이미 징계를 받아 시험요구일 현재 승진임용이 제한된 자에 대하여 임용제청권자로 하여금 5급 일반승진시험대상 후보자명부에서 제외하게 함으로써 청구인을 5급 일반승진시험을 보지 못하게 한 것이 공무담임권을 침해하는지**(소극) : 청구인이 주장하는 '승진시험의 응시제한'이나 이를 통한 승진기회의 보장 문제는 공직신분의 유지나 업무수행에는 영향을 주지 않는 단순한 내부 승진인사에 관한 문제에 불과하여 공무담임권의 보호영역에 포함된다고 보기는 어려우므로 이 사건 심판대상규정은 청구인의 공무담임권을 침해한다고 볼 수 없다(헌재 2007. 6. 28. 2005헌마1179).

4) 승진가능성

승진가능성은 공직신분의 유지나 업무수행과 같은 법적 지위에 직접 영향을 미치는 것이 아니고 간접적, 사실적 또는 경제적 이해관계에 영향을 미치는 것에 불과하여 공무담임권의 보호영역에 포함된다고 보기는 어렵다(헌재 2010. 3. 25. 2009헌마538).

> **판례**
>
> ▶ 기능직공무원을 일반직공무원으로 특별채용하는 특례를 규정한 공무원임용령 부칙 제2조 제1항으로 인해 상위 직급의 결원을 보충할 승진대상자에 포함될 하위 직급 인원이 23배 정도 증가하게 되어 청구인들의 승진기대권인 공무담임권이 침해되는지(소극): 청구인들에게 승진기회 자체는 법적으로 동일하게 주어지는 것이고, 비록 기능직공무원의 일반직공무원으로의 전환으로 인하여 일반직공무원의 정원이 증가함으로써 승진경쟁이 치열하게 되어 사실상 승진기회 내지 승진확률이 축소되는 불이익을 입게 된다고 하여도 그러한 불이익은 사실상의 불이익에 불과할 뿐이므로 이 사건 심판대상조항으로 인하여 청구인들의 헌법상 공무담임권 침해 문제가 생길 여지는 없다(헌재 2010. 3. 25. 2009헌마538).

5) 일반직공무원으로 우선 임용될 권리

기능직공무원이 일반직공무원으로 우선 임용될 권리 내지 기회보장은 공무담임권의 보호영역에 속하지 아니한다(헌재 2013. 11. 28. 2011헌마565).

6) 퇴직급여 등

헌법 제25조의 공무담임권이 공무원의 재임 기간 동안 충실한 공무 수행을 담보하기 위하여 공무원의 퇴직급여 및 공무상 재해보상을 보장할 것까지 그 보호영역으로 하고 있다고 보기 어렵다(헌재 2014. 6. 26. 2012헌마459).

> **판례**
>
> ▶ 공무원이 감봉처분을 받은 경우 12월간 승급을 제한하는 국가공무원법 제80조 제6항이 공무담임권을 제한하는지(소극): 승급은 일정한 재직기간의 경과 등에 따라 현재의 호봉보다 높은 호봉을 부여하는 것이므로, 이 사건 법률조항에 따라 승급이 12개월 동안 제한되면 정기승급에 따라 누릴 수 있었던 봉급 상승을 얻지 못하는 효과가 발생한다. 이처럼 이 사건 승급조항 및 수당제한규정의 효과는 공무원의 호봉 상승이 지연되거나 수당 일부를 지급받지 못하는 것에 그치고, 공무담임권의 보호영역에 해당하지 않으므로 공무담임권을 제한한다고 볼 수 없다(헌재 2022. 3. 31. 2020헌마211).

7) 정당의 내부경선에 참여할 권리

정당의 공직선거 후보자 선출은 자발적 조직 내부의 의사결정에 지나지 아니한다. 따라서 정당의 내부경선에 참여할 권리는 헌법이 보장하는 공무담임권의 내용에 포함된다고 보기 어렵다(헌재 2014. 11. 27. 2013헌마814).

8) 공무수행의 자유

헌법 제25조의 공무담임권의 보호영역에 공무원이 특정의 장소에서 근무하는 것이나 특정의 보직을 받아 근무하는 것을 포함하는 공무수행의 자유까지 포함된다고 보기 어렵다(헌재 2014. 1. 28. 2011헌마239).

> **판례**
>
> ▶ 대학의 장이 단과대학장을 보할 때 그 대상자의 추천을 받거나 선출의 절차를 거치지 아니하고, 해당 단과대학 소속 교수 또는 부교수 중에서 직접 지명하도록 하는 교육공무원 임용령 조항이 국립대학 교수인 청구인들의 공무담임권을 침해할 가능성이 있는지(소극): 단과대학장이라는 특정의 보직을 받아 근무할 것을 요구할 권리는 공무담임권의 보호영역에 포함되지 않는 공무수행의 자유에 불과하므로, 이 사건 심판대상조항에 의해 청구인들의 공무담임권이 침해될 가능성이 인정되지 아니한다(헌재 2014. 1. 28. 2011헌마239).

제2항 참정권의 제한

I 일반적 법률유보에 의한 제한

공무담임권도 헌법 제37조 제2항에 따라 국가안전보장, 질서유지, 공공복리를 위하여 필요한 경우에 법률로써 제한할 수 있다. 그런데 헌법 제25조는 모든 국민은 '법률이 정하는 바에 의하여' 공무담임권을 가진다고 규정하고 있으므로 공무담임권의 내용에 관하여는 입법자에게 넓은 입법형성권이 인정된다고 할 것인바, 공무담임권의 제한의 경우에도 그 직무가 가지는 공익실현이라는 특수성으로 인하여 그 직무의 본질에 반하지 아니하고 결과적으로 다른 기본권의 침해를 야기하지 아니하는 한 상대적으로 강한 합헌성이 추정될 것이므로, 주로 평등의 원칙이나 목적과 수단의 합리적인 연관성 여부가 심사대상이 될 것이며, 법익형량에 있어서도 상대적으로 다소 완화된 심사를 하게 된다(헌재 2002. 10. 31. 2001헌마557).

> **판례**
>
> ▶ **과거 3년 이내의 당원 경력을 법관 임용 결격사유로 정한 법원조직법 제43조 제1항 제5호 부분이 공무담임권을 침해하는지**(적극) : 과거에 당원 신분을 취득한 경력을 규제할 필요성이 있더라도 적극적으로 정치적 활동을 하였던 경우에 한하여 법관 임용을 제한할 수 있고, 법원조직법은 관련 규정을 별도로 두고 있다. 그럼에도 심판대상조항과 같이 과거 3년 이내의 모든 당원 경력을 법관 임용 결격사유로 정하는 것은 입법목적 달성을 위해 합리적인 범위를 넘어 정치적 중립성과 재판 독립에 긴밀한 연관성이 없는 경우까지 과도하게 공직취임의 기회를 제한한다. 따라서 심판대상조항은 과잉금지원칙에 반하여 청구인의 공무담임권을 침해한다(헌재 2024. 7. 18. 2021헌마460).
>
> ▶ **법무부장관이 공고한 '2021년도 검사 임용 지원 안내' 중 변호사자격을 취득하고 2021년 사회복무요원 소집해제 예정인 사람을 제외한 부분이 '법학전문대학원 졸업연도에 실시된 변호사시험에 불합격하여 사회복무요원으로 병역의무를 이행하던 중 변호사자격을 취득하고 2021년 소집해제 예정'인 청구인의 공무담임권을 침해하는지**(소극) : 임용연도에 변호사자격을 취득하여 검사로 즉시 임용될 수 있는 법학전문대학원 졸업예정자와 이에 준하여 볼 수 있는 법무관 전역예정자로 검사신규임용대상을 한정한 것은 공정한 경쟁을 통해 우수한 신규법조인을 검사로 선발하고자 하는 목적과 합리적 연관관계가 인정된다. 그에 비하여, 사회복무요원 소집해제예정 변호사는 법학전문대학원 졸업 직후 변호사자격을 취득하지 못하였고, 병역의무 이행기간 동안 법률사무에 종사한 것도 아니라는 점에서 동일하게 보기 어렵고, 검사신규임용에 지원할 수 없다 하더라도 추후 경력검사임용절차를 통하여 검사로 임용될 수 있는 기회가 여전히 남아 있다. 따라서 이 사건 공고는 사회복무요원 소집해제예정 변호사인 청구인의 공무담임권을 침해하지 않는다(헌재 2021. 4. 29. 2020헌마999).
>
> ▶ **미성년자에 대하여 성범죄를 범하여 형을 선고받아 확정된 자와 성인에 대한 성폭력범죄를 범하여 벌금 100만 원 이상의 형을 선고받아 확정된 자는 초·중등교육법상의 교원에 임용될 수 없도록 한 교육공무원법 조항이 과잉금지원칙에 반하여 공무담임권을 침해하는지**(소극) : 초·중등학교 교육현장에서 성범죄를 범한 자를 배제할 필요성은 어느 공직에서보다 높다고 할 것이므로 미성년자에 대하여 성범죄를 범한 자는 교육현장에서 원천적으로 차단할 필요성이 매우 크다. 성인에 대한 성폭력범죄의 경우 미성년자에 대하여 성범죄를 범한 것과 달리, 100만 원 이상의 벌금형이나 그 이상의 형을 선고받고 그 형이 확정된 사람에 한하여 임용을 제한하고 있는바, 법원이 범죄의 모든 정황을 고려한 다음 벌금 100만 원 이상의 형을 선고하여 그 판결이 확정되었다면, 이는 결코 가벼운 성폭력범죄 행위라고 볼 수 없다. 따라서 이 사건 결격사유조항은 과잉금지원칙에 반하여 청구인의 공무담임권을 침해하지 아니한다(헌재 2019. 7. 25. 2016헌마754).

▶ **관련 자격증 소지자**(변호사·공인회계사·세무사)**에게 세무직 국가공무원 공개경쟁채용시험에서 가산점을 부여하는 구 공무원임용시험령 조항이 공무담임권을 침해하는지**(소극) : 세무 영역에서 전문성을 갖춘 것으로 평가되는 자격증(변호사·공인회계사·세무사) 소지자들에게 세무직 국가공무원 공개경쟁채용시험에서 가산점을 부여하는 것은 목적의 정당성과 수단의 적합성이 인정된다. 가산점제도는 가산 대상 자격증의 소지를 응시자격으로 하는 것이 아니고 일정한 요건하에 가산점을 부여하는 것이므로 자격증이 없는 자의 응시기회나 합격가능성을 원천적으로 제한하는 것으로 보기 어렵고, 가산점 여부가 시험 합격을 지나치게 좌우한다고 볼 근거도 충분치 아니하며, 채용 후 교육이나 경력자 채용으로는 적시에 충분한 전문인력을 확보할 수 있을 것으로 단정하기 어려우므로 피해의 최소성도 인정된다. 세무직 국가공무원의 업무상 전문성 강화라는 공익과 함께, 가산점제도가 1993. 12. 31. 이후 유지되어 온 점, 자격증 없는 자들의 응시기회 자체가 박탈되거나 제한되는 것이 아닌 점, 가산점 부여를 위해서는 일정한 요건을 갖추도록 하고 있는 점 등을 고려하면 법익균형성이 인정된다(헌재 2020. 6. 25. 2017헌마1178).

▶ **10년 미만의 법조경력을 가진 사람의 판사임용을 위한 최소 법조경력요건을 단계적으로 2013년부터 2017년까지는 3년, 2018년부터 2021년까지는 5년, 2022년부터 2025년까지는 7년으로 정한 법원조직법 부칙 제2조가 청구인들의 공무담임권을 침해하는지**(소극) : 심판대상조항은 법조일원화의 전면적인 시행으로 초래될 법관의 인력수급에 대한 차질을 방지하여 법조일원화로의 원활한 이행을 확보하고자 하는 것으로서 그 입법목적이 정당하고, 입법목적 달성에 적절한 수단이다. 심판대상조항은 청구인들이 사법연수원에 입소할 당시 심판대상조항이 이미 시행되고 있었으므로 10년 미만의 법조경력자들은 기간별로 상향되는 최소 법조경력요건에 부합하는 법조경력을 갖추어야만 판사임용자격을 취득하게 되는 사실을 충분히 알 수 있었던 점 등에 비추어 보면, 심판대상조항이 침해의 최소성 원칙이나 법익 균형성 원칙에 위배된다고 보기는 어렵다. 따라서 심판대상조항은 청구인들의 공무담임권을 침해하지 아니한다(헌재 2016. 5. 26. 2014헌마427).

▶ **판사와 검사의 임용자격을 각각 변호사 자격이 있는 자로 제한하는 법원조직법 제42조 제2항 등이 청구인들의 공무담임권을 침해하는지**(소극) : 2011. 7. 18. 법원조직법 개정으로 판사로 임용되기 위해서는 변호사자격을 요구하되, 판사임용자격에 10년 이상의 법조경력을 요구한 취지는 법원이 국민으로부터 신뢰와 존경을 받을 수 있도록 사법제도의 개혁이 필요하다는 사회적 요청에 부응하여 사법부의 인사제도를 개선할 필요에 따라 판사의 임용자격을 강화하여 충분한 사회적 경험과 연륜을 갖춘 판사가 재판할 수 있도록 하기 위함이다. 검찰청법 제29조 제2호가 검사 임용 시 변호사자격을 요구하고 변호사자격 없는 자들을 위한 별도의 교육후보생 선발시험을 도입하지 않은 이유는 법률가로서의 기본소양 및 자질은 지속적인 교육과정 이수를 통하여 배양하여야 한다는 입법자의 정책적 판단에 의한 것이다. 따라서 임용자격조항이 변호사시험과 별도로 판·검사 교육후보자로 선발하는 시험 및 국가가 실시하는 교육과정을 거쳐 판·검사로 임용되는 별개의 제도를 도입하지 않았다 하여 공무담임권을 침해하였다고 볼 수 없다(헌재 2020. 10. 29. 2017헌마1128).

▶ **순경 공개경쟁채용시험의 응시연령 상한을 30세 이하로 규정한 경찰공무원임용령 조항, 소방사·지방소방사 공개경쟁채용시험 및 특별채용시험의 응시연령 상한을 30세 이하로 규정한 소방공무원임용령 조항이 청구인들의 공무담임권을 침해하는지**(적극) : 30세까지는 순경과 소방사·지방소방사 및 소방간부후보생의 직무수행에 필요한 최소한도의 자격요건을 갖추고, 30세가 넘으면 그러한 자격요건을 상실한다고 보기 어렵다. 따라서 이 사건 심판대상 조항들이 순경 공채시험, 소방사 등 채용시험, 그리고 소방간부 선발시험의 응시연령의 상한을 '30세 이하'로 규정하고 있는 것은 합리적이라고 볼 수 없으므로 침해의 최소성 원칙에 위배되어 청구인들의 공무담임권을 침해한다(헌재 2012. 5. 31. 2010헌마278 헌법불합치).

▶ **5급 공개경쟁채용시험의 응시연령 상한을 '32세까지'로 한 공무원임용시험령 조항이 응시자의 공무담임권을 침해하는지**(적극): 32세까지는 5급 공무원의 직무수행에 필요한 최소한도의 자격요건을 갖추고, 32세가 넘으면 그러한 자격요건을 상실한다고 보기 어렵고, 6급 및 7급 공무원 공채시험의 응시연령 상한을 35세까지로 규정하면서 그 상급자인 5급 공무원의 채용연령을 32세까지로 제한한 것은 합리적이라고 볼 수 없으므로, 이 사건 시행령조항이 5급 공채시험 응시연령의 상한을 '32세까지'로 제한하고 있는 것은 기본권 제한을 최소한도에 그치도록 요구하는 헌법 제37조 제2항에 부합된다고 보기 어렵다(헌재 2008. 5. 29. 2007헌마1105 헌법불합치).

▶ **경찰대학의 입학 연령을 21세 미만으로 제한하고 있는 경찰대학의 학사운영에 관한 규정 제17조가 청구인의 공무담임권을 침해하는지**(소극): 경찰대학에 연령제한을 둔 목적은 젊고 유능한 인재를 확보하고 이들에게 필요한 교육 훈련을 일관적이고 체계적으로 실시하여 국민에게 전문적이고 질 높은 행정 서비스를 제공하기 위한 것이므로, 이를 위하여 경찰대학 입학에 일정한 상한연령을 규정하는 것은 정당한 목적에 대한 적절한 수단이다. 또한, 고등학교 졸업 후 2-3회의 입학 기회를 부여하고 있는 점, 경찰대학 외에 경찰간부가 될 수 있는 별도의 제도가 마련되어 있는 점 등을 볼 때 이 사건 심판대상 규정으로 확보되는 우수한 경찰간부 양성을 통한 경찰행정서비스의 향상이라는 입법목적을 달성하기 위하여 공무담임권을 보다 적게 제한할 방법은 찾기 어려우므로, 피해최소성의 원칙에 위배되지 아니한다. 그러므로 이 사건 심판대상 규정은 청구인의 공무담임권을 침해하지 아니한다(헌재 2009. 7. 30. 2007헌마991).

▶ **부사관으로 최초로 임용되는 사람의 최고연령을 27세로 정한 군인사법 제15조 제1항 부분이 청구인들의 공무담임권을 침해하는지**(소극): 부사관 임용을 원하는 사람에게 고등학교 졸업 후 적어도 9년, 대학 졸업 후에도 최소한 4~5년 동안 지원 기회가 제공되고, 특히 제대군인의 경우 최대 3년간 상한 연장특례가 부여되는 점 등 제반 사정을 종합하여 볼 때, 심판대상조항에서 정한 부사관의 최초 임용연령상한이 지나치게 낮아 부사관 임용을 원하는 사람의 응시기회를 실질적으로 차단한다거나 제한할 정도에 이르렀다고 보기 어렵다. 나아가 심판대상조항으로 인하여 입는 불이익은 부사관 임용지원기회가 27세 이후에 제한되는 것임에 반하여, 이를 통해 달성할 수 있는 공익은 군의 전투력 등 헌법적 요구에 부응하는 적절한 무력의 유지, 궁극적으로 국가안위의 보장과 국민의 생명·재산 보호로서 매우 중대하므로, 법익의 균형성 원칙에도 위배되지 아니한다. 따라서 심판대상조항이 과잉금지의 원칙을 위반하여 청구인들의 공무담임권을 침해한다고 볼 수 없다(헌재 2014. 9. 25. 2011헌마414).

Ⅱ 소급입법에 의한 참정권 제한의 금지

헌법 제13조
② 모든 국민은 소급입법에 의하여 참정권의 제한을 받거나 재산권을 박탈당하지 아니한다.

CHAPTER 06 청구권적 기본권

제1절 청원권

> **헌법 제26조**
> ① 모든 국민은 법률이 정하는 바에 의하여 국가기관에 문서로 청원할 권리를 가진다.
> ② 국가는 청원에 대하여 심사할 의무를 진다.

제1항 청원권의 의의

청원권은 공권력과의 관계에서 일어나는 여러 가지 이해관계, 의견, 희망 등에 관하여 적법한 청원을 한 모든 당사자에게 국가기관이 청원을 수리할 뿐만 아니라 이를 심사하여 청원자에게 그 처리결과를 통지할 것을 요구할 수 있는 권리를 말한다(헌재 1997. 7. 16. 93헌마239).

제2항 청원권의 내용

I 청원기관 등

1. 청원기관(청원법 제4조)

- 국회·법원·헌법재판소·중앙선거관리위원회, 중앙행정기관과 그 소속기관
- 지방자치단체와 그 소속기관
- 법령에 따라 행정권한을 가지고 있거나 행정권한을 위임 또는 위탁받은 법인·단체 또는 그 기관이나 개인

2. 청원 사항 등

청원 사항 (청원법 제5조)	• 피해의 구제 • 공무원의 위법·부당한 행위에 대한 시정이나 징계의 요구 • 법률·명령·조례·규칙 등의 제정·개정 또는 폐지 • 공공의 제도 또는 시설의 운영 • 그 밖에 청원기관의 권한에 속하는 사항
금지사항 (청원법 제25조)	타인을 모해(謀害)할 목적으로 허위의 사실을 적시한 청원
불처리사항 (청원법 제6조)	• 국가기밀 또는 공무상 비밀에 관한 사항 • 감사·수사·재판·행정심판·조정·중재 등 다른 법령에 의한 조사·불복 또는 구제절차가 진행 중인 사항 • 허위의 사실로 타인으로 하여금 형사처분 또는 징계처분을 받게 하는 사항 • 허위의 사실로 국가기관 등의 명예를 실추시키는 사항 • 사인 간의 권리관계 또는 개인의 사생활에 관한 사항 • 청원인의 성명, 주소 등이 불분명하거나 청원내용이 불명확한 사항

3. 청원심의회

청원기관의 장은 공개 청원의 공개 여부에 관한 사항, 청원의 조사 결과 등 청원 처리에 관한 사항, 그 밖에 청원에 관한 사항을 심의하기 위하여 청원심의회를 설치·운영하여야 한다(청원법 제8조 제1항).

Ⅱ 청원의 방법

1. 문서에 의한 청원

청원은 청원인의 성명과 주소 또는 거소를 기재하고 서명한 문서로 하여야 한다(청원법 제9조 제1항). 청원인은 청원서에 이유와 취지를 밝히고, 필요한 때에는 참고자료를 붙일 수 있다(청원법 제11조 제4항).

2. 제3자에 의한 청원

청원권의 행사는 자신이 직접 하든 아니면 제3자인 중개인이나 대리인을 통해서 하든 청원권으로서 보호된다(헌재 2005. 11. 24. 2003헌바108).

> **판례**
>
> ▶ **공무원이 취급하는 사건 또는 사무에 관하여 사건 해결의 청탁 등을 명목으로 금품을 수수하는 행위를 규제하는 구 변호사법 제111조 부분이 청원권을 제한하는지**(적극): 이 사건 법률조항은 공무원의 직무에 속하는 사항에 관하여 금품을 대가로 다른 사람을 중개하거나 대신하여 그 이해관계나 의견 또는 희망을 해당 기관에 진술할 수 없게 하므로, 청원권을 제한한다(헌재 2012. 4. 24. 2011헌바40).
>
> ▶ **수용자가 발송하는 서신이 국가기관에 대한 청원적 성격을 가지고 있는 경우에 교도소장의 허가를 받도록 한 것이 청원권을 침해하는지**(소극): 서신을 통한 수용자의 청원을 아무런 제한 없이 허용한다면 수용자가 이를 악용하여 검열 없이 외부에 서신을 발송하는 탈법수단으로 이용할 수 있게 되므로 이에 대한 검열은 수용 목적 달성을 위한 불가피한 것으로서 청원권의 본질적 내용을 침해한다고 할 수 없다(헌재 2001. 11. 29. 99헌마713).

3. 공개 청원과 공동청원

(1) 공개 청원

1) 공개 청원 사항

청원인은 청원 사항이 법률·명령·조례·규칙 등의 제정·개정 또는 폐지 또는 공공의 제도 또는 시설의 운영에 해당하는 경우 청원의 내용, 접수 및 처리 상황과 결과를 온라인청원시스템에 공개하도록 청원할 수 있고, 이 경우 청원서에 공개 청원으로 표시하여야 한다(청원법 제11조 제2항).

2) 공개 청원의 공개 여부 결정 및 통지

공개 청원을 접수한 청원기관의 장은 접수일부터 15일 이내에 청원심의회의 심의를 거쳐 공개 여부를 결정하고 결과를 청원인에게 알려야 한다(청원법 제13조 제1항).

3) 의견 청취

청원기관의 장은 공개 청원의 공개 결정일부터 30일간 청원 사항에 관하여 국민의 의견을 들어야 한다(청원법 제13조 제2항).

(2) 공동청원

다수 청원인이 공동으로 청원을 하는 경우에는 그 처리결과를 통지받을 3명 이하의 대표자를 선정하여 이를 청원서에 표시하여야 한다(청원법 제11조 제3항).

4. 불이익 금지와 청원의 취하

누구든지 청원을 하였다는 이유로 청원인을 차별대우하거나 불이익을 강요해서는 아니 된다(청원법 제26조). 청원인은 해당 청원의 처리가 종결되기 전에 청원을 취하할 수 있다(청원법 제17조).

Ⅲ 청원의 처리 절차

1. 청원의 접수 등

(1) 청원의 접수

청원기관의 장은 제출된 청원서를 지체 없이 접수하여야 한다(청원법 제12조 제1항).

(2) 보완의 요구 및 이송

청원기관의 장은 청원서에 부족한 사항이 있다고 판단되는 경우에는 보완사항 및 보완기간을 표시하여 청원인에게 보완을 요구할 수 있고, 청원사항이 다른 기관 소관인 경우에는 지체 없이 소관 기관에 청원서를 이송하고 이를 청원인에게 알려야 한다(청원법 제15조 제1항, 제2항).

(3) 반복청원 및 이중청원

청원기관의 장은 동일인이 같은 내용의 청원서를 같은 청원기관에 2건 이상 제출한 반복청원의 경우에는 나중에 제출된 청원서를 반려하거나 종결처리할 수 있고, 종결처리하는 경우 이를 청원인에게 알려야 하며, 동일인이 같은 내용의 청원서를 2개 이상의 청원기관에 제출한 경우 소관이 아닌 청원기관의 장은 청원서를 소관 청원기관의 장에게 이송하여야 한다(청원법 제16조 제1항, 제2항).

2. 청원의 조사

청원기관의 장은 청원을 접수한 경우에는 지체 없이 청원 사항을 성실하고 공정하게 조사하여야 한다. 다만, 청원 사항이 별도의 조사를 필요로 하지 아니하는 경우에는 조사 없이 신속하게 처리할 수 있다(청원법 제18조).

3. 청원의 처리

(1) 청원심의회의 심의

청원기관의 장은 청원심의회의 심의를 거쳐 청원을 처리하여야 한다. 다만, 청원심의회의 심의를 거칠 필요가 없는 사항에 대해서는 심의를 생략할 수 있다(청원법 제21조 제1항).

한편 정부에 제출 또는 회부된 정부의 정책에 관계되는 청원의 심사는 국무회의의 심의를 거쳐야 한다(헌법 제89조 15호).

(2) 청원의 처리 기간

청원기관의 장은 청원을 접수한 때에는 특별한 사유가 없으면 90일 이내에 처리결과를 청원인에게 알려야 한다. 이 경우 공개 청원의 처리결과는 온라인청원시스템에 공개하여야 한다(청원법 제21조 제2항).

청원기관의 장은 부득이한 사유로 90일 이내에 청원을 처리하기 곤란한 경우에는 60일의 범위에서 한 차례만 처리 기간을 연장할 수 있다. 이 경우 그 사유와 처리 예정 기한을 지체 없이 청원인에게 알려야 한다(청원법 제21조 제3항).

> **판례**
>
> ▶ **청원의 결과통지 방법**: 청원 사항의 처리결과에 심판서나 재결서에 준하여 이유를 명시할 것을 요구하는 것은 청원권의 보호범위에 포함되지 아니하므로, 청원 소관관서는 청원법이 정하는 절차와 범위 내에서 청원사항을 성실·공정·신속히 심사하고 청원인에게 그 청원을 어떻게 처리하였거나 처리하려 하는지를 알 수 있는 정도로 결과통지함으로써 충분하다(헌재 1994. 2. 24. 93헌마213).

(3) 이의신청

청원인은 청원기관의 장의 공개 부적합 결정에 대하여 불복하는 경우, 청원기관의 장이 청원의 처리 기간 내에 청원을 처리하지 못한 경우로서 공개 부적합 결정 통지를 받은 날 또는 청원의 처리 기간이 경과한 날부터 30일 이내에 청원기관의 장에게 문서로 이의신청을 할 수 있고(청원법 제22조 제1항), 청원기관의 장은 이의신청을 받은 날부터 15일 이내에 이의신청에 대하여 인용 여부를 결정하고, 그 결과를 청원인에게 지체 없이 알려야 한다(청원법 제22조 제2항).

Ⅳ 청원의 처리결과에 대한 불복

1. 헌법소원

(1) 권리행사로서의 청원
청원이 구체적인 권리행사로서의 성질을 갖는 경우라면 그에 대한 피청구인의 거부행위는 청구인의 법률관계나 법적 지위에 영향을 미치는 것으로서 당연히 헌법소원의 대상이 되는 공권력의 행사라고 할 수 있다(헌재 2004. 10. 28. 2003헌마898).

(2) 단순한 청원
청원이 구체적인 권리행사로서의 성질을 갖지 아니한 단순한 청원인 경우 청원서를 접수한 국가기관은 이를 적정히 처리하여야 할 의무를 부담하나, 그 의무이행은 청원법이 정하는 절차와 범위 내에서 청원사항을 성실·공정·신속히 심사하고 청원인에게 그 청원을 어떻게 처리하였거나 처리하려 하는지를 알 수 있을 정도로 결과통지함으로써 충분하고, 비록 그 처리내용이 청원인이 기대한 바에 미치지 않는다고 하더라도 헌법소원의 대상이 되는 공권력의 행사 또는 불행사가 있다고 볼 수 없다(헌재 2004. 10. 28. 2003헌마898).

2. 행정소송
국가기관이 그 수리한 청원을 받아들여 구체적인 조치를 취할 것인지 여부는 국가기관의 자유재량에 속한다고 할 것일 뿐만 아니라 이로써 청원자의 권리의무, 그 밖의 법률관계에는 하등의 영향을 미치는 것이 아니므로 청원에 대한 심사처리결과의 통지 유무는 행정소송의 대상이 되는 행정처분이라고 할 수 없다(대판 1990. 5. 25. 90누1458).

제3항 국회와 지방의회에 대한 청원

Ⅰ 국회에 대한 청원

1. 의원의 소개 또는 국민 동의
국회에 청원을 하려는 자는 의원의 소개를 받거나 국회규칙으로 정하는 기간 동안 국회규칙으로 정하는 일정한 수 이상의 국민의 동의를 받아 청원서를 제출하여야 한다(국회법 제123조 제1항).

> **판례**
>
> ▶ **국회에 청원을 할 때 국회의원의 소개를 얻도록 한 국회법 조항이 청원권을 침해하는지**(소극) : 의회에 대한 청원에 국회의원의 소개를 얻도록 한 것은 청원 심사의 효율성을 확보하기 위한 적절한 수단이다. 청원은 일반의안과 같이 처리되므로 청원서 제출단계부터 의원의 관여가 필요하고, 의원의 소개가 없는 민원의 경우에는 진정으로 접수하여 처리하고 있으며, 청원의 소개의원은 1인으로 족한 점 등을 감안할 때 이 사건 법률조항이 국회에 청원을 하려는 자의 청원권을 침해한다고 볼 수 없다(헌재 2006. 6. 29. 2005헌마604).

> ▶ **청원서를 제출하기 위한 구체적인 절차로서 국민의 찬성·동의를 받는 기간과 그 인원수 등을 규정한 국회청원 심사규칙 제2조의2 제2항 중 '등록일부터 30일 이내에 100명 이상의 찬성을 받고' 부분 등이 청원권을 침해하는지**(소극): 국민동의법령조항들이 청원서의 일반인에 대한 공개를 위해 30일 이내에 100명 이상의 찬성을 받도록 한 것은 일종의 사전동의제도로서, 중복게시물을 방지하고 비방, 욕설, 혐오표현, 명예훼손 등 부적절한 청원을 줄이며 국민의 목소리를 효율적으로 담아내고자 함에 그 취지가 있다. 청원서가 일반인에게 공개되면 그로부터 30일 이내에 10만 명 이상의 동의를 받도록 한 것은 국회의 한정된 심의 역량과 자원의 효율적 배분을 고려함과 동시에, 일정 수준 이상의 인원에 해당하는 국민 다수가 관심을 갖고 동의하는 의제가 논의 대상이 되도록 하기 위한 것이다. 국회에 대한 청원은 법률안 등과 같이 의안에 준하여 위원회 심사를 거쳐 처리되고, 다른 행정부 등 국가기관과 달리 국회는 합의제 기관이라는 점에서 청원 심사의 실효성을 확보할 필요성 또한 크다. 이와 같은 점에서 국민동의법령조항들이 설정하고 있는 청원찬성·동의를 구하는 기간 및 그 인원수는 불합리하다고 보기 어렵다. 따라서 국민동의법령조항들은 입법재량을 일탈하여 청원권을 침해하였다고 볼 수 없다(헌재 2023. 3. 23. 2018헌마460).

2. 청원의 처리

의장은 청원을 접수하였을 때에는 청원요지서를 작성하여 인쇄하거나 전산망에 입력하는 방법으로 각 의원에게 배부하는 동시에 그 청원서를 소관 위원회에 회부하여 심사하게 하며(국회법 제124조 제1항), 청원을 소개한 의원은 소관 위원회 또는 청원심사소위원회의 요구가 있을 때에는 청원의 취지를 설명하여야 한다(국회법 제125조 제3항).

Ⅱ 지방의회에 대한 청원

지방의회에 청원을 하려는 자는 지방의회의원의 소개를 받아 청원서를 제출하여야 한다(지방자치법 제85조 제1항). 지방의회의 의장은 청원서를 접수하면 소관 위원회나 본회의에 회부하여 심사를 하게 하며, 청원을 소개한 지방의회의원은 소관 위원회나 본회의가 요구하면 청원의 취지를 설명하여야 한다(지방자치법 제87조 제1항, 제2항).

> **판례**
>
> ▶ **지방의회에 청원을 하고자 할 때에 반드시 지방의회 의원의 소개를 얻도록 한 것이 청원권의 과도한 제한에 해당하는지 여부**(소극): 지방의회에 청원을 할 때에 지방의회 의원의 소개를 얻도록 한 것은 의원이 미리 청원의 내용을 확인하고 이를 소개하도록 함으로써 청원의 남발을 규제하고 심사의 효율을 기하기 위한 것이고, 지방의회 의원 모두가 소개의원이 되기를 거절하였다면 그 청원내용에 찬성하는 의원이 없는 것이므로 지방의회에서 심사하더라도 인용가능성이 전혀 없어 심사의 실익이 없으며, 청원의 소개의원도 1인으로 족한 점을 감안하면 이러한 정도의 제한은 공공복리를 위한 필요·최소한의 것이라고 할 수 있다(헌재 1999. 11. 25. 97헌마54).
>
> ▶ **국민의 동의를 받는 방식의 청원제도를 지방의회 청원에 도입하지 아니한 것이 과도한 청원권 제한에 해당하는 지**(소극): 전 국민을 대상으로 하는 국회에의 청원과 달리 지방의회에의 청원은 지방자치단체의 주민만을 대상으로 한다는 점에서 국민의 동의를 받는 방식의 청원제도를 지방의회 청원에 도입하지 아니하였다고 하여 그것이 곧바로 과도한 청원권 제한에 해당한다고 보기 어렵다(헌재 2023. 3. 23. 2018헌마596).

제2절 재판청구권

제1항 재판청구권의 의의

I 재판청구권의 개념

재판이란 사실확정과 법률의 해석적용을 본질로 함에 비추어 볼 때, 헌법상의 재판을 받을 권리란 법관에 의하여 사실적 측면과 법률적 측면이 적어도 한 차례의 심리검토의 기회는 보장되어야 한다는 것을 의미한다(헌재 1992. 6. 26. 90헌바25). 이러한 재판을 받을 권리에는 민사재판, 형사재판, 행정재판, 헌법재판이 포함된다(헌재 2013. 8. 29. 2011헌마122).

> **판례**
>
> ▶ **재판청구권의 목적**: 재판청구권은 다른 기본권이 침해된 경우에 그 회복 또는 구제를 위한 절차적 기본권으로서 사법절차를 통하여 궁극적으로 효율적인 권리보호를 보장하고자 하는 데 그 목적이 있다(헌재 2021. 1. 28. 2019헌가24).
>
> ▶ **재판청구권의 적극적·소극적 측면**: 재판청구권은 재판이라는 국가적 행위를 청구할 수 있는 적극적 측면과 헌법과 법률이 정한 법관이 아닌 자에 의한 재판이나 법률에 의하지 아니한 재판을 받지 아니하는 소극적 측면을 아울러 가지고 있다(헌재 1998. 5. 28. 96헌바4).

II 재판청구권의 범위

1. 일반적 범위

일반적으로 민, 형사, 행정소송이나 이에 직접 관련되는 것이 아닌 사항에서 어떤 것들이 재판을 청구할 수 있는 대상으로서 재판청구권으로 보호되어야 하는가는 일률적으로 말하기 어렵고, 다만 적어도 국민에게 중요한 사항으로서 '사실확정과 법률의 해석적용'에 관련된 문제이고 '사법절차를 통하여 결정되어야 할 만한 속성을 지닌 것'이라면 재판청구권의 보호범위에 포함된다(헌재 2010. 4. 29. 2008헌마622).

> **판례**
>
> ▶ **피고인 스스로 치료감호를 청구할 권리**(소극): 피고인에게 치료감호에 대한 청구권을 주는 것은 결국 피고인이 "재범의 위험성"이 있음을 스스로 인정할 것을 전제하는 것이고, 이것이 과연 피고인에게 유리하게 작용하는 것인지는 의문이다. 더욱이 재판청구권의 보호범위는 사항의 성격 자체에서 판단되어야 하고, 다른 법률조항의 내용 여하, 예컨대 치료감호 기간의 형기 산입 여부 등에 따라 그 판단이 달라질 것은 아니다. 결국 '피고인 스스로 치료감호를 청구할 수 있는 권리'가 헌법상 재판청구권의 보호범위에 포함된다고 보기는 어렵다(헌재 2010. 4. 29. 2008헌마622).

2. 대법원의 재판

(1) 원칙

헌법과 법률이 정하는 법관에 의하여 법률에 의한 재판을 받을 권리가 사건의 경중을 가리지 아니하고 모든 사건에 대하여 대법원을 구성하는 법관에 의한 균등한 재판을 받을 권리를 의미한다거나 또는 상고심재판을 받을 권리를 의미하는 것이라고 할 수는 없다. 왜냐하면 상고제도의 목적을 법질서의 통일과 법발견 또는 법창조에 관한 공익의 추구에 둘 것인지, 아니면 구체적인 사건의 적정한 판단에 의한 당사자의 권리구제에 둘 것인지, 또는 양자를 다 같이 고려할 것인지는 역시 입법자의 형성의 자유에 속하는 사항이고, 그 중 어느 하나를 더 우위에 두었다고 하여 헌법에 위반되는 것은 아니기 때문이다(헌재 1997. 10. 30. 97헌바37).

> **판례**
>
> ▶ **상소심 재판을 받을 권리**: 헌법 제27조에서 규정한 재판을 받을 권리에 모든 사건에 대해 상소법원의 구성법관에 의한, 상소심 절차에 의한 재판을 받을 권리까지도 당연히 포함된다고 단정할 수 없을 것이고, 모든 사건에 대해 획일적으로 상소할 수 있게 하느냐 않느냐는 특단의 사정이 없는 한 입법정책의 문제이다(헌재 1993. 11. 25. 91헌바8).

(2) 예외

헌법 제110조 제2항이 군사법원의 상고심을 대법원이 관할하도록 정하고 같은 조 제4항이 군사법원에서의 단심재판을 제한하도록 규정하고 있고, 헌법 제107조 제2항이 명령·규칙 또는 처분의 위헌·위법 여부에 대한 최종적 심사권이 대법원에 있음을 규정하고 있으므로 그 범위 내에서는 대법원에서의 재판을 받을 권리가 헌법상 보장된다(헌재 1997. 10. 30. 97헌바37).

> **판례**
>
> ▶ **상고심절차에 관한 특례법 제4조 제1항에서 규정하고 있는 심리불속행제도가 재판을 받을 권리를 침해하는지**(소극): 이 사건 조항이 비록 국민의 재판청구권을 제약하고 있기는 하지만 심급제도와 대법원의 기능에 비추어 볼 때 헌법이 요구하는 대법원의 최고법원성을 존중하면서 민사, 가사, 행정 등 소송사건에 있어서 상고심 재판을 받을 수 있는 객관적인 기준을 정함에 있어 개별적 사건에서의 권리구제보다 법령해석의 통일을 더 우위에 둔 규정으로서 그 합리성이 있다고 할 것이므로 헌법에 위반되지 아니한다(헌재 1997. 10. 30. 97헌바37).

3. 국민참여재판

우리 헌법상 헌법과 법률이 정한 법관에 의한 재판을 받을 권리는 직업법관에 의한 재판을 주된 내용으로 하는 것이므로 국민참여재판을 받을 권리가 헌법 제27조 제1항에서 규정한 재판을 받을 권리의 보호범위에 속한다고 볼 수 없다(헌재 2009. 11. 26. 2008헌바12).

4. 재심

어떤 사유를 재심사유로 하여 재심을 허용할 것인가 하는 것은 입법자가 확정된 판결에 대한 법적 안정성, 재판의 신속, 적정성, 법원의 업무부담 등을 고려하여 결정하여야 할 입법정책의 문제이며, 재심청구권도 입법형성권의 행사에 의하여 비로소 창설되는 법률상의 권리일 뿐, 헌법 제27조 제1항, 제37조 제1항에 의하여 직접 발생되는 기본적 인권은 아니다(헌재 2000. 6. 29. 99헌바66).

5. 수형자와 변호사 사이의 접견교통권

현대사회의 복잡다단한 소송에서의 법률전문가의 증대되는 역할, 민사법상 무기 대등의 원칙 실현, 헌법소송의 변호사강제주의 적용 등을 감안할 때 교정시설 내 수용자와 변호사 사이의 접견교통권의 보장은 헌법상 보장되는 재판청구권의 한 내용 또는 그로부터 파생되는 권리로 볼 수 있다(헌재 2013. 8. 29. 2011헌마122).

> **판례**
>
> ▶ 수형자와 소송대리인인 변호사의 접견을 일반 접견에 포함시켜 시간은 30분 이내로, 횟수는 월 4회로 제한한 구 형집행법 제58조 제2항 등이 청구인의 재판청구권을 침해하는지(적극) : 수형자의 접견 시간 및 횟수를 제한하는 것은 교정시설 내의 수용질서 및 규율을 유지하기 위한 것으로서 목적의 정당성이 인정되고, 수단의 적절성 또한 인정된다. 그러나 수형자의 재판청구권을 실효적으로 보장하기 위해서는 소송대리인인 변호사와의 접견 시간 및 횟수를 적절하게 보장하는 것이 필수적이다. 접견의 최소시간을 보장하되 이를 보장하기 어려운 특별한 사정이 있는 경우에는 예외적으로 일정한 범위 내에서 이를 단축할 수 있도록 하고, 횟수 또한 별도로 정하면서 이를 적절히 제한한다면, 교정시설 내의 수용질서 및 규율의 유지를 도모하면서도 수형자의 재판청구권을 실효적으로 보장할 수 있을 것이다. 심판대상조항들은 법률전문가인 변호사와의 소송상담의 특수성을 고려하지 않고 소송대리인인 변호사와의 접견을 그 성격이 전혀 다른 일반 접견에 포함시켜 접견 시간 및 횟수를 제한함으로써 과잉금지원칙에 위반하여 청구인의 재판청구권을 침해한다(헌재 2015. 11. 26. 2012헌마858 헌법불합치, 선례변경).
>
> ▶ 수형자인 청구인이 헌법소원사건의 국선대리인인 변호사를 접견함에 있어서 그 접견내용을 녹음, 기록한 교도소장의 행위가 청구인의 재판을 받을 권리를 침해하는지(적극) : 형집행법 제41조 제2항이 수용자의 접견내용을 청취, 기록, 녹음 등을 할 수 있도록 한 것은 수용자의 신체적 구속 확보 및 수형자의 교화와 교도소 내의 수용질서 및 규율 유지를 위한 것으로서, 목적의 정당성 및 수단의 적절성이 인정된다. 그러나 소송의 상대방이 국가나 교도소 등의 구금시설로서 그 내용이 구금시설 등의 부당처우를 다투는 내용일 경우에 접견내용에 대한 녹음, 녹화는 실질적으로 당사자대등의 원칙에 따른 무기평등을 무력화시킬 수 있다. 청구인과 헌법소원 사건의 국선대리인인 변호사의 접견내용에 대해서는 접견의 목적이나 접견의 상대방 등을 고려할 때 녹음, 기록이 허용되어서는 아니 될 것임에도 이를 녹음, 기록한 행위는 청구인과 청구인이 제기한 헌법소원 사건의 국선대리인인 변호사와의 접견권을 지나치게 제한한 것으로서 청구인의 재판을 받을 권리를 침해한다(헌재 2013. 9. 26. 2011헌마398).
>
> ▶ 변호사와 접견하는 경우에도 수용자의 접견은 원칙적으로 접촉차단시설이 설치된 장소에서 하도록 규정하고 있는 형집행법 시행령 제58조 제4항이 재판청구권을 침해하는지(적극) : 이 사건 접견조항은 교정시설의 기본적 역할인 수용자의 신체적 구속 확보와 교도소 내의 수용질서 및 규율 유지를 위한 목적으로 도입된 것으로서 목적의 정당성 및 수단의 상당성이 인정된다. 그러나 이 사건 접견조항에 따르면 수용자는 효율적인 재판준비를 하는 것이 곤란하게 되고, 변호사 직무의 공공성, 윤리성 및 사회적 책임성은 변호사 접견권을 이용한 증거인멸, 도주 및 마약 등 금지물품 반입 시도 등의 우려를 최소화시킬 수 있으며, 변호사접견이라 하더라도 교정시설의 질서 등을 해할 우려가 있는 특별한 사정이 있는 경우에는 예외를 두도록 한다면 악용될 가능성도 방지할 수 있다. 따라서 이 사건 접견조항은 과잉금지원칙에 위배하여 청구인의 재판청구권을 지나치게 제한하고 있으므로 헌법에 위반된다(헌재 2013. 8. 29. 2011헌마122 헌법불합치).

Ⅲ 입법형성권과 위헌성 심사기준

1. 입법형성권

재판청구권의 실현은 재판권을 행사하는 법원의 조직과 소송절차에 관한 입법에 의존하고 있기 때문에 입법자에 의한 재판청구권의 구체적 형성은 불가피하며, 따라서 입법자는 소송요건과 관련하여 소송의 주체·방식·절차·시기·비용 등에 관하여 규율할 수 있다. 그러나 헌법 제27조 제1항은 권리구제절차에 관한 구체적 형성을 완전히 입법자의 형성권에 맡기지는 않는다. 재판청구권은 법적 분쟁의 해결을 가능하게 하는 '적어도 한 번의 권리구제절차'가 개설될 것을 요청할 뿐 아니라, 그를 넘어서 소송절차의 형성에 있어서 '실효성 있는 권리보호'를 제공하기 위하여 그에 필요한 절차적 요건을 갖출 것을 요청한다(헌재 2006. 4. 27. 2005헌마1119).

2. 위헌성 심사기준

재판청구권은 기본권이 침해당하거나 침해당할 위험에 처해 있을 때 그에 대한 구제 또는 예방을 요청할 수 있는 권리라는 점에서 다른 기본권의 보장을 위한 기본권이라는 성격을 가지고 있으므로, 재판청구권에 관한 입법재량에도 한계가 있을 수밖에 없다. 단지 법원에 제소할 수 있는 형식적인 권리나 이론적인 가능성만 제공할 뿐 권리구제의 실효성이 보장되지 않는다면 이는 헌법상 재판청구권을 공허하게 만드는 것이므로 입법재량의 한계를 일탈한 것으로서 위헌이다(헌재 2015. 9. 24. 2013헌가21). 즉 재판청구권과 같은 절차적 기본권은 자유권적 기본권 등 다른 기본권의 경우와 비교하여 볼 때 상대적으로 입법자의 광범위한 입법형성권이 인정되므로, 관련 법률에 대한 위헌심사기준은 합리성원칙 내지 자의금지원칙이 적용된다(헌재 2005. 5. 26. 2003헌가7).

제2항 재판청구권의 주체

재판청구권은 인간의 권리인 신체의 자유를 실효적으로 보장하는 데 반드시 필요한 권리라고 볼 수 있어 청구인이 외국인이라 하더라도 재판청구권의 주체가 된다고 봄이 타당하다(헌재 2018. 5. 31. 2014헌마346 재판관 2인의 별개의견).

> **판례**
>
> ▶ 학교안전사고에 대한 공제급여결정에 대하여 공제중앙회 소속 재심사위원회가 재결을 행한 경우, 재심사청구인이 공제급여와 관련된 소를 제기하지 아니하거나 소를 취하한 경우에는 학교안전공제회와 재심사청구인 간에 재결내용과 동일한 합의가 성립된 것으로 간주하는 학교안전법 제64조가 공제회의 재판청구권을 침해하는지(적극): 공제중앙회는 공제회의 상급기관이라거나 지휘·감독기관으로 볼 수 없으므로 공제중앙회 소속 재심위원회의 재심사절차는 제3자적 입장에서 공제회와 재심사청구인 사이의 사법적 분쟁을 해결하기 위한 간이분쟁해결절차에 불과하다. 따라서 이러한 재심사절차에서 공제회는 재심사청구인과 마찬가지로 공제급여의 존부 및 범위에 관한 법률상 분쟁의 일방당사자의 지위에 있으므로, 공제회 역시 이에 관하여 법관에 의하여 재판받을 기회를 보장받아야 함에도 불구하고 이를 박탈하는 것은 헌법상 용인될 수 없다. 그런데 합의간주조항은 실질적으로 재심사청구인에게만 재결을 다툴 수 있도록 하고 있으므로, 합리적인 이유 없이 분쟁의 일방당사자인 공제회의 재판청구권을 침해한다(헌재 2015. 7. 30. 2014헌가7).

▶ **교원징계재심위원회의 결정에 대해 학교법인의 제소를 금지하고 있는 교원지위법 조항이 학교법인의 재판청구권을 침해하여 위헌인지**(적극, 선례변경) : 재심위원회가 재심청구를 인용하든 또는 기각하든지 간에 재심청구의 당사자인 학교법인 또는 사립학교 교원 중 어느 일방은 이로 인하여 자신의 권익을 침해받게 되므로 이 경우 헌법 제27조의 취지에 따라 입법자는 재심결정으로 인하여 권익을 침해받은 자가 법원의 재판을 통하여 구제를 받을 수 있도록 하는 절차를 마련할 것이 요구된다. 학교법인에게 재심결정에 불복할 제소권한을 부여한다고 하여 이 사건 법률조항이 추구하는 사립학교 교원의 신분보장에 특별한 장애사유가 생긴다든가 그 권리구제에 공백이 발생하는 것도 아니다. 따라서 이 사건 법률조항은 사립학교 교원의 징계 등 불리한 처분에 대한 권리구제절차를 형성하면서 분쟁의 당사자이자 재심절차의 피청구인인 학교법인에게는 효율적인 권리구제절차를 제공하지 아니하므로 학교법인의 재판청구권을 침해한다(헌재 2006. 2. 23. 2005헌가7).

▶ **교원소청심사위원회의 재심결정에 대해 학교법인의 제소를 금지하고 있는 임용탈락구제법 조항이 학교법인의 재판청구권을 침해하는지**(적극) : 특별위원회가 재심청구를 인용하면 학교법인은 이로 인하여 자신의 권익을 침해받게 되므로, 입법자는 헌법 제27조의 취지에 따라 학교법인이 법원의 재판을 통하여 구제를 받을 수 있도록 하는 절차를 마련할 것이 요구된다. 그럼에도 이 사건 제소금지규정에 의하여 학교법인은 재임용 탈락이 부당하였다는 특별위원회의 결정에 대하여 소송으로 다투지 못한다. 한편, 학교법인에게 재심결정에 불복할 제소권을 부여한다고 하여 이 사건 구제규정이 추구하는 재임용 탈락교원들의 권익 보호에 특별한 장애사유가 생긴다든가 그 권리구제에 공백이 발생하는 것도 아니다. 따라서 이 사건 제소금지규정은 재임용에서 탈락한 사립대학 교원의 권리구제절차를 형성하면서 분쟁의 당사자이자 재심절차의 피청구인인 학교법인에게는 특별위원회의 재심결정에 대하여 소송으로 다투지 못하게 함으로써 학교법인의 재판청구권을 침해한다(헌재 2006. 4. 27. 2005헌마1119).

▶ **국가가 국립대학법인으로 설립하는 국립학교가 '공공기관의 정보공개에 관한 법률' 제19조 제1항에 따라 행정심판의 피청구인이 된 경우 그 심판청구를 인용하는 재결에 기속되도록 정한 행정심판법 제49조 제1항이 재판청구권을 침해하는지**(소극) : [재판관 4인]. 국립대학법인 서울대학교가 정보공개의무를 부담하는 경우에 있어서 국민의 알 권리를 보호해야 할 의무를 부담하는 기본권 수범자의 지위에 있다. 그렇다면, 서울대학교가 기본권의 수범자로 기능하면서 행정심판의 피청구인이 된 경우에 적용되는 심판대상조항의 위헌성을 다투는 이 사건에서 서울대학교는 기본권의 주체가 된다고 할 수 없으므로 재판청구권 침해 주장은 이유 없다. [재판관 2인] : 국립대학법인이 정보공개법 제9조 제1항에서 정한 비공개 대상 정보에 해당한다는 이유로 한 정보비공개결정은 대학의 자율권 행사의 일환으로 볼 수 있으므로, 청구인은 이에 관한 분쟁에 있어 재판청구권의 주체가 될 수 있다. 심판대상조항에서 국립대학법인을 정보비공개결정에 관한 행정심판 인용재결에 기속되도록 정한 것은 국립대학법인의 사회적 책무, 교육영역에 있어 정보공개청구권이 갖는 중요성, 국민 권리의 신속한 구제라는 행정심판의 취지 등을 종합적으로 고려한 것으로서 합리적인 이유가 있다. 따라서 심판대상조항은 재판청구권을 침해하여 헌법에 위반되지 아니한다(헌재 2023. 3. 23. 2018헌바385).

> ▶**공공단체인 한국과학기술원의 총장이 교원소청심사위원회의 결정에 대하여 행정소송법으로 정하는 바에 따라 소송을 제기할 수 없도록 하는 구 '교원의 지위 향상 및 교육활동 보호를 위한 특별법' 제10조 제3항이 재판청구권을 침해하는지**(소극): 심판대상조항이 공공단체인 한국과학기술원의 총장을 교원소청심사위원회의 결정에 불복하여 행정소송을 제기할 수 있는 제소권자 범위에 포함시키지 아니하여 행정소송을 제기하지 못하도록 한 것은, 교원의 인사를 둘러싼 분쟁을 신속하게 해결하고 궁극적으로는 한국과학기술원의 설립취지를 효과적으로 실현하기 위한 것이다. 교원의 신분보장을 둘러싼 재판상 권리구제절차를 어떻게 마련할 것인지는 당해 학교의 설립목적과 공공적 성격의 정도, 국가의 감독 수준 등을 두루 고려하여 정할 수 있는 것으로, 교원 근로관계의 법적 성격에 의해서만 좌우된다고 보기 어렵다. 한국과학기술원 설립목적의 특수성과 그 목적을 달성하기 위한 국가의 관리·감독 및 재정 지원, 사무의 공공성 내지 공익성 등을 고려할 때, 소속 교원의 신분을 국·공립학교의 교원의 그것과 동등한 정도로 보장하면서 교원소청심사절차의 당사자인 청구인이 교원소청심사결정에 대해 행정소송을 제기할 수 없도록 한 것을 두고 입법형성의 범위를 벗어났다고 보기 어렵다. 따라서 심판대상조항은 청구인의 재판청구권을 침해하지 아니한다(헌재 2022. 10. 27. 2019헌바117).

제3항 재판청구권의 내용

I 헌법과 법률이 정한 법관에 의한 재판을 받을 권리

> **헌법 제27조**
> ① 모든 국민은 헌법과 법률이 정한 법관에 의하여 법률에 의한 재판을 받을 권리를 가진다.

1. 헌법과 법률이 정한 법관

헌법과 법률이 정한 법관에 의하여 재판을 받을 권리란 '헌법과 법률이 정한 자격과 절차'에 의하여 임명되고, 물적 독립과 인적 독립이 보장된 법관에 의한 재판을 받을 권리를 의미한다(헌재 1993. 11. 25. 91헌바8).

> **판례**
>
> ▶**대통령 권한대행 국무총리가 헌법재판관을 지명하여 임명할 경우의 문제점**: 대통령의 권한을 대행하는 국무총리가 재판관을 지명하여 임명할 권한을 행사할 수 있다고 단정할 수 없고, 만약 권한을 대행하는 국무총리에게 재판관을 지명하여 임명할 권한이 없다고 한다면, 대통령의 권한을 대행하는 국무총리가 재판관을 지명하여 임명하는 행위로 인하여 신청인은 '헌법과 법률이 정한 자격과 절차'에 의하여 임명된 '재판관'이 아닌 사람에 의하여 헌법재판을 받게 되어 재판을 받을 권리를 침해받게 될 수 있다(헌재 2025. 4. 16. 2025헌사399).

2. 법관에 의한 재판

법관에 의한 재판을 받을 권리를 보장한다고 함은 법관이 사실을 확정하고 법률을 해석·적용하는 재판을 받을 권리를 보장한다는 뜻이고, 만일 그러한 보장이 제대로 이루어지지 아니한다면 헌법상 보장된 재판을 받을 권리의 본질적 내용을 침해하는 것으로서 우리 헌법상 허용되지 아니한다(헌재 2000. 6. 29. 99헌가9).

> **판례**
>
> ▶ **상급법원을 구성하는 법관에 의한 균등한 재판을 받을 권리**: '법률에 의한' 재판을 받을 권리라 함은 법관에 의한 재판은 받되 법대로의 재판, 즉 절차법이 정한 절차에 따라 실체법이 정한 내용대로 재판을 받을 권리를 보장하는 취지이다. 이러한 취지에서 본다면 재판청구권에는 상급심재판을 받을 권리나 사건의 경중을 가리지 않고 모든 사건에 대하여 반드시 대법원 또는 상급법원을 구성하는 법관에 의한 균등한 재판을 받을 권리가 포함되어 있다고 할 수는 없다(헌재 1996. 10. 31. 94헌바3).
>
> ▶ **대한변협의 징계에 대하여 이의가 있는 경우 법무부변호사징계위원회의 이의절차 후 대법원에 즉시항고 하도록 규정한 변호사법 제81조 제4항 등이 재판을 받을 권리를 침해하는지**(적극): 대한변호사협회변호사징계위원회나 법무부변호사징계위원회의 징계에 관한 결정은 비록 그 징계위원 중 일부로 법관이 참여한다고 하더라도 이를 헌법과 법률이 정한 법관에 의한 재판이라고 볼 수 없으므로, 변호사법 제81조 제4항 내지 제6항은 법관에 의한 사실확정 및 법률적용의 기회를 박탈한 것으로서 "법관에 의한" 재판을 받을 권리를 침해하는 위헌규정이다(헌재 2000. 6. 29. 99헌가9).
>
> ▶ **통고처분을 행정심판이나 행정소송의 대상에서 제외하고 있는 관세법 제38조 제3항 제2호가 재판청구권을 침해하는지**(소극): 통고처분은 상대방의 임의의 승복을 그 발효요건으로 하기 때문에 그 자체만으로는 통고이행을 강제하거나 상대방에게 아무런 권리의무를 형성하지 않으므로 행정심판이나 행정소송의 대상으로서의 처분성을 부여할 수 없고, 통고처분에 대하여 이의가 있으면 통고내용을 이행하지 않음으로써 고발되어 형사재판절차에서 통고처분의 위법·부당함을 얼마든지 다툴 수 있기 때문에 관세법 제38조 제3항 제2호가 법관에 의한 재판받을 권리를 침해한다든가 적법절차의 원칙에 저촉된다고 볼 수 없다(헌재 1998. 5. 28. 96헌바4).
>
> ▶ **심의위원회의 배상금 등 지급결정에 신청인이 동의한 때에는 국가와 신청인 사이에 재판상 화해가 성립된 것으로 보는 세월호피해지원법 제16조가 과잉금지원칙을 위반하여 청구인들의 재판청구권을 침해하는지**(소극): 세월호피해지원법에 의하면, 심의위원회의 제3자성, 중립성 및 독립성이 보장되어 있고, 신청인에게 지급결정 동의의 법적 효과를 안내하는 절차를 마련하고 있으며, 신청인은 배상금 등 지급에 대한 동의에 관하여 충분히 생각하고 검토할 시간이 보장되어 있고, 배상금 등 지급결정에 대한 동의 여부를 자유롭게 선택할 수 있다. 따라서 심의위원회의 배상금 등 지급결정에 동의한 때 재판상 화해가 성립한 것으로 간주하더라도 재판청구권 행사에 대한 지나친 제한이라고 보기 어렵다. 따라서 세월호피해지원법 제16조는 청구인들의 재판청구권을 침해하지 않는다(헌재 2017. 6. 29. 2015헌마654).
>
> ▶ **사법보좌관에 의한 소송비용액 확정결정절차를 규정한 법원조직법 조항이 재판청구권을 규정한 헌법 제27조 제1항에 위반되는지**(소극): 법원조직법 제54조 제3항 등에서는 사법보좌관의 처분에 대한 이의신청을 허용함으로써 동일 심급 내에서 법관으로부터 다시 재판받을 수 있는 권리를 보장하고 있는데, 소송비용액 확정결정절차의 경우에도 이러한 이의절차에 의하여 법관에 의한 판단을 거치도록 함으로써 법관에 의한 사실확정과 법률해석의 기회를 보장하고 있다. 따라서 이 사건 조항이 입법재량권을 현저히 불합리하게 또는 자의적으로 행사하였다고 단정할 수 없으므로 헌법 제27조 제1항에 위반된다고 할 수 없다(헌재 2009. 2. 26. 2007헌바8).

Ⅱ 법률에 의한 재판을 받을 권리

법률에 의한 재판이란 합헌적인 법률로 정한 내용과 절차에 따라, 즉 합헌적인 실체법과 절차법에 따라 행하여지는 재판을 의미한다. 따라서 형사재판에 있어서 합헌적인 실체법과 절차법에 따라 행하여지는 재판이라고 하려면, 적어도 죄형법정주의와 적법절차주의에 위반되지 아니하는 실체법과 절차법에 따라 규율되는 재판이 되어야 한다(헌재 1995. 10. 26. 94헌바28).

Ⅲ 군사법원의 재판을 받지 않을 권리

> **헌법 제27조**
> ② 군인 또는 군무원이 아닌 국민은 대한민국의 영역 안에서는 중대한 군사상 기밀·초병·초소·유독음식물공급·포로·군용물에 관한 죄 중 법률이 정한 경우와 비상계엄이 선포된 경우를 제외하고는 군사법원의 재판을 받지 아니한다.

헌법 제27조 제2항은 소극적으로 "군인·군무원을 제외한 모든 국민은 대한민국의 영역 안에서는 중대한 군사상 기밀·초병·초소·유독음식물공급·포로·군용물에 관한 죄 중 법률이 정한 경우와 비상계엄이 선포된 경우를 제외하고는 군사법원의 재판을 받지 않을 권리를 가진다."고 규정하고 있다(헌재 2009. 7. 30. 2008헌바162).

> **판례**
>
> ▶ **군인은 일반법원의 재판을 받는 것이 금지되는지**(소극) : 헌법은 제27조 제1항에서 모든 국민에 대해 원칙적으로 일반법원에서 재판을 받을 권리가 있음을 적극적으로 선언하고 있으므로 설사 동조 제2항에서 군사재판을 받을 경우가 예외적으로 허용되고 있다고 하더라도 헌법 제27조 제2항이 '직접적으로' 군인은 어떤 경우에도 일반법원의 재판을 받는 것을 금지하는 것으로 단정하기는 어렵고 따라서 군인 신분취득 전에 범한 '일반형사범죄'에 대한 군사법원의 재판권이 헌법상 당연히 용인되어야 한다고 보기는 어렵다(헌재 2009. 7. 30. 2008헌바162).
>
> ▶ **'전투용에 공하는 시설'을 손괴한 군인 등이 아닌 국민이 군사법원에서 재판받도록 하는 구 군사법원법 조항이 법관에 의한 재판을 받을 권리를 침해하는지**(적극) : '전투용에 공하는 시설'은 '군사목적에 직접 공용되는 시설'로 '군사시설'에 해당한다. 군인 또는 군무원이 아닌 국민에 대한 군사법원의 예외적인 재판권을 정한 헌법 제27조 제2항에 규정된 군용물에는 군사시설이 포함되지 않는다. 그렇다면 이 사건 법률조항은, 비상계엄이 선포된 경우를 제외하고는 '군사시설'에 관한 죄를 범한 군인 또는 군무원이 아닌 일반 국민은 군사법원의 재판을 받지 아니하도록 규정한 헌법 제27조 제2항에 위반되고, 국민이 헌법과 법률이 정한 법관에 의한 재판을 받을 권리를 침해한다(헌재 2013. 11. 28. 2012헌가10).

Ⅳ 신속한 공개재판을 받을 권리

> **헌법 제27조**
> ③ 모든 국민은 신속한 재판을 받을 권리를 가진다. 형사피고인은 상당한 이유가 없는 한 지체없이 공개재판을 받을 권리를 가진다.

1. 신속한 재판을 받을 권리

(1) 의의

신속한 재판이란 공정하고 적정한 재판을 하는 데 필요한 기간을 넘어 부당하게 지연됨이 없는 재판을 말한다(헌재 2009. 7. 30. 2007헌마732).

헌법 제27조 제3항 전단은 신속한 재판을 받을 권리를 국민의 기본권으로 규정하고 있으므로 신속한 재판의 요청은 단순히 헌법 제27조 제1항이 정한 재판청구권의 제한의 원리에 그치는 것이 아니라 재판청구권과 관련되어 있으면서 독자적인 헌법적 가치를 갖는 것으로 파악되어야 한다(헌재 2018. 7. 26. 2016헌바159).

> **판례**
>
> ▶ **신속한 재판을 받을 권리의 기능** : 신속한 재판을 받을 권리는 주로 피고인의 이익을 보호하기 위하여 인정된 기본권이지만 동시에 실체적 진실발견, 소송경제, 재판에 대한 국민의 신뢰와 형벌목적의 달성과 같은 공공의 이익에도 근거가 있다(헌재 1995. 11. 30. 92헌마44).

(2) 법적 성격

신속한 재판을 받을 권리의 실현을 위한 방법들은 헌법 규정으로부터 곧바로 도출되는 것이 아니고 구체적인 입법형성을 필요로 한다(헌재 2009. 7. 30. 2007헌마732). 따라서 법률에 의한 구체적 형성없이는 신속한 재판을 위한 어떤 직접적이고 구체적인 청구권이 발생하지 아니한다(헌재 1999. 9. 16. 98헌마75).

(3) 적용 범위

재판청구권에는 민사재판, 형사재판, 행정재판뿐만 아니라 헌법재판을 받을 권리도 포함되므로, 헌법상 보장되는 기본권인 '신속한 재판을 받을 권리'에는 '신속한 헌법재판을 받을 권리'도 포함된다(헌재 2014. 4. 24. 2012헌마2).

> **판례**
>
> ▶ **재판부는 재판관 7명 이상의 출석으로 사건을 심리한다고 규정한 헌법재판소법 제23조 제1항 중 재판관이 임기만료로 퇴직하여 재판관의 공석 상태가 된 경우에 적용되는 부분의 효력을 본안사건의 종국결정 선고 시까지 정지할 것인지**(적극) : 국회의 탄핵소추의 의결을 받은 자는 헌법재판소의 탄핵심판이 있을 때까지 그 권한행사가 정지된다. 따라서 탄핵심판은 신중하면서도 신속하게 진행되어야 한다. 그런데 3명 이상의 재판관이 임기만료로 퇴직하여 재판관의 공석 상태가 된 경우에도 헌법재판소법 제23조 제1항에 따라 사건을 심리조차 할 수 없다고 한다면 이는 사실상 재판 외의 사유로 재판절차를 정지시키는 것이고 탄핵심판사건 피청구인의 신속한 재판을 받을 권리에 대한 과도한 제한이다. 다만 이 사건에서는 재판관이 임기만료로 퇴직하여 재판관의 공석 상태가 된 경우가 문제되는 것이므로 헌법재판소법 제23조 제1항 중 재판관이 임기만료로 퇴직하여 재판관의 공석 상태가 된 경우에 적용되는 부분에 한하여 그 효력을 정지함이 상당하다(헌재 2024. 10. 14. 2024헌사1250).

2. 공개재판을 받을 권리

공개재판을 받을 권리란 비밀재판을 배제하고 일반국민의 감시하에 재판의 심리와 판결을 받을 권리를 말한다(헌재 1996. 1. 25. 95헌가5).

Ⅴ 공정한 재판을 받을 권리

1. 의의
공정한 재판이란 헌법과 법률이 정한 자격이 있고, 헌법이 정한 절차에 의하여 임명되고 신분이 보장되어 독립하여 심판하는 법관으로부터 헌법과 법률에 의하여 그 양심에 따라 적법절차에 의하여 이루어지는 재판을 의미한다(헌재 1996. 1. 25. 95헌가5).

2. 인정 여부
헌법에 '공정한 재판'에 관한 명문의 규정이 없지만 재판청구권이 국민에게 효율적인 권리보호를 제공하기 위해서는 법원에 의한 재판이 공정하여야만 할 것임은 당연하므로, '공정한 재판을 받을 권리'는 헌법 제27조의 재판청구권에 의하여 함께 보장된다고 보아야 하고 헌법재판소도 헌법 제27조 제1항의 내용을 '공정한 재판을 받을 권리'로 해석하고 있다(헌재 2018. 7. 26. 2016헌바159).

3. 내용
공정한 재판을 받을 권리에는 신속하고 공개된 법정의 법관의 면전에서 모든 증거자료가 조사·진술되고 이에 대하여 피고인이 공격·방어할 수 있는 기회가 보장되는 재판, 즉 원칙적으로 당사자주의와 구두변론주의가 보장되어 당사자가 공소사실에 대한 답변과 입증 및 반증하는 등 공격·방어권이 충분히 보장되는 재판을 받을 권리가 포함되어 있다(헌재 1998. 12. 24. 94헌바46).

> **판례**
>
> ▶ **공정한 재판을 받을 권리의 내용**: 공정한 재판을 받을 권리는 공개된 법정의 법관 앞에서 모든 증거자료가 조사되고 검사와 피고인이 서로 공격·방어할 수 있는 공평한 기회가 보장되는 재판을 받을 권리를 포함한다(헌재 2001. 8. 30. 99헌마496).
>
> ▶ **공정한 재판을 받을 권리의 보호영역**: 형사재판에 있어 '사실, 법리, 양형'과 관련하여 피고인이 자신에게 유리한 주장 및 자료를 제출할 수 있는 기회를 보장하는 것은 헌법이 보장한 공정한 재판을 받을 권리의 보호영역에 포함된다(헌재 2021. 8. 31. 2019헌마516).
>
> ▶ **영상물에 수록된 19세 미만 성폭력범죄 피해자의 진술에 관하여 조사 과정에 동석하였던 신뢰관계인의 법정진술에 의하여 그 성립의 진정함이 인정된 경우에도 증거능력을 인정할 수 있도록 정한 성폭력처벌법 제30조 제6항이 과잉금지원칙을 위반하여 공정한 재판을 받을 권리를 침해하는지**(적극): 성폭력범죄의 특성상 영상물에 수록된 미성년 피해자 진술이 사건의 핵심 증거인 경우가 적지 않음에도 심판대상조항은 진술증거의 오류를 탄핵할 수 있는 효과적인 방법인 피고인의 반대신문권을 보장하지 않고 있다. 심판대상조항은 영상물로 그 증거방법을 한정하고 신뢰관계인 등에 대한 신문 기회를 보장하고 있기는 하나 이로써 원진술자에 대한 반대신문의 기능을 대체하기는 어렵다. 그 결과 피고인은 사건의 핵심 진술증거에 관하여 충분히 탄핵할 기회를 갖지 못한 채 유죄 판결을 받을 수 있는바, 그로 인한 방어권 제한의 정도는 매우 중대하다. 심판대상조항으로 인한 피고인의 방어권 제한의 중대성과 미성년 피해자의 2차 피해를 방지할 수 있는 여러 조화적인 대안들이 존재함을 고려할 때, 심판대상조항이 달성하려는 공익이 제한되는 피고인의 사익보다 우월하다고 쉽게 단정하기는 어렵다. 따라서 심판대상조항은 과잉금지원칙을 위반하여 공정한 재판을 받을 권리를 침해한다(헌재 2021. 12. 23. 2018헌바524).

▶ 피고인 등에 대하여 차폐시설을 설치하고 신문할 수 있도록 규정한 형사소송법 제165조의2 제3호가 청구인의 공정한 재판을 받을 권리를 침해하는지(소극): 피고인 등과 증인 사이에 차폐시설을 설치한 경우에도 피고인 및 변호인에게는 반대신문권이 보장되고, 증인신문과정에서 증언의 신빙성에 대한 최종 판단 권한을 가진 재판부가 증인의 진술태도를 충분히 관찰할 수 있으며, 형사소송법은 차폐시설을 설치하고 증인신문절차를 진행할 경우, 피고인으로부터 의견을 듣도록 하는 등 피고인이 받을 수 있는 불이익을 최소화하기 위한 장치를 마련하고 있다. 따라서 심판대상조항은 과잉금지원칙에 위배되어 청구인의 공정한 재판을 받을 권리 및 변호인의 조력을 받을 권리를 침해한다고 할 수 없다(헌재 2016. 12. 29. 2015헌바221).

▶ 재판장은 증인이 피고인의 면전에서 충분한 진술을 할 수 없다고 인정한 때에는 피고인을 퇴정하게 하고 진술하게 할 수 있다고 규정한 형사소송법 제297조 제1항이 피고인의 공정한 재판을 받을 권리를 침해하는지(소극): 피고인 퇴정 후 증인신문을 하는 경우에도 피고인은 진술의 요지를 고지받고 변호인이 있는 경우에는 변호인이, 변호인이 없는 경우에는 재판장이 반대신문을 대신하는 방식으로 피고인은 여전히 형사소송법 제161조의2에 의하여 반대신문권이 보장되며, 이때 피고인은 증인신문 전에 수사기관 작성의 조서나 증인 작성의 진술서 등의 열람·복사를 통하여 증인의 신분, 그 증언의 취지나 내용을 미리 알 수 있으므로, 반대신문할 내용을 실질적으로 준비할 수 있는 등 기본권 제한에 관한 피해의 최소성이 인정된다. 나아가 기본권 제한의 정도가 증인을 보호하여 실체적 진실의 발견에 이바지하는 공익에 비하여 크다고 할 수 없어 법익의 균형성도 갖추고 있으므로, 공정한 재판을 받을 권리를 침해한다고 할 수 없다(헌재 2012. 7. 26. 2010헌바62).

▶ 피고인이 정식재판을 청구한 사건에 대하여는 약식명령의 형보다 중한 종류의 형을 선고하지 못하도록 하는 형사소송법 제457조의2 제1항이 공정한 재판을 받을 권리를 침해하는지(소극): 형사소송법 제457조의2 제2항은 피고인이 정식재판을 청구한 사건에 대하여 약식명령의 형과 동종의 중한 형을 선고하는 경우에는 판결서에 양형의 이유를 적도록 함으로써 법관으로 하여금 양형 판단 시 신중을 기하도록 하고 있다. 이는 피고인의 정식재판청구권 행사가 위축되는 것을 최소화하면서 동시에 피고인이 정식재판청구권 행사를 남용하는 것을 방지하여 사법의 효율성을 도모한 것으로, 심판대상조항이 약식명령에 대하여 피고인만이 정식재판을 청구한 사건에 불이익변경금지원칙을 적용하지 아니하였다는 이유만으로 재판청구권에 관한 합리적인 입법형성권의 범위를 일탈하여 공정한 재판을 받을 권리를 침해한다고 볼 수 없다(헌재 2024. 5. 30. 2021헌바6).

▶ 피고인인 공탁자가 형사공탁을 할 때 피해자인 피공탁자의 성명·주소·주민등록번호를 기재하도록 규정한 공탁규칙 제20조 제2항 제5호가 피고인의 공정한 재판을 받을 권리를 침해하는지(소극): 형사공탁은 피해자가 합의를 원하지 않을 때 이루어지는 피고인의 일방적 행위인바, 양형감경을 원하는 피고인의 의사를 존중하여 피공탁자의 인적 사항 기재에 관한 특례를 형사공탁에 인정할 것인지, 또는 양형감경을 원하지 않는 피해자의 의사를 존중하여 형사공탁에서도 일반 공탁과 동일한 인적 사항 기재를 요구할 것인지는, 범죄예방 및 피해회복을 위한 형사정책적 측면 등을 고려하여 입법형성재량에 맡겨져 있는 사항이다. 이러한 점을 고려하면 형사공탁에서도 피공탁자의 특정을 일반 공탁제도와 동일하게 정하고 있는 심판대상조항은, 입법형성권의 한계를 일탈하여 피고인의 공정한 재판을 받을 권리를 침해하지 아니한다(헌재 2021. 8. 31. 2019헌마516).

▶ 기피신청에 대한 재판을 그 신청을 받은 법관의 소속 법원 합의부에서 하도록 규정한 민사소송법 제46조 제1항이 공정한 재판을 받을 권리를 침해하는지(소극): 기피신청을 당한 법관의 소속이 아닌 법원에서 기피재판을 담당하도록 한다면, 소송기록 등의 송부 절차에 시일이 걸려 상대방 당사자의 신속한 재판을 받을 권리를 저해할 수 있다. 또한 어떠한 경우에도 기피신청을 받은 법관 자신은 기피재판에 관여하지 못하고, 기피신청에 대한 기각결정에 대하여는 즉시항고를 할 수 있도록 하여 상급심에 의한 시정의 기회가 부여되는 등 민사소송법에는 기피신청을 한 자의 공정한 재판을 받을 권리를 담보할 만한 법적 절차와 충분한 구제수단이 마련되어 있다. 따라서 이 사건 법률조항은 공정한 재판을 받을 권리를 침해하지 아니한다(헌재 2013. 3. 21. 2011헌바219).

▶ **소송의 지연을 목적으로 함이 명백한 기피신청의 경우 그 신청을 받은 법원 또는 법관이 결정으로 기각할 수 있도록 규정한 형사소송법 제20조 제1항이 공정한 재판을 받을 권리를 침해하는지**(소극) : 심판대상조항은 기피신청 중에서 '소송의 지연을 목적으로 함이 명백한 때'에 한정하여 소송절차의 속행과 당해 법관에 의한 간이기각을 허용한 것이고, 그러한 간이기각결정에 대하여 형사소송법은 즉시항고에 의한 불복을 허용하여 상급심에 의한 시정의 기회를 부여하고 있다. 따라서 심판대상조항으로 인하여 기피신청을 기각당하는 당사자가 입을 수 있는 불이익을 최소화하고 있다. 나아가 심판대상조항은 형사재판절차에서의 공정성과 아울러 신속성까지도 조화롭게 보장하기 위한 것이라고 할 것이고, 신속한 재판에 치우쳐서 재판의 공정성을 필요한 한도를 넘어서 침해한다고 보기도 어렵다. 따라서 심판대상조항은 헌법 제27조 제1항, 제37조 제2항에 위반된다고 할 수 없다(헌재 2021. 2. 25. 2019헌바551).

▶ **기피신청에 대한 결정이 확정되기 전에 기피신청을 당한 법관으로 하여금 소송절차를 정지하지 않고 종국판결을 선고할 수 있도록 하는 민사소송법 제48조 단서 부분이 청구인의 공정한 재판을 받을 권리를 침해하는지**(소극) : 사법자원은 한정되어 있기에, 기피신청과 같은 재판절차를 형성할 때에는 사법자원이 합리적으로 분배되도록 하는 것을 중요하게 고려할 수밖에 없고, 사법자원의 분배에 있어서는 재판의 적정과 신속이라는 상반되는 요청을 조화시킬 필요가 있다. 심판대상조항은 뒤늦게 제기되는 기피신청에 대해서는 재판절차의 정지 효과를 제한함으로써 분쟁 미해결 상태 장기화 등을 방지하여 재판의 공정과 신속을 도모하기 위한 것이므로, 사법자원 분배에 관한 입법형성권의 범위 내에 있다. 심판대상조항에 의하여 기피신청의 효과가 일부 제한되더라도 본안사건의 종국판결에 대한 불복 내지는 법관의 회피·제척제도와 같이 공정한 재판을 받을 권리를 실효적으로 보장받기 위해 필요한 다른 절차들이 마련되어 있다. 따라서 심판대상조항은 청구인의 공정한 재판을 받을 권리를 침해하지 않는다(헌재 2024. 8. 29. 2021헌바146).

Ⅵ 형사피해자의 재판절차진술권

헌법 제27조
⑤ 형사피해자는 법률이 정하는 바에 의하여 당해 사건의 재판절차에서 진술할 수 있다.

1. 취지

형사피해자의 재판절차진술권은 피해자 등에 의한 사인소추를 전면 배제하고 형사소추권을 검사에게 독점시키고 있는 현행 기소독점주의의 형사소송체계 아래에서 형사사법의 절차적 적정성을 확보하기 위하여 이를 기본권으로 보장하는 것이다(헌재 1993. 3. 11. 92헌마48).

판례

▶ **헌법 제27조 제5항의 법적 성격** : 헌법 제27조 제5항이 정한 법률유보는 법률에 의한 기본권의 제한을 목적으로 하는 자유권적 기본권에 대한 법률유보의 경우와는 달리 기본권으로서의 재판절차진술권을 보장하고 있는 헌법규범의 의미와 내용을 법률로써 구체화하기 위한 기본권형성적 법률유보에 해당한다(헌재 1993. 3. 11. 92헌마48).

2. 형사피해자

헌법 제27조 제5항의 형사피해자의 개념은 헌법 제30조의 범죄피해자보다 넓은 개념이다. 왜냐하면 헌법 제30조에서의 피해자는 생명과 신체에 피해를 입은 자에 한정되나 이 경우에는 모든 범죄행위로 인한 피해자를 의미하기 때문이다. 그리고 헌법 제27조 제5항의 형사피해자의 개념은 형사실체법상의 보호법익을 기준으로 한 피해자개념에 한정하여 결정할 것이 아니라 형사실체법상으로는 직접적인 보호법익의 향유주체로 해석되지 않는 자라 하더라도 문제된 범죄행위로 말미암아 법률상 불이익을 받게 되는 자를 뜻한다(헌재 1993. 3. 11. 92헌마48).

판례

▶ **직계혈족, 배우자, 동거친족, 동거가족 또는 그 배우자 간의 권리행사방해죄는 그 형을 면제하도록 한 형법 제328조 제1항이 형사피해자의 재판절차진술권을 침해하는지**(적극) : 심판대상조항은 재산범죄의 가해자와 피해자 사이의 일정한 친족관계를 요건으로 하여 일률적으로 형을 면제하도록 규정하고 있는바, 적용대상 친족의 범위가 지나치게 넓고, 미성년자나 질병, 장애 등으로 가족과 친족 사회 내에서 취약한 지위에 있는 구성원에 대한 경제적 착취를 용인할 우려가 있다. 그럼에도 법관으로 하여금 이러한 사정을 전혀 고려할 수 없도록 하고 획일적으로 형면제 판결을 선고하도록 한 심판대상조항은 형사피해자가 법관에게 적절한 형벌권을 행사하여줄 것을 청구할 수 없도록 하는 것으로서 입법재량을 일탈하여 현저히 불합리하거나 불공정하므로 형사피해자의 재판절차진술권을 침해한다(헌재 2024. 6. 27. 2020헌마468 헌법불합치).

▶ **공판절차 없이 피고인을 벌금 등에 처할 수 있게 한 약식명령에 관한 형사소송법 제448조 제1항이 재판절차진술권을 침해하는지**(소극) : 약식명령절차에서 피해자의 재판절차진술권은 법관의 면전에서 직접 진술할 기회만 제한되는 것뿐이지 전면적으로 그 진술을 제한하는 것은 아니며, 이러한 부분적 제한은 피고인의 인권보장과 신속재판의 원칙 및 소송경제의 측면이라는 법익에 비추어 볼 때 입법자의 재량권을 벗어난 것이라고 볼 수 없으므로, 이 사건 법률조항은 헌법 제27조 제5항에 위배되지 아니한다(헌재 1999. 12. 23. 98헌마345).

▶ **형사피해자를 약식명령의 고지 대상자에서 제외하고 있는 형사소송법 제452조가 형사피해자의 재판절차진술권을 침해하는지**(소극) : 형사피해자는 약식명령을 고지받지 않으나, 신청을 하는 경우 형사사건의 진행 및 처리결과에 대한 통지를 받을 수 있고, 고소인인 경우에는 신청 없이도 검사가 약식명령을 청구한 사실을 알 수 있어, 법원이나 수사기관에 자신의 진술을 기재한 진술서나 탄원서 등을 제출하는 등 의견을 밝힐 수 있는 기회를 가질 수 있다. 따라서 이 사건 고지조항은 형사피해자의 재판절차진술권을 침해하지 않는다(헌재 2019. 9. 26. 2018헌마1015).

▶ **형사피해자를 정식재판청구권자에서 제외하고 있는 형사소송법 제453조 제1항이 형사피해자의 재판절차진술권을 침해하는지**(소극) : 형사피해자에게 정식재판청구권을 인정하게 된다면 공공의 이익을 위하여 실현되어야 할 형벌권을 형사피해자의 사적 응보관념에 의존하게 만들어 형벌의 목적에 부합하지 않고, 남소로 인한 법원의 업무량 폭증으로 본래 약식절차를 도입함으로써 달성하고자 하였던 신속한 재판과 사법자원의 효율적인 배분을 통한 국민의 재판청구권 보장이라는 목적을 저해할 위험도 있다. 따라서 이 사건 정식재판청구조항은 형사피해자의 재판절차진술권을 침해하지 않는다(헌재 2019. 9. 26. 2018헌마1015).

▶ **재정신청에 대한 결정은 구두변론에 의거하지 아니할 수 있다고 규정하고 있는 형사소송법 제37조 제2항이 청구인의 재판절차진술권을 침해하는지**(소극) : 재정신청의 경우 대부분의 피해자가 수사기관에서 진술조서를 작성하거나 진술서를 제출하고 그 서면이 판사에게 제출된다. 또 형사피해자는 재정신청절차에서 자신의 의견을 기재한 서면을 언제든지 자유롭게 제출할 수 있다. 판사는 이런 자료를 바탕으로 구두변론의 필요성을 판단하여 서면심리로 진행하는 것이 적절하지 아니한 사건은 변론을 열어 피해자의 진술을 직접 들을 수 있으므로 침해의 최소성에 반한다고 볼 수 없다. 따라서 심판대상조항이 청구인의 재판절차진술권을 침해한다고 볼 수 없다(헌재 2018. 4. 26. 2016헌마1043).

제4항 재판을 받을 권리의 제한

재판청구권은 헌법과 법률에 정한 법관에 의하여 법률에 의한 재판을 받을 권리이기 때문에 법률에 의한 제한이 가능하다. 그러나 이 경우에도 국가안전보장, 질서유지 및 공공복리를 위하여 필요한 경우에 한하여 제한할 수 있다(헌법 제37조 제2항).

> **판례**
>
> ▶ **디엔에이감식시료채취영장 발부 과정에서 채취대상자에게 자신의 의견을 밝히거나 영장 발부 후 불복할 수 있는 절차 등에 관하여 규정하지 아니한 디엔에이법 제8조가 청구인들의 재판청구권을 침해하는지**(적극) : 이 사건 영장절차 조항은 채취대상자에게 디엔에이감식시료채취영장 발부 과정에서 자신의 의견을 진술할 수 있는 기회를 절차적으로 보장하고 있지 않고, 발부 후 그 영장 발부에 대하여 불복할 수 있는 기회를 주거나 채취행위의 위법성 확인을 청구할 수 있는 구제절차마저 마련하고 있지 않다. 위와 같은 입법상의 불비가 있는 이 사건 영장절차 조항은 채취대상자인 청구인들의 재판청구권을 과도하게 제한하므로, 침해의 최소성 원칙에 위반된다. 따라서 이 사건 영장절차 조항은 과잉금지원칙을 위반하여 청구인들의 재판청구권을 침해한다(헌재 2018. 8. 30. 2016헌마344 헌법불합치).
>
> ▶ **소송기록에 의하여 청구가 이유 없음이 명백한 때 법원이 변론 없이 청구를 기각할 수 있도록 규정한 소액사건심판법 제9조 제1항이 재판청구권을 침해하는지**(소극) : 심판대상조항은 소액사건에서 남소를 방지하고 소송을 신속히 종결하고자 필요적 변론 원칙의 예외를 규정하였다. 심판대상조항에 의하더라도 남소로 판단되는 사건의 구두변론만이 제한될 뿐 준비서면, 각종 증거방법을 제출할 권리가 제한되는 것은 아니고 법관에 의한 서면심리가 보장되며 구두변론을 거칠 것인지 여부를 법원의 판단에 맡기고 있으므로 심판대상조항이 재판청구권의 본질적 내용을 침해한다고 볼 수 없다(헌재 2021. 6. 24. 2019헌바133).

▶ 의견제출 기한 내에 감경된 과태료를 자진납부한 경우 해당 질서위반행위에 대한 과태료 부과 및 징수절차는 종료한다고 규정한 질서위반행위규제법 제18조 제2항이 청구인의 재판청구권을 침해하거나 적법절차원칙에 위배되는지(소극) : 행정청이 과태료를 부과하기 전에 미리 당사자에게 사전통지를 하면서 의견제출 기한을 부여하고, 그 기한 내에 과태료를 자진납부한 당사자에게 과태료 감경의 혜택을 부여하는 주된 목적은 과태료를 신속하고 효율적으로 징수하려는 것인 점, 당사자는 의견제출 기간 내에 과태료를 자진납부하여 과태료의 감경을 받을 것인지, 아니면 과태료의 부과 여부나 그 액수를 다투어 법원을 통한 과태료 재판을 받을 것인지를 선택할 수 있는 점 등을 고려하면, 심판대상조항이 입법형성의 한계를 일탈하여 재판청구권을 침해하였다거나 당사자의 의견제출 권리를 충분히 보장하지 않음으로써 적법절차원칙을 위반하였다고 보기 어렵다(헌재 2019. 12. 27. 2017헌바413).

▶ 공판조서의 절대적 증명력을 인정하는 형사소송법 제56조가 청구인의 재판을 받을 권리를 침해하는지(소극) : 형사소송법 제56조는 상소심에서 사건의 실체심리가 지연되거나 심리의 초점이 흐려지는 위험을 방지하고자 공판조서 기재에 절대적 증명력을 부여하는 것이므로 목적의 정당성 및 수단의 적절성이 인정되고, 공판조서의 증명력은 공판기일의 소송절차에 한하여 인정되며, 피고인 등으로 하여금 기재 내용에 이의를 진술할 수 있도록 함으로써 기본권 침해를 최소화하고 있으며, 위 조항으로 인한 기본권 제한이 상소심에서의 심리지연 등으로 인한 피해보다 크다고 볼 수 없어 침해의 최소성과 법익의 균형성 요건도 갖추었으므로, 위 법률조항이 청구인의 재판을 받을 권리를 침해한다고 볼 수 없다(헌재 2013. 8. 29. 2011헌바253).

▶ 즉시항고 제기기간을 3일로 제한하고 있는 형사소송법 제405조가 재판청구권을 침해하는지(적극) : 심판대상조항은 당사자가 어느 한 순간이라도 지체할 경우 즉시항고권 자체를 행사할 수 없게 하는 부당한 결과를 초래하고 있다. 민사소송, 민사집행, 행정소송, 형사보상절차 등의 즉시항고기간 1주나, 외국의 입법례와 비교하더라도 3일이라는 제기기간은 지나치게 짧다. 따라서 심판대상조항은 즉시항고 제도를 단지 형식적이고 이론적인 권리로서만 기능하게 함으로써 헌법상 재판청구권을 공허하게 하므로 입법재량의 한계를 일탈하여 재판청구권을 침해하는 규정이다(헌재 2018. 12. 27. 2015헌바77 헌법불합치).

▶ 인신보호법 제15조 중 '피수용자인 구제청구자'의 즉시항고 제기기간을 '3일'로 정한 부분이 피수용자의 재판청구권을 침해하는지(적극) : 인신보호법상 피수용자인 구제청구자는 자기 의사에 반하여 수용시설에 수용되어 인신의 자유가 제한된 상태에 있으므로 그 자신이 직접 법원에 가서 즉시항고장을 접수할 수 없고, 우편으로 즉시항고장을 접수하는 방법도 즉시항고장을 작성하는 시간과 우편물을 발송하고 도달하는 데 소요되는 시간을 고려하면 3일의 기간이 충분하다고 보기 어렵다. 따라서 이 사건 법률조항은 피수용자의 재판청구권을 침해한다(헌재 2015. 9. 24. 2013헌가21).

▶ '취소소송은 처분 등이 있음을 안 날부터 90일 이내에 제기하여야 한다.'고 규정하고 있는 행정소송법 제20조 제1항이 재판청구권을 침해하는지(소극) : 처분 등이 위법할 수 있다는 의심을 갖는데 있어 처분 등이 있음을 안 때로부터 90일의 기간은 지나치게 짧은 기간이라고 보기 어렵고, 처분 등에 존속하는 하자가 중대하고 명백하여 무효인 경우에는 제소기간의 제한이 없고, 당사자가 책임질 수 없는 사유로 기간을 준수할 수 없을 때에는 추후보완이 허용되어 심판대상조항이 현저히 불합리하거나 합리성이 없다고 볼 수 없다. 따라서 '처분 등이 있음을 안 날'을 제소기간의 기산점으로 정한 심판대상조항은 재판청구권을 침해하지 아니한다(헌재 2018. 6. 28. 2017헌바66).

▶ 토지수용위원회의 수용재결서를 받은 날로부터 60일 이내에 보상금증감청구소송을 제기하도록 한 공익사업법 제85조 제1항이 보상금증감청구소송을 제기하려는 토지소유자의 재판청구권을 침해하는지(소극): 공익사업의 안정적인 시행을 위하여서는 수용대상토지의 수용여부 못지 않게 보상금을 둘러싼 분쟁 역시 조속히 확정하여야 할 필요가 있고, 토지소유자는 협의 및 수용재결 단계를 거치면서 오랜 기간 보상금 액수에 대하여 다투어 왔으므로, 수용재결의 보상금 액수에 관하여 보상금증감청구소송을 제기할 것인지 결정하는 데에 많은 시간이 필요하지 않다. 따라서 이 사건 법률조항이 정한 60일의 제소기간은 입법재량의 한계를 벗어났다고 보기 어려우므로, 보상금증감청구소송을 제기하려는 토지소유자의 재판청구권을 침해한다고 볼 수 없다(헌재 2016. 7. 28. 2014헌바206).

▶ 제1심의 형사판결에 대한 항소제기기간을 판결선고 후 7일 이내로 정하고 있는 형사소송법 조항이 재판청구권을 침해하는지(소극): 형사소송법은 항소권이 실효성 있게 보장되도록 여러 제도적 장치를 마련하고 있다. 즉, 피고인이 판결선고 시에 판결의 내용을 알 수 있도록 하고 있고, 피고인이 제1심 판결의 내용을 알 수 있게 하는 규정을 두는 등 피고인이 항소심재판을 받을 기회를 부당하게 상실하지 않도록 하기 위한 제도적 장치를 마련하고 있다. 형사소송법이 이러한 제도적 장치를 통하여 실효성 있는 항소제도를 보장하고 있다는 점을 감안하여 볼 때, 이 사건 법률조항이 재판청구권에 대한 과도한 제한을 하고 있다고 보기 어렵다(헌재 2007. 11. 29. 2004헌바39).

▶ 항소심에서 심판대상이 된 사항에 한하여 법령위반의 상고이유로 삼을 수 있도록 상고를 제한하는 형사소송법 제383조 제1호가 재판청구권을 침해하는지(소극): 형사소송법은 상고심을 원칙적으로 법률심이자 사후심으로 규정하여, 상고심의 심판대상을 항소심에서 심판대상이 되었던 사항에 한정하고 있다. 따라서 항소이유로 주장하거나 항소심이 직권으로 심판대상으로 삼은 사항 이외의 사유는 항소심의 심판대상이 아니었으므로, 이를 다시 상고심의 심판대상으로 하는 것은 상고심의 사후심 구조에 반한다. 모든 사건의 제1심 형사재판 절차에서는 법관에 의한 사실적·법률적 심리검토의 기회가 충분히 보장되어 있다. 그렇다면 심판대상조항이 합리적인 입법재량의 한계를 일탈하여 청구인들의 재판청구권을 침해하였다고 볼 수 없다(헌재 2015. 9. 24. 2012헌마798).

▶ 사실오인 또는 양형부당을 이유로 원심판결에 대한 상고를 할 수 있는 경우를 "사형, 무기 또는 10년 이상의 징역이나 금고가 선고된 사건"의 경우로만 제한한 형사소송법 제383조 제4호가 재판청구권을 침해하는지(소극): 심판대상조항은 한정된 사법자원을 효율적으로 분배하고 상고심 재판의 법률심 기능을 제고할 필요성, 제1심과 제2심에서 사실오인이나 양형부당을 다툴 충분한 기회가 부여되어 있다는 점 등을 감안할 때, 이로 인해 당사자가 입게 되는 불이익과 이로써 달성하고자 하는 공익을 법익형량함에 있어 현저히 합리성을 결하였다고 할 수도 없으므로, 형사소송법조항이 입법형성권의 한계를 현저히 벗어나 청구인들의 재판청구권을 침해하는 것이라고 볼 수 없다(헌재 2018. 1. 25. 2016헌바272).

▶ 판단누락을 이유로 든 재심의 제기기간을 판결이 확정된 뒤 그 사유를 안 날부터 30일 이내로 제한한 민사소송법 제456조 제1항이 민사소송 당사자의 재판청구권을 침해하는지(소극): 조속한 권리관계의 확정을 통하여 종국판결의 법적 안정성을 유지하고, 이미 확정판결을 받은 당사자의 법적 불안상태가 장기간 계속되는 것을 방지함과 아울러 사법자원의 효율적인 분배를 추구하기 위해서는 재심의 제기기간을 제한할 필요성이 있다. 이미 소를 제기하여 판결을 선고받은 당사자가 스스로 한 주장에 대한 판단이 누락된 것을 알았다면, 그로부터 30일 이내에 재심의 소를 제기할 것인지를 충분히 숙고하고 이를 준비할 수 있을 것으로 보인다. 따라서 심판대상조항은 이 입법재량의 범위를 일탈하여 민사소송 당사자의 재판청구권을 침해하지 않는다(헌재 2019. 12. 27. 2018헌바84).

▶ **국가배상사건인 당해사건 확정판결에 대하여 헌법재판소 위헌결정을 이유로 한 재심의 소를 제기할 경우, 재심 제기기간을 재심사유를 안 날부터 30일 이내로 한 헌법재판소법 제75조 제8항이 재판청구권을 침해하는지**(소극) : 위헌결정을 받은 당사자는 스스로 재심사유가 있음을 충분히 알거나 알 수 있는 점, 위헌결정을 이유로 한 재심의 소를 제기하기 위하여 관련 기록이나 증거를 면밀히 검토할 필요가 크지 않은 점, 30일의 재심제기기간은 불변기간이어서 추후보완이 허용되는 점 등을 종합하면, 재심사유가 있음을 안 날로 30일이라는 재심제기기간이 재심청구를 현저히 곤란하게 하거나 사실상 불가능하게 할 정도로 짧다고 보기도 어렵다. 따라서 심판대상조항은 재판청구권을 침해하지 않는다(헌재 2020. 9. 24. 2019헌바130).

▶ **형의 선고를 하는 때에 피고인에게 소송비용의 부담을 명하는 근거가 되는 형사소송법 제186조 제1항이 피고인의 재판청구권을 침해하는지**(소극) : 심판대상조항은 형사재판절차에서 피고인의 방어권 남용을 방지하는 측면이 있고, 법원은 피고인의 방어권 행사의 적정성, 경제적 능력 등을 종합적으로 고려하여 피고인에 대한 소송비용 부담 여부 및 정도를 재량으로 정함으로써 사법제도의 적절한 운영을 도모할 수 있다. 소송비용의 범위도 '형사소송비용 등에 관한 법률'에서 정한 증인·감정인·통역인 또는 번역인과 관련된 비용 등으로 제한되어 있고, 피고인은 소송비용 부담 재판에 대해 불복할 수 있으며 빈곤을 이유로 추후 집행 면제를 신청할 수도 있다. 따라서 심판대상조항은 피고인의 재판청구권을 침해하지 아니한다(헌재 2021. 2. 25. 2018헌바224).

▶ **무죄판결이 확정된 형사피고인에게 국선변호인의 보수에 준하여 변호사 보수를 보상하여 주도록 규정한 형사소송법 제194조의4 제1항이 재판청구권을 침해하는지**(소극) : 형사비용보상은 형사사법절차에 내재하는 불가피한 위험에 대하여 형사사법기관의 귀책사유를 따지지 않고 보상을 하는 것으로, 국선변호인의 보수는 사안의 난이·수행직무의 내용 등을 참작하여 증액될 수도 있으며, 사법기관의 귀책사유가 있는 경우에는 국가배상청구 등을 통해 추가로 배상받을 수 있으므로 이 사건 법률조항은 침해최소성 및 법익균형성의 원칙에 반하지 않는다. 따라서 이 사건 법률조항은 과잉금지원칙에 위배하여 청구인의 재판청구권을 침해하지 아니한다(헌재 2013. 8. 29. 2012헌바168).

▶ **비용보상청구권의 제척기간을 무죄판결이 확정된 날부터 6개월로 규정한 구 형사소송법 제194조의3 제2항이 재판청구권을 침해하는지**(소극) : 비용보상청구권은 그 보상기준이 법령에 구체적으로 정해져 있어 비용보상청구인은 특별한 증명책임이나 절차적 의무의 부담 없이 객관적 재판 진행상황에 관한 간단한 소명만으로 권리의 행사가 가능하므로 이 사건 법률조항에 규정된 제척기간이 현실적으로 비용보상청구권 행사를 불가능하게 하거나 현저한 곤란을 초래할 정도로 지나치게 짧다고 단정할 수 없다. 따라서 이 사건 법률조항은 과잉금지원칙에 위반되어 청구인의 재판청구권 및 재산권을 침해하지는 않는다(헌재 2015. 4. 30. 2014헌바408).

▶ **비용보상청구권의 제척기간을 무죄판결이 확정된 날부터 6개월 이내로 규정한 구 군사법원법 제227조의 12 제2항이 헌법에 위반되는지**(적극) : [재판관 4인] 제척기간을 단기로 규정하는 것은 권리의 행사가 용이하고 빈번히 발생하는 것이거나, 법률관계를 신속히 확정하여 분쟁을 방지할 필요가 있는 경우이다. 그런데 군사법원법상 비용보상청구권은 이러한 사유에 해당하지 않을 뿐만 아니라, 피고인의 방어권 및 재산권을 보호하기 위해서 일반적인 사법상의 권리보다 더 확실하게 보호되어야 하므로, 심판대상조항은 제척기간을 6개월이라는 단기로 규정할 합리적인 이유가 있다고 볼 수 없다. 따라서 심판대상조항은 과잉금지원칙을 위반하여 비용보상청구권자의 재판청구권 및 재산권을 침해한다. [재판관 4인] 형사소송법은 2014. 12. 30. 비용보상청구권의 제척기간을 '무죄판결이 확정된 사실을 안 날부터 3년, 무죄판결이 확정된 때부터 5년 이내'로 개정하였다. 무죄를 선고받은 비용보상청구권자가 형사소송법이 적용되는지와 군사법원법이 적용되는지는 본질적인 차이가 없는데, 심판대상조항의 제척기간이 형사소송법보다 짧은 것에는 그 차별을 정당화할 합리적인 이유를 찾아보기 어렵다. 따라서 심판대상조항은 군사법원법과 형사소송법의 적용을 받는 비용보상청구권자를 자의적으로 다르게 취급하여 평등원칙에 위반된다(헌재 2023. 8. 31. 2020헌바252).

제3절 국가배상청구권

> **헌법 제29조**
> ① 공무원의 직무상 불법행위로 손해를 받은 국민은 법률이 정하는 바에 의하여 국가 또는 공공단체에 정당한 배상을 청구할 수 있다. 이 경우 공무원 자신의 책임은 면제되지 아니한다.
> ② 군인·군무원·경찰공무원 기타 법률이 정하는 자가 전투·훈련 등 직무집행과 관련하여 받은 손해에 대하여는 법률이 정하는 보상 외에 국가 또는 공공단체에 공무원의 직무상 불법행위로 인한 배상은 청구할 수 없다.

참고

▶ **헌정사**: 군인 등의 국가배상청구권 제한은 제7차 개정헌법(1972년)에서 처음으로 규정

제1항 국가배상청구권의 의의

국가배상청구권이란 공무원의 직무상 불법행위로 말미암아 손해를 입은 국민이 국가 또는 공공단체에 대하여 배상을 청구할 수 있는 권리를 말한다.

제2항 국가배상청구권의 주체

I 국민

대한민국의 국민이면 누구나 국가배상청구권의 주체가 되고 법인에게도 인정된다. 군인 등도 국가배상청구권의 주체가 된다. 다만 군인 등이 전투·훈련 등 직무집행과 관련하여 받은 손해에 대하여는 손해배상을 청구할 수 없다(헌법 제29조 제2항).

II 외국인

국가배상법은 외국인이 피해자인 경우에는 해당 국가와 상호 보증이 있을 때에만 적용한다(국가배상법 7조).

제3항 국가배상청구권의 내용

I 국가배상청구권의 성립요건

1. 일반적 성립요건

국가나 지방자치단체는 공무원 또는 공무를 위탁받은 사인이 직무를 집행하면서 고의 또는 과실로 법령을 위반하여 타인에게 손해를 입히거나, 자동차손해배상 보장법에 따라 손해배상의 책임이 있을 때에는 국가배상법에 따라 그 손해를 배상하여야 한다(국가배상법 제2조 제1항).

2. 개별적 검토

(1) 공무원

국가배상의 요건으로서 공무원이란 국가나 지방자치단체는 공무원 또는 공무를 위탁받은 사인을 말한다(국가배상법 제2조 제1항).

(2) 직무를 집행하면서

국가배상청구의 요건인 공무원의 직무에는 권력적 작용만이 아니라 비권력적 작용도 포함되며 행정주체가 사경제주체로서 하는 활동만 제외된다(대판 2001. 1. 5. 98다39060).

> **판례**
>
> ▶ **입법작용**: 국회의원은 입법에 관하여 원칙적으로 국민 전체에 대한 관계에서 정치적 책임을 질 뿐 국민 개개인의 권리에 대응하여 법적 의무를 지는 것은 아니므로, 국회의원의 입법행위는 그 입법 내용이 헌법의 문언에 명백히 위반됨에도 불구하고 국회가 굳이 당해 입법을 한 것과 같은 특수한 경우가 아닌 한 국가배상법 제2조 제1항 소정의 위법행위에 해당된다고 볼 수 없다(대판 1997. 6. 13. 96다56115).
>
> ▶ **사법작용**: 법관의 재판에 법령의 규정을 따르지 아니한 잘못이 있다 하더라도 이로써 바로 그 재판상 직무행위가 국가배상법 제2조 제1항에서 말하는 위법한 행위로 되어 국가의 손해배상책임이 발생하는 것은 아니고, 그 국가배상책임이 인정되려면 당해 법관이 위법 또는 부당한 목적을 가지고 재판을 하는 등 법관이 그에게 부여된 권한의 취지에 명백히 어긋나게 이를 행사하였다고 인정할 만한 특별한 사정이 있어야 한다(대판 2001. 4. 24. 2000다16114).

(3) 법령에 위반

'법령에 위반하여'라고 함은 엄격하게 형식적 의미의 법령에 명시적으로 공무원의 작위의무가 정하여져 있음에도 이를 위반하는 경우만을 의미하는 것은 아니고, 인권존중·권력남용금지·신의성실과 같이 공무원으로서 마땅히 지켜야 할 준칙이나 규범을 지키지 아니하고 위반한 경우를 포함하여 널리 그 행위가 객관적인 정당성을 결여하고 있는 경우도 포함한다(대판 2012. 7. 26. 2010다95666).

(4) 고의 또는 과실

어떠한 행정처분이 후에 항고소송에서 취소되었다고 할지라도 그 기판력에 의하여 당해 행정처분이 곧바로 공무원의 고의 또는 과실로 인한 것으로서 불법행위를 구성한다고 단정할 수 없는바, 그 이유는 행정청이 관계 법령의 해석이 확립되기 전에 어느 한 설을 취하여 업무를 처리한 것이 결과적으로 위법하게 되어 그 법령의 부당 집행이라는 결과를 빚었다고 하더라도 처분 당시 그와 같은 처리 방법 이상의 것을 성실한 평균적 공무원에게 기대하기 어려웠던 경우라면 특단의 사정이 없는 한 이를 두고 공무원의 과실로 인한 것이라고는 할 수 없기 때문이다(대판 1999. 9. 17. 96다53413).

> **판례**
>
> ▶ **국가배상청구권의 성립요건으로서 공무원의 고의 또는 과실을 규정함으로써 무과실책임을 인정하지 않은 국가배상법 제2조 제1항이 국가배상청구권을 침해하는지**(소극) : 공무원의 고의 또는 과실이 없는데도 국가배상을 인정할 경우 피해자 구제가 확대되기는 하겠지만 현실적으로 원활한 공무수행이 저해될 수 있어 이를 입법정책적으로 고려할 필요성이 있다. 따라서 이 사건 법률조항이 입법형성의 범위를 벗어나 헌법 제29조에서 규정한 국가배상청구권을 침해한다고 보기는 어렵다(헌재 2015. 4. 30. 2013헌바395).
>
> ▶ **어떠한 행정처분이 뒤에 항고소송에서 취소된 경우, 그 자체만으로 그 행정처분이 공무원의 고의 또는 과실로 인한 것으로서 불법행위를 구성한다고 단정할 수 있는지**(소극) : 어떠한 행정처분이 뒤에 항고소송에서 취소되었다고 할지라도 그 자체만으로 그 행정처분이 곧바로 공무원의 고의 또는 과실로 인한 불법행위를 구성한다고 단정할 수는 없는바, 그 이유는 행정청이 관계 법령의 해석이 확립되기 전에 어느 한 설을 취하여 업무를 처리한 것이 결과적으로 위법하게 되어 그 법령의 부당집행이라는 결과를 빚었다고 하더라도 처분 당시 그와 같은 처리 방법 이상의 것을 성실한 평균적 공무원에게 기대하기 어려웠던 경우라면 특별한 사정이 없는 한 이를 두고 공무원의 과실로 인한 것이라고는 볼 수 없기 때문이다(대판 2001. 3. 13. 2000다20731).
>
> ▶ **헌법재판소의 위헌결정과 공무원의 고의 또는 과실** : 헌법재판소의 위헌결정으로 소급하여 효력을 상실하였거나 법원에서 위헌·무효로 선언되었다는 사정만으로 형벌에 관한 법령을 제정한 행위나 법령이 위헌으로 선언되기 전에 그 법령에 기초하여 수사를 개시하여 공소를 제기한 수사기관의 직무행위 및 유죄판결을 선고한 법관의 재판상 직무행위가 국가배상법 제2조 제1항에서 말하는 공무원의 고의 또는 과실에 의한 불법행위에 해당한다고 단정할 수 없다(대판 2022. 8. 30. 2018다212610).
>
> ▶ **구 국가안전과 공공질서의 수호를 위한 대통령긴급조치(긴급조치 제9호)의 발령·적용·집행으로 강제수사를 받거나 유죄판결을 선고받고 복역함으로써 개별 국민이 입은 손해에 대하여 국가배상책임이 인정되는지**(적극) : 긴급조치 제9호의 발령 및 적용·집행이라는 일련의 국가작용의 경우, 긴급조치 제9호의 발령 요건 및 규정 내용에 국민의 기본권 침해와 관련한 위헌성이 명백하게 존재함에도 그 발령 및 적용·집행 과정에서 그러한 위헌성이 제거되지 못한 채 영장 없이 체포·구금하는 등 구체적인 직무집행을 통하여 개별 국민의 신체의 자유가 침해되기에 이르렀다. 그러므로 긴급조치 제9호의 발령과 적용·집행에 관한 국가작용 및 이에 관여한 다수 공무원들의 직무수행은 법치국가 원리에 반하여 유신헌법 제8조가 정하는 국가의 기본권 보장의무를 다하지 못한 것으로서 전체적으로 보아 객관적 주의의무를 소홀히 하여 그 정당성을 결여하였다고 평가되고, 그렇다면 개별 국민의 기본권이 침해되어 현실화된 손해에 대하여는 국가배상책임을 인정하여야 한다(대판 2022. 8. 30. 2018다212610 판례변경).

(5) 손해의 발생

손해란 위법한 가해행위로 인하여 발생한 재산상의 불이익, 즉 그 위법행위가 없었더라면 존재하였을 재산상태와 그 위법행위가 있은 후의 재산상태의 차이를 말한다(대판 2018. 9. 28. 2015다69853).

> **판례**
>
> ▶ 5·18 민주화운동과 관련한 보상금 지급 결정에 동의하면 '정신적 손해'에 관한 부분도 재판상 화해가 성립된 것으로 보는 5·18 보상법 제16조 제2항이 국가배상청구권을 침해하는지(적극) : 5·18 보상법 등 관련 조항에 정신적 손해배상에 상응하는 항목은 존재하지 아니하고, 보상심의위원회가 보상금 등을 산정함에 있어 정신적 손해를 고려할 수 있다는 내용도 발견되지 아니한다. 그럼에도 심판대상조항은 5·18 민주화운동과 관련하여 사망하거나 행방불명된 자 및 상이를 입은 자 또는 그 유족이 적극적·소극적 손해의 배상에 상응하는 보상금 등 지급결정에 동의하였다는 사정만으로 재판상 화해의 성립을 간주하고 있다. 따라서 이 조항이 5·18 보상법상 보상금 등의 성격과 중첩되지 않는 정신적 손해에 대한 국가배상청구권의 행사까지 금지하는 것은 국가배상청구권을 침해한다(헌재 2021. 5. 27. 2019헌가17).
>
> ▶ '민주화운동 관련자 명예 회복 및 보상심의위원회'의 보상금 지급 결정에 동의한 때 "민주화운동과 관련하여 입은 피해"에 대해 재판상 화해의 성립을 간주하는 민주화보상법 제18조 제2항이 정신적 손해에 대한 국가배상청구권을 침해하는지(적극) : 민주화보상법상 보상금 등에는 정신적 손해에 대한 배상이 포함되어 있지 않은바, 적극적·소극적 손해에 상응하는 배상이 이루어졌다는 사정만으로 정신적 손해에 대한 국가배상청구마저 금지하는 것은, 해당 손해에 대한 적절한 배상이 이루어졌음을 전제로 하여 국가배상청구권 행사를 제한하려 한 민주화보상법의 입법목적에도 부합하지 않다. 따라서 심판대상조항 중 정신적 손해에 관한 부분은 민주화운동 관련자와 유족의 국가배상청구권을 침해한다(헌재 2018. 8. 30. 2014헌바180).
>
> ▶ 특수임무수행자 등이 보상금의 지급 결정에 동의한 때에는 특수임무수행 또는 이와 관련한 교육훈련으로 입은 피해에 대하여 재판상 화해가 성립된 것으로 보는 특임자보상법 제17조의2 중 '정신적 손해'에 관한 부분이 국가배상청구권을 침해하는지(소극) : 보상금 중 기본공로금은 채용·입대경위, 교육훈련여건, 특수임무종결일 이후의 처리사항 등을 고려하여 위원회가 정한 금액으로 지급되는데, 여기에는 특수임무교육훈련에 관한 정신적 손해 배상 또는 보상에 해당하는 금원이 포함된다. 따라서 심판대상조항이 과잉금지원칙을 위반하여 국가배상청구권 또는 재판청구권을 침해한다고 보기 어렵다(헌재 2021. 9. 30. 2019헌가28).

II 국가배상청구권의 행사 절차

1. 상대방

공무원이 공무집행상의 위법행위로 인하여 타인에게 손해를 입힌 경우에는 공무원에게 '고의 또는 중과실이 있는 때'에는 공무원 개인도 불법행위로 인한 손해배상책임을 진다고 할 것이지만, 공무원에게 경과실뿐인 때에는 공무원 개인은 손해배상책임을 부담하지 아니한다(대판 1996. 3. 8. 94다23876).

2. 배상심의회 및 소송

(1) 배상심의회
국가나 지방자치단체에 대한 배상신청사건을 심의하기 위하여 법무부에 본부심의회를 둔다. 다만, 군인이나 군무원이 타인에게 입힌 손해에 대한 배상신청사건을 심의하기 위하여 국방부에 특별심의회를 둔다(국가배상법 제10조 제1항). 본부심의회와 특별심의회는 대통령령으로 정하는 바에 따라 지구심의회를 두며, 본부심의회와 특별심의회와 지구심의회는 법무부장관의 지휘를 받아야 한다(국가배상법 제10조 제2항, 제3항).

(2) 소송
국가배상법에 따른 손해배상의 소송은 배상심의회에 배상신청을 하지 아니하고도 제기할 수 있다(국가배상법 제9조).

> **판례**
> ▶ '배상금의 지급을 받고자 하는 자는 주소지 등을 관할하는 지구심의회에 배상신청을 하여야 한다.'고 규정한 국가배상법 제9조가 국민의 재판청구권을 침해하는지(소극): 국가배상법에 의한 손해배상청구에 관한 시간, 노력, 비용의 절감을 도모하여 배상사무의 원활을 기하며 피해자로서도 신속, 간편한 절차에 의하여 배상금을 지급받을 수 있도록 하는 한편, 국고손실을 절감하도록 하기 위한 공익과 배상 절차의 합리성 및 적정성의 정도 등을 비교하여볼 때, 이 사건 법률조항이 헌법 제37조의 기본권 제한의 한계에 관한 규정을 위배하여 국민의 재판청구권을 침해하는 정도에는 이르지 않는다(헌재 2000. 2. 24. 99헌바17).

3. 청구 기간
국가나 지방자치단체의 손해배상 책임에 관하여는 국가배상법에 규정된 사항 외에는 민법에 따른다. 다만, 민법 외의 법률에 다른 규정이 있을 때에는 그 규정에 따른다(국가배상법 제8조).

> **판례**
> ▶ 공무원의 직무상 불법행위로 손해를 받은 손해배상청구에 관한 소멸시효의 기산점과 시효기간을 국가배상법 제8조에 의해 피해자나 법정대리인이 그 손해 및 가해자를 안 날로부터 3년 및 불법행위를 한 날로부터 5년으로 정한 것이 국가배상청구권을 침해하는지(소극): 민법상 소멸시효제도의 일반적인 존재이유는 '법적 안정성의 보호, 채무자의 이중변제 방지, 채권자의 권리불행사에 대한 제재 및 채무자의 정당한 신뢰 보호'에 있다. 민법상 소멸시효제도의 존재 이유는 국가배상청구권의 경우에도 일반적으로 타당하고, 특히 국가의 채무관계를 조기에 확정하여 예산수립의 불안정성을 제거하기 위해서는 국가채무에 대해 단기소멸시효를 정할 필요성도 있다. 그러므로 심판대상조항들이 일반적인 공무원의 직무상 불법행위로 손해를 받은 국민의 국가배상청구권에 관한 소멸시효 기산점과 시효기간을 정하고 있는 것은 합리적인 이유가 있다(헌재 2018. 8. 30. 2014헌바148).

> ▶ **소멸시효 기산점에 관한 민법 제166조 제1항, 제766조 제2항을 과거사정리법 제2조 제1항 제3호의 '민간인 집단 희생 사건' 등에 적용되는 부분이 국가배상청구권을 침해하는지**(적극) : 국가가 소속 공무원들의 조직적 관여를 통해 불법적으로 민간인을 집단 희생시키거나 장기간의 불법구금·고문 등에 의한 허위자백으로 유죄판결을 하고 사후에도 조작·은폐를 통해 진상규명을 저해하였음에도 불구하고, 그 불법행위 시점을 소멸시효의 기산점으로 삼는 것은 피해자와 가해자 보호의 균형을 도모하는 것으로 보기 어렵고, 발생한 손해의 공평·타당한 분담이라는 손해배상제도의 지도원리에도 부합하지 않는다. 그러므로 과거사정리법 제2조 제1항 제3, 4호에 규정된 사건에 민법 제166조 제1항, 제766조 제2항의 '객관적 기산점'이 적용되도록 하는 것은 합리적 이유가 인정되지 않는다. 결국, 민법 제166조 제1항, 제766조 제2항의 객관적 기산점을 과거사정리법 제2조 제1항 제3, 4호의 민간인 집단희생사건, 중대한 인권침해·조작의혹사건에 적용하도록 규정하는 것은, 합리적 이유 없이 국가배상청구권 보장 필요성을 외면한 것으로서 입법형성의 한계를 일탈하여 청구인들의 국가배상청구권을 침해한다(헌재 2018. 8. 30. 2014헌바148).

4. 양도 등 금지

생명·신체의 침해로 인한 국가배상을 받을 권리는 양도하거나 압류하지 못한다(국가배상법 제4조).

제4항 국가배상청구권의 제한

군인·군무원·경찰공무원 또는 예비군대원이 전투·훈련 등 직무집행과 관련하여 전사·순직하거나 공상을 입은 경우에 본인이나 그 유족이 다른 법령에 따라 재해보상금·유족연금·상이연금 등의 보상을 지급받을 수 있을 때에는 국가배상법 및 민법에 따른 손해배상을 청구할 수 없다. 그럼에도 불구하고 전사하거나 순직한 군인·군무원·경찰공무원 또는 예비군대원의 유족은 자신의 정신적 고통에 대한 위자료를 청구할 수 있다(국가배상법 제2조 제1항 단서, 제3항).

> **판례**
>
> ▶ **일반국민이 직무집행 중인 군인과의 공동불법행위로 직무집행 중인 다른 군인에게 공상을 입혀 그 피해자에게 공동의 불법행위로 인한 손해를 배상한 다음 공동불법행위자인 군인의 부담부분에 관하여 국가에 대하여 구상권을 행사하는 것을 허용하지 않는다고 해석하는 것이 재산권을 침해하는지**(적극) : 국가배상법 제2조 제1항 단서 중 군인에 관련되는 부분을, 일반국민이 직무집행 중인 군인과의 공동불법행위로 직무집행 중인 다른 군인에게 공상을 입혀 그 피해자에게 공동의 불법행위로 인한 손해를 배상한 다음 공동불법행위자인 군인의 부담부분에 관하여 국가에 대하여 구상권을 행사하는 것을 허용하지 않는다고 해석한다면, 이는 헌법 제29조가 구상권의 행사를 배제하지 아니하는데도 이를 배제하는 것으로 해석하는 것으로서 합리적인 이유 없이 일반국민을 국가에 대하여 지나치게 차별하는 경우에 해당하므로 헌법 제11조, 제29조에 위반되며, 헌법 제37조 제2항에 의하여 기본권을 제한할 때 요구되는 비례의 원칙에 위배하여 일반국민의 재산권을 과잉제한하는 경우에 해당하여 헌법 제23조 제1항 및 제37조 제2항에도 위반된다(헌재 1994. 12. 29. 93헌바21 한정위헌).

> ▶ 민간인과 직무집행중인 군인 등의 공동불법행위로 인하여 직무집행중인 다른 군인 등이 피해를 입은 경우, 민간인의 피해 군인 등에 대한 손해배상의 범위 및 민간인이 피해 군인 등에게 자신의 귀책부분을 넘어서 배상한 경우 국가 등에게 구상권을 행사할 수 있는지(소극) : 민간인은 공동불법행위자라는 이유로 피해 군인 등의 손해 전부를 배상할 책임을 부담하도록 하면서 국가 등에 대하여는 귀책비율에 따른 구상을 청구할 수 없도록 한다면, 공무원의 직무활동으로 빚어지는 이익의 귀속주체인 국가 등과 민간인과의 관계에서 원래는 국가 등이 부담하여야 할 손해까지 민간인이 부담하는 부당한 결과가 될 것이고, 이는 위 헌법과 국가배상법의 규정에 의하여도 정당화될 수 없다. 따라서 위와 같은 경우에는 공동불법행위자 등이 부진정연대채무자로서 각자 피해자의 손해 전부를 배상할 의무를 부담하는 공동불법행위의 일반적인 경우와 달리 예외적으로 민간인은 피해 군인 등에 대하여 그 손해 중 국가 등이 민간인에 대한 구상의무를 부담한다면 그 내부적인 관계에서 부담하여야 할 부분을 제외한 나머지 '자신의 부담부분에 한하여 손해배상의무를 부담'하고, 국가 등에 대하여는 그 귀책부분의 구상을 청구할 수 없다고 해석함이 상당하다(대판 2001. 2. 15. 96다42420).

제4절 형사보상청구권과 범죄피해자구조청구권

제1항 형사보상청구권

> 헌법 제28조
> 형사피의자 또는 형사피고인으로서 구금되었던 자가 법률이 정하는 불기소처분을 받거나 무죄판결을 받은 때에는 법률이 정하는 바에 의하여 국가에 정당한 보상을 청구할 수 있다.

> **참고**
> ▶ **헌정사** : 피고인보상은 제헌헌법부터 규정, 피의자보상은 현행헌법에서 신설

I 의의

형사보상청구권이란 형사피의자 또는 형사피고인으로서 구금되었던 자가 무죄판결 등을 받은 경우에 국가에 대하여 물질적·정신적 피해에 대한 정당한 보상을 청구할 수 있는 권리를 말한다(헌재 2010. 10. 28. 2008헌마514).

> **판례**
>
> ▶ **정당한 보상**: 헌법 제28조에서 규정하는 '정당한 보상'은 헌법 제23조 제3항에서 재산권의 침해에 대하여 규정하는 '정당한 보상'과는 차이가 있다. 헌법 제23조 제3항에서 규정하는 '정당한 보상'이란 원칙적으로 피수용 재산의 객관적 재산가치를 완전하게 보상하는 것이어야 하는바, 재산권의 제한은 물질적 가치에 대한 제한이므로 제한되는 가치의 범위가 객관적으로 산정될 수 있어 이에 대한 완전한 보상이 가능하다. 그런데 헌법 제28조에서 문제되는 신체의 자유에 대한 제한인 구금으로 인하여 침해되는 가치는 객관적으로 산정할 수 없으므로, 침해된 신체의 자유에 대하여 어느 정도의 보상을 하여야 완전한 보상을 하였다고 할 것인지 단언하기 어렵다 (헌재 2010. 10. 28. 2008헌마514).

Ⅱ 피고인보상

1. 요건

(1) 무죄재판의 확정(형사보상법 제2조)

- 형사소송법에 따른 일반 절차 또는 재심이나 비상상고 절차에서 무죄재판을 받아 확정된 사건의 피고인이 미결구금을 당하였을 때
- 상소권회복에 의한 상소, 재심 또는 비상상고의 절차에서 무죄재판을 받아 확정된 사건의 피고인이 원판결에 의하여 구금되거나 형 집행을 받았을 때

(2) 면소 재판의 확정 등(형사보상법 제26조)

- 형사소송법에 따라 면소 또는 공소기각의 재판을 받아 확정된 피고인이 면소 또는 공소기각의 재판을 할 만한 사유가 없었더라면 무죄재판을 받을 만한 현저한 사유가 있었을 경우
- 치료감호법 제7조에 따라 치료감호의 독립 청구를 받은 피치료감호청구인의 치료감호사건이 범죄로 되지 아니하거나 범죄사실의 증명이 없는 때에 해당되어 청구기각의 판결을 받아 확정된 경우
- 헌법재판소법에 따른 재심절차에서 원판결보다 가벼운 형으로 확정됨에 따라 원판결에 의한 형 집행이 재심절차에서 선고된 형을 초과한 경우

> **판례**
>
> ▶ 원판결의 근거가 된 가중처벌규정에 대해 헌법재판소의 위헌결정이 있었음을 이유로 개시된 재심절차에서 위헌결정된 가중처벌규정보다 법정형이 가벼운 처벌규정으로 적용법조가 변경되어 피고인이 원판결보다 가벼운 형으로 확정됨에 따라 원판결에 따른 구금형 집행이 재심판결에서 선고된 형을 초과하게 된 경우, 초과하여 집행된 구금에 대하여 보상요건을 규정하지 아니한 형사보상법 제26조 제1항이 청구인들의 평등권을 침해하는지(적극): 원판결의 형 가운데 재심절차에서 선고된 형을 초과하는 부분의 전부 또는 일부에 대해서는 결과적으로 부당한 구금이 이루어진 것으로 볼 수 있다는 점에서 형사보상 대상으로 규정하고 있는 경우들과 본질적으로 다르다고 보기 어렵다. 그런데 형사사법기관이 재심절차에 이르러 공소장의 교환적 변경 등을 통해 무죄재판을 피하였다고 하더라도, 피고인이 그러한 형사사법절차 속에서 이미 신체의 자유에 관한 중대한 피해를 입었다면, 피고인 개인으로 하여금 그 피해를 부담하도록 하는 것은 헌법상 형사보상청구권의 취지에 어긋난다. 그럼에도 심판대상조항이 이러한 경우를 형사보상 대상으로 규정하지 아니한 것은 현저히 자의적인 차별로서 평등원칙을 위반하여 청구인들의 평등권을 침해한다(헌재 2022. 2. 24. 2018헌마998 헌법불합치).

2. 보상하지 아니할 수 있는 경우(형사보상법 제4조)

- 형법 제9조(형사미성년자) 및 제10조 제1항(심신상실)의 사유로 무죄재판을 받은 경우
- 본인이 수사 또는 심판을 그르칠 목적으로 거짓 자백을 하거나 다른 유죄의 증거를 만듦으로써 기소, 미결구금 또는 유죄재판을 받게 된 것으로 인정된 경우
- 1개의 재판으로 경합범의 일부에 대하여 무죄재판을 받고 다른 부분에 대하여 유죄재판을 받았을 경우

3. 보상금 및 손해배상

(1) 보상금

구금에 대한 보상을 할 때에는 그 구금일수에 따라 1일당 보상청구의 원인이 발생한 연도의 최저임금법에 따른 일급 최저임금액 이상 대통령령으로 정하는 금액 이하의 비율에 의한 보상금을 지급한다(형사보상법 제5조 제1항).

> **판례**
>
> ▶ **형사보상금을 일정한 범위 내로 한정하고 있는 형사보상법 제4조 제1항 등이 청구인들의 형사보상청구권을 침해하는지**(소극) : 형사보상은 형사사법절차에 내재하는 불가피한 위험으로 인한 피해에 대한 보상으로서 국가의 위법·부당한 행위를 전제로 하는 국가배상과는 그 취지 자체가 상이하므로 형사보상절차로서 인과관계 있는 모든 손해를 보상하지 않는다고 하여 반드시 부당하다고 할 수는 없으며, 보상금액의 구체화·개별화를 추구할 경우에는 개별적인 보상금액을 산정하는 데 상당한 기간의 소요 및 절차의 지연을 초래하여 형사보상제도의 취지에 반하는 결과가 될 우려가 있다. 따라서 이 사건 보상금조항 등은 헌법 제28조 및 헌법 제37조 제2항에 위반된다고 볼 수 없다(헌재 2010. 10. 28. 2008헌마514).

(2) 손해배상

형사보상법은 보상을 받을 자가 다른 법률에 따라 손해배상을 청구하는 것을 금지하지 아니한다(형사보상법 제6조 제1항).

4. 형사보상의 절차

(1) 형사보상의 청구

보상청구는 무죄재판이 확정된 사실을 안 날부터 3년, 무죄재판이 확정된 때부터 5년 이내에 하여야 한다(형사보상법 제8조).

> **판례**
>
> ▶ **형사보상의 청구는 무죄재판이 확정된 때로부터 1년 이내에 하도록 규정하고 있는 형사보상법 제7조가 헌법 제28조에 위반되는지**(적극) : 권리의 행사가 용이하고 일상 빈번히 발생하는 것이거나 권리의 행사로 인하여 상대방의 지위가 불안정해지는 경우 또는 법률관계를 보다 신속히 확정하여 분쟁을 방지할 필요가 있는 경우에는 특별히 짧은 소멸시효나 제척기간을 인정할 필요가 있으나, 이 사건 법률조항은 위의 어떠한 사유에도 해당하지 아니하는 등 달리 합리적인 이유를 찾기 어렵고, 일반적인 사법상의 권리보다 더 확실하게 보호되어야 할 권리인 형사보상청구권의 보호를 저해하고 있다. 따라서 이 사건 법률조항은 입법재량의 한계를 일탈하여 청구인의 형사보상청구권을 침해한 것이다(헌재 2010. 7. 29. 2008헌가4 헌법불합치).

(2) 보상청구에 대한 재판

1) 관할법원
보상청구는 무죄재판을 한 법원에 대하여 하여야 한다(형사보상법 제7조).

2) 불복신청
보상결정에 대하여는 1주일 이내에 즉시항고를 할 수 있고, 청구기각 결정에 대하여는 즉시항고를 할 수 있다(형사보상법 제20조 제1항, 제2항).

> **판례**
>
> ▶ **형사보상의 청구에 대하여 한 보상의 결정에 대하여는 불복을 신청할 수 없도록 규정한 형사보상법 제19조 제1항이 형사보상청구권 및 재판청구권을 침해하는지**(적극): 보상액의 산정에 기초되는 사실인정이나 보상액에 관한 판단에서 오류나 불합리성이 발견되는 경우에도 그 시정을 구하는 불복신청을 할 수 없도록 하는 것은 형사보상청구권 및 그 실현을 위한 기본권으로서의 재판청구권의 본질적 내용을 침해하는 것이라 할 것이고, 법적 안정성만을 지나치게 강조함으로써 재판의 적정성과 정의를 추구하는 사법제도의 본질에 부합하지 아니하는 것이다. 따라서 이 사건 불복금지조항은 형사보상청구권 및 재판청구권을 침해한다(헌재 2010. 10. 28. 2008헌마514).

3. 형사보상금 지급 청구

(1) 보상금 지급청구기간
보상결정이 송달된 후 2년 이내에 보상금 지급청구를 하지 아니할 때에는 권리를 상실한다(형사보상법 제21조 제3항).

(2) 양도 및 압류의 금지
보상청구권은 양도하거나 압류할 수 없다. 보상금 지급청구권도 또한 같다(형사보상법 제23조).

Ⅲ 피의자보상

1. 보상의 요건
피의자로서 구금되었던 자 중 검사로부터 불기소처분을 받거나 사법경찰관으로부터 불송치결정을 받은 자는 국가에 대하여 그 구금에 대한 보상을 청구할 수 있다. 다만, 구금된 이후 불기소처분 또는 불송치결정의 사유가 있는 경우와 해당 불기소처분 또는 불송치결정이 종국적인 것이 아니거나(수사중지·기소중지 등) 형사소송법 제247조(기소편의주의)에 따른 것일 경우(기소유예)에는 그러하지 아니하다(형사보상법 제27조 제1항).

2. 보상하지 아니할 수 있는 경우(형사보상법 제27조 제2항)

- 본인이 수사 또는 재판을 그르칠 목적으로 거짓 자백을 하거나 다른 유죄의 증거를 만듦으로써 구금된 것으로 인정되는 경우
- 구금기간 중에 다른 사실에 대하여 수사가 이루어지고 그 사실에 관하여 범죄가 성립한 경우
- 보상을 하는 것이 선량한 풍속이나 그 밖에 사회질서에 위배된다고 인정할 특별한 사정이 있는 경우

3. 피의자보상심의회

피의자보상에 관한 사항을 심의·결정하기 위하여 지방검찰청에 피의자보상심의회를 두며, 심의회는 법무부장관의 지휘·감독을 받는다(형사보상법 제27조 제3항, 제4항).

4. 피의자보상의 청구

(1) 피의자보상 청구 기간

피의자보상의 청구는 불기소처분 또는 불송치결정의 고지 또는 통지를 받은 날부터 3년 이내에 하여야 한다(형사보상법 제28조 제3항).

(2) 불복절차

피의자보상의 청구에 대한 심의회의 결정에 대하여는 행정심판법에 따른 행정심판을 청구하거나 행정소송법에 따른 행정소송을 제기할 수 있다(형사보상법 제28조 제4항).

5. 보상금 지급 청구

심의회의 보상결정이 송달된 후 2년 이내에 보상금 지급 청구를 하지 아니할 때에는 그 권리를 상실한다(형사보상법 제28조 제5항).

6. 준용규정

피의자보상에 대하여 특별한 규정이 있는 경우를 제외하고는 그 성질에 반하지 아니하는 범위에서 무죄재판을 받아 확정된 사건의 피고인에 대한 보상에 관한 규정을 준용한다(형사보상법 제29조 제1항).

제2항 범죄피해자구조청구권

> **헌법 제30조**
> 타인의 범죄행위로 인하여 생명·신체에 대한 피해를 받은 국민은 법률이 정하는 바에 의하여 국가로부터 구조를 받을 수 있다.

참고

▶ **헌정사**: 범죄피해자구조청구권은 제9차 개정헌법(1987년 헌법)에서 신설

I 의의

범죄피해자구조청구권이란 타인의 범죄행위로 말미암아 생명을 잃거나 신체상의 피해를 입은 국민이나 그 유족이 가해자로부터 충분한 피해배상을 받지 못한 경우에 국가에 대하여 일정한 보상을 청구할 수 있는 권리이며, 그 법적 성격은 생존권적 기본권으로서의 성격을 가지는 청구권적 기본권이라고 할 것이다(헌재 2011. 12. 29. 2009헌마354).

> **판례**
>
> ▶ **범죄피해자구조청구권을 인정하는 이유**: 범죄피해자구조청구권을 인정하는 이유는 국가의 범죄방지책임 또는 범죄로부터 국민을 보호할 국가의 국민보호의무를 다하지 못하였다는 것과 범죄피해자들에 대한 최소한의 구제가 필요하다는 데 있다(헌재 2011. 12. 29. 2009헌마354).

II 주체

1. 범죄피해자

범죄피해자란 타인의 범죄행위로 피해를 당한 사람과 그 배우자(사실상의 혼인관계 포함), 직계친족 및 형제자매를 말한다(범죄피해자 보호법 제3조 제1항 1호). 범죄피해 방지 및 범죄피해자 구조 활동으로 피해를 당한 사람도 범죄피해자로 본다(범죄피해자 보호법 제3조 제2항).

2. 외국인

구조피해자 또는 그 유족이 외국인인 때에는 해당 국가의 상호 보증이 있는 경우 또는 해당 외국인이 구조대상 범죄피해 발생 당시 대한민국 국민의 배우자이거나 대한민국 국민과 혼인관계(사실상의 혼인관계를 포함)에서 출생한 자녀를 양육하고 있는 자로서 출입국관리법 제10조 제2호의 영주자격이나 출입국관리법 제10조의2 제1항 제2호의 장기체류자격으로서 법무부령으로 정하는 체류자격을 가지고 있는 경우에만 범죄피해자 보호법을 적용한다(범죄피해자 보호법 제23조).

III 범죄피해 및 지급요건

1. 범죄피해

구조대상 범죄피해란 대한민국의 영역 안에서 또는 대한민국의 영역 밖에 있는 대한민국의 선박이나 항공기 안에서 행하여진 사람의 생명 또는 신체를 해치는 죄에 해당하는 행위[형법 제9조(형사미성년자), 제10조 제1항(심신상실), 제12조(강요된 행위), 제22조 제1항(긴급피난)에 따라 처벌되지 아니하는 행위는 포함, 형법 제20조(정당행위) 또는 제21조 제1항(정당방위)에 따라 처벌되지 아니하는 행위 및 과실에 의한 행위는 제외]로 인하여 사망하거나 장해 또는 중상해를 입은 것을 말한다(범죄피해자 보호법 제3조 제1항 4호).

> **판례**
>
> ▶ **구 범죄피해자구조법에서 범죄피해자구조청구권의 대상이 되는 범죄피해의 범위에 해외에서 발생한 범죄피해를 포함하지 아니한 것이 평등원칙에 위배되는지**(소극): 국가의 주권이 미치지 못하고 국가의 경찰력 등을 행사할 수 없거나 행사하기 어려운 해외에서 발생한 범죄에 대하여는 국가에 그 방지책임이 있다고 보기 어렵고, 상호 보증이 있는 외국에서 발생한 범죄피해에 대하여는 국민이 그 외국에서 피해구조를 받을 수 있으며, 국가의 재정에 기반을 두고 있는 구조금에 대한 청구권 행사대상을 우선적으로 대한민국의 영역 안의 범죄피해에 한정하고, 향후 해외에서 발생한 범죄피해의 경우에도 구조를 하는 방향으로 운영하는 것은 입법형성의 재량의 범위 내라고 할 것이다. 따라서 범죄피해자구조청구권의 대상이 되는 범죄피해에 해외에서 발생한 범죄피해의 경우를 포함하고 있지 아니한 것이 현저하게 불합리한 자의적인 차별이라고 볼 수 없어 평등원칙에 위배되지 아니한다(헌재 2011. 12. 29. 2009헌마354).

2. 지급요건(범죄피해자 보호법 제16조)

- 구조피해자가 피해의 전부 또는 일부를 배상받지 못하는 경우
- 자기 또는 타인의 형사사건의 수사 또는 재판에서 고소·고발 등 수사단서를 제공하거나 진술, 증언 또는 자료제출을 하다가 구조피해자가 된 경우

Ⅳ 범죄피해자구조금

1. 종류
구조금은 유족구조금·장해구조금 및 중상해구조금으로 구분한다(범죄피해자 보호법 제17조 제1항).

2. 구조금액
유족구조금은 구조피해자의 사망 당시(신체에 손상을 입고 그로 인하여 사망한 경우에는 신체에 손상을 입은 당시)의 월급액이나 월실수입액 또는 평균임금에 24개월 이상 48개월 이하의 범위에서 유족의 수와 연령 및 생계유지상황 등을 고려하여 대통령령으로 정하는 개월 수를 곱한 금액으로 한다(범죄피해자 보호법 제22조 제1항).

3. 지급방식
구조금은 일시금으로 지급한다. 다만, 구조피해자 또는 그 유족이 연령, 장애, 질병이나 그 밖에 대통령령으로 정하는 사유로 구조금을 관리할 능력이 부족하다고 인정되는 경우로서 구조피해자나 그 유족이 구조금의 분할 지급을 청구하여 범죄피해구조심의회가 구조금의 분할 지급을 결정한 경우나 범죄피해구조심의회가 직권으로 구조금의 분할 지급을 결정한 경우에는 대통령령으로 정하는 바에 따라 구조금을 분할하여 지급할 수 있다(범죄피해자 보호법 제17조 제4항).

4. 지급 제한

(1) 구조금의 지급 금지

범죄행위 당시 구조피해자와 가해자 사이에 부부(사실상의 혼인관계 포함), 직계혈족, 4촌 이내의 친족, 동거친족 관계가 있는 경우에는 구조금을 지급하지 아니한다(범죄피해자 보호법 제19조 제1항).

(2) 다른 법령에 따른 급여를 받을 수 있는 경우

구조피해자나 유족이 해당 구조대상 범죄피해를 원인으로 하여 국가배상법이나 그 밖의 법령에 따른 급여 등을 받을 수 있는 경우에는 대통령령으로 정하는 바에 따라 구조금을 지급하지 아니한다(범죄피해자 보호법 제20조).

(3) 손해배상을 받은 경우

국가는 구조피해자나 유족이 해당 구조대상 범죄피해를 원인으로 하여 손해배상을 받았으면 그 범위에서 구조금을 지급하지 아니한다. 국가는 지급한 구조금의 범위에서 해당 구조금을 받은 사람이 구조대상 범죄피해를 원인으로 하여 가지고 있는 손해배상청구권을 대위한다(범죄피해자 보호법 제21조 제1항, 제2항).

Ⅴ 범죄피해자구조의 절차

1. 범죄피해구조심의회

구조금 지급 및 손해배상청구권 대위에 관한 사항을 심의·결정하기 위하여 각 지방검찰청에 범죄피해구조심의회(지구심의회)를 두고 법무부에 범죄피해구조본부심의회(본부심의회)를 두며, 지구심의회 및 본부심의회는 법무부장관의 지휘·감독을 받는다(범죄피해자 보호법 제24조 제1항, 제4항).

2. 구조금의 신청

구조금을 받으려는 사람은 법무부령으로 정하는 바에 따라 그 주소지, 거주지 또는 범죄 발생지를 관할하는 지구심의회에 신청하여야 하며, 구조금의 신청은 해당 구조대상 범죄피해의 발생을 안 날부터 3년이 지나거나 해당 구조대상 범죄피해가 발생한 날부터 10년이 지나면 할 수 없다(범죄피해자 보호법 제25조 제1항, 제2항).

> **판례**
>
> ▶ 구 범죄피해자구조법 제12조 제2항에서 범죄피해가 발생한 날부터 5년이 경과한 경우에는 구조금의 지급신청을 할 수 없다고 규정한 것이 평등원칙에 위배되는지(소극): 오늘날 현대사회에서 인터넷의 보급 등 교통·통신수단이 상대적으로 매우 발달하여 여러 정보에 대한 접근이 용이해진 점과 일반 국민의 권리의식이 신장된 점 등에 비추어 보면, 범죄피해가 발생한 날부터 5년이라는 청구기간이 지나치게 단기라든지 불합리하여 범죄피해자의 구조청구권 행사를 현저히 곤란하게 하거나 사실상 불가능하게 하는 것으로는 볼 수 없고, 합리적인 이유가 있다고 할 것이어서 평등원칙에 위반되지 아니한다(헌재 2011. 12. 29. 2009헌마354).

3. 구조결정

지구심의회는 구조금 신청을 받으면 신속하게 구조금을 지급하거나 지급하지 아니한다는 결정을 하여야 한다(범죄피해자 보호법 제26조).

지구심의회에서 구조금 지급신청을 기각 또는 각하하면 신청인은 결정의 정본이 송달된 날부터 2주일 이내에 그 지구심의회를 거쳐 본부심의회에 재심을 신청할 수 있다(범죄피해자 보호법 제27조 제1항).

4. 구조금을 받을 권리

(1) 소멸시효

구조금을 받을 권리는 그 구조결정이 해당 신청인에게 송달된 날부터 2년간 행사하지 아니하면 시효로 인하여 소멸된다(범죄피해자 보호법 제31조).

(2) 구조금 수급권의 보호

구조금을 받을 권리는 양도하거나 담보로 제공하거나 압류할 수 없다(범죄피해자 보호법 제32조).

CHAPTER 07 사회적 기본권

제1절 인간다운 생활을 할 권리

> **헌법 제34조**
> ① 모든 국민은 인간다운 생활을 할 권리를 가진다.

제1항 인간다운 생활을 할 권리의 의의

인간다운 생활을 할 권리는 사회권적 기본권의 일종으로서 인간의 존엄에 상응하는 최소한의 물질적인 생활의 유지에 필요한 급부를 요구할 수 있는 권리를 의미한다(헌재 2004. 10. 28. 2002헌마328).

> **판례**
>
> ▶ **인간다운 생활을 할 권리의 법적 성격**: 인간다운 생활을 할 권리로부터는 인간의 존엄에 상응하는 최소한의 물질적인 생활의 유지에 필요한 급부를 요구할 수 있는 구체적인 권리가 상황에 따라서는 직접 도출될 수 있다고 할 수는 있어도, 동 기본권이 직접 그 이상의 급부를 내용으로 하는 구체적인 권리를 발생케 한다고는 볼 수 없다(헌재 1995. 7. 21. 93헌가14).
>
> ▶ **도시환경정비사업의 시행으로 철거되는 주택의 소유자에게는 임시수용시설이나 주택자금의 융자 알선 등 임시수용에 상응하는 조치를 제공받을 권리를 인정하지 않은 도시 및 주거환경정비법 제36조 제1항이 인간다운 생활을 할 권리를 침해하는지**(소극): 도시환경정비사업의 시행으로 인하여 철거되는 주택의 소유자를 위하여 사업시행기간 동안 거주할 임시수용시설을 설치하는 것은 국가에 대하여 최소한의 물질적 생활을 요구할 수 있는 인간다운 생활을 할 권리의 향유와 관련되어 있다고 할 수 없다(헌재 2014. 3. 27. 2011헌바396).

제2항 인간다운 생활을 할 권리의 내용

> **헌법 제34조**
> ② 국가는 사회보장·사회복지의 증진에 노력할 의무를 진다.
> ③ 국가는 여자의 복지와 권익의 향상을 위하여 노력하여야 한다.
> ④ 국가는 노인과 청소년의 복지향상을 위한 정책을 실시할 의무를 진다.
> ⑤ 신체장애자 및 질병·노령 기타의 사유로 생활능력이 없는 국민은 법률이 정하는 바에 의하여 국가의 보호를 받는다.
> ⑥ 국가는 재해를 예방하고 그 위험으로부터 국민을 보호하기 위하여 노력하여야 한다.

헌법은 제34조 제1항에서 모든 국민의 "인간다운 생활을 할 권리"를 사회적 기본권으로 규정하면서, 제2항 내지 제6항에서 특정한 사회적 약자와 관련하여 "인간다운 생활을 할 권리"의 내용을 다양한 국가의 의무를 통하여 구체화하고 있다. 헌법이 제34조에서 여자, 노인·청소년, 신체장애자 등 특정 사회적 약자의 보호를 명시적으로 규정한 것은 '장애인과 같은 사회적 약자의 경우에는 개인 스스로가 자유행사의 실질적 조건을 갖추는 데 어려움이 많으므로 국가가 특히 이들에 대하여 자유를 실질적으로 행사할 수 있는 조건을 형성하고 유지해야 한다'는 점을 강조하고자 하는 것이다(헌재 2002. 12. 18. 2002헌마52).

> **판례**
>
> ▶ **고용보험법상 육아휴직 급여를 받을 권리**: 고용보험법상 육아휴직 급여를 받을 권리는 인간다운 생활을 할 권리 및 이를 보장하기 위한 구체적 제도로서 사회보장과 사회복지에 관한 정책을 마련하고 실시할 국가의 의무와 혼인과 가족을 지원하고 보호해야 할 국가의 의무에 근거하여 형성된 권리이다(헌재 2023. 2. 23. 2018헌바240).
>
> ▶ **헌법 제34조로부터 지방자치단체장을 위한 퇴직급여제도를 마련할 입법의무가 도출되는지**(소극): 퇴직 이후의 생활 안정과 보장을 위한 퇴직연금 등 각종 사회보장수급권은 사회적 기본권으로서 헌법 제34조의 인간다운 생활을 할 권리에 그 헌법적 근거를 두고 있다. 그러나 기본적으로 사회적 기본권의 구체적인 실현에 있어서 입법자는 광범위한 형성의 자유를 가지므로 헌법 제34조로부터 바로 지방자치단체장을 위한 별도의 퇴직급여제도를 마련할 입법의무가 도출된다고 보기 어렵다(헌재 2014. 6. 26. 2012헌마459).

제3항 인간다운 생활을 할 권리의 효력

I 행위규범과 통제규범

모든 국민은 인간다운 생활을 할 권리를 가지며 국가는 생활능력 없는 국민을 보호할 의무가 있다는 헌법의 규정은 모든 국가기관을 기속하지만, 그 기속의 의미는 적극적·형성적 활동을 하는 입법부 또는 행정부의 경우와 헌법재판에 의한 사법적 통제기능을 하는 헌법재판소에 있어서 동일하지 아니하다. 위와 같은 헌법의 규정이 '입법부나 행정부'에 대하여는 국민소득, 국가의 재정능력과 정책 등을 고려하여 가능한 범위안에서 최대한으로 모든 국민이 물질적인 최저생활을 넘어서 인간의 존엄성에 맞는 건강하고 문화적인 생활을 누릴 수 있도록 하여야 한다는 행위의 지침 즉 '행위규범'으로서 작용하지만, '헌법재판'에 있어서는 다른 국가기관 즉 입법부나 행정부가 국민으로 하여금 인간다운 생활을 영위하도록 하기 위하여 객관적으로 필요한 최소한의 조치를 취할 의무를 다하였는지를 기준으로 국가기관의 행위의 합헌성을 심사하여야 한다는 '통제규범'으로 작용하는 것이다(헌재 1997. 5. 29. 94헌마33).

> **판례**
>
> ▶ **인간다운 생활**: 인간다운 생활이란 그 자체가 추상적이고 상대적인 개념으로서 그 나라의 문화의 발달, 역사적·사회적·경제적 여건에 따라 어느 정도는 달라질 수 있다(헌재 2004. 10. 28. 2002헌마328).
>
> ▶ **최소한의 조치**: 최소한의 조치 역시 국민의 사회의식의 변화, 사회·경제적 상황의 변화에 따라 가변적인 것이므로, 국가가 인간다운 생활을 보장하기 위한 생계급여의 수준을 구체적으로 결정함에 있어서는 국민 전체의 소득수준과 생활수준, 국가의 재정규모와 정책, 국민 각 계층의 상충하는 갖가지 이해관계 등 복잡·다양한 요소를 함께 고려해야 한다(헌재 2004. 10. 28. 2002헌마328).
>
> ▶ **국가가 인간다운 생활을 보장하기 위한 헌법적 의무를 다하지 못한 경우**: 국가가 인간다운 생활을 보장하기 위한 헌법적 의무를 다하였는지의 여부가 사법적 심사의 대상이 된 경우에는, 국가가 생계보호에 관한 입법을 전혀 하지 아니하였다든가 그 내용이 현저히 불합리하여 헌법상 용인될 수 있는 재량의 범위를 명백히 일탈한 경우에 한하여 인간다운 생활을 할 권리를 보장한 헌법에 위반된다고 할 수 있다(헌재 1997. 5. 29. 94헌마33).

Ⅱ 위헌심사의 대상

국가가 행하는 생계보호의 수준이 그 재량의 범위를 명백히 일탈하였는지의 여부, 즉 인간다운 생활을 보장하기 위한 객관적 내용의 최소한을 보장하고 있는지의 여부는 생활보호법에 의한 생계보호급여만을 가지고 판단하여서는 아니되고 그외의 법령에 의거하여 국가가 생계보호를 위하여 지급하는 각종 급여나 각종 부담의 감면 등을 총괄한 수준을 가지고 판단하여야 한다(헌재 1997. 5. 29. 94헌마33).

> **판례**
>
> ▶ 생계보호수준이 최저생계비에도 미치지 못하는 '94년도 생계보호기준'이 인간다운 생활을 할 권리를 침해하는지(소극): 1994년도를 기준으로 생활보호대상자에 대한 생계보호급여와 그 밖의 각종 급여 및 각종 부담감면의 액수를 고려할 때, 이 사건 생계보호기준이 청구인들의 인간다운 생활을 보장하기 위하여 국가가 실현해야 할 객관적 내용의 최소한도의 보장에도 이르지 못하였다거나 헌법상 용인될 수 있는 재량의 범위를 명백히 일탈하였다고는 보기 어렵고, 따라서 비록 위와 같은 생계보호의 수준이 일반 최저생계비에 못미친다고 하더라도 그 사실만으로 곧 그것이 헌법에 위반된다거나 청구인들의 행복추구권이나 인간다운 생활을 할 권리를 침해한 것이라고는 볼 수 없다(헌재 1997. 5. 29. 94헌마33).
>
> ▶ 기초생활보장제도의 보장단위인 개별가구에서 교도소 · 구치소에 수용 중인 자를 제외토록 규정한 '국민기초생활 보장법 시행령' 조항이 교도소 · 구치소에 수용 중인 자의 인간다운 생활을 할 권리를 침해하는지(소극): 생활이 어려운 국민에게 필요한 급여를 행하여 이들의 최저생활을 보장하기 위해 제정된 '국민기초생활 보장법'은 부양의무자에 의한 부양과 다른 법령에 의한 보호가 이 법에 의한 급여에 우선하여 행하여지도록 하는 보충급여의 원칙을 채택하고 있는바, 형집행법에 의한 교도소 · 구치소에 수용 중인 자는 당해 법률에 의하여 생계유지의 보호를 받고 있으므로 이러한 생계유지의 보호를 받고 있는 교도소 · 구치소에 수용 중인 자에 대하여 '국민기초생활 보장법'에 의한 중복적인 보장을 피하기 위하여 개별가구에서 제외키로 한 입법자의 판단이 헌법상 용인될 수 있는 재량의 범위를 일탈하여 인간다운 생활을 할 권리를 침해한다고 볼 수 없다(헌재 2011. 3. 31. 2009헌마617).
>
> ▶ '육아휴직이 끝난 날 이후 12개월 이내에 신청하여야 한다'고 규정한 고용보험법 제70조 제2항이 육아휴직 급여수급권자의 인간다운 생활을 할 권리나 재산권을 침해하는지(소극): 심판대상조항은 권리의무관계를 조기에 확정하고 고용보험기금 재정운용의 불안정성을 차단하여 기금재정을 합리적으로 운용하기 위한 것으로서 합리적인 이유가 있다. 육아휴직 수급권자가 육아휴직이 끝난 날 이후 12개월 이내에 급여를 신청하는 데 큰 부담이 있다고 보기 어렵고, 고용보험법 시행령에서 신청기간의 예외 사유도 인정하고 있는 등 그 내용이 현저히 불합리하여 헌법상 용인될 수 있는 재량의 범위를 명백히 벗어났다고 볼 수 없다. 따라서 심판대상조항은 육아휴직 급여수급권자의 인간다운 생활을 할 권리나 재산권을 침해한다고 볼 수 없다(헌재 2023. 2. 23. 2018헌바240).

제2절 사회보장수급권

> **헌법 제34조**
> ② 국가는 사회보장·사회복지의 증진에 노력할 의무를 진다.

제1항 사회보장수급권의 의의

헌법 제34조 제1항은 "모든 국민은 인간다운 생활을 할 권리를 가진다"고 규정하고, 제2항은 "국가는 사회보장·사회복지의 증진에 노력할 의무를 진다"고 규정하고 있는바, 사회보장수급권은 이 규정들로부터 도출되는 사회적 기본권의 하나이다. 사회적 기본권의 성격을 가지는 사회보장수급권은 국가에 대하여 적극적으로 급부를 요구하는 것이므로 헌법규정만으로는 이를 실현할 수 없고 법률에 의한 형성을 필요로 한다. 사회보장수급권의 구체적 내용, 즉 수급요건, 수급권자의 범위, 급여금액 등은 법률에 의하여 비로소 확정된다(헌재 2001. 9. 27. 2000헌마342).

> **판례**
>
> ▶ **사회보장수급권에 대한 입법형성권과 위헌성 심사기준** : 사회보장수급권과 같은 사회적 기본권을 법률로 형성함에 있어 입법자는 광범위한 형성의 자유를 누린다. 국가의 재정능력, 국민 전체의 소득 및 생활수준, 기타 여러 가지 사회적·경제적 여건 등을 종합하여 합리적인 수준에서 결정할 수 있고, 그 결정이 현저히 자의적이거나, 사회적 기본권의 최소한도의 내용마저 보장하지 않은 경우에 한하여 헌법에 위반된다(헌재 1999. 4. 29. 97헌마333).

제2항 사회보장수급권의 내용

I 사회보험수급권

1. 의의

사회보험이란 '국민에게 발생하는 사회적 위험을 보험의 방식으로 대처함으로써 국민의 건강과 소득을 보장하는 제도'를 말한다. 이러한 사회보험은 사회적 위험이 발생하기 전에 자신 혹은 제3자가 보험료를 납부하여 '법적인 원인관계'를 성립시키고 '특정한 사회적 위험'이 현재화되면 급여를 지급하는 사회보장제도로서, 국민연금법, 공무원연금법, 군인연금법, 사학연금법, 국민건강보험법, 고용보험법, 산재보험법 등이 이에 속한다(헌재 2010. 4. 29. 2009헌바102).

2. 사회보험료

사회보험료는 기존의 공과금체계에 편입시킬 수 없는 독자적 성격을 가진 공과금이다. 특정의 반대급부 없이 금전납부의무를 부담하는 세금과는 달리, 보험료는 반대급부인 보험급여를 전제로 하고 있으며, 한편으로는 특정 이익의 혜택이나 특정 시설의 사용가능성에 대한 금전적 급부인 수익자부담금과는 달리, 급여혜택을 받지 못하는 제3자인 사용자에게도 보험료 납부의무가 부과된다는 점에서 수익자부담금과 그 성격을 달리한다(헌재 2001. 8. 30. 2000헌마668).

> **판례**
>
> ▶ **사회보험료 형성의 원칙**: 사회보험료를 형성하는 2가지 중요한 원리는 '보험의 원칙'과 '사회연대의 원칙'이다. 보험의 원칙이란 소위 등가성의 원칙이라고도 하는데, 이는 보험료와 보험급여간의 등가원칙을 말한다. 사회연대의 원칙은 보험료와 보험급여 사이의 개별적 등가성의 원칙에 수정을 가하는 원리일 뿐만 아니라, 사회보험체계 내에서의 소득의 재분배를 정당화하는 근거이며, 보험의 급여수혜자가 아닌 제3자인 사용자의 보험료 납부의무(이질부담)를 정당화하는 근거이기도 하다. 또한 사회연대의 원칙은 사회보험에의 강제가입의무를 정당화하며, 재정구조가 취약한 보험자와 재정구조가 건전한 보험자 사이의 재정조정을 가능하게 한다(헌재 2001. 8. 30. 2000헌마668).

3. 내용

(1) 국민연금

국민연금제도는 국민의 노령·폐질 또는 사망에 대하여 연금급여를 실시함으로써 국민의 생활안정과 복지증진에 기여할 목적으로 그 부담을 국가적인 보험기술을 통하여 대량적으로 분산시킴으로써 구제를 도모하는 사회보험제도의 일종이며, 가입 여부·보험관계의 내용 등을 계약자유의 원칙에 의하여 정할 수 있는 사보험과는 달리 보험가입이 강제되고, 보험료를 강제징수할 수 있으며, 보험관계의 내용이 법률에 의하여 정하여지고, 사용자 또는 국가가 보험비용의 일부를 부담하는 등 보험원리에 부양원리가 결합된 공적보험제도로 사회보장에 관한 헌법규정인 제34조 제1항, 제2항, 제5항을 구체화하는 제도이다(헌재 2004. 6. 24. 2002헌바15).

> **판례**
>
> ▶ **국민으로 하여금 건강보험에 의무적으로 가입하도록 한 국민건강보험법 제5조 제1항이 일반적 행동자유권, 재산권을 침해하는지**(소극): 소득재분배와 위험분산의 효과를 거두려는 사회보험의 목표는 임의가입의 형식으로 운영되는 한 달성하기 어렵고, 법률로써 가입을 강제하여야만 이루어질 수 있다. 따라서 국민으로 하여금 건강보험에 강제로 가입하게 하는 것은 건강보험의 목적을 달성하기 위하여 적합하고도 반드시 필요한 조치이다. 결국, 보험에의 강제가입으로 인하여 일반적 행동의 자유로서 보험에 가입하지 않을 자유와 재산권 등에 제한이 가해진다 하더라도 이러한 기본권의 제한은 부득이한 것으로 볼 수 있다. 따라서 건강보험에의 강제가입에 관하여 규정한 강제가입조항은 과잉금지원칙에 위배하여 청구인의 행복추구권, 재산권을 침해하는 것이라고 볼 수 없다(헌재 2022. 3. 31. 2019헌바212).

▶ 별거나 가출 등으로 실질적인 혼인관계가 존재하지 아니하여 연금 형성에 기여가 없는 이혼배우자에 대해서까지 법률혼 기간을 기준으로 분할연금 수급권을 인정하는 국민연금법 제64조 제1항이 재산권을 침해하는지(적극) : 법률혼 관계를 유지하고 있었다고 하더라도 실질적인 혼인관계가 해소되어 노령연금 수급권의 형성에 아무런 기여가 없었다면 그 기간에 대하여는 노령연금의 분할을 청구할 전제를 갖추었다고 볼 수 없다. 그럼에도 심판대상조항은 법률혼 관계에 있었지만 별거·가출 등으로 실질적인 혼인관계가 존재하지 않았던 기간을 일률적으로 혼인 기간에 포함시켜 분할연금을 산정하도록 하고 있는바, 이는 분할연금제도의 재산권적 성격을 몰각시키는 것으로서 그 입법형성권의 재량을 벗어났다고 보아야 한다. 따라서 심판대상조항은 재산권을 침해한다(헌재 2016. 12. 29. 2015헌바182 헌법불합치).

▶ 헌법불합치결정에 따라 실질적인 혼인관계가 존재하지 아니한 기간을 제외하고 분할연금을 산정하도록 개정된 국민연금법 조항을 개정법 시행 후 최초로 분할연금 지급사유가 발생한 경우부터 적용하도록 하는 국민연금법 부칙 제2조가 평등원칙에 위반되는지(적극) : 심판대상조항은 국민연금법 제64조 제1항 및 제4항의 개정규정을 신법 조항 시행 후 최초로 분할연금 지급 사유가 발생한 경우부터 적용하도록 규정하고 있는바, 실질적인 혼인관계가 해소되어 분할연금의 기초가 되는 노령연금 수급권 형성에 아무런 기여가 없는 경우에는 노령연금 분할을 청구할 전제를 갖추지 못한 것으로 볼 수 있다는 점에서 분할연금 지급 사유 발생 시점이 신법 조항 시행일 전인 경우와 후인 경우 사이에 아무런 차이가 없으므로, 분할연금 지급 사유 발생시점이 신법 조항 시행일 전·후인지와 같은 우연한 사정을 기준으로 달리 취급하는 것은 합리적인 이유를 찾기 어렵다. 따라서 심판대상조항은 평등원칙에 위반된다(헌재 2024. 5. 30. 2019헌가29 헌법불합치).

▶ 연금연계법 공포일 전에 공무원연금 등 직역연금에서 국민연금으로 이동한 경우를 소급적인 연계신청의 허용대상에 포함시키지 않은 연금연계법 부칙 제2조 제2항 제2호가 연금연계법 공포일 전에 직역연금에서 국민연금으로 이동한 사람의 인간다운 생활을 할 권리를 침해하는지(소극) : 국민연금과 직역연금은 원래 가입자와 재원이 다르고, 국민연금과 직역연금의 가입기간을 흠결 없이 연계하여야 할 입법의무가 헌법상 도출된다고 보기 어려운 점, 연금연계법 공포일 전에 직역연금에서 국민연금으로 이동한 경우 연계신청이 허용되지 않아 연금수급권을 취득하지 못하더라도 퇴직일시금과 반환일시금을 지급받을 수 있는 점 등을 고려하면, 이 사건 부칙조항이 연금연계법 공포일 전에 직역연금에서 국민연금으로 이동한 경우에 연계신청을 허용하지 않는다고 하여 현저히 자의적이거나 인간다운 생활을 보장하기 위하여 필요한 최소한도의 내용마저 보장하지 않는 것이라고 할 수 없으므로, 이 사건 부칙조항이 연금연계법 공포일 전에 직역연금에서 국민연금으로 이동한 사람의 인간다운 생활을 할 권리를 침해한다고 볼 수 없다(헌재 2015. 2. 26. 2013헌바419).

▶ 사망한 가입자 등에 의하여 생계를 유지하고 있지 않은 자녀 또는 25세 이상인 자녀를 유족연금을 받을 수 있는 자녀의 범위에 포함시키지 않은 국민연금법 제73조 제1항이 청구인들의 평등권을 침해하는지(소극) : 유족연금은 원래 가계를 책임진 자의 사망으로 생활의 곤란을 겪게 될 가족의 생계보호를 위하여 도입된 제도로서, 자신이 보험료를 납부하여 그에 상응하는 급여를 받는 것이 아니라 결혼 또는 의존성 여부에 따라 결정되는 파생적 급여이고, 이 급여가 부모 등 가족의 기여에만 의지한다기보다는 전체 가입자가 불행을 당한 가입자의 가족을 원조하는 형태를 띠고 있다. 또한 한정된 재원으로 유족연금 등 사회보장급부를 보다 절실히 필요로 하는 사람들에게 복지혜택을 주기 위해서는 그 필요성이 보다 절실하지 아니하는 사람들은 수급권자로부터 배제하지 않을 수 없다. 이러한 점을 고려할 때, 이 사건 유족 범위 조항에 의한 차별이 현저하게 불합리하거나 자의적인 차별이라고 볼 수 없다(헌재 2019. 2. 28. 2017헌마432).

(2) 국민건강보험

국민건강보험제도는 보험가입자인 국민이 납부하는 보험료와 국고부담을 재원으로 하여 국민의 질병·부상 등 사회적 위험을 보험의 방식으로 대처하는 사회보험제도이다(헌재 2020. 4. 23. 2017헌바244).

> **판례**
>
> ▶ **국민으로 하여금 건강보험에 의무적으로 가입하도록 한 국민건강보험법 제5조 제1항 본문이 일반적 행동자유권, 재산권을 침해하는지**(소극) : 건강보험은 사적인 자율영역에 맡길 수 있는 성격의 문제가 아니므로 사회보험의 형태로 이루어질 수밖에 없고, 사회보험으로서의 건강보험은 경제적인 약자에게 기본적인 의료서비스를 제공하고자 하는 것으로서 이는 공공복리를 위한 것이다. 그런데 소득재분배와 위험분산의 효과를 거두려는 사회보험의 목표는 임의가입의 형식으로 운영되는 한 달성하기 어렵고 법률로써 가입을 강제하여야만 이루어질 수 있다. 따라서 국민으로 하여금 건강보험에 강제로 가입하게 하는 것은 건강보험의 목적을 달성하기 위하여 적합하고도 반드시 필요한 조치이다. 따라서 건강보험에의 강제가입에 관하여 규정한 이 사건 강제가입조항은 과잉금지원칙에 위배하여 청구인의 행복추구권, 재산권 등을 침해하는 것이라고 볼 수 없다(헌재 2022. 3. 31. 2019헌바212).
>
> ▶ **직장가입자가 소득월액보험료를 일정 기간 이상 체납한 경우 그 체납한 보험료를 완납할 때까지 국민건강보험공단이 그 가입자 및 피부양자에 대하여 보험급여를 실시하지 아니할 수 있도록 한 구 국민건강보험법 조항이 해당 직장가입자의 인간다운 생활을 할 권리 및 재산권을 침해하는지**(소극) : 보험료 체납에 대하여 보험급여 제한과 같은 제재를 가하지 않는다면, 가입자가 충분한 자력이 있음에도 보험료를 고의로 납부하지 않은 채 보험급여만을 받고자 하는 도덕적 해이가 만연하여 건강보험제도 자체의 존립이 위태로워질 수 있다. 심판대상조항은 체납기간이 1개월 미만이거나, 월별 보험료의 총체납횟수가 6회 미만인 경우에는 보험급여를 제한할 수 없도록 하고 있다. 또한 분할납부 승인을 받고 그 승인된 보험료를 1회 이상 납부한 경우에는 국민건강보험공단이 보험급여를 지급할 수 있다. 따라서 심판대상조항은 청구인의 인간다운 생활을 할 권리나 재산권을 침해하지 아니한다(헌재 2020. 4. 23. 2017헌바244).
>
> ▶ **재정통합 후에도 지역가입자에 대해서만 국가가 보험료의 일부를 부담할 수 있도록 규정함으로써, 직장가입자와 지역가입자를 달리 취급하고 있는 국민건강보험법 제67조 제3항이 평등원칙에 위반되는지**(소극) : 직장가입자에 비하여 지역가입자에는 노인, 실업자, 퇴직자 등 소득이 없거나 저소득의 주민이 다수 포함되어 있고, 이러한 저소득층 지역가입자에 대하여 국가가 국고지원을 통하여 보험료를 보조하는 것은, 경제적·사회적 약자에게도 의료보험의 혜택을 제공해야 할 사회국가적 의무를 이행하기 위한 것이다. 사회보험의 목적이 모든 국민에게 최소한의 인간다운 생활을 보장하고자 하는 데 있으므로, 사회보험은 국가의 사회국가적 의무를 이행하기 위한 주요수단이다. 따라서 국가가 저소득층 지역가입자를 대상으로 소득수준에 따라 보험료를 차등지원하는 것은 사회국가원리에 의하여 정당화되는 것이다. 결국, 국고지원에 있어서의 지역가입자와 직장가입자의 차별취급은 사회국가원리의 관점에서 합리적인 차별에 해당하는 것으로서 평등원칙에 위반되지 아니한다(헌재 2000. 6. 29. 99헌마289).
>
> ▶ **교도소에 수용된 때에는 국민건강보험급여를 정지하도록 한 국민건강보험법 조항이 수용자의 건강권 등을 침해하는지**(소극) : 이 사건 심판법률조항은 수용자에게 불이익을 주기 위한 것이 아니라, 국가의 보호, 감독을 받는 수용자의 질병치료를 국가가 부담하는 것을 전제로 수용자에 대한 의료보장제도를 합리적으로 운영하기 위한 것이므로 입법목적의 정당성을 갖고 있다. 가사 국가의 예산상의 이유로 수용자들이 적절한 의료보장을 받지 못하는 것이 현실이라고 하더라도 이는 수용자에 대한 국가의 보건의무불이행에 기인하는 것이지 위 조항에 기인하는 것으로 볼 수 없다. 위 조항은 수용자의 의료보장수급권을 직접 제약하는 규정이 아니며, 입법재량을 벗어나 수용자의 건강권을 침해하거나 국가의 보건의무를 저버린 것으로 볼 수 없으므로 수용자의 건강권, 인간의 존엄성, 행복추구권, 인간다운 생활을 할 권리를 침해하는 것이라 할 수 없다(헌재 2005. 2. 24. 2003헌마31).

(3) 공무원연금

공무원연금제도는 공무원을 대상으로 퇴직 또는 사망과 공무로 인한 부상·질병·폐질에 대하여 적절한 급여를 실시함으로써, 공무원 및 그 유족의 생활안정과 복리향상에 기여함을 목적으로 하는 사회보장제도이고, 법기술적으로는 위의 사유가 발생한 때에 국가적인 보험기술을 통하여 그 부담을 여러 사람들에게 분산시킴으로써 구제를 도모하는 사회보험제도의 일종이다(헌재 1999. 4. 29. 97헌마333).

판례

▶ 분할연금제도를 도입하면서 개정법 시행 후 최초로 지급사유가 발생한 사람부터 분할연금을 지급하도록 한 공무원연금법 부칙 제2조 제1항이 개정법 시행일 이전에 공무원과 이혼한 배우자의 평등권을 침해하는지(소극): 분할연금제도를 도입하면서 그 시행 전에 이혼한 사람들도 소급하여 분할연금수급권자가 될 수 있도록 한다면, 분할연금 수급자에게 지급하여야 할 분할연금을 포함하여 이미 퇴직연금을 지급한 경우나 퇴직연금수급자가 이미 사망하여 퇴직연금이 소멸된 경우 등 과거에 이미 형성된 법률관계에 중대한 영향을 미쳐 법적 안정성이 훼손될 우려가 크다. 따라서 2015년 개정 공무원연금법에 분할연금제도를 신설하면서, 그 지급적용 대상을 개정법 시행일 이후에 이혼한 사람으로 한정한 것은 입법재량의 범위를 벗어난 현저히 불합리한 차별이라고 보기 어려우므로, 지급적용대상 조항은 청구인의 평등권을 침해하지 아니한다(헌재 2018. 4. 26. 2016헌마54).

▶ 퇴직연금 수급자가 유족연금을 함께 받게 된 경우 그 유족연금액의 2분의 1을 빼고 지급하도록 하는 구 공무원연금법 제45조 제4항이 청구인의 인간다운 생활을 할 권리 및 재산권을 침해하는지(소극): 심판대상조항은 퇴직연금 수급자의 유족연금 수급권을 구체화함에 있어 급여의 적절성을 확보할 필요성, 한정된 공무원연금 재정의 안정적 운영, 우리 국민 전체의 소득 및 생활수준, 공무원 퇴직연금의 급여 수준, 유족연금의 특성, 사회보장의 기본원리 등을 종합적으로 고려하여 유족연금액의 2분의 1을 감액하여 지급하도록 한 것이므로, 입법형성의 한계를 벗어나 청구인의 인간다운 생활을 할 권리 및 재산권을 침해하였다고 볼 수 없다(헌재 2020. 6. 25. 2018헌마865).

▶ 재혼을 유족연금수급권 상실사유로 규정한 구 공무원연금법 제59조 제1항 제2호가 재혼한 배우자의 인간다운 생활을 할 권리와 재산권을 침해하는지(소극): 심판대상조항이 배우자의 재혼을 유족연금수급권 상실사유로 규정한 것은 배우자가 재혼을 통하여 새로운 부양관계를 형성함으로써 재혼 상대방 배우자를 통한 사적 부양이 가능해짐에 따라 더 이상 사망한 공무원의 유족으로서의 보호의 필요성이나 중요성을 인정하기 어렵다고 보았기 때문이다. 이는 한정된 재원의 범위 내에서 부양의 필요성과 중요성 등을 고려하여 유족들을 보다 효과적으로 보호하기 위한 것이므로, 입법재량의 한계를 벗어나 재혼한 배우자의 인간다운 생활을 할 권리와 재산권을 침해하였다고 볼 수 없다(헌재 2022. 8. 31. 2019헌가31).

▶ 공무원 또는 공무원이었던 자가 재직중의 사유로 금고 이상의 형을 받은 때에는 대통령령이 정하는 바에 의하여 퇴직급여 및 퇴직수당의 일부를 감액하여 지급하도록 한 공무원연금법 제64조 제1항 제1호가 재산권을 침해하고 평등의 원칙에 위배되는지(적극): 공무원의 신분이나 직무상 의무와 관련이 없는 범죄의 경우에도 퇴직급여 등을 제한하는 것은 공무원범죄를 예방하고 공무원이 재직중 성실히 근무하도록 유도하는 입법목적을 달성하는데 적합한 수단이라고 볼 수 없다. 그리고 특히 과실범의 경우에는 공무원이기 때문에 더 강한 주의의무 내지 결과발생에 대한 가중된 비난가능성이 있다고 보기 어려우므로, 퇴직급여 등의 제한이 공무원으로서의 직무상 의무를 위반하지 않도록 유도 또는 강제하는 수단으로서 작용한다고 보기 어렵다. 나아가 이 사건 법률조항은 퇴직급여에 있어서는 국민연금법상의 사업장 가입자에 비하여, 퇴직수당에 있어서는 근로기준법상의 근로자에 비하여 각각 차별대우를 하고 있는바, 이는 자의적인 차별에 해당한다(헌재 2007. 3. 29. 2005헌바33 헌법불합치).

▶ **공무원이 '직무와 관련 없는 과실로 인한 경우' 및 '소속상관의 정당한 직무상의 명령에 따르다가 과실로 인한 경우'를 제외하고 재직 중의 사유로 금고 이상의 형을 받은 경우, 퇴직급여 등을 감액하도록 규정한 공무원연금 제64조 제1항 제1호가 청구인들의 재산권, 인간다운 생활을 할 권리를 침해하는지**(소극): 이 사건 감액조항은 퇴직급여 등의 감액사유에서 '직무와 관련 없는 과실로 인하여 범죄를 저지른 경우' 및 '소속 상관의 정당한 직무상의 명령에 따르다가 과실로 인하여 범죄를 저지른 경우'를 제외하고, 이러한 범죄행위로 인하여 '금고 이상의 형을 받은 경우'로 한정한 점, 감액의 범위도 국가 또는 지방자치단체의 부담 부분을 넘지 않도록 한 점 등을 고려하면 침해의 최소성도 인정된다. 청구인들은 퇴직급여의 일부가 감액되는 사익의 침해를 받지만, 이는 공무원 자신이 저지른 범죄에서 비롯된 것인 점, 공무원 개개인이나 공직에 대한 국민의 신뢰를 유지하고자 하는 공익이 결코 적지 않은 점에서 법익의 균형성도 인정된다. 따라서 이 사건 감액조항은 청구인들의 재산권과 인간다운 생활을 할 권리를 침해하지 아니한다(헌재 2013. 8. 29. 2010헌바354).

▶ **공무원이거나 공무원이었던 사람이 재직 중의 사유로 금고 이상의 형을 받거나 형이 확정된 경우 퇴직급여 및 퇴직수당의 일부를 감액하여 지급함에 있어 그 이후 형의 선고의 효력을 상실하게 하는 특별사면 및 복권을 받은 경우를 달리 취급하는 규정을 두지 아니한 구 공무원연금법 제64조 제1항 제1호 등이 재산권, 인간다운 생활을 할 권리를 침해하여 헌법에 위반되는지**(소극): 형의 선고의 효력을 상실하게 하는 특별사면 및 복권을 받았다 하더라도 그 대상인 형의 선고의 효력이나 그로 인한 자격상실 또는 정지의 효력이 장래를 향하여 소멸되는 것에 불과하고, 형사처벌에 이른 범죄사실 자체가 부인되는 것은 아니므로, 공무원 범죄에 대한 제재수단으로서의 실효성을 확보하기 위하여 특별사면 및 복권을 받았다 하더라도 퇴직급여 등을 계속 감액하는 것을 두고 현저히 불합리하다고 평가할 수 없다. 따라서 심판대상조항은 그 합리적인 이유가 인정되는바, 재산권 및 인간다운 생활을 할 권리를 침해한다고 볼 수 없어 헌법에 위반되지 아니한다(헌재 2020. 4. 23. 2018헌바402).

▶ **범죄의 종류와 그 형의 경중을 가리지 않고 재직기간 5년 이상인 공무원에게 금고 이상의 형이 있으면 무조건 퇴직급여의 2분의 1을 감액하도록 규정하고 있는 구 공무원연금법 시행령 제55조 제1항 제1호 나목이 재산권 및 인간다운 생활을 할 권리를 침해하는지**(소극): 이 사건 시행령조항이 공무원에게 금고 이상의 형이 있는 경우 재직기간 5년을 기준으로 퇴직급여 감액의 정도를 달리한 것은, 퇴직급여 산정방법상 재직기간이 짧을수록 급여액 중 본인의 기여금이 차지하는 비율이 상대적으로 높은 것을 감안하여 재직기간이 짧은 사람의 경우에는 감액의 수준을 낮게 하고 재직기간이 긴 사람은 감액의 수준을 높게 하여 감액의 정도를 실질화한 것이고, 퇴직급여를 감액하는 경우에도 이미 낸 기여금 및 그에 대한 이자의 합산액 이하로는 감액할 수 없다고 하여 공무원의 퇴직급여를 보호하는 장치도 마련하고 있는바, 재직 중의 사유로 금고 이상의 형을 받은 경우 재직기간이 5년 이상인 공무원에 대하여 그 퇴직급여를 2분의 1 감액하도록 한 것은 입법재량의 한계를 넘은 것이라고 보기 어려우므로, 이 사건 시행령조항은 재산권, 인간다운생활을 할 권리, 평등권을 침해하지 아니한다(헌재 2019. 2. 28. 2017헌마403).

▶ **공무원연금법상 급여를 받을 권리의 압류를 금지하는 구 공무원연금법 제32조 제1항 등이 청구인의 재산권을 침해하는지**(소극): 공무원연금법상의 급여는 퇴직공무원 및 그 유족의 생활안정과 복리향상을 위한 사회보장적 급여로서의 성질을 가지므로, 일신전속성이 강하고 사적거래의 대상으로 삼기에 적합하지 아니하며 압류를 금지할 필요성이 크다. 이 사건 법률조항은 급여수급권에 대하여만 압류를 금지할 뿐 급여를 받은 이후까지 압류를 금지하는 것은 아니므로 채권자가 급여에 대하여 전혀 강제집행을 할 수 없는 것이 아니다. 따라서 이 사건 법률조항에서 공무원연금법상 각종 급여수급권 전액에 대하여 압류를 금지한 것이 기본권 제한의 입법적 한계를 넘어서 재산권의 본질적 내용을 침해한 것이라고 볼 수는 없다(헌재 2018. 7. 26. 2016헌마260).

▶ **공무원이 퇴직한 뒤에는 재직기간 합산을 할 수 없도록 규정한 공무원연금법 제23조 제2항이 청구인의 공무원연금수급권을 침해하는지**(소극) : 공무원이 받게 될 급여의 종류·금액은 퇴직한 때를 기준으로 우선 확정되는 점, 공무원이 퇴직한 후에도 재직기간의 합산신청을 할 수 있도록 한다면 퇴직일시금을 수령한 뒤에도 이해관계를 따져 유리한 시점에 재직기간 합산을 신청함으로써 납부한 기여금 등에 비해 과도한 급여를 받을 수 있고 이로써 공무원연금의 재정적자가 가중되고 연금재정의 예측가능성도 나빠지는 점, 이 사건 합산 조항에 의하더라도 공무원은 그 퇴직 이전에는 기간 제한 없이 언제든지 재직기간 합산을 신청할 수 있는 점 등을 종합하면, 이 사건 합산 조항이 재직 중인 공무원에게만 재직기간 합산신청을 할 수 있도록 한 것이 입법형성의 한계를 벗어난 것이라고 볼 수 없다. 따라서, 이 사건 합산 조항은 청구인의 재산권으로서의 공무원연금수급권을 침해하지 않는다(헌재 2016. 3. 31. 2015헌바18).

▶ **공무원 퇴직연금의 수급요건을 재직기간 20년에서 10년으로 완화한 개정 공무원연금법 제46조 제1항의 적용대상을 법 시행일 당시 재직 중인 공무원으로 한정한 공무원연금법 부칙 제6조가 청구인의 평등권을 침해하는지**(소극) : 공무원연금법을 개정을 하면서 그 적용대상을 제한하지 아니하고 이미 법률관계가 확정된 자들에게까지 소급한다면 그로 인하여 법적 안정성 문제를 야기하게 되고 상당한 규모의 재정부담도 발생하게 될 것이므로, 일정한 기준을 두어 적용대상을 제한한 것은 충분히 납득할 만한 이유가 있다. 따라서 개정 법률을 그 시행일 전으로 소급적용하는 경과규정을 두지 않았다고 하여 이를 현저히 불합리한 차별이라고 볼 수 없으므로, 심판대상조항은 청구인의 평등권을 침해하지 아니한다(헌재 2017. 5. 25. 2015헌마933).

(4) 군인연금

군인연금법상 퇴역연금은 군인이 장기간 충실히 복무한 공로에 대한 공적보상으로서 지급된다고 하는 은혜적 성질을 갖는 한편 퇴역연금 중 기여금에 상당한 부분만은 봉급연불적인 성질을 갖고 있을 뿐만 아니라, 군인이 부담하는 기여금은 군인인 기간 동안 및 퇴직 후에 있어서의 공적 재해보험의 성질이 있고 국고의 부담금은 군인과 그 가족을 위한 사회보장 부담금으로서의 성질이 있다 할 것이므로, 결국 퇴역연금은 퇴역군인의 생활을 보장하기 위한 사회보험 내지 사회보장·사회복지적인 성질도 함께 갖는다(헌재 1994. 6. 30. 92헌가9).

판례

▶ **유족연금수급권은 그 급여의 사유가 발생한 날로부터 5년간 이를 행사하지 아니하면 시효로 인하여 소멸하도록 규정한 구 군인연금법 제8조 제1항이 유족연금수급권자의 인간다운 생활을 할 권리 및 재산권을 침해하는지**(소극) : 군인연금이라는 사회보장 제도의 운영 목적과 연금재정체계 및 다른 법률에 정한 급여수급권에 관한 소멸시효 규정과 비교할 때 소멸시효 기간을 5년으로 정한 것은 수긍할 만한 이유가 존재한다. 따라서 심판대상조항은 유족연금수급권자의 인간다운 생활을 할 권리 및 재산권을 침해한다고 볼 수 없다(헌재 2021. 4. 29. 2019헌바412).

(5) 산업재해보험

헌법 제34조 제2항은 국가의 사회보장·사회복지 증진의무를, 같은 조 제6항은 재해예방 및 그 위험으로부터 국민을 보호해야 할 국가의 의무를 규정하고 있는데, 산재보험법상의 유족급여는 헌법 제34조의 인간다운 생활을 할 권리에 근거하여 산재보험법에 구체화된 사회보장적 성격의 보험급여라고 할 것이다(헌재 2012. 3. 29. 2011헌바133).

> **판례**
>
> ▶ 근로자가 사업주의 지배관리 아래 출퇴근하던 중 발생한 사고로 부상 등이 발생한 경우만 업무상 재해로 인정하는 산재보험법 제37조 제1항 제1호 다목이 평등원칙에 위배되는지(적극): 근로자의 출퇴근 행위는 업무의 전 단계로서 업무와 밀접·불가분의 관계에 있고, 사실상 사업주가 정한 출퇴근 시각과 근무지에 기속된다. 따라서 통상의 출퇴근 재해를 업무상 재해로 인정하여 근로자를 보호해 주는 것이 산재보험의 생활보장적 성격에 부합한다. 사업장 규모나 재정여건의 부족 또는 사업주의 일방적 의사나 개인 사정 등으로 출퇴근용 차량을 제공받지 못하거나 그에 준하는 교통수단을 지원받지 못하는 비혜택근로자는 산재보험에 가입되어 있다 하더라도 출퇴근 재해에 대하여 보상을 받을 수 없는데, 이러한 차별을 정당화할 수 있는 합리적 근거를 찾을 수 없다. 따라서 심판대상조항은 합리적 이유 없이 비혜택근로자를 자의적으로 차별하는 것이므로, 헌법상 평등원칙에 위배된다(헌재 2016. 9. 29. 2014헌바254 헌법불합치).
>
> ▶ 업무상 재해에 통상의 출퇴근 재해를 포함시키는 개정법률조항을 개정법 시행 후 최초로 발생하는 재해부터 적용하도록 하는 산재보험법 부칙 제2조가 평등원칙에 위반되는지(적극): 통상의 출퇴근 재해를 업무상 재해로 인정함에 따라 인상된 보험료율 등을 살펴보면, 헌법불합치결정(헌재 2016. 9. 29. 2014헌바254) 이후 통상의 출퇴근 사고를 당한 근로자에게 이미 위헌성이 확인된 구법 조항을 계속 적용하면서까지 산재보험 기금의 재정건전성을 담보할 필요가 있는지 의문이 있다. 심판대상조항이 신법 조항의 소급적용을 위한 경과규정을 두지 않음으로써 개정법 시행일 전에 통상의 출퇴근 사고를 당한 비혜택근로자를 보호하기 위한 최소한의 조치도 취하지 않은 것은 그 차별을 정당화할 만한 합리적인 이유가 있는 것으로 보기 어렵고, 헌법불합치결정의 취지에도 어긋난다. 따라서 심판대상조항은 헌법상 평등원칙에 위반된다(헌재 2019. 9. 26. 2018헌바218).
>
> ▶ 업무상 질병으로 인한 업무상 재해에 있어 업무와 재해 사이의 상당인과관계에 대한 입증책임을 이를 주장하는 근로자나 그 유족에게 부담시키는 산업재해보상보험법 제37조 제1항 제2호가 사회보장수급권을 침해하는지(소극): 입증책임분배에 있어 권리의 존재를 주장하는 당사자가 권리근거사실에 대하여 입증책임을 부담한다는 것은 일반적으로 받아들여지고 있고, 통상적으로 업무상 재해를 직접 경험한 당사자가 이를 입증하는 것이 용이하다는 점을 감안하면, 이러한 입증책임의 분배가 입법재량을 일탈한 것이라고는 보기 어렵다. 따라서 심판대상조항이 사회보장수급권을 침해한다고 볼 수 없다(헌재 2015. 6. 25. 2014헌바269).
>
> ▶ 일정 범위의 사업을 산업재해보상보험법의 적용 대상에서 제외하면서 그 적용제외사업을 대통령령으로 정하도록 규정한 산재보험법 제6조 단서가 인간다운 생활을 할 권리 등을 규정한 헌법 제34조에 위배되는지(소극): 심판대상조항에 따라 대통령령으로 정하는 사업에 대하여는 산재보험이 적용되지 아니하나, 이는 사업의 종류와 규모 등에 따른 재해발생률, 그로 인한 비용부담의 정도 및 비용부담이 당해 사업에 미치는 영향의 차이와 국가의 산재보험 운용능력 등을 고려한 조치로 보이고, 행정부가 산재보험의 운용실태를 조사·분석하여 적용제외사업의 범위를 적절히 조정해오고 있는 점 등을 고려하면, 심판대상조항의 내용이 현저히 불합리하여 헌법상 용인될 수 있는 재량의 범위를 명백히 일탈한 경우에 해당한다고 볼 수 없으므로, 심판대상조항이 헌법 제34조에 위배된다고 볼 수 없다(헌재 2018. 1. 25. 2016헌바466).

Ⅱ 사회부조청구권

> **헌법 제34조**
> ⑤ 신체장애자 및 질병·노령 기타의 사유로 생활능력이 없는 국민은 법률이 정하는 바에 의하여 국가의 보호를 받는다.

사회부조청구권이란 현실적으로 생활불능상태에 있거나 생계유지가 곤란한 사람에게 국가가 최종적인 생활보장수단으로서 갹출을 요건으로 하지 아니하고 최저생활에 필요한 급여를 제공하는 제도를 말한다. 국민기초생활 보장법상 급여의 종류에는 생계급여, 주거급여, 의료급여, 교육급여, 해산급여, 장제급여, 자활급여가 있다(동법 제7조 제1항).

판례

▶ 보건복지부장관이 2002년도 최저생계비를 고시함에 있어 장애로 인한 추가지출비용을 반영한 별도의 최저생계비를 결정하지 않은 채 가구별 인원수만을 기준으로 최저생계비를 결정한 2002년도 최저생계비고시가 생활능력 없는 장애인가구 구성원의 인간의 존엄과 가치 및 행복추구권, 인간다운 생활을 할 권리, 평등권을 침해하였는지(소극) : 국민기초생활 보장법상 생계급여액수는 최저생계비와 동일한 액수로 결정되는 것이 아니라 최저생계비에서 개별가구의 소득평가액 등을 공제한 차액으로 지급되기 때문에 장애인가구와 비장애인가구에게 지급되는 생계급여까지 동일한 액수가 되는 것은 아니라는 점, 공제되는 개별가구의 소득평가액은 장애인가구의 실제소득에서 장애인가구의 특성에 따른 지출요인을 반영한 금품인 장애인복지법에 의한 장애수당 등을 공제하여 산정하므로 결과적으로 장애인가구는 비장애인가구에 비교하여 볼 때 최저생계비에 장애로 인한 추가비용을 반영하여 생계급여액을 상향조정함과 비슷한 효과를 나타내고 있는 점 등을 고려할 때, 국가가 생활능력 없는 장애인의 인간다운 생활을 보장하기 위한 조치를 취함에 있어서 국가가 실현해야 할 객관적 내용의 최소한도의 보장에도 이르지 못하였다거나 헌법상 용인될 수 있는 재량의 범위를 명백히 일탈하였다고는 보기 어렵다. 따라서, 이 사건 고시는 생활능력 없는 장애인가구 구성원의 인간의 존엄과 가치 및 행복추구권, 인간다운 생활을 할 권리, 평등권을 침해하였다고 할 수 없다(헌재 2004. 10. 28. 2002헌마328).

▶ '공무원연금법 제42조에 따른 퇴직연금일시금을 받은 사람과 그 배우자에게는 기초연금을 지급하지 아니한다'는 기초연금법 조항이 인간다운 생활을 할 권리를 침해하는지(소극) : 심판대상조항은 한정된 재원으로 노인의 생활안정과 복리향상이라는 기초연금법의 목적을 달성하기 위한 것으로서 합리성이 인정되고, 국가가 기초연금제도 외에도 다양한 노인복지제도와 저소득층 노인의 노후소득보장을 위한 기초생활보장제도를 실시하고 있으며, 퇴직공무원의 후생복지 및 재취업을 위한 사업을 실시하고 있는 점을 고려할 때 인간다운 생활을 할 권리를 침해한다고 볼 수 없다(헌재 2018. 8. 30. 2017헌바197).

▶ 기초연금 수급액을 국민기초생활 보장법상 이전소득에 포함시키도록 하는 구 국민기초생활 보장법 시행령 조항이 기초연금을 함께 수급하고 있거나 장차 수급하려는 국민기초생활 보장법상 수급자들의 인간다운 생활을 할 권리를 침해하는지(소극) : 기초생활보장제도는 개인의 경제적 능력은 물론 사회보험을 비롯한 다른 사회보장제도 적용 이후에도 빈곤이 지속되는 경우에 작동하는 최후의 사회안전망으로서의 성격을 갖고 있는 점, 국가는 노인장기요양보험법에 따른 장기요양보험제도, 노인복지법에 기초한 노인일자리사업 및 노인주거복지시설제도 등 노인복지를 위한 다양한 제도를 실시하고 있는 점을 종합하여 보면, 이 사건 시행령조항으로 인하여 기초연금 수급액이 '국민기초생활 보장법'상 이전소득에 포함된다는 사정만으로, 국가가 노인가구의 생계보호에 관한 입법을 전혀 하지 아니하였다거나 그 내용이 현저히 불합리하여 헌법상 용인될 수 있는 재량의 범위를 명백히 일탈하였다고 보기는 어렵다(헌재 2019. 12. 27. 2017헌마1299).

III 사회보상청구권

> **헌법 제32조**
> ⑥ 국가유공자·상이군경 및 전몰군경의 유가족은 법률이 정하는 바에 의하여 우선적으로 근로의 기회를 부여받는다.

사회보상청구권이란 국가유공자가 상해 또는 사망하거나 노동능력을 상실함으로써 본인이나 유족의 생활이 곤궁하게 된 경우 본인이나 부양가족 또는 유족의 의료와 생활을 보장하기 위한 제도를 말한다.

판례

▶ **헌법 제32조 제6항의 규범적 의미**: 헌법 제32조 제6항이 언급하는 근로의 기회 제공은 국가유공자 등에 대한 보훈의 한 방법을 구체적으로 예시한 것일 뿐이고 전체로서의 이 규정이 가지는 의미는 국가가 국가유공자 등을 예우할 포괄적인 의무를 지고 있음을 선언하는 데 있다고 해석된다. 다만, 구체적인 보훈의 내용은 입법자가 국가의 경제수준, 재정능력, 국민감정 등을 종합적으로 고려하여 결정해야 하는 입법정책의 문제이므로 국가유공자가 받게 될 보훈은 법률에 규정됨으로써 비로소 구체적인 법적 권리로 형성된다(헌재 1995. 7. 21. 93헌가14).

▶ **독립유공자의 손자녀에 대한 보상금을 손자녀 1명에 한정하고 나이가 많은 손자녀를 우선하도록 규정한 독립유공자예우법 제12조 제2항 제1호 등이 청구인의 평등권을 침해하는지**(소극): 2014년 개정된 '독립유공자예우에 관한 법률'은 대통령령으로 정하는 생활수준 등을 고려하여 손자녀 1명에게 보상금을 지급하도록 한바, 유족의 생활 안정과 복지 향상을 도모하기 위하여 보상금이 가장 필요한 손자녀에게 보상금을 지급하여 보상금 수급권의 실효성을 보장하면서 아울러 국가의 재정부담 능력도 고려하였다. 아울러 2018년 개정된 독립유공자법은 독립유공자법 제12조에 따른 보상금을 받지 아니하는 손자녀에게 생활안정을 위한 지원금을 지급할 수 있도록 한바, 보상금을 지급받지 못하는 손자녀들에 대한 생활보호 대책을 마련하고 독립유공자법에 따른 보훈에 있어 손자녀간의 형평성도 고려하였다. 그렇다면 심판대상조항에 나타난 입법자의 선택이 명백히 그 재량을 일탈한 것이라고 보기 어려우므로 심판대상조항은 청구인의 평등권을 침해하지 아니한다(헌재 2018. 6. 28. 2015헌마304).

▶ **보훈보상대상자의 부모에 대한 유족보상금 지급 시 수급권자를 1인에 한정하고 나이가 많은 자를 우선하도록 규정한 '보훈보상대상자 지원에 관한 법률' 제11조 제1항 제2호 등이 나이가 적은 부모 일방을 합리적 이유없이 차별하는지**(적극): 국가의 재정부담을 늘리지 않으면서도 보훈보상대상자 유족의 실질적인 생활보호에 충실할 수 있는 방안이 존재하는 상황에서, 부모에 대한 보상금 지급에 있어서 예외 없이 오로지 1명에 한정하여 지급해야 할 필요성이 크다고 볼 수 없다. 또한 직업이나 보유재산에 따라 연장자가 경제적으로 형편이 더 나은 경우에도 그보다 생활이 어려운 유족을 배제하면서까지 연장자라는 이유로 보상금을 지급하는 것은 보상금 수급권이 갖는 사회보장적 성격에 부합하지 아니한다. 따라서 심판대상조항은 국가가 보훈보상대상자의 유족인 부모에게 보상금을 지급함에 있어 합리적인 이유 없이 보상금 수급권자의 수를 일률적으로 제한하고, 부모 중 나이가 많은 자와 그렇지 않은 자를 합리적인 이유 없이 차별하고 있으므로 나이가 적은 부모의 평등권을 침해하여 헌법에 위반된다(헌재 2018. 6. 28. 2016헌가14 헌법불합치).

▶ 6·25 전몰 군경자녀에게 6·25 전몰 군경자녀수당을 지급하면서 그 수급권자를 6·25 전몰 군경자녀 중 1명에 한정하고, 나이가 많은 자를 우선하도록 정한 구 국가유공자예우법 제16조의3 제1항이 나이가 적은 6·25 전몰 군경자녀의 평등권을 침해하는지(적극): 6·25 전몰 군경자녀 중 1명에게만 6·25전몰군경자녀수당을 지급한다면, 소액의 수당조차 전혀 지급받지 못하는 자녀의 생활보호는 미흡하게 된다. 국가의 재정부담능력 등 때문에 이 사건 수당의 지급 총액이 일정액으로 제한될 수밖에 없다고 하더라도, 그 범위 내에서 생활정도에 따라 이 사건 수당을 적절히 분할해서 지급한다면 이 사건 수당의 지급취지를 살리면서도 1명에게만 지급됨으로 인해 발생하는 불합리를 해소할 수 있다. 따라서 이 사건 법률조항이 6·25 전몰 군경자녀 중 1명에 한정하여 이 사건 수당을 지급하도록 하고 수급권자의 수를 확대할 수 있는 어떠한 예외도 두지 않은 것에는 합리적 이유가 있다고 보기 어렵다(헌재 2021. 3. 25. 2018헌가6 헌법불합치).

▶ 국가유공자의 유족 중 보상을 받을 자녀의 순위를 정함에 있어 협의로 지정되거나 주로 부양한 자녀가 없는 경우 '나이가 많은 자녀를 선순위' 유족으로 정하는 국가유공자법 제13조 제2항 제3호 부분이 평등원칙에 위반되는지(적극): 국가유공자의 자녀 중 특별히 경제적으로 어려운 자가 있을 수 있는데, 이 사건 연장자우선조항은 이러한 개별적 사정은 전혀 고려하지 않고 나이 많음을 선순위 수급권자 선정의 최종 기준으로 삼고 있다. 이는 국가유공자 유족의 생활안정과 복지향상이라는 국가유공자법의 입법취지에 배치된다. 국가의 재정상 한계로 인하여 각종 보상의 총액이 일정액으로 제한될 수밖에 없다고 하더라도, 그 범위 내에서 생활보호의 필요성이 보다 큰 자녀에게 보상을 지급한다면, 국가유공자법의 입법취지를 살리면서도 국가의 과도한 재정부담을 피할 수 있다. 그렇다면 이 사건 연장자우선조항은 국가유공자의 자녀 중 나이가 많은 자와 그렇지 않은 자를 합리적인 이유 없이 차별하므로, 평등원칙에 위반된다(헌재 2025. 4. 10. 2024헌가12등 헌법불합치).

▶ 애국지사 본인에게 순국선열의 유족보다 더 많은 보상금을 주고, 순국선열의 유족과 애국지사의 유족에게 동일한 수준의 보상금 수급권을 인정하고 있는 구 독립유공자법 시행령 제6조의 [별표 1] 부분이 청구인의 평등권을 침해하는지(소극): 애국지사는 일제의 국권침탈에 반대하거나 항거한 사실이 있는 당사자로서 조국의 자주독립을 위하여 직접 공헌하고 희생한 사람이지만, 순국선열의 유족은 일제의 국권침탈에 반대하거나 항거하다가 그로 인하여 사망한 당사자의 유가족으로서 독립유공자법이 정하는 바에 따라 그 공로에 대한 예우를 받는 지위에 있다. 독립유공자의 유족에 대하여 국가가 독립유공자법에 의한 보상을 하는 것은 유족 그 자신이 조국의 자주독립을 위하여 직접 공헌하고 희생하였기 때문이 아니라, 독립유공자의 공헌과 희생에 대한 보은과 예우로서 그와 한가족을 이루고 가족공동체로서 함께 살아온 그 유족에 대하여서도 그에 상응한 예우를 하기 위함이다. 애국지사 본인과 순국선열의 유족은 본질적으로 다른 집단이므로, 같은 서훈 등급임에도 순국선열의 유족보다 애국지사 본인에게 높은 보상금 지급액 기준을 두고 있다 하여 곧 청구인의 평등권이 침해되었다고 볼 수 없다(헌재 2018. 1. 25. 2016헌마319).

▶ 독립유공자예우법 제12조 제2항 단서 제1호 중 보상금을 받을 권리가 다른 손자녀에게 이전되지 않도록 하는 것에 관한 부분이 청구인의 평등권을 침해하는지(소극): 독립유공자 손자녀는 자녀와 비교하여 다수이며 평균연령이 낮으므로, 심판대상조항과 같은 제한을 두지 않고 손자녀 사이에 보상금을 받을 권리의 이전을 인정하면 국가 재정부담이 계속 증가할 여지가 있다. 독립유공자 손자녀 중 보상금을 받지 않는 사람에게는 생활수준 등을 고려하여 '생활안정을 위한 지원금'이 지급될 수 있다. 또한, 독립유공자 손자녀에게는 교육지원, 취업지원 등 비금전적 예우가 제공될 수 있으므로, 그 손자녀가 아무런 예우를 받지 못한다고 할 수 없다. 그러므로 심판대상조항이 보상금을 받을 권리의 이전과 관련하여 독립유공자의 손자녀를 달리 취급하고 있더라도 이것이 현저하게 합리성을 잃은 자의적인 차별이라 할 수 없으며, 심판대상조항은 청구인의 평등권을 침해하지 않는다(헌재 2020. 3. 26. 2018헌마331 기각).

▶ 1945년 8월 15일 이후에 사망한 독립유공자의 유족으로 최초로 등록할 당시 자녀까지 모두 사망하거나 생존 자녀가 보상금을 지급받지 못하고 사망한 경우에 한하여 독립유공자의 손자녀 1명에게 보상금을 지급하도록 하는 독립유공자예우법 제12조 제2항 제2호가 청구인의 평등권을 침해하는지(소극) : 1945년 8월 14일 이전에 사망한 독립유공자는 희생의 정도가 큰 데 반해 독립유공자 본인은 물론 그 자녀들까지 보상금을 지급받지 못한 경우가 많다. 따라서 독립유공자의 사망 시기를 기준으로 손자녀에 대한 보상금의 요건을 달리 정한 것이 불합리한 차별을 야기한다고 보기는 어렵다. 따라서 심판대상조항이 1945년 8월 15일 이후에 사망한 독립유공자의 손자녀에 대하여 최초 등록 시 독립유공자 자녀의 사망 여부 또는 보상금 수령 여부를 기준으로 보상금 지급 여부를 달리 취급하는 것은 평등권을 침해하지 않는다(헌재 2022. 1. 27. 2020헌마594 기각).

▶ 독립유공자의 유족 중 자녀의 범위에서 사후양자를 제외하는 독립유공자예우법 제5조 제3항 본문이 평등원칙에 위반되는지(소극) : 사후양자의 경우 양자가 되는 시점에 이미 독립유공자가 사망하였으므로, 독립유공자와 생계를 같이하였거나 부양받는 상황에서 그의 희생으로 인하여 사회・경제적으로 예전보다 불리한 지위에 놓이게 될 여지가 없다. 사후양자와 일반양자는 생활의 안정과 복지의 향상을 도모할 필요성의 면에서 보면 상당한 차이가 있으므로, 본문조항이 서로를 달리 취급하는 것은 헌법상 평등원칙에 위반되지 않는다(헌재 2021. 5. 27. 2018헌바277).

▶ 1945년 8월 15일 이후에 독립유공자에게 입양된 양자의 경우 독립유공자, 그의 배우자 또는 직계존비속을 부양한 사실이 있는 자만 유족 중 자녀에 포함시키고 있는 독립유공자예우법 제5조 제3항 단서가 평등원칙에 위반되는지(소극) : 1945년 8월 15일 이후에 독립유공자에게 입양된 양자가 독립유공자등을 부양한 사실이 없는 경우 유족의 범위에서 제외하는 것은 독립유공자와 양자 상호간의 희생분담 등을 고려한 것으로서 현저히 불합리한 차별이라고 보기는 어렵다. 따라서 단서조항이 헌법상 평등원칙에 위반된다고 볼 수 없다(헌재 2021. 5. 27. 2018헌바277).

Ⅳ 사회복지청구권

헌법 제34조
③ 국가는 여자의 복지와 권익의 향상을 위하여 노력하여야 한다.
④ 국가는 노인과 청소년의 복지향상을 위한 정책을 실시할 의무를 진다.
⑤ 신체장애자 및 질병・노령 기타의 사유로 생활능력이 없는 국민은 법률이 정하는 바에 의하여 국가의 보호를 받는다.

사회복지란 공적부조대상자 등 요보호자가 자립의 생활능력을 계발하는 데 필요한 지원을 하는 국가적 활동을 말한다. 헌법이 제34조에서 여자(제3항), 노인・청소년(제4항), 신체장애자(제5항) 등 특정 사회적 약자의 보호를 명시적으로 규정한 것은 '장애인과 같은 사회적 약자의 경우에는 개인 스스로가 자유행사의 실질적 조건을 갖추는 데 어려움이 많으므로 국가가 특히 이들에 대하여 자유를 실질적으로 행사할 수 있는 조건을 형성하고 유지해야 한다.'는 점을 강조하고자 하는 것이다(헌재 2002. 12. 18. 2002헌마52).

판례

▶ **대통령령이 정하는 일정수 이상의 근로자를 고용하는 사업주는 기준고용률 이상에 해당하는 장애인을 고용해야 한다고 규정한 구 장애인고용 촉진 등에 관한 법률 제35조 제1항이 사업주의 행동자유권 등을 침해하는지**(소극) : 장애인은 그 신체적·정신적 조건으로 말미암아 유형·무형의 사회적 편견 및 냉대를 받기 쉽고 이로 인하여 능력에 맞는 직업을 구하기가 지극히 어려운 것이 현실이므로, 장애인의 근로의 권리를 보장하기 위하여는 사회적·국가적 차원에서의 조치가 요구된다. 청구인이 주장하는 계약자유의 원칙과 기업의 경제상의 자유는 무제한의 자유가 아니라 헌법 제37조 제2항에 의하여 공공복리를 위해 법률로써 제한이 가능한 것이며, 국가가 경제주체간의 조화를 통한 경제의 민주화를 위해 규제와 조정을 할 수 있다고 천명(헌법 제119조 제2항)하고 있는 것은 사회·경제적 약자인 장애인에 대하여 인간으로서의 존엄과 가치를 인정하고 나아가 인간다운 생활을 보장하기 위한 불가피한 요구라고 할 것이어서, 그로 인하여 사업주의 계약의 자유 및 경제상의 자유가 일정한 범위내에서 제한된다고 하여 곧 비례의 원칙을 위반하였다고는 볼 수 없다(헌재 2003. 7. 24. 2001헌바96).

▶ **장애인을 위한 '저상버스'를 도입해야 할 국가의 구체적 의무가 헌법으로부터 도출되는지**(소극) : 장애인의 복지를 향상해야 할 국가의 의무가 다른 다양한 국가과제에 대하여 최우선적인 배려를 요청할 수 없을 뿐 아니라, 나아가 헌법의 규범으로부터는 '장애인을 위한 저상버스의 도입'과 같은 구체적인 국가의 행위의무를 도출할 수 없는 것이다. 국가에게 헌법 제34조에 의하여 장애인의 복지를 위하여 노력을 해야 할 의무가 있다는 것은 장애인도 인간다운 생활을 누릴 수 있는 정의로운 사회질서를 형성해야 할 국가의 일반적인 의무를 뜻하는 것이지, 장애인을 위하여 저상버스를 도입해야 한다는 구체적 내용의 의무가 헌법으로부터 나오는 것은 아니다(헌재 2002. 12. 18. 2002헌마52).

▶ **노인의 주거시설에 대한 국가의 의무** : 헌법 제34조 제4항은 국가는 노인과 청소년의 복지향상을 위하여 정책을 실시할 의무를 진다고 하고 있다. 한편, 헌법은 제35조 제3항에서 국가는 주택정책개발을 통하여 모든 국민이 쾌적한 주거생활을 할 수 있도록 노력해야 한다고 규정한다. 따라서 국가는 노인의 특성에 적합한 주택정책을 복지향상차원에서 개발하여 노인으로 하여금 쾌적한 주거활동을 할 수 있도록 노력하여야 할 의무를 부담한다(헌재 2016. 6. 30. 2015헌바46).

▶ **65세 미만의 일정한 노인성 질병이 있는 사람의 장애인 활동지원급여 신청자격을 제한하는 '장애인활동 지원에 관한 법률' 제5조 제2호가 평등원칙에 위반되는지**(적극) : 65세 미만의 비교적 젊은 나이인 경우, 자립 욕구나 자립지원의 필요성이 높고, 질병의 치료효과나 재활의 가능성이 높은 편이므로 노인성 질병이 발병하였다고 하여 곧 사회생활이 객관적으로 불가능하다거나 가내에서의 장기요양의 욕구·필요성이 급격히 증가한다고 평가할 것은 아니다. 그럼에도 65세 미만의 장애인 가운데 일정한 노인성 질병이 있는 사람의 경우 일률적으로 활동지원급여 신청자격을 제한한 데에 합리적 이유가 있다고 보기 어려우므로 심판대상조항은 평등원칙에 위반된다(헌재 2020. 12. 23. 2017헌가22 헌법불합치).

제3절 교육을 받을 권리

> **헌법 제31조**
> ① 모든 국민은 능력에 따라 균등하게 교육을 받을 권리를 가진다.
> ② 모든 국민은 그 보호하는 자녀에게 적어도 초등교육과 법률이 정하는 교육을 받게 할 의무를 진다.
> ③ 의무교육은 무상으로 한다.

제1항 교육을 받을 권리의 의의

I. 교육을 받을 권리의 개념

헌법 제31조 제1항은 국민의 교육을 받을 권리(수학권)를 보장하고 있는데, 교육을 받을 권리는 국가에 의한 교육조건의 개선·정비와 교육기회의 균등한 보장을 적극적으로 요구할 수 있는 권리로 이해되고 있다(헌재 1992. 11. 12. 89헌마88).

즉 교육을 받을 권리란 국민이 헌법 규정을 근거로 하여 직접 특정한 교육제도나 학교시설을 요구할 수 있는 권리라기보다는 모든 국민이 능력에 따라 균등하게 교육을 받을 수 있는 교육제도를 제공해야 할 국가의 의무를 규정한 것이다(헌재 2000. 4. 27. 98헌가16).

II. 교육을 받을 권리의 법적 성격

교육을 받을 권리는 국민이 능력에 따라 균등하게 교육받을 것을 공권력에 의하여 부당하게 침해받지 않을 권리와 국민이 능력에 따라 균등하게 교육받을 수 있도록 국가가 적극적으로 배려하여 줄 것을 요구할 수 있는 권리로 구성되는바, 전자는 자유권적 기본권의 성격이, 후자는 사회권적 기본권의 성격이 강하다(헌재 2008. 4. 24. 2007헌마1456).

> **판례**
>
> ▶ **헌법 제31조 제1항의 규범적 의미**: 헌법은 제31조 제1항에서 '교육을 받을 권리'를 보장함으로써 국가로부터 교육에 필요한 시설의 제공을 요구할 수 있는 권리 및 각자의 능력에 따라 교육시설에 입학하여 배울 수 있는 권리를 국민의 기본권으로서 보장하면서, 한편, 국민 누구나 능력에 따라 균등한 교육을 받을 수 있게끔 노력해야 할 의무와 과제를 국가에게 부과하고 있다(헌재 2000. 4. 27. 98헌가16).
>
> ▶ **검정고시 합격자의 재응시를 제한하고 있는 전라남도교육청 공고의 위헌성 심사기준**: 검정고시 응시자격을 제한하는 것은, 국민의 교육받을 권리 중 그 의사와 능력에 따라 균등하게 교육받을 것을 국가로부터 방해받지 않을 권리, 즉 자유권적 기본권을 제한하는 것이므로, 그 제한에 대하여는 헌법 제37조 제2항의 비례원칙에 의한 심사, 즉 과잉금지원칙에 따른 심사를 받아야 할 것이다(헌재 2012. 5. 31. 2010헌마139).

> ▶ 고시 공고일을 기준으로 고등학교에서 퇴학된 날로부터 6월이 지나지 아니한 자를 고등학교 졸업학력 검정고시를 받을 수 있는 자의 범위에서 제외하고 있는 고등학교졸업학력검정고시 규칙 제10조 제1항에 대한 위헌성 심사 기준 : 검정고시응시자격을 제한하는 것은 국민의 교육받을 권리 중 그 의사와 능력에 따라 균등하게 교육받을 것을 국가로부터 방해받지 않을 권리, 즉 자유권적 기본권을 제한하는 것이므로, 그 제한에 대하여는 헌법 제37조 제2항의 비례원칙에 의한 심사, 즉 과잉금지원칙에 따른 심사를 받아야 할 것이다(헌재 2008. 4. 24. 2007헌마1456).

제2항 교육을 받을 권리의 내용

I 수학권

1. 능력에 따라 균등하게 교육을 받을 권리

> **헌법 제31조**
> ① 모든 국민은 능력에 따라 균등하게 교육을 받을 권리를 가진다.

(1) 의의

헌법 제31조 제1항은 헌법 제11조의 일반적 평등조항에 대한 특별규정으로서 교육의 영역에서 평등원칙을 실현하고자 하는 것이다. 평등권으로서 교육을 받을 권리는 '취학의 기회균등', 즉 각자의 능력에 상응하는 교육을 받을 수 있도록 학교 입학에 있어서 자의적 차별이 금지되어야 한다는 차별금지원칙을 의미한다(헌재 2017. 12. 28. 2016헌마649).

> **판례**
>
> ▶ **교육의 기회균등의 의미** : 우리 헌법은 제31조 제1항에서 모든 국민의 교육의 기회균등권을 보장하고 있다. 이는 정신적·육체적 능력 이외의 성별·종교·경제력·사회적 신분 등에 의하여 교육을 받을 기회를 차별하지 않고, 즉 합리적 차별사유 없이 교육을 받을 권리를 제한하지 아니함과 동시에 국가가 모든 국민에게 균등한 교육을 받게 하고 특히 경제적 약자가 실질적인 평등교육을 받을 수 있도록 적극적 정책을 실현해야 한다는 것이다(헌재 1994. 2. 24. 93헌마192).
>
> ▶ **헌법 제31조와 사교육과의 관계** : 헌법 제31조의 '능력에 따라 균등한 교육을 받을 권리'는 국가에 의한 교육제도의 정비·개선 외에도 의무교육의 도입 및 확대, 교육비의 보조나 학자금의 융자 등 교육영역에서의 사회적 급부의 확대와 같은 국가의 적극적인 활동을 통하여 사인간의 출발기회에서의 불평등을 완화해야 할 국가의 의무를 규정한 것이다. 그러나 위 조항은 교육의 모든 영역, 특히 학교교육 밖에서의 사적인 교육영역에까지 균등한 교육이 이루어지도록 개인이 별도로 교육을 시키거나 받는 행위를 국가가 금지하거나 제한할 수 있는 근거를 부여하는 수권규범이 아니다. 오히려 국가는 헌법이 지향하는 문화국가이념에 비추어, 학교교육과 같은 제도교육외에 사적인 교육의 영역에서도 사인의 교육을 지원하고 장려해야 할 의무가 있다. 경제력의 차이 등으로 말미암아 교육의 기회에 있어서 사인간에 불평등이 존재한다면, 국가는 원칙적으로 의무교육의 확대 등 적극적인 급부활동을 통하여 사인간의 교육기회의 불평등을 해소할 수 있을 뿐, 과외교습의 금지나 제한의 형태로 개인의 기본권행사인 사교육을 억제함으로써 교육에서의 평등을 실현할 수는 없다(헌재 2000. 4. 27. 98헌가16).

(2) 능력

헌법 제31조 제1항은 취학의 기회에 있어서 고려될 수 있는 차별기준으로 '능력'을 제시함으로써 능력 이외의 다른 요소에 의한 차별을 원칙적으로 제한하고 있다. 여기서 '능력'이란 '수학능력'을 의미하고 교육제도에서 '수학능력'은 개인의 인격발현과 밀접한 관계에 있는 인격적 요소이며 학교 입학에 있어서 고려될 수 있는 합리적인 차별기준을 의미한다(헌재 2017. 12. 28. 2016헌마649).

> **판례**
>
> ▶ 2021학년도 대학입학전형기본사항 중 재외국민 특별전형 지원자격 가운데 '부모 중 일방이 학생의 이수기간의 3분의 2 미만을 해외에 체류한 경우' 부분이 학생인 청구인을 불합리하게 차별하여 균등하게 교육받을 권리를 침해하는지(소극): 부모 중 일방이 해외에 근무·체류하는 경우와 부모 모두가 해외에 근무·체류하는 경우는 그 자녀의 국내 체류 및 수학의 선택 가능성에서 현저한 차이가 있고, 제도의 본래 목적에 맞게 부모의 해외근무로 국내 교육과정의 수학 결손이 있는 재외국민에 한정하여 혜택을 부여하는 것에는 합리적 이유가 있다. 또한 이 사건 전형사항은 그 문언상 해외근무자의 배우자가 없는 한부모 가족에는 적용이 없다고 볼 것이므로 부모가 함께 해외에 체류하는 것이 불가능한 경우의 예외도 인정하고 있다. 결국 이 사건 전형사항은 청구인을 불합리하게 차별하여 균등하게 교육을 받을 권리를 침해하는 것이라고 볼 수 없다(재 2020. 3. 26. 2019헌마212).
>
> ▶ 검정고시로 고등학교 졸업학력을 취득한 사람들의 수시모집 지원을 제한하는 내용의 국립교육대학교 등의 '2017학년도 신입생 수시모집 입시요강'이 균등하게 교육을 받을 권리를 침해하는지(적극): 이 사건 수시모집요강은 수시모집에서 검정고시 출신자의 지원을 일률적으로 제한함으로써 실질적으로 검정고시 출신자의 대학입학 기회의 박탈이라는 결과를 초래하고 있다. 수시모집의 학생선발방법이 정시모집과 동일할 수는 없으나, 수학능력이 있는 자들에게 동등한 기회를 주고 합리적인 선발 기준에 따라 학생을 선발하여야 한다는 점은 정시모집과 다르지 않다. 따라서 수시모집에서 검정고시 출신자에게 수학능력이 있는지 여부를 평가받을 기회를 부여하지 아니하고 이를 박탈한다는 것은 수학능력에 따른 합리적인 차별이라고 보기 어렵다. 그렇다면 이 사건 수시모집요강은 청구인들의 균등하게 교육을 받을 권리를 침해한다(헌재 2017. 12. 28. 2016헌마649).
>
> ▶ 고졸검정고시 또는 '고등학교 입학자격 검정고시'에 합격했던 자는 해당 검정고시에 다시 응시할 수 없도록 응시자격을 제한한 '전라남도 교육청 공고'가 과잉금지원칙을 위반하여 교육을 받을 권리를 침해하는지(적극): 이 사건 응시제한은 2009년도 검정고시 시행 시까지 허용되어 온 합격자의 재응시를, 아무런 사전 예고나 경과 규정 없이 일시에 전면적으로 금지함으로써 종래의 제도를 신뢰하고 검정고시를 준비했던 청구인들과 같은 응시생의 응시기회를 단번에 박탈하고 있을 뿐만 아니라, 기왕의 합격시기에 대한 아무런 제한 없이 재응시를 금지함으로써 검정고시 합격의 유효기간을 지원 자격으로 정하고 있는 일부 학교에의 지원가능성을 봉쇄하고 있으며, 또한 응시자격을 일시적으로 제한하는 것이 아니라 영구적으로 박탈하고 있다. 따라서 이 사건 응시제한은 기본권 제한에 있어서의 피해최소성원칙에 어긋나고 법익의 균형성도 상실하여 과잉금지원칙에 위배된다(헌재 2012. 5. 31. 2010헌마139).
>
> ▶ 고등학교 퇴학일부터 검정고시 공고일까지의 기간이 6개월 이상이 되지 않은 사람은 고졸검정고시에 응시할 수 없도록 규정한 '초·중등교육법 시행규칙' 제35조 제6항 제2호가 고등학교를 자진퇴학한 청구인들의 교육을 받을 권리를 침해하는지(소극): 통상 2월과 6월에 검정고시 시행 공고가 있기 때문에 퇴학한 다음 해에 최소한 1회 이상의 검정고시 응시기회가 주어지고 퇴학일로부터 6월이 경과하기만 하면 이후로는 횟수에 제한 없이 계속적으로 검정고시 응시가 가능한 점, 심판대상조항에 의하여 제한 받는 사익은 자신이 원하는 시기에 고등학교졸업의 학력인정을 취득하려는 것에 불과한 반면, 심판대상조항이 추구하는 공익은 고등학교 퇴학자의 고졸검정고시 응시 증가를 억제하여 정규 학교교육 과정의 이수를 유도함으로써 공교육의 내실화를 도모하고자 하는 것으로, 심판대상조항은 청구인들의 교육을 받을 권리를 침해한다고 볼 수 없다(헌재 2022. 5. 26. 2020헌마512).

(3) 내용

교육의 기회균등이란 국민 누구나가 교육에 대한 접근 기회 즉, 취학의 기회가 균등하게 보장되어야 함을 뜻하므로, 교육을 받을 권리는 국가로 하여금 능력이 있는 국민이 여러 가지 사회적·경제적 이유로 교육을 받지 못하는 일이 없도록 국가의 재정능력이 허용하는 범위 내에서 모든 국민에게 취학의 기회가 골고루 주어지게끔 그에 필요한 교육시설 및 제도를 마련할 의무를 부과한다(헌재 2008. 9. 25. 2008헌마456).

> **판례**
>
> ▶ 야간수업 또는 방송·정보통신 매체 등을 활용한 원격수업을 의무화하지 않은 법학전문대학원의 교육과정을 규정한 '법학전문대학원 설치·운영에 관한 법률' 제20조 등이 교육받을 권리와 공무담임권을 침해할 가능성이 있는지(소극): 교육받을 권리로부터 공무원이 재직 중 법학전문대학원에서 수학할 것을 보장받을 권리가 도출된다고 할 수 없으므로 교육과정조항이 야간수업 또는 방송·정보통신 매체 등을 활용한 원격수업을 의무화하지 않았다고 하더라도 교육받을 권리가 침해될 가능성은 없다. 교육과정조항은 공직 취임이나 공무원 신분과 관련이 없으므로 공무담임권을 제한하지 않는다(헌재 2024. 2. 28. 2020헌마377).
>
> ▶ 지방자치단체 공무원이 연구기관이나 교육기관 등에서 연수하기 위한 휴직기간은 2년 이내로 한다고 규정한 지방공무원법 제64조 제7호가 교육을 받을 권리와 공무담임권을 침해할 가능성이 있는지(소극): 교육받을 권리로부터 공무원이 휴직하여 법학전문대학원에서 수학할 것을 보장받을 권리가 도출된다고 할 수 없으므로 휴직조항으로 인하여 교육받을 권리가 침해될 가능성은 없다. 휴직조항은 공직 취임이나 공무원 신분과 관련이 없으므로 공무담임권을 제한하지 않는다(헌재 2024. 2. 28. 2020헌마377).
>
> ▶ 대학도서관에서의 도서 대출 또는 열람실 이용을 승인하지 않는 내용의 회신이 대학구성원이 아닌 청구인의 교육을 받을 권리를 침해하는지(소극): 교육을 받을 권리가 국가에 대하여 특정한 교육제도나 시설의 제공을 요구할 수 있는 권리를 뜻하는 것은 아니므로, 청구인이 이 사건 도서관에서 도서를 대출할 수 없거나 열람실을 이용할 수 없더라도 청구인의 교육을 받을 권리가 침해된다고 볼 수 없다(헌재 2016. 11. 24. 2014헌마977).
>
> ▶ 중등교사자격자들 중 교육대학교 3학년에 특별편입학시킬 대상자를 선발하기 위한 시험의 공고로 교육대학교 재학생들의 교육을 받을 권리가 제한될 수 있는지(소극): 교육을 받을 권리는 교육영역에서의 기회균등을 내용으로 하는 것이지, 자신의 교육환경을 최상 혹은 최적으로 만들기 위해 타인의 교육시설 참여 기회를 제한할 것을 청구할 수 있는 기본권은 아니므로, 기존의 재학생들에 대한 교육환경이 상대적으로 열악해질 수 있음을 이유로 새로운 편입학 자체를 하지 말도록 요구하는 것은 교육을 받을 권리의 내용으로는 포섭할 수 없다(헌재 2003. 9. 25. 2001헌마814).
>
> ▶ 중학교에 상응하는 교육과정인 3년제 고등공민학교 졸업자에 대하여 중학교 학력을 인정하지 않는 것이 교육을 받을 권리를 제한하는지(소극): 교육을 받을 권리는 국민이 국가에 대하여 직접 특정한 교육제도나 교육과정을 요구할 수 있는 것을 포함하지는 않는다. 더욱이 자신이 이수한 교육과정을 유사한 다른 교육과정을 이수한 것과 동등하게 평가해 줄 것을, 즉 동등 학력으로 인정해 줄 것을 요구할 수 있음을 뜻하는 것은 더욱 아니다. 교육에 대한 기회균등 보장이 교육과정에 대한 동등한 평가까지 보장하는 것은 아니기 때문이다(헌재 2005. 11. 24. 2003헌마173).

▶ **국가유공자의 자녀의 경우 유족연금지급 대상 자격을 "미성년인 자녀와 대통령령이 정하는 생활능력이 없는 정도의 장애가 있는 성년인 자녀"에 한정하고 있는 국가유공자법 조항이 성년자인 유족의 교육을 받을 권리를 침해하는지**(소극) : 실질적인 평등교육을 실현해야 할 국가의 적극적인 의무가 인정되지만, 이러한 의무조항으로부터 국민이 직접 실질적 평등교육을 위한 교육비를 청구할 권리가 도출되는 것은 아니다. 따라서 유족연금의 지급여부와 청구인의 교육을 받을 권리의 침해 여부는 직접적 관련성을 가지지 못한다(헌재 2003. 11. 27. 2003헌바39).

▶ **군인이 자비 해외유학을 위하여 휴직하는 경우 다른 국가공무원과 달리 봉급을 지급하지 않도록 하고 있는 군인사법 조항이 청구인의 교육을 받을 권리를 침해하는지**(소극) : 헌법 제31조 제1항으로부터 군인이 자기계발을 위하여 해외유학하는 경우에 그 교육비를 청구할 수 있는 권리가 도출된다고 할 수는 없다. 또한, 동일한 사유로 휴직하는 다른 공무원에게 봉급의 일부를 지급할 수 있도록 하는 것이 교육비에 충당될 것을 예정하고 있는 것도 아니므로 자비 해외유학을 위한 휴직기간 동안 봉급 일부를 지급할지 여부와 청구인의 교육을 받을 권리의 침해 여부는 직접적인 관련성을 가지지 못한다(헌재 2009. 4. 30. 2007헌마290).

▶ **국가 등에게 사립유치원의 교사 인건비, 운영비 및 영양사 인건비를 예산으로 지원하여야 할 헌법상 작위의무가 인정되는지**(소극) : 교육을 받을 권리는 통상 국가에 의한 교육조건의 개선·정비와 교육기회의 균등한 보장을 적극적으로 요구할 수 있는 권리로 이해되고 있으나, 이러한 규정으로부터 국가 및 지방자치단체가 사립유치원에 대하여 교사 인건비, 운영비 및 영양사 인건비를 예산으로 지원하여야 할 구체적인 작위의무가 헌법해석상 도출된다고 볼 수는 없다(헌재 2006. 10. 26. 2004헌마13).

▶ **국립대학 서울대학교를 법인인 국립대학법인 서울대학교로 전환하는 구 서울대법 제3조 제1항 등에 대하여 서울대학교 재학생의 기본권 침해 가능성이 인정되는지**(소극) : 서울대학교 재학생은 공무담임권이 침해될 가능성이 없고, 재학 중인 학교의 법적 형태를 공법상 영조물인 국립대학으로 유지하여 줄 것을 요구할 권리는 교육받을 권리에 포함되지 아니한다(헌재 2014. 4. 24. 2011헌마612).

2. 무상의 의무교육을 받을 권리

> **헌법 제31조**
> ② 모든 국민은 그 보호하는 자녀에게 적어도 초등교육과 법률이 정하는 교육을 받게 할 의무를 진다.
> ③ 의무교육은 무상으로 한다.

(1) 취지

교육을 받을 권리란 모든 국민에게 저마다의 능력에 따른 교육이 가능하도록 그에 필요한 설비와 제도를 마련해야 할 국가의 과제와 아울러 이를 넘어 사회적·경제적 약자도 능력에 따른 실질적 평등교육을 받을 수 있도록 적극적인 정책을 실현해야 할 국가의 의무를 뜻한다. 이에 따라 국가는 다른 중요한 국가과제 및 국가재정이 허용하는 범위 내에서 민주시민이 갖추어야 할 최소한의 필수적인 교육과정을 의무교육으로서 국민 누구나가 혜택을 받을 수 있도록 제공해야 한다. 헌법 제31조 제2항 및 제3항은 이에 상응하여 국가가 제공하는 의무교육을 받게 해야 할 '부모의 의무' 및 '의무교육은 무상임'을 규정하고 있다(헌재 2000. 4. 27. 98헌가16).

> **판례**
> ▶ **헌법 제31조 제3항의 취지**: 국가는 학부모가 경제적 여건에 관계없이 교육의 의무를 이행할 수 있도록 헌법 제31조 제3항에서 의무교육은 무상으로 할 것을 원칙으로 천명하여 국가에 의무교육을 실시할 수 있는 인적·물적 여건을 마련할 의무를 부과하였다(헌재 2012. 8. 23. 2010헌바220).

(2) 무상의 범위

헌법 제31조 제3항에 규정된 의무교육의 무상원칙에 있어서 의무교육 무상의 범위는 원칙적으로 헌법상 교육의 기회균등을 실현하기 위해 필수불가결한 비용, 즉 모든 학생이 의무교육을 받음에 있어서 경제적인 차별 없이 수학하는 데 반드시 필요한 비용에 한한다. 따라서 의무교육에 있어서 무상의 범위에는 의무교육이 실질적이고 균등하게 이루어지기 위한 본질적 항목으로, 수업료나 입학금의 면제, 학교와 교사 등 인적·물적 시설 및 그 시설을 유지하기 위한 인건비와 시설유지비, 신규시설투자비 등의 재원 부담으로부터의 면제가 포함된다 할 것이며, 그 외에도 의무교육을 받는 과정에 수반하는 비용으로서 의무교육의 실질적인 균등보장을 위해 필수불가결한 비용은 무상의 범위에 포함된다(헌재 2012. 4. 24. 2010헌바164).

> **판례**
> ▶ **의무교육 대상인 중학생의 학부모에게 급식관련비용 일부를 부담하도록 하는 구 학교급식법 제8조 제1항 등이 의무교육의 무상원칙을 위반하였는지**(소극): 학교급식의 교육적 측면은 기본적이고 필수적인 학교 교육 이외에 부가적으로 이루어지는 식생활 및 인성교육으로서의 보충적 성격을 가지므로 학교급식은 의무교육의 실질적인 균등보장을 위한 본질적이고 핵심적인 부분이라고까지는 할 수 없다. 이 사건 법률조항들은 중학생의 학부모들에게 급식관련 비용의 일부를 부담하도록 하고 있지만, 국가나 지방자치단체의 지원으로 학부모의 급식비 부담을 경감하는 조항이 마련되어 있고, 저소득층 학생들을 위한 지원방안이 마련되어 있다는 점 등을 고려해 보면, 이 사건 법률조항들이 입법형성권의 범위를 넘어 헌법상 의무교육의 무상원칙에 반하는 것으로 보기는 어렵다(헌재 2012. 4. 24. 2010헌바164).

(3) 의무교육의 범위

의무교육의 실시범위와 관련하여 의무교육의 무상원칙을 규정한 헌법 제31조 제3항은 초등교육에 관하여는 직접적인 효력규정으로서 개인이 국가에 대하여 입학금·수업료 등을 면제받을 수 있는 헌법상의 권리라고 볼 수 있다. 그러나 중등교육의 경우에는 헌법 제31조 제2항에서 직접 중학교교육 또는 고등학교교육 등 중등교육을 지칭하지 아니하고 단지 법률이 정하는 교육이라고 규정하였을 뿐이므로 무상의 의무교육중 초등교육을 넘는 중학교교육 이상의 교육에 대하여는 국가의 재정형편 등을 고려하여 입법권자가 법률로 정한 경우에 한하여 인정될 수 있는 것이다. 따라서 무상의 중등교육을 받을 권리는 법률에서 중등교육을 의무교육으로서 시행하도록 규정하기 전에는 헌법상 권리로서 보장되는 것은 아니다(헌재 1991. 2. 11. 90헌가27).

(4) 경비부담자

의무교육 무상에 관한 헌법규정은 의무교육의 비용에 관하여 학부모의 직접적 부담으로부터 전체 공동체의 부담으로 이전하라는 명령일 뿐, 그 공적 부담을 어떻게 구성할 것인지에 관하여는 중립적이다. 그러한 공적 부담의 재원을 어떻게 확보할 것인지에 관하여 헌법 제31조 제2항·제3항을 통하여 헌법이 직접 명령하고 있다고 보기 어렵다. 오히려 헌법 제31조 제6항은 "교육제도와 그 운영, 교육재정"에 관한 기본적인 사항을 법률로 정하도록 하고 있어, 교육제도와 교육재정제도의 형성에 관하여 헌법이 직접 규정한 사항 외에는 입법자에게 위임하고 있다. 이와 같이 헌법에서 교육관련 제도의 형성을 입법자에게 위임한 이상 입법자는 중앙정부와 지방정부의 재정상황, 의무교육의 수준 등의 여러 가지 요소와 사정을 감안하여 교육 및 교육재정의 충실을 위한 여러 정책적 방안들을 구상하고 그 중의 하나를 선택할 수 있으며, 이에 관한 입법자의 정책적 판단·선택권은 넓게 인정된다(헌재 2005. 12. 22. 2004헌라3).

> **판례**
>
> ▶ **의무교육 경비의 중앙정부 부담원칙이 헌법상 도출되는지**(소극) : 헌법 제31조 제2항, 제3항으로부터 직접 의무교육 경비를 중앙정부로서의 국가가 부담하여야 한다는 결론은 도출되지 않으며, 그렇다고 하여 의무교육의 성질상 중앙정부로서의 국가가 모든 비용을 부담하여야 하는 것도 아니다(헌재 2005. 12. 22. 2004헌라3).
>
> ▶ **의무교육 경비를 교부금과 지방자치단체의 일반회계로부터의 전입금으로 충당토록 규정한 지방교육재정교부금법 제11조 제1항 등이 교육재정제도에 관한 헌법의 위임취지에 명백히 반하여 위헌인지**(소극) : 지방교육재정교부금법 제11조 제1항에서 의무교육 경비를 교부금과 지방자치단체의 일반회계로부터의 전입금으로 충당토록 규정한 것 및 같은 조 제2항 제3호에서 서울특별시·부산광역시와 그 밖의 지방자치단체를 구분하여 서울특별시의 경우에는 당해 시·도세 총액의 100분의 10에 해당하는 금액을 일반회계예산에 계상하여 교육비특별회계로 전출하도록 규정한 것은 교육재정제도를 형성함에 있어 의무교육을 받을 권리를 골고루 실질적으로 보장하라는 헌법의 위임취지에 명백히 반하는 자의적인 것이라 할 수 없어 위헌이 아니다(헌재 2005. 12. 22. 2004헌라3).
>
> ▶ **학교용지확보를 위하여 공동주택 수분양자들에게 학교용지부담금을 부과할 수 있도록 하고 있는 구 학교용지법 조항이 무상의 의무교육을 받을 권리를 침해하는지**(적극) : 의무교육에 필요한 학교시설은 국가의 일반적 과제이고, 학교용지는 의무교육을 시행하기 위한 물적 기반으로서 필수조건임은 말할 필요도 없으므로 이를 달성하기 위한 비용은 국가의 일반재정으로 충당하여야 한다. 따라서 의무교육에 관한 한 일반재정이 아닌 부담금과 같은 별도의 재정수단을 동원하여 특정한 집단으로부터 그 비용을 추가로 징수하여 충당하는 것은 의무교육의 무상성을 선언한 헌법에 반한다(헌재 2005. 3. 31. 2003헌가20).
>
> ▶ **수분양자가 아닌 개발사업자를 부과대상으로 하는 구 학교용지법 제2조 제2호 등이 의무교육 무상원칙에 위배되는지**(소극) : 의무교육무상에 관한 헌법 제31조 제3항은 교육을 받을 권리를 보다 실효성 있게 보장하기 위하여 의무교육 비용을 학령아동의 보호자 개개인의 직접적 부담에서 공동체 전체의 부담으로 이전하라는 명령일 뿐이고 의무교육의 비용을 오로지 국가 또는 지방자치단체의 예산, 즉 조세로 해결해야 함을 의미하는 것은 아니다. 따라서 의무교육의 대상인 수분양자가 아닌 개발사업자에게 학교용지부담금을 부과하고 그 재원으로 의무교육 시설을 마련하도록 하는 특례법조항은 더 이상 헌법 제31조 제3항의 의무교육의 무상성과는 관계가 없다(헌재 2008. 9. 25. 2007헌가1).

▶ 학교운영지원비를 학교회계 세입항목에 포함시키도록 하는 구 초·중등교육법 조항이 헌법 제31조 제3항에 규정되어 있는 의무교육 무상의 원칙에 위배되는지(적극): 학교운영지원비는 교원연구비와 같은 교사의 인건비 일부와 학교회계직원의 인건비 일부 등 의무교육과정의 인적기반을 유지하기 위한 비용을 충당하는데 사용되고 있다는 점, 학교운영지원비는 기본적으로 학부모의 자율적 협찬금의 외양을 갖고 있음에도 그 조성이나 징수의 자율성이 완전히 보장되지 않아 기본적이고 필수적인 학교 교육에 필요한 비용에 가깝게 운영되고 있다는 점 등을 고려해보면 이 사건 세입조항은 헌법 제31조 제3항에 규정되어 있는 의무교육의 무상원칙에 위배되어 헌법에 위반된다(헌재 2012. 8. 23. 2010헌바220).

Ⅱ 부모의 자녀교육권과 아동의 학습권

1. 부모의 자녀교육권

(1) 의의

부모는 자녀의 교육에 관하여 전반적인 계획을 세우고 자신의 인생관·사회관·교육관에 따라 자녀의 교육을 자유롭게 형성할 권리를 가지며, 부모의 교육권은 다른 교육의 주체와의 관계에서 원칙적인 우위를 가진다(헌재 2000. 4. 27. 98헌가16).

(2) 근거

헌법상 부모의 자녀에 대한 교육권은 비록 명문으로 규정되어 있지는 아니하지만, 이는 모든 인간이 국적과 관계없이 누리는 양도할 수 없는 불가침의 인권으로서, 혼인과 가족생활을 보장하는 헌법 제36조 제1항, 행복추구권을 보장하는 헌법 제10조 및 "국민의 자유와 권리는 헌법에 열거되지 아니한 이유로 경시되지 아니한다."고 규정하는 헌법 제37조 제1항에서 나오는 중요한 기본권이다(헌재 2001. 11. 29. 2000헌마278).

(3) 내용

1) 교육의 목표와 수단에 관한 결정권

자녀교육권은 부모가 자녀교육에 대한 책임을 어떠한 방법으로 이행할 것인가에 관하여 자유롭게 결정할 수 있는 권리로서 교육의 목표와 수단에 관한 결정권을 뜻한다. 즉, 부모는 어떠한 방향으로 자녀의 인격이 형성되어야 하는가에 관한 목표를 정하고, 자녀의 개인적 성향·능력·정신적, 신체적 발달상황 등을 고려하여 교육목적을 달성하기에 적합한 교육수단을 선택할 권리를 가진다(헌재 2000. 4. 27. 98헌가16).

2) 학교선택권

부모는 아직 성숙하지 못하고 인격을 닦고 있는 초·중·고등학생인 자녀를 교육시킬 교육권을 가지고 있으며, 그 내용 중 하나로서 학교선택권이 인정된다. 이러한 부모의 학교선택권은 미성년인 자녀의 교육을 받을 권리를 실효성 있게 보장하기 위한 것이므로, 미성년인 자녀의 교육을 받을 권리의 근거규정인 헌법 제31조 제1항에서 헌법적 근거를 찾을 수 있다(헌재 1995. 2. 23. 91헌마204).

> **판례**
>
> ▶ **국가의 공교육 형성과정에 참여할 권리**(소극): 교육받을 권리에 기초하여 교육기회 보장을 위한 국가의 적극적 행위를 요구할 수 있으나, 이는 학교교육을 받을 권리로서 그에 필요한 교육시설 및 제도 마련을 요구할 권리이지 특정한 교육제도나 교육과정을 요구할 권리는 아니며, 학교교육이라는 국가의 공교육 급부의 형성과정에 균등하게 참여할 권리로서의 참여권이 내포되어 있다고 할 수 없다. 즉, 입법자가 정책적 판단에 의하여 법률로써 학부모나 학생, 학부모회나 학생회에게 일정한 학교 행정 참여권 등을 부여할 수는 있으나, 그러한 참여권이 학부모의 자녀교육권이나 학생의 자유로운 인격발현권, 교육받을 권리를 근거로 하여 헌법적으로 보장된다고 볼 수 없다(헌재 2019. 11. 28. 2018헌마1153).

3) 의견을 제시할 권리

부모는 자녀의 교육에 관하여 전반적인 계획을 세우고 자신의 인생관·사회관·교육관에 따라 자녀의 교육을 자유롭게 형성할 권리를 가지고, 아직 성숙하지 못한 초·중·고등학생인 자녀의 교육과정에 참여할 권리를 가진다. 따라서 학교가 학생에 대해 불이익 조치를 할 경우 해당 학생의 학부모가 의견을 제시할 권리는 자녀교육권의 일환으로 보호된다(헌재 2013. 10. 24. 2012헌마832).

> **판례**
>
> ▶ **학교폭력과 관련하여 가해학생에 대한 조치 중 전학과 퇴학을 제외한 나머지 조치에 대해 재심을 제한하는 학교폭력예방법 조항이 가해학생 보호자의 자녀교육권을 침해하는지**(소극): 학교폭력예방법이 전학과 퇴학 이외의 조치들에 대해 재심을 불허하는 것은 학교폭력으로 인한 갈등 상황을 신속히 종결하여 관련 학생들의 보호와 치료·선도·교육을 조속히 시행함으로써 해당 학생 모두가 빨리 정상적인 학교생활에 복귀할 수 있도록 하기 위함인바, 신중한 판단이 필요한 전학과 퇴학 이외의 가벼운 조치들에 대해서까지 모두 재심을 허용해서는 신속한 피해 구제와 빠른 학교생활로의 복귀를 어렵게 할 것이므로, 재심규정은 학부모의 자녀교육권을 지나치게 제한한다고 볼 수 없다(헌재 2013. 10. 24. 2012헌마832).

4) 교육정보에 대한 알 권리

자녀교육권을 실질적으로 보장하기 위해서는 자녀의 교육에 필요한 정보가 제공되어야 하는바 학부모는 교육정보에 대한 알 권리를 가진다. 이러한 정보 속에는 자신의 자녀를 가르치는 교원이 어떠한 자격과 경력을 가진 사람인지는 물론 어떠한 정치성향과 가치관을 가지고 있는 사람인지에 대한 정보도 포함되는 것이므로, 교원의 교원단체 및 노동조합 가입에 관한 정보도 알 권리의 한 내용이 될 수 있다(헌재 2011. 12. 29. 2010헌마293).

(4) 제한

부모의 자녀교육권은 다른 기본권과는 달리, 기본권의 주체인 부모의 자기결정권이라는 의미에서 보장되는 자유가 아니라, 자녀의 보호와 인격발현을 위하여 부여되는 기본권이다. 다시 말하면, 부모의 자녀교육권은 자녀의 행복이란 관점에서 보장되는 것이며, 자녀의 행복이 부모의 교육에 있어서 그 방향을 결정하는 지침이 된다. 따라서 부모는 자녀의 교육에 있어서 자녀의 정신적, 신체적 건강을 고려하여 교육의 목적과 그에 적합한 수단을 선택해야 할 것이고, 부모가 자녀의 건강에 반하는 방향으로 자녀교육권을 행사할 경우에는 헌법 제31조는 부모 외에도 국가에게 자녀의 교육에 대한 과제와 의무가 있다는 것을 규정하고 있으므로 국가는 부모의 자녀교육권을 제한할 수 있다(헌재 2009. 10. 29. 2008헌마635).

2. 학생의 학습권

(1) 의의

청소년은 아직 성숙하지 못한 인격체이지만 부모와 국가에 의한 교육의 단순한 대상이 아닌 독자적인 인격체이며 그의 인격권은 인간의 존엄성 및 행복추구권을 보장하는 헌법 제10조에 의하여 보호된다. 따라서 청소년은 국가의 교육권한과 부모의 교육권의 범주 내에서 자신의 교육에 관하여 스스로 결정할 권리, 즉 자유롭게 교육을 받을 권리를 가진다(헌재 2019. 4. 11. 2017헌바140).

> **판례**
>
> ▶ **학교폭력 가해학생에 대하여 수개의 조치를 병과할 수 있도록 규정하면서 출석정지 조치에 대해서는 기간의 제한을 두지 않은 학교폭력예방법 제17조 제1항이 청구인들의 자유롭게 교육을 받을 권리, 즉 학습의 자유를 침해하는지**(소극): 이 사건 징계조치 조항에서 수개의 조치를 병과하고 출석정지기간의 상한을 두지 않은 것은 피해학생의 보호 및 가해학생의 선도·교육을 위하여 바람직하다고 할 것이고, 이 사건 징계조치 조항보다 가해학생의 학습의 자유를 덜 제한하면서 피해학생에게 심각한 피해와 지속적인 영향을 미칠 수 있는 학교폭력에 구체적·탄력적으로 대처하고, 피해학생을 우선적으로 보호하면서 가해학생도 선도·교육하려는 입법 목적을 이 사건 징계조치 조항과 동일한 수준으로 달성할 수 있는 입법의 대안이 있다고 보기 어렵다. 따라서 이 사건 징계조치 조항에 의한 가해학생의 학습의 자유에 대한 제한이 입법 목적달성에 필요한 최소한의 정도를 넘는다고 볼 수 없다(헌재 2019. 4. 11. 2017헌바140).

(2) 내용

1) 과외교습을 받을 권리

헌법은 국가의 교육 권한과 부모의 교육권의 범주 내에서 아동에게도 자신의 교육에 관하여 스스로 결정할 권리, 즉 자유롭게 교육을 받을 권리를 부여한다. 이에 따라 아동은 학교교육 외에 별도로 과외교습을 받아야 할지의 여부와 누구로부터 어떠한 형태로 과외교습을 받을 것인가 하는 방법에 관하여 국가의 간섭을 받지 아니하고 자유롭게 결정할 권리를 가진다(헌재 2000. 4. 27. 98헌가16).

> **판례**
>
> ▶ **원칙적으로 과외교습을 금지하고 있는 학원법 제3조가 배우고자 하는 아동과 청소년의 인격의 자유로운 발현권, 자녀를 가르치고자 하는 부모의 교육권, 과외교습을 하고자 하는 개인의 직업선택의 자유 및 행복추구권을 침해하는지**(적극): 학원법 제3조는 원칙적으로 허용되고 기본권적으로 보장되는 행위에 대하여 원칙적으로 금지하고 예외적으로 허용하는 방식의 '원칙과 예외'가 전도된 규율형식을 취한데다가, 입법목적달성의 측면에서 보더라도 금지범위에 포함시킬 불가피성이 없는 행위의 유형을 광범위하게 포함시키고 있다는 점에서, 입법자가 선택한 규제수단은 입법목적의 달성을 위한 최소한의 불가피한 수단이라고 볼 수 없다(헌재 2000. 4. 27. 98헌가16).

2) 학교선택권

헌법은 국가의 교육권한과 부모의 교육권의 범주 내에서 학생에게도 자신의 교육에 관하여 스스로 결정할 권리, 즉 자유롭게 교육을 받을 권리를 부여하고 있으므로, 학생은 국가의 간섭을 받지 아니하고 자신의 능력과 개성, 적성에 맞는 학교를 자유롭게 선택할 권리를 가진다(헌재 2012. 11. 29. 2011헌마827).

제3항 교육제도

I 교육의 기본원칙

> **헌법 제31조**
> ④ 교육의 자주성·전문성·정치적 중립성 및 대학의 자율성은 법률이 정하는 바에 의하여 보장된다.

1. 교육의 자주성

(1) 의의

교육의 자주성이란 교육내용과 교육기구가 교육자에 의하여 자주적으로 결정되고 행정권력에 의한 통제가 배제되어야 함을 의미한다. 이는 교사의 교육시설 설치자·교육감독권자로부터의 자유, 교육내용에 대한 교육행정기관의 권력적 개입의 배제 및 교육관리기구의 공선제 등을 포함한다(헌재 2001. 11. 29. 2000헌마278).

> **판례**
>
> ▶ **교육의 자주성·전문성·정치적 중립성의 보장 취지**: 교육의 자주성·전문성·정치적 중립성은 국가의 안정적인 성장 발전을 도모하기 위하여서는 교육이 외부세력의 부당한 간섭에 영향받지 않도록 교육자 내지 교육전문가에 의하여 주도되고 관할되어야 할 필요가 있다는 데서 비롯된 것이다(헌재 2001. 11. 29. 2000헌마278).
>
> ▶ **교육의 자주성과 전문성의 실현 수단**: 헌법 제31조 제4항에 의해 보장되는 교육의 자주성과 전문성은 '교육기관의 자유'와 '교육의 자유'를 보장함으로써 비로소 달성할 수 있는데, '교육기관의 자유'는 교육을 담당하는 교육기관의 교육운영에 관한 자주적인 결정권을 그 내용으로 하고, '교육의 자유'는 교육내용이나 교육방법 등에 관한 자주적인 결정권을 그 내용으로 한다(헌재 2013. 5. 30. 2011헌바227).

(2) 내용

1) 사립학교의 자율성

① 법적 성격

설립자가 사립학교를 자유롭게 운영할 자유는 비록 헌법에 독일기본법 제7조 제4항과 같은 명문규정은 없으나 헌법 제10조에서 보장되는 행복추구권의 한 내용을 이루는 일반적인 행동의 자유권과 모든 국민의 능력에 따라 균등하게 교육을 받을 권리를 규정하고 있는 헌법 제31조 제1항 그리고 교육의 자주성·전문성·정치적 중립성 및 대학의 자율성을 규정하고 있는 헌법 제31조 제4항에 의하여 인정되는 기본권이다(헌재 2001. 1. 18. 99헌바63).

② 감독과 통제

사립학교가 그 물적·인적시설을 운영함에 있어서 어느 정도 자율성을 확보해 주어야 하는 것이 상당하고 바람직하다. 그러나 사립학교가 공교육의 일익을 담당한다는 점에서 국·공립학교와 본질적인 차이가 있을 수 없기 때문에 공적인 학교제도를 보장하여야 할 책무를 진 국가가 일정한 범위 안에서 사립학교의 운영을 감독·통제할 권한과 책임을 지는 것 또한 당연하다(헌재 2006. 5. 25. 2004헌바72).

판례

▶ **교비회계의 전용을 금지하고 이를 위반하는 경우 처벌하는 구 사립학교법 제29조 제6항이 사립학교 운영의 자유를 침해하는지**(소극) : 이 사건 금지조항과 처벌조항은 사립학교의 '교비회계에 속하는 수입 및 재산'이 본래의 용도인 학교의 학문 연구와 교육 및 학교운영을 위해 사용될 수 있도록 강제함으로써 사립학교가 교육기관으로서 양질의 교육을 제공하는 동시에 교육의 공공성을 지킬 수 있는 재정적 기초를 보호하고 있다. 교비회계에 속하는 수입 및 재산의 전용을 금지하고 그 위반시 처벌하는 강력한 제재는 사립학교의 발전을 이루기 위해 반드시 필요한 조치이다. 따라서 이 사건 위임조항과 처벌조항은 사립학교 운영의 자유를 침해한다고 할 수 없다(헌재 2023. 8. 31. 2021헌바180).

▶ **사립유치원의 교비회계에 속하는 예산·결산 및 회계 업무를 교육부장관이 지정하는 정보처리장치로 처리하도록 규정한 '사학기관 재무·회계 규칙' 본문 중 사립유치원에 관한 부분이 사립유치원을 운영하는 청구인들의 사립학교 운영의 자유를 침해하는지**(소극) : 이 사건 규칙은 사립유치원의 교비회계를 국가가 관리하는 공통된 회계시스템을 이용하여 처리하도록 함으로써 사립유치원의 회계투명성을 제고하고, 사립유치원의 재정 및 회계의 건전성과 투명성은 그 유치원에 의하여 수행되는 교육의 공공성과 직결된다. 국가와 지방자치단체의 재정지원을 받는 사립유치원이 개인의 영리추구에 매몰되지 아니하고 교육기관으로서 양질의 유아교육을 제공하는 동시에 유아교육의 공공성을 지킬 수 있는 재정적 기초를 다지는 것은 양보할 수 없는 중요한 법익이다. 그렇다면 이 사건 규칙이 사립유치원 설립·경영자의 사립학교 운영의 자유를 침해한다고 볼 수 없다(헌재 2021. 11. 25. 2019헌마542).

▶ **학교가 법령 등을 위반하여 정상적인 학사운영이 불가능한 경우에 교육과학기술부장관은 학교의 폐쇄를 명할 수 있다고 규정한 구 고등교육법 조항이 과잉금지원칙에 위반하여 사학의 자유를 침해하는지**(소극) : 정상적인 학사운영이 불가능한 정도에 이른 사립학교는 더 이상 그 존재 이유가 없고, 이러한 학교를 그대로 방치하는 것은 오히려 사회적으로 많은 혼란을 야기할 수 있다. 이 사건 폐쇄명령조항에 따라 학교를 폐쇄하려면 정상적인 학사운영이 불가능할 정도로 위법성이 중대하여야 하고, 그 전에 청문절차도 거쳐야 한다. 이 사건 폐쇄명령조항에 따라 학교가 폐쇄됨으로써 달성할 수 있는 공익이, 학교 폐쇄로 인하여 학교법인 등이 입게 될 불이익보다 작다고 할 수도 없다. 따라서 이 사건 폐쇄명령조항은 과잉금지원칙에 반하지 않는다(헌재 2018. 12. 27. 2016헌바217).

▶ **사립대학 회계의 예·결산 절차에 등록금심의위원회의 심사·의결을 거치도록 한 사립학교법 제29조 제4항 제1호 등이 사학 운영의 자유를 침해하는지**(소극) : 이 사건 등록금위원회 조항은 사립대학 운영과 재정의 투명성과 공정성, 건전성을 제고하여 과도한 등록금 인상을 억제하고자 하는 것으로서 그 목적의 정당성을 인정할 수 있고, 학교구성원들이 참여하는 등록금심의위원회에서 사전 의견 수렴절차를 거치게 하는 것은 이러한 목적 달성을 위한 적정한 수단이다. 또한 등록금심의위원회는 기존의 대학평의원회와 설치 목적, 권한 및 구성 측면에서 구별되는 점, 적정하고 합리적인 수준의 등록금을 책정하기 위해 대학평의원회와 별개로 등록금심의위원회가 학교의 예·결산 내역의 적정성을 심사할 필요성이 인정되는 점, 등록금심의위원회의 심사·의결은 이사회에 대한 구속력이 없는 점 등을 종합하면, 이 사건 등록금위원회 조항은 입법목적을 달성하기 위하여 필요한 범위 내의 제한에 그치므로 청구인들의 사학 운영의 자유를 침해한다고 볼 수 없다(헌재 2016. 2. 25. 2013헌마692).

▶ **개방이사제에 관한 사립학교법 제14조 제3항 등이 학교법인의 사학의 자유를 침해하는지**(소극) : 개방이사제에 관한 사립학교법 제14조 제3항, 제4항은 사립학교운영의 투명성과 공정성을 제고하고, 학교구성원에게 학교운영에 참여할 기회를 부여하기 위한 것으로서, 개방이사가 이사 정수에서 차지하는 비중, 대학평의원회와 학교운영위원회가 추천하는 개방이사추천위원회 위원의 비율, 학교법인 운영의 투명성 확보를 위한 사전적·예방적 조치의 필요성 등을 고려할 때 학교법인의 사학의 자유를 침해한다고 볼 수 없다(헌재 2013. 11. 28. 2007헌마1189).

▶ **초·중등학교장의 중임회수를 1회로 제한한 사립학교법 제53조 제3항 단서가 학교법인의 사학의 자유를 침해하는지**(소극) : 초·중등학교장의 중임회수를 1회로 제한한 사립학교법 제53조 제3항 단서는 교장의 노령화·관료화를 방지하고 인사순환을 통하여 교단을 활성화하며, 학교경영과 교육을 분리하고 있는 교육법제에 충실하고자 한 것으로, 최장 8년간 재임이 보장되고 동일한 학교의 장 중임만 제한받을 뿐이므로 학교법인의 사학의 자유를 침해한다고 볼 수 없다(헌재 2013. 11. 28. 2007헌마1189).

▶ **학교법인의 이사장과 특정관계에 있는 사람의 학교장 임명을 제한하는 사립학교법 제54조의3 제3항이 학교법인의 사학의 자유를 침해하는지**(소극) : 사립학교법 제54조의3 제3항은 학교법인의 이사장과 배우자, 직계존속 및 직계비속과 그 배우자의 관계에 있는 자가 당해 학교법인이 설치·경영하는 학교의 장에 임명되기 위해서는 이사 정수의 3분의 2 이상의 찬성과 관할청의 승인을 얻도록 하고 있는데, 이는 학교법인의 경영과 학교행정을 인적으로 분리함으로써 학교의 자주성을 보호하고 사학운영의 공공성과 투명성을 제고하고자 하는 것으로 학교법인의 사립학교 운영의 자유를 침해한다고 볼 수 없다(헌재 2013. 11. 28. 2007헌마1189).

▶ **학교급식의 실시에 필요한 시설·설비에 요하는 경비를 원칙적으로 학교의 설립경영자가 부담하도록 한 구 학교급식법 제8조 제1항이 평등원칙에 위반되고, 사립학교 운영의 자유를 침해하는지**(소극) : 사립학교는 사립학교 운영의 자유가 있으나 오늘날 교육은 공공재적 성격이 강조되어 사학 역시 국·공립학교와 유사한 공공성이 요구되고 있고, 사립학교법인은 학교를 운영하기 위하여 필요한 시설·설비·재산을 갖추어야 하며, 필요한 경우에 국가 또는 지방자치단체로부터 지원을 받을 수 있다. 따라서 사립학교의 경우에도 국·공립학교와 마찬가지로 학교급식 시설·경비의 원칙적 부담을 학교의 설립경영자로 하는 것은 합리적이라고 할 것이어서 평등원칙에 위반되지 않는다. 나아가 사립학교 운영의 자유를 필요한 범위를 넘어서 지나치게 제한하고 있다거나 공익의 비중에 비추어 사립학교에게 과도한 부담을 지우는 것이라고 보기 어려워 사립학교 운영의 자유를 침해하지 아니한다(헌재 2010. 7. 29. 2009헌바40).

▶ **학교법인이 의무를 부담하고자 할 때 관할청의 허가를 받도록 하고 있는 사립학교법 제28조 제1항이 사립학교운영의 자유를 침해하고 있는지**(소극) : 이 사건 법률조항이 학교법인으로 하여금 의무의 부담을 하고자 할 때 관할청의 허가를 받도록 하고 있어 사립학교운영에 관한 자유를 제한하고 있다 하더라도, 이는 공공복리를 위하여 필요한 권리를 제한한 경우에 해당하는 것이며, 일정액 미만의 넓은 범위에서 허가를 받지 않도록 예외를 두고 있고 시행상 일반적인 학교운영과 관련된 통상적인 의무부담은 허가에서 제외하고 있으며 일정액이상이라도 허가를 받아 자유롭게 처리할 수 있는 점 등을 보면 합리적인 입법한계를 일탈하였거나 기본권의 본질적인 부분을 침해하였다고 볼 수 없다(헌재 2001. 1. 18. 99헌바63).

2) 교사의 수업권
① 근거
학교교육에 있어서 교사의 가르치는 권리를 수업권이라고 한다면 그것은 자연법적으로는 학부모에게 속하는 자녀에 대한 교육권을 신탁받은 것이고, 실정법상으로는 공교육의 책임이 있는 국가의 위임에 의한 것이다(헌재 1992. 11. 12. 89헌마88).

② 법적 성격
교사의 수업권은 교사의 지위에서 생겨나는 직권인데, 그것이 헌법상 보장되는 기본권이라고 할 수 있느냐에 대하여서는 부정적으로 보는 견해가 많으며, 설사 헌법상 보장되고 있는 학문의 자유 또는 교육을 받을 권리의 규정에서 교사의 수업권이 파생되는 것으로 해석하여 기본권에 준하는 것으로 간주하더라도 수업권을 내세워 수학권을 침해할 수는 없으며 국민의 수학권의 보장을 위하여 교사의 수업권은 일정범위 내에서 제약을 받을 수밖에 없다(헌재 1992. 11. 12. 89헌마88).

판례

▶ **교사의 수업권의 법적 성격**: 학부모의 집단적인 교육참여권이나 교사의 수업권은 헌법상 도출되는 기본권은 아니지만 법률로써 이들 권리를 인정하고 보장하는 것은 헌법상 당연히 허용된다(헌재 2013. 11. 28. 2007헌마1189).

▶ **교수의 자유와 수업의 자유의 관계**: 진리탐구의 자유와 결과발표 내지 수업의 자유는 같은 차원에서 거론하기가 어려우며, 전자는 신앙의 자유·양심의 자유처럼 절대적인 자유라고 할 수 있으나, 후자는 표현의 자유와도 밀접한 관련이 있는 것으로서 경우에 따라 헌법 제21조 제4항은 물론 제37조 제2항에 따른 제약이 있을 수 있다. 물론 수업의 자유는 두텁게 보호되어야 합당하겠지만 그것은 대학에서의 교수의 자유와 완전히 동일할 수는 없을 것이며 대학에서는 교수의 자유가 더욱 보장되어야 하는 반면, 초·중·고교에서의 수업의 자유는 제약이 있을 수 있다(헌재 1992. 11. 12. 89헌마88).

2. 교육의 전문성
교육의 전문성이란 교육정책이나 그 집행은 가급적 교육전문가가 담당하거나 적어도 그들의 참여 하에 이루어져야 함을 말한다(헌재 2001. 11. 29. 2000헌마278).

3. 교육의 정치적 중립성
헌법 제31조 제4항이 규정하고 있는 교육의 정치적 중립성은 교육을 받을 권리를 보장하기 위한 것이지 교원의 정치활동을 금지하기 위한 것이 아니다. 교육방법이나 교육내용이 종교적 종파성이나 정치적 당파성에 의하여 부당하게 간섭받지 않고 가치중립적인 진리교육이 보장되어야 한다는 점에는 의문의 여지가 없다. 그러나 교육의 정치적 중립성은 교육이 국가권력 내지 정치권력의 지배를 받아서는 안 된다는 것을 의미하지 교육주체가 공동체의 의사결정에 영향을 미치는 것을 금지하지 않는다. 교원인 공무원의 정치활동을 전면적으로 금지하는 등 사적 생활에서의 정치적 자유를 지나치게 제한하는 것은 교원의 정치적 표현의 자유의 본질을 침해하는 것이다(헌재 2014. 8. 28. 2011헌바32).

> **판례**
>
> ▶ **교원노조의 정치활동을 금지하고 있는 구 '교원노조법' 제3조가 과잉금지원칙에 반하여 교원의 정치적 표현의 자유를 침해하는지**(소극) : 교원의 행위는 교육을 통해 건전한 인격체로 성장해 가는 과정에 있는 미성숙한 학생들의 인격형성에 지대한 영향을 미칠 수 있는 점, 교원의 정치적 표현행위가 교원노조와 같은 단체의 이름으로 교원의 지위를 전면에 드러낸 채 대규모로 행해지는 경우 다양한 가치관을 조화롭게 소화하여 건전한 세계관·인생관을 형성할 능력이 미숙한 학생들에게 편향된 가치관을 갖게 할 우려가 있는 점, 교원노조에게 일반적인 정치활동을 허용할 경우 교육을 통해 책임감 있고 건전한 인격체로 성장해가야 할 학생들의 교육을 받을 권리는 중대한 침해를 받을 수 있는 점 등에 비추어 보면, 교원노조라는 집단성을 이용하여 행하는 정치활동을 금지하는 것이 과잉금지원칙에 위반된다고 볼 수 없다(헌재 2014. 8. 28. 2011헌바32).

4. 대학의 자율성

(1) 의의

대학의 자율성 즉, 대학의 자치란 대학이 그 본연의 임무인 연구와 교수를 외부의 간섭 없이 수행하기 위하여 인사·학사·시설·재정 등의 사항을 자주적으로 결정하여 운영하는 것을 말한다(헌재 2013. 11. 28. 2007헌마1189).

> **판례**
>
> ▶ **대학의 자율성을 보장하는 취지** : 헌법 제31조 제4항은 교육의 자주성·대학의 자율성을 보장하고 있는데, 이는 대학에 대한 공권력 등 외부세력의 간섭을 배제하고 대학구성원 자신이 대학을 자주적으로 운영할 수 있도록 함으로써 대학인으로 하여금 연구와 교육을 자유롭게 하여 진리탐구와 지도적 인격의 도야라는 대학의 기능을 충분히 발휘할 수 있도록 하기 위한 것이다(헌재 2006. 4. 27. 2005헌마1119).

(2) 법적 성격

교육의 자주성이나 대학의 자율성은 헌법 제22조 제1항이 보장하고 있는 학문의 자유의 확실한 보장수단으로 꼭 필요한 것으로서 이는 대학에게 부여된 헌법상의 기본권이다(헌재 1998. 7. 16. 96헌바33).

(3) 주체

대학자치의 주체를 기본적으로 대학으로 본다고 하더라도 교수나 교수회의 주체성이 부정된다고 볼 수는 없고, 가령 학문의 자유를 침해하는 대학의 장에 대한 관계에서는 교수나 교수회가 주체가 될 수 있고, 또한 국가에 의한 침해에 있어서는 대학 자체 외에도 대학 전구성원이 자율성을 갖는 경우도 있을 것이므로 문제되는 경우에 따라서 대학, 교수, 교수회 모두가 단독, 혹은 중첩적으로 주체가 될 수 있다(헌재 2006. 4. 27. 2005헌마1047).

> **판례**
>
> ▶ **대학자치의 주체**: 대학의 자율성 즉, 대학의 자치란 연구·교수활동의 담당자인 교수가 그 핵심주체라 할 것이나, 연구·교수활동의 범위를 좁게 한정할 이유가 없으므로 학생, 직원 등도 포함될 수 있다(헌재 2013. 11. 28. 2007헌마1189).
>
> ▶ **대학의 자치에서 학교법인과 대학구성원의 관계**: 대학 본연의 기능인 학술의 연구나 교수, 학생선발·지도 등과 관련된 교무·학사행정의 영역에서는 대학구성원의 결정이 우선한다고 볼 수 있으나, 학교법인으로서도 설립 목적을 구현하는 차원에서 조정적 개입은 가능하다고 할 것이고, 우리 법제상 학교법인에게만 권리능력이 인정되므로 각종 법률관계의 형성이나 법적 분쟁의 해결에는 법인이 대학을 대표하게 될 것이다. 한편, 대학의 재정, 시설 및 인사 등의 영역에서는 학교법인이 기본적인 윤곽을 결정하되, 대학구성원에게는 이러한 영역에 대하여 일정 정도 참여권을 인정하는 것이 필요하다(헌재 2013. 11. 28. 2007헌마1189).

(4) 내용

1) 일반적 내용

대학의 자율은 대학시설의 관리·운영만이 아니라 전반적인 것이라야 하므로 연구와 교육의 내용, 그 방법과 대상, 교과과정의 편성, 학생의 선발과 전형 및 교원의 임면에 관한 사항도 자율의 범위에 속한다(헌재 2006. 4. 27. 2005헌마1119).

> **판례**
>
> ▶ **학칙의 제정 또는 개정에 관한 사항 등 대학평의원회의 심의사항을 규정한 고등교육법 제19조의2 제1항이 국·공립대학 교수회 및 교수들의 대학의 자율권을 침해하는지**(소극): 심의조항은 대학구성원이 학교 운영의 기본사항에 대한 의사결정 과정에 참여할 수 있는 기회를 절차적으로 보장하는 것으로서, 연구에 관한 사항은 대학평의원회의 심의사항에서 제외하고 있는 점, 교육과정 운영에 관한 사항은 대학평의원회의 자문사항에 해당하는 점, 심의결과가 대학의 의사결정을 기속하지 않는 점 등을 고려할 때, 심의조항이 연구와 교육 등 대학의 중심적 기능에 관한 자율적 의사결정을 방해한다고 볼 수 없으며, 학교운영이 민주적 절차에 따라 공정하고 투명하게 이루어질 수 있도록 하기 위한 것으로서 합리적 이유가 인정된다. 따라서 심의조항이 국·공립대학 교수회 및 교수들의 대학의 자율권을 침해한다고 볼 수 없다(헌재 2023. 10. 26. 2018헌마872).
>
> ▶ **교원, 직원, 학생 등 대학평의원회의 각 구성단위에 속하는 평의원의 수가 전체 평의원 정수의 2분의 1을 초과할 수 없도록 규정한 구 고등교육법 제19조의2 제2항이 국·공립대학 교수회 및 교수들의 대학의 자율권을 침해하는지**(소극): 대학의 학문과 연구 활동에서 중요한 역할을 담당하는 교원에게 그와 관련된 영역에서 주도적 역할을 인정하는 것은 대학의 자율성의 본질에 부합하고 필요하나, 이것이 교육과 연구에 관한 사항은 모두 교원이 전적으로 결정할 수 있어야 한다는 의미는 아니다. 이 사건 구성제한조항은 대학의 의사결정에 영향을 받는 다양한 구성원들의 자유로운 논의와 의사결정 참여를 보장하기 위한 것으로서 합리적 이유가 있다고 할 것이므로, 국·공립대학 교수회 및 교수들의 대학의 자율권을 침해한다고 볼 수 없다(헌재 2023. 10. 26. 2018헌마872).

2) 인사에 관한 자주결정권

교수나 교수회에게 대학총장 후보자 선출에 참여할 권리가 있고 이 권리는 대학의 자치의 본질적인 내용에 포함된다고 할 것이므로 결국 헌법상의 기본권으로 인정할 수 있다(헌재 2006. 4. 27. 2005헌마1047).

> **판례**
>
> ▶ **대학의 장이 단과대학장을 보할 때 그 대상자의 추천을 받거나 선출의 절차를 거치지 아니하고, 해당 단과대학 소속 교수 또는 부교수 중에서 직접 지명하도록 한 교육공무원 임용령 제9조의4가 대학의 자율성을 침해할 가능성이 인정되는지**(소극): 단과대학은 대학을 구성하는 하나의 조직·기관일 뿐이고, 단과대학장은 그 지위와 권한 및 중요도에서 대학의 장과 구별된다. 또한 대학의 장을 구성원들의 참여에 따라 자율적으로 선출한 이상, 하나의 보직에 불과한 단과대학장의 선출에 다시 한 번 대학교수들이 참여할 권리가 대학의 자율에서 당연히 도출된다고 보기 어렵다. 따라서 단과대학장의 선출에 참여할 권리는 대학의 자율에 포함된다고 볼 수 없어, 이 사건 심판대상조항에 의해 대학의 자율성이 침해될 가능성이 인정되지 아니한다(헌재 2014. 1. 28. 2011헌마239).
>
> ▶ **추천위원회의 직원위원 수를 4인으로 정한 '○○대학교 총장임용후보자 선정 및 추천에 관한 규정' 제4조 제1항 제2호가 ○○대학교 직원들의 평등권을 침해하는지**(소극): 헌법이 특별히 대학의 자율성을 보장하는 이유는 학문의 자유를 보장하기 위함이므로, 대학의 학문과 연구 활동에서 중요한 역할을 담당하는 교원에게 그와 관련된 영역에서 주도적인 역할을 인정하는 것은 대학의 자율성의 본질에 부합하고 필요하다. 그렇다면 이 사건 구성조항이 대학 직원의 추천위원회 참여 비율을 교원보다 낮게 정한 데에는 합리적인 이유가 있다고 할 것이므로, 이 사건 구성조항은 이 사건 직원들의 평등권을 침해하지 아니한다(헌재 2023. 5. 25. 2020헌마1336).

3) 국립대학의 존속

국립대학인 세무대학은 공법인으로서 사립대학과 마찬가지로 대학의 자율권이라는 기본권의 보호를 받으므로, 세무대학은 국가의 간섭 없이 인사·학사·시설·재정 등 대학과 관련된 사항들을 자주적으로 결정하고 운영할 자유를 갖는다. 그러나 대학의 자율성은 그 보호영역이 원칙적으로 당해 대학 자체의 계속적 존립에까지 미치는 것은 아니다(헌재 2001. 2. 22. 99헌마613).

(5) 제한

대학의 자율의 구체적인 내용은 법률이 정하는 바에 의하여 보장되며, 국가는 헌법 제31조 제6항에 따라 모든 학교제도의 조직·계획·운영·감독에 관한 포괄적인 권한, 즉 학교제도에 관한 전반적인 형성권과 규율권을 부여받는다. 다만 그 규율의 정도는 그 시대와 각급 학교의 사정에 따라 다를 수밖에 없으므로 교육의 본질을 침해하지 않는 한 궁극적으로는 입법권자의 형성의 자유에 속한다. 따라서 그 위헌 여부는 입법자가 기본권을 제한함에 있어 헌법 제37조 제2항에 의한 합리적인 입법한계를 벗어나 자의적으로 그 본질적 내용을 침해하였는지 여부에 따라 판단되어야 할 것이다(헌재 2006. 4. 27. 2005헌마1047).

Ⅱ 교육제도 법정주의

> **헌법 제31조**
> ⑥ 학교교육 및 평생교육을 포함한 교육제도와 그 운영, 교육재정 및 교원의 지위에 관한 기본적인 사항은 법률로 정한다.

1. 취지

넓은 의미의 "교육제도 법률주의"는 국가의 백년대계인 교육이 일시적인 특정정치 세력에 의하여 영향을 받거나 집권자의 통치상의 의도에 따라 수시로 변경되는 것을 예방하고 장래를 전망한 일관성이 있는 교육체계를 유지·발전시키기 위한 것이며 그러한 관점에서 국민의 대표기관인 국회의 통제하에 두는 것이 가장 온당하다는 의회민주주의 내지 법치주의 이념에서 비롯된 것이다(헌재 1992. 11. 12. 89헌마88).

> **판례**
>
> ▶ **교육제도 법정주의의 취지**: 헌법 제31조 제6항은 교육제도 법정주의를 규정하고 있는데, 이 조항은 특히 학교교육의 중요성에 비추어 교육에 관한 기본정책 또는 기본방침 등 교육에 관한 기본적 사항을 국민의 대표기관인 국회가 직접 입법절차를 거쳐 제정한 형식적 의미의 법률로 규정하게 함으로써 국민의 교육을 받을 권리가 행정기관에 의하여 자의적으로 무시되거나 침해당하지 않도록 하고, 교육의 자주성과 중립성을 유지하고자 하는 데에 그 의의가 있다(헌재 2019. 4. 11. 2018헌마221).
>
> ▶ **교육제도 법정주의와 의회유보원칙**: 오늘날의 법률유보원칙은 단순히 행정작용이 법률에 근거를 두기만 하면 충분한 것이 아니라, 국가공동체와 그 구성원에게 기본적이고도 중요한 의미를 갖는 영역, 특히 국민의 기본권 실현에 관련된 영역에 있어서는 행정에 맡길 것이 아니라 국민의 대표자인 입법자 스스로 그 본질적 사항에 대하여 결정하여야 한다는 요구, 즉 의회유보원칙까지 내포하는 것으로 이해되고 있다. 한편, 헌법 제31조 제6항은 교육제도 법정주의를 규정하고 있다. 그렇다면 교육제도 법정주의는 교육 영역에 있어서의 의회유보원칙이라 할 것이다(헌재 2013. 11. 28. 2011헌마282).
>
> ▶ **교육제도에 대한 위임 가능성**(적극): 헌법 제31조 제6항 소정의 교육제도 법정주의는 교육제도에 관한 기본방침을 제외한 나머지 세부적인 사항까지 반드시 형식적 의미의 법률만으로 정하여야 한다는 의미는 아니다. 그러므로 입법자가 정한 기본방침을 구체화하거나 이를 집행하기 위한 세부시행 사항은 하위법령에 위임이 가능하다(헌재 2019. 4. 11. 2018헌마221).

2. 내용

(1) 협의의 교육제도

헌법 제31조 제6항은 "학교교육 및 평생교육을 포함한 교육제도와 그 운영, 교육재정 및 교원의 지위에 관한 기본적인 사항은 법률로 정한다"고 함으로써 학교교육에 관한 국가의 권한과 책임을 규정하고 있다. 위 조항은 국가에게 학교제도를 통한 교육을 시행하도록 위임하였고, 이로써 국가는 학교제도에 관한 포괄적인 규율권한과 자녀에 대한 학교교육의 책임을 부여받았다. 따라서 국가는 헌법 제31조 제6항에 의하여 모든 학교제도의 조직, 계획, 운영, 감독에 관한 포괄적인 권한, 즉, 학교제도에 관한 전반적인 형성권과 규율권을 가지고 있다(헌재 2000. 4. 27. 98헌가16).

> **판례**
>
> ▶ **헌법 제31조 제6항의 의미와 학교제도에 관한 입법형성권** : 헌법은 제31조 제1항에서 모든 국민은 능력에 따라 균등하게 교육을 받을 권리가 있음을 선언하고 제6항에서 학교교육을 포함한 교육제도와 그 운영, 교육재정 및 교원의 지위에 관한 기본적인 사항은 법률로 정하도록 규정하고 있다. 이는 모든 국민이 능력에 따른 교육을 받을 수 있도록 교육제도를 마련해야할 국가의 의무를 규정하는 한편 학교교육에 관한 국가의 책임을 규정하고 있는 것이다. 이에 따라 국가는 모든 학교제도의 조직, 계획, 운영, 감독에 관한 포괄적인 권한 즉, 학교제도에 관한 전반적인 형성권과 규율권을 부여받았다고 할 수 있다. 다만 그 규율의 정도는 그 시대의 사정과 각급 학교에 따라 다를 수밖에 없는 것이므로 교육의 본질을 침해하지 않는 한 궁극적으로는 입법권자의 형성의 자유에 속하는 것이다(헌재 2001. 1. 18. 99헌바63).

(2) 교육재정

입법자는 중앙정부와 지방정부의 재정상황, 의무교육의 수준 등의 여러 가지 요소와 사정을 감안하여 교육 및 교육재정의 충실을 위한 여러 정책적 방안들을 구상하고 그 중의 하나를 선택할 수 있으며, 이에 관한 입법자의 정책적 판단·선택권은 넓게 인정된다(헌재 2005. 12. 22. 2004헌라3).

(3) 교원의 지위

1) 의의

우리 헌법 제31조 제6항은 교육의 물적 기반이 되는 교육제도와 아울러 교육의 인적 기반으로서 가장 중요한 교원의 근로기본권을 포함한 모든 지위에 관한 기본적인 사항을 정하는 것을 국민의 대표기관인 입법부의 권한으로 규정하고 있다(헌재 2006. 5. 25. 2004헌바72).

2) 내용

헌법 제31조 제6항을 근거로 하여 제정되는 법률에는 교원의 신분보장·경제적·사회적 지위 보장 등 교원의 권리에 해당하는 사항뿐만 아니라 국민의 교육을 받을 권리를 저해할 우려가 있는 행위의 금지 등 교원의 의무에 관한 사항도 당연히 규정할 수 있는 것이므로 결과적으로 교원의 기본권을 제한하는 사항까지도 규정할 수 있다. 다만 입법자가 법률로 정하여야 할 교원 지위의 기본적 사항에는 교원의 신분이 부당하게 박탈되지 않도록 하는 최소한의 보호의무에 관한 사항이 포함된다(헌재 2003. 2. 27. 2000헌바26).

> **판례**
>
> ▶ **대학교육기관의 교원은 당해 학교법인의 정관이 정하는 바에 따라 기간을 정하여 임면할 수 있다고 규정한 구 사립학교법 제53조의2 제3항이 교원지위 법정주의에 위반되는지**(적극) : 객관적인 기준의 재임용 거부사유와 재임용에서 탈락하게 되는 교원이 자신의 입장을 진술할 수 있는 기회 그리고 재임용거부를 사전에 통지하는 규정 등이 없으며, 나아가 재임용이 거부되었을 경우 사후에 그에 대해 다툴 수 있는 제도적 장치를 전혀 마련하지 않고 있는 이 사건 법률조항은, 현대사회에서 대학교육이 갖는 중요한 기능과 그 교육을 담당하고 있는 대학교원의 신분의 부당한 박탈에 대한 최소한의 보호요청에 비추어 볼 때 헌법 제31조 제6항에서 정하고 있는 교원지위 법정주의에 위반된다(헌재 2003. 2. 27. 2000헌바26 헌법불합치).

▶ **교원 재임용의 심사요소로 학생교육·학문연구·학생지도를 언급하되 이를 모두 필수요소로 강제하지 않는 사립학교법 제53조의2 제7항 전문이 교원지위 법정주의에 위반되는지**(소극) : 학교법인은 다양한 교육수요에 적합한 강의전담교원과 연구전담교원을 재량적으로 임용할 수 있는바, 강의전담교원에 대한 재임용 심사는 직무의 성질상 학생교육이 주된 평가기준이 되어야 할 것인데 법에서 학문연구에 대한 평가를 강제한다면 적절한 평가가 이루어질 수 없을 것이고, 반대로 연구전담교원에 대한 재임용 심사에서 학문연구가 아닌 학생교육에 대한 평가를 강제한다면 역시 불합리할 것이다. 따라서 이 사건 법률조항은 교원의 신분에 대한 부당한 박탈을 방지함과 동시에 대학의 자율성을 도모한 것으로서 교원지위 법정주의에 위반되지 아니한다(헌재 2014. 4. 24. 2012헌바336).

▶ **사립학교가 교원에 대한 징계권을 남용하는 경우에 관할청의 직접적인 감독규정을 마련할 입법의무가 인정되는지**(소극) : 교원지위법에서 교원은 징계처분에 불복하는 경우 교육부에 설치된 교원소청심사위원회에 소청심사를 청구할 수 있고, 그 결정에 대하여 행정소송법에 따라 소송을 제기할 수 있다. 또한 징계 등 불리한 처분은 여전히 사법적 법률행위로서 효력을 가지므로 민사소송을 통해 권리구제를 받을 수도 있다. 그러므로 입법자로서는 교원의 신분이 부당하게 박탈되지 않도록 하는 최소한의 보호의무에 관한 입법의무는 이행하였다고 할 것이고, 이를 넘어 불이익처분 절차의 일시정지 규정이나 그 밖의 사립 학교법인의 징계권 남용에 관한 관할청의 직접적인 감독규정을 마련해야할 구체적인 입법의무가 헌법해석상 발생한다고 볼 수 없다(헌재 2019. 11. 28. 2018헌마153).

Ⅲ 지방교육자치

국민주권의 원리는 공권력의 구성·행사·통제를 지배하는 우리 통치질서의 기본원리이므로, 공권력의 일종인 지방자치권과 국가교육권도 이 원리에 따른 국민적 정당성기반을 갖추어야만 한다. 지방교육자치도 지방자치권행사의 일환으로서 보장되는 것이므로, 중앙권력에 대한 지방적 자치로서의 속성을 지니고 있지만, 동시에 그것은 헌법 제31조 제4항이 보장하고 있는 교육의 자주성·전문성·정치적 중립성을 구현하기 위한 것이므로, 정치권력에 대한 문화적 자치로서의 속성도 아울러 지니고 있다. 결국 지방교육자치는 '민주주의·지방자치·교육자주'라고 하는 세 가지의 헌법적 가치를 골고루 만족시킬 수 있어야만 하는 것이다(헌재 2000. 3. 30. 99헌바113).

제4절 근로의 권리

헌법 제32조
① 모든 국민은 근로의 권리를 가진다. 국가는 사회적·경제적 방법으로 근로자의 고용의 증진과 적정임금의 보장에 노력하여야 하며, 법률이 정하는 바에 의하여 최저임금제를 시행하여야 한다.

참고

▶ **헌정사**: 적정임금보장은 제8차 개정헌법에서, 최저임금제는 제9차 개정헌법에서 규정

제1항 근로의 권리의 의의

근로의 권리란 인간이 자신의 의사와 능력에 따라 근로관계를 형성하고, 타인의 방해를 받음이 없이 근로관계를 계속 유지하며, 근로의 기회를 얻지 못한 경우에는 국가에 대하여 근로의 기회를 제공하여 줄 것을 요구할 수 있는 권리를 말한다(헌재 2007. 8. 30. 2004헌마670).

판례

▶ **엄격한 의미에서 근로의 권리**: 엄격한 의미에서 근로의 권리는 사회적 기본권으로서, 국가에 대하여 직접 일자리(직장)를 청구하거나 일자리에 갈음하는 생계비의 지급청구권을 의미하는 것이 아니라, 고용증진을 위한 사회적·경제적 정책을 요구할 수 있는 권리에 그친다. 근로의 권리를 직접적인 일자리 청구권으로 이해하는 것은 사회주의적 통제경제를 배제하고, 사기업 주체의 경제상의 자유를 보장하는 우리 헌법의 경제질서 내지 기본권규정들과 조화될 수 없다(헌재 2002. 11. 28. 2001헌바50).

▶ **헌법 제32조 제33조에 규정된 근로기본권의 취지**: 헌법의 근로기본권에 관한 규정은 근로자의 근로조건을 기본적으로 근로자와 사용자 사이의 자유로운 계약에 의하여 결정하도록 한다는 계약자유의 원칙을 그 바탕으로 하되, 근로자의 인간다운 존엄성을 보장할 수 있도록 계약기준의 최저선을 법정하여 이를 지키도록 강제하는 한편, 사용자에 비하여 경제적으로 약한 지위에 있는 근로자로 하여금 사용자와 대등한 지위를 갖추도록 하기 위하여 단결권·단체교섭권 및 단체행동권 등 이른바 근로3권을 부여하고, 근로자가 이를 무기로 하여 사용자에 맞서서 그들의 생존권을 보장하고 근로조건을 개선하도록 하는 제도를 보장함으로써 사적자치의 원칙을 보완하고자 하는 것이다. 다시 말하면 국가가 직접 근로자의 생활을 보장하는 대신 근로자에게 근로기본권을 보장함으로써 근로자가 자주적으로 보다 좋은 근로조건을 마련할 수 있도록 하려는 것이다(헌재 1991. 7. 22. 89헌가106).

제2항 근로의 권리의 법적 성격과 주체

I 외국인

근로의 권리의 구체적인 내용에 따라, 국가에 대하여 고용증진을 위한 사회적·경제적 정책을 요구할 수 있는 권리는 '사회권적 기본권'으로서 국민에 대하여만 인정해야 하지만, 자본주의 경제질서하에서 근로자가 기본적 생활수단을 확보하고 인간의 존엄성을 보장받기 위하여 최소한의 근로조건을 요구할 수 있는 권리는 '자유권적 기본권'의 성격도 아울러 가지므로 이러한 경우 외국인 근로자에게도 그 기본권 주체성을 인정함이 타당하다(헌재 2007. 8. 30. 2004헌마670).

> **판례**
>
> ▶ **일할 자리에 관한 권리와 일할 환경에 관한 권리** : 근로의 권리는 '일할 자리에 관한 권리'만이 아니라 '일할 환경에 관한 권리'도 함께 내포하고 있는바, 후자는 인간의 존엄성에 대한 침해를 방어하기 위한 자유권적 기본권의 성격도 갖고 있어 건강한 작업환경, 일에 대한 정당한 보수, 합리적인 근로조건의 보장 등을 요구할 수 있는 권리 등을 포함한다고 할 것이므로 외국인 근로자라고 하여 이 부분에까지 기본권 주체성을 부인할 수는 없다(헌재 2007. 8. 30. 2004헌마670).
>
> ▶ **고용 허가를 받아 국내에 입국한 외국인근로자의 출국만기보험금을 출국 후 14일 이내에 지급하도록 한 외국인고용법 제13조 제3항이 청구인들의 근로의 권리를 침해하는지**(소극) : 불법체류자는 임금체불이나 폭행 등 각종 범죄에 노출될 위험이 있고, 행정관청의 관리 감독의 사각지대에 놓이게 됨으로써 안전사고 등 각종 사회적 문제를 일으킬 가능성이 있다. 따라서 이 사건 출국만기보험금이 근로자의 퇴직 후 생계 보호를 위한 퇴직금의 성격을 가진다고 하더라도 불법체류가 초래하는 여러 가지 문제를 고려할 때 불법체류 방지를 위해 그 지급시기를 출국과 연계시키는 것은 불가피하므로 심판대상조항이 청구인들의 근로의 권리를 침해한다고 보기 어렵다(헌재 2016. 3. 31. 2014헌마367).

II 노동조합

근로의 권리는 국가의 개입·간섭을 받지 않고 자유로이 근로를 할 자유와 국가에 대하여 근로의 기회를 제공하는 정책을 수립해 줄 것을 요구할 수 있는 권리를 기본적인 내용으로 하고, 이러한 근로의 권리는 근로자를 개인의 차원에서 보호하기 위한 권리로서 개인인 근로자가 근로의 권리의 주체가 되는 것이고, 노동조합은 그 주체가 될 수 없다(헌재 2009. 2. 26. 2007헌바27).

제3항 근로의 권리의 내용

I 국가의 고용증진의무

헌법 제32조
① 모든 국민은 근로의 권리를 가진다. 국가는 사회적·경제적 방법으로 근로자의 고용의 증진과 적정임금의 보장에 노력하여야 하며, 법률이 정하는 바에 의하여 최저임금제를 시행하여야 한다.

판례

▶ **근로자의 직장존속보장청구권**: 근로의 권리로부터 국가에 대한 직접적인 직장존속청구권을 도출할 수도 없다. 직업의 자유에서 도출되는 보호의무와 마찬가지로 사용자의 처분에 따른 직장 상실에 대하여 최소한의 보호를 제공하여야 할 의무를 국가에 지우는 것으로 볼 수 있다(헌재 2002. 11. 28. 2001헌바50).

▶ **근로기준법 제23조 제1항의 부당해고제한**: 근로기준법 제23조 제1항의 부당해고제한은 근로관계의 존속을 좌우하는 해고에 있어서 정당한 이유를 요구함으로써 사용자에 의한 일방적인 부당해고를 예방하는 역할을 하므로 근로조건을 이루는 중요한 사항에 해당하며, 근로의 권리의 내용에 포함된다(헌재 2019. 4. 11. 2017헌마820).

▶ **근로기준법에 마련된 해고예고제도**: 근로기준법에 마련된 해고예고제도는 근로조건의 핵심적 부분인 해고와 관련된 사항일 뿐만 아니라, 근로자가 갑자기 직장을 잃어 생활이 곤란해지는 것을 막는 데 목적이 있으므로 근로자의 인간 존엄성을 보장하기 위한 최소한의 근로조건으로서 근로의 권리의 내용에 포함된다(헌재 2015. 12. 23. 2014헌바3).

▶ **월급근로자로서 6개월이 되지 못한 자를 해고예고제도의 적용예외 사유로 규정하고 있는 근로기준법 제35조 제3호가 근무기간이 6개월 미만인 월급근로자의 근로의 권리를 침해하는지**(적극): 월급근로자로서 6월이 되지 못한 자는 대체로 기간의 정함이 없는 근로계약을 한 자들로서 근로관계의 계속성에 대한 기대가 크다고 할 것이므로, 이들에 대한 해고는 예기치 못한 돌발적 해고에 해당한다. 그럼에도 합리적 이유 없이 "월급근로자로서 6개월이 되지 못한자"를 해고예고제도의 적용대상에서 제외한 이 사건 법률조항은 근무기간이 6개월 미만인 월급근로자의 근로의 권리를 침해하고, 평등원칙에도 위배된다(헌재 2015. 12. 23. 2014헌바3).

▶ **일용근로자로서 3개월을 계속 근무하지 아니한 자를 해고예고제도의 적용제외사유로 규정하고 있는 근로기준법 제35조 제1호가 청구인의 근로의 권리를 침해하는지**(소극): 일용근로자는 계약한 1일 단위의 근로기간이 종료되면 해고의 절차를 거칠 것도 없이 근로관계가 종료되는 것이 원칙이므로, 그 성질상 해고예고의 예외를 인정한 것에 상당한 이유가 있다. 다만 3개월 이상 근무하는 경우에는 임시로 고용관계를 유지하고 있다고 보기 어렵고, 소득세법이나 산업재해보상보험법의 적용과 관련하여서도 상용근로자와 동일한 취급을 받게 되므로, 근로계약의 형식 여하에 불구하고 일용근로자를 상용근로자와 동일하게 취급하기 위한 최소한의 기간으로 3개월이라는 기준을 설정한 것이 입법재량의 범위를 현저히 일탈하였다고 볼 수 없다(헌재 2017. 5. 25. 2016헌마640).

Ⅱ 적정임금의 보장 등

헌법 제32조
① 모든 국민은 근로의 권리를 가진다. 국가는 사회적·경제적 방법으로 근로자의 고용의 증진과 적정임금의 보장에 노력하여야 하며, 법률이 정하는 바에 의하여 최저임금제를 시행하여야 한다.

판례

▶ **최저임금에 관한 권리**: 최저임금제도는 근로조건의 핵심적 부분인 임금과 관련된 사항일 뿐만 아니라, 근로자에 대하여 임금의 최저수준을 보장하여 근로자의 생활안정을 꾀하는 데 그 일차적인 목적이 있다. 따라서 최저임금은 인간의 존엄성을 보장하기 위한 최소한의 근로조건에 해당하며, 이에 관한 권리는 근로의 권리의 내용에 포함된다(헌재 2021. 12. 23. 2018헌마629).

▶ **근로기준법에 규정된 연차유급휴가를 받을 권리**: 근로기준법에 규정된 연차유급휴가는 근로자의 건강하고 문화적인 생활의 실현에 이바지할 수 있도록 여가를 부여하는 데 그 목적이 있으므로 이는 인간의 존엄성을 보장하기 위한 합리적인 근로조건에 해당한다. 따라서 연차유급휴가에 관한 권리는 인간의 존엄성을 보장받기 위한 최소한의 근로조건을 요구할 수 있는 권리로서 근로의 권리의 내용에 포함된다(헌재 2008. 9. 25. 2005헌마586).

▶ **최저임금을 청구할 권리**: 헌법 제32조 제1항 후단은 "국가는 사회적·경제적 방법으로 근로자의 고용의 증진과 적정임금의 보장에 노력하여야 하며, 법률이 정하는 바에 의하여 최저임금제를 시행하여야 한다."라고 규정하고 있어서 근로자가 최저임금을 청구할 수 있는 권리도 헌법상 바로 도출되는 것이 아니라 최저임금법 등 관련 법률이 구체적으로 정하는 바에 따라 비로소 인정될 수 있다(헌재 2012. 10. 25. 2011헌마307).

▶ **적정임금의 보장을 요구할 권리**: 헌법 제32조 제1항은 국가에게 사회적·경제적 방법으로 근로자의 고용의 증진과 적정임금의 보장에 노력할 의무와 법률이 정하는 바에 따라 최저임금제를 시행할 의무를 부과하고 있을 뿐이므로, 근로자 개인이 국가에 대하여 적정임금의 보장을 요구할 수 있는 권리가 헌법 제32조 제1항에 의하여 바로 도출된다고 보기 어렵다(헌재 2021. 12. 23. 2018헌마629).

▶ **퇴직급여를 청구할 권리**: 근로자가 퇴직급여를 청구할 수 있는 권리는 헌법상 바로 도출되는 것이 아니라 퇴직급여법 등 관련 법률이 구체적으로 정하는 바에 따라 비로소 인정될 수 있다(헌재 2011. 7. 28. 2009헌마408).

▶ **매월 1회 이상 정기적으로 지급하는 상여금 등 및 복리후생비의 일부를 최저임금에 산입하도록 한 최저임금법 조항이 입법형성의 재량 범위를 일탈하여 근로자의 근로의 권리를 침해하는지**(소극): 이 사건 조항은 근로자들이 실제 지급받는 임금과 최저임금 사이의 괴리를 극복하고, 근로자 간 소득격차 해소에 기여하며, 최저임금 인상으로 인한 사용자의 부담을 완화하고자 한 것이다. 매월 1회 이상 정기적으로 지급하는 상여금 등이나 복리후생비는 그 성질이나 실질적 기능 면에서 기본급과 본질적인 차이가 있다고 보기 어려우므로, 이를 최저임금에 산입하는 것은 그 합리성을 수긍할 수 있다. 따라서 이 사건 조항이 입법재량의 범위를 일탈하여 청구인 근로자들의 근로의 권리를 침해한다고 볼 수 없다(헌재 2021. 12. 23. 2018헌마629).

III 근로조건 기준 법정주의

> **헌법 제32조**
> ③ 근로조건의 기준은 인간의 존엄성을 보장하도록 법률로 정한다.

1. 의의

근로조건이라 함은 임금과 그 지불방법, 취업시간과 휴식시간, 안전시설과 위생시설, 재해보상 등 근로계약에 의하여 근로자가 근로를 제공하고 임금을 수령하는 것에 관한 조건들로서, 근로조건에 관한 기준을 법률로써 정한다는 것은 근로조건에 관하여 법률이 최저한의 제한을 설정한다는 의미이다(헌재 2011. 7. 28. 2009헌마408).

2. 입법형성권

인간의 존엄에 상응하는 근로조건의 기준이 무엇인지를 구체적으로 정하는 것은 일차적으로 입법자의 형성의 자유에 속하고, 이는 근로자보호의 필요성, 사용자의 법 준수능력, 국가의 근로감독능력 등을 모두 고려하여 입법정책적으로 결정할 문제이지만, 그 차별에는 합리적 근거가 있어야 하고, 자의적이어서는 안 된다(헌재 2007. 8. 30. 2004헌마670).

판례

▶ **부당해고제한제도에 대한 위헌성심사기준**: 입법자는 헌법 제32조 제3항에 의하여 인간의 존엄성에 부합하는 근로조건의 기준을 정하여야 하나, 심판대상조항이 근로의 권리를 침해하는지 여부는, 부당해고제한제도를 형성함에 있어 해고로부터 근로자를 보호할 의무를 전혀 이행하지 아니하거나 그 내용이 현저히 불합리하여 헌법상 용인될 수 있는 재량의 범위를 벗어난 것인지 여부에 달려 있다(헌재 2019. 4. 11. 2017헌마820).

▶ **퇴직급여제도의 적용대상에 대한 위헌성심사기준**: 퇴직급여제도의 적용대상에서 초단시간근로자를 배제한 심판대상조항이 헌법 제32조 제3항에 위배되는지 여부는 입법자가 퇴직급여제도를 형성함에 있어 근로자 보호의 필요성, 사용자의 부담능력, 목적달성에 소요되는 경제적·사회적 비용, 각종 사회보험제도의 활용이나 그러한 제도에 의한 대체나 보완가능성 등 제반사정을 고려하여 근로자 퇴직급여제도를 설정함에 있어 그 내용이 현저히 불합리하여 헌법상 용인될 수 있는 재량의 범위를 벗어난 것인지 여부에 달려 있다(헌재 2021. 11. 25. 2015헌바334).

▶ **주 52시간 상한제를 정하고 있는 근로기준법 제53조 제1항이 근로자인 청구인의 근로의 권리를 제한하는지**(소극): 근로의 권리에는 '일할 자리에 관한 권리'뿐만 아니라 '일할 환경에 관한 권리'가 포함되나, 이는 근로자를 보호하기 위한 것이므로, 사용자와 근로자 모두 주 52시간 이외에 더 이상 연장근로를 할 수 없도록 금지하는 것이 근로의 권리를 침해하는지는 문제되지 않는다(헌재 2024. 2. 28. 2019헌마500).

▶ **초단시간근로자를 퇴직급여제도의 적용대상에서 제외하고 있는 근로자퇴직급여 보장법 제4조 제1항 단서 부분이 헌법 제32조 제3항에 위배되는지**(소극): 퇴직급여제도는 사회보장적 급여의 성격과 근로자의 장기간 복무 및 충실한 근무를 유도하는 기능을 갖고 있으므로, 해당 사업 또는 사업장에의 전속성이나 기여도가 낮은 일부 근로자를 사용자의 부담이 요구되는 퇴직급여 지급대상에서 배제한 것이 입법형성권의 한계를 일탈하여 명백히 불공정하거나 불합리한 판단이라 볼 수는 없다. 따라서 심판대상조항은 헌법 제32조 제3항에 위배되는 것으로 볼 수 없다(헌재 2021. 11. 25. 2015헌바334).

▶ **계속근로기간 1년 미만인 근로자를 퇴직급여 지급대상에서 제외하는 근로자퇴직급여 보장법 제4조 제1항 단서 등이 헌법 제32조 제3항에 위반되는지**(소극) : 이 사건 법률조항이 '계속근로기간 1년 이상인 근로자인지 여부'라는 기준에 따라 퇴직급여법의 적용 여부를 달리한 것에는 합리적 이유가 있다고 인정되고, 그 기준이 인간의 존엄성을 전혀 보장할 수 없을 정도라고도 보기 어려우므로, 이 사건 법률조항이 헌법 제32조 제3항에 위반된다고 할 수 없다(헌재 2011. 7. 28. 2009헌마408).

▶ **동물의 사육 사업 근로자에 대하여 근로기준법 제4장에서 정한 근로시간 및 휴일 규정의 적용을 제외하도록 한 구 근로기준법 제63조 제2호 부분이 청구인의 근로의 권리를 침해하는지**(소극) : 축산업은 가축의 양육 및 출하에 있어 기후 및 계절의 영향을 강하게 받으므로, 근로시간 및 근로내용에 있어 일관성을 담보하기 어렵고, 사용자와 근로자 사이의 근로시간 및 휴일에 관한 사적 합의는 심판대상조항에 의한 제한을 받지 않는다. 우리나라 축산업의 상황을 고려할 때, 축산업 근로자들에게 근로기준법을 전면적으로 적용할 경우, 인건비 상승으로 인한 경제적 부작용이 초래될 위험이 있다. 위 점들을 종합하여 볼 때, 심판대상조항이 입법자가 입법재량의 한계를 일탈하여 인간의 존엄을 보장하기 위한 최소한의 근로조건을 마련하지 않은 것이라고 보기 어려우므로, 심판대상조항은 청구인의 근로의 권리를 침해하지 않는다(헌재 2021. 8. 31. 2018헌마563).

▶ **부당해고제한조항과 노동위원회 구제절차를 4인 이하 사업장에 적용되는 조항으로 나열하지 않은 근로기준법 시행령 제7조가 청구인의 근로의 권리를 침해하는지**(소극) : 일반적으로 4인 이하 사업장은 5명 이상 사업장에 비하여 매출규모나 영업이익 면에서 영세하여 재정능력과 관리능력이 상대적으로 미약한 경우가 많다. 해고 사유와 절차를 엄격하게 할 경우 소규모 자영업자들이 다수 포함된 4인 이하 사업장은 인력을 자유롭게 조절하기가 어려워 경기침체 등 기업여건 악화에 대응하기 어려울 수 있다. 또한 4인 이하 사업장에도 근로기준법 제35조의 해고예고제도가 적용되므로, 해고예고를 받은 날부터 30일분의 임금청구가 가능하여 4인 이하 사업장에 대한 최소한의 근로자 보호는 이루어지고 있다. 한편 노동위원회 구제절차는 부당해고제한조항의 적용을 전제로 하여서만 그 실익이 있다. 그렇다면 4인 이하 사업장에 부당해고제한조항이나 노동위원회 구제절차를 적용되는 근로기준법 조항으로 나열하지 않았다 하여 헌법상 용인될 수 있는 재량의 범위를 벗어난 것이라고 볼 수 없으므로, 심판대상조항은 청구인의 근로의 권리를 침해하지 아니한다(헌재 2019. 4. 11. 2017헌마820).

▶ **정직일수를 연가일수에서 공제하도록 규정하고 있는 국가공무원복무규정 제17조 제1항이 근로의 권리를 침해하는지**(소극) : 연차유급휴가는 일정기간 근로의무를 면제함으로써 근로자의 정신적·육체적 휴양을 통하여 문화적 생활의 향상을 기하려는 데 그 의의가 있으므로 근로의무가 면제된 정직일수를 연가일수에서 공제하였다고 하여 이 사건 법령조항이 현저히 불합리하다고 보기 어렵다. 따라서 이 사건 법령조항이 청구인의 근로의 권리를 침해한다고 볼 수 없다(헌재 2008. 9. 25. 2005헌마586).

3. 근로기준법 위반의 효력

근로기준법에 정한 기준에 달하지 못하는 근로조건을 정한 근로계약은 그 부분에 한하여 무효이므로 그것이 단체협약에 의한 것이라거나 근로자들의 승인을 받은 것이라고 하여 유효로 볼 수 없다(대판 1990. 12. 21. 90다카24496).

Ⅳ 여자와 연소자 근로의 특별보호

헌법 제32조
④ 여자의 근로는 특별한 보호를 받으며, 고용·임금 및 근로조건에 있어서 부당한 차별을 받지 아니한다.
⑤ 연소자의 근로는 특별한 보호를 받는다.

Ⅴ 국가유공자 등의 근로기회 우선 보장

헌법 제32조
⑥ 국가유공자·상이군경 및 전몰군경의 유가족은 법률이 정하는 바에 의하여 우선적으로 근로의 기회를 부여받는다.

헌법은 제32조 제6항에서 국가유공자 등에게 우선적으로 근로의 기회를 제공할 국가의 의무를 명시하고 있다. 하지만, 이는 헌법이 국가유공자 등이 조국광복과 국가민족에 기여한 공로에 대한 보훈의 한 방법을 구체적으로 '예시한 것'일 뿐이며, 동 규정과 헌법전문에 담긴 헌법정신에 따르면, 국가는 사회적 특수계급을 창설하지 않는 범위 내에서 국가유공자 등을 예우할 포괄적인 의무를 지고 있다고 해석된다(헌재 2003. 5. 15. 2002헌마90).

제5절 근로3권

헌법 제33조
① 근로자는 근로조건의 향상을 위하여 자주적인 단결권·단체교섭권 및 단체행동권을 가진다.
② 공무원인 근로자는 법률이 정하는 자에 한하여 단결권·단체교섭권 및 단체행동권을 가진다.
③ 법률이 정하는 주요방위산업체에 종사하는 근로자의 단체행동권은 법률이 정하는 바에 의하여 이를 제한하거나 인정하지 아니할 수 있다.

제1항 근로3권의 의의

근로3권이란 자본주의사회에서 경제적 약자인 근로자들이 근로조건의 향상을 위하여 자주적으로 조직체를 결성하고, 교섭하며, 단체행동을 할 수 있는 권리를 말한다. 여기서 근로자라 함은 직업의 종류를 불문하고 임금·급료 기타 이에 준하는 수입에 의하여 생활하는 자 즉 임금생활자를 의미한다(헌재 2015. 5. 28. 2013헌마671).

> **판례**
>
> ▶ **근로3권의 보장 취지**: 헌법이 근로3권을 보장하는 취지는 원칙적으로 개인과 기업의 경제상의 자유와 창의를 존중함을 기본으로 하는 시장경제의 원리를 경제의 기본질서로 채택하면서, 노동관계 당사자가 상반된 이해관계로 말미암아 계급적 대립·적대의 관계로 나아가지 않고 활동과정에서 서로 기능을 나누어 가진 대등한 교섭주체의 관계로 발전하게 하여 그들로 하여금 때로는 대립·항쟁하고, 때로는 교섭·타협의 조정과정을 거쳐 분쟁을 평화적으로 해결하게 함으로써, 근로자의 이익과 지위의 향상을 도모하는 사회복지국가 건설의 과제를 달성하고자 함에 있다(헌재 1993. 3. 11. 92헌바33).

제2항 근로3권의 법적 성격

헌법 제33조 제1항이 보장하는 근로3권은 근로자가 자주적으로 단결하여 근로조건의 유지·개선과 근로자의 복지증진 기타 사회적·경제적 지위의 향상을 도모함을 목적으로 단체를 자유롭게 결성하고, 이를 바탕으로 사용자와 근로조건에 관하여 자유롭게 교섭하며, 때로는 자신의 요구를 관철하기 위하여 단체행동을 할 수 있는 자유를 보장하는 자유권적 성격과 사회·경제적으로 열등한 지위에 있는 근로자로 하여금 근로자단체의 힘을 배경으로 그 지위를 보완·강화함으로써 근로자가 사용자와 실질적으로 대등한 지위에서 교섭할 수 있도록 해주는 기능을 부여하는 사회권적 성격도 함께 지닌 기본권이다(헌재 1998. 2. 27. 94헌바13).

> **판례**
>
> ▶ **근로기본권의 법적 성격**: 헌법 제32조 및 제33조에 규정된 근로기본권은 근로자의 근로조건을 개선함으로써 그들의 경제적·사회적 지위의 향상을 기하기 위한 것으로서 자유권적 기본권으로서의 성격보다는 생존권 내지 사회권적 기본권으로서의 측면이 보다 강한 것으로서 그 권리의 실질적 보장을 위해서는 국가의 적극적인 개입과 뒷받침이 요구되는 기본권이다(헌재 1991. 7. 22. 89헌가106).

제3항 근로3권의 내용

I 단결권

1. 의의

단결권이란 근로자가 주체가 되어 근로조건의 유지·개선과 근로자의 경제적·사회적 지위의 향상을 도모하기 위하여 자주적으로 노동조합을 결성하고, 가입하여 활동할 수 있는 권리를 말한다.

> **판례**
>
> ▶ **헌법이 근로자의 단결권을 별도로 규정한 이유**: 헌법이 근로자의 단결권을 결사의 자유와 별도로 규정하는 이유는 결사의 자유가 단순히 자유권적 성격만을 지니고 있는 반면에 근로자의 단결권은 사회권적 성격을 가진 자유권이라는 점에서 별도로 규정해야 할 필요가 있기 때문이지 국민의 정치의사형성과 관련하여 단체의 기능에 있어서 차이가 있기 때문인 것은 아니다(헌재 1999. 11. 25. 98헌마141).

2. 주체

단결권에는 개별 근로자가 노동조합 등 근로자단체를 조직하거나 그에 가입하여 활동할 수 있는 개별적 단결권뿐만 아니라 근로자단체가 존립하고 활동할 수 있는 집단적 단결권도 포함된다(헌재 2015. 5. 28. 2013헌마671).

3. 유형

헌법상 보장된 근로자의 단결권은 단결할 자유만을 가리킬 뿐이고, 단결하지 아니할 자유 이른바 소극적 단결권은 이에 포함되지 않는다(헌재 1999. 11. 25. 98헌마141).

> **판례**
>
> ▶ **소극적 단결권의 인정 근거**: 근로자가 노동조합을 결성하지 아니할 자유나 노동조합에 가입을 강제당하지 아니할 자유, 그리고 가입한 노동조합을 탈퇴할 자유는 근로자에게 보장된 단결권의 내용에 포섭되는 권리로서가 아니라 헌법 제10조의 행복추구권에서 파생되는 '일반적 행동의 자유' 또는 제21조 제1항의 '결사의 자유'에서 근거를 찾을 수 있다(헌재 2005. 11. 24. 2002헌바95).
>
> ▶ **당해 사업장에 종사하는 근로자의 3분의 2 이상을 대표하는 노동조합의 경우 단체협약을 매개로 한 조직강제(Union Shop)를 용인하고 있는 노동조합법 제81조 제1항 2호 단서가 헌법 제33조 제1항 등에 위반되는지**(소극): [근로자의 단결하지 아니할 자유와 노동조합의 적극적 단결권] 이 사건 법률조항은 지배적 노동조합의 경우 단체협약을 매개로 한 조직강제를 용인하고 있다. 이 경우 근로자의 단결하지 아니할 자유와 노동조합의 적극적 단결권(조직강제권)이 충돌하게 되나, 근로자에게 보장되는 적극적 단결권이 단결하지 아니할 자유보다 특별한 의미를 갖고 있고, 노동조합의 조직강제권도 자유권을 수정하는 의미의 생존권(사회권)적 성격을 함께 가지는 만큼 근로자 개인의 자유권에 비하여 보다 특별한 가치로 보장되는 점 등을 고려하면, 노동조합의 적극적 단결권은 근로자 개인의 단결하지 않을 자유보다 중시된다고 할 것이고, 또 노동조합에게 위와 같은 조직강제권을 부여한다고 하여 이를 근로자의 단결하지 아니할 자유의 본질적인 내용을 침해하는 것으로 단정할 수는 없다. [근로자의 단결선택권과 노동조합의 집단적 단결권] 이 사건 법률조항은 단체협약을 매개로 하여 특정 노동조합에의 가입을 강제함으로써 근로자의 단결선택권과 노동조합의 집단적 단결권(조직강제권)이 충돌하는 측면이 있으나, 이러한 조직강제를 적법·유효하게 할 수 있는 노동조합의 범위를 엄격하게 제한하고 지배적 노동조합의 권한남용으로부터 개별근로자를 보호하기 위한 규정을 두고 있는 등 전체적으로 상충되는 두 기본권 사이에 합리적인 조화를 이루고 있고 그 제한에 있어서도 적정한 비례관계를 유지하고 있으며, 또 근로자의 단결선택권의 본질적인 내용을 침해하는 것으로도 볼 수 없으므로, 근로자의 단결권을 보장한 헌법 제33조 제1항에 위반되지 않는다(헌재 2005. 11. 24. 2002헌바95).

Ⅱ 단체교섭권

1. 의의
단체교섭권이란 노동조합이 근로자들이 근로조건의 향상을 위하여 사용자나 사용자단체와 자주적으로 교섭하는 권리를 말한다.

2. 당사자
단체교섭의 당사자란 단체교섭에 대한 권리와 의무를 가진 자로서 스스로의 이름으로 단체교섭을 하고 그 결과인 단체협약의 권리와 의무를 부담하는 자를 의미한다. 근로자측 교섭당사자로는 소정의 노동조합 설립요건을 갖춘 적법한 노동조합이어야 한다(헌재 2006. 12. 28. 2004헌바67).

> **판례**
>
> ▶ **국가의 행정관청이 체결한 사법상 근로계약에 따른 근로계약관계에서 국가가 단체교섭의 당사자의 지위에 있는 사용자에 해당하는지**(적극): 국가의 행정관청이 사법상 근로계약을 체결한 경우 그 근로계약관계의 권리·의무는 행정주체인 국가에 귀속되므로, 국가는 그러한 근로계약관계에 있어서 노동조합 및 노동관계조정법 제2조 제2호에 정한 사업주로서 단체교섭의 당사자의 지위에 있는 사용자에 해당한다(대판 2008. 9. 11. 2006다40935).

3. 단체협약체결권
헌법이 단체협약체결권을 명시하여 규정하고 있지 않다고 하더라도 근로조건의 향상을 위한 근로자 및 그 단체의 본질적인 활동의 자유인 단체교섭권에는 단체협약체결권이 포함되어 있다(헌재 1998. 2. 27. 94헌바13).

> **판례**
>
> ▶ **사용자가 노동조합의 운영비를 원조하는 행위를 부당노동행위로 금지하는 노동조합법 조항이 노동조합의 단체교섭권을 침해하는지**(적극): 운영비 원조 행위에 대한 제한은 실질적으로 노동조합의 자주성이 저해되었거나 저해될 위험이 현저한 경우에 한하여 이루어져야 한다. 운영비원조금지조항은 단서에서 정한 두 가지 예외를 제외한 일체의 운영비 원조 행위를 금지하고 있으므로, 그 입법목적 달성을 위해서 필요한 범위를 넘어서 노동조합의 단체교섭권을 과도하게 제한한다. 따라서 운영비원조금지조항이 단서에서 정한 두 가지 예외를 제외한 운영비 원조 행위를 일률적으로 부당노동행위로 간주하여 금지하는 것은 침해의 최소성에 반한다(헌재 2018. 5. 31. 2012헌바90 헌법불합치).
>
> ▶ **하나의 사업 또는 사업장에 두 개 이상의 노동조합이 있는 경우 단체교섭에 있어 그 창구를 단일화하도록 하고 교섭대표가 된 노동조합에게만 단체교섭권을 부여하고 있는 노동조합법 조항이 청구인들의 단체교섭권을 침해하는지**(소극): 교섭창구단일화제도는 근로조건의 결정권이 있는 사업 또는 사업장 단위에서 복수 노동조합과 사용자 사이의 교섭절차를 일원화하여 효율적이고 안정적인 교섭체계를 구축하고, 소속 노동조합과 관계없이 조합원들의 근로조건을 통일하기 위한 것으로, 노사대등의 원리 하에 적정한 근로조건의 구현이라는 단체교섭권의 실질적인 보장을 위한 불가피한 제도라고 볼 수 있다. 따라서 심판대상조항들은 과잉금지원칙을 위반하여 청구인들의 단체교섭권을 침해한다고 볼 수 없다(헌재 2012. 4. 24. 2011헌마338).

▶ **노조전임자의 급여를 지원하는 행위를 금지하는 노동조합법 제81조 제4호 본문 부분이 과잉금지원칙에 위배되어 기업의 자유를 침해하는지**(소극) : 사용자가 노조전임자에 대한 급여지원 여부, 지원 규모 등을 조건으로 노동조합을 회유하거나 압박하는 등 노동조합의 활동에 영향력을 행사할 수 있으므로, 노동조합의 자주성의 중요성에 비추어 사용자의 이러한 행위는 금지하여야 할 필요성이 크다. 이 사건 급여지원금지조항으로 인하여 초래되는 사용자의 기업의 자유의 제한은 근로시간 면제 제도로 인하여 상당히 완화되는 반면에, 이 사건 급여지원금지조항은 노동조합의 자주성과 독립성 확보, 안정적인 노사관계의 유지와 산업 평화를 도모하기 위한 것으로서 그 공익은 중대하므로 법익의 균형성도 인정된다(헌재 2022. 5. 26. 2019헌바341).

Ⅲ 단체행동권

1. 의의

단체행동권이란 노동조합이 사용자에게 파업·태업 등의 수단으로 업무의 정상적인 운영을 저해하여 요구 조건을 받아들이도록 압력을 가할 수 있는 쟁의권을 말한다.

2. 요건

쟁의행위가 정당성을 갖추기 위하여는 우선 단체교섭과 관련하여 근로조건의 유지, 개선 등을 목적으로 하는 것으로서 그 목적이 정당하여야 하고, 그 시기와 절차가 법령의 규정에 따른 것으로서 정당하여야 하며, 또 그 방법과 태양이 폭력이나 파괴행위를 수반하거나 기타 고도의 반사회성을 띤 행위가 아닌 정당한 범위 내의 것이어야 한다(대판 1992. 1. 21. 선고 91누5204).

3. 보호

(1) 손해배상의 제한

사용자는 노동조합법에 의한 단체교섭 또는 쟁의행위로 인하여 손해를 입은 경우에 노동조합 또는 근로자에 대하여 그 배상을 청구할 수 없다(노동조합법 제3조).

(2) 정당행위

형법 제20조(정당행위)의 규정은 노동조합이 단체교섭·쟁의행위 기타의 행위로서 노동조합법의 목적을 달성하기 위하여 한 정당한 행위에 대하여 적용된다. 다만, 어떠한 경우에도 폭력이나 파괴행위는 정당한 행위로 해석되어서는 아니된다(노동조합법 제4조).

제4항 근로3권의 제한

I 일반근로자

헌법 제33조 제1항에서는 근로자의 단결권·단체교섭권 및 단체행동권을 보장하고 있는바, 현행 헌법에서 공무원 및 법률이 정하는 주요방위산업체에 종사하는 근로자와는 달리 특수경비원에 대해서는 단체행동권 등 근로3권의 제한에 관한 개별적 제한규정을 두고 있지 않다고 하더라도, 헌법 제37조 제2항의 일반유보조항에 따른 기본권제한의 원칙에 의하여 특수경비원의 근로3권 중 하나인 단체행동권을 제한할 수 있다(헌재 2009. 10. 29. 2007헌마1359).

> **판례**
>
> ▶ 공항·항만 등 국가중요시설의 경비업무를 담당하는 특수경비원에게 경비업무의 정상적인 운영을 저해하는 일체의 쟁의행위를 금지하는 경비업법 조항이 특수경비원의 단체행동권을 박탈하여 헌법 제33조 제1항에 위배되는지(소극): 이 사건 법률조항에 의한 쟁의행위의 금지는 특수경비원에게 보장되는 근로3권 중 단체행동권의 제한에 관한 법률조항에 해당하는 것으로서 헌법 제37조 제2항의 과잉금지원칙에 위반되는지 여부가 문제될 뿐이지 그 자체로 근로3권의 보장에 관한 헌법 제33조 제1항에 위배된다고 볼 수는 없다(헌재 2009. 10. 29. 2007헌마1359).
>
> ▶ 공항·항만 등 국가중요시설의 경비업무를 담당하는 특수경비원에게 경비업무의 정상적인 운영을 저해하는 일체의 쟁의행위를 금지하는 경비업법 조항이 과잉금지원칙을 위반하여 특수경비원의 단체행동권을 침해하는지(소극): 특수경비원 업무의 강한 공공성과 특히 특수경비원은 소총과 권총 등 무기를 휴대한 상태로 근무할 수 있는 특수성 등을 감안할 때, 특수경비원에 대하여 단결권, 단체교섭권에 대한 제한은 전혀 두지 아니하면서 단체행동권 중 '경비업무의 정상적인 운영을 저해하는 일체의 쟁위행위'만을 금지·제한하는 것은 입법목적 달성에 필요불가결한 최소한의 수단이라고 할 것이다. 이 사건 법률조항으로 인하여 특수경비원의 단체행동권이 제한되는 불이익을 받게 되는 것을 부정할 수는 없으나 국가나 사회의 중추를 이루는 중요시설 운영에 안정을 기함으로써 얻게 되는 국가안전보장, 질서유지, 공공복리 등의 공익이 매우 크다고 할 것이므로, 이 사건 법률조항에 의한 기본권제한은 법익의 균형성원칙에 위배되지 아니한다. 따라서 이 사건 법률조항은 과잉금지원칙에 위배되지 아니하므로, 헌법에 위반되지 아니한다(헌재 2009. 10. 29. 2007헌마1359).
>
> ▶ 청원경찰의 복무에 관하여 국가공무원법 제66조 제1항을 준용함으로써 노동운동을 금지하는 청원경찰법 제5조 제4항이 국가기관이나 지방자치단체 이외의 곳에서 근무하는 청원경찰들의 근로3권을 침해하는지(적극): 청원경찰은 일반근로자일 뿐 공무원이 아니므로 원칙적으로 헌법 제33조 제1항에 따라 근로3권이 보장되어야 한다. 청원경찰에 대하여 직접행동을 수반하지 않는 단결권과 단체교섭권을 인정하더라도 시설의 안전 유지에 지장이 된다고 단정할 수 없다. 청원경찰은 특정 경비구역에서 근무하며 그 구역의 경비에 필요한 한정된 권한만을 행사하므로, 청원경찰의 업무가 가지는 공공성이나 사회적 파급력은 군인이나 경찰의 그것과는 비교하여 견주기 어렵다. 그럼에도 심판대상조항은 군인이나 경찰과 마찬가지로 모든 청원경찰의 근로3권을 획일적으로 제한하고 있다. 따라서 심판대상조항이 모든 청원경찰의 근로3권을 전면적으로 제한하는 것은 과잉금지원칙을 위반하여 청구인들의 근로3권을 침해하는 것이다(헌재 2017. 9. 28. 2015헌마653 헌법불합치).

Ⅱ 공무원인 근로자

1. 근로3권의 보장

현행헌법 제33조 제2항은 구헌법과는 달리 국가공무원이든 지방공무원이든 막론하고 공무원의 경우에 전면적으로 단체행동권을 제한하거나 부인하는 것이 아니라 일정한 범위 내의 공무원인 노동자의 경우에는 단결권·단체교섭권을 포함하여 단체행동권을 갖는 것을 전제하였으며, 다만 그 구체적인 범위는 법률에서 정하여 부여하도록 위임하고 있다(헌재 1993. 3. 11. 88헌마5).

> **판례**
>
> ▶ **모든 공무원에게 단체행동권을 근본적으로 부인하고 있는 노동쟁의조정법 제12조 제2항이 위헌인지**(적극): 모든 공무원에게 단체행동권을 근본적으로 부인하고 있는 노동쟁의조정법 제12조 제2항 중 「국가·지방자치단체에 종사하는 노동자」에 관한 부분은 현행헌법 제33조 제2항의 규정과 저촉되고 충돌되는 것으로 헌법 제37조 제2항의 일반적 법률유보조항에 의하여서도 정당화될 수 없는 것이지만, 헌법 제33조 제2항의 규정은 일부 공무원에게는 단체행동권을 주지 않는다는 것도 전제하고 있으므로 합헌적인 면도 포함되어 있다(헌재 1993. 3. 11. 88헌마5 헌법불합치).

2. 입법형성권

국회는 헌법 제33조 제2항에 따라 공무원인 근로자에게 단결권·단체교섭권·단체행동권을 인정할 것인가의 여부, 어떤 형태의 행위를 어느 범위에서 인정할 것인가 등에 대하여 광범위한 입법형성의 자유를 가진다(헌재 2007. 8. 30. 2003헌바51).

3. 국가공무원법과 지방공무원법

(1) 국가공무원법

공무원은 노동운동이나 그 밖에 공무 외의 일을 위한 집단 행위를 하여서는 아니 된다. 다만, 사실상 노무에 종사하는 공무원은 예외로 한다. 사실상 노무에 종사하는 공무원의 범위는 대통령령 등으로 정한다(국가공무원법 제66조 제1항, 제2항).

> **판례**
>
> ▶ **사실상 노무에 종사하는 공무원에 한해 노동운동을 허용하는 국가공무원법 조항이 위헌인지**(소극): 국가공무원법 제66조 제1항이 근로3권이 보장되는 공무원의 범위를 사실상의 노무에 종사하는 공무원에 한정하고 있는 것은 헌법 제33조 제2항이 근로3권이 보장되는 공무원의 범위를 법률에 의하여 정하도록 유보함으로써 공무원의 국민 전체에 대한 봉사자로서의 지위 및 그 직무상의 공공성 등의 성질을 고려한 합리적인 공무원제도의 보장, 공무원제도와 관련한 주권자 등 이해관계인의 권익을 공공복리의 목적아래 통합 조정하려는 의도와 어긋나는 것이라고는 볼 수 없다. 그러므로 위 법률조항은 헌법 제33조 제2항이 입법권자에게 부여하고 있는 형성적 재량권의 범위를 벗어난 것이 아니며, 따라서 헌법에 위반하는 것이라고 할 수는 없다(헌재 1992. 4. 28. 90헌바27).

(2) 지방공무원법

공무원은 노동운동이나 그 밖에 공무 외의 일을 위한 집단행위를 하여서는 아니 된다. 다만, 사실상 노무에 종사하는 공무원은 예외로 한다(지방공무원법 제58조 제1항). 사실상 노무에 종사하는 공무원의 범위는 조례로 정한다(지방공무원법 제58조 제2항).

4. 공무원노조법

(1) 단결권

1) 노동조합 설립
공무원이 노동조합을 설립하려는 경우에는 국회·법원·헌법재판소·선거관리위원회·행정부·특별시·광역시·특별자치시·도·특별자치도·시·군·구 및 특별시·광역시·특별자치시·도·특별자치도의 교육청을 최소 단위로 한다(공무원노조법 제5조 제1항).

2) 가입 범위
업무의 주된 내용이 다른 공무원에 대하여 지휘·감독권을 행사하거나 다른 공무원의 업무를 총괄하는 업무에 종사하는 공무원, 업무의 주된 내용이 인사·보수 또는 노동관계의 조정·감독 등 노동조합의 조합원 지위를 가지고 수행하기에 적절하지 아니한 업무에 종사하는 공무원, 교정·수사 등 공공의 안녕과 국가안전보장에 관한 업무에 종사하는 공무원은 노동조합에 가입할 수 없다(공무원노조법 제6조 제2항).

(2) 단체교섭권

노동조합의 대표자는 그 노동조합에 관한 사항 또는 조합원의 보수·복지, 그 밖의 근무조건에 관하여 국회사무총장·법원행정처장·헌법재판소사무처장·중앙선거관리위원회사무총장·인사혁신처장·특별시장·광역시장·특별자치시장·도지사·특별자치도지사·시장·군수·구청장 또는 특별시·광역시·특별자치시·도·특별자치도의 교육감 중 어느 하나에 해당하는 사람과 각각 교섭하고 단체협약을 체결할 권한을 가진다. 다만, 법령 등에 따라 국가나 지방자치단체가 그 권한으로 행하는 정책결정에 관한 사항, 임용권의 행사 등 그 기관의 관리·운영에 관한 사항으로서 근무조건과 직접 관련되지 아니하는 사항은 교섭의 대상이 될 수 없다(공무원노조법 제8조 제1항).

> **판례**
>
> ▶ '법령 등에 의하여 국가 또는 지방자치단체가 그 권한으로 행하는 정책결정에 관한 사항, 임용권의 행사 등 그 기관의 관리·운영에 관한 사항으로서 근무조건과 직접 관련되지 아니하는 사항'에 대해서는 단체교섭을 할 수 없도록 규정하고 있는 공무원노조법 제8조 제1항 단서가 청구인들의 단체교섭권을 침해하는지(소극): "정책결정에 관한 사항, 임용권의 행사 등 그 기관의 관리·운영에 관한 사항으로서 근무조건과 직접 관련되지 아니하는 사항"을 단체교섭의 대상에서 제외시킨 공노법 제8조 제1항 단서는 정부의 정책결정 및 관리운영사항은 교섭대상 사항이 아니라고 본 것으로, 정책결정 및 관리운영사항 일체를 교섭대상에서 제외시킨 것이 아니고, 정부의 정책결정 및 관리운영사항 중에서도 근무조건과 직접 관련되는 사항에 대하여는 단체교섭을 허용하고 있으므로, 합리적 근거 없이 입법형성권의 범위를 일탈하여 청구인들의 단체교섭권을 침해하는 것으로 볼 수 없다(헌재 2008. 12. 26. 2005헌마971).

(3) 단체행동권

노동조합과 그 조합원은 파업, 태업 또는 그 밖에 업무의 정상적인 운영을 방해하는 어떠한 행위도 하여서는 아니 된다(공무원노조법 제11조)

> **판례**
>
> ▶ **공무원에 대하여 일체의 쟁의행위를 금지한 공무원노조법 제11조가 청구인들의 단체행동권을 침해하는지**(소극) : 공무원이 쟁의행위를 통하여 공무원 집단의 이익을 대변하는 것은 국민전체에 대한 봉사자로서의 공무원의 지위와 특성에 반하고 국민전체의 이익추구에 장애가 되며, 공무원의 보수 등 근무조건은 국회에서 결정되고 그 비용은 최종적으로 국민이 부담하는바, 공무원의 파업으로 행정서비스가 중단되면 국가기능이 마비될 우려가 크고 그 손해는 고스란히 국민이 부담하게 되며, 공공업무의 속성상 공무원의 파업에 대한 정부의 대응수단을 찾기 어려워 노사 간 힘의 균형을 확보하기 어렵다. 따라서, 공무원에 대하여 일체의 쟁의행위를 금지한 공노법 제11조는 헌법 제33조 제2항에 따른 입법형성권의 범위 내에 있어 헌법에 위배되지 아니한다(헌재 2008. 12. 26. 2005헌마971).

5. 교원노조법

(1) 교원

교원이란 유아교육법에 따른 교원, 초·중등교육법에 따른 교원, 고등교육법에 따른 교원(강사 제외)을 말한다(교원노조법 제2조).

> **판례**
>
> ▶ **교원노조법의 적용대상을 초·중등교육법상의 교원이라고 규정함으로써, 고등교육법에서 규율하는 대학교원들의 단결권을 인정하지 않는 교원노조법 조항에 대한 위헌성 심사기준** : 대학교원에는 교육공무원인 교원과 교육공무원이 아닌 교원이 모두 포함되어 있다. 이 사건에서는 대학교원을 교육공무원 아닌 대학교원과 교육공무원인 대학교원으로 나누어, 각각의 단결권에 대한 제한이 헌법에 위배되는지 여부에 관하여 살펴보기로 하되, 교육공무원 아닌 대학교원에 대해서는 과잉금지원칙 위배 여부를 기준으로, 교육공무원인 대학 교원에 대해서는 입법형성의 범위를 일탈하였는지 여부를 기준으로 심사하기로 한다(헌재 2018. 8. 30. 2015헌가38).
>
> ▶ **교원노조법의 적용대상을 초·중등교육법상의 교원이라고 규정함으로써, 고등교육법에서 규율하는 대학교원들의 단결권을 인정하지 않는 교원노조법 제2조가 헌법에 위반되는지**(적극) : [교육공무원이 아닌 대학교원] 심판대상조항이 교원노조를 설립하거나 가입하여 활동할 수 있는 자격을 초·중등교원으로 한정함으로써 교육공무원이 아닌 대학교원에 대해서는 근로기본권의 핵심인 단결권조차 전면적으로 부정한 측면에 대해서는 입법목적의 정당성을 인정하기 어렵고, 수단의 적합성 역시 인정할 수 없다. 대학교원에게도 단결권을 인정하면서 다만 해당 노동조합이 행사할 수 있는 권리를 다른 노동조합과 달리 강한 제약 아래 두는 방법도 얼마든지 가능하므로, 단결권을 전면적으로 부정하는 것은 필요 최소한의 제한이라고 보기 어렵다. 따라서 심판대상조항은 과잉금지원칙에 위배된다. [교육공무원인 대학교원] 교육공무원인 대학교원에 대하여 보더라도, 교육공무원의 직무수행의 특성과 헌법 제33조 제1항 및 제2항의 정신을 종합해 볼 때, 교육공무원에게 근로3권을 일체 허용하지 않고 전면적으로 부정하는 것은 합리성을 상실한 과도한 것으로서 입법형성권의 범위를 벗어나 헌법에 위반된다(헌재 2018. 8. 30. 2015헌가38 헌법불합치).

> ▶ **교원노조법의 적용을 받는 교원의 범위를 초·중등학교에 재직 중인 교원으로 한정하고 있는 교원노조법 제2조가 전국교직원노동조합 및 해직 교원들의 단결권을 침해하는지**(소극) : 교원노조는 교원을 대표하여 단체교섭권을 행사하는 등 교원의 근로조건에 직접적이고 중대한 영향력을 행사하고, 교원의 근로조건과 직접 관련이 없는 교원이 아닌 사람을 교원노조의 조합원 자격에서 배제하는 것이 단결권의 지나친 제한이라고 볼 수 없으므로 이 사건 법률조항은 침해의 최소성에도 위반되지 않는다. 이 사건 법률조항으로 인하여 교원노조 및 해직 교원의 단결권 자체가 박탈된다고 할 수는 없는 반면, 교원이 아닌 자가 교원노조의 조합원 자격을 가질 경우 교원노조의 자주성에 대한 침해는 중대할 것이어서 법익의 균형성도 갖추었으므로, 이 사건 법률조항은 청구인들의 단결권을 침해하지 아니한다(헌재 2015. 5. 28. 2013헌마671).

(2) 노동조합의 설립

유아교육법과 초·중등교육법상의 교원은 특별시·광역시·특별자치시·도·특별자치도 단위 또는 전국 단위로만 노동조합을 설립할 수 있고, 고등교육법상의 교원은 개별학교 단위, 시·도 단위 또는 전국 단위로 노동조합을 설립할 수 있다(교원노조법 제4조 제1항, 제2항).

(3) 단체교섭

노동조합의 대표자는 그 노동조합 또는 조합원의 임금, 근무 조건, 후생복지 등 경제적·사회적 지위 향상에 관하여 교육부장관, 시·도 교육감 또는 사립학교 설립·경영자 등과 교섭하고 단체협약을 체결할 권한을 가진다(교원노조법 제6조 제1항).

(4) 단체행동권

노동조합과 그 조합원은 파업, 태업 또는 그 밖에 업무의 정상적인 운영을 방해하는 어떠한 쟁의행위도 하여서는 아니 된다(교원노조법 제8조).

Ⅲ 주요방위산업체에 종사하는 근로자

법률이 정하는 주요방위산업체에 종사하는 근로자의 단체행동권은 법률이 정하는 바에 의하여 이를 제한하거나 인정하지 아니할 수 있다(헌법 제33조 제3항).

Ⅳ 비상계엄지역에서의 제한

비상계엄지역에서 계엄사령관은 군사상 필요할 때에는 체포·구금·압수·수색·거주·이전·언론·출판·집회·결사 또는 단체행동에 대하여 특별한 조치를 할 수 있다(계엄법 제9조 제1항).

> **판례**
>
> ▶ **국가비상사태 하에서 근로자의 단체교섭권 및 단체행동권을 제한한 구 국가보위에 관한 특별조치법 제11조 제2항이 근로3권의 본질적인 내용을 침해하는지**(적극) : 헌법 제37조 제2항 전단에 의하여 근로자의 근로3권에 대해 일부 제한이 가능하다 하더라도, '공무원 또는 주요방위사업체 근로자'가 아닌 근로자의 근로3권을 전면적으로 부정하는 것은 헌법 제37조 제2항 후단의 본질적 내용 침해금지에 위반된다. 그런데 심판대상조항은 단체교섭권·단체행동권이 제한되는 근로자의 범위를 구체적으로 제한함이 없이, 단체교섭권·단체행동권의 행사요건 및 한계 등에 관한 기본적 사항조차 법률에서 정하지 아니한 채, 그 허용 여부를 주무관청의 조정결정에 포괄적으로 위임하고 이에 위반할 경우 형사처벌하도록 하고 있는바, 이는 모든 근로자의 단체교섭권·단체행동권을 사실상 전면적으로 부정하는 것으로서 헌법에 규정된 근로3권의 본질적 내용을 침해하는 것이다(헌재 2015. 3. 26. 2014헌가5).

제6절 환경권과 보건권

제1항 환경권

> **헌법 제35조**
> ① 모든 국민은 건강하고 쾌적한 환경에서 생활할 권리를 가지며, 국가와 국민은 환경보전을 위하여 노력하여야 한다.
> ② 환경권의 내용과 행사에 관하여는 법률로 정한다.
> ③ 국가는 주택개발정책 등을 통하여 모든 국민이 쾌적한 주거생활을 할 수 있도록 노력하여야 한다.

참고
▶ **헌정사**: 환경권은 1980년 제8차 개정헌법에서, 쾌적한 주거생활권은 현행헌법에서 도입

Ⅰ 환경권의 의의

환경권은 건강하고 쾌적한 생활을 유지하는 조건으로서 양호한 환경을 향유할 권리이고 생명·신체의 자유를 보호하는 토대를 이루며 궁극적으로 '삶의 질' 확보를 목표로 하는 권리이다(헌재 2008. 7. 31. 2006헌마711).

판례
▶ **헌법 제35조 제1항의 환경을 보전한다는 의미**: 헌법 제35조 제1항에 따라 환경을 '보전'한다는 것에는 미래에도 생산 및 생활의 기반이 되는 환경적 조건을 훼손하지 않고 유지한다는 의미가 포함되어 있다(헌재 2024. 8. 29. 2020헌마389).

Ⅱ 환경권의 법적 성격 등

1. 법적 성격

환경권을 행사함에 있어 국민은 국가로부터 건강하고 쾌적한 환경을 향유할 수 있는 자유를 침해당하지 않을 권리를 행사할 수 있고, 일정한 경우 국가에 대하여 건강하고 쾌적한 환경에서 생활할 수 있도록 요구할 수 있는 권리가 인정되기도 하는바, 환경권은 그 자체 '종합적 기본권'으로서의 성격을 지닌다(헌재 2008. 7. 31. 2006헌마711).

2. 입법형성권

환경권의 내용과 행사는 법률에 의해 구체적으로 정해지는 것이기는 하나, 이 헌법조항의 취지는 특별히 명문으로 헌법에서 정한 환경권을 입법자가 그 취지에 부합하도록 법률로써 내용을 구체화하도록 한 것이지 환경권이 완전히 무의미하게 되는데도 그에 대한 입법을 전혀 하지 아니하거나, 어떠한 내용이든 법률로써 정하기만 하면 된다는 것은 아니다. 그러므로 일정한 요건이 충족될 때 환경권 보호를 위한 입법이 없거나 현저히 불충분하여 국민의 환경권을 과도하게 침해하고 있다면 헌법재판소에 그 구제를 구할 수 있다(헌재 2008. 7. 31. 2006헌마711).

> **판례**
>
> ▶ **환경부장관이 자동차 제작자에게 자동차교체명령을 해야 할 헌법상 작위의무가 인정되는지**(소극): 헌법 제35조 제1항은 환경정책에 관한 국가적 규제와 조정을 뒷받침하는 헌법적 근거로서 대기오염으로 인한 국민건강 및 환경에 대한 위해를 방지하여야 할 국가의 추상적인 의무는 도출될 수 있으나, 이로부터 청구인들이 주장하는 바와 같이 환경부장관이 위 주식회사 등에게 자동차교체명령을 하여야 할 구체적이고 특정한 작위의무가 도출된다고는 볼 수 없다(헌재 2018. 3. 29. 2016헌마795).
>
> ▶ **독서실과 같이 정온을 요하는 사업장의 실내소음 규제기준을 규정하지 아니한 진정입법부작위에 대한 심판청구가 적법한지**(소극): 헌법 제35조 제1항, 제2항만으로는 헌법이 독서실과 같이 정온을 요하는 사업장의 실내소음 규제기준을 마련하여야 할 구체적이고 명시적인 입법의무를 부과하였다고 볼 수 없고, 정온을 요하는 사업장의 실내소음 규제기준을 마련할 것인지 여부나 소음을 제거·방지할 수 있는 다양한 수단과 방법 중 어떠한 방법을 채택하고 결합할 것인지 여부는 당시의 기술 수준이나 경제적·사회적·지역적 여건 등을 종합적으로 고려하지 않을 수 없으므로, 독서실과 같이 정온을 요하는 사업장의 실내소음 규제기준을 만들어야 할 입법의무가 헌법의 해석상 곧바로 도출된다고 보기도 어렵다(헌재 2017. 12. 28. 2016헌마45).

Ⅲ 환경권의 내용

1. 보호 대상

건강하고 쾌적한 환경에서 생활할 권리를 보장하는 환경권의 보호 대상이 되는 환경에는 자연 환경뿐만 아니라 인공적 환경과 같은 생활환경도 포함된다(헌재 2008. 7. 31. 2006헌마711).

2. 쾌적한 주거생활권

국가는 노인의 특성에 적합한 주택정책을 복지향상차원에서 개발하여 노인으로 하여금 쾌적한 주거활동을 할 수 있도록 노력하여야 할 의무를 부담한다(헌재 2016. 6. 30. 2015헌바46).

> **판례**
>
> ▶ **교도소 독거실 내 화장실 창문과 철격자 사이에 안전 철망을 설치한 행위가 청구인의 환경권 등을 침해하는지**(소극): 교정시설 내 자살사고는 수용자 본인이 생명을 잃는 중대한 결과를 초래할 뿐만 아니라 다른 수용자들에게도 직접적으로 부정적인 영향을 미치고 나아가 교정시설이나 교정정책 전반에 대한 불신을 야기할 수 있다는 점에서 이를 방지할 필요성이 매우 크고, 그에 비해 청구인에게 가해지는 불이익은 채광·통풍이 다소 제한되는 정도에 불과하다. 따라서 이 사건 설치행위는 청구인의 환경권 등 기본권을 침해하지 아니한다(헌재 2014. 6. 26. 2011헌마150).

Ⅳ 환경권의 효력

국가가 국민의 기본권을 적극적으로 보장하여야 할 의무가 인정된다는 점, 헌법 제35조 제1항이 국가와 국민에게 환경보전을 위하여 노력하여야 할 의무를 부여하고 있는 점, 환경침해는 사인에 의해서 빈번하게 유발되므로 입법자가 그 허용 범위에 관해 정할 필요가 있다는 점, 환경피해는 생명·신체의 보호와 같은 중요한 기본권적 법익 침해로 이어질 수 있다는 점 등을 고려할 때, 일정한 경우 국가는 사인인 제3자에 의한 국민의 환경권 침해에 대해서도 적극적으로 기본권 보호조치를 취할 의무를 진다(헌재 2008. 7. 31. 2006헌마711).

> **판례**
>
> ▶ **공직선거에서 발생하는 소음으로 인한 환경권 침해의 심사기준**: 일정한 경우 국가는 사인인 제3자에 의한 국민의 환경권 침해에 대해서도 적극적으로 기본권 보호조치를 취할 의무를 지나, 헌법재판소가 이를 심사할 때에는 국가가 국민의 기본권적 법익 보호를 위하여 적어도 적절하고 효율적인 최소한의 보호조치를 취했는가 하는 이른바 "과소보호금지원칙"의 위반 여부를 기준으로 삼아야 한다(헌재 2008. 7. 31. 2006헌마711).
>
> ▶ **기후위기에 대응한 국가의 온실가스 감축목표 설정과 국제기준**: 국가가 기후위기에 대응하여 온실가스 감축을 위한 목표와 계획을 세우고 이행하는 것은 헌법 제35조 제1항에 따른 환경보전을 위한 노력임과 동시에 헌법 제34조 제6항에 따른 재해 예방을 위한 노력으로서 이러한 노력은 헌법상 국가의 의무에 해당한다. 그런데 환경권은 이른바 제3세대 인권으로서 국제적 연대에 의한 보장이 필요한 영역이 많고, 기후위기의 위험상황은 전 지구적인 연대로써 대응하여야 하는 대표적인 영역에 해당한다. 따라서 헌법상 환경권의 해석과 관련해서는 국제기준을 고려할 수 있고, 이러한 맥락에서 기후위기에 대한 대응으로서 국가가 온실가스 감축목표를 설정할 때에는 전 지구적 차원의 온실가스 감축 노력에 대한 우리나라의 기여가 그 몫에 부합하도록 할 필요가 있다(헌재 2024. 8. 29. 2020헌마389).

제2항 보건권과 모성을 보호받을 권리

> **헌법 제36조**
> ② 국가는 모성의 보호를 위하여 노력하여야 한다.
> ③ 모든 국민은 보건에 관하여 국가의 보호를 받는다.

> **참고**
>
> ▶ **헌정사**: 모성을 보호받을 권리는 1987년 현행헌법에서 신설, 보건권은 제헌헌법 당시 혼인의 순결과 가족의 건강에 관한 국가의 특별보호에서 시작하여 1962년 헌법에서 명문으로 규정

I 보건권의 의의

보건권이란 국민이 자신의 건강을 유지하는 데 필요한 국가적 급부와 배려를 요구할 수 있는 권리를 말한다(헌재 2009. 2. 26. 2007헌마1285).

II 보건권의 주체

국가의 국민보건에 관한 보호의무를 명시한 헌법 제36조 제3항에 의한 권리를 헌법소원을 통하여 주장할 수 있는 자는 직접 자신의 보건이나 의료문제가 국가에 의해 보호받지 못하고 있는 의료수혜자적 지위에 있는 국민이라고 할 것이므로 의료시술자적 지위에 있는 안과의사가 자기 고유의 업무범위를 주장하여 다투는 경우에는 위 헌법규정을 원용할 수 없다(헌재 1993. 11. 25. 92헌마87).

Ⅲ 보건권의 내용

헌법 제36조 제3항은 보건에 관한 권리를 규정하고 있고, 이에 따라 국가는 국민의 건강을 소극적으로 침해하여서는 아니 될 의무를 부담하는 것에서 한 걸음 더 나아가 적극적으로 국민의 보건을 위한 정책을 수립하고 시행하여야 할 의무를 부담한다(헌재 1995. 4. 20. 91헌바11).

CHAPTER 08 국민의 기본적 의무

제1절 납세의 의무

> **헌법 제38조**
> 모든 국민은 법률이 정하는 바에 의하여 납세의 의무를 진다.

제2절 국방의 의무

> **헌법 제39조**
> ① 모든 국민은 법률이 정하는 바에 의하여 국방의 의무를 진다.
> ② 누구든지 병역의무의 이행으로 인하여 불이익한 처우를 받지 아니한다.

제1항 국방의 의무의 의의

Ⅰ 국방의 의무의 개념

국방의 의무는 외부의 적대세력의 직접적·간접적인 위협으로부터 국가의 독립을 유지하고 영토를 보전하기 위한 의무를 말한다(헌재 1995. 12. 28. 91헌마80).

Ⅱ 입법형성권

입법자는 국가의 안보상황, 재정능력 등의 여러 가지 사정을 고려하여 필요한 범위 내에서 이러한 국방의무를 법률로써 구체적으로 형성할 수 있는바, 그 기본적인 사항을 규율하는 법률이 병역법이다(헌재 2012. 10. 25. 2011헌마307).

제2항 국방의 의무의 내용

I 군사적 역무

1. 병력형성의 의무

현대전이 고도의 과학기술과 정보를 요구하고 국민전체의 협력을 필요로 하는 이른바 총력전인 점에 비추어 단지 병역법에 의하여 군복무에 임하는 등의 '직접적인 병력형성의무'만을 가리키는 것이 아니라, 병역법, 향토예비군설치법, 민방위기본법, 비상대비자원관리법 등에 의한 '간접적인 병력형성의무' 및 병력형성 이후 '군작전명령에 복종하고 협력하여야 할 의무'도 포함하는 개념이다(헌재 2002. 11. 28. 2002헌바45).

2. 병역부담평등의 원칙

국민개병주의를 규정한 헌법 제39조, 평등의 원칙을 규정한 헌법 제11조에서 나오는 병역부담평등의 원칙은 헌법적 요청일 뿐만 아니라, 우리나라에서 그것은 다른 어느 사회와도 비교할 수 없을 정도로 강력하고도 절대적인 사회적 요구이다(헌재 2006. 11. 30. 2005헌마739).

3. 불이익처우의 금지

헌법 제39조 제2항은 병역의무를 이행한 사람에게 보상조치를 취하거나 특혜를 부여할 의무를 국가에게 지우는 것이 아니라, 법문 그대로 병역의무의 이행을 이유로 불이익한 처우를 하는 것을 금지하고 있을 뿐이다. 그리고 이 조항에서 금지하는 "불이익한 처우"라 함은 단순한 사실상, 경제상의 불이익을 모두 포함하는 것이 아니라 법적인 불이익을 의미하는 것으로 보아야 한다(헌재 1999. 12. 23. 98헌바33).

> **판례**
>
> ▶ **국가정보원의 2005년도 7급 제한경쟁시험 채용공고 중 '남자는 병역을 필한 자' 부분이 헌법 제39조 제2항에서 금지하는 '불이익한 처우'에 해당하는지**(소극) : 이 사건 공고는 현역군인 신분자에게 다른 직종의 시험응시기회를 제한하고 있으나 이는 병역의무 그 자체를 이행하느라 받는 불이익으로서 병역의무 중에 입는 불이익에 해당될 뿐, 병역의무의 이행을 이유로 한 불이익은 아니므로 이 사건 공고로 인하여 현역군인이 타 직종에 시험응시를 하지 못하는 것은 헌법 제39조 제2항에서 금지하는 '불이익한 처우'라 볼 수 없다(헌재 2007. 5. 31. 2006헌마627).
>
> ▶ **향토예비군설치법에 따라 예비군훈련소집에 응하여 훈련을 받는 것이 보상을 요하는 특별한 희생인지**(소극) : 국방의 의무는 외부 적대세력의 직·간접적인 침략행위로부터 국가의 독립을 유지하고 영토를 보전하기 위한 의무로서, 헌법에서 이러한 국방의 의무를 국민에게 부과하고 있는 이상 향토예비군설치법에 따라 예비군훈련소집에 응하여 훈련을 받는 것은 국민이 마땅히 하여야 할 의무를 다하는 것일 뿐, 국가나 공익목적을 위하여 특별한 희생을 하는 것이라고 할 수 없다. 즉, 국민이 헌법에 따라 부과되는 의무를 이행하는 것은 국가의 존속과 활동을 위하여 불가결한 일인데, 그러한 의무를 이행하였다고 하여 이를 특별한 희생으로 보아 일일이 보상하여야 한다고 할 수는 없다(헌재 2003. 6. 26. 2002헌마484).

Ⅱ 비군사적 역무

오늘날 국가안보의 개념이 군사적 위협뿐만 아니라 자연재난이나 사회재난, 테러 등으로 인한 안보 위기에 대한 대응을 포함하는 포괄적 안보 개념으로 나아가고 있는 점 등을 고려할 때, 국방의 의무의 내용은 군에 복무하는 등의 군사적 역무에만 국한되어야 한다고 볼 수 없다. 즉, 전시·사변 또는 이에 준하는 비상사태, 재난사태 발생 시의 방재·구조·복구 등 활동이나, 그러한 재난사태를 예방하기 위한 소방·보건의료·방재·구호 등 활동도 넓은 의미의 안보에 기여할 수 있으므로, 그와 같은 비군사적 역무 역시 입법자의 형성에 따라 국방의 의무 또는 그 주요한 부분을 이루는 병역의무의 내용에 포함될 수 있다(헌재 2018. 6. 28. 2011헌바379).

제3절 교육을 받게 할 의무

> **헌법 제31조**
> ② 모든 국민은 그 보호하는 자녀에게 적어도 초등교육과 법률이 정하는 교육을 받게 할 의무를 진다.

제4절 근로의 의무

> **헌법 제32조**
> ② 모든 국민은 근로의 의무를 진다.

제5절 환경보전의 의무

> **헌법 제35조**
> ① 모든 국민은 건강하고 쾌적한 환경에서 생활할 권리를 가지며, 국가와 국민은 환경보전을 위하여 노력하여야 한다.

박충신 헌법
기본 이론서

제1장	통치구조의 기본과제와 체계
제2장	통치기능론
제3장	통치구조의 구성원리
제4장	통치형태론
제5장	통치기구

PART 03

통치구조

CHAPTER 01 통치구조의 기본과제와 체계

제1항 통치구조의 기본과제

Ⅰ 기본권 기속성

통치구조의 일차적 과제는 국가 내의 모든 권한 행사가 언제나 기본권에 기속(羈束)되도록 하는 제도적 장치를 마련하는 것이다.

Ⅱ 민주적 정당성

통치권의 민주적 정당성이란 통치권의 창설은 물론이고 국가 내에서 행사되는 모든 권한이 언제나 국민의 공감대에 바탕을 두어야 할 뿐 아니라 국민의 공감대에 귀착될 수 없는 통치권 행사는 정당화될 수 없다는 통치권의 창설과 존속의 원리를 말한다. 통치기관에 부여되는 민주적 정당성의 크기는 그 기관의 선출 내지 구성방법에 따라 좌우되는데, 당해 기관이 행사할 수 있는 헌법적 권능은 그 기관이 갖고 있는 민주적 정당성의 크기에 상응해야 한다.

Ⅲ 절차적 정당성

자유민주적 통치구조는 통치권의 행사가 절차적 측면에서도 정당성을 가질 수 있도록 적절한 권력 통제장치를 마련해야 한다.

제2항 통치구조의 체계

통치기능론	• 통치기구가 국가목적을 실현하기 위해 수행하는 기능 • 입법기능, 집행기능, 사법기능
통치구조의 구성원리론	• 국가의 통치조직 및 작용의 기본원리 • 국민주권, 대의제, 권력분립, 법치주의, 책임정치
통치형태론	• 권력분립원리의 구체적 실현형태 • 의원내각제, 대통령제, 이원집행부제, 의회정부제
통치기구론	• 국가목적을 현실적으로 실현하기 위해 조직된 기구 • 국회, 대통령과 정부, 선거관리위원회, 법원, 헌법재판소

CHAPTER 02 통치기능론

제1절 입법작용

제1항 입법과 입법권

I 입법

입법이란 일반적이고 추상적인 성문의 법규범을 정립하는 작용을 의미한다.

II 입법권

> 헌법 제40조
> 입법권은 국회에 속한다.

제2항 국회의 입법권

I 법률제정권

> 헌법 제53조
> ① 국회에서 의결된 법률안은 정부에 이송되어 15일 이내에 대통령이 공포한다.

1. 법률의 의미

국회의 법률제정권에서 법률은 국회가 제정하는 형식적 의미의 법률을 의미한다.

2. 법률의 형태

(1) 일반적 법률

일반적 법률이란 일반적이고 추상적인 형식의 법률을 말한다. 즉 법률에 규정된 법적 효과가 집행작용이나 사법작용을 매개로 해서 개별적이고 구체적인 사건에 발생하는 법률을 말한다. 여기서 일반적이란 법률의 수범자가 불특정 다수임을 말하고, 추상적이란 규율대상이 구체적 사건에 한정되지 아니함을 말한다.

(2) **처분적 법률**

처분적 법률이란 행정작용이나 사법작용을 매개로 하지 아니하고 법률에서 직접 국민에게 권리를 제한하거나 의무를 부과하는 법률, 즉 자동집행력을 갖는 법률을 말한다(헌재 1989. 12. 18. 89헌마32).

(3) **집행적 법률**

집행적 법률이란 일반적(수범자의 불특정)·추상적(규율대상의 불특정) 규율이기는 하나, 집행행위를 매개로 하지 않고 직접 국민의 권리나 의무를 규율하는 법률을 말한다.

Ⅱ 헌법개정안 제안·의결권

> **헌법 제128조**
> ① 헌법개정은 국회재적의원 과반수 또는 대통령의 발의로 제안된다.
>
> **헌법 제130조**
> ① 국회는 헌법개정안이 공고된 날로부터 60일 이내에 의결하여야 하며, 국회의 의결은 재적의원 3분의 2 이상의 찬성을 얻어야 한다.

Ⅲ 조약의 체결·비준에 대한 동의권

> **헌법 제60조**
> ① 국회는 상호원조 또는 안전보장에 관한 조약, 중요한 국제조직에 관한 조약, 우호통상항해조약, 주권의 제약에 관한 조약, 강화조약, 국가나 국민에게 중대한 재정적 부담을 지우는 조약 또는 입법사항에 관한 조약의 체결·비준에 대한 동의권을 가진다.

Ⅳ 국회규칙제정권

> **헌법 제64조**
> ① 국회는 법률에 저촉되지 아니하는 범위 안에서 의사와 내부규율에 관한 규칙을 제정할 수 있다.

제2절 집행작용

제1항 행정과 행정권

I 행정

행정이란 법 아래서 법의 규제를 받으면서 현실적으로 국가목적의 실현을 위하여 행하여지는 적극적이고 형성적인 국가작용을 말한다.

II 행정권

> **헌법 제66조**
> ④ 행정권은 대통령을 수반으로 하는 정부에 속한다.

제2항 행정권에 대한 통제

I 외부적·타율적 통제

국민에 의한 통제	• 공무원에 대한 파면의 청원 • 공무원의 불법행위로 인한 손해배상 청구 • 행정쟁송이나 헌법소원
국회에 의한 통제	• 국무총리 등에 대한 질문권(헌법 제62조) • 국정감사·조사권(헌법 제61조) • 국무총리 등에 대한 해임건의 및 탄핵소추권(헌법 제65조) • 계엄선포에 대한 해제요구권(헌법 제77조 제5항) • 긴급명령 등에 대한 승인권(헌법 제76조 제3항) • 공무원 임명에 대한 동의권
법원에 의한 통제	• 행정소송 • 명령·규칙에 대한 위헌심사권
헌법재판소에 의한 통제	• 탄핵심판 • 헌법소원심판 • 권한쟁의심판
특별검사에 의한 통제	특별검사에 의한 수사 및 기소

> **판례**
>
> ▶ **특별검사에 의한 수사대상을 특정인에 대한 특정 사건으로 한정한 '이명박특검법' 제2조가 청구인들의 평등권을 침해하는지**(소극): 특별검사제도를 인정할지 여부는 물론, 특정 사건에 대하여 특별검사에 의한 수사를 실시할 것인지 여부, 특별검사에 의한 수사대상을 어느 범위로 할 것인지는 국민을 대표하는 국회가 검찰 기소독점주의의 적절성, 검찰권 행사의 통제 필요성, 특별검사제도의 장단점, 당해 사건에 대한 국민적 관심과 요구 등 제반 사정을 고려하여 결정할 문제로서 그 판단에는 본질적으로 국회의 폭넓은 재량이 인정된다. 따라서 국회가 여러 사정을 고려하여 이 사건 법률 제2조가 규정하고 있는 사안들에 대하여 특별검사에 의한 수사를 실시하도록 한 것이 명백히 자의적이거나 현저히 부당한 것이라고 단정하기 어렵다(헌재 2008. 1. 10. 2007헌마1468).
>
> ▶ **대법원장으로 하여금 특별검사 후보자 2인을 추천하고 대통령은 그 추천후보자 중에서 1인을 특별검사로 임명하도록 한 '이명박특검법' 제3조가 권력분립원칙에 위배되는지**(소극): 본질적으로 권력통제의 기능을 가진 특별검사제도의 취지와 기능에 비추어 볼 때, 특별검사제도의 도입 여부를 입법부가 독자적으로 결정하고 특별검사 임명에 관한 권한을 헌법기관 간에 분산시키는 것이 권력분립원칙에 반한다고 볼 수 없다. 한편 정치적 중립성을 엄격하게 지켜야 할 대법원장의 지위에 비추어 볼 때 정치적 사건을 담당하게 될 특별검사의 임명에 대법원장을 관여시키는 것이 과연 바람직한 것인지에 대하여 논란이 있을 수 있으나, 그렇다고 국회의 이러한 정치적·정책적 판단이 헌법상 권력분립원칙에 어긋난다거나 입법재량의 범위에 속하지 않는다고는 할 수 없다(헌재 2008. 1. 10. 2007헌마1468).
>
> ▶ **대통령이 임명할 특별검사 1인에 대하여 그 후보자 2인의 추천권을 교섭단체를 구성하고 있는 두 야당의 합의로 행사하게 한 '박근혜특검법' 제3조 제2항 등이 적법절차원칙에 위배되는지**(소극): 이 사건 법률의 제정 배경과 수사대상에 대통령이 포함될 수도 있었던 사정, 여야 합의의 취지, 이 사건 법률에서 규정하고 있는 특별검사의 정치적 중립성과 독립성 확보를 위한 여러 보완장치 등을 고려할 때 심판대상조항이 당시 여당을 특별검사후보자 추천권자에서 배제하고 교섭단체를 구성하고 있는 두 야당으로 하여금 특별검사후보자 2명을 추천하도록 규정하였다고 하여 합리성과 정당성을 잃은 입법이라고 볼 수 없다(헌재 2019. 2. 28. 2017헌바196).

Ⅱ 내부적·자율적 통제

행정에 대한 내부적 통제로는 대통령의 공무원임면권과 행정입법을 통한 행정각부통제, 행정심판제도, 상급행정관청의 하급행정관청에 대한 일반적 지휘감독권, 감사원의 직무감찰과 회계검사권, 직업공무원제의 확립과 행정절차의 민주화 등이 있다.

제3절 사법작용

제1항 사법과 사법권

Ⅰ 사법

사법의 본질은 법 또는 권리에 관한 다툼이 있거나 법이 침해된 경우에 독립적인 법원이 원칙적으로 직접 조사한 증거를 통한 객관적 사실인정을 바탕으로 법을 해석·적용하여 유권적인 판단을 내리는 작용이며, 따라서 법원이 사법권을 행사하여 분쟁을 해결하는 절차가 가장 대표적인 사법절차라 할 수 있을 것이고, 그렇다면 사법절차를 특징지우는 요소로는 판단기관의 독립성·공정성, 대심적 심리구조, 당사자의 절차적 권리보장 등을 들 수 있다(헌재 2000. 6. 1. 98헌바8).

> **판례**
>
> ▶ **사법권의 본질**: 사법(司法)의 본질은 법 또는 권리에 관한 다툼이 있거나 법이 침해된 경우에 독립적인 법원이 원칙적으로 직접 조사한 증거를 통한 객관적 사실인정을 바탕으로 법을 해석·적용하여 유권적인 판단을 내리는 작용이다(헌재 1996. 1. 25. 95헌가5).

Ⅱ 사법권

> **헌법 제101조**
> ① 사법권은 법관으로 구성된 법원에 속한다.

1. 법원의 사법권

법원이 행사하는 사법권의 유형으로는 민사재판권, 형사재판권, 행정재판권 및 헌법재판권(선거소송, 명령·규칙심사권, 위헌법률심판제청권)이 있다.

2. 행정소송

(1) 의의

행정소송제도란 행정법규의 적용에 관련된 법적 분쟁을 해결하기 위한 정식의 소송절차를 말한다. 행정소송에는 항고소송, 당사자소송, 민중소송, 기관소송 등이 있다.

(2) 유형

1) 사법국가주의

> **헌법 제107조**
> ② 명령·규칙 또는 처분이 헌법이나 법률에 위반되는 여부가 재판의 전제가 된 경우에는 대법원은 이를 최종적으로 심사할 권한을 가진다.

2) 행정심판과의 관계

> **헌법 제107조**
> ③ 재판의 전심절차로서 행정심판을 할 수 있다. 행정심판의 절차는 법률로 정하되, 사법절차가 준용되어야 한다.

입법자가 행정심판을 전심절차가 아니라 종심절차로 규정함으로써 정식재판의 기회를 배제하거나, 어떤 행정심판을 필요적 전심절차로 규정하면서도 그 절차에 사법절차가 준용되지 않는다면 이는 헌법 제107조 제3항, 나아가 재판청구권을 보장하고 있는 헌법 제27조에도 위반된다(헌재 2000. 6. 1. 98헌바8).

판례

▶ 교원에 대한 징계처분에 관하여 재심청구를 거치지 아니하고서는 행정소송을 제기할 수 없도록 한 국가공무원법 조항이 재판청구권을 침해하는지(소극): 교원에 대한 징계처분은 그 적법성을 판단함에 있어서 전문성과 자주성에 기한 사전심사가 필요하고, 판단기관인 재심위원회의 독립성 및 공정성이 확보되어 있고 심리절차에 있어서도 상당한 정도로 사법절차가 준용되어 권리구제절차로서의 실효성을 가지고 있으며, 재판청구권의 제약은 경미한 데 비하여 그로 인하여 달성되는 공익은 크므로, 재심제도가 입법형성권의 한계를 벗어나 국민의 재판청구권을 침해하는 제도라고 할 수 없다(헌재 2007. 1. 17. 2005헌바86).

▶ 지방공무원이 면직처분에 대해 불복할 경우 행정소송 제기에 앞서 반드시 소청심사를 거치도록 한 지방공무원법 제20조의2가 재판청구권을 침해하는지(소극): 이 사건 조항은 행정기관 내부의 인사행정에 관한 전문성 반영, 행정기관의 자율적 통제, 신속성 추구라는 행정심판의 목적에 부합하고, 소청심사제도에도 심사위원의 자격요건이 엄격히 정해져 있고, 임기와 신분이 보장되어 있는 등 독립성과 공정성이 확보되어 있으며, 증거조사절차나 결정절차 등 심리절차에 있어서도 사법절차가 상당 부분 준용되고 있다. 따라서 이 사건 필요적 전치조항은 입법형성의 한계를 벗어나 재판청구권을 침해하거나 평등원칙에 위반된다고 볼 수 없다(헌재 2015. 3. 26. 2013헌바186).

▶ 행정심판청구를 인용하는 재결이 행정청을 기속하도록 규정한 행정심판법 제49조 제1항이 헌법 제107조 제3항에 위배되는지(소극): 헌법 제107조 제3항은 행정심판의 심리절차에서도 관계인의 충분한 의견진술 및 자료제출과 당사자의 자유로운 변론 보장 등과 같은 대심구조적 사법절차가 준용되어야 한다는 취지일 뿐, 사법절차의 심급제에 따른 불복할 권리까지 준용되어야 한다는 취지는 아니다. 그러므로 이 사건 법률조항은 헌법 제107조 제3항에 위배되지 아니한다(헌재 2014. 6. 26. 2013헌바122).

제2항 사법권의 한계

I 일반적 한계

사법권의 한계에는 국회의원의 제명과 자격심사에 대해서 법원이 심사할 수 없는 '실정법상의 한계', 외교특권자가 체재국의 법을 적용받지 않는 '국제법상의 한계', 통치행위 등에 대해 사법심사가 제한되는 '권력분립상의 한계'가 있다.

II 통치행위

1. 의의

통치행위란 고도의 정치적 결단에 의한 국가행위로서 사법적 심사의 대상으로 삼기에 적절하지 못한 행위를 말한다. 대통령의 긴급재정경제명령은 국가긴급권의 일종으로서 고도의 정치적 결단에 의하여 발동되는 행위이고 그 결단을 존중하여야 할 필요성이 있는 행위라는 의미에서 이른바 통치행위에 속한다(헌재 1996. 2. 29. 93헌마186).

2. 사법심사

(1) 헌법재판소

우리 헌법의 기본원리인 법치주의의 원리상 대통령, 국회 기타 어떠한 공권력도 법의 지배를 받아야 하고, 모든 국가작용은 국민의 기본권적 가치를 실현하기 위한 수단이라는 데에서 나오는 한계를 반드시 지켜야 하는 것이며, 헌법재판소는 헌법의 수호와 국민의 기본권 보장을 사명으로 하는 국가기관이므로, 비록 고도의 정치적 결단에 의하여 행해지는 국가작용이라고 할지라도 그것이 국민의 기본권침해와 직접 관련되는 경우에는 당연히 헌법재판소의 심판대상이 될 수 있다(헌재 2004. 10. 21. 2004헌마554).

> **판례**
>
> ▶ 대통령 긴급재정경제명령이 헌법재판소의 심판대상이 되는지(적극) : 대통령의 긴급재정경제명령은 국가긴급권의 일종으로서 고도의 정치적 결단에 의하여 발동되는 행위이고 그 결단을 존중하여야 할 필요성이 있는 행위라는 의미에서 이른바 통치행위에 속한다고 할 수 있으나, 통치행위를 포함하여 모든 국가작용은 국민의 기본권적 가치를 실현하기 위한 수단이라는 한계를 반드시 지켜야 하는 것이고, 헌법재판소는 헌법의 수호와 국민의 기본권 보장을 사명으로 하는 국가기관이므로 비록 고도의 정치적 결단에 의하여 행해지는 국가작용이라고 할지라도 그것이 국민의 기본권 침해와 직접 관련되는 경우에는 당연히 헌법재판소의 심판대상이 된다(헌재 1996. 2. 29. 93헌마186).

(2) 대법원

국가행위 중에는 고도의 정치성을 띤 것이 있고, 그러한 고도의 정치행위에 대하여 정치적 책임을 지지 않는 법원이 정치의 합목적성이나 정당성을 도외시한 채 합법성의 심사를 감행함으로써 정책결정이 좌우되는 일은 결코 바람직한 일이 아니며, 법원이 정치문제에 개입되어 그 중립성과 독립성을 침해당할 위험성도 부인할 수 없으므로, '고도의 정치성을 띤 국가행위에 대하여는 이른바 통치행위라 하여 법원 스스로 사법심사권의 행사를 억제하여 그 심사대상에서 제외하는 영역이 있다(대판 2004. 3. 26. 2003도7878).

> **판례**
>
> ▶ **법원이 계엄선포의 당·부당을 심사할 수 있는지**(소극) : 대통령의 계엄선포행위는 고도의 정치적, 군사적 성격을 띠는 행위라고 할 것이어서, 그 선포의 당·부당을 판단할 권한은 헌법상 계엄의 해제요구권이 있는 국회만이 가지고 있다 할 것이고 그 선포가 당연무효의 경우라면 모르되, 사법기관인 법원이 계엄선포의 요건 구비 여부나, 선포의 당·부당을 심사하는 것은 사법권의 내재적인 본질적 한계를 넘어서는 것이 되어 적절한 바가 못된다(대법원 1979. 12. 7. 79초70 재정).
>
> ▶ **법원이 계엄의 선포나 확대가 범죄에 해당하는지 여부에 대해 심사할 수 있는지**(적극) : 비상계엄의 선포나 확대가 국헌문란의 목적을 달성하기 위하여 행하여진 경우에는 법원은 그 자체가 범죄행위에 해당하는지의 여부에 관하여 심사할 수 있다(대판 1997. 4. 17. 96도3376).
>
> ▶ **남북정상회담의 개최과정에서 북한측에 사업권 대가의 명목으로 송금한 행위가 법원의 심사대상이 되는지**(적극) : 남북정상회담의 개최는 고도의 정치적 성격을 지니고 있는 행위라 할 것이므로 특별한 사정이 없는 한 그 당부를 심판하는 것은 사법권의 내재적·본질적 한계를 넘어서는 것이 되어 적절하지 못하지만, 남북정상회담의 개최과정에서 재정경제부장관에게 신고하지 아니하거나 통일부장관의 협력사업 승인을 얻지 아니한 채 북한측에 사업권의 대가 명목으로 송금한 행위 자체는 헌법상 법치국가의 원리와 법 앞에 평등원칙 등에 비추어 볼 때 사법심사의 대상이 된다(대판 2004. 3. 26. 2003도7878).

CHAPTER 03 통치구조의 구성원리

제1절 대의제의 원리

제1항 대의제의 의의

대의제란 주권자인 국민이 국가의사나 국가정책을 직접 결정하지 아니하고 대표자를 선출하여 그들로 하여금 국민을 대신하여 국가의사나 국가정책을 결정하게 하는 통치구조의 구성원리를 말한다(헌재 1991. 3. 11. 91헌마21).

> **판례**
>
> ▶ **대의제의 불가피성**: 오늘날 민주국가에서는 '대의제에 의한 통치가 불가피한 것'으로서 선거야말로 국민의 의사를 체계적으로 결집하고 수렴하고 구체화하는 방법으로 국민의 정치적 의사를 형성하는 가장 합리적인 절차이며, 따라서 국민의 의사가 얼마나 굴절없이 정당하게 반영되었느냐의 여부가 통치권의 정통성과 정당성을 담보하는 핵심이고 생명이라고 할 수 있다(헌재 1991. 3. 11. 91헌마21).

제2항 대의제의 본질

대의제는 국민주권의 이념을 존중하면서도 현대국가가 지니는 민주정치에 대한 현실적인 장애요인들을 극복하기 위하여 마련된 통치구조의 구성원리로서, 기관구성권과 정책결정권의 분리, 정책결정권의 자유위임을 기본적 요소로 하고, 특히 국민이 선출한 대의기관은 일단 국민에 의하여 선출된 후에는 법적으로 국민의 의사와 관계없이 독자적인 양식과 판단에 따라 정책 결정에 임하기 때문에 자유위임 관계에 있게 된다는 것을 본질로 하고 있다(헌재 2009. 3. 26. 2007헌마843).

> **판례**
>
> ▶ **국가기관구성권과 정책결정권의 분리**: 현대국가의 헌법은 그 정도에 차이가 있을 뿐, 국가기관구성권과 국가정책결정권의 분리를 전제로 하는 대의민주주의에 그 기초를 두고 있다. 대의민주주의는 치자와 피치자가 다르다는 것을 전제로 치자에게는 '정책결정권'을 부여함으로써 책임정치를 구현하고, 피치자에게는 '기관구성권'을 부여함으로써 치자의 정책결정권 행사에 정당성을 부여하는 한편 이를 통제하는 통치질서의 구성원리이다(헌재 2005. 4. 28. 2004헌마219).

▶ **자유위임과 국회의원의 지위** : 자유위임제도를 명문으로 채택하고 있는 헌법하에서는 국회의원은 선거모체인 선거구의 선거인이나 정당의 지령에도 법적으로 구속되지 아니하며, 정당의 이익보다 국가의 이익을 우선한 양심에 따라 그 직무를 집행하여야 하며, 국회의원의 정통성은 정당과 독립된 정통성이다. 이런 자유위임하의 국회의원의 지위는 그 의원직을 얻은 방법 즉 전국구로 얻었는가, 지역구로 얻었는가에 의하여 차이가 없으며, 전국구의원도 그를 공천한 정당을 탈당하였다고 하여도 별도의 법률규정이 있는 경우는 별론으로 하고 당연히 국회의원직을 상실하지는 않는다(헌재 1994. 4. 28. 92헌마153).

▶ **국회 내 정당 간의 의석분포를 결정할 권리 내지 국회구성권이 국민의 기본권인지**(소극) : 대의제 민주주의하에서 국민의 국회의원 선거권이란 국회의원을 보통·평등·직접·비밀선거에 의하여 국민의 대표자로 선출하는 권리에 그치며, 국민과 국회의원은 명령적 위임관계에 있는 것이 아니라 자유위임관계에 있으므로, 유권자가 설정한 국회의석분포에 국회의원들을 기속시키고자 하는 내용의 "국회구성권"이라는 기본권은 오늘날 이해되고 있는 대의제도의 본질에 반하는 것이어서 헌법상 인정될 여지가 없다(헌재 1998. 10. 29. 96헌마186).

제2절 권력분립의 원리

제1항 권력분립원리의 의의

권력분립원칙은 국가기능을 입법·행정·사법으로 분할하여 이를 각각 독립된 국가기관에 귀속시키고, 국가기관 상호 간의 견제와 균형을 통하여 국가권력을 통제함으로써 국민의 자유와 권리를 보호하고자 하는 원리이다. 권력분립원칙은 국가권력의 집중과 남용의 위험을 방지하여 국민의 자유와 권리를 보호하고자 하는 데에 근본적인 목적이 있는바, 이를 위해서는 단순히 국가권력을 분할하는 것만으로는 충분하지 않고 분할된 권력 상호 간의 견제와 균형을 통한 권력 간 통제가 이루어져야 한다(헌재 2021. 1. 28. 2020헌마264).

제2항 권력분립론

Ⅰ 몽테스키외의 권력분립론

몽테스키외는 「법의 정신」에서 개인적 자유를 보장하고 정부의 횡포를 억제하기 위한 수단으로서 국가권력을 입법권·집행권·사법권으로 3분하여, 입법권은 인민대표로 구성되는 하원과 귀족대표로 구성되는 상원에, 집행권은 군주에, 그리고 사법권은 일시적으로 국민에 의해 선임된 기관(배심재판소)에 귀속시키고 있다.

몽테스키외의 권력분립론은 로크와는 달리 '권력의 기능적 분리'는 물론 '권력 상호간의 견제와 균형'까지를 강조한 것이 특색이다. 그는 입법부와 집행부 사이의 억제와 균형을 특히 강조하였고 사법권에 대해서는 소극적 독립성을 강조하였다. 몽테스키외의 3권분립론은 미국식 대통령제의 성립에 커다란 영향을 주었다.

Ⅱ 현대적·기능적 권력분립론

1. 의의

칼 뢰벤슈타인(K. Löwenstein)은 종래의 권력분립이론은 현대국가에서 흔히 나타나는 기능수행기관의 다원화와 기능수행상의 불가피한 기관 간의 협동관계 때문에 무의미해졌다고 보고, 정치권력의 과정분석을 통해 국가기능을 정책결정권·정책집행권 및 정책통제권으로 3분하고 이러한 국가기능을 여러 권력주체에 분산시키고 이들 상호간에 견제와 균형을 통해 권력통제를 이루기 위한 매체가 권력분립제인 것으로 보았다. 즉 그에게 중요한 것은 국가기능이 어떤 기관에 의해서 행해지든 그 기능의 내용과 비중에 상응하는 통제의 메커니즘(mechanism)을 마련하는 것이다.

> **판례**
>
> ▶ **기능적 권력분립론**: 기능적 권력분립론은 몽테스키외적인 고전적 권력분립 이념을 존중하면서 국가권력 또는 국가기능의 단순한 기계적·획일적 분리보다는 실질적인 기능적 권력통제에 중점을 둔 이론이라 할 수 있다. 권력분립원칙은 구체적인 헌법질서와 분리하여 파악될 수 없는 것이고, 권력분립원칙의 구체적 내용은 헌법으로부터 나온다. 권력분립원칙이 헌법규범으로 정립되고 헌법현실에 적용되는 모습은 나라마다 다르다. 기능적 권력분립론에서 주장하는 제도들도 헌법에 규정됨으로써 비로소 헌법규범적 의미가 있는 것이다(헌재 2021. 1. 28. 2020헌마264).

2. 분산된 권력과 통제된 권력

분산된 권력	• 상·하양원에 의한 법률제정 • 대통령에 의해서 임명된 공무원에 대한 상원의 동의 • 대통령의 국정행위에 대한 국무위원의 부서 • 헌법개정안에 대한 필수적인 국민투표
통제된 권력 (권한 행사에 재량 인정)	• 의회의 내각불신임권 • 내각의 의회해산권 • 대통령의 법률안거부권

제3항 현행 헌법상의 권력분립원리

I 권력분립원칙의 채택

우리 헌법은 근대자유민주주의헌법의 원리에 따라 권력분립원칙을 채택하여 국가의 기능을 입법권(제40조), 행정권(제66조 제4항), 사법권(제101조 제1항)으로 분할하고 이를 조직상으로 분리·독립된 국가기관인 국회(제3장), 정부(제4장), 법원(제5장)에 각각 나누어 맡기고 있다. 또한 우리 헌법은 다른 국가기관과의 협력하에서만 헌법적 과제를 이행할 수 있도록 규정함으로써 기관 간의 관계를 '협력적 통제관계'로 형성하고 있다. 우리 헌법에서 권력분립원칙은 권력의 분할뿐만 아니라 권력간의 상호작용과 통제의 원리로 형성되어 국가기관 상호간의 통제 및 협력과 공조는 권력분립원칙에 대한 예외가 아니라 헌법상 권력분립원칙을 구성하는 하나의 요소가 된 것이다(헌재 2021. 1. 28. 2020헌마264).

II 기능적 권력분립의 도입

현대사회에서 고전적 의미의 3권분립은 그 의미가 약화되고 통치권을 행사하는 여러 권한과 기능들의 실질적인 분산과 상호간의 조화를 도모하는 이른바 기능적 권력분립이 중요한 의미를 갖게 되었다(헌재 2007. 12. 27. 2004헌바98).

> **판례**
>
> ▶ **수사처와 다른 수사기관 사이에 권한 배분의 문제가 권력분립원칙의 문제인지**(소극): 우리 헌법은 정부조직과 관련하여 대통령이 행정부의 수반이고(제66조 제4항), 국무총리가 대통령의 명을 받아 행정각부를 통할하며(제86조 제2항), 행정각부의 설치·조직과 직무범위는 법률로 정한다(제96조)라고만 규정하고 있을 뿐 행정부 내부 조직 간의 권한 배분에 대하여는 아무런 언급이 없다. 그렇다면 행정부 내의 법률상 기관에 불과한 수사처와 다른 수사기관 사이에 권한 배분의 문제가 발생한다 하더라도 이를 헌법상의 권력분립원칙의 문제로 볼 수는 없고, 입법정책의 문제일 뿐이다(헌재 2021. 1. 28. 2020헌마264).
>
> ▶ **수사권 및 공소권을 가진 수사처가 어느 행정부서에도 소속되지 않고 어느 곳에서도 통제받지 않는 형태로 설치되는 것이 권력분립원칙에 반하는지**(소극): 수사처를 대통령 등 기존의 행정조직에서 독립된 형태로 설치한 것은 수사처로 하여금 행정부의 통제로부터 가능한 벗어나 독립적이고 중립적으로 그 과제를 완수하도록 하고, 정치적 환경의 변화에도 불구하고 조직적 지속성을 보장받도록 하기 위한 것이므로, 수사처가 기존의 행정조직에 소속되어 있지 않다는 사정만으로 공수처법상 수사처의 설치가 권력분립원칙에 반한다고 보기 어렵다(헌재 2021. 1. 28. 2020헌마264).

CHAPTER 04 통치형태론

제1절 통치형태의 의의

통치형태(정부형태)란 국가권력구조에 있어서 권력분립의 원리가 어떻게 반영되어 있느냐 하는 권력분립의 구조적 실현형태를 말하는 것으로, 국가권력과 국가기능이 입법부·집행부·사법부에 어떻게 배분되어 있고, 입법부·집행부·사법부는 배분된 국가권력과 국가기능을 어떻게 행사하고 있으며, 이들 기관의 상호관계는 어떠한가 하는 것을 의미한다.

제2절 통치형태의 유형

제1항 의원내각제

Ⅰ 의원내각제의 의의

의원내각제란 의회에서 선출되고 의회에 대하여 정치적 책임을 지는 내각을 중심으로 국정이 운영되는 정부형태를 말하는 것으로, 입법부와 집행부의 관계가 '의존성의 원리'에 의해 규율된다는 점에서 '독립성의 원리'에 충실한 대통령제와 구별된다.

Ⅱ 의원내각제의 본질적 요소

1. 의회와 집행부의 관계

집행부의 장인 수상이 의회에 의해서 선출되고, 수상에 의해 선출된 각료들이 집행업무를 담당하지만 수상과 함께 의회에 대하여 정치적 책임을 지는 것이 의원내각제의 제도적 징표이다. 따라서 의회의 내각불신임권과 내각의 의회해산권, 의원직과 각료직의 겸직 허용, 내각의 법률안 제출권과 각료의 자유로운 의회출석·발언권, 내각 내에서의 수상의 우월적 지위, 잠재적 여당으로서의 소수의 보호제도 등이 의원내각제의 본질적 요소에 속한다.

2. 집행부

이원적 구조	집행부는 대통령(또는 군주)과 내각으로 구성
상징적 국가원수	• 대통령이나 군주는 명목상의 국가원수 • 내각이 집행에 관한 실질적 권한 보유

제2항 대통령제

I 대통령제의 의의

대통령제란 의회로부터 독립하고 의회에 대하여 정치적 책임을 지지 않는 대통령을 중심으로 국정이 운영되고 대통령에 대해서만 정치적 책임을 지는 국무위원에 의해 구체적인 집행업무가 행해지는 정부를 말한다.

II 대통령제의 본질적 요소

1. 의회와 집행부의 관계

대통령을 의회가 선출하지 않고 대통령을 중심으로 한 집행부의 구성원들이 의회에 대하여 정치적 책임을 지지 않는 대신 의회의 조직과 활동도 집행부와 완전히 독립해서 독자적으로 이루어지고 대통령의 의회해산권이 인정되지 않는 독립성의 원리가 지배한다는 것이 대통령제의 본질적 요소이다. 따라서 집행부구성원의 의회의원 겸직금지, 대통령의 의회 해산권과 의회의 집행부구성원에 대한 불신임권의 부인, 집행부의 법률안 제출권의 불인정, 의회의 요구 없는 집행부구성원의 의회출석·발언권의 불인정 등은 독립성의 원리의 제도적 징표들이다.

2. 집행부

일원적 구조	대통령이 국가원수와 집행부 수반의 지위 겸유
직선제와 임기제	• 국민에 의해 선출되는 대통령 • 대통령의 임기제 반드시 필요

제3항 이원집행부제

Ⅰ 이원집행부제의 의의

이원집행부제 또는 이원정부제란 원칙적으로 위기에 있어서는 대통령이 행정권을 전적으로 행사하나 평상시에는 내각수상이 행정권을 행사하며 하원에 대하여 책임을 지는 의원내각제 형식으로 운영되는 정부형태를 말한다.

Ⅱ 이원집행부제의 본질적 요소

1. 의회와 집행부의 관계

의회와 내각과의 관계는 의존성의 원리가, 의회와 대통령의 관계는 독립성의 원리가 적용된다. 즉 대통령은 국민에 의해 직선되고 의회에 대하여 정치적 책임을 지지 아니한다. 반면 내각은 의회에 대하여 책임을 진다. 대통령은 수상을 지명하나 의회의 동의가 있어야만 임명할 수 있고, 의회는 내각에 대하여 불신임권을 가지며, 이 경우 대통령은 의회를 해산할 수 있다.

2. 집행부

이원적 구조	집행부는 대통령과 내각으로 구성
평상시	• 대통령은 외교 · 국방 등 국가안보에 관한 사항과 국가긴급권 보유 • 수상은 법률의 집행권과 일반행정에 관한 사항 관장
비상시	대통령이 행정에 관한 모든 권한 행사

제3절 현행 헌법상의 통치형태

제1항 대통령중심제

우리 헌법은 자유민주적 기본질서의 보호를 그 최고의 가치로 하여, 이를 구현할 통치기구로서 입법권은 국회에, 행정권은 대통령을 수반으로 하는 정부에, 사법권은 법관으로 구성된 법원에 각각 속하게 하는 권력분립의 원칙을 취하는 한편, 대통령은 국가의 원수로서 외국에 대하여 국가를 대표하며, 그에게 국가의 독립 · 영토의 보전, 국가의 계속성과 헌법을 수호할 책무를 부여하고, 조국의 평화적 통일을 위한 성실한 의무를 지우고 있는 등 이른바 대통령중심제의 통치기구를 채택하고 있다. 또한 헌법은 대통령중심제를 취하면서도 전형적인 부통령제를 두지 아니하고, 국무총리제를 두고 있는 점이 특징이다(헌재 1994. 4. 28. 89헌마221).

제2항 대통령제 요소와 의원내각제 요소

대통령제 요소	• 국가원수인 동시에 행정부의 수반인 대통령(제66조①, ④항) • 대통령의 직선제(제67조①항) • 대통령의 국회해산권 불인정 • 대통령의 법률안거부권(제53조②항)
의원내각제 요소	• 국회의 국무총리 임명 동의권(제86조①항) • 국무회의제도(제88조①항) • 국무총리의 행정각부통할권(제86조②항) • 국무총리의 국무위원 임면관여권(제87조①, ③항) • 정부의 법률안제출권(제52조) • 국무총리·국무위원의 국회출석발언권(제62조) • 대통령의 국법행위에 국무총리와 관계국무위원의 부서권(제82조)

CHAPTER 05 통치기구

제1절 국회

제1항 의회주의

의회민주주의원리는 국가의 정책결정에 참여할 권한을 국민의 대표기관인 의회에 유보하는 것에 그치지 않고 의사결정과정의 민주적 정당성까지 요구한다. 절차의 민주성과 공개성이 보장되어야만 민주적 정당성도 획득될 수 있다. 의회민주주의국가에서 의사절차는 공개와 이성적 토론의 원리, 합리적 결정, 다원적 개방성, 즉 토론과 다양한 고려를 통하여 의안의 내용이 변경될 가능성, 잠재적인 통제를 가능케 하는 절차의 개방성, 다수결의 원리에 따른 의결 등 여러 가지 요소에 의하여 이루어져야 하지만, 무엇보다도 중요한 요소는 헌법 제49조의 다수결의 원리와 제50조의 의사공개의 원칙이다(헌재 2010. 12. 28. 2008헌라7).

제2항 국회의 구성

국회의 구성원리에는 국회를 하나의 합의체기관으로 구성하는 '단원제'와 국회를 두 개의 독립한 합의체기관으로 구성하고, 독립해서 활동하되, 원칙적으로 두 합의체기관의 합치된 의사만을 국회의 의사로 간주하는 '양원제'가 있다.
제헌헌법은 단원제를 채택하였고, 제1차 개정헌법에서 양원제를 규정하였으나 제5차 개정헌법에서 단원제로 환원하여 현재에 이르고 있다.

제3항 국회의 조직

I 의장과 부의장

> **헌법 제48조**
> 국회는 의장 1인과 부의장 2인을 선출한다.

1. 선거

의장과 부의장은 국회에서 무기명투표로 선거하고 재적의원 과반수의 득표로 당선된다. 재적의원 과반수의 득표자가 없을 때에는 2차투표를 하고, 2차투표에도 재적의원 과반수의 득표자가 없을 때에는 최고득표자가 1명이면 최고득표자와 차점자에 대하여, 최고득표자가 2명 이상이면 최고득표자에 대하여 결선투표를 하되, 재적의원 과반수의 출석과 출석의원 다수득표자를 당선자로 한다(국회법 제15조 제1항, 제3항).

2. 임기

의장과 부의장의 임기는 2년으로 한다. 다만, 국회의원 총선거 후 처음 선출된 의장과 부의장의 임기는 그 선출된 날부터 개시하여 의원의 임기 개시 후 2년이 되는 날까지로 하고, 보궐선거로 당선된 의장 또는 부의장의 임기는 전임자 임기의 남은 기간으로 한다(국회법 제9조 제1항, 제2항).

3. 국회의장의 직무 등

(1) 직무

의장은 국회를 대표하고 의사를 정리하며, 질서를 유지하고 사무를 감독한다(국회법 제10조).

(2) 위원회 출석과 발언

의장은 위원회에 출석하여 발언할 수 있다. 다만, 표결에는 참가할 수 없다(국회법 제11조).

(3) 직무대리 및 직무대행

1) 부의장

의장이 사고가 있을 때에는 의장이 지정하는 부의장이 그 직무를 대리하고, 의장이 심신상실 등 부득이한 사유로 의사표시를 할 수 없게 되어 직무대리자를 지정할 수 없을 때에는 소속 의원 수가 많은 교섭단체 소속 부의장의 순으로 의장의 직무를 대행한다(국회법 제12조 제1항, 제2항).

2) 임시의장

의장과 부의장이 모두 사고가 있을 때에는 임시의장을 선출하여 의장의 직무를 대행하게 한다. 임시의장은 무기명투표로 선거하고 재적의원 과반수의 출석과 출석의원 다수득표자를 당선자로 한다(국회법 제13조, 제17조).

4. 의장·부의장의 겸직 제한

의장과 부의장은 특별히 법률로 정한 경우를 제외하고는 의원 외의 직을 겸할 수 없다. 다른 직을 겸한 의원이 의장이나 부의장으로 당선된 때에는 당선된 날에 그 직에서 해직된 것으로 본다(국회법 제20조 제1항, 제2항).

5. 의장의 당적 보유 금지

의원이 의장으로 당선된 때에는 당선된 다음 날부터 의장으로 재직하는 동안은 당적을 가질 수 없다. 다만, 국회의원 총선거에서 정당추천후보자로 추천을 받으려는 경우에는 의원 임기만료일 90일 전부터 당적을 가질 수 있다(국회법 제20조의2 제1항).

Ⅱ 교섭단체

1. 의의
교섭단체는 국회에 일정수 이상의 의석을 가진 정당에 소속된 의원들로 구성되는 원내의 정당 또는 정파를 말한다. 교섭단체는 정당국가에서 의원의 정당기속을 강화하는 하나의 수단으로 기능할 뿐만 아니라 정당소속 의원들의 원내 행동통일을 기함으로써 정당의 정책을 의안심의에서 최대한으로 반영하기 위한 기능도 갖는다(헌재 2003. 10. 30. 2002헌라1).

2. 성립요건
국회에 20명 이상의 소속 의원을 가진 정당은 하나의 교섭단체가 된다. 다만, 다른 교섭단체에 속하지 아니하는 20명 이상의 의원으로 따로 교섭단체를 구성할 수 있다(국회법 제33조 제1항).

3. 정책연구위원
교섭단체 소속 의원의 입법 활동을 보좌하기 위하여 교섭단체에 정책연구위원을 둔다(국회법 제34조 제1항).

Ⅲ 위원회

1. 의의와 종류
위원회는 의원 가운데서 소수의 위원을 선임하여 구성되는 국회의 내부기관인 동시에 본회의의 심의 전에 회부된 안건을 심사하거나 그 소관에 속하는 의안을 입안하는 국회의 합의제기관이다(헌재 2003. 10. 30. 2002헌라1).

국회의 위원회는 상임위원회와 특별위원회 두 종류로 한다(국회법 제35조).

> **판례**
>
> ▶ **위원회중심주의**: 위원회의 역할은 국회의 예비적 심사기관으로서 회부된 안건을 심사하여 본회의에 회부할 것인지 여부를 결정하고, 심사결과 안건이 본회의에 부의될 경우 그 심사결과를 본회의에 보고하여 본회의의 판단자료를 제공하는 데에 있다. 국회는 그 의사자율권에 기초하여 의안심의에 관한 국회운영의 원리로 '위원회중심주의'를 채택하고 있다(헌재 2016. 5. 26. 2015헌라1).

2. 상임위원회

(1) 소관 위원회

의장은 어느 상임위원회에도 속하지 아니하는 사항은 국회운영위원회와 협의하여 소관 상임위원회를 정한다(국회법 제37조 제2항).

(2) 위원

1) 위원정수

상임위원회의 위원정수는 국회규칙으로 정한다. 다만, 정보위원회의 위원정수는 12명으로 한다(국회법 제38조).

2) 위원회와 자격
의원은 둘 이상의 상임위원이 될 수 있고, 각 교섭단체 대표의원은 국회운영위원회의 위원이 된다(국회법 제39조 제1항, 제2항). 의장은 상임위원이 될 수 없다(국회법 제39조 제3항).

3) 임기
상임위원의 임기는 2년으로 한다. 다만, 국회의원 총선거 후 처음 선임된 위원의 임기는 선임된 날부터 개시하여 의원의 임기 개시 후 2년이 되는 날까지로 하고, 보임되거나 개선된 상임위원의 임기는 전임자 임기의 남은 기간으로 한다(국회법 제40조 제1항, 제2항).

4) 영리행위 금지
상임위원은 소관 상임위원회의 직무와 관련한 영리행위를 하여서는 아니 된다(국회법 제40조의2).

(3) 위원장

1) 선거
상임위원회에 위원장 1명을 두며, 상임위원장은 해당 상임위원 중에서 임시의장 선거의 예에 준하여 본회의에서 선거한다(국회법 제41조 제1항, 제2항).

2) 임기 및 사임
상임위원장의 임기는 상임위원의 임기와 같고, 상임위원장은 본회의의 동의를 받아 그 직을 사임할 수 있으나, 폐회 중에는 의장의 허가를 받아 사임할 수 있다(국회법 제41조 제4항, 제5항).

(4) 전문위원
위원회에 위원장과 위원의 입법 활동 등을 지원하기 위하여 의원이 아닌 전문지식을 가진 위원과 필요한 공무원을 둔다(국회법 제42조 제1항).

3. 특별위원회

(1) 종류

1) 일반특별위원회

① 목적
국회는 둘 이상의 상임위원회와 관련된 안건이거나 특히 필요하다고 인정한 안건을 효율적으로 심사하기 위하여 본회의의 의결로 특별위원회를 둘 수 있다(국회법 제44조 제1항).

② 활동기간
특별위원회를 구성할 때에는 그 활동기간을 정하여야 하나, 본회의 의결로 그 기간을 연장할 수 있다. 특별위원회는 활동기한의 종료 시까지 존속하나, 활동기한의 종료 시까지 법제사법위원회에 체계·자구 심사를 의뢰하였거나 안건심사보고서를 제출한 경우에는 해당 안건이 본회의에서 의결될 때까지 존속하는 것으로 본다(국회법 제44조 제2항, 제3항).

2) 예산결산특별위원회

① 목적
예산안, 기금운용계획안 및 결산을 심사하기 위하여 예산결산특별위원회를 둔다(국회법 제45조 제1항).

② 위원

예산결산특별위원회의 위원 수는 50명으로 한다. 이 경우 의장은 교섭단체 소속 의원 수의 비율과 상임위원회 위원 수의 비율에 따라 각 교섭단체 대표의원의 요청으로 위원을 선임한다(국회법 제45조 제2항).

예산결산특별위원회 위원의 임기는 1년으로 한다. 다만, 국회의원 총선거 후 처음 선임된 위원의 임기는 선임된 날부터 개시하여 의원의 임기 개시 후 1년이 되는 날까지로 하며, 보임되거나 개선된 위원의 임기는 전임자 임기의 남은 기간으로 한다(국회법 제45조 제3항).

③ 위원장

예산결산특별위원회의 위원장은 예산결산특별위원회의 위원 중에서 임시의장 선거의 예에 준하여 본회의에서 선거한다(국회법 제45조 제4항).

3) 윤리특별위원회

① 목적

의원의 자격심사·징계에 관한 사항을 심사하기 위하여 윤리특별위원회를 구성한다. 윤리특별위원회는 의원의 징계에 관한 사항을 심사하기 전에 윤리심사자문위원회의 의견을 청취하여야 한다. 이 경우 윤리특별위원회는 윤리심사자문위원회의 의견을 존중하여야 한다(국회법 제46조 제1항, 제3항).

② 윤리심사자문위원회

윤리심사자문위원회는 위원장 1명을 포함한 8명의 자문위원으로 구성하며, 자문위원은 각 교섭단체 대표의원의 추천에 따라 의장이 위촉한다. 각 교섭단체 대표의원이 추천하는 자문위원 수는 교섭단체 소속 의원 수의 비율에 따른다. 이 경우 소속 의원 수가 가장 많은 교섭단체 대표의원이 추천하는 자문위원 수는 그 밖의 교섭단체 대표의원이 추천하는 자문위원 수와 같아야 한다. 의원은 윤리심사자문위원회의 자문위원이 될 수 없다(국회법 제46조의2 제2항, 제4항, 제6항).

4) 인사청문특별위원회

① 대상

대상 (국회법 46조의3①)	• 헌법에 따라 그 임명에 국회의 동의가 필요한 대법원장·헌법재판소장·국무총리·감사원장 및 대법관에 대한 임명동의안 • 헌법에 따라 국회에서 선출하는 헌법재판소 재판관 및 중앙선거관리위원회 위원에 대한 의장이 각 교섭단체 대표의원과 협의하여 제출한 선출안 • 대통령 당선인이 국무총리 후보자에 대한 인사청문의 실시를 요청하는 경우

② 위원

인사청문특별위원회의 위원정수는 13인으로 한다(인사청문회법 제3조 제2항). 인사청문특별위원회의 위원은 교섭단체 등의 의원 수의 비율에 의하여 각 교섭단체대표의원의 요청으로 국회의장이 선임 및 개선한다. 이 경우 각 교섭단체대표의원은 인사청문특별위원회가 구성된 날부터 2일 이내에 의장에게 위원의 선임을 요청하여야 하며, 이 기한내에 요청이 없는 때에는 의장이 위원을 선임할 수 있다. 어느 교섭단체에도 속하지 아니하는 의원의 위원선임은 의장이 이를 행한다(인사청문회법 제3조 제3항, 제4항).

③ 존속

인사청문특별위원회는 임명동의안 등이 본회의에서 의결될 때 또는 인사청문경과가 본회의에 보고될 때까지 존속한다(인사청문회법 제3조 제6항).

5) 전원위원회

① 대상

국회는 위원회의 심사를 거치거나 위원회가 제안한 의안 중 정부조직에 관한 법률안, 조세 또는 국민에게 부담을 주는 법률안 등 주요 의안의 본회의 상정 전이나 본회의 상정 후에 재적의원 4분의 1 이상이 요구할 때에는 그 심사를 위하여 의원 전원으로 구성되는 전원위원회를 개회할 수 있다. 다만, 의장은 주요 의안의 심의 등 필요하다고 인정하는 경우 각 교섭단체 대표의원의 동의를 받아 전원위원회를 개회하지 아니할 수 있다(국회법 제63조의2 제1항).

② 정족수

전원위원회는 재적위원 5분의 1 이상의 출석으로 개회하고, 재적위원 4분의 1 이상의 출석과 출석위원 과반수의 찬성으로 의결한다(국회법 제63조의2 제4항).

6) 연석회의

소관 위원회는 다른 위원회와 협의하여 연석회의를 열고 의견을 교환할 수 있다. 다만, 표결은 할 수 없다(국회법 제63조 제1항).

(2) 위원장

특별위원회에 위원장 1명을 두되, 위원회에서 호선하고 본회의에 보고한다(국회법 제47조 제1항).

4. 위원

(1) 선임

1) 상임위원회 위원

상임위원은 교섭단체 소속 의원 수의 비율에 따라 각 교섭단체 대표의원의 요청으로 의장이 선임하거나 개선한다. 이 경우 각 교섭단체 대표의원은 국회의원 총선거 후 첫 임시회의 집회일부터 2일 이내에 의장에게 상임위원 선임을 요청하여야 하고, 처음 선임된 상임위원의 임기가 만료되는 경우에는 그 임기만료일 3일 전까지 의장에게 상임위원 선임을 요청하여야 하며, 이 기한까지 요청이 없을 때에는 의장이 상임위원을 선임할 수 있다. 어느 교섭단체에도 속하지 아니하는 의원의 상임위원 선임은 의장이 한다(국회법 제48조 제1항, 제2항).

정보위원회의 위원은 의장이 각 교섭단체 대표의원으로부터 해당 교섭단체 소속 의원 중에서 후보를 추천받아 부의장 및 각 교섭단체 대표의원과 협의하여 선임하거나 개선한다. 다만, 각 교섭단체 대표의원은 정보위원회의 위원이 된다(국회법 제48조 제3항).

2) 특별위원회 위원

특별위원회의 위원은 국회법 제48조 제1항과 제2항에 따라 의장이 상임위원 중에서 선임한다. 이 경우 그 선임은 특별위원회 구성결의안이 본회의에서 의결된 날부터 5일 이내에 하여야 한다(국회법 제48조 제4항).

(2) 개선

1) 사유

위원을 선임한 후 교섭단체 소속 의원 수가 변동되었을 때에는 의장은 위원회의 교섭단체별 할당 수를 변경하여 위원을 개선할 수 있다(국회법 제48조 제5항).

2) 제한

위원을 개선할 때 임시회의 경우에는 회기 중에 개선될 수 없고, 정기회의 경우에는 선임 또는 개선 후 30일 이내에는 개선될 수 없다. 다만, 위원이 질병 등 부득이한 사유로 의장의 허가를 받은 경우에는 그러하지 아니하다(국회법 제48조 제6항).

> **판례**
>
> ▶ **국회법 제48조 제6항의 '임시회의 경우에는 회기 중에 개선될 수 없고'의 의미**: 국회법 제48조 제6항 본문 중 "위원을 개선할 때 임시회의 경우에는 회기 중에 개선될 수 없고" 부분은 개선의 대상이 되는 해당 위원이 위원이 된(선임 또는 보임된) 임시회의 회기 중에 개선을 금지하는 것이다. 그러므로 국회법 제48조 제6항 본문 중 "임시회의 경우에는 회기 중에 개선될 수 없고"라는 문언에서 개선될 수 없는 회기는 '개선의 대상이 되는 해당 위원이 선임 또는 개선된 임시회의 회기'를 의미하는 것으로 해석된다(헌재 2020. 5. 27. 2019헌라1).
>
> ▶ **국회의원의 특별위원회 활동권이 헌법상 보장되는지**(소극): 헌법은 위원회에 관하여 국회의원의 '특정한 위원회 위원으로서 활동할 권한'은 명시적으로 인정하고 있지 않다. 또한 국회는 국회의 내부조직인 특정한 위원회를 구성하는 것에 관하여 광범위한 재량을 가지므로, 헌법이 직접 국회의원에 대하여 '특정한 위원회 위원으로서 활동할 권한'을 부여하고 있다고 해석하기도 어렵다. 국회의 자율권을 보장하는 취지에 비추어 볼 때, 국회의원이 특정한 위원회의 위원으로서 활동할 권한은 헌법에서 곧바로 도출되는 것이 아니라, 국회의 자율권 행사 결과 구체화되는 것으로 보는 것이 타당하다(헌재 2020. 5. 27. 2019헌라1).

5. 운영

(1) 개회

1) 요건

위원회는 본회의의 의결이 있을 때, 의장이나 위원장이 필요하다고 인정할 때, 재적위원 4분의 1 이상의 요구가 있을 때에 개회한다(국회법 제52조).

2) 의사정족수·의결정족수

위원회는 재적위원 5분의 1 이상의 출석으로 개회하고, 재적위원 과반수의 출석과 출석위원 과반수의 찬성으로 의결한다(국회법 제54조).

3) 본회의 중 위원회의 개회

위원회는 본회의 의결이 있거나 의장이 필요하다고 인정하여 각 교섭단체 대표의원과 협의한 경우를 제외하고는 본회의 중에는 개회할 수 없다. 다만, 국회운영위원회는 그러하지 아니하다(국회법 제56조).

(2) 회의의 공개

1) 정보위원회에 대한 특례

정보위원회의 회의는 공개하지 아니한다. 다만, 공청회 또는 인사청문회를 실시하는 경우에는 위원회의 의결로 이를 공개할 수 있다(국회법 제54조의2 제1항).

> **판례**
>
> ▶ **정보위원회 회의는 공개하지 아니한다고 정하고 있는 국회법 제54조의2 제1항 본문이 의사공개원칙에 위배되어 청구인들의 알 권리를 침해하는지**(적극): 헌법 제50조 제1항 단서가 정하고 있는 회의의 비공개를 위한 절차나 사유는 그 문언이 매우 구체적이어서, 이에 대한 예외는 엄격하게 인정되어야 한다. 이러한 점에 비추어 보면, 헌법 제50조 제1항으로부터 일체의 공개를 불허하는 절대적인 비공개가 허용된다고 볼 수는 없는 바, 특정한 내용의 국회의 회의나 특정 위원회의 회의를 일률적으로 비공개한다고 정하면서 공개의 여지를 차단하는 것은 헌법 제50조 제1항에 부합하지 아니한다. 심판대상조항은 정보위원회의 회의 일체를 비공개하도록 정함으로써 정보위원회 활동에 대한 국민의 감시와 견제를 사실상 불가능하게 하고 있다. 따라서 심판대상조항은 헌법 제50조 제1항에 위배되는 것으로 과잉금지원칙 위배 여부에 대해서는 더 나아가 판단할 필요 없이 청구인들의 알 권리를 침해한다(헌재 2022. 1. 27. 2018헌마1162).

2) 위원회에서의 방청

의원이 아닌 사람이 위원회를 방청하려면 위원장의 허가를 받아야 한다. 위원장은 질서유지를 위하여 필요할 때에는 방청인의 퇴장을 명할 수 있다(국회법 제55조 제1항, 제2항).

> **판례**
>
> ▶ **'위원회에서는 의원이 아닌 자는 위원장의 허가를 받아 방청할 수 있다'고 규정하고 있는 국회법 제55조 제1항이 위헌인지**(소극): 국회법 제55조 제1항은 위원회의 공개원칙을 전제로 한 것이다. 위 조항은 위원회 회의가 공개되는 경우에도 방청을 허용하여서는 아니될 사유가 있을 때에는 위원장이 방청을 허가하지 아니할 수 있도록 하고 있는 규정이다. 위원장이 방청을 불허하는 결정을 할 수 있는 사유란 회의장의 장소적 제약으로 불가피한 경우, 회의의 원활한 진행을 위하여 필요한 경우 등 결국 회의의 질서유지를 위하여 필요한 경우로 제한된다. 결국 국회법 제55조 제1항은 헌법에 규정된 의사공개의 원칙에 저촉되지 않으면서도 국민의 방청의 자유와 위원회의 원활한 운영 간에 적절한 조화를 꾀하고 있다고 할 것이므로 국민의 기본권을 침해하는 위헌조항이라 할 수는 없다(헌재 2000. 6. 29. 98헌마443).

(3) 제안

위원회는 그 소관에 속하는 사항에 관하여 법률안과 그 밖의 의안을 제출할 수 있다. 제출된 의안은 위원장이 제안자가 된다(국회법 제51조 제1항, 제2항).

(4) 심사

1) 의안의 상정

위원회는 의안이 위원회에 회부된 날부터 일부개정법률안 15일, 제정법률안, 전부개정법률안 및 폐지법률안 20일, 체계·자구 심사를 위하여 법제사법위원회에 회부된 법률안 5일, 법률안 외의 의안 20일의 기간이 지나지 아니하였을 때에는 그 의안을 상정할 수 없다. 다만, 긴급하고 불가피한 사유로 위원회의 의결이 있는 경우에는 그러하지 아니하다(국회법 제59조).

2) 심사 절차

① 일반절차

위원회는 안건을 심사할 때 먼저 그 취지의 설명과 전문위원의 검토보고를 듣고 대체토론(안건 전체에 대한 문제점과 당부에 관한 일반적 토론을 말하며 제안자와의 질의·답변 포함)과 축조심사 및 찬반토론을 거쳐 표결한다(국회법 제58조 제1항).

② 소위원회 회부

상임위원회는 안건을 심사할 때 소위원회에 회부하여 이를 심사·보고하도록 한다. 위원회는 대체토론이 끝난 후에만 안건을 소위원회에 회부할 수 있다(국회법 제58조 제2항, 제3항).

③ 축조심사

축조심사는 위원회의 의결로 생략할 수 있다. 다만, 제정법률안과 전부개정법률안에 대해서는 그러하지 아니하다(국회법 제58조 제5항).

④ 공청회 또는 청문회

위원회는 제정법률안과 전부개정법률안에 대해서는 공청회 또는 청문회를 개최하여야 한다. 다만, 위원회의 의결로 이를 생략할 수 있다(국회법 제58조 제6항).

⑤ 법제사법위원회의 특례

법제사법위원회의 체계·자구 심사에 관하여는 제5항 단서(제정법률안 등에 대한 축소심사 생략 불가)와 제6항(제정법률안 등에 대한 공청회 등)을 적용하지 아니한다(국회법 제58조 제10항).

3) 소위원회

① 종류

위원회는 소관 사항을 분담·심사하기 위하여 상설소위원회를 둘 수 있고, 필요한 경우 특정한 안건의 심사를 위하여 소위원회를 둘 수 있다. 상임위원회는 소관 법률안의 심사를 분담하는 둘 이상의 소위원회를 둘 수 있다(국회법 제57조 제1항, 제2항).

② 공개

소위원회의 회의는 공개한다. 다만, 소위원회의 의결로 공개하지 아니할 수 있다(국회법 제57조 제5항).

③ 활동

소위원회는 폐회 중에도 활동할 수 있으며, 법률안을 심사하는 소위원회는 매월 3회 이상 개회한다(국회법 제57조 제6항).

④ 적용 규정

소위원회에 관하여는 국회법에서 다르게 정하거나 성질에 반하지 아니하는 한 위원회에 관한 규정을 적용한다. 다만, 소위원회는 축조심사를 생략해서는 아니 된다(국회법 제57조 제8항).

4) 안건조정위원회

① **목적**

위원회는 이견을 조정할 필요가 있는 안건(예산안과 법제사법위원회에 회부된 법률안 제외)을 심사하기 위하여 재적위원 3분의 1 이상의 요구로 안건조정위원회를 구성하고 해당 안건을 대체토론이 끝난 후 조정위원회에 회부한다. 다만, 조정위원회를 거친 안건에 대해서는 그 심사를 위한 조정위원회를 구성할 수 없다(국회법 제57조의2 제1항).

② **활동 기한**

조정위원회의 활동 기한은 그 구성일부터 90일로 한다. 다만, 위원장은 조정위원회를 구성할 때 간사와 합의하여 90일을 넘지 아니하는 범위에서 활동기한을 따로 정할 수 있다(국회법 제57조의2 제2항).

신속처리대상안건을 심사하는 조정위원회는 그 안건이 법제사법위원회에 회부되거나 바로 본회의에 부의된 것으로 보는 경우에는 활동기한이 남았더라도 그 활동을 종료한다(국회법 제57조의2 제9항).

> **판례**
>
> ▶ 안건조정위원회의 활동종료기한이 도래하지 않았음에도 안건조정위원회 위원장이 원안을 조정안으로 가결 선포할 수 있는지(적극) : 국회법 제57조의2 제2항은 안건조정위원회의 활동기한 상한을 정한 것이어서 활동기한 만료 전이라도 안건조정위원회가 안건에 대한 조정심사를 마친다면 조정안을 의결할 수 있다. 따라서 국회법상 90일 또는 신속처리대상안건의 심사기간과 같은 안건조정위원회의 활동종료기한이 도래하지 않았음에도 안건조정위원회 위원장이 공직선거법 일부개정법률안을 조정안(수정안)으로 가결선포하였다는 사정만으로 이를 국회법에 위배되었다고 볼 수는 없다(헌재 2020. 5. 27. 2019헌라6).

③ **조정위원**

조정위원회는 조정위원회의 위원장 1명을 포함한 6명의 조정위원회의 위원으로 구성한다. 조정위원회를 구성하는 경우에는 소속 의원 수가 가장 많은 교섭단체(제1교섭단체)에 속하는 조정위원의 수와 제1교섭단체에 속하지 아니하는 조정위원의 수를 같게 한다. 다만, 제1교섭단체가 둘 이상인 경우에는 각 교섭단체에 속하는 조정위원 및 어느 교섭단체에도 속하지 아니하는 조정위원의 수를 위원장이 간사와 합의하여 정한다(국회법 제57조의2 제3항, 제4항).

④ **조정위원장**

조정위원은 위원장이 소속 위원 중에서 간사와 협의하여 선임하고, 조정위원장은 조정위원회가 제1교섭단체 소속 조정위원 중에서 선출하여 위원장이 의장에게 보고한다(국회법 제57조의2 제5항).

⑤ **의결**

조정위원회는 회부된 안건에 대한 조정안을 재적 조정위원 3분의 2 이상의 찬성으로 의결한다. 이 경우 조정위원장은 의결된 조정안을 지체없이 위원회에 보고한다. 조정위원회에서 조정안이 의결된 안건에 대해서는 소위원회의 심사를 거친 것으로 보며, 위원회는 조정위원회의 조정안이 의결된 날부터 30일 이내에 그 안건을 표결한다(국회법 제57조의2 제6항, 제7항).

판례

▶ 법제사법위원회 위원장이 2022. 4. 27. 제395회 국회(임시회) 제4차 법제사법위원회 전체회의에서 검찰청법 일부개정법률안 등을 법사위 법률안으로 가결선포한 행위가 청구인들의 법률안 심의·표결권을 침해하였는지(적극): 법사위 위원장은 회의의 주재자로서의 중립적인 지위에서 벗어나 그 위원회 활동의 일부인 조정위원회에 관하여 미리 가결의 조건을 만들어 두었고, 조정위원회에서 축조심사 및 질의·토론이 모두 생략되어 실질적인 조정심사 없이 의결된 조정안에 대하여 법사위 전체회의에서도 심사보고나 실질적인 토론의 기회를 부여하지 않은 채 그 조정안의 내용 그대로 이 사건 개정법률안의 가결을 선포한 것이다. 이는 제1교섭단체 소속 조정위원 수와 그렇지 않은 조정위원 수를 동수로 구성하도록 한 국회법 제57조의2 제4항을 위반한 것이고, 제1교섭단체인 ○○당 소속 조정위원 3명과 민○○ 위원만으로 재적 조정위원 6명의 3분의 2인 4명이 충족되도록 함으로써 국회 내 다수세력의 일방적 입법 시도를 저지할 수 있도록 의결정족수를 규정한 국회법 제57조의2 제6항의 기능을 형해화한 것이며, 위원회의 안건심사절차에 관하여 규정한 국회법 제58조도 위반한 것이다. 따라서 법사위 위원장의 이 사건 가결선포행위는 청구인들의 법률안 심의·표결권을 침해한 것이다(헌재 2023. 3. 23. 2022헌라2).

5) 공청회와 청문회

① 공청회

위원회는 중요한 안건 또는 전문지식이 필요한 안건을 심사하기 위하여 그 의결 또는 재적위원 3분의 1 이상의 요구로 공청회를 열고 이해관계자 또는 학식·경험이 있는 사람 등으로부터 의견을 들을 수 있다. 다만, 제정법률안과 전부개정법률안의 경우에는 제58조 제6항에 따른다(국회법 제64조 제1항).

② 청문회

위원회(소위원회 포함)는 중요한 안건의 심사와 국정감사 및 국정조사에 필요한 경우 증인·감정인·참고인으로부터 증언·진술을 청취하고 증거를 채택하기 위하여 위원회 의결로 청문회를 열 수 있다. 그럼에도 불구하고 법률안 심사를 위한 청문회는 재적위원 3분의 1 이상의 요구로 개회할 수 있다. 다만, 제정법률안과 전부개정법률안의 경우에는 제58조 제6항에 따른다(국회법 제65조 제1항, 제2항).

6) 인사청문회

① 주관 위원회

상임위원회 (국회법 65조의2②)	• 대통령이 임명하는 헌법재판소 재판관, 중앙선거관리위원회 위원, 국무위원, 방송통신위원회 위원장, 국가정보원장, 공정거래위원회 위원장, 금융위원회 위원장, 국가인권위원회 위원장, 고위공직자범죄수사처장, 국세청장, 검찰총장, 경찰청장, 합동참모의장, 한국은행 총재, 특별감찰관 또는 한국방송공사 사장의 후보자 • 대통령 당선인이 대통령직 인수에 관한 법률에 따라 지명하는 국무위원 후보자 • 대법원장이 지명하는 헌법재판소 재판관 또는 중앙선거관리위원회 위원의 후보자
인사청문특별위원회 (국회법 65조의2⑤)	• 헌법재판소 재판관 후보자가 헌법재판소장 후보자를 겸하는 경우 • 소관 상임위원회의 인사청문회를 겸하는 것으로 봄.

② 의장의 회부 및 보고
의장은 임명동의안 등이 제출된 때에는 즉시 본회의에 보고하고 위원회에 회부하며, 그 심사 또는 인사청문이 끝난 후 본회의에 부의하거나 위원장으로 하여금 본회의에 보고하도록 한다. 다만, 폐회 또는 휴회 등으로 본회의에 보고할 수 없을 때에는 이를 생략하고 회부할 수 있다(인사청문회법 제6조 제1항).

③ 국회의 심사 또는 인사청문 기간
국회는 임명동의안 등이 제출된 날부터 20일 이내에 그 심사 또는 인사청문을 마쳐야 한다(인사청문회법 제6조 제2항).
부득이한 사유로 20일 이내에 헌법재판소 재판관 등의 후보자에 대한 인사청문회를 마치지 못하여 국회가 인사청문경과보고서를 송부하지 못한 경우에 대통령·대통령당선인 또는 대법원장은 그 기간의 다음 날부터 10일 이내의 범위에서 기간을 정하여 인사청문경과보고서를 송부하여 줄 것을 국회에 요청할 수 있고, 이 기간 이내에 헌법재판소재판관 등의 후보자에 대한 인사청문경과보고서를 국회가 송부하지 아니한 경우에 대통령 또는 대법원장은 헌법재판소 재판관 등으로 임명 또는 지명할 수 있다(인사청문회법 제6조 제3항, 제4항).

④ 위원회의 인사청문회 기간
위원회는 임명동의안 등이 회부된 날부터 15일 이내에 인사청문회를 마치되, 인사청문회의 기간은 3일 이내로 한다. 다만, 부득이한 사유로 헌법재판소 재판관 등의 후보자에 대한 인사청문회를 그 기간 이내에 마치지 못하여 제6조 제3항의 규정에 의하여 기간이 정하여진 때에는 그 연장된 기간 이내에 인사청문회를 마쳐야 한다(인사청문회법 제9조 제1항).
위원회는 임명동의안등에 대한 인사청문회를 마친 날부터 3일 이내에 심사경과보고서 또는 인사청문경과보고서를 의장에게 제출한다(인사청문회법 제9조 제2항).

⑤ 위원장의 보고 등
의장은 공직후보자에 대한 인사청문경과가 본회의에 보고되면 지체없이 인사청문경과보고서를 대통령·대통령 당선인 또는 대법원장에게 송부하여야 한다. 다만, 인사청문을 마친 후 폐회 또는 휴회 그 밖의 부득이한 사유로 위원장이 인사청문경과를 본회의에 보고할 수 없을 때에는 위원장은 이를 의장에게 보고하고 의장은 인사청문경과보고서를 대통령·대통령당선인 또는 대법원장에게 송부하여야 한다(인사청문회법 제11조 제2항).

⑥ 인사청문회의 공개
인사청문회는 공개한다. 다만, 군사·외교 등 국가기밀에 관한 사항으로서 국가의 안전보장을 위하여 필요한 경우, 개인의 명예나 사생활을 부당하게 침해할 우려가 명백한 경우 등에는 위원회의 의결로 공개하지 아니할 수 있다(인사청문회법 제14조).

(5) **심사보고서 제출 및 위원장의 보고**

1) 심사보고서 제출
위원회는 안건 심사를 마쳤을 때에는 심사 경과 및 결과 그 밖에 필요한 사항을 서면으로 의장에게 보고하여야 하고, 의장은 보고서가 제출되었을 때, 본회의에서 의제가 되기 전에 인쇄하거나 전산망에 입력하는 방법으로 의원에게 배부한다. 다만, 긴급할 때에는 배부를 생략할 수 있다(국회법 제66조 제1항, 제4항).

2) 위원장의 보고

위원장은 소관 위원회에서 심사를 마친 안건이 본회의에서 의제가 되었을 때에는 위원회의 심사 경과 및 결과와 소수의견 및 관련위원회의 의견 등 필요한 사항을 본회의에 보고한다(국회법 제67조 제1항).

(6) 준용규정

위원회에 관하여는 이 장에서 규정한 사항 외에 제6장과 제7장의 규정을 준용한다. 다만, 위원회에서의 동의(動議)는 특별히 다수의 찬성자가 있어야 한다는 규정에도 불구하고 동의자 외 1명 이상의 찬성으로 의제가 될 수 있으며, 표결은 거수로 할 수 있다(국회법 제71조).

제4항 국회의 운영과 의사절차

I 국회의 운영

1. 입법기와 회기

(1) 입법기

입법기란 국회가 동일의원들로 구성되는 시기(임기개시일)로부터 임기가 만료되거나 국회가 해산되기까지의 시기를 의미한다.

(2) 회기

국회의 회기란 국회가 의사와 관련된 활동을 할 수 있는 기간으로서 집회일부터 폐회일까지를 의미한다(헌재 2020. 5. 27. 2019헌라6).

2. 정기회와 임시회 등

> **헌법 제47조**
> ① 국회의 정기회는 법률이 정하는 바에 의하여 매년 1회 집회되며, 국회의 임시회는 대통령 또는 국회 재적의원 4분의 1 이상의 요구에 의하여 집회된다.
> ② 정기회의 회기는 100일을, 임시회의 회기는 30일을 초과할 수 없다.
> ③ 대통령이 임시회의 집회를 요구할 때에는 기간과 집회요구의 이유를 명시하여야 한다.

(1) 정기회와 임시회

정기회는 매년 9월 1일에 집회한다. 다만, 그 날이 공휴일인 때에는 그 다음 날에 집회한다(국회법 제4조). 의장은 임시회의 집회 요구가 있을 때에는 집회기일 3일 전에 공고한다. 이 경우 둘 이상의 집회 요구가 있을 때에는 집회일이 빠른 것을 공고하되, 집회일이 같은 때에는 그 요구서가 먼저 제출된 것을 공고한다(국회법 제5조 제1항).

(2) 연간 국회 운영 기본일정

> **국회법 제5조의2**
> ② 연간 국회 운영 기본일정은 다음 각 호의 기준에 따라 작성한다.
>   1. 2월·3월·4월·5월 및 6월 1일과 8월 16일에 임시회를 집회한다. 다만, 국회의원 총선거가 있는 경우 임시회를 집회하지 아니하며, 집회일이 공휴일인 경우에는 그 다음 날에 집회한다.
>   2. 정기회의 회기는 100일로, 제1호에 따른 임시회의 회기는 해당 월의 말일까지로 한다. 다만, 임시회의 회기가 30일을 초과하는 경우에는 30일로 한다.
>   3. 2월, 4월 및 6월에 집회하는 임시회의 회기 중 한 주(週)는 제122조의2에 따라 정부에 대한 질문을 한다.

(3) 회기 결정 등

1) 회기 결정

국회의 회기는 의결로 정하되, 의결로 연장할 수 있다. 국회의 회기는 집회 후 즉시 정하여야 한다(국회법 제7조 제1항, 제2항).

집회 후 즉시 의결로 국회의 회기를 정하는 것이 국회법이 예정하고 있는 국회의 정상적인 운영 방식이다. 국회가 불가피한 사정이 없음에도 불구하고 집회 후 즉시 회기를 의결하지 않는 것은 국회법 제7조에 위배되는 비정상적인 운영이라고 볼 수밖에 없다(헌재 2020. 5. 27. 2019헌라6).

> **판례**
>
> ▶ '회기결정의 건'에 대한 무제한토론이 국회법 제7조에 위배되는지(적극) : '회기결정의 건'에 대하여 무제한토론이 실시되는 경우, 무제한토론으로 인하여 '회기결정의 건'이 폐기되는 결과가 발생한다. 이는 무제한토론이 '회기결정의 건'의 처리 자체를 봉쇄하는 것이어서, 당초 특정 안건에 대한 처리 자체를 불가능하게 하는 것이 아니라 최대 다음 회기까지 처리를 지연시키는 수단으로 도입된 무제한토론제도의 취지에 반할 뿐만 아니라, 국회가 집회 후 즉시 의결로 회기를 정하도록 규정한 국회법 제7조에도 정면으로 위배된다(헌재 2020. 5. 27. 2019헌라6).

2) 휴회

국회는 의결로 기간을 정하여 휴회할 수 있다. 국회는 휴회 중이라도 대통령의 요구가 있을 때, 의장이 긴급한 필요가 있다고 인정할 때 또는 재적의원 4분의 1 이상의 요구가 있을 때에는 국회의 회의(본회의)를 재개한다(국회법 제8조 제1항, 제2항).

Ⅱ 의사절차에 관한 원칙

1. 의사공개의 원칙

> **헌법 제50조**
> ① 국회의 회의는 공개한다. 다만, 출석의원 과반수의 찬성이 있거나 의장이 국가의 안전보장을 위하여 필요하다고 인정할 때에는 공개하지 아니할 수 있다.
> ② 공개하지 아니한 회의내용의 공표에 관하여는 법률이 정하는 바에 의한다.

(1) 의의

의사공개의 원칙은 의사진행의 내용과 의원의 활동을 국민에게 공개함으로써 민의에 따른 국회운영을 실천한다는 민주주의적 요청에서 유래하는 것인바, 국회에서의 토론 및 정책결정의 과정이 공개되어야 주권자인 국민의 의정활동에 대한 감시와 비판이 가능하고 의사결정의 공정성을 확보할 수 있을 뿐 아니라, 국민에게 의제에 대하여 이해하고 의견을 발표할 수 있도록 정보가 제공되고 국가의사결정의 과정에 참여할 수 있는 실질적 기회가 부여되어 국민의 정치적 의사형성에 기여할 수 있게 된다. 따라서, 국회 의사공개의 원칙은 대의민주주의 정치에 있어서 공공정보의 공개를 통해 국정에 대한 국민의 참여도를 높이고 국정운영의 투명성을 확보하기 위하여 필요불가결한 요소이다(헌재 2009. 9. 24. 2007헌바17).

> **판례**
>
> ▶ **의사공개원칙의 기능**: 의사공개의 원칙은 의사진행의 내용과 의원의 활동을 국민에게 공개함으로써 민의에 따른 국회운영을 실천한다는 민주주의적 요청에서 유래하는 것으로서 국회에서의 토론 및 정책결정의 과정이 공개되어야 주권자인 국민의 정치적 의사형성과 참여, 의정활동에 대한 감시와 비판이 가능하게 될 뿐더러, 의사의 공개는 의사결정의 공정성을 담보하고 정치적 야합과 부패에 대한 방부제 역할을 하기도 하는 것이다(헌재 2000. 6. 29. 98헌마443).

(2) 적용 범위

의사공개원칙은 방청 및 보도의 자유와 회의록의 공표를 그 내용으로 한다. 의사공개원칙의 헌법적 의미를 고려할 때, 헌법 제50조 제1항 본문은 단순한 행정적 회의를 제외하고 국회의 헌법적 기능과 관련된 모든 회의는 원칙적으로 국민에게 공개되어야 함을 천명한 것으로, 국회 본회의뿐만 아니라 위원회의 회의에도 적용된다. 따라서 본회의든 위원회의 회의든 국회의 회의는 원칙적으로 공개하여야 하며, 원하는 모든 국민은 원칙적으로 그 회의를 방청할 수 있다(헌재 2022. 1. 27. 2018헌마1162).

(3) 제한

본회의는 공개한다. 다만, 의장의 제의 또는 의원 10명 이상의 연서에 의한 동의(動議)로 본회의 의결이 있거나 의장이 각 교섭단체 대표의원과 협의하여 국가의 안전보장을 위하여 필요하다고 인정할 때에는 공개하지 아니할 수 있다. 비공개 제의나 동의에 대해서는 토론을 하지 아니하고 표결한다(국회법 제75조 제1항, 제2항).

> **판례**
>
> ▶ **헌법 제50조 제1항 단서의 헌법적 의미**: 헌법 제50조 제1항 단서에서 "출석의원 과반수의 찬성이 있거나 의장이 국가의 안전보장을 위하여 필요하다고 인정할 때에는 공개하지 아니할 수 있다."라고 규정하여 의사공개의 원칙에 대하여 예외를 둔 것은 의사공개의 원칙 및 알 권리에 대한 헌법유보에 해당한다. 동항 단서에서는 '출석의원 과반수의 찬성'에 의한 회의 비공개의 경우에 그 비공개 사유에 대하여는 아무런 제한을 두지 아니하여 의사의 공개 여부에 관한 국회의 재량을 인정하고 있다(헌재 2009. 9. 24. 2007헌바17).

▶ **헌법 제50조 제1항 단서의 해석 방법**: 헌법 제50조 제1항의 구조에 비추어 볼 때, 헌법상 의사공개원칙은 모든 국회의 회의를 항상 공개하여야 하는 것은 아니나 이를 공개하지 아니할 경우에는 헌법에서 정하고 있는 일정한 요건을 갖추어야 함을 의미하는 것이다. 또한 헌법 제50조 제1항 단서가 정하고 있는 회의의 비공개를 위한 절차나 사유는 그 문언이 매우 구체적이므로, 예외적인 비공개 사유는 문언에 따라 엄격하게 해석되어야 한다(헌재 2022. 1. 27. 2018헌마1162).

▶ **헌법 제50조 제1항 단서로부터 일체의 공개를 불허하는 절대적인 비공개가 허용되는지**(소극): 헌법 제50조 제1항으로부터 일체의 공개를 불허하는 절대적인 비공개가 허용된다고 볼 수는 없다. 회의의 내용이 국가안전보장에 영향을 미치지 아니하는 경우나 회의의 구성원인 출석의원 과반수가 회의의 공개에 찬성하는 경우에도 회의를 공개할 수 없도록 정하여, 국회의 회의의 공개를 원천적으로 차단하는 것은 헌법 제50조 제1항의 문언에 정면으로 반하기 때문이다. 따라서 특정한 내용의 국회의 회의나 특정 위원회의 회의를 일률적으로 비공개한다고 정하면서 공개의 여지를 차단하는 것은 헌법 제50조 제1항에 부합하지 아니한다(헌재 2022. 1. 27. 2018헌마1162).

▶ **헌법 제50조 제1항 단서의 요건을 각 회의마다 충족해야 하는지**(적극): 헌법 제50조 제1항 단서는 개별·구체적인 회의마다 회의에 참여하는 구성원의 실질적인 합의나 회의내용을 고려한 위원장의 결정을 통해 공개 여부를 자율적으로 정하라는 취지이다. '출석의원 과반수의 찬성' 또는 '위원장의 국가안전보장을 위해 필요하다는 결정'은 각 회의마다 충족되어야 하는 요건으로 이를 달리 해석할 여지는 없으며, 입법과정에서 재적의원 과반수의 출석과 출석의원 과반수의 찬성으로 의결되었다는 사실만으로 헌법 제50조 제1항 단서의 '출석의원 과반수의 찬성'이라는 요건이 충족되었다고 보는 것은 헌법 제50조 제1항을 장식에 불과한 것으로 만드는 해석이다(헌재 2022. 1. 27. 2018헌마1162).

2. 회기계속의 원칙

헌법 제51조
국회에 제출된 법률안 기타의 의안은 회기 중에 의결되지 못한 이유로 폐기되지 아니한다. 다만, 국회의원의 임기가 만료된 때에는 그러하지 아니하다.

3. 일사부재의 원칙

일사부재의 원칙이란 부결된 안건은 같은 회기 중에 다시 발의하거나 제출할 수 없다는 것을 의미한다(국회법 제92조).

일사부재의 원칙은 국회의 의사의 단일화, 회의의 능률적인 운영 및 소수파에 의한 의사방해 방지 등을 위하여 중요한 의의를 가진다. 그런데 일사부재의 원칙을 경직되게 적용하는 경우에는 국정운영이 왜곡되고 다수에 의해 악용되어 다수의 횡포를 합리화하는 수단으로 전락할 수도 있으므로 일사부재의 원칙은 신중한 적용이 요청된다(헌재 2009. 10. 29. 2009헌라8).

> **판례**
>
> ▶ 표결이 종료되어 '재적의원 과반수의 출석'에 미달하였다는 결과가 확인된 경우, '출석의원 과반수의 찬성'에 미달한 경우와 마찬가지로 국회의 의사는 부결로 확정되는지(적극) : 표결이 종료되어 '재적의원 과반수의 출석'에 미달하였다는 결과가 확인된 이상, '출석의원 과반수의 찬성'에 미달한 경우와 마찬가지로 국회의 의사는 부결로 확정되었다고 보아야 한다. 실질적으로 보더라도, 국회의원이 특정 의안에 반대하는 경우 회의장에 출석하여 반대투표하는 방법뿐만 아니라 회의에 불출석하는 방법으로도 의안에 대하여 반대의 의사를 표시할 수 있다. 따라서 '재적의원 과반수의 출석'과 '출석의원 과반수의 찬성'이라는 요건이 국회의 의결에 대하여 가지는 의미나 효력을 달리 할 이유가 없다(헌재 2009. 10. 29. 2009헌라8).

4. 다수결의 원리

> **헌법 제49조**
> 국회는 헌법 또는 법률에 특별한 규정이 없는 한 재적의원 과반수의 출석과 출석의원 과반수의 찬성으로 의결한다. 가부동수인 때에는 부결된 것으로 본다.

(1) 정당성 근거

의회민주주의 원리는 국가의 정책결정에 참여할 권한을 국민의 대표기관인 의회에 유보하는 것에 그치지 않고 의사결정과정의 민주적 정당성까지 요구한다. 절차의 민주성과 공개성이 보장되어야만 민주적 정당성도 획득될 수 있다. 의회민주주의의 기본원리의 하나인 다수결의 원리는 의사형성과정에서 소수파에게 토론에 참가하여 다수파의 견해를 비판하고 반대의견을 밝힐 수 있는 기회를 보장하여 다수파와 소수파가 공개적이고 합리적인 토론을 거쳐 다수의 의사로 결정한다는 데 그 정당성의 근거가 있는 것이다(헌재 2010. 12. 28. 2008헌라6).

(2) 실현 방법

다수결의 원리를 실현하는 국회의 의결방식은 헌법이나 법률에 특별한 규정이 없는 한 재적의원 과반수의 출석과 출석의원 과반수의 찬성을 요하는 일반정족수를 기본으로 한다. 일반정족수는 국회의 의결이 유효하기 위한 최소한의 출석의원 또는 찬성의원의 수를 의미하므로, 의결대상 사안의 중요성과 의미에 따라 헌법이나 법률에 의결의 요건을 달리 규정할 수 있다. 즉 일반정족수는 다수결의 원리를 실현하는 국회의 의결방식 중 하나로서 국회의 의사결정 시 합의에 도달하기 위한 최소한의 기준일 뿐 이를 헌법상 절대적 원칙이라고 보기는 어렵다. 헌법 제49조에 따라 어떠한 사항을 일반정족수가 아닌 특별정족수에 따라 의결할 것인지 여부는 국회 스스로 판단하여 법률에 정할 사항이다(헌재 2016. 5. 26. 2015헌라1).

(3) 정족수

1) 의의

정족수란 다수인으로 구성되는 회의체에서 회의를 진행하고 의사를 결정하는 데 소요되는 출석자의 수를 말하는 것으로, 이에는 의안을 심의하는 데 필요한 출석자의 법정수를 말하는 의사정족수와 의결에 필요한 출석자의 법정수를 말하는 의결정족수가 있다.

2) 일반정족수

본회의는 재적의원 5분의 1 이상의 출석으로 개의하고(국회법 제73조 제1항), 의사는 헌법이나 국회법에 특별한 규정이 없으면 재적의원 과반수의 출석과 출석의원 과반수의 찬성으로 의결한다(국회법 제109조).

3) 특별정족수

정족수	사항
1인 이상	동의(법 89조)
10인 이상	• 회의의 비공개 발의(법 75조) • 일반의안의 발의(법 79조①)
20인 이상	• 의사일정의 변경 발의(법 77조) • 국무총리 등에 대한 출석요구(법 121조①) • 긴급현안질문 요구(법 122조의 3①) • 의원 징계요구(법 156조③)
30인 이상	• 폐기된 법률안의 본회의 부의(법 87조①) • 폐기된 청원사항에 대한 본회의 부의(법 125조⑥) • 일반의안의 수정동의(법 95조) • 의원의 자격심사 청구(법 138조)
50인 이상	예산안에 대한 수정동의(법 95조①)
재적 1/5 이상	• 기명·호명·무기명투표의 요구(법 112조②) • 전자적 방법에 의한 투표요구(법 112조⑧)
재적 1/4 이상	• 의원의 석방요구 발의(법 28조) • 국회 임시회 소집요구(헌법 47조①) • 휴회 중 본회의 재개요구(법 8조) • 위원회 개회요구(법 52조) • 전원위원회 개회요구(법 63조의2①) • 국정조사 요구(국감국조법 3조①)
재적 1/4 이상 출석, 출석 과반수	전원위원회의 의결정족수(법 63조의2④)
재적 1/3 이상	• 국무총리 등에 대한 해임건의안 발의(헌법 63조②) • 일반 탄핵소추안 발의(헌법 65조②) • 공청회 개최요구(법 64조①) • 법률안 심사를 위한 청문회 개최요구(법 65조②) • 무제한토론 실시요구(법 106조의2①) • 무제한토론 종결동의(법 106조의2⑤) • 위원회에서 청문회·국정감사 또는 국정조사와 관련된 서류 등의 제출요구(법 128조①)
출석 과반수	국회회의의 비공개(헌법 50조)

재적 과반수 이상	• 헌법개정안 발의(헌법 128조①) • 대통령에 대한 탄핵소추 발의(헌법 65조②) • 일반 탄핵소추안 의결(헌법 65조②) • 국무총리·국무위원 해임건의안 의결(헌법 63조②) • 계엄해제요구(헌법 77조⑤) • 의장과 부의장의 선출(법 15조①) • 신속처리대상안건 지정요구(법 85조의2①)
재적 과반수 출석, 출석 다수	• 국회에서의 대통령당선자 결정(헌법 67조②) • 국회의장 결선투표(법 15조③) • 임시의장 선거(법 17조) • 상임위원장 선거(법 41조②) • 예산결산특별위원회위원장 선거(법 45조④)
재적 과반수 출석, 출석 2/3 이상	• 법률안에 대한 재의결(헌법 53조④) • 본회의 번안동의 의결(법 91조①) • 위원회 법안동의 의결(법 91조②)
재적 3/5 이상	• 신속처리안건 지정동의의결(법 85조의2①) • 법제사법위원회의 법률안 체계·자구심사가 120일 이내 종료되지 아니하여 본회의에 부의요구(법 86조③) • 무제한토론 종결동의 의결(법 106조의2⑥)
재적 2/3 이상	• 국회의원 제명의결(헌법 64조③) • 대통령에 대한 탄핵소추 의결(헌법 65조②) • 헌법개정안에 대한 의결(헌법 130조①) • 국회의원에 대한 자격심사(법 142조③) • 안건조정위원회에서 조정안 의결(법 57조의2⑥)

Ⅲ 국회의 의사절차

1. 개의와 산회

본회의는 오후 2시(토요일은 오전 10시)에 개의한다. 다만, 의장은 각 교섭단체 대표의원과 협의하여 그 개의시(開議時)를 변경할 수 있다(국회법 제72조). 한편 의사일정에 올린 안건의 의사가 끝났을 때에는 의장은 산회를 선포한다(국회법 제74조 제1항).

2. 의사일정

(1) 작성

의장은 회기 중 본회의 개의일시 및 심의대상 안건의 대강을 적은 회기 전체 의사일정과 본회의 개의시간 및 심의대상 안건의 순서를 적은 당일 의사일정을 작성한다. 의사일정 중 회기 전체 의사일정을 작성할 때에는 국회운영위원회와 협의하되, 협의가 이루어지지 아니할 때에는 의장이 이를 결정한다(국회법 제76조 제2항, 제3항).

(2) **공표**

의장은 작성한 의사일정을 지체 없이 의원에게 통지하고 전산망 등을 통하여 공표한다(국회법 제76조 제4항).

(3) **변경**

의원 20명 이상의 연서에 의한 동의(動議)로 본회의 의결이 있거나 의장이 각 교섭단체 대표의원과 협의하여 필요하다고 인정할 때에는 의장은 회기 전체 의사일정의 일부를 변경하거나 당일 의사일정의 안건 추가 및 순서 변경을 할 수 있다. 이 경우 의원의 동의에는 이유서를 첨부하여야 하며, 그 동의에 대해서는 토론을 하지 아니하고 표결한다(국회법 제77조).

> **판례**
>
> ▶ **국회의장이 교섭단체 대표의원과 직접 협의하지 않고 의사일정의 순서를 변경한 것이 국회법 제77조에 위반되는지**(소극): 국회법상 '협의'의 개념은 의견을 교환하고 수렴하는 절차라는 성질상 다양한 방식으로 이루어질 수 있고, 그에 대한 판단과 결정은 종국적으로 국회의장에게 맡겨져 있다. 국회의장은 장내소란으로 국회법에 따른 정상적인 의사진행을 기대하기 어려운 상황에서 효율적인 회의 진행을 위하여 의사일정 제5항이던 사립학교법 중 개정법률안을 제일 먼저 상정하여 심의할 필요가 있다고 판단한 점 등을 고려해 볼 때, 국회의장이 ○○당 대표의원과 직접 협의 없이 의사일정순서를 변경하였다고 하여 국회법 제77조 위반으로 보기 어렵다(헌재 2008. 4. 24. 2006헌라2).
>
> ▶ **국회의장이 의사일정 제27항 '공직선거법 일부개정법률안'을 의사일정 제4항 이전에 먼저 심의하도록 의사일정을 변경하면서도 교섭단체 대표와 협의를 거치지 아니한 것이 국회법 제77조에 위배되는지**(소극): 국회법 제77조는 "의원 20명 이상의 연서에 의한 동의(動議)로 본회의 의결이 있거나 의장이 각 교섭단체 대표의원과 협의하여 필요하다고 인정할 때에는 의장은 회기 전체 의사일정의 일부를 변경하거나 당일 의사일정의 안건 추가 및 순서 변경을 할 수 있다."라고 하고 있는바, 이 절차는 둘 다 거칠 필요는 없고 하나의 절차만 거치더라도 적법하게 의사일정을 변경할 수 있다. 이 사건의 경우 국회의장이 교섭단체인 ○○당의 대표의원과 협의를 거쳤다고 볼 수는 없으나, 윤○○ 의원 외 155인이 연서에 의한 동의로 '의사일정 변경의 건'이 상정되었고 표결을 거쳐 국회의장이 가결선포 후 의사일정을 변경한 것이므로, 의원 20명 이상의 연서에 의한 동의로 본회의 의결이 있는 경우에 해당한다. 따라서 위 의사일정 변경은 국회법 제77조에 위배되었다고 할 수 없다(헌재 2020. 5. 27. 2019헌라6).

3. 의안의 발의 및 위원회 회부

(1) **의안의 발의**

의원은 10명 이상의 찬성으로 의안을 발의할 수 있다. 의안을 발의하는 의원은 그 안을 갖추고 이유를 붙여 찬성자와 연서하여 이를 의장에게 제출하여야 한다(국회법 제79조 제1항, 제2항).

(2) **위원회 회부**

1) 일반의안

① 상임위원회 회부

의장은 의안이 발의되거나 제출되었을 때에는 이를 인쇄하거나 전산망에 입력하는 방법으로 의원에게 배부하고 본회의에 보고하며, 소관 상임위원회에 회부하여 그 심사가 끝난 후 본회의에 부의한다. 다만, 폐회 또는 휴회 등으로 본회의에 보고할 수 없을 때에는 보고를 생략하고 회부할 수 있다(국회법 제81조 제1항).

② 특별위원회 회부

의장은 특히 필요하다고 인정하는 안건에 대해서는 본회의의 의결을 거쳐 이를 특별위원회에 회부한다(국회법 제82조 제1항).

2) 예산안 등

① 상임위원회 회부

예산안과 결산은 소관 상임위원회에 회부하고, 소관 상임위원회는 예비심사를 하여 그 결과를 의장에게 보고한다. 이 경우 예산안에 대해서는 본회의에서 정부의 시정연설을 듣는다(국회법 제84조 제1항).

② 예산결산특별위원회 회부

의장은 예산안과 결산에 제1항의 보고서를 첨부하여 이를 예산결산특별위원회에 회부하고 그 심사가 끝난 후 본회의에 부의한다. 결산의 심사 결과 위법하거나 부당한 사항이 있는 경우에 국회는 본회의 의결 후 정부 또는 해당 기관에 변상 및 징계조치 등 그 시정을 요구하고, 정부 또는 해당 기관은 시정 요구를 받은 사항을 지체 없이 처리하여 그 결과를 국회에 보고하여야 한다(국회법 제84조 제2항).

4. 심사기간 지정과 체계·자구 심사

(1) 심사기간 지정

의장은 천재지변의 경우, 전시·사변 또는 이에 준하는 국가비상사태의 경우, 의장이 각 교섭단체 대표의원과 합의하는 경우에는 위원회에 회부하는 안건 또는 회부된 안건에 대하여 심사기간을 지정할 수 있다. 다만 천재지변의 경우나 전시·사변 또는 이에 준하는 국가비상사태의 경우에는 의장이 각 교섭단체 대표의원과 협의하여 이와 관련된 안건에 대해서만 심사기간을 지정할 수 있다(국회법 제85조 제1항).

위원회가 이유 없이 지정된 심사기간 내에 심사를 마치지 아니하였을 때에는 의장은 중간보고를 들은 후 다른 위원회에 회부하거나 바로 본회의에 부의할 수 있다(국회법 제85조 제2항).

(2) 체계·자구 심사

위원회에서 법률안의 심사를 마치거나 입안을 하였을 때에는 법제사법위원회에 회부하여 체계와 자구에 대한 심사를 거쳐야 한다. 이 경우 법제사법위원회 위원장은 간사와 협의하여 심사에서 제안자의 취지 설명과 토론을 생략할 수 있다(국회법 제86조 제1항).

법제사법위원회가 회부된 법률안에 대하여 이유 없이 회부된 날부터 120일 이내에 심사를 마치지 아니하였을 때에는 심사대상 법률안의 소관 위원회 위원장은 간사와 협의하여 이의가 없는 경우에는 의장에게 그 법률안의 본회의 부의를 서면으로 요구한다. 다만, 이의가 있는 경우에는 그 법률안에 대한 본회의 부의 요구 여부를 무기명투표로 표결하되, 해당 위원회 재적위원 5분의 3 이상의 찬성으로 의결한다(국회법 제86조 제3항).

5. 안건의 신속처리

(1) 취지

안건신속처리제도는 신속처리대상으로 지정된 안건에 대해서는 일정기간이 경과하면 자동으로 다음 단계로 진행하도록 하여 해당 안건에 대한 위원회의 심사를 촉진하도록 하는 제도이다. 이는 위원회중심주의를 존중하면서도 입법의 효율성을 제고하기 위하여 도입된 것이다(헌재 2016. 5. 26. 2015헌라1).

(2) 지정요구 및 의결

위원회에 회부된 안건을 신속처리대상안건으로 지정하려는 경우 의원은 재적의원 과반수가 서명한 신속처리대상안건 지정요구 동의를 의장에게 제출하고, 안건의 소관 위원회 소속 위원은 소관 위원회 재적위원 과반수가 서명한 신속처리안건 지정동의를 소관 위원회 위원장에게 제출하여야 한다. 이 경우 의장 또는 안건의 소관 위원회 위원장은 지체 없이 신속처리안건 지정동의를 무기명투표로 표결하되, 재적의원 5분의 3 이상 또는 안건의 소관 위원회 재적위원 5분의 3 이상의 찬성으로 의결한다(국회법 제85조의2 제1항).

> **판례**
>
> ▶ 신속처리대상안건에 대해서 본회의에서 수정안을 제출한 것이 곧바로 국회법 제85조의2에 위배되는지(소극) : 국회법은 신속처리대상안건에 대한 수정동의를 명시적으로 금지하고 있지 않다. 신속처리대상안건이 신속처리절차를 거쳐 본회의에 부의되었다고 하더라도 이를 수정할 필요성이 있을 수 있다. 그런데 단지 신속처리대상안건으로 지정되었다는 이유로 본회의에서 수정동의의 대상이 되는 수정안을 제출할 수 없다면, 다시 법률안 제출 단계부터 시작해야 하는바, 이는 오히려 신속처리대상안건 지정제도의 취지에 반한다. 따라서 신속처리대상안건에 대해서 본회의에서 수정안을 제출하였다고 하더라도, 그 수정안이 곧바로 국회법 제85조의2에 위배되었다고 할 수 없다(헌재 2020. 5. 27. 2019헌라6).

(3) 심사기간

위원회는 신속처리대상안건에 대한 심사를 그 지정일부터 180일 이내에 마쳐야 한다. 다만, 법제사법위원회는 신속처리대상안건에 대한 체계·자구 심사를 그 지정일부터 90일 이내에 마쳐야 한다(국회법 제85조의2 제3항).

(4) 법제사법위원회 회부 또는 본회의 부의

위원회가 신속처리대상안건에 대하여 지정일부터 180일 내에 심사를 마치지 아니하였을 때에는 그 기간이 끝난 다음 날에 소관 위원회에서 심사를 마치고 체계·자구 심사를 위하여 법제사법위원회로 회부된 것으로 본다. 다만, 법률안 및 국회규칙안이 아닌 안건은 바로 본회의에 부의된 것으로 본다(국회법 제85조의2 제4항).

법제사법위원회가 신속처리대상안건에 대하여 지정일부터 90일 내에 심사를 마치지 아니하였을 때에는 그 기간이 끝난 다음 날에 법제사법위원회에서 심사를 마치고 바로 본회의에 부의된 것으로 본다(국회법 제85조의2 제5항).

(5) 본회의 상정

신속처리대상안건은 본회의에 부의된 것으로 보는 날부터 60일 이내에 본회의에 상정되어야 한다. 신속처리대상안건이 60일 이내에 본회의에 상정되지 아니하였을 때에는 그 기간이 지난 후 처음으로 개의되는 본회의에 상정된다(국회법 제85조의2 제6항, 제7항).

6. 위원회 해임 등

(1) 위원회 해임

위원회에서 본회의에 부의할 필요가 없다고 결정된 의안은 본회의에 부의하지 아니한다. 다만, 위원회의 결정이 본회의에 보고된 날부터 폐회 또는 휴회 중의 기간을 제외한 7일 이내에 의원 30명 이상의 요구가 있을 때에는 그 의안을 본회의에 부의하여야 한다(국회법 제87조 제1항).

(2) 동의·철회와 번안(飜案)

1) 동의

국회법에 다른 규정이 있는 경우를 제외하고 동의(動議)는 동의자 외 1명 이상의 찬성으로 의제가 된다(국회법 제89조).

2) 철회

의원은 그가 발의한 의안 또는 동의(動議)를 철회할 수 있다. 다만, 2명 이상의 의원이 공동으로 발의한 의안 또는 동의에 대해서는 발의의원 2분의 1 이상이 철회의사를 표시하는 경우에 철회할 수 있다(국회법 제90조 제1항).

의원이 본회의 또는 위원회에서 의제가 된 의안 또는 동의를 철회할 때에는 본회의 또는 위원회의 동의(同意)를 받아야 하고, 정부가 본회의 또는 위원회에서 의제가 된 정부제출 의안을 수정하거나 철회할 때에는 본회의 또는 위원회의 동의를 받아야 한다(국회법 제90조 제2항, 제3항).

> **판례**
>
> ▶ 탄핵소추안에 대해서도 의안의 철회에 관한 국회법 제90조가 적용되는지(적극) : 국회법 제90조가 해당 조항이 적용되는 의안의 종류나 유형에 관하여 아무런 제한을 두고 있지 아니하고, 달리 탄핵소추안의 철회를 허용하는 것이 탄핵소추의 성질에 반한다고 보이지도 아니하므로, 탄핵소추안에 대해서도 의안의 철회에 대한 일반 규정인 국회법 제90조가 적용된다(헌재 2024. 3. 28. 2023헌라9).
>
> ▶ 탄핵소추안이 본회의에 보고되었으나 국회법 제130조 제2항에 따른 표결을 위해 본회의의 안건으로 상정된 바 없는 경우, 해당 탄핵소추안이 국회법 제90조 제2항의 '본회의에서 의제가 된 의안'에 해당하는지(소극) : 국회법 제130조 제1항의 보고는 국회의 구성원인 국회의원들에게 탄핵소추안이 발의되었음을 알리는 것으로, 탄핵소추안을 실제로 회의에서 심의하기 위하여 의사일정에 올리는 상정과 절차적으로 구분된다. 따라서 탄핵소추안도 국회의장이 탄핵소추가 발의되었음을 본회의에 보고하고, 국회법 제130조 제2항에 따른 표결을 위해 이를 본회의의 안건으로 상정한 이후에 비로소 국회법 제90조 제2항의 '본회의에서 의제가 된 의안'이 된다. 그러므로 탄핵소추안이 본회의에 보고되었다고 할지라도, 본회의에 상정되어 실제 논의의 대상이 되기 전에는 이를 발의한 국회의원은 본회의의 동의 없이 탄핵소추안을 철회할 수 있다(헌재 2024. 3. 28. 2023헌라9).

3) 번안

본회의에서의 번안동의(飜案動議)는 의안을 발의한 의원이 그 의안을 발의할 때의 발의의원 및 찬성의원 3분의 2 이상의 동의(同意)로, 정부 또는 위원회가 제출한 의안은 소관 위원회의 의결로 각각 그 안을 갖춘 서면으로 제출하되, 재적의원 과반수의 출석과 출석의원 3분의 2 이상의 찬성으로 의결한다. 다만, 의안이 정부에 이송된 후에는 번안할 수 없다(국회법 제91조 제1항).
위원회에서의 번안동의는 위원의 동의(動議)로 그 안을 갖춘 서면으로 제출하되, 재적위원 과반수의 출석과 출석위원 3분의 2 이상의 찬성으로 의결한다. 다만, 본회의에서 의제가 된 후에는 번안할 수 없다(국회법 제91조 제2항).

7. 의안의 본회의 상정 및 심의

(1) 본회의 상정

본회의는 위원회가 법률안에 대한 심사를 마치고 의장에게 그 보고서를 제출한 후 1일이 지나지 아니하였을 때에는 그 법률안을 의사일정으로 상정할 수 없다. 다만, 의장이 특별한 사유로 각 교섭단체 대표의원과의 협의를 거쳐 이를 정한 경우에는 그러하지 아니하다(국회법 제93조의2).

(2) 심의

본회의는 안건을 심의할 때 그 안건을 심사한 위원장의 심사보고를 듣고 질의·토론을 거쳐 표결한다. 다만, 위원회의 심사를 거치지 아니한 안건에 대해서는 제안자가 그 취지를 설명하여야 하고, 위원회의 심사를 거친 안건에 대해서는 의결로 질의와 토론을 모두 생략하거나 그 중 하나를 생략할 수 있다(국회법 제93조).

> **판례**
>
> ▶ 국회의장이 공직선거법 일부개정법률 수정안을 상정한 후 제안설명을 단말기 화면으로 대체한 것이 국회법 제93조에 위배되는지(소극) : 국회법 제93조는 '위원회의 심의를 거치지 아니한 안건에 대해서는 제안자가 그 취지를 설명하도록' 규정하고 있으나 취지설명의 방식에는 제한이 없으므로 제안자가 발언석에서 구두설명을 하지 않더라도 서면이나 컴퓨터 단말기에 의한 설명 등으로 이를 대체할 수 있다. 이 사건의 경우 제372회 국회(임시회) 국회본회의회의록에 의하면, 국회의장이 의사진행을 방해하는 소란이 계속되는 상황에서 이 사건 원안과 이 사건 수정안에 대한 심사보고와 제안자의 취지설명을 컴퓨터 단말기로 대체하도록 하였음을 인정할 수 있다. 그렇다면 이러한 국회의장의 행위는 국회법 제93조에 위배되었다고 할 수 없다(헌재 2020. 5. 27. 2019헌라6).

(3) 수정동의 및 표결 순서

1) 수정동의

의안에 대한 수정동의(修正動議)는 그 안을 갖추고 이유를 붙여 30명 이상의 찬성의원과 연서하여 미리 의장에게 제출하여야 한다. 다만, 예산안에 대한 수정동의는 의원 50명 이상의 찬성이 있어야 한다(국회법 제95조 제1항).

2) 범위

수정동의는 원안 또는 위원회에서 심사보고한 안의 취지 및 내용과 직접 관련이 있어야 한다. 다만, 의장이 각 교섭단체 대표의원과 합의를 하는 경우에는 그러하지 아니하다(국회법 제95조 제5항).

> **판례**
>
> ▶ **수정동의의 범위**: 국회법 제95조 제5항의 문언의 의미를 살펴보면, 수정이란 원안에 대하여 다른 의사를 가하는 것으로 새로 추가, 삭제 또는 변경하는 것을 모두 포함하는 개념이다. 의안의 취지는 의안이 달성하고자 하는 근본 목적을 의미하고, 의안의 내용은 국회의 의결을 통하여 시행하고자 하는 사항을 의미하며, 직접 관련이 있어야 한다는 것은 원안과 수정안이 바로 연결되는 관계에 있어야 한다는 것을 의미한다. 따라서 위원회의 심사를 거쳐 본회의에 부의된 법률안의 취지 및 내용과 직접 관련이 있는지 여부는 '원안에서 개정하고자 하는 조문에 관한 추가, 삭제 또는 변경으로서, 원안에 대한 위원회의 심사절차에서 수정안의 내용까지 심사할 수 있었는지 여부'를 기준으로 판단하는 것이 타당하다(헌재 2020. 5. 27. 2019헌라6).
>
> ▶ **대안**: 원안과 일반적으로 취지는 같으나 그 내용을 전면적으로 수정하거나 체계를 다르게 하여 원안에 대신할 만한 내용으로 제출하는 것으로서, 원안에 포함되지 아니한 다른 조문의 내용까지 개정하고자 하여 수정의 범위를 벗어나는 등의 경우에는 대안에 해당한다(헌재 2020. 5. 27. 2019헌라6).
>
> ▶ **수정동의에 관하여 위원회의 심사절차를 거쳐야 하는지**(소극): 국회법상 수정동의는 원안인 법률안과 떨어져서 독립하여 존재하지 못하고, 의제가 된 원안에 부수하는 동의이기 때문에 원안과 동시에 의제가 되는 것이다. 따라서 원안과는 별도로 수정동의에 관하여는 위원회의 심사절차를 거칠 필요가 없으며, 심사기간이 문제될 여지도 없다(헌재 2009. 10. 29. 2009헌라8).

3) 표결 순서

같은 의제에 대하여 여러 건의 수정안이 제출되었을 때에는 의장은 가장 늦게 제출된 수정안부터 먼저 표결하고, 의원의 수정안은 위원회의 수정안보다 먼저 표결하며, 의원의 수정안이 여러 건 있을 때에는 원안과 차이가 많은 것부터 먼저 표결한다(국회법 제96조 제1항).

> **판례**
>
> ▶ **수정안에 대한 가결 표결에 원안에 대한 표결이 포함되는지**(적극): 국회법 제96조 제2항에서 수정안이 전부 부결된 때에만 원안을 표결하도록 하여 수정안이 가결된 경우에는 원안에 대한 표결이 필요없는 것으로 규정하고 있어, 국회법상의 수정안에 해당하는 경우에는 그 표결에 원안의 내용에 대한 표결 역시 포함되어 있는 것으로 볼 수 있다(헌재 2006. 2. 23. 2005헌라6).

(4) 발언과 무제한토론

1) 발언

의원은 발언을 하려면 미리 의장에게 통지하여 허가를 받아야 한다. 발언 통지를 하지 아니한 의원은 통지를 한 의원의 발언이 끝난 다음 의장의 허가를 받아 발언할 수 있다(국회법 제99조 제1항, 제2항).

2) 무제한토론

① **요구**

의원이 본회의에 부의된 안건에 대하여 국회법의 다른 규정에도 불구하고 시간의 제한을 받지 아니하는 토론을 하려는 경우에는 재적의원 3분의 1 이상이 서명한 요구서를 의장에게 제출하여야 한다. 이 경우 의장은 해당 안건에 대하여 무제한토론을 실시하여야 한다(국회법 제106조의2 제1항).

무제한토론의 요구서는 요구 대상 안건별로 제출하되, 그 안건이 의사일정에 기재된 본회의가 개의되기 전까지 제출하여야 한다. 다만, 본회의 개의 중 당일 의사일정에 안건이 추가된 경우에는 해당 안건의 토론 종결 선포 전까지 요구서를 제출할 수 있다(국회법 제106조의2 제2항).

② 실시

의원은 무제한토론의 요구서가 제출되면 해당 안건에 대하여 무제한토론을 할 수 있다. 이 경우 의원 1명당 한 차례만 토론할 수 있다(국회법 제106조의2 제3항).

무제한토론을 실시하는 본회의는 무제한토론 종결 선포 전까지 산회하지 아니하고 회의를 계속한다. 이 경우 회의 중 재적의원 5분의 1 이상이 출석하지 아니하였을 때에도 회의를 계속한다(국회법 제106조의2 제4항).

③ 종결동의

의원은 무제한토론을 실시하는 안건에 대하여 재적의원 3분의 1 이상의 서명으로 무제한토론의 종결동의(終結動議)를 의장에게 제출할 수 있다(국회법 제106조의2 제5항).

무제한토론의 종결동의는 동의가 제출된 때부터 24시간이 지난 후에 무기명투표로 표결하되 재적의원 5분의 3 이상의 찬성으로 의결한다. 이 경우 무제한 토론의 종결동의에 대해서는 토론을 하지 아니하고 표결한다(국회법 제106조의2 제6항).

④ 종결

무제한토론을 실시하는 안건에 대하여 무제한토론을 할 의원이 더 이상 없거나 무제한토론의 종결동의가 가결되는 경우 의장은 무제한 토론의 종결을 선포한 후 해당 안건을 지체 없이 표결하여야 한다(국회법 제106조의2 제7항).

무제한토론을 실시하는 중에 해당 회기가 끝나는 경우에는 무제한토론의 종결이 선포된 것으로 본다. 이 경우 해당 안건은 바로 다음 회기에서 지체 없이 표결하여야 한다(국회법 제106조의2 제8항).

3) 의장의 토론참가

의장이 토론에 참가할 때에는 의장석에서 물러나야 하며, 그 안건에 대한 표결이 끝날 때까지 의장석으로 돌아갈 수 없다(국회법 제107조).

8. 표결

(1) 선포

표결할 때에는 의장이 표결할 안건의 제목을 의장석에서 선포하여야 하고, 의장이 표결을 선포한 후에는 누구든지 그 안건에 관하여 발언할 수 없다(국회법 제110조 제1항, 제2항).

(2) 방법

1) 전자투표에 의한 기록표결

표결할 때에는 전자투표에 의한 기록표결로 가부를 결정한다. 다만, 투표기기의 고장 등 특별한 사정이 있을 때에는 기립표결로 가부를 결정할 수 있다(국회법 제112조 제1항).

의장이 각 교섭단체 대표의원과 합의를 하는 경우에는 기명투표 또는 무기명투표를 전자장치를 이용하여 실시할 수 있다(국회법 제112조 제9항).

2) 기명투표·호명투표 또는 무기명투표
① 요건
중요한 안건으로서 의장의 제의 또는 의원의 동의(動議)로 본회의 의결이 있거나 재적의원 5분의 1 이상의 요구가 있을 때에는 기명투표·호명투표 또는 무기명투표로 표결한다(국회법 제112조 제2항).

② 대상

기명투표	헌법개정안(국회법 제112조 제4항)
무기명투표	• 대통령으로부터 환부된 법률안과 인사에 관한 안건(국회법 제112조 제5항) • 국회에서 실시하는 각종 선거(국회법 제112조 제6항) • 국무총리 또는 국무위원의 해임건의안(국회법 제112조 제7항)

판례

▶ **표결 절차의 헌법적 의의와 국회의원의 표결권**: 국회의원의 표결권은 개별 국회의원의 고유한 권리로서 일신 전속적이므로 이를 타인에게 위임하거나, 양도할 수 없다. 따라서 국회의원이 다른 국회의원으로부터 표결권을 위임받아 행사하는 행위 및 권한을 위임받지 아니한 채 다른 국회의원의 표결권을 행사하는 행위는 모두 허용되지 않는다. 전자투표시스템에 의한 표결방식의 경우에도, 자신에게 사용권한이 없는 투표단말기를 사용하여 투표하는 행위는 그 동기나 경위가 무엇이든 국회법에 위배되어 다른 국회의원의 헌법상 권한인 법률안 표결권을 침해하는 것이다(헌재 2009. 10. 29. 2009헌라8).

(3) **자유투표**
의원은 국민의 대표자로서 소속 정당의 의사에 기속되지 아니하고 양심에 따라 투표한다(국회법 제114조의2).

(4) **표결 결과 선포**
표결이 끝났을 때에는 의장은 그 결과를 의장석에서 선포한다(국회법 제113조).

9. 의안의 정리 및 이송

(1) **의안의 정리**
본회의는 의안이 의결된 후 서로 어긋나는 조항·자구·숫자나 그 밖의 사항에 대한 정리가 필요할 때에는 이를 의장 또는 위원회에 위임할 수 있다(국회법 제97조).

판례

▶ **법률안 정리의 위임 범위 및 시기**: 입법절차 등을 규정한 헌법 제40조, 제49조 및 제53조에 의하면, 법률안의 정리를 위임하는 것은 자구·숫자의 수정 또는 법률안의 체계나 형식의 정비 등 단순한 사항에 국한되는 것이고, 그 범위를 넘어 국회의장이나 위원회에 폭 넓은 수정의 재량 여지를 주는 것은 아니라 할 것이며, 법률안의 정리가 필요한 경우에는 당해 법률안을 의결할 때나 의결한 후 지체 없이 국회의장이나 위원회에 이를 위임해야 할 것이다(헌재 2009. 6. 25. 2007헌마451).

> ▶ **본회의 위임 의결이 없는 경우**: 본회의 위임 의결이 없더라도 국회의장은 본회의에서 의결된 법률안의 조문이나 자구·숫자, 법률안의 체계나 형식 등의 정비가 필요한 경우 의결된 내용이나 취지를 변경하지 않는 범위 안에서 이를 정리할 수 있다고 봄이 상당하고, 이렇듯 국회의장이 본회의 위임 없이 법률안을 정리하더라도 그러한 정리가 본회의에서 의결된 법률안의 실질적 내용에 변경을 초래하는 것이 아닌 한 헌법이나 국회법상의 입법절차에 위반된다고 볼 수는 없다(헌재 2009. 6. 25. 2007헌마451).

(2) 의안의 정부 이송

국회에서 의결된 의안은 의장이 정부에 이송한다(국회법 제98조 제1항). 정부는 대통령이 법률안을 공포한 경우에는 이를 지체 없이 국회에 통지하여야 하고, 대통령이 확정된 법률을 공포하지 아니하였을 때에는 의장은 그 공포기일이 경과한 날부터 5일 이내에 공포하고, 대통령에게 통지하여야 한다(국회법 제98조 제2항, 제3항).

제5항 국회의 권한

I 입법에 관한 권한

1. 국회 입법권

(1) 헌법개정에 관한 발의권 및 의결권

> **헌법 제128조**
> ① 헌법개정은 국회재적의원 과반수 또는 대통령의 발의로 제안된다.
>
> **헌법 제130조**
> ① 국회는 헌법개정안이 공고된 날로부터 60일 이내에 의결하여야 하며, 국회의 의결은 재적의원 3분의 2 이상의 찬성을 얻어야 한다.

(2) 법률제정권

> **헌법 제53조**
> ① 국회에서 의결된 법률안은 정부에 이송되어 15일 이내에 대통령이 공포한다.

(3) 조약의 체결·비준에 대한 동의권

> **헌법 제60조**
> ① 국회는 상호원조 또는 안전보장에 관한 조약, 중요한 국제조직에 관한 조약, 우호통상항해조약, 주권의 제약에 관한 조약, 강화조약, 국가나 국민에게 중대한 재정적 부담을 지우는 조약 또는 입법사항에 관한 조약의 체결·비준에 대한 동의권을 가진다.

(4) 국회규칙제정권

> **헌법 제64조**
> ① 국회는 법률에 저촉되지 아니하는 범위 안에서 의사와 내부규율에 관한 규칙을 제정할 수 있다.

2. 법률제정 절차

(1) 법률안 제안

> **헌법 제52조**
> 국회의원과 정부는 법률안을 제출할 수 있다.

1) 국회의원

의원은 10명 이상의 찬성으로 의안을 발의할 수 있고(국회법 제79조 제1항), 의원이 예산상 또는 기금상의 조치를 수반하는 의안을 발의하는 경우에는 그 의안의 시행에 수반될 것으로 예상되는 비용에 관한 국회예산정책처의 추계서 또는 국회예산정책처에 대한 추계요구서를 함께 제출하여야 한다(국회법 제79조의2 제1항).

2) 정부

정부는 부득이한 경우를 제외하고는 매년 1월 31일까지 해당 연도에 제출할 법률안에 관한 계획을 국회에 통지하여야 하고(국회법 제5조의3 제1항), 정부가 예산상 또는 기금상의 조치를 수반하는 의안을 제출하는 경우에는 그 의안의 시행에 수반될 것으로 예상되는 비용에 관한 추계서와 이에 상응하는 재원조달방안에 관한 자료를 의안에 첨부하여야 한다(국회법 제79조의2 제4항).

3) 위원회

위원회는 그 소관에 속하는 사항에 관하여 법률안과 그 밖의 의안을 제출할 수 있고(국회법 제51조 제1항), 위원회가 예산상 또는 기금상의 조치를 수반하는 의안을 제안하는 경우에는 그 의안의 시행에 수반될 것으로 예상되는 비용에 관한 국회예산정책처의 추계서를 함께 제출하여야 한다. 다만, 긴급한 사유가 있는 경우 위원회의 의결로 추계서 제출을 생략할 수 있다(국회법 제79조의2 제3항).

(2) 위원회 심사

1) 위원회 회부 및 심사

의장은 의안이 발의되거나 제출되었을 때에는 이를 인쇄하거나 전산망에 입력하는 방법으로 의원에게 배부하고 본회의에 보고하며, 소관 상임위원회에 회부하여 그 심사가 끝난 후 본회의에 부의한다. 다만, 폐회 또는 휴회 등으로 본회의에 보고할 수 없을 때에는 보고를 생략하고 회부할 수 있다(국회법 제81조 제1항).

2) 체계·자구 심사

위원회에서 법률안의 심사를 마치거나 입안을 하였을 때에는 법제사법위원회에 회부하여 체계와 자구에 대한 심사를 거쳐야 한다. 이 경우 법제사법위원회 위원장은 간사와 협의하여 심사에서 제안자의 취지 설명과 토론을 생략할 수 있다(국회법 제86조 제1항).

(3) 본회의 심사 및 의결

1) 법률안의 본회의 상정시기
본회의는 위원회가 법률안에 대한 심사를 마치고 의장에게 그 보고서를 제출한 후 1일이 지나지 아니하였을 때에는 그 법률안을 의사일정으로 상정할 수 없다. 다만, 의장이 특별한 사유로 각 교섭단체 대표의원과의 협의를 거쳐 이를 정한 경우에는 그러하지 아니하다(국회법 제93조의2).

2) 수정동의
의안에 대한 수정동의(修正動議)는 그 안을 갖추고 이유를 붙여 30명 이상의 찬성 의원과 연서하여 미리 의장에게 제출하여야 한다(국회법 제95조 제1항).

3) 표결
표결할 때에는 의장이 표결할 안건의 제목을 의장석에서 선포하여야 하고(국회법 제110조 제1항), 표결이 끝났을 때에는 의장은 그 결과를 의장석에서 선포한다(국회법 제113조).

(4) 의안 정리 및 정부 이송

1) 의안 정리
본회의는 의안이 의결된 후 서로 어긋나는 조항·자구·숫자나 그 밖의 사항에 대한 정리가 필요할 때에는 이를 의장 또는 위원회에 위임할 수 있다(국회법 제97조).

2) 의안의 정부 이송
국회에서 의결된 의안은 의장이 정부에 이송한다(국회법 제98조 제1항).

(5) 법률안 거부 및 확정

> **헌법 제53조**
> ① 국회에서 의결된 법률안은 정부에 이송되어 15일 이내에 대통령이 공포한다.
> ② 법률안에 이의가 있을 때에는 대통령은 제1항의 기간 내에 이의서를 붙여 국회로 환부하고, 그 재의를 요구할 수 있다. 국회의 폐회 중에도 또한 같다.
> ③ 대통령은 법률안의 일부에 대하여 또는 법률안을 수정하여 재의를 요구할 수 없다.
> ④ 재의의 요구가 있을 때에는 국회는 재의에 붙이고, 재적의원 과반수의 출석과 출석의원 3분의 2 이상의 찬성으로 전과 같은 의결을 하면 그 법률안은 법률로서 확정된다.
> ⑤ 대통령이 제1항의 기간 내에 공포나 재의의 요구를 하지 아니한 때에도 그 법률안은 법률로서 확정된다.

국회 본회의에서 법률안이 의결되면 국회의장은 이를 정부에 이송하고, 대통령은 그 법률안을 공포함으로써 법률로서 확정되는 것이므로, 국회 본회의에서 의결된 법률안과 대통령이 공포하여 확정된 법률은 원칙적으로 그 형식과 내용이 일치되어야 한다(헌재 2009. 6. 25. 2007헌마451).

(6) 법률 공포

> **헌법 제53조**
> ① 국회에서 의결된 법률안은 정부에 이송되어 15일 이내에 대통령이 공포한다.
> ⑥ 대통령은 제4항과 제5항의 규정에 의하여 확정된 법률을 지체없이 공포하여야 한다. 제5항에 의하여 법률이 확정된 후 또는 제4항에 의한 확정법률이 정부에 이송된 후 5일 이내에 대통령이 공포하지 아니할 때에는 국회의장이 이를 공포한다.

(7) 법률의 효력 발생

> **헌법 제53조**
> ⑦ 법률은 특별한 규정이 없는 한 공포한 날로부터 20일을 경과함으로써 효력을 발생한다.

대통령령, 총리령 및 부령은 특별한 규정이 없으면 공포한 날부터 20일이 경과함으로써 효력을 발생한다(법령공포법 제13조).

국민의 권리 제한 또는 의무 부과와 직접 관련되는 법률, 대통령령, 총리령 및 부령은 긴급히 시행하여야 할 특별한 사유가 있는 경우를 제외하고는 공포일부터 적어도 30일이 경과한 날부터 시행되도록 하여야 한다(법령공포법 제13조의 2).

II 재정에 관한 권한

1. 조세에 관한 권한

> **헌법 제38조**
> 모든 국민은 법률이 정하는 바에 의하여 납세의 의무를 진다.
>
> **헌법 제59조**
> 조세의 종목과 세율은 법률로 정한다.

(1) 조세의 의의

조세란 국가 또는 지방자치단체가 재정수요를 충족시키거나 경제적·사회적 특수정책의 실현을 위하여 국민 또는 주민에 대하여 아무런 특별한 반대급부없이 강제적으로 부과징수하는 과징금을 말한다(헌재 1990. 9. 3. 89헌가95).

(2) 조세법률주의

1) 의의

헌법은 제38조와 제59조에 근거를 둔 조세법률주의는 법률의 근거없이는 국가는 조세를 부과·징수할 수 없고 국민은 조세의 납부를 요구당하지 않는다는 원칙이다(헌재 1992. 12. 24. 90헌바21).

2) 내용

① 과세요건법정주의

㉠ 의의

과세요건법정주의란 조세는 국민의 재산권 보장을 침해하는 것이 되기 때문에 납세의무를 성립시키는 납세의무자·과세물건·과세표준·과세기간·세율 등의 과세요건과 조세의 부과·징수절차를 모두 국민의 대표기관인 국회가 제정한 법률로 규정하여야 한다는 것을 말한다(헌재 1989. 7. 21. 89헌마38).

> **판례**
> ▶ **조세감면의 근거**: 특정인이나 특정계층에 대하여 정당한 이유없이 조세감면의 우대조치를 하는 것은 특정한 납세자군이 조세의 부담을 다른 납세자군의 부담으로 떠맡기는 것에 지나지 않아 조세감면의 근거 역시 법률로 정하여야만 하는 것이 국민주권주의나 법치주의의 원리에 부응하는 것이다(헌재 1996. 6. 26. 93헌바2).

ⓒ 위임 가능성

사회현상의 복잡다기화와 국회의 전문적·기술적 능력의 한계 및 시간적 적응능력의 한계로 인하여 조세부과에 관련된 모든 법규를 예외 없이 형식적인 법률에 의하여 규정한다는 것은 사실상 불가능할 뿐만 아니라 실제에 적합하지도 아니하기 때문에, 경제현실의 변화나 전문적 기술의 발달에 즉시 대응하여야 할 필요 등 부득이한 사정이 있는 경우에는 법률로 규정하여야 할 사항에 관하여 국회 제정의 형식적 법률보다 더 탄력성이 있는 행정입법에 위임함이 허용된다(헌재 1997. 10. 30. 96헌바92).

> **판례**
> ▶ **납세의무의 본질적 내용에 관한 사항에 대한 위임의 필요성**: 조세법률주의를 철저하게 관철하고자 하면 복잡다양하고도 끊임없이 변천하는 경제상황에 대처하여 적확하게 과세대상을 포착하고 적정하게 과세표준을 산출하기 어려워 담세력에 따른 공평과세의 목적을 달성할 수 없게 되는 경우가 생길 수 있으므로, 조세법률주의를 지키면서도 경제현실에 따라 공정한 과세를 하고 탈법적인 조세회피행위에 대처하기 위하여는 납세의무의 본질적 내용에 관한 사항이라 하더라도 그 중 경제현실의 변화나 전문적 기술의 발달 등에 즉응하여야 하는 세부적인 사항에 관하여는 국회제정의 형식적 법률보다 더 탄력성이 있는 대통령령 등 하위법규에 이를 위임할 필요가 있다(헌재 1995. 11. 30. 94헌바40).

② 과세요건명확주의

과세요건명확주의란 과세요건을 법률로 규정하였다고 하더라도 그 규정내용이 지나치게 추상적이고 불명확하면 과세관청의 자의적인 해석과 집행을 초래할 염려가 있으므로 그 규정 내용이 명확하고, 일의적이어야 한다는 것을 말하는 것으로 과세요건을 정한 조세법률규정의 내용이 지나치게 추상적이고 불명확하여 과세관청의 자의적 해석이 가능하고 그 집행이 자유재량에 맡겨지도록 되어 있다면 그 규정은 과세요건명확주의에 어긋나는 것으로서 헌법상 조세법률주의의 원칙에 위반된다(헌재 1995. 11. 30. 94헌바40).

③ 소급과세금지원칙

조세법률주의는 납세의무가 존재하지 않았던 과거에 소급하여 과세하는 입법을 금지하는 원칙을 포함하는 것이다. 이러한 소급과세금지원칙은 조세법률관계에 있어서 법적 안정성을 보장하고 납세자의 신뢰이익을 보호한다. 따라서 새로운 입법으로 과거에 소급하여 과세하거나 또는 이미 납세의무가 존재하는 경우에도 소급하여 중과세하는 것은 소급입법 과세금지원칙에 위반된다(헌재 2011. 7. 28. 2009헌바311).

④ 엄격해석원칙

조세법규의 해석에 있어 유추해석이나 확장해석은 허용되지 아니하고 엄격히 해석하여야 하는 것은 조세법률주의의 원칙에 비추어 당연한 것이고 조세법규는 과세요건명확주의에 의하여 해석상 애매함이 없도록 명확히 규정될 것이 요청된다고 할지라도 조세법규에 있어서도 법규 상호간의 해석을 통하여 그 의미를 명백히 할 필요가 있는 것은 다른 법률의 경우와 마찬가지이고, 그와 같은 조세법규 해석에 의하여 조세의 부과·면제 여부를 확정하는 것은 유추해석 또는 확장해석에 의하여 조세의 부과나 면제범위를 확장·감축하는 것과는 전혀 다른 문제이다(헌재 1996. 8. 29. 95헌바41).

(3) 조세평등주의

1) 의의

조세평등주의란 헌법 제11조 제1항에 규정된 평등원칙의 조세법적 구현으로서, 조세의 부과와 징수를 납세자의 담세능력에 상응하여 공정하고 평등하게 할 것을 요구하며, 합리적인 이유없이 특정의 납세의무자를 불리하게 차별하거나 우대하는 것을 허용하지 아니한다(헌재 1997. 10. 30. 96헌바14).

따라서 국가는 조세입법을 함에 있어서 조세의 부담이 공평하게 국민들 사이에 배분되도록 법을 제정하여야 할 뿐만 아니라, 조세법의 해석·적용에 있어서도 모든 국민을 평등하게 취급하여야 할 의무를 진다(헌재 1989. 7. 21. 89헌마38).

2) 내용

① 응능부담의 원칙

응능부담의 원칙이란 담세능력에 따른 과세원칙을 말한다. 담세능력에 따른 과세의 원칙은 한편으로 동일한 소득은 원칙적으로 동일하게 과세될 것을 요청하며, 다른 한편으로 소득이 다른 사람들 간의 공평한 조세부담의 배분을 요청한다(헌재 1999. 11. 25. 98헌마55).

② 실질과세의 원칙

실질과세의 원칙이란 헌법상의 조세평등주의의 이념을 실현하기 위한 수단으로서 법률상의 형식과 경제적 실질이 서로 부합하지 않는 경우에 그 경제적 실질을 추구하여 그에 과세함으로써 조세를 공평하게 부과하겠다는 것이다(헌재 2006. 7. 27. 2004헌바70).

3) 제한

① 조세감면

조세감면의 우대조치의 경우, 비록 조세감면이 조세평등의 원칙에 반하고 국가나 지방자치단체의 재원의 포기이기도 하여 가급적 억제되어야 하며 특히 정책목표 달성이 필요한 경우에 그 감면혜택을 받는 자의 요건을 엄격히 하여 한정된 범위 내에서 예외적으로 허용되어야 하는 것이기는 하나, 특정 납세자에 대하여만 감면조치를 하는 것이 현저하게 비합리적이고 불공정한 조치라고 인정될 때에는 조세평등주의에 반하여 위헌이 된다(헌재 1995. 6. 29. 94헌바39).

② 가산세

의무위반에 대한 책임의 추궁에 있어서는 의무위반의 정도와 부과되는 제재 사이에 적정한 비례관계가 유지되어야 하므로, 조세의 형식으로 부과되는 금전적 제재인 가산세 역시 의무위반의 정도에 비례하는 결과를 이끌어내는 그러한 비율에 의하여 산출되어야 하고, 그렇지 못한 경우에는 비례의 원칙에 어긋나서 재산권에 대한 침해가 된다(헌재 2005. 2. 24. 2004헌바26).

2. 예산과 결산에 관한 권한

(1) 예산의 심의·확정권

> 헌법 제54조
> ① 국회는 국가의 예산안을 심의·확정한다.

1) 예산의 개념

예산이란 1회계연도에 있어서 국가의 세입·세출의 예정계획을 내용으로 하고 국회의 의결로써 성립하는 국법행위를 말한다.

2) 예산 총칙

① 회계연도

국가의 회계연도는 매년 1월 1일에 시작하여 12월 31일에 종료한다. 각 회계연도의 경비는 그 연도의 세입 또는 수입으로 충당하여야 한다(국가재정법 제2조, 제3조).

② 예산총계주의

한 회계연도의 모든 수입을 세입으로 하고, 모든 지출을 세출로 한다(국가재정법 제17조 제1항). 예산총계주의원칙은 국가재정의 모든 수지를 예산에 반영함으로써 그 전체를 분명하게 함과 동시에 국회와 국민에 의한 재정상의 감독을 용이하게 하자는 데 그 의의가 있다(헌재 2003. 1. 30. 2002헌바5).

③ 예비비

> 헌법 제55조
> ② 예비비는 총액으로 국회의 의결을 얻어야 한다. 예비비의 지출은 차기국회의 승인을 얻어야 한다.

정부는 예측할 수 없는 예산 외의 지출 또는 예산초과지출에 충당하기 위하여 일반회계 예산총액의 100분의 1 이내의 금액을 예비비로 세입세출예산에 계상할 수 있다. 다만, 예산총칙 등에 따라 미리 사용목적을 지정해 놓은 예비비는 본문에도 불구하고 별도로 세입세출예산에 계상할 수 있다. 그러나 공무원의 보수 인상을 위한 인건비 충당을 위하여는 예비비의 사용목적을 지정할 수 없다(국가재정법 제22조 제1항, 제2항).

④ 계속비

> **헌법 제55조**
> ① 한 회계연도를 넘어 계속하여 지출할 필요가 있을 때에는 정부는 연한을 정하여 계속비로서 국회의 의결을 얻어야 한다.

완성에 수년이 필요한 공사나 제조 및 연구개발사업은 그 경비의 총액과 연부액을 정하여 미리 국회의 의결을 얻은 범위 안에서 수년도에 걸쳐서 지출할 수 있다(국가재정법 제23조 제1항).

국가가 지출할 수 있는 연한은 그 회계연도부터 5년 이내로 한다. 다만, 사업규모 및 국가재원 여건을 고려하여 필요한 경우에는 예외적으로 10년 이내로 할 수 있고, 기획재정부장관은 필요하다고 인정하는 때에는 국회의 의결을 거쳐 지출연한을 연장할 수 있다(국가재정법 제23조 제2항, 제3항).

3) 예산안 편성 및 제출

① 예산안편성지침의 통보

기획재정부장관은 국무회의의 심의를 거쳐 대통령의 승인을 얻은 다음 연도의 예산안편성지침을 매년 3월 31일까지 각 중앙관서의 장에게 통보하여야 한다(국가재정법 제29조 제1항).

② 예산요구서의 제출

각 중앙관서의 장은 예산안편성지침에 따라 그 소관에 속하는 다음 연도의 세입세출예산·계속비·명시이월비 및 국고채무부담행위 요구서(예산요구서)를 작성하여 매년 5월 31일까지 기획재정부장관에게 제출하여야 한다(국가재정법 제31조 제1항).

③ 예산안 편성 및 제출

> **헌법 제54조**
> ② 정부는 회계연도마다 예산안을 편성하여 회계연도 개시 90일 전까지 국회에 제출하고, 국회는 회계연도 개시 30일 전까지 이를 의결하여야 한다.

기획재정부장관은 예산요구서에 따라 예산안을 편성하여 국무회의의 심의를 거친 후 대통령의 승인을 얻어야 하며, 정부는 대통령의 승인을 얻은 예산안을 회계연도 개시 120일 전까지 국회에 제출하여야 한다(국가재정법 제32조, 제33조).

④ 국회 제출 중인 예산안 수정

정부는 예산안을 국회에 제출한 후 부득이한 사유로 인하여 그 내용의 일부를 수정하고자 하는 때에는 국무회의의 심의를 거쳐 대통령의 승인을 얻은 수정예산안을 국회에 제출할 수 있다(국가재정법 제35조).

⑤ 독립기관의 예산

정부는 독립기관(국회·대법원·헌법재판소 및 중앙선거관리위원회)의 예산을 편성할 때 해당 독립기관의 장의 의견을 최대한 존중하여야 하며, 국가재정상황 등에 따라 조정이 필요한 때에는 해당 독립기관의 장과 미리 협의하여야 한다(국가재정법 제40조 제1항).

정부는 협의에도 불구하고 독립기관의 세출예산요구액을 감액하고자 할 때에는 국무회의에서 해당 독립기관의 장의 의견을 들어야 하며, 정부가 독립기관의 세출예산요구액을 감액한 때에는 그 규모 및 이유, 감액에 대한 독립기관의 장의 의견을 국회에 제출하여야 한다(국가재정법 제40조 제2항).

⑥ 감사원의 예산

정부는 감사원의 세출예산요구액을 감액하고자 할 때에는 국무회의에서 감사원장의 의견을 들어야 한다(국가재정법 제41조).

4) 예산안의 위원회 회부 및 심사

① 상임위원회의 심사

의장은 예산안과 결산을 소관 상임위원회에 회부할 때에는 심사기간을 정할 수 있으며, 상임위원회가 이유 없이 그 기간 내에 심사를 마치지 아니한 때에는 이를 바로 예산결산특별위원회에 회부할 수 있다(국회법 제84조 제6항).

위원회는 세목 또는 세율과 관계있는 법률의 제정 또는 개정을 전제로 하여 미리 제출된 세입예산안은 이를 심사할 수 없다(국회법 제84조 제7항).

② 예산결산특별위원회의 심사

예산결산특별위원회의 예산안 및 결산 심사는 제안설명과 전문위원의 검토보고를 듣고 종합정책질의, 부별 심사 또는 분과위원회 심사 및 찬반토론을 거쳐 표결한다. 이 경우 위원장은 종합정책질의를 할 때 간사와 협의하여 각 교섭단체별 대표질의 또는 교섭단체별 질의시간 할당 등의 방법으로 그 기간을 정한다(국회법 제84조 제3항).

5) 예산안 등의 본회의 자동 부의

위원회는 예산안 등과 세입예산안 부수 법률안의 심사를 매년 11월 30일까지 마쳐야 한다. 위원회가 예산안 등과 세입예산안 부수 법률안에 대하여 11월 30일까지 심사를 마치지 아니하였을 때에는 그 다음 날에 위원회에서 심사를 마치고 바로 본회의에 부의된 것으로 본다. 다만, 의장이 각 교섭단체 대표의원과 합의한 경우에는 그러하지 아니하다(국회법 제85조의3 제1항, 제2항).

6) 예산안 수정

> **헌법 제57조**
> 국회는 정부의 동의 없이 정부가 제출한 지출예산 각항의 금액을 증가하거나 새 비목을 설치할 수 없다.

예산안에 대한 수정동의는 의원 50명 이상의 찬성이 있어야 한다(국회법 제95조 제1항).

7) 예산안 의결

> **헌법 제54조**
> ② 정부는 회계연도마다 예산안을 편성하여 회계연도 개시 90일 전까지 국회에 제출하고, 국회는 회계연도 개시 30일 전까지 이를 의결하여야 한다.
> ③ 새로운 회계연도가 개시될 때까지 예산안이 의결되지 못한 때에는 정부는 국회에서 예산안이 의결될 때까지 다음의 목적을 위한 경비는 전년도 예산에 준하여 집행할 수 있다.
>   1. 헌법이나 법률에 의하여 설치된 기관 또는 시설의 유지·운영
>   2. 법률상 지출의무의 이행
>   3. 이미 예산으로 승인된 사업의 계속

8) 추가경정예산안

> **헌법 제56조**
> 정부는 예산에 변경을 가할 필요가 있을 때에는 추가경정예산안을 편성하여 국회에 제출할 수 있다.

(2) **결산심사권**

1) 중앙관서결산보고서

각 중앙관서의 장은 국가회계법에서 정하는 바에 따라 회계연도마다 작성한 결산보고서를 다음 연도 2월 말일까지 기획재정부장관에게 제출하여야 한다(국가재정법 제58조 제1항).

2) 감사원의 결산 검사

> **헌법 제99조**
> 감사원은 세입·세출의 결산을 매년 검사하여 대통령과 차년도국회에 그 결과를 보고하여야 한다.

기획재정부장관은 국가회계법에서 정하는 바에 따라 회계연도마다 작성하여 대통령의 승인을 받은 국가결산보고서를 다음 연도 4월 10일까지 감사원에 제출하여야 하고(국가재정법 제59조), 감사원은 제출된 국가결산보고서를 검사하고 그 보고서를 다음 연도 5월 20일까지 기획재정부장관에게 송부하여야 한다(국가재정법 제60조).

3) 국회의 결산 심사

정부는 감사원의 검사를 거친 국가결산보고서를 다음 연도 5월 31일까지 국회에 제출하여야 하고(국가재정법 제61조), 국회는 결산에 대한 심의·의결을 정기회 개회 전까지 완료하여야 한다(국회법 제128조의2).

3. 기채동의권 등

> **헌법 제58조**
> 국채를 모집하거나 예산 외에 국가의 부담이 될 계약을 체결하려 할 때에는 정부는 미리 국회의 의결을 얻어야 한다.

III 헌법기관 구성에 관한 권한

1. 대통령 선출권

> **헌법 제67조**
> ① 대통령은 국민의 보통·평등·직접·비밀선거에 의하여 선출한다.
> ② 제1항의 선거에 있어서 최고득표자가 2인 이상인 때에는 국회의 재적의원 과반수가 출석한 공개회의에서 다수표를 얻은 자를 당선자로 한다.

2. 헌법기관 선출권

(1) 헌법재판소 재판관 일부 선출권

> **헌법 제111조**
> ② 헌법재판소는 법관의 자격을 가진 9인의 재판관으로 구성하며, 재판관은 대통령이 임명한다.
> ③ 제2항의 재판관 중 3인은 국회에서 선출하는 자를, 3인은 대법원장이 지명하는 자를 임명한다.

판례

▶ **헌법 제111조 제2항과 제3항의 취지**: 헌법 제111조 제2항과 제3항이 9인의 재판관을 대통령이 임명하되 그중 3인은 청구인이 선출하는 자를, 3인은 대법원장이 지명하는 자를 임명하도록 한 것은 입법부·행정부·사법부가 헌법재판소 구성에 동등하게 참여하도록 함으로써 권력 상호간의 견제와 균형을 도모하고, 헌법 수호와 국민의 기본권 보장을 사명으로 하는 헌법재판소가 중립적인 지위에서 헌법재판기능을 수행하도록 하기 위한 것이다. 특히 국민의 대표기관인 국회로 하여금 헌법재판소의 구성에 관여하도록 한 것은 민주적 정당성을 제고하려는 데 그 근본적 의의가 있다(헌재 2025. 2. 27. 2025헌라1).

▶ **국회가 본회의 의결을 통하여 재판관으로 선출한 사람을 대통령 및 대통령의 권한을 대행하는 국무총리나 국무위원이 재판관으로 임명할 헌법상 의무가 있는지**(원칙적 적극): 헌법 제111조 제3항의 문언이나 그 취지에 비추어보면, 헌법이 재판관 임명과 관련하여 국회에게 부여한 선출권은 헌법재판소 구성에 관한 독자적이고 실질적인 것으로서, 대통령은 청구인이 재판관으로 선출한 사람에 대하여 임의로 그 임명을 거부하거나 선별하여 임명하는 등 국회가 선출한 사람을 실질적으로 심사하여 재판관 임명 여부를 결정할 재량권이 없으며, 대통령 또는 대통령의 권한을 대행하는 국무총리나 국무위원은 국회가 재판관으로 선출한 사람이 헌법과 헌법재판소법에서 정한 자격요건을 갖추고 그 선출과정에 의회민주주의를 원칙으로 하는 헌법 및 국회법 등 법률을 위반한 하자가 없는 한 그 사람을 재판관으로 임명할 헌법상 의무를 부담한다(헌재 2025. 2. 27. 2025헌라1).

(2) 중앙선거관리위원회 위원 일부 선출권

> **헌법 제114조**
> ② 중앙선거관리위원회는 대통령이 임명하는 3인, 국회에서 선출하는 3인과 대법원장이 지명하는 3인의 위원으로 구성한다. 위원장은 위원 중에서 호선한다.

3. 헌법기관 구성에 대한 동의권

(1) 국무총리

> **헌법 제86조**
> ① 국무총리는 국회의 동의를 얻어 대통령이 임명한다.

(2) 대법원장과 대법관

> **헌법 제104조**
> ① 대법원장은 국회의 동의를 얻어 대통령이 임명한다.
> ② 대법관은 대법원장의 제청으로 국회의 동의를 얻어 대통령이 임명한다.

(3) 헌법재판소장

> **헌법 제111조**
> ④ 헌법재판소의 장은 국회의 동의를 얻어 재판관 중에서 대통령이 임명한다.

(4) 감사원장

> **헌법 제98조**
> ① 감사원은 원장을 포함한 5인 이상 11인 이하의 감사위원으로 구성한다.
> ② 원장은 국회의 동의를 얻어 대통령이 임명하고, 그 임기는 4년으로 하며, 1차에 한하여 중임할 수 있다.

Ⅳ 국정 통제에 관한 권한

1. 탄핵소추권

(1) 의의

탄핵이란 일반적인 사법절차나 징계절차에 따라 소추하거나 징계하기가 곤란한 행정부의 고위직 공무원이나 법관 등과 같이 신분이 보장된 공무원이 직무상 중대한 비위를 범한 경우에 이를 의회가 소추하여 처벌하거나 파면하는 절차를 말한다(헌재 1996. 2. 29. 93헌마186).

> **판례**
>
> ▶ **탄핵제도의 목적과 기능**: 헌법 제65조는 행정부와 사법부의 고위공직자에 의한 헌법위반이나 법률위반에 대하여 탄핵소추의 가능성을 규정함으로써, 그들에 의한 헌법위반을 경고하고 사전에 방지하는 기능을 하며, 국민에 의하여 국가권력을 위임받은 국가기관이 그 권한을 남용하여 헌법이나 법률에 위반하는 경우에는 다시 그 권한을 박탈하는 기능을 한다. 즉, 공직자가 직무수행에 있어서 헌법에 위반한 경우 그에 대한 법적 책임을 추궁함으로써, 헌법의 규범력을 확보하고자 하는 것이 바로 탄핵심판절차의 목적과 기능인 것이다(헌재 2004. 5. 14. 2004헌나1).

(2) 탄핵소추

1) 대상

> **헌법 제65조**
> ① 대통령, 국무총리, 국무위원, 행정각부의 장, 헌법재판소 재판관, 법관, 중앙선거관리위원회 위원, 감사원장, 감사위원 기타 법률이 정한 공무원이 그 직무집행에 있어서 헌법이나 법률을 위배한 때에는 국회는 탄핵의 소추를 의결할 수 있다.

> **판례**
> ▶ **법률상 탄핵대상**: 법률상 탄핵의 대상에는 검사(검찰청법 제37조), 특별검사 및 특별검사보(특검법 제16조), 공수처 처장, 차장, 수사처검사(공수처법 제14조), 경찰청장(경찰법 제14조), 국가수사본부장(경찰법 제16조 제5항), 각급선거관리위원회 위원(선거관리위원회법 제9조), 방송통신위원회 위원장(방통위법 제6조 제5항), 원자력안전위원회 위원장(원안위법 제6조 제5항) 등이 있다.

2) 사유

① 직무집행에 있어서 헌법이나 법률 위배

　㉠ 직무상의 행위

　　직무집행에 있어서의 '직무'란 법제상 소관 직무에 속하는 고유 업무 및 통념상 이와 관련된 업무를 말하므로, '직무상의 행위'란 법령·조례 또는 행정관행·관례에 의하여 그 지위의 성질상 필요로 하거나 수반되는 모든 행위나 활동을 의미한다(헌재 2004. 5. 14. 2004헌나1).

> **판례**
> ▶ **대통령의 직무상 행위에 해당하는 행위**: 대통령의 직무상 행위는 법령에 근거한 행위뿐만 아니라, '대통령의 지위에서 국정수행과 관련하여 행하는 모든 행위'를 포괄하는 개념으로서, 예컨대 각종 단체·산업현장 등 방문행위, 준공식·공식만찬 등 각종 행사에 참석하는 행위, 대통령이 국민의 이해를 구하고 국가정책을 효율적으로 수행하기 위하여 방송에 출연하여 정부의 정책을 설명하는 행위, 기자회견에 응하는 행위 등을 모두 포함한다(헌재 2004. 5. 14. 2004헌나1).
>
> ▶ **불성실한 직책수행과 경솔한 국정운영**(소극): 헌법 제69조는 대통령으로서 '직책을 성실히 수행할 의무'를 언급하고 있다. 비록 대통령의 '성실한 직책수행의무'는 헌법적 의무에 해당하나, '헌법을 수호해야 할 의무'와는 달리, 규범적으로 그 이행이 관철될 수 있는 성격의 의무가 아니므로 원칙적으로 사법적 판단의 대상이 될 수 없다. 한편 헌법재판소의 탄핵심판절차는 법적인 관점에서 단지 탄핵사유의 존부만을 판단하는 것이므로, 정치적 무능력이나 정책결정상의 잘못 등 직책수행의 성실성여부는 그 자체로서 소추사유가 될 수 없어 탄핵심판절차의 판단대상이 되지 아니한다(헌재 2004. 5. 14. 2004헌나1).

　㉡ 헌법이나 법률 위배

　　헌법은 탄핵소추사유를 '헌법이나 법률을 위배한 경우'라고 명시하고 헌법재판소가 탄핵심판을 관장하게 함으로써 탄핵절차를 정치적 심판절차가 아닌 규범적 심판절차로 규정하고 있다(헌재 2017. 3. 10. 2016헌나1).

　　여기서 헌법에는 명문의 헌법규정뿐만 아니라 헌법재판소의 결정에 의하여 형성되어 확립된 불문헌법도 포함되고, 법률이란 형식적 의미의 법률 및 그와 등등한 효력을 가지는 국제조약, 일반적으로 승인된 국제법규 등을 의미한다(헌재 2004. 5. 14. 2004헌나1).

3) 절차

> **헌법 제65조**
> ② 제1항의 탄핵소추는 국회 재적의원 3분의 1 이상의 발의가 있어야 하며, 그 의결은 국회 재적의원 과반수의 찬성이 있어야 한다. 다만, 대통령에 대한 탄핵소추는 국회 재적의원 과반수의 발의와 국회 재적의원 3분의 2 이상의 찬성이 있어야 한다.

① 발의

대통령	국회 재적의원 과반수
그 외 공직자	국회 재적의원 3분의 1

탄핵소추의 발의에는 소추대상자의 성명·직위와 탄핵소추의 사유·증거, 그 밖에 조사에 참고가 될 만한 자료를 제시하여야 한다(국회법 제130조 제3항).

② 조사

탄핵소추가 발의되었을 때에는 의장은 발의된 후 처음 개의하는 본회의에 보고하고, 본회의는 의결로 법제사법위원회에 회부하여 조사하게 할 수 있다(국회법 제130조 제1항).

> **판례**
>
> ▶ **국회의 조사가 필요적인지**(소극) : 국회가 탄핵소추를 하기 전에 소추사유에 관하여 충분한 조사를 하는 것이 바람직하나, 국회법 제130조 제1항에 의하면 "탄핵소추의 발의가 있은 때에는 …본회의는 의결로 법제사법위원회에 회부하여 조사하게 할 수 있다."고 하여, 조사의 여부를 국회의 재량으로 규정하고 있으므로, 이 사건에서 국회가 별도의 조사를 하지 않았다 하더라도 헌법이나 법률을 위반하였다고 할 수 없다(헌재 2004. 5. 14. 2004헌나1).

③ 의결

대통령	국회 재적의원 3분의 3
그 외 공직자	국회 재적의원 과반수

본회의가 탄핵소추안을 법제사법위원회에 회부하기로 의결하지 아니한 경우에는 본회의에 보고된 때부터 24시간 이후 72시간 이내에 탄핵소추 여부를 무기명투표로 표결한다. 이 기간 내에 표결하지 아니한 탄핵소추안은 폐기된 것으로 본다(국회법 제130조 제2항).

국회법 제93조는 '본회의는 안건을 심의함에 있어서 질의·토론을 거쳐 표결할 것'을 규정하고 있으나, 법사위에 회부되지 않은 탄핵소추안에 대하여 "본회의에 보고된 때부터 24시간 이후 72시간 이내에 탄핵소추 여부를 무기명투표로 표결한다."고 규정하고 있는 국회법 제130조 제2항을 탄핵소추에 관한 특별규정으로 보아 '탄핵소추의 경우에는 질의와 토론 없이 표결할 것을 규정한 것'으로 해석할 여지가 있으므로, 국회의 자율권과 법해석을 존중한다면 이러한 법해석이 자의적이거나 잘못되었다고 볼 수 없다(헌재 2025. 4. 10. 2024헌나6).

> **판례**
>
> ▶ **대통령 권한대행 중인 국무총리에 대하여 국회가 헌법 제65조 제2항 본문에 따라 국회 재적의원 과반수의 찬성으로 탄핵소추 의결을 하여 탄핵심판 청구를 한 것이 적법한지**(적극) : 국무총리는 헌법 제86조에 따라 그 임명에 국회의 동의를 얻어 대통령이 임명하기는 하지만 이는 국민으로부터 직접 선출된 대통령의 민주적 정당성과 비교하여 상당히 축소된 간접적인 민주적 정당성만을 보유하고 있으므로, 대통령 권한대행자로서 국무총리는 대통령과는 확연히 구분되는 지위에 있다. 또한 헌법 제71조가 규정하는 대통령 권한대행은 헌법과 법령상으로 대행자에게 미리 예정된 기능과 과업의 수행을 의미하는 것이지 '권한대행' 또는 '권한대행자'라는 공직이나 지위가 새로이 창설되는 것이라 볼 수 없다. 여기에 해당 공직의 박탈을 통하여 헌법을 수호하고자 하는 탄핵심판 제도의 취지를 종합하면, 대통령의 권한을 대행하는 국무총리에 대한 탄핵소추에는 본래의 신분상 지위에 따라 헌법 제65조 제2항 본문에 의한 의결정족수를 적용함이 타당하다. 이 사건 탄핵소추는 국무총리에 대한 탄핵소추 의결정족수인 국회재적의원 과반수의 찬성으로 의결되었으므로, 이를 근거로 한 이 사건 탄핵심판 청구는 적법하다(헌재 2025. 3. 24. 2024헌나9).
>
> ▶ **국회가 여러 개 탄핵사유 전체에 대하여 일괄하여 의결한 것이 헌법에 위배되는지**(소극) : 탄핵소추안을 각 소추사유별로 나누어 발의할 것인지 아니면 여러 소추사유를 포함하여 하나의 안으로 발의할 것인지는 소추안을 발의하는 의원들의 자유로운 의사에 달린 것이다. 국회 재적의원 과반수에 해당하는 171명의 의원이 여러 개 탄핵사유가 포함된 하나의 탄핵소추안을 마련한 다음 이를 발의하고 안건 수정 없이 그대로 본회의에 상정된 경우에는 그 탄핵소추안에 대하여 찬반 표결을 하게 된다. 그리고 본회의에 상정된 의안에 대하여 표결절차에 들어갈 때 국회의장에게는 '표결할 안건의 제목을 선포'할 권한만 있는 것이지(국회법 제110조 제1항), 직권으로 이 사건 탄핵소추안에 포함된 개개 소추사유를 분리하여 여러 개의 탄핵소추안으로 만든 다음 이를 각각 표결에 부칠 수는 없다(헌재 2017. 3. 10. 2016헌나1).

④ 송달

> **헌법 제65조**
> ③ 탄핵소추의 의결을 받은 자는 탄핵심판이 있을 때까지 그 권한행사가 정지된다.

탄핵소추가 의결되었을 때에는 의장은 지체 없이 소추의결서 정본(正本)을 법제사법위원장인 소추위원에게 송달하고, 그 등본(謄本)을 헌법재판소, 소추된 사람과 그 소속 기관의 장에게 송달한다(국회법 제134조 제1항).

소추의결서가 송달되었을 때에는 소추된 사람의 권한 행사는 정지되며, 임명권자는 소추된 사람의 사직원을 접수하거나 소추된 사람을 해임할 수 없다(국회법 제134조 제2항).

(3) 탄핵심판

1) 청구

탄핵심판에서는 국회 법제사법위원회의 위원장이 소추위원이 되고, 소추위원은 헌법재판소에 소추의결서의 정본을 제출하여 탄핵심판을 청구하며, 심판의 변론에서 피청구인을 신문할 수 있다(헌법재판소법 제49조 제1항, 제2항).

한편 국회가 탄핵심판을 청구한 뒤 별도의 의결절차 없이 소추사유를 추가하거나 기존의 소추사유와 동일성이 인정되지 않는 정도로 소추사유를 변경하는 것은 허용되지 아니한다(헌재 2025. 1. 23. 2024헌나1).

판례

▶ **소추의결서에서 형법 위반행위로 구성하였던 것을 탄핵심판청구 이후 헌법 위반행위로 포섭하여 주장하는 것이 소추사유의 철회·변경에 해당하는지**(소극) : 청구인이 형법 위반행위로 구성하였던 사실관계를 헌법위반으로 포섭하는 것은 기본적 사실관계는 동일하게 유지하면서 그 위반을 주장하는 법조문을 철회·변경하는 것에 지나지 않으므로 소추사유의 철회·변경에 해당하지 않는다(헌재 2025. 4. 4. 2024헌나8).

▶ **방송통신위원장이 취임 당일에 한 행위의 위법성을 문제 삼아 곧바로 탄핵소추로 나아간 것이 탄핵소추권 남용에 해당하는지**(소극) : 국회의 탄핵소추의결 과정에서 법정 절차가 준수되고 피소추자의 헌법 내지 법률 위반행위가 일정한 수준 이상 소명되었다면, 해당 탄핵소추의결은 피소추자의 법적 책임을 추궁하고 동종의 위반행위가 재발하는 것을 예방함으로써 헌법을 수호하기 위한 것으로 보아야 하고, 설령 부수적으로 정치적 목적이나 동기가 내포되어 있다 하더라도 그러한 점만으로 탄핵소추권이 남용되었다고 볼 수 없다. 탄핵심판은 공직자에 의한 헌법침해로부터 헌법을 수호하고 유지하기 위한 제도로서, 공직자의 위헌·위법행위에 대한 헌법재판을 통해 국가권력을 통제하고 나아가 그들에 의한 헌법위반을 경고하고 사전에 방지하는 기능을 수행한다. 피청구인이 취임 당일에 한 행위의 위법성을 문제 삼아 곧바로 탄핵소추로 나아갔다고 하더라도 탄핵심판의 헌법수호 기능이 충분히 실현될 여지가 있으므로, 위와 같은 점만으로 탄핵소추권의 남용을 인정하기 어렵다(헌재 2025. 1. 23. 2024헌나1).

▶ **소추의결이 피청구인의 직무를 정지시키기 위한 정치적 목적에서 이루어졌고, 국회법 제130조 제1항에 의한 법사위의 조사나 국회 본회의에서의 질의 및 토론절차가 생략된 채 의결되었다는 점이 탄핵소추권 남용에 해당하는지**(소극) : 국회법상 탄핵소추 발의 시 그 사유 등의 조사 여부는 국회의 재량으로 규정되어 있고, 탄핵소추의 경우에는 본회의에서 질의와 토론 없이 표결할 수 있는 것으로 해석할 여지가 있으므로, 국회가 탄핵소추사유에 대한 별도의 조사나 본회의에서의 질의 및 토론 절차를 생략하였다고 하여 헌법이나 법률을 위반하였다고 볼 수 없다. 국회의 탄핵소추안 의결 과정에서 필요한 법정절차가 준수되었고 피소추자의 헌법 내지 법률 위반행위가 일정한 수준 이상 소명되었으므로 이 사건 탄핵소추의 주요 목적은 위와 같은 위반에 대한 법적 책임을 추궁하고 동종의 위반행위가 재발하는 것을 사전에 예방함으로써 헌법을 수호하기 위한 것으로 보아야 하고, 설령 부수적으로 정치적 목적이나 동기가 내포되어 있다 하더라도 탄핵소추권이 남용되었다고 단정할 수 없다(헌재 2025. 4. 10. 2024헌나6).

2) 심리

① 심리정족수와 심리방식

재판부는 재판관 7명 이상의 출석으로 사건을 심리한다(헌법재판소법 제23조 제1항). 탄핵심판은 구두변론에 의하며(헌법재판소법 제30조 제1항), 심판의 변론과 결정의 선고는 공개하고 평의는 공개하지 아니한다(헌법재판소법 제34조 제1항).

판례

▶ **8인의 재판관에 의한 탄핵심판결정이 가능한지**(적극) : 헌법과 헌법재판소법은 재판관 중 결원이 발생한 경우에도 헌법재판소의 헌법 수호 기능이 중단되지 않도록 7명 이상의 재판관이 출석하면 사건을 심리하고 결정할 수 있음을 분명히 하고 있다. 그렇다면 헌법재판관 1인이 결원이 되어 8인의 재판관으로 재판부가 구성되더라도 탄핵심판을 심리하고 결정하는 데 헌법과 법률상 아무런 문제가 없다(헌재 2017. 3. 10. 2016헌나1).

② 탄핵심판의 이익

탄핵심판의 이익이란 탄핵심판청구가 이유 있는 경우에 피청구인을 해당 공직에서 파면하는 결정을 선고할 수 있는 가능성을 상정하여 탄핵심판의 본안심리에 들어가 그 심리를 계속할 이익이다. 이것은 본안판단에 나아가는 것이 탄핵심판절차의 목적에 기여할 수 있는지 여부에 관한 문제이다. 탄핵심판절차는 파면결정을 선고함으로써 헌법의 규범력을 확보하기 위한 수단이므로, 파면을 할 수 없어 목적 달성이 불가능하면 심판의 이익은 소멸한다(헌재 2021. 10. 28. 2021헌나1).

③ 심판의 대상

헌법재판소는 사법기관으로서 원칙적으로 탄핵소추기관인 국회의 탄핵소추의결서에 기재된 소추사유에 의하여 구속을 받는다. 따라서 헌법재판소는 탄핵소추의결서에 기재되지 아니한 소추사유를 판단의 대상으로 삼을 수 없다. 그러나 탄핵소추의결서에서 그 위반을 주장하는 '법규정의 판단'에 관하여 헌법재판소는 원칙적으로 구속을 받지 않으므로, 청구인이 그 위반을 주장한 법규정 외에 다른 관련 법규정에 근거하여 탄핵의 원인이 된 사실관계를 판단할 수 있다(헌재 2004. 5. 14. 2004헌나1).

④ 심판절차의 정지

피청구인에 대한 탄핵심판 청구와 동일한 사유로 형사소송이 진행되고 있는 경우에는 재판부는 심판절차를 정지할 수 있다(헌법재판소법 제51조).

3) 결정

① 유형

탄핵심판청구가 이유 있는 경우에는 헌법재판소는 피청구인을 해당 공직에서 파면하는 결정을 선고하며, 피청구인이 결정 선고 전에 해당 공직에서 파면되었을 때에는 헌법재판소는 심판청구를 기각하여야 한다(헌법재판소법 제53조 제1항, 제2항).

② 탄핵심판청구가 이유 있는 때

헌법재판소법 제53조 제1항은 헌법 제65조 제1항의 탄핵사유가 인정되는 모든 경우에 자동적으로 파면결정을 하도록 규정하고 있는 것으로 문리적으로 해석할 수 있으나, 이러한 해석에 의하면 피청구인의 법 위반행위가 확인되는 경우 법 위반의 경중을 가리지 아니하고 헌법재판소가 파면결정을 해야 하는바, 직무행위로 인한 모든 사소한 법 위반을 이유로 파면을 해야 한다면, 이는 피청구인의 책임에 상응하는 헌법적 징벌의 요청 즉, 법익형량의 원칙에 위반된다. 따라서 헌법재판소법 제53조 제1항의 '탄핵심판청구가 이유 있는 때'란 모든 법 위반의 경우가 아니라, 단지 공직자의 파면을 정당화할 정도로 '중대한' 법 위반의 경우를 말한다(헌재 2004. 5. 14. 2004헌나1).

> **판례**
>
> ▶ **법 위반의 중대성에 관한 판단 기준**: '법 위반이 중대한지' 또는 '파면이 정당화되는지'의 여부는 그 자체로서 인식될 수 없는 것이므로, 결국 파면결정을 할 것인지의 여부는 공직자의 '법 위반 행위의 중대성'과 '파면결정으로 인한 효과' 사이의 법익형량을 통하여 결정된다. 그런데 탄핵심판절차가 헌법의 수호와 유지를 그 본질로 하고 있다는 점에서, '법 위반의 중대성'이란 '헌법질서의 수호의 관점에서의 중대성'을 의미하는 것이다. 따라서 한편으로는 '법 위반이 어느 정도로 헌법질서에 부정적 영향이나 해악을 미치는지의 관점'과 다른 한편으로는 '피청구인을 파면하는 경우 초래되는 효과'를 서로 형량하여 탄핵심판청구가 이유 있는지의 여부 즉, 파면여부를 결정해야 한다(헌재 2004. 5. 14. 2004헌나1).
>
> ▶ **행정각부의 장의 탄핵 요건**: 헌법재판소법 제53조 제1항이 규정한 '탄핵심판 청구가 이유 있는 경우'란 피청구인의 파면을 정당화할 수 있을 정도로 중대한 헌법이나 법률 위반이 있는 경우를 말한다. 행정각부의 장에 대한 파면 결정이 가져오는 국가적 손실이 경미하다고 보기는 어렵다. 다만 대통령과 비교할 때, 파면의 효과에 근본적인 차이가 있으므로, '법 위반 행위의 중대성'과 '파면 결정으로 인한 효과' 사이의 법익형량을 함에 있어 이 점이 고려되어야 한다(헌재 2023. 7. 25. 2023헌나1).

③ 정족수

> **헌법 제113조**
> ① 헌법재판소에서 법률의 위헌결정, 탄핵의 결정, 정당해산의 결정 또는 헌법소원에 관한 인용결정을 할 때에는 재판관 6인 이상의 찬성이 있어야 한다.

4) 효과

탄핵결정은 피청구인의 민사상 또는 형사상의 책임을 면제하지 아니하고, 탄핵결정에 의하여 파면된 사람은 결정 선고가 있은 날부터 5년이 지나지 아니하면 공무원이 될 수 없다(헌법재판소법 제54조 제1항, 제2항).

2. 국정감사 · 조사권

> **헌법 제61조**
> ① 국회는 국정을 감사하거나 특정한 국정사안에 대하여 조사할 수 있으며, 이에 필요한 서류의 제출 또는 증인의 출석과 증언이나 의견의 진술을 요구할 수 있다.
> ② 국정감사 및 조사에 관한 절차 기타 필요한 사항은 법률로 정한다.

(1) 의의

1) 개념

국정조사권이란 의회가 그 입법 등에 관한 권한을 유효적절하게 행사하기 위하여 특정한 국정사안에 대하여 조사할 수 있는 권한을 말하고, 국정감사권이란 국회가 매년 정기적으로 국정전반에 대하여 감사할 수 있는 권한을 말한다.

2) 헌정사

구분	제1공화국	제2공화국	제3공화국	제4공화국	제5공화국	제6공화국
국정감사	○	○	○	×	×	○
국정조사	×	×	×	×	○	○

(2) **주체 등**

1) 국정감사

국회는 국정전반에 관하여 소관 상임위원회별로 매년 정기회 집회일 이전에 국정감사 시작일부터 30일 이내의 기간을 정하여 감사를 실시한다. 다만, 본회의 의결로 정기회 기간 중에 감사를 실시할 수 있다(국감국조법 제2조 제1항).

감사는 상임위원장이 국회운영위원회와 협의하여 작성한 감사계획서에 따라 한다. 국회운영위원회는 상임위원회 간에 감사대상기관이나 감사일정의 중복 등 특별한 사정이 있는 때에는 이를 조정할 수 있다(국감국조법 제2조 제2항).

2) 국정조사

① 요건

국회는 재적의원 4분의 1 이상의 요구가 있는 때에는 특별위원회 또는 상임위원회로 하여금 국정의 특정사안에 관하여 국정조사를 하게 한다. 조사 요구는 조사의 목적, 조사할 사안의 범위와 조사를 할 위원회 등을 기재하여 요구의원이 연서한 서면(조사요구서)으로 하여야 한다(국감국조법 제3조 제1항, 제2항).

② 조사위원회

㉠ 구성

특별위원회는 교섭단체 의원 수의 비율에 따라 구성하여야 한다. 다만, 조사에 참여하기를 거부하는 교섭단체의 의원은 제외할 수 있다(국감국조법 제4조 제1항).

조사위원회의 위원장이 사고가 있거나 그 직무를 수행하기를 거부 또는 기피하여 조사위원회가 활동하기 어려운 때에는 위원장이 소속하지 아니하는 교섭단체 소속의 간사 중에서 소속 의원 수가 많은 교섭단체 소속인 간사의 순으로 위원장의 직무를 대행한다(국감국조법 제4조 제3항).

㉡ 활동기간

조사위원회의 활동기간 연장은 본회의 의결로 할 수 있으며, 본회의는 조사위원회의 중간보고를 받고 조사를 장기간 계속할 필요가 없다고 인정되는 경우에는 의결로 조사위원회의 활동기간을 단축할 수 있다(국감국조법 제9조 제1항, 제2항).

조사계획서에 조사위원회의 활동기간이 확정되지 아니한 경우에는 그 활동기간은 조사위원회의 조사 결과가 본회의에서 의결될 때까지로 한다(국감국조법 제9조 제3항).

(3) 소위원회와 반

1) 소위원회

감사 또는 조사를 하는 위원회는 위원회의 의결로 필요한 경우 2명 이상의 위원으로 별도의 소위원회나 반을 구성하여 감사 또는 조사를 하게 할 수 있다. 위원회가 상임위원회인 경우에는 상설소위원회로 하여금 감사 또는 조사를 하게 할 수 있다(국감국조법 제5조 제1항).

2) 지방자치단체에 대한 감사

지방자치단체에 대한 감사는 둘 이상의 위원회가 합동으로 반을 구성하여 할 수 있다(국감국조법 제7조의2).

(4) 국정감사의 대상

> 국감국조법 제7조(감사의 대상) 감사의 대상기관은 다음 각 호와 같다.
> 1. 정부조직법, 그 밖의 법률에 따라 설치된 국가기관
> 2. 지방자치단체 중 특별시·광역시·도. 다만, 그 감사범위는 국가위임사무와 국가가 보조금 등 예산을 지원하는 사업으로 한다.
> 3. 공공기관의 운영에 관한 법률 제4조에 따른 공공기관, 한국은행, 농업협동조합중앙회, 수산업협동조합중앙회
> 4. 제1호부터 제3호까지 외의 지방행정기관, 지방자치단체, 감사원법에 따른 감사원의 감사대상기관. 이 경우 본회의가 특히 필요하다고 의결한 경우로 한정한다.

(5) 공개원칙

감사 및 조사는 공개한다. 다만, 위원회의 의결로 달리 정할 수 있다(국감국조법 제12조).

(6) 한계

1) 기본권 보장 및 권력분립상의 한계

감사 또는 조사는 개인의 사생활을 침해하거나 계속 중인 재판 또는 수사 중인 사건의 소추에 관여할 목적으로 행사되어서는 아니 된다(국감국조법 제8조).

2) 국가이익상의 한계

국회로부터 공무원 또는 공무원이었던 사람이 증언의 요구를 받거나, 국가기관이 서류 등의 제출을 요구받은 경우에 증언할 사실이나 제출할 서류 등의 내용이 직무상 비밀에 속한다는 이유로 증언이나 서류 등의 제출을 거부할 수 없다. 다만, 군사·외교·대북 관계의 국가기밀에 관한 사항으로서 그 발표로 말미암아 국가안위에 중대한 영향을 미칠 수 있음이 명백하다고 주무부장관이 증언 등의 요구를 받은 날부터 5일 이내에 소명하는 경우에는 그러하지 아니하다(국회증언감정법 제4조 제1항).

국회가 소명을 수락하지 아니할 경우에는 본회의의 의결로, 폐회 중에는 해당 위원회의 의결로 국회가 요구한 증언 또는 서류 등의 제출이 국가의 중대한 이익을 해친다는 취지의 국무총리의 성명을 요구할 수 있고, 국무총리가 성명 요구를 받은 날부터 7일 이내에 그 성명을 발표하지 아니하는 경우에는 증언이나 서류 등의 제출을 거부할 수 없다(국회증언감정법 제4조 제2항, 제3항).

(7) 결과의 보고 및 처리

1) 결과의 보고
감사 또는 조사를 마쳤을 때에는 위원회는 지체 없이 그 감사 또는 조사 보고서를 작성하여 의장에게 제출하여야 하며, 보고서를 제출받은 의장은 이를 지체 없이 본회의에 보고하여야 한다(국감국조법 제15조 제1항, 제3항).

2) 감사 또는 조사 결과에 대한 처리
국회는 본회의 의결로 감사 또는 조사 결과를 처리하되, 국회가 감사 결과를 처리하는 경우에는 감사 종료 후 90일 이내에 의결하여야 한다(국감국조법 제16조 제1항, 제2항).

국회는 감사 또는 조사 결과 위법하거나 부당한 사항이 있을 때에는 그 정도에 따라 정부 또는 해당 기관에 변상, 징계조치, 제도개선, 예산조정 등 시정을 요구하고, 정부 또는 해당 기관에서 처리함이 타당하다고 인정되는 사항은 정부 또는 해당 기관에 이송하며, 정부 또는 해당 기관은 시정요구를 받거나 이송받은 사항을 지체 없이 처리하고 그 결과를 국회에 보고하여야 한다(국감국조법 제16조 제3항, 제4항).

3. 국무총리·국무위원의 해임건의권

> **헌법 제63조**
> ① 국회는 국무총리 또는 국무위원의 해임을 대통령에게 건의할 수 있다.
> ② 제1항의 해임건의는 국회 재적의원 3분의 1 이상의 발의에 의하여 국회 재적의원 과반수의 찬성이 있어야 한다.

(1) 의의
우리 헌법 내에서 해임건의권의 의미는, 임기 중 아무런 정치적 책임을 물을 수 없는 대통령 대신에 그를 보좌하는 국무총리·국무위원에 대하여 정치적 책임을 추궁함으로써 대통령을 간접적이나마 견제하고자 하는 것에 지나지 않는다(헌재 2004. 5. 14. 2004헌나1).

(2) 표결
국무총리 또는 국무위원의 해임건의안이 발의되었을 때에는 의장은 그 해임건의안이 발의된 후 처음 개의하는 본회의에 그 사실을 보고하고, 본회의에 보고된 때부터 24시간 이후 72시간 이내에 무기명투표로 표결한다. 이 기간 내에 표결하지 아니한 해임건의안은 폐기된 것으로 본다(국회법 제112조 제7항).

(3) 효과
국회는 국무총리나 국무위원의 해임을 건의할 수 있으나, 국회의 해임건의는 대통령을 기속하는 해임결의권이 아니라 아무런 법적 구속력이 없는 단순한 해임건의에 불과하다. 헌법 제63조의 해임건의권을 법적 구속력 있는 해임결의권으로 해석하는 것은 법문과 부합할 수 없을 뿐만 아니라, 대통령에게 국회해산권을 부여하고 있지 않는 현행 헌법상의 권력분립질서와 조화될 수 없다(헌재 2004. 5. 14. 2004헌나1).

4. 국무총리·국무위원 등의 국회 출석 요구 및 질문권

> **헌법 제62조**
> ② 국회나 그 위원회의 요구가 있을 때에는 국무총리·국무위원 또는 정부위원은 출석·답변하여야 하며, 국무총리 또는 국무위원이 출석요구를 받은 때에는 국무위원 또는 정부위원으로 하여금 출석·답변하게 할 수 있다.

(1) 국무총리 등의 출석 요구

1) 본회의와 위원회

본회의는 의결로 국무총리, 국무위원 또는 정부위원(부·처·청의 차관·처장·청장·차장 등)의 출석을 요구할 수 있다. 이 경우 그 발의는 의원 20명 이상이 이유를 구체적으로 밝힌 서면으로 하여야 한다(국회법 제121조 제1항).

위원회는 의결로 국무총리, 국무위원 또는 정부위원의 출석을 요구할 수 있다. 이 경우 위원장은 의장에게 그 사실을 보고하여야 한다(국회법 제121조 제2항).

2) 대리 출석·답변

국무총리나 국무위원은 의장 또는 위원장의 승인을 받아 국무총리는 국무위원으로 하여금, 국무위원은 정부위원으로 하여금 대리하여 출석·답변하게 할 수 있다. 이 경우 의장은 각 교섭단체 대표의원과 위원장은 간사와 협의하여야 한다(국회법 제121조 제4항).

(2) 정부에 대한 서면질문

의원이 정부에 서면으로 질문하려고 할 때에는 질문서를 의장에게 제출하여야 하고, 의장은 질문서를 받았을 때에는 지체 없이 이를 정부에 이송한다(국회법 제122조 제1항, 제2항).

정부는 질문서를 받은 날부터 10일 이내에 서면으로 답변하여야 한다. 그 기간 내에 답변하지 못할 때에는 그 이유와 답변할 수 있는 기한을 국회에 통지하여야 한다(국회법 제122조 제3항).

(3) 대정부질문

본회의는 회기 중 기간을 정하여 국정 전반 또는 국정의 특정 분야를 대상으로 정부에 대하여 질문을 할 수 있다(국회법 제122조의2 제1항).

대정부질문을 하려는 의원은 미리 질문의 요지를 적은 질문요지서를 구체적으로 작성하여 의장에게 제출하여야 하며, 의장은 늦어도 질문시간 48시간 전까지 질문요지서가 정부에 도달되도록 송부하여야 한다(국회법 제122조의2 제7항).

(4) 긴급현안질문

의원은 20명 이상의 찬성으로 회기 중 현안이 되고 있는 중요한 사항을 대상으로 정부에 대하여 질문을 할 것을 의장에게 요구할 수 있다(국회법 제122조의3 제1항).

긴급현안질문을 요구하는 의원은 그 이유와 질문 요지 및 출석을 요구하는 국무총리 또는 국무위원을 적은 질문요구서를 본회의 개의 24시간 전까지 의장에게 제출하여야 한다(국회법 제122조의3 제2항).

Ⅴ 국회의 자율권

1. 의의
국회는 다른 국가기관의 간섭을 받지 아니하고, 헌법과 법률 그리고 국회규칙에 따라 의사와 내부사항을 독자적으로 결정할 수 있는 권한, 즉 자율권을 가진다(헌재 2010. 12. 28. 2008헌라7).

> **판례**
>
> ▶ **국회 자율권의 근거**: 국회의 자율권은 의회주의사상에 그 뿌리를 두고 권력분립의 원칙에 입각하여 현대 헌법국가의 의회에서는 당연한 국회기능의 하나로 간주되고 있다. 국회의 자율기능은 국회가 갖는 입법·재정·통제·인사기능의 실효성을 높이기 위한 불가결한 전제조건을 뜻하기 때문이다(헌재 2003. 10. 30. 2002헌라1).

2. 내용

(1) 집회에 관한 자율권
국회는 헌법과 국회법이 정하는 바에 따라 집회·휴회·폐회·회기 등을 자주적으로 결정할 수 있다. 다만 우리 헌법은 그 예외로서 대통령의 임시집회 소집 요구권을 규정하고 있다(헌법 제47조 제1항).

(2) 조직에 관한 자율권
국회가 외부의 간섭 없이 독자적으로 그 내부조직을 할 수 있는 권능, 즉 국회의 기관인 의장 1인과 부의장 2인을 선거하고 그 궐위시에 보궐선거를 실시하고 의장·부의장의 사임을 처리하며, 필요할 때 임시의장을 선출하고 그 직원을 임면하고 교섭단체와 위원회를 구성하는 것 등은 모두 자율적인 국회내부의 조직구성행위이다(헌재 2003. 10. 30. 2002헌라1).

(3) 국회규칙 제정권

> **헌법 제64조**
> ① 국회는 법률에 저촉되지 아니하는 범위 안에서 의사와 내부규율에 관한 규칙을 제정할 수 있다.

> **판례**
>
> ▶ **국회규칙으로 위임하는 경우에도 포괄위임금지원칙을 준수해야 하는지**(적극): 헌법 제75조에 근거한 포괄위임금지원칙은 법률에 이미 대통령령 등 하위법규에 규정될 내용 및 범위의 기본사항이 구체적으로 규정되어 있어서 누구라도 당해 법률로부터 하위법규에 규정될 내용의 대강을 예측할 수 있어야 함을 의미하므로, 하위법규가 국회규칙인 경우에도 수권법률에서 이 원칙을 준수하여야 하는 것은 마찬가지이다(헌재 2023. 3. 23. 2018헌마460).

(4) 의사에 관한 자율권

1) 국회운영권

국회는 국민의 대표기관이자 입법기관으로서 의사(議事)와 내부규율 등 국회운영에 관하여 폭넓은 자율권을 가지므로 국회의 의사절차나 입법절차에 헌법이나 법률의 규정을 명백히 위반한 흠이 있는 경우가 아닌 한 그 자율권은 권력분립의 원칙이나 국회의 위상과 기능에 비추어 존중되어야 한다(헌재 1998. 7. 14. 98헌라3).

2) 의사진행권

국회의장의 의사진행에 관한 폭넓은 재량권은 국회의 자율권의 일종이므로, 본회의의 의사절차에 다툼이 있는 경우 의사진행의 방법을 선택하는 문제는 원칙적으로 이에 관한 전반적이고 포괄적인 권한과 책임이 있는 국회의장이 재량으로 결정하여야 할 영역에 속한다(헌재 2020. 5. 27. 2019헌라6).

(5) 질서에 관한 자율권

1) 회의의 질서유지

의원이 본회의 또는 위원회의 회의장에서 국회법 또는 국회규칙을 위반하여 회의장의 질서를 어지럽혔을 때에는 의장이나 위원장은 경고나 제지를 할 수 있으며, 의장이나 위원장의 조치에 따르지 아니하는 의원에 대해서는 의장이나 위원장은 당일 회의에서 발언하는 것을 금지하거나 퇴장시킬 수 있다(국회법 제145조 제1항, 제2항).

2) 현행범인의 체포

경위나 경찰공무원은 국회 안에 현행범인이 있을 때에는 체포한 후 의장의 지시를 받아야 한다. 다만, 회의장 안에서는 의장의 명령 없이 의원을 체포할 수 없다(국회법 제150조).

3) 방청인에 대한 퇴장명령

의장은 회의장 내 질서를 방해하는 방청인의 퇴장을 명할 수 있으며 필요할 때에는 국가경찰관서에 인도할 수 있고, 방청석이 소란할 때에는 의장은 모든 방청인을 퇴장시킬 수 있다(국회법 제154조 제1항, 제2항).

(6) 의원의 신분에 관한 자율권

> 헌법 제64조
> ② 국회는 의원의 자격을 심사하며, 의원을 징계할 수 있다.
> ③ 의원을 제명하려면 국회 재적의원 3분의 2 이상의 찬성이 있어야 한다.
> ④ 제2항과 제3항의 처분에 대하여는 법원에 제소할 수 없다.

1) 의원의 사직허가권

국회는 의결로 의원의 사직을 허가할 수 있다. 다만, 폐회 중에는 의장이 허가할 수 있다. 사직 허가 여부는 토론을 하지 아니하고 표결한다(국회법 제135조 제1항, 제3항).

2) 의원의 자격심사

① 청구

의원이 다른 의원의 자격에 대하여 이의가 있을 때에는 30명 이상의 연서로 의장에게 자격심사를 청구할 수 있다(국회법 제138조).

② 의결

본회의는 심사대상 의원의 자격 유무를 의결로 결정하되, 그 자격이 없는 것으로 의결할 때에는 재적의원 3분의 2 이상의 찬성이 있어야 한다(국회법 제142조 제3항).

3) 의원에 대한 징계

① 요구

의장은 징계대상자가 있을 때에는 윤리특별위원회에 회부하고 본회의에 보고한다. 위원장은 소속 위원 중에 징계대상자가 있을 때에는 의장에게 보고하며, 의장은 이를 윤리특별위원회에 회부하고 본회의에 보고한다(국회법 제156조 제1항, 제2항).

의원이 징계대상자에 대한 징계를 요구하려는 경우에는 의원 20명 이상의 찬성으로 그 사유를 적은 요구서를 의장에게 제출하여야 한다(국회법 제156조 제3항).

② 의결

의장은 윤리특별위원회로부터 징계에 대한 심사보고서를 접수하였을 때에는 지체 없이 본회의에 부의하여 의결하여야 한다. 다만, 의장은 윤리특별위원회로부터 징계를 하지 아니하기로 의결하였다는 심사보고서를 접수하였을 때에는 지체 없이 본회의에 보고하여야 한다(국회법 제162조).

③ 종류

징계의 종류에는 '공개회의에서의 경고', '공개회의에서의 사과', '30일 이내의 출석정지', '제명' 등이 있다. 제명이 의결되지 아니하였을 때에는 본회의는 다른 징계의 종류를 의결할 수 있다(국회법 제163조 제1항, 제4항).

④ 효과

징계로 제명된 사람은 그로 인하여 궐원된 의원의 보궐선거에서 후보자가 될 수 없다(국회법 제164조).

제6항 국회의원

I 국회의원의 헌법상 지위와 신분

1. 헌법상 지위

(1) 국회의 구성원

> **헌법 제41조**
> ① 국회는 국민의 보통·평등·직접·비밀선거에 의하여 선출된 국회의원으로 구성한다.

1) 국회 구성원의 권한과 의무

국회의원은 합의체 국가기관인 국회의 구성원으로서의 지위를 가진다. 이에 의해 국회의원은 국회의 운영과 활동에 참가할 권한을 가지고 의무를 부담한다. 즉 국회의원은 당연히 국회에서의 발의권, 토론권, 질문권, 질의권, 표결권을 가지며 그에 상응하여 출석의무, 국회의장의 질서유지에 관한 명령에 복종할 의무 등을 부담한다.

2) 법률안 심의·표결권

① 근거

국회의원의 법률안 심의·표결권은 의회민주주의의 원리, 입법권을 국회에 귀속시키고 있는 헌법 제40조, 국민에 의하여 선출되는 국회의원으로 국회를 구성한다고 규정한 헌법 제41조 제1항 및 국회의결에 관하여 규정한 헌법 제49조로부터 당연히 도출되는 헌법상의 권한이고, 이러한 국회의원의 법률안 심의·표결권은 헌법기관으로서의 국회의원 각자에게 모두 보장된다(헌재 1997. 7. 16. 96헌라2).

② 인정 범위

국민을 대표하는 합의체 결정기관인 국회의 구성원으로서 국회의원이 갖는 심의·표결권은 비단 법률안에 대하여 의결을 하는 경우뿐만 아니라, 예산안을 심의·확정하거나, 조약의 체결·비준 등 국가의 중요정책에 관하여 동의권을 행사하거나, 헌법기관의 고위공직자를 선출하거나, 그 임명에 관하여 동의권을 행사하는 등 국회가 의결의 형태로 권한을 행사하는 모든 경우에 당연히 존재하는 것이다(헌재 2012. 2. 23. 2010헌라6).

> **판례**
>
> ▶ **국회의원의 질의권·토론권 및 표결권이 기본권인지**(소극): 국회의원이 국회 내에서 행사하는 질의권·토론권 및 표결권 등은 입법권 등 공권력을 행사하는 국가기관인 국회의 구성원의 지위에 있는 국회의원에게 부여된 권한으로서 국회의원 개인에게 헌법이 보장하는 권리 즉 기본권으로 인정된 것이라고 할 수는 없다(헌재 1995. 2. 23. 91헌마231).
>
> ▶ **국회의원이 법률안 심의·표결권을 포기할 수 있는지**(소극): 국회의원의 법률안 심의·표결권은 국민에 의하여 선출된 국가기관으로서 국회의원이 그 본질적 임무인 입법에 관한 직무를 수행하기 위하여 보유하는 권한으로서의 성격을 갖고 있으므로 국회의원의 개별적인 의사에 따라 포기할 수 있는 것은 아니다(헌재 2009. 10. 29. 2009헌라8).

(2) 국민 전체의 대표자

헌법 제7조 제1항의 "공무원은 국민전체에 대한 봉사자이며, 국민에 대해 책임을 진다."라는 규정, 제45조의 "국회의원은 국회에서 직무상 행한 발언과 표결에 관하여 국회 외에서 책임을 지지 아니한다."라는 규정 및 제46조 제2항의 "국회의원은 국가이익을 우선하여 양심에 따라 직무를 행한다."라는 규정들을 종합하여 볼 때, 헌법은 국회의원을 자유위임의 원칙하에 두었다고 할 것이다(헌재 1994. 4. 28. 92헌마153).

> **판례**
>
> ▶ **자유위임원칙의 제한**: 국회의 의사절차와 내부조직을 정할 때에 국회의원의 자유위임에 기한 권한을 충분히 보장하여야 하는 것이나, 국회 내 다수형성의 가능성을 높이고 의사결정의 능률성을 확보하는 것 역시 중대한 헌법적 요청이므로 자유위임원칙이 언제나 최우선적으로 고려되어야 하는 것은 아니다. 나아가 자유위임원칙이 개별 국회의원이 국회 내부에서 구체적으로 어떠한 직무를 담당하는 것까지 보장하는 원리는 아니다. 통치구조의 구성원리는 자기목적적인 것이 아니라 국민의 기본권과 헌법이 추구하는 가치를 보장하고 실현하기 위한 수단의 성격을 가지는 것이다. 따라서 자유위임원칙 역시 무제한적으로 보장되는 것은 아니며, 국회의 기능을 수행하기 위해서 필요한 범위 내에서 불가피하게 제한될 수밖에 없다(헌재 2020. 5. 27. 2019헌라1).

(3) 정당의 대표자

현대 정당민주주의하에서는 국회의원 개인이 정당과 다른 독자적인 노선을 선택하여 입법활동을 하는 것을 기대하기 어려울 정도로 정당이 입법활동의 실질적 주체로서 역할을 하고 있다. 이에 따라 국회의원은 어느 누구의 지시나 간섭을 받지 않고 국가이익을 우선하여 자신의 양심에 따라 직무를 행하는 국민 전체의 대표자로서 활동을 하는 한편, 현대 정당민주주의의 발전과 더불어 현실적으로 소속 정당의 공천을 받아 소속 정당의 지원이나 배경 아래 당선되고 당원의 한 사람으로서 사실상 정치의사 형성에 대한 정당의 규율이나 당론 등에 영향을 받아 정당의 이념을 대변하는 지위도 함께 가지게 되었다(헌재 2020. 5. 27. 2019헌라1).

> **판례**
>
> ▶ **자유위임과 정당기속성의 관계**: 국회의원의 원내활동을 기본적으로 각자에 맡기는 자유위임은 자유로운 토론과 의사형성을 가능하게 함으로써 당내민주주의를 구현하고 정당의 독재화 또는 과두화를 막아주는 순기능을 갖는다. 그러나 <u>자유위임은 의회 내에서의 정치의사형성에 정당의 협력을 배척하는 것이 아니며, 의원이 정당과 교섭단체의 지시에 기속되는 것을 배제하는 근거가 되는 것도 아니다.</u> 또한 국회의원의 국민대표성을 중시하는 입장에서도 특정 정당에 소속된 국회의원이 정당기속 내지는 교섭단체의 결정(당론)에 위반하는 정치활동을 한 이유로 제재를 받는 경우, 국회의원 신분을 상실하게 할 수는 없으나 정당내부의 사실상의 강제 또는 소속 정당으로부터의 제명은 가능하다고 보고 있다. 그렇다면, <u>당론과 다른 견해를 가진 소속 국회의원을 당해 교섭단체의 필요에 따라 다른 상임위원회로 전임(사·보임)하는 조치는 특별한 사정이 없는 한 헌법상 용인될 수 있는 정당내부의 사실상 강제의 범위 내에 해당한다</u>(헌재 2003. 10. 30. 2002헌라1).

2. 국회의원 신분

(1) 발생

국회의원의 임기는 총선거에 의한 전임의원의 임기만료일의 다음 날부터 개시된다. 다만, 의원의 임기가 개시된 후에 실시하는 선거에 의한 의원의 임기는 당선이 결정된 때부터 개시되며 전임자 또는 같은 종류의 의원의 잔임기간으로 한다(공직선거법 제14조 제2항).

(2) 상실

1) 일반적 상실 사유

국회의원은 임기만료, 당선무효나 공무원의 당연퇴직사유에 해당하는 유죄판결의 확정, 사직, 퇴직, 제명과 무자격 결정 등으로 의원직을 상실한다.

2) 퇴직

의원이 공직선거법에 따라 사직원을 제출하여 공직선거후보자로 등록되었을 때에는 의원직에서 퇴직하고, 의원이 법률에 규정된 피선거권이 없게 되었을 때에 퇴직한다(국회법 제136조 제1항, 제2항).

3) 비례대표 국회의원의 당적 변경 등

비례대표 국회의원이 소속 정당의 합당·해산 또는 제명 외의 사유로 당적을 이탈·변경하거나 2 이상의 당적을 가지고 있는 때에는 퇴직된다. 다만, 비례대표 국회의원이 국회의장으로 당선되어 국회법 규정에 의하여 당적을 이탈한 경우에는 그러하지 아니하다(공직선거법 제192조 제4항).

Ⅱ 국회의원의 특권

1. 불체포특권

> **헌법 제44조**
> ① 국회의원은 현행범인인 경우를 제외하고는 회기 중 국회의 동의 없이 체포 또는 구금되지 아니한다.
> ② 국회의원이 회기 전에 체포 또는 구금된 때에는 현행범인이 아닌 한 국회의 요구가 있으면 회기 중 석방된다.

(1) 요건

1) **체포 또는 구금**

    체포 또는 구금이란 일정 기간 신체의 자유를 박탈하여 일정한 장소에 유치하는 강제처분을 말하는 것으로 형사소송법상의 체포나 구금 외에 경찰관직무집행법에 의한 보호조치나 정신병 환자의 감호처분과 같은 행정상의 강제처분까지 포함된다.

2) **현행범인**

    현행범인이란 범죄의 실행 중에 있거나 실행 직후인 자를 말한다(형사소송법 제211조 제1항).

3) **회기 중**

    회기 중이란 정기회든 임시회든 집회일로부터 폐회일까지의 기간을 말하며, 휴회일도 포함된다. 한편 계엄 시행 중 국회의원은 현행범인인 경우를 제외하고는 체포 또는 구금되지 아니한다(계엄법 13조).

(2) 체포 동의 절차

의원을 체포하거나 구금하기 위하여 국회의 동의를 받으려고 할 때에는 관할법원의 판사는 영장을 발부하기 전에 체포동의 요구서를 정부에 제출하여야 하며, 정부는 이를 수리한 후 지체 없이 그 사본을 첨부하여 국회에 체포 동의를 요청하여야 한다(국회법 제26조 제1항).

의장은 체포 동의를 요청받은 후 처음 개의하는 본회의에 이를 보고하고, 본회의에 보고된 때부터 24시간 이후 72시간 이내에 표결한다. 다만, 체포동의안이 72시간 이내에 표결되지 아니하는 경우에는 그 이후에 최초로 개의하는 본회의에 상정하여 표결한다(국회법 제26조 제2항).

(3) 석방 절차

1) **의원 체포의 통지**

    정부는 체포 또는 구금된 의원이 있을 때에는 지체 없이 의장에게 영장 사본을 첨부하여 이를 통지하여야 한다. 구속기간이 연장되었을 때에도 또한 같다(국회법 제27조).

2) **석방 요구**

    의원이 체포 또는 구금된 의원의 석방 요구를 발의할 때에는 재적의원 4분의 1 이상의 연서로 그 이유를 첨부한 요구서를 의장에게 제출하여야 한다(국회법 제28조).

3) **구속의 집행정지**

    헌법 제44조에 의하여 구속된 국회의원에 대한 석방요구가 있으면 당연히 구속영장의 집행이 정지되고, 석방요구의 통고를 받은 검찰총장은 즉시 석방을 지휘하고 그 사유를 수소법원에 통지하여야 한다(형사소송법 제101조 제4항, 제5항).

2. 면책특권

> **헌법 제45조**
> 국회의원은 국회에서 직무상 행한 발언과 표결에 관하여 국회 외에서 책임을 지지 아니한다.

> **참고**
> ▶ **헌정사**: 직무관련성 요구는 1962년 헌법(제5차 개정헌법)에서 규정

(1) 취지

국회의원의 면책특권은 국회의원이 국민의 대표자로서 국회 내에서 자유롭게 발언하고 표결할 수 있도록 보장함으로써 국회가 입법 및 국정통제 등 헌법에 의하여 부여된 권한을 적정하게 행사하고 그 기능을 원활하게 수행할 수 있도록 보장하는 데 취지가 있다(대판 2007. 1. 12. 2005다57752).

(2) 대상

1) 통상적 부수행위

국회의원의 면책특권의 대상이 되는 행위는 직무상의 발언과 표결이라는 의사표현행위 자체에 국한되지 아니하고 이에 통상적으로 부수하여 행하여지는 행위까지 포함한다(대판 1992. 9. 22. 91도3317).

> **판례**
>
> ▶ **국회의원이 국회 본회의에서 질문할 원고를 사전에 배포한 행위가 면책특권의 대상인 직무부수행위에 해당하는지**(적극): 원고의 내용이 공개회의에서 행할 발언내용이고(회의의 공개성), 원고의 배포시기가 당초 발언하기로 예정된 회의 시작 30분 전으로 근접되어 있으며(시간적 근접성), 원고 배포의 장소 및 대상이 국회의사당 내에 위치한 기자실에서 국회출입기자들만을 상대로 한정적으로 이루어지고(장소 및 대상의 한정성), 원고 배포의 목적이 보도의 편의를 위한 것(목적의 정당성)이라면, 국회의원이 국회 본회의에서 질문할 원고를 사전에 배포한 행위는 면책특권의 대상이 되는 직무부수행위에 해당한다(대판 1992. 9. 22. 91도3317).
>
> ▶ **국회의원이 국회 내에서 하는 질문·질의 및 자료제출요구가 면책특권의 대상이 되는지**(적극): 국회의원이 국회의 위원회나 국정감사장에서 국무위원·정부위원 등에 대하여 하는 질문이나 질의는 국회의 입법활동에 필요한 정보를 수집하고 국정통제기능을 수행하기 위한 것이므로 면책특권의 대상이 되는 발언에 해당함은 당연하고, 국회의원이 국회 내에서 하는 정부·행정기관에 대한 자료제출의 요구는 국회의원이 입법 및 국정통제 활동을 수행하기 위하여 필요로 하는 것이므로 그것이 직무상 질문이나 질의를 준비하기 위한 것인 경우에는 직무상 발언에 부수하여 행하여진 것으로서 면책특권이 인정되어야 한다(대판 1996. 11. 8. 96도1742).

2) 허위임을 인식하지 못한 발언

발언 내용 자체에 의하더라도 직무와는 아무런 관련이 없음이 분명하거나, 명백히 허위임을 알면서도 허위의 사실을 적시하여 타인의 명예를 훼손하는 경우 등까지 면책특권의 대상이 될 수는 없지만, 발언 내용이 허위라는 점을 인식하지 못하였다면 비록 발언 내용에 다소 근거가 부족하거나 진위 여부를 확인하기 위한 조사를 제대로 하지 않았다고 하더라도, 그것이 직무수행의 일환으로 이루어진 것인 이상 면책특권의 대상이 된다(대판 2007. 1. 12. 2005다57752).

(3) **효과**

국회의원의 면책특권에 속하는 행위에 대하여는 공소를 제기할 수 없으며 이에 반하여 공소가 제기된 것은 결국 공소권이 없음에도 공소가 제기된 것이 되어 형사소송법 제327조 제2호의 '공소제기의 절차가 법률의 규정에 위반하여 무효인 때'에 해당되므로 공소를 기각하여야 한다(대판 1992. 9. 22. 91도3317).

Ⅲ 국회의원의 권한과 의무

1. 권한

국회의원의 권한에는 임시회 소집요구권, 의안의 발의권, 질의·토론권, 질문권, 심의·표결권 등이 있다.

2. 의무

(1) 헌법상 의무

1) 청렴의무

> **헌법 제46조**
> ① 국회의원은 청렴의 의무가 있다.

2) 국가이익우선의무

> **헌법 제46조**
> ② 국회의원은 국가이익을 우선하여 양심에 따라 직무를 행한다.

3) 지위남용금지의무

> **헌법 제46조**
> ③ 국회의원은 그 지위를 남용하여 국가·공공단체 또는 기업체와의 계약이나 그 처분에 의하여 재산상의 권리·이익 또는 직위를 취득하거나 타인을 위하여 그 취득을 알선할 수 없다.

4) 겸직금지의무

> **헌법 제43조**
> 국회의원은 법률이 정하는 직을 겸할 수 없다.

(2) 국회법상 의무

1) 품위유지의무
의원은 의원으로서의 품위를 유지하여야 한다(국회법 제25조).

2) 영리업무 종사 금지의무
의원은 그 직무 외에 영리를 목적으로 하는 업무에 종사할 수 없다. 다만, 의원 본인 소유의 토지·건물 등의 재산을 활용한 임대업 등 영리업무를 하는 경우로서 의원 직무수행에 지장이 없는 경우에는 그러하지 아니하다(국회법 제29조의2 제1항).

3) 이해충돌 방지 의무

① 사적 이해관계 등록 의무
의원 당선인은 당선인으로 결정된 날부터 30일 이내(재·보선의 경우에는 10일 이내)에 당선인으로 결정된 날을 기준으로 '의원 본인, 그 배우자 또는 직계존비속이 임원·대표자·관리자 또는 사외이사로 재직하고 있는 법인·단체의 명단 및 그 업무내용 등' 사적 이해관계에 해당하는 사항을 윤리심사자문위원회에 등록하여야 한다. 이 경우 윤리심사자문위원회는 다른 법령에서 정보공개가 금지되지 아니하는 범위에서 의원 본인에 관한 사항을 공개할 수 있다(국회법 제32조의2 제1항).

② 이해충돌 신고 의무
의원은 소속 위원회의 안건심사, 국정감사 또는 국정조사와 관련하여 '의원 본인 또는 그 가족 등'에 해당하는 자가 직접적인 이익 또는 불이익을 받게 되는 것을 안 경우에는 안 날부터 10일 이내에 윤리심사자문위원회에 그 사실을 신고하여야 한다(국회법 제32조의4 제1항).

③ 이해충돌 우려가 있는 안건 등에 대한 회피 의무
의원은 소속 위원회의 안건심사, 국정감사 또는 국정조사 과정에서 이해충돌 신고사항에 해당하여 이해충돌이 발생할 우려가 있다고 판단하는 경우에는 소속 위원회의 위원장에게 그 사안 또는 안건에 대한 표결 및 발언의 회피를 신청하여야 한다(국회법 제32조의5 제1항).

4) 기타 국회법상 의무
국회의원은 국회의 본회의와 위원회에 출석할 의무, 국회규칙에 따라 회의장의 질서를 준수할 의무, 다른 의원을 모욕하거나 다른 의원의 발언을 방해하지 않을 의무, 국정감사조사에서의 비밀유지의무, 의장의 질서유지에 관한 명령에 복종할 의무 등을 부담한다.

제2절 대통령

제1항 대통령의 헌법상 지위

I 헌정사

제1공화국 헌법	대통령	• 국가의 원수 • 집행부 수반
	부통령	• 대통령지위승계권 • 대통령권한대행권 • 참의원의장겸임권 • 탄핵재판소재판장겸임권 • 헌법위원회위원장겸임권
제2공화국 헌법	대통령	• 국가의 원수 • 명목적이고 의례적인 집행부 수반
제3공화국 헌법	대통령	대통령의 우월적 지위
제4공화국 헌법	대통령	대통령의 절대적 우위
제5공화국 헌법	대통령	대통령의 상대적 우위

II 현행 헌법상 대통령의 지위

1. 국가원수로서의 지위

> 헌법 제66조
> ① 대통령은 국가의 원수이며, 외국에 대하여 국가를 대표한다.

2. 집행부 수반으로서의 지위

> 헌법 제66조
> ④ 행정권은 대통령을 수반으로 하는 정부에 속한다.

3. 국민대표기관으로서의 지위

대의제 민주주의에서 대통령은 의회와 더불어 국민을 대표하는 기관이다.

제2항 대통령 선거

I 헌정사

제헌헌법	국회에 의한 간선제
제1차 개정헌법	직선제
제3차 개정헌법	국회에 의한 간선제
제5차 개정헌법	직선제
제7차 개정헌법	통일주체국민회의에 의한 간선제
제8차 개정헌법	대통령선거인단에 의한 간선제

II 현행 헌법상 대통령 선거

1. 선거 방법

(1) **원칙적 직선제**

> **헌법 제67조**
> ① 대통령은 국민의 보통·평등·직접·비밀선거에 의하여 선출한다.
> ③ 대통령 후보자가 1인일 때에는 그 득표수가 선거권자 총수의 3분의 1 이상이 아니면 대통령으로 당선될 수 없다.

(2) **예외적 국회 간선제**

> **헌법 제67조**
> ② 제1항의 선거에 있어서 최고득표자가 2인 이상인 때에는 국회의 재적의원 과반수가 출석한 공개회의에서 다수표를 얻은 자를 당선자로 한다.

2. 대통령 당선인

(1) **지위와 권한**

대통령 당선인은 대통령 당선인으로 결정된 때부터 대통령 임기 시작일 전날까지 그 지위를 갖는다. 대통령 당선인은 대통령직인수법에서 정하는 바에 따라 대통령직 인수를 위하여 필요한 권한을 갖는다(대통령직인수법 제3조 제1항, 제2항).

(2) **예우**

대통령 당선인과 그 배우자에 대하여는 대통령 당선인에 대한 교통·통신 및 사무실 제공 등의 지원, 대통령 당선인과 그 배우자에 대한 진료, 그 밖에 대통령 당선인에 대하여 필요한 예우를 할 수 있다(대통령직인수법 제4조).

(3) 국무총리 후보자 등의 지명

대통령 당선인은 대통령 임기 시작 전에 국회의 인사청문 절차를 거치게 하기 위하여 국무총리 및 국무위원 후보자를 지명할 수 있다. 이 경우 국무위원 후보자에 대하여는 국무총리 후보자의 추천이 있어야 하고, 대통령 당선인은 국무총리 및 국무위원 후보자를 지명한 경우에는 국회의장에게 인사청문의 실시를 요청하여야 한다(대통령직인수법 제5조 제1항, 제2항).

(4) 대통령직인수위원회

대통령 당선인을 보좌하여 대통령직 인수와 관련된 업무를 담당하기 위하여 대통령직인수위원회를 설치하며, 위원회는 대통령 임기 시작일 이후 30일의 범위에서 존속한다(대통령직인수법 제6조 제1항, 제2항).

3. 임기 개시

대통령의 임기는 전임 대통령의 임기 만료일의 다음날 0시부터 개시된다. 다만, 전임자의 임기가 만료된 후에 실시하는 선거와 궐위로 인한 선거에 의한 대통령의 임기는 당선이 결정된 때부터 개시된다(공직선거법 제14조 제1항).

제3항 대통령의 신분과 직무

Ⅰ 대통령의 취임 선서

> **헌법 제69조**
> 대통령은 취임에 즈음하여 다음의 선서를 한다.
> "나는 헌법을 준수하고 국가를 보위하며 조국의 평화적 통일과 국민의 자유와 복리의 증진 및 민족문화의 창달에 노력하여 대통령으로서의 직책을 성실히 수행할 것을 국민 앞에 엄숙히 선서합니다."

Ⅱ 대통령의 임기

1. 헌정사

구분	임기	중임
제헌헌법	4년	1차 중임
제2차 개정헌법	4년	1차 중임. 단 초대 대통령 제외
제3차 개정헌법	5년	1차 중임
제5차 개정헌법	4년	1차 중임
제6차 개정헌법	4년	3기 연임
제7차 개정헌법	6년	중임 및 연임 제한 규정 없음
제8차 개정헌법	7년	중임 제한

2. 현행 헌법상 대통령의 임기

> **헌법 제70조**
> 대통령의 임기는 5년으로 하며, 중임할 수 없다.

Ⅲ 대통령의 형사상 특권

> **헌법 제84조**
> 대통령은 내란 또는 외환의 죄를 범한 경우를 제외하고는 재직 중 형사상의 소추를 받지 아니한다.

대통령의 불소추특권에 관한 헌법의 규정은 대통령이라는 특수한 신분에 따라 일반국민과는 달리 대통령 개인에게 특권을 부여한 것으로 볼 것이 아니라 단지 국가의 원수로서 외국에 대하여 국가를 대표하는 지위에 있는 대통령이라는 특수한 직책의 원활한 수행을 보장하고, 그 권위를 확보하여 국가의 체면과 권위를 유지하여야 할 실제상의 필요 때문에 대통령으로 재직 중인 동안만 형사상 특권을 부여하고 있음에 지나지 않는 것으로 보아야 한다(헌재 1995. 1. 20. 94헌마246).

판례

▶ 헌법 제84조에 의하여 대통령 재직 중에는 공소시효의 진행이 당연히 정지되는지(적극) : 헌법이나 형사소송법 등의 법률에 대통령의 재직 중 공소시효의 진행이 정지된다고 명백히 규정되어 있지는 않다고 하더라도, 헌법 제84조 규정은 공소시효진행의 소극적 사유가 되는 국가의 소추권행사의 법률상 장애사유에 해당하므로 대통령의 재직 중에는 공소시효의 진행이 당연히 정지된다(헌재 1995. 1. 20. 94헌마246).

Ⅳ 대통령 권한대행

1. 헌정사

구분	사유	권한 대행자
제헌헌법	대통령 사고	부통령
	대통령과 부통령 모두 사고	국무총리
제2차 개정헌법	대통령 궐위	부통령(잔임기간 중 대통령으로 재임)
	대통령과 부통령 모두 궐위	법률이 정하는 국무위원 순
제3차 개정헌법	대통령의 궐위 또는 사고	참의원의장, 민의원의장, 국무총리 순
제5차 개정헌법	대통령의 궐위 또는 사고	국무총리, 법률이 정하는 국무위원 순

2. 현행 헌법상 대통령 권한대행

> **헌법 제71조**
> 대통령이 궐위되거나 사고로 인하여 직무를 수행할 수 없을 때에는 국무총리, 법률이 정한 국무위원의 순서로 그 권한을 대행한다.

(1) 사유

1) 궐위
궐위란 대통령이 대통령직에서 이탈한 모든 상태, 즉 대통령이 법적으로 존재하지 않는 경우로 사망, 헌법재판소의 탄핵결정, 판결 등의 사유로 인한 자격상실, 사임 등을 말한다.

2) 사고
사고로 인하여 직무를 수행할 수 없는 때란 현직의 대통령이 대통령직에 재직하고 있으나 대통령의 권한을 행사하는 것이 불가능한 모든 상태를 말하는 것으로 질병, 요양, 국회의 탄핵소추의결에 의한 권한행사의 정지, 외국방문, 장기간의 해외여행 등이 이에 해당한다.

(2) 대행자 및 순서

> **헌법 제71조**
> 대통령이 궐위되거나 사고로 인하여 직무를 수행할 수 없을 때에는 국무총리, 법률이 정한 국무위원의 순서로 그 권한을 대행한다.

(3) 기간

> **헌법 제68조**
> ② 대통령이 궐위된 때 또는 대통령 당선자가 사망하거나 판결 기타의 사유로 그 자격을 상실한 때에는 60일 이내에 후임자를 선거한다.

(4) 권한
대통령의 권한을 대행을 하는 국무총리 등의 권한이 현상유지에 국한되는지 아니면 대통령의 모든 권한을 행사할 수 있는지에 대해 학설상 대립이 있다.

판례

▶ **대통령 권한대행 국무총리가 헌법재판관을 지명하여 임명할 수 있다고 단정할 수 있는지**(소극): 대통령의 권한을 대행하는 국무총리가 재판관을 지명하여 임명할 권한을 행사할 수 있다고 단정할 수 없다(헌재 2025. 4. 16. 2025헌사399).

▶ **대통령의 권한을 대행하는 국무총리 등은 국회가 재판관으로 선출한 사람을 재판관으로 임명할 헌법상 의무가 있는지**(적극): 대통령의 권한을 대행하는 국무총리나 국무위원은 국회가 재판관으로 선출한 사람이 헌법과 헌법재판소법에서 정한 자격요건을 갖추고 그 선출과정에 의회민주주의를 원칙으로 하는 헌법 및 국회법 등 법률을 위반한 하자가 없는 한 그 사람을 재판관으로 임명할 헌법상 의무를 부담한다(헌재 2025. 2. 27. 2025헌라1).

V 대통령의 의무

> **헌법 제66조**
> ② 대통령은 국가의 독립·영토의 보전·국가의 계속성과 헌법을 수호할 책무를 진다.
> ③ 대통령은 조국의 평화적 통일을 위한 성실한 의무를 진다.
>
> **헌법 제83조**
> 대통령은 국무총리·국무위원·행정각부의 장 기타 법률이 정하는 공사의 직을 겸할 수 없다.

VI 전직 대통령에 대한 예우

> **헌법 제85조**
> 전직대통령의 신분과 예우에 관하여는 법률로 정한다.
>
> **헌법 제90조**
> ② 국가원로자문회의의 의장은 직전대통령이 된다. 다만, 직전대통령이 없을 때에는 대통령이 지명한다.

1. 내용

(1) 연금

전직 대통령에게는 연금을 지급한다. 연금 지급액은 지급 당시의 대통령 보수연액의 100분의 95에 상당하는 금액으로 한다(전직대통령법 제4조 제1항, 제2항). 다만 전직 대통령이 공무원에 취임한 경우에는 그 기간 동안 연금의 지급을 정지한다(전직대통령법 제7조 제1항).

(2) 기념사업

민간단체 등이 전직 대통령을 위한 기념사업을 추진하는 경우에는 관계 법령에서 정하는 바에 따라 필요한 지원을 할 수 있다(전직대통령법 제5조의2).

(3) 묘지관리

전직 대통령이 사망하여 국립묘지에 안장되지 아니한 경우에는 대통령령으로 정하는 바에 따라 묘지관리에 드는 인력 및 비용을 지원할 수 있다(전직대통령법 제5조의3).

(4) 그 밖의 예우

전직 대통령 또는 그 유족에게는 관계 법령에서 정하는 바에 따라 필요한 기간의 경호 및 경비, 교통·통신 및 사무실 제공 등의 지원, 본인 및 그 가족에 대한 치료, 그 밖에 전직 대통령으로서 필요한 예우를 할 수 있다(전직대통령법 제6조 제4항).

2. 제한

전직 대통령이 재직 중 탄핵결정을 받아 퇴임한 경우, 금고 이상의 형이 확정된 경우, 형사처분을 회피할 목적으로 외국정부에 도피처 또는 보호를 요청한 경우, 대한민국의 국적을 상실한 경우에는 '필요한 기간의 경호 및 경비'를 제외하고는 전직대통령법에 따른 전직 대통령으로서의 예우를 하지 아니한다(전직대통령법 제7조 제2항).

제4항 대통령의 권한

I 비상대권적 권한

1. 긴급명령권

> **헌법 제76조**
> ② 대통령은 국가의 안위에 관계되는 중대한 교전상태에 있어서 국가를 보위하기 위하여 긴급한 조치가 필요하고 국회의 집회가 불가능한 때에 한하여 법률의 효력을 가지는 명령을 발할 수 있다.
> ③ 대통령은 제1항과 제2항의 처분 또는 명령을 한 때에는 지체 없이 국회에 보고하여 그 승인을 얻어야 한다.
> ④ 제3항의 승인을 얻지 못한 때에는 그 처분 또는 명령은 그때부터 효력을 상실한다. 이 경우 그 명령에 의하여 개정 또는 폐지되었던 법률은 그 명령이 승인을 얻지 못한 때부터 당연히 효력을 회복한다.
> ⑤ 대통령은 제3항과 제4항의 사유를 지체 없이 공포하여야 한다.

대통령의 긴급명령은 국가안전보장회의의 자문(헌법 제91조)과 국무회의 심의(헌법 제89조5호)를 거쳐, 문서의 형식으로 하되, 이에는 국무총리 및 관계국무위원의 부서가 있어야 하며(헌법 제82조), 지체 없이 국회에 보고하여 승인을 얻어야 하며(헌법 제76조 제3항), 국회에 보고하여 승인을 요청하였다는 사실과 국회의 승인 여부를 지체 없이 공포하여야 한다(헌법 제76조 제5항).

2. 긴급재정경제처분권과 명령권

> **헌법 제76조**
> ① 대통령은 내우·외환·천재·지변 또는 중대한 재정·경제상의 위기에 있어서 국가의 안전보장 또는 공공의 안녕질서를 유지하기 위하여 긴급한 조치가 필요하고 국회의 집회를 기다릴 여유가 없을 때에 한하여 최소한으로 필요한 재정·경제상의 처분을 하거나 이에 관하여 법률의 효력을 가지는 명령을 발할 수 있다.
> ③ 대통령은 제1항과 제2항의 처분 또는 명령을 한 때에는 지체 없이 국회에 보고하여 그 승인을 얻어야 한다.
> ④ 제3항의 승인을 얻지 못한 때에는 그 처분 또는 명령은 그때부터 효력을 상실한다. 이 경우 그 명령에 의하여 개정 또는 폐지되었던 법률은 그 명령이 승인을 얻지 못한 때부터 당연히 효력을 회복한다.
> ⑤ 대통령은 제3항과 제4항의 사유를 지체 없이 공포하여야 한다.

대통령의 긴급재정경제명령은 평상시의 헌법 질서에 따른 권력행사방법으로서는 대처할 수 없는 재정·경제상의 국가위기 상황에 처하여 이를 극복하기 위하여 발동되는 비상입법조치라는 속성으로부터 일시적이긴 하나 다소간 권력분립의 원칙과 개인의 기본권에 대한 침해를 가져오는 것은 어쩔 수 없는 것이다(헌재 1996. 2. 29. 93헌마186).

판례

▶ **긴급재정경제명령권의 요건과 한계**: 긴급재정경제명령은 정상적인 재정운용·경제운용이 불가능한 중대한 재정·경제상의 위기가 현실적으로 발생하여(그러므로 위기가 발생할 우려가 있다는 이유로 <u>사전적·예방적으로 발할 수는 없다</u>) 긴급한 조치가 필요함에도 국회의 폐회 등으로 국회가 현실적으로 집회될 수 없고 국회의 집회를 기다려서는 그 목적을 달할 수 없는 경우에 이를 사후적으로 수습함으로써 기존질서를 유지·회복하기 위하여(그러므로 공공복리의 증진과 같은 <u>적극적 목적을 위하여는 발할 수 없다</u>) 위기의 직접적 원인의 제거에 필수불가결한 최소의 한도 내에서 헌법이 정한 절차에 따라 행사되어야 한다(헌재 1996. 2. 29. 93헌마186).

3. 계엄선포권

> **헌법 제77조**
> ① 대통령은 전시·사변 또는 이에 준하는 국가비상사태에 있어서 병력으로써 군사상의 필요에 응하거나 공공의 안녕질서를 유지할 필요가 있을 때에는 법률이 정하는 바에 의하여 계엄을 선포할 수 있다.
> ② 계엄은 비상계엄과 경비계엄으로 한다.
> ③ 비상계엄이 선포된 때에는 법률이 정하는 바에 의하여 영장제도, 언론·출판·집회·결사의 자유, 정부나 법원의 권한에 관하여 특별한 조치를 할 수 있다.
> ④ 계엄을 선포한 때에는 대통령은 지체 없이 국회에 통고하여야 한다.
> ⑤ 국회가 재적의원 과반수의 찬성으로 계엄의 해제를 요구한 때에는 대통령은 이를 해제하여야 한다.

(1) 종류

1) 비상계엄

비상계엄은 대통령이 전시·사변 또는 이에 준하는 국가비상사태 시 적과 교전 상태에 있거나 사회질서가 극도로 교란되어 행정 및 사법 기능의 수행이 현저히 곤란한 경우에 군사상 필요에 따르거나 공공의 안녕질서를 유지하기 위하여 선포한다(계엄법 제2조 제2항).

> **판례**
> ▶ **비상계엄의 요건과 대통령의 판단재량**: 비상계엄은 위기상황이 발생할 우려가 있다는 이유만으로 사전적·예방적으로 선포할 수는 없고, 공공복리의 증진과 같은 적극적 목적을 위하여 선포할 수도 없다. '전시'란 상대국이나 교전단체에 대하여 선전포고나 대적행위를 한 때부터 그 상대국이나 교전단체와 휴전협정이 성립된 때까지의 기간을 말하고, '사변'이란 국토를 참절하거나 헌법질서를 문란하게 할 목적으로 봉기한 모든 형태의 무장반란집단의 폭동을 의미한다. 헌법상 국가긴급권의 인정 취지와 헌법 제77조 제1항의 문언을 고려할 때, '전시·사변에 준하는 국가비상사태'란 전쟁에 해당되지 아니하는 외적의 침입, 국토를 참절하거나 헌법질서를 문란하게 할 목적이 없는 무장 또는 비무장의 집단 또는 군중에 의한 사회질서교란, 자연적 재난으로 인한 사회질서교란 등으로 인하여 국가의 존립이나 헌법질서의 유지가 위태롭게 되어 평상시의 헌법질서에 따른 권력행사방법으로는 대처할 수 없는 중대한 위기상황을 말한다. 이러한 상황이 현실적으로 발생하였는지에 관하여는 대통령에게 일정 정도의 판단재량이 인정되나, 객관적으로 대통령의 판단을 정당화할 수 있을 정도의 위기상황이 존재하여야 하고, 그 판단이 현저히 비합리적이거나 자의적인 경우에는 헌법 제77조 제1항 및 계엄법 제2조 제2항을 위반한 것으로 보아야 한다(헌재 2025. 4. 4. 2024헌나8).

2) 경비계엄

경비계엄은 대통령이 전시·사변 또는 이에 준하는 국가비상사태 시 사회질서가 교란되어 일반 행정기관만으로는 치안을 확보할 수 없는 경우에 공공의 안녕질서를 유지하기 위하여 선포한다(계엄법 제2조 제3항).

(2) 건의

국방부장관 또는 행정안전부장관은 비상계엄 또는 경비계엄에 해당하는 사유가 발생한 경우에는 국무총리를 거쳐 대통령에게 계엄의 선포를 건의할 수 있다(계엄법 제2조 제6항).

(3) 선포와 통고

1) 선포

대통령이 계엄을 선포할 때에는 국무회의의 심의를 거쳐야 하며(헌법 제89조 5호), 그 이유, 종류, 시행일시, 시행지역 및 계엄사령관을 공고하여야 한다(계엄법 제3조).

> **판례**
>
> ▶ **비상계엄 선포에 대한 사법심사가 가능한지**(적극) : 대통령의 계엄선포권은 전시·사변 또는 이에 준하는 국가비상사태에 있어서 병력으로써 군사상의 필요에 응하거나 공공의 안녕질서를 유지할 필요가 있을 때 발동되는 국가긴급권으로, 그 행사에 대통령의 고도의 정치적 결단을 요한다고 볼 수 있다. 그러나 국가긴급권은 평상시의 헌법질서에 따른 권력행사방법만으로는 대처할 수 없는 중대한 위기상황에 대비하여 헌법이 중대한 예외로서 인정한 비상수단이므로, 헌법이 정한 국가긴급권의 발동요건·사후통제 및 국가긴급권에 내재하는 본질적 한계는 엄격히 준수되어야 한다. 계엄의 선포에 관해서는 헌법 제77조 및 계엄법에서 그 요건과 절차, 사후통제 등에 대하여 규정하고 있고, 탄핵심판절차는 고위공직자가 권한을 남용하여 헌법이나 법률을 위반하는 경우 그 권한을 박탈함으로써 헌법질서를 지키는 헌법재판이라는 점을 고려하면, 비록 이 사건 계엄 선포가 고도의 정치적 결단을 요하는 행위라 하더라도 탄핵심판절차에서 그 헌법 및 법률 위반 여부를 심사할 수 있다고 봄이 상당하다(헌재 2025. 4. 4. 2024헌나8).

2) 통고

대통령이 계엄을 선포하였을 때에는 지체 없이 국회에 통고하여야 하고, 국회가 폐회 중일 때에는 대통령은 지체 없이 국회에 집회를 요구하여야 한다(계엄법 제4조 제1항, 제2항).

(4) 계엄사령관

1) 계엄사령관에 대한 지휘·감독

계엄사령관은 계엄의 시행에 관하여 국방부장관의 지휘·감독을 받는다. 다만, 전국을 계엄지역으로 하는 경우와 대통령이 직접 지휘·감독을 할 필요가 있는 경우에는 대통령의 지휘·감독을 받는다(계엄법 제6조 제1항).

한편 계엄사령관을 지휘·감독할 때 국가정책에 관계되는 사항은 국무회의의 심의를 거쳐야 한다(계엄법 제6조 제2항).

2) 관장 사항과 특별조치권

① 관장 사항

비상계엄의 선포와 동시에 계엄사령관은 계엄지역의 모든 행정사무와 사법사무를 관장하고, 경비계엄의 선포와 동시에 계엄사령관은 계엄지역의 군사에 관한 행정사무와 사법사무를 관장한다(계엄법 제7조 제1항, 제2항).

> **판례**
>
> ▶ **비상계엄이 선포된 경우 국회의 권한을 제한할 수 있는지**(소극) : 헌법 제77조 제5항은 국회가 재적의원 과반수의 찬성으로 계엄의 해제를 요구한 때에는 대통령은 이를 해제하여야 한다고 규정함으로써 대통령의 계엄 선포권의 남용을 통제할 수 있는 권한을 국민의 대표기관인 국회에 부여하고 있으므로, 비상계엄이 선포된 경우에도 국회의 권한을 제한할 수는 없다고 보아야 한다. 그렇지 않으면 대통령이 비상계엄을 선포함으로써 헌법에 따른 국회의 통제권한을 유명무실하게 만들 수 있기 때문이다(헌재 2025. 4. 4. 2024헌나8).

② 특별조치권

비상계엄지역에서 계엄사령관은 군사상 필요할 때에는 체포·구금·압수·수색·거주·이전·언론·출판·집회·결사 또는 단체행동에 대하여 특별한 조치를 할 수 있다. 이 경우 계엄사령관은 그 조치내용을 미리 공고하여야 한다(계엄법 제9조 제1항).

> **판례**
>
> ▶ **군사상 필요한 때의 의미 및 특별한 조치의 한계**: 계엄법 제9조 제1항에서 정한 '군사상 필요할 때'는 전시·사변 또는 이에 준하는 국가비상사태로 적과 교전 상태에 있거나 사회질서가 극도로 교란되어 행정 및 사법기능의 수행이 현저히 곤란한 상태가 현실적으로 발생하여 경력(警力)만으로는 도저히 비상사태의 수습이 불가능하고 병력을 동원하여 그러한 상황에 이른 직접적인 원인을 제거하는 것이 반드시 필요하게 된 때를 뜻한다. 또한 헌법상 국가긴급권의 인정 취지 및 계엄사령관의 특별한 조치가 국민의 기본권을 제한하는 점을 고려하면, 특별한 조치는 위기상황의 직접적인 원인을 제거하는 데 필수불가결한 최소한도 내에서만 취해질 수 있다(헌재 2025. 4. 4. 2024헌나8).
>
> ▶ **비상계엄지역에서 영장주의의 예외 인정요건**: 비상계엄지역에서 군사상 필요가 인정되어 특별한 조치로서 사전영장주의의 예외를 인정하는 경우에도 영장주의의 본질을 침해하는 것은 허용될 수 없으므로, 수사기관의 강제처분이 영장 없이 이루어지는 경우 조속한 시간 내에 법관에 의한 사후심사가 이루어질 수 있는 장치가 마련되어야 한다(헌재 2025. 4. 4. 2024헌나8).
>
> ▶ **계엄포고령의 법적 성격**: 포고령은 계엄법 제9조 제1항, 제14조 제2항의 내용을 보충하는 기능을 하고 그와 결합하여 대외적으로 구속력이 있는 법규명령으로서 효력을 가진다(대판 2018. 11. 29. 2016도14781).

(5) **비상계엄지역에서의 군사법원의 재판권**

비상계엄지역에 법원이 없거나 해당 관할법원과의 교통이 차단된 경우에는 모든 형사사건에 대한 재판은 군사법원이 한다(계엄법 제10조 제2항).

(6) **국회의원의 불체포특권**

행정권의 부당한 탄압으로부터 국회의원의 활동을 보장하기 위하여 헌법 제44조 제1항에서 "국회의원은 현행범인인 경우를 제외하고는 회기 중 국회의 동의없이 체포 또는 구금되지 아니한다."라고 규정한 국회의원의 불체포특권은 계엄법 제13조에서 "계엄 시행 중 국회의원은 현행범인인 경우를 제외하고는 체포 또는 구금되지 아니한다."라고 규정함으로써 회기 중인지 여부 및 국회의 동의 여부와 무관하게 더욱 강화된 형태로 보장되고 있다(헌재 2025. 4. 4. 2024헌나8).

(7) **계엄의 해제 및 평상화**

1) 계엄의 해제

대통령은 계엄 상황이 평상상태로 회복되거나 국회가 계엄의 해제를 요구한 경우에는 지체 없이 계엄을 해제하고 이를 공고하여야 한다. 대통령이 계엄을 해제하려는 경우에는 국무회의의 심의를 거쳐야 한다(계엄법 제11조 제1항, 제2항).

국방부장관 또는 행정안전부장관은 계엄 상황이 평상상태로 회복된 경우에는 국무총리를 거쳐 대통령에게 계엄의 해제를 건의할 수 있다(계엄법 제11조 제3항).

판례

▶ **국회에 대한 군경 투입이 국회에 계엄해제요구권을 부여한 헌법 조항 및 국군의 정치적 중립성을 준수하여 국군통수권을 행사할 의무 등을 위반하고, 국회의원의 불체포특권 및 정당활동의 자유 등을 침해한 것인지**(적극) : 대통령은 국회에 군경을 투입하여 비상계엄해제요구 결의안을 심의하기 위해 국회로 모이고 있던 국회의장 및 국회의원들의 국회 출입을 통제하는 한편 이들을 끌어내라고 지시하였는바, 이는 국회에 계엄해제요구권을 부여한 헌법 제77조 제5항, 대의민주주의, 권력분립원칙 등을 위반하고, 국회의원의 심의·표결권, 불체포특권 등을 침해한 것이다. 또한 대통령은 각 정당의 당원들에 대하여 상당한 영향력을 행사할 수 있는 각 정당 대표 등에 대하여 필요시 체포할 목적으로 행해진 위치 확인 지시에 관여하였는바, 이는 정당활동의 자유를 침해한 것이다. 한편, 대통령은 야당이 중심이 된 국회의 권한행사를 막으려는 정치적 목적으로 군인들을 동원함으로써 일반 시민들과 대치하는 상황을 발생시킨바, 국군의 정치적 중립성에 반하여 국군통수권을 행사하였으므로 헌법 제5조 제2항 및 제74조 제1항을 위반하였다(헌재 2025. 4. 4. 2024헌나8).

2) 행정·사법 사무의 평상화

계엄이 해제된 날부터 모든 행정사무와 사법사무는 평상상태로 복귀한다. 비상계엄 시행 중 군사법원에 계속 중인 재판사건의 관할은 비상계엄 해제와 동시에 일반법원에 속한다. 다만, 대통령이 필요하다고 인정할 때에는 군사법원의 재판권을 1개월의 범위에서 연기할 수 있다(계엄법 제12조 제1항, 제2항).

4. 국민투표부의권

헌법 제72조
대통령은 필요하다고 인정할 때에는 외교·국방·통일 기타 국가안위에 관한 중요정책을 국민투표에 붙일 수 있다.

(1) 의의

국민투표부의권이란 대통령이 외교·국방·통일 기타 국가안위에 관한 중요정책에 대해 국회의 의결에 의하지 않고 직접 국민들의 의사를 물어 결정할 수 있는 권한을 말한다(헌재 2004. 5. 14. 2004헌나1).

판례

▶ **국민투표부의권의 법적 성격** : 헌법 제72조는 국민투표에 부쳐질 중요정책인지 여부를 대통령이 재량에 의하여 결정하도록 명문으로 규정하고 있다. 특히 우리 헌법은 국민에 의하여 직접 선출된 국민의 대표자가 국민을 대신하여 국가의사를 결정하는 대의민주주의를 기본으로 하고 있어, 중요정책에 관한 사항이라 하더라도 반드시 국민의 직접적인 의사를 확인하여 결정해야 한다고 보는 것은 전체적인 헌법체계와 조화를 이룰 수 없다. 헌법재판소 역시 헌법 제72조가 대통령에게 국민투표의 실시 여부, 시기, 구체적 부의사항, 설문내용 등을 결정할 수 있는 임의적인 국민투표발의권을 독점적으로 부여하였다고 하여 이를 확인하고 있다(헌재 2005. 11. 24. 2005헌마579).

(2) 국민투표 회부요구권

특정의 국가정책에 대하여 다수의 국민들이 국민투표를 원하고 있음에도 불구하고 대통령이 이러한 희망과는 달리 국민투표에 회부하지 아니한다고 하여도 이를 헌법에 위반된다고 할 수 없고 국민에게 특정의 국가정책에 관하여 국민투표에 회부할 것을 요구할 권리가 인정된다고 할 수 없다. 결국 헌법 제72조의 국민투표권은 대통령이 어떠한 정책을 국민투표에 부의한 경우에 비로소 행사가 가능한 기본권이라 할 수 있다(헌재 2005. 11. 24. 2005헌마579).

(3) 국민투표의 대상

1) 국민투표 부의의 범위

헌법 제72조는 대통령에게 국민투표의 실시 여부, 시기, 구체적 부의사항, 설문 내용 등을 결정할 수 있는 임의적인 국민투표발의권을 독점적으로 부여함으로써, 대통령이 단순히 특정 정책에 대한 국민의 의사를 확인하는 것을 넘어서 자신의 정책에 대한 추가적인 정당성을 확보하거나 정치적 입지를 강화하는 등 국민투표를 정치적 무기화하고 정치적으로 남용할 수 있는 위험성을 안고 있다. 이러한 점을 고려할 때, 대통령의 부의권을 부여하는 헌법 제72조는 가능하면 대통령에 의한 국민투표의 정치적 남용을 방지할 수 있도록 엄격하고 축소적으로 해석되어야 한다(헌재 2004. 5. 14. 2004헌나1).

2) 대통령에 대한 재신임국민투표

① 허용 여부

선거는 '인물에 대한 결정' 즉, 대의제를 가능하게 하기 위한 전제조건으로서 국민의 대표자에 관한 결정이며, 이에 대하여 국민투표는 직접민주주의를 실현하기 위한 수단으로서 '사안에 대한 결정' 즉, 특정한 국가정책이나 법안을 그 대상으로 한다. 따라서 국민투표의 본질상 '대표자에 대한 신임'은 국민투표의 대상이 될 수 없으며, 우리 헌법에서 대표자의 선출과 그에 대한 신임은 단지 선거의 형태로써 이루어져야 한다. 대통령이 이미 지난 선거를 통하여 획득한 자신에 대한 신임을 국민투표의 형식으로 재확인하고자 하는 것은, 헌법 제72조의 국민투표제를 헌법이 허용하지 않는 방법으로 위헌적으로 사용하는 것이다(헌재 2004. 5. 14. 2004헌나1).

② 정책과 결부된 신임국민투표

특정 정책을 국민투표에 붙이면서 이에 자신의 신임을 결부시키는 대통령의 행위도 위헌적인 행위로서 헌법적으로 허용되지 않는다. 정책을 국민투표에 붙이면서 이를 신임투표로 간주하고자 한다는 선언은 국민의 결정행위에 부당한 압력을 가하고 국민투표를 통하여 간접적으로 자신에 대한 신임을 묻는 행위로서, 대통령의 헌법상 권한을 넘어서는 것이다. 헌법은 대통령에게 국민투표를 통하여 직접적이든 간접적이든 자신의 신임여부를 확인할 수 있는 권한을 부여하지 않는다(헌재 2004. 5. 14. 2004헌나1).

> **판례**
>
> ▶ **재신임 국민투표를 국민에게 제안한 것이 위헌인지**(적극) : 대통령이 자신에 대한 재신임을 국민투표의 형태로 묻고자 하는 것은 헌법 제72조에 의하여 부여받은 국민투표부의권을 위헌적으로 행사하는 경우에 해당하는 것으로, 국민투표제도를 자신의 정치적 입지를 강화하기 위한 정치적 도구로 남용해서는 안 된다는 헌법적 의무를 위반한 것이다. 물론, 대통령이 위헌적인 재신임 국민투표를 단지 제안만 하였을 뿐 강행하지는 않았으나, 헌법상 허용되지 않는 재신임 국민투표를 국민들에게 제안한 것은 그 자체로서 헌법 제72조에 반하는 것으로 헌법을 실현하고 수호해야 할 대통령의 의무를 위반한 것이다(헌재 2004. 5. 14. 2004헌나1).

II 헌법기관 구성에 관한 권한

1. 대법원 구성권

> **헌법 제104조**
> ① 대법원장은 국회의 동의를 얻어 대통령이 임명한다.
> ② 대법관은 대법원장의 제청으로 국회의 동의를 얻어 대통령이 임명한다.

2. 헌법재판소 구성권

> **헌법 제111조**
> ② 헌법재판소는 법관의 자격을 가진 9인의 재판관으로 구성하며, 재판관은 대통령이 임명한다.
> ③ 제2항의 재판관중 3인은 국회에서 선출하는 자를, 3인은 대법원장이 지명하는 자를 임명한다.
> ④ 헌법재판소의 장은 국회의 동의를 얻어 재판관 중에서 대통령이 임명한다.

> **판례**
>
> ▶ **대통령에게 국회가 재판관으로 선출한 사람을 재판관으로 임명할지 여부를 결정할 재량권이 인정되는지**(소극) : 헌법 제111조 제3항의 문언이나 그 취지에 비추어 보면 헌법이 재판관 임명과 관련하여 국회에게 부여한 선출권은 헌법재판소 구성에 관한 독자적이고 실질적인 것으로서, 대통령은 청구인이 재판관으로 선출한 사람에 대하여 임의로 그 임명을 거부하거나 선별하여 임명하는 등 국회가 선출한 사람을 실질적으로 심사하여 재판관 임명 여부를 결정할 재량권이 없다(헌재 2025. 2. 27. 2025헌라1).

3. 중앙선거관리위원회 구성권

> **헌법 제114조**
> ② 중앙선거관리위원회는 대통령이 임명하는 3인, 국회에서 선출하는 3인과 대법원장이 지명하는 3인의 위원으로 구성한다. 위원장은 위원 중에서 호선한다.

4. 감사원 구성권

> **헌법 제98조**
> ① 감사원은 원장을 포함한 5인 이상 11인 이하의 감사위원으로 구성한다.
> ② 원장은 국회의 동의를 얻어 대통령이 임명하고, 그 임기는 4년으로 하며, 1차에 한하여 중임할 수 있다.
> ③ 감사위원은 원장의 제청으로 대통령이 임명하고, 그 임기는 4년으로 하며, 1차에 한하여 중임할 수 있다.

Ⅲ 집행에 관한 권한

1. 최고결정권과 지휘권
대통령은 정부의 수반으로서 법령에 따라 모든 중앙행정기관의 장을 지휘·감독한다. 대통령은 국무총리와 중앙행정기관의 장의 명령이나 처분이 위법 또는 부당하다고 인정하면 이를 중지 또는 취소할 수 있다(정부조직법 제11조 제1항, 제2항).

2. 법률집행권

> **헌법 제75조**
> 대통령은 법률에서 구체적으로 범위를 정하여 위임받은 사항과 법률을 집행하기 위하여 필요한 사항에 관하여 대통령령을 발할 수 있다.

3. 외교에 관한 권한

> **헌법 제73조**
> 대통령은 조약을 체결·비준하고, 외교사절을 신임·접수 또는 파견하며, 선전포고와 강화를 한다.

4. 정부구성권

(1) 국무총리

> **헌법 제86조**
> ① 국무총리는 국회의 동의를 얻어 대통령이 임명한다.

(2) 국무위원

> **헌법 제87조**
> ① 국무위원은 국무총리의 제청으로 대통령이 임명한다.

(3) 행정각부의 장

> **헌법 제94조**
> 행정각부의 장은 국무위원 중에서 국무총리의 제청으로 대통령이 임명한다.

5. 국군통수권

> **헌법 제74조**
> ① 대통령은 헌법과 법률이 정하는 바에 의하여 국군을 통수한다.
> ② 국군의 조직과 편성은 법률로 정한다.

(1) 헌법 제74조의 취지

대통령이 국군통수권을 남용하거나 자의적으로 행사할 경우 돌이킬 수 없는 피해를 야기하기 때문에 헌법 제74조 제1항은 대통령이 헌법과 국군조직법 등 법률이 정하는 한계 내에서 국군통수권을 행사하도록 규정하고 있다. 대통령의 국군통수권과 관련하여 헌법이 정하고 있는 한계 중 하나는 국군의 정치적 중립성이다(헌법 제5조 제2항). 군인과 군무원은 공무원이고, 헌법 제7조 제2항이 공무원의 정치적 중립성을 보장하고 있음에도 현행 헌법에서 국군의 정치적 중립성에 관한 규정을 도입하여 이를 다시 한 번 명시적으로 강조한 것은 우리의 헌정사에서 다시는 군의 정치개입을 되풀이하지 않겠다는 의지를 표현한 것이다(헌재 2018. 7. 26. 2016헌바139).

> **판례**
>
> ▶ **대통령이 정치적 목적으로 국군통수권을 행사하여 국군을 이용하는 것이 대통령의 국군통수의무를 위반한 것인지**(적극): 국군이 정치에 개입하거나 특정 정당을 지원하는 등 정치적 활동을 하는 것은 물론, 정치권이 국군에 영향력을 행사하려고 시도하거나, 국군을 정치적으로 이용하는 것은 헌법 제5조 제2항에 위반된다. 결국 대통령이 정치적 목적으로 국군통수권을 행사하여 국군을 이용하는 것은 헌법 제74조 제1항이 정한 헌법에 따른 국군통수의무를 위반하는 것이다(헌재 2025. 4. 4. 2024헌나8).
>
> ▶ **대통령이 자신의 의견에 반대하는 야당이 다수의석을 차지하고 있는 국회와의 대립 상황을 타개할 의도로 병력을 동원하기 위해서 계엄을 선포한 것이 헌법 제5조 제2항 및 제74조 제1항을 위반한 것인지**(적극): 대통령은 야당이 중심이 된 국회의 권한행사를 막으려는 정치적 목적으로 군인들을 동원함으로써 일반 시민들과 대치하는 상황을 발생시킨바, 국군의 정치적 중립성에 반하여 국군통수권을 행사하였으므로 헌법 제5조 제2항 및 제74조 제1항을 위반하였다(헌재 2025. 4. 4. 2024헌나8).

(2) 군정과 군령

우리 헌법 제74조 제1항은 대통령이 국군의 최고사령관이자 최고의 지휘·명령권자임을 밝히고 있다. 국군통수권은 군령(軍令)과 군정(軍政)에 관한 권한을 포괄하고, 여기서 군령이란 국방목적을 위하여 군을 현실적으로 지휘·명령하고 통솔하는 용병작용(用兵作用)을, 군정이란 군을 조직·유지·관리하는 양병작용(養兵作用)을 말한다(헌재 2016. 2. 25. 2013헌바111).

> **판례**
>
> ▶ **대통령이 국군포로법 제15조의5 제2항의 위임에 따른 대통령령을 제정하지 아니한 행정입법부작위가 청구인의 명예권을 침해하는지**(적극): 국군포로법 제15조의5 제2항은 같은 조 제1항에 따른 예우의 신청, 기준, 방법 등에 필요한 사항은 대통령령으로 정한다고 규정하고 있으므로, 대통령은 등록포로, 등록하기 전에 사망한 귀환포로, 귀환하기 전에 사망한 국군포로에 대한 예우의 신청, 기준, 방법 등에 필요한 사항을 대통령령으로 제정할 의무가 있다. 이처럼 대통령에게는 대통령령을 제정할 의무가 있음에도, 그 의무는 상당 기간 동안 불이행되고 있고, 이를 정당화할 이유도 찾아보기 어렵다. 그렇다면 이 사건 행정입법부작위는 등록포로 등의 가족인 청구인의 명예권을 침해하는 것으로서 헌법에 위반된다(헌재 2018. 5. 31. 2016헌마626).

6. 재정에 관한 권한

대통령은 예산에 관한 권한으로 예산안 편성·제출권 및 예산집행권, 그 밖의 재정에 관한 권한으로 긴급재정경제처분·명령권 등이 있다.

7. 영전수여권

> **헌법 제80조**
> 대통령은 법률이 정하는 바에 의하여 훈장 기타의 영전을 수여한다.

Ⅳ 국회와 입법에 관한 권한

1. 국회에 관한 권한

(1) 임시회 소집요구권

> **헌법 제47조**
> ① 국회의 정기회는 법률이 정하는 바에 의하여 매년 1회 집회되며, 국회의 임시회는 대통령 또는 국회재적의원 4분의 1 이상의 요구에 의하여 집회된다.
> ③ 대통령이 임시회의 집회를 요구할 때에는 기간과 집회요구의 이유를 명시하여야 한다.

(2) 국회출석·발언권

> **헌법 제81조**
> 대통령은 국회에 출석하여 발언하거나 서한으로 의견을 표시할 수 있다.

2. 헌법개정에 관한 권한

> **헌법 제128조**
> ① 헌법개정은 국회재적의원 과반수 또는 대통령의 발의로 제안된다.
>
> **헌법 제129조**
> 제안된 헌법개정안은 대통령이 20일 이상의 기간 이를 공고하여야 한다.
>
> **헌법 제130조**
> ③ 헌법개정안이 제2항의 찬성을 얻은 때에는 헌법개정은 확정되며, 대통령은 즉시 이를 공포하여야 한다.

3. 법률제정에 관한 권한

(1) 법률안제출권

> **헌법 제52조**
> 국회의원과 정부는 법률안을 제출할 수 있다.

(2) 법률안거부권

> **헌법 제53조**
> ② 법률안에 이의가 있을 때에는 대통령은 제1항의 기간 내에 이의서를 붙여 국회로 환부하고, 그 재의를 요구할 수 있다. 국회의 폐회 중에도 또한 같다.

(3) 법률공포권

> **헌법 제53조**
> ① 국회에서 의결된 법률안은 정부에 이송되어 15일 이내에 대통령이 공포한다.
> ⑥ 대통령은 제4항과 제5항의 규정에 의하여 확정된 법률을 지체없이 공포하여야 한다.

4. 행정입법에 관한 권한

> **헌법 제75조**
> 대통령은 법률에서 구체적으로 범위를 정하여 위임받은 사항과 법률을 집행하기 위하여 필요한 사항에 관하여 대통령령을 발할 수 있다.

(1) 의의
행정입법이란 행정기관이 일반적이고 추상적인 성문의 법규범을 정립하는 작용을 말한다.

(2) 종류

1) 법규명령과 행정규칙
행정입법은 법규적 성질을 갖고 일반국민의 권리·의무에 직접 관련되는 법규범인 '법규명령'과 행정기관 내부의 조직과 사무처리기준을 정한 것으로 행정기관 내부에서만 구속력이 인정되는 '행정규칙'으로 구별된다.

2) 위임명령과 집행명령
법규명령은 상위법령에서 구체적으로 범위를 정하여 위임받은 사항을 정하는 '위임명령'과 상위법령을 집행하기 위하여 발하는 명령으로 국민이 권리·의무에 관한 사항을 새롭게 규정하지 못하는 '집행명령'이 있다.

> **판례**
>
> ▶ 수신료 징수업무를 지정받은 자가 수신료를 징수하는 때 그 고유업무와 관련된 고지행위와 결합하여 이를 행해서는 안 된다고 규정한 방송법 시행령 제43조 제2항이 법률유보원칙에 위배되는지(소극): 심판대상조항은 수신료의 징수를 규정하는 상위법의 시행을 위하여 수신료 납부통지에 관한 절차적 사항을 규정하는 집행명령이다. 집행명령의 경우 법률의 구체적·개별적 위임 여부 등이 문제되지 않고, 다만 상위법의 집행과 무관한 독자적인 내용을 정할 수 없다는 한계가 있다. 심판대상조항은 청구인이 방송법 제65조, 제67조 제2항에 따라 수신료 징수업무를 위탁하는 경우 그 구체적인 시행방법을 규정하고 있을 뿐이라는 점에서 집행명령의 한계를 일탈하였다고 볼 수 없다(헌재 2024. 5. 30. 2023헌마820).

(3) 위임입법의 한계

1) 위임입법의 필요성
현대 사회복지국가에 있어서는 사회현상이 복잡·다기해지고 전문적, 기술적 행정기능이 요구됨에 따라 그때그때의 사회경제적 상황의 변화에 대하여 신속하고 적절히 대응할 필요성이 커지는 반면, 국회의 기술적·전문적 능력이나 시간적 적응능력에는 한계가 있기 때문에 국민의 권리·의무에 관한 것이라 하여 모든 사항을 국회에서 제정한 법률만으로 규정하는 것은 불가능하므로, 일정 사항에 관하여는 행정부에 입법권을 위임하는 것이 불가피하다(헌재 2003. 9. 25. 2002헌마519).

2) 의회유보원칙

오늘날의 법률유보원칙은 단순히 행정작용이 법률에 근거를 두기만 하면 충분한 것이 아니라, 국가공동체와 그 구성원에게 기본적이고도 중요한 의미를 갖는 영역, 특히 국민의 기본권 실현에 관련된 영역에 있어서는 행정에 맡길 것이 아니라 국민의 대표자인 입법자 스스로 그 본질적 사항에 대하여 결정하여야 한다는 요구, 즉 의회유보원칙까지 내포하는 것으로 이해되고 있다. 이때 입법자가 형식적 법률로 스스로 규율하여야 하는 사항이 어떤 것인지는 일률적으로 확정할 수 없고 구체적인 사례에서 관련된 이익 내지 가치의 중요성 등을 고려하여 개별적으로 정할 수 있다고 할 것이다(헌재 2015. 5. 28. 2013헌가6).

3) 구체적 위임

① 의의

위임을 하는 경우에 사실상 입법권을 백지위임하는 것과 같은 일반적이고 포괄적인 위임은 의회입법과 법치주의를 부인하는 것이 되어 행정권의 부당한 자의와 기본권행사에 대한 무제한적 침해를 초래할 것이기 때문에 법률로 대통령령에 위임을 하는 경우라도 적어도 법률의 규정에 의하여 대통령령으로 규정될 내용 및 범위의 기본사항을 구체적으로 규정함으로써 누구라도 당해 법률로부터 대통령령에 규정될 내용의 대강을 예측할 수 있도록 하여야 할 것인바 헌법 제75조에서 규정하는 "구체적으로 범위를 정하여"는 위와 같은 의미로 해석된다(헌재 1996. 2. 29. 94헌마213).

② 구체성·명확성의 요구 정도

위임의 구체성 명확성의 요구 정도는 그 규율대상의 종류와 성격에 따라 달라진다. 처벌법규나 조세법규와 같이 국민의 기본권을 직접적으로 제한하거나 침해할 소지가 있는 법규에서는 구체성·명확성의 요구가 강화되어 그 위임의 요건과 범위가 엄격하게 제한적으로 규정되어야 하나, 일반적인 급부행정의 경우, 경제분야에서 규율대상이 지극히 다양하거나 수시로 변화하는 성질의 것, 수범자들이 일반인이 아닌 해당 분야의 전문가들인 경우에는 위임의 구체성·명확성의 요건이 완화될 수 있다(헌재 1996. 6. 26. 93헌바2).

③ 구체성·명확성의 판단대상

위임의 구체성·명확성(예측가능성)은 당해 특정 조항 하나만을 가지고 판단할 것이 아니라 관련 법조항 전체를 유기적 체계적으로 종합판단하여야 하며 각 대상 법률의 성질에 따라 구체적, 개별적으로 검토하여야 할 것이다(헌재 2000. 1. 27. 99헌바23).

4) 위임의 형식

① 대통령령·부령

헌법 제75조는 대통령에 대한 입법권한의 위임에 관한 규정이지만, 국무총리나 행정각부의 장으로 하여금 법률의 위임에 따라 총리령 또는 부령을 발할 수 있도록 하고 있는 헌법 제95조의 취지에 비추어 볼 때, 입법자는 법률에서 구체적으로 범위를 정하기만 한다면 대통령령뿐만 아니라 부령에 입법사항을 위임할 수도 있다(헌재 1998. 2. 27. 97헌마64).

② **행정규칙**

국회입법에 의한 수권이 입법기관이 아닌 행정기관에게 법률 등으로 구체적인 범위를 정하여 위임한 사항에 관하여는 당해 행정기관에게 법정립의 권한을 갖게 되고, 입법자가 규율의 형식도 선택할 수도 있다 할 것이므로, 헌법이 인정하고 있는 '위임입법의 형식은 예시적인 것'으로 보아야 할 것이고, 그것은 법률이 행정규칙에 위임하더라도 그 행정규칙은 위임된 사항만을 규율할 수 있으므로, 국회입법의 원칙과 상치되지도 않는다(헌재 2004. 10. 28. 99헌바91).

> **판례**
>
> ▶ **법률이 입법사항을 고시에 위임하는 것이 허용되는지**(한정적극) : 행정규칙은 법규명령과 같은 엄격한 제정 및 개정절차를 필요로 하지 아니하므로, 기본권을 제한하는 내용의 입법을 위임할 때에는 법규명령에 위임하는 것이 원칙이고, 고시와 같은 형식으로 입법위임을 할 때에는 <u>법령이 전문적·기술적 사항이나 경미한 사항으로서 업무의 성질상 위임이 불가피한 사항에 한정된다</u>(헌재 2016. 3. 31. 2014헌바382).

(4) 위임명령의 한계

1) 수권의 범위 내

위임명령의 내용은 수권법률이 수권한 규율대상과 목적의 범위 안에서 정해야 하는데 이를 위배한 위임명령은 위법이라고 평가되며, 여기에서 모법의 수권조건에 의한 위임명령의 한계가 도출된다. 즉, 모법상 아무런 규정이 없는 입법사항을 하위명령이 규율하는 것은 위임입법의 한계를 위배하는 것이다(헌재 1997. 4. 24. 95헌마273).

> **판례**
>
> ▶ **위임명령의 한계** : 위임명령은 <u>모법인 법률에 의하여 위임의 범위 안에서 규정할 수 있을 뿐</u> 법률에 의한 위임이 없는 한 법률이 규정한 개인의 권리·의무에 관한 내용을 변경 보충하거나 법률에 규정되지 아니한 새로운 내용을 규정할 수 없다(대판 1995. 10. 13. 95누8454).
>
> ▶ **하위법령에 규정된 내용이 상위법령이 위임한 범위 안에 있는지 여부에 대한 판단 기준** : 하위법령에 규정된 내용이 상위법령이 위임한 범위 안에 있는지 여부를 판단함에 있어서는, 당해 특정 법령조항 하나만 가지고 판단할 것이 아니라 <u>관련 법령조항 전체를 유기적·체계적으로 고려하여 종합적으로 판단하여야</u> 한다. 수권 법령조항 자체가 위임하는 사항과 그 범위를 명확히 규정하고 있지 않다고 하더라도 관련 법규의 전반적 체계와 관련 규정에 비추어 위임받은 내용과 범위의 한계를 객관적으로 확인할 수 있다면 그 범위 안에서 규정된 하위법령 조항은 위임입법의 한계를 벗어난 것이 아니다(헌재 2010. 10. 28. 2008헌마408).

2) 재위임의 제한

법률에서 위임받은 사항을 전혀 규정하지 않고 재위임하는 것은 "위임받은 권한을 그대로 다시 위임할 수 없다."는 복위임금지의 법리에 반할 뿐 아니라 수권법의 내용변경을 초래하는 것이 되고, 부령의 제정·개정절차가 대통령령에 비하여 보다 용이한 점을 고려할 때 재위임에 의한 부령의 경우에도 위임에 의한 대통령령에 가해지는 헌법상의 제한이 당연히 적용되어야 할 것이다. 따라서 법률에서 위임받은 사항을 전혀 규정하지 아니하고 그대로 재위임하는 것은 허용되지 않으며 위임받은 사항에 관하여 대강을 정하고 그 중의 특정사항을 범위를 정하여 하위법령에 다시 위임하는 경우에만 재위임이 허용된다(헌재 1996. 2. 29. 94헌마213).

3) 위임입법의 적법성과 위임명령의 정당성

위임입법의 법리는 헌법의 근본원리인 권력분립주의와 의회주의 내지 법치주의에 바탕을 두는 것이기 때문에 행정부에서 제정된 대통령령에서 규정한 내용이 정당한 것인지 여부와 위임의 적법성은 직접적인 관계가 없다. 즉, 수권법률조항의 위임에 따라 대통령령으로 규정한 내용이 헌법에 위반될 경우 그 대통령령의 규정이 위헌으로 되는 것은 별론으로 하고 그로 인하여 정당하고 적법하게 입법권을 위임한 수권법률까지도 위헌으로 되는 것은 아니다(헌재 1996. 6. 26. 93헌바2).

> **판례**
>
> ▶ **위임입법의 한계와 위임명령의 정당성과의 관계**: 위임입법의 한계의 법리는 헌법의 근본원리인 권력분립주의와 의회주의 내지 법치주의에 바탕을 두는 것이기 때문에 행정부에서 제정된 대통령령에서 규정한 내용이 정당한지 여부와는 직접적으로 관계가 없다고 하여야 할 것이다. 즉 대통령령에서 규정한 내용이 헌법에 위반될 경우 그 대통령령의 규정이 위헌일 것은 물론이지만, 반대로 하위법규인 대통령령의 내용이 합헌적이라고 하여 수권법률의 합헌성까지를 의미하는 것은 아니다(헌재 1995. 11. 30. 94헌바14).

(5) 행정입법에 대한 통제

1) 행정입법

① 국회에 의한 통제

중앙행정기관의 장은 법률에서 위임한 사항이나 법률을 집행하기 위하여 필요한 사항을 규정한 대통령령·총리령·부령·훈령·예규·고시 등이 제정·개정 또는 폐지되었을 때에는 10일 이내에 이를 국회 소관 상임위원회에 제출하여야 한다. 다만, 대통령령의 경우에는 입법예고를 할 때에도 그 입법예고안을 10일 이내에 제출하여야 한다(국회법 제98조의2 제1항).

② 법원에 의한 통제

> **헌법 제107조**
> ② 명령·규칙 또는 처분이 헌법이나 법률에 위반되는 여부가 재판의 전제가 된 경우에는 대법원은 이를 최종적으로 심사할 권한을 가진다.

③ 헌법재판소에 의한 통제

헌법재판소법 제68조 제1항이 규정하고 있는 헌법소원심판의 대상으로서의 "공권력"이란 입법·사법·행정 등 모든 공권력을 말하는 것이므로 입법부에서 제정한 법률, 행정부에서 제정한 시행령이나 시행규칙 및 사법부에서 제정한 규칙 등은 그것들이 별도의 집행행위를 기다리지 않고 직접 기본권을 침해하는 것일 때에는 모두 헌법소원심판의 대상이 될 수 있다(헌재 1990. 10. 15. 89헌마178).

2) 행정입법부작위

행정명령의 제정 또는 개정의 지체가 위법으로 되어 그에 대한 법적 통제가 가능하기 위하여는 첫째, 행정청에게 시행명령을 제정(개정)할 법적 의무가 있어야 하고, 둘째, 상당한 기간이 지났음에도 불구하고, 셋째, 명령제정(개정)권이 행사되지 않아야 한다(헌재 1998. 7. 16. 96헌마246).

V 대통령의 사법에 관한 권한

1. 위헌정당해산제소권

> **헌법 제8조**
> ④ 정당의 목적이나 활동이 민주적 기본질서에 위배될 때에는 정부는 헌법재판소에 그 해산을 제소할 수 있고, 정당은 헌법재판소의 심판에 의하여 해산된다.

2. 사면권

> **헌법 제79조**
> ① 대통령은 법률이 정하는 바에 의하여 사면·감형 또는 복권을 명할 수 있다.
> ② 일반사면을 명하려면 국회의 동의를 얻어야 한다.
> ③ 사면·감형 및 복권에 관한 사항은 법률로 정한다.

(1) 의의

협의의 사면이란 형사소송법이나 그 밖의 형사법규의 절차에 의하지 아니하고 형의 선고의 효과 또는 공소권을 소멸시키거나 형집행을 면제시키는 국가원수의 특권을 말하고, 광의의 사면이란 협의의 사면에 감형과 복권까지 포함하는 개념이다.

(2) 종류와 대상

1) **종류**

   사면은 일반사면과 특별사면으로 구분한다(사면법 제2조).

2) **대상**

   일반사면은 죄를 범한 자, 특별사면 및 감형은 형을 선고받은 자, 복권은 형의 선고로 인하여 법령에 따른 자격이 상실되거나 정지된 자를 대상으로 한다(사면법 제3조).
   복권은 형의 집행이 끝나지 아니한 자 또는 집행이 면제되지 아니한 자에 대하여는 하지 아니한다(사면법 제6조).

(3) 절차

1) **특별사면 등의 상신 신청**

   검찰총장은 직권으로 또는 형의 집행을 지휘한 검찰청 검사의 보고 또는 수형자가 수감되어 있는 교정시설의 장의 보고에 의하여 법무부장관에게 특별사면 또는 특정한 자에 대한 감형을 상신할 것을 신청할 수 있다(사면법 제11조).

2) **특별사면 등의 상신**

   법무부장관은 대통령에게 특별사면, 특정한 자에 대한 감형 및 복권을 상신한다(사면법 제10조 제1항).
   법무부장관은 특별사면, 특정한 자에 대한 감형 및 복권을 상신할 때에는 사면심사위원회의 심사를 거쳐야 한다(사면법 제10조 제2항).

3) 사면심사위원회

특별사면, 특정한 자에 대한 감형 및 복권 상신의 적정성을 심사하기 위하여 법무부장관 소속으로 사면심사위원회를 둔다(사면법 제10조의2 제1항).

사면심사위원회는 위원장 1명을 포함한 9명의 위원으로 구성하며, 위원장은 법무부장관이 되고, 위원은 법무부장관이 임명하거나 위촉하되, 공무원이 아닌 위원을 4명 이상 위촉하여야 한다(사면법 제10조의2 제2항, 제3항).

(4) **실시**

1) 일반사면 등의 실시

일반사면, 죄 또는 형의 종류를 정하여 하는 감형 및 일반에 대한 복권은 대통령령으로 한다. 이 경우 일반사면은 죄의 종류를 정하여 한다(사면법 제8조).

2) 특별사면 등의 실시

특별사면, 특정한 자에 대한 감형 및 복권은 대통령이 한다(사면법 제9조).

(5) **효과**

1) 일반적 효력(사면법 제5조 제1항)

사면	일반사면	• 수사 중인 자는 공소권 없음의 불기소처분 • 공소제기된 자는 면소판결 • 형 선고된 자는 형 선고의 효력 상실
	특별사면	• 형의 집행 면제 • 특별한 규정이 있는 경우 형 선고의 효력 상실
감형	일반감형	형의 변경
	특별감형	• 형의 집행 경감 • 특별한 규정이 있는 경우 형의 변경
복권	일반복권	상실되거나 정지된 자격 회복
	특별복권	

형의 집행유예를 선고받은 자에 대하여는 형 선고의 효력을 상실하게 하는 특별사면 또는 형을 변경하는 감형을 하거나 그 유예기간을 단축할 수 있다(사면법 제7조).

2) 기성의 효과

형의 선고에 따른 기성(旣成)의 효과는 사면, 감형 및 복권으로 인하여 변경되지 아니한다(사면법 제5조 제2항).

> **판례**
>
> ▶ **특별사면으로 형 선고의 효력이 상실된 유죄의 확정판결이 형사소송법 제420조의 '유죄의 확정판결'에 해당하여 재심청구의 대상이 될 수 있는지**(적극) : 유죄판결 확정 후에 형 선고의 효력을 상실케 하는 특별사면이 있었다고 하더라도, 형 선고의 법률적 효력만 장래를 향하여 소멸될 뿐이고 확정된 유죄판결에서 이루어진 사실인정과 그에 따른 유죄 판단까지 없어지는 것은 아니므로, 유죄판결은 형 선고의 효력만 상실된 채로 여전히 존재하는 것으로 보아야 한다. 따라서 특별사면으로 형 선고의 효력이 상실된 유죄의 확정판결도 형사소송법 제420조의 '유죄의 확정판결'에 해당하여 재심청구의 대상이 될 수 있다(대판 2015. 5. 21. 2011도1932).
>
> ▶ **징역형의 집행유예와 벌금형을 병과받은 자에 대하여 징역형 부분에 대한 특별사면이 있는 경우, 벌금형 부분에도 사면의 효력이 미치는지**(소극) : 여러 개의 형이 병과된 사람에 대하여 그 병과형 중 일부의 집행을 면제하거나 그에 대한 형의 선고의 효력을 상실케 하는 특별사면이 있은 경우, 특별사면의 효력이 병과된 나머지 형에까지 미치는 것은 아니므로 징역형의 집행유예와 벌금형이 병과된 신청인에 대하여 징역형의 집행유예의 효력을 상실케 하는 내용의 특별사면이 그 벌금형의 선고의 효력까지 상실케 하는 것은 아니다(대결 1997. 10. 13. 96모33).

Ⅵ 대통령의 권한 행사 방법

1. 문서주의와 부서

> **헌법 제82조**
> 대통령의 국법상 행위는 문서로써 하며, 이 문서에는 국무총리와 관계 국무위원이 부서한다. 군사에 관한 것도 또한 같다.

2. 국회의 동의 또는 승인

동의사항	• 헌법 제60조 제1항에 규정된 조약의 체결 · 비준 • 선전포고, 국군의 해외파견, 외국군대의 대한민국 영역 안에의 주류 • 예산안, 계속비 · 예비비의 설치 • 국채의 모집과 예산 외에 국가의 부담이 될 계약의 체결 • 일반사면 • 국무총리 · 감사원장 · 대법원장 · 대법관 · 헌법재판소장의 임명
승인사항	• 긴급명령과 긴급재정경제처분 · 명령권 • 예비비지출

제3절 정부

제1항 정부의 의의

> **헌법 제66조**
> ④ 행정권은 대통령을 수반으로 하는 정부에 속한다.

헌법 제66조 제4항은 "행정권은 대통령을 수반으로 하는 정부에 속한다."고 규정하고 있다. 여기에서의 '정부'의 의의에 대하여 헌법이 명시적으로 밝히고 있지는 않으나, 헌법 제66조 제4항이 헌법 제40조(입법권) 및 제101조 제1항(사법권)과 함께 헌법상의 권력분립원칙의 직접적인 표현인 점을 고려할 때, 헌법 제66조 제4항에서의 '정부'란 입법부와 사법부에 대응하는, 넓은 개념으로서의 집행부를 일컫는다(헌재 2021. 1. 28. 2020헌마264).

판례

▶ **고위공직자 수사처의 법적 지위**: 수사처는 직제상 대통령 또는 국무총리 직속기관 내지 국무총리의 통할을 받는 행정각부에 속하지 않는다고 하더라도 대통령을 수반으로 하는 행정부에 소속되고 그 관할권의 범위가 전국에 미치는 중앙행정기관으로 보는 것이 타당하다(헌재 2021. 1. 28. 2020헌마264).

제2항 국무총리

I 국무총리의 헌법상 지위

1. 헌정사

제헌헌법	대통령의 보좌기관
제1차 개정헌법	• 민의원의 국무원에 대한 불신임권 • 국회에 대한 연대책임과 개별책임
제2차 개정헌법	국무총리제 폐지
제3차 개정헌법	의원내각제의 수상
제5차 개정헌법	• 대통령의 보좌기관 • 국회의 국무총리해임건의권
제7차 개정헌법	• 집행부의 2인자 • 국회의 국무총리 임명동의권 및 해임의결권
제8차 개정헌법	제7차 개정헌법과 유사

2. 현행 헌법상 국무총리의 지위

(1) 대통령의 권한 대행자

> **헌법 제71조**
> 대통령이 궐위되거나 사고로 인하여 직무를 수행할 수 없을 때에는 국무총리, 법률이 정한 국무위원의 순서로 그 권한을 대행한다.

(2) 대통령의 보좌기관

> **헌법 제86조**
> ② 국무총리는 대통령을 보좌하며, 행정에 관하여 대통령의 명을 받아 행정각부를 통할한다.

(3) 행정부의 제2인자

> **헌법 제94조**
> 행정각부의 장은 국무위원 중에서 국무총리의 제청으로 대통령이 임명한다.
>
> **헌법 제87조**
> ① 국무위원은 국무총리의 제청으로 대통령이 임명한다.
> ③ 국무총리는 국무위원의 해임을 대통령에게 건의할 수 있다.

(4) 국무회의부의장

> **헌법 제88조**
> ③ 대통령은 국무회의의 의장이 되고, 국무총리는 부의장이 된다.

(5) 차상급 중앙행정관청

> **헌법 제95조**
> 국무총리 또는 행정각부의 장은 소관사무에 관하여 법률이나 대통령령의 위임 또는 직권으로 총리령 또는 부령을 발할 수 있다.

Ⅱ 국무총리의 신분

1. 임명

> **헌법 제86조**
> ① 국무총리는 국회의 동의를 얻어 대통령이 임명한다.

2. 문민원칙

> **헌법 제86조**
> ③ 군인은 현역을 면한 후가 아니면 국무총리로 임명될 수 없다.

3. 직무대행

국무총리가 사고로 직무를 수행할 수 없는 경우에는 기획재정부장관이 겸임하는 부총리, 교육부장관이 겸임하는 부총리의 순으로 직무를 대행하고, 국무총리와 부총리가 모두 사고로 직무를 수행할 수 없는 경우에는 대통령의 지명이 있으면 그 지명을 받은 국무위원이, 지명이 없는 경우에는 정부조직법 제26조 제1항에 규정된 순서에 따른 국무위원이 그 직무를 대행한다(정부조직법 제22조).

4. 해임

> 헌법 제63조
> ① 국회는 국무총리 또는 국무위원의 해임을 대통령에게 건의할 수 있다.

Ⅲ 국무총리 소속 기관

1. 부총리

국무총리가 특별히 위임하는 사무를 수행하기 위하여 부총리 2명을 둔다. 부총리는 기획재정부장관과 교육부장관이 각각 겸임한다(정부조직법 제19조 제1항, 제3항).

2. 국무조정실

각 중앙행정기관의 행정의 지휘·감독, 정책 조정 및 사회위험·갈등의 관리, 정부업무평가 및 규제개혁에 관하여 국무총리를 보좌하기 위하여 국무조정실을 둔다(정부조직법 제20조 제1항).

3. 국무총리비서실

국무총리의 직무를 보좌하기 위하여 국무총리비서실을 둔다(정부조직법 제21조 제1항).

4. 인사혁신처

공무원의 인사·윤리·복무 및 연금에 관한 사무를 관장하기 위하여 국무총리 소속으로 인사혁신처를 둔다(정부조직법 제22조의 3 제1항).

5. 법제처

국무회의에 상정될 법령안·조약안과 총리령안 및 부령안의 심사와 그 밖에 법제에 관한 사무를 전문적으로 관장하기 위하여 국무총리 소속으로 법제처를 둔다(정부조직법 제23조 제1항).

6. 식품의약품안전처

식품 및 의약품의 안전에 관한 사무를 관장하기 위하여 국무총리 소속으로 식품의약품안전처를 둔다(정부조직법 제25조 제1항).

Ⅳ 국무총리의 권한

1. 대통령권한대행권
대통령이 궐위되거나 사고로 인하여 직무를 수행할 수 없을 때에는 국무총리, 법률이 정한 국무위원의 순서로 그 권한을 대행한다(헌법 제71조).

2. 국무위원·행정각부장의 임면관여권
행정각부의 장은 국무위원 중에서 국무총리의 제청으로 대통령이 임명한다(헌법 제94조). 국무위원은 국무총리의 제청으로 대통령이 임명하며, 국무총리는 국무위원의 해임을 대통령에게 건의할 수 있다(헌법 제87조 제1항, 제3항).

3. 부서권
대통령의 국법상 행위는 문서로써 하며, 이 문서에는 국무총리와 관계 국무위원이 부서한다. 군사에 관한 것도 또한 같다(헌법 제82조).

4. 행정각부통할권
국무총리는 대통령을 보좌하며, 행정에 관하여 대통령의 명을 받아 행정각부를 통할한다(헌법 제86조 제2항).

국무총리는 대통령의 명을 받아 각 중앙행정기관의 장을 지휘·감독하며, 국무총리는 중앙행정기관의 장의 명령이나 처분이 위법 또는 부당하다고 인정될 경우에는 대통령의 승인을 받아 이를 중지 또는 취소할 수 있다(정부조직법 제18조 제1항, 제2항).

> **판례**
> ▶ **국무총리의 통할을 받는 행정각부의 의미**: 입법권자는 헌법 제96조에 의하여 법률로써 행정을 담당하는 행정기관을 설치함에 있어 그 기관이 관장하는 사무의 성질에 따라 국무총리가 대통령의 명을 받아 통할할 수 있는 기관으로 설치할 수도 있고 또는 대통령이 직접 통할하는 기관으로 설치할 수도 있다 할 것이므로 헌법 제86조 제2항 및 제94조에서 말하는 국무총리의 통할을 받는 행정각부는 입법권자가 헌법 제96조의 위임을 받은 정부조직법 제29조에 의하여 설치하는 행정각부만을 의미한다(헌재 1994. 4. 28. 89헌마221).

5. 국회출석·발언권
국무총리·국무위원 또는 정부위원은 국회나 그 위원회에 출석하여 국정처리상황을 보고하거나 의견을 진술하고 질문에 응답할 수 있다(헌법 제62조 제1항).

6. 국무회의 심의·의결권
대통령은 국무회의의 의장이 되고, 국무총리는 부의장이 된다(헌법 제88조 제3항).

7. 총리령발포권

국무총리 또는 행정각부의 장은 소관사무에 관하여 법률이나 대통령령의 위임 또는 직권으로 총리령 또는 부령을 발할 수 있다(헌법 제95조).

> **판례**
>
> ▶ **부령으로 위임하는 경우에도 포괄위임금지원칙을 준수해야 하는지**(적극) : 헌법 제95조는 부령에의 위임근거를 마련하면서 '구체적으로 범위를 정하여'라는 문구를 사용하고 있지는 않지만, 법률의 위임에 의한 대통령령에 가해지는 헌법상의 제한은 당연히 법률의 위임에 의한 부령의 경우에도 적용된다(헌재 2023. 7. 20. 2020헌바330).

Ⅴ 국무총리의 책임

1. 대통령에 대한 책임

국무총리의 대통령에 대한 책임으로는 집행에 관하여 대통령의 명을 받아 행정각부를 통할할 책임, 국무회의의 부의장으로서 국무회의의 구성과 운영에 관하여 대통령을 보좌할 책임, 대통령의 모든 국법상의 행위에 부서할 책임 등이 있다.

2. 국회에 대한 책임

(1) 헌정사

제1차 개정헌법	• 일반국무에 관하여 연대책임 • 각자의 행위에 관하여 개별책임
제2차 개정헌법	민의원의 국무위원에 대한 개별적 불신임제도
제3차 개정헌법	민의원에 대하여 연대책임
제5차 개정헌법	• 국무총리 또는 국무위원의 해임건의제도 • 해임건의가 있을 때 대통령은 특별한 사유가 없는 한 응하여야 함
제7차 개정헌법	• 국무총리 또는 국무위원에 대한 개별적 해임의결제도 • 국무총리에 대한 해임의결시 국무총리와 국무위원 전원 해임
제8차 개정헌법	• 국무총리 또는 국무위원에 대한 개별적 해임의결제도 • 국무총리에 대한 해임의결시 국무총리와 국무위원 전원 해임

(2) 현행헌법상 국무총리의 국회에 대한 책임

국무총리의 국회에 대한 책임으로는 국회의 해임건의에 따른 책임, 국회의 요구에 의한 출석·답변의 책임, 국회의 탄핵소추에 따른 책임 등이 있다.

제3항 국무위원

I 국무위원의 헌법상 지위

1. 국무회의의 구성원

> **헌법 제87조**
> ② 국무위원은 국정에 관하여 대통령을 보좌하며, 국무회의의 구성원으로서 국정을 심의한다.

2. 대통령 보좌기관

> **헌법 제87조**
> ② 국무위원은 국정에 관하여 대통령을 보좌하며, 국무회의의 구성원으로서 국정을 심의한다.
>
> **헌법 제82조**
> 대통령의 국법상 행위는 문서로써 하며, 이 문서에는 국무총리와 관계 국무위원이 부서한다. 군사에 관한 것도 또한 같다.

II 국무위원의 임면

> **헌법 제87조**
> ① 국무위원은 국무총리의 제청으로 대통령이 임명한다.
> ③ 국무총리는 국무위원의 해임을 대통령에게 건의할 수 있다.
> ④ 군인은 현역을 면한 후가 아니면 국무위원으로 임명될 수 없다.

III 국무위원의 권한과 책임

1. 국무위원의 권한

국무위원의 권한으로는 대통령의 권한대행권(헌법 제71조), 국무회의의 소집요구(국무회의규정 제3조 제1항)·심의(국무회의규정 제5조 제1항) 및 의결권(국무회의규정 제6조 제1항), 부서권(헌법 82조), 국회 출석·발언권(헌법 제62조 제1항) 등이 있다.

2. 국무위원의 책임

국무위원의 책임으로는 국회나 위원회의 요구가 있을 때 국회에 출석하여 답변할 책임, 대통령의 국법상 행위 중 자신의 권한과 관련된 사항에 대한 부서할 책임, 국회의 해임건의에 따른 책임 등이 있다.

제4항 국무회의

Ⅰ 국무회의의 헌법상 지위

1. 헌정사

제헌헌법	대통령의 권한에 속한 중요 국책 의결(의결기관)
제3차 개정헌법	국무총리와 국무위원으로 조직(의결기관)
제5차 개정헌법	정부의 권한에 속하는 중요한 정책 심의(심의기관)
제7차 개정헌법	정부의 권한에 속하는 중요한 정책 심의(심의기관)
제8차 개정헌법	정부의 권한에 속하는 중요한 정책 심의(심의기관)

2. 현행헌법상 국무회의의 지위

> **헌법 제88조**
> ① 국무회의는 정부의 권한에 속하는 중요한 정책을 심의한다.

Ⅱ 국무회의의 구성 등

1. 구성

> **헌법 제88조**
> ② 국무회의는 대통령·국무총리와 15인 이상 30인 이하의 국무위원으로 구성한다.

2. 조직

> **헌법 제88조**
> ③ 대통령은 국무회의의 의장이 되고, 국무총리는 부의장이 된다.

3. 운영

(1) 소집

대통령은 국무회의 의장으로서 회의를 소집하고 이를 주재한다. 국무위원은 정무직으로 하며 의장에게 의안을 제출하고 국무회의의 소집을 요구할 수 있다(정부조직법 제12조 제1항, 제2항).

(2) 출석

국무조정실장·인사혁신처장·법제처장·식품의약품안전처장 그 밖에 법률로 정하는 공무원은 필요한 경우 국무회의에 출석하여 발언할 수 있다(정부조직법 제13조 제1항).

(3) 의안 제출

대통령·국무총리 또는 국무위원은 대한민국헌법 제89조 및 법령에 규정된 국무회의의 심의사항을 의안으로 제출한다(국무회의규정 제3조 제1항).

Ⅲ 국무회의의 심의사항 및 의결

1. 심의사항

> **헌법 제89조** 다음 사항은 국무회의의 심의를 거쳐야 한다.
> 1. 국정의 기본계획과 정부의 일반정책
> 2. 선전·강화 기타 중요한 대외정책
> 3. 헌법개정안·국민투표안·조약안·법률안 및 대통령령안
> 4. 예산안·결산·국유재산처분의 기본계획·국가의 부담이 될 계약 기타 재정에 관한 중요사항
> 5. 대통령의 긴급명령·긴급재정경제처분 및 명령 또는 계엄과 그 해제
> 6. 군사에 관한 중요사항
> 7. 국회의 임시회 집회의 요구
> 8. 영전수여
> 9. 사면·감형과 복권
> 10. 행정각부 간의 권한의 획정
> 11. 정부안의 권한의 위임 또는 배정에 관한 기본계획
> 12. 국정처리상황의 평가·분석
> 13. 행정각부의 중요한 정책의 수립과 조정
> 14. 정당해산의 제소
> 15. 정부에 제출 또는 회부된 정부의 정책에 관계되는 청원의 심사
> 16. 검찰총장·합동참모의장·각군참모총장·국립대학교총장·대사 기타 법률이 정한 공무원과 국영기업체관리자의 임명
> 17. 기타 대통령·국무총리 또는 국무위원이 제출한 사항

헌법 제89조는 정부의 중요한 대외정책(제2호), 행정각부의 중요한 정책의 조정(제13호)의 경우 국무회의 심의를 거치도록 하고 있다. 그러나 구체적으로 어떤 정책을 필수적으로 국무회의 심의를 거쳐야 하는 중요한 정책으로 보아야 하는지는 국무회의에 의안을 상정할 수 있는 권한자인 대통령이나 국무위원에게 일정 정도의 판단재량이 인정되는 것으로 보아야 하고, 그에 관한 대통령이나 국무위원의 일차적 판단이 명백히 비합리적이거나 자의적인 것이 아닌 한 존중되어야 한다(헌재 2022. 1. 27. 2016헌마364).

2. 의사 및 의결정족수

국무회의는 구성원 과반수의 출석으로 개의하고, 출석구성원 3분의 2 이상의 찬성으로 의결한다(국무회의규정 제6조 제1항).

> **판례**
>
> ▶ **국무회의의 파병동의안 의결이 헌법소원의 대상이 되는지**(소극): 대통령이 국회에 파병동의안을 제출하기 전에 대통령을 보좌하기 위하여 파병 정책을 심의, 의결한 국무회의의 의결은 국가기관의 내부적 의사결정행위에 불과하여 그 자체로 국민에 대하여 직접적인 법률효과를 발생시키는 행위가 아니므로 헌법재판소법 제68조 제1항에서 말하는 공권력의 행사에 해당하지 아니한다(헌재 2003. 12. 18. 2003헌마225).

제5항 자문기관

I 국가원로자문회의

> **헌법 제90조**
> ① 국정의 중요한 사항에 관한 대통령의 자문에 응하기 위하여 국가원로로 구성되는 국가원로자문회의를 둘 수 있다.
> ② 국가원로자문회의의 의장은 직전대통령이 된다. 다만, 직전대통령이 없을 때에는 대통령이 지명한다.

II 국가안전보장회의

> **헌법 제91조**
> ① 국가안전보장에 관련되는 대외정책·군사정책과 국내정책의 수립에 관하여 국무회의의 심의에 앞서 대통령의 자문에 응하기 위하여 국가안전보장회의를 둔다.
> ② 국가안전보장회의는 대통령이 주재한다.

1. 지위

국가안전보장회의는 국가안전보장에 관련되는 대외정책, 군사정책 및 국내정책의 수립에 관하여 대통령의 자문에 응한다(국가안전보장회의법 제3조).

국가안전보장회의는 헌법상 대통령의 자문기관에 불과할 뿐 공권력의 행사, 특히 국군의 외국에의 파견이라는 국가 행위(공권력 행사)의 주체가 될 수 없다(헌재 2004. 4. 29. 2003헌마814).

2. 구성과 조직

국가안전보장회의는 대통령, 국무총리, 외교부장관, 통일부장관, 국방부장관 및 국가정보원장과 대통령령으로 정하는 위원으로 구성하며, 대통령은 회의의 의장이 된다(국가안전보장회의법 제2조 제1항, 제2항).

3. 운영

의장은 회의를 소집하고 주재하고, 국무총리로 하여금 그 직무를 대행하게 할 수 있다(국가안전보장회의법 제4조 제1항, 제2항).

III 민주평화통일자문회의

> **헌법 제92조**
> ① 평화통일정책의 수립에 관한 대통령의 자문에 응하기 위하여 민주평화통일자문회의를 둘 수 있다.

Ⅳ 국민경제자문회의

> **헌법 제93조**
> ① 국민경제의 발전을 위한 중요정책의 수립에 관하여 대통령의 자문에 응하기 위하여 국민경제자문회의를 둘 수 있다.

Ⅴ 국가과학기술자문회의

> **헌법 제127조**
> ① 국가는 과학기술의 혁신과 정보 및 인력의 개발을 통하여 국민경제의 발전에 노력하여야 한다.
> ③ 대통령은 제1항의 목적을 달성하기 위하여 필요한 자문기구를 둘 수 있다.

제6항 행정각부

Ⅰ 행정각부

1. 의의

행정각부란 대통령 또는 국무총리의 지휘 또는 통할하에 법률이 정하는 소관사무를 담당하는 중앙행정기관을 말한다.

2. 설치·조직과 직무 범위

> **헌법 제96조**
> 행정각부의 설치·조직과 직무범위는 법률로 정한다.

> **정부조직법 제26조(행정각부)**
> ① 대통령의 통할하에 다음의 행정각부를 둔다.
>   1. 기획재정부
>   2. 교육부
>   3. 과학기술정보통신부
>   4. 외교부
>   5. 통일부
>   6. 법무부
>   7. 국방부
>   8. 행정안전부
>   9. 국가보훈부
>   10. 문화체육관광부
>   11. 농림축산식품부
>   12. 산업통상자원부
>   13. 보건복지부

14. 환경부
15. 고용노동부
16. 여성가족부
17. 국토교통부
18. 해양수산부
19. 중소벤처기업부

Ⅱ 행정각부의 장

1. 임명

행정각부의 장은 국무위원 중에서 국무총리의 제청으로 대통령이 임명한다(헌법 제94조).

2. 권한

행정각부의 장은 소관사무에 관하여 법률이나 대통령령의 위임 또는 직권으로 부령을 발할 수 있고(헌법 제95조), 소관사무에 관하여 지방행정의 장을 지휘·감독한다(정부조직법 제26조 제3항).

제7항 감사원

Ⅰ 감사원의 헌법상 지위

> **헌법 제97조**
> 국가의 세입·세출의 결산, 국가 및 법률이 정한 단체의 회계검사와 행정기관 및 공무원의 직무에 관한 감찰을 하기 위하여 대통령 소속하에 감사원을 둔다.
>
> **헌법 제100조**
> 감사원의 조직·직무범위·감사위원의 자격·감사대상공무원의 범위 기타 필요한 사항은 법률로 정한다.

감사원은 대통령에 소속하되, 직무에 관하여는 독립의 지위를 가진다(감사원법 제2조 제1항). 제3공화국 헌법(1962년 헌법)은 직무감찰권을 가졌던 감찰위원회와 회계검사권을 가졌던 심계원을 통합하여 감사원을 설치하였다.

Ⅱ 감사원의 구성

> **헌법 제98조**
> ① 감사원은 원장을 포함한 5인 이상 11인 이하의 감사위원으로 구성한다.

감사원은 감사원장(원장)을 포함한 7명의 감사위원으로 구성한다(감사원법 제3조).

Ⅲ 감사원의 조직

1. 감사원장과 감사위원

> **헌법 제98조**
> ② 원장은 국회의 동의를 얻어 대통령이 임명하고, 그 임기는 4년으로 하며, 1차에 한하여 중임할 수 있다.
> ③ 감사위원은 원장의 제청으로 대통령이 임명하고, 그 임기는 4년으로 하며, 1차에 한하여 중임할 수 있다.

(1) 감사원장

원장은 감사원을 대표하며 소속 공무원을 지휘하고 감독한다. 원장이 궐위되거나 사고로 인하여 직무를 수행할 수 없을 때에는 감사위원으로 최장기간 재직한 감사위원이 그 권한을 대행한다. 다만, 재직기간이 같은 감사위원이 2명 이상인 경우에는 연장자가 그 권한을 대행한다(감사원법 제4조 제2항, 제3항).

(2) 임기 및 정년

감사위원의 임기는 4년으로 한다. 감사위원의 정년은 65세로 하고, 원장인 감사위원의 정년은 70세로 한다(감사원법 제6조 제1항, 제2항).

(3) 신분보장

감사위원은 탄핵결정이나 금고 이상의 형의 선고를 받았을 때, 장기의 심신쇠약으로 직무를 수행할 수 없게 된 때에 해당하는 경우가 아니면 본인의 의사에 반하여 면직되지 아니한다(감사원법 제8조 제1항).

(4) 정치운동의 금지

감사위원은 정당에 가입하거나 정치운동에 관여할 수 없다(감사원법 제10조).

2. 감사위원회의

감사위원회의는 원장을 포함한 감사위원 전원으로 구성하며, 원장이 의장이 된다. 감사위원회의는 재적 감사위원 과반수의 찬성으로 의결한다(감사원법 제11조 제1항, 제2항).

Ⅳ 감사원의 권한

> **헌법 제99조**
> 감사원은 세입·세출의 결산을 매년 검사하여 대통령과 차년도국회에 그 결과를 보고하여야 한다.
> **헌법 제100조**
> 감사원의 조직·직무범위·감사위원의 자격·감사대상공무원의 범위 기타 필요한 사항은 법률로 정한다.

1. 임무

감사원은 국가의 세입·세출의 결산검사를 하고, 감사원법 및 다른 법률에서 정하는 회계를 상시 검사·감독하여 그 적정을 기하며, 행정기관 및 공무원의 직무를 감찰하여 행정 운영의 개선과 향상을 기한다(감사원법 제20조).

2. 결산 및 회계검사

(1) 결산의 확인
감사원은 회계검사의 결과에 따라 국가의 세입·세출의 결산을 확인한다(감사원법 제21조).

(2) 검사사항

필요적 검사사항 (감사원법 22조①항)	• 국가의 회계 • 지방자치단체의 회계 • 한국은행의 회계와 국가 또는 지방자치단체가 자본금의 2분의 1 이상을 출자한 법인의 회계 • 다른 법률에 따라 감사원의 회계검사를 받도록 규정된 단체 등의 회계
선택적 검사사항 (감사원법 23조)	• 국가기관 또는 지방자치단체 외의 자가 국가 또는 지방자치단체를 위하여 취급하는 국가 또는 지방자치단체의 현금·물품 또는 유가증권의 출납 • 국가 또는 지방자치단체가 직접 또는 간접으로 보조금·장려금·조성금 및 출연금 등을 교부하거나 대부금 등 재정 원조를 제공한 자의 회계 • 국가 또는 지방자치단체가 자본금의 일부를 출자한 자의 회계 • 국가 또는 지방자치단체가 채무를 보증한 자의 회계 등

3. 직무감찰권

(1) 감찰 사항
감사원은 정부조직법 및 그 밖의 법률에 따라 설치된 행정기관의 사무와 그에 소속한 공무원의 직무, 지방자치단체의 사무와 그에 소속한 지방공무원의 직무 등을 감찰한다(감사원법 제24조 제1항). 감찰대상 행정기관에는 군기관과 교육기관을 포함한다(감사원법 제24조 제2항 본문).

> **판례**
>
> ▶ **감사원이 지방자치단체에 대하여 자치사무의 합법성뿐만 아니라 합목적성에 대하여도 감사한 행위가 법률상 권한 없이 이루어진 것인지**(소극): 직무감찰의 범위를 정한 감사원법 제24조 제1항 제2호에 의하면, 지방자치단체의 사무와 그에 소속한 지방공무원의 직무는 감사원의 감찰사항에 포함되며, 여기에는 공무원의 비위사실을 밝히기 위한 비위감찰권뿐만 아니라 공무원의 근무평정·행정관리의 적부심사분석과 그 개선 등에 관한 행정감찰권까지 포함된다고 해석된다. 또한 감사원법 규정들의 구체적 내용을 살펴보면 감사원의 직무감찰의 범위에 인사권자에 대하여 징계 등을 요구할 권한이 포함되고, 위법성뿐 아니라 부당성도 감사의 기준이 되는 것은 명백하다. 이러한 점에 비추어 보면, 위임사무나 자치사무의 구별 없이 합법성 감사뿐만 아니라 합목적성 감사도 포함한 이 사건 감사는 감사원법에 근거한 것으로서, 법률상 권한 없이 이루어진 것으로 보이지는 않는다(헌재 2008. 5. 29. 2005헌라3).

(2) 감찰 제외 사항
감찰대상 군기관에 소장급 이하의 장교가 지휘하는 전투를 주된 임무로 하는 부대 및 중령급 이하의 장교가 지휘하는 부대는 제외하고(감사원법 제24조 제2항 단서), 감찰대상 공무원에는 국회·법원 및 헌법재판소에 소속한 공무원은 제외한다(감사원법 제24조 제3항).

> **판례**
>
> ▶ **감사원에게 중앙선거관리위원회에 대한 직무감찰권이 존재하는지**(소극) : 선거관리가 그 사무의 성격상 행정작용에 해당한다고 하더라도, 선거관리위원회를 독립된 헌법기관으로 설치함으로써 선거관리에 정부가 영향력을 행사할 수 없도록 하여 선거관리의 독립성과 중립성을 보장하고자 하는 것이 헌법개정권자의 의사인 점을 고려하면, 헌법상 대통령 소속으로 행정부에 속한 감사원의 직무감찰 대상에 중앙선거관리위원회가 당연히 포함된다고 볼 수 없다. 또한 감사원의 직무감찰권은 행정부 내부의 통제장치로서의 성격을 갖는다고 볼 수 있는바, 정부와 독립된 헌법기관인 국회, 법원, 헌법재판소는 물론 이들 헌법기관과 마찬가지로 독립된 헌법기관으로 설치된 선거관리위원회도 헌법 제97조가 정한 감사원의 직무감찰 대상에 포함되지 않는다고 봄이 타당하다. 한편 정부와 독립된 헌법기관인 국회, 법원, 헌법재판소가 감사원의 직무감찰 대상에 해당하지 않음은 앞서 본 바와 같으므로, 이들 헌법기관 소속 공무원을 직무감찰 대상에서 제외한 감사원법 제24조 제3항은 예시적·확인적 규정에 불과하다. 따라서 감사원법 제24조 제3항이 중앙선거관리위원회를 직무감찰 제외대상으로 명시하지 않았다고 하더라도 중앙선거관리위원회가 감사원의 직무감찰 대상에 포함되지 않는다는 결론에는 아무런 차이가 없다(헌재 2025. 2. 27. 2023헌라5).

(3) 감찰 금지 사항

국무총리로부터 국가기밀에 속한다는 소명이 있는 사항과 국방부장관으로부터 군기밀이거나 작전상 지장이 있다는 소명이 있는 사항은 감찰할 수 없다(감사원법 제24조 제4항).

4. 감사결과와 처리

(1) 변상책임의 판정

1) 변상책임의 유무 판정

감사원은 감사 결과에 따라 따로 법률에서 정하는 바에 따라 회계관계직원 등에 대한 변상책임의 유무를 심리하고 판정한다(감사원법 제31조 제1항).

2) 재심의

① 청구

변상 판정에 대하여 위법 또는 부당하다고 인정하는 본인, 소속 장관, 감독기관의 장 또는 해당 기관의 장은 변상판정서가 도달한 날부터 3개월 이내에 감사원에 재심의를 청구할 수 있다(감사원법 제36조 제1항).

② 효력

청구에 따라 재심의한 사건에 대하여는 또다시 재심의를 청구할 수 없다. 다만, 감사원이 직권으로 재심의한 것에 대하여는 재심의를 청구할 수 있다(감사원법 제40조 제1항).

(2) 징계 요구

감사원은 국가공무원법과 그 밖의 법령에 규정된 징계 사유에 해당하거나 정당한 사유 없이 이 법에 따른 감사를 거부하거나 자료의 제출을 게을리한 공무원에 대하여 그 소속 장관 또는 임용권자에게 징계를 요구할 수 있다(감사원법 제32조 제1항).

(3) 시정 등 요구

감사원은 감사 결과 위법 또는 부당하다고 인정되는 사실이 있을 때에는 소속 장관, 감독기관의 장 또는 해당 기관의 장에게 시정·주의 등을 요구할 수 있다(감사원법 제33조 제1항).

(4) 개선 등 요구

감사원은 감사 결과 법령상·제도상 또는 행정상 모순이 있거나 그 밖에 개선할 사항이 있다고 인정할 때에는 국무총리, 소속 장관, 감독기관의 장 또는 해당 기관의 장에게 법령 등의 제정·개정 또는 폐지를 위한 조치나 제도상 또는 행정상의 개선을 요구할 수 있다(감사원법 제34조 제1항).

(5) 권고 등

감사원은 감사 결과 징계·시정·개선을 요구하는 것이 부적절한 경우, 관계 기관의 장이 자율적으로 처리할 필요가 있다고 인정되는 경우, 행정운영 등의 경제성·효율성 및 공정성 등을 위하여 필요하다고 인정되는 경우에는 소속 장관, 감독기관의 장 또는 해당 기관의 장에게 그 개선 등에 관한 사항을 권고하거나 통보할 수 있다(감사원법 제34조의2 제1항).

(6) 적극행정에 대한 면책

감사원 감사를 받는 사람이 불합리한 규제의 개선 등 공공의 이익을 위하여 업무를 적극적으로 처리한 결과에 대하여 그의 행위에 고의나 중대한 과실이 없는 경우에는 감사원법에 따른 징계 요구 또는 문책 요구 등 책임을 묻지 아니한다(감사원법 제34조의3 제1항).

(7) 고발

감사원은 감사 결과 범죄 혐의가 있다고 인정할 때에는 이를 수사기관에 고발하여야 한다(감사원법 제35조).

5. 감사원규칙 제정권

감사원은 감사에 관한 절차, 감사원의 내부규율과 감사사무 처리에 관한 규칙을 제정할 수 있다(감사원법 제52조).

제4절 선거관리위원회

제1항 선거관리위원회의 지위

> **헌법 제114조**
> ② 중앙선거관리위원회는 대통령이 임명하는 3인, 국회에서 선출하는 3인과 대법원장이 지명하는 3인의 위원으로 구성한다. 위원장은 위원 중에서 호선한다.
> ⑦ 각급 선거관리위원회의 조직·직무범위 기타 필요한 사항은 법률로 정한다.

참고

▶ 헌정사: 중앙선거관리위원회는 제3차 개정헌법에서, 각급선거관리위원회는 제5차 개정헌법에서 도입

제3차 개정헌법은 3·15 부정선거에 대한 반성적 조치로 선거관리사무 및 그 주체를 정부와 기능적·조직적으로 분리하여 독립된 헌법기관에 맡기도록 규정하였고, 이러한 체계는 현행헌법에 이르기까지 그대로 견지되고 있다. 이는 선거관리기구가 대의민주제에서 요청되는 독립적·중립적 선거관리라는 헌법적 과제를 제대로 수행하기 위해서는 외부 권력기관, 특히 대통령을 수반으로 하는 정부의 영향력을 제도적으로 차단할 필요가 있고, 이를 위해서는 선거관리사무를 행정부가 아닌 독립된 헌법기관에 맡겨야 한다는 헌법적 결단이 헌법체계에 반영된 결과라고 볼 수 있다(헌재 2025. 2. 27. 2023헌라5).

> **판례**
>
> ▶ 대통령이 헌법과 법률이 예정하지 않은 방법으로 군대를 동원하여 중앙선관위 청사에 무단으로 들어가 선거관리에 사용되는 전산시스템을 압수·수색하도록 한 것이 선거관리위원회의 독립성을 침해한 것인지(적극): 대통령은 헌법과 법률이 예정하지 않은 방법으로 군대를 동원하여 중앙선관위 청사에 무단으로 들어가 선거관리에 사용되는 전산시스템을 압수·수색하도록 하였다. 이는 선관위의 선거관리사무에 대한 부당한 간섭이자 <u>선거가 지니는 본래의 민주정치적 기능에 위협을 가하는 행위로서</u>, 선관위의 독립성을 철저히 보장하고자 하는 우리 헌법의 취지에 반하는 것이다(헌재 2025. 2. 27. 2023헌라5).

제2항 선거관리위원회의 종류와 구성

Ⅰ 선거관리위원회의 종류(선거관리위원회법 제2조 제1항)

- 중앙선거관리위원회 9인
- 특별시·광역시·도선거관리위원회 9인
- 구·시·군선거관리위원회 9인
- 읍·면·동선거관리위원회 7인

Ⅱ 선거관리위원회의 구성

> **헌법 제114조**
> ② 중앙선거관리위원회는 대통령이 임명하는 3인, 국회에서 선출하는 3인과 대법원장이 지명하는 3인의 위원으로 구성한다. 위원장은 위원 중에서 호선한다.
> ③ 위원의 임기는 6년으로 한다.
> ④ 위원은 정당에 가입하거나 정치에 관여할 수 없다.
> ⑤ 위원은 탄핵 또는 금고 이상의 형의 선고에 의하지 아니하고는 파면되지 아니한다.

1. 위원장

각급선거관리위원회에 위원장 1인을 둔다. 각급선거관리위원회의 위원장은 당해 선거관리위원회 위원 중에서 호선한다(선거관리위원회법 제5조 제1항, 제2항).

위원장이 사고가 있을 때에는 상임위원 또는 부위원장이 그 직무를 대행하며 위원장·상임위원·부위원장이 모두 사고가 있을 때에는 위원 중에서 임시위원장을 호선하여 위원장의 직무를 대행하게 한다(선거관리위원회법 제5조 제5항).

2. 위원

(1) 임명 및 위촉

중앙선거관리위원회는 대통령이 임명하는 3인, 국회에서 선출하는 3인과 대법원장이 지명하는 3인의 위원으로 구성한다. 이 경우 위원은 국회의 인사청문을 거쳐 임명·선출 또는 지명하여야 한다(선거관리위원회법 제4조 제1항).

법관과 법원공무원 및 교육공무원 이외의 공무원은 각급선거관리위원회의 위원이 될 수 없다(선거관리위원회법 제4조 제6항).

(2) 상임위원

중앙선거관리위원회와 시·도선거관리위원회에 위원장을 보좌하고 그 명을 받아 소속 사무처의 사무를 감독하게 하기 위하여 각 1인의 상임위원을 둔다(선거관리위원회법 제6조 제1항).

(3) 임기

각급선거관리위원회원의 임기는 6년으로 한다. 다만, 구·시·군선거관리위원회 위원의 임기는 3년으로 하되, 한 차례만 연임할 수 있다(선거관리위원회법 제8조).

제3항 선거관리위원회의 직무와 운영

Ⅰ 선거관리위원회의 직무

> **헌법 제114조**
> ① 선거와 국민투표의 공정한 관리 및 정당에 관한 사무를 처리하기 위하여 선거관리위원회를 둔다.

선거관리위원회는 법령이 정하는 바에 의하여 국가 및 지방자치단체의 선거에 관한 사무, 국민투표에 관한 사무, 정당에 관한 사무, 공공단체 등 위탁선거에 관한 법률에 따른 위탁선거에 관한 사무, 기타 법령으로 정하는 사무를 행한다(선거관리위원회법 제3조).

II 선거관리위원회의 운영

1. 회의소집
각급선거관리위원회의 회의는 당해 위원장이 소집한다. 다만, 위원 3분의 1 이상의 요구가 있을 때에는 위원장은 회의를 소집하여야 하며 위원장이 회의소집을 거부할 때에는 회의소집을 요구한 3분의 1 이상의 위원이 직접 회의를 소집할 수 있다(선거관리위원회법 제11조 제1항).

2. 의결정족수
각급선거관리위원회는 위원과반수의 출석으로 개의하고 출석위원 과반수의 찬성으로 의결한다. 위원장은 표결권을 가지며 가부동수인 때에는 결정권을 가진다(선거관리위원회법 제10조 제1항, 제2항).

제4항 선거관리위원회의 권한과 경비

I 선거관리위원회의 권한과 의무

1. 규칙제정권

> **헌법 제114조**
> ⑥ 중앙선거관리위원회는 법령의 범위 안에서 선거관리·국민투표관리 또는 정당사무에 관한 규칙을 제정할 수 있으며, 법률에 저촉되지 아니하는 범위 안에서 내부규율에 관한 규칙을 제정할 수 있다.

판례

▶ **공직선거에 관한 사무처리 예규의 법규적 효력이 인정되는지**(소극) : 공직선거에 관한 사무처리 예규는, 각급선거관리위원회와 그 위원 및 직원이 공직선거에 관한 사무를 표준화·정형화하고, 관련법규의 구체적인 운용기준을 마련하는 등 선거사무의 처리에 관한 통일적 기준과 지침을 제공함으로써 공정하고 원활한 선거관리를 기함을 목적으로 하는 것이므로, 개표관리 및 투표용지의 유·무효를 가리는 업무에 종사하는 각급선거관리위원회 직원 등에 대한 업무처리지침 내지 사무처리준칙에 불과할 뿐 국민이나 법원을 구속하는 효력이 없는 행정규칙이라고 할 것이다(헌재 2000. 6. 29. 2000헌마325).

2. 선거계도
각급선거관리위원회는 선거권자의 주권의식의 앙양을 위하여 상시계도를 실시하여야 한다. 중앙선거관리위원회는 상시계도를 위한 사업을 적당하다고 인정하는 단체에 위탁하여 행하게 할 수 있다(선거관리위원회법 제14조 제1항, 제3항).

3. 선거법 위반행위에 대한 중지·경고
각급선거관리위원회의 위원·직원은 직무수행중에 선거법 위반행위를 발견한 때에는 중지·경고 또는 시정명령을 하여야 하며, 그 위반행위가 선거의 공정을 현저하게 해치는 것으로 인정되거나 중지·경고 또는 시정명령을 불이행하는 때에는 관할수사기관에 수사의뢰 또는 고발할 수 있다(선거관리위원회법 제14조의2).

4. 법령에 관한 의견표시 등

행정기관이 선거·국민투표 및 정당관계법령을 제정·개정 또는 폐지하고자 할 때에는 미리 당해 법령안을 중앙선거관리위원회에 송부하여 그 의견을 구하여야 하고, 중앙선거관리위원회는 선거·국민투표·정당관계법률, 주민투표·주민소환관계법률에 해당하는 법률의 제정·개정 등이 필요하다고 인정하는 경우에는 국회에 그 의견을 서면으로 제출할 수 있다(선거관리위원회법 제17조 제1항, 제2항).

Ⅱ 선거관리위원회의 경비

중앙선거관리위원회의 경비는 독립하여 국가예산에 이를 계상하여야 한다. 경비 중에는 예비금을 두며, 중앙선거관리위원회의 예비금은 중앙선거관리위원회의 의결을 거쳐 지출한다(선거관리위원회법 제18조 제1항, 제2항, 제3항).

제5절 법원

제1항 사법권의 독립

Ⅰ 사법권 독립의 의의

1. 개념

사법권의 독립은 권력분립을 그 중추적 내용의 하나로 하는 자유민주주의 체제의 특징적 지표이고 법치주의의 요소를 이룬다. 사법권의 독립은 재판상의 독립, 즉 법관이 재판을 함에 있어서 오직 헌법과 법률에 의하여 그 양심에 따라 할 뿐 어떠한 외부적인 압력이나 간섭도 받지 않는다는 것뿐만 아니라 재판의 독립을 위해 법관의 신분보장도 차질 없이 이루어져야 함을 의미한다(헌재 2016. 9. 29. 2015헌바331).

2. 취지

사법권의 독립은 권력분립원칙을 중추적 내용의 하나로 하는 자유민주주의 체제의 특징적 지표이자 법치주의의 한 요소를 이룸과 동시에 헌법 제27조에서 보장하는 국민의 재판청구권이 올바로 행사되도록 하기 위한 측면에서 그 의의가 있다. 또한 사법부가 행정부 및 입법부를 견제하는 데에도 중요한 역할을 수행하기 때문에 모든 국가기관에게는 사법권의 독립을 지키고 존중할 의무가 있으며 과도한 간섭과 통제 등으로 이를 침해하여서는 안 된다(헌재 2025. 4. 4. 2024헌나8).

> **판례**
>
> ▶ **대통령의 '법조인에 대한 위치 확인 시도'가 사법권의 독립을 침해한 것인지**(적극) : 대통령은 행정부 수반의 지위에서 전 대법원장 및 전 대법관에 대하여 행해진 필요시 체포할 목적의 위치 확인 지시에 관여하였는바, 이는 현직 법관들로 하여금 언제든지 행정부에 의한 체포 대상이 될 수 있다는 압력을 받게 하므로 사법권의 독립을 침해한 것이다(헌재 2025. 4. 4. 2024헌나8).

II 사법권 독립의 내용

1. 내용 일반

헌법 제101조 제1항은 사법권을 법관으로 구성된 법원에 속하도록 규정하여 조직·운영·기능의 면에서 법원의 독립을 보장하고, 제103조는 법관이 재판을 함에 있어 법과 양심에 따른 구속 이외에 어떠한 외부적인 압력이나 간섭을 받지 않도록 법관의 직무상 독립, 즉, 재판상 독립을 보장하고 있다. 또한 헌법은 법관의 자격을 법률로 정하도록 하고 임기를 보장하는 한편 자의적인 파면이나 불이익한 처분을 받지 않도록 하는 등 법관의 신분도 보장하고 있다(제101조 제3항, 제105조, 제106조 제1항 등). 이와 같은 법원의 독립, 법관의 재판상 독립, 신분보장 등은 모두 사법권의 독립을 구성하는 요소들이다(헌재 2025. 4. 4. 2024헌나8).

2. 법원의 독립

> **헌법 제101조**
> ① 사법권은 법관으로 구성된 법원에 속한다.

3. 법관의 독립

> **헌법 제103조**
> 법관은 헌법과 법률에 의하여 그 양심에 따라 독립하여 심판한다.

(1) 재판상 독립

1) 헌법과 법률에 의한 재판

법관은 헌법과 법률에 구속된다. 여기서 헌법이란 성문헌법은 물론 관습헌법을 포함하며, 법률은 형식적 의미의 법률 외에 조약·명령·자치법규·관습법 등 재판의 기준이 되는 모든 법규를 말한다. 다만 형사재판의 경우 죄형법정주의가 지배하므로 형식적 의미의 법률이어야 한다.

2) 양심에 따른 재판

헌법 제103조의 양심이란 헌법 제19조의 개인적·윤리적 양심을 의미하는 것이 아니라 법관으로서의 양심, 즉 "객관적·법조적 양심"을 의미한다. 따라서 법관으로서의 양심과 인간으로서의 양심이 저촉하는 경우, 법관으로서의 양심이 우선한다.

> **판례**
>
> ▶ **작량감경을 하여도 집행유예를 선고할 수 없도록 법정형을 정한 것이 법관의 양형재량권을 침해하는지**(소극): 이 사건 법률조항에 해당하는 경우에도 법률상 감경사유가 경합되거나 법률상 감경사유와 작량감경사유가 경합되는 때에는 그 형의 집행을 유예받을 수도 있으므로 집행유예의 가능성이 법률상 전면적으로 봉쇄되어 있는 것도 아니다. 따라서 이 사건 법률조항이 별도의 법률상 감경사유가 없는 한 집행유예의 선고를 할 수 없도록 그 법정형을 정하였다고 하여 곧 그것이 법관의 양형결정권을 침해하였다거나 법관독립의 원칙에 위배된다고 할 수 없다(헌재 2001. 11. 29. 2001헌가16).
>
> ▶ **"상급법원 재판에서의 판단은 해당 사건에 관하여 하급심을 기속한다"고 규정하고 있는 법원조직법 제8조의 규범적 의미**: 어떤 사건의 판례가 그 후 동종의 사건에 대하여 어떠한 효력을 갖는가는 학문상 이른바 "선례의 구속력"이라든가 "판례의 법원성(法源性)"이라는 문제로서 논의되어 왔다. 선례구속성의 원리가 지배하여 온 영미법계국가에서는 판례법이 법의 근간을 이루고 있는 반면, 대륙법계국가에서는 상급법원의 판례가 하급법원을 구속한다는 원칙은 인정되지 않으며 법관은 헌법과 법률에만 구속된다고 하기 때문에 판례는 사실상의 구속력밖에 없고 따라서 판례의 법원성은 부정되는 것이 보통이다. 우리나라에 있어서도 다른 대륙법계국가와 사정은 비슷하다. 법원조직법 제8조는 심급제도의 합리적 유지를 위하여 당해사건에 한하여 구속력을 인정한 것이고 그 후의 동종의 사건에 대한 선례로서의 구속력에 관한 것은 아니다(헌재 2002. 6. 27. 2002헌마18).

(2) 신분상 독립

1) 법관인사의 독립

> **헌법 제104조**
> ③ 대법원장과 대법관이 아닌 법관은 대법관회의의 동의를 얻어 대법원장이 임명한다.

2) 법관자격법정주의

> **헌법 제101조**
> ③ 법관의 자격은 법률로 정한다.

3) 법관의 임기제·연임제·정년제

> **헌법 제105조**
> ① 대법원장의 임기는 6년으로 하며, 중임할 수 없다.
> ② 대법관의 임기는 6년으로 하며, 법률이 정하는 바에 의하여 연임할 수 있다.
> ③ 대법원장과 대법관이 아닌 법관의 임기는 10년으로 하며, 법률이 정하는 바에 의하여 연임할 수 있다.
> ④ 법관의 정년은 법률로 정한다.

① 연임제

임기가 끝난 판사는 인사위원회의 심의를 거치고 대법관회의의 동의를 받아 대법원장의 연임발령으로 연임한다. 대법원장은 신체상 또는 정신상의 장해로 판사로서 정상적인 직무를 수행할 수 없는 경우, 근무성적이 현저히 불량하여 판사로서 정상적인 직무를 수행할 수 없는 경우, 판사로서의 품위를 유지하는 것이 현저히 곤란한 경우에 해당한다고 인정되는 판사에 대해서는 연임발령을 하지 아니한다(법원조직법 제45조의2 제1항, 제2항).

> **판례**
>
> ▶ **근무성적이 현저히 불량하여 판사로서 정상적인 직무를 수행할 수 없는 경우에 연임발령을 하지 않도록 규정한 구 법원조직법 제45조의2 제2항 제2호가 사법의 독립을 침해하는지**(소극): 연임결격조항은 직무를 제대로 수행하지 못하는 판사를 그 직에서 배제하여 사법부 조직의 효율성을 유지하기 위한 것으로 그 정당성이 인정된다. 판사의 근무성적은 공정한 기준에 따를 경우 판사의 사법운영능력을 판단함에 있어 다른 요소에 비하여 보다 객관적인 기준으로 작용할 수 있고, 이를 통해 국민의 재판청구권의 실질적 보장에도 기여할 수 있다. 나아가 연임 심사과정에서 해당 판사에게 의견진술권 및 자료제출권이 보장되고, 연임하지 않기로 한 결정에 불복하여 행정소송을 제기할 수 있는 점 등을 고려할 때, 판사의 신분보장과 관련한 예측가능성이나 절차상의 보장이 현저히 미흡하다고 볼 수도 없으므로, 이 사건 연임결격조항은 사법의 독립을 침해한다고 볼 수 없다(헌재 2016. 9. 29. 2015헌바331).

② 정년제

대법원장과 대법관의 정년은 각각 70세, 판사의 정년은 65세로 한다. 판사는 그 정년에 이른 날이 2월에서 7월 사이에 있는 경우에는 7월 31일에, 8월에서 다음 해 1월 사이에 있는 경우에는 다음 해 1월 31일에 각각 당연히 퇴직한다(법원조직법 제45조 제4항, 제5항).

> **판례**
>
> ▶ **법관정년제 자체의 위헌성 판단과 법관의 정년연령을 규정한 법률의 위헌판단**: 헌법 제105조 제4항에서, "법관의 정년은 법률로 정한다."라고 규정하여 '법관정년제' 자체를 헌법에서 명시적으로 채택하고 있으며, 다만, 구체적인 정년연령을 법률로 정하도록 위임하고 있을 뿐이다. 따라서 '법관정년제' 자체의 위헌성 판단은 헌법규정에 대한 위헌주장으로, 종전 우리 헌법재판소 판례에 의하면, 위헌판단의 대상이 되지 아니한다. 물론 이 경우에도 법관의 정년연령을 규정한 법률의 구체적인 내용에 대하여는 위헌판단의 대상이 될 수 있다(헌재 2002. 10. 31. 2001헌마557).

4) 법관의 신분보장

① 파면 및 불리한 처분의 제한

> **헌법 제106조**
> ① 법관은 탄핵 또는 금고 이상의 형의 선고에 의하지 아니하고는 파면되지 아니하며, 징계처분에 의하지 아니하고는 정직·감봉 기타 불리한 처분을 받지 아니한다.

② 강제퇴직의 제한

> **헌법 제106조**
> ② 법관이 중대한 심신상의 장해로 직무를 수행할 수 없을 때에는 법률이 정하는 바에 의하여 퇴직하게 할 수 있다.

법관이 중대한 신체상 또는 정신상의 장해로 직무를 수행할 수 없을 때에는, 대법관인 경우에는 대법원장의 제청으로 대통령이 퇴직을 명할 수 있고, 판사인 경우에는 인사위원회의 심의를 거쳐 대법원장이 퇴직을 명할 수 있다(법원조직법 제47조).

③ 징계
　㉠ 징계위원회
　　법관에 대한 징계사건을 심의·결정하기 위하여 대법원에 법관징계위원회를 두며, 위원회는 위원장 1명과 위원 6명으로 구성하고, 예비위원 3명을 둔다(법관징계법 제4조 제1항, 제2항).
　㉡ 징계사유
　　법관에 대한 징계사유는 법관이 직무상 의무를 위반하거나 직무를 게을리한 경우, 법관이 그 품위를 손상하거나 법원의 위신을 떨어뜨린 경우이다(법관징계법 제2조).
　㉢ 징계처분의 종류
　　법관에 대한 징계처분은 정직·감봉·견책의 세 종류로 한다(법원조직법 제3조 제1항).
　㉣ 징계절차의 정지
　　징계 사유에 관하여 탄핵의 소추가 있는 경우에는 그 절차가 완결될 때까지 징계절차는 정지되고, 위원회는 징계 사유에 관하여 공소가 제기된 경우에는 그 절차가 완결될 때까지 징계절차를 정지할 수 있다(법관징계법 제20조 제1항, 제2항).
　㉤ 불복절차
　　징계 등 처분에 대하여 불복하려는 경우에는 징계 등 처분이 있음을 안 날부터 14일 이내에 전심절차를 거치지 아니하고 대법원에 징계 등 처분의 취소를 청구하여야 한다. 대법원은 징계 등 처분의 취소청구사건을 단심(單審)으로 재판한다(법관징계법 제27조 제1항, 제2항).

> **판례**
>
> ▶ **법관에 대한 징계처분 취소청구소송을 대법원의 단심재판에 의하도록 한 구 법관징계법 제27조가 헌법상 재판청구권을 침해하는지**(소극) : 법관에 대한 대법원장의 징계처분 취소청구소송을 대법원에 의한 단심재판에 의하도록 규정한 것은 독립적으로 사법권을 행사하는 법관이라는 지위의 특수성과 법관에 대한 징계절차의 특수성을 감안하여 재판의 신속을 도모하기 위한 것으로 그 합리성을 인정할 수 있고, 대법원이 법관에 대한 징계처분 취소청구소송을 단심으로 재판하는 경우에는 사실확정도 대법원의 권한에 속하여 법관에 의한 사실확정의 기회가 박탈되었다고 볼 수 없으므로, 헌법 제27조 제1항의 재판청구권을 침해하지 아니한다 (헌재 2012. 2. 23. 2009헌바34).

④ 파견근무의 제한
　대법원장은 다른 국가기관으로부터 법관의 파견근무 요청을 받은 경우에 업무의 성질상 법관을 파견하는 것이 타당하다고 인정되고 해당 법관이 파견근무에 동의하는 경우에는 그 기간을 정하여 이를 허가할 수 있다(법원조직법 제50조).
　법관은 대통령비서실에 파견되거나 대통령비서실의 직위를 겸임할 수 없고, 법관으로서 퇴직 후 2년이 지나지 아니한 사람은 대통령비서실의 직위에 임용될 수 없다(법원조직법 제50조의2 제1항, 제2항).

제2항 법원의 조직

I 법원의 종류

> **헌법 제101조**
> ② 법원은 최고법원인 대법원과 각급법원으로 조직된다.
>
> **헌법 제102조**
> ③ 대법원과 각급법원의 조직은 법률로 정한다.

법원은 대법원, 고등법원, 특허법원, 지방법원, 가정법원, 행정법원, 회생법원 7종류로 한다(법원조직법 제3조 제1항).

II 대법원

1. 헌정사

구분	구성	관할
제헌헌법	• 대법원장, 대법관 • 대법원장(대통령 임명, 국회 승인)	• 대법원규칙제정권 • 법률의 위헌제청권(헌법위원회) • 명령·규칙·처분심사권
제3차 개정헌법	• 대법원장, 대법관 • 선거인단에 의한 선거 • 일반법관(대법원장 임명)	• 대법원규칙제정권 • 명령·규칙·처분심사권
제5차 개정헌법	• 대법원장, 대법관 • 법관추천회의제도	• 위헌법률심사권 • 헌법의 해석 • 정당해산심판권
제7차 개정헌법	• 대법원장, 대법원판사 • 대법원장(국회 동의, 대통령 임명) • 법관(대법원장 제청, 대통령 임명)	• 명령·규칙심사권 • 선거소송 • 법률의 위헌제청권(헌법위원회)
제8차 개정헌법	• 대법원장, 대법원판사, 대법원판사 아닌 법관 • 대법원장(국회 동의, 대통령 임명) • 대법원판사(대법원장 제청, 대통령 임명) • 일반법관(대법원장 임명)	• 명령·규칙심사권 • 선거소송 • 법률의 위헌제청권(헌법위원회)

2. 구성

(1) 대법관과 대법관이 아닌 법관

> 헌법 제102조
> ② 대법원에 대법관을 둔다. 다만, 법률이 정하는 바에 의하여 대법관이 아닌 법관을 둘 수 있다.

1) 대법원장과 대법관
대법원에 대법원장을 둔다(법원조직법 제13조 제1항). 대법원에 대법관을 두며, 대법관의 수는 대법원장을 포함하여 14명으로 한다(법원조직법 제4조 제1항, 제2항).

2) 재판연구관
대법원에 재판연구관을 둔다. 재판연구관은 대법원장의 명을 받아 대법원에서 사건의 심리 및 재판에 관한 조사·연구 업무를 담당하며, 재판연구관은 판사로 보하거나 3년 이내의 기간을 정하여 판사가 아닌 사람 중에서 임명할 수 있다(법원조직법 제24조 제1항, 제2항, 제3항).

(2) 임명

> 헌법 제104조
> ① 대법원장은 국회의 동의를 얻어 대통령이 임명한다.
> ② 대법관은 대법원장의 제청으로 국회의 동의를 얻어 대통령이 임명한다.
> ③ 대법원장과 대법관이 아닌 법관은 대법관회의의 동의를 얻어 대법원장이 임명한다.

3. 대법원의 조직

> 헌법 제102조
> ① 대법원에 부를 둘 수 있다.

(1) 대법원장
대법원장은 대법원의 일반사무를 관장하며, 대법원의 직원과 각급 법원 및 그 소속 기관의 사법행정사무에 관하여 직원을 지휘·감독한다(법원조직법 제13조 제2항).
대법원장이 궐위되거나 부득이한 사유로 직무를 수행할 수 없을 때에는 선임대법관이 그 권한을 대행한다(법원조직법 제13조 제3항).

(2) 대법관회의
대법관회의는 대법관으로 구성되며, 대법원장이 그 의장이 된다. 대법관회의는 대법관 전원의 3분의 2 이상의 출석과 출석인원 과반수의 찬성으로 의결하고, 의장은 의결에서 표결권을 가지며, 가부동수일 때에는 결정권을 가진다(법원조직법 제16조 제1항, 제2항, 제3항).

(3) 양형위원회

1) 설치

형을 정할 때 국민의 건전한 상식을 반영하고 국민이 신뢰할 수 있는 공정하고 객관적인 양형을 실현하기 위하여 대법원에 양형위원회를 둔다(법원조직법 제81조의2 제1항).

2) 구성

위원회는 위원장 1명을 포함한 13명의 위원으로 구성하되, 위원장이 아닌 위원 중 1명은 상임위원으로 한다(법원조직법 제81조의3 제1항).

3) 양형기준의 효력

법관은 형의 종류를 선택하고 형량을 정할 때 양형기준을 존중하여야 한다. 다만, 양형기준은 법적 구속력을 갖지 아니한다(법원조직법 제81조의7 제1항).

4. 대법원의 심판권

(1) 범위

대법원은 고등법원 또는 항소법원·특허법원의 판결에 대한 '상고사건', 항고법원·고등법원 또는 항소법원·특허법원의 결정·명령에 대한 '재항고사건', 다른 법률에 따라 대법원의 권한에 속하는 사건을 종심(終審)으로 심판한다(법원조직법 제14조).

(2) 행사

1) 전원합의체(법원조직법 제7조 제1항)

구성과 조직	• 대법원의 심판권은 대법관 전원의 3분의 2 이상의 합의체에서 행사 • 대법원장이 재판장
관장 사항	• 명령 또는 규칙이 헌법에 위반된다고 인정하는 경우 • 명령 또는 규칙이 법률에 위반된다고 인정하는 경우 • 종전에 대법원에서 판시한 헌법·법률·명령 또는 규칙의 해석 적용에 관한 의견을 변경할 필요가 있다고 인정하는 경우 • 부에서 재판하는 것이 적당하지 아니하다고 인정하는 경우

판례

▶ **법원조직법 제7조 제1항 제2호에서 말하는 명령 또는 규칙의 의미**: 명령 또는 규칙이 법률에 위반한 경우에는 대법관 전원의 2/3이상의 합의체에서 심판하도록 규정한 법원조직법 제7조 제1항 제2호에서 말하는 명령 또는 규칙이라 함은 국가와 국민에 대하여 일반적 구속력을 가지는 이른바 법규로서의 성질을 가지는 명령 또는 규칙을 의미한다(대판 1990. 2. 27. 88재누55).

2) 부

대법원장은 필요하다고 인정하는 경우에 특정한 부로 하여금 행정·조세·노동·군사·특허 등의 사건을 전담하여 심판하게 할 수 있다(법원조직법 제7조 제2항).

Ⅲ 군사법원

1. 지위

> **헌법 제110조**
> ① 군사재판을 관할하기 위하여 특별법원으로서 군사법원을 둘 수 있다.

헌법 제110조 제1항에서 "특별법원으로서 군사법원을 둘 수 있다"는 의미는 군사법원을 일반법원과 조직 권한 및 재판관의 자격을 달리하여 특별법원으로 설치할 수 있다는 뜻으로 해석되므로 법률로 군사법원을 설치함에 있어서 군사재판의 특수성을 고려하여 그 조직 권한 및 재판관의 자격을 일반법원과 달리 정하는 것은 헌법상 허용되고 있다(헌재 1996. 10. 31. 93헌바25).

2. 설치

> **헌법 제110조**
> ③ 군사법원의 조직·권한 및 재판관의 자격은 법률로 정한다.

군사법원은 국방부장관 소속으로 하며, 중앙지역군사법원·제1지역군사법원·제2지역군사법원·제3지역군사법원 및 제4지역군사법원으로 구분하여 설치한다(군사법원법 제6조).

3. 심판사항

> **헌법 제110조**
> ② 군사법원의 상고심은 대법원에서 관할한다.
> ④ 비상계엄하의 군사재판은 군인·군무원의 범죄나 군사에 관한 간첩죄의 경우와 초병·초소·유독음식물공급·포로에 관한 죄중 법률이 정한 경우에 한하여 단심으로 할 수 있다. 다만, 사형을 선고한 경우에는 그러하지 아니하다.

판례

▶ **헌법 제110조 제2항의 취지**: 헌법 제110조 제2항은 군사법원의 상고심을 대법원에서 관할하도록 정하고 같은 조 제4항은 군사법원에서의 단심재판을 제한하도록 규정하고 있으나, 군사법원은 헌법 제110조 제1항이 정한 특별법원으로서 군사법원의 재판은 헌법 제27조 제1항이 규정하는 법률이 정한 법관에 의한 재판이라고 보기 어렵기 때문에 국민의 재판을 받을 권리가 침해되는 것을 방지하기 위하여 예외적으로 규정한 것일 뿐 위 조항을 근거로 하여 모든 사건에 관하여 반드시 대법원이 상고심으로서 관할하여야 한다고 할 수는 없다(헌재 1995. 1. 20. 90헌바1).

4. 심판기관

(1) 군사법원의 재판관
군사법원에서는 군판사 3명을 재판관으로 하고, 약식절차에서는 군판사 1명을 재판관으로 한다(군사법원법 제22조 제1항, 제2항).

(2) 군판사의 임용자격
군사법원장은 군법무관으로서 15년 이상 복무한 영관급 이상의 장교 중에서 임명하고, 군판사는 군법무관으로서 10년 이상 복무한 영관급 이상의 장교 중에서 임명한다(군사법원법 제24조 제1항, 제2항).

제3항 사법절차와 운영

I 심급제도

> **헌법 제101조**
> ② 법원은 최고법원인 대법원과 각급법원으로 조직된다.
>
> **헌법 제102조**
> ③ 대법원과 각급법원의 조직은 법률로 정한다.

1. 의의
심급제도란 공정한 재판을 확보하기 위하여 급이 다른 법원에서 여러 번 재판 받을 수 있도록 하는 제도를 말한다(헌재 1995. 1. 20. 90헌바1).

2. 현행법상 심급제도

(1) 3심제 원칙
헌법은 심급제를 보장하면서 동시에 '대법원과 각급법원의 조직은 법률로 정한다.'고 규정하고 있는데 법원조직법은 원칙적으로 3심제를 채택하고 있다. 1심 판결에 불복하여 2심 판결을 구하는 것을 항소라고 하고, 2심 판결에 불복하여 3심 판결을 구하는 것을 상고라 한다.

(2) 3심제의 예외

2심제	• 특허소송(법원조직법 14조 1호) • 지역구시·도의원선거, 자치구·시·군의원선거 및 자치구·시·군의 장 선거의 선거쟁송(공직선거법 222조②항, 223조②항) • 공정거래위원회의 처분에 대하여 불복의 소(공정거래법 55조) • 해양사고에 대한 중앙심판의 재결에 대한 소송(해양사고심판법 74조①항)
단심제	• 대통령 및 국회의원 선거의 선거쟁송(공직선거법 222조①항, 223조①항) • 비례대표시·도의원 및 시·도지사선거의 선거쟁송(공직선거법 222조①항, 223조①항) • 비상계엄하의 군사재판. 단, 사형을 선고하는 경우에는 예외(헌법 110조④항) • 법관징계에 대한 취소소송(법관징계법 27조②항)

Ⅱ 공개제도

> **헌법 제109조**
> 재판의 심리와 판결은 공개한다. 다만, 심리는 국가의 안전보장 또는 안녕질서를 방해하거나 선량한 풍속을 해할 염려가 있을 때에는 법원의 결정으로 공개하지 아니할 수 있다.

제4항 법원의 권한

Ⅰ 쟁송재판권

법원은 헌법에 특별한 규정이 있는 경우를 제외한 모든 법률상의 쟁송(爭訟)을 심판하고, 이 법과 다른 법률에 따라 법원에 속하는 권한을 가진다(법원조직법 제2조 제1항). 법원에 인정되는 쟁송재판권에는 민사재판권, 형사재판권, 행정재판권, 선거쟁송재판권 등이 있다.

Ⅱ 명령·규칙심사권

> **헌법 제107조**
> ② 명령·규칙 또는 처분이 헌법이나 법률에 위반되는 여부가 재판의 전제가 된 경우에는 대법원은 이를 최종적으로 심사할 권한을 가진다.

1. 법적 성격

헌법 제107조 제2항은 "명령·규칙 또는 처분이 헌법이나 법률에 위반되는 여부가 재판의 전제가 된 경우에는 대법원은 이를 최종적으로 심사할 권한을 가진다."라고 규정함으로써 명령·규칙에 대한 추상적 규범통제가 아닌 구체적 규범통제를 원칙으로 하고 있다(대판 2016. 9. 22. 2014추521).

2. 주체

각급 법원(군사법원 포함)은 명령·규칙을 심사할 수 있다. 다만 명령·규칙의 위헌·위법 여부를 최종적으로 심사할 권한은 대법원에 있다(헌법 제107조 제2항).

3. 요건

(1) **명령·규칙**

헌법 제107조 제2항에서 규정하고 있는 명령 또는 규칙이란 법규로서의 성질을 가지는 명령 또는 규칙을 말한다. 따라서 행정규칙은 원칙적으로 포함되지 않지만, 이른바 법령보충적 행정규칙과 같이 대외적 구속력이 인정되는 경우, 명령·규칙심사권의 대상이 된다.

(2) 재판의 전제성

법원이 법률 하위의 법규명령, 규칙, 조례, 행정규칙 등이 위헌·위법인지를 심사하려면 그것이 재판의 전제가 되어야 한다. 여기에서 재판의 전제란 구체적 사건이 법원에 계속 중이어야 하고, 위헌·위법인지가 문제 된 경우에는 규정의 특정 조항이 해당 소송사건의 재판에 적용되는 것이어야 하며, 그 조항이 위헌·위법인지에 따라 그 사건을 담당하는 법원이 다른 판단을 하게 되는 경우를 말한다(대판 2019. 6. 13. 2017두33985).

> **판례**
>
> ▶ **대법원규칙에 대한 헌법재판소의 위헌심사권이 인정되는지**(적극): 헌법 제107조 제2항이 규정한 명령·규칙에 대한 대법원의 최종심사권이란 구체적인 소송사건에서 명령·규칙의 위헌 여부가 재판의 전제가 되었을 경우 법률의 경우와는 달리 헌법재판소에 제청할 것 없이 대법원이 최종적으로 심사할 수 있다는 의미이며, 명령·규칙 그 자체에 의하여 직접 기본권이 침해되었음을 이유로 하여 헌법소원심판을 청구하는 것은 위 헌법규정과는 아무런 상관이 없는 문제이다(헌재 1990. 10. 15. 89헌마178).

4. 효력

명령 또는 규칙이 헌법이나 법률에 위반된다고 인정하는 경우 법원은 그 명령 또는 규칙을 당해 사건에 적용하는 것을 거부할 수 있을 뿐 무효를 선언할 수 없다(개별적 효력부인).

5. 위헌·위법판결 공고제

행정소송에 대한 대법원판결에 의하여 명령·규칙이 헌법 또는 법률에 위반된다는 것이 확정된 경우에는 대법원은 지체 없이 그 사유를 행정안전부장관에게 통보하여야 하고, 통보를 받은 행정안전부장관은 지체 없이 이를 관보에 게재하여야 한다(행정소송법 제6조 제1항, 제2항).

III 대법원의 규칙제정권

> **헌법 제108조**
> 대법원은 법률에서 저촉되지 아니하는 범위 안에서 소송에 관한 절차, 법원의 내부규율과 사무처리에 관한 규칙을 제정할 수 있다.

> **판례**
>
> ▶ **대법원규칙으로 위임하는 경우에도 포괄위임금지원칙을 준수해야 하는지**(적극): 대법원은 헌법 제108조에 근거하여 입법권의 위임을 받아 규칙을 제정할 수 있다 할 것이고, 헌법 제75조에 근거한 포괄위임금지원칙은 법률에 이미 하위법규에 규정될 내용 및 범위의 기본사항이 구체적으로 규정되어 있어서 누구라도 당해 법률로부터 하위법규에 규정될 내용의 대강을 예측할 수 있어야 함을 의미하므로, 위임입법이 대법원규칙인 경우에도 수권법률에서 이 원칙을 준수하여야 함은 마찬가지이다(헌재 2016. 6. 30. 2013헌바27).
>
> ▶ **대법원규칙으로 위임하는 경우, 위임의 구체성·명확성의 요청 정도**: 대법원규칙으로 규율될 내용들은 소송에 관한 절차와 같이 법원의 전문적이고 기술적인 사무에 관한 것이 대부분일 것인바, 법원의 축적된 지식과 실제적 경험의 활용, 규칙의 현실적 적응성과 적시성의 확보라는 측면에서 수권법률에서의 위임의 구체성·명확성의 정도는 다른 규율 영역에 비해 완화될 수 있을 것이다(헌재 2016. 6. 30. 2013헌바370).

제6절 헌법재판소

제1항 헌법재판소의 헌법상 지위

I 헌정사

제헌헌법	헌법위원회	위헌법률심판
	탄핵재판소	탄핵심판
제3차 개정헌법	헌법재판소	• 위헌법률심판 • 헌법에 관한 최종적 해석권 • 국가기관 간의 권한쟁의심판 • 정당해산심판 • 탄핵심판 • 대통령·대법원장·대법관의 선거에 관한 소송
제5차 개정헌법	법원	• 위헌정당해산심판 • 위헌법률심판
	탄핵심판위원회	탄핵심판
제7차 개정헌법	헌법위원회	• 위헌법률심판(대법원의 불송부결정권) • 탄핵심판 • 위헌정당해산심판
제8차 개정헌법	헌법위원회	• 위헌법률심판(법원의 전심권, 대법원의 불송부결정권) • 탄핵심판 • 위헌정당해산심판

II 현행헌법

현행 헌법상 헌법재판소는 헌법재판기관이며, 헌법수호기관이고, 기본권 보장기관이며, 권력통제기관이다.

제2항 헌법재판소의 구성과 조직

Ⅰ 헌법재판소의 구성

1. 헌법재판소장

> **헌법 제111조**
> ④ 헌법재판소의 장은 국회의 동의를 얻어 재판관 중에서 대통령이 임명한다.

2. 헌법재판소 재판관

(1) 임명

> **헌법 제111조**
> ② 헌법재판소는 법관의 자격을 가진 9인의 재판관으로 구성하며, 재판관은 대통령이 임명한다.
> ③ 제2항의 재판관 중 3인은 국회에서 선출하는 자를, 3인은 대법원장이 지명하는 자를 임명한다.

재판관은 국회의 인사청문을 거쳐 임명·선출 또는 지명하여야 한다. 이 경우 대통령은 재판관을 임명하기 전에, 대법원장은 재판관을 지명하기 전에 인사청문을 요청한다(헌법재판소법 제6조 제2항).

(2) 임기 및 정년

> **헌법 제112조**
> ① 헌법재판소 재판관의 임기는 6년으로 하며, 법률이 정하는 바에 의하여 연임할 수 있다.

재판관의 정년은 70세로 한다(헌법재판소법 제7조 제2항).

(3) 직무와 신분

> **헌법 제112조**
> ② 헌법재판소 재판관은 정당에 가입하거나 정치에 관여할 수 없다.
> ③ 헌법재판소 재판관은 탄핵 또는 금고 이상의 형의 선고에 의하지 아니하고는 파면되지 아니한다.

재판관은 탄핵결정이 된 경우, 금고 이상의 형을 선고받은 경우가 아니면 그 의사에 반하여 해임되지 아니한다(헌법재판소법 제8조).

Ⅱ 헌법재판소의 조직

> **헌법 제113조**
> ③ 헌법재판소의 조직과 운영 기타 필요한 사항은 법률로 정한다.

1. 헌법재판소장

(1) 헌법재판소장의 권한

헌법재판소장은 헌법재판소를 대표하고, 헌법재판소의 사무를 총괄하며, 소속 공무원을 지휘·감독한다(헌법재판소법 제12조 제3항).

(2) 헌법재판소장 직무대행

1) 일시적 사고

헌법재판소장이 일시적인 사고로 인하여 직무를 수행할 수 없을 때에는 재판관 중 임명일자 순으로 그 권한을 대행한다. 다만, 임명일자가 같을 때에는 연장자 순으로 대행한다(헌법재판소법 제12조의2 제1항).

2) 궐위 등

헌법재판소장이 궐위되거나 1개월 이상 사고로 인하여 직무를 수행할 수 없을 때에는 재판관 중 재판관회의에서 선출된 사람이 그 권한을 대행한다. 다만, 그 권한대행자가 선출될 때까지는 제1항에 해당하는 사람이 권한을 대행한다(헌법재판소법 제12조의2 제2항).

2. 재판관회의

재판관회의는 재판관 전원으로 구성하며, 헌법재판소장이 의장이 된다. 재판관회의는 재판관 전원의 3분의 2를 초과하는 인원의 출석과 출석인원 과반수의 찬성으로 의결하며, 의장은 의결에서 표결권을 가진다(헌법재판소법 제16조 제1항, 제2항, 제3항).

제3항 헌법재판소의 심판

I 헌법재판소의 관장사항

> 헌법 제111조
> ① 헌법재판소는 다음 사항을 관장한다.
>   1. 법원의 제청에 의한 법률의 위헌여부 심판
>   2. 탄핵의 심판
>   3. 정당의 해산 심판
>   4. 국가기관 상호간, 국가기관과 지방자치단체간 및 지방자치단체 상호간의 권한쟁의에 관한 심판
>   5. 법률이 정하는 헌법소원에 관한 심판

II 재판부

1. 전원재판부

헌법재판소법에 특별한 규정이 있는 경우를 제외하고는 헌법재판소의 심판은 재판관 전원으로 구성되는 재판부에서 관장한다. 재판부의 재판장은 헌법재판소장이 된다(헌법재판소법 제22조 제1항, 제2항).

2. 지정재판부

(1) 헌법소원심판의 사전심사

헌법재판소장은 헌법재판소에 재판관 3명으로 구성되는 지정재판부를 두어 헌법소원심판의 사전심사를 담당하게 할 수 있다(헌법재판소법 제72조 제1항).

(2) 각하결정

지정재판부는 다른 법률에 따른 구제절차가 있는 경우 그 절차를 모두 거치지 아니하거나 또는 법원의 재판에 대하여 헌법소원의 심판이 청구된 경우, 청구기간이 지난 후 헌법소원심판이 청구된 경우, 대리인의 선임 없이 청구된 경우, 그 밖에 헌법소원심판의 청구가 부적법하고 그 흠결을 보정할 수 없는 경우에는 지정재판부 재판관 전원의 일치된 의견에 의한 결정으로 헌법소원의 심판청구를 각하한다(헌법재판소법 제72조 제3항).

(3) 심판회부결정

지정재판부는 전원의 일치된 의견으로 각하결정을 하지 아니하는 경우에는 결정으로 헌법소원을 재판부의 심판에 회부하여야 한다. 헌법소원심판의 청구 후 30일이 지날 때까지 각하결정이 없는 때에는 심판에 회부하는 결정이 있는 것으로 본다(헌법재판소법 제72조 제4항).

Ⅲ 심판의 당사자와 심판의 청구

1. 심판의 당사자

(1) 청구인과 피청구인

청구인이란 헌법재판소에 자기 이름으로 심판을 청구하는 자를 말하고, 피청구인이란 그 상대방인 당사자를 말한다.

(2) 대표자와 소송대리인

각송 심판절차에서 정부가 당사자인 경우에는 법무부장관이 이를 대표한다. 각종 심판절차에서 당사자인 국가기관 또는 지방자치단체는 변호사 또는 변호사의 자격이 있는 소속 직원을 대리인으로 선임하여 심판을 수행하게 할 수 있다(헌법재판소법 제25조 제1항, 제2항).

각종 심판절차에서 당사자인 사인(私人)은 변호사를 대리인으로 선임하지 아니하면 심판청구를 하거나 심판 수행을 하지 못한다. 다만, 그가 변호사의 자격이 있는 경우에는 그러하지 아니하다(헌법재판소법 제25조 제3항).

2. 심판의 청구

헌법재판소에의 심판청구는 심판절차별로 정하여진 청구서를 헌법재판소에 제출함으로써 한다. 다만, 위헌법률심판에서는 법원의 제청서, 탄핵심판에서는 국회의 소추의결서의 정본으로 청구서를 갈음한다(헌법재판소법 제26조 제1항).

> **판례**
>
> ▶ **헌법소원심판절차에 피청구인의 답변서가 제출되지 않은 경우 소 취하에 관한 민사소송법 규정이 적용되는지**
> (적극): 헌법재판소법 제40조 제1항 전단에 따라 소의 취하에 관한 민사소송법 제266조는 헌법소원심판절차에 준용된다. 헌법소원심판절차에서 피청구인의 본안에 관한 답변서가 제출되지 않았으므로, 민사소송법 제266조에 따라 청구인은 상대방 당사자의 동의 내지 동의간주 없이 청구를 취하할 수 있다(헌재 2024. 5. 7. 2024헌마352).

▶ **헌법소원심판청구의 취하를 철회할 수 있는지**(소극) : 헌법소원심판청구의 취하는 청구인이 제기한 심판청구를 철회하여 심판절차의 계속을 소멸시키는 청구인의 헌법재판소에 대한 소송행위이고, 소송행위의 특질상 소송절차의 명확성과 안정성을 기하기 위한 표시주의가 관철되어야 하는 것이므로 민법상의 법률행위에 관한 규정이 원칙적으로 적용되지 아니하고, 일단 청구취하의 효력이 발생한 뒤에는 원칙적으로 그 철회가 허용되지 아니한다(헌재 2024. 5. 7. 2024헌마352).

▶ **변호사인 대리인의 추인 없이 단독으로 헌법소원심판청구를 취하할 수 있는지**(적극) : 헌법소원심판은 개인의 주관적인 권리구제제도로서의 성격을 가지고 있고, 헌법소원심판절차에서 변호사강제주의의 취지는 당사자를 보호해 주며 사법적 정의의 실현에 기여하려는 데 있는 것이지 청구인의 헌법재판청구권을 제한하려는 데 그 목적이 있는 것이 아니다. 청구인 의사에 따른 심판청구 취하·포기를 변호사인 대리인의 추인 없이 인정하더라도 특별한 사정이 없는 한 이를 변호사강제주의의 본질이나 취지에 반한다고 할 수 없다(헌재 2024. 5. 7. 2024헌마352).

Ⅳ 헌법재판의 심리

1. 심판정족수

재판부는 재판관 7명 이상의 출석으로 사건을 심리한다(헌법재판소법 제23조 제1항).

> **판례**
>
> ▶ **재판부는 재판관 7명 이상의 출석으로 사건을 심리한다고 규정한 헌법재판소법 제23조 제1항 중 재판관이 임기만료로 퇴직하여 재판관의 공석 상태가 된 경우에 적용되는 부분의 효력을 본안사건의 종국결정 선고 시까지 정지할 것인지**(적극) : 국회의 탄핵소추의 의결을 받은 자는 헌법재판소의 탄핵심판이 있을 때까지 그 권한행사가 정지된다. 따라서 탄핵심판은 신중하면서도 신속하게 진행되어야 한다. 그런데 3명 이상의 재판관이 임기만료로 퇴직하여 재판관의 공석 상태가 된 경우에도 헌법재판소법 제23조 제1항에 따라 사건을 심리조차 할 수 없다고 한다면 이는 사실상 재판 외의 사유로 재판절차를 정지시키는 것이고 탄핵심판사건 피청구인의 신속한 재판을 받을 권리에 대한 과도한 제한이다. 다만 이 사건에서는 재판관이 임기만료로 퇴직하여 재판관의 공석 상태가 된 경우가 문제되는 것이므로 헌법재판소법 제23조 제1항 중 재판관이 임기만료로 퇴직하여 재판관의 공석 상태가 된 경우에 적용되는 부분에 한하여 그 효력을 정지함이 상당하다(헌재 2024. 10. 14. 2024헌사1250).

2. 심리의 방식

(1) 구두변론과 서면심리

탄핵의 심판, 정당해산의 심판 및 권한쟁의의 심판은 구두변론에 의한다. 위헌법률의 심판과 헌법소원에 관한 심판은 서면심리에 의한다. 다만, 재판부는 필요하다고 인정하는 경우에는 변론을 열어 당사자, 이해관계인, 그 밖의 참고인의 진술을 들을 수 있다(헌법재판소법 제30조 제1항, 제2항).

(2) 심판의 공개

심판의 변론과 결정의 선고는 공개한다. 다만, 서면심리와 평의(評議)는 공개하지 아니한다(헌법재판소법 제34조 제1항).

3. 심판비용

헌법재판소의 심판비용은 국가부담으로 한다. 다만, 당사자의 신청에 의한 증거조사의 비용은 헌법재판소규칙으로 정하는 바에 따라 그 신청인에게 부담시킬 수 있다(헌법재판소법 제37조 제1항).

4. 심판기간

헌법재판소는 심판사건을 접수한 날부터 180일 이내에 종국결정의 선고를 하여야 한다. 다만, 재판관의 궐위로 7명의 출석이 불가능한 경우에는 그 궐위된 기간은 심판기간에 산입하지 아니한다(헌법재판소법 제38조).

5. 준용 규정(헌법재판소법 제40조 제1항)

구분	민사소송법령	행정소송법	형사소송법령
위헌법률심판	준용		
탄핵심판	준용		준용
정당해산심판	준용		
권한쟁의심판	준용	준용	
헌법소원심판	준용	준용	

형사소송에 관한 법령 또는 행정소송법이 민사소송에 관한 법령에 저촉될 때에는 민사소송에 관한 법령은 준용하지 아니한다(헌법재판소법 제40조 제2항).

> **판례**
>
> ▶ **'헌법재판의 성질에 반하지 않는' 경우의 의미**: '헌법재판의 성질에 반하지 않는' 경우란 다른 절차법의 준용이 헌법재판의 고유한 성질을 훼손하지 않는 경우로 해석할 수 있고, 이는 헌법재판소가 당해 헌법재판이 갖는 고유의 성질·헌법재판과 일반재판의 목적 및 성격의 차이·준용 절차와 대상의 성격 등을 종합적으로 고려하여 구체적·개별적으로 판단할 수 있다(헌재 2014. 2. 27. 2014헌마7).

V 헌법재판소의 결정

1. 가처분 결정

(I) 정당해산심판과 권한쟁의심판

1) 정당해산심판

헌법재판소는 정당해산심판의 청구를 받은 때에는 직권 또는 청구인의 신청에 의하여 종국결정의 선고 시까지 피청구인의 활동을 정지하는 결정을 할 수 있다(헌법재판소법 제57조).

2) 권한쟁의심판

헌법재판소가 권한쟁의심판의 청구를 받았을 때에는 직권 또는 청구인의 신청에 의하여 종국결정의 선고 시까지 심판대상이 된 피청구인의 처분의 효력을 정지하는 결정을 할 수 있다(헌법재판소법 제65조).

(2) 헌법재판소법 제68조 제1항의 헌법소원심판

1) 허용 여부

헌법재판소법 제68조 제1항 헌법소원심판절차에 있어서도 가처분의 필요성은 있을 수 있고, 달리 가처분을 허용하지 아니할 상당한 이유를 찾아볼 수 없으므로 헌법소원심판청구사건에서도 가처분이 허용된다(헌재 2000. 12. 8. 2000헌사471).

2) 인용 요건

본안심판이 부적법하거나 이유 없음이 명백하지 않고, 헌법소원심판에서 문제된 '공권력 행사 또는 불행사'를 그대로 유지할 경우 발생할 회복하기 어려운 손해를 예방할 필요와 그 효력을 정지시켜야 할 긴급한 필요가 있으며, 가처분을 인용한 뒤 종국결정에서 청구가 기각되었을 때 발생하게 될 불이익과 가처분을 기각한 뒤 청구가 인용되었을 때 발생하게 될 불이익을 비교형량 하여 후자의 불이익이 전자의 불이익보다 클 경우 가처분을 인용할 수 있다(헌재 2018. 6. 28. 2018헌사213).

(3) 헌법재판소법 제68조 제2항의 헌법소원심판

헌법재판소법 제68조 제2항에 의한 헌법소원에서 당해 소원의 심판이 있을 때까지 그 소원의 전제가 된 민사소송절차의 일시정지를 구하는 가처분 신청은 이유 없다(헌재 1993. 12. 20. 93헌사81).

2. 종국결정

(1) 시기

재판부가 심리를 마쳤을 때에는 종국결정을 하며, 심판에 관여한 재판관은 결정서에 의견을 표시하여야 한다(헌법재판소법 제36조 제1항, 제3항).

(2) 유형

헌법재판소는 청구인의 심판청구가 헌법재판의 적법요건을 구비하지 못한 경우에는 각하결정을, 청구인의 심판청구이유가 인정되지 않는 경우에는 기각결정(위헌법률심판의 경우에는 합헌결정)을, 청구인의 심판청구이유가 인정되는 경우에는 인용결정(위헌법률심판의 경우에는 위헌결정 또는 변형결정)을 한다.

(3) 정족수

> **헌법 제113조**
> ① 헌법재판소에서 법률의 위헌결정, 탄핵의 결정, 정당해산의 결정 또는 헌법소원에 관한 인용결정을 할 때에는 재판관 6인 이상의 찬성이 있어야 한다.

재판부는 종국심리에 관여한 재판관 과반수의 찬성으로 사건에 관한 결정을 한다. 다만, 법률의 위헌결정, 탄핵의 결정, 정당해산의 결정 또는 헌법소원에 관한 인용결정을 하는 경우, 종전에 헌법재판소가 판시한 헌법 또는 법률의 해석 적용에 관한 의견을 변경하는 경우에는 재판관 6명 이상의 찬성이 있어야 한다(헌법재판소법 제23조 제2항).

(4) 효력

1) 일사부재리

헌법재판소는 이미 심판을 거친 동일한 사건에 대하여는 다시 심판할 수 없다(헌법재판소법 제39조). 일사부재리란 헌법재판소의 결정에 형식적 확정력이 발생하면 당사자는 후소에서 동일한 사건에 대하여 다시 심판을 청구하지 못하고 헌법재판소도 확정된 결정의 판단에 구속되는 효력을 말한다(헌재 2005. 12. 22. 2005헌마330).

> **판례**
>
> ▶ **일사부재리 규정의 취지**: 헌법재판에 있어서 일사부재리 규정을 두고 있는 이유는 법적 분쟁을 조기에 종결시켜 법적 안정 상태를 조속히 회복하고, 동일 분쟁에 대해 반복적으로 소송이 제기되는 것을 미연에 방지하여 소송경제를 이루기 위함이다(헌재 2005. 12. 22. 2005헌마330).
>
> ▶ **위헌심사형 헌법소원에서 동일한 사건의 요건**: 위헌심사형 헌법소원에서 일사부재리의 원칙이 적용되기 위해서는 동일한 사건이어야 한다. 그런데 동일한 사건이 되기 위해서는 당사자가 동일하고 심판대상인 법률이 동일하고 당해 사건까지 동일한 경우이어야 한다(헌재 2001. 6. 28. 2000헌바48).
>
> ▶ **권리구제형 헌법소원에서 동일한 사건의 요건**: 헌법재판소는 이미 심판을 거친 동일한 사건에 대하여는 다시 심판할 수 없다. 이 사건 심판청구는 이미 심판을 거친 헌재 2016. 12. 29. 2015헌마509 사건과 당사자, 심판대상인 법령 조항, 헌법적 쟁점이 동일하다. 따라서 이 사건 심판청구는 헌법재판소법 제39조의 일사부재리원칙에 위배되어 부적법하다(헌재 2021. 6. 24. 2018헌마1103).
>
> ▶ **일사부재리의 효력**: 이미 헌법재판소가 심판한 사건에 대해서 다시 헌법소송을 제기하거나 헌법재판소 결정에 대해 불복을 하는 헌법소송을 제기하게 되면 이는 헌법소송의 요건을 갖추지 못한 것으로서 부적법 각하결정을 면하지 못한다(헌재 2005. 12. 22. 2005헌마330).

2) 기속력

① 기속력이 인정되는 결정

법률의 위헌결정은 법원과 그 밖의 국가기관 및 지방자치단체를 기속하고(헌법재판소법 제47조 제1항), 헌법소원의 인용결정은 모든 국가기관과 지방자치단체를 기속하며(헌법재판소법 제75조 제1항), 헌법재판소의 권한쟁의심판의 결정은 모든 국가기관과 지방자치단체를 기속한다(헌법재판소법 제67조 제1항).

② 한정위헌결정의 기속력

헌법재판소의 법률에 대한 위헌결정에는 단순위헌결정은 물론, 한정합헌, 한정위헌결정과 헌법불합치결정도 포함되고 이들은 모두 당연히 기속력을 가진다. 헌법재판소의 또 다른 변형결정의 하나인 헌법불합치결정의 경우에도 개정입법시까지 심판의 대상인 법률조항은 법률문언의 변화없이 계속 존속하나, 헌법재판소에 의한 위헌성 확인의 효력은 그 기속력을 가지는 것이다(헌재 1997. 12. 24. 96헌마172).

> **판례**
>
> ▶ **한정위헌결정의 기속력에 대한 대법원의 견해**: 한정위헌결정의 경우에는 법률이나 법률조항은 그 문언이 전혀 달라지지 않은 채 그냥 존속하는 것이므로 한정위헌결정은 법률해석에 불과하며, 당해 법률조항에 대한 해석·적용권은 사법권의 본질적 내용을 이루는 것으로 대법원을 최고법원으로 하는 법원에 전속하는 것이므로, 한정위헌결정에 표현되어 있는 헌법재판소의 법률해석에 관한 견해는 법률의 의미·내용과 그 적용범위에 관한 헌법재판소의 견해를 일응 표명한데 불과하여, 법원에 전속되어 있는 법령의 해석·적용권한에 대하여 어떠한 영향을 미치거나 기속력을 가질 수 없다(대판 1996. 4. 9. 95누11405).

③ 결정 이유의 기속력

위헌결정 이유에 대하여 기속력을 인정할 수 있으려면 결정주문을 뒷받침하는 결정이유에 대하여 적어도 위헌결정의 정족수인 재판관 6인 이상의 찬성이 있어야 할 것이고, 이에 미달할 경우에는 결정이유에 대하여 기속력을 인정할 여지가 없다(헌재 2008. 10. 30. 2006헌마1098).

3) 일반적 효력

일반적 효력이란 법규범에 대한 헌재의 위헌결정은 국가기관뿐만 아니라 일반사인에게도 그 효력이 미쳐 일반국민도 위헌으로 선언한 법규범에 더 이상 구속을 받지 않는 효력을 말한다.

Ⅵ 헌법재판소 결정에 대한 재심

1. 허용 여부

헌법재판은 그 심판의 종류에 따라 그 절차의 내용과 결정의 효과가 한결같지 아니하기 때문에 재심의 허용여부 내지 허용정도 등은 심판절차의 종류에 따라서 개별적으로 판단될 수밖에 없다(헌재 2001. 9. 27. 2001헌아3).

2. 재심이 허용되는 헌법재판

(1) 권리구제형 헌법소원

1) 행정작용을 대상으로 하는 헌법소원

행정작용을 대상으로 하는 권리구제형 헌법소원의 경우 그 결정의 효력이 원칙적으로 당사자에게만 미치기 때문에 법령에 대한 헌법소원과는 달리 일반법원의 재판과 같이 민사소송법의 재심에 관한 규정을 준용하여 재심을 허용함이 상당하다(헌재 2001. 9. 27. 2001헌아3).

2) 법령에 대한 헌법소원

법령에 대한 헌법소원은 그 결정의 효력이 당사자에게만 미치는데 그치지 아니한다는 점에서 행정작용에 속하는 공권력 작용을 대상으로 하는 권리구제형 헌법소원의 경우와 구별된다. 즉 이 경우 헌법재판소의 인용결정은 위헌법률심판의 경우와 마찬가지로 이른바 일반적 기속력과 대세적·법규적 효력을 가지는 것이므로, 동법 제68조 제1항에 의한 법령에 대한 헌법소원은 그 효력 면에서 동법 제68조 제2항의 헌법소원과 유사한 성질을 지니고 있다. 따라서 그 결정에 대한 재심절차의 허용여부를 공권력의 작용을 대상으로 하는 권리구제형 헌법소원절차와 같이 보는 것은 타당하다고 할 수 없다(헌재 2002. 9. 19. 2002헌아5).

(2) 위헌심사형 헌법소원

헌법재판소법 제68조 제2항에 의한 헌법소원에 관한 헌법재판소의 인용결정은 위헌법률심판의 경우와 마찬가지로 일반적 기속력과 대세적·법규적 효력을 가지는 것이고, 이러한 효력은 일반법원의 확정판결이 그 기속력이나 확정력에 있어서 원칙적으로 소송당사자에게만 한정하여 그 효력이 미치는 것과 크게 다르므로, 헌법재판소법 제68조 제2항에 의한 헌법소원사건에 관한 헌법재판소의 결정에 대하여는 원칙적으로 재심을 허용하지 아니함으로써 얻을 수 있는 법적 안정성의 이익이 재심을 허용함으로써 얻을 수 있는 구체적 타당성의 이익보다 높기 때문에 재심을 허용할 수 없다(헌재 1992. 6. 26. 90헌아1).

(3) 위헌법률심판

위헌법률심판의 제청은 법원이 헌법재판소에 대하여 하는 것이기 때문에 당해사건에서 법원으로 하여금 위헌법률심판을 제청하도록 신청을 한 사람은 위헌법률심판사건의 당사자라고 할 수 없다. 원래 재심은 재판을 받은 당사자에게 이를 인정하는 특별한 불복절차이므로 청구인처럼 위헌법률심판이라는 재판의 당사자가 아닌 사람은 그 재판에 대하여 재심을 청구할 수 있는 지위 내지 적격을 갖지 못한다(헌재 2004. 9. 23. 2003헌아61).

(4) 정당해산심판

정당해산심판은 원칙적으로 해당 정당에게만 그 효력이 미치며, 정당해산결정은 대체정당이나 유사정당의 설립까지 금지하는 효력을 가지므로 오류가 드러난 결정을 바로잡지 못한다면 장래 세대의 정치적 의사결정에까지 부당한 제약을 초래할 수 있다. 따라서 정당해산심판절차에서는 재심을 허용하지 아니함으로써 얻을 수 있는 법적 안정성의 이익보다 재심을 허용함으로써 얻을 수 있는 구체적 타당성의 이익이 더 크므로 재심을 허용하여야 한다(헌재 2016. 5. 26. 2015헌아20).

3. 재심사유

(1) 절차상 중대하고도 명백한 위법

헌법재판소의 결정에 대한 재심은 재판부의 구성이 위법한 경우 등 절차상 중대하고도 명백한 위법이 있어서 재심을 허용하지 아니하면 현저히 정의에 반하는 경우에 한하여 제한적으로 허용될 수 있다(헌재 1995. 1. 20. 93헌아1).

(2) 판단유탈

'헌법재판소의 결정에 영향을 미칠 중대한 사항에 관하여 판단을 유탈한 때'를 재심사유로 허용하는 것이 헌법재판의 성질에 반한다고 볼 수는 없으므로, 민사소송법 제422조 제1항 제9호를 준용하여 "판단유탈"도 재심사유로 허용되어야 한다(헌재 2001. 9. 27. 2001헌아3).

제4항 헌법재판소의 권한

I 위헌법률심판권

> **헌법 제107조**
> ① 법률이 헌법에 위반되는 여부가 재판의 전제가 된 경우에는 법원은 헌법재판소에 제청하여 그 심판에 의하여 재판한다.

1. 적법 요건

> **헌법재판소법 제41조(위헌 여부 심판의 제청)**
> ① 법률이 헌법에 위반되는지 여부가 재판의 전제가 된 경우에는 당해 사건을 담당하는 법원(군사법원 포함)은 직권 또는 당사자의 신청에 의한 결정으로 헌법재판소에 위헌 여부 심판을 제청한다.

(1) 법률

위헌법률심판 또는 헌법재판소법 제68조 제2항에 의한 헌법소원심판의 대상이 되는 '법률'에는 국회의 의결을 거친 이른바 형식적 의미의 법률은 물론이고 그 밖에 조약 등 '형식적 의미의 법률과 동일한 효력'을 갖는 규범들도 모두 포함된다. 일정한 규범이 위헌법률심판 또는 헌법재판소법 제68조 제2항에 의한 헌법소원심판의 대상이 되는 '법률'인지 여부는 그 제정형식이나 명칭이 아니라 그 규범의 효력을 기준으로 판단하여야 한다. 따라서 헌법이 법률과 동일한 효력을 가진다고 규정한 긴급재정경제명령 및 긴급명령은 물론 헌법상 형식적 의미의 법률은 아니지만 국내법과 동일한 효력이 인정되는 '헌법에 의하여 체결·공포된 조약과 일반적으로 승인된 국제법규'의 위헌 여부의 심사권한도 헌법재판소에 전속된다(헌재 2013. 3. 21. 2010헌바132).

> **판례**
>
> ▶ **유신헌법 제53조에 근거하여 발령된 대통령긴급조치들에 대한 위헌심사권한이 헌법재판소에 전속하는지**(적극): 헌법 제107조 제1항에 규정된 '법률'인지 여부는 그 제정 형식이나 명칭이 아니라 규범의 효력을 기준으로 판단하여야 하고, '법률'에는 국회의 의결을 거친 이른바 형식적 의미의 법률은 물론이고 그 밖에 조약 등 '형식적 의미의 법률과 동일한 효력'을 갖는 규범들도 모두 포함된다. 따라서 법률과 동일한 효력을 가지는 긴급조치들의 위헌 여부 심사권한도 헌법재판소에 전속한다(헌재 2013. 3. 21. 2010헌바132).
>
> ▶ **호주가 사망한 경우 딸에게 분재청구권을 인정하지 아니한 구 관습법이 헌법재판소법 제68조 제2항에 의한 헌법소원심판의 대상이 되는지**(적극): 이 사건 관습법은 민법 시행 이전에 상속을 규율하는 법률이 없는 상황에서 재산상속에 관하여 적용된 규범으로서 비록 형식적 의미의 법률은 아니지만 실질적으로는 법률과 같은 효력을 갖는 것이므로 위헌법률심판의 대상이 된다(헌재 2013. 2. 28. 2009헌바129).
>
> ▶ **폐지된 법률**(적극): 법률이 폐지된 경우라 할지라도 그 법률의 시행당시에 발생한 구체적 사건에 대하여서는 폐지된 법률이 적용되어 재판이 행하여질 수 밖에 없는 것이고, 이때 폐지된 법률의 위헌여부가 문제로 제기되는 경우에는 그 위헌여부심판은 헌법재판소가 할 수 밖에 없다(헌재 1989. 12. 18. 89헌마32).

▶ **조약**(적극) : 국제통화기금협정 제9조 제3항 및 제8항, 전문기구의 특권과 면제에 관한 협약 제4절, 제19절(a)은 각 국회의 동의를 얻어 체결된 것으로서, 헌법 제6조 제1항에 따라 국내법적 · 법률적 효력을 가지는 바, 가입국의 재판권 면제에 관한 것이므로 성질상 국내에 바로 적용될 수 있는 법규범으로서 위헌법률심판의 대상이 된다(헌재 2001. 9. 27. 2000헌바20).

▶ **공포되었으나 시행전의 법률**(소극) : 위헌법률심판 제도의 기능의 속성상 법률의 위헌여부심판의 제청대상 법률은 특별한 사정이 없는 한 현재 시행중이거나 과거에 시행되었던 것이어야 하기 때문에 제청당시에 공포는 되었으나 시행되지 않았고 이 결정당시에는 이미 폐지되어 효력이 상실된 법률은 위헌여부심판의 대상법률에서 제외되는 것으로 해석함이 상당하다(헌재 1997. 9. 25. 97헌가4).

(2) 재판의 전제성

1) 재판

헌법재판소법 제68조 제2항에 의한 헌법소원심판은 심판대상이 된 법률조항이 헌법에 위반되는 여부가 관련사건에서 재판의 전제가 된 경우에 한하여 청구될 수 있는데, 여기서 "재판"이라 함은 판결·결정·명령 등 그 형식 여하와 본안에 관한 재판이거나 소송절차에 관한 재판이거나를 불문하며, 심급을 종국적으로 종결시키는 종국재판뿐만 아니라 중간재판도 포함된다(헌재 1996. 12. 26. 94헌바1).

판례

▶ **지방법원판사의 구속영장 발부 여부에 관한 재판**(적극) : 위헌여부심판의 제청에 관하여 규정하고 있는 헌법재판소법 제41조 제1항의 재판에는 종국판결뿐만 아니라 형사소송법 제201조에 의한 지방법원판사의 영장발부 여부에 관한 재판도 포함된다(헌재 1993. 3. 11. 90헌가70).

▶ **형사소송법 제295조에 의한 증거채부결정**(적극) : 법 제295조에 의하여 법원이 행하는 증거채부결정은 당해 소송사건을 종국적으로 종결시키는 재판은 아니라고 하더라도, 그 자체가 법원의 의사결정으로서 헌법 제107조 제1항과 헌법재판소법 제41조 제1항에 규정된 재판에 해당된다(헌재 1996. 12. 26. 94헌바1).

▶ **인지첩부를 명하는 재판장의 보정명령**(적극) : 헌법재판소법 제41조 제1항에서 말하는 재판이라 함은 원칙적으로 그 형식 여하와 본안에 관한 재판이거나 소송절차에 관한 것이거나를 불문하며, 판결과 결정 그리고 명령이 여기에 포함되므로, 민사소송법 제368조의2에 의하여 제청법원 또는 재판장이 하고자 하는 인지첩부를 명하는 보정명령은 위에서 말한 재판에 해당된다(헌재 1994. 2. 24. 91헌가3).

2) 재판의 전제성
① 의의
재판의 전제성이란 첫째 구체적인 사건이 법원에 계속되어 있었거나 계속 중이어야 하고, 둘째 위헌여부가 문제되는 법률이 당해 소송사건의 재판에 적용되는 것이어야 하며, 셋째 그 법률이 헌법에 위반되는지의 여부에 따라 당해 사건을 담당한 법원이 다른 내용의 재판을 하게 되는 경우를 말하는 것으로, 여기에서 법원이 다른 내용의 재판을 하게 되는 경우란 원칙적으로 법원이 심리 중인 당해 사건의 재판의 결론이나 주문에 어떠한 영향을 주는 것뿐만 아니라, 문제된 법률의 위헌여부가 비록 재판의 주문 자체에는 아무런 영향을 주지 않는다고 하더라도 재판의 결론을 이끌어내는 이유를 달리 하는데 관련되어 있거나 또는 재판의 내용과 효력에 관한 법률적 의미가 전혀 달라지는 경우도 포함한다(헌재 1993. 5. 13. 92헌가10).

> **판례**
>
> ▶ **구체적 사건이 법원에 계속 중일 것의 의미** : 구체적인 사건이 법원에 계속 중일 것이라는 요건은 당해사건이 법원에 '적법'하게 계속될 것을 요하기 때문에, 만일 당해 사건이 부적법한 것이어서 법률의 위헌 여부를 따져 볼 필요조차 없이 각하를 면할 수 없는 것일 때에는 위헌여부심판의 제청신청은 적법요건인 재판의 전제성을 흠결한 것으로서 각하될 수밖에 없다(헌재 2009. 6. 9. 2009헌바94).
>
> ▶ **당해 사건이 각하되어야 할 경우 재판의 전제성**(소극) : 당해사건을 담당하는 법원이 당해 법률의 위헌 여부와 관계없이 각하를 하여야 할 사건이라면 당해 법률이 헌법에 위반되는지의 여부에 따라 당해 사건을 담당하는 법원이 다른 내용의 재판을 하게 되는 경우라고 할 수 없으므로 재판의 전제성이 인정될 수 없다(헌재 2003. 10. 30. 2002헌가24).
>
> ▶ **당해 사건이 각하될 것이 불분명한 경우 재판의 전제성**(적극) : 법원에서 당해 소송사건에 적용되는 재판규범 중 위헌제청신청대상이 아닌 관련 법률에서 규정한 소송요건을 구비하지 못하였기 때문에 부적법하다는 이유로 소각하 판결을 선고하고 그 판결이 확정되거나, 소각하 판결이 확정되지 않았더라도 당해 소송사건이 부적법하여 각하될 수밖에 없는 경우에는 당해 소송사건에 관한 '재판의 전제성' 요건이 흠결되어 헌법재판소법 제68조 제2항의 헌법소원심판청구가 부적법하다 할 것이나, 당해 소송사건이 각하될 것이 불분명한 경우에는 '재판의 전제성'이 흠결되었다고 단정할 수 없다(헌재 2013. 11. 28. 2011헌바136).
>
> ▶ **공소가 제기되지 아니한 법률조항의 재판의 전제성**(소극) : 어떤 법률규정이 위헌의 의심이 있다고 하더라도 그것이 당해사건에 적용될 것이 아니라면 재판의 전제성 요건은 충족되지 않으므로, 공소가 제기되지 아니한 법률조항의 위헌여부는 당해 형사사건의 재판의 전제가 될 수 없다(헌재 1997. 1. 16. 89헌마240).
>
> ▶ **당해사건에 간접 적용되는 법률조항의 재판의 전제성**(적극) : 제청 또는 청구된 법률조항이 법원의 당해사건의 재판에 직접 적용되지는 않더라도 그 위헌여부에 따라 당해사건의 재판에 직접 적용되는 법률조항의 위헌여부가 결정되거나, 당해재판의 결과가 좌우되는 경우 등과 같이 양 규범 사이에 내적 관련이 있는 경우에는 간접 적용되는 법률규정에 대하여도 재판의 전제성을 인정할 수 있다(헌재 2000. 1. 27. 99헌바23).

> ▶ **공소장에 기재되지 아니한 법률조항의 재판의 전제성**(적극) : 당해사건은 형사사건으로서 공소장에 적용법조로 기재되지 않은 병역종류조항은 당해사건에 직접 적용되는 조항이 아니지만, 심판청구된 법률조항의 위헌 여부에 따라 당해사건 재판에 직접 적용되는 법률조항의 위헌 여부가 결정되거나 당해사건 재판의 결과가 좌우되는 경우 또는 당해사건의 재판에 직접 적용되는 규범의 의미가 달라짐으로써 재판에 영향을 미치는 경우 등에는 간접 적용되는 법률조항에 대하여도 재판의 전제성을 인정할 수 있다(헌재 2018. 6. 28. 2011헌바379).
>
> ▶ **행정처분에 대한 제소기간이 도과한 후 그 처분에 대한 무효확인의 소를 제기한 경우 당해 행정처분의 근거 법률이 위헌인지 여부가 당해 사건 재판의 전제가 되는지**(소극) : 행정처분의 근거법률이 헌법에 위반된다는 사정은 헌법재판소의 위헌결정이 있기 전에는 객관적으로 명백한 것이라고 할 수는 없으므로 특별한 사정이 없는 한 그러한 하자는 행정처분의 취소사유에 해당할 뿐 당연무효사유는 아니어서, 제소기간이 경과한 뒤에는 행정처분의 근거 법률이 위헌임을 이유로 무효확인소송 등을 제기하더라도 행정처분의 효력에는 영향이 없음이 원칙이다. 따라서 행정처분의 근거가 된 법률조항의 위헌 여부에 따라 당해 행정처분의 무효확인을 구하는 당해 사건 재판의 주문이 달라지거나 재판의 내용과 효력에 관한 법률적 의미가 달라지는 것은 아니므로 재판의 전제성이 인정되지 아니한다(헌재 2014. 1. 28. 2010헌바251).

② 판단 시점

위헌법률심판제청에 있어서 재판의 전제성은 법원에 의한 법률의 위헌제청시뿐만이 아니라 헌법재판소의 위헌법률심판결정의 시점에도 인정되어야 함이 원칙이다(헌재 1993. 12. 23. 93헌가2).

판례

> ▶ **당해소송이 종료된 경우에도 심판의 필요성이 인정되는 경우** : 위헌심판제청된 법률조항에 의하여 침해된다는 기본권이 중요하여 동 법률조항의 위헌 여부의 해명이 헌법적으로 중요성이 있는데도 그 해명이 없거나 동 법률조항으로 인한 기본권의 침해가 반복될 위험성이 있는데도 좀처럼 그 법률조항에 대한 위헌심판의 기회를 갖기 어려운 경우에는 위헌제청 당시 재판의 전제성이 인정되는 한 당해소송이 종료되었더라도 예외적으로 객관적인 헌법질서의 수호·유지를 위하여 심판의 필요성을 인정하여 적극적으로 그 위헌 여부에 대한 판단을 하는 것이 헌법재판소의 존재이유에도 부합하고 그 임무를 다하는 것이 된다(헌재 1993. 12. 23. 93헌가2).

③ 직권조사

위헌법률심판이나 헌법재판소법 제68조 제2항에 의한 헌법소원심판에 있어서 위헌여부가 문제되는 법률이 재판의 전제성 요건을 갖추고 있는지의 여부는 헌법재판소가 별도로 독자적인 심사를 하기보다는 되도록 법원의 이에 관한 법률적 견해를 존중해야 할 것이며, 다만 그 전제성에 관한 법률적 견해가 명백히 유지될 수 없을 때에만 헌법재판소는 직권으로 조사할 수 있다(헌재 1993. 5. 13. 92헌가10).

(3) 법원의 제청

1) 주체

위헌법률심판의 제청 주체는 대법원뿐만 아니라 각급법원이다(헌법재판소법 제41조 제1항). 헌법 제107조 제1항과 헌법재판소법 제41조 규정의 취지는, 법원은 문제되는 법률조항이 담당법관 스스로의 법적 견해에 의하여 단순한 의심을 넘어선 합리적인 위헌의 의심이 있으면 위헌여부심판을 제청하라는 취지이다(헌재 1993. 12. 23. 93헌가2).

2) 대법원 경유

대법원 외의 법원이 위헌법률심판의 제청을 할 때에는 대법원을 거쳐야 한다(헌법재판소법 제41조 제2항).

3) 재판의 정지

법원이 법률의 위헌 여부 심판을 헌법재판소에 제청한 때에는 당해 소송사건의 재판은 헌법재판소의 위헌 여부의 결정이 있을 때까지 정지된다. 다만, 법원이 긴급하다고 인정하는 경우에는 종국재판 외의 소송절차를 진행할 수 있다(헌법재판소법 제42조 제1항).

4) 항고 금지

위헌 여부 심판의 제청에 관한 결정에 대하여는 항고할 수 없다(헌법재판소법 제41조 제4항).

2. 위헌법률심판의 범위

헌법재판소는 제청된 법률 또는 법률조항의 위헌 여부만을 결정한다. 다만, 법률조항의 위헌결정으로 인하여 해당 법률 전부를 시행할 수 없다고 인정될 때에는 그 전부에 대하여 위헌결정을 할 수 있다(헌법재판소법 제45조).

3. 심사의 기준 및 관점

(1) 심사의 기준

헌법의 모든 규정이 법률의 합헌성 심사의 기준이 될 수 있다. 이때의 헌법에는 형식적 의미의 헌법뿐만 아니라 실질적 의미의 헌법에 해당하는 관습헌법까지 포함된다.

> **판례**
>
> ▶ **유신헌법 제53조에 근거하여 발령된 대통령긴급조치들에 대한 위헌 심사의 준거규범**: 헌법재판소의 헌법해석은 헌법이 내포하고 있는 특정한 가치를 탐색·확인하고 이를 규범적으로 관철하는 작업이므로, 헌법재판소가 행하는 구체적 규범통제의 심사기준은 원칙적으로 헌법재판을 할 당시에 규범적 효력을 가지는 헌법이다. 그러므로 이 사건 긴급조치들의 위헌성을 심사하는 준거규범은 유신헌법이 아니라 현행헌법이라고 봄이 타당하다(헌재 2013. 3. 21. 2010헌바132).

(2) 심사의 관점

헌법재판소는 위헌법률심판절차에 있어서 규범의 위헌성을 제청법원이나 제청신청인이 주장하는 법적 관점에서만 아니라 심판대상규범의 법적 효과를 고려하여 모든 헌법적 관점에서 심사한다(헌재 1996. 12. 26. 96헌가18).

4. 위헌법률심판의 결정

(1) 결정의 유형

위헌법률심판의 종국결정에는 각하결정, 합헌결정, 단순위헌결정, 일부위헌결정, 한정위헌 및 한정합헌결정, 헌법불합치결정이 있다. 헌법재판소가 헌법재판소법 제45조에서 명문으로 규정하고 있는 바에 따라 "헌법에 위반된다.", 혹은 "헌법에 위반되지 아니한다."라는 형식을 취하지 않고 그 밖의 형식으로 주문을 작성하여 내린 결정을 변형결정이라 한다.

(2) 한정위헌·한정합헌결정

헌법재판소는 법률의 위헌 여부가 심판의 대상이 되었을 경우, 재판의 전제가 된 사건과의 관계에서 법률의 문언, 의미, 목적 등을 살펴 한편으로 보면 합헌으로, 다른 한편으로 보면 위헌으로 판단될 수 있는 등 다의적인 해석 가능성이 있을 때 일반적인 해석 작용이 용인되는 범위 내에서 종국적으로 어느 쪽이 가장 헌법에 합치되는가를 가려, 한정 축소적 해석을 통하여 합헌적인 일정한 범위 내의 의미내용을 확정하여 이것이 그 법률의 본래적인 의미이며 그 의미 범위내에 있어서는 합헌이라고 결정할 수도 있고, 또 하나의 방법으로는 위와 같은 합헌적인 한정 축소적 해석의 타당 영역 밖에 있는 경우에까지 법률의 적용 범위를 넓히는 것은 위헌이라는 취지로 법률의 문언 자체는 그대로 둔 채 위헌의 범위를 정하여 한정위헌의 결정을 선고할 수도 있다(헌재 1997. 12. 24. 96헌마172).

> **판례**
>
> ▶ **한정합헌결정과 한정위헌결정의 관계**: 위 두 가지 방법은 서로 표리관계에 있는 것이어서 실제적으로는 차이가 있는 것이 아니다. 합헌적인 한정 축소해석은 위헌적인 해석 가능성과 그에 따른 법적용을 소극적으로 배제한 것이고, 적용범위의 축소에 의한 한정적 위헌선언은 위헌적인 법적용 영역과 그에 상응하는 해석 가능성을 적극적으로 배제한다는 뜻에서 차이가 있을 뿐 본질적으로는 다 같은 부분위헌결정이다(헌재 1997. 12. 24. 96헌마172).

(3) 헌법불합치결정

1) 의의

헌법불합치선언은 당해 법률규정이 전체적으로는 헌법규정에 저촉되지만 부분적으로는 합헌적인 부분도 혼재하고 있기 때문에 그 효력을 일응 존속시키면서 헌법합치적인 상태로 개정할 것을 촉구하는 변형결정의 일종으로서 전부부정결정권은 일부부정결정권을 포함한다는 논리에 터잡은 것이다(헌재 1991. 3. 11. 91헌마21).

2) 사유

법률이 평등원칙에 위반된 경우가 헌법재판소의 불합치결정을 정당화하는 대표적인 사유라고 할 수 있다. 반면에 자유권을 침해하는 법률이 위헌이라고 생각되면 무효선언을 통하여 자유권에 대한 침해를 제거함으로써 합헌성이 회복될 수 있고, 이 경우에는 평등원칙 위반의 경우와는 달리 헌법재판소가 결정을 내리는 과정에서 고려해야 할 입법자의 형성권은 존재하지 않음이 원칙이다. 그러나 그 경우에도 법률의 합헌 부분과 위헌 부분의 경계가 불분명하여 헌법재판소의 단순위헌결정으로는 적절하게 구분하여 대처하기가 어렵고, 권력분립의 원칙과 민주주의원칙의 관점에서 입법자에게 위헌적인 상태를 제거할 수 있는 여러 가지의 가능성을 인정할 수 있는 경우에는 자유권의 침해에도 불구하고 예외적으로 입법자의 형성권이 헌법불합치결정을 정당화하는 근거가 될 수 있다(헌재 2002. 5. 30. 2000헌마81).

3) 유형

헌법불합치결정에는 불합치된 법률조항의 적용을 중지하는 유형과 불합치된 법률조항의 잠정 적용을 명하는 유형이 있다. 즉 법률이 헌법에 위반되는 경우, 헌법의 규범성을 보장하기 위하여 원칙적으로 그 법률에 대하여 위헌결정을 하여야 하는 것이지만, 위헌결정을 통하여 법률조항을 법질서에서 제거하는 것이 법적 공백이나 혼란을 초래할 우려가 있는 경우에는 위헌조항의 잠정적 적용을 명하는 헌법불합치결정을 할 수 있다(헌재 2008. 9. 25. 2007헌가9).

4) 효력

① 기속력

헌법재판소가 행하는 위헌여부 판단이란 위헌 아니면 합헌이라는 양자택일에만 그치는 것이 아니라 그 성질상 사안에 따라 위 양자의 사이에 개재하는 중간영역으로서의 여러 가지 변형재판이 필수적으로 요청된다. 헌법재판소법 제45조의 취지가 위와 같다면 위헌법률의 실효여부 또는 그 시기도 헌법재판소가 재량으로 정할 수 있는 것으로 보아야 한다. 따라서 헌법불합치결정은 헌법재판소법 제47조 제1항에 정한 위헌결정의 일종이며 타 국가기관에 대한 기속력이 있음은 당연하다(헌재 1989. 9. 8. 88헌가6).

② 입법개선의무

헌법재판소가 입법개선 시한을 정하여 헌법불합치결정을 하였음에도 국회가 입법개선 시한까지 개선입법을 하지 아니하여 국회의원의 선거구에 관한 법률이 존재하지 아니하게 된 경우, 국회는 이를 입법하여야 할 헌법상 의무가 있다(헌재 2016. 4. 28. 2015헌마1177).

5) 개정법률의 소급적용

헌법재판소가 어떠한 법률조항에 대하여 헌법불합치결정을 하여 입법자에게 그 법률조항을 합헌적으로 개정 또는 폐지하는 임무를 입법자의 형성 재량에 맡긴 이상, 그 개선입법의 소급적용 여부와 소급적용의 범위는 원칙적으로 입법자의 재량에 달린 것이기는 하지만 그 헌법불합치결정의 취지나 위헌심판에서의 구체적 규범통제의 실효성 보장이라는 측면을 고려할 때 적어도 헌법불합치결정을 하게 된 당해 사건 및 그 결정 당시에 법률조항의 위헌 여부가 쟁점이 되어 법원에 계속 중인 사건에 대하여는 헌법불합치결정의 소급효가 미친다(헌재 2006. 6. 29. 2004헌가3).

5. 위헌결정 법률의 효력 상실 시기

(1) 장래 무효
위헌으로 결정된 법률 또는 법률의 조항은 그 결정이 있는 날부터 효력을 상실한다(헌법재판소법 제47조 제2항).

> **판례**
>
> ▶ **위헌결정의 소급효를 인정하지 않는 헌법재판소법 제47조 제2항이 위헌인지**(소극) : 헌법재판소에 의하여 위헌으로 선고된 법률 또는 법률의 조항이 제정 당시로 소급하여 효력을 상실하는가 아니면 장래에 향하여 효력을 상실하는가의 문제는 특단의 사정이 없는 한 헌법적합성의 문제라기보다는 입법자가 법적 안정성과 개인의 권리구제 등 제반이익을 비교형량하여 가면서 결정할 입법정책의 문제인 것으로 보인다. 우리의 입법자는 헌법재판소법 제47조 제2항 본문의 규정을 통하여 형벌법규를 제외하고는 법적 안정성을 더 높이 평가하는 방안을 선택하였는바, 이에 의하여 구체적 타당성이나 평등의 원칙이 완벽하게 실현되지 않는다고 하더라도 헌법상 법치주의의 원칙의 파생인 법적 안정성 내지 신뢰보호의 원칙에 의하여 정당화된다 할 것이다(헌재 2000. 8. 31. 2000헌바6).
>
> ▶ **위헌결정된 법률의 효력 상실 절차** : 위헌으로 결정된 법률은 별도의 절차 없이 효력을 상실하기 때문에 그 법률에 근거한 어떠한 행위도 할 수 없다. 법률의 폐지와 달리 위헌결정으로 인한 법률의 효력 상실은 입법절차나 공포절차를 거치지 않으며 법전에서 외형적으로 삭제되지 않는다. 그러나 실질적으로는 법률폐지와 유사한 법적 효과를 가진다. 위헌결정이 내려진 법률조항은 법질서에서 더 이상 아무런 작용과 기능을 할 수 없으므로 누구도 그 법률이 유효함을 주장할 수 없고 국가기관도 그 법률조항이 유효함을 전제로 계속 적용할 수 없다(헌재 2015. 11. 26. 2013헌바343).

(2) 법정 소급효
형벌에 관한 법률 또는 법률의 조항은 소급하여 그 효력을 상실한다. 다만, 해당 법률 또는 법률의 조항에 대하여 종전에 합헌으로 결정한 사건이 있는 경우에는 그 결정이 있는 날의 다음 날로 소급하여 효력을 상실한다. 위헌으로 결정된 법률 또는 법률의 조항에 근거한 유죄의 확정판결에 대하여는 재심을 청구할 수 있다(헌법재판소법 제47조 제3항, 제4항).

> **판례**
>
> ▶ **불처벌의 특례규정에 관한 위헌결정의 소급효**(소극) : 교통사고처리특례법 제4조 제1항은 비록 형벌에 관한 것이기는 하지만 불처벌의 특례를 규정한 것이어서 위 법률조항에 대한 위헌결정의 소급효를 인정할 경우 오히려 형사처벌을 받지 않았던 자들에게 형사상의 불이익이 미치게 되므로 이와 같은 경우까지 헌법재판소법 제47조 제2항 단서의 적용범위에 포함시키는 것은 그 규정취지에 반하고, 따라서 위 법률조항이 헌법에 위반된다고 선고되더라도 형사처벌을 받지 않았던 자들을 소급하여 처벌할 수 없다(헌재 1997. 1. 16. 90헌마110).

▶ **종전에 합헌으로 결정한 사건이 있는 형벌조항에 대하여 위헌결정이 선고된 경우 그 합헌결정이 있는 날의 다음 날로 소급하여 효력을 상실하도록 한 헌법재판소법 제47조 제3항 단서가 평등원칙에 위반되는지**(소극) : 헌법재판소가 특정 형벌법규에 대하여 과거에 합헌결정을 하였다는 것은, 적어도 그 당시에는 당해 행위를 처벌할 필요성에 대한 사회구성원의 합의가 유효하다는 것을 확인한 것이므로, 합헌결정이 있었던 시점 이전까지로 위헌결정의 소급효를 인정할 근거가 없다. 심판대상조항은 현재의 상황에서는 위헌이더라도 과거의 어느 시점에서 합헌결정이 있었던 형벌조항에 대하여는 위헌결정의 소급효를 제한함으로써 그동안 쌓아 온 규범에 대한 사회적인 신뢰와 법적 안정성을 확보하는 것이 중요하다는 입법자의 결단에 따라 위헌결정의 소급효를 제한한 것이므로, 이러한 소급효 제한이 불합리하다고 보기는 어렵다. 결국 심판대상조항이 평등원칙에 위배된다고 보기 어렵다(헌재 2016. 4. 28. 2015헌바216).

(3) 해석에 의한 소급효

첫째, 구체적 규범통제의 실효성의 보장의 견지에서 법원의 제청·헌법소원의 청구 등을 통하여 헌법재판소에 법률의 위헌결정을 위한 계기를 부여한 당해 사건, 위헌결정이 있기 전에 이와 동종의 위헌여부에 관하여 헌법재판소에 위헌제청을 하였거나 법원에 위헌제청신청을 한 경우의 당해 사건, 그리고 따로 위헌제청신청을 아니하였지만 당해 법률 또는 법률의 조항이 재판의 전제가 되어 법원에 계속 중인 사건에 대하여는 소급효를 인정하여야 할 것이다. 둘째, 당사자의 권리구제를 위한 구체적 타당성의 요청이 현저한 반면에 소급효를 인정하여도 법적 안정성을 침해할 우려가 없고, 구법에 의하여 형성된 기득권자의 이득이 해쳐질 사안이 아닌 경우로서 소급효의 부인이 오히려 정의와 형평 등 헌법적 이념에 심히 배치되는 때에도 소급효를 인정할 수 있다(헌재 2000. 8. 31. 2000헌바6).

> **판례**
>
> ▶ **위헌결정의 소급효가 인정되는 범위** : 헌법재판소의 위헌결정의 효력은 위헌제청을 한 당해 사건, 위헌결정이 있기 전에 이와 동종의 위헌 여부에 관하여 헌법재판소에 위헌여부심판제청을 하였거나 법원에 위헌여부심판제청신청을 한 경우의 당해 사건과 따로 위헌제청신청은 아니하였지만 당해 법률 또는 법률의 조항이 재판의 전제가 되어 법원에 계속 중인 사건뿐만 아니라 위헌결정 이후에 위와 같은 이유로 제소된 일반사건에도 미친다(대판 1993. 11. 26. 93다30013).

Ⅱ 권한쟁의심판권

1. 의의

권한쟁의심판은 국가기관 상호간, 국가기관과 지방자치단체 간 및 지방자치단체 상호간에 권한의 유무 또는 범위에 관하여 다툼이 있을 때 해당 국가기관 또는 지방자치단체가 청구하는 심판유형을 말한다(헌재 2024. 2. 27. 2024헌마164).

2. 종류

권한쟁의심판에는 국가기관 상호간, 국가기관과 지방자치단체 간 및 지방자치단체 상호간의 권한쟁의심판이 있다(헌법 제111조 제1항 4호).

3. 적법 요건

(1) 당사자능력

> **헌법재판소법 제62조(권한쟁의심판의 종류)**
> ① 권한쟁의심판의 종류는 다음 각 호와 같다.
>   1. 국가기관 상호 간의 권한쟁의심판
>   국회, 정부, 법원 및 중앙선거관리위원회 상호간의 권한쟁의심판
>   2. 국가기관과 지방자치단체 간의 권한쟁의심판
>   가. 정부와 특별시·광역시·특별자치시·도 또는 특별자치도 간의 권한쟁의심판
>   나. 정부와 시·군 또는 지방자치단체인 구(자치구) 간의 권한쟁의심판
>   3. 지방자치단체 상호간의 권한쟁의심판
>   가. 특별시·광역시·특별자치시·도 또는 특별자치도 상호간의 권한쟁의심판
>   나. 시·군 또는 자치구 상호간의 권한쟁의심판
>   다. 특별시·광역시·특별자치시·도 또는 특별자치도와 시·군 또는 자치구 간의 권한쟁의심판
> ② 권한쟁의가 지방교육자치에 관한 법률 제2조에 따른 교육·학예에 관한 지방자치단체의 사무에 관한 것인 경우에는 교육감이 제1항 제2호 및 제3호의 당사자가 된다.

1) 국가기관 상호 간

① **의의**

헌법 제111조 제1항 제4호가 규정하고 있는 '국가기관 상호 간'의 권한쟁의심판은 헌법상의 국가기관 상호 간에 권한의 존부나 범위에 관한 다툼이 있고 이를 해결할 수 있는 적당한 기관이나 방법이 없는 경우에 헌법재판소가 헌법해석을 통하여 그 분쟁을 해결함으로써 국가기능의 원활한 수행을 도모하고 국가권력 간의 균형을 유지하여 헌법질서를 수호·유지하고자 하는 제도이다(헌재 2010. 10. 28. 2009헌라6).

② **헌법재판소법 제62조 제1항 제1호의 성격**

헌법 제111조 제1항 제4호에서 권한쟁의심판의 당사자가 될 수 있는 국가기관의 종류나 범위에 관하여 특별히 법률로 정하도록 위임하고 있지 않다. 따라서 입법자인 국회는 권한쟁의심판의 종류나 당사자를 제한할 입법형성의 자유가 있다고 할 수 없고, 헌법 제111조 제1항 제4호에서 말하는 국가기관의 의미는 결국 헌법해석을 통하여 확정하여야 할 문제이다. 그렇다면 헌법재판소법 제62조 제1항 제1호가 비록 국가기관 상호간의 권한쟁의심판을 '국회, 정부, 법원 및 중앙선거관리위원회 상호간의 권한쟁의심판'이라고 규정하고 있다고 할지라도 이 법률조항의 문언에 얽매여 곧바로 이들 기관외에는 권한쟁의심판의 당사자가 될 수 없다고 단정할 수는 없다(헌재 1997. 7. 16. 96헌라2).

> **판례**
>
> ▶ **헌법재판소법 제62조 제1항 제1호 규정이 예시조항인지**(적극) : 헌법재판소법 제62조 제1항 제1호의 규정은 한정적, 열거적인 조항이 아니라 '예시적인 조항'으로 해석하는 것이 헌법에 합치된다(헌재 1997. 7. 16. 96헌라2).

③ 당사자능력의 인정기준

권한쟁의 심판에 있어서 당사자가 될 수 있는 국가기관이란 국가의사 형성에 참여하여 국법질서에 대하여 일정한 권한을 누리는 헌법상의 지위와 조직이라고 할 수 있다. 이러한 '국가기관'에 해당하는지 여부를 판별함에 있어서는, 그 국가기관이 헌법에 의하여 설치되고 헌법과 법률에 의하여 독자적인 권한을 부여받고 있는지 여부, 헌법에 의하여 설치된 국가기관 상호간의 권한쟁의를 해결할 수 있는 적당한 기관이나 방법이 있는지 여부 등을 종합적으로 고려하여야 한다(헌재 2008. 6. 26. 2005헌라7).

> **판례**
>
> ▶ **국회의원과 국회의장**(적극) : 국회의원과 국회의장 사이에 각자 권한의 존부 및 범위와 행사를 둘러싸고 언제나 다툼이 생길 수 있고, 이와 같은 분쟁은 각각 별개의 헌법상의 국가기관으로서의 권한을 둘러싸고 발생하는 분쟁이라고 할 것인데, 이와 같은 분쟁을 행정소송법상의 기관소송으로 해결할 수 없고 권한쟁의심판 이외에 달리 해결할 적당한 기관이나 방법이 없으므로 국회의원과 국회의장은 헌법 제111조 제1항 제4호 소정의 권한쟁의심판의 당사자가 될 수 있다(헌재 1997. 7. 16. 96헌라2).
>
> ▶ **법무부장관**(적극) : 법무부장관은 "행정각부의 장은 국무위원 중에서 국무총리의 제청으로 대통령이 임명한다."라고 규정한 헌법 제94조에 의해 설치된 국가기관으로서, 소관 사무에 관하여 부령을 발할 수 있고(헌법 제95조) 검찰·행형·인권옹호·출입국관리 그 밖에 법무에 관한 사무를 관장하여(정부조직법 제32조) 헌법과 법률에 의해 독자적인 권한을 부여받고 있다. 그러므로 청구인 법무부장관은 권한쟁의심판에서 일반적인 당사자능력이 인정된다(헌재 2023. 3. 23. 2022헌라4).
>
> ▶ **강남구선거관리위원회**(적극) : 우리 헌법은 중앙선거관리위원회와 각급 선거관리위원회를 통치구조의 당위적인 기구로 전제하고, 각급 선거관리위원회의 조직, 직무범위 기타 필요한 사항을 법률로 정하도록 하고 있다. 그렇다면 중앙선거관리위원회 외에 각급 구·시·군 선거관리위원회도 헌법에 의하여 설치된 기관으로서 헌법과 법률에 의하여 독자적인 권한을 부여받은 기관에 해당하고, 따라서 강남구선거관리위원회도 당사자능력이 인정된다(헌재 2008. 6. 26. 2005헌라7).
>
> ▶ **문화재청장**(소극) : 문화재청 및 문화재청장은 정부조직법 제36조 제3항, 제4항에 의하여 행정각부 장의 하나인 문화체육관광부장관 소속으로 설치된 기관 및 기관장으로서, 오로지 법률에 그 설치 근거를 두고 있으며 그 결과 국회의 입법행위에 의하여 그 존폐 및 권한범위가 결정된다. 따라서 문화재청장은 '헌법에 의하여 설치되고 헌법과 법률에 의하여 독자적인 권한을 부여받은 국가기관'이라고 할 수 없다. 결국, 법률에 의하여 설치된 피청구인에게는 권한쟁의심판의 당사자능력이 인정되지 아니한다(헌재 2023. 12. 21. 2023헌라1).
>
> ▶ **국가경찰위원회**(소극) : 권한쟁의심판의 당사자능력은 헌법에 의하여 설치된 국가기관에 한정하여 인정하는 것이 타당하므로, 법률에 의하여 설치된 청구인에게는 권한쟁의심판의 당사자능력이 인정되지 아니한다(헌재 2022. 12. 22. 2022헌라5).
>
> ▶ **안건조정위원회 위원장**(소극) : 국회법 제57조의2에 근거한 안건조정위원회 위원장은 국회법상 소위원회의 위원장으로서 헌법 제111조 제1항 제4호 및 헌법재판소법 제62조 제1항 제1호의 '국가기관'에 해당한다고 볼 수 없으므로, 청구인들의 피청구인 조정위원장의 가결선포행위에 대한 청구는 권한쟁의심판의 당사자가 될 수 없는 피청구인을 대상으로 하는 청구로서 부적법하다(헌재 2020. 5. 27. 2019헌라5).

▶ **국회 행정안전위원회 제천화재관련평가소위원회 위원장**(소극) : 헌법 제62조는 '국회의 소위원회'를 명시하지 않고 있는 점, 국회법 제57조에 따르면 소위원회는 위원회의 의결에 따라 그 설치·폐지 및 권한이 결정될 뿐이 위원회의 부분기관에 불과한 점 등을 종합하면, 소위원회 및 그 위원장은 헌법에 의하여 설치된 국가기관에 해당한다고 볼 수 없다. 또한, 소위원회 위원장이 그 소위원회를 설치한 위원회의 위원장과의 관계에서 어떠한 법률상 권한을 가진다고 보기도 어렵고, 위원회와 그 부분기관인 소위원회 사이의 쟁의 또는 위원회 위원장과 소속 소위원회 위원장과의 쟁의가 발생하더라도 이는 위원회에서 해결될 수 있으므로, 이러한 쟁의를 해결할 적당한 기관이나 방법이 없다고 할 수도 없다(헌재 2020. 5. 27. 2019헌라4).

▶ **정당**(소극) : 정당은 국민의 자발적 조직으로, 그 법적 성격은 일반적으로 사적·정치적 결사 내지는 법인격 없는 사단으로서 공권력의 행사 주체로서 국가기관의 지위를 갖는다고 볼 수 없다. 정당이 국회 내에서 교섭단체를 구성하고 있다고 하더라도, 헌법은 권한쟁의심판청구의 당사자로서 국회의원들의 모임인 교섭단체에 대해서 규정하고 있지 않고, 교섭단체의 권한 침해는 교섭단체에 속한 국회의원 개개인의 심의·표결권 등 권한 침해로 이어질 가능성이 높아 그 분쟁을 해결할 적당한 기관이나 방법이 없다고 할 수 없다. 따라서 정당은 헌법 제111조 제1항 제4호 및 헌법재판소법 제62조 제1항 제1호의 '국가기관'에 해당한다고 볼 수 없으므로 권한쟁의심판의 당사자능력이 인정되지 아니한다(헌재 2020. 5. 27. 2019헌라6).

▶ **교섭단체**(소극) : 헌법은 국회의원들이 교섭단체를 구성하여 활동하는 것까지 예정하고 있지 아니하다. 교섭단체가 갖는 권한은 원활한 국회 의사진행을 위하여 국회법에서 인정하고 있는 권한일 뿐이다. 또한 교섭단체의 권한 침해는 교섭단체에 속한 국회의원 개개인의 심의·표결권 등 권한 침해로 이어질 가능성이 높은바, 교섭단체와 국회의장 등 사이에 분쟁이 발생하더라도 국회의원과 국회의장 등 사이의 권한쟁의심판으로 해결할 수 있다. 따라서 위와 같은 분쟁을 해결할 적당한 기관이나 방법이 없다고 할 수 없다. 이러한 점을 종합하면, 교섭단체는 그 권한침해를 이유로 권한쟁의심판을 청구할 수 없다(헌재 2020. 5. 27. 2019헌라6).

▶ **국가인권위원회**(소극) : 헌법상 국가에게 부여된 임무 또는 의무를 수행하고 그 독립성이 보장된 국가기관이라고 하더라도 법률에 설치근거를 둔 국가기관이라면 국회의 입법행위에 의하여 존폐 및 권한범위가 결정될 수 있으므로 이러한 국가기관은 '헌법에 의하여 설치되고 헌법과 법률에 의하여 독자적인 권한을 부여받은 국가기관'이라고 할 수 없다. 결국, 권한쟁의심판의 당사자능력은 헌법에 의하여 설치된 국가기관에 한정하여 인정하는 것이 타당하므로, 법률에 의하여 설치된 청구인에게는 권한쟁의심판의 당사자능력이 인정되지 아니한다(헌재 2010. 10. 28. 2009헌라6).

2) 국가기관과 지방자치단체 간

헌법재판소법 제62조 제1항 제2호는 국가기관과 지방자치단체 간의 권한쟁의심판에 대한 국가기관측 당사자로 '정부'만을 규정하고 있지만, 이 규정의 '정부'는 예시적인 것이므로 대통령이나 행정각부의 장 등과 같은 정부의 부분기관뿐 아니라 국회도 국가기관과 지방자치단체 간 권한쟁의심판의 당사자가 될 수 있다(헌재 2008. 6. 26. 2005헌라7).

3) 지방자치단체 상호간

헌법은 '지방자치단체'의 종류를 법률로 정하도록 규정하고 있고(제117조 제2항), 지방자치법은 헌법의 위임을 받아 지방자치단체의 종류를 규정하고 있으므로 헌법재판소가 헌법해석을 통하여 권한쟁의심판의 당사자가 될 지방자치단체의 범위를 새로이 확정하여야 할 필요가 없다. 따라서 지방자치단체 상호간의 권한쟁의심판을 규정하고 있는 헌법재판소법 제62조 제1항 제3호의 경우에는 이를 예시적으로 해석할 필요성 및 법적 근거가 없다(헌재 2010. 4. 29. 2009헌라11).

> **판례**
>
> ▶ **지방자치단체장**(한정 적극): 권한쟁의심판을 청구할 수 있는 자에 대하여는 헌법 제111조 제1항 제4호와 헌법재판소법 제62조 제1항 제3호가 정하고 있는바, 이에 의하면 지방자치단체의 장은 원칙적으로 권한쟁의 심판청구의 당사자가 될 수 없다. 다만 지방자치단체의 장이 국가위임 사무에 대해 국가기관의 지위에서 처분을 행한 경우에는 권한쟁의 심판청구의 당사자가 될 수 있다(헌재 2006. 8. 31. 2003헌라1).
>
> ▶ **지방의회와 지방자치단체장**(소극): 지방자치단체의 의결기관인 지방의회와 지방자치단체의 집행기관인 지방자치단체장 간의 내부적 분쟁은 지방자치단체 상호간의 권한쟁의심판의 범위에 속하지 아니하고, 달리 국가기관 상호간의 권한쟁의심판이나 국가기관과 지방자치단체 상호간의 권한쟁의심판에 해당한다고 볼 수도 없다. 따라서 지방자치단체의 의결기관과 지방자치단체의 집행기관 사이의 내부적 분쟁과 관련된 심판청구는 헌법재판소가 관장하는 권한쟁의심판에 속하지 아니하여 부적법하다(헌재 2018. 7. 26. 2018헌라1).
>
> ▶ **지방의회의원과 지방의회 의장**(소극): 지방자치단체의 의결기관을 구성하는 지방의회의원과 그 기관의 대표자인 지방의회 의장 사이의 내부적 분쟁에 관련된 심판청구는 헌법재판소가 관장하는 지방자치단체 상호간의 권한쟁의심판에 속하지 아니하고, 헌법재판소법 제62조 제1항 제1호의 국가기관 상호간의 권한쟁의심판이나 제62조 제1항 제2호의 국가기관과 지방자치단체 상호간의 권한쟁의심판에 해당한다고 볼 수도 없으므로, 이 사건 심판청구는 헌법재판소법 제62조 제1항의 권한쟁의심판에 해당하지 않는다(헌재 2010. 4. 29. 2009헌라11).
>
> ▶ **교육감과 해당 지방자치단체**(소극): 헌법 제111조 제1항 제4호는 지방자치단체 상호간의 권한쟁의에 관한 심판을 헌법재판소가 관장하도록 규정하고 있고, 지방자치단체 '상호간'의 권한쟁의심판에서 말하는 '상호간'이란 '서로 상이한 권리주체간'을 의미한다. 그런데 '지방교육자치에 관한 법률'은 교육감을 시·도의 교육·학예에 관한 사무의 '집행기관'으로 규정하고 있으므로, 교육감과 해당 지방자치단체 상호간의 권한쟁의 심판은 '서로 상이한 권리주체간'의 권한쟁의심판청구로 볼 수 없다. 따라서 시·도의 교육·학예에 관한 집행기관인 교육감과 해당 지방자치단체 사이의 내부적 분쟁과 관련된 심판청구는 헌법재판소가 관장하는 권한쟁의심판에 속하지 아니한다(헌재 2016. 6. 30. 2014헌라1).

(2) 당사자적격

1) 의의

청구인적격은 침해당하였다고 주장하는 헌법상 내지 법률상 권한과 적절한 관련성이 있는 자에게 인정되고, 피청구인적격은 권한을 침해하는 처분 또는 부작위를 행하여 법적 책임을 지게 되는 자에게 인정된다(헌재 2006. 8. 31. 2004헌라2).

> **판례**
>
> ▶ **국회 상임위원회 위원장이 위원회를 대표해서 의안을 심사하는 권한이 국회의장으로부터 위임된 것임을 전제로 한 국회의장에 대한 권한쟁의심판이 적법한지**(소극) : 국회의 의결을 요하는 안건에 대하여 의장이 본회의 의결에 앞서 소관위원회에 안건을 회부하는 것은 국회의 심의권을 위원회에 위양하는 것이 아니고, 그 안건이 본회의에 최종적으로 부의되기 이전의 한 단계로서, 소관위원회가 발의 또는 제출된 의안에 대한 심사권한을 행사하여 사전 심사를 할 수 있도록 소관위원회에 송부하는 행위라 할 수 있다. 상임위원회는 그 소관에 속하는 의안, 청원 등을 심사하므로, 국회의장이 안건을 위원회에 회부함으로써 상임위원회에 심사권이 부여되는 것이 아니고, 심사권 자체는 법률상 부여된 위원회의 고유한 권한으로 볼 수 있다(국회법 제36조, 제37조). 따라서 국회 상임위원회 위원장이 위원회를 대표해서 의안을 심사하는 권한이 국회의장으로부터 위임된 것임을 전제로 한 국회의장에 대한 이 사건 심판청구는 피청구인적격이 없는 자를 상대로 한 청구로서 부적법하다(헌재 2010. 12. 28. 2008헌라7).
>
> ▶ **국회의 국회법 개정한 행위에 대한 심판청구에서 국회의장이나 기획재정위원회 위원장에게 피청구인적격이 인정되는지**(소극) : 법률의 제·개정 행위를 다투는 권한쟁의심판의 경우에는 국회가 피청구인적격을 가지므로, 청구인들이 국회의장 및 기재위 위원장에 대하여 제기한 국회법 개정행위에 대한 심판청구는 피청구인적격이 없는 자를 상대로 한 청구로서 부적법하다(헌재 2016. 5. 26. 2015헌라1).
>
> ▶ **국회의원이 국회의장의 직무를 대리하여 법률안 가결선포행위를 한 국회부의장을 상대로 가결선포행위가 자신의 법률안 심의·표결권을 침해하였음을 주장하여 권한쟁의심판을 청구할 수 있는지**(소극) : 권한쟁의심판에 있어서는 처분 또는 부작위를 야기한 기관으로서 법적 책임을 지는 기관만이 피청구인 적격을 가지므로, 권한쟁의심판청구는 이들 기관을 상대로 제기하여야 한다. 그런데 국회부의장은 국회의장의 위임에 따라 그 직무를 대리하여 법률안 가결선포행위를 할 수 있을 뿐, 법률안 가결선포행위에 따른 법적 책임을 지는 주체가 될 수 없으므로 권한쟁의심판청구의 피청구인 적격이 인정되지 아니한다(헌재 2009. 10. 29. 2009헌라8).

2) 제3자 소송담당

국회의 의사가 다수결에 의하여 결정되었음에도 다수결의 결과에 반대하는 소수의 국회의원에게 권한쟁의심판을 청구할 수 있게 하는 것은 다수결의 원리와 의회주의의 본질에 어긋날 뿐만 아니라, 국가기관이 기관 내부에서 민주적인 방법으로 토론과 대화에 의하여 기관의 의사를 결정하려는 노력 대신 모든 문제를 사법적 수단에 의해 해결하려는 방향으로 남용될 우려도 있으므로, 국가기관의 부분 기관이 자신의 이름으로 소속기관의 권한을 주장할 수 있는 '제3자 소송담당'을 명시적으로 허용하는 법률의 규정이 없는 현행법 체계하에서는 국회의 구성원인 국회의원이 국회의 조약에 대한 체결·비준 동의권의 침해를 주장하는 권한쟁의심판을 청구할 수 없다(헌재 2007. 7. 26. 2005헌라8).

> **판례**
>
> ▶ **국회의원에게 국회의 권한 침해를 주장하는 권한쟁의심판에서 청구인적격이 인정되는지**(소극) : 국회의 의사가 다수결로 결정되었음에도 다수결의 결과에 반하는 소수의 국회의원에게 권한쟁의심판을 청구할 수 있게 하는 것은 다수결의 원리와 의회주의의 본질에 어긋날 뿐만 아니라, 국가기관이 기관 내부에서 민주적인 토론을 통해 기관의 의사를 결정하는 대신 모든 문제를 사법적 수단에 의해 해결하려는 방향으로 남용될 우려도 있다. 따라서 '제3자소송담당'이 허용되지 않는 현행법 하에서 국회의 구성원인 국회의원은 국회의 조약 체결·비준 동의권 침해를 주장하는 권한쟁의심판에서 청구인적격이 없다(헌재 2015. 11. 26. 2013헌라3).

(3) 청구 사유

> **헌법재판소법 제61조(청구 사유)**
> ① 국가기관 상호간, 국가기관과 지방자치단체 간 및 지방자치단체 상호간에 권한의 유무 또는 범위에 관하여 다툼이 있을 때에는 해당 국가기관 또는 지방자치단체는 헌법재판소에 권한쟁의심판을 청구할 수 있다.
> ② 제1항의 심판청구는 피청구인의 처분 또는 부작위가 헌법 또는 법률에 의하여 부여받은 청구인의 권한을 침해하였거나 침해할 현저한 위험이 있는 경우에만 할 수 있다.

1) 피청구인의 처분 또는 부작위

① 피청구인의 처분

   헌법재판소법 제61조 제2항의 '처분'이란 법적 중요성을 지닌 것에 한하는 것으로, 청구인의 법적 지위에 구체적으로 영향을 미칠 가능성이 있는 행위여야 한다. 헌법재판소는 위 처분과 관련하여, "처분은 입법행위와 같은 법률의 제정 또는 개정과 관련된 권한의 존부 및 행사상의 다툼, 행정처분은 물론 행정입법과 같은 모든 행정작용 그리고 법원의 재판 및 사법행정작용 등을 포함하는 넓은 의미의 공권력 처분을 의미하는 것으로 보아야 한다."고 판시하고 있다(헌재 2006. 5. 25. 2005헌라4).

> **판례**
>
> ▶ **국회의 법률개정 행위**(적극) : 국회는 공직선거법의 개정을 통해 지방선거의 선거비용을 원칙적으로는 지방자치단체가 부담하도록 하고 있는바, 이와 같은 법률개정 행위는 청구인들 지방자치단체의 지방재정권에 중대한 영향을 미친다고 할 것이므로 헌법재판소법 제61조 제2항에서 규정하고 있는 '처분'에 해당된다(헌재 2008. 6. 26. 2005헌라7).
>
> ▶ **장래처분**(한정 적극) : 피청구인의 장래처분에 의해서 청구인의 권한침해가 예상되는 경우에 청구인은 원칙적으로 이러한 장래처분이 행사되기를 기다린 이후에 이에 대한 권한쟁의심판청구를 통해서 침해된 권한의 구제를 받을 수 있으므로, 피청구인의 장래처분을 대상으로 하는 심판청구는 원칙적으로 허용되지 아니한다. 그러나 피청구인의 장래처분이 확실하게 예정되어 있고, 피청구인의 장래처분에 의해서 청구인의 권한이 침해될 위험성이 있어서 청구인의 권한을 사전에 보호해 주어야 할 필요성이 매우 큰 예외적인 경우에는 피청구인의 장래처분에 대해서도 권한쟁의심판을 청구할 수 있다(헌재 2004. 9. 23. 2000헌라2).

> ▶ **정부의 법률안 제출행위**(소극) : 정부가 법률안을 제출하였다 하더라도 그것이 법률로 성립되기 위해서는 국회의 많은 절차를 거쳐야 하고, 법률안을 받아들일지 여부는 전적으로 헌법상 입법권을 독점하고 있는 의회의 권한이다. 따라서 정부가 법률안을 제출하는 행위는 입법을 위한 하나의 사전 준비행위에 불과하고, 권한쟁의심판의 독자적 대상이 되기 위한 법적 중요성을 지닌 행위로 볼 수 없다(헌재 2005. 12. 22. 2004헌라3).
>
> ▶ **단순한 업무협조 요청이나 견해의 표명**(소극) : '처분'은 법적 중요성을 지닌 것에 한하므로, 청구인의 법적 지위에 구체적으로 영향을 미칠 가능성이 없는 행위는 '처분'이라 할 수 없어 이를 대상으로 하는 권한쟁의심판청구는 허용되지 않는다. 따라서 단순한 업무협조 요청이나 견해의 표명, 상호 협력 차원에서 조언ㆍ권고한 것은 법적 구속력이 없으므로 권한쟁의심판의 대상이 되는 '처분'이라 할 수 없다(헌재 2006. 3. 30. 2005헌라1).
>
> ▶ **내부적 의결행위**(소극) : 이 사건 의결행위는 보건복지부장관이 광역지방자치단체의 장에게 통보한 '지방자치단체 유사ㆍ중복 사회보장사업 정비지침'의 근거가 되는 '지방자치단체 유사ㆍ중복 사회보장사업 정비추진방안'을 사회보장위원회가 내부적으로 의결한 행위에 불과하므로, 이 사건 의결행위가 청구인들의 법적 지위에 직접 영향을 미친다고 보기 어렵다. 따라서 이 사건 의결행위는 권한쟁의심판의 대상이 되는 '처분'이라고 볼 수 없다(헌재 2018. 7. 26. 2015헌라4).

② 피청구인의 부작위

피청구인의 부작위에 의하여 청구인의 권한이 침해당하였다고 주장하는 권한쟁의심판은 피청구인에게 헌법상 또는 법률상 유래하는 작위의무가 있음에도 불구하고 피청구인이 그러한 의무를 다하지 아니한 경우에 허용된다(헌재 1998. 7. 14. 98헌라3).

2) 권한의 침해 또는 현저한 침해의 위험

권한의 침해란 피청구인의 처분 또는 부작위로 인한 청구인의 권한 침해가 과거에 발생하였거나 현재까지 지속되는 경우를 의미하며, 현저한 침해의 위험성이란 아직 침해라고는 할 수 없으나 침해될 개연성이 상당히 높은 상황을 의미한다. 권한쟁의심판청구의 적법요건 단계에서 요구되는 권한 침해의 요건은, 청구인의 권한이 구체적으로 관련되어 이에 대한 침해 가능성이 존재할 경우 충족되는 것으로 볼 수 있다. 권한의 침해가 실제로 존재하고 위헌 내지 위법한지의 여부는 본안의 결정에서 판단되어야 할 것이다(헌재 2006. 5. 25. 2005헌라4).

> **판례**
>
> ▶ **국회의장이 대통령 권한대행인 국무총리에 대한 탄핵소추안에 헌법 제65조 제2항 본문의 의결정족수를 적용하여 이를 가결로 선포한 행위가, 그 의결정족수 적용에 반대하는 국회의원들의 탄핵소추안에 관한 심의ㆍ표결권을 침해할 가능성이 있는지**(소극) : 헌법과 국회법은 개별 국회의원이 원하는 특정 의결정족수를 기준으로 심의ㆍ표결권을 행사할 기회를 보장하거나, 의결 결과와 연계하여 심의ㆍ표결권 행사의 가치를 인정하는 규정을 두고 있지 않다. 헌법 제49조의 다수결 원칙을 고려할 때, 심의ㆍ표결권을 행사하는 개별 국회의원의 의사가 반드시 국회의 최종 의사로 귀결되어야 한다고 볼 수도 없다. 대통령 권한대행 국무총리에 대한 탄핵소추 의결정족수는 헌법 제65조 제2항의 해석에 관한 문제여서 국회의 심의ㆍ표결로 결정할 사안이 아닌바, 최종 판단은 헌법재판소에 달려 있음은 별론으로 하고, 그에 관한 확립된 해석이 없는 상황에서 피청구인이 일정한 의견수렴을 거쳐 '일반 의결정족수'를 적용한 것을 두고 헌법이나 법률을 명백히 위반한 흠이 있다거나 그로 인해 청구인들의 심의ㆍ표결권이 침해될 가능성이 있다고까지 단정하기는 어렵다(헌재 2025. 4. 10. 2024헌라8).

▶ **국회의장이 방송통신위원회 위원장 및 검사 2명에 대한 탄핵소추안의 철회요구를 수리한 행위가 국회의원인 청구인들의 탄핵소추안 철회 동의 여부에 대한 심의·표결권을 침해할 가능성이 있는지**(소극) : 국회의장은 탄핵소추안이 발의되었음을 본회의에 보고하였을 뿐 탄핵소추안을 의사일정에 기재하고 본회의의 안건으로 상정한 바가 없으므로, 이 사건 탄핵소추안은 국회법 제90조 제2항의 '본회의에서 의제가 된 의안'에 해당하지 아니한다. 탄핵소추안이 본회의에서 의제가 된 의안에 해당하지 아니하여 이를 발의한 국회의원이 본회의의 동의 없이 이를 철회할 수 있는 이상, 청구인들에게는 이 사건 탄핵소추안 철회 동의 여부에 대해 심의·표결할 권한 자체가 발생하지 아니하고, 그 권한의 발생을 전제로 하는 권한의 침해 가능성도 없다(헌재 2024. 3. 28. 2023헌라9).

▶ **선거제도에 관한 공직선거법 개정행위가 국회의원들의 법률안 심의·표결권을 침해할 가능성이 있는지**(소극) : 국회의 입법에 대한 권한쟁의심판이 적법하기 위해서는 이것이 청구인의 권한을 침해하였거나 침해할 현저한 위험성이 있어야 한다. 그런데 국회의 공직선거법 개정행위로 개정된 공직선거법의 내용은 국회의원 선거와 관련하여 준연동형 비례대표제를 도입하는 등 선거와 관련된 내용만을 담고 있어, 국회의원들의 법률안 심의·표결권과는 아무런 관련이 없다. 따라서 위와 같은 공직선거법 개정행위로 인하여 청구인 국회의원들의 법률안 심의·표결권이 침해될 가능성은 없다(헌재 2020. 5. 27. 2019헌라6).

▶ **국회의원의 심의·표결 권한이 국회의장이나 다른 국회의원이 아닌 국회 외부의 국가기관에 의하여 침해될 수 있는지**(소극) : 국회의 동의권이 침해되었다고 하여 동시에 국회의원의 심의·표결권이 침해된다고 할 수 없고, 국회의원의 심의·표결권은 국회의 대내적인 관계에서 행사되고 침해될 수 있을 뿐 다른 국가기관과의 대외적인 관계에서는 침해될 수 없는 것이므로, 국회의원들 상호간 또는 국회의원과 국회의장 사이와 같이 국회 내부적으로만 직접적인 법적 연관성을 발생시킬 수 있을 뿐이고 대통령 등 국회 이외의 국가기관과 사이에서는 권한침해의 직접적인 법적 효과를 발생시키지 아니한다. 그렇다면 정부가 국회의 동의 없이 예산 외에 국가의 부담이 될 계약을 체결하였다 하더라도 국회의 동의권이 침해될 수는 있어도 국회의원인 청구인들 자신의 심의·표결권이 침해될 가능성은 없다(헌재 2008. 1. 17. 2005헌라10).

▶ **지방자치단체가 기관위임사무에 관하여 권한쟁의심판을 청구할 수 있는지**(소극) : 지방자치단체는 헌법 또는 법률에 의하여 부여받은 그의 권한, 즉 지방자치단체의 사무에 관한 권한이 침해되거나 침해될 우려가 있는 때에 한하여 권한쟁의심판을 청구할 수 있다고 할 것인데, 도시계획사업실시계획인가사무는 건설교통부장관으로부터 시·도지사에게 위임되었고, 다시 시장·군수에게 재위임된 기관위임사무로서 국가사무라고 할 것이므로, 청구인의 이 사건 심판청구 중 도시계획사업실시계획인가처분에 대한 부분은 지방자치단체의 권한에 속하지 아니하는 사무에 관한 것으로서 부적법하다(헌재 1999. 7. 22. 98헌라4).

(4) 청구기간

권한쟁의의 심판은 그 사유가 있음을 안 날부터 60일 이내에, 그 사유가 있은 날부터 180일 이내에 청구하여야 하며, 이 기간은 불변기간으로 한다(헌법재판소법 제63조 제1항, 제2항).

판례

▶ **사유가 있음을 안 날** : 권한쟁의심판 청구에 있어 '그 사유가 있음을 안 날'은 다른 국가기관 등의 처분에 의하여 자신의 권한이 침해되었다는 사실을 특정할 수 있을 정도로 현실적으로 인식하고 이에 대하여 심판청구를 할 수 있게 된 때를 말하고, 그 처분의 내용이 확정적으로 변경될 수 없게 된 것까지를 요하는 것은 아니다(헌재 2007. 3. 29. 2006헌라7).

> ▶ **부작위에 대한 권한쟁의심판에서 청구기간** : 처분의 경우에는 처분행위가 있는 때에 권한 침해행위는 종료하고 그 위법상태가 계속될 수 있음에 반하여 부작위의 경우에는 부작위가 계속되는 한 권한 침해가 계속된다. 따라서 부작위에 대한 권한쟁의심판은 그 부작위가 계속되는 한 기간의 제약 없이 적법하게 청구할 수 있다(헌재 2006. 5. 25. 2005헌라4).

(5) 심판청구의 이익

권한쟁의심판도 주관적 권리구제뿐만 아니라 객관적인 헌법질서 보장의 기능도 겸하고 있으므로, 청구인에 대한 권한 침해 상태가 이미 종료하여 이를 취소할 여지가 없어졌다 하더라도 같은 유형의 침해행위가 앞으로도 반복될 위험이 있고, 헌법질서의 수호·유지를 위하여 그에 대한 헌법적 해명이 긴요한 사항에 대하여는 심판청구의 이익을 인정할 수 있다(헌재 2003. 10. 30. 2002헌라1).

4. 결정

(1) 처분의 취소나 무효확인

헌법재판소는 심판의 대상이 된 국가기관 또는 지방자치단체의 권한의 유무 또는 범위에 관하여 판단한다. 이 경우 헌법재판소는 권한침해의 원인이 된 피청구인의 처분을 취소하거나 그 무효를 확인할 수 있다(헌법재판소법 제66조 제1항, 제2항 전문).

> **판례**
>
> ▶ **권한쟁의심판에서 헌법재판소 재판관의 지위의 확인을 구하는 청구 또는 대통령 권한대행 기획재정부장관으로 하여금 재판관 임명을 명하는 결정을 구하는 청구가 허용되는지**(소극) : 국가기관의 부작위가 다른 국가기관의 권한을 침해할 경우 헌법재판소가 그 권한침해를 확인하는 것을 넘어 일정한 법적 관계를 형성할 수 있도록 하는 내용의 결정을 할 수 있다는 헌법 및 헌법재판소법상 근거가 없으므로, 헌법재판소법 제66조 제1항 및 제2항이 예정하지 아니한 방식의 결정을 구하는 청구인의 심판청구는 권한쟁의심판의 대상이 될 수 없는 것에 대한 청구로서 부적법하다(헌재 2025. 2. 27. 2025헌라1).

(2) 심판절차종료

1) 당사자의 사망

청구인이 법률안 심의·표결권의 주체인 국가기관으로서의 국회의원 자격으로 권한쟁의심판을 청구하였다가 심판절차 계속 중 사망한 경우, 국회의원의 법률안 심의·표결권은 성질상 일신전속적인 것으로 당사자가 사망한 경우 승계되거나 상속될 수 없어 그에 관련된 권한쟁의심판절차 또한 수계될 수 없으므로 권한쟁의심판청구는 청구인의 사망과 동시에 당연히 그 심판절차가 종료된다(헌재 2010. 11. 25. 2009헌라12).

2) 당사자의 의원직 상실

청구인은 입법권의 주체인 국회의 구성원으로서, 또한 법률안 심의·표결권의 주체인 국회의원 자격으로서 권한쟁의심판을 청구한 것인바, 국회의원의 국회에 대한 소송수행권 및 국회의원의 법률안 심의·표결권은 성질상 일신전속적인 것으로서 국회의원직을 상실한 경우 승계되거나 상속될 수 있는 것이 아니다. 따라서 그에 관련된 권한쟁의심판절차 또한 수계될 수 있는 성질의 것이 아니므로 청구인의 이 사건 심판청구는 청구인의 국회의원직 상실과 동시에 당연히 그 심판절차가 종료되었다(헌재 2016. 4. 28. 2015헌라5).

3) 권한쟁의심판의 취하

이 사건 권한쟁의심판절차는 청구인들의 심판청구의 취하로 종료되었음이 명백하므로, 헌법재판소로서는 이 사건 권한쟁의심판청구가 적법한 것인지 여부와 이유가 있는 것인지 여부에 대하여 더 이상 판단할 수 없게 되었다(헌재 2001. 5. 8. 2000헌라1).

(3) 결정의 효력

1) 기속력

헌법재판소의 권한쟁의심판의 결정은 모든 국가기관과 지방자치단체를 기속한다(헌법재판소법 제67조 제1항). 헌법재판소가 부작위에 대한 심판청구를 인용하는 결정을 한 때에는 피청구인은 결정 취지에 따른 처분을 하여야 한다(헌법재판소법 제66조 제2항 후문).

> **판례**
>
> ▶ 국회의장의 법률안 가결선포행위가 국회의원들의 법률안 심의·표결권을 침해한 것임을 확인한 권한침해확인결정의 기속력으로 국회의장이 구체적인 특정한 조치를 취할 작위의무를 부담하는지(소극) : 권한쟁의심판은 본래 청구인의 "권한의 존부 또는 범위"에 관하여 판단하는 것이므로, 입법절차상의 하자에 대한 종전 권한침해확인결정이 갖는 기속력의 본래적 효력은 피청구인의 이 사건 법률안 가결선포행위가 청구인들의 법률안 심의·표결권을 위헌·위법하게 침해하였음을 확인하는 데 그치고, 그 결정의 기속력에 의하여 법률안 가결선포행위에 내재하는 위헌·위법성을 어떤 방법으로 제거할 것인지는 전적으로 국회의 자율에 맡겨져 있다. 따라서 헌법재판소가 "권한의 존부 또는 범위"의 확인을 넘어 그 구체적 실현방법까지 임의로 선택하여 가결선포행위의 효력을 무효확인 또는 취소하거나 부작위의 위법을 확인하는 등 기속력의 구체적 실현을 직접 도모할 수는 없다(헌재 2010. 11. 25. 2009헌라12).

2) 처분에 대한 취소결정의 효력

국가기관 또는 지방자치단체의 처분을 취소하는 결정은 그 처분의 상대방에 대하여 이미 생긴 효력에 영향을 미치지 아니한다(헌법재판소법 제67조 제2항).

III 권리구제형 헌법소원

1. 적법 요건

> **헌법재판소법 제68조(청구 사유)**
> ① 공권력의 행사 또는 불행사로 인하여 헌법상 보장된 기본권을 침해받은 자는 법원의 재판을 제외하고는 헌법재판소에 헌법소원심판을 청구할 수 있다. 다만, 다른 법률에 구제절차가 있는 경우에는 그 절차를 모두 거친 후에 청구할 수 있다.

(1) 공권력의 행사 또는 불행사

1) 공권력

헌법재판소법 제68조 제1항에서 '공권력'이란 입법권·행정권·사법권을 행사하는 모든 국가기관·공공단체 등의 고권적 작용을 말하고, 그 행사 또는 불행사로 국민의 권리와 의무에 대하여 직접적인 법률효과를 발생시켜 청구인의 법률관계 내지 법적 지위를 불리하게 변화시키는 것이어야 한다(헌재 2003. 11. 27. 2003헌마694).

2) 공권력의 행사

① 헌법소원의 대상과 요건

헌법재판소법 제68조 제1항에 의하여 헌법소원의 대상이 되는 행위는 국가기관의 공권력작용에 속하여야 한다. 여기서의 국가기관은 입법·행정·사법 등의 모든 기관을 포함하며, 간접적인 국가행정, 예를 들어 공법상의 사단, 재단 등의 공법인, 국립대학교와 같은 영조물 등의 작용도 헌법소원의 대상이 된다(헌재 2019. 11. 28. 2017헌마759).

공권력의 행사가 헌법소원의 대상이 되려면 당해 공권력의 행사가 기본권을 새로이 침해하여야 한다. 따라서 만약 당해 공권력의 행사에 앞서 기본권을 침해하는 내용의 다른 공권력의 행사가 이미 존재하고 있고, 당해 공권력의 행사는 선행 공권력의 행사와 실질적으로 동일한 내용으로서 그에 대한 확인적 의미만을 갖고 있을 뿐, 선행 공권력의 행사에 아무런 변경을 가져오지 않는 경우라면, 당해 공권력의 행사는 기본권을 새로이 침해하는 헌법재판소법 제68조 제1항 소정의 공권력의 행사에 해당하지 않는다(헌재 1997. 12. 19. 97헌마317).

> **판례**
>
> ▶ **헌법 규정**(소극): 헌법은 그 전체로서 주권자인 국민의 결단 내지 국민적 합의의 결과라고 보아야 할 것으로, 헌법의 규정을 헌법재판소법 제68조 제1항 소정의 공권력 행사의 결과라고 볼 수 없다(헌재 1995. 12. 28. 95헌바3).
>
> ▶ **법률의 개정을 요구하는 행위**(소극): 법률의 개폐는 입법기관의 소관사항으로서 법률의 개정을 요구하는 심판청구는 헌법소원의 대상이 될 수 없다(헌재 1992. 6. 26. 89헌마132).
>
> ▶ **대통령의 법률안 제출행위**(소극): 대통령의 법률안 제출행위는 국가기관 간의 내부적 행위에 불과하고 국민에 대하여 직접적인 법률효과를 발생시키는 행위가 아니므로 헌법재판소법 제68조에서 말하는 공권력의 행사에 해당되지 않는다(헌재 1994. 8. 31. 92헌마174).
>
> ▶ **국회가 의결한 예산 또는 국회의 예산안 의결행위**(소극): 예산은 일종의 법규범이고 법률과 마찬가지로 국회의 의결을 거쳐 제정되지만 법률과 달리 국가기관만을 구속할 뿐 일반국민을 구속하지 않는다. 국회가 의결한 예산 또는 국회의 예산안 의결은 헌법재판소법 제68조 제1항 소정의 '공권력의 행사'에 해당하지 않고 따라서 헌법소원의 대상이 되지 아니한다(헌재 2006. 4. 25. 2006헌마409).
>
> ▶ **조약 체결행위**(적극): 한일어업협정은 우리나라 정부가 일본 정부와의 사이에서 어업에 관해 체결·공포한 조약으로서 헌법 제6조 제1항에 의하여 국내법과 같은 효력을 가지므로, 그 체결행위는 고권적 행위로서 '공권력의 행사'에 해당한다(헌재 2001. 3. 21. 99헌마139).
>
> ▶ **비권력적 사실행위**(소극): 학교당국이 미납공납금을 완납하지 아니할 경우에 졸업증의 교부와 증명서를 발급하지 않겠다고 통고한 것은 일종의 비권력적 사실행위로서 헌법재판소법 제68조 제1항에서 헌법소원심판의 청구대상으로서의 공권력에는 해당된다고 볼 수 없다(헌재 2001. 10. 25. 2001헌마113).

▶ **규제적·구속적 행정지도**(적극): 교육인적자원부장관의 대학총장들에 대한 학칙시정요구는 대학총장의 임의적인 협력을 통하여 사실상의 효과를 발생시키는 행정지도의 일종이지만, 그에 따르지 않을 경우 일정한 불이익조치를 예정하고 있어 사실상 상대방에게 그에 따를 의무를 부과하는 것과 다를 바 없으므로 단순한 행정지도로서의 한계를 넘어 규제적·구속적 성격을 상당히 강하게 갖는 것으로서 헌법소원의 대상이 되는 공권력의 행사라고 볼 수 있다(헌재 2003. 6. 26. 2002헌마337).

▶ **행정청에 의한 잘못된 법률해석·적용이 헌법재판소의 심사대상이 되는 경우**: 행정청이 법률을 단순히 잘못 해석·적용함으로써 결과적으로 국민의 기본권을 침해하였다고 하여, 행정청의 그러한 행위가 모두 헌법소원의 대상이 되는 것은 아니다. 법적용기관이 법률에 미치는 헌법의 영향을 간과하거나 또는 오인하여 소송당사자에게 불리하게 판단함으로써 헌법의 정신을 고려하지 않은 법적용을 통하여 그의 기본권을 침해한다면, 바로 이러한 경우에 법률의 해석·적용은 헌법재판소의 심사대상이 되는 것이다. 그러나 행정청이 법률을 잘못 해석·적용하였는지의 여부가 헌법에 의해서가 아니라 적용된 법률에 근거하여 판단된다면, 즉 헌법이 아니라 법률이 행정청에 의한 해석·적용의 타당성을 심사하는 규범이 된다면, 이 경우 법률의 해석·적용에 대한 판단은 법원의 관할에 속하는 것이다(헌재 2003. 2. 27. 2002헌마106).

② 입법작용

㉠ 원칙

헌법재판소법 제68조 제1항 본문에 규정된 공권력 가운데는 입법권도 당연히 포함되고 따라서 법률에 대한 헌법소원도 가능하다고 할 것이나 모든 법률이 헌법소원의 대상이 되는 것이 아니고 그 법률이 별도의 구체적 집행행위를 기다리지 않고 직접적으로, 그리고 현재적으로 헌법상 보장된 기본권을 침해하는 경우에 한정됨을 원칙으로 한다(헌재 1990. 6. 25. 89헌마220). 여기서 기본권침해의 직접성이란 집행행위에 의하지 아니하고 법률 그 자체에 의하여 자유의 제한, 의무의 부과, 권리 또는 법적 지위의 박탈이 생긴 경우를 뜻한다(헌재 1992. 11. 12. 91헌마192).

판례

▶ **집행행위에 입법행위가 포함되는지**(적극): 법률 또는 법률조항 자체가 헌법소원의 대상이 될 수 있으려면 구체적인 집행행위를 기다리지 아니하고 그 법률 또는 법률조항에 의하여 직접, 현재, 자기의 기본권을 침해받아야 하는 바, 위에서 말하는 집행행위에는 입법행위도 포함되므로 법률 규정이 그 규정의 구체화를 위하여 하위규범의 시행을 예정하고 있는 경우에는 당해 법률 규정의 직접성은 부인된다(헌재 1996. 2. 29. 94헌마213).

▶ **국민에게 일정한 행위의무 또는 행위금지의무를 부과하는 법규정을 정한 후 이를 위반할 경우 제재수단으로서 형벌 또는 행정벌 등을 부과할 것을 정한 경우**(적극): 국민에게 일정한 행위의무 또는 행위금지의무를 부과하는 법규정을 정한 후 이를 위반할 경우 제재수단으로서 형벌 또는 행정벌 등을 부과할 것을 정한 경우에, 그 형벌이나 행정벌의 부과를 위 직접성에서 말하는 집행행위라고는 할 수 없다. 국민은 별도의 집행행위를 기다릴 필요 없이 제재의 근거가 되는 법률의 시행 자체로 행위의무 또는 행위금지의무를 직접 부담하는 것이기 때문이다(헌재 1998. 3. 26. 97헌마194).

▶**국가기관이나 기구의 기본조직 및 직무범위 등을 규정한 조직규범**(소극) : 국가기관이나 기구의 기본조직 및 직무범위 등을 규정한 조직규범은 원칙적으로 그 조직의 구성원이나 구성원이 되려는 자 등 외에 일반국민을 수범자로 하지 아니하고, 일반국민은 그러한 조직규범에 의해 자기의 헌법상 보장된 기본권이 직접적으로 침해된다고 할 수 없다(헌재 2016. 9. 29. 2013헌마821).

▶**집행행위가 재량행위인 경우**(소극) : 법령에 근거한 구체적인 집행행위가 재량행위인 경우에는 법령은 집행기관에게 기본권 침해의 가능성만을 부여할 뿐 법령 스스로가 기본권의 침해행위를 규정하고 행정청이 이에 따르도록 구속하는 것이 아니고, 이때의 기본권의 침해는 집행기관의 의사에 따른 집행행위, 즉 재량권의 행사에 의하여 비로소 이루어지고 현실화되므로 이러한 경우에는 법령에 의한 기본권 침해의 직접성이 인정될 여지가 없다(헌재 2003. 7. 24. 2003헌마3).

▶**수혜적 법률의 기본권 침해성**(적극) : 국민의 기본권을 제한하고 부담을 부과하는 소위 '침해적 법률'의 경우에는 규범의 수범자가 당사자로서 자신의 기본권 침해를 주장하게 되지만, '수혜적 법률'의 경우에는 반대로 수혜범위에서 제외된 자가 그 법률에 의하여 평등권이 침해되었다고 주장하는 당사자에 해당되고, 당해 법률에 대한 위헌 또는 헌법불합치 결정에 따라 수혜집단과의 관계에서 평등권 침해 상태가 회복될 가능성이 있다면 기본권 침해성이 인정된다(헌재 2001. 11. 29. 99헌마494).

▶**행정부에서 제정한 시행령이나 시행규칙 및 사법부에서 제정한 규칙**(적극) : 헌법소원심판의 대상으로서의 "공권력"이란 입법·사법·행정 등 모든 공권력을 말하는 것이므로 입법부에서 제정한 법률, 행정부에서 제정한 시행령이나 시행규칙 및 사법부에서 제정한 규칙 등은 그것들이 별도의 집행행위를 기다리지 않고 직접 기본권을 침해하는 것일 때에는 모두 헌법소원심판의 대상이 될 수 있다(헌재 1990. 10. 15. 89헌마178).

▶**지방의회가 의결한 조례**(적극) : 조례는 지방자치단체가 그 자치입법권에 근거하여 자주적으로 지방의회의 의결을 거쳐 제정한 법규이기 때문에 조례 자체로 인하여 기본권을 침해받은 자는 그 권리구제의 수단으로서 조례에 대한 헌법소원을 제기할 수 있다. 조례 자체에 의한 직접적인 기본권 침해가 문제될 때에는 그 조례 자체의 효력을 직접 다투는 것을 소송물로 하여 일반법원에 구제를 구할 수 있는 절차가 있는 경우가 아니어서 다른 구제절차를 거칠 것 없이 바로 헌법소원심판을 청구할 수 있다(헌재 1995. 4. 20. 92헌마264).

▶**행정규칙**(소극) : 일반적으로 행정규칙은 행정조직 내부에서만 효력을 가지는 것이고 대외적인 구속력을 가지는 것이 아니어서 원칙적으로 헌법소원의 대상이 되는 공권력의 행사에 해당하지 아니한다(헌재 1991. 7. 8. 91헌마42).

▶**행정규칙이 헌법소원의 대상이 되는 경우** : 법령의 직접적인 위임에 따라 수임행정기관이 그 법령을 시행하는 데 필요한 구체적 사항을 정한 것이면, 그 제정형식은 비록 법규명령이 아닌 고시, 훈령, 예규 등과 같은 행정규칙이더라도, 그것이 상위법령의 위임한계를 벗어나지 아니하는 한, 상위법령과 결합하여 대외적 구속력을 갖는 법규명령으로서 기능하게 된다(헌재 2010. 10. 28. 2008헌마408).

> ▶ **변호사법의 위임을 받아 변호사 광고에 관한 구체적인 규제 사항 등을 정한 대한변호사협회의 '변호사 광고에 관한 규정'이 헌법소원심판의 대상이 되는 공권력의 행사에 해당하는지**(적극) : 이 사건 규정은 변호사법 제23조 제2항 제7호 등의 명시적인 위임에 따라 변호사 광고에 관한 규제를 시행하는 데에 필요한 구체적 사항을 정한 것인바, 비록 그 제정형식이 법규명령이 아니더라도 그것이 상위법령의 위임한계를 벗어나지 아니하는 한 상위법령과 결합하여 대외적인 구속력을 갖는 규범으로서 기능하게 된다. 그렇다면, 변협은 변호사법에서 위임받은 변호사 광고에 관한 규제를 설정함에 있어 공법인으로서 공권력 행사의 주체가 되고, 변협의 구성원인 변호사 등은 위 규정을 준수하여야 할 의무가 있고, 이를 위반하게 되면 변호사법 제91조 등 관련 규정에 따라 징계를 받게 되는바, 이 사건 규정이 단순히 변협 내부 기준이라거나 사법적인 성질을 지니는 것이라 보기 어렵고, 수권법률인 변호사법과 결합하여 대외적 구속력을 가진다. 따라서 변협이 변호사 광고에 관한 규제와 관련하여 정립한 규범인 심판대상조항은 헌법소원의 대상이 되는 공권력의 행사에 해당한다(헌재 2022. 5. 26. 2021헌마619).

ⓒ 예외

법령에 대한 법규범이 집행행위를 예정하고 있더라도, 첫째, 법령이 일의적이고 명백한 것이어서 집행기관이 심사와 재량의 여지없이 그 법령에 따라 일정한 집행행위를 하여야 하는 경우와 둘째, 당해 집행행위를 대상으로 하는 구제절차가 없거나, 구제절차가 있다고 하더라도 권리구제의 기대가능성이 없고 다만 기본권 침해를 당한 청구인에게 불필요한 우회절차를 강요하는 것밖에 되지 않는 경우에는 예외적으로 당해 법령의 직접성을 인정할 수 있다(헌재 2019. 1. 15. 2019헌마24).

> **판례**
>
> ▶ **법규범이 집행행위 이전에 이미 국민의 권리관계를 직접 변동시키거나 국민의 법적 지위를 결정적으로 정하는 경우**(적극) : 법규범이 집행행위를 예정하고 있더라도 법규범의 내용이 집행행위 이전에 이미 국민의 권리관계를 직접 변동시키거나 국민의 법적 지위를 결정적으로 정하는 것이어서 국민의 권리관계가 집행행위의 유무나 내용에 의하여 좌우될 수 없을 정도로 확정된 상태라면 그 법규범의 권리침해의 직접성이 인정된다(헌재 2008. 6. 26. 2005헌마173).

③ 행정작용

㉠ 행정처분

청구인은 국세청장의 지정처분의 취소를 구하는 행정소송을 제기할 수 있고, 이러한 행정소송절차는 청구인이 침해되었다고 주장하는 기본권을 효율적으로 구제할 수 있는 권리구제절차라 할 것이다. 따라서 그러한 구제절차를 거치지 아니하고 제기된 국세청고시에 대한 헌법소원 심판청구는 보충성요건이 결여되어 부적법하다(헌재 1998. 4. 30. 97헌마141).

ⓒ 원행정처분

법원의 재판 대상이 되어 그에 관한 판결이 확정된 원행정처분은 원행정처분에 관한 재판이 헌법재판소가 위헌으로 결정한 법령을 적용하여 국민의 기본권을 침해함으로써 예외적으로 헌법소원심판의 대상이 되어 그 재판 자체까지 취소되는 경우에 한하여 헌법소원심판의 대상이 될 수 있다(헌재 1997. 12. 24. 96헌마172).

ⓒ 행정청의 거부행위

국민의 신청에 대한 행정청의 거부행위가 헌법소원심판의 대상인 공권력의 행사가 되기 위해서는 국민이 행정청에 대하여 신청에 따른 행위를 해 줄 것을 요구할 수 있는 권리가 있어야 한다(헌재 1999. 10. 21. 98헌마407).

ⓔ 권력적 사실행위

행정청이 우월적 지위에서 일방적으로 강제하는 권력적 사실행위는 헌법소원의 대상이 되는 공권력의 행사에 해당한다(헌재 2003. 12. 18. 2001헌마754).

판례

▶ **육군훈련소장의 육군훈련소 내 종교행사 참석조치**(적극) : 육군훈련소장이 육군훈련소 내 종교행사에 참석하도록 한 종교행사 참석조치는 육군훈련소장이 우월적 지위에서 청구인들에게 일방적으로 강제한 행위로, 헌법소원심판의 대상이 되는 권력적 사실행위에 해당한다(헌재 2022. 11. 24. 2019헌마941).

▶ **개성공단 전면중단 조치**(적극) : 이 사건 중단조치는 투자기업인 청구인들의 의사를 고려하지 않고 개성공단 내 공장가동, 영업소 운영의 중단, 현지 체류 중인 남한 주민의 복귀 등을 일방적으로 요구한 고권적 행위이다. 따라서 이 사건 중단조치는 대통령과 통일부장관이 투자기업인 청구인들에 대한 우월적 지위에서 일방적으로 행한 권력적 사실행위로서 공권력의 행사에 해당한다(헌재 2022. 1. 27. 2016헌마364).

ⓜ 비구속적 행정계획

비구속적 행정계획안이나 행정지침이라도 국민의 기본권에 직접적으로 영향을 끼치고, 앞으로 법령의 뒷받침에 의하여 그대로 실시될 것이 틀림없을 것으로 예상될 수 있을 때에는, 공권력행위로서 예외적으로 헌법소원의 대상이 될 수 있다(헌재 2000. 6. 1. 99헌마538).

ⓗ 공고

사전안내의 성격을 갖는 통지행위라도 그 내용이 국민의 기본권에 직접 영향을 끼치는 내용이고 앞으로 법령의 뒷받침에 의하여 그대로 실시될 것이 틀림없을 것으로 예상될 수 있는 것일 때에는 그로 인하여 직접적으로 기본권 침해를 받게되는 사람에게는 사실상의 규범작용으로 인한 위험성이 이미 발생하였다고 보아야 할 것이므로 이러한 것도 헌법소원의 대상이 될 수 있다(헌재 2001. 9. 27. 2000헌마159).

ⓢ 사법(私法)상의 행위

특례법에 의한 토지 등의 협의취득은 공공사업에 필요한 토지 등을 공용수용의 절차에 의하지 아니하고 협의에 의하여 사업시행자가 취득하는 것으로서, 그 법적 성질은 사법상의 매매계약과 다를 것이 없다. 그렇다면 그 협의취득에 따르는 보상금의 지급행위는 토지 중에 권리이전에 대한 반대급여의 교부행위에 지나지 아니하므로 그 역시 사법상의 행위라고 볼 수밖에 없다. 따라서 피청구인의 청구인에 대한 보상금 지급행위는 헌법소원심판의 대상이 되는 공권력의 행사라고 볼 수 없다(헌재 1992. 11. 12. 90헌마160).

④ 사법(司法)작용

헌법재판소가 위헌으로 결정하여 그 효력을 상실한 법률을 적용하여 한 법원의 재판은 헌법재판소 결정의 기속력에 반하는 것일 뿐 아니라, 법률에 대한 위헌심사권을 헌법재판소에 부여한 헌법의 결단에 정면으로 위배된다. 그러한 판결은 헌법의 최고규범성을 수호하기 위하여 설립된 헌법재판소의 존재의의, 헌법재판제도의 본질과 기능, 헌법의 가치를 구현함을 목적으로 하는 법치주의의 원리와 권력분립의 원칙 등을 송두리째 부인하는 것이라 하지 않을 수 없는 것이다. 따라서 헌법재판소법 제68조 제1항의 '법원의 재판'에 헌법재판소가 위헌으로 결정하여 그 효력을 상실한 법률을 적용함으로써 국민의 기본권을 침해하는 재판도 포함되는 것으로 해석하는 한도 내에서, 헌법재판소법 제68조 제1항은 헌법에 위반된다(헌재 1997. 12. 24. 96헌마172).

판례

▶ 한정위헌결정의 기속력을 부인하고 청구인들의 재심청구를 받아들이지 아니한 법원의 재판이 '법률에 대한 위헌결정의 기속력에 반하는 재판'으로 헌법소원심판의 대상이 되고 청구인들의 재판청구권을 침해하는지(적극): 이 사건 한정위헌결정은 형벌조항의 일부가 헌법에 위반되어 무효라는 내용의 일부위헌결정으로, 법원과 그 밖의 국가기관 및 지방자치단체에 대하여 기속력이 있다. 이 사건 한정위헌결정의 기속력을 부인하여 청구인들의 재심청구를 기각한 법원의 재판은 '법률에 대한 위헌결정의 기속력에 반하는 재판'으로 이에 대한 헌법소원은 허용되고 청구인들의 헌법상 보장된 재판청구권을 침해하였으므로 법 제75조 제3항에 따라 취소되어야 한다(헌재 2022. 6. 30. 2014헌마760).

▶ 한정위헌결정 전에 확정된 유죄판결이 헌법소원심판의 대상이 되는지(소극): 형벌조항은 위헌결정으로 소급하여 그 효력을 상실하지만, 위헌결정이 있기 이전의 단계에서 그 법률을 판사가 적용하는 것은 제도적으로 정당성이 보장되므로 아직 헌법재판소에 의하여 위헌으로 선언된 바가 없는 법률이 적용된 재판을 그 뒤에 위헌결정이 선고되었다는 이유로 위법한 공권력의 행사라고 하여 헌법소원심판의 대상으로 삼을 수는 없다(헌재 2022. 6. 30. 2014헌마760).

▶ 긴급조치 관련 국가배상책임을 인정하지 않은 대법원판결의 취소를 구하는 심판청구(소극): 청구인들은 대상 판결에 대하여, 법원이 근거 없이 사실상의 입법작용을 함으로써 기본권을 침해하였다고 주장하나, 이러한 재판은 '헌법재판소가 위헌으로 결정하여 그 효력을 상실한 법률을 적용함으로써 국민의 기본권을 침해하는 재판'에 해당하지 않아 예외적으로 헌법소원심판의 대상이 되는 경우에 해당하지 않으므로 그에 대한 심판청구는 부적법하다(헌재 2020. 11. 26. 2014헌마1175).

3) 공권력의 불행사

① 요건

공권력의 불행사에 대한 헌법소원은 공권력의 주체에게 헌법에서 직접 도출되는 작위의무나 법률상의 작위의무가 특별히 구체적으로 존재하여 이에 의거하여 기본권의 주체가 그 공권력의 행사를 청구할 수 있음에도 불구하고 공권력의 주체가 그 의무를 해태하는 경우에 한하여 허용된다(헌재 1999. 9. 16. 98헌마75).

> **판례**
>
> ▶ **공권력 주체의 작위의무가 인정되는 경우**: "공권력의 주체에게 헌법에서 유래하는 작위의무가 특별히 구체적으로 규정되어"가 의미하는 바는 헌법상 명문으로 공권력 주체의 작위의무가 규정되어 있는 경우, 헌법의 해석상 공권력 주체의 작위의무가 도출되는 경우, 공권력 주체의 작위의무가 법령에 구체적으로 규정되어 있는 경우 등을 포괄하고 있는 것으로 볼 수 있다(헌재 2004. 10. 28. 2003헌마898).

② 입법부작위

㉠ 의의와 유형

입법부작위는 헌법이 요구하는 입법자의 입법의무가 존재하여야 비로소 성립한다. 즉 입법부작위는 헌법이 입법자에게 입법의무를 부과하였음에도 불구하고 입법자가 이를 이행하고 있지 않는 법적 상태를 의미한다(헌재 1996. 11. 28. 93헌마258).

입법부작위에는 입법자가 헌법상 입법의무가 있는 어떤 사항에 관하여 전혀 입법을 하지 아니함으로써 입법행위의 흠결이 있는 경우(입법권의 불행사)와 입법자가 어떤 사항에 관하여 입법은 하였으나 그 입법의 내용·범위·절차 등이 당해 사항을 불완전, 불충분 또는 불공정하게 규율함으로써 입법행위에 결함이 있는 경우(결함이 있는 입법권의 행사)가 있는데, 일반적으로 전자를 진정입법부작위, 후자를 부진정입법부작위라고 한다(헌재 2024. 1. 25. 2020헌바475).

㉡ 진정입법부작위

진정입법부작위가 헌법소원의 대상이 되려면 헌법에서 기본권 보장을 위하여 명시적인 입법위임을 하였음에도 입법자가 이를 이행하지 않을 때, 그리고 헌법해석상 특정인에게 구체적인 기본권이 생겨 이를 보장하기 위한 국가의 행위의무 내지 보호의무가 발생하였음이 명백함에도 불구하고 입법자가 아무런 입법조치를 취하고 있지 않은 경우라야 한다(헌재 1993. 3. 11. 89헌마79).

> **판례**
>
> ▶ **지방자치단체장을 위한 별도의 퇴직급여제도를 마련하지 않은 입법부작위**(소극): 지방자치단체장을 위한 별도의 퇴직급여제도를 마련하지 않은 것은 진정입법부작위에 해당하는데, 헌법상 지방자치단체장을 위한 퇴직급여제도에 관한 사항을 법률로 정하도록 위임하고 있는 조항은 존재하지 않는다. 나아가 지방자치단체장은 특정 정당을 정치적 기반으로 하여 선거에 입후보할 수 있고 선거에 의하여 선출되는 공무원이라는 점에서 헌법 제7조 제2항에 따라 신분보장이 필요하고 정치적 중립성이 요구되는 공무원에 해당한다고 보기 어려우므로 헌법 제7조의 해석상 지방자치단체장을 위한 퇴직급여제도를 마련하여야 할 입법적 의무가 도출된다고 볼 수 없고, 그 외에 헌법 제34조나 공무담임권 보장에 관한 헌법 제25조로부터 위와 같은 입법의무가 도출되지 않는다(헌재 2014. 6. 26. 2012헌마459).

> ▶ **대한민국과 일본국 간의 청구권협정에 따라 대한민국이 일본으로부터 받은 돈을 강제동원 피해자의 유족에게 지급하는 내용의 법률을 제정하지 아니한 입법부작위**(소극): 이 사건 입법부작위에 관하여는 헌법상 명시적인 입법위임이 존재하지 않는다. 청구권협정 당시 일본이 식민지배의 불법성을 인정하고 강제동원 피해에 대한 법적 배상을 포함시켰다고 단정하기 어려우며, 일본이 대한민국에 지급한 돈이 권리문제의 해결과 법적인 대가관계에 있다고 볼 수 있을지 불분명하다. 반면 입법자는 일본에 의한 강제동원 피해자들의 인간의 존엄과 가치를 회복시키고 이들과 그 유족을 지원하기 위하여 여러 입법을 제정·시행하여 위로금 등을 지급하였다. 그렇다면 헌법 전문, 제2조 제2항, 제10조 및 제30조 등의 해석으로부터 강제동원 피해자의 유족인 청구인들의 재산권 등 기본권을 보호하기 위하여 위와 같은 내용의 법률을 제정하여야 할 구체적인 입법의무가 도출된다고 보기도 어렵다(헌재 2021. 3. 25. 2019헌마900).

ⓒ 부진정입법부작위

불완전입법에 대하여 재판상 다툴 경우에는 그 입법규정 자체를 대상으로 하여 그것이 헌법위반이라는 적극적인 헌법소원을 제기하여야 할 것이고, 이때에는 헌법재판소법 제69조 제1항 소정의 청구기간의 적용을 받는다(헌재 1993. 3. 11. 89헌마79).

③ 행정부작위

행정권력의 부작위에 대한 헌법소원은 공권력의 주체에게 헌법에서 유래하는 작위의무가 특별히 구체적으로 규정되어 이에 의거하여 기본권의 주체가 행정행위 내지 공권력의 행사를 청구할 수 있음에도 공권력의 주체가 그 의무를 해태하는 경우에 한하여 허용된다. '공권력의 주체에게 헌법에서 유래하는 작위의무가 특별히 구체적으로 규정되어'가 의미하는 바는 첫째, 헌법상 명문으로 공권력 주체의 작위의무가 규정되어 있는 경우 둘째, 헌법의 해석상 공권력 주체의 작위의무가 도출되는 경우 셋째, 공권력 주체의 작위의무가 법령에 구체적으로 규정되어 있는 경우 등을 포괄하고 있는 것으로 볼 수 있다(헌재 2011. 8. 30. 2006헌마788).

판례

> ▶ **행정입법부작위가 헌법소원의 대상이 되기 위한 요건**: 행정명령의 제정 또는 개정의 지체가 위법으로 되어 그에 대한 법적 통제가 가능하기 위하여는 첫째, 행정청에게 시행명령을 제정(개정)할 법적 의무가 있어야 하고 둘째, 상당한 기간이 지났음에도 불구하고 셋째, 명령제정(개정)권이 행사되지 않아야 한다(헌재 1998. 7. 16. 96헌마246).
>
> ▶ **행정입법의무가 인정되는 경우**: 삼권분립의 원칙, 법치행정의 원칙을 당연한 전제로 하고 있는 우리 헌법 하에서 행정권의 행정입법 등 법집행의무는 헌법적 의무라고 보아야 할 것이다. 그런데 이는 행정입법의 제정이 법률의 집행에 필수불가결한 경우로서 행정입법을 제정하지 아니하는 것이 곧 행정권에 의한 입법권 침해의 결과를 초래하는 경우를 말하는 것이므로, 만일 하위 행정입법의 제정 없이 상위 법령의 규정만으로도 집행이 이루어질 수 있는 경우라면 하위 행정입법을 하여야 할 헌법적 작위의무는 인정되지 아니한다(헌재 2005. 12. 22. 2004헌마66).

④ **사법(司法)부작위**

소액사건의 판결을 선고하면서 재판장이 이유를 설명하지 아니함으로써 당사자가 입는 불이익은 그 불이익의 내용에 비추어 볼 때 상소만으로 완벽히 구제된다고 보기 어려운 측면이 있는 것도 사실이나, 그러한 사정이 곧 재판과정에서 행해지는 개개의 법원의 행위를 분리하여 독자적인 헌법소원의 대상으로 삼을 수 있다고 보는 논거가 될 수는 없다. 만일 문제되는 개개의 중간적 행위(부작위)를 당해 재판과 분리하여 헌법소원으로 다툴 수 있다고 보면 그것은 실질적으로 헌법재판소법 제68조 제1항이 규정한 재판소원의 금지를 폐기하는 결과가 되어 허용할 수 없다(헌재 2004. 9. 23. 2003헌마19).

(2) **청구인능력**

헌법소원은 헌법이 보장하는 기본권의 주체가 국가기관의 공권력의 행사 또는 불행사로 인하여 그 기본권을 침해받았을 경우 이를 구제하기 위한 수단으로 인정된 것이다. 그러므로 헌법소원을 청구할 수 있는 자는 원칙으로 기본권의 주체로서의 국민에 한정되며 국민의 기본권을 보호 내지 실현할 책임과 의무를 지는 국가기관이나 그 일부는 헌법소원을 청구할 수 없다(헌재 1995. 2. 23. 90헌마125).

(3) **청구인적격**

헌법재판소법 제68조 제1항의 '헌법상 보장된 기본권을 침해받은 자'라는 것은 '헌법상 보장된 기본권을 침해받았다고 주장하는 자'로 해석하여야 하며 청구인은 자신의 기본권에 대한 공권력 주체의 제한행위가 위헌적인 것임을 어느 정도 구체적으로 주장하여야 한다(헌재 2005. 2. 3. 2003헌마544).

판례

▶ **공권력 작용의 상대방**: 공권력의 행사 또는 불행사로 인하여 기본권의 침해를 받은 자라는 것은 공권력의 행사 또는 불행사로 인하여 자기의 기본권이 현재 그리고 직접적으로 침해받은 경우를 의미하므로 원칙적으로 공권력의 행사 또는 불행사의 직접적인 상대방만이 이에 해당한다고 할 것이고, 공권력의 작용에 단지 간접적, 사실적 또는 경제적인 이해관계가 있을 뿐인 제3자인 경우에는 자기관련성은 인정되지 않는다(헌재 1990. 12. 26. 90헌마20).

▶ **공권력 작용의 상대방이 아닌 제3자**: 공권력의 작용의 직접적인 상대방이 아닌 제3자라고 하더라도 공권력의 작용이 그 제3자의 기본권을 직접적이고 법적으로 침해하고 있는 경우에는 그 제3자에게 자기관련성이 인정된다(헌재 1993. 3. 11. 91헌마233).

(4) **기본권침해의 현재성**

법률에 대하여 헌법소원을 제기하려면 우선 청구인 스스로가 당해 규정에 관련되어야 할 뿐만 아니라 당해 규정에 의해 현재 권리침해를 받아야 한다는 것을 요건으로 하는바, 청구인이 단순히 장래 잠재적으로 나타날 수 있는 권리침해의 우려에 대하여 헌법소원심판을 청구한 것에 불과하다면 본인의 관련성과 권리침해의 현재성이 없는 경우에 해당하여 부적법하다(헌재 1989. 7. 21. 89헌마12). 다만 당해 규정에 의하여 불이익을 입게 될 수도 있다는 것을 현재의 시점에서 충분히 예측할 수 있는 경우 기본권 침해의 현재성을 인정할 수 있다(헌재 1992. 10. 1. 92헌마68).

> **판례**
>
> ▶ **의결 후 공포 전의 법률안**(적극) : 법률안은 대통령이 거부권을 행사하지 않는 한 정부에 이송된 후 15일 이내에 공포하여야 하고 만일 공포하지 않는다면 법률로서 확정되는 바, 법률안이 거부권 행사에 의하여 최종적으로 폐기되었다면 모르되, 그렇지 아니하고 공포되었다면 법률안은 그 동일성을 유지하여 법률로 확정되는 것이라고 보아야 한다. 따라서 심판청구 후에 유효하게 공포·시행되었고 그 법률로 인하여 평등권등 기본권을 침해받게 되었다고 주장하는 이상 청구 당시의 공포 여부를 문제삼아 헌법소원의 대상성을 부인할 수는 없다(헌재 2001. 11. 29. 99헌마494).
>
> ▶ **공포 후 시행 전의 법률**(적극) : 이 사건 법률은 1994. 8. 3. 공포되었고 1995. 1. 1.부터 시행된다. 이 사건 법률이 시행되면 즉시 중원군은 폐지되고 충주시에 흡수되므로, 이 사건 법률이 효력발생하기 이전에 이미 청구인들의 권리관계가 침해될 수도 있다고 보여지고 현재의 시점에서 청구인들이 불이익을 입게 될 수도 있다는 것을 충분히 예측할 수 있으므로 기본권 침해의 현재성이 인정된다(헌재 1994. 12. 29. 94헌마201).

(5) 보충성

1) 의의

헌법재판소법은 "다른 법률에 구제절차가 있는 경우에는 그 절차를 모두 거친 후가 아니면 헌법소원을 청구할 수 없다"라고 하여 보충성의 원칙을 규정하고 있다(제68조 제1항 단서). 여기서 다른 법률에 의한 구제절차란 공권력의 행사 또는 불행사를 직접 대상으로 하여 그 효력을 다툴 수 있는 권리구제절차를 의미하는 것이지 사후적·보충적 구제수단인 손해배상청구나 손실보상청구를 의미하는 것이 아니다(헌재 1993. 5. 13. 92헌마297).

> **판례**
>
> ▶ **현행범인으로 체포되어 경찰서 유치장에 구금되어 체포된 때로부터 48시간이 경과하기 전에 석방된 자가 자신에 대한 구금은 불필요하게 장시간 계속된 것으로서 기본권을 침해하였다며 제기한 헌법소원이 적법한지**(소극) : 체포에 대하여는 헌법과 형사소송법이 정한 체포적부심사라는 구제절차가 존재함에도 불구하고, 체포적부심사절차를 거치지 않고 제기된 헌법소원심판청구는 법률이 정한 구제절차를 거치지 않고 제기된 것으로서 보충성의 원칙에 반하여 부적법하다(헌재 2010. 9. 30. 2008헌마628).

2) 예외

① **권리구제절차가 없는 경우**

헌법재판소는 법률 자체에 의한 기본권 침해가 문제가 될 때에는 일반법원에 법령자체의 효력을 직접 다투는 것을 소송물로 하여 제소하는 길은 없어, 구제절차가 있는 경우가 아니므로, 헌법재판소법 제68조 제1항 단서 소정의 구제절차를 모두 거친 후에 헌법소원을 내야하는 제약이 따르지 않는 이른바 보충성의 예외적인 경우라고 볼 것이다(헌재 1989. 3. 17. 88헌마1).

② **정당한 이유가 있거나 기대가능성이 없는 경우**

헌법소원심판청구인이 그의 불이익으로 돌릴 수 없는 정당한 이유 있는 착오로 전심절차를 밟지 않은 경우 또는 전심절차로 권리가 구제될 가능성이 거의 없거나 권리구제절차가 허용되는지의 여부가 객관적으로 불확실하여 전심절차이행의 기대가능성이 없을 때에는 헌법재판소법 제68조 제1항 단서 소정의 전심절차이행요건은 배제된다(헌재 1989. 9. 4. 88헌마22).

> **판례**
>
> ▶ **각하될 것이 예상되는 경우**(적극) : 시위진압명령은 특정 일시의 특정 집회와 관련된 시위의 진압을 내용으로 하는 것으로서 이 사건 심판청구 당시에 이미 청구인 등에 의하여 그 실행이 완료된 것이다. 따라서 이 사건 진압명령에 대한 행정소송은 소의 이익이 없다 하여 각하될 가능성이 매우 크므로 이와 같은 경우에는 구제절차가 있다고 하더라도 권리구제의 기대가능성이 없고 다만 기본권 침해를 당한 자에게 불필요한 우회절차를 강요하는 것밖에 되지 않는 경우로서 헌법재판소법 제68조 제1항 단서의 예외의 경우에 해당하여 이 사건 진압명령에 대한 심판청구부분은 권리구제절차를 밟지 아니하였다고 하더라도 적법하다(헌재 1995. 12. 28. 91헌마80).
>
> ▶ **대법원의 확립된 판례에 비추어 패소할 것이 예상되는 경우**(소극) : 대법원의 확립된 판례에 비추어 패소할 것이 예견된다는 점만으로는 전심절차로 권리가 구제될 가능성이 거의 없어 전심절차이행의 기대가능성이 없는 경우에 해당한다고 볼 수 없으므로, 과세처분에 대하여 국세기본법에 따른 이의신청 등의 구제절차와 행정소송에 의한 구제절차를 거치지 아니하고 곧바로 헌법소원을 청구하는 것은 헌법소원의 보충성의 요건을 갖추지 못하여 부적법하다(헌재 1998. 10. 29. 97헌마285).

(6) 권리보호의 이익

1) 의의

권리보호이익이란 국가적·공익적 입장에서는 무익한 소송제도의 이용을 통제하는 원리이고, 당사자의 입장에서는 소송제도를 이용할 정당한 이익 또는 필요성을 말하는 것으로, '이익 없으면 소 없다'라는 법언이 지적하듯이 소송제도에 필연적으로 내재하는 요청이다(헌재 2001. 9. 27. 2001헌마152).

2) 내용

① 주관적 권리구제

헌법소원은 국민의 기본권 침해를 구제하여 주는 제도이므로 사실관계 또는 법률관계 등의 변동으로 말미암아 청구인이 주장하는 기본권의 침해가 종료됨으로써 그 침해의 원인이 된 공권력의 행사 등을 취소할 실익이 없게 된 경우에는 원칙적으로 권리보호의 이익이 없다(헌재 1997. 12. 24. 95헌마247). 권리보호이익은 헌법소원심판을 청구할 당시뿐만 아니라 헌법재판소의 결정 당시에도 존재해야 한다(헌재 2006. 11. 30. 2004헌마662).

② 객관적 헌법질서의 유지

헌법소원의 본질은 개인의 주관적 권리구제뿐 아니라 객관적인 헌법질서의 보장도 하고 있으므로 헌법소원에 있어서의 권리보호이익은 일반법원의 소송사건에서처럼 주관적 기준으로 엄격하게 해석하여서는 아니된다. 따라서 침해행위가 이미 종료하여서 이를 취소할 여지가 없기 때문에 헌법소원이 주관적 권리구제에는 별 도움이 안 되는 경우라도 그러한 침해행위가 앞으로도 반복될 위험이 있거나 당해 분쟁의 해결이 헌법질서의 수호·유지를 위하여 긴요한 사항이어서 헌법적으로 그 해명이 중대한 의미를 지니고 있는 경우에는 심판청구의 이익을 인정하여 이미 종료한 침해행위가 위헌이었음을 선언적 의미에서 확인할 필요가 있다(헌재 1992. 1. 28. 91헌마111).

(7) 청구기간

1) 청구기간과 기산점

헌법재판소법 제68조 제1항에 따른 헌법소원의 심판은 그 사유가 있음을 안 날부터 90일 이내에, 그 사유가 있는 날부터 1년 이내에 청구하여야 한다. 다만, 다른 법률에 따른 구제절차를 거친 헌법소원의 심판은 그 최종결정을 통지받은 날부터 30일 이내에 청구하여야 한다(헌법재판소법 제69조 제1항).

한편 헌법소원심판을 청구하려는 자가 변호사를 대리인으로 선임할 자력이 없는 경우에는 헌법재판소에 국선대리인을 선임하여 줄 것을 신청할 수 있고, 이 경우 청구기간은 국선대리인의 선임신청이 있는 날을 기준으로 정한다(헌법재판소법 제70조 제1항).

> **판례**
>
> ▶ **사유가 있음을 안 날**: 사유가 있음을 안 날이라 함은 법령의 제정 등 공권력의 행사에 의한 기본권 침해의 사실관계를 안 날을 뜻하는 것이지, 법률적으로 평가하여 그 위헌성 때문에 헌법소원의 대상이 됨을 안 날을 뜻하는 것은 아니라 할 것이다(헌재 1993. 11. 25. 89헌마36).
>
> ▶ **사유가 있은 날**: 사유가 있은 날이란 헌법재판소법 제68조 제1항에 규정된 사유, 즉 '공권력의 행사 또는 불행사로 인한 기본권의 침해가 있은 날'을 의미한다(헌재 2004. 4. 29. 2003헌마484).
>
> ▶ **사유가 있은 날**: 법령에 대한 헌법소원의 청구기간도 기본권을 침해받은 때로부터 기산하여야 할 것이지 기본권을 침해받기도 전에 그 침해가 확실히 예상되는 등 실체적 제요건이 성숙하여 헌법판단에 적합하게 된 때로부터 기산할 것은 아니다(헌재 1996. 3. 28. 93헌마198).
>
> ▶ **헌법재판소가 발족하기 전에 있었던 공권력의 행사**: 헌법재판소가 발족하기 전에 있었던 공권력의 행사에 대한 헌법소원의 청구기간은 헌법재판소의 재판관이 임명되어 실제로 재판부를 구성하여 재판을 개시할 수 있었던 날인 1988. 9. 19.부터 기산하여야 한다(헌재 1993. 7. 29. 89헌마31).
>
> ▶ **법령에 대한 헌법소원의 청구기간**: 법령의 시행과 동시에 기본권의 침해가 있는 경우에는 법령이 시행된 사실을 안 날로부터 90일 이내에, 법령이 시행된 날로부터 1년 이내에 헌법소원심판을 청구하여야 한다. 다만, 법령이 시행된 후에 그 법령에 해당하는 사유가 발생하여 기본권의 침해를 받은 사람은 그 사유가 발생하였음을 안 날로부터 90일 이내에, 그 사유가 발생한 날로부터 1년 이내에 헌법소원심판을 청구하여야 한다. 여기서 '법령에 해당하는 사유가 발생한 날'이란 '법령의 규율을 구체적이고 현실적으로 적용받음으로써 기본권의 침해가 있은 날'을 의미한다(헌재 2004. 4. 29. 2003헌마484).
>
> ▶ **청구기간의 기산점이 되는 '법령에 해당하는 사유가 발생한 날'의 의미**: 청구기간의 기산점이 되는 '법령에 해당하는 사유가 발생한 날'이란 법령의 규율을 구체적으로 현실적으로 적용받게 된 최초의 날로, 일단 법령에 해당하는 사유가 발생하면 그 때부터 당해 법령에 대한 헌법소원의 청구기간의 진행이 개시되며, 그 이후에 새로 법령에 해당하는 사유가 발생한다고 하여서 일단 개시된 청구기간의 진행이 정지되고 새로운 청구기간의 진행이 개시된다고 볼 수 없다(헌재 2023. 10. 26. 2018헌마357).

> ▶ **유예기간을 두고 있는 법령의 경우 헌법소원심판의 청구기간 기산점**: 시행유예기간이 아니라 시행일을 청구기간의 기산점으로 본다면 시행유예기간이 경과하여 정작 기본권 침해가 실제로 발생한 때에는 이미 청구기간이 지나버려 위헌성을 다툴 기회가 부여되지 않는 불합리한 결과가 초래될 위험이 있는 점, 헌법소원의 본질은 국민의 기본권을 충실히 보장하는 데에 있으므로 법적 안정성을 해하지 않는 범위 내에서 청구기간에 관한 규정을 기본권보장이 강화되는 방향으로 해석하는 것이 바람직한 점을 종합해 보면, <u>시행유예기간 경과일을 청구기간의 기산점으로 해석</u>함으로써 헌법소원심판청구권 보장과 법적안정성 확보 사이의 균형을 달성할 수 있다(헌재 2020. 4. 23. 2017헌마479).
>
> ▶ **기본권 침해사유 발생일로부터 1년이라는 청구기간을 준수하지 못한 데에 정당한 사유를 인정하였으나, 기본권 침해사유를 안 날로부터 90일이라는 청구기간을 준수하지 못한 경우 심판청구가 적법한지**(소극): 헌법재판소법 제40조 제1항에 의하여 준용되는 행정소송법 제20조 제2항에 의하여 '정당한 사유'가 있는 경우에는 청구기간의 경과에도 불구하고 헌법소원 심판청구는 적법하다. 여기서 정당한 사유라 함은 청구기간 도과의 원인 등 여러 가지 사정을 종합하여 지연된 심판청구를 허용하는 것이 사회통념상으로 보아 상당한 경우를 뜻하는 것으로, 일반적으로 천재 기타 피할 수 없는 사정과 같은 객관적 불능의 사유와 이에 준할 수 있는 사유뿐만 아니라 일반적 주의를 다하여도 그 기간을 준수할 수 없는 사유를 포함한다. <u>다만, 그 경우에도 헌법재판소법 제69조 제1항의 '그 사유가 있음을 안 날로부터 90일'이라는 청구기간 내에 심판청구가 가능하였다는 사정이 있는 경우에는 그 때로부터 90일 이내에 헌법소원을 청구하여야 하고, 이 경우 그 청구기간을 지키지 못하였음에 정당한 사유가 있는지 여부는 문제가 되지 아니한다</u>(헌재 2024. 4. 25. 2021헌마473).

2) 적용 범위

① 공권력 불행사의 경우

공권력의 불행사로 인한 기본권 침해는 그 불행사가 계속되는 한 기본권 침해의 부작위가 계속된다 할 것이므로, 공권력의 불행사에 대한 헌법소원심판은 그 불행사가 계속되는 한 기간의 제약이 없이 적법하게 청구할 수 있다(헌재 1994. 12. 29. 89헌마2).

② 현재성 요건이 완화되는 경우

장래 확실히 기본권 침해가 예측되어 현재성을 인정하는 이상 청구기간의 도과 여부는 문제되지 아니한다. 청구기간의 준수 여부에 대한 심사는 '이미' 기본권 침해가 발생한 경우에 비로소 문제가 되는데, 이 사건의 경우 아직 기본권 침해가 없지만 '장래' 확실히 기본권침해가 예상되어 미리 앞당겨 그 법적 관련성을 인정하기 때문이다(헌재 2005. 4. 28. 2004헌마219).

2. 청구

헌법소원심판을 청구하려는 자가 변호사를 대리인으로 선임할 자력이 없는 경우에는 헌법재판소에 국선대리인을 선임하여 줄 것을 신청할 수 있고, 헌법재판소가 공익상 필요하다고 인정할 때에는 국선대리인을 선임할 수 있다(헌법재판소법 제70조 제1항, 제2항).

3. 심리

(1) 사전심사

헌법재판소장은 헌법재판소에 재판관 3명으로 구성되는 지정재판부를 두어 헌법소원심판의 사전심사를 담당하게 할 수 있다(헌법재판소법 제72조 제1항).

(2) 심리

1) 침해된 기본권의 확정

헌법소원심판이 청구되면 헌법재판소로서는 청구인의 주장에만 얽매이어 판단을 한정할 것이 아니라 가능한 한 모든 범위에서 헌법상의 기본권 침해의 유무를 직권으로 심사하여야 한다(헌재 1993. 5. 13. 92헌마80).

2) 심사의 기준

헌법소원이 적법하게 제기된 경우에는 헌법재판소는 본안판단을 함에 있어서 모든 헌법규범을 심사기준으로 삼음으로써 청구인이 주장한 기본권의 침해 여부에 관한 심사에 한정하지 아니하고 모든 헌법적 관점에서 심판대상의 위헌성을 심사한다(헌재 1997. 12. 24. 96헌마172).

4. 종국결정

(1) 심판절차종료

1) 당사자의 사망

검사의 불기소처분 때문에 침해되었다 할 고용계약상의 지위는 노무자인 청구인의 사망에 의하여 종료되고 상속인에게 승계될 것이 아니다. 그러므로 이 사건 심판절차 또한 수계될 성질이 못되고 청구인이 사망함과 동시에 당연히 심판절차가 종료되었다(헌재 1992. 11. 12. 90헌마33).

2) 심판청구의 취하

청구인들이 헌법소원심판청구를 취하하면 헌법소원심판절차는 종료되며, 헌법재판소로서는 헌법소원심판청구가 적법한 것인지 여부와 이유가 있는 것인지 여부에 대하여 판단할 수 없게 된다(헌재 1995. 12. 14. 95헌마221).

(2) 기각결정

기각결정은 헌법소원심판청구가 이유 없는 경우, 즉 공권력에 의한 기본권 침해 사실이 인정되지 아니하여 청구인의 주장을 배척하는 내용의 결정형식이다.

(3) 인용결정

1) 의의

인용결정은 헌법소원심판청구가 이유 있는 경우, 즉 공권력에 의한 기본권 침해 사실이 인정되어 청구인의 주장을 인정하는 내용의 결정형식이다. 헌법소원을 인용할 때에는 인용결정서의 주문에 침해된 기본권과 침해의 원인이 된 공권력의 행사 또는 불행사를 특정하여야 한다(헌법재판소법 제75조 제2항).

2) 기속력

헌법소원의 인용결정은 모든 국가기관과 지방자치단체를 기속하고, 헌법재판소가 공권력의 불행사에 대한 헌법소원을 인용하는 결정을 한 때에는 피청구인은 결정 취지에 따라 새로운 처분을 하여야 한다(헌법재판소법 제75조 제1항, 제4항).

3) 부수적 규범통제

헌법재판소는 공권력의 행사 또는 불행사가 위헌인 법률 또는 법률의 조항에 기인한 것이라고 인정될 때에는 인용결정에서 해당 법률 또는 법률의 조항이 위헌임을 선고할 수 있다(헌법재판소법 제75조 제5항).

Ⅳ 위헌심사형 헌법소원

1. 의의
위헌심사형 헌법소원이란 위헌법률심판의 제청신청이 법원에 의하여 기각된 경우에 제청신청을 한 당사자가 청구하는 헌법소원을 말한다. 이는 법원의 재판에 대한 헌법소원을 인정하지 아니하고, 객관적 규범통제제도를 채택하고 있는 우리나라 특유의 제도이다.

2. 도입 이유
헌법재판소법 제68조 제2항의 헌법소원은 재판소원을 배제하는 우리 헌법재판제도에서 법원이 그의 재판에서 위헌적인 법률을 적용하는 경우, 다시 말하자면 법원의 재판이 위헌적인 법률에 기인하는 경우에도 법률의 위헌성심사를 가능하게 하기 위하여 도입된 것이다(헌재 2003. 2. 11. 2001헌마386).

3. 법적 성격
헌법재판소법 제68조 제2항의 헌법소원제도는 법원뿐이 아니라 개인도 '구체적인 소송사건을 계기로 하여' 헌법재판소에 직접 법률의 위헌성을 물을 수 있다는 점에서 그 법적 성격에 있어서 법 제41조의 위헌법률심판절차와 마찬가지로 구체적 규범통제절차의 한 유형이라고 할 수 있다(헌재 2003. 2. 11. 2001헌마386).

즉 위헌제청신청기각결정에 대한 헌법소원심판은 실질상 헌법소원심판이라기보다는 위헌법률심판이라 할 것이다(헌재 1996. 4. 25. 92헌바47).

4. 적법 요건

> **헌법재판소법 제68조(청구 사유)**
> ② 제41조 제1항에 따른 법률의 위헌 여부 심판의 제청신청이 기각된 때에는 그 신청을 한 당사자는 헌법재판소에 헌법소원심판을 청구할 수 있다. 이 경우 그 당사자는 당해 사건의 소송절차에서 동일한 사유를 이유로 다시 위헌 여부 심판의 제청을 신청할 수 없다.

(1) 법률
헌법재판소법 제68조 제2항 소정 헌법소원은 법원에 법률의 위헌심판제청신청을 하여 그 신청이 기각된 때에만 청구할 수 있고, 위 헌법소원의 대상인 '법률'은 형식적 의미의 법률 및 그와 동일한 효력을 가진 명령을 말한다(헌재 2007. 11. 29. 2007헌바30).

판례

▶ **입법부작위가 위헌심사형헌법소원의 대상이 되는 경우** : 헌법재판소법 제68조 제2항에 의한 헌법소원은 '법률'의 위헌성을 적극적으로 다투는 제도이므로 '법률의 부존재' 즉, 입법부작위를 다투는 것은 그 자체로 허용되지 아니하고, 다만 법률이 불완전·불충분하게 규정되었음을 근거로 법률 자체의 위헌성을 다투는 취지로 이해될 경우에는 그 법률이 당해 사건의 재판의 전제가 된다는 것을 요건으로 허용될 수 있다(헌재 2004. 1. 29. 2002헌바36).

(2) 재판의 전제성

헌법재판소법 제68조 제2항의 헌법소원에 있어서는 법원에 계속된 구체적 사건에 적용할 법률의 위헌 여부가 재판의 전제가 되어 있어야 하고, 이 경우에 재판의 전제가 된다고 함은, 첫째 구체적인 사건이 법원에 계속 중이어야 하고, 둘째 위헌 여부가 문제되는 법률이 당해 사건의 재판과 관련하여 적용되는 것이어야 하며, 셋째 그 법률이 헌법에 위반되는지의 여부에 따라 당해 사건을 담당한 법원이 다른 내용의 재판을 하게 되는 경우를 말한다. 이때 법률의 위헌 여부에 따라 법원이 다른 내용의 재판을 하게 되는 경우라 함은 원칙적으로 법원이 심리 중인 당해 사건의 재판의 결론이나 주문에 어떠한 영향을 주는 것뿐만이 아니라, 문제된 법률의 위헌 여부가 비록 재판의 주문 자체에는 아무런 영향을 주지 않는다고 하더라도 재판의 결론을 이끌어내는 이유를 달리 하는데 관련되어 있거나 또는 재판의 내용과 효력에 관한 법률적 의미가 전혀 달라지는 경우도 포함된다(헌재 2007. 1. 17. 2005헌바86).

> **판례**
>
> ▶ **당해 사건에서 청구인에게 유리한 판결이 확정된 경우**(소극) : 당해 소송에서 승소한 당사자인 청구인은 재심을 청구할 수 없고, 당해 사건에서 청구인에게 유리한 판결이 확정된 마당에 이 사건 법률조항에 대하여 우리 재판소가 위헌결정을 한다 하더라도 당해 사건 재판의 결론이나 주문에 영향을 미치는 것도 아니므로, 결국 이 사건은 재판의 전제성이 부정되는 부적법한 청구가 된다(헌재 2004. 11. 25. 2003헌바106).
>
> ▶ **당해 사건 재판에서 승소판결을 받았으나 그 판결이 확정되지 아니한 경우 재판의 전제성이 인정되는지**(적극) : 당해 사건 재판에서 청구인이 승소판결을 받아 그 판결이 확정된 경우 청구인은 재심을 청구할 법률상 이익이 없고, 심판대상조항에 대하여 위헌결정이 선고되더라도 당해 사건 재판의 결론이나 주문에 영향을 미칠 수 없으므로 그 심판청구는 재판의 전제성이 인정되지 아니하나, 파기환송 전 항소심에서 승소판결을 받았다고 하더라도 그 판결이 확정되지 아니한 이상 상소절차에서 그 주문이 달라질 수 있으므로, 심판대상조항의 위헌 여부에 관한 재판의 전제성이 인정된다(헌재 2013. 6. 27. 2011헌바247).
>
> ▶ **청구인이 당해 사건인 형사사건에서 무죄의 확정판결을 받은 경우**(소극) : 헌법재판소법 제68조 제2항에 의한 헌법소원심판 청구인이 당해사건인 형사사건에서 무죄의 확정판결을 받은 때에는 처벌조항의 위헌확인을 구하는 헌법소원이 인용되더라도 재심을 청구할 수 없고, 청구인에 대한 무죄판결은 종국적으로 다툴 수 없게 되므로 법률의 위헌 여부에 따라 당해 사건 재판의 주문이 달라지거나 재판의 내용과 효력에 관한 법률적 의미가 달라지는 경우에 해당한다고 볼 수 없으므로 재판의 전제성이 인정되지 아니하는 것으로 보아야 한다(헌재 2009. 5. 28. 2006헌바109).
>
> ▶ **유신헌법에 근거한 긴급조치들이 무죄판결이 확정되었거나 재심청구가 기각된 당해 사건 재판의 전제성을 인정할 수 있는지**(적극) : 당해 사건에서 무죄판결이 선고되거나 재심청구가 기각되어 원칙적으로는 재판의 전제성이 인정되지 아니할 것이나, 유신헌법 당시 긴급조치 위반으로 처벌을 받게 된 사람은 재판절차에서 긴급조치의 위헌성을 다툴 수조차 없는 규범적 장애가 있었던 점 등에 비추어 볼 때, 예외적으로 헌법질서의 수호·유지 및 관련 당사자의 권리구제를 위하여 재판의 전제성을 인정함이 상당하다(헌재 2013. 3. 21. 2010헌바132).

> ▶ **행정처분에 대한 제소기간이 지난 뒤 그 처분에 대한 무효확인소송이나 그 처분의 효력 유무를 선결문제로 하는 민사소송에서 당해 행정처분의 근거 법률이 위헌인지 여부가 재판의 전제가 되는지**(소극) : 행정처분의 근거 법률이 헌법에 위반된다는 사정은 헌법재판소의 위헌결정이 있기 전에는 객관적으로 명백한 것이라고 할 수 없으므로 특별한 사정이 없는 한 그러한 하자는 행정처분의 취소사유에 해당할 뿐 당연무효사유는 아니고, 제소기간이 경과한 뒤에는 행정처분의 효력 유무를 선결문제로 하는 민사소송 등을 제기하더라도 행정처분의 효력에는 영향이 없음이 원칙이다. 따라서 <u>이미 제소기간이 경과하여 불가쟁력이 발생한 행정처분의 근거 법률의 위헌 여부에 따라 당해 사건 재판의 주문이 달라지거나 재판의 내용과 효력에 관한 법률적 의미가 달라진다고 볼 수 없으므로 재판의 전제성이 인정되지 아니한다</u>(헌재 2014. 1. 28. 2010헌바251).

(3) 위헌제청신청에 대한 기각결정

당사자가 법률의 위헌 여부가 재판의 전제가 된다는 이유로 법원에 위헌여부심판의 제청신청을 하였다가 그 신청이 기각되면 30일 이내에 헌법소원심판을 제기하여야 하고, 당해 사건의 소송절차에서 동일한 사유로 다시 위헌여부심판의 제청신청을 할 수 없는 것이라고 할 것이고, 여기서 당해 사건의 소송절차란 상소심에서의 소송절차를 포함한다(대결 2000. 4. 11. 98카기137).

(4) 청구

1) 청구 기간

헌법재판소법 제68조 제2항에 따른 헌법소원심판은 위헌 여부 심판의 제청신청을 기각하는 결정을 통지받은 날부터 30일 이내에 청구하여야 한다(헌법재판소법 제69조 제2항).

헌법소원심판을 청구하려는 자가 변호사를 대리인으로 선임할 자력이 없는 경우에는 헌법재판소에 국선대리인을 선임하여 줄 것을 신청할 수 있고, 이 경우 청구기간은 국선대리인의 선임신청이 있는 날을 기준으로 정한다(헌법재판소법 제70조 제1항).

> ▶ **기각된 날과 기각의 의미** : 헌법재판소법 제69조 제2항의 기각된 날은 그 기각결정을 송달받은 날을 의미하며, 이때의 기각에는 <u>각하도 포함된다</u>(헌재 2001. 4. 26. 99헌바96).

2) 청구대상

청구인이 당해 사건 법원에 위헌여부심판의 제청을 신청하지 않았고, 따라서 법원의 기각결정도 없었던 부분에 대한 심판청구는 그 심판청구요건을 갖추지 못하여 부적법하다(헌재 2006. 7. 27. 2005헌바19).

다만 위헌제청신청을 기각 또는 각하한 법원이 당해 조항을 실질적으로 판단하였거나 당해 조항이 명시적으로 위헌제청신청을 한 조항과 필연적 연관관계를 맺고 있어서 법원이 위 조항을 묵시적으로 판단한 것으로 볼 수 있는 경우에는 이러한 법률조항에 대한 심판청구도 적법하다(헌재 2005. 2. 24. 2004헌바24).

3) 한정위헌청구

법률의 의미는 개별·구체화된 법률해석에 의해 확인되는 것이므로 법률과 법률의 해석을 구분할 수는 없고, 재판의 전제가 된 법률에 대한 규범통제는 해석에 의해 구체화된 법률의 의미와 내용에 대한 헌법적 통제로서 헌법재판소의 고유권한이며, 헌법합치적 법률해석의 원칙상 법률조항 중 위헌성이 있는 부분에 한정하여 위헌결정을 하는 것은 입법권에 대한 자제와 존중으로서 당연하고 불가피한 결론이므로, 한정위헌결정을 구하는 한정위헌청구는 원칙적으로 적법하다(헌재 2012. 12. 27. 2011헌바117, 선례변경).

> **판례**
>
> ▶ **한정위헌청구가 부적법한 경우**: 재판소원을 금지하고 있는 '법' 제68조 제1항의 취지에 비추어 한정위헌청구의 형식을 취하고 있으면서도 실제로는 당해 사건 재판의 기초가 되는 사실관계의 인정이나 평가 또는 개별적·구체적 사건에서의 법률조항의 단순한 포섭·적용에 관한 문제를 다투거나 의미있는 헌법문제를 주장하지 않으면서 법원의 법률해석이나 재판결과를 다투는 경우 등은 모두 현행의 규범통제제도에 어긋나는 것으로서 허용될 수 없다(헌재 2012. 12. 27. 2011헌바117).
>
> ▶ **국가보안법 제2조 제1항의 '반국가단체'에 북한이 포함된다고 해석하는 것이 헌법에 위반된다는 판단을 구하는 심판청구가 헌법재판소법 제68조 제2항에 의한 헌법소원 심판청구로서 적법한지**(소극): 북한이 반국가단체 조항의 '반국가단체'에 해당되는지 여부는 형사재판절차에서의 사실인정 내지 구체적 사건에서의 법률조항의 포섭·적용에 관한 문제일 뿐이므로, 청구인의 주장은 당해 사건 재판의 기초가 되는 사실관계의 인정이나 평가 또는 개별적·구체적 사건에서 법률조항의 단순한 포섭·적용에 관한 문제를 다투거나 의미 있는 헌법문제를 주장하지 않으면서 법원의 법률해석이나 재판결과를 다투는 것에 불과하여 현행의 규범통제제도에 어긋나는 것으로서 허용될 수 없다(헌재 2015. 4. 30. 2012헌바95).

(5) 기타

변호사강제주의, 국선대리인제도, 일사부재리, 지정재판부에 의한 사전심사 등은 헌법재판소법 제68조 제1항의 헌법소원의 경우와 같다. 다만 헌법재판소법 제68조 제2항 소정의 헌법소원은 그 본질이 헌법소원이라기보다는 위헌법률심판이므로 헌법재판소법 제68조 제1항 소정의 헌법소원에서 요구되는 보충성의 원칙은 적용되지 아니한다(헌재 1997. 7. 16. 96헌바36).

5. 재판절차의 부정지

헌법재판소법 제42조 제1항에서 법원이 법률의 위헌 여부의 심판을 헌법재판소에 제청한 때에는 당해 소송사건의 재판은 헌법재판소의 위헌 여부의 결정이 있을 때까지 정지된다고 규정하면서도, 당사자가 법원에 위헌법률심판제청의 신청을 한 때에 곧바로 재판이 정지되도록 하는 규정 및 당사자가 신청한 위헌법률심판제청신청이 법원에 의하여 배척되어 같은 법 제68조 제2항에 따라서 헌법소원심판의 청구를 제기한 때에는 당해 소송사건의 재판이 정지된다는 규정을 두지 아니하고 있다.

6. 인용결정과 재심

헌법재판소법 제68조 제2항에 따른 헌법소원이 인용된 경우에 해당 헌법소원과 관련된 소송사건이 이미 확정된 때에는 당사자는 재심을 청구할 수 있고, 이 경우 형사사건에 대하여는 형사소송법을, 그 외의 사건에 대하여는 민사소송법을 준용한다(헌법재판소법 제75조 제7항, 제8항).

> **판례**
>
> ▶ 헌법재판소법 제68조 제2항에 의한 헌법소원을 청구하여 인용결정을 받지 않은 사람에게는 재심의 기회를 부여하지 않는 헌법재판소법 제75조 제7항이 청구인의 재판청구권 등을 침해하는지(소극) : 재심은 확정판결에 대한 특별한 불복방법이고, 확정판결에 대한 법적 안정성의 요청은 미확정판결에 대한 그것보다 훨씬 크다고 할 것이므로 재심을 청구할 권리가 헌법 제27조에서 규정한 재판을 받을 권리에 당연히 포함된다고 할 수 없고, 심판대상법조항에 의한 재심청구의 혜택은 일정한 적법요건하에 헌법재판소법 제68조 제2항에 의한 헌법소원을 청구하여 인용된 자에게는 누구에게나 일반적으로 인정되는 것이고, 헌법소원청구의 기회가 규범적으로 균등하게 보장되어 있기 때문에, 심판대상법조항이 헌법재판소법 제68조 제2항에 의한 헌법소원을 청구하여 인용결정을 받지 않은 사람에게는 재심의 기회를 부여하지 않는다고 하여 청구인의 재판청구권이나 평등권, 재산권과 행복추구권을 침해하였다고는 볼 수 없다(헌재 2000. 6. 29. 99헌바66).

Ⅴ 헌법재판소의 규칙제정권

> **헌법 113조**
> ② 헌법재판소는 법률에 저촉되지 아니하는 범위 안에서 심판에 관한 절차, 내부규율과 사무처리에 관한 규칙을 제정할 수 있다.

MEMO

박충신

주요 약력
- 연세대학교 법과대학 졸업
- 현) 박문각 남부고시학원 헌법 대표교수
      숭실사이버대학교 헌법교수
- 전) 합격의 법학원, 베리타스법학원 사시·행시 헌법강사
      고시뱅크 경정승진 헌법강사
      노무사 단기학원 행정법강사
      PSAT 단기학원 헌법강사

주요 저서
- 박충신 헌법(박문각, 공무원시험 대비)
- 박충신 경찰헌법(박문각, 일반순경, 경찰간부시험 대비)
- 헌법기본서(문형사, 사시·행시 1차 대비)
- 객관식헌법(문형사, 사시 1차 대비)
- 사례헌법(베리타스, 사시 2차 대비)
- 헌법(고시뱅크, 경찰승진 대비)
- 헌법이론과 헌법판례(고시뱅크, 경찰승진 대비)
- 헌법(프라임에듀북, 경찰승진, 공무원시험 대비)
- 객관식헌법(프라임에듀북, 경찰승진, 공무원시험 대비)
- 행정쟁송법 단문과 사례(나눔, 노무사시험 대비)
- 경찰행정법(나눔, 경찰간부시험 대비)

박충신 헌법 기본 이론서

초판인쇄 | 2025. 9. 10. **초판발행** | 2025. 9. 15. **편저자** | 박충신
발행인 | 박 용 **발행처** | (주) 박문각출판 **등록** | 2015년 4월 29일 제2019-000137호
주소 | 06654 서울특별시 서초구 효령로 283 서경 B/D 4층 **팩스** | (02) 584-2927
전화 | 교재 주문·내용 문의 (02) 6466-7202

저자와의 협의하에 인지생략

이 책의 무단 전재 또는 복제 행위를 금합니다.

정가 47,000원
ISBN 979-11-7519-169-3